*A TEORIA DA IMPREVISÃO
NO DIREITO CIVIL
E NO PROCESSO CIVIL*
*(com referências ao Código Civil de 1916
e ao novo Código Civil)*

Nelson Borges

A TEORIA DA IMPREVISÃO NO DIREITO CIVIL E NO PROCESSO CIVIL

(com referências ao Código Civil de 1916 e ao novo Código Civil)

A TEORIA DA IMPREVISÃO NO DIREITO CIVIL
E NO PROCESSO CIVIL
(com referências ao Código Civil de 1916 e ao novo Código Civil)
© NELSON BORGES

ISBN 85-7420-289-4

Direitos reservados desta edição por
MALHEIROS EDITORES LTDA.
Rua Paes de Araújo, 29, conjunto 171
CEP 04531-940 — São Paulo — SP
Tel.: (0xx11) 3078-7205 Fax: (0xx11) 3168-5495
URL: www.malheiroseditores.com.br
e-mail: malheiroseditores@zaz.com.br

Composição
PC Editorial Ltda.

Capa
Criação: Vânia Lúcia Amato
Arte: PC Editorial Ltda.

Impresso no Brasil
Printed in Brazil
05-2002

Es necesario ver al Derecho con dimensión humana;
verlo como un fenómeno del hombre de carne y hueso;
verlo, pues, como conducta y averiguar qué significa la conducta
en los sentidos existenciales y coexistenciales
que hacen al ser del hombre
y, por eso mismo, al ser del Derecho.
Pues para el jurista hay un dilema inicial de evidencia
directamente intuitiva,
que no se lo puede resolver ninguna teoría,
ninguna definición porque,
precisamente, para el jurista constituye la situación
que a él mismo lo define.
Este dilema de evidencia consiste en saber si el Derecho
es cosa viva o cosa muerta.
Y tan pronto como se logre ver lo primero,
ha de convenirse inexorablemente que
sólo la vida puede hacer del Derecho algo viviente;
y que así como la vida puede frustrar sus mejores posibilidades,
así también el jurista puede matar el mejor Derecho
con sus ideologías,
si lo encarrilla por algunas de esas posibilidades
de frustración de la propia vida.

(Carlos Cossio)

Esta pesquisa é dedicada – neste mundo – a seres humanos especiais, como

Dra. Jussara Suzi Assis Borges Nasser Ferrreira, Dr. Nely Lopes Casali, Dr. Luiz Edson Fachin, Dr. Luiz Guilherme Marinoni, Dr. Elimar Szaniawski, Dr. Francisco Manuel Pereira Coelho, co-partícipes desta que poderia ser identificada como uma fascinante e apaixonada "aventura jurídica".

Ainda: Maria Suely Fernandes da Silva, Nelson de Sá Borges, Rogério de Sá Borges, Gustavo Fernandes da Silva Peres, Taísa Fernandes da Silva Peres, Alba Jurema Borges Caznok, Imar Borges, Iderle Monteiro de Araújo, João Borges Filho, Maria Aparecida Monteiro, Jair Ferreira dos Santos, Paulo Fernandes da Silva Júnior, Maria Bernadete Mendes Taveira, Onofre Ribeiro de Almeida, Humberto Ribeiro de Almeida, Pedro Ribas de Mello, Rames Amin, João Gonçalves de Oliveira, Esther Lopes, Marilu Martens de Oliveira, Newton de Camargo Braga, Omar José Baddauy, Arnaldo de Moraes Godoy, José Carlos Dias, Donaldo Armelin, Ernesto Tzirulnik, Omar Chueiri, Míriam Fechio Chueiri, Leonir Batisti, Celso Araújo Guimarães, Mário Diney Corrêa Bittencourt, Romeu Felipe Bacelar, Nério Spessato Ferreira, Newton Álvaro da Luz, Gilberto Gracia Pereira, Rosana Mara Girardi Fachin, Marco Antônio Teixeira, Ivan Gradowski, Sênio Abdon Dias, Orestes Romano, Armando R. Holanda Leite Ferreira, Blandine Leite Meneses Holanda, Pedro Simões Neto.

Em outro mundo:

A meu pai, João Borges Monteiro*; minha mãe,* Isabel Borges*; e a meus amigos* João Theodoro *e* Aírton Santos (Zizo)*, como singela homenagem (e acima de tudo testemunho de uma imensa saudade), pessoas que, como astros de primeiríssima grandeza, durante muitas décadas representaram em minha constelação afetiva autênticos marcos de profunda expressão e exemplos de dignidade, não só pela condição privilegiada de seres ímpares, mas principalmente pela dignidade de suas posturas diante da vida, em especial sua privilegiada visão de mundo – onde quer que a luz de seus espíritos abençoados continue transformando em dias radiosos a escuridão das noites.*

Esta afirmação não comporta dúvidas: não existe trabalho isolado, por mais dilatadas que possam ter sido as fronteiras do esforço individual. Nesta linha de princípio, este não foge à regra. Felizmente, do seu nascimento até o presente estágio, ele foi grandemente beneficiado pela energia positiva irradiada de algumas crenças em seu destino, com efetiva contribuição para seu desenvolvimento e equilíbrio em sua trajetória, demonstradas por alguns seres humanos "ours concours", feitos de uma argila rara e cada vez mais escassa, sem os quais a jornada teria sido impossível. Nesta oportunidade, para que este estudo não ficasse mutilado irreversivelmente pela ingratidão, o autor presta-lhes sua homenagem, ao mesmo tempo em que lhes deixa consignada sua mais profunda gratidão. São eles:

Dra. Jussara Suzi Assis Borges Nasser Ferreira, Dr. Nely Lopes Casali, Dr. Luiz Edson Fachin, Dr. Luiz Guilherme Marinoni, Dr. Elimar Szaniawski, Dr. Alexandre Ateniense, Maria Suely Fernandes da Silva, Jair Ferreira dos Santos, Esther Lopes, Ananias Antônio Martins, Newton de Camargo Braga, Ernesto Tzirulnik.

APRESENTAÇÃO

NELY LOPES CASALI[1]

Honra-me o professor Dr. NELSON BORGES com o generoso convite para apresentar seu *A Teoria da Imprevisão no Direito Civil e no Processo Civil*, o mais alentado trabalho jurídico realizado no Brasil, até os dias atuais, sobre tão controvertido instituto.

Sua apaixonante dedicação pelo tema começou em 1987, numa pugna judicial em que se discutia a correta interpretação do art. 31 da antiga Lei de Luvas, o Decreto 24.150, de 20.4.1934: "Se, em virtude da modificação das condições econômicas do lugar, o valor locativo fixado pelo contrato amigável, ou em conseqüência das obrigações estatuídas pela presente Lei, sofrer variações além de 20% das estimativas feitas, poderão os contratantes (locador ou locatário), findo o prazo de três anos da data do início da prorrogação do contrato, promover a revisão do preço estipulado".

Seu entendimento contrariava a respeitável plêiade de doutrinadores que viam neste dispositivo a aplicação da teoria da imprevisão.

Entusiasmado pela pesquisa, lançou-se à luta. Conseguiu uma bolsa de estudos, em 1988, para estagiar na Faculdade de Direito da secular Universidade de Coimbra, onde freqüentou a disciplina Direito Civil, no Curso de Mestrado de Ciências Jurídico-Civilísticas, sob a regência do professor Dr. Francisco Manuel Pereira Coelho.

---

1. Advogado e Professor de Direito Civil no Curso de Direito da Universidade do Norte do Paraná-UNOPAR; Professor de Direito Civil na Escola da Magistratura do Paraná, nas Coordenadorias de Londrina e Maringá; Doutor em Direito Civil pela Pontifícia Universidade Católica de São Paulo-PUC-SP, em 1992; Membro do Corpo Docente do Curso de Mestrado em Direito Negocial da Universidade Estadual de Londrina-UEL; Coordenador do Curso de Direito da UNOPAR.

10 A TEORIA DA IMPREVISÃO NO DIREITO CIVIL E NO PROCESSO CIVIL

Aprofundou seus estudos sobre as "alterações das circunstâncias contratuais", escrevendo, sob a orientação do professor Pereira Coelho e ao som das águas do Mondego – "o mais genuíno dos rios portugueses" –, preciosa monografia intitulada *Da Cláusula "Rebus Sic Stantibus" à Teoria da Imprevisão – Um Estudo de Direito Comparado*.

Pela qualidade e importância, a monografia foi recomendada à publicação, o que efetivamente aconteceu pela Livraria e Editora Minerva, em fins de 1988.

Retornando ao Brasil, não se acomodou à tranqüilidade de sua Cornélio Procópio, onde advoga e leciona.

Inscreveu-se no Curso de Mestrado em Direito das Relações Sociais da Universidade Estadual de Londrina, onde, em 24 de outubro de 1996, conquistou o título de Mestre em Direito das Relações Sociais, com nota 10, distinção e louvor, com a dissertação intitulada *Inexecução Voluntária das Obrigações Civis – Teoria da Imprevisão*.

Insaciável e incansável na sua vocação de operador do Direito, ingressou no Curso de Doutorado em Direito Civil da primeira Universidade instalada no Brasil – a nossa Universidade Federal do Paraná.

Convivendo com um Corpo Docente que é classificado pelo MEC como o melhor do Brasil e sob a orientação segura e dedicada do professor Dr. Luiz Guilherme Marinoni, elaborou sua tese intitulada *Estrutura Doutrinária e Campo Operacional da Teoria da Imprevisão*, com 640 laudas e 283 citações bibliográficas.

Defendeu-a com invulgar brilhantismo no dia 23 de novembro de 1999 perante a Banca Examinadora composta pelos professores Drs. Luiz Edson Fachin (Presidente), Maria Francisca Carneiro, Jussara Nasser Ferreira, Elimar Szaniawski e este apresentador, conquistando o honroso e ambicionado título de Doutor em Direito Civil.

Seu profícuo trabalho não poderia ficar restrito aos privilegiados amigos que tiveram a oportunidade de conhecê-lo.

Cedendo às pressões e apelos, o professor Dr. Nelson Borges oferece ao mundo jurídico, pela Malheiros Editores, seu *A Teoria da Imprevisão no Direito Civil e no Processo Civil*, colocando-se ao lado de Agostinho Alvim, Arnoldo Medeiros da Fonseca, Álvaro Vilaça Azevedo, Caio Mário da Silva Pereira, Eduado Espínola Filho, Philadelpho Azevedo, Jorge Americano, José Rodrigues Vieira Neto, Miguel Maria de Serpa Lopes e Paulo Carneiro Maia – somente para citar os eminentes juristas que publicaram obras específicas sobre a teoria da imprevisão.

APRESENTAÇÃO 11

À leitura do "Sumário" o leitor ficará convencido, desde logo, de que se trata de obra do maior rigor científico, começando pelo conceito e evolução histórica do instituto e terminando com questões controvertidas, que ainda hoje desafiam os aplicadores do Direito.

Os anexos, com farta jurisprudência e sugestões *de lege ferenda*, enriquecem o trabalho e proporcionam ao leitor a certeza de que tem em suas mãos o fruto de mais de 13 anos de incansáveis pesquisas e reflexões sobre a teoria da imprevisão.

A apresentação não precisa se alongar, em face da qualidade do livro.

O tema é apresentado com galhardia e autoridade pelo professor Dr. NELSON BORGES, que passa a figurar na galeria dos juristas brasileiros merecedores do maior respeito e admiração, por serem legítimos sucessores dos queridos e saudosos Mestres, que nos legaram suas obras, seus exemplos e seu amor pelo Direito.

Com esta publicação de *A Teoria da Imprevisão no Direito Civil e no Processo Civil*, todos nós, estudiosos do Direito, estamos de parabéns.

APRESENTAÇÃO
Luiz Edson Fachin[2]

Em Busca da Justiça Contratual

Toma palco no cenário jurídico brasileiro obra de proeminência sobre a estrutura doutrinária e campo operacional da teoria da impre-

---

2. Advogado e Professor Titular de Direito Civil da Faculdade de Direito de Curitiba (1987); Professor de Direito Civil na Escola da Magistratura do Estado do Paraná (1990); Professor Adjunto de Direito Civil da Faculdade de Direito da Universidade Federal do Paraná (1991 até a presente data); Professor de Direito Civil nos Cursos de Pós-Graduação (Mestrado e Doutorado) da Faculdade de Direito da Universidade do Paraná, onde atualmente é Coordenador; Professor Titular de Direito Civil da Pontifícia Universidade Católica do Paraná; Mestre em Direito das Relações Sociais (Direito Civil) pelo Programa de Pós-Graduação da Pontifícia Universidade Católica de São Paulo-PUC-SP, em 1986; Doutor em Direito das Relações Sociais (Direito Civil) pelo Programa de Pós-Graduação da Pontifícia Universidade Católica de São Paulo-PUC-SP, em 1991; Pós-Doutorado pelo *Faculty Program in Brazil*; *Bourses de Recherche Brésil, Otawa*, do Ministério das Relações Exteriores do Canadá, Projeto Integrado de Pesquisa, Família de Fato e Família de Direito no Brasil Contemporâneo.

12 A TEORIA DA IMPREVISÃO NO DIREITO CIVIL E NO PROCESSO CIVIL

visão, cujo autor, Nelson Borges, merece acolhimento da comunidade jurídica pela proposta inovadora e imenso desvelo na execução de relevante mister. Sentidos e fins claramente conduzem, com exação, o fio condutor do contributo oblato à doutrina nacional.

Em texto ímpar, analisa a problemática suscitada a partir da reflexão sobre a teoria da imprevisão, bem como de sua aplicabilidade na mediação promovida pelo Direito sobre a relação contratual entre particulares.

Para tanto, numa elogiável e esmerada pesquisa de fôlego, tece as origens históricas dos princípios jurídicos que ainda hoje regulamentam essa relação, assim como fundamenta a necessidade de se amainar os rígidos formalismos que a circundam. A acutíssima lente de Nelson Borges, no decodificar da evolução histórica, acusa a parva laicização das relações sócio-políticas, tendo como motor as relações sociais que, em boa hora, suprimiram do Direito, em grande parte, seu caráter absoluto e imutável.

Intemerato, hipotético e propositivo, é um canto que na lírica une razão e emoção, racionalidade e instabilidade.

A obra vai às fontes. Localiza, assim, na *Lex Tabularum* formulada em 458 a.C. a gênese do princípio maior da regulamentação dos contratos entre particulares: o *pacta sunt servanda*. Princípio, este, que pretende responder a uma incômoda questão, em especial surgida da aplicabilidade da *Lex*: "como proteger e dar segurança aos pactos regularmente formados?"

Em seus acordes, o belo livro que vem a lume migra do clássico ao contemporâneo para destacar o princípio da autonomia privada, a liberdade de disciplinar juridicamente interesses, constatar o caráter dinâmico do Direito, permitindo essa rigidez da "lei entre as partes", e identificar o descompasso existente entre pretensão e ação.

Nelson Borges trabalha a possibilidade de descumprimento do contrato categorizado como involuntário (nos casos fortuitos, ou de força maior) e voluntário (onde se caracterizam as situações anômalas), e alcança a anormalidade de algumas situações como um acidente de percurso causado por patologias contratuais e extracontratuais, as quais moldariam a inexecução voluntária das obrigações civis, sendo comumente tratada como indenização por perdas e danos.

Avesso às questões simples e respostas apressadas, o Autor enfoca tal descumprimento do contrato na dificuldade de resolução por mediação jurídica nos casos de execução diferida, em detrimento dos

APRESENTAÇÃO 13

de execução imediata. O móvel dessa ocorrência situa-se no curto ou longo prazo de tempo entre a feitura do contrato e a execução do mesmo. A execução imediata, portanto, não propicia uma mudança contextual entre o momento de feitura e o de execução do contrato, ao passo que os contratos de execução diferida assim a possibilitam.

Por aí se vê o gabarito da tese que conferiu ao Autor o título de Doutor em Direito pelo Programa de Pós-Graduação em Direito da Universidade Federal do Paraná.

A obra busca na seara da inexecução voluntária um princípio jurídico capaz de assegurar eficiência – trata-se do também histórico *rebus sic stantibus* –, e aí decompõe a permanência das circunstâncias vinculativas entre as partes compositoras do contrato como condição para a execução do contrato formulado.

É como embala o cabimento da teoria da imprevisão, que pretende regular o contrato que tenha sofrido um abalo inesperado em suas bases.

Compreende-se por esta situação o exemplar raciocínio que está contido no trabalho: um contrato ubica dever às partes desde que as circunstâncias presentes no momento vinculativo estejam presentes durante a execução do mesmo. Dessa forma, os princípios, antes de serem antagônicos e excludentes entre si, são complementares e primam pelo cumprimento.

Captando a mudança de paradigmas no campo contratual, aponta que, caso o contexto do momento vinculativo tenha sido alterado por um evento extracontratual que tenha modificado consideravelmente a base contratual, deve-se aplicar a teoria da imprevisão, já que o dito efeito preenche o requisito da imprevisiblidade.

Na pesquisa de NELSON BORGES a teoria da imprevisão tem, portanto, um ponto fulcral: adequar o novo contexto que se apresenta ao contrato, agora valendo-se da eqüidade como critério norteador de tal ação, pois o suposto evento danoso promoveu o desequilíbrio entre as partes contratantes.

A teoria da imprevisão, nessa faina, tem sua álea na noção estrita do termo "imprevisibilidade", não podendo constar como condição tácita do momento vinculativo, pois é instrumento equalizador de uma eventualidade que acaba por promover o comprometimento da execução das leis criadas pelo contrato. Os eventos imprevisíveis devem ser tratados à luz da eqüidade e da boa-fé, retomando a principiologia axiológica relevante.

14 A TEORIA DA IMPREVISÃO NO DIREITO CIVIL E NO PROCESSO CIVIL

Conclui o Autor que a doutrina de exceção deve ter lugar tão-somente nos eventos que fogem à classificação de normais, e que conformariam o caráter de normalidade do contrato. Vê-se aí, pois, relevante contribuição à doutrina jurídica brasileira.

Por fim, avulta na obra, que merece encômio, a mediação jurídica. Ao aplicar a teoria da imprevisão em face das situações já delineadas, promove a execução do contrato primeiramente firmado, mas o faz alterando algumas de suas resoluções, na razoabilidade das partes, e submetendo-o ao critério de eqüidade, o qual é constituído de princípios ético-jurídicos, com os quais procura atender sempre à finalidade maior de sua ação: a promoção da justiça.

Razões, essas, suficientes para brindar a luz que emerge da pena refinada do Autor, apta a iluminar desafios e perspectivas do direito obrigacional contemporâneo.

PALAVRAS AMIGAS

Elimar Szaniawski[3]

No dia 20 de janeiro de 2000, o professor Elimar Szaniawski, ilustre membro da Banca Examinadora da Tese de Doutorado defendida pelo Autor (23 de novembro de 1999), sob a epígrafe *Estrutura Doutrinária e Campo Operacional da Teoria da Imprevisão*, na Universidade Federal do Paraná, dirigiu-lhe carta onde constam gratas e generosas considerações sobre o trabalho que ora se traz a público, consubstanciada nos seguintes termos:

Prezado Dr. Nelson Borges.

Envio-lhe, conforme prometi, os apontamentos referentes à sua Tese de Doutorado, defendida na UFPR, esperando encontrá-lo, nesta oportunidade, muito bem.

---

3. Advogado e Professor Adjunto de Direito Civil na Faculdade de Direito da Universidade Federal do Paraná; Doutor, *magna cum lauda*, em Direito das Relações Sociais pela Universidade Federal do Paraná; Professor de Direito Processual Civil *lato sensu* na Faculdade de Direito da Associação Catarinense de Joinvile-SC, no ano de 1996; Professor de Direito Civil *lato sensu* na Faculdade de Direito da Univale de Itajaí-SC, nos anos de 1993/1994; Professor de Direito Civil na Escola da Magistratura de Curitiba-PR, nos anos de 1993/1994.

APRESENTAÇÃO 15

Venho, mais uma vez, e agora formalmente, dizer-lhe que apreciei imensamente seu trabalho e considero-o uma enorme contribuição para o estudo e desenvolvimento da teoria da imprevisão e, por isto, digno de publicação. Tenho certeza de que sua divulgação à comunidade jurídica trará muitas elucidações sobre o tema e constituirá um marco na evolução da teoria da imprevisão entre nós.

Receba minhas anotações como uma singela contribuição para o aperfeiçoamento de seu trabalho, que, tenho certeza, será um sucesso.

Saudações!

Atenciosamente,

Professor Dr. ELIMAR SZANIAWSKI.

PALAVRAS AMIGAS
MÁRIO DINEY CORRÊA BITTENCOURT[4]

Um dos mais ilustres Advogados curitibanos, colega da turma de 1959, Professor de Economia na Universidade Federal do Paraná durante 30 anos, ex-Presidente do Instituto dos Advogados do Paraná, jurista emérito, com dezenas de trabalhos publicados sobre os mais diversos temas de Direito, nas mais prestigiosas publicações nacionais, grande amigo de quase meio século, cuja imensurável generosidade o tem distinguido de forma ímpar, Mário Diney Corrêa Bittencourt, após receber alguns trechos do *A Teoria da Imprevisão no Direito Civil e no Processo Civil*, dirigiu-me carta, datada de 20 de julho de 2000, onde constam gratíssimas considerações sobre o trabalho ora publicado:

Exmo. Sr. Professor Dr. NÉLSON BORGES.

Depois que falamos pelo telefone, você, com muita presteza, me fez chegar às mãos os seus textos sobre a teoria da imprevisão, tema sobre o qual você disserta com maestria.

Modesto, você me pediu que registrasse "defeitos de forma e conteúdo" num trabalho irretocável. Você escreve muito bem. É claro, didático e criativo, em termos de doutrina.

---

4. Advogado e Professor de Economia no Departamento de Economia da Universidade Federal do Paraná (1967/1997); Ex-Presidente do Instituto dos Advogados do Paraná; Autor de vários textos jurídicos publicados pela *Revista dos Tribunais*, *Revista de Direito Público* e *Revista Forense*; Jurista e Advogado na Capital do Estado do Paraná.

Senti-me envaidecido quando você me pediu que apontasse "defeitos de forma e conteúdo". Você me atribui uma tarefa superior às minhas forças.

Acredito que seja você quem tenha estudado com mais profundidade a teoria da imprevisão em língua portuguesa. Atento e minucioso, seus comentários enriquecem a compreensão do tema. Seguro e fluente, você escreve em ritmo de autor de livro. Parabéns, por ter produzido um texto denso, correto e maduro. Louvo sua determinação, acumulando títulos universitários valiosos, no País e em Portugal, graças a um trabalho intelectual contínuo e profícuo.

Meus cumprimentos pelo que você tem escrito.

Com o apreço e a admiração do

Mário D. C. Bittencourt.

SUMÁRIO

Apresentação – NELY LOPES CASALI 9

Apresentação – LUIZ EDSON FACHIN 11

Palavras amigas – ELIMAR SZANIAWSKI 14

Palavras amigas – MÁRIO DINEY CORRÊA BITTENCOURT 15

Prefácio 25

Introdução 33

TÍTULO I

CAPÍTULO I

1. O Direito e a Liberdade 47
2. A Teoria Obrigacional 52
3. Classificação Específica das Obrigações 56
4. O Contratualismo 59
5. O Dirigismo Contratual. 64

CAPÍTULO II

6. Conceito de Teoria da Imprevisão 70
7. Origem e Evolução
   7.1 Antecedentes históricos 83
   7.2 A cláusula no Direito intermediário 93
   7.3 Os pós-glosadores ou bartolistas 99
   7.4 A estruturação de Andreas Alciato 104
   7.5 Apogeu e decadência da cláusula 106

CAPÍTULO III

8. Precedentes Históricos de Aplicação da Imprevisão 110
   8.1 Antiguidade 111

18   A TEORIA DA IMPREVISÃO NO DIREITO CIVIL E NO PROCESSO CIVIL

8.2   Direitos Alemão, Prussiano e Austríaco 112
8.3   Direito Francês 113
8.4   Direito Inglês 124
8.5   Direito Italiano 126
8.6   Direito Polonês 127
8.7   Literatura jurídica nacional 128
9.   Imprevisão, Revolução Francesa e Código Napoleônico 130
10.   Harmonia entre os Princípios *Pacta Sunt Servanda* e *Rebus Sic Stantibus* 137
11.   Caso Fortuito/Força Maior e Imprevisão. Semelhanças e Diferenças   145
    11.1   Semelhanças 151
    11.2   Diferenças 153

TÍTULO II

CAPÍTULO ÚNICO

12.   Natureza Jurídica da Imprevisão
    12.1   Doutrinas 163
       12.1.1   *Doutrinas apoiadas na vontade das partes*
           12.1.1.1   Bártolo – A cláusula tacitamente contida nos contratos 165
           12.1.1.2   Windscheid – A pressuposição 169
           12.1.1.3   Pisko – A pressuposição típica 173
           12.1.1.4   Osti – A vontade marginal ou *sopravenienza* 175
           12.1.1.5   Oertmann – A base do negócio jurídico . 178
           12.1.1.6   Locher – O fim negocial 182
           12.1.1.7   Larenz – Os fatores objetivo e subjetivo   185
           12.1.1.8   Krückmann – A reserva virtual 187
           12.1.1.9   Giovenne – A teoria do erro 188
           12.1.1.10   (a) Cogliolo – O mútuo consenso e (b) Bruzin – Situações contratuais e extracontratuais 193
       12.1.2   *Doutrinas com sustentação na concepção de Direito*
           12.1.2.1   Bonnecase – A exata noção de Direito .. 197
       12.1.3   *Doutrinas com suporte em princípios éticos e ético-jurídicos*
           12.1.3 1   (a) Voirin e (b) Ripert – A noção moral de equivalência das prestações 199
           12.1.3 2   Medeiros da Fonseca – A eqüidade e a justiça 206
           12.1.3.3   (a) Wendt e (b) Naquet – A boa-fé 209
       12.1.4   *Doutrinas alicerçadas no direito positivo*

SUMÁRIO 19

12.1.4.1   Lalou – O alargamento do conceito de
caso fortuito 214
12.1.4.2   Popescu – O enriquecimento sem causa 217
12.1.4.3   De Simone – O desaparecimento da causa
da obrigação 220
12.1.4.4   Hartmann – O dever de esforço 222
12.1.4.5   Lehmann e Covielo – O estado de
necessidade 226
12.1.4.6   De Szladits, Volkmar, Thilo, Simonius,
Titze e Oertmann – A impossibilidade
econômica 229
12.1.5   *Doutrinas fundamentadas no vínculo social*
12.1.5.1   Louveau – O solidarismo 231
12.1.5 2   Betti – Vínculos obrigacionais.
A cooperação social 232
12.1.5.3   Badenes Gasset e Carvalho Fernandes
– A socialização do Direito 236
12.1.6   *Doutrinas fulcradas em princípios jurídicos afins*
12.1.6.1   Mantica – A lesão superveniente 240
12.1.6.2   Giorgi e Lennel – O equilíbrio das
prestações 244
12.1.7   *Doutrinas assentadas em mais de um fundamento
(mistas)*
12.1.7.1   (a) Cardini e (b) Soriano de Oliveira –
Fundamentos múltiplos 247
12.1.8   *Doutrinas com conceituação "sui generis"*
12.1.8.1   Hauriou – As tendências limitativas 249
12.1.8.2   Cossio – Gênese da imprevisão:
a transformação do ato em fato jurídico . 250
13. Outras Doutrinas 257
14. Conclusões sobre as Doutrinas Expostas 262

Título III

Capítulo I

15. Fundamentos da Imprevisão
15.1 *Âmbito de juridicidade*
15.1.1   *A eqüidade como alicerce da doutrina* 267
15.1.2   *A boa-fé como base complementar da doutrina* 286

Capítulo II

16. Pressupostos de Admissibilidade da Imprevisão
16.1 *Campo de aplicação* 295
16.1.1   *Execução diferida* 298

20 A TEORIA DA IMPREVISÃO NO DIREITO CIVIL E NO PROCESSO CIVIL

      16.1.2   *Imprevisibilidade* 304
      16.1.3   *Ausência do estado moratório* 314
      16.1.4   *Lesão virtual* 316
      16.1.5   *Essencialidade* 318
      16.1.6   *Inimputabilidade* 321
      16.1.7   *Excessiva onerosidade e extrema vantagem* 322
   16.2 *Regime jurídico* 326

CAPÍTULO III

17. A Imprevisão e o Direito Administrativo 332
   17.1 A imprevisão e a cláusula de escala móvel de reajustamento.
      Conceituação e campo operacional 347
   17.2 Inaceitabilidade da pretendida substituição da teoria da
      imprevisão pela cláusula de escala móvel 352
   17.3 Compatibilidade e harmonia entre a cláusula escalar e a
      teoria da imprevisão 355
18. A Imprevisão e os Contratos de Locação 358
19. A Teoria da Imprevisão e os Contratos de *Leasing*
   19.1 Origem e conceituação dos contratos de "leasing" 372
   19.2 Rejeição da teoria da imprevisão nos contratos de "leasing".
      Improcedência da postura, adotada em caráter genérico ... 376
   19.3 A total pertinência do emprego da doutrina da
      imprevisibilidade nos contratos de "leasing" 381
20. O Revisionismo Contratual no Código de Defesa do Consumidor
   (Lei 8.078, de 11.9.1990)
   20.1 Breves considerações sobre a evolução do Código de
      Defesa do Consumidor 382
   20.2 Os arts. 6º, V, 83 e 51, § 1º, III, do Código de Defesa do
      Consumidor 384
   20.3 Consagração da revisão contratual no Código de Defesa
      do Consumidor, sem qualquer vínculo ou relação com a
      teoria da imprevisão 398
21. A Imprevisão e as Convenções Coletivas de Trabalho 408
   21.1 Tribunal Superior do Trabalho (TST) 414
   21.2 Tribunais Regionais do Trabalho (TRTs) 415
   21.3 O Direito Comparado e as convenções coletivas de trabalho 415
      21.3.1   *Colômbia* 416
      21.3.2   *Argentina* 416
      21.3.3   *México* 417
      21.3.4   *Estados Unidos* 418
      21.3.5   *Espanha* 420
      21.3.6   *França* 421
      21.3.7   *Itália* 421

SUMÁRIO

21.3.8 *Alemanha* 422
21.3.9 *Polônia* 423
22. A Semana Internacional de Direito em Paris (1937) 424

Título IV

Capítulo I

23. Direito Comparado 431
23.1 *Ordenamentos revisionistas*
    23.1.1 *O Direito Português* 432
        23.1.1.1 Introdução 432
        23.1.1.2 Antecedentes 432
        23.1.1.3 A alteração das circunstâncias e a doutrina 434
        23.1.1.4 A alteração das circunstâncias e a jurisprudência 440
        23.1.1.5 A alteração das circunstâncias e os contratos de arrendamento para habitação ... 441
        23.1.1.6 A alteração das circunstâncias e a legislação (arts. 437º e 252º-2 do Código Civil) 450
    23.1.2 *O Direito Italiano* 457
    23.1.3 *O Direito Alemão* 459
    23.1.4 *Os Direitos Inglês e Norte-Americano* 466
    23.1.5 *O Direito Argentino* 475
    23.1.6 *O Direito Suíço* 478
    23.1.7 *O Direito Polonês* 480
    23.1.8 *O Direito Norueguês* 482
    23.1.9 *O Direito Egípcio* 483
23.2 *Ordenamentos anti-revisionistas*
    23.2.1 *O Direito Francês* 485
    23.2.2 *O Direito Belga* 494
    23.2.3 *O Direito Espanhol* 495
    23.2.4 *O Direito Japonês* 497
23.3 *Outras legislações*
    23.3.1 *Legislações revisionistas*
        23.3.1.1 Turquia 498
        23.3.1.2 Hungria 498
        23.3.1.3 Grécia 499
        23.3.1.4 Colômbia 499
        23.3.1.5 Bolívia 499
    23.3.2 *Legislações indiferentes*
        23.3.2.1 Uruguai 500
        23.3.2.2 Peru 501

22 A TEORIA DA IMPREVISÃO NO DIREITO CIVIL E NO PROCESSO CIVIL

23.3.2.3 Etiópia 502
23.3.3 *Legislações anti-revisionistas*
    23.3.3.1 Romênia 502
    23.3.3.2 Legislação sírio-libanesa 502
    23.3.3.3 Espanha 502
    23.3.3.4 México 502
    23.3.3.5 Chile 503
24. O Direito Internacional e a Imprevisão 504

CAPÍTULO II

25. Integração da Imprevisão no Direito Brasileiro
    25.1 O contexto legislativo 507
    25.2 O entendimento doutrinário
        25.2.1 *A vanguarda de aceitação e rejeição do princípio.*
        Doutrina contemporânea 526
    25.3 O entendimento jurisprudencial
        25.3.1 *A vanguarda de aceitação e rejeição do princípio.*
        Jurisprudência contemporânea 540

TÍTULO V
CAPÍTULO ÚNICO

26. Campo Operacional da Imprevisão
    26.1 Alternativas do Direito 551
    26.2 Poder acautelatório do juiz 554
    26.3 A teoria da imprevisão na processualística civil 561
    26.4 Arts. 798 e 799 do Código de Processo Civil 564
    26.5 Art. 273, I, do Código de Processo Civil. Tutela antecipa-
    tória 567
27. Tramitação Processual da Imprevisão
    27.1 Disciplina da doutrina no campo operacional 576
    27.2 Situações de revisão ou resolução. Quadro sinótico 577
    27.3 A indenização devida em algumas hipóteses de resolução
        27.3.1 Fundamentos 590
            27.3.1.1 O enriquecimento sem causa como
            alicerce indenizatório 602
            27.3.1.2 A injuridicidade como pressuposto de
            responsabilidade 623
            27.3.1.3 Fundamento complementar da indeniza-
            ção. Responsabilidade sem culpa. Teoria
            do risco 631
    27.4 Efeitos da sentença que concede revisão ou resolução 641
    27.5 Inexigência de caução nas liminares revisionais por
    imprevisibilidade

SUMÁRIO 23

27.5.1 *Tutela antecipatória e cautelar: diferenças* 643
27.5.2 *Hipóteses de "mora accipiendi"* 648
27.5.3 *Inconsistência da caução* 652

TÍTULO VI

CAPÍTULO *I*

28. O novo Código Civil Brasileiro. Inclusão da Teoria da Imprevisão . 657
   28.1 Legislação comparada
   28.2 O art. 477 673
   28.3 O art. 478 690
   28.4 O art. 479 694
29. A Imprevisão no Campo Obrigacional
   29.1 A imprevisão e o contratualismo 701
   29.2 Os contratos bilaterais 702
   29.3 Os contratos unilaterais 705
   29.4 Os contratos aleatórios
       29.4.1 *A teoria da imprevisão e os contratos aleatórios* ... 711
       29.4.2 *As três áleas dos contratos aleatórios* 712
       29.4.3 *A álea (ou aura) da imprevisibilidade nos contratos aleatórios* 718
       29.4.4 *O caráter não-aleatório dos contratos de seguro* ... 726

CAPÍTULO *II*

30. Questões Processuais Controvertidas 730
31. Síntese Evolutiva da Doutrina 740
32. Considerações Finais 747
33. Conclusões 749

CAPÍTULO *III*

34. Anexos
   34.1 Ementário de jurisprudência
       34.1.1 *Decisões concessivas*
           34.1.1.1 Supremo Tribunal Federal 761
           34.1.1.2 Superior Tribunal de Justiça 763
           34.1.1.3 Tribunal de Justiça do Distrito Federal .. 766
           34.1.1.4 Julgados de outros Tribunais 769
       34.1.2 *Decisões denegatórias* 779
   34.2 "Exposição de Motivos" apresentada pelo professor Miguel Reale, Presidente da Comissão responsável pelo Projeto 118/84, que deu origem ao novo Código Civil Brasileiro 781
   34.3 Decisão pioneira de primeiro grau sobre a imprevisibilidade, prolatada por Nélson Hungria, como Juiz Titular da 5ª Vara Cível do Distrito Federal (Rio de Janeiro), em

24 A TEORIA DA IMPREVISÃO NO DIREITO CIVIL E NO PROCESSO CIVIL

27.10.1930, publicada na "Revista de Direito" 100/178,
reformada pelo Tribunal de Justiça, em 1932 785

34.4 Decisão unânime da 4ª Câmara do Tribunal de Apelação
do Distrito Federal (rel. Des. Alfredo Russel), em grau de
embargos, que reformou a sentença do Juiz Nélson
Hungria (Ap. cível 2.475, de 5.4.1932) 787

34.5 Decisão pioneira de um colegiado de segundo grau sobre
a teoria da imprevisão (Corte de Apelação, Câmaras
Conjuntas de Apelações Civis), proferida em 27.11.1934,
em grau de embargos, prolatada pelo Juiz Emanuel Sodré,
acolhendo a imprevisão, reformada por acórdão de
22.9.1934, mas restaurada pelas Câmaras Cíveis
Conjuntas (voto do Des. Alfredo Russel) 787

34.6 Acórdão pioneiro do Supremo Tribunal Federal acolhendo
a cláusula "rebus sic stantibus". Decisão proferida em
5.1.1938, publicada na "RF" 77/79-85 790

34.7 Decisão do Supremo Tribunal Federal. Ação de revisão
contratual proposta na comarca de Londrina/PR, em
29.5.1973 ("RTJ" 66/561) 801

34.8 Parecer do Comissário do Governo Francês, Chardenet,
no caso da "Cie. Générale d'Éclairage de Bordeaux"
contra a Municipalidade, em 16.3.1916 803

34.9 Sugestões legislativas de modificação dos arts. 477, 478 e
479 do novo Código Civil Brasileiro 805

Referências Bibliográficas 807

PREFÁCIO

Le Droit est trop historique pour être parfaitement rationnel.
(JEAN CARBONNIÈRE)

No curso da longa evolução milenar do Direito, alguns institutos jurídicos da maior relevância surgiram e ocuparam importantes espaços no organismo societário, tentando tornar a relação entre os homens se não protegida pela mais absoluta certeza jurídica, ao menos pela segurança minimamente necessária a um convívio harmônico.

Na tentativa de afirmação de suas teses, grandes polêmicas foram mantidas por juristas brilhantes, em todo o mundo. Registram-se como exemplos clássicos as travadas entre Thibaud e Savigny (início do século XIX) sobre a codificação do Direito Alemão: enquanto o primeiro propunha o rompimento com as raízes romanas, o último, a sua conservação. Depois, entre Savigny e Ihering sobre a posse (teorias objetiva e subjetiva), e ainda entre Gabba (direito adquirido) e Paul Roubier (situação jurídica consolidada) – para referir apenas três das incontáveis *vexatae quaestionis* surgidas. Estas discussões enriqueceram sobremaneira as letras jurídicas mundiais, não só pela profundidade, seriedade e importância de suas propostas, como também pela obsessiva busca da estabilidade jurídica, com o conseqüente descortinar de novos horizontes, reflexos da iluminação e aclaramento de questões obscuras e complexas. Entretanto, nenhuma dessas grandes polêmicas se manteve acesa, viva e atuante, ou teve repercussão e influência por muito tempo, depois de suas formulações. Uma vez estruturadas, serviram, na verdade, como rica fonte de estudos da evolução histórica de relevantes institutos jurídicos. Com a *teoria da imprevisão* isso não ocorreu. Os debates que se feriram, direta ou indiretamente, sobre e

26　A TEORIA DA IMPREVISÃO NO DIREITO CIVIL E NO PROCESSO CIVIL

em razão dela não foram episódicos, e até hoje, depois de muitos séculos, se mantêm presentes e atuais.

Os registros situam sua fase germinal no início da Era Cristã, com Cícero (*De Officiis*), Sêneca (*De Benefficiis*) e Polybios (*Historiae*), no campo filosófico; e com Paulus, Africanus e Neratius, no jurídico. Contudo, se o rigor científico-histórico for a coordenada maior para a determinação de seu efetivo surgimento, é possível afirmar que ela é bem mais antiga. Já na Lei 48 do Código de Hamurabi (1690 a.C., segundo Stodieck), sob a roupagem de "força maior" – como era conhecida e confundida na Antigüidade e, acrescente-se, ainda hoje –, o princípio do fiel cumprimento dos pactos, ali existente de forma implícita, já sofria uma primeira fratura e conseqüente abrandamento, fazendo com que a dogmática consideração de que o contrato era lei entre as partes não fosse assim tão absoluta. Neste contexto, oportuno é destacar uma curiosidade histórica: *o surgimento da exceção antes da regra geral*. Esta, consubstanciada no princípio *pacta sunt servanda* – embora implícita na formulação inicial de Ulpiano (170-242 a.D. – *contractus enin legem ex conventione accipiunt*) –, só iria aparecer no *Digesto* (século VI da Era Cristã), no Código Justiniano – ou seja, mais de dois séculos depois.

A importância da teoria da imprevisão é transcendental. Nenhum princípio, normatizado ou não, atravessou os séculos e os milênios em plena evidência (com apenas um hiato em sua trajetória, que foi do segundo século da Era Cristã até meados do século XIII), na busca de merecido espaço, suscitando centenas de teorias radicadas nos mais diversos fundamentos, na busca incessante de segura e definitiva determinação para sua natureza jurídica.

O interesse dedicado ao tema e o fascínio de que dele somos presa datam de um bom tempo. Acumula mais de uma década de estudos e pesquisas.

Já no ano de 1988, em Curso de Pós-Graduação na Faculdade de Direito da Universidade de Coimbra – quando pela primeira vez a questão foi estudada com alguma profundidade –, totalmente influenciados pela magia envolvente, irradiada por séculos de tradição jurídico-histórica existentes ao redor, em testemunho da paixão já então existente, em trabalho lá publicado, com justificada sedução pelo tema, declarávamos no "Prefácio":

"Deste modo, se esta investigação, por qualquer motivo, trouxer algum auxílio aos estudiosos da questão, tanto melhor, porquanto, sem

PREFÁCIO

quaisquer pretensões, pensamos que a vida do Direito se vincula à 'eterna aptidão de renovar em começos os espaços abertos no curso de sua existência milenar'. Caso contrário, a nós restará a gratificação do estudo, da pesquisa, da indagação, do confronto e da descoberta, bem como a satisfação sem medida do trabalho concluído, porque, no dizer de Eduardo J. Couture, '(...) cada estudioso tiene el deber de aportar al empeño común su particular observación. De la suma de ellas se hace la grandeza de la ciencia. En esta, tanto como en la verdad, importan menos los esfuerzos hechos para alcanzarla. Procuremos, pues, en el riesgo del aserto y del error, determinar como concebimos, por nuestra parte, este extraño y desconcertante fenómeno que de tal manera ha preocupado, a lo largo del tiempo, a los más ilustres pensadores de la Ciencia del Derecho'.[1]

"Entretanto, acima de tudo *[dissemos]* restará o orgulho, e a saudade de tê-la gestado e feito nascer ao abrigo seguro das vetustas arcadas da Faculdade de Direito da Universidade de Coimbra – baluarte de cultura jurídica, saber e tradição, fundada em 1290 pelo Rei que era lavrador e poeta, a quem Fernando Pessoa chamou de 'O Plantador de Naus' –, no calor do convívio constante de seus Mestres, respirando diariamente o ar imperial de seus pátios que, ao Sul, se debruçam para a beleza calma do Mondego, o mais genuíno dos rios portugueses, e, por vezes, emocionado, ouvindo passos de séculos em seus corredores."

É este o registro da fase embrionária da pesquisa sobre a teoria da imprevisão, que ora é apresentada e desenvolvida em seis títulos.

No Título I, Capítulo I, além do Direito e da liberdade, foram discutidos a teoria obrigacional, o contratualismo e o dirigismo contratual.

A seguir (Capítulo II) cuidou-se de sua conceituação, em formulação pessoal e diferenciada. Ali se tentou fundir a excessiva onerosidade/extrema vantagem (arts. 477, 478 e 479 do Projeto 118/84 do futuro Código Civil Brasileiro) com a alteração das circunstâncias (art. 437º do CC Português). Depois, do seu nascimento e evolução histórica, passando por sua fase mais importante no Direito intermediário, até seu declínio no final do século XVIII, com o advento do Código Civil Francês, em especial das diretrizes traçadas pelo art. 1.134, já no início do XIX.

Ainda no Título I (Capítulo III) foram registrados os mais importantes precedentes históricos de aplicação da teoria da imprevisão em

---

1. *Introdução ao Estudo do Processo Civil*, p. 38.

28 A TEORIA DA IMPREVISÃO NO DIREITO CIVIL E NO PROCESSO CIVIL

todo o mundo, com rápida visão sobre as influências da Revolução Francesa de 1789 e do Código Napoleônico sobre a doutrina. Encerram o capítulo um breve estudo sobre a harmonia entre os princípios *pacta sunt servanda* e *rebus sic stantibus* e um levantamento sobre as semelhanças e diferenças entre as hipóteses de caso fortuito ou de força maior e a imprevisibilidade.

No Título II foi traçado o perfil da natureza jurídica do princípio, com destaque para as teorias consideradas mais importantes, surgidas ao longo dos tempos – notadamente a de Carlos Cossio –, com uma conclusão sobre as mais aceitáveis, por suas estruturas dogmáticas e fundamentos.

No Título seguinte (III), o Capítulo I foi dedicado ao embasamento da doutrina, com destaque para seus mais sólidos pilares de sustentação: eqüidade e boa-fé. Buscou-se demonstrar, acima de tudo, que tais princípios – ético-jurídico e ético, respectivamente – devem estar sempre presentes no campo obrigacional, quer seja o princípio da imprevisão aplicado *de iure constituto* ou ainda, como no ordenamento nacional, *de iure constituendo*.

Um elenco de pressupostos indispensáveis à sua admissão e aplicação foi apresentado no mesmo título (Capítulo II), com breve discussão sobre a expressão "impossibilidade relativa", utilizada pelo nosso Código Civil (entre outros, no art. 1.091).

No Capítulo III do mesmo Título III foi discutido o comportamento da teoria da imprevisão no campo administrativo, na cláusula de escala móvel, no campo locatício, nos contratos de *leasing*, no Código de Defesa do Consumidor, nas convenções coletivas de trabalho, com registro, ainda, sobre o mais importante cenáculo jurídico a tratar da doutrina da imprevisibilidade, realizado em Paris, no ano de 1937.

As correntes revisionistas e anti-revisionistas que, ao longo dos séculos, nos ordenamentos jurídicos mais expressivos, foram consideradas como relevantes, em todo o mundo, foram estudadas sob a epígrafe do Direito Comparado e do Direito Internacional no Capítulo I do Título IV.

Em nosso ordenamento, no mesmo título (Capítulo II), foram discutidos tanto a aceitação como a rejeição do princípio da imprevisibilidade pela doutrina e jurisprudência, seu acolhimento, de forma implícita, no Código de 1916 e, finalmente, de maneira explícita, pelo nosso direito privado (arts. 477, 478 e 479 do futuro CC). As questões foram abordadas com detalhes, com registro das posturas pioneiras

PREFÁCIO

tanto das correntes revisionistas como anti-revisionistas, consubstanciadas nas formulações dos juristas pátrios, dos colegiados de segundo grau e superiores.

No Título V, Capítulo Único – essência da proposta –, uma visão do comportamento do princípio foi apresentada, em tentativa de discipliná-lo, com análise das diversas hipóteses passíveis de ocorrer no campo processual. Na condição de proposta inédita, ênfase especial foi dada à situação de pedidos alternativos-sucessivos (revisão ou, quando não, resolução) formulados pelo devedor da obrigação diante de acontecimento imprevisível alterador do pacto em fase de execução, com abertura de espaço para a possibilidade indenizatória. O ineditismo da tese apresentada e defendida reside no fato de que tanto a postura doutrinária como jurisprudencial pesquisada – e até mesmo a legislativa –, em praticamente todos os ordenamentos jurídicos do mundo civilizado contemporâneo, tem sido uma só: *não sendo possível a revisão, o juiz deve decretar a resolução do pacto.* Discordando frontalmente desta forma de "pseudodistribuição da justiça comutativa", a tese procurou desenvolver o que se poderia chamar não só de *mínimo ético,* como também de elementar *equilíbrio distributivo,* consubstanciado, objetivamente, na indenização da parte prejudicada. Esta seria imposta àquele que indevidamente se locupletasse com o prejuízo de outrem, mesmo que originado de uma sentença judicial que o favorecesse (responsabilidade objetiva), como forma de reprimir o já condenado enriquecimento sem causa. A justificar a indenização, o simples exame do aspecto fático da sentença, de seus efeitos e reflexos objetivos, seria suficiente, já que a injuridicidade implícita fala por si mesma, de forma bastante vigorosa. Em síntese: é de todo inaceitável a postura judicial que, constatando a inviabilidade de composição para a revisão de pacto alterado, simplesmente decreta a resolução, sem qualquer preocupação com o credor, beneficiando sobremaneira o devedor. A possibilidade de que a frustrada tentativa de revisão possa ter sido adredemente preparada pelo autor, devedor da obrigação, não pode ser descartada.

É esta a surrealista questão que se tem apresentado, e da qual se discorda frontalmente, porque, para afastar uma lesão virtual que ameaça o devedor (possibilidade), os juízes têm chegado ao absurdo de criar uma lesão objetiva para o credor (realidade), tão-somente porque processualmente devem decidir o pedido do autor. Não se pode admitir a postura sem discussão. A extinção de contrato por cumprir, nestas circunstâncias, tem criado uma situação de absoluta injuridicidade. O devedor inadimplente (é necessário não esquecer que a obrigação continuará pendente de cumprimento) será premiado com exclusão total da responsabilidade negocial, livremente assumida, e o credor (que concordou com as bases da revisão, não aceitas pelo devedor) será apenado injustificadamente, nada recebendo do crédito contratualmente formalizado. Com toda certeza será ainda condenado ao pagamento dos acessórios, uma vez que o pedido do autor (devedor da prestação), nesta hipótese, terá sido julgado procedente.

Depois de desenvolver as considerações *supra* sob o aspecto fático, necessário se fazia buscar um fundamento jurídico e legal para a indenização. Os alicerces que mais se harmonizaram e atenderam aos reclamos de uma estruturação minimamente sólida foram o *enriquecimento sem causa*, passando pela *injuridicidade* de uma decisão inaceitável, porque francamente favorável a uma das partes em prejuízo da outra, conjugado ainda com a *teoria da responsabilidade sem culpa* (objetiva). Este último esteio foi assentado na suficiência para a determinação da responsabilidade contida na caracterização do fato, pela relação causal e o efeito por ele produzido (sentença), conforme tem sido aceito pela doutrina e pelos nossos Tribunais. Nada justifica o recebimento indevido por uma das partes, em prejuízo da outra, em tais circunstâncias. Assim, para compensar tal recebimento injustificado – mesmo nascido de uma decisão terminativa –, o caminho encontrado foi um só: o da *indenização à parte prejudicada*, que deverá ser operacionalizada por via da quantificação judicial da parte por cumprir do pacto, sua adequação às novas condições – enfim, sua conformação às novas circunstâncias.

Encerrando o Título V, algumas considerações foram apresentadas sobre a desnecessidade de prestação de caução (real ou fidejussória) quando da concessão de liminares (tutela antecipatória do art. 273, I, do CPC), nos procedimentos ordinários de revisão contratual por imprevisibilidade. Primeiro por serem antecipações perfeitamente recorríveis ou, quando não, revogáveis pelo próprio juiz, de cognição sumária e imediata; e segundo porque nas situações de tutela antecipada nada existe para ser assegurado, diferenciadas que são – e aqui tem sido o ponto principal da confusão e equívoco –, das tutelas cautelares.

O Título VI, Capítulo I, cuida da inclusão da teoria da imprevisão no futuro Código Civil Brasileiro, no campo obrigacional; o Capítulo II apresenta algumas questões processuais para discussão, consideradas controvertidas, tecendo algumas considerações finais e conclusões sobre o exposto, seguidas de referências bibliográficas.

PREFÁCIO

Anexos sobre o tema (Capítulo III), compostos de um ementário jurisprudencial, da "Exposição de Motivos" (direito das obrigações), de decisões pioneiras sobre o tema e de sugestões legislativas para modificação dos arts. 477, 478 e 479 do Projeto 118/84 do futuro Código Civil, com vistas à operacionalidade da doutrina, encerram a pesquisa.

E ao término desta jornada, com a agradável sensação do dever cumprido e a consciência do exercício pleno de um direito *sui generis*, a que poucos têm tido a oportunidade de se entregar e dele ter colhido a rara alegria de experimentar os efeitos que o trabalho exaustivo, empregado na pesquisa, reserva a quantos tenham tentado triunfar sobre suas próprias limitações, fazemos nossas as expressivas e pertinentes palavras do professor Figueiredo Dias, da Universidade de Coimbra: "Terminamos no entardecer do que foi um cálido dia de verão, a uma hora em que, no caleidoscópio das representações colectivas, avultam imagens de gente que regressa à casa, deitando sobre a terra fecundada os últimos olhares. Seja-nos permitido aproveitar a mitologia envolvente para formularmos um voto: o de que, num futuro olhar para o terreno atrás deixado removido, não reconheçamos os nossos próprios passos, já apagados por outros, de quem foi mais longe e mais fundo" (Jorge Figueiredo Dias e Manoel da Costa Andrade, *Criminologia – O Homem Delinqüente e a Sociedade Criminógena*, Coimbra, Coimbra Editora, 1974, p. X).

INTRODUÇÃO

Onde hay voluntad, hay un camino. (NERUDA)

Não está na natureza do Direito ser absoluto e imutável – afirmou Fustel de Coulanges,[1] há mais de um século (1864). O Direito modifica-se e evolui, como qualquer obra humana. Cada sociedade tem seu Direito, com ela se formando e se desenvolvendo, com ela se transformando – enfim, com ela seguindo sempre a evolução de suas instituições, de seus costumes e de suas crenças. No início dos tempos – prosseguiu – os homens sempre estiveram sujeitos a uma determinada religião. Esta, quanto mais primitiva, mais influência tinha sobre eles, escravizando sempre as classes inferiores. Foi das religiões que surgiram as instituições políticas e o Direito. Como decorrência – concluiu –, as relações entre os homens eram reguladas pelos princípios religiosos, carreados posteriormente para a Ciência Jurídica. Registre-se que a primeira revolução que se deu no regime patriarcal, gerado pelas religiões, trouxe inicialmente a liberação do irmão mais novo do jugo do mais velho, o fim da subserviência do empregado ao senhor e, em plano mais amplo, a vitória das classes inferiores sobre a aristocracia, em busca da igualdade. Estas transformações na família e no tecido social desencadearam profundas mudanças no Direito, registrando-se como a principal sua publicização. Com tais conquistas, perdeu ele o caráter ritualístico e deixou de ser escrito pelos sacerdotes (considerados como emissários dos deuses), deixando de constar dos livros esotéricos, extinguindo-se de vez a predominante mística religiosa. A lei, que até então era decretada pela religião, sempre em

1. *A Cidade* Antiga, pp. 246-247.

34 A TEORIA DA IMPREVISÃO NO DIREITO CIVIL E NO PROCESSO CIVIL

nome dos deuses, passou a ser elaborada por legisladores, que, recebendo o poder do povo, o exerciam em seu nome e no seu interesse.

E Coulanges,[2] em traços seguros, forneceu uma idéia de como tudo se processou.

Drácon e Sólon, na Grécia, e os decênviros, em Roma – responsáveis pela *Lex Tabularum* –, são exemplos típicos da transformação. A Sólon foi indagado se julgava ter dado a seu país a melhor Constituição legal. "Não, *[teria ele respondido]* mas aquela que melhor lhe convém". Com aquela resposta Sólon demonstrou que as estruturas políticas deveriam se adequar aos costumes, necessidades e interesses dos homens e das sociedades de cada época, dando ênfase à contingência do Direito.

Desde os primórdios do contratualismo o princípio da autonomia privada sempre determinou que aos particulares fosse dada a liberdade de disciplinar juridicamente seus interesses, estabelecendo-se – segundo suas vontades – as relações que bem entendessem, criando, por ato próprio, seu direito positivo.

Uma vez nascido o Direito, com origem em uma relação contratual, as partes ficavam obrigadas ao cumprimento do que houvesse sido estabelecido. Contudo, na prática nem sempre as coisas assim se passavam, sendo comum a identificação do descompasso entre pretensão e ação.

---

2. "O legislador, portanto, não representa mais a tradição religiosa, mas a vontade popular. A lei, doravante, tem por princípio o interesse dos homens, e por fundamento o assentimento da maioria.

"Daqui resultaram duas conseqüências. Primeiro, a da lei já não se apresentar como fórmula imutável e indiscutível. Ao tornar-se obra humana, reconhece-se sujeita a alterações. Dizem-no as XII Tábuas: 'Aquilo que os sufrágios do povo em último lugar ordenaram, é a lei'. De todos os textos que nos restam desse código, nenhum há de maior importância do que aquele, nem que melhor indique o caráter da revolução então operada no Direito. A lei não é mais uma tradição sagrada, *mos*, mas simples texto, *lex*; e como a vontade dos homens a fez, essa mesma vontade pode modificá-la.

"Outra conseqüência é: a lei, que anteriormente era parte da religião e, por conseguinte, patrimônio das famílias sagradas, tornou-se propriedade comum de todos os cidadãos. O plebeu pode invocá-la e mover ação na Justiça. Quando muito o patrício de Roma, mais tenaz ou mais astucioso que o eupátrida de Atenas, tentou esconder da multidão as formas do processo, que também não tardaram a ser divulgadas.

"As XII Tábuas, como já vimos, foram escritas em ambiente de evolução social: foram os patrícios que as fizeram, mas a pedido e para uso da plebe. Essa legislação já não é, portanto, o Direito primitivo de Roma; mas também não é ainda o Direito pretoriano; é uma transição entre ambos" (Fustel de Coulanges, ob. cit., p. 247).

INTRODUÇÃO 35

Inicialmente se estabeleceu que o descumprimento de uma obrigação, condicionado às circunstâncias, poderia ser voluntário ou involuntário. Nos casos de ausência de vontade identificou-se o caso fortuito ou de força maior; nos de voluntariedade, as situações anômalas específicas. Nas últimas o pacto sofreria um "acidente de percurso", provocado por patologias contratuais ou extracontratuais, tais como resilição, revogação, rescisão, resolução (por inadimplemento ou descumprimento de cláusula resolutiva expressa), ou resolução por aplicação da teoria da imprevisão, quando frustrada a tentativa de revisão. Estas hipóteses, consideradas como situações de reconhecida *inexecução voluntária das obrigações civis*, teriam como solução judicial, em alguns casos, a indenização por via da composição de perdas e danos. Entretanto, no universo da teoria da imprevisão a resolução contratual – salvo casos especiais – deveria ser considerada como exceção dentro da própria exceção (a aplicação da doutrina já configura excepcionalidade), uma vez que a regra geral determinaria, inarredavelmente – como é do espírito da doutrina –, a tentativa de revisão e adaptação do pacto, alterado por evento modificador de sua base, ao novo *status quo*. Somente quando ela fosse impossível é que ele poderia ser extinto. Nesse caminhar, é indispensável ter em mente que em situações de reconhecida impossibilidade de revisão, seja por inequívoca intransigência da parte devedora, autora do pedido revisional, ou de condições fáticas, embora a resolução possa ser decretada, deverá sempre contemplar a possibilidade de fixação de indenização ao credor, a ser satisfeita pelo devedor da obrigação, quanto à parte do pacto ainda por cumprir.

Na condição de *espécie* do *gênero* "obrigações", o contrato no mundo românico nasceu (e sempre se manteve) envolvido por extremo formalismo: suas fontes sempre estiveram impregnadas de forte religiosidade.

Ao longo dos séculos, com raízes na Lei das XII Tábuas (*Lex Duodecim Tabularum* – 458 a.C.), quando foram registradas as primeiras manifestações da vontade, depois da longínqua Lei 48 do Código de Hamurabi (1690 a.C.), uma questão de fundamental importância se levantou e foi motivo de preocupação constante dos estudiosos do direito obrigacional: como proteger e dar segurança aos pactos regularmente formados? Na incessante busca daquele objetivo maior, uma das primeiras formulações registradas teve como ponto de partida a circunspecta roupagem utilizada por Ulpiano (170-228 a.D.) para revestir a vontade manifestada, considerando-a como "lei entre as par-

36   A TEORIA DA IMPREVISÃO NO DIREITO CIVIL E NO PROCESSO CIVIL

tes", ao enunciar: *contractus enin legem ex conventione accipiunt*. Desta rigorosa concepção nasceu uma regra que se projetaria no futuro e se manteria viva até nossos dias, configurada na expressão *pacta sunt servanda*. A essência deste dogma jurídico foi muito bem exposta pelo jurista francês Troplong.[3]

Desde sua origem o direito romano foi de natureza consuetudinária e jurisprudencial. Os costumes e as decisões dos pontífices é que ditavam todas as regras de Direito.

A Lei das XII Tábuas – que iria fornecer os alicerces do *Corpus Iuris Civilis*, de Justiniano – teve o grande mérito de afastar a religião do Direito, traçando normas de direito público e privado. De seu nascimento até o fim da República, a *Lex Duodecim Tabularum* – mais por empenho de juristas do que dos legisladores – estabeleceu e disciplinou as relações jurídicas da época.

Com o passar dos tempos, a evolução econômica trouxe sérios e variados problemas, cujas soluções não se encontravam na Lei das XII Tábuas, sendo necessário o concurso de juristas (entre eles Ulpiano e Gaio, que viveram entre os séculos II e III da Era Cristã). Estes, por meio de seus pareceres, elevaram o direito romano à categoria de verdadeira ciência.

O difundido conceito de vontade normatizada, que o pacto vinha representando para as partes, sedimentou-se na convicção de que, dentro da contratação, elas legislam para si mesmas, razão por que devem obedecer à lei que criaram. É este o postulado que, na condição de regra geral, a qualquer custo deve ser mantido. Entretanto, tudo seria muito simples se a *estática*, e não a *dinâmica*, nas relações sociais, fosse o comando que ditasse as regras. Na análise dos efeitos é indispensável ter presente a importância do contexto em que a manifestação do querer foi lançada, ou, ainda, as chamadas "circunstâncias" que envolveram o instante vinculativo, e, o que é decisivo: sua persistência no instante da execução (*rebus sic stantibus*).

O problema surge quando se discutem mudanças anormais da base negocial nos *contratos de execução diferida*. Nos de *execução imediata ou instantânea* ele não existe. Nesta andança, se as condi-

---

3. "D'après la loi des XII Tables (expression remarquable d'un Droit commun à tous les peuples héroïques), ce qui oblige l'homme, ce n'est pas la conscience, ce n'est pas la notion du juste et de l'injuste, c'est la parole, c'est la réligion de la lettre: *uti lingua nuncupassit, ita jus esto*" (Raymond Théodore Troplong, *De l'Influence du Christianisme sur le Droit Civil des Romains*, p. 12).

INTRODUÇÃO 37

ções presentes no instante do nascimento da obrigação permanecerem as mesmas até a execução, a contratação estará sob a regência indiscutível do princípio *pacta sunt servanda*; se sua base tiver sofrido grave abalo sísmico, com alterações profundas e irreversíveis, ditadas por acontecimento imprevisível, com mudanças consideráveis no alicerce do pacto, dando lugar ao surgimento da *lesão virtual* para uma das partes – ou mesmo da lesão objetiva, como nos casos de desaparecimento da base contratual –, terá surgido anormalidade de graves proporções, a reclamar solução urgente, para a qual a simples consideração de ser a convenção *lei entre as partes* não oferece resposta satisfatória e, portanto, deve ceder a vez à alternativa emergencial da imprevisão.

As anotações históricas informam, com relativa segurança, que a intangibilidade dos pactos vigeu plenamente até fins do século XII e meados do XIII. Então, por obra e arte de Bártolo e seus seguidores – inspirados pelas filosofias de Santo Tomás de Aquino (*Summa Theologica cura Fratrum Ordinis Preedecatorum*) e Santo Agostinho (*Sermones ad Populum*) –, foi introduzida uma exceção ao fiel e integral cumprimento das contratações em situações jurídicas de constatada exceção, consubstanciada na cláusula *rebus sic stantibus*, já aplicada sem muita ênfase no início da Era Cristã, em caráter extraordinário, no mundo românico. Desta forma, na estrutura colossal do milenar princípio *pacta sunt servanda*, no Direito intermediário, detectou-se o que foi por muitos considerado como a primeira grande fratura no dogmatismo do fiel cumprimentos dos pactos. Acrescente-se, a título de ilustração, que nos escritos dos filósofos romanos Marcus Tulius Cicerus (*De Oficiis*), Sêneca (*De Beneficiis*) e Polybios (Historiae), e, posteriormente, no campo jurídico, nos textos de Paulus, Africanus e Neratius, a cláusula já era conhecida, tendo este último, conforme consta no *Digesto* (Código Justiniano), cunhado a difundida expressão: *contractus qui habent tractum sucessivum et dependentiam de futuro, rebus sic stantibus intelliguntur.*

Do encontro de dois importantes princípios – de um lado, a *exigência de respeito absoluto aos pactos* e, de outro, o da *atenuação da severidade contratual* diante de uma situação extraordinária, com assento na moral, na boa-fé, na eqüidade ou ainda em outros princípios –, forçoso era reconhecer que se estava diante do confronto de duas forças poderosas, mas jamais antagônicas, dada a perfeita harmonia existente, conforme será demonstrado em contexto próprio. Eram forças com origem na mesma fonte obrigacional, já que uma – no âmago do pacto – tentava se firmar economicamente no mundo fático, como

38 A TEORIA DA IMPREVISÃO NO DIREITO CIVIL E NO PROCESSO CIVIL

paradigma de fidelidade e, acima de tudo, de segurança, e a outra – de natureza extracontratual – buscava também seu lugar ao sol, embora na condição de princípio de exceção destinado a situações de anormalidade, quando impossível a conformação à regra geral de respeito à palavra empenhada.

Enquanto a primeira se ligava indissoluvelmente à idéia de estabilidade jurídica, a segunda, sem nunca pretender abalar aquela segurança – buscando, ao contrário, tão-somente reforçá-la –, procurava se sustentar e se impor, fundamentada na eqüidade e na boa fé, alimentada, principalmente, pela justiça comutativa. Jamais, em qualquer tempo, um só jurista sério defendeu a substituição da regra *pacta sunt servanda* pela *rebus sic stantibus* – o que seria, sob todos os aspectos, uma leviandade condenável. O que tem sido defendido pelos revisionistas é que, como exceção à rigidez dogmática do apotegma "o contrato faz lei entre as partes" (do qual não se discorda), em casos de reconhecida anormalidade, não-passível de identificação prévia no instante da contratação, em nome da nobre função social do contrato, da boa-fé ou da própria estabilidade e conseqüente garantia dos negócios jurídicos, a visão míope e distorcida que tem afastado o emprego da eqüidade – e, por efeito, da própria teoria da imprevisão – seja corrigida e refocalizada sem preconceitos, afastando-se a rejeição apriorística do *remedium iuris* excepcional que a alternativa representa.

Por este ângulo, rompido o equilíbrio inicial da economia contratual, forçoso é admitir – como elementar tributo à lógica e ao bom senso – que a própria "lei entre as partes", depois de alterada a base negocial, já não será a mesma do instante vinculativo, porquanto o próprio universo fático, então, será outro, e aquele rigoroso postulado (lei entre as partes), a rigor, só deveria ter vigência do nascimento da contratação até a ocorrência do evento imprevisível. Por este ângulo, diante da lesão virtual gerada pela anormal alteração da base em que a vontade contratual se manifestou, inimputável por ação ou omissão àquela parte que se considere legitimada a invocar a imprevisibilidade, elementares princípios de justiça comutativa reclamam a adequação do pacto pelo juiz ou, na impossibilidade, sua extinção, tendo presente, neste último caso, a possibilidade de indenização do credor da obrigação.

Contrariamente ao sustentado pelos anti-revisionistas, os dois princípios em nenhum ponto são colidentes ou excludentes um do outro. Antes, harmonizam-se e se completam, convivendo salutarmente não só na doutrina e na jurisprudência, como nos textos legislativos.

INTRODUÇÃO 39

De todo o exposto, como introdução ao tema – princípio *pacta sunt servanda* em confronto com a doutrina cunhada pelo princípio *rebus sic stantibus* – resulta uma síntese que, depois de traçar as coordenadas contratuais básicas e sua alteração por evento imprevisível, conclui com uma indagação:

1º) É indiscutível que, em situação de normalidade, o contrato faz lei entre as partes (*contrato em uma situação*);

2º) mas eventos imprevisíveis que alterem a base negocial podem criar uma irreversível excepcionalidade (*situação do contrato*);

3º) assim, diante da anormalidade, que caminho seguir?

No campo das obrigações a resposta apresentada pelos juristas tem sido uma só: o da aplicação da teoria da imprevisão. Não apenas pela sua estruturação sedimentada ao longo dos milênios, do paciente trabalho artesanal de escultura da sua natureza jurídica, cinzelada e burilada pela doutrina e jurisprudência em todo o mundo, como também por ser, no momento, o mais completo instrumento de equilíbrio jurídico e de distribuição da verdadeira justiça comutativa no campo do contratualismo, espaço em que se procura repersonalizar o Direito, com perda das características voluntaristas do homem, não mais voltado para a satisfação de seus interesses pessoais, mas, antes, para o bem comum, devendo os pactos funcionar como verdadeiras bússolas na orientação do ordenamento jurídico.

Deste modo, depois de projetar seus antecedentes históricos e conceituá-la, declinar seus fundamentos básicos, pressupostos de admissibilidade, natureza jurídica e integração explícita em nossa legislação, aceitação majoritária de nossa doutrina e jurisprudência, a pretensão da presente pesquisa é tentar traçar algumas coordenadas para a aplicação da doutrina da imprevisibilidade em campo distinto daquele em que é estudada sua gênese (Código Civil), disciplinando-a na área do direito processual civil, espaço específico de sua operacionalidade.

Embora atavicamente condenado ao erro ("só os anjos têm asas; aos homens são reservadas, por essência, a solidão e a perda" – *Folha de S. Paulo*, outubro de 1998), a busca da verdade, em qualquer campo de atividade, sempre foi para o ser humano o bem supremo, componente básico de sua ansiedade e, não raras vezes, de sua angústia.

Gotthold Lessing, filósofo iluminista e dramaturgo alemão[4] – em contraponto à posição de Huxley sobre a abdicação da liberdade de

---

4. Cit. por Eduardo Gianetti, "Ética, ciência e falibilidade", *Folha de S. Paulo* ed. 17.9.1998.

40 A TEORIA DA IMPREVISÃO NO DIREITO CIVIL E NO PROCESSO CIVIL

errar em troca da liberdade de fazer o que é certo (verdadeiro autômato do bem) –, disse: "Se Deus segurasse em Sua mão direita toda a verdade e em Sua mão esquerda a perene busca pela verdade, embora coma condição de que eu deva para sempre errar, e me dissesse: 'Escolha!', humildemente eu escolheria a mão esquerda". E Gianetti concluiu dizendo que a mão direita representa o término da jornada, o fim do erro, é certo, mas também da busca e da liberdade de escolha. Ao optar pela mão esquerda Lessing diz sim à condição humana e prenuncia a fórmula goethiana: "os erros do ser humano tornam-no digno de amor".

"Há um vazio na doutrina civilística brasileira, que vai do desconhecimento à rejeição, *[denunciou com absoluta propriedade o professor Luiz Edson Fachin]* e quando tênues construções metodológicas se avizinham das atividades de estudo a técnica engessada das fórmulas acabadas torna a tentativa um tema perdido no ar. Isso tem uma razão de ser. Recusar essa direção e contribuir para sua superação significa reconhecer que consciência social e mudança integram a formação jurídica. Representa, ainda, *[concluiu]* um compromisso com o chamamento à verdadeira finalidade do ensino e da pesquisa, um desafio que questiona, sendo imprescindível não confundir estudo e pesquisa com confinamento intelectual".[5]

Fachin[6] adicionou que urge a revalorização da confiança como *conditio sine qua non* para se repensar o direito civil brasileiro na atualidade, buscando recentralizar as relações jurídicas em torno da pessoa. Mais em sua condição de ser humano do que em seu patrimônio. Observou que o tema "confiança" não pode ser confinado a um incidente de retorno indevido ao voluntarismo do século passado, nem é apenas um legado da pandectística e dos postulados clássicos do direito privado. Pode estar além de sua formulação inicial essa temática – arrematou – se for posta num plano diferenciado de recuperação epistemológica.

Em seu Projeto "A Virada de Copérnico" – um convite à reflexão sobre o direito civil brasileiro contemporâneo, Fachin desabafou: "Assim nos alimentamos do tormento de saber pouco e por isso não temos o direito de viver em paz. Sabemos, porém, que o Direito (como um todo, e o direito civil, em particular) não é somente *isso que está aí*".[7]

---

5. Luiz Edson Fachin (coord.), *Repensando Fundamentos do Direito Civil Brasileiro Contemporâneo*, p. 318.

6. Ob. cit., pp. 115-116 e 145.

7. Ob. cit., p. 318.

INTRODUÇÃO   41

Preocupado também com a crise vivida atualmente pelo direito privado em todo o mundo e destacando que ela passa não só pela sistemática e metodologia, Luiz Ricardo Lorenzetti[8] entendeu que ela abrange igualmente a função social e a profunda influência sofrida por parte do direito público, notadamente das Constituições, chegando à conclusão de que a missão do intérprete adquiriu um caráter fundamental, em especial a que se destina ao juiz e à jurisprudência.

O jurista platino chamou, ainda, a atenção para o fato de que a Ciência Jurídica perdeu toda sua pureza primitiva, estando hoje contaminada por várias ciências e princípios éticos, como a Genética, a Economia e a Moral. O direito civil – acrescentou – deixou de ser uma ordem social, em favor de uma estrutura de defesa do cidadão e das coletividades, dividindo seu espaço com outros códigos, com microssistemas jurídicos e ainda com subsistemas.

Defendendo o Código Civil, sua função e localização central, Lorenzetti[9] proclamou ser ele uma lei sagrada que a multiplicação de normas vem dessacralizando e desvalorizando, por via da redução a simples instrumento.

Erouths Cortiano Júnior,[10] analisando a função do Direito como fim, sublinhou que o importante é saber a que vem o direito privado, e mais propriamente o direito civil, acrescentando que ele não deve restringir-se a possibilitar a apropriação de bens, intuito último que o informou neste século.

A Filosofia tem questionado com veemência a noção de sujeito, como categoria conceitual, vaticinando sua morte – observou Lorenzetti.[11]

Em Foulcault a expressão representa autênticos marcos de enunciação – isto é, o texto é escrito de tal modo que o sujeito acaba por ser dispensável. Não são os sujeitos que produzem os discursos, mas, antes, os discursos que dão origem aos sujeitos – ensina Foulcault. O ser humano é, fundamentalmente, fala, discurso, dialética.

A desordem – arrematou Lorenzetti[12] – é produto da complexidade e a diferenciação será necessária para crescer (relembre-se Picard:

8. *Fundamentos do Direito Privado*, p. 44.

9. Ob. cit., p. 57.

10. "Alguns apontamentos sobre os chamados direitos da personalidade", in Luiz Edson Fachin (coord.), *Repensando Fundamentos do Direito Civil Brasileiro Contemporâneo*, p. 40.

11. Ob. cit., p. 545.

12. Ob. cit., p. 58.

42 A TEORIA DA IMPREVISÃO NO DIREITO CIVIL E NO PROCESSO CIVIL

"Es necesario a veces saber desorganizar brutalmente el juego detestable de las injusticias, revestidas del disfraz de leyes, que han cesado de estar en concordancia con el tiempo; es necesario saber salir de la legalidad para entrar en el Derecho, pues sino la legalidad en lugar de salvaguardar, mata").

Não só a tendência socializante do Direito como também o bom senso há muito consagraram: o benefício ou desvantagem contratual deve ser comum, não podendo ser estabelecido ou condicionar-se de maneira a conferir vantagens ou prejuízos apenas a uma das partes. Eventos que gravitam na álea excepcional de uma obrigação devem receber tratamento diferenciado dos que compõem o quadro da álea normal, porque as leis que regem a excepcionalidade são outras.

O fenômeno da repersonalização do Direito – lembrou Cortiano Júnior[13] – vai se impondo como uma resposta à ordem criada e que não mais se encaixa na moldura dos fatos e, tampouco, na esperança dos homens. O Direito – concluiu – não está apenas centrado funcionalmente em torno do conceito de pessoa, mas também seu sentido e finalidade são a proteção da pessoa.

Cabe, às vésperas do Terceiro Milênio – lembrou Fachin[14] – perguntar, e tentar responder, a pertinência desse debate com o medievo que teima em enclaustrar o Brasil no desprezo do atendimento às questões vitais até hoje irrespondidas. A exemplo de Ulisses, que, ao cabo de alguns anos perambulando por íngremes caminhos, reencontrou sua ilha – encerrou –, queira ainda o futuro reservar para o novo desenho jurídico do direito civil brasileiro espaço para o sonho de uma sociedade justa, fraterna e igualitária.

Como lembrou Lorenzetti,[15] a proteção jurídica do indivíduo transcende a individualidade; é o homem e sua circunstância (relembrando Ortega y Gasset). Esta última é um território confortável, sadio e seguro, que a organização social atual não garante sem uma demonstração jurídica.

Fazendo um confronto entre os princípios *pacta sunt servanda* e *rebus sic stantibus*, Carlos Cossio[16] concluiu pela interdependência das duas cláusulas: uma não subsiste sem a outra.

---

13. In ob. cit., p. 53.
14. "A reforma no Direito Brasileiro: Novas notas sobre um velho debate no direito civil", *RT* 757/69.
15. Ob. cit., p. 461.
16. "Aquellas cláusulas que como significaciones del lenguage cada una niega a la otra, dando la impresión racionalista de que se anulan al conjugarse, como se com-

INTRODUÇÃO   43

A regra geral sempre foi e deverá continuar sendo as determinadas pelo *pacta sunt servanda*, ficando claro que as partes estarão sempre submetidas às leis que criaram. Esta diretriz, para sua operacionalidade no mundo jurídico, necessita apenas de três elementos: agente capaz, objeto lícito e forma prescrita ou não defesa em lei (art. 82 do CC). Acrescentem-se, ainda, a legitimidade e, em casos determinados por lei, a solenidade. Presentes tais pressupostos, mais a adição da vontade das partes – na qual inexistam vícios de consentimento (geradores de nulidade ou anulabilidade) –, surge o contrato. Nada mais. Entretanto, para o emprego do remédio jurídico de exceção chamado "imprevisibilidade" inúmeros pressupostos têm de ser preenchidos, com vistas à sua perfeita identificação e pertinência ao caso concreto, objetivando sua adaptação ou extinção. Nem poderia ser de outra forma, por se tratar de alternativa de exceção, ainda aplicada *de iure constituendo* entre nós. A exigência de sua aceitação e emprego, dado seu caráter de excepcionalidade, deve cercar-se de um rigor muitas vezes superior ao da simples aplicação da regra geral – o que se tem como incensurável, sob todos os aspectos. Acima de tudo, a intenção primeira é a proteção das partes, via segurança dos negócios jurídicos.

Depois de muitas décadas, tendo perdido a grande oportunidade de integrar a teoria da imprevisão no nosso direito positivo, por ocasião do nascimento do Código Civil de 1916, o legislador brasileiro somente agora o faz, com a aprovação final do novo Código Civil Brasileiro, que deverá entrar em vigor em 2002.

---

plementan y se compenetran porque ninguna puede existir sin la otra, en cuanto que todo contrato está ontológicamente en una situación" ("La teoría de la imprevisión", in *Monografías Jurídicas* 56, p. 47).

TÍTULO I

CAPÍTULO I

1. O Direito e a liberdade. 2. A teoria obrigacional. 3. Classificação específica das obrigações. 4. O contratualismo. 5. O dirigismo contratual.

1. O Direito e a liberdade

> *Mas – perguntar-se-á – como se resolve a questão social, essa luta intensa que tem sua sede na cabeça, e chama-se justiça, e sua origem no ventre, e chama-se fome?* (ANTÔNIO BARBOSA DE MELLO)

Para homenagear a liberdade, Tiberius Gracchus[1] construiu um templo em Roma sobre o monte Aventino. A liberdade era representada pela figura de uma matrona vestida de branco, tendo um cetro em uma das mãos, uma lança sobreposta a um barrete na outra, e aos pés um gato, animal considerado como inimigo de todo e qualquer constrangimento. O barrete relacionava-se com o costume romano de cobrir a cabeça do escravo a ser libertado por via da manumissão, que podia ser solene ou não, identificando primitivas obrigações unilaterais.

As considerações desenvolvidas objetivam uma ilustração sintética da liberdade do homem em sociedade, e particularmente no campo

---

1. "Tiberius Gracchus, lui bâtit un temple à Rome, sur le mont Aventin: la Liberté y était représentée sous la figure d'une matrone vêtue de blanc, tenant un sceptre d'une main, une piqué surmontée d'une bonnet de l'autre, et avant à ses pieds un chat, animal ennemi de tout contrainte, le bonnet faisait alusion à l'usage qui avaient les romanins de couvrir d'un bonnet la tête de l'esclave qu'ils voulaient affranchir" (*Dictionnaire Universel des Sciences, des Lettres et des Arts*, Paris, 1869, pp. 931-932, *apud* Luiz Autuori, "Liberdade (*Libertas*)", in *Repertório Enciclopédico do Direito Brasileiro*, v. 31, p. 186).

48 A TEORIA DA IMPREVISÃO NO DIREITO CIVIL E NO PROCESSO CIVIL

obrigacional, sem aprofundamentos de caráter filosófico, sociológico, político ou de qualquer outra natureza, já que não é este o objetivo específico desta obra.

Com a liberdade se dá um paradoxo curioso. Em determinados contextos jurídicos seu exercício só a fortifica e consolida; o desuso a enfraquece. Exemplo clássico encontra-se no plano dos direitos reais: exercer a liberdade na aquisição de uma propriedade imóvel rural, bem como a liberdade de poder desfrutá-la, faz com que o direito colocado em ação (aquisição, uso e gozo da coisa) só fortaleça o direito real existente. Por outro lado, o não-exercício daquela liberdade, em especial a ausência da prática de atos de possuidor, poderá levar à perda daquele direito para outrem, que, por via da aquisição pelo uso pacífico e continuado (usucapião), se terá valido da liberdade de trabalhar a terra, nela exercendo atos de possuidor, justificando sua função social – embora o exemplo possa constituir uma excepcionalidade.

No direito das obrigações, uma vez exercitada a liberdade de vinculação, tão-somente com a efetivação daquela opção desaparece a liberdade. Assim, alguém que contraia a obrigação de pagar determinada quantia (direito pessoal) por alguma coisa adquirida, ao agir livremente na prática do ato jurídico de aquisição, automaticamente perde a liberdade em relação à responsabilidade que advém do débito assumido. Isto significa que no terreno obrigacional o exercício da liberdade, afinal, acaba por determinar sua perda total.

Jean-Jacques Rousseau, na introdução de *O Contrato Social*, alertou: "O homem nasceu livre, e não obstante está acorrentado em toda parte. Julga-se senhor dos demais seres sem deixar de ser tão escravo como eles".[2] O enfoque jurídico-sociológico de Rousseau é fornecido por Afonso Bertagnoli,[3] no estudo crítico que faz da concepção rousseauniana.

Tanto na Filosofia como na Ciência Jurídica poucas dúvidas subsistem quanto a ser o conceito de *liberdade* um dos mais difíceis de se determinar. Embora de aparência clara, é, ao mesmo tempo, obscuro e profundamente problemático. Entretanto, isto é certo: não há como alguém ficar indiferente à noção de liberdade. Nossos pensamentos,

---

2. *O Contrato Social*, p. 37.

3. "Face à regra *libertas quid libet faciendi*, a liberdade individual não favorece ao cidadão o direito exclusivo de exercer a sua vontade ou os caprichos da sua fantasia, posto que tal liberdade seria a de um psicopata e não a de um homem. Reversamente todas as manifestações da liberdade sofrem as restrições impostas pelo interesse da coletividade, pela interdependência social" (*apud* Luiz Autuori, ob. cit., p. 187).

O DIREITO E A LIBERDADE

ações e vida, enfim, terão significados diversos de conformidade com nossa opção por um destes caminhos: ou aceitamos a responsabilidade de nossa contribuição para bem nortearmos nosso próprio destino ou nos deixamos arrastar por leis que nos impelem a situações predeterminadas. Ou somos libertários ou deterministas. Entendeu Autuori – em visão solidarista – que a liberdade do homem deve ser exercida dentro de limites, tendo em vista o interesse da coletividade.

Miguel Reale[4] observou que o problema ético da liberdade tem sido visto como uma distinção entre a consciência empírica e a normativa.

Entre os conceitos contemporâneos de liberdade destaca-se, primeiramente, a visão anarquista. Para ela a liberdade total seria indispensável na disciplina dos mecanismos de auto-regulamentação da natureza humana. Qualquer tipo de repressão seria prejudicial à chamada "disciplina espontânea". Para o Anarquismo tão-somente a oposição à coerção não seria liberdade, mas sim comunidade de interesses. A concepção anarquista, a rigor, por suas características, não ultrapassa o plano da teoria, sendo inviável nas complexas organizações sociais. Basicamente, a idéia anarquista para a concepção liberal iria da parte para o todo. Partiria de pequenos grupos para a sociedade global. No contexto do tecido societário contemporâneo, pleno de contradições, não se descortina a viabilização desta proposta ultraliberal.

Em ponto diametralmente oposto situa-se o Totalitarismo. Historicamente um verdadeiro desastre para a Humanidade, o ponto de vista totalitário parte do pressuposto de que em uma sociedade complexa é praticamente impossível a existência de mecanismos espontâneos.

A conclusão que se impõe como resultado de uma primeira aferição, sem aprofundamentos, é a de que tanto na concepção anarquista

---

4. Disse Reale:

"O problema ético da liberdade ainda é posto, como se vê, com base na distinção essencial entre *leis naturais* e *leis normativas*, atendidas as exigências então dominantes na cultura ocidental, ou seja, sem quebra da crença inabalável do princípio da causalidade, concebido de maneira absoluta e determinista, como condição universal de todas as ciências.

"Se as leis naturais ou leis explicativas do fenômeno, segundo a categoria do *ser*, não coincidem com a lei do *dever-ser* ou norma, nem por isso se admite uma contradição entre elas: as normas, em última análise, representam uma seleção gerada no complexo de possibilidades das leis naturais. Neste sentido, uma regra de qualquer natureza – seja ela moral, lógica ou estética – pode converter-se em fundamento determinante do pensamento e da vontade, desde o momento em que se insere no plano da consciência" ("Liberdade e valor", *Revista da Faculdade de Direito de São Paulo* 53/7-8).

50 A TEORIA DA IMPREVISÃO NO DIREITO CIVIL E NO PROCESSO CIVIL

como na totalitária, pelos seus extremismos (*in medio virtus*), a autonomia humana acabaria por degradar-se, ora pelo excesso, ora pela falta. Derivá-la de uma única fonte – como no direito de propriedade – por certo não lhe conferiria solidez alguma, conseqüente à inexistência de universalidade. A fim de que seu conteúdo não se exaura, além de estar acorde com a postura liberal, a liberdade deverá determinar-se, de algum modo, mais como um princípio regulativo do que constitutivo. Para além de todo e qualquer liberalismo, é fundamental a existência de exigências de solidariedade e de igualdade jurídica no tecido social.

Pertinentes são as considerações de Giuseppe Tarozzi[5] ao entender que a liberdade positiva, em sentido espiritual, é o sentimento de solidariedade e humanidade. O Direito não é criação do homem isolado, mas do homem na coletividade. É, basicamente, um produto da liberdade do ser humano. Se o Direito se identifica como resultante da liberdade, segue-se que, por ser desta uma garantia, é, ao mesmo tempo, dela produtor. Daí se conclui ser o Direito um produto e um produtor da liberdade. Não há Direito sem liberdade, nem liberdade sem Direito. A segurança que do Direito advém não é apenas um fato, mas também um valor.

António Barbosa de Mello,[6] da Universidade de Coimbra, demonstrou justificada preocupação, expressa nas seguintes palavras: "Mas – perguntar-se-á – como se resolve a questão social, essa luta intensa que tem sua sede na cabeça, e chama-se justiça, e sua origem no ventre, e chama-se fome?".

O Direito não é uma mera técnica de poder – explicou Nuno de Souza[7] –, uma vez que pressupõe a necessária referência às pessoas

5. "La libertà", *Rivista di Filosofia del Diritto*, ano 25, 1984, p. 18.

6. "António Cândido – Universitário e juspublicista", in Separata do número especial do *Boletim da Faculdade de Direito de Coimbra*, "Estudos em Homenagem ao Professor Dr. Afonso Rodrigues Queiró", 1988, p. 37.

7. "A idéia de liberdade é essencialmente filosófica, o que não obsta a que em nível neurológico se analise a dependência entre o desenvolvimento do sistema nervoso (a parte anterior do lobo frontal) e a liberdade. Quanto maior, na escala evolutiva, for a simplicidade, menor será a liberdade. O homem, por economia, pode-se conduzir tão automaticamente como um animal, mas se quiser servir-se da massa cortical adquirirá um poder insuspeitável. Nada trava as idéias, e diante dos estímulos reais mais fortes o homem pode elevar-se ao mundo dos sonhos e do pensamento. O nosso cérebro parece estar equipado por forma a não dependermos de quaisquer incitamentos exteriores ou interiores: mesmo o instinto de conservação pode dobrar-se perante a determinação, sendo o homem o único que se pode suicidar. Ser livre é pôr a funcionar ao

O DIREITO E A LIBERDADE 51

livres. Seu ponto de partida e de chegada é a liberdade consciente. Nesta perspectiva o Direito não é, aprioristicamente, um sistema de normas, mas o comportamento uniforme dos participantes numa comunidade ético-jurídica. Esse comportamento deverá ser sempre disciplinado por regras comuns a todos, de tal sorte que a igualdade de tratamento estabelecida pela norma possa tornar-se eficaz. Deste modo, além de ser considerado um limite ao arbítrio individual e ao egoísmo, o Direito é também um indispensável instrumento de cooperação humana, expressão do homem enquanto ser racional, uma autêntica forma de organização social, disciplinadora de interesses e vontades, direcionada para a realização de fins comuns.

Na visão marxista a ordem jurídica baseia-se em fatores econômico-sociais. Embora não se possa aceitar a tese integralmente, não há como negar a presença de vigorosos condicionamentos sociais quando da criação do Direito. Mas eles não explicam tudo. O que se advoga, paralelamente, é a existência de uma margem de indeterminação. Exemplo ilustrativo ocorreu na Alemanha. Um pouco antes da II Guerra Mundial (1933) havia entre os países cultos e desenvolvidos da época forte tendência democrática. Entretanto, aquela diretriz não foi causa impeditiva de adoção do Nazismo, regime sobre o qual são dispensáveis quaisquer considerações, em especial quando se discute a liberdade. A crise econômica alemã, naquele contexto, não seria uma justificativa válida, já que vários países passaram por situações de caos econômico sem adotar soluções extremas. Os Estados Unidos atravessaram a chamada "grande depressão" sem deixar o leito da democracia. Nos dois casos, embora a causa fosse a mesma, as respostas sociais foram diferentes.

Miguel Reale, depois de confrontar liberdade e valor, concluiu: "O certo é que o homem, neste intranqüilo após-guerra, quanto mais se abisma nos mistérios do cosmos, tanto mais sente a urgente necessidade de dobrar-se sobre si mesmo, na intimidade de sua consciência, no sentido do eu profundo, cujo *ser* é o seu *dever-ser*, onde se entrelaçam liberdade e valor; *ser* e *dever-ser*, indivíduo e sociedade,

máximo os sistemas associativos do nível terciário (parte lateral média do córtex) que trazem às operações mentais os conceitos e as abstrações. Para destruir a liberdade tenta-se, caso seja possível, diminuir a energia da pessoa e criar hábitos de pensar e agir que favoreçam em quaisquer circunstâncias as soluções de facilidade. Mas, por mais aprisionado que o ser humano se sinta, bastará um qualquer 'nada' para o reconduzir ao mundo dos pensamentos e dos sonhos" ("A liberdade e o Direito", in Separata do número especial do *Boletim da Universidade de Coimbra*, "Estudos em Homenagem ao Professor Dr. Eduardo Correia", 1984, p. 26).

A TEORIA DA IMPREVISÃO NO DIREITO CIVIL E NO PROCESSO CIVIL

existência e transcendência: só então o homem se sente na plenitude de seu ser como *pessoa*, valor fonte de todos os valores, a prescindir do qual não teriam sentido as mais rigorosas e verificáveis conquistas das ciências".[8]

No campo obrigacional a liberdade de escolha das partes é tutelada pelo direito que lhes é outorgado de legislarem para si mesmas. Esta liberdade – já foi dito – é total no momento da manifestação da vontade de se obrigar ou não. Feita a opção, a vontade se exaure. Qualquer manifestação contrária – excetuada a denúncia de vícios de consentimento – não terá eficácia. Não seria exagerado concluir que a assunção de uma obrigação representa restrição à liberdade individual, embora consubstancie o exercício do livre direito de contratar. Por outra forma: a liberdade só existe até o instante da manifestação da vontade, em contexto de absoluta normalidade. O exercício dessa liberdade (contratação) traz como decorrência a restrição da própria liberdade (assunção consciente de obrigação).

2. A teoria obrigacional

Sob este título, o direito das obrigações será abordado sem desdobramentos ou profundos compromissos com sua multifacetada estrutura, porque não se objetiva um enfoque geral e detalhado do tema. Busca-se, acima de tudo, apenas a análise de um aspecto particular de seu complexo universo, consubstanciado faticamente na hipótese específica das contratações onde o dever é postergado.

A abordagem pretende esboçar, em painel restrito, o palco onde se representam situações em que os contratos de execução diferida admitem e reclamam a aplicação da teoria da imprevisão.

Dois elementos principais integram o conteúdo de uma obrigação no âmbito do direito creditório: o primeiro, de natureza pessoal, identificado como *débito*, e o segundo, de cunho patrimonial, conhecido como *responsabilidade*. O débito resulta da opção feita pela parte de criar uma obrigação; a responsabilidade decorre daquela escolha, tendo como garantia o patrimônio do devedor. Resultante do débito – a que o sujeito passivo se vinculou – surge a responsabilidade e, paralelamente a esta, como direito subjetivo (nascido com o direito objetivo), a faculdade do credor de propor a execução dos bens do devedor – caso ele não satisfaça o débito espontaneamente –, na busca de so-

8. Artigo cit., *Revista da Faculdade de Direito de São Paulo* 53/110-111.

A TEORIA OBRIGACIONAL 53

lução para seu direito de recebimento do que lhe é devido. Na consubstanciação do débito a liberdade da parte é total; convocada a satisfazê-lo, desaparece, porque nesta exigência seu dever é de natureza absoluta, como decorrência lógico-jurídica do exercício daquela opção, sem qualquer alternativa quanto a cumprir ou não o contratado. Na primeira a manifestação de vontade é inteiramente livre, portanto isenta de qualquer restrição; na submissão incondicional à segunda (responsabilidade pelo cumprimento da obrigação) atua a imperatividade da lei, sem espaço para a vontade negativa. A liberdade de manifestação da vontade tem caráter eminentemente privado; a responsabilidade pela obrigação é um princípio de ordem pública.

Para Arnoldo Wald[9] a maior relevância de uma obrigação está no seu caráter patrimonial; para Clóvis Beviláqua,[10] no constrangimento de dar, fazer ou não fazer alguma coisa. Entretanto, para ambos – como para a totalidade dos juristas –, sinteticamente, toda obrigação tem como essência ação ou omissão. Seria possível, então, definir-se como obrigação *toda ação ou omissão da pessoa (física ou jurídica), de caráter patrimonial, nascida da manifestação livre da vontade, ou decorrente da prática de ato ilícito, da declaração unilateral de vontade ou ainda em virtude da lei.*

Em rápido retrospecto, teríamos: no contexto romano obrigação e débito eram coisas inteiramente distintas. A primeira (*obligatio*) decorria de contrato especial, no qual se dava ênfase a um elemento denominado *nexum*, caracterizado pela sujeição pessoal do devedor ao credor. Em tais casos havia um adentramento no campo da liberdade pessoal do devedor, de tal sorte que, configurado o inadimplemento, a execução da *obligatio* (que significa vinculação – *vinculum juris quo necessitate adstringimur alicujus solvendae rei*) era exercida pessoalmente pelo credor, a quem se deferia o direito de ter o devedor como seu escravo, dele exigindo serviços, ou de vendê-lo para a solução de seu crédito; das *conventio* sem foros de contrato, ou destes sem *nexum*, surgiu o débito, mas sem *obligatio*. Equivale dizer: só os bens do devedor respondiam pelo débito, sem qualquer interferência em sua liberdade pessoal, que, em razão destes pactos, não integrava a relação negocial como garantia da obrigação.

Pedro Bonfante[11] esclareceu que com a *Lex Poetelia* o caráter pessoal da execução contra o devedor desapareceu, substituindo-se a

9. *Obrigações e Contratos*, 15ª ed., pp. 31 e ss.
10. *Código Civil dos Estados Unidos do Brasil Comentado*, 10ª ed., v. 4, p. 6.
11. *Instituciones de Derecho Romano*, 2ª ed. espanhola, pp. 375 e 465.

54 A TEORIA DA IMPREVISÃO NO DIREITO CIVIL E NO PROCESSO CIVIL

chamada *manus iniectio* (característica da sujeição pessoal contida no *nexum* das *obligatio*) pela *pignoris capio*, de caráter patrimonial, por isto já não mais com incidência direta na pessoa do devedor, mas especificamente nos seus bens.

Wald[12] informa ainda que no Direito Romano, paralelamente às obrigações, com menor efeito no campo jurídico – já que não podiam ser exigidas judicialmente –, existiam as chamadas "obrigações naturais", acrescentando que a dicotomia tinha raízes no *ius civile* e no *ius gentium* romanos. As primeiras – obrigações civis – eram disciplinadas pelos *ius civile* e as últimas – naturais – pelo *ius gentium*. O *ius civile* era extremamente rigoroso (registre-se que a regra *pacta sunt servanda* nele teve origem) e inflexível. Aquela severidade acabou por clamar pela necessidade de um princípio moderador que atenuasse sua exacerbada exigência. Segundo Wald,[13] em defesa da boa-fé das partes, amparando o direito do povo, surgiu o *ius gentium*, menos formal, menos rigoroso.

As obrigações naturais são vistas sob outra ótica. Modernamente, o que se tem de positivo é que, embora inexigível seu cumprimento pelas vias judiciais ou mesmo extrajudiciais, elas se definem como um dever de consciência ou ditado pela Moral, desde que isenta de injuridicidade. Contudo, uma vez satisfeita essa obrigação espontaneamente pelo devedor, surge um impedimento legal de volta ao *statu quo ante*. Equivale dizer: mesmo numa obrigação que tenha objeto ilícito (dívida de jogo), se for cumprida pelo devedor, porque ele, no momento, assim entendeu que devia fazê-lo, havendo arrependimento, não mais será possível repetir o que houver pago. Ilustrativos são os casos de prêmios prometidos em rifas, bingos ou sorteios não autorizados,[14] mas apenas tolerados – o que torna seus objetos inteiramente ilícitos. Enquadram-se no elenco de obrigações naturais. Por serem assim consideradas, os tribunais têm decidido que essas "obrigações" não são exigíveis, isentando-se os devedores (promotores de bingos, rifas e sorteios não autorizados oficialmente) de efetuar a entrega dos

---

12. Ob. cit., p. 36.

13. "Do mesmo modo que, no Direito Romano, a obrigação natural surgiu, no *ius gentium*, para atenuar o rigorismo do *ius civile* e proteger a boa-fé das partes, no Direito moderno constitui a obrigação natural um dos conceitos-amortecedores, conceitos-válvula ou órgãos de adequação, na feliz expressão de Del Vecchio, em virtude dos quais é mantido o necessário equilíbrio dinâmico entre o sistema jurídico e os imperativos morais e sociais" (ob. cit., p. 37).

14. A Lei 5.768, de 20.12.1971, em seu art. 7º, disciplina a autorização para pessoas jurídicas interessadas nessas promoções.

A TEORIA OBRIGACIONAL

prêmios prometidos, embora estas possam caracterizar, em princípio, uma declaração unilateral de vontade (arts. 1.512-1.517 do Código), sem prejuízo, obviamente, da caracterização do crime de estelionato em alguns casos.

Textualmente dispõe nosso direito positivo: "Não se pode repetir o que se pagou para solver dívida prescrita ou obrigação natural" (art. 920 do atual CC; art. 881 do novo CC). No mesmo sentido o art. 1.477 e seu parágrafo único do Código Civil de 1916 (art. 813 do novo CC).[15]

O Supremo Tribunal Federal,[16] em harmonia com a doutrina e a jurisprudência dominantes, tem entendido ser inexigível a obrigação natural.

Para evitar que na aquisição de bingos, tômbolas, bilhetes, rifas, carnês e congêneres o comprador sorteado se veja sem ação civil contra o promitente de prêmio não entregue a solução é exigir – antes da aquisição – a autorização do Ministério da Fazenda, a quem compete a fiscalização dessas atividades.

Uma das mais completas e didáticas classificações das obrigações nos foi fornecida pelo professor Nely Lopes Casali.[17]

Dividiu-as em (1) *jurídicas*, (2) *naturais*, (3) *morais* e (4) *religiosas* – esclarecendo que as de natureza *jurídica* têm como fonte a *lei*, os *contratos*, as *manifestações unilaterais de vontade* e os *atos ilícitos*.

---

15. "Art. 1.477. As dívidas de jogo, ou aposta, não obrigam a pagamento; mas não se pode recobrar a quantia que voluntariamente se pagou, salvo se foi ganha por dolo, ou se o perdente é menor, ou interdito.

"Parágrafo único. Aplica-se esta disposição a qualquer contrato que encubra ou envolva reconhecimento, novação ou fiança de dívidas de jogo; mas a nulidade resultante não pode ser oposta ao terceiro de boa-fé."

16. "Dívida de jogo – Fornecimento de fichas em clube destinadas a jogo e para pagamento posterior. É inexigível o reembolso do que se emprestou nessa situação" (*RTJ* 49/206).

"Rifa não autorizada. Tratando-se de atividade ilícita, a que adeiu o autor, a obrigação para com ele contraída é uma das chamadas 'obrigações naturais' a que apenas corresponde um dever moral e cujo cumprimento não pode ser exigido judicialmente, embora, quando voluntariamente cumpridas, não se possa pleitear a restituição do que foi pago (CC, arts. 970 e 1.477). Ninguém se pode escusar alegando que não conhece a lei (art. 3º da LICC). A rigidez desse dispositivo tem sido atenuada pela doutrina e pela jurisprudência quando se trata de matéria contratual, sem que interfira em preceito proibitivo de ordem pública. Mas aqui, precisamente, há que obedecer a um tal preceito" (*RTJ* 49/352).

"Obrigação resultante de sorteio, em rifa não autorizada, é judicialmente inexigível, porque destituída de sanção civil" (art. 1.477 do CC – *RTJ* 59/482).

17. *Aula* no Curso de Mestrado em Direito das Relações Sociais, Universidade Estadual de Londrina, 1995.

56 A TEORIA DA IMPREVISÃO NO DIREITO CIVIL E NO PROCESSO CIVIL

Destacou a *lei* como a mais importante das fontes, e os *contratos* como a mais rica e fecunda. Em seguida fracionou as *fontes jurídicas* em *positivas* e *negativas*, esclarecendo que as *naturais* têm sua forma de extinção, por força de lei, consubstanciada nas situações conhecidas como *caducidade* e *prescrição* (arts. 1.477 e 1.259).

Prosseguiu separando as *obrigações positivas* – em dever de *dar* (*coisa certa* [arts. 863-868] e *incerta* [arts. 874-877]) – de *restituir* (*coisa certa* [arts. 869-873]) – de *fazer* (arts. 878-881) – dos *deveres* de *fazer* e *dar*. Informou, finalmente, que as obrigações negativas se encontram disciplinadas pelos arts. 882 e 883 do Código, encerrando a divisão preliminar de *natureza genérica*.

O quadro esquemático a seguir ilustra sua classificação específica.

3. Classificação específica das obrigações

1. Quanto ao número de sujeitos
- *Unilaterais* (arts. 1.505-1.517)
- *Bilaterais*
- *Plurilaterais*
  - Conjuntas (arts. 890-891)
  - Solidárias
    - Ativas (art. 898)
    - Passivas (arts. 905-915)
    - Mistas

2. Quanto ao objeto da prestação
- *Simples*
- *Cumulativas ou Conjuntivas*
- *Alternativas ou Disjuntivas* (arts. 884-885)
- *Facultativas*
- *Puras ou Independentes*

3. Quanto às modalidades
- *Condicionais* (arts. 114-119)
- *Complexas ou Modais*
  - A termo (arts. 120-124)
  - Com encargo (art. 128)

CLASSIFICAÇÃO ESPECÍFICA DAS OBRIGAÇÕES

4. Quanto à divisibilidade
- *Divisíveis* (art. 52)
- *Indivisíveis* (art. 53)
  - Por força da natureza (art. 891)
  - Por força de lei (art. 891)
  - Por força da vontade das partes (art. 899)

5. Quanto à reciprocidade
- *Acessórias* (arts. 59, 916, 1.062, 1.262 e 1.481)
- *Principais* (art. 58)

6. Quanto à liquidez
- *Líquidas* (arts. 960 e 1.533)
- *Ilíquidas* (arts. 960, 1.533 e 1.536 do CC e 603-610 do CPC)

7. Quanto à duração
- *Instantâneas ou Transeuntes*
- *Sucessivas ou Periódicas*

8. Quanto à sucessibilidade
- *Sucessíveis* (art. 928 – não-personalíssimas)
- *Insucessíveis* (personalíssimas)

9. Quanto à transferibilidade
- *Transferíveis* (não-personalíssimas)
- *Intransferíveis* (personalíssimas)

10. Quanto ao resultado
- *De Fim*
- *De Meio*

11. Quanto ao lugar da prestação
- *"Quérables"* (art. 950)
- *"Portables"*

12. Quanto aos efeitos
- *Preliminares ou Preparatórias*
- *Definitivas*

13. Quanto à forma
- *Formais*
- *Não-Formais*

14. Quanto à solenidade
- *Solenes*
- *Não-Solenes*
- *Válidas* (art. 82)
- *Nulas* (arts. 145, 153 e 922)

58 A TEORIA DA IMPREVISÃO NO DIREITO CIVIL E NO PROCESSO CIVIL

15. Quanto à validade
- *Anuláveis* (art. 147)
- *Inexistentes*
- *Ineficazes* (art. 593 do CPC)

16. Quanto às fontes geradoras
- *Legais – Obrigações "propter rem"* (arts. 555, 569, 588 e 624)
- *Conjugais*
- *Contratuais ou Convencionais*
- *Manifestação Unilateral da Vontade*
- *Atos Ilícitos*

17. Quanto aos ramos do Direito
- a) *Civis* d) *Tributárias* g) *Administrativas*
- b) *Comerciais* e) *Trabalhistas* h) *Eleitorais*
- c) *Agrárias* f) *Previdenciárias*

18. Quanto ao consenso
- *Consensuais* (arts. 1.122 e 1.188)
- *Reais* (arts. 1.248 e 1.256)

19. Quanto à comutatividade
- *Comutativas*
- *Aleatórias*

20. Quanto às relações entre as partes
- *Paritárias*
- *De Adesão*

21. Quanto à onerosidade
- *Onerosas* (bilaterais ou sinalagmáticas)
- *Gratuitas* (unilaterais, gratuitas ou benéficas)

Cumpre registrar, ainda, que, nesta ordem, o atual Código Civil Brasileiro trata, em sua Parte Especial, do direito de família, coisas, obrigações e sucessões (no novo Código Civil a Parte Especial se desdobra em 5 Livros, referentes ao Direito das Obrigações, das Empresas, das Coisas, de Família, das Sucessões e mais um Livro Complementar, com Disposições Finais e Transitórias). Na legislação alemã – como justificativa lógica de que o contato com o campo obrigacional, desde logo, é indispensável para melhor compreensão dos outros direitos – o direito das obrigações é situado em primeiro lugar, em seguida à Parte Geral do *BGB*. De forma acertada, entendeu o legislador alemão que, no contexto dos direitos específicos, ele é o mais importante, razão por que o localizou no princípio. A justeza da disposi-

O CONTRATUALISMO

ção topológica é indiscutível, uma vez que as relações jurídicas de natureza obrigacional se fazem presentes em todos os planos, podendo ser ele considerado, na área do direito privado, o de maior relevância. As razões de sua onipresença em searas específicas que não a sua (relacionamentos familiares, sucessórios e no direito das coisas) liga-se ao fato de que desde os tempos primordiais do Direito sua solicitação tem sido constante no cotidiano das pessoas (físicas e jurídicas), como fiel da balança e instrumento de disciplina nas relações sociais.

4. O contratualismo

Embora a definição de contrato não se encontre em fontes latinas, mas gregas – segundo informações de Paulo Carneiro Maia,[18] citando Riccobono (*Nuovo Digesto Italiano*) –, ele se consolidou no mundo românico permeado por forte religiosidade e em clima de extremo formalismo. Inicialmente regulava a manifestação de vontades objetivando apenas criar obrigações. Firmou-se definitivamente no direito canônico, campo fértil em que a vontade humana foi reconhecida e orientada para a criação de um instrumento de aproximação entre os homens e de circulação de bens e riquezas, exercendo, então, autêntica função social.

Com raízes na *Lex Tabularum*, a teoria da vontade teve como aplicadores mais fiéis os canonistas, encontrando grande aceitação entre os enciclopedistas, filósofos e juristas do século XVIII, responsáveis pela ênfase dada à obrigatoriedade do cumprimento das convenções livremente estabelecidas, conceituando-as, à maneira de Ulpiano, como lei entre as partes. Com os jusnaturalistas o contratualismo atingiu seu apogeu. Até então, o contrato, instrumento apenas criador de direitos e obrigações, passou a modificá-los e também a extingui-los, transpondo o campo dos direitos pessoais para atingir o dos direitos reais. Arthur Marques da Silva Filho[19] traçou em pinceladas seguras os seus primórdios.

18. "Cláusula *rebus sic stantibus*", in *Enciclopédia Saraiva de Direito*, v. 15, p. 156.

19. "O Direito Romano não chegou a desenvolver uma elaboração doutrinária específica acerca dos contratos. Anotam alguns autores que ali teria surgido o princípio *ex nudo pactum non nascitur actio*, isto é, 'do contrato sem amparo legal não se origina ação'. Mas a *stipulatio* configurava contrato, no sentido de obrigar, sob pena de nulidade, mediante a troca de certas palavras (Spondesne = Prometes?; Spondeo = Prometo). Beudant advertiu que *conventio*, em Roma, era um termo genérico que englobava os contratos e os pactos. Na época feudal, período compreendido entre os sécu-

60 A TEORIA DA IMPREVISÃO NO DIREITO CIVIL E NO PROCESSO CIVIL

Na atualidade, tanto para o Direito Francês como para o Italiano – também para o Português – o contrato é instrumento translativo de direitos reais. Nos sistemas brasileiro e alemão – fiéis ainda ao primitivo conceito romano de transmissão – a transferência da propriedade (direito real) só ocorre por meio da tradição, para os bens móveis, e pela transcrição (registro) no ofício imobiliário competente, para os bens imóveis.

As limitações impostas pelo Estado, na Idade Média, acabaram por gerar a reação liberal e individualista do século XIX, elevando às culminâncias a liberdade de contratação e o respeito à palavra empenhada nos pactos regularmente constituídos. Sua expressão mais representativa foi o Código Napoleônico, que, em seu art. 1.134 (v. nota de rodapé 76 do Capítulo II deste Título), erigiu à condição de lei a manifestação da vontade contratual, para que todas as questões econômicas fossem livremente decididas pelas partes, sem interferência da sociedade ou mesmo do Estado.

É oportuno registrar que o Código Civil Francês, embora tenha sido modelo indiscutível de liberalismo e exaltação do individualismo, foi também excessivamente protecionista, principalmente na tutela dos bens de propriedade da burguesia, então classe dominante. Mais da metade de seus artigos (1.176, dos 2.281) destinaram-se à disciplina dos bens.

No início do século XX, ao se comemorar o centenário do que foi chamado de a mais alta expressão do ideal individualista – o Código Napoleônico –, constatou-se a profunda distância que existia entre sua estrutura e a nova concepção de justiça, jamais se podendo chamá-lo de instrumento democrático. Esta verificação já era contemporânea ao seu nascimento, porque nele nunca se cogitou da sorte da massa trabalhadora, buscando apenas a consolidação de um regime que assegurasse à classe média todas as benesses obtidas durante a Revolução. Foi a consagração legislativa do individualismo burguês. Alguns juristas chegaram a considerá-lo como o criador da "epopéia burguesa do direito privado".

Modernamente, a autonomia da vontade se apresenta sob dois aspectos: o da liberdade contratual, determinante do conteúdo da con-

---

los X e XIII, o simbolismo e o formalismo continuaram a desempenhar papel importante. O 'dinheiro de Deus', uso piedoso; 'vinho do mercado', os contratantes firmavam o contrato bebendo juntos na taberna; a 'palmada', quando as duas partes apertavam as mãos, são exemplos marcantes desta época" (*Revisão Judicial dos Contratos – Contornos Atuais da Teoria dos Contratos*, pp. 121-122).

O CONTRATUALISMO

venção; e o da liberdade de contratar, que se consubstancia na realização, ou não, de determinado pacto, com estrita observância das normas de ordem pública, isto é, na contraposição do interesse social ao particular, com predominância daquele sobre este.

Quanto à determinação do conteúdo dos pactos, Wald[20] esclarece que a antiga liberdade contratual foi bastante restringida com o surgimento dos chamados "contratos de adesão".

No plano da execução das obrigações – dando continuidade ao raciocínio – Wald[21] estabeleceu de forma brilhante a síntese da imprevisibilidade: a obrigatoriedade dos contratos constitui, por sua vez, uma projeção no tempo da liberdade contratual. Esta construção sintetiza de forma bastante feliz a *ratio essendi* da doutrina da imprevisibilidade: sem incidentes de percurso, os pactos devem reger-se pela regra *pacta sunt servanda*; diante do acontecimento anormal e imprevisível, pelo princípio *rebus sic stantibus*.

Um tríplice alicerce sustenta as contratações atualmente: o princípio da autonomia da vontade, a supremacia da ordem pública e a obrigatoriedade do convencionado.

Segundo o magistério de Troplong,[22] o Direito Romano era formalista, individualista e absolutista, donde a formulação contida no *ius civile*, criador da regra *pacta sunt servanda*, que, literalmente, significa "os pactos devem ser cumpridos", ou "as partes devem se submeter rigorosamente às cláusulas do contrato", ou, como ficou conhecida, "o contrato faz lei entre as partes". Esta regra inicialmente foi considerada um verdadeiro dogma, baseado na Lei das XII Tábuas (século V a.C.), que não comportava palavras supérfluas, em razão de sua redação direta e objetiva. Mas quem lhe deu a roupagem que lhe traria foros de "lei entre as partes" foi Ulpiano,[23] ao dizer: *Contractus*

---

20. "A liberdade, no plano contratual, tem sofrido amplas restrições, especialmente no tocante à faculdade de fixar o conteúdo do contrato (liberdade contratual), pois muitos contratos são hoje verdadeiros contratos de adesão, cujo texto depende de aprovação prévia de organismos governamentais" (ob. cit., p. 185).

21. "A obrigatoriedade dos contratos constitui, por sua vez, uma projeção no tempo da liberdade contratual. As partes são obrigadas a realizar as prestações decorrentes do contrato. O direito contemporâneo limitou também tal obrigatoriedade, interpretando-a 'rebus sic stantibus', ou seja, enquanto as situações das partes não sofrerem modificações substanciais e permitindo, no caso de haver tais transformações, uma revisão ou reajustamento dos termos do contrato" (ob. cit., p. 186).

22. *De l'Influence du Christianisme sur le Droit Civil des Romains*, pp. 30-31.

23. *Digesto*, XVI, III, 1, § 6.

62 A TEORIA DA IMPREVISÃO NO DIREITO CIVIL E NO PROCESSO CIVIL

enim legem ex conventione accipiunt, que significa "os contratos, em verdade, aceitam a lei proveniente da convenção" – apotegma do qual se valeu o Código Napoleônico.

Miguel Reale,[24] na condição de Presidente da Comissão encarregada do futuro Código Civil Brasileiro, em sua "Exposição de Motivos", falando sobre os contratos, observou, com propriedade, que o Direito é, acima de tudo, uma dimensão existencial do homem.

António Pinto Monteiro,[25] procurando desenvolver a idéia de que o exercício da liberdade contratual se apresenta, ainda, como o melhor meio de alcançar o equilíbrio jurídico e, de resto, a própria justiça – idéia dominante no liberalismo que, no início do século XIX, tomou conta do pensamento filosófico, sociológico, econômico, político e, principalmente, jurídico do mundo de então –, em sua análise conclui que os contratos representam um modelo ideal de justiça.

Destacando as opiniões contrárias à celebração dos pactos, advertiu ainda Pinto Monteiro[26] que as críticas dirigidas ao contrato e, em geral, ao princípio da autonomia privada referem-se sobretudo ao

24. "Assim como a propriedade é legítima e fundante, enquanto expressão de um valor social, a mesma coisa se dá com o contrato. Poderá parecer que os artigos ora lembrados representam mero enunciado de natureza ética, incompatível com o caráter cogente das leis positivas. Se eu tivesse uma concepção fiscalista do Direito, estaria, neste momento, repelindo normas dessa natureza. Se o Direito, no meu modo de ver, fosse apenas uma tessitura causal de comandos, unindo e entrelaçando os atos humanos a exemplo das leis físicas, não haveria razão para tais preceitos; mas o Direito é momento essencial da vida humana, uma dimensão existencial do homem. É necessário, então, levar-se em conta as contingências da condição humana, conferindo-se maior poder ao juiz, para assegurar o equilíbrio ético-econômico dos contratos, a fim de impedir que a parte mais fraca seja a primeira vítima de seu próprio querer, ou que o decidido pela vontade individual afronte valores sociais impostergáveis" ("Exposição de Motivos", in "Projeto 634/75, do futuro Código Civil Brasileiro", *Diário do Congresso Nacional*, Seção I, Suplemento, setembro de 1975, pp. 113-114 – atualmente, Projeto 118/84).

25. "O princípio da autonomia privada significa que os particulares são livres de disciplinar juridicamente os seus interesses, conformando autonomamente, isto é, por si próprios, segundo a sua vontade, as relações jurídicas que decidam estabelecer, criando, por acto próprio, o direito objectivo.

"Expressão da liberdade do homem, este princípio, exacerbando o papel da vontade individual, constitui uma das manifestações mais marcantes do pensamento filosófico-cultural e econômico do liberalismo."

Mais adiante, acrescentou o mesmo autor: "Os contratos, produto de um acordo de vontades, repetem-se livres e iguais, assumindo-se como o modelo ideal de justiça, permitindo que cada indivíduo se tornasse legislador de si próprio" (*Cláusulas Limitativas e de Exclusão de Responsabilidade Civil*, p. 44).

26. Ob. cit., p. 47.

O CONTRATUALISMO   63

"sentido" que o individualismo lhe atribuía e à idolatria que lhe era prestada.

Depois de se referir à intervenção do Estado, cada vez maior e mais constante, na economia privada, à sua atuação no campo do dirigismo contratual, o mesmo autor explicou que, em razão da multiplicação das restrições ao princípio da liberdade contratual, seria pertinente ponderar se se trataria apenas de cedências do princípio da autonomia privada ou, antes, da sua capitulação num futuro mais ou menos próximo. Os fatos apontam para a última hipótese. Se a transformação gradativa se constitui em avanço ou retrocesso, só o tempo dirá.

Reale[27] analisa o contratualismo sob as concepções de Rousseau e Kant, concluindo que ao último se deve creditar abordagem mais profunda e completa.

O histórico do contratualismo liga-se indissoluvelmente à trajetória do próprio homem. Suas raízes estendem-se até o mundo helênico, apresentando uma primeira configuração realmente estruturada no mundo românico, mas atingindo seu ponto alto depois da Idade Média, impulsionado pelas concepções jurídico-políticas da época.

No sistema cultural burguês o contratualismo apresentou uma das mais importantes justificativas para a existência do Estado, uma vez que este seria o resultado de vontades individuais a reclamar disciplina e ordenação comum, que, em última análise, seria a obediência às leis, criadas para regular o comportamento societário.

---

27. "Explicou o jurista que: '(...) segundo Kant a ordem jurídica se constitui porque entre os indivíduos existe sempre a pontencialidade da luta: é esse o sentido real da afirmação *est status belli*, que tanto impressionou a Paulsen. A ordem jurídica surge como um imperativo de razão, porquanto o estado de natureza é um estado de justiça simplesmente negativa, no qual, se um direito fosse controvertido, não existiria nem a lei determinada, nem o juiz competente para pronunciar a sentença justa, de sorte que, sob uma aparência de justiça, a violência responderia à violência. O contrato social é, em suma, para Kant mais do que para qualquer outro pensador, a condição sem a qual o homem não poderia realizar o seu fim último. É isso que o filósofo do idealismo transcendental já havia afirmado, em 1790, em sua obra fundamental sobre a crítica do juízo, antecipando as conclusões de toda a doutrina do Direito e do Estado: a condição formal pela qual tão-somente a natureza pode alcançar o seu fim último é uma constituição das relações dos homens entre si, na qual um poder legal, em um todo chamado sociedade civil, se oponha à lesão das liberdades respectivas em luta umas contra as outras, pois somente na sociedade as disposições naturais podem se desenvolver até o mais alto grau possível'. É por esses motivos todos que podemos dizer que o contratualismo alcança a sua expressão máxima, toda a expansão de sua força lógica, na doutrina de Emmanuel Kant, o mais profundo e criador intérprete da cultura individualista" ("O contratualismo – Posição de Rousseau e Kant", *Revista da Faculdade de Direito de São Paulo* XXXVIII, p. 150).

5. O dirigismo contratual

O dirigismo contratual ou econômico no âmbito dos pactos, segundo Anísio José de Oliveira[28] – citando Josserand (um dos pioneiros na discussão) –, representa um esforço para a adaptação do convencionado aos fenômenos econômicos e sociais extraordinários, devendo corresponder às razões de oportunidade e às necessidades práticas.

O princípio sedimentado de que todo e qualquer contrato faz lei entre as partes aos poucos vem cedendo espaço ao intervencionismo do Estado, criando a figura do *contrato dirigido*. Neste, os requisitos e condições seguem uma padronização, tendo em vista não só a segurança da contratação como, também, a proteção da parte mais fraca. O Código de Defesa do Consumidor é um exemplo típico – e exponencial – dessa atitude protetiva do Estado.

Luiz Antônio da Silva[29] – também referido por Anísio José de Oliveira – definiu como dirigismo contratual toda e qualquer intervenção estatal na vida dos contratos, quer sob a forma legislativa, quer sob a de intervenção jurisprudencial, que vise a reformular os princípios tradicionais da doutrina contratual, tornando-os mais acordes com a socialização do Direito moderno, que representa o seu aspecto mais relevante em nossos dias.

Lino de Moraes Leme[30] esclareceu que a intervenção governamental na esfera contratualista é tão velha quanto a própria Humanidade. Sempre existiu. Já no período imperial do Direito Romano surgiu a proibição de exportação de trigo e vinho; no governo de Diocleciano procedeu-se à taxação das mercadorias e à fixação dos salários, criando-se o contrato feudal.

Tupinambá Miguel Castro do Nascimento[31] explicou que, a princípio, a autonomia da vontade era tida como absoluta, ampla e irrestrita. Na verdade – acrescenta –, o que o exercício da liberdade de contratar permitia era, tão-somente, a negativa de vinculação em qualquer pacto. Em verdade, a liberdade de contratar já nasceu relativa, uma vez que as normas de ordem pública, cogentes, proibitivas e relacionadas com os bons costumes, sempre foram indisponíveis. Em uma

---

28. *A Teoria da Imprevisão nos Contratos*, 2ª ed., p. 21.

29. In *Revista da Faculdade de Direito da Universidade Federal de Minas Gerais, apud* Anísio José de Oliveira, ob. cit., p. 27.

30. "As transformações dos contratos", *RF* 171/59-66.

31. *Comentários ao Código do Consumidor*, pp. 58-59.

O DIRIGISMO CONTRATUAL 65

segunda etapa dessa autonomia da vontade houve a ingerência do Estado, criando-se o chamado intervencionismo estatal. O dirigismo contratual – conclui – significou, de um lado, enorme restrição à autonomia da vontade, mas, em contrapartida, uma tutela maior à parte economicamente mais fraca, desistindo-se de uma falsa igualdade jurídica e, por via de expedientes legais, buscando-se a implantação de uma igualdade de fato, no plano contratual. Castro do Nascimento acrescentou: "O Brasil assistiu, a partir da década de 70 do atual século [XX], uma nova etapa de dirigismo contratual. Passou a haver a intervenção estatal voltada para o interesse da parte economicamente forte, com o manifesto ingresso na política governamental das teses orientadas pelo alto empresariado nacional e multinacional. Houve a adoção de medidas prejudiciais à classe trabalhadora (extinção da estabilidade, arrocho salarial), o que só amainou após a unificação dos trabalhadores em volta das entidades sindicais. Outras classes foram atingidas: mutuários do SFH, depositantes de cadernetas de poupança, pensionistas da previdência privada e os que contratam com bancos e demais entidades financeiras".[32]

Não se contesta que na Grécia a intervenção estatal veio por meio das legislações de Drácon, Licurgo e Sólon. O que foram as leis de Moisés para os israelitas senão intervenção governamental? Prosseguiu tomando como exemplo os Estados Unidos – nação considerada como paradigma ímpar do liberalismo –, onde, no ano de 1890, o *Sherman Act* considerou ilícitas as coalizões formadas por trustes e cartéis para o aumento de preços; também o *New Deal*, que fixou novos valores para as mercadorias e limitou exportações, interferiu nos salários e controlou o câmbio, foi exemplo perfeito de intervencionismo estatal, também conhecido como dirigismo contratual.

Na Inglaterra o Governo limitou as taxas de juros e os tribunais foram autorizados a anular contratos de mútuo considerados abusivos (*harsh and unconscionable*).

Sobre a origem da intervenção estatal, João Baptista Villela[33] informa que o homem do século XVIII – e, por via de conseqüência,

---

32. Idem, p. 60.

33. "O homem que no jusnaturalismo racionalista detinha a potestade de prerrogativas inalienáveis era abstrato e impalpável. Pode dizer-se que existia na razão de seus criadores, mas não era achado jamais andando pelas ruas, bebendo nas tavernas, trabalhando ou padecendo fome, miséria e doenças. Nem mesmo festejando e se comprazendo nas Cortes, porque sua existência jamais logrou deixar o empíreo da idealidade. Já a nova corrente dos direitos naturais empolga o ser humano na sua realidade

66 A TEORIA DA IMPREVISÃO NO DIREITO CIVIL E NO PROCESSO CIVIL

suas relações negociais – era um ser ideal e imaginário, guardando muito pouca semelhança com o ser real e verdadeiro que compunha o tecido social de então.

E Baptista Villela[34] adiciona que a discussão sobre a intervenção do Estado – altamente restritiva na vida dos pactos – chegou a suscitar dúvidas quanto a ser o nível daquela ingerência fator restritivo da possibilidade do livre acordo no campo dos interesses patrimoniais.

Carlos Alberto Menezes Direito[35] demonstrou preocupação quando disse que o desafio dos nossos dias é, exatamente, encontrar um ponto de equilíbrio entre a liberdade contratual e o dirigismo que diminuiu e restringiu a autonomia da vontade pelo *ius cogens*. Em um certo sentido – arremata – seria possível dizer que é necessário redefinir a medida da presença das leis de ordem pública, ou, em outras palavras, o desafio maior é descobrir um meio de limitar o conteúdo de direito público nos contratos.

A Revolução Industrial e o decorrente espírito industrialista por ela gerado influenciaram a economia e ensejaram a formação de grandes empresas, concentração de grandes capitais, produção em larga escala e outros reflexos no espírito mercantilista – prosseguiu o mesmo autor –, fato que acabou por determinar uma profunda e relevante transformação na ordem dominante no setor de bens e serviços. Estas circunstâncias – concluiu –, aliadas aos problemas deixados pelas duas grandes guerras e às novas concepções sobre trabalho, propriedade e família, acabaram por influenciar o legislador para os aspectos econômicos e sociais do Direito – daí o intervencionismo.

Em 1938, com análises bastante avançadas, Cunha Barreto[36] já registrava que o liberalismo do passado não se coadunava mais com o

---

misteriosa, densa e tantas vezes desconcertante. Interessa-lhe o homem verdadeiro, com suas dores, seus anseios e suas frustrações, o homem imerso na concretude da existência, no *Dasein* do cotidiano, na *pesanteur* de sua contingência carnal" ("Por uma nova teoria dos contratos", *RF* 261/27-28).

34. In *RF* 161/28.

35. "A livre negociação dos índices: leis de ordem pública e teoria da imprevisão", *RT* 672/75.

36. "O conceito estatal moderno é incompatível com o liberalismo do passado, em que o indivíduo se sobrepunha à coletividade, sacrificando-a aos seus interesses. O Estado atual é uma incessante luta de integração social. Reflete, na sua estrutura, forças interdependentes, que congrega e comanda. Não era possível sobreviver à velha teoria dos contratos, num cenário em que o indivíduo não se basta a si mesmo (...). Se se pretendesse resolver os problemas atuais com a liberdade contratual, a desordem seria inevitável (...). Não escapou aos juristas, mesmo aos mais arraigados à tradição,

O DIRIGISMO CONTRATUAL   67

conceito moderno de Estado. Este objetivava a integração social, que não se harmonizava com a liberdade contratual, nos moldes até então exercidos. Na visão kelseniana, sendo o pacto um ato de participação estatal, os fundamentos da Sociedade e do Estado deveriam ser os mesmos, para a redução dos problemas sociais a um só denominador, de natureza política. Ao Estado incumbiria, então, a solução dos problemas.

A época, dizem todos – constatou Mário Moacyr Porto[37] –, é de revisão de valores, de anulação do individualismo e das unidades capitalistas, de condenação do *laissez faire, laissez passer*, do liberalismo decadente; enfim, pede-se, exige-se, a substituição do Direito-poder pelo Direito-função, do Estado neutro, liberal, abstencionista e afinalístico, pelo Estado intervencionista, autoritário e diretivo.

O intervencionismo não se limita, apenas, à formação dos contratos – acrescenta Moacyr Porto.[38] Exerce, também, fecunda atuação no desenvolvimento e execução do ajuste. A jurisprudência – prosseguiu –, receptiva à mensagem prestigiosa de que para situações desiguais deve haver tratamentos diferentes, realiza uma profícua adequação do contrato aos fins da solidariedade social. É o conhecido *dirigismo jurisprudencial*. O conceito de ordem pública – conclui –, como acentuou Alvino Lima, estende-se cada vez mais, no sentido de acautelar interesses individuais expostos à especulação e à prepotência, restringindo o poder da liberdade individual por meio de leis de proteção, leis de estabilidade econômica, leis de higiene física e moral.

É importante estabelecer que não é a simples vontade das partes que dá origem à obrigatoriedade do vínculo contratual. Este só existirá se a manifestação de vontade for expressa de acordo com a lei. Só assim produzirá o efeito jurídico pretendido. A lei exige apenas o acordo de vontades, que deve ser totalmente livre. A isto se denomina *autonomia da vontade*.

esse aspecto da vida contemporânea. Resistem alguns, como teólogos recolhidos ao tabernáculo do ramanismo, indiferentes ao culto do Direito, na sua exterioridade atual. O contrato é um ato de participação estatal (Kelsen). O Estado e a Sociedade devem ser fundamentalmente idênticos; com isto todos os problemas sociais e econômicos se convertem em problemas políticos, e não cabe distinguir, já, entre zonas concretas político-estatais e político-sociais (Carlos Schmidt). A luta do Estado tem sido a luta pela autoridade, pela afirmação incontrastável do seu poder. Não é poder como fim, mas poder como instrumento" ("O dirigismo na vida dos contratos", *RF* 77/252).

37. *Ação de Responsabilidade Civil e Outros Estudos*, p. 190.
38. Idem, p. 192.

68 A TEORIA DA IMPREVISÃO NO DIREITO CIVIL E NO PROCESSO CIVIL

A extensão do atual dirigismo contratual – no entender de Darcy Bessone de Oliveira Andrade[39] – é resultante do estado de transição em que nos encontramos: o milenar estágio individualista e o advento de uma nova era, ainda não de todo definida, mas por todos pressentida. Nesta, as idéias sociais, desacompanhadas dos excessos iniciais, hão de conquistar espaço, ganhar terreno e firmar-se em bases mais sólidas, para a construção de uma sociedade mais justa.

Relevante é o registro das informações de Judith H. Martins Costa[40] ao explicar que a responsabilidade pelo desequilíbrio é multifatorial: crises sociais ou econômicas e hoje, entre nós, notadamente, os atos governamentais interventivos, os planos produzidos em gabinetes por economistas e chancelados pelas autoridades públicas, que vêm incidir, direta ou reflexamente, na economia dos pactos.

Destaque-se que o intervencionismo governamental, aos poucos, foi ocupando o papel principal no tecido social, protagonizado até então pelos indivíduos. O primitivo modelo liberal de dirigismo, de repente, em determinada época foi considerado ultrapassado, dando lugar ao que, então, foi tido e havido como o ideal. Por dever de justiça, registre-se que a ele se devem algumas conquistas fundamentais, como a dos direitos e garantias individuais, a separação dos Poderes, a independência da Magistratura, a subordinação do poder à lei – ou, por outras palavras, o chamado *Estado de Direito*, no qual a lei passou a ser a única soberana.

Orlando Gomes sublinhou: "Do Estado Liberal passou-se, pelas causas conhecidas, ao Estado Social, que, no seu modelo radical, ou extremista, se preferem, suprime, ou esvazia, o conteúdo das liberdades individuais, elimina a divisão dos Poderes e faz da lei mero instrumento, em regime de partido único, da política dos detentores do poder".[41]

Entretanto, é preciso ter presente que em modelos não-totalitários o Estado Liberal cedeu lugar ao Estado Social de Direito, responsável pelo relevo às garantias individuais, cuja expressão máxima na época (1926) foi a Constituição de Weimar.

O atual estágio de evolução social, pelo prisma político, apresenta uma ação do Estado de amplitude cada vez maior e mais intensa. O

---

39. *Do Contrato*, pp. 55-56.

40. "A teoria da imprevisão e a incidência dos planos econômicos governamentais na relação contratual", *RT* 670/46.

41. "Procedimento jurídico do Estado intervencionista", *RF* 255/29.

O DIRIGISMO CONTRATUAL 69

que se convencionou chamar de "evolução da noção de serviço público", na verdade, não passa de transformação, no aspecto jurídico, da Administração Pública, que, deixando sua posição estática, passou a uma efetiva participação na vida social.

Entendeu Orlando Gomes que o mais importante para nós, juristas, se formos lúcidos, é compreender a inutilidade de tentar "reconduzir a realidade jurídica ao modelo da liberdade contratual, expressão da livre iniciativa".[42] O modelo – prosseguiu – é hoje o de uma economia que esvazia a autonomia privada e minimiza o negócio jurídico. Concluiu acrescentando que o estudo do dirigismo governamental deve concentrar-se nas novas técnicas jurídicas, com a aceitação de que esse Direito novo não representa, necessariamente, a negação do Direito tradicional.

Falando sobre os contratos de adesão, Savatier (citado por Bittar[43]) explicou: "É preciso, portanto, que o Estado intervenha para coibir o abuso desta desigualdade. O Estado não pode se omitir neste caso. Desde que a lei e a Administração não estejam autorizadas legalmente a este controle, o juiz estará investido do poder de controlar tais contratos de adesão".

Não só nos contratos de adesão – onde os excessos se tornaram mais freqüentes – como também (e principalmente) diante do evento alterador da base em que as partes fundaram a intenção de se obrigar, o intervencionismo estatal se faz necessário para a adequação da contratação aos preceitos da justiça comutativa. E é principalmente no plano da excepcionalidade, dos eventos imprevisíveis que se abatem sobre os pactos, que mais se faz necessária a mediação oficial do Estado, não só como fator de moderação, mas principalmente como titular responsável pela autêntica justiça comutativa.

É forçoso reconhecer que nas sociedades contemporâneas cada vez mais vão sendo sedimentadas as bases de um novo Direito: o chamado direito econômico. Ao juiz, como representante do Poder Judiciário – e do próprio organismo social –, há de ser fornecido o instrumento adequado para a intervenção nos contratos, tornando-os mais compatíveis com a visão socializadora desta nobre Ciência, identificada há milênios como a arte do bom e do justo.

42. In *RF* 255/33.
43. Carlos Alberto Bittar (coord.), *Contornos Atuais da Teoria dos Contratos*, p. 46.

CAPÍTULO II

6. Conceito de teoria da imprevisão. 7. Origem e evolução: 7.1 Antecedentes históricos – 7.2 A cláusula no Direito intermediário – 7.3 Os pós-glosadores ou bartolistas – 7.4 A estruturação de Andreas Alciato – 7.5 Apogeu e decadência da cláusula.

6. Conceito de teoria da imprevisão

Temos de nos render a esta evidência: não é assim tão raro que um fato incomum torne impossível a manutenção daquilo que se estabeleceu na contratação, fazendo com que as partes se vejam na contingência de adequar regras já definidas às exigências de eventos supervenientes. Esse é o campo fértil e fascinante em que medra e atua a teoria da imprevisão, também conhecida ao longo dos séculos como *cláusula implícita* (Bártolo), *lesão superveniente* (Mantica), *pressuposição ou vontade condicionada* (Windscheid), *"soppravenienza"* ou *vontade marginal* (Osti), *base do negócio jurídico* (Oertmann), *reserva virtual* (Krückmann), *teoria do erro* (Giovenne), *excessiva onerosidade* (Código Civil Italiano), *alteração das circunstâncias* (Código Civil Português), *"teoría de la imprevisión"* (Código Civil Argentino); ou, como originalmente constou na filosofia e literatura jurídico-romanas, há quase 2.000 anos, *cláusula "rebus sic stantibus"*.

A razão de seu surgimento deve-se ao fato de que a consciência de todo homem que reflete postula a exigência de um princípio regular, superior às contingências, que se encarregue de definir a harmonia social na sua essência e indicar os meios de atingi-la; é este o princípio, que se nos apresenta sob a forma de uma consciência denomi-

CONCEITO DE TEORIA DA IMPREVISÃO

nada *noção de Direito*, explicou Julien Bonnecase,[1] deixando clara uma opção pelo direito natural.

Conforme Anísio José de Oliveira,[2] a cláusula *rebus* é velha como a própria Humanidade. Explicou que tivemos a grande oportunidade de encontrar em Bossuet uma notável e expressiva alegoria que a retratou de forma admirável. Dizia o escritor francês que os princípios da cláusula *rebus sic stantibus*, antes de serem levados para as páginas dos escritos do *Digesto*, já se podiam ler no próprio coração dos homens.

É indiscutível que não pode haver contrato sem acordo de vontades, nem vontade pura e autêntica quando não houver consentimento.

Na hermenêutica contratualística uma regra se sobrepõe às demais: "Nas declarações de vontade se atenderá mais à sua intenção do que ao sentido literal da linguagem".[3]

Neste contexto, é preciso sublinhar que nem sempre a melhor solução para uma situação patológica (aqui identificada como inexecução contratual) será a resolução pura e simples do pacto. A melhor doutrina encontra-se voltada para sua revisão, mantendo-se, tanto quanto possível, a incolumidade da vontade livremente manifestada pelas partes, bem como a função social do contrato. É esta a missão do julgador, como agente do intervencionismo estatal, dentro do espírito revisionista de manutenção dos pactos.

Numa visão aligeirada sobre os diversos enfoques que ao longo dos séculos sofreu a teoria da imprevisão, temos:

1º. Para um grupo de juristas, influenciados pela concepção bartolista de alteração da base contratual do Direito intermediário, *a cláusula "rebus sic stantibus" estaria tacitamente contida, ou subentendida, em todos os contratos de execução periódica ou diferida*, subordinando a execução da obrigação à permanência do mesmo estado em que a manifestação de vontade se deu. Era suficiente a ocorrência do fator imprevisível para a extinção contratual. A falta de expressão jurídica, de fundamentação sólida e de estrutura lógica desta formulação acabou por condená-la à proscrição. Hoje, seu valor é meramente histórico.

---

1. *Supplément au Traité Théorique et Pratique de Droit*, v. I, n. 233, p. 400.
2. *A Teoria da Imprevisão nos Contratos*, 2ª ed., p. 34.
3. Arts. 85 do Código Civil Brasileiro e 112 do novo Código Civil Brasileiro.

72 A TEORIA DA IMPREVISÃO NO DIREITO CIVIL E NO PROCESSO CIVIL

2º. Para uma outra corrente *a questão encontraria seu deslinde na correta interpretação da vontade contratual, estando nela implícita a concepção de lesão subjetiva.* É indiscutível que ninguém se vincularia, nem assumiria obrigações, se tivesse consciência prévia de que, na execução, iria sofrer uma lesão.os adeptos desta visão simplista do problema não lograram harmonizar os fundamentos de que se valeram para explicar suas posições, daí resultando uma diversidade muito grande de conclusões, cada qual pretendendo ser a mais completa e, logicamente, a definitiva.

3º. Uma outra facção, partindo de conceitos estritamente éticos, tentou fundamentar a imprevisão na *Moral.* Desta vertente eticizante adveio uma significativa bifurcação: enquanto para uns esta fundamentação se revelava como um novo conceito do instituto da lesão (*laesio superveniens*), para outros o *abuso de direito* – em si caracterizador da ausência de boa-fé – e o *enriquecimento sem causa* criariam a chancela liberatória da obrigação assumida, considerando-se inexigível seu cumprimento, por falta de base legal. Também esta teoria não conseguiu arregimentar muitos adeptos.

4º. Em posição independente se situou Carlos Cossio. Sua doutrina, de cunho fenomenológico e cultural, trouxe uma nova visão do problema, expressa na fórmula: a aplicação da teoria da imprevisão estaria justificada pelo simples efeito da *transformação do ato em fato jurídico.*

5º. Para um último segmento, sob a liderança de Bonnecase,[4] a aplicação da imprevisão seria decorrência lógica da *constatação da presença de salutares princípios de eqüidade* em uma situação de exceção e, como tal, a ser trabalhada pelo juiz com muito cuidado, porquanto sob nenhuma justificativa se poderia interpretar o contrato de forma diversa da que foi manifestada pelas partes, substituindo-lhes as vontades, com grave risco para a estabilidade dos negócios jurídicos. Aliado à boa-fé, o princípio ético-jurídico da eqüidade tem prevalecido no Direito contemporâneo, firmando-se cada vez mais como o suporte de maior aceitação.

A partir da guerra de 1914 é que, no Brasil, ganhou volume e importância o estudo da teoria da imprevisão, embora não chegasse a constar expressamente do Código Civil de 1916. A desorganização política, social e econômica gerada pelo conflito atingiu quase todos os países. Como era de se esperar, em decorrência de fatos imprevisí-

4. Ob. cit., v. III, p. 306.

CONCEITO DE TEORIA DA IMPREVISÃO

veis, não constantes do cotidiano, os contratos não puderam ser cumpridos. Registre-se que a eclosão da guerra vale menos pela guerra em si do que pelas suas conseqüências. Por este prisma, o que torna legítima a modificação – ou extinção do avençado pelas partes – são os efeitos provocados pelo evento imprevisível. Mais nada. É daí que nasce uma situação excepcional, a exigir a aplicação da eqüidade (desde que presente também a boa-fé) em favor de uma das partes, com apoio na alteração anormal e profunda das circunstâncias em que as partes assentaram a contratação.

Neste ponto seria indispensável indagar: qual seria o real significado de uma previsão normal? Seria suficiente situá-la como o critério de julgamento utilizado pelo homem comum? Parece indiscutível que uma previsão nos leva, seguramente, a uma probabilidade, que é mais do que uma possibilidade. Mas só isto seria suficiente? Uma guerra, em determinadas circunstâncias, pode ser considerada perfeitamente previsível (portanto, provável), mas – como foi dito – não seus efeitos. Estes são de todo imprevisíveis.

Identifica-se, aqui, uma dualidade que reclama coordenadas que lhe tracem caminhos e imponham limites, porque, embora subjacentemente um acontecimento possa ser previsível, é imperativo indagar: até que ponto se estendem as fronteiras com base nas quais, com alguma segurança, um acontecimento provável poderá ser considerado imprevisível? Tudo indica que os únicos parâmetros confiáveis seriam os dos seus efeitos – tarefa espinhosa para o julgador.

De origem romana, a cláusula *rebus sic stantibus* foi aceita e largamente aplicada na Idade Média, contexto no qual, praticamente, ressurgiu e se consolidou. Até a metade do século XX, entre nós, somente a doutrina a acolhia majoritariamente, embora não se possa deixar passar sem louvores as decisões pioneiras de Nélson Hungria (na então primeira instância, no Rio de Janeiro) e do nosso Supremo Tribunal Federal, em 1938, aceitando-a integralmente.

No plano legislativo sua penetração, a princípio, foi tímida e inexpressiva. Hoje o quadro se configura de forma diferente, sendo poucos os países que, como Brasil, Espanha, França, Bélgica e mais uns poucos, ainda não a integraram definitivamente no seu direito positivo.

A posição francesa não deixa de ser curiosa, dada sua aparente contradição: aceita-a integralmente no direito público, mas não no privado. Registre-se, a propósito, que a França foi responsável pela primeira iniciativa legislativa e primeira decisão pretoriana em que a

74 A TEORIA DA IMPREVISÃO NO DIREITO CIVIL E NO PROCESSO CIVIL

doutrina da imprevisibilidade foi acolhida totalmente. Com detalhes, em contexto próprio, os precedentes são consignados nesta obra. Desde seu nascimento a imprevisibilidade sempre esteve cercada por fortes divergências doutrinárias. A discussão entre revisionistas e não-revisionistas atravessou os séculos. Tudo teria sido bem mais simples com a compreensão de que os dois princípios, *pacta sunt servanda* e *rebus sic stantibus* – então considerados como conflitantes –, podem conviver em perfeita harmonia, sem que a aceitação de um implique a exclusão do outro. Suas rotas conjugam-se sem qualquer ameaça de colisão.

Por estar assente no consenso doutrinário e jurisprudencial – e até mesmo por uma questão de bom senso –, está fora de dúvida que o pretendente ao uso da doutrina de exceção deverá demonstrar a impossibilidade de previsão dos acontecimentos que dificultaram ao máximo a execução do contrato. *A priori*, em face da prova do desequilíbrio, justificadas estariam a revisão ou a resolução (esta última como alternativa extrema e tratamento diferenciado) e, em decorrência, a adoção de medidas de exceção, com vistas ao restabelecimento do equilíbrio, se possível, ou rompimento do vínculo contratual, sempre com possibilidades indenizatórias. Seria esta, em última análise, a essência da imprevisão – com gênese na cláusula *rebus sic stantibus* –, a ser aplicada nas convenções quando a via não comportasse regular circulação. Nos casos anômalos, gradativamente, a vontade individual iria sendo substituída pela vontade legal, com fundamento no consagrado princípio de "ordem pública", visto por M. L. Larombière[5] como "(...) a maior das necessidades sociais, o mais nobre atributo da liberdade e do comportamento humano".

Tentando tranqüilizar os mais inquietos anti-revisionistas, defensores quase sectários do *pacta sunt servanda*, Juan Terraza Martorel explica: "No se tema por ella una subversión de la fe contractual. No todas las mutaciones de las cosas autorizan a pedir la resolución de un contrato a largo término, sino sólamente aquellas que cambien la razonable relación entre la prestación y la contraprestación, que no fueron ni pudieron ser previstas por los contratantes cuando estipularon el contrato, *aunque sea aleatorio*"[6] (destacou-se).

O que não foi previsto – nem se poderia prever, porque fora da órbita de gravitação dos acontecimentos do cotidiano – obviamente

---

5. *Traité Théorique et Pratique des Obligations*, t. I, p. 379.

6. *Modificación y Resolución de los Contractos por Onerosidad o Imposibilidad en su Ejecución*, n. 117, p. 24.

CONCEITO DE TEORIA DA IMPREVISÃO 75

não foi desejado, não podendo ser aceito. A causa determinante da lesão virtual de uma das partes – e, em contrapartida, na mesma iminência, da vantagem exacerbada da outra – não pode ser desconsiderada pela Justiça.

Eugenio Barsanti[7] esclarece que as partes assentam suas vontades no pressuposto lógico de permanência das mesmas condições fáticas existentes no ato vinculativo e no equilíbrio das relações no momento da execução, bem como numa certa correspondência, proporcional, entre prestação e contraprestação (base da justiça comutativa) – donde a conclusão, já desenvolvida, de que a questão surge, basicamente, em razão de mudanças profundas e imprevisíveis, que trazem como resultante um estado de fato acentuadamente desvantajoso para uma delas.

Por este ângulo, a grande questão – ou, pelo menos, a de maior relevância – segundo o sempre seguro magistério do autor da Teoria Egológica do Direito, o jurista argentino Carlos Cossio,[8] seria a de saber se prevaleceria a *intangibilidade contratual*, ou se seriam aplicáveis os *princípios da imprevisão*. A defesa intransigente da imutabilidade dos contratos, em nome da garantia de permanência da festejada "liberdade contratual" e da "sagrada intocabilidade dos contratos" (*pacta sunt servanda*), seria condenável. A discussão registra, nos dias atuais, uma acentuada tendência para a prevalência da segunda sobre a primeira; ou, de forma mais clara, de uma postura revisionista.

O pensar, sentir e agir conservador e anacrônico (*pacta sunt servanda*), se mantido *a qualquer custo*, acabaria por destruir os alicerces do próprio contrato, intrinsecamente inserido na dinâmica social, regido por constantes mutações, instrumento de comércio jurídico e cooperação entre os homens, desvirtuando, de resto, sua nobre função social, sedimentada ao longo dos tempos.

Nos ordenamentos jurídicos em que a socialização do Direito se encontra mais presente (Alemanha, Itália, Inglaterra, Estados Unidos, Portugal, Hungria, Polônia, Áustria, Noruega, Suíça, Grécia, Argenti-

---

7. *Risolubilità dei Contratti a Lungo Termine*, pp. 20-24.

8. "El problema surge cuando se producen alteraciones gigantescas e imprevisibles con relación a las circunstancias vigentes en el momento de contratar, de tal manera que el cumplimiento del contrato, ahora desorbitadamente oneroso, puede significar la ruina del deudor. Y la cuestión consiste en decidir si, a pesar de ello, ha de cumplirse lo pactado (*pacta sunt servanda*); o si los jueces están facultados para reajustar esos contratos, en mérito de la referida cláusula implícita (*rebus sic stantibus*)" (*La Teoría de la Imprevisión*, p. 12).

76 A TEORIA DA IMPREVISÃO NO DIREITO CIVIL E NO PROCESSO CIVIL

na) a revisão dos pactos é liberal e legalmente admitida, apoiando-se no simples fato de que a boa-fé deve presidir não somente a formação das convenções mas, também – e em especial –, sua execução. A exigência é perfeitamente compreensível porque, desaparecido este elemento, em conjugação com os inalienáveis postulados da eqüidade (sem os quais a liberdade contratual seria apenas uma fachada legitimando o locupletamento injusto de uma das partes em detrimento da outra, obrigada a suportar sozinha riscos estranhos à natureza da contratação), nada mais restaria para compor o alicerce da estrutura jurídica do convencionado. Nesta hipótese, uma vez levantada sobre bases falsas, indiscutível seria seu inaceitável distanciamento dos mais elementares princípios de justiça comutativa.

Ao longo dos tempos, o bom senso tem considerado não ser lícito a um dos contratantes prevalecer-se de certas circunstâncias imprevisíveis, subseqüentes à formação do pacto, para onerar o outro além do limite em que este teria consentido. Define-se, aqui, o perfil da boa-fé, viga-mestra do direito privado alemão. Sob a forma de conduta compatível, ou ainda comportamento adequado, a boa-fé é da essência das relações jurídicas. Demonstraram-no os juristas Nyboyet, Volkmar, Gutteridge, Roman Longchamps de Berier, Charles de Szladits, Emile Thilo e Arnholm.[9] Este grupo teve participação destacada na Semana Internacional de Direito, em Paris, por ocasião da Exposição de 1937, promovida pela *Société de Legislation Comparée*, pela *Société d'Études Legislatives* e, ainda, pela *Association des Juristes Françaises* (hoje, *Association Henri Capitant pour la Culture Française*). O Brasil também se fez presente no Encontro, com mais 46 países.

Pelo exposto, conclui-se que o pedido de revisão ou, *in extremis*, resolução do pacto – em oposição à exigência de uma estrita e integral execução da prestação, não obstante alterações virtualmente lesivas a uma das partes – seria perfeitamente válido, porquanto assentado nos princípios inarredáveis da boa-fé e da eqüidade. Este pedido estaria sancionado pela mesma razão que autoriza a intervenção do Judiciário no abuso de direito, no enriquecimento ilícito ou na inexistência de equivalência das prestações. Estes vetores (ético e ético-jurídico, tidos como binômio indispensável no campo obrigacional) deverão se fundir para compor o sólido fiel-da-balança do Direito e da Justiça, sobrepondo-se, quando necessário, à vontade das partes.

---

9. "La révision des contrats par le juge", *Travaux de la Semaine Internationale de Droit*, 1937, e *RF* 86/1, 15, 34, 99, 103 e 121.

CONCEITO DE TEORIA DA IMPREVISÃO 77

Em antigo aresto o Tribunal de Justiça de São Paulo[10] já admitira a aplicação da teoria da imprevisão, com base no princípio romano do *voluntas non extenditur ad incognitum.*

As primeiras teorias sobre a imprevisão, profundamente impregnadas pela concepção bartolista, inspiradas na primitiva cláusula *rebus*, aceitavam que, no silêncio do contrato, a revisão ou resolução contratual por alteração profunda das circunstâncias, e conseqüente desequilíbrio da economia negocial, seriam cabíveis porque tacitamente condicionada a execução ao estado fático inicial ou, quando não, com assento nas regras de Direito que regulam as relações contratuais. Esta concepção vigeu durante o Direito intermediário. Neste contexto – diziam seus defensores –, dispensável seria a referência expressa à irresponsabilidade das partes, por estar subentendida, *ex vi* da excepcionalidade da situação.

Em síntese preliminar do que foi desenvolvido, conclui-se que no âmbito do futuro Código Civil, em especial nos arts. 478, 479 e 480 – que integram, definitivamente, a teoria da imprevisão no direito positivo nacional, discutidos em capítulo distinto – será sempre possível a invocação da excessiva onerosidade (adoção reducionista e negatória do direito de uma das partes, como se verá) desde que haja, em contrapartida, extrema vantagem para a outra, resultante de acontecimentos extraordinários, além da capacidade normal de previsão, a fim de restabelecer o equilíbrio contratual ou resolver a convenção. Na análise dos artigos referidos sérias restrições são levantadas e, ao final, apresentadas sugestões legislativas de modificação, com redação totalmente diferenciada.

Se na contratação, além dos riscos normais, inerentes a toda relação negocial (álea comum), houver aceitação por uma das partes também dos anormais descaberá a invocação do *remedium iuris* da excludente de responsabilidade obrigacional, porque expressa e contratualmente renunciado o benefício legal, conforme disciplina a lei (art.

---

10. "Para não se tornar no movimento bruxuleante de uma bola na roleta, há de ser limitada dentro daquilo que os homens honestos (*boni viri, boni patres familiae*) consideram um acontecimento incerto e apreciável. Desde que escapa à possibilidade, cai nos domínios do impossível e do desonesto, por conseguinte, o contrato deixa de obrigar, porque deixa de existir, devido a lhe faltar o requisito essencialíssimo do consentimento *voluntas non extenditur ad incognitum*. As partes, se honestas e equilibradas (e como tais sempre se presumem – *nemo praesumitur malus nisi probetur*), não previram essa alteração radical, e, pois, não deram o seu consentimento ao contrato; verificando-se, dessa forma, tal alteração, o consentimento deixou de existir" (*RT* 254/215, 1958).

78 A TEORIA DA IMPREVISÃO NO DIREITO CIVIL E NO PROCESSO CIVIL

1.058, parte final, do CC). O mesmo não se dará quando a renúncia for em relação a evento imprevisível (*voluntas non extenditur ad incognitum*), isto é, quando se pretender afastar a aplicação da doutrina da imprevisibilidade não só pela impossibilidade de se disciplinar acontecimentos desta natureza – que ao serem regulados deixarão de ser imprevisíveis –, mas também por se tratar de princípio de ordem pública.

A liberdade contratual projeta-se no tempo e no espaço. Sem incidentes de percurso, os pactos devem ser fiel e integralmente cumpridos, porque a regra geral consiste no princípio *pacta sunt servanda*; surgido o incidente, em nome da boa-fé e da eqüidade, a revisão ou a resolução se impõem.

Como conquista significativa para uma postura de vanguarda nas letras jurídicas e coerente com as necessidades de uma dinâmica social cada vez mais complexa (secundando a posição pioneira da nossa doutrina e jurisprudência), a adoção da excepcionalidade só pode ser aceita e saudada com entusiasmo, embora seja imprescindível ter presentes as palavras de António Menezes Cordeiro[11] – profundo estudioso da boa-fé em sua tese de Doutorado na Universidade de Lisboa e da *alteração das circunstâncias* (nome como é conhecida a imprevisão em Portugal), quando adverte que o âmbito do princípio é estreito e vê sua margem reduzir-se cada vez mais. Mas, apesar de tudo, deve manter-se, até como garantia de aperfeiçoamento do sistema.

Ao final deste capítulo, oportuna é a distinção entre a cláusula *rebus sic stantibus* e a moderna teoria da imprevisão.

Foi muito lenta, penosa e controvertida a evolução da primeira para a segunda. A *cláusula* fixou o ponto de partida; a *teoria*, a meta a ser atingida, na condição de princípio estruturado. Na primeira cuidou-se apenas – no transcurso dos milênios – do respeito ao *statu quo ante* em face de eventos anormais, alteradores da primitiva economia contratual; na segunda as exigências foram bem maiores para que a intervenção judicial na vontade livremente manifestada pudesse ocorrer. Assim, para o Direito Português – como justificativa para revisão ou resolução dos pactos – é necessário que as circunstâncias em que as partes fundaram sua intenção de contratar sofram profundas alterações; para o Direito Alemão é mister o intenso e profundo ferimento

---

11. "Da alteração das circunstâncias", Separata do número especial do *Boletim da Universidade de Coimbra*, "Estudos em Memória do Professor Dr. Paulo Cunha", v. II, p. 64.

CONCEITO DE TEORIA DA IMPREVISÃO   79

dos princípios da boa-fé; no contexto da legislação italiana (arts. 1.467, 1.468 e 1.469) é indispensável a identificação da excessiva onerosidade. O futuro Código Civil, infelizmente, adotou as coordenadas italianas, mas com um acréscimo altamente positivo: exigência simultânea da extrema vantagem. A positividade da exigência resulta do fato inconteste de que, para a aplicação de uma exceção, quanto mais pressupostos de admissibilidade, melhor.

Pelo prisma distintivo: quando se discorre sobre a cláusula *rebus sic stantibus* o que se tem presente como elemento essencial é a alteração da base negocial pura e simples, isto é, os *efeitos* produzidos pelo evento anormal; quando se discute a teoria da imprevisão o cerne da questão é, forçosamente, a própria *imprevisão*, como responsável pela mudança da base econômica, sua identificação, implicações e reflexos, isto é, suas *causas*. Na *imprevisibilidade* a cláusula romana se contém, mas a recíproca não é verdadeira.

Sinteticamente: a aplicação da teoria da imprevisão consubstancia uma forma de *tornar relativo* o *absolutismo* da regra *pacta sunt servanda*.

Parece ser inteiramente pertinente e oportuno o emprego de uma metáfora na tentativa de "visualização" da álea extracontratual em que o fenômeno da imprevisibilidade ocorre. Assim, o espaço em que o evento extraordinário surge e se desenvolve, comprometendo, irreversivelmente, a economia contratual, no exercício de uma indispensável liberdade de expressão, poderia ser chamado de *aura*, assemelhado àquele campo eletromagnético multicor que se observa nas fotografias *Kirlian*.[12] Desse modo, sempre que forem necessárias referências à

12. "Quando alguém aborda a história da Kirliangrafia, cita sempre o nome de Semyon Davidovitch Kirlian, como tendo sido o primeiro ser humano responsável pela construção da máquina fotográfica Kirlian. Na verdade, o que ele construiu foi apenas sua *primeira* máquina (máquina de eletrofotografia), em 1939, na cidade de Krasnodar, na ex-União Soviética. Entretanto, a primeira máquina de eletrofotografia foi construída no Brasil, em 1904, pelo padre *Landel de Moura*, gaúcho de Porto Alegre. Na Capital gaúcha existe um museu com seu nome e registro de suas pesquisas. Como ele era subordinado à Igreja Católica – que proibia a discussão de certos inventos –, a máquina eletrofotográfica por ele inventada não pôde ser patenteada nem divulgada, principalmente porque ele deu o nome de *perianto* a um dos efeitos revelados pela máquina e a Igreja, temendo que o termo fosse confundido com o *perispírito*, da doutrina kardecista, foi categórica em sua proibição. Dentre as inúmeras teorias que existem para explicar o fenômeno, a mais aceita é a que defende a existência ao redor de corpos materiais, orgânicos ou inorgânicos – além dos gases e vapores e da fraquíssima irradiação que vai do infravermelho, passando pela luz visível e indo até a cor ultravioleta –, também de um campo energético, assemelhado às irradiações eletromag-

80 A TEORIA DA IMPREVISÃO NO DIREITO CIVIL E NO PROCESSO CIVIL

álea metacontratual em que ocorre o fenômeno da imprevisibilidade será utilizada a expressão *aura contratual*.

De maneira mais completa, em termos simples, em nossa conceituação, a doutrina pode ser assim configurada:

A *"teoria da imprevisão" é o remédio jurídico a ser empregado em situações de anormalidade contratual, que ocorre no campo extracontratual – ou "aura" das convenções –, de que se podem valer as partes não enquadradas em situação moratória preexistente, para adequar ou extinguir os contratos – neste caso com possibilidades indenizatórias – sobre os quais a incidência de um acontecimento imprevisível (entendido este como aquele evento ausente dos quadros do cotidiano, possível, mas não provável), por elas não provocado mediante ação ou omissão, tenha causado profunda alteração na base contratual, dando origem a uma dificuldade excessiva de adimplemento ou modificação depreciativa considerável da prestação, de sorte a fazer nascer uma lesão virtual que poderá causar prejuízos àquele que, em respeito ao avençado, se disponha a cumprir a obrigação assumida.*

Se, em decorrência de ato praticado pelas partes ou terceiros, a base contratual desaparecer, alterando as circunstâncias que serviram de fundamento ao contrato, não sendo possível adaptá-lo ao novo estado, ele poderá ser extinto, aferindo-se responsabilidades pela existência ou não de lesão objetiva, como decorrência da supressão do alicerce contratual.

Sinteticamente, temos:

1. A "teoria da imprevisão" ou imprevisibilidade é, acima de tudo, um remédio jurídico incidente em situações extracontratuais, na chamada "aura contratual", aplicável em caráter excepcional.

2. Tanto o credor como o devedor dela podem se valer, desde que não estejam em mora, preexistente à ocorrência do fato imprevisível.

3. Destina-se à revisão ou, em caso extremo, à extinção dos pactos, que o caso concreto determinará, sendo possível, nesta hipótese de exceção, a indenização de uma parte pela outra.

---

néticas. Segundo Konstantin Korotkov, Ph.D da Universidade de S. Petersburgo, na Rússia, a mistura de gases e vapores, em contato com o campo elétrico da placa de qualquer máquina Kirlian, provoca a ionização daqueles gases, responsável pela formação do halo luminoso" (*Kirlian Home Page*, "A kirliangrafia no Brasil" – *site* hospedado por UOL, *Universo On Line*, provedor).

CONCEITO DE TEORIA DA IMPREVISÃO

4. Para sua aplicação há de ser identificado como elemento principal o acontecimento imprevisível, considerado este como aquele situado fora do campo de percepção das partes na álea normal da contratação, ausente, portanto, do espectro do cotidiano.

5. O fato considerado extraordinário deverá trazer profunda alteração da base negocial, criando uma dificuldade extrema de cumprimento da prestação ou sua depreciação, sem que a autoria (ação ou omissão) possa ser atribuída à parte que do princípio pretenda se valer.

6. A alteração deverá dar origem a uma lesão subjetiva que, se cumprida a obrigação, trará como certo o prejuízo da parte adimplente.

7. Também a alteração das circunstâncias que suprima a base da contratação, provocada por terceiros ou por qualquer das partes, sendo impossível a revisão, pode dar causa à extinção do pacto, aferindo-se as responsabilidades pela existência ou não de lesão objetiva.

Presentes os pressupostos elencados e identificados pelo julgador, autorizado estará o uso da imprevisibilidade, em nome da eqüidade e da boa-fé. Em nosso Direito, agora, expressamente reconhecido pelo novo Código Civil.

Celso Antônio Bandeira de Mello trouxe sua contribuição à questão, explicando que "o advento da I Guerra Mundial fez renascer o velho e salutar preceito contido na cláusula *rebus sic stantibus*. Reapareceu com roupagem nova, sob as vestes de 'teoria da imprevisão'. Esforça-se em que a ocorrência de fatos imprevisíveis, anormais, alheios à ação dos contraentes, e que tornam o contrato ruinoso para uma das partes, acarreta situação que não pode ser suportada unicamente pelo prejudicado".[13]

A propósito: a paternidade da expressão "teoria da imprevisão" tem sido atribuída a Arnoldo Medeiros da Fonseca, grande estudioso do tema.

Ao final desta conceituação, por dever de justiça, indispensável é aplaudir a iniciativa do legislador brasileiro, que, depois de mais de meio século de aceitação da imprevisibilidade pela doutrina e jurisprudência nacionais, iniciou a jornada pela senda do bom senso, incorporando-a ao nosso direito positivo. Para tanto elaborou-se o Projeto de Lei 118/84 (em resposta à Mensagem 160 do Executivo), que

---

13. *Curso de Direito Administrativo*, 13ª ed., p. 589.

82 A TEORIA DA IMPREVISÃO NO DIREITO CIVIL E NO PROCESSO CIVIL

tramitou no Congresso Nacional durante mais de 25 anos, primitivamente registrado como Projeto 634/75. Registre-se, a propósito, que em 1984 foi aprovado pela Câmara Federal – sem modificações – e em 1997 também pelo Senado, ali com modificações importantes, sendo, finalmente, aprovado em sua redação definitiva no final de 2001, vindo a transformar-se na Lei 10.406, de 10.1.2002. Severas críticas devem ser feitas ao restritivo modelo adotado, em especial aos artigos que integram o princípio no nosso direito positivo, porquanto não passam de cópia fiel dos arts. 1.467, 1.468 e 1.469 do Código Civil Italiano, de 1942, que na própria Itália têm sido criticados, falando-se, com insistência, em sua revisão. Em local próprio neste trabalho os arts. 478 a 480 do novo Código Civil são analisados detalhadamente, com as devidas apreciações críticas aos aspectos intrínseco e extrínseco do texto.

E aos que, inadvertidamente, possam pensar que a simplicidade tenha sido a tônica da evolução desta teoria, desde a primitiva manifestação de vontade no Código de Hamurabi e na *Lex Tabularum*, passando pelo Direito Romano, primeiro entre os filósofos, depois entre os juristas e ainda pelos filósofos e juristas do Direito intermediário, até nossos dias, oportuno é o registro feito por Menezes Cordeiro[14] ao apresentar uma síntese de sua conturbada trajetória, bem como a referência ao levantamento feito por dois pesquisadores da imprevisibilidade, A. Chiottelis e Ingo Köller,[15] na Alemanha, em 1980.

Indispensáveis, por sua clareza e pertinência ao contexto, são, ainda, as palavras de Francesco Ferrara[16] ao tratar dos suportes da ordem jurídica e da metodologia a ser empregada na aplicação de seus postulados. A idéia – explicou – é a de que todo o edifício jurídico se alicerça em princípios que formam seu espírito e são pressupostos pelo

---

14. "Na sua simplicidade, esses preceitos são herdeiros de uma das mais complexas evoluções históricas que jamais informaram uma figura civil, com visíveis conseqüências actuais" (in Separata do número especial do *Boletim da Universidade de Coimbra*, "Estudos em Memória do Professor Dr. Paulo Cunha", v. II, p. 6).

15. A. Chiotellis ("Rechstfolgenbestimmung bei Geschäftsgrundlagestörungen", in *Shuldverträgen* (1981), 29), retomado por Ingo Köller ("Bewegliche System und die Risikozurechnung bei der Abwicklung gegenseitiger Verträge", in *Das Bewegliche System in Geltendem und künftigen Recht*, publ. por F. Byddlinski e outros (1986), 75-86 (77)), referem que em 1980, só no domínio da chamada base do negócio – e em língua alemã –, estavam recenceadas 56 teorias diferentes. Houve, depois disso, já múltiplos contributos (*apud* António Menezes Cordeiro, in Separata do número especial do *Boletim da Universidade de Coimbra*, "Estudos em Memória do Professor Dr. Paulo Cunha", v. II, p. 6).

16. *Trattato di Diritto Civile*, v. I, pp. 228-229.

ORIGEM E EVOLUÇÃO

ordenamento. Esses princípios – prosseguiu –, que nem sempre são imutáveis para atender à variabilidade incessante das condições da vida humana, obtêm-se por indução, remontando das regras particulares a conceitos mais gerais e, por generalizações sucessivas, aos mais elevados cumes do sistema jurídico, descendo-se depois de aplicá-los aos casos não-regulados. Quanto mais alto – concluiu – se levar aquela investigação, tanto mais amplo será o horizonte que se abrangerá.

7. Origem e evolução

7.1 Antecedentes históricos

Quando se investigam os antecedentes históricos de um instituto jurídico objetiva-se, acima de tudo, conhecer suas raízes, seus princípios informadores, observar suas mutações e, desta forma, aferir seus reflexos e conseqüências.

Os povos primitivos, principalmente os da Mesopotâmia, revelaram admirável vocação jurídica, só superada pela dos romanos. O Código de Hamurabi – descoberto e divulgado no início deste século (1902) –, considerado uma das mais antigas normatizações do Direito (1690 a.C.) –, foi precedido pelos Códigos de Lipit-Ischtar (1840 a.C.), Bilalama (1900 a.C.) e Ur-Namu (2050 a.C.) – considerado este último como a primeira codificação expressa de que se tem notícia. Isto para deixar de lado a reforma social de Uracagima (2300 a.C.), por não ter tratado do Direito em geral – quando, então, poderia ser considerada uma codificação –, mas apenas de aspectos políticos e administrativos.

Estas informações foram prestadas por Henrique Stodieck,[17] que enfatizou a importância do Código de Hamurabi como a primeira tentativa de uniformização da jurisprudência ou, na época, instrumento das ordenações jurídicas em todo o Império Mesopotâmico. Foi encontrado no início do século XX na cidade de Susa, na Pérsia, pelo

---

17. "O Código de Hamurabi, escrito em caracteres cuneiformes e na língua semítica, conhecida por babilônica, é o mais extenso, com seus 282 artigos, além de um preâmbulo e um epílogo. Talvez seja forçar um pouco o sentido atual da noção de artigo de lei, pois mais se parecem com ementas de julgamento. Muitos autores são de opinião que de fato eram paradigmas de julgamento, através dos quais Hamurabi queria imprimir uniformidade à jurisprudência e ao mesmo tempo difundir no Império todo as suas ordenações" ("Código de Hamurabi e codificações anteriores", *Revista Jurídica* 30/21).

84 A TEORIA DA IMPREVISÃO NO DIREITO CIVIL E NO PROCESSO CIVIL

arqueólogo Jacques Morgan. Talhado em diorito negro, mede 2,25m de altura, 1,70m de circunferência e 2m de base, com mais de 280 leis.

Outro autor, José Cretella Júnior,[18] informa que o Código de Hamurabi – "codificação que se deve ao rei Hamurabi, que viveu de 1730 a 1685 a.c." – é um monumento que se encontra no Museu do Louvre, em Paris.

Thadeu Andrade da Cunha[19] – citando Vanda Maria da Cunha Bueno (que se apóia em Othon Sidou) – registra seu surgimento no ano 2700 a.c.

João Batista de Souza escreveu, a respeito: "Hamurabi, também cognominado Kamu-Rabi, rei da Babilônia, viveu no século XXIII a.c., era filho de Gin-Mabullit e foi o sexto soberano da primeira dinastia babilônica".[20]

Vânia Maria da Cunha Bruno,[21] citada por Thadeu A. da Cunha, informa que data de pelo menos 2.700 anos antes da nossa era o primeiro escrito, ainda em pedra, consagrando a cláusula *rebus sic stantibus*, originalmente denominada *rebus sic si habentibus*.

E o professor Haroldo Valladão[22] explicou que na Assíria, Pérsia e Babilônia houve um célebre rei Hamurabi que promulgou notável Código, descoberto no princípio de nosso século, considerado como mais antigo (século XII a.C.), com 282 parágrafos ou leis, sendo uma compilação do direito público e privado compreendendo matéria processual, penal, administrativa, civil e comercial.

Augusto Zenum,[23] no estudo de textos antigos, convida a começar pelo Código de Hamurabi, também conhecido por Kamu-Rabi, rei da Babilônia, que viveu no século XXIII a.c., tendo, por meio de guerras, conseguido unificar toda a Mesopotâmia, do Tigre ao Eufrates, rios que foram por ele retificados.

Também Athos Gusmão Carneiro[24] relatou que, já em eras prístinas, o Código babilônico de Hamurabi (reinante cerca de 2.000 a.C.,

---

18. *Introdução ao Estudo do Direito – Direito Egípcio, Assírio, Babilônico e Hebreu*, p. 213.

19. "A teoria da imprevisão e os contratos administrativos", *RDA* 201/35.

20. *As Mais Antigas Normas de Direito*, p. 32.

21. *A Teoria da Imprevisão e o Atual Direito Privado Nacional*, p. 5.

22. *História do Direito, Especialmente do Direito Brasileiro*, 2ª ed., p. 11.

23. *Dano Moral e sua Reparação*, p. 1.

24. "O contrato de *leasing* financeiro e as ações revisionais", *Genesis – Revista de Direito Processual Civil* 5/314.

ORIGEM E EVOLUÇÃO

em período não exatamente fixado) previa a exoneração do camponês se ocorrentes catástrofes inevitáveis, ainda que previsíveis (Lei 48).

Finalmente, discorrendo sobre o que classificou como Direito Arcaico, referindo-se aos autores Pietro Bonfante (*De Leggi di Hamurabi*) e E. Bouzon (*O Código de Hamurabi*), Rubens Limongi França[25] tentou elucidar a questão, restringindo-se a algumas referências aos Direitos Babilônico, Hindu e Hebraico. Quanto ao primeiro (Hamurabi) – explicou –, como é sabido, tido como ordenamento por excelência, é considerado o pai de todos os códigos, datado de cerca de 2.200 a.C.

Conforme se constata, os nove autores divergem quanto à data da codificação do rei Hamurabi, não apenas em anos, décadas ou séculos. Chegam a diferenças de mais de um milênio (Othon Sidou: 2.700 a.C.; Valladão: 1.200 a.C.). Por tais razões, aqui se adotou como mais aceitáveis as pesquisas de Stodieck, ao situar a codificação no ano de 1690 a.C.

Stodieck[26] apontou uma curiosidade naquele Código, digna de registro. Esclareceu que, para nós – homens do século XX –, especialmente interessantes são os arts. 257 a 274, que estabelecem salários mínimos ou profissionais para várias atividades. Os que supõem que tal salário seja uma conquista do operário contemporâneo – adicionou – ficarão surpreendidos com sua elevada antiguidade, ou, pelo menos, com seu antiquíssimo precursor.

Informou ainda o mesmo autor que na Lei 48 daquele Código se encontra a primeira manifestação escrita (rupestre) do homem sobre a imprevisibilidade, ali registrada como uma hipótese de caso fortuito ou de força maior, prisma pelo qual o princípio era conhecido na Antiguidade: "Se alguém tem um débito a juros e uma tempestade devasta o campo ou destrói a colheita, ou por falta d'água não cresce o trigo no campo, ele não deverá nesse ano dar trigo ao credor, deverá modificar a sua tábua de contrato e não pagar juros por esse ano".

Nos primeiros tempos, quaisquer acontecimentos ligados à natureza ou ao homem, previsíveis ou imprevisíveis, que se abatessem sobre as contratações eram identificados como caso fortuito ou de força maior. Surpreendente – e inaceitável – é que, depois de milênios, a mesma coisa continue acontecendo...

---

25. "Responsabilidade aquiliana e suas raízes", in *Enciclopédia Saraiva de Direito*, v. 18, p. 238.

26. In *Revista Jurídica* 30/21.

86 A TEORIA DA IMPREVISÃO NO DIREITO CIVIL E NO PROCESSO CIVIL

Na busca da estruturação de um princípio que conferisse segurança às contratações, uma das primeiras formulações teve como ponto de partida a circunspecta roupagem utilizada por Ulpiano (170-228 a.D.) para revestimento da vontade manifestada, considerando-a como "lei entre as partes", ao ensinar: "Contractus enin legem ex conventione accipiunt" ("Os contratos, em verdade, aceitam a lei proveniente das convenções"). Desta rigorosa concepção nasceu uma regra que se projetaria no futuro, consubstanciada na expressão *pacta sunt servanda*.

Observa-se, neste aspecto, uma curiosidade: tomando-se por base a fixação de Stodieck para o advento do *Código de Hamurabi* (*1690 a.C.*), verifica-se que a Lei 48 já tratava de uma hipótese de caso fortuito ou de força maior (ali confundida com imprevisibilidade). Em confronto com a primeira formulação da qual surgiria a regra *pacta sunt servanda*, atribuída ao jurista romano Ulpiano (170-228 a.D.), nascido na cidade de Tiro, na Fenícia, por volta do ano 170 e falecido em 228 da Era Cristã, responsável pela expressão já referida (*Contractus enin legem...*), constata-se que seus escritos somente seriam carreados para o *Digesto*, do Código de Justiniano, quase quatro séculos mais tarde. Assim, ao menos de forma oficial, poder-se-ia dizer que a *exceção*, *rebus sic stantibus*, surgiu antes da *regra geral, pacta sunt servanda*.

Quanto ao Código de Justiniano, seus antecedentes merecem rápido registro, com base nas informações de Arnaldo Godoy.[27]

Na cidade de Constantinopla (hoje Istambul) – capital oriental do Império Romano – do ano de 527 a 565 reinou Justiniano, conhecido como *o Rei que nunca dormia*, em razão de sua grande resistência ao sono. Nasceu no ano 482 da Era Cristã, em Taeresium, localidade próxima de Sofia, na Bulgária, então parte do Império Bizantino, ou Romano Oriental. Filho de lavradores, foi adotado por Justino (mais tarde Imperador romano) em 518, mudando seu nome de berço, que era Upranda, para Justiniano. Em 527 subiu ao trono com o nome de Flávio Anício Justiniano Magno, permanecendo 38 anos. Empenhou-se na sistematização do Direito Romano, articulando a reunião de todo o ordenamento jurídico existente, em um só corpo. A obra recebeu o nome de *Corpus Iuris*, posteriormente denominada *Corpus Iuris Civilis*. Em abril do ano de 528 da Era Cristã a obra foi tetrapartida, tomando a forma de *Institutas, Código, Digesto* e *Novelas*.

---

27. *Justiniano – O Código e o Imperador que Não Dormia*, pp. 2-3.

ORIGEM E EVOLUÇÃO 87

Nas *Institutas* encontrava-se todo o direito privado existente e parte do direito público. Foi dividida em quatro livros, fracionados em títulos, finalmente reduzidos a parágrafos.

O *Digesto* apresentava uma divisão ordenada. Cuidava de temas extraídos de mais de 2.000 obras. Disposto em 50 livros, separados em títulos, também reduzidos a parágrafos. Tratou, além do direito privado, também do público. Foi no *Digesto* que Ulpiano estabeleceu as bases da regra *pacta sunt servanda* – posteriormente aplicada às convenções como "lei entre as partes", contida na já mencionada expressão (*Contractus enin legem...*).

No *Código* cuidou-se apenas do direito público, com base em Constituições imperiais. Compunha-se de 12 livros, onde se identificavam constituições, imperadores e destinatários de suas mensagens.

Nas *Novelas*, também conhecidas como *Autênticas*, encontravam-se todas as Constituições de Justiniano, em especial as do fim do seu reinado.

Dos 1.807 artigos do nosso Código Civil de 1916, cerca de 1.445 são produtos da cultura jurídica romana, muitas vezes tomados diretamente das fontes de organização justinianéia – concluiu Godoy.[28]

A cláusula *rebus sic stantibus* (a princípio chamada de *rebus sic si habentibus* – que significa: "as coisas que assim permanecem"), como semente da moderna teoria da imprevisão, já foi dito, remonta ao Direito Romano. As primeiras referências à sua essência (permanência das coisas em seu estado de criação) podem ser encontradas nos escritos de Cícero,[29] Sêneca[30] e Polybios.[31]

Referido por Menezes Cordeiro, Polybios, o mais antigo dos três (150 a.C), em discurso, disse que, "(...) se a situação agora ainda fos-

---

28. Ob. cit., p. 5.

29. "Apresentam-se-nos, algumas vezes, circunstâncias nas quais as coisas que parecem eminentemente justas, para aquele que nós chamamos homem honrado, mudam de natureza e tomam um caráter oposto. Assim, em certas ocasiões, será conforme a justiça não restituir o depósito, não cumprir a promessa, desconhecer a verdade e a fé empenhada (...). A alteração do tempo e das circunstâncias leva à alteração da verdade" (Marcus Tulius Cicerus, *De Officiis*, I, 1, 10, 3, 25 – 43 a.C., *apud* Paulo Carneiro Maia, "Cláusula *rebus sic stantibus*", in *Enciclopédia Saraiva de Direito*, v. 15, pp. 30-31).

30. "Omnia esse debent eadem quae fuerunt, cum promiterem, ut promitentis fidem teneas" (Sêneca, *De Benefficiis*, 4, 35, 2, *apud* Paulo Carneiro Maia, in ob. cit., v. 15, p. 32).

31. Polybio, *Historiae* 9, 37, *apud* Paulo Carneiro Maia, in ob. cit., v. 15, p. 33.

88 A TEORIA DA IMPREVISÃO NO DIREITO CIVIL E NO PROCESSO CIVIL

se a mesma do que antes, na altura em que vós concluístes a aliança com os Aetólios, então deveriam decidir-se a manter firme o vosso convênio pois a isso vos teríeis obrigado; caso ela esteja, contudo, totalmente modificada, então ser-vos-á justificado retomar, sem quaisquer dúvidas, a questão".[32]

E escreveu Sêneca: "Tunc fidem fallam, tunc inconstantiae crimen audiam, si, cum eadem omnia sint, quae erant promittente me, non praestitero promisso; alioquin, quidquid mutatur, libertatem facit de integro consulenti et me fide liberat"[33] ("Tudo se entende no contrato, se eu descumprir a palavra dada, então serei acusado de crime de inconstância caso permaneçam todas as condições existentes quando da promessa; por outro lado, havendo mudanças, fica o contratante livre e também me livra do compromisso por inteiro").

Conforme relato dos canonistas medievais, foi no *Digesto* do *Corpus Iuris* que Neratius teria cunhado a conhecida frase: *Contractus qui habent tractum sucessivum et dependentiam de futuro, rebus sic stantibus intelliguntur*. Esta, reduzida à sua essência, passou a ser conhecida entre nós apenas como *rebus sic stantibus*. E foi este fragmento jurídico do trabalho de Neratius que mais impressionou os juristas da Idade Média (de um modo especial Bártolo) e os atraiu para o aprofundamento nos estudos da teoria da imprevisão.

Carneiro Maia,[34] depois de prolongado estudo nos dois fragmentos de Africanus e Neratius constantes do diploma justinianeu, concluiu que a origem da cláusula *rebus sic stantibus* – como cláusula de revisão contratual – não pode ser atribuída aos juristas romanos, tãosomente porque sua estruturação não ocorreu no Direito Romano. Os registros históricos não nos dão conta de que ali tenha surgido qual-

---

32. In António Menezes Cordeiro, *A Alteração das Circunstâncias e o Pensamento Sistemático*, p. 938.

33. In António Menezes Cordeiro, *A Alteração...*, cit., p. 939.

34. "Exame menos superficial, em lugar de uma simples mirada em apenas dois desses textos, a fazer repontar a sua imperatividade arraigada aos romanos (...) conscientiza de que semelhante tarefa será de resultado negativo. O descortinar desses mesmos textos, segundo o fizemos com extensão e larga antecedência, leva a concluir que tais fragmentos indicam apenas a transgressão do princípio à fidelidade contratual, com vista ao respeito da base subjetiva em grau de exceção, ainda sem atingir o dogma genérico. Por fim, como que complementando quanto constituiria profunda convicção, atentos a suportes veiculados, extraímos a ilação: a reflexão sobre o conteúdo dos fragmentos particularizados, o sentido dos conceitos clássicos que informam o Direito Romano – já escandidos pelos juristas –, corrobora o juízo, que não é novo nem original, de que a cláusula *rebus sic stantibus* parece não assentar sua construção sistemática nas fontes jurídicas romanas" (in ob. cit., v. 15, p. 158).

ORIGEM E EVOLUÇÃO 89

quer princípio geral, devidamente estruturado ou mesmo se apresentado com qualquer relevância, embora não escapassem aos filósofos romanos o valor jurídico e a influência que o evento imprevisível – determinante da mudança da base negocial – pudesse exercer sobre os compromissos assumidos. Nos 13 séculos de existência da civilização romana – com exceção apenas dos textos de Paulus, Africanus e Neratius – não se encontra qualquer referência a pactos de execução diferida que tivessem sido reajustados na execução em razão de acontecimentos anormais, alteradores da base contratual, causadores de efetiva possibilidade de lesão aos contratantes.

Contudo, a doutrina não era inteiramente desconhecida, chegando alguns a defender sua aplicação diante da menor possibilidade de prejuízo das partes.

Registrando o pensamento da época, Alfeno informa ser suficiente o temor de um perigo real para a justificativa de tentativa de não-cumprimento da obrigação, ao dizer: "Iterum interrogatus est, si quis firmaris causa emigrasset, deberet mercedem necne, respondit, si causa fuisset, cur periculum vere non fuisset, tamen non debere mercedem"[35] ("Novamente ao ser interrogado se alguém, ao ser firmada uma causa, tivesse fugido à responsabilidade, não teria recebido o perdão, respondeu que se não tivesse sido verdadeiramente um risco não seria perdoado").

As tentativas de abrandamento do rigor do princípio *pacta sunt servanda* raramente lograram êxito, diante do formalismo da estrutura então existente no ordenamento jurídico romano.

Se os romanos chegaram a focalizar o problema oriundo de mudanças na base contratual – segundo Eugène Bruzin[36] – talvez tenha sido em esporádicos casos especiais, já que as poucas soluções ali apresentadas se ressentem da falta de metodologia rígida e ordenamento sistematizado. Explicou Bruzin[37] que as decisões romanas sobre a questão eram extremamente flutuantes – logo, pouco exigentes, "(...) encontram-se textos nos quais a mudança imprevista de circunstâncias pode influir sobre o contrato e outros que conduzem a conclusão contrária".

---

35. Alfeno, *Digesto*, XIX, 2, 27, *apud* Paulo Carneiro Maia, in ob. cit., v. 15, p. 33.

36. *Essai sur la Notion d'Imprévision et son Rôle en Matière Contractuelle*, p. 87.

37. Idem, ibidem, p. 88.

90 A TEORIA DA IMPREVISÃO NO DIREITO CIVIL E NO PROCESSO CIVIL

E Leonard Pfaff[38] asseverou que "O Direito Romano nunca colocou a questão, de que ora se ocupa, na forma pela qual hoje é discutida".

Orientadas neste rumo são também as investigações de Edgard A. Ferreira,[39] em expressivo contributo quanto às fontes não-romanas da cláusula.

Entre os pesquisadores é pacífico este entendimento: embora o princípio *rebus sic stantibus* tenha sido aplicado no universo romano de forma assistemática (até com base no simples temor da lesão), na verdade ali foi o império absoluto da regra *pacta sunt servanda*. A rigidez implícita neste princípio deve ser atribuída ao fato de que – sem qualquer demérito à sua monumental estrutura – o Direito Romano era formalista, individualista e, sobretudo, absolutista. Daí a premissa de que, uma vez assumida a obrigação, deveria ser cumprida, mesmo com prejuízos para o adimplente, em obediência ao apotegma: *o contrato faz lei entre as partes.*

Contudo, apesar das contribuições dos filósofos, precursores no reconhecimento dos elementos da justiça comutativa existente no emprego do princípio, no campo estritamente jurídico, as mais antigas recomendações de sua utilização podem ser encontradas nos escritos de Paulus, Africanus e Neratius.

Em resposta à questão *de solutionis et liberationis*, Africanus explicou que "quando alguém tiver estipulado que se dê a ele ou a Tício, somente se perdurar o mesmo estado de que se falava, quando se assentou a estipulação; mas se o foi por adoção, ou tiver sido desterrado, ou se pôs interdição pela água e pelo fogo, ou foi feito servo, se há de dizer que não se lhe paga bem; porque se considera que tacitamente é inerente à estipulação esta convenção, desde que se permaneça no mesmo estado".[40]

---

38. *Die Clause "Rebus Sic Stantibus" in der Doctrin und der Öster Gesetzgebung*, p. 70.

39. "Resulta también inútil fundar una solución bajo el estudio y análisis de fuentes romanas. Esos antecedentes son valiosos cuando se trata de razonar sobre la naturaleza jurídica de una institución, pero estamos aquí frente a una formulación distinta. Esta afirmación prevalece cuando, examinando la tentativa de los juristas de establecer el orígen histórico de la cláusula *rebus sic stantibus*, podemos afirmar que el proceso de su formación se revela con más claridad en precedentes filosóficos y en las fuentes del derecho canónico que en las del derecho laico" ("La teoría de la imprevisión o de los riesgos imprevistos", *Revista de la Facultad de Derecho y Ciencias Sociales de la Universidad de Tucuman*, 1960, p. 144).

40. Africanus, *Digesto*, XII, *apud* Paulo Carneiro Maia, in ob. cit., v. 15, p. 43.

ORIGEM E EVOLUÇÃO

Neratius (o jurista mais importante, responsável pela primeira formulação sobre o princípio *rebus sic stantibus*), cujos estudos serviriam de fonte de pesquisa aos canonistas medievais para a estruturação e sistematização da doutrina da imprevisibilidade, singrou as mesmas águas, dizendo: "O que Sérvio escreveu no livro dos dotes, que se entre as pessoas que contraíram núpcias uma delas não tivesse atingido a idade legal, pode ser restituído; o que, entretanto, lhe fora dado a título de dote, assim deve ser entendido, sobrevindo o divórcio antes que ambas as pessoas tenham a idade legal, deve ser feita a restituição daquele dinheiro; porém, permanecendo no mesmo estado matrimonial, não é possível mais a restituição, também daquilo que a esposa haja dado ao esposo a título de dote, tanto que perdure entre eles a afinidade; porque aquilo que se dá por esta causa, não se tendo consumado todavia a conjunção carnal, como era preciso que houvesse a fim de que se chegasse a constituir o dote, ou enquanto isso possa vir a suceder, haverá restituição".[41]

São estas as poucas referências à teoria da imprevisão encontradas, ainda assim de forma indireta, em sua fase embrionária de cláusula *rebus sic stantibus*, resultado das pesquisas levadas a efeito por incontáveis estudiosos da questão, desenvolvidas não só entre nossos juristas como os de todos os países do mundo, antigos e modernos, tais como Cogliolo, Beltran de Heredía y Castaño, Marciano, Marcelo, Lennel, Puig Peña e Ripert.[42]

O que é definitivo e do consenso geral é o fato de nada existir nos registros históricos sobre o tema que nos forneça garantias de que do início da Era Cristã até meados do século XIII a cláusula tenha sido utilizada. De sua longa hibernação só despertaria quase 13 séculos mais tarde, em plena Idade Média.

---

41. "Quod Servius in livro de dotibus scribit, si inter esas personas, quarum altera nondum justam aetat habeat nuptiae, factae sint, quod dotis nomine interim datum sit, repeti posse, sic inteligendum est, ut si divortium intercessirit prius, quam utraque persona justam aetatem haveat, sit ejus pecuniae repeti possit, quam quod sponsa dotis nomine dederit, donec maneat inter eos adfinitas: quod enim ex ea causa nondum coito matrimonio datur (cum sic ditur, tamquam in dotem perventurum) quandiu potest, repetitio ejus non est" (*Digesto*, XII, *apud* Paulo Carneiro Maia, in ob. cit., v. 15, p. 45).

42. Pietro Cogliolo, *Scritti Varii di Diritto Privato*, 7ª ed., p. 396; José Beltran de Heredía y Castaño, *El Cumplimiento de las Obligaciones*, p. 335; Marciano, *Digesto*, 34, 8, 3, 2; Marcelo, *Digesto*, 45, I, 98; Otto Lennel, "La cláusula *rebus sic stantibus*", *Revista de Derecho Privado* 118/202, ano X; Federico Puig Peña, "Cláusula *rebus sic stantibus*", in *Nueva Enciclopedia Jurídica*, t. IV, p. 130; Georges Ripert, *La Règle Morale dans les Obligations Civiles*, 4ª ed., n. 82, p. 144.

92 A TEORIA DA IMPREVISÃO NO DIREITO CIVIL E NO PROCESSO CIVIL

Os pesquisadores Nehemias Gueiros, Arnoldo Medeiros da Fonseca, Carneiro Maia e Abgar Soriano de Oliveira,[43] na literatura nacional, entre os principais, ratificam a existência daquele hiato histórico.

No ano de 1804 o Código Civil Francês – fruto do liberalismo da época e herdeiro direto da Revolução Francesa de 1789 –, em seu art. 1.134, fixou definitivamente a posição da França sobre a teoria da imprevisão.

Até o século passado tanto os juízes como os tribunais franceses mostravam-se intransigentes quanto à aceitação e adoção do princípio. As pretensões de revisão dos contratos fundadas em alterações da base negocial – tais como aumento de impostos e direitos aduaneiros e ainda em matéria de locação de serviços por tempo indeterminado – encontraram na jurisprudência francesa o entendimento de que não haveria liberação dos patrões de suas obrigações ainda que as circunstâncias da I Grande Guerra, por exemplo, os tivessem privado de suas clientelas, na primeira hipótese, e, na segunda, só admitindo a resolução contratual quando ficasse provado que em virtude da guerra tinha sido absolutamente impossível desfrutar da coisa arrendada. Foi, como já dissemos, o império absoluto e intangível da regra *pacta sunt servanda*, que estivera ausente do contratualismo desde meados do século XIII.

Em impertinente e inaceitável censura aos devedores da obrigação, marcando suas posições diante do tema, os juristas franceses Smein, Planiol e Ripert[44] tentaram resumir a mentalidade reinante na época quanto ao fiel e integral cumprimento dos contratos. Severamente, advertiram que competia a cada um não tomar compromissos levianamente e assegurar-se dos meios de cumpri-los, porque o interesse geral exigia que o respeito pela palavra dada fosse reforçado contra tudo o que pudesse enfraquecê-lo.

Este pronunciamento, além de pecar pela parcialidade (interesse apenas do credor) e excessivo rigor com que é tratado o relaciona-

---

43. Nehemias Gueiros, *A Justiça Comutativa no Direito das Obrigações*, n. 12, pp. 14-18; Arnoldo Medeiros da Fonseca, *Caso Fortuito e Teoria da Imprevisão*, 2ª ed., n. 143, p. 35; Paulo Carneiro Maia, *Da Cláusula "Rebus Sic Stantibus"*, p. 4; Abgar Soriano de Oliveira, *Da Cláusula "Rebus Sic Stantibus"*, n. 5, p. 35.

44. "O respeito absoluto ao contrato está de acordo com o seu papel econômico e com a intenção das partes, fixando adiantadamente as condições das suas relações futuras no mercado dos produtos ou dos serviços. Se fosse permitindo ao juiz, no caso de as circunstâncias se modificarem gravemente, romper ou modificar o contrato, o benefício previsto viria a faltar no momento em que mais necessidade haveria dele" (Paul Smein, Marcel Planiol e Georges Ripert, *Traité Pratique de Droit Civil*, 1ª Parte, t. VI, p. 3).

ORIGEM E EVOLUÇÃO

mento contratual, afronta elementares princípios de eqüidade ao asseverar que "(...) compete a cada um não tomar compromissos levianamente e assegurar-se dos meios de cumpri-los".

Não se discute a justeza da afirmação quando as circunstâncias são normais. Contudo, no contexto da aplicação da teoria da imprevisão não há que se falar em assunção leviana de compromissos. O instante vinculativo da obrigação poderá – e deverá – ter sido da maior seriedade e responsabilidade, mas acontecimentos imprevisíveis, surgidos à margem da vontade contratual, *a posteriori*, afastam toda e qualquer idéia de contratação irresponsável. Poderá ocorrer que, diante da lesão virtual – a despeito dos esforços envidados pela parte disposta a cumprir o pacto –, sua pretensão acabe por restar inviabilizada, embora se tenha assegurado de todos os meios necessários ao cumprimento da prestação. Se os juristas que divulgaram tal configuração do pensamento de então, na França, dela comungaram, só se pode lamentar este infeliz e equivocado ponto de vista.

As discussões sobre a doutrina da imprevisibilidade nunca foram pacíficas. Os muitos séculos de divergência podem ser debitados à errônea compreensão, desde o início, de que o princípio *rebus sic stantibus* pretendia tomar o lugar da regra *pacta sunt servanda* – o que nunca foi cogitado por qualquer jurista. Em exame mais apurado e menos preconceituoso, sua condição de princípio de exceção à regra geral teria sido constatada como suficiente para afastar quaisquer dúvidas quanto à sua verdadeira posição e, principalmente, pretensão.

A divergência doutrinária existente por volta de 1940, em todo o mundo, sobre o tema foi registrada por Armando Palma Mendez.[45] O destaque é bastante expressivo, já que a imprevisibilidade sempre foi conceito vago e flutuante.

7.2 A cláusula no Direito intermediário

A rigor, em termos práticos, o nascimento da cláusula *rebus sic stantibus* só se deu em meados do século XIII. Primeiramente entre os

45. "La acogida no ha sido, desde luego, ni unánime ni absoluta; los internacionalistas, como los civilistas, se debaten en ardientes polémicas, dentro de las cuales no faltan ni la negación rotunda, ni la aceptación incondicional; así, mientras Fenwick y Lamasch asumen que el principio envuelve términos y conceptos vagos y imprecisos, tan elásticos que su aceptación envuelve una serie de peligros de difícil controlación; Herschey sostiene que es una condición implícita en todos los tratados y Chailley la denomina cláusula tácita" ("El principio *rebus sic stantibus* como causa de extinción de las obligaciones internacionales contractuales", *Revista de Derecho Internacional*, 1939, p. 117).

94 A TEORIA DA IMPREVISÃO NO DIREITO CIVIL E NO PROCESSO CIVIL

filósofos católicos (com fulcro na moral religiosa) e depois sob a responsabilidade dos juristas do direito canônico, bem como das decisões dos tribunais eclesiásticos, consolidando-se no trabalho dos pósglosadores, conhecidos como *bartolistas*.

Um dos mais profundos e completos estudiosos do tema foi, sem dúvida, Giuseppe Osti,[46] que relatou como a penetração da cláusula foi lenta no mundo jurídico, profundamente impregnado pela moral religiosa então dominante.

Como referido, a principal fórmula romana, em sua íntegra, atribuída ao jurista Neratius, no *Digesto*, dizia: "Contractus qui habent tractum sucessivum et dependentiam de futuro, rebus sic stantibus intelliguntur" ("Contratos que têm trato sucessivo ou dependem do futuro devem conservar sua base de contratação inicial").

Uma outra – também de Neratius – dispunha: "Omnis pacto intelligittur rebus sic stantibus et in eodem statu manentibus" ("Tudo se entende no contrato, desde que permaneçam as mesmas condições e circunstâncias").

Com tais enunciados se pretendeu que os contratos de execução postergada ficassem subordinados, a todo tempo, ao mesmo estado de subsistência das coisas, isto é, ao estado de sua criação. Reduzida a formulação à sua essência, passou a ser conhecida apenas como *rebus sic stantibus*, que no contexto do universo fático significava "permanecendo inalterados os fatos", ou "estando assim as coisas", ou, ainda, "subordinando-se os fatos, a todo tempo, ao mesmo estado de sua criação".

Tentando estabelecer-lhe as bases, os juristas de todo o mundo partiram dos mais variados pontos. Nesse passo, tanto a solidariedade quanto a boa-fé, a eqüidade como a noção de Direito, a Moral ou ainda a equivalência das prestações, arrogaram-se a primazia de conter os alicerces da cláusula. Entretanto, enfraquecidas pela inconsistência básica e mesmo insuficiência dogmática, aquelas proposições, isola-

---

46. "Ma è infiltrazione lenta, nel campo giuridico, di principii che avevano prima un contenuto morale: e sull'inizio, appunto, troviano nelle fonti giuridiche degli aforisme che, per la loro indeterminatezza e per la loro generalità, rivelano una natura, per così dire, hibrida, apparono proprio assiomi morale cui sia esto aggiunto il vigore strinseco delle proposizioni giuridiche; ma senza che una elaborazione tecnica ne abbia ridotto, o almeno degli istituti. Fino a tanti che dei tentativi di una tale definizione logica della clausola son si verificano, si hanno delle afermazioni, ma non può dire che si abbia una teoria" ("La così detta clausola *rebus sic stantibus* nel suo sviluppo storico" (*Rivista di Diritto Civile* 39, ano IV, n. 5).

ORIGEM E EVOLUÇÃO   95

damente, não lograram aceitação. O pleno apogeu da força da Igreja Católica foi atingido na Idade Média. A moral de então era inteiramente assentada na doutrina cristã. Em conseqüência, toda e qualquer linha de pensamento filosófico, político, social ou jurídico de então não tinha como se afastar da moral religiosa, que, de resto, predominava em todas as relações entre os homens.

A Georges Ripert,[47] no campo das obrigações civis, apoiado na Moral, coube a responsabilidade de traçar um dos mais sólidos fundamentos sobre a alteração anormal das circunstâncias. Embora anti-revisionista convicto, o núcleo do pensamento do mestre francês continha-se na afirmação de que "(...) um dos contratantes não se pode prevalecer da injustiça que, por acaso o contrato possa lhe conferir, em decorrência de alteração anormal das circunstâncias".

Seria este o perfil mais distinto do princípio da imprevisão e do seu real caráter, na visão do jurista francês. Indiscutivelmente, uma posição sólida e, sob todos os aspectos, respeitável, embora, por si só, não fosse suficiente para justificar a aceitação da doutrina.

Consciente dos abusos que poderiam ocorrer, mesmo em nome da moral – como já acontecera antes do Código Napoleônico –, lembrou Ripert[48] que a prudência deve sempre estar presente na aplicação da teoria da imprevisão. E o motivo principal, segundo expunha, estaria no fato de que o credor, por via do contrato, adquire um direito de que se pode valer, nas condições fixadas pelo acordo de vontades (*pacta sunt servanda*), o qual redundará sempre em prejuízo do devedor, desde que resultante de previsão possível e legítima. Ocorrendo o

---

47. Esclareceu ele: "Cette règle, si on veut la formuler et l'imposer, il faut commencer par lui restituer son véritable caractère. Elle ne sort pas du contrat, elle est dressée contre le contrat. Elle ne se ratache pas à la téchnique juridique du droit des obligations, elle heurte la logique de cette téchnique. Elle repose en effet sur cette idée morale que le créancier commet une suprême injustice en usant de son droit avec la dernière rigueur. Elle élève contre la prétention du créancier la règle protectrice du debiteur injustement lésé par le sort. Elle ne nie pas que la lésion ait été voulue, elle refuse d'accepter cette volonté inmorale" (ob. cit., p. 162).

48. Explicou, ainda, que: "L'abus commence au moment où le déséquilibre des prestations est tel que le contractant ne pouvait normalement prévoir qu'il allait retirer de ce contrat un tel avantage. Il faut donc, pour admettre la révision, un événement extraordinaire, hors de la prévision humaine, et c'était là le sens de la clause *rebus sic stantibus*. Il faut en outre que l'événement rend pour le débiteur l'exécution si difficile et onéreuse qu'elle constitue une lésion hors de proportion avec l'avantage prévu par lui dans le contrat. Il faut enfin que le créancier n'ait pas à l'avance payé l'aléa exceptionnel du contrat, par la nature de l'opération faite ou les stipulations particulières du contrat" (ob. cit., pp. 163-164).

96 A TEORIA DA IMPREVISÃO NO DIREITO CIVIL E NO PROCESSO CIVIL

imprevisível, com prejuízo iminente para o credor, em proveito do devedor, invertem-se inteiramente as situações. E os abusos podem surgir em qualquer das hipóteses (lesão subjetiva para o devedor ou para o credor), sendo suficiente que se constatem o desequilíbrio da economia contratual e a vantagem decorrente para uma das partes. Esta a essência da conceituação proposta e defendida pelo jurista francês no campo da imprevisão, ao recomendar cautela em sua aplicação. A exemplo das concepções do argentino Adelqui Carlomagno[49] (como também das de Bonnecase), para alguns estudiosos, a justificar a aplicação *in totum* do princípio romano, necessário seria tão-somente a exata noção de Direito. Entendia o jurista platino que a teoria "(...) se ha destacado de la noción vaga de moral, que era, en síntese, la idea de San Tomás de Aquino y de los comentaristas canónicos de Graciano".

Contudo, a restringir o espaço de aplicação da imprevisibilidade, registre-se a advertência de Bonnecase[50] sobre os perigos da absorção da Moral pelo Direito, de que resultaria visão comprometida e distorcida do princípio.

Mas somente no Direito intermediário é que os primeiros vestígios do despertar de um sono de quase 13 séculos da cláusula iriam surgir. Repita-se: não existem registros históricos que nos forneçam elementos minimamente seguros de que do início da Era Cristã até o final do século XII ela tenha sido utilizada, mesmo de forma assistemática. Os pesquisadores não noticiam um só caso de seu emprego naquele período, ou mesmo referência à sua existência, sendo válido supor-se que permaneceu esquecida por muitos séculos.

Depois de mais de mil anos de total ostracismo, a primeira tentativa de expressão e força de sua reabilitação se deve a São Tomás de Aquino (1225-1274), ao procurar estabelecer distinção entre infidelidade contratual (inadimplemento) e mentira (Direito/Moral), considerada um vício oposto à verdade.

Sublinhe-se que o valor desta distinção é meramente histórico, porquanto é totalmente inaproveitável para a imprevisão. E isto porque, surgindo o elemento imprevisível, não há que se falar em culpa (elemento subjetivo) do que não cumpriu. Contudo, vale como atestado da tomada de consciência do problema.

---

49. "La teoría de la imprevisión en los contratos y en Derecho in general", *Revista de Jurisprudencia Argentina* 43/21, "Doctrina".

50. É preciso cautela "(...) "caso se queira chegar a uma saudável organização jurídica da noção de imprevisão" (ob. cit., v. III, p. 306).

ORIGEM E EVOLUÇÃO

Em sua obra mais importante (*Summa Theologica Cura Fratrum Ordinis Praedicatorum*), em resposta à questão *ultrum omne mendacium peccata* ("toda mentira é pecado"), dizia São Tomás de Aquino: "Quem promete uma coisa, com intenção de cumprir a promessa, não mente, porque não fala contra o que tem na mente. Mas, não a cumprindo, é-lhe infiel, mudando de intenção. Pode, porém, ser escusado por duas razões: primeiro, se prometeu o que é manifestamente ilícito, pecou quando assim procedeu e, portanto, age bem mudando de propósito; segundo, se mudaram as condições das pessoas e dos atos, pois, como diz Sêneca, para estarmos obrigados a fazer o que prometemos, é necessário que todas as circunstâncias permaneçam as mesmas. Do contrário, não mentimos quando prometemos, nem somos infiéis à promessa por não cumpri-la, pois já as condições não eram as mesmas. Por isso o Apóstolo não mentiu por não ter ido a Corinto, como prometera, pois obstáculos supervenientes lho impediram".[51]

Reale[52] forneceu uma idéia das concepções de São Tomás de Aquino ao subordinar sua teoria de justiça ao conceito objetivo de *lei*, ou, mais precisamente, de *lex aeterna*, que ordena o cosmos de conformidade com a razão do Legislador Supremo, assim como numa comunidade a *lex humana* representa a ordem dada por quem racionalmente a dirige de conformidade com o bem comum. Tem, pois – concluiu Reale –, um sentido universal, tanto divino quanto humano, a límpida definição tomista de *lex* como *quaedam rationis ordinato ad bonum commune, ab eo qui curam communitatis habet promulgata* ("razão ordenada ao bem comum, que para o bem da comunidade seja promulgada").

No *Decretum Gratiani* – ou *Decretais* –, surgido quase no fim do século XII, que também tomou por base a mentira, Graciano dizia que

51. No original latino: "Dicendum quod ille qui aliquid promittit, si habeat anim faciendi quodo promittit, nom mentitur; qui loquitur contra id quod gerit in mente. Si vero non faciat quod promisis, tunc videtur infieliter agere per hoc quod animum narum et negotiorum. Quod manifeste est ilicitum, quia promitendo paecavit; mutando autem et propositum bene facit. Alio modo, si sunt mutatae conditiones personarum et negotiorum. Ut enim Seneca dicit, in lib., de Benefic. (lib. IV, cap. XXXV), ad hoc homo teneatur facere quod promisit, requiritur quod omnia immutata permaneant. Alioquim nec fuit mendax in promitendo; qui promisit quod habeat in mente, subintellectis debitis conditiones non extant. Unde est appostolus non est mentibus, qui non ivit Corinthum, quo se iturum esse promiserat, ut dicitur ad Cr., I; et hoc profter impedimenta quae supervenerant" (São Tomás de Aquino, *Summa Theologica Cura Fratrum Ordinis Preedecatorum*, 2ª ed., trad. de Alexandre Correia, II, CX, arq. 3, "Dicendum", *apud* Paulo Carneiro Maia, in ob. cit., v. 15, p. 36).

52. *Nova Fase do Direito Moderno*, 2ª ed., p. 11.

98 A TEORIA DA IMPREVISÃO NO DIREITO CIVIL E NO PROCESSO CIVIL

"não se julgasse que o homem perfeito e espiritual deve mentir em proveito dessa vida temporal, em cuja morte não se mata sua alma nem a alma de outro, porque uma coisa é mentir, outra ocultar a verdade; uma coisa é dizer falsidade, outra é calar".[53]

Entretanto, os registros históricos informam que séculos antes, em suas exortações, Santo Agostinho[54] (354-430 – *Sermones ad Populum*), natural de Tagaste, na Numídia (África), já tratava da mentira, aceitando-a por razões excepcionais como justificativa válida do não-cumprimento de uma obrigação. Dizia o filósofo católico neoplatônico que quando ocorre alguma coisa de maior importância impeditiva da execução fiel de uma promessa não se quis mentir, mas apenas não se pode cumprir o prometido. "Eis, então – completou –, o que penso, sem argumentação forçada para persuadir-vos, porém agucei a atenção de vossa prudência para a circunstância de que não mente aquele que promete alguma coisa e não a faz se, para isto não executar, algo sucedeu que impediu o cumprimento da promessa, ao contrário da falsidade convincente".

Um destaque é indispensável, não só por sua relevância como fonte de estudos, mas também por elementar dever de justiça: incontáveis foram os pesquisadores da doutrina da imprevisibilidade, através dos séculos e milênios; mas quem quer que se disponha a estudar as origens e a evolução da cláusula *rebus sic stantibus* (sua fase germinal) deverá passar, inevitavelmente, pelo caminho aberto, aplainado e iluminado por Giuseppe Osti. Tem sido ele o condutor fiel de quantos, fascinados, se debruçam sobre textos antigos, em busca das primeiras manifestações sobre a fase embrionária deste remédio jurídico de exceção.

A propósito da profundidade e da seriedade do trabalho desse grande jurista italiano, em sua monografia sobre o tema disse Carnei-

---

53. No original latino: "Ne qui arbitetrur prefectum est espiritalem hominem pro iste temporali vita, in cujus morte non occiditur sive sua sive alterus anima, deberi mentiri, quoniam aliud est mentiri, aliud est verum occultare; si quidem aliud est falsum diccere, aliud verum tacere" (*Patrologiae*, p. 1.135, 1891, *apud* Paulo Carneiro Maia, in ob. cit., v. 15, p. 39).

54. "Quando autem aliud majus occurrit, quod impedivit fidem promissionis meae, non mentiri volui, sede promissum implere non potui. Ecce, quantum non mentiri eum qui promittit aliquid et non facit, ut non faciat, aliud occurrit, quod ejus impediat promisssionem, non quod convincat falsitatem" (*Sermones ad Populum*, Sermão 133, in J. P. Migne, *Patrologiae Cursus Completus Patrum Latinorum Traditio Catholica*, Paris, J. P. Migne Editorem, t. 38, 1865, p. 738, *apud* Paulo Carneiro Maia, in ob. cit., v. 15, p. 35).

ORIGEM E EVOLUÇÃO 99

ro Maia[55] que as necessidades da pesquisa, na análise da cláusula *rebus sic stantibus*, foram acentuadas por Osti, seu mais penetrante e minudente historiador, e, por tal motivo, não só tinha sido ele tomado por guia, à semelhança de outros, como em seus estudos seriam buscados os dados para um resumo histórico.

Depois de explicar que da velha cláusula *rebus sic stantibus* resultou, modernamente, a teoria da imprevisão ou superveniência, também outro grande estudioso do tema – talvez o mais completo entre nós – Arnoldo Medeiros da Fonseca,[56] após reconhecer os indiscutíveis méritos de Osti, concluiu por atribuir-lhe a autoria do termo "superveniência", após tomar contato e adentrar o gigantismo de seu trabalho ímpar.

7.3 Os pós-glosadores ou bartolistas

No campo da imprevisibilidade os grandes nomes do Direito intermediário foram São Tomás de Aquino, Graciano e Bartolomeo da Brescia – considerados como verdadeiros expoentes da *Glosa Canônica*.

Depois deles, chamados de *pós-glosadores* (conhecidos mais tarde como *bartolistas*), os juristas mais expressivos foram Bártolo, Baldo, Tiraquelo, Juan de Andrea, Giason del Mayno, Coccejo e Alciato.

Entretanto, depois de Polybios, Sêneca, Cícero, Paulus, Africanus e Neratius, um pouco antes e no início da Era Cristã, já no século V, em seus sermões, de forma indireta, Santo Agostinho tratava da imprevisibilidade.

A escola de Bártolo (de Sassoferato – 1314-1357) surgiu no século XIV. Fundava-se no direito canônico e no *Digesto*. Seus seguidores, chamados de *pós-glosadores*, foram os grandes responsáveis pela aceitação, aplicação e difusão da cláusula *rebus sic stantibus*, dela se valendo amplamente, sem demonstrar, contudo, qualquer preocupação com sua estruturação jurídica, perfil doutrinário, ou mesmo com seu conteúdo e efeitos.

---

55. Paulo Carneiro Maia, in ob. cit., v. 15, p. 36.

56. "Giuseppe Osti, em magistral estudo que publicou sobre o assunto, foi quem primeiro propôs a segunda denominação para a teoria, cujo fundamento e cujas conseqüências procurou fixar, conquanto reconhecesse que o significado da palavra 'superveniência', na linguagem vulgar, não tinha a compreensão correspondente à que lhe era própria, no sentido técnico, muito mais restrito, em que estava ali empregada" (ob. cit., p. 15).

100 A TEORIA DA IMPREVISÃO NO DIREITO CIVIL E NO PROCESSO CIVIL

Autores nacionais e internacionais consagrados – como Medeiros da Fonseca, Espínola Filho, Caio Tácito, Lúcio Bittencourt, Nehemias Gueiros, Carneiro Maia, Abgar Soriano de Oliveira, J. M. Othon Sidou, Paul Smein, Georges Ripert, S. Serbesco e Karl Larenz[57] – não têm dúvidas em afirmar que se deve ao Direito intermediário, ou medieval, sua revivescência e consolidação, no final do século XIII e começo do XIV. Osti também chegou à mesma conclusão, depois de proceder a uma exauriente revisão de toda a doutrina italiana, a partir do século XII, demonstrando que a teoria da imprevisão (oriunda da cláusula romana, atribuída a Neratius) não teria chegado até nós por meio da *Glosa*.

Os registros nos dão conta de que, com abnegação beneditina, Osti pesquisou os escritos de Graciano, Bártolo, Bartolomeo da Brescia, Baldo, Hugo Grocius, Juan de Andrea, Tiraquelo, Gyason del Mayno, Coccejo e Andreas Alciato,[58] entre os mais importantes juristas medievais, deles recolhendo tudo que se referia ao emprego da cláusula *rebus sic stantibus* (a princípio, *rebus sic si habentibus*). Seu apaixonado e apaixonante trabalho e sua esmerada dedicação não têm similares.

J. Irinêo Joffily[59] informou que o princípio passou a ser conhecido como *rebus sic stantibus*, sendo aproveitado pelos pós-glosadores italianos, como o famoso Bártolo de Sassoferrato, que iniciava uma renovadora escola jurídica, preferindo a utilidade prática dos negócios às interpretações exegéticas. O Direito Romano – prosseguiu (e o próprio império romano) – tinha por base a execução dos contratos, objetivando o prestígio e a segurança das instituições. O direito canônico, imbuído de um direito natural transcendente, trouxe um novo elemento: a vontade (consciência). E concluiu Joffily que, enquanto o Direi-

---

57. Arnoldo Medeiros da Fonseca, ob. cit., n. 143, p. 198; Eduardo Espínola Filho, *Tratado de Direito Civil Brasileiro*, v. I, n. 167, p. 619; Caio Tácito, "Contrato administrativo – Revisão de preço", *RF* 155/99; C. A. Lúcio Bittencourt, "A cláusula *rebus sic stantibus* no direito administrativo", *RDA* 2/813; Nehemias Gueiros, ob. cit., n. 19, p. 64; Paulo Carneiro Maia, in ob. cit., v. 15, n. 13, p. 45; Abgar Soriano de Oliveira, ob. cit., n. 6, p. 43; J. M. Othon Sidou, *A Revisão Judicial dos Contratos e Outras Figuras Jurídicas*, 1976; Paul Smein, ob. cit., t. VI, p. 527; Georges Ripert, ob. cit., n. 82, p. 144; S. Serbesco, "Effets de la guerre sur l'exécution des contrats", *Revue de Droit Civil*, ano XVI, 1917, p. 352; Karl Larenz, *La Base del Negocio Jurídico y Cumplimiento de los Contractos*, p. 27.

58. Giuseppe Osti, in *Rivista di Diritto Civile* 39/11-25, ano IV, ns. 5-10.

59. "A teoria da imprevisão (*rebus sic stantibus*) não deve abalar a seriedade dos negócios", Brasília: *Revista de Informação Legislativa* (do Senado Federal) 35/89-90.

ORIGEM E EVOLUÇÃO

to moderno – surgido com os pós-glosadores – procurava a utilidade prática dos negócios, com a adição da vontade, passou-se a analisar não apenas a validade dos pactos e a intenção das partes, como, ainda, o interesse e o valor das obrigações assumidas.

A essência do pensamento bartolista (ou pós-glosador) consubstanciava-se na concepção de que a cláusula deveria ser sempre considerada tácita, subentendida em qualquer contrato, desde que tivesse trato sucessivo, ou dependesse do futuro, como exigia a antiga formulação romana. O jurista medieval considerava a cláusula implícita na renúncia contratual, sendo talvez o primeiro a defender sua aplicação neste campo.

Bártolo ficou profundamente impressionado com o texto do jurista romano Neratius, na sua exposição e conclusões sobre o matrimônio contraído antes da idade mínima legal. Daí partiu para uma generalização temerária, aplicando a hipótese como reguladora de qualquer modificação da base contratual, em especial no plano da renúncia – o que lhe renderia severas críticas.

O entendimento de Bártolo (cláusula subentendida, ou tacitamente contida em todos os contratos de execução diferida) apoiava-se no fato de que a concordância das partes só poderia ir até o ponto de manter o convencionado enquanto vigentes as circunstâncias que cercaram seu nascimento.

Sob a poderosa influência da *Glosa Civil* e *Canônica* – que representavam o que de mais sério existia em termos de investigação científica –, as pesquisas de Osti[60] nos dão conta de que Baldo – outro grande jurista medieval – era responsável por uma tese na qual todas as promessas obrigatórias deveriam estar sujeitas às mudanças de estado ou alteração das circunstâncias, em demonstração inequívoca de aceitação da formulação bartolista.

Osti,[61] com sua arguta capacidade de observação e baseado nas premissas assentadas do princípio romano *voluntas non extenditur ad incognitum*, concluiu que todas as renúncias estariam à sombra e, portanto, ao abrigo da lei. Depois de exauriente pesquisa, foi esta a convicção a que chegou, baseado nos estudos de um dos principais textos deixados por Neratius. Em autêntica garimpagem jurídica, Osti[62] aca-

---

60. In *Rivista di Diritto Civile* 39/26, ano IV.

61. Idem, ibidem, § 69.

62. "Così Bartolo, derivano nello stesso tempo dalla *Glossa Civile* e dalla *Glossa Canonica*, segna subito alla clausola un campo assai importante d'applicazione; le

102　A TEORIA DA IMPREVISÃO NO DIREITO CIVIL E NO PROCESSO CIVIL

bou por determinar também que os escritos de Bártolo não tinham apenas uma origem, provindo tanto da *Glosa Civil* como da *Canônica*. Deste modo, com as constantes referências e ênfase na aplicação, a cláusula foi aceita na doutrina do século XIV, advinda das pregações de Santo Agostinho (*Sermones ad Populum*) e de São Tomás de Aquino (*Summa Theologica*), tendo sido largamente utilizada, embora de forma assistemática, porque carente de estrutura e definição como verdadeiro princípio jurídico.

Como discutido, os bartolistas, com base no *Digesto* e no direito canônico, foram os grandes responsáveis pela difusão da cláusula na Idade Média.

Emilio González Nieto[63] seguiu na mesma trilha, aceitando também essa origem, e, com riqueza de detalhes, expôs suas idéias na *Revista de Estudios de la Vida Local*.

Conquanto os pesquisadores da velha cláusula tenham sido muitos, em todos os países, cada qual procurando enriquecer seu trabalho com os mais variados subsídios e fundamentos na determinação de suas origens, evolução e natureza jurídica, é ainda nos relatos de Osti[64] que, uma vez mais, vamos encontrar informações sobre a aceitação da cláusula naquela época. Destaque especial é dado por ele às pesquisas de Bartolomeo da Brescia,[65] outro importante jurista do Direito intermediário.

rinunce concepite in termine generali, la cui interpretazione restrittiva sarà una delle massime accolte più frequentemente nell'orbita della clausola stessa, benchè, come vedremo altrove, non attenga se non apparentemente all'argomento relativo agli effeti che le mutazioni dello stato di fatto producono sull'efficacia dei vincoli contrattuali" (*Revista di Diritto Civile* 39/20, ano IV, n. 9).

63. "La doctrina en la cláusula *rebus sic stantibus* fué originariamente elaborada por glosadores;y canonistas del siglo XIII, extrayéndola de un fragmento del *Digesto*, y consiste en admitir que el contrato sólo es vinculante mientras las circunstancias de hecho que se tuvieron en cuenta al celebrarse no se alteren radicalmente, es decir, suponiendo que una cláusula tácita en todo contrato, según la cual las partes se han obligado *rebus sic stantibus*, idea que se expresaba, generalmente, en esta fórmula: *Contractus qui habent tractum sucessivum et dependentiam de futuro, rebus sic stantibus intelliguntur*" ("La cláusula *rebus sic stantibus*", *Revista de Estudios de la Vida Local* 43/543, ano VIII).

64. "Esa trae forza dalla sua interminatezza, amplia la sua sfera di dominio, diventa come un centro d'atrazione interno al quale, abbandonando il loro terreno più preciso, si raccologono tutte le nozioni che attengono al rapporti fra il contenuto degli atti di volontà e il tempo; essa riunisce sotto di sè, in umiltà di satelliti, alcune massime che govedano l'onore della rubrica: *cessante causa, cessat effectus*" (in *Revista di Diritto Civile* 39/20, ano IV, n. 9).

65. "Bartolomeo da Brescia respinge la presa di un laico, il quale, ottenuta da una chiesa la concessione di construire un mulino in un fiume a quella appartenente,

ORIGEM E EVOLUÇÃO

Desta forma, os mais destacados pesquisadores medievais que trataram da cláusula, ora com profundidade – como Bártolo, Coccejo e Alciato –, ora por meio de simples referência, deixando, porém, de forma expressa, sua importância, aceitação e valor, mereceram de Osti atenção especial e destacado registro. Em suas buscas, sempre utilizando metodologia própria e adequada à pesquisa jurídica disciplinada pelo rigor científico, Osti[66] recolheu em Tiraquello a seguinte expressão: *Ultrum omne mendacium peccata* – da qual também se valera São Tomás de Aquino, na *Summa Theologica*.

Prosseguindo na busca de subsídios, Osti[67] tentou traduzir também o pensamento de Gyason del Mayno (século XVI).

Parece fora de qualquer dúvida que a influência das *Glosas Civil* e *Canônica* sobre os juristas medievais foi muito grande. E é Osti[68] quem nos informa sobre os efeitos daquela técnica hermenêutica sobre Baldo.

Ao incansável jurista italiano, sempre em busca de quaisquer referências à cláusula romana, também não passou despercebida a primeira tentativa de sua construção teórica, elaborada por Coccejo. Registrou Osti: "A primeira tentativa que encontramos de uma construção teórica completa da cláusula *rebus sic stantibus* deve-se a Coccejo (1699), na dissertação monográfica sobre argumento que serviu de tema à discussão para o Doutorado de Henrique Mejer. Esta tentativa teve como característica, em especial, a amplitude da matéria em relação à qual a cláusula foi tratada: não somente todos os negócios, mas todas as relações jurídicas – pessoais ou reais, de direito público ou privado".

No Direito Internacional o grande divulgador da cláusula romana foi Hugo Grócio, em sua obra *De Iure Belli ac Pacis*, no final do século XVIII.

---

con l'obligo di pagare alla medesima una determinada pensio, domandava di essere esonerato da tale obbligo per il fatto che il molino da lui costruito era stato distrutto, sulla base del principio che *quae de novo emergunt, novo indigent auxilio*; aforisma che si trova spesso nelle trattazioni posteriori, usato proprio come parafrasi della clausola" (in *Revista...*, cit., ano IV, n. 5, p. 13).

66. In *Rivista di Diritto Civile* 39/21, ano IV, n. 9.

67. Explicou que "(...) questa generalizzazione della clausola dalle promese a tutti gli atti di volontà in generale; la clausola stessa deve sottindersi nelle dispozioni d'ultima volontà, nei contratti, nei privilegi, nei giuramenti, negli statuti giurati, e nel dicchiarazoni giuriate di rinunzia" (in *Rivista di Diritto Civile* 39/21, ano IV, n. 9).

68. V. nota, *supra*, 67.

104 A TEORIA DA IMPREVISÃO NO DIREITO CIVIL E NO PROCESSO CIVIL

Esclareceu Ripert – citado por Carneiro Maia[69] – que Grócio demonstrou estar afinado com suas concepções sobre a imprevisão quando as levou para o Direito Internacional, dizendo: "Foi por via dos tratados internacionais que o antigo Direito sustentou a utilidade da cláusula *rebus sic stantibus*. A estabilidade do contrato contrastava em demasiado com as constantes variações da política para que os juristas não procurassem um meio-termo para atenuação do rigor".

Como se vê, as raízes mais sólidas e profundas da moderna teoria da imprevisão foram fixadas no Direito intermediário, apoiadas em milenar texto de Neratius, graças ao empenho dos pós-glosadores e estudiosos da questão, em todos os tempos – entre eles, como figura de proa, Giuseppe Osti.

7.4 A estruturação de Andreas Alciato

Em fase desordenada, sem qualquer sistema ou preocupação de aplicação da cláusula romana, curiosamente, pela primeira vez ganhou ela sua mais expressiva determinação teórica graças ao louvável espírito investigatório de Andreas Alciato (1492-1550), no final do século XV e começo do XVI. O primeiro enunciado sobre o princípio, verdadeiramente estruturado, deve-se a esse notável pesquisador renascentista, que, ainda segundo o magistério indispensável de Osti,[70] lançou as bases para o traçado do verdadeiro perfil jurídico da teoria, que, em seu vagar de muitos séculos, encontrava, por fim, condições de utilização correta no mundo fático.

Alciato, em sua obra *Opera Omnia*, ao tentar disciplinar o instituto, procurou limitar o uso da cláusula romana às situações em que as partes não podiam ter previsto o evento extraordinário. Dizia: "(...) quando supervenerit aliqua causa inconsiderata, de qua a partibus nihil verisimiliter esset agitatum (...)" ("... quando tiver surgido um fato

---

69. In ob. cit., v. 15, p. 57.

70. "Ma a questo egli vede la necessità di distinguire fra i diversi atti di volontà, e di precisare il contenuto troppo generico della clausola, sicchè: *Es verum quo is limitatio esta valde generalis, unde eam declarando dic. Cum quaeritur an voluntas intelliguntur rebus sic stantibus, au sumus in actu dependente ex voluntate unius, et tunc si res in cidat in casum, in quem verisimile sit disponentem alias dissiturum, censetur mutata voluntas* (ad es., nelle dispozioni di ultima volontà, nella nomina di un tutore o di un procutore)... *aut loqui mur in descendente ex voluntate duorum, et non attenditur is clausola rebus sic stantibus, nec licet alteri mutare voluntatem* (...)" (in *Rivista di Diritto Civile* 39/30, ano IV).

ORIGEM E EVOLUÇÃO

inesperado que não tenha sido verdadeiramente combinado pelas partes...."). Ou, então, procurando afastar a regra vigente, consubstanciada na expressão "(...) quod semel placuit amplius displicere non potest"[71] ("... o que uma vez agradou plenamente, não pode desagradar").

Carneiro Maia[72] – ainda com apoio nos estudos de Osti – destacou que a construção de Alciato é de uma importância indiscutível, transcendendo o campo limitado da cláusula *rebus sic stantibus*. E isso se torna mais evidente quando se constata que a sistematização por ele proposta alcançava, além da simples interpretação da declaração de vontade, em termos gerais, também a extinção da causa da obrigação, a ausência de contraprestação nos contratos bilaterais e, ainda, a superveniência de justa causa, determinante da justificativa para o inadimplemento. Como se vê, uma construção, pela primeira vez, em rigorosos termos técnicos no campo jurídico, reguladora das declarações de vontade, de seu comportamento e reflexos no campo das obrigações.

Osti[73] observou, ainda, que Alciato ateve-se a uma preocupação louvável quando analisou a distinção entre ato da vontade e seu conteúdo, chegando ao que se poderia chamar de *enunciado maior*. Resumidamente, esse enunciado reconheceu não ser a limitação imposta pela modificação da base negocial por eventos imprevisíveis uma restrição de caráter geral. Acrescentou que quando se pretende que o entendimento da vontade seja considerado *rebus sic stantibus* é porque existe a possibilidade de que a vontade possa ser mudada por acontecimentos supervenientes. Se houver a manutenção da vontade das partes descabe a invocação da cláusula; se surgir modificação, deverá atingir ambos, e não apenas um, em benefício do outro. *Mutatis mutandis*, poderia ser deduzido que, em nome da segurança jurídica, uma vez mantidas na execução as condições iniciais da contratação, a regra aplicável seria a contida no princípio *pacta sunt servanda*; altera-

71. Andreas Alciato, *Opera Omnia*, *apud* Luís Alberto de Carvalho Fernandes, "A teoria da imprevisão no direito civil português", *Boletim do Ministério da Justiça* (Coimbra) 128/30.

72. In ob. cit., v. 15, n. 13, p. 50.

73. No original latino: "Est verum quod ista limitatio est valde generalis, unde eam declarando dic. Cum quaeritur an voluntas intelligatur rebus sic stantibus, aut sumus in actu dependente ex voluntate unius, et tunc si res incidat in casum, in quem verisimile sit disponentem alias dispositurum, censetur mutata voluntas (...). Aut loquimur in actu descendente ex voluntate duorum, et non attenditur ista clausula rebus sic stantibus, nec licet alteri mutare voluntatem (...)" (in *Rivista di Diritto Civile* 39/23-24, ano IV, n. 10).

106 A TEORIA DA IMPREVISÃO NO DIREITO CIVIL E NO PROCESSO CIVIL

das por acontecimentos imprevisíveis, inimputáveis às partes, em nome da eqüidade – fonte indiscutível da justiça comutativa –, a postura de que o contrato faz lei entre as partes deveria ceder o passo ao princípio *rebus sic stantibus*.

De todo o exposto resta caracterizada a grande preocupação de Alciato com a disciplina da doutrina – o que, por si só, já lhe confere um atestado de relevância. Em verdade, não se reveste de grande importância que a estrutura pretendida e proposta por Alciato estivesse próxima do ideal de perfeição técnica reclamado pela doutrina da imprevisibilidade. O que realmente tem significado é o pioneirismo de sua estruturação, principalmente pela visão de futuro que a norteou. Como é comum acontecer, os séculos seguintes se encarregariam – como, de fato, se encarregaram – de ajustar e aperfeiçoar o princípio.

7.5 Apogeu e decadência da cláusula

Esta afirmação poderá parecer contraditória: a constante transgressão de um preceito – ou, ainda, sua aplicação desordenada e, conseqüentemente, abusiva –, inicialmente, em vez de destruí-lo, acaba por lhe dar relevo e lhe conferir importância. Posteriormente, os efeitos desse desregramento acabarão por comprometer a transgressão, com suas óbvias conseqüências. E foi o que aconteceu com a cláusula *rebus sic stantibus* no Direito intermediário, já que no universo românico teve apenas a ampará-la as vozes de alguns filósofos e uns poucos juristas, com emprego apenas em casos isolados, sem jamais ter adquirido foros de verdadeira doutrina jurídica, em atenção a elementares regras de estruturação.

Carneiro Maia[74] explicou que, ao ganhar semelhante amplitude, a cláusula *rebus sic stantibus* – que nos estágios precedentes se identificava mais pela sua exterioridade formal – teve aplicações variadas; não chegou, entretanto, à condição de suma heterogeneidade de conteúdo, com absoluta indeterminação expressiva, chegando, por isto mesmo, a reagir sobre cada ato de vontade e sujeitá-lo às contingências das mudanças do estado de fato.

A cláusula obteve espaço até meados do século XVIII, quando entrou em franca e irreversível decadência. Seu interesse, a partir daí até a I Guerra Mundial, foi meramente histórico, embora sistematizada por Alciato (meados do século XVI), que lhe deu perfil e configu-

---

74. In ob. cit., v. 15, n. 13, p. 48.

ORIGEM E EVOLUÇÃO

ração jurídica inusitados. Os abusos fizeram-na declinar de vez. Em conseqüência, a partir do final do século XVIII e início do XIX voltaram a viger os princípios reguladores da autonomia da vontade e, por força desta, da intangibilidade dos pactos, reavivando-se a regra *pacta sunt servanda*, afastada desde fins do século XIII pelo império indiscutível da cláusula romana.

Mas o chamado "golpe de misericórdia" veio com as idéias libertárias do Iluminismo, que impregnou o espírito de quantos estiveram envolvidos na Revolução Francesa. De um modo especial com o Código Civil de 1804, também conhecido como *Código Napoleônico*. Seu art. 1.134[75] deixou expresso que os pactos de qualquer natureza – incluindo-se os de trato sucessivo –, regularmente formados, tinham força de lei e, como tal, deviam ser rigorosamente cumpridos, a despeito de quaisquer alterações surgidas após o instante vinculativo.

Quanto ao campo de aplicação da cláusula, ou sobre sua extensão nessa fase, já então de total declínio, parece não haver consenso entre os estudiosos, principalmente em razão da tese de Osti, em oposição à corrente majoritária.

Depois da peregrinação milenar da cláusula, sustentava a maioria que o princípio só encontraria espaço para aplicação, tanto na doutrina como na jurisprudência, nos contratos de execução diferida ou trato sucessivo – postura que, sob todos os aspectos, deve ser louvada. A discordância de Osti[76] radicou na tentativa de demonstrar que a limitação defendida por essa corrente não passou de mero acidente na trajetória descendente da cláusula. Sua pretensão era bem mais elástica, atingindo também os pactos de execução imediata. Embora respeitável, por ser de autoria de um dos mais sérios e profundos conhecedores do tema, o entendimento não encontrou ressonância, representando apenas um ponto de vista isolado, principalmente por sua total impossibilidade operacional. Neste aspecto, inexistiria interregno temporal para a ocorrência de atuação do evento imprevisível em contratos de execução imediata – no qual as partes cumprem suas respectivas obrigações ao mesmo tempo –, e muito menos para a produção de efeitos, como pretendeu Osti.

---

75. Art. 1.134 do Código Civil Francês: "Les conventions légalement formées tiennent lieu de loi à ceux que les ont faites. Elles ne peuvent être révoquées que de leur consentement mutuel, ou pour les causes que la loi autorise. Elles doivent être executées de bonne foi".
76. In *Rivista di Diritto Civile* 39/1 e ss., ano IV.

108 A TEORIA DA IMPREVISÃO NO DIREITO CIVIL E NO PROCESSO CIVIL

Na concepção de Giuseppe Pugliesi[77] o estudo da cláusula romana estaria destinado a constituir apenas assunto para erudição histórica. Como muitos, errou também Pugliesi. Na própria Itália, ainda sob a égide do Código Civil de 1865, esta previsão, vez por outra, restou contrariada por importantes decisões, não obstante a hegemônica diretriz romana de que os contratos deviam ser cumpridos fiel e integralmente, a despeito dos incidentes de percurso.

Em agosto de 1900, por força das disposições do art. 1.123 do Código Civil então vigente (1865), consciente de sua importância, a cláusula *rebus sic stantibus* foi aplicada pela Corte de Cassação de Turim,[78] em toda sua extensão, profundidade e alcance, assentada principalmente no princípio ético-jurídico da eqüidade, apesar de viger na época, com absoluto domínio, a regra *pacta sunt servanda*.

Outros precedentes surgiram, como o Anteprojeto do *Codex Maximilianeus Bavaricus Civilis*,[79] em 1756 (48 anos antes do Código Civil Francês), em que a doutrina já encontrara abrigo. Infelizmente, o pioneirismo alemão não foi confirmado, já que o Projeto definitivo do *BGB* acabou por rejeitar a teoria de exceção.

Foi também consagrada – de princípio doutrinário passou a cânone legal – pelo *Landrecht* Prussiano, de 1774, e pelo Código Austríaco, de 1811.

---

77. "*Laesio superveniens*", *Rivista di Diritto Commerciale* I/1 e ss.

78. "Queste in sostanza essendo le considerazioni sulle quali, indipendentemente da quele circa l'applicabilità al caso delle regole d'equità, si fonda la pronuncia della Corte di merito, è per sè evidente che la ragione od volontà di obligarse in quelle soppravenute imprevidibili condizioni di cose che, se previste, avrebbero reso impossibile ogni accordo fra le parti. Più che un principio di equità interpretativa di un contratto avente tratto successivo che determinò la decisione della Corte Modenese, la quale per mutamento impreve; dute di ciò che formava oggetto essenziale del contratto giudico essere venuto meno della causa dell'obligazione il consenso dei contraenti e mancare di conseguenza quel vincolo giuridico che ha forza di leggi fra le parti. Il giudizio della Corte non può quindi essere censurato perchè, ritenuto con apprezzamento sovrano che erano cessati i rapporti contrattuali, la risoluzione dell'obbligazione subordinata al rimborso di ciò, che constituisce il corispettivo dell'obbligazione stessa, ne è logica e giuridica conseguenza" (Corte de Cassação de Turim, 1900).

79. O n. 3 do § 12 do supracitado diploma legal dispunha: "Todos os vínculos contêm em si tacitamente a cláusula *rebus sic stantibus*, assim, tornam-se inválidos pela modificação da coisa sobre que recai a obrigação, desde que se verifiquem três requisitos seguintes: 1º) Que a modificação não resulte de de culpa nem de *mora aut facto debitori*; 2º) Que não fosse fácil de prever; 3º) Que seja de tal natureza que, se o devedor a tivesse conhecido, segundo a opinião desinteressada e honesta das pessoas inteligentes, não teria consentido em obrigar-se; restando, todavia, em tais circunstâncias, apreciar juridicamente se a obrigação deve caducar ou somente ser reduzida em proporção da modificação verificada" (Anteprojeto do *Codex Maximilianeus Bavaricus Civilis*).

ORIGEM E EVOLUÇÃO

Como se vê, a vanguarda dos grandes movimentos que representaram no contexto societário autênticas revoluções, em razão de sua profundidade e importância, mais uma vez seria creditada aos povos de língua alemã.

A partir da entrada em vigor do Código Civil Francês (1804) novamente aquele *remedium iuris* entraria em sono hibernal, para só despertar (e agora de forma definitiva) com a I Guerra Mundial. Assim, como peça recolhida ao museu histórico do Direito por muitas décadas, no início do século XX, com a guerra de 1914, reconvocou-se a cláusula para atuar como fiel da balança da justiça comutativa, ganhando, por fim, a importância e a relevância há muito merecidas, com os precedentes da *Cia. de Gás de Bordéus* e da *Lei Failliot*. Mais tarde, na legislação polonesa (Código das Obrigações de 1933) e na italiana (Código Civil de 1942), seguindo-se-lhes outras mais, e em breve constará também do nosso direito positivo, para maior equilíbrio e comutatividade do nosso ordenamento jurídico.

Fruto do espírito liberal e visão de futuro do então magistrado Nélson Hungria, na chamada primeira instância (como Juiz Titular da 5ª Vara Cível do Distrito Federal), merece destaque especial decisão de 1º de outubro de 1930 que acolheu a cláusula romana, com base nos princípios gerais de Direito e na eqüidade, embora reformada pelo Tribunal em 1932.[80]

A seguir, os precedentes mais expressivos de aplicação da doutrina, em todo o mundo, são registrados e analisados detalhadamente.

---

80. In *Revista de Direito* 100/178. Texto completo no Título VI, Anexo 34.3.

CAPÍTULO III

8. Precedentes históricos de aplicação da imprevisão: 8.1 Antigüidade – 8.2 Direitos Alemão, Prussiano e Austríaco – 8.3 Direito Francês – 8.4 Direito Inglês – 8.5 Direito Italiano – 8.6 Direito Polonês – 8.7 Literatura jurídica nacional. 9. Imprevisão, Revolução Francesa e Código Napoleônico. 10. Harmonia entre os princípios "pacta sunt servanda" e "rebus sic stantibus". 11. Caso fortuito/força maior e imprevisão. Semelhanças e diferenças: 11.1 Semelhanças – 11.2 Diferenças.

8. Precedentes históricos de aplicação da imprevisão

> *En los contratos de tracto sucesivo o larga duración, una alteración sobrevenida, no prevista, de las circunstancias tenidas en cuenta por las partes al contratar puede, en determinados casos, producir la ruptura del equilibrio interno del contrato y convertir en excesivamente gravosa la prestación que pesa sobre una de las partes. En tales supuestos podrá tener lugar el juego operativo de la cláusula "rebus sic stantibus", como remedio destinado a restablecer el equilibrio que inicialmente existió entre las partes contratantes y que, por la concurrencia de circunstancias imprevisibles en el momento de contratar, ha quedado destruido.* (MARÍA PAZ SÁNCHEZ GONZÁLEZ)

No ano de 1804 o Código Civil Francês – fruto do liberalismo da época e herdeiro direto da Revolução Francesa de 1789 –, em seu art. 1.134 (v. nota de rodapé 76 do Capítulo II deste Título) fixou definitivamente a posição da França sobre a teoria da imprevisão.

Até o século passado tanto os juízes como os tribunais franceses mostravam-se intransigentes quanto à aceitação e adoção da doutrina. Até mesmo as pretensões de revisão dos contratos fundadas em alterações da base negocial – tais como aumento de impostos e direitos

PRECEDENTES HISTÓRICOS DE APLICAÇÃO DA IMPREVISÃO

aduaneiros e ainda em matéria de locação de serviços por tempo indeterminado –, encontraram resistência na jurisprudência francesa, em face do entendimento de que não haveria liberação dos patrões de suas obrigações ainda que as circunstâncias impostas pela I Grande Guerra, por exemplo, os tivessem privado de suas clientelas, na primeira hipótese, e, na segunda, só admitindo a resolução contratual quando ficasse provado que em virtude da guerra tinha sido absolutamente impossível desfrutar da coisa arrendada. Foi o império absoluto da regra *pacta sunt servanda*, em hibernação desde meados do século XIII.

Quanto aos precedentes históricos de ruptura no então consagrado princípio do fiel cumprimento dos pactos, embora sob a forma de caso fortuito ou de força maior (talvez pelo elemento comum da imprevisibilidade), os primeiros registros surgiram há quase quatro mil anos, conforme já mencionado e se verá a seguir, no elenco de precedentes de aplicação do *remedium iuris* excepcional, hoje identificado em todo o mundo como *teoria da imprevisão*.

8.1 Antigüidade

(A) As primeiras manifestações de imprevisibilidade – A grande importância do Código de Hamurabi, como primeira tentativa de uniformização da jurisprudência ou, na época, instrumento de ordenação em todo o Império Mesopotâmico, foi bastante enfatizada por Henrique Stodieck.

Como visto, o Código foi encontrado no início do século XX (1902), na cidade de Susa (Pérsia), pelo arqueólogo Jacques Morgan.

Acrescentou Stodieck que na Lei 48 daquele Código pode ser encontrada a primeira manifestação escrita (rupestre) do homem sobre a imprevisibilidade. Registrada como hipótese de caso fortuito ou de força maior, o texto legal liberava o devedor de sua obrigação diante do que era identificado, então, como evento imprevisível.

Embora o embrião da exceção à regra do fiel cumprimento dos pactos (que só iria aparecer no *Digesto*, depois de milênios do advento daquele Código) tenha surgido muitos séculos antes do início do Império Romano, a cláusula *rebus sic stantibus*, como semente da moderna teoria da imprevisão, só iria despertar a atenção no início da Era Cristã, com os estudos do jurista Neratius.

A Neratius se atribui a responsabilidade pela conhecida formulação, recolhida por Justiniano em seu Código, no *Digesto*: "Contractus

112 A TEORIA DA IMPREVISÃO NO DIREITO CIVIL E NO PROCESSO CIVIL

qui habent tractum sucessivum et dependentiam de futuro, rebus sic stantibus intelliguntur" ("Os contratos que têm trato sucessivo e dependência do futuro devem conservar seu estado de criação") – que, reduzida à sua essência, chegou até nós como *rebus sic stantibus*. E foi este fragmento jurídico do trabalho de Neratius que impressionou os canonistas e os atraiu para o aprofundamento dos estudos da teoria da imprevisão, a partir do século XIII, com São Tomás de Aquino, Bártolo, Baldo, Bartolomeo da Brescia, Juan de Andrea, Tiraquelo, Gyason del Mayno, Coccejo e Alciato, já mencionados.

8.2 Direitos Alemão, Prussiano e Austríaco

(B) O Anteprojeto do *Codex Maximilianeus Bavaricus Civilis*[1] – Registro importante: em 1756, como exposto, décadas antes do Código Civil Francês, o princípio da imprevisibilidade já fora recepcionado pelo *Codex*, mas, infelizmente, rejeitado pelo Código Civil Alemão.

A imprevisibilidade foi também consagrada – de princípio doutrinário passou a dispositivo legal – pelo *Algemeines Landrecht* Prussiano, de 1774 (15 anos antes do Código Napoleônico), que, em seu Título IV, Capítulo 15, § 12, dispunha que "(...) todos os vínculos contratuais contêm em si tacitamente a cláusula *rebus sic stantibus*, pelo quê se tornam inválidos igualmente pela mudança das coisas constituídas em obrigação, mas somente quando se verifiquem os seguintes requisitos: 1) Que tal mudança não ocorra em mora ou em *culpa aut facto debitoris*; 2) Que não seja fácil prevê-la; 3) Que seja de tal natureza que, se o devedor a conhecesse antes, conforme a opinião desinteressada e honesta das pessoas inteligentes, não teria consentido em obrigar-se; restando, todavia em tais circunstâncias, apurar, segundo os critérios jurídicos, se a obrigação devia ser considerada completamente extinta ou reduzir-se em proporção à mudança superveniente".[2]

Foi aceita, ainda, pelo Código Austríaco, de 1811, mesmo depois do advento do Código Napoleônico, que consubstanciou a legislação transformadora de toda concepção sobre pretensões de abrandamento da inexorabilidade contida na regra do fiel cumprimento dos contratos, expressa na fórmula *pacta sunt servanda*.

---

1. V. o texto já mencionado na nota de rodapé 79 do Capítulo II deste Título.

2. José de Aguiar Dias, *Responsabilidade Civil em Debate – Cláusula "Rebus Sic Stantibus"*, v. I, p. 62.

8.3 Direito Francês

(C) Decisão sobre o contrato de transporte rodoviário de Rouen – Como observação de pouca ou nenhuma importância jurídica, talvez até por ironia do destino, foi na França – defensora intransigente da tese de que o contrato deve ser considerado lei entre as partes, país que mais se opôs, e ainda se opõe, à aceitação da doutrina da imprevisibilidade no direito privado – que os grandes precedentes surgiram, dando relevante sustentação e consistência à corrente revisionista de adequação dos pactos ao novo estado emergente de situação excepcional.

A primeira ruptura na estrutura não-revisionista constante na literatura jurídica francesa foi a decisão proferida pelo Tribunal do Comércio de Rouen, em 28 de agosto de 1843, confirmada pela Corte de Cassação, em 9 de fevereiro de 1844 (40 anos depois da plena vigência da regra *pacta sunt servanda*, oriunda do art. 1.134 do Código Napoleônico).

Teve como ponto controvertido um contrato de transporte rodoviário entre Paris e Rouen. O pedido de resolução baseou-se na instalação de uma linha férrea entre aquela cidade e a Capital em decorrência da qual se consolidou o desinteresse na exploração do comércio rodoviário. A solicitação foi atendida porque o Tribunal a entendeu como um caso de força maior, na época aceita por muitos países, que também a confundiam com a teoria da imprevisão.

Disse o Tribunal: "A convenção celebrada entre os comissários de transporte pode ser considerada extinta por força maior, em conseqüência da circulação de um trem, mesmo que no instante da conclusão do contrato a linha da estrada de ferro esteja em construção, se resultar, sem qualquer dúvida, que não era intenção das partes contratantes continuar a exploração e fazer concorrência às estradas de ferro").

(D) Decisão sobre o Canal Craponne – Outro caso igualmente importante foi o do Canal Craponne, no ano de 1876, cuja construção se destinava a irrigar terras agricultáveis, mediante certo pagamento.

Sobre a questão, de forma lírica, assim se pronunciou Philippe Stoffel-Munck:[3] "É das águas calmas de um canal que surgiu, e se mantém durante cento e dezessete anos, uma das mais belas serpentes do mar do Direito Francês: a teoria da imprevisão. Propunha que fos-

---

3. *Regards sur la Théorie de l'Imprévision*, p. 15.

114　A TEORIA DA IMPREVISÃO NO DIREITO CIVIL E NO PROCESSO CIVIL

se reconhecido aos juízes um poder de modificação do conteúdo contratual quando circunstâncias imprevisíveis desestruturassem a economia a ponto de tornar sua execução extraordinariamente onerosa".

Após 300 anos de operação, a quantia devida pelos benefícios advindos do Canal tornou-se inteiramente defasada e irrisória. A exigência de suplementação (revisão contratual por mudança da base negocial) foi levada ao Tribunal de Aix e, mais tarde, à Corte de Apelação, ali encontrando integral acolhida. Posteriormente (1876) a decisão foi anulada pela Corte de Cassação.

Segundo Luís Maria Rezzonico – jurista francamente favorável à manutenção do princípio de que "o contrato faz lei entre as partes" –, em análise àquele aresto, no caso do Canal Craponne: "(...) la regla del art. 1.134 del Código Napoleón es general, absoluta y rige los contractos cuya ejecución se extiende a épocas sucesivas, lo mismo que a las de cualquier otra naturaleza, y en ningún caso corresponde a los tribunales, por equitativa que pueda parecerles su decisión, tomar en consideración el tiempo y las circunstancias para modificar las convenciones de las partes y sustituir por cláusulas nuevas las que habían sido libremente aceptadas por los contratantes".[4]

(E) Decisão do Tribunal do Comércio de Toulouse – É importante destacar, neste contexto, o primeiro julgamento efetuado por um colegiado superior, provocado pela I Guerra Mundial. O Tribunal do Comércio de Toulouse, no dia 1º de junho de 1915,[5] proferiu aresto onde admitiu a possibilidade de aplicação da teoria da imprevisão para a extinção de um contrato de execução periódica.

Foi este o caso levado a julgamento: um tal de Sr. Esteves – alfaiate – estava empregado na casa de dois indivíduos chamados Lacoste e Dubois, costureiros de luxo (estilistas), mediante pagamento de 350 francos mensais. Contudo, a situação anormal e imprevisível produzida pelo estado de guerra provocou redução e mesmo desaparecimento,

---

4. *La Fuerza Obligatoria del Contrato y la Teoría de la Imprevisión*, p. 26.

5. "Attendu que les considérations d'équité ne permettent pas d'admettre la thèse soutenue par le Sr. Estève, dont la consécration entrainerait, dans les circonstances actuelles, la ruine de certaines exploitations industrielles et commerciales; que si les engagements contractés doivent être éxecutés conformément aux termes de la convention, il faut nécessairement que cette exécution puisse s'opérer dans les circonstances courantes et habituelles inhérentes à la vie économique normale telle qu'elle se déroulait au moment des accords; que l'état de guerre actuel a troublé profondément la vie économique du pays et crée dans le commerce et l'industrie des situations critiques et difficiles qui ne permettent pas d'obliger ceux qui sont victimes à remplir des engagements ruineux."

PRECEDENTES HISTÓRICOS DE APLICAÇÃO DA IMPREVISÃO   115

em grande parte, de sua clientela, paralisando o exercício de sua profissão e impossibilitando, enfim, suas atividades na *haute couture*, sendo inúteis as tentativas de mantê-las; assim, não podendo mais proporcionar ao Sr. Esteves o trabalho habitual – que constituía a contrapartida da remuneração que lhe pagavam –, propuseram suspender os preços a ele prometidos; o Sr. Esteves rejeitou a proposta e exigiu o pagamento do trabalho contratado, de 1º de setembro de 1914 a 20 de junho de 1915 – ou seja, a soma de 3.500 francos –, sustentando que um acontecimento como a guerra não poderia se transformar em caso de força maior, liberando os débitos contratados ou suspendendo-lhes a execução, mesmo que representasse obrigações mais difíceis ou onerosas a cumprir. Diante da comprovada alteração das circunstâncias, seus argumentos foram rejeitados.

(F) Decisão sobre o caso da *Cie. Générale d'Éclairage de Bordeaux* contra a Municipalidade – No âmbito do direito administrativo (houve algumas transigências anteriores, menos significativas: 1905, 1911 e 1914) a mais célebre ruptura na rigidez contratual da regra *pacta sunt servanda* ocorreu no caso da *Cie. Générale d'Éclairage de Bordeaux* contra a Municipalidade, no ano de 1916. Seus antecedentes históricos merecem registro.

Com a eclosão da guerra, a estrutura econômica dos povos nela envolvidos passou por uma revolução nunca antes experimentada, obrigando os tribunais a adotar novas posturas diante do insólito estado de coisas. Em toda a Europa – e na França, de modo especial – a teoria da imprevisão tinha sido empregada apenas em contratos de fornecimentos e de obras públicas. Contudo, a partir da deflagração do conflito mundial os contratos de concessão de serviços públicos, em particular os de iluminação, começaram a acusar defasagens insuportáveis para os concessionários.

Em virtude da guerra, o preço médio normal do carvão (indispensável para a produção de gás de iluminação naquela época) duplicou em março de 1915 e quintuplicou no fim daquele mesmo ano. Relembre-se que naquele período os centros fornecedores da matéria-prima – Bélgica e Norte da França – estavam em poder dos alemães, que, com o esforço bélico em ação, deles se valeram, aumentando o consumo daquela matéria-prima em algumas dezenas de vezes. Para o agravamento do quadro, a mão-de-obra era cada vez mais escassa, e os transportes cada vez mais precários. Em tal situação, as concessionárias começaram a pressionar as entidades concedentes, conseguindo ora uma indenização, ora um aumento temporário de tarifas. Entretan-

116 A TEORIA DA IMPREVISÃO NO DIREITO CIVIL E NO PROCESSO CIVIL

to, não havia um comportamento-padrão: algumas concediam, outras não – o que acabou por obrigar os interessados a recorrer ao Judiciário, na tentativa de obter ajuda para a correção do desequilíbrio, que em negociações extrajudiciais nem sempre conseguiam. Os chamados *Conselhos das Prefeituras* dividiram-se na solução: a grande maioria negava e bem poucos concediam.

Anteriormente (8 de março de 1904) a Municipalidade de Bordéus havia celebrado com a chamada *Cie. Générale d'Éclairage de Bordeaux* um contrato de concessão, por 30 anos (até 1934), para a distribuição de gás e energia elétrica em toda a região bordalesa. Como contrapartida, nele ficou estabelecida uma tarifa móvel, condicionada às variações do preço de aquisição do carvão, mas circunscrita a rígidos limites. Até os últimos meses do ano de 1914 o índice máximo de variação prevista foi suficiente para a manutenção da comutatividade da concessão. A partir de 1915 – já em curso a I Guerra Mundial – no dia 24 de fevereiro, em razão da alta excessiva do preço do carvão, a Companhia pediu à Municipalidade a modificação das tarifas estabelecidas. Em virtude da guerra, vários fatores causaram a elevação daquela matéria-prima, entre eles a subida dos preços dos transportes marítimos, redução dos centros produtores (invasão da Bélgica e Norte da França), aumento do consumo pelas indústrias de guerra, que, por lei, tinham prioridade na utilização do produto. Registre-se que, dentre todos os serviços públicos franceses em operação no início do século, o mais gravemente afetado pelo conflito armado de 1914 foi o prestado pelos concessionários de produção de gás e eletricidade. Para tanto contribuíram, ainda, a escassez de mão-de-obra especializada, a queda de consumo e a escalada vertiginosa dos preços.

Em 1915 os preços do carvão haviam sofrido um aumento de 100% em relação a 1913. Algumas medidas de contenção foram tentadas: fixação de preços (abril de 1916) e circulares do Governo, pretendendo racionar o uso da iluminação. Na prática, as duas medidas resultaram ineficazes. Identificado o problema, com reais possibilidades de quebra das concessionárias, a única solução seria a alteração das tarifas fixadas para o preço de comercialização do gás, relacionando-o com o custo da produção do carvão. Como a autorização necessária para a modificação deveria ser emitida pelas autoridades governamentais, as várias Comunas pressionaram seus parlamentares junto ao Governo para a modificação, diante da grave crise instalada no setor.

PRECEDENTES HISTÓRICOS DE APLICAÇÃO DA IMPREVISÃO

De um total de 650 Comunas, apenas 250 aceitaram fazer, administrativamente, as mudanças solicitadas. As outras 400 recusaram os pedidos, assentadas nos seguintes argumentos: a grande duração do contrato de concessão (30 anos) já representava um benefício e traria vantagens depois da guerra; os subprodutos do gás eram vendidos pelos concessionários a bons preços; não havia unanimidade nos pedidos de modificação, prova de que algumas empresas podiam resistir à crise. Esta última justificativa tinha como base um dado estatístico: das 4.073 empresas concessionárias então existentes, apenas 1.145 solicitavam revisão de tarifas, restando 2.928 que não haviam feito qualquer pedido de alterações contratuais.

É relevante destacar que a origem do grande movimento revisionista surgido na França – ponto de partida para a evolução da moderna teoria da imprevisão – se assentou em uma consulta que em 24 de junho de 1915 o Sindicato do Gás fez a três dos mais eminentes advogados franceses da época, membros do Conselho de Estado e da Corte de Cassação, Drs. Boivin Champeaux, Hannotin y Mornard e ainda M. Larnaude, este último Decano da Faculdade de Direito de Paris.

O parecer por eles apresentado partiu do pressuposto de que aquelas concessões eram contratos administrativos que deveriam ter como fundamento a eqüidade e a recíproca intenção das partes, com a particularidade de que a situação em discussão era de reconhecida exceção, não prevista contratualmente – isto é, um princípio novo de imprevisibilidade, a ser regulamentado pela jurisprudência administrativa.

Entre as concessionárias que não puderam conviver com a situação caótica reinante se encontrava a *Cie. Générale d'Éclairage de Bordeaux*, que, com base no parecer obtido pelo Sindicato do Gás, pediu à Municipalidade autorização para elevar o preço das tarifas. O Conselho da Prefeitura de Bordéus negou o pedido (30 de julho de 1915), sob três fundamentos: o contrato era lei entre as partes (convenção livremente firmada – art. 1.134 do CC – *pacta sunt servanda*); a guerra não se identificava como caso de força maior; e o juiz não poderia modificar um pacto em plena vigência sem o consentimento das partes (autonomia da vontade e conseqüente não-intervencionismo do Estado – princípios consagrados pelo Código Napoleônico).

Não se conformando com a decisão, a Companhia recorreu à instância superior, representada pelo Conselho da Prefeitura da Gironda, complementando seu pedido de elevação com uma indenização pelas perdas até então sofridas. No dia 30 de julho de 1915 a decisão denegatória da Prefeitura de Bordéus foi confirmada pelo Conselho, com a

118   A TEORIA DA IMPREVISÃO NO DIREITO CIVIL E NO PROCESSO CIVIL

reiteração dos argumentos anteriores sobre a obrigatoriedade de cumprimento dos pactos livremente celebrados.

Prosseguindo em sua busca de justiça para uma situação tipicamente de exceção, a Companhia apelou para o Conselho de Estado. Em decisão histórica, por seu ineditismo, o Conselho de Estado reconheceu que a alta do preço do carvão não só tinha caráter excepcional como, também, inseria, como decorrência, um aumento no custo da fabricação do gás. Considerando os argumentos apresentados e a real situação vigente, acabou por reformar os julgados administrativos anteriores, concedendo a indenização pleiteada e determinando a revisão do pacto, regulamentando as condições e normas de composição dos prejuízos. Aquelas medidas foram tomadas como resultado de levantamentos efetuados pelas autoridades sobre a veracidade do alegado pela Companhia. Os estudos revelaram que as causas determinantes do desequilíbrio contratual (consubstanciado fundamentalmente na ocorrência do evento imprevisível) trouxeram nítidas vantagens para a Municipalidade e prejuízos para a Companhia de Gás, resultantes da excepcionalidade incidente sobre a base negocial em curso, excedendo todos os cálculos e limites máximos que podiam ser previstos pelas partes ao elaborar o contrato.

O Comissário do Governo, Pierre Chardenet,[6] constatando que o desequilíbrio tornara irrisórias as tarifas de preços estabelecidas, em comparação com os percentuais da alta de preço do carvão, acabou por apresentar parecer favorável à tese da aplicação da teoria da imprevisão, lembrando precedentes de sua aceitação pelo Conselho de Estado, determinando a revisão e a conseqüente indenização da Companhia, no dia 30 de marco de 1916. Na França, pela primeira vez depois da entrada em vigor do Código Civil de 1804, era adotada francamente a noção de imprevisão como causa determinante para revisão ou extinção dos pactos, inteiramente distinta das noções até então adotadas nas hipóteses de força maior, como motivo para exoneração integral do devedor da responsabilidade contratual.

Destaque-se que, sabiamente, o Conselho de Estado adotou solução intermediária, fundamentada no chamado *regular funcionamento*

---

6. "Em conseqüência da alta do preço do carvão, a Cia. de Iluminação de Gás de Bordéus não pode assegurar o serviço público nas condições previstas no contrato de concessão. A alta de preço do carvão deve-se a acontecimentos que nenhuma das partes contratantes podia prever" ("Parecer", *Revue de Droit Public*, 1916, pp. 210 e ss. – o parecer completo encontra-se no Título VI deste trabalho, Anexo 34.8).

PRECEDENTES HISTÓRICOS DE APLICAÇÃO DA IMPREVISÃO   119

do serviço público, que se condicionava à manutenção do pacto, adaptando-o à nova situação criada pelo evento imprevisível.

No plano teórico os efeitos desta decisão foram os de acrescentar à única alternativa então existente (força maior, caracterizada pela impossibilidade absoluta de execução) a idéia da *dificuldade extrema* por ocorrência do fator imprevisibilidade, consolidando uma situação até então afastada por inaceitável, uma vez que a alteração das circunstâncias não era admitida como base para revisão e readaptação de pactos profundamente alterados.

No plano prático destacaram-se a figura da indenização pelas perdas havidas até então e a permissão para o aumento das tarifas, a fim de evitar novas ações, uma vez que o precedente jurisprudencial administrativo estava criado. Surgia, assim, o mais célebre caso de exceção ao fiel cumprimento dos pactos, um verdadeiro terremoto, de alta magnitude no império – até então inabalável e inabalado –, na regra *pacta sunt servanda*, com efeitos e repercussões muito maiores do que os provocados pela discussão do Canal Craponne, proferida no século anterior.

A decisão do Conselho de Estado Francês apresentou uma curiosidade que merece registro: no mesmo processo, a par com a concessão da revisão contratual assentada na lesão virtual – essência da doutrina da imprevisibilidade –, considerou também a lesão objetiva consolidada, ao determinar a indenização dos prejuízos sofridos pela Companhia de Gás. Tal procedimento, modernamente, seria inaceitável. A lesão consolidada só pode ser ressarcida em procedimento distinto, jamais em tentativa revisional, cujo fundamento específico é a probabilidade de lesão (iminência do dano), identificada como lesão virtual; não sua efetividade.

Foi Demogue – informou Regina Beatriz da Silva Tavares Papa dos Santos[7] –, em artigo publicado na *Revue Trimestrielle de Droit Civil*, quem pela primeira vez analisou a extinção das obrigações, nos contratos de longa duração, pela modificação das condições econômicas, ao examinar a decisão do Conselho de Estado Francês. Entendeu que as razões do Conselho assentaram-se no fato de não ser correto assegurar um serviço "matando-se" o servidor, por meio de sua ruína – o que, no seu julgamento, à luz dos princípios da eqüidade, seria condenável. Os contratos, de um modo geral – concluiu –, estão sob a

---

7. *Cláusula "Rebus Sic Stantibus" ou Teoria da Imprevisão – Revisão Contratual*, p. 33.

120 A TEORIA DA IMPREVISÃO NO DIREITO CIVIL E NO PROCESSO CIVIL

proteção da autoridade judiciária, que neles deve intervir quando a convenção não apresente condições eqüitativas de operacionalidade.

(G) A *Lei Failliot* – Enfatize-se que até a I Guerra Mundial o contrato (lei entre as partes), assentado no princípio indiscutível da autonomia da vontade, não admitia quaisquer formas de ingerência do Estado. Todo e qualquer intervencionismo estatal encontrava-se afastado das contratações desde o advento do Código Napoleônico. Mas o agravamento da situação econômica trazido pelo conflito mundial mudou completamente aquele panorama, fazendo surgir na França a chamada "Lei de Guerra", responsável pela permissão inicial – depois transformada em exigência – de interferência estatal nas convenções, advindo daquelas situações especiais um perfeito e acabado dirigismo contratual, ou econômico.

No contexto da "Lei de Guerra" foi autorizada a resolução, por qualquer das partes, dos contratos concluídos antes de 1º de agosto de 1914. Saliente-se que o verdadeiro espírito do princípio da imprevisibilidade (revisão e conseqüente adaptação dos pactos ao novo estado) não foi sequer cogitado pela doutrina e jurisprudência de então, e principalmente pela legislação mencionada. A principal razão apontada pelos estudiosos da questão relacionava-se com a analogia – ou confusão – que era feita com as hipóteses de caso fortuito ou de força maior. Este tipo de equívoco, como já referido, era bastante comum na Antigüidade. Exemplo típico foi a Lei 48 do Código de Hamurabi, considerada por muitos estudiosos do tema como a primeira manifestação favorável à aplicação da doutrina da imprevisibilidade – embora naquela hipótese inexistissem características de evento imprevisível. Ali, como exposto, um exemplo típico de caso fortuito ou de força maior foi tomado como sendo de evento anormal, conquanto até pudesse estar presente no caso em discussão, mas apenas com valor secundário.

Acrescente-se que mesmo na doutrina e jurisprudência contemporâneas a distinção não tem sido fácil. Naquelas circunstâncias, a resolução do pacto e a conseqüente liberação do devedor de qualquer responsabilidade, em face da lesão objetiva – não *virtual*, que seria o correto –, provocada pela irresistibilidade do evento, era o único caminho existente. Não havia qualquer distinção entre *imprevisto* e *imprevisível*. Eram consideradas como expressões sinônimas – e, o que é pior: distinção de nenhuma relevância.

Na França, a "Lei de Guerra", embora reducionista em sua essência (só cuidou da resolução dos pactos, sem cogitar da possibilidade

PRECEDENTES HISTÓRICOS DE APLICAÇÃO DA IMPREVISÃO 121

de revisão, considerada pela moderna teoria da imprevisão como componente básico do espírito da doutrina), foi sobremodo louvável por seu pioneirismo no campo legislativo – até então dominado pelo art. 1.134 do Código Civil Francês – e reconhecimento do valor bilateral da justiça: atingia tanto devedor como credor.

Oriunda da "Lei de Guerra" – mas com características especiais, por seu alcance retroativo –, surgiu no ordenamento jurídico francês a primeira manifestação consolidada, no campo legislativo, representativa de autêntica exceção ao fiel e integral cumprimento dos pactos, recebendo o nome do autor do projeto, *monsieur Failliot*. A lei em questão tratava das situações provocadas pela guerra, analisando suas conseqüências no contratualismo então vigente, caracterizada pela sobriedade redacional, uma vez que se compunha de apenas oito artigos.

Os dois artigos principais da supracitada lei, em tradução livre, dispuseram:

"Art. 1º. No período de duração da guerra até a expiração de um prazo de três meses, a partir da cessação das hostilidades, as disposições excepcionais seguintes serão aplicadas aos contratos e a todos os compromissos e obrigações que tenham caráter mercantil para as partes ou unicamente para uma delas, para todos os contratos concluídos antes de 1º de agosto de 1914, e que determinavam seja a entrega de mercadorias ou de bens, ou de serviços, seja de quaisquer prestações sucessivas ou unicamente diferenciadas.

"Art. 2º. Independentemente das causas de resolução resultante de direito comum ou das convenções, as mercadorias ou obrigações que estejam compreendidas no artigo precedente podem ser rescindidas pela ação de qualquer das partes, seja porque se estabeleceu uma razão de estado de guerra, seja porque a execução da obrigação por um dos contratantes está tão onerada que lhe causará um prejuízo cuja importância ultrapassará, em muito, as previsões que poderiam ser razoavelmente feitas à época do contrato" (Lei Failliot[8]).

---

8. "Art. 1er. Pendant la durée de la guerre et jusqu'à l'expiration d'un délai de trois mois à partir de la cessation des hostilités, les dispositions excepcionnelles suivantes sont applicables aux marchés et contrats, ayant un caractère commercial pour les parties ou pour l'une d'elles seulement, qui on été conclues avant le 1er. août 1914 et qui comportent, soit des livraisons de marchandises et denrées, soit d'autres prestations successives ou seulement différées.

"Art. 2. Indépendemment des causes de résolution résultant du droit commun ou des conventions, les marchés et contrats visés peuvent être résolus sur la demande de l'une quelconque des parties, s'il est établi qu'à raison de l'état de guerre l'exécution

122 A TEORIA DA IMPREVISÃO NO DIREITO CIVIL E NO PROCESSO CIVIL

Os antecedentes da Lei Failliot remontam ao ano de 1915 – contemporâneos, portanto, ao estado reinante durante a polêmica entre a

des obligations de l'un des contractants entraînera des charges ou lui causera des préjudices dont l'importance dépasserait de beaucoup les prévisions qui pouvaient être raisonablement faites à l'époque de la convention.

"La résolution est prononcée avec ou sans dommages-interêts – suivant les circonstances.

"Le juge, lorsqu'il accorde des dommages-interêts, doit en réduire le montant s'il constate que par suite de l'état de guerre le préjudice a dépassé notablement celui que les contractants pouvaient prévoir.

"Art. 3. Aucune demande ne sera reçue defendeur n'a été préalablement appelée en conciliation devant le Président du Tribunal. Celui-ci appellera les parties au moyen d'un avertissement sur papier non-timbré rédigé et délivré en son nom par le greffier. Cet avertissement sera expédié par la poste comme lettre recommandée avec avis de réception. Le greffier recevra pour chaque avertissement une rétribution de 50 centimes indépendamment du remboursement du droit de poste. Les parties comparaîtront en personne ou en cas d'empêchement par mandataire. Elles pourront être assistées par un avocat. Le procès-verbal dressé par le greffer fera, en cas de conciliation, mention des conditions de l'arrangement; dans le cas contraire, il indiquera sommairement que les parties n'on pas pus s'accorder. L'avertissement relatif à la comparation des parties devant le Président du Tribunal produira les effets rattachés à la citation en conciliation par l'art. 57 du Code de Procédure Civile, pourvu que la demande soit formée dans le mois de la non-comparition ou de la non-conciliation.

"Art. 4. La résiliation des contrats passés avec les ressortissants des pays ennemis antérieurement au début de l'état de guerre pourra être demandée par tous les Français, protégés Français et nationaux des pays alliés ou neutres ou bénéficiaires d'un permis de séjour. Si la partie ennemie a ses biens placés sous séquestre en territoire Français, la résiliation est prononcée, à moins d'un intérêt reconnu légitime, par le Président du Tribunal Civil, statuant en la forme des référés, sur assignation donnée à l'administration-séquestre, représentant les intérêts en cause et dument habilitée à cet effet. A défaut d'administrateur-séquestre, la résiliation est prononcée, s'il y a lieu, par ordonnance rendue sur simple requête par le Président du Tribunal Civil du domicile du requérant. En cas de refus, ce dernier pourra se pourvoir dans un délai de quinzaine, par la voie de l'appel. Il pourra être fait opposition à la dite ordonnance par tous les intéressés, à l'exception des sujets ressortissants à des puissances ennemies. Néanmoins, l'opposition à l'ordonnance ne sera plus recevable à l'expiration d'un délai de deux mois à dater de sa publication, effectuée aux frais et à la requête de l'intéressé dans un journal d'annonces légales. En ce cas la décision rendue deviendra définitive.

"Art. 5. Quand une contestation est portée devant le Tribunal Civil, l'affaire est instruite et jugée comme en matière sommaire.

"Art. 6. En cas où des décisions de justice passées en force de chose jugée sont intervenues à propos de contrats visés à la présente Loi, les dispositions ci-dessus restent applicables, mais seulement pour celles des obligations qui n'auront pas encore été exécutées.

"Art. 7. La présente Loi est applicable aux marchés de fournitures passés avec les Départements, Communes et les établissements publics.

"La présente Loi n'est pas applicable aux opérations effectuées dans les Bourses de Valeurs, lesquelles restent soumises aux lois, décrets et règlements qui les concernent, non plus qu'aux contrats de louage d'ouvrage, aux baux à loyer ou à ferme.

"Art. 8. La présente Loi est applicable à l'Algérie et aux Colonies."

PRECEDENTES HISTÓRICOS DE APLICAÇÃO DA IMPREVISÃO

Cie. Générale d'Éclairage de Bordeaux e a Municipalidade. Naquele ano o parlamentar Failliot encaminhou à Câmara dos Deputados um projeto de lei cuja essência era um pedido de autorização de *revisão dos contratos comerciais* em situações de reconhecida excepcionalidade em que as previsões normais houvessem falhado. Pretendendo regulamentar a situação também no campo administrativo, os deputados Maurice Violette e Delaroue, em 28 de julho de 1916, apresentaram emenda ao projeto a fim de que nele fossem incluídos os contratos administrativos, além dos comerciais. Estes mesmos deputados, em julho de 1917, paralelamente, propuseram um outro projeto que dava às Comunas a faculdade de anulação da concessão dos serviços públicos nas hipóteses em que os concessionários houvessem obtido judicialmente o direito à modificação contratual, representando autêntica ameaça aos concessionários. Inconformados, estes pressionaram seus parlamentares para que tal proposição não lograsse aprovação. Seus protestos tiveram como justificativa o enriquecimento sem causa das Comunas, bem como por representar a pretensão uma situação atentatória aos princípios civis de organização administrativa.

Como resultado final, na área administrativa, permaneceu a decisão de 30 de março de 1916, proferida pelo Conselho de Estado, nascida do precedente surgido entre a *Cie. d'Éclairage* e a Municipalidade de Bordeaux.

No campo privado o Projeto de Lei Failliot foi menos conturbado. Apresentado em agosto de 1915, com algumas alterações em 1916, foi convertido em lei no dia 21 de janeiro de 1918 (v. nota de rodapé 8 deste Capítulo).

Não só a teoria da imprevisão foi a base de sustentação do projeto do parlamentar Failliot, como também a insuficiência legislativa então existente para disciplinar uma situação considerada como de altíssima relevância.

Assim, o final do século XIX assistiu à consagração do primeiro texto legislativo sobre a imprevisão. Registre-se uma curiosidade: nesta lei se configurou talvez a *retroatividade mais longa da história do Direito em todo o mundo: três anos, seis meses e nove dias*. Infelizmente, ainda hoje expressiva parte da doutrina francesa e da jurisprudência rejeita a teoria da imprevisão: admite-a no direito público, mas não no privado.

(H) Decisão sobre o caso da Cia. Ferroviária *Tranways*, de Cherbourg – Outro importante precedente de aplicação da doutrina da im-

124 A TEORIA DA IMPREVISÃO NO DIREITO CIVIL E NO PROCESSO CIVIL

previsibilidade (em pleno império do art. 1.134 do CC Francês) foi o caso da *Tranways*, de Cherbourg, em 9 de dezembro de 1932.

A companhia ferroviária de Cherbourg, que utilizava o carvão como matéria-prima em suas caldeiras, por acordos diretos com as Comunas conseguiu a elevação das tarifas de transporte em seus trens. Entretanto, o número de passageiros começou a diminuir em razão do surgimento das companhias de transportes rodoviários, que ofereciam uma forma de locomoção mais barata e mais rápida. Houve, naquele caso, uma inversão do que ocorrera em 1844 nos contratos de transportes rodoviários entre Rouen e Paris, prejudicados pela construção de uma ferrovia.

Com base na teoria da imprevisão, a *Tranways* de Cherbourg pediu ao Conselho de Estado uma compensação por aqueles encargos extracontratuais. O então Comissário do Governo, Josse, posicionou-se a favor, mas condicionou a aplicação da doutrina da imprevisibilidade à permanência ou temporariedade dos prejuízos denunciados: se a desvantagem fosse transitória os prejuízos deveriam ser repartidos; se permanente, seria possível a extinção do contrato, equiparando-se esta última hipótese aos casos de força maior. Sublinhe-se que o parecer do Comissário Josse considerou a doutrina da imprevisão nada mais do que um *modus vivendi* temporário, destinado a disciplinar um momento crítico da convenção. Também neste caso o procedimento foi de natureza mista: contemplou tanto a lesão virtual (iminência de prejuízos) como a objetiva (prejuízos já configurados).

(I) O mesmo Conselho de Estado Francês – depois da decisão das transvias de Cherbourg – seguiu igual orientação nos casos *Lot et Garonne* versus *Societé des Voies Ferrées Départamentales du Midi* (1935); *Cie. des Chemins de Fer Départamentaux de Rhode et Loire* versus *Département de la Loire* (1935) e *Cie. des Chemins de Fer de Provence* versus *État* (1935).

8.4 Direito Inglês

(J) Decisão do caso *Taylor* versus *Caldwell* – Os primeiros abalos sérios na regra *pacta sunt servanda* no Direito Inglês são também bastante antigos. Em 1863, como resultante do julgamento do caso *Taylor/Caldwell* (e, posteriormente, *Krell* contra *Henry*), certas regras foram estabelecidas, então denominadas de *cláusulas tácitas* ou *implícitas*. Por meio delas, a execução dos contratos ficava na depen-

PRECEDENTES HISTÓRICOS DE APLICAÇÃO DA IMPREVISÃO   125

dência da existência material do objeto sobre o qual versassem. Desaparecido este, elidida estaria a responsabilidade contratual.

Lord Blackburn, um dos mais eminentes magistrados da época, foi o juiz que julgou o caso *Taylor* versus *Caldwell*, proferindo decisão histórica, constitutiva de verdadeiro precedente de aceitação da teoria da imprevisão nos registros do Direito Britânico. Este, até então, não aceitava nem o caso fortuito ou de força maior para a desoneração do devedor da prestação, com base no aforismo popular *where the tree falls, there let it lie*, em aplicação exacerbada do princípio *pacta sunt servanda*, isto é, além dos limites de seu rigorismo.

Resumidamente, a questão foi a seguinte: um empresário de espetáculos públicos alugara o local de um *music-hall* para quatro representações, em datas diversas. Antes da realização da primeira festa, um incêndio destruiu o edifício e os espetáculos programados não puderam ser realizados. Levada a questão ao tribunal, o Juiz Blackburn[9] apresentou a seguinte conclusão: "Parece-nos que o princípio é o de que, nos contratos em que a execução dependa da continuação da existência de uma determinada pessoa ou coisa, uma condição se subentende, a saber: a impossibilidade de execução proveniente da desaparição da pessoa, ou da coisa, desculpará a inexecução".

No ano de 1868, já então com base na decisão pioneira de Blackburn, os juízes ingleses passaram a aceitar abertamente o *Act of God*[10] – equiparado à imprevisão, mas com destinação às catástrofes marítimas. Em 1869 ocorreu situação assemelhada com os chamados *Acts of Legislature*.

(L) Decisão do caso *Nickoll* versus *Ashton* – Em 1901, em outro caso rumoroso (*Nickoll* contra *Ashton*), a chamada *convenção tácita* foi novamente aplicada, seguindo o precedente *Taylor/Caldwell*, com a diferença básica de que no caso anterior se tratava de coisa certa; neste, não. A decisão entendeu admissível a inexecução voluntária,

---

9. Excerto de decisão prolatada por *Lord* Blackburn no caso *Taylor* contra *Caldwell*, *apud* Diogo de Paiva Brandão, "Considerações sobre o problema da imprevisão", *Boletim da Faculdade de Direito da Universidade de Coimbra*, suplemento do v. XXVII, p. 201.

10. "Facto de Deus seria todo acidente devido a causas naturais, directa e exclusivamente, sem intervenção do homem, e do qual ele não podia ter sido preservado por medida alguma de previsão, de cuidados ou de precauções que razoavelmente poderiam esperar-se dele" (Decisão do Juiz inglês *Lord* James Blackburn, no ano de 1863, *apud* Diogo de Paiva Brandão, in ob. cit., p. 210).

126   A TEORIA DA IMPREVISÃO NO DIREITO CIVIL E NO PROCESSO CIVIL

independentemente de ser a coisa destruída ou desaparecido o objeto do pacto, *desde que sua existência fosse considerada como essencial à execução.*

(M) Decisão sobre o caso *Coronation nat Cases* – No ano de 1902 havia sido programada a festa da coroação do rei Eduardo VII. Após as solenidades da coroação, como era da tradição, o cortejo real deveria passar por diversas ruas de Londres, para que os súditos pudessem conhecer e saudar seu novo Rei. Os proprietários de casas que se situavam no trajeto do cortejo alugaram janelas de suas residências para os interessados em assistir ao desfile, recebendo uma parte da locação como adiantamento ou reserva das janelas. No dia determinado o Rei adoeceu e todas as festividades foram canceladas. Os locatários das janelas, pretendendo receber de volta o que haviam pago pelo aluguel das janelas não-utilizadas – por não terem conseguido seu intento extrajudicialmente –, levaram sua pretensão ao Tribunal. Este entendeu que os inquilinos ficavam desobrigados de pagar o restante dos aluguéis convencionados, mas sem direito de reaver o que houvessem pago, sob a justificativa de que aos locadores também era inimputável a anormalidade fática da súbita enfermidade do Rei, e conseqüente cancelamento do cortejo – isto é, quanto ao desaparecimento da base de sustentação do pacto. Acrescentaram aqueles colegiados que, sob o ponto de vista dos proprietários, por estarem reservadas para o dia do desfile, as janelas locadas, além de ficarem à disposição de seus locadores, foram causas impeditivas de aluguéis de última hora a preços mais interessantes.

Conquanto a decisão seja passível de alentada discussão, pelo recebimento de quantia por uso e gozo de coisa que as circunstâncias impediram fossem concretizados, o que se tem como definitiva é a aceitação de exceção à regra *pacta sunt servanda*, ali consubstanciada na resolução, única forma possível de solução para o caso, uma vez que não havia qualquer espaço para revisão.

8.5 Direito Italiano

(N) Decisões das Cortes de Cassação de Turim e Apelação de Florença – Depois de sua entrada em vigor, o Código Civil Francês – em especial seu art. 1.134 – cristalizou de forma definitiva a regra *pacta sunt servanda*, ditando as normas de procedimento contratual no direito privado diante dos chamados *eventos imprevisíveis.*

PRECEDENTES HISTÓRICOS DE APLICAÇÃO DA IMPREVISÃO

Todas as legislações surgidas após 1804 sofreram a influência do Código Napoleônico. Entretanto, apesar da plena vigência do fiel cumprimento dos pactos mesmo em face de excepcionalidades, em 1900, com fundamento na eqüidade, a Corte de Cassação de Turim – já referido (nota de rodapé 79 do Capítulo II deste Título) – aceitou a aplicação da teoria da imprevisão em toda sua extensão.

A decisão da Corte de Apelação de Florença[11] – no mesmo sentido de admissibilidade – consubstanciou julgado que, juntamente com o da Corte de Cassação de Turim, seria paradigmático para a aplicação da doutrina na Itália.

O Código Civil de 1942 (em vigor), no art. 1.372, estabeleceu, como regra geral, o princípio *pacta sunt servanda*, mas não de forma intangível. Em seus arts. 1.467 a 1.469 ("Contrato com Prestação Correspectiva") abriu exceção para a *excessiva onerosidade*, expressão que na literatura jurídica italiana equivale à nossa *teoria da imprevisão*.

8.6 Direito Polonês

(O) O Código das Obrigações – Até 1934 (data da entrada em vigor do Código de Obrigações) a Polônia pertencia ao grupo anti-revisionista, porque doutrina e jurisprudência entendiam que a segurança do comércio jurídico só poderia existir se houvesse respeito absoluto e integral ao estabelecido nas contratações. Como exceção à regra do fiel cumprimento das obrigações somente eram aceitas as situações de impossibilidade absoluta, como as advindas de caso fortuito ou de força maior. Desconhecia-se por completo o que fosse extrema dificuldade de cumprimento da prestação.

Em decorrência da Guerra de 1914-1918, e diante das crises econômicas por ela provocadas, diversos diplomas legais contingentes surgiram na Polônia como solução para situações de exceção. Os mais importantes foram: as Leis de 20 de dezembro de 1932 (redução da taxa de juros, prorrogação de empréstimos, letras caucionadas) e de 29 de março de 1933 (diminuição de percentagem, dívidas hipotecárias) e o Decreto de 23 de novembro de 1934 (dívidas agrárias). Tais

---

11. Aresto da Corte de Apelação de Florença, 3 de março de 1914: "Quando nei contratti avventi tratto successivo non vi sia elemento aleatorio previdibile, ed in seguito si verifichino fatti nouvi a carico di uno dei contraenti, può questi demandarne la risoluzione o la modificazione sostenendo che la obbligazione era tacitamente sottoposta alla clausola *rebus sic stantibus*, che se non è sancita expresamente della legge, deriva dai principi generali di Diritto e dall'equità".

128 A TEORIA DA IMPREVISÃO NO DIREITO CIVIL E NO PROCESSO CIVIL

estatutos jurídicos tinham como único objetivo a proteção dos devedores colocados em situações desfavoráveis por alteração anormal das circunstâncias.

A imprevisibilidade na Polônia foi aceita sob vários fundamentos. Entre eles: a) atenuação do conceito de impossibilidade; b) execução conforme às exigências da boa-fé; c) enriquecimento injusto; d) abuso de direito; e) equivalência das prestações; f) cláusula *rebus sic stantibus*. Esses foram os pontos de apoio. Como regra geral em todos os contratos foram admitidos: *premissa objetiva*, consciente ou inconsciente, presente em qualquer declaração de vontade; *lacuna da lei*; e outras, assentadas na interpretação da vontade contratual.

Com base nestes antecedentes, o novo Código Polonês das Obrigações, surgido em 1933, aceitou integralmente a possibilidade de revisão dos contratos pelo juiz não só em casos de lesão como nos de mudanças supervenientes, anormais e imprevisíveis, tendo sido disciplinada a primeira pelos arts. 42, 59, § 2º, e 85. Entretanto, a regra geral que iria consagrar o ordenamento jurídico polonês como revisionista foi esculpida no art. 269.[12]

8.7 Literatura jurídica nacional

(P) Decisão de primeiro grau, de Nélson Hungria – Em decisão pioneira, prolatada como Juiz Titular da 5ª Vara Cível do Distrito Federal, no Rio de Janeiro, em 1º de outubro de 1930 (reformada pelo Tribunal de Justiça em 1932), o primeiro julgado de aceitação da teoria da imprevisão entre nós, ainda no primeiro grau, deveu-se ao espírito iluminado, à capacidade jurídica e à visão privilegiada de futuro de um de nossos maiores criminalistas, em todos os tempos: Nélson Hungria.[13] Aquele julgamento de vanguarda no campo do revisionismo contratual tomou como base os princípios gerais de Direito e a eqüidade.

---

12. Art. 269 do Código das Obrigações da Polônia: "Quando, em conseqüência de acontecimentos excepcionais, tais como guerra, epidemia, perda total das colheitas e outros cataclismos nacionais, a execução da prestação enfrentar dificuldades excessivas, ou ameaçar uma das partes de perda exorbitante, que os contratantes não poderiam ter previsto ao tempo da conclusão do contrato, o Tribunal pode, se entender necessário, segundo os princípios da boa-fé e depois de tomar em consideração os interesses das duas partes, fixar o modo de execução, o montante da prestação, ou mesmo pronunciar a resolução da convenção".

13. In *Revista de Direito* 101/178. Texto completo no Título VI, Anexo 34.3.

PRECEDENTES HISTÓRICOS DE APLICAÇÃO DA IMPREVISÃO   129

Em 5 de abril de 1932, por decisão conjunta das 3ª e 4ª Câmaras Civis do Tribunal de Justiça do Distrito Federal,[14] ela foi reformada.

(Q) Decisão de segundo grau da Corte de Apelação, em Câmaras Cíveis Conjuntas – Seguindo a mesma trilha de Hungria, o magistrado Emanuel Sodré também aceitou a aplicação da doutrina da imprevisibilidade. Sua sentença, embora reformada pelo Tribunal em 22 de maio de 1934 por via de embargos, foi restabelecida pelas Câmaras Conjuntas de Apelações Cíveis, em 27 de novembro de 1934.

(R) Decisão do Supremo Tribunal Federal – Sob a alegação de divergência jurisprudencial, por via de recurso extraordinário, o acórdão das Câmaras Conjuntas (22 de maio de 1934) foi levado ao Supremo Tribunal Federal, que dele não conheceu, prevalecendo o acolhimento da cláusula *rebus sic stantibus*. Posteriormente, confirmando julgado concessivo de aceitação da doutrina da imprevisibilidade (de 22 de novembro de 1935, do mesmo Supremo Tribunal Federal), nossa Corte Suprema, no dia 5 de janeiro de 1938,[15] em julgado histórico e paradigmático (nele, o Min. Eduardo Espínola demonstrou toda sua capacidade jurídica), decidiu: "A regra *rebus sic stantibus* não é contrária a texto expresso da lei nacional".

Em conclusão, de forma segura ou insegura, completa ou incompleta, tomado o princípio em sua exata conceituação ou não, o que realmente importa é o caráter de excepcionalidade contido nos julgamentos, no contexto do império *pacta sunt servanda*, que representam expressivos precedentes que não podem – nem devem – ser ignorados. O que resta indiscutível é as decisões sobre o Canal Craponne (1876), contrato de transportes rodoviários de Rouen (1843), companhia de gás contra a Municipalidade de Bordeaux (1916), Lei Failliot (1918) e o caso da *Tranways*, de Cherbourg (1932).

14. "Na hipótese dos autos, a aplicação da eqüidade, baseada na teoria da imprevisão, violaria o princípio de Direito em virtude do qual o contrato é considerado lei entre as partes; além de que a decisão que fosse proferida sob tal fundamento seria contrária à tendência que baniu do Código tanto a restituição *in integrum* como o instituto da *lesão enorme*, e não reprimiu a usura. Assim, a consideração que fez o Juiz de não contemplar o nosso Direito a resolubilidade dos contratos de execução futura pela radical mudança do estado de fato, e a de que quem assume uma obrigação a ser cumprida em tempo futuro se sujeita à incerteza dos valores, que podem variar em seu proveito ou prejuízo, eram suficientes para determinar a procedência da ação, tanto mais quanto, pelos menos, entre nós, desconhecida é a jurisprudência em contrário" (decisão de segundo grau proferida em 5 de abril de 1932 pela 4ª Câmara Civil do Tribunal de Justiça do Distrito Federal).

15. In *RF* 77/79-85. A decisão completa encontra-se no Título VI, Anexo 34.6.

130 A TEORIA DA IMPREVISÃO NO DIREITO CIVIL E NO PROCESSO CIVIL

Registre-se, por oportuno, que o ordenamento jurídico francês sempre se opôs, por todos os meios, à aceitação de qualquer exceção ao fiel e integral cumprimento dos contratos, exaltando como regra intangível o apotegma traduzido na expressão secular "o contrato faz lei entre as partes", influenciando, na prática, todos os ordenamentos jurídicos da época e suas codificações, e mesmo as posteriores (v. o Código Civil Brasileiro, de 1916). Contudo, o que desponta é que tais precedentes de aceitação da exceção, até então ardorosamente combatidos e inaceitados, representam uma postura de indiscutível e elogiável pioneirismo nas letras jurídicas francesas.

9. Imprevisão, Revolução Francesa e Código Napoleônico

A lei tornou-se uma coisa cômica e é necessário não se espantar que ela morra, porque o ridículo mata. (Ripert)

As idéias individualistas e liberais que convulsionaram o final do século XVIII e princípio do século XIX, inspiradas pelas concepções libertárias da Revolução Francesa de 1789, fruto do Iluminismo então dominante, exerceram influência definitiva na quase-totalidade dos Códigos Civis que naquela época se encontravam em fase de elaboração, em especial o Código Civil Francês. Neste sentido, era de se esperar que seus enérgicos princípios fossem seguidos também pelo Código Civil Brasileiro, em gestação logo depois de sua independência (1823), quando nosso direito privado se achava ainda sob o manto das Ordenações Filipinas.

Todas as legislações do mundo civilizado de então se deixaram influenciar, seduzir e conduzir pelo modelo emergente de um modo geral, e em particular no campo da manifestação da vontade. O caminho traçado pelo seu art. 1.134, revitalizador da regra romana expressa pelo *pacta sunt servanda*, seria o único rumo a ser seguido dali em diante. Até o advento da Revolução Francesa vigoraram as normas do direito natural, estabelecidas pelos chamados "doutores da Igreja" e pelos pós-glosadores – também conhecidos como bartolistas – do Direito intermediário.

O Iluminismo – também chamado pelos franceses de Racionalismo – foi uma corrente filosófica que, embora com raízes no século XV, na Espanha, só encontrou solo fértil na França do século XVIII. Caracterizava-se pela ênfase dada à razão com vistas à interpretação da existência humana, constituindo uma seqüência lógica do pensa-

REVOLUÇÃO FRANCESA E CÓDIGO NAPOLEÔNICO 131

mento racionalista do século XVII e do grande surto de desenvolvimento das ciências naturais. Enaltecia a razão como fonte propulsora de todo o progresso para a liberdade e dignidade humanas. Aceitava como definitiva a premissa de que, embora a razão fosse inata, as experiências adquiridas eram fatores básicos de seu aprimoramento. Sua missão era "iluminar" a população, buscando uma sociedade melhor, uma vez que – diziam – somente quando o conhecimento e a razão estivessem difundidos é que a Humanidade evoluiria. Como a crença da população era permeada pela superstição, deu-se ênfase especial à educação. Foi nesse período que, como Ciência, nasceu a Pedagogia. Na França seus maiores representantes foram Voltaire, Rousseau e Condorcet; na Inglaterra, Locke.

O jurista Francisco de Queiroz Bezerra Cavalcanti,[16] referindo-se à cláusula *rebus sic stantibus*, informou que, tendo sido ela afastada pelo liberalismo do século XIX, o Código Civil Francês e outras leis nele inspiradas se desenvolveram impregnados pelas idéias de liberdade, de força vinculatória para as partes e de longevidade. Foi a chamada *época áurea* da estabilidade econômica – acrescentou –, em que contratos livremente estabelecidos vincularam as partes por longos anos, permitindo o desenvolvimento econômico equilibrado e seguro. A teoria da imprevisão – completou – foi ignorada por doutrinadores como Pothier, Laurent, Demolombe, Cujas, Jamat, Troplong.

É indiscutível que, como movimento político e social, aquela Revolução é registrada – com toda justiça – como marco de transcendental importância na história da Civilização, emergindo dali um incontestável fato histórico: o triunfo da burguesia liberal, fundada em uma ordem capitalista, então predominantemente agrícola, mas já com sementes da Revolução Industrial que iria se concretizar em meados do século XIX. Houve a hegemonia da igualdade, sob dois aspectos principais: no plano religioso, sob a forma de ateísmo, conhecido como laicismo; e ainda no político, pelo conceito distorcido de que: 1º) a desigualdade é uma profunda injustiça; 2º) toda e qualquer autoridade, um perigo; 3º) a liberdade é o bem supremo que, a todo o custo, deve ser conquistado.

Entretanto, para as estruturas jurídicas do direito privado – embora trouxesse uma nova concepção individualista do Direito, sem interferências do Estado – deixou bastante a desejar, uma vez que com a nova ordem surgiram inúmeros e incontáveis problemas, em especial

---

16. "A teoria da imprevisão", *RF* 260/110.

132 A TEORIA DA IMPREVISÃO NO DIREITO CIVIL E NO PROCESSO CIVIL

no campo da justiça comutativa, representando, neste aspecto, um verdadeiro retrocesso.

O que não se pode negar, contudo, é que o chamado Direito moderno nasceu indiscutivelmente da Revolução Francesa, principalmente em razão de sua universalidade – inexistente na Declaração Americana da Independência –, em decorrência de sua riqueza polivalente, que, no processo revolucionário, fundiu liberalismo, democracia, anarquismo, socialismo, estatismo e as demais tendências político-econômicas que chegariam até nossos dias, como bem lembrou Reale.[17]

Assentada nos seus três postulados (*liberté*, *égalité* e *fraternité*), pretendeu ter encontrado a fórmula do equilíbrio social e jurídico para o povo francês e, como exemplo, para o resto do mundo. Os princípios *liberdade* e *fraternidade* (que não foi exatamente a postura dos revolucionários que se viu nos chamados "cinco anos de terror", após o 14 de julho de 1789) provaram ser vetores que, na prática, poderiam ser aprimorados e servir de lastro à reconstrução de uma sociedade mais justa. Contudo, a *igualdade* (a ser considerada como as mesmas condições de oportunidade para todos ou, ainda, igualdade perante a lei) foi equivocadamente interpretada, trazendo um caos jurídico que os séculos seguintes não conseguiram ordenar de todo. Conseqüente à interpretação errônea do princípio da *égalité* (que deu lugar à doutrina do *laissez-faire*, *laissez-passer*), nasceu a chamada *autonomia da vontade*, que, por seu turno, iria fornecer as bases do chamado *liberalismo econômico* e, em última análise, do *não-intervencionismo estatal*.

Esse liberalismo econômico (cujas raízes remontam às lutas contra a intolerância religiosa, em busca de um campo de atuação das atividades privadas, totalmente afastadas das de ordem pública, no qual tivessem liberdade de consciência e religião) foi uma ideologia política que predominou no mundo civilizado do século XVIII. Seu objetivo principal era o de atribuir ao Estado a obrigação de dar segurança aos indivíduos contra agressões de qualquer natureza. Nessa tarefa, incumbiam-lhe a manutenção de alguns serviços públicos (administração da Justiça, Forças Armadas) bem como a realização de certas obras. Segundo o ideário liberal, os indivíduos eram inteiramente livres para buscar suas realizações existenciais.

17. *Nova Fase do Direito Moderno*, 2ª ed., p. 74.

REVOLUÇÃO FRANCESA E CÓDIGO NAPOLEÔNICO   133

O Código Civil Francês – observou Sérgio Seleme[18] – inaugurou a era das grandes codificações burguesas. É interessante notar – prosseguiu –, no corpo do diploma napoleônico, a sistematização das matérias no que tange à propriedade e ao contrato. Como se sabe – acrescentou –, o *Code* é justamente considerado o "Código da Propriedade". Nele o contrato assume papel subordinado, dentre as formas de aquisição da propriedade privada. O contrato é forma de transmissão da propriedade – concluiu –, sempre caracterizado pela liberdade de contratar e pelo consentimento entre os contratantes.

A *Ética a Nicômaco*, de Aristóteles,[19] representante da filosofia herdada dos Gregos, expressa na existência do Direito apenas com critério finalístico, objetivando compor conflitos de interesses surgidos na coletividade, conhecida como *justiça distributiva*, apoiada no equilíbrio das prestações ou comutatividade contratual (responsável por considerar o direito natural como de origem divina e o bem como seu valor máximo – tese consagrada pelos doutores da Igreja), foi definitivamente afastada das linhas mestras daquele diploma legal.

Neste ponto é preciso considerar que, a rigor, a igualdade é uma utopia. Não existe. Seu contrário – a desigualdade – é uma conseqüência lógica da relação societária. Neste contexto, ao Estado incumbe a criação de mecanismos para a correção dos constantes desequilíbrios identificados. Na verdade, nunca se buscou realmente a igualdade, mas sim instrumentos e meios para o equilíbrio, como decorrência da tentativa de aplicação da justiça distributiva. Esta, na ânsia de harmonizar os conflitos de interesses onde mais acentuadamente se reclamava sua presença, foi mal-interpretada e considerada como instrumento capaz de criar a igualdade. Isto porque a igualdade pretendida pela chamada *autonomia da vontade* deveria colocar as partes contratantes em total identidade no instante da celebração de um pacto. O raciocínio dos defensores desta tese apoiou-se nos seguintes pontos:

18. "Contrato e empresa: notas mínimas a partir da obra de Enzo Roppo", in Luiz Edson Fachin (coord.), *Repensando Fundamentos do Direito Civil Brasileiro Contemporâneo*, p. 263.

19. "Voltemos novamente a procurar que coisa é o bem. Porquanto ele não aparece igual nesta e naquela ação, nem nesta ou naquela arte: diferente é na Medicina e diferente na Estratégia, e por aí adiante de igual modo. Que coisa é, pois, em cada uma o bem? Não será, talvez, aquilo por causa de que se fazem todas as outras coisas? Isto é, na Medicina, a saúde; na Estratégia, a vitória; na Construção, a casa; noutra coisa, outra; aquilo, pois, que em toda ação e a todo propósito é o fim; porque em vista deste os homens operam o resto. Destarte, se para todas as ações há um certo fim, ele será o bem prático; e se existem vários fins, o bem será estes fins. Assim, de raciocínio a raciocínio chegamos ao mesmo ponto" (Aristóteles, *A Ética a Nicômaco*, p. 36).

134 A TEORIA DA IMPREVISÃO NO DIREITO CIVIL E NO PROCESSO CIVIL

1º) se todos eram *iguais*, podiam discutir todas as cláusulas de um contrato, principalmente seus direitos e obrigações;

2º) uma vez estabelecido que eram *iguais* e debatidas as cláusulas estabelecidas para, só depois, serem aceitas como definitivas, tendo as partes, naquele instante, a liberdade de se vincular ou não, o pacto deveria ser intangível, intocável, imutável (aplicação da regra *pacta sunt servanda*). Era esta a maneira de pensar dominante.

As considerações de Nuno de Souza[20] vêm a propósito. Explicou ele que entre a liberdade e a igualdade existe uma constante relação de tensão. Acrescentou que uma excessiva igualdade aniquila a liberdade e o necessário impulso de produtividade; o arbítrio exagerado provoca sempre a desigualdade. Contudo – continuou –, também pode e deve dar origem a um esquema de atração entre liberdade e igualdade (uma política de igualdade jurídica e material defende as múltiplas liberdades).

Guillhermo Cabanellas – citado por Lino de Moraes Leme[21] – esclareceu que o erro principal do Código Napoleônico foi o de haver confundido *igualdade jurídica* com *igualdade econômica*, razão pela qual a ingerência do Estado é constante, inclusive nos contratos privados.

Também Manoel Gonçalves Ferreira Filho[22] forneceu alguns subsídios ao informar que o aparecimento dos "direitos econômicos e sociais", ao lado das "liberdades", nas Declarações é fruto de uma evolução cujo ponto de partida surgiu muito cedo no século passado. Acrescentou que essa evolução se iniciou com a crítica logo feita pelos socializantes ou socialistas ao caráter "formal" das liberdades consagradas nos documentos individualistas. Prosseguiu dizendo que essas liberdades seriam iguais para todos, é certo; para a maioria, porém, seriam sem sentido, porque faltariam os meios de exercê-las. Concluiu com a indagação dos críticos: de que adianta a liberdade de imprensa para todos aqueles que não têm os meios para fundar, imprimir e distribuir um jornal? Tais direitos seriam negados pela organização social ao mesmo tempo em que, *pro forma*, seriam consagrados nas Declarações.

---

20. "A liberdade e o Direito", Separata do número especial do *Boletim da Universidade de Coimbra*, "Estudos em Homenagem ao Professor Dr. Eduardo Correia", p. 31.

21. Guillermo Cabanellas, *Los Fundamentos del Nuevo Derecho*, *apud* Lino de Moraes Leme, "As transformações dos contratos", *RF* 171/164.

22. *Curso de Direito Constitucional*, p. 84.

REVOLUÇÃO FRANCESA E CÓDIGO NAPOLEÔNICO   135

Sobre este Código e o liberalismo então reinante o testemunho de Arnoldo Wald[23] deve ser registrado. Explicou ele que o Código Civil Francês e outras leis nele inspiradas se desenvolveram impregnados das idéias de liberdade, de força vinculatória para as partes contratantes e de longevidade contratual. Aquela foi a época áurea da estabilidade econômica, em que os contratos livremente celebrados vincularam as partes por longos anos, permitindo um desenvolvimento econômico, equilibrado e seguro.

Bastante expressivas são também as considerações de José Maria Furtado[24] ao concluir que o Código Civil de Napoleão foi a estruturação jurídica da nova ordem, subordinada à iniciativa privada e à livre concorrência, na qual não se permitia a mínima intervenção estranha, como pregava seu teórico mais conseqüente, Adam Smith. Fruto da expansão das forças produtivas que a nova organização social desembaraçara das amarras do feudalismo – arrematou –, estabeleceram-se nos países industrializados as grandes fábricas, e ao seu redor as aglomerações dos operários que nelas trabalhavam, e como só a vontade livre das partes, transformada em tabu, podia interferir e regular as relações entre patrões e trabalhadores, estes se viram aos poucos desamparados de qualquer proteção legal, num regime de exploração pior que o da servidão declarada, com salários de fome, excesso de horas de trabalho, sem qualquer conforto e sem higiene, verdadeiros párias, acorrentados a uma vida de eterno sofrimento.

Falando também sobre os contratos na codificação napoleônica, o jurista argentino Luís Ricardo Lorenzetti[25] informou que quando foram introduzidos no Código Civil Francês eram o fruto de uma busca de equilíbrio entre a pretensão da classe comerciante, interessada em apropriar-se dos recursos da terra, e as exigências da classe proprietária. Diz Gorla – aditou – que "a história ensina que a classe dos credores, ou a dos candidatos a credores, tem sido sempre aquela a lutar pela liberdade contratual (...)".

Como síntese, a autonomia da vontade – essência das relações civis no Código Napoleônico – foi o pano de fundo para justificar a exploração do trabalho operário e afastar o intervencionismo estatal, com ênfase especial ao direito de propriedade, conforme se colhe de

23. "Aplicação da correção monetária nos contratos de obras rodoviárias", *RDA* 191/34 e ss.

24. "Justiça social", *RF* 87/342.

25. *Fundamentos do Direito Privado*, p. 542.

136 A TEORIA DA IMPREVISÃO NO DIREITO CIVIL E NO PROCESSO CIVIL

seu art. 544: "A propriedade é o direito de desfrutar e dispor das coisas pela forma mais absoluta, desde que não importe uso proibido pelas leis ou regulamentos".

Observou Reale[26] ter prevalecido, por longo tempo, o entendimento de que com tal disposição legal restabelecia-se a concepção romana clássica sobre o direito que teria o proprietário de usar e abusar (*uti et abuti*) de seus bens, a seu bel-prazer, não tendo outro limite senão os critérios estabelecidos por sua própria vontade. A visão romana e feudal da propriedade fundiária – complementou –, ainda dominante na obra de Pothier, ajudava a aceitar aquela exegese.

Parece inevitável que na vinculação das partes ocorra sempre o confronto de dois valores fundamentais: o *princípio da autonomia privada* e o da *justiça contratual*. O primeiro determinando o fiel e integral cumprimento dos compromissos assumidos (*pacta sunt servanda*) – porquanto, tendo o homem a liberdade de direcionar seus próprios passos, é fundamental que sua palavra seja honrada, já que o contrato faz lei entre as partes –, e o segundo procurando equilibrar e harmonizar sua posição no contexto contratual.

Destaque-se que para a igualdade do Código Napoleônico (determinante da intangibilidade dos pactos) não apresentava qualquer sentido a discussão sobre uma possível "injustiça contratual", porque o pensamento francês de então seguia rigorosamente a diretriz "qui dit contractuel, dit juste". Ademais, se quaisquer alterações da base negocial sobreviessem, com possibilidades de prejuízos às partes, restaria o consolo de que o contratante tinha sido "l'artisan de son propre malheur", como era comum considerar.

Registre-se que entre os juristas responsáveis pelo Código Napoleônico (nove ao todo) destacaram-se Jean Domat, Daguesseau, Pothier e Portalis, entre os principais.

O Conselho de Estado Francês (30 de março de 1916), na célebre questão da *Cie. Générale d'Éclairage de Bordeaux* contra a Municipalidade – já discutida –, criando precedente jurisprudencial no campo do direito público, concedeu revisão de preço estabelecido em contrato de concessão, decorrente da alta do preço do carvão. Para Ripert[27] aquela decisão comprometeu o próprio valor do contrato, porque, segundo entendia o jurista, "contracter c'est prévoir (...)" e "(...) tout contrat contient une idée d'assurance".

---

26. Ob. cit., p. 88.
27. *La Règle Morale dans les Obligations Civiles*, 4ª ed., p. 125.

PRINCÍPIOS "PACTA SUNT SERVANDA" E "REBUS SIC STANTIBUS"   137

Entretanto, se a liberdade contratual não poderia ser considerada como um valor absoluto – disseram alguns juristas –, também o princípio de que o homem é servo do pacto, ou de que o contrato faz lei entre as partes, haveria de ter, necessariamente, seus limites. Se, por um lado, seria válido que o pacto devesse ser cumprido em sua integralidade, a despeito de problemas surgidos no curso de sua trajetória, responsáveis por dificuldades no cumprimento da prestação, mas desde que dentro de uma álea normal de incidentes contratuais, por outro, não seria menos válido que eventos imprevisíveis, surgidos no mesmo percurso, mas de caráter anormal, devessem ensejar uma discussão sobre a possibilidade de revisão ou extinção do pacto, com base no aspecto extraordinário do evento.

Entretanto, no império absoluto da regra *pacta sunt servanda* não se admitia que circunstâncias ou eventos posteriores à manifestação da vontade, imprevisíveis e inevitáveis, pudessem ser objeto de apreciação pelo juiz, por um duplo fundamento: primeiro porque não se cogitava nem se permitia o intervencionismo estatal (prevalência do mencionado princípio *laissez-faire, laissez-passer*); segundo porque a consideração de que o contrato era lei entre as partes era tida e havida como um perfeito e acabado dogma. A rigidez da autonomia da vontade era uma realidade: o Estado não podia intervir na ordem privada, principalmente em matéria de contratos e principalmente porque "les conventions légalement formées tiennent lieu de loi, a ceux que les ont faites" (art. 1.134 do CC Francês, primeira parte). Como conseqüência daquela autonomia da vontade, grassou largamente a exploração dos fracos pelos fortes.

10. Harmonia entre os princípios "pacta sunt servanda" e "rebus sic stantibus"

Os registros históricos nos dão conta de que o princípio da intangibilidade dos contratos vigeu plenamente do início da Era Cristã até meados do século XIII, quando, por iniciativa de Bártolo e seus seguidores – inspirados na filosofia de São Tomás de Aquino (*Summa Theologica*) e de Santo Agostinho (*Sermones ad Populum*) –, foi introduzida uma exceção ao fiel e integral cumprimento das convenções, dirigida a situações de reconhecida anormalidade, então representada pela cláusula *rebus sic stantibus*.

Saliente-se que esta cláusula, como discutido, já havia sido aplicada pelos romanos em casos especiais, sem foros de princípio jurídi-

138   A TEORIA DA IMPREVISÃO NO DIREITO CIVIL E NO PROCESSO CIVIL

co, estrutura ou sistematização – isto é, sem qualquer relevância. Depois dos canonistas, com Bártolo ela foi revigorada e aceita no chamado Direito intermediário ou medieval.

De meados do século XIII até o início do século XIX – mais acentuadamente no final do século XV e início do XVII – o domínio da cláusula *rebus sic stantibus* foi total e absoluto, tendo Andreas Alciato (séculos XV e XVI) traçado seu verdadeiro perfil jurídico, dotando-a das linhas mestras necessárias para orientação na direção de um verdadeiro princípio científico, com distinção precisa entre os diversos atos de manifestação da vontade.

No início do século XIX (mais precisamente em 1804), com o advento do Código Civil Francês, a hegemonia da regra *pacta sunt servanda* foi restabelecida em toda sua extensão e vigor.

O art. 1.134 do Código Napoleônico, como visto, revestiu as contratações de nova energia, insuflando-lhes toda a força do direito positivo, trazendo como decorrência lógica um novo vigor ao proscrito princípio *pacta sunt servanda*. Esta força só encontraria exceção operacional – como já acontecera no século XIII – nos princípios da teoria da imprevisão, herdeira direta da milenar cláusula *rebus sic stantibus*, no início do século XX. Assim, com base na moral, na boa-fé, na eqüidade, no equilíbrio das prestações, na justiça distributiva ou na manifestação de vontade que não poderia se estender até as fronteiras do desconhecido (*voluntas non extendit ad incognitum*), sofrendo sempre a influência dos fatores determinantes na sociedade – tais como religião, ética, sentimento de justiça social –, a doutrina da imprevisibilidade foi revigorada, para tentar restabelecer o equilíbrio jurídico comprometido pela alteração imprevisível do alicerce negocial, em contratos cuja execução estivesse condicionada ao futuro, hoje classificados como de execução diferida.

Analisando o encontro daqueles dois princípios, aparentemente antagônicos – de um lado, a exigência de respeito absoluto aos pactos regularmente celebrados e, do outro, a atenuação do rigor excessivo da obrigação contratual –, e valendo-se, para tanto, da boa- fé, da eqüidade, da moral e de outros fundamentos, René Savatier[28] explicou que o quadro apresentava duas forças poderosas, originárias da mesma fonte. Uma tentava se firmar, economicamente, em espaço do mundo fático, no campo obrigacional; e a outra buscava seu lugar, em nome

---

28. *Les Métamorphoses Économiques et Sociales du Droit Civil d'Aujourd'hui,* p. 26.

PRINCÍPIOS "PACTA SUNT SERVANDA" E "REBUS SIC STANTIBUS" 139

da justiça, apenas como regra de exceção quando impossível a conformação à regra geral de respeito à palavra empenhada. Enquanto a primeira se ligava indissoluvelmente à idéia de segurança jurídica, a segunda, conservando e revigorando a mesma idéia, procurava se manter no contexto social baseada na eqüidade, entre outros suportes.

É importante relembrar que "o desenvolvimento dos contratos parece estar intimamente ligado ao desenvolvimento dos indivíduos; a história dos contratos é a história da civilização" – como afirmou Cogliolo,[29] em análise bastante feliz.

No campo do contratualismo, Gustav Radbruch[30] desceu ao âmago da questão e, de forma contundente, examinou o aspecto social do problema, explicando que a liberdade contratual foi que tornou possível a formação de grupos e associações de todas as espécies; mas, à proporção que a economia livre se transformava em economia capitalista, mais e mais a liberdade contratual ia sofrendo limitações impostas pelo predomínio de grupos. Prosseguiu dizendo que a liberdade na formação dos pactos acabou por converter-se em servidão contratual na sociedade. O que, segundo o Direito, se considerava liberalidade transformou-se, na ordem dos fatos, em quase-escravidão. Os contratos de adesão tipificam, como espécie, o gênero discutido. Daí resultar para a lei a missão de ter de inverter de novo as coisas e, por intermédio de certas limitações, disciplinar a liberdade social de contratar. Encerrou dizendo que essas limitações podem se apresentar sob as mais diversas formas, como já se tem visto no direito positivo. Como exemplo de tais restrições – concluiu – poderiam ser citados os preceitos que, a rigor, revestem de nulidade certas convenções entre as partes e a competência reconhecida a certos órgãos para rescindir certos atos.

A ala anti-revisionista, que congregou juristas contrários à aplicação do princípio, só existiu como fruto da desinformação e, conseqüentemente, de equivocada hermenêutica sobre o tema. Os juristas que a integraram imaginaram estar diante do encontro de dimensões que seriam essencial e necessariamente antagônicas entre si. Por adequado e oportuno, convém registrar: ao que se sabe, até hoje nenhum jurista de mediano bom senso defendeu a aplicação da teoria da imprevisão em substituição ao postulado *pacta sunt servanda*. Por irônico que possa parecer, a sobrevivência da doutrina da imprevisibilida-

29. *Scritti Varii di Diritto Privato*, p. 28.
30. *Filosofia do Direito*, v. III, p. 36.

140 A TEORIA DA IMPREVISÃO NO DIREITO CIVIL E NO PROCESSO CIVIL

de liga-se de forma definitiva à manutenção daquele postulado, como regra geral. Para que uma exceção tenha hora e vez é necessária e indispensável a existência do regramento genérico, em toda sua plenitude. Insista-se: ninguém, jamais, em lugar ou tempo algum, defendeu o emprego da doutrina da imprevisibilidade, como coordenada geral, nas relações contratuais da maneira que têm dado a entender os poucos mal-informados que ainda a rejeitam. Nunca se pugnou pela aplicação apriorística da imprevisão. O que se tem pretendido, por séculos e séculos, como exceção à rigidez dogmática do postulado "o contrato faz lei entre as partes", é que em casos de reconhecida patologia contratual, de comprovada anormalidade da base negocial, ou do seu desaparecimento, ocasionada por evento imprevisível, presentes seus pressupostos de admissibilidade, em nome da função social dos pactos, da mais elementar boa-fé ou, mesmo, da própria estabilidade do comércio jurídico, objetivando não só a segurança como, também, a socialização das regras incidentes sobre as contratações, a visão míope que afasta a aplicação da eqüidade às anomalias surgidas por força de um abalo econômico de grande magnitude (pelo qual as partes não são responsáveis) seja corrigida e o bom senso prevaleça. É só o que os revisionistas pedem. Nada mais. Desta forma, rompido o equilíbrio inicial da economia contratual, em face da lesão virtual para uma das partes, advoga-se apenas que as contratações possam ser adequadas ao emergente estado fático – inexistente na contratação primitiva –, ou, na sua impossibilidade, em nome da justiça comutativa, resolvidas pelo juiz, observadas as situações em que a indenização pela extinção da contratação se imponha. E a razão desta pretensão – além das de ordem jurídica – é também atávica: existe latente em todo ser humano uma repulsa natural, congênita, ao princípio da imutabilidade. Talvez até por sua semelhança com a morte. E o Direito é nascimento, vida, movimento, transformação. Imobilizá-lo, principalmente quando uma mutação não se identifica com a vontade contratual manifestada por uma das partes e pode causar-lhe grave dano, equivale a condená-lo à inércia e, em decorrência, à extinção.

Carneiro Maia[31] registrou que o apotegma *pacta sunt servanda* tornou-se flexível, perdeu o absolutismo, fraquejando e não resistindo à penetração das novas idéias de sentido solidarista e ao intervencionismo estatal nas relações econômicas. De maneira irreprimível, o conceito *rebus sic stantibus* firmou-se como uma das formas de reapreciação do contrato e de sua adaptação.

31. *Da Cláusula "Rebus Sic Stantibus"*, p. 155.

PRINCÍPIOS "PACTA SUNT SERVANDA" E "REBUS SIC STANTIBUS"   141

Na obra citada, o mesmo autor chamou a atenção para o fato de que no terreno das obrigações oriundas do contrato vem surgindo uma outra tendência, um verdadeiro "aspecto humanizante" (na frase de José Rodrigues Vieira Netto, em tese com que conquistou a cátedra de Direito Civil na Faculdade de Direito da Universidade do Paraná), ao apreciar as duas vertentes atrás resumidas, com o recrudescimento da segunda, decorrente do conflito entre o mundo dinâmico e o indivíduo desprotegido. Acrescentou ainda o mesmo autor que esta tendência surgiu da aplicação da lei com fim social, refletindo a pressão criadora do Direito, que vem de baixo buscando dar amparo ao devedor, parte mais débil na relação negocial, o obrigado economicamente inferior, o chamado *prato mais frágil da balança*. Concluiu Carneiro Maia explicando que por esta postura se procederia à revisão do liberalismo, que, por muito tempo, negara a intervenção do Estado nas relações civis, considerando-a uma ofensa à concepção abstrata da liberdade absoluta.

Em inúmeras oportunidades os defensores da regra *pacta sunt servanda* acusaram os revisionistas de tratarem unilateralmente a questão, cuidando apenas do interesse do devedor atingido pelo evento modificador da base negocial. Em relação à denunciada parcialidade de enfoque do problema (acusação baseada na permanência da imutabilidade das cláusulas contratuais mesmo diante de abalos estruturais imprevisíveis – única forma de estabilidade dos pactos que admitiam), bastante pertinentes são as observações dos juristas argentinos Spota e Quinteros, citados por Carlos Cossio, ao refutarem o sofisma de que a admissão do princípio *rebus sic stantibus* seria uma ameaça à segurança do comércio jurídico, exigida pelo Direito: "Se dice: si no se cumplen los contratos tal como han sido pactados, desaparece la seguridad jurídica y con ella el Derecho mismo. El sofisma radica en que la seguridad, como todo valor jurídico, es un valor bilateral, de modo que al oponer la seguridad a las exigencias de la cláusula *rebus sic stantibus* se piensa unilateralmente en la seguridad del acreedor, pero no en la del deudor: a éste se le deja la seguridad de su inseguridad".[32]

Inteiramente ao contrário do que, ao longo dos séculos, vêm sustentando os não-revisionistas, as regras *pacta sunt servanda* e *rebus sic stantibus* não são colidentes ou conflitantes em qualquer ponto. Antes, completam-se e se complementam, harmonizando-se perfeita-

---

32. Carlos Cossio, *La Teoría de la Imprevisión*, pp. 46-48.

142   A TEORIA DA IMPREVISÃO NO DIREITO CIVIL E NO PROCESSO CIVIL

mente. Para sentir esta harmonia é necessária apenas uma exata noção de Direito, de justiça comutativa, e, no caso concreto, não se perder de vista a estabilidade do comércio jurídico.

Se é certo que *o contrato faz lei entre as partes*, não é menos certo que *os fatos que surgem à margem da lei devem ser tratados por princípios também postados à sombra e à margem da lei*. Para tanto, já que a norma não pode prever tudo, é preciso tão-somente equilibrado senso de eqüidade por parte do julgador que deva rever ou extinguir um pacto. Sendo assim, se considerarmos como definitivamente aceito que o benefício contratual deve ser comum – isto é, não pode, em nome de elementares postulados de justiça comutativa, ser estabelecido de maneira a conferir vantagens apenas para uma das partes, em detrimento da outra –, teremos de nos render à evidência irrefutável de que diante da ocorrência de eventos que gravitam em plano de excepcionalidade em uma convenção – portanto, imprevisíveis –, supervenientes ao estabelecimento do vínculo contratual, para o qual nenhuma das partes tenha contribuído, ter-se-á em mãos uma anomalia que clamará por um corretivo de exceção. Neste passo, estaremos adentrando o campo da imprevisibilidade, como *remedium iuris* para situações extravagantes, em que as regras a serem aplicadas são outras, nascidas, acalentadas e amadurecidas nos chamados *juízos de eqüidade*.

Diante deste quadro há de ser reconhecida a necessidade de complementação e conseqüente reenfoque do enunciado pela regra geral de que *os contratos devem ser cumpridos a qualquer custo*. Assim, com base na imprevisibilidade – condicionadora do cumprimento à permanência do estado fático de criação do pacto ou, conforme preceito romano, *desde que inalteradas as circunstâncias em que se deu a vinculação (rebus sic stantibus)* – não se pode exigir o cumprimento de prestação alterada por evento extraordinário, pura e simplesmente.

Constata-se, nesta hipótese, o corolário lógico-jurídico da segunda em relação à primeira, na comprovação definitiva de que os princípios se harmonizam, e em nenhum momento conflitam ou se chocam, direcionados que estão para o mesmo fim: a aplicação da justiça comutativa. Então, à luz da boa-fé e da eqüidade – fundamentos indispensáveis em todas as relações jurídicas –, é suficiente a conjugação das duas expressões, com o simples acréscimo da conjunção adversativa latina *sed*. Neste caminhar, teríamos: *pacta sunt servanda, sed rebus sic stantibus*, que equivale a "o contrato faz lei entre as partes, *mas* desde que mantidas as condições iniciais da contratação". A jus-

PRINCÍPIOS "PACTA SUNT SERVANDA" E "REBUS SIC STANTIBUS"   143

taposição das expressões é tão grande e espontânea que nos transmite a impressão de que sempre fizeram parte do mesmo contexto. Fica difícil – se não impossível –, na construção proposta, negar à segunda regra a condição de corolário lógico-jurídico da primeira.

Nesta linha de defesa, o grande paladino da doutrina da imprevisibilidade e de sua perfeita conjugação e harmonia com o princípio de intangibilidade dos pactos foi o jurista argentino Carlos Cossio.

Com a percepção invulgar que o distinguiu, escreveu Cossio: "En nuestra cuestión, este tema haría ver, sin ninguna sombra de dudas, que las dos cláusulas *pacta sunt servanda* y *rebus sic stantibus* son ambas, por igual, expresiones necesarias de la misma buena fe constitutiva de la conducta contratual; que, por consiguiente, ambas se complementan por compenetración; que sólo considerando las expresiones verbales por sí mismas, como hace el racionalismo, resultan afirmaciones contradictorias que recíprocamente se excluyen; y que la tarea de una auténtica Ciencia del Derecho estaría en encontrar la fórmula normativa de su juego conjunto y complementarlo en la experiencia".[33]

Ainda sobre o tema, de forma magistral e definitiva, concluiu o jurista platino: "Aquellas cláusulas que como significaciones del lenguage cada una niega a la otra, dando la impresión racionalista de que se anulan al conjugarse, como se complementan y se compenetran porque ninguna puede existir sin la otra, en cuanto que todo contrato está ontológicamente siempre en una situación. Sólamente el hecho imposible de que existiera un contrato fuera de toda situación permitiría disociar aquellas cláusulas. Pero la estrutura de la vida humana es situacional y por eso todo contrato está necesáriamente siempre en una situación. Por eso ambas cláusulas son forzosamente paralelas e inseparables, una como referencia al contrato en situación y la otra como referencia a la situación del contrato".[34]

Nesta lúcida e didática exposição – na qual ficou claro que todo contrato está sempre em uma situação, sendo impossível imaginá-lo fora dela simplesmente porque a própria vida humana é situacional – encontra-se toda a justificativa lógico-jurídica não só para a harmonia dos princípios como, também, para a aceitação e emprego da doutrina da imprevisibilidade. Assim, o mais seguro enfoque contratualista deve assentar-se nas seguintes coordenadas:

33. Ob. cit., pp. 17-18.
34. Idem, pp. 46-48.

144 A TEORIA DA IMPREVISÃO NO DIREITO CIVIL E NO PROCESSO CIVIL

a) o *contrato em uma situação* (*pacta sunt servanda*) exige respeito e obediência integral;

b) a *situação do contrato* alterado por acontecimento imprevisível exige um tratamento de exceção (*rebus sic stantibus*).

Contrato em *uma situação* não equivale à *situação do contrato*, a não ser que as condições primitivas se mantenham inalteradas por ocasião da execução. No nascimento ele está em *uma situação*; na execução, havendo mudança anormal das circunstâncias presentes na vinculação, há que ser levada em conta a nova *situação do contrato*. A justaposição dos princípios é indiscutível, em especial se o intérprete buscar a exata noção de Direito e de justiça comutativa.

No universo dos métodos dedutivo e indutivo as formulações silogísticas apresentam-se bastante simples.

a) Princípio *pacta sunt servanda*:

1ª) o contrato faz lei entre as partes;

2ª) toda lei deve ser cumprida;

3ª) portanto, todo contrato deve ser cumprido.

b) Princípio *rebus sic stantibus*:

1ª) por ser lei entre as partes, todo contrato deve ser cumprido;

2ª) o cumprimento contratual condiciona-se à normalidade dos fatos;

3ª) diante de uma alteração da base negocial provocada por evento imprevisível, o contrato, como estabelecido, *pode não ser cumprido*.

Na primeira hipótese (exercício dedutivo), partindo de um princípio lógico-axiomático e com base em premissas (maior e menor), o silogismo apresenta uma conclusão irrefutável.

Na segunda (exercício indutivo) a conclusão apresentada ("pode não ser cumprido") significa que, embora o princípio universal de *lei entre as partes* permaneça, considera-se como elemento adicional a ocorrência de eventos anormais que atuam sobre a economia do pacto – donde se *induzir* à conclusão de que ele *pode ser descumprido*.

Neste ponto a metodologia deixa de ser apenas lógica para ser lógico-sistemática. Esta mudança instrumental significa apenas que o cumprimento do pacto, como lei entre as partes, deverá ocorrer, mas *não necessariamente*. Equivale dizer: ausentes os pressupostos de admissibilidade para a aplicação da teoria da imprevisão, deverá viger a regra *pacta sunt servanda,* pelo simples fato de que inexistirá causa

CASO FORTUITO/FORÇA MAIOR E IMPREVISÃO 145

impeditiva de que ela seja considerada como lei entre as partes; presentes os requisitos indispensáveis à sua utilização, o princípio *rebus sic stantibus* deverá prevalecer, em razão de que a lei entre as partes não será mais aquela do instante vinculativo e, *ipso facto*, terá perdido seu caráter dogmático, podendo sofrer a influência da eqüidade, na busca do equilíbrio jurídico comprometido pelo evento extraordinário.

Pelo exposto, não se trata de buscar soluções para o o choque resultante do encontro de dimensões consideradas essencialmente antagônicas, como se pensou a princípio. Depois de devidamente analisado, o decantado antagonismo revela-se inexistente, apresentando em seu lugar uma perfeita e acabada conjunção de princípios harmônicos, norteados para um mesmo e único fim.

11. Caso fortuito/força maior e imprevisão. Semelhanças e diferenças

Antes da análise das consonâncias e dissonâncias resultantes do confronto entre situações de caso fortuito/força maior e imprevisão, alguma considerações preliminares são indispensáveis.

No campo do contratualismo – já foi dito – o *fiel cumprimento dos pactos* consubstancia a *regra geral*; seu *descumprimento*, a *exceção*. As hipóteses excludentes de responsabilidade civil sem culpa, representativas de uma forma de excepcionalidade, encontram-se em nosso direito civil sob a epígrafe de *caso fortuito* ou de *força maior*, já que nos casos de imprevisibilidade – a não ser em situações especiais –, mesmo em face da resolução, não haverá desvinculação da responsabilidade da parte obrigada ao se valer do *remedium iuris*. A ressalva justifica-se porque, como regra geral, ainda em situações de extinção contratual, a responsabilidade do devedor da obrigação pela indenização ao credor deverá ser determinada, excetuando-se apenas a situação em que a supressão do alicerce seja da responsabilidade de terceiros e impossível o ressarcimento da parte prejudicada.

Contudo, não estão somente no art. 1.058 e seu parágrafo único as disposições legais que isentam o devedor de qualquer responsabilidade. Uma rápida análise no capítulo das Disposições Constitucionais Transitórias[35] comprova a assertiva. Inexplicavelmente, a Constitui-

---

35. "Art. 26. No prazo de um ano a contar da promulgação da Constituição, o Congresso Nacional promoverá, através de Comissão mista, exame analítico e pericial dos atos e fatos geradores do endividamento externo brasileiro.

146 A TEORIA DA IMPREVISÃO NO DIREITO CIVIL E NO PROCESSO CIVIL

ção de 1988 – talvez uma das poucas no mundo – institucionalizou a infidelidade contratual nos arts. 26 e seus parágrafos (anulação unilateral de contratos internacionais), 33 (moratória de 8 anos para pagamento de precatórios judiciais), 47 (exclusão de correção monetária) e 57 (prazo de 10 anos para o parcelamento de débitos de Estados e Municípios), todos no capítulo das Disposições Transitórias.

No art. 1.058 e seu parágrafo único do atual Código Civil temos:

"Art. 1.058. O devedor não responde pelos prejuízos resultantes de caso fortuito ou de força maior, se expressamente não se houver por eles responsabilizado, exceto nos casos do arts. 955, 956 e 957.

"Parágrafo único. O caso fortuito, ou de força maior, verifica-se no fato necessário, cujos efeitos não era possível evitar ou impedir."[36]

Da análise dos vários artigos que tratam do caso fortuito ou de força maior resulta a conclusão de que, para a lei, as expressões são equivalentes, principalmente no que respeita aos seus efeitos no campo jurídico. Já no *caput* do artigo citado, de forma expressa, encontra-se a ausência total de responsabilidade do devedor diante daqueles acontecimentos de exceção, naturais ou humanos. Em outros artigos

"§ 1º. A Comissão terá a força legal de Comissão Parlamentar de Inquérito para os fins de requisição e convocação, e atuará com o auxílio do Tribunal de Contas da União.

"§ 2º. Apurada a irregularidade, o Congresso Nacional proporá ao Poder Executivo a declaração de nulidade do ato e encaminhará o processo ao Ministério Público Federal, que formalizará, no prazo de sessenta dias, a ação cabível."

"Art. 33. Ressalvados os créditos de natureza alimentar, o valor dos precatórios judiciais pendentes de pagamento na data da promulgação da Constituição, incluído o remanescente de juros e correção monetária, poderá ser pago em moeda corrente, com atualização, em prestações anuais, iguais e sucessivas, no prazo máximo de oito anos, a partir de 1º de julho de 1989, por decisão editada pelo Poder Executivo até cento e oitenta dias da promulgação da Constituição."

"Art. 47. Na liquidação dos débitos, inclusive suas renegociações e composições posteriores, ainda que ajuizados, decorrentes de quaisquer empréstimos concedidos por bancos e por instituições financeiras, não existirá correção monetária (...)."

"Art. 57. Os débitos dos Estados e dos Municípios relativos às contribuições previdenciárias até 30 de junho de 1988 serão liquidados, com correção monetária, em cento e vinte parcelas mensais, dispensados os juros e multas sobre eles incidentes, desde que os devedores requeiram o parcelamento e iniciem seu pagamento no prazo de cento e oitenta dias a contar da promulgação da Constituição."

36. Novo Código Civil: "Art. 392. O devedor não responde pelos prejuízos resultantes de caso fortuito ou força maior, se expressamente não se houver por eles responsabilizado.

"Parágrafo único. O caso fortuito ou de força maior verifica-se no fato necessário, cujos efeitos não era possível evitar ou impedir."

CASO FORTUITO/FORÇA MAIOR E IMPREVISÃO

(877, 957, 1.208, 1.253, 1.412 e 1.527, V) não se observa qualquer distinção entre eles, uma vez que são empregados sempre juntos. Apenas nos arts. 1.117 e 1.277 são separados por vírgulas, dando a impressão de que são individualizadas, mas ainda assim sem determinação de qualquer diferença no campo dos efeitos.

Alguns autores – entre os quais Papa dos Santos[37] – pretenderam identificar no caso fortuito a existência de uma relação direta e específica com as forças da Natureza (furacões, maremotos, terremotos, enchentes), causas impeditivas do cumprimento da obrigação, reservando para a força maior a participação humana (greve geral, furto, assalto, seqüestro), na condição de óbice irresistível ao integral cumprimento do pacto.

À unanimidade, os juristas concordam em que as principais características que identificam os dois institutos são a *inevitabilidade* e a *irresistibilidade*. Em qualquer deles, a parte que pretenda cumprir o avençado não poderá se opor a um furacão que destrua uma fábrica de componentes eletrônicos prometidos contratualmente para determinada data, ou a uma greve geral que a paralise. Contudo, sua conceituação trouxe controvérsias que deram origem a duas grandes correntes: *subjetiva* e *objetiva*. Para a primeira não há diferença entre eles. Seriam expressões sinônimas, com equivalência no plano dos efeitos jurídicos; para a segunda não se confundem, antes se diferenciam por elementos próprios e específicos.

Jefferson Daibert[38] concluiu ter o legislador adotado indiscutível sinonímia nas expressões, desejando, assim, abranger toda série de acontecimentos que se impõem ao homem – conseqüentemente, ao devedor – como imprevisíveis ou insuperáveis, totalmente alheios à sua própria vontade, causando o inadimplemento da obrigação avençada.

Para o Código Civil Brasileiro de 1916 não existe a menor diferença entre os institutos em discussão, porque ambos, diante da impossibilidade de cumprimento da obrigação, eximem o devedor da responsabilidade de adimplir o pacto.

Inúmeras teorias surgiram com vistas à determinação de seus traços distintivos. Entre elas, segundo Washington de Barros Monteiro,[39]

---

37. Ob. cit., p. 27.
38. *Das Obrigações*, pp. 472-473.
39. *Curso de Direito Civil – Direito das Obrigações*, v. 4º, p. 332.

148 A TEORIA DA IMPREVISÃO NO DIREITO CIVIL E NO PROCESSO CIVIL

a de maior aceitação tem sido a que considera como de força maior os fenômenos ligados às causas naturais (terremotos, chuvas de granizo, inundações, incêndios), e de caso fortuito os que resultam de fato alheio relacionado diretamente com o homem (assalto, greve, motim, guerra) – concepção inteiramente inversa à de Papa dos Santos, que identificou como de caso fortuito o que Washington denominou força maior, e vice-versa. Já diziam os romanos: "Vis maior est cui resisti non potest, fortuitus casus nullum humanum consilium praevidere potest" ("Força maior é a que não se pode resistir, caso fortuito é aquilo que o entendimento humano não pôde prever"). Na verdade, o que realmente importa é que ambos os fatos são causas determinantes do inadimplemento contratual involuntário, com exclusão de responsabilidade.

Tanto um como outro apresentam a exigência de alguns elementos constitutivos indispensáveis, a saber:

1. *Caso fortuito ou de força maior*:

a) *Inimputabilidade* e *necessariedade* – é fundamental que a autoria do evento considerado como de caso fortuito ou de força maior não possa ser atribuída àquele que pretenda ser contemplado pelo benefício legal. Um incêndio de grandes proporções (necessariedade), em princípio, é considerado como caso fortuito ou de força maior, dependendo da teoria que o classifique. Entretanto, não o será se tiver sido provocado por aquele que do instituto pretenda se valer – donde ser indispensável a aferição de ausência de culpa do pretendente ao remédio jurídico previsto na lei.

No entender de Agostinho Alvim,[40] aquele que, tendo compromisso com hora marcada em outra cidade, deixa de cumpri-lo sob a escusa de que houve atraso do trem, ou aquele que deixa de pagar dívida sob o argumento de que guardara grande soma de dinheiro em casa por algum tempo, da qual ladrões vieram a se apropriar, não terá justificativa de procedimento nem amparo legal. Nestes casos não se pode falar em caso fortuito ou de força maior, porque havia alternativas tanto para uma como para a outra. Se não era possível evitar que o trem atrasasse, era possível valer-se de um que chegasse mais cedo, ou de condução mais rápida e segura; se não era possível a defesa contra os ladrões, manter o dinheiro em banco teria evitado seu desapossamento. Nos exemplos, embora exista irresistibilidade, a necessarieda-

40. *Da Inexecução das Obrigações e suas Conseqüências*, 3ª ed., p. 65.

CASO FORTUITO/FORÇA MAIOR E IMPREVISÃO   149

de indispensável está ausente. É preciso cautela para não transformar uma simples dificuldade em caso fortuito ou de força maior.

Assim, o fato necessário decorre da isenção de qualquer responsabilidade pelo seu surgimento e ainda da decorrente impossibilidade de seu cumprimento. Estas, como exige o bom Direito, têm de ser provadas.

b) *Superveniência* – além da *inimputabilidade* e do *fato necessário*, é preciso que o evento seja *precedente* à execução do contrato, gerando causa impeditiva de seu cumprimento.

c) *Inevitabilidade* – o evento deverá ser inevitável, equivale dizer, impossível de se obstar à sua atuação, quer se trate de força da Natureza ou humana.

d) *Irresistibilidade* – é indispensável que fique claro não ser oponível (ou, oposta, se revele ineficaz) qualquer forma de energia, empenho ou força humana ao fato que se abate sobre a contratação, para sua classificação como irresistível.

O mesmo Agostinho Alvim,[41] tentando disciplinar uma possível diferença, esclareceu que força maior seria o fato externo que não se ligaria à pessoa ou à empresa por qualquer laço de conexidade, enquanto que caso fortuito traduziria a hipótese em que aquele nexo de causalidade estaria presente.

Pelas disposições constantes do Código Civil Brasileiro vigente, a conclusão é a de que a polêmica quanto ao levantamento e determinação de características diferenciais entre caso fortuito ou de força maior é meramente acadêmica. Não tem qualquer sentido prático ou relevância jurídica, pois seus efeitos em relação ao devedor serão sempre os mesmos. No exame dos textos legais não se constata qualquer preocupação do legislador em estabelecer diferenciações em nosso direito substantivo, registrando-se o emprego das expressões caso fortuito com "vírgula", seguido de "ou" força maior (neste contexto, a conjunção alternativa "ou", após a vírgula, tem conotação explicativa); ora apresentando um "e" força maior (a conjunção "e", aqui, significa acréscimo, acessão, adição); ora só caso fortuito; ora só força maior; e ainda caso fortuito "ou" de força maior, sem "vírgula" (aqui, com a conjunção alternativa "ou" equivalendo a uma ou outra) – em inequívoca demonstração da total indiferença entre eles. Pela relevância de suas conseqüências – que sempre se sobrepõem à forma – a

41. Ob. cit., p. 316.

150　A TEORIA DA IMPREVISÃO NO DIREITO CIVIL E NO PROCESSO CIVIL

avaliação deverá ser de equivalência, porquanto a verdadeira importância sempre estará em seus efeitos, iguais para ambos diante da inevitabilidade e irresistibilidade do evento.

2. *Teoria da imprevisão*: Quanto à teoria da imprevisão, como visto, tem sido considerada como a solução jurídica destinada a corrigir situações anômalas – por via de revisão ou resolução – resultantes da incidência de eventos extraordinários sobre a base contratual, reconhecidamente ausentes do espectro do cotidiano, de sorte a ficar fora de qualquer dúvida razoável que, se a parte atingida pudesse prever aquele resultado gravoso, não teria contratado. Tomada sempre em caráter de excepcionalidade, destina-se à atenuação do excessivo rigor contido na regra geral *pacta sunt servanda*, desde que presentes os pressupostos de sua admissibilidade. A disciplina do caso fortuito ou de força maior encontra-se de forma expressa no art. 1.058 e seu parágrafo único do Código Civil atual (art. 392 do novo CC), constando ainda de outros artigos, conforme se analisou; a imprevisibilidade é contemplada, de forma implícita, no *parágrafo único do art. 1.059* (art. 398 do novo CC) *e no art. 1.091,* entre outros. Pelo prisma topológico (disposição de forma implícita em seguida às coordenadas para o caso fortuito ou de força maior) é oportuno registrar que, sintomaticamente, o legislador deixou clara sua intenção de não desconsiderar e até mesmo de aceitar a doutrina da imprevisibilidade, ainda que de forma velada.

Como linha de princípio, o caso fortuito ou o de força maior conduzem à *impossibilidade* de cumprimento da obrigação; a imprevisibilidade, quando não suprime a base da contratação, faz nascer apenas a *extrema dificuldade*. Entretanto, é indispensável ressaltar que, excepcionalmente, poderão surgir situações em que, embora identificado o fenômeno como pertencente ao universo do caso fortuito ou de força maior, não trará como conseqüência a *impossibilidade* – característica básica de identificação das hipóteses –, mas apenas uma *extrema dificuldade*, elemento essencial da imprevisibilidade. Neste caso, a situação fática continua a ser de inexecução involuntária, sem qualquer possibilidade de aplicação da teoria da imprevisão, uma vez que esta se define pela *causa*, e não pelo *efeito*. Conquanto *sui generis*, os fatos permanecem como determinantes de caso fortuito ou de força maior, nada tendo a ver com a doutrina da imprevisibilidade. Como exemplos poderiam ser citadas a ocorrência de chuvas violentas e ininterrruptas, tempestades de neve, de vento, de granizo, queda de barreiras, viadutos, pontes, ou outras intempéries que dificultem a

CASO FORTUITO/FORÇA MAIOR E IMPREVISÃO 151

comunicação ou o transporte, que, sem impossibilitar a ação positiva da parte, acabem por retardá-la.

Entre o *caso fortuito ou de força maior* e a *teoria da imprevisão* identificam-se *mais diferenças do que semelhanças*, como se demonstra a seguir.

11.1 Semelhanças

Em um misto de relatividade e absolutismo, as semelhanças entre o caso fortuito ou de força maior e a teoria da imprevisão apresentam alguns pontos comuns, a saber:

1ª. *Imprevisibilidade*: a rigor, para os dois primeiros ela é apenas relativa, e para o último, absoluta. Em uma região onde é freqüente a ocorrência de determinados fenômenos naturais e existe sempre certa insegurança para a população não se pode dizer que um terremoto (a cidade de João Câmara, no Rio Grande do Norte, próxima de Natal, é um exemplo), enchente ou, ainda, um assalto que tornam inexeqüível um contrato possam ser classificados como eventos imprevisíveis. Na imprevisão o inusitado, o insólito, tudo aquilo que, embora passível de ocorrência, não integra o elenco de acontecimentos do comum, do cotidiano – imprevisível, portanto –, é a essência do *princípio*, sua verdadeira *ratio essendi*, donde se concluir que a primeira semelhança (imprevisibilidade) tem apenas *caráter relativo*.

2ª. *Desobrigação do devedor*: no *caso fortuito ou de força maior* a *desoneração* da obrigação é *absoluta*; na *teoria da imprevisão* é apenas *relativa*. Nos *primeiros*, para que a responsabilidade do devedor seja elidida é suficiente não estar em mora, ser inimputável quanto à ocorrência de um dos eventos criadores dos obstáculos impeditivos do adimplemento contratual (ausência de culpa) e *inexistir renúncia expressa daquele benefício*, conforme determina a lei. Na *imprevisibilidade*, como linha de princípio, a *desoneração* do devedor da obrigação só se dará diante da impossibilidade de revisão, por ser cabível apenas a *extinção, desde que não a tenha provocado*. Adicione-se que na maioria das vezes a irresponsabilidade contratual não ocorre, visto que o espírito da imprevisibilidade é o de manutenção do pacto, por via da revisão. Entretanto, a tese que se defende é a de que em certas hipóteses de extinção do avençado deverá haver responsabilidade pela assunção de obrigação indenizatória no que se refere à parte por cumprir do pacto. Neste quadro, o que se tem de definitivo é que, a rigor,

152 A TEORIA DA IMPREVISÃO NO DIREITO CIVIL E NO PROCESSO CIVIL

nos casos de imprevisão não haverá desoneração do devedor da prestação, mesmo diante da extinção contratual, por frustração da tentativa de revisão do pacto. Na extinção, se a culpa não puder ser atribuída a qualquer das partes, mas a terceiros, destes será a responsabilidade em relação à parte por cumprir do pacto. Espera-se que, na prática, os casos de resolução contratual por inviabilidade de adaptação às novas circunstâncias (*de iure constituendo*), como vem sendo aplicada, ou depois de integrada no nosso direito material (*de iure constituto*), deverão representar inexpressiva exceção. Isto porque ao credor, embora contrariado em sua pretensão de recebimento integral da prestação alterada, será preferível recebê-la reduzida do que vê-la equiparada às situações fortuitas ou de força maior – hipóteses em que o devedor é totalmente desobrigado do cumprimento da prestação. Advirta-se que esta será uma situação diferente daquela que poderá ocorrer nos contratos unilaterais em benefício do credor (promessa de doação) em que a prestação se deprecie por ocorrência de fato imprevisível. Só excepcionalmente é que a resolução contratual se dará (em alguns casos com possibilidades de indenização) – donde não se poder rotular esta semelhança como *absoluta*. Como referido, acrescente-se, ainda, que situações poderão existir em que somente a resolução será cabível. Nesta hipótese excepcional, em que o evento imprevisível fará desaparecer a base da contratação, cumpre indagar se nenhuma culpa pode ser atribuída às partes. Em caso negativo descaberá indenização; em caso positivo ela será inarredável. Esta segunda semelhança tem também caráter *relativo*.

3ª. *Fatos jurídicos*: a primeira *semelhança absoluta* que o caso fortuito ou de força maior e a imprevisão guardam entre si é quanto às suas natureza jurídicas: ambos são classificados como fatos jurídicos. Embora os primeiros nasçam de um ato jurídico e se desenvolvam no âmbito contratual e o último surja na esfera supracontratual, são ambos considerados como fatos, e não atos jurídicos.

4ª. *Projeção no tempo*: a segunda *semelhança de caráter absoluto* refere-se ao tempo em que os eventos (inevitáveis, irresistíveis ou de dificuldade extrema) ocorrem. Tanto no caso fortuito ou de força maior como na imprevisibilidade a impossibilidade ou a extrema dificuldade de adimplemento surgem posteriormente à celebração do pacto. Assim, somente no campo das contratações de execução diferida é que será possível a ocorrência do evento anormal que identifique o caso fortuito ou de força maior ou, ainda, a imprevisibilidade. Não são passíveis de ocorrer nos pactos de execução imediata ou instantânea.

CASO FORTUITO/FORÇA MAIOR E IMPREVISÃO 153

Em conclusão, os institutos em questão apresentam *quatro pontos em comum*: *dois de natureza relativa e dois de caráter absoluto*.

Asseverar que existem similitudes perfeitas entre eles, principalmente para se pretender o alargamento do conceito de caso fortuito, para absorção da doutrina da imprevisibilidade (proposta de Lalou), como solução para a busca da natureza jurídica da imprevisão, é desprezar de forma condenável não só a essência, mas em especial as linhas mestras que bem informam a doutrina de exceção.

Em rápidas considerações: a razão de ser da tentativa de equiparação existente na doutrina e jurisprudência, embora compreensível, é inaceitável. Ao que tudo indica prende-se à ocorrência do elemento extraordinário, que no caso fortuito ou de força maior não tem a relevância de que se reveste na imprevisibilidade. Assim, a proposta de justificar a aplicação da teoria da imprevisão com fundamento em uma *espécie moderada de caso fortuito* resulta de equivocada interpretação da natureza dos fenômenos e de suas próprias gêneses. Conforme demonstrado, mesmo o grau de imprevisibilidade existente no incidente de percurso previsto pelo art. 1.058 do Código Civil vigente (art. 392 do novo CC) – traço de ligação e semelhança entre as duas situações – reveste-se de indiscutível relativismo. Como mencionado, um fato pode se caracterizar como caso fortuito ou de força maior sem ser considerado como imprevisível – tal como enchente em certos lugares em determinadas estações do ano, ou terremoto em regiões predestinadas a tanto –, e mesmo assim caracterizar-se como fato irresistível ou barreira intransponível para o fiel cumprimento da obrigação contratual, o que não ocorre na teoria da imprevisão, em que a identificação do evento anormal deve se revestir da mais absoluta segurança, porque a determinação de seu caráter excepcional é decisiva para a autorização de emprego da doutrina.

Em síntese: as *semelhanças* existentes entre os fenômenos são iguais às diferenças (*duas relativas e duas absolutas*). As hipóteses de *caso fortuito ou de força maior* têm seu alicerce fixado em situação de *cumprimento impossível* conseqüente à *inevitabilidade* e *irresistibilidade*; e a *imprevisiblidade* apenas na de *adimplemento extremamente difícil*.

11.2 Diferenças

A tentativa de estabelecer algumas coordenadas diferenciais entre caso fortuito ou de força maior e teoria da imprevisão assenta-se

154 A TEORIA DA IMPREVISÃO NO DIREITO CIVIL E NO PROCESSO CIVIL

no fato de que, tanto na Antigüidade mais remota (Direito Mesopotâmico) como no Direito Romano, medieval e moderno, tem sido bastante comum a dificuldade de separação e conseqüente distinção entre os eventos extraordinários.

Estudiosos de saber jurídico que não se põe em dúvida vez por outra chegaram a confundi-los, como se colhe em texto de uma de nossas maiores autoridades sobre o tema em pauta. Explicou Arnoldo Medeiros da Fonseca[42] que a cláusula *rebus sic stantibus*, admitida ao tempo em que o direito das obrigações não havia ainda atingido os extremos de sua fixidez atual, repousava na necessidade de serem atendidos como motivos relevantes da infração dos ajustes fatos que, em tempo, não pudessem ser removidos pelas partes, e cuja apreciação se deixava ao arbítrio do magistrado. Com o progresso, porém, dos institutos jurídicos – prosseguiu – e os anseios de segurança que as transações reclamavam, disciplinando as responsabilidades dos que se obrigavam, deu essa cláusula nascimento às hipóteses do caso fortuito e da força maior, *às quais se atribuía o efeito de justificar o inadimplemento*.

Não há como confundir caso fortuito ou de força maior com imprevisão. Suas características diferenciais são profundamente marcantes, evidenciando a existência de institutos distintos, com exigências próprias, específicas e inconfundíveis, gerando efeitos jurídicos dessemelhantes, como segue.

1ª. No *caso fortuito ou de força maior* a *impossibilidade de cumprimento* da obrigação é *absoluta*, isto é, a obrigação é inexecutável pela inevitabilidade e irresistibilidade do evento que atinge o pacto. Na *teoria da imprevisão*, embora possível o *cumprimento da prestação*, o evento anormal o torna *extremamente difícil*, e a opção pelo adimplemento transformará a lesão subjetiva em objetiva.

2ª. No *caso fortuito ou de força maior* a *desoneração obrigacional* sofre os efeitos da *imediatidade*, decorrência lógica (a) da constatação da incidência de um dos fenômenos em discussão (impossibilidade de cumprimento em razão da inevitabilidade e irresistibilidade do fato), (b) da inexistência de mora, (c) do direito irrenunciado, (d) de ser inimputável ao devedor sua ocorrência. Na *teoria da imprevisão*, como regra geral, *não deve haver desoneração da prestação*, razão por que não há de se falar em *imediatidade*. Somente nas hipóteses de desaparecimento da base negocial sem culpa das partes e impossibili-

---

42. *Caso Fortuito e Teoria da Imprevisão*, 2ª ed., pp. 305-306.

dade de se responsabilizar terceiros é que seria possível a extinção do pacto – o que, por si só, já empresta à hipótese um *caráter relativo*, e não absoluto como nos primeiros fenômenos. Identificados os pressupostos de sua admissibilidade, o passo seguinte deverá ser o de tentativa de adaptação contratual à nova situação criada pelo evento anormal – donde a conclusão de estar ela vinculada a um *processo condicionado*. Na imprevisibilidade a desobrigação imediata de qualquer das partes é inviável. Havendo extinção contratual por supressão do alicerce da contratação, provocado por uma das partes, a obrigação indenizatória poderá surgir; será de terceiros, se forem eles os responsáveis.

3ª. Quanto ao aspecto de *valoração*, no plano objetivo da prestação, no *caso fortuito ou de força maior* a *imprevisibilidade* tem menor relevância, sendo mais importantes a *inevitabiblidade* e a *irresistibilidade* do fato, porque estes últimos são requisitos fundamentais para a exclusão da responsabilidade do devedor da prestação. Na imprevisão tanto uma como a outra (*inevitabilidade* e *irresistibilidade*) são afastadas. É preciso apenas que o acontecimento anormal tenha gerado a *excessiva dificuldade* – não a impossibilidade –, já que o fator mais importante é a própria *imprevisibilidade* contida na natureza daquele fato. Para os *primeiros* a *inevitabilidade* e a *irresistibilidade* têm *valor máximo*, e a *imprevisibilidade, mínimo*. Para a *última* ocorre exatamente o contrário.

4ª. A *determinação topológica* do *caso fortuito ou de força maior* é *contratual*. Equivale dizer: ocorre somente no âmbito abrangido pelas obrigações expressas no contrato, domínio quase absoluto da regra *pacta sunt servanda*. O mesmo não se dá com a *teoria da imprevisão*, porquanto as alterações anormais se processam no que se convencionou chamar de "aura contratual" (plano *extracontratual*), nesta pesquisa.

5ª. O que se discute no *caso fortuito ou de força* maior é tãosomente a constatação de existência ou não de uma *lesão consolidada* provocada pela atuação de eventos inevitáveis e irresistíveis, sem qualquer possibilidade de retorno ao *statu quo ante*. O ponto central do debate na *teoria da imprevisão* é a existência de uma *lesão em vias de se consolidar*, a chamada *virtualidade* de sua ocorrência – e, conseqüentemente, a possibilidade de readequação e manutenção do pacto. Enquanto na *primeira hipótese* a lesão é *concreta* e a única conseqüência é a *desoneração do devedor da prestação*, na última, por estar prestes a ocorrer, busca-se a *adaptação da convenção alterada à nova*

156   A TEORIA DA IMPREVISÃO NO DIREITO CIVIL E NO PROCESSO CIVIL

situação, para só então – constatada a inexeqüibilidade desta – extinguir-se o vínculo contratual. Seus respectivos *objetos* são *específicos* e *diferenciados*. Por este motivo, quando se tratar de *imprevisão* não será correto falar em "prejuízo da parte devedora da prestação", uma vez que o evento imprevisível dá causa primeiramente à *possibilidade de lesão* (poderá haver, por exemplo, acordo para minimizar os efeitos da alteração), e nunca à *lesão objetiva*, determinante de eventuais desvantagens às partes. A dificuldade resultante da *excepcionalidade* apresenta louvável alternativa de *manutenção do pacto*, que nos casos da *impossibilidade* (chamada por alguns de *absoluta*) advinda do *caso fortuito/força maior* inexiste. A razão principal consubstancia-se no fato de que, em virtude da excessiva onerosidade – ou depreciação do objeto da prestação –, desde que interesse às partes, sempre poderá haver reajuste, adaptando-se o pacto ao novo estado fático. Só depois, não comportando ou sendo impossível a conciliação para a revisão da cláusula virtualmente lesiva a uma delas, é que se percorrerá o caminho da resolução, ressalvado o possível atendimento de indenização da outra parte. Diante da inviabilidade total (caso fortuito ou de força maior) isto não ocorre, já que o efeito é desonerar, *ipso facto*, o devedor da prestação, sem qualquer cogitação de adaptação do contrato às novas circunstâncias. No *caso fortuito ou de força maior* não há caminho de volta. Em conclusão: diante do *fato consumado* nasce uma *realidade*; na *imprevisibilidade*, diante da *virtualidade da lesão*, a manutenção do pacto será buscada por via de *revisão*, ou, quando não, sua *extinção*, identificando-se tão-somente uma *probabilidade*.

6ª. Nas situações de *caso fortuito ou de força maior*, conquanto possam se abater sobre toda uma sociedade ou parte dela, o acontecimento *atinge o contrato de forma indireta*, mas *diretamente o devedor da obrigação*, em decorrência da inevitabilidade e irresistibilidade por ele enfrentada, determinantes da total inocuidade de suas tentativas – físicas ou mentais – de adimplemento. Na hipótese de imprevisibilidade o *atingido de forma direta é o contrato*, e em especial sua base negocial, e, *por via reflexa, indiretamente, o devedor da obrigação*. Sinteticamente: *no caso fortuito ou de força maior o devedor é atingido de maneira direta e o contrato, indireta*; *na imprevisibilidade o devedor da prestação é atingido indiretamente, e a contratação, diretamente*.

7ª. Em decorrência da inevitabilidade e irresistibilidade do fato, quando se identificam situações de *caso fortuito ou de força maior*, o contratante atingido inicialmente é apenas o *devedor da obrigação*.

CASO FORTUITO/FORÇA MAIOR E IMPREVISÃO 157

Na *imprevisibilidade* o evento extraordinário atinge os *dois contratantes*, uma vez que, virtualmente, para o credor haverá uma *extrema vantagem*, e para o devedor uma *excessiva dificuldade.*

8ª. Na ocorrência de *caso fortuito ou de força maior*, embora seja alvo do evento (imprevisível ou não), *a prestação não se descaracteriza*, permanecendo exatamente como foi estabelecida na contratação inicial. Na *imprevisibilidade* logo de início o que se observa é a *descaracterização da prestação*, como resultante dos efeitos do fato anormal e da mutação sofrida, servindo a configuração inicial apenas de parâmetro para uma possível revisão.

9ª. É indiscutível que no instante da invocação do *caso fortuito ou de força maior* é fundamental que o *postulante* esteja *isento de culpa*. Se estiver, por exemplo, em mora no momento do surgimento da impossibilidade de cumprimento da prestação – conseqüente à inevitabilidade e irrestibilidade do evento – não se eximirá da responsabilidade contratada. Diante do acontecimento *imprevisível*, mesmo que a parte esteja em mora ainda assim poderá requerer revisão ou resolução do pacto, *desde que o evento anormal seja anterior ao estado moratório.* Nas situações em que o caso fortuito ou de força maior se fazem presentes isto não pode acontecer porque já se parte de uma lesão consolidada (objetiva), e não a se consolidar (virtual), como na doutrina da imprevisão.

10ª. No *caso fortuito ou de força maior* ao devedor só é possível pedir a *resolução contratual*. Nas situações de *imprevisibilidade* primeiramente pode tentar manter o pacto por meio da *revisão* ou, na sua impossibilidade, extingui-lo pela *resolução*.

11ª. A característica básica do *caso fortuito ou de força maior* está entre o *possível* e o *impossível*. A da teoria da imprevisão, entre o *normal* e o *anormal*.

12ª. A mais singular e relevante diferença entre os institutos situa-se no plano da *renúncia*. De acordo com disposições constantes do art. 1.058, nas hipóteses de *caso fortuito ou de força maior* – desde que formalmente expressas – o benefício da desobrigação contratual pode ser *renunciado*. Constando do pacto que, a despeito do surgimento de eventos – extraordinários ou não – identificados como inevitáveis e irresistíveis, oriundos da Natureza ou provocados por ação humana, que tornem impossível o cumprimento da obrigação, ainda assim a responsabilidade do devedor subsistirá, porque fechadas estarão as portas de acesso àquele benefício, pela ocorrência de *renúncia*

158   A TEORIA DA IMPREVISÃO NO DIREITO CIVIL E NO PROCESSO CIVIL

formal da prerrogativa constante de lei. Esta vantagem legislativa oferecida ao credor, sancionadora da renúncia de um direito de irresponsabilidade, consagrado pelo ordenamento, vem ratificar a afirmação inicial de que a imprevisibilidade nestes fatos – específicos para o exame da lesão objetiva – será sempre de caráter relativo, jamais absoluto.

Entretanto, a *renúncia* consagrada de forma expressa no Código para as hipóteses de *caso fortuito ou de força maior* não encontra espaço no universo da *teoria da imprevisão*. O *direito à revisão ou resolução do pacto*, alterado por evento anormal, é *irrenunciável*. Dois motivos principais sustentam esta afirmação.

Primeiro porque, como princípio de ordem pública, de interesse coletivo, deve o Estado tutelar e suprir o desconhecimento da parte que, inadvertidamente, tenha contratado contra seus próprios direitos e interesses, considerando nulo tal procedimento. Na legislação trabalhista este princípio já se encontra expresso no art. 9º da Consolidação das Leis do Trabalho, nos seguintes termos: "Serão nulos de pleno direito os atos praticados com o objetivo de desvirtuar, impedir ou fraudar a aplicação dos preceitos contidos na presente Consolidação".

Em complementação, o art. 444 da mesma norma dispõe: "As relações contratuais de trabalho podem ser objeto de livre estipulação das partes interessadas em tudo quanto não contravenha às disposições de proteção ao trabalho, aos contratos coletivos que lhes sejam aplicáveis e às decisões das autoridades competentes".

Finalmente, o art. 468 arremata: "Nos contratos individuais de trabalho só é lícita a alteração das respectivas condições por mútuo consentimento, e, ainda assim, desde que não resultem, direta ou indiretamente, prejuízos ao empregado, sob pena de nulidade da cláusula infringente desta garantia".

Nos três artigos transcritos configura-se um princípio de ordem pública, na reafirmação de regra sedimentada de que o interesse coletivo deve sempre se sobrepor ao particular. Assim, *mutatis mutandis*, as cláusulas que contiverem renúncia do direito da parte de invocar a teoria da imprevisão devem ser consideradas como nulas de pleno direito, pela natureza do princípio. A doutrina sobre o tema ratifica a tese exposta. Com bastante propriedade explicou Othon Sidou[43] que a *teoria revisionista dos contratos*, antes de ser regra confinada no direito civil, é, sem dúvida, *inafastável princípio de ordem pública*.

---

43. *A Revisão Judicial dos Contratos e Outras Figuras Jurídicas*, pp. 303-316.

CASO FORTUITO/FORÇA MAIOR E IMPREVISÃO

Também Mário de la Cueva – citado por Anísio José de Oliveira[44] – entende que o Estado deve tutelar certas relações contratuais, em nome da ordem pública.

Quando trata da impossibilidade da perda de prestações já pagas em contratos de venda e compra onde há inadimplemento do comprador, o art. 53 do Código de Defesa do Consumidor[45] disciplina um princípio de ordem pública que fulmina com a nulidade qualquer pretensão contrária do vendedor.

No Código Civil vigente o princípio de ordem pública encontra-se no art. 145, V, quando estabelece que é nulo o ato jurídico "quando a lei taxativamente o declarar nulo ou lhe negar efeito" (art. 165, VII, do novo CC: quando "a lei taxativamente o declarar nulo, ou proibir-lhe a prática, sem cominar sanção"). Acrescente-se: se um princípio ainda não foi transformado em lei, mas seus efeitos já se fazem presentes, sua importância não deve ser passada a plano secundário, relevando-se seu caráter publicista. Enquanto a normatização do princípio não chega – o que é apenas questão de pouco tempo mais, com a entrada em vigor do novo Código Civil –, os arts. 4º e 5º da Lei de Introdução ao Código Civil em vigor; aliados à boa-fé e eqüidade, deverão ser os esteios em que se apoiarão os julgadores diante do caso concreto.

A tal propósito, com muita propriedade o professor Nely Lopes Casali ensinou que "a norma é o resultado da harmônica combinação e adaptação de princípios lógicos, jurídicos, sociais e econômicos que a antecedem. Antes da normatização definitiva de um princípio em busca de seu verdadeiro espaço, não raras vezes ele terá de afrontar até mesmo a própria lei".[46]

---

44. "(...) não teria o direito do trabalho um mínimo de garantias, nem desempenharia sua função, se a observância de seus preceitos dependesse da vontade de trabalhadores e patrões, o que equivaleria a destruir seu conceito, como princípio de cuja aplicação está encarregado o Estado" (Mário de la Cueva, *Derecho Mexicano del Trabajo*, México, *apud* Anísio José de Oliveira, *A Teoria da Imprevisão nos Contratos*, 2ª ed., pp. 28-29).

45. Código de Defesa do Consumidor: "Art. 53. Nos contratos de compra e venda de móveis ou imóveis mediante pagamento em prestações, bem como nas alienações fiduciárias em garantia, consideram-se nulas de pleno direito as cláusulas que estabeleçam a perda total das prestações pagas em benefício do credor que, em razão do inadimplemento, pleitear a resolução do contrato e a retomada do produto alienado".

46. *Aula* no Curso de Mestrado em Direito das Relações Sociais, Universidade Estadual de Londrina, 1995.

160 A TEORIA DA IMPREVISÃO NO DIREITO CIVIL E NO PROCESSO CIVIL

Sílvio de Salvo Venosa[47] também assim entendeu, explicando que uma cláusula nesse sentido não pode ter validade por cercear o direito de ação que a lei coloca à disposição da parte. Observa que essa cláusula é a própria negação do instituto da imprevisão, que tem caráter geral para os contratos.

Segundo porque não se pode renunciar àquilo que se desconhece (*voluntas non extenditur ad incognitum*). Uma vez renunciado o direito de discutir o evento imprevisível em cláusula contratual, deixa ele de ser desconhecido, porquanto não existe como se abrir mão de algo que se desconhece. Permitir a renúncia seria um contra-senso condenável, já que existe uma impossibilidade fática (e mesmo lógica) de se pode dispor daquilo que se desconhece. Caso possível a renúncia, dela deveria constar o objeto renunciado, destruindo a pretensa imprevisibilidade. Insista-se: reconhecido o objeto – como no caso fortuito ou de força maior –, não se poderia mais falar em imprevisibilidade. Possível a renúncia, o evento futuro – tido como anormal – seria um acontecimento identificado, e automaticamente perderia a condição de insólito, porque antecipadamente determinado. Autorizada a renúncia, a lesão deixará de ser subjetiva, desvirtuando a essência da própria teoria da imprevisão, que nela tem seu ponto de apoio. Reitere-se que se a renúncia à revisão ou resolução constar de cláusula contratual que se refira a fatos específicos, como a excessiva onerosidade ou depreciação da prestação (como, por exemplo, as cláusulas móveis de reajustamento), não há que se falar em imprevisibilidade, porquanto seu caráter será genérico, e não específico e excepcional, como exige o princípio.

Com a inclusão da imprevisão no nosso direito positivo, uma condição de irrenunciabilidade, decorrente da natureza daquele fato, deverá ter foros de direito *indisponível*, conservando-se, então, com mais e maior razão suas inalienáveis características de direito irrenunciável.

47. *Teoria Geral dos Contratos*, p. 90.

TÍTULO II

CAPÍTULO ÚNICO

12. Natureza jurídica da imprevisão: 12.1 Doutrinas: 12.1.1 Doutrinas apoiadas na vontade das partes – 12.1.2 Doutrinas com sustentação na concepção de Direito – 12.1.3 Doutrinas com suporte em princípios éticos e ético-jurídicos – 12.1.4 Doutrinas alicerçadas no direito positivo – 12.1.5 Doutrinas fundamentadas no vínculo social – 12.1.6 Doutrinas fulcradas em princípios jurídicos afins – 12.1.7 Doutrinas assentadas em mais de um fundamento (mistas) – 12.1.8 Doutrinas com conceituação "sui generis". 13. Outras doutrinas. 14. Conclusões sobre as doutrinas expostas.

12. Natureza jurídica da imprevisão

12.1 Doutrinas

Ao longo dos séculos, inúmeras doutrinas tentaram traçar o perfil jurídico da imprevisibilidade. As diversas doutrinas foram estruturadas ora com assento em princípios éticos, ético-jurídicos, no direito positivo, na vontade contratual ou em fundamentos afins, ou mesmo em bases *sui generis*, conseqüente à ausência de uma linha única para sua consagração oficial nos ordenamentos jurídicos. Embora divergentes em seus fundamentos e desenvolvimento, o ponto comum entre elas sempre foi o reconhecimento de que o instante da execução de um contrato não pode nem deve se distanciar do instante vinculativo, da manifestação de vontade que o fez nascer. Execução e nascimento de uma convenção (no contexto da execução diferida) são indissociáveis. Tomá-los de forma isolada, avaliando seus efeitos de per si, significaria, no mínimo, fugir à essência do espírito da execução postergada. Levar em conta, por sua imprescindibilidade, as condições que cercaram o nascimento do vínculo jurídico, o chamado "instante da

164 A TEORIA DA IMPREVISÃO NO DIREITO CIVIL E NO PROCESSO CIVIL

contratação", para poder adaptar uma nova situação surgida na fase de execução, decorrente de evento imprevisível, por ser um princípio de elementar justiça comutativa, foi a característica de maior relevância existente no bojo da cláusula romana *rebus sic stantibus*.

Sobre as dificuldades na determinação da natureza jurídica da doutrina da imprevisibilidade oportuno é ouvir Boselli – citado por Aguiar Dias[1] –, ao explicar que o insucesso da maior parte das tentativas de sistematização até agora experimentadas se deveu à insuficiência ou inidoneidade das bases dogmáticas disponíveis, passando pela imprecisão e nebulosidade da essência, fundamento ou fisionomia do fenômeno a ser enquadrado nas malhas do sistema. Esta constatação – completou – levou alguns à conclusão da impossibilidade de sistematização científica do problema da chamada "superveniência contratual".

Buscando um registro e um cotejo entre as centenas de formulações surgidas sobre o tema, aqui são apresentadas e discutidas as que têm sido consideradas pela quase-totalidade dos estudiosos como as de maior relevo, evidenciando-se os aspectos mais consistentes e originais de suas concepções. Algumas delas, por seus méritos intrínsecos, resistindo ao tempo, acabaram por fornecer subsídios definitivos à construção da moderna teoria da imprevisão e, por via reflexa, não só à jurisprudência como também às legislações (*v.g.*, o art. 437º do CC Português, assentado na *Base do Negócio Jurídico*, do jurista Paul Oertmann). Para tanto, a infra-estrutura fornecida pela doutrina foi definitiva.

De forma mais acentuada, nos tempos atuais, em que a ciência jurídica caminha a passos largos para a socialização, em nítida e destacada predominância do interesse público sobre o privado, em razão de sua anormalidade e natureza extracontratual, a doutrina da imprevisão vem buscando consolidar a adequação do Direito ao fato, e não o contrário, como sempre se fez. Como referido, neste capítulo buscou-se traçar o perfil da imprevisibilidade por via de exposição, análise e críticas das mais destacadas formulações que ao longo dos tempos consolidaram a infra-estrutura das concepções que pretenderam encontrar solução para situações patológicas surgidas no universo contratualístico – ou, mais precisamente, à sua margem, em sua *aura* –, provocando alterações profundas em sua base, sem o concurso das

---

1. *Responsabilidade Civil em Debate – Cláusula "Rebus Sic Stantibus"*, v. I, p. 63.

NATUREZA JURÍDICA DA IMPREVISÃO

partes, a reclamar a atenção dos estudiosos da ciência jurídica e, em especial, da justiça comutativa.

Para efeitos didáticos, as teorias discutidas foram sistematizadas segundo as motivações básicas que as informaram, levando-se em conta, ainda, suas afinidades, ordenadas em oito seções distintas:

1ª) *doutrinas apoiadas na vontade das partes*;

2ª) *doutrinas com sustentação na concepção de Direito*;

3ª) *doutrinas com suporte em princípios éticos e ético-jurídicos*;

4ª) *doutrinas alicerçadas no direito positivo*;

5ª) *doutrinas fundamentadas no vínculo social*;

6ª) *doutrinas fulcradas em princípios jurídicos afins*;

7ª) *doutrinas assentadas em mais de um fundamento (mistas)*; e

8ª) *doutrinas com conceituação "sui generis"*.

Propositadamente se deixou de fazer a classificação tradicional (*natureza intrínseca* e *extrínseca*) adotada por alguns juristas (Anísio José de Oliveira, Márcio Klang e Vânia da Cunha Bruno, nas obras citadas), optando-se por uni-las sob os fundamentos que presidiram sua gênese, em tentativa de sistematização mais completa e detalhada. Acrescente-se que, de qualquer modo, por suas próprias concepções, o caráter intrínseco e extrínseco permanece inarredável. Depois da análise detalhada das mais importantes concepções, ao final é apresentada uma relação de mais de três dezenas de formulações – somente na Alemanha –, acrescida ainda de outras que também tiveram importância e repercussão no campo do contratualismo, com registro apenas de seus enunciados.

A exposição, ao final, apresenta uma conclusão e, em razão dela, a eleição das doutrinas mais aceitáveis, consideradas como representativas de estruturações sólidas, na difícil missão de escultoras da natureza jurídica do princípio.

12.1.1 Doutrinas apoiadas na vontade das partes

12.1.1.1 Bártolo – A cláusula tacitamente contida nos contratos: Considerada como a primeira teoria realmente preocupada com a aplicação da cláusula *rebus sic stantibus* – assentada fundamentalmente em texto de Neratius, recolhido no *Digesto* –, a despeito de suas falhas, a teoria de Bártolo de Sassoferato merece registro especial, por seu pioneirismo.

166 A TEORIA DA IMPREVISÃO NO DIREITO CIVIL E NO PROCESSO CIVIL

Para os defensores da cláusula *rebus sic stantibus* com apoio nas idéias apresentadas e desenvolvidas por Bártolo e seus seguidores (bartolistas ou pós-glosadores), em meados do século XIII, em qualquer pacto de trato sucessivo ou dependência do futuro ela seria considerada como tacitamente inserida na vontade contratual manifestada. Todas as vezes que, em razão de acontecimentos imprevisíveis, a obrigação assumida se tornasse excessivamente onerosa estaria o devedor liberado do seu cumprimento, como resultado da resolução contratual.

Alfredo José Rodrigues Rocha de Gouveia[2] anotou que a solução do problema da alteração da economia originária dos pactos (historicamente formulada por Bártolo) repousaria na análise da vontade das partes: "Contractus qui habent tractum sucessivum et dependentiam de futuro rebus sic stantibus intelliguntur".

Um dos requisitos relevantes da alteração – continuou o mesmo autor – é resultar de circunstâncias imprevisíveis, como certas ou prováveis, no momento da celebração do contrato, e ser de tal ordem que, se a parte por ela afetada as tivesse previsto, não teria contratado, ou, pelo menos, não o teria feito naqueles termos. Concluiu dizendo que a alteração da economia originária do contrato teria de se apresentar em desconformidade com a vontade da parte por ela prejudicada. Resultaria daí que a parte apenas quis vincular-se *rebus sic stantibus*.

Como consideração crítica inicial observa-se que o único contemplado por Bártolo para gozar da proteção jurídica foi, indiscutivelmente, o devedor. Em sua proposição somente se cuidou da *excessiva onerosidade*, como se a alteração da base negocial por evento imprevisível pudesse se consubstanciar apenas em exacerbação da prestação e, conseqüentemente, afetar apenas o devedor. Injustificadamente, a hipótese deixou de contemplar o credor, como se a imprevisibilidade nunca fosse atingi-lo. Esta postura – conforme se verá – deixa de lado um postulado jurídico de existência milenar, qual seja: o do *valor bilateral da justiça*.

A formulação bartoliana não encontrou ressonância nem na doutrina nem na jurisprudência da época, mormente por não conter em si um processo técnico-jurídico do qual se pudesse extrair justificativa consistente para a revisão ou, quando não, para a resolução dos pactos. A rejeição deveu-se à sua equiparação, no plano dos efeitos, às

---

2. "Da teoria da imprevisão nos contratos civis", *Revista da Faculdade de Direito da Universidade de Lisboa*, 1958, Suplemento, p. 121.

NATUREZA JURÍDICA DA IMPREVISÃO   167

situações de inexecução involuntária, possibilitando a extinção do vínculo obrigacional existente entre as partes sob a alegação de que, uma vez que os contratantes se encontravam sob um conjunto de condições no momento do nascimento da convenção, e na execução, em decorrência de fatos imprevisíveis, o *statu quo ante* se modificara, em prejuízo do devedor da prestação, a nova situação estaria posicionada diametralmente oposta à vontade primitivamente manifestada. Em síntese: o cumprimento da obrigação estaria sempre ligado ao estado objetivo de sua criação; ou, ainda, o devedor só poderia aceitar executar sua obrigação nas bases pactuadas somente se permanecessem as condições primitivas da contratação, isto é, *rebus sic stantibus*.

Foi uma teoria restritiva que nada explicou, nada justificou, e – o que é pior – nasceu apoiada em condenável e insustentável artificialismo dogmático, porquanto a pretensão de se considerar um princípio da envergadura da cláusula *rebus sic stantibus* como implícito na simples manifestação da vontade contratual diferida não poderia encontrar qualquer respaldo jurídico, em nome da mais elementar norma de prevenção do caos no campo das obrigações.

Ainda um outro aspecto de sua fragilidade deve ser destacado. Ao considerar a cláusula romana tacitamente contida nos contratos de trato sucessivo ou de execução diferida, sem quaisquer outras exigências que não a modificação da base negocial, a teoria acabou por desprezar, sumariamente, os pressupostos indispensáveis à admissão do princípio, tais como a própria imprevisibilidade, a extensão da lesão virtual, a desmedida vantagem de uma das partes, a inimputabilidade pelo evento alterador das circunstâncias, a essencialidade do fato e demais elementos que, em nome da eqüidade, devem sempre informar a aplicação de uma regra de exceção.

Tecendo acerbas críticas ao simplismo desta teoria, o grande responsável pelo atual Código Civil Português, Adriano Paes Vaz Serra,[3] também discordou da longitude de sua pretensão.

---

3. "Seja qual for o fundamento da resolubilidade ou modificação do contrato, admitida pelos Códigos Italiano e Grego, sucede que, por um lado, a teoria da cláusula *r.s.s.* não é aceitável e que, por outro, podendo o contrato ser resolvido ou modificado, no caso de excessiva onerosidade da prestação, também o deve poder ser em outros casos, nos quais isso igualmente se justifique. Importa, com efeito, procurar um fundamento para tal resolução ou modificação, e esse fundamento só pode ser de tal ordem que legitime fora do caso limitado da excessiva onerosidade da prestação" ("Resolução ou modificação dos contratos por alteração das circunstâncias", "Separata" do *Boletim do Ministério da Justiça* (Coimbra) 69, p. 18).

168 A TEORIA DA IMPREVISÃO NO DIREITO CIVIL E NO PROCESSO CIVIL

Luís Alberto de Carvalho Fernandes,[4] ao analisá-la entendeu ser desnecessário o posicionamento contra aquela doutrina, porquanto, pela sua carência basilar, ela acabou por se estiolar em sua própria fragilidade e artificialismo. O jurista português, até certo ponto, não deixou de ter razão neste aspecto, porque se torna difícil acreditar que as partes, ao contratar, estivessem primeiramente acordes com a existência subentendida de cláusula que, posta em execução, traria a extinção do contrato. Quando se contrata o que se tem em mente é atingir um objetivo. Disciplinam-se direitos e interesses e, paralelamente, busca-se segurança para acautelá-los, e, por todas as formas, a manutenção do contratado. Se assim não fosse a manifestação de vontade no campo obrigacional não teria qualquer sentido. Conforme expressão constante em canção popular, "se foi prá desfazer, porque é que fez"?

Roberto Tello[5] – citando Osti – refere-se às origens desta primeira teoria sobre a imprevisibilidade, registrando que os textos mencionados não fornecem a segurança necessária ao investigador rigoroso: "Su principio se ha buscado en el Derecho Romano, pero ciertos textos invocados son poco precisos (Paulus, *Dig*. L, 17, fr. 144 – *in stipulationibus it tempus spectatus quo contrahimus*; Paulus, *Dig*. XLV, 1, fr. 40; Paulo, *Dig*. L, 17, fr. 85); otros se refieren a casos especiales (Neratius, *Dig*. XII, fr. 8; Marcian, *Dig*. XXXIV, 8, fr. 3; *Dig*. XIX, 2, fr. 54; *Dig*. XXVIII, 6, fr. 43; Cód. Justiniano, V, 1, 5, § 4; ibidem, VIII, 55, 7, 8 y 10); otros no hacen más que expresar opiniones individuales (Marcellus, *Dig*. XLV, 1, fr. 98); sindica que la estipulación viene inútil en caso de cambiar las circunstancias – Séneca, *De beneficiis*, L. IV, 35; Cicerón, *De officiis*, L. I, 10, y L. III, 25. El texto que más a menudo se cita es el de Africano en el *Digesto* XLVI, 3, fr. 38 (... *tacite enim inesse haec conventio stipulationi videtur si in eadem causa maneat*), es generalmente considerado como incapaz de justificar la teoría (Barsanti, p. 20; Bruzin, p. 90)".

---

4. "Hoje é quase inútil quebrar lanças contra a doutrina da cláusula *rebus sic stantibus*, tão unânime é o coro dos tratadistas a marcarem o seu carácter artificial. Na verdade não se pode entender como pressuposta nos contratos uma cláusula daquele tipo. Colocando-nos no mesmo plano subjectivista dos defensores da cláusula, pode dizer-se que nem sequer tal presunção corresponderia à vontade normal das partes, que, ao celebrarem um contrato de longa duração, mais teriam em vista pôr-se a coberto de oscilações futuras do que prevê-las para então considerarem sem efeito o contrato" ("A teoria da imprevisão no direito civil português", *Boletim do Ministério da Justiça* (Coimbra) 128/72).

5. *La Teoría de la Imprevisión en los Contratos de Derecho Público*, p. 84.

NATUREZA JURÍDICA DA IMPREVISÃO 169

Por fim, o maior equívoco de Bártolo foi analisar apenas os *efeitos*, e não as *causas*, do evento imprevisível, como faz a moderna teoria da imprevisão.

Totalmente carente de estrutura, a proposição apresentada por Bártolo foi considerada autêntico sofisma jurídico e não conseguiu se firmar no campo do Direito. Talvez seu único mérito resida no caráter vanguardista da idéia de justiça comutativa ali esboçada, plantando salutares sementes revisionistas, que os séculos seguintes e os juristas de todo o mundo, seduzidos pela justeza da idéia, se encarregariam de aprimorar e dar consistência.

12.1.1.2 Windscheid – A pressuposição: Para o jurista alemão Bernard Windscheid[6] quando alguém manifesta uma vontade em um contrato, sob determinado conjunto de pressuposições, pretende que, ao emiti-la, os efeitos jurídicos só possam ocorrer em um específico estado de relações, identificando-a como *vontade condicionada*. Quem contrata – dizia – deve ter como certo que, do nascimento à execução da obrigação, tudo correrá sem qualquer anormalidade. Havendo incidentes de percurso, sem culpa daquele que contratou, estará ele liberado da obrigação assumida, com base na pressuposição de que as alterações, até a fase da execução, deveriam ser normais, ínsitas na álea comum dos contratos em geral; ocorrendo as *anormais*, a resolução se imporia porque a cláusula *rebus sic stantibus* se entende implícita em todos os pactos de execução diferida de caráter patrimonial, fazendo-se, então, uma remissão à doutrina de Bártolo.

De outra forma: se a pressuposição não se confirmasse, em um certo estado, para ele não haveria a representação do "querer verdadeiro", pressuposto pela parte. Constatados a iminência de prejuízo (desvantagem que adviria em razão dos eventos extraordinários) e o possível benefício da outra parte, a que se visse em desvantagem poderia se defender contra aquela situação por via de ação destinada a fazer cessar os efeitos da obrigação que lhe seria exigível.

A manifestação da vontade sob uma determinada pressuposição – para o jurista alemão – equivalia a uma *declaração de vontade condicionada* à existência de um conjunto fático ou estado das relações,

6. *Diritto delle Pandette*, n. 90, 1.
É oportuno registrar que a teoria de Windscheid foi exposta pela primeira vez na obra denominada *Im lehre des Code Napoleon von der Unzultigkeitder Rechtgeschäfte*, retomada posteriormente pelo autor em outros escritos.

170   A TEORIA DA IMPREVISÃO NO DIREITO CIVIL E NO PROCESSO CIVIL

dela independente. Assim, embora subsistente o efeito desejado, sem o pressuposto não representaria o verdadeiro querer do declarante – donde a justificativa para sua defesa, assentada na ausência de correspondência entre o instante vinculativo e a realidade posterior, na fase executória do contrato.

Juristas brasileiros como Arnoldo Medeiros da Fonseca, Abgar Soriano de Oliveira, Nehemias Gueiros, Darcy Bessone, Arthur Rocha, e ainda os estrangeiros Pietro Cogliolo e Adolfo Ravá,[7] consideraram a teoria da pressuposição, de Windscheid, a precursora das modernas construções que admitem a revisão ou, na impossibilidade desta, a resolução dos pactos, constatada a anormal alteração da base negocial.

A pressuposição seria a condição não-desenvolvida (*ein unentwickelte Bedingung*), ou, ainda, uma limitação da vontade que não se desenvolveu o suficiente para se transformar em condição. Ou, na compreensão de José Rodrigues Vieira Netto,[8] uma *conditio* ou *exceptio* de resolução do contrato por circunstância imprevista: a contradição entre o suposto e a realidade subseqüente.

Neste passo, os contratos – como, de resto, todo negócio jurídico – devem ter sempre uma *causa*; donde a conclusão de que convenções da mesma espécie devem gerar os mesmos efeitos. Por tal ângulo, entendia Windscheid ser inteiramente dispensável qualquer disposição expressa a respeito, porque admitia a pressuposição como da essência de qualquer relação negocial. Entretanto, a par com o objetivo não declarado expressamente, mas apenas pressuposto, outros poderiam existir, também sob a tutela do Direito. Para ele a pressuposição nada mais era do que uma *limitação da vontade*, ligada tanto a circunstâncias passadas, presentes ou futuras, a fatos negativos ou positivos, fosse objetivando uma relação permanente ou transitória.

Na concepção windscheidiana a *intenção* não compreenderia, em si, a pressuposição. Para ele, querer com determinada intenção e querer sob a pressuposição de realização dessa mesma intenção seriam

---

7. Arnoldo Medeiros da Fonseca, *Caso Fortuito e Teoria da Imprevisão*, 2ª ed., n. 154, pp. 209-210; Abgar Soriano de Oliveira, *Da Cláusula "Rebus Sic Stantibus"*, n. 17, pp. 97 e 104; Nehemias Gueiros, *A Justiça Comutativa no Direito das Obrigações*, n. 20, p. 67; Darcy Bessone de Oliveira Andrade, *Aspectos da Evolução da Teoria dos Contratos*, n. 74, p. 143; Arthur Rocha, *Da Intervenção do Estado nos Contratos Concluídos*, pp. 33-34; Pietro Cogliolo, *Scritti Varii di Diritto Privato*, 7ª ed, p. 390; Adolfo Ravá, *apud* Abgar Soriano de Oliveira, ob. cit., pp. 104-105.

8. *O Risco e a Imprevisão*, p. 128.

NATUREZA JURÍDICA DA IMPREVISÃO

coisas inteiramente distintas. Contudo, poderia acontecer que esse motivo – relegado a plano secundário pelo Direito – fosse elevado à categoria de pressuposição, em razão de sua influência decisiva sobre a vontade. Em seu entender, a pressuposição de futuro seria a base da teoria da imprevisão, uma vez que alicerçaria a manutenção das condições do contrato, desde seu nascimento até a execução.

Entendia Windscheid que se a pressuposição constasse expressamente da declaração de vontade legítima seria sua invocação, já que se constituiria em cláusula contratual. Entretanto, conforme defendeu, ela poderia surgir em decorrência de circunstâncias que cercaram aquela manifestação volitiva. Da fixação destas premissas e estabelecimento deste objetivo decorreria a imposição de um encargo a uma das partes contratantes, como decorrência de sua aceitação da pressuposição implícita. O cumprimento deste encargo seria a configuração da pressuposição, e *a contrario sensu* sua descaracterização.

Juan Terraza Martorel explicou que a pressuposição "(...) es una condición no desarrollada pero igualmente eficaz, esto es, un estado de cosas que las partes han puesto tácitamente a base de su deseo, estas partes han creído en la firmeza del estado de hecho necesario y no han pensado en hacer una condición porque sin ella las partes no habrían querido, pero no está presa porque no han pensado que se pudiese dudar; es por tanto la presuposición una condición porque sin ella las partes no habrían querido, pero no está desarrollada porque fue presupuesta, sin ser necesario expresarla y formularla".[9]

Entre as inúmeras críticas que os juristas de todo o mundo apresentaram à pressuposição de Windscheid, a mais veemente dirigiu-se à sua abrangência. Embora basicamente apoiada na cláusula *rebus sic stantibus*, sua pretensão levou-a mais além, uma vez que a cláusula romana só obtinha espaço diante de uma alteração futura da base contratual na qual ocorresse mudança anormal. Com a teoria da pressuposição estas fronteiras foram enormemente alargadas, com alcance revisional muito maior, atingindo situações passadas, presentes e futuras, bem como fatos eventuais ou permanentes, positivos ou negativos.

Medeiros da Fonseca[10] argumentou que somente os motivos jurídicos não podem se constituir em *pressuposição*, insistindo em que, embora todo negócio jurídico possua uma causa, esta não pode nem

---

9. *Modificación y Resolución de los Contractos por Onerosidad o Imposibilidad en su Ejecución*, p. 119.

10. Ob. cit., § 154.

172 A TEORIA DA IMPREVISÃO NO DIREITO CIVIL E NO PROCESSO CIVIL

deve ser objeto de confusão com as razões de ordem subjetiva. O equívoco em que – a seu ver – incorreu a formulação windscheidiana estaria, entre outros, na ausência de distinção entre causa e motivos subjetivos. Judiciosamente, entre outras observações, esclareceu que, sem pretender entrar em detalhes e críticas, apenas se limitava a acentuar que ela era muito mais abrangente do que a cláusula *rebus sic stantibus*, pela qual somente mudança futura e imprevista do primitivo estado de coisas – que teria sido a base de fato do contrato – deveria ser atendida.

Embora tivesse alcançado grande repercussão e relativa aceitação na doutrina de seu país, a pressuposição de Windscheid não foi encampada pelo Código Civil Alemão, embora chegasse a constar de seu primeiro Anteprojeto.[11]

Anísio José de Oliveira[12] destacou a existência de sérias críticas a esta teoria. Advertiu para o perigo de se confundir a causa com os motivos dos atos jurídicos. E o inaceitável – continuou – é que, pela teoria windscheidiana, a eficácia de um contrato bilateral pode ser destruída por uma só das partes.

A teoria de Bernard Windscheid teve, contudo, o grande mérito de "(...) pôr em relevo o problema do consentimento, isto é, o ambiente que criou suas condições objetivas" – lembrou Vieira Netto.[13]

Constata-se que nesta doutrina existe sempre expectativa presente de um acontecimento futuro, previsível e determinado, à qual o contratante vincula sua promessa, erigindo-a em *condição*. Em contrapartida, na cláusula *rebus sic stantibus* a mudança do universo fático em que a alteração anormal se deu é totalmente imprevisível, desvinculada, portanto, de qualquer condição. A conclusão que se impõe é uma só: a cláusula romana tem sua operacionalidade depois de ocorrido o fato modificador da base contratual; a pressuposição windscheidiana integra a vontade contratual no seu instante vinculativo, determinando um momento específico.

A grande crítica no sentido de que esta teoria trazia em seu bojo uma profunda insegurança teve sua razão de ser. Sua estruturação

---

11. § 742 do Projeto Primitivo do *BGB*: "Quem faz uma prestação sob a pressuposição, expressa ou tacitamente declarada, de um acontecimento futuro ou de um determinado efeito pode repetir do que recebeu aquilo que prestou, se a pressuposição não se cumpre" (Fadda e Bensa, *Nota VI, Livro II, das Pandectas de Windscheid*, v. I, p. 1.039, *apud* Arnoldo Medeiros da Fonseca, ob. cit., n. 154, p. 203).

12. *A Teoria da Imprevisão nos Contratos*, 2ª ed., p. 114.

13. Ob. cit., p. 128.

NATUREZA JURÍDICA DA IMPREVISÃO

provinha de um unilateralismo que, por sua natureza, era inteiramente desconhecido da outra parte, situação inaceitável nos contratos, por ser indiscutível que a eficácia jurídica das relações negociais independe dos motivos das partes, aspecto que pertence ao campo subjetivo.

12.1.1.3 Pisko – A pressuposição típica: Genericamente, dentre as críticas feitas à teoria da pressuposição de Windscheid, o aspecto subjetivo da sua essência e desenvolvimento bem como sua abrangência foram as principais. Em especial a relevância por ele atribuída aos motivos que levaram as partes a contratar, proposição não aceita pela doutrina como alicerce seguro em que se poderia assentar de vez a doutrina da imprevisão.

Aceitando a formulação windscheidiana apenas em parte, consciente de que ela representava o alvo preferido pela crítica, o jurista austríaco Pisko procurou reformulá-la por via da depuração dos denunciados aspectos subjetivos, desenvolvendo o que chamou de *teoria da pressuposição típica*. Esta reformulação doutrinária tentou fazer uma divisão da conceituação original de Windscheid, separando a chamada *pressuposição subjetiva* – de cunho individual, estreitamente ligada à motivação contratual – do que chamou *pressuposição típica*, de caráter genérico, existente em todo negócio jurídico.

Orlando Gomes[14] procurou ilustrar a tese esclarecendo que na empreitada – por exemplo – o preço é dado em função dos custos do material e da mão-de-obra. Se no curso do contrato – prosseguiu – variam além da margem normal de risco, falha o pressuposto dado, em que o empreiteiro, raciocinando com base na situação de fato contemporânea à celebração do contrato (como raciocinaria quem quer que o concluísse), contraiu a obrigação no pressuposto das condições que se modificaram. Para que o contrato seja executado – acrescentou – torna-se necessário que perdure a situação de fato pressuposta por todas as pessoas que tiveram de celebrá-lo. Não deve, portanto – concluiu –, prevalecer quando circunstâncias anormais a modificam, se elas não decorrem de situação pessoal ou patrimonial do devedor – como, dentre outras, a de que poderia prever a variação de custos.

Destaque-se que o relevante e diferencial na teoria de Pisko em relação à de Windscheid é seu caráter genérico. No exemplo de Orlando Gomes o que se constata é o fato de não ser levado em conta apenas o que poderia ser pressuposto pelas partes contratantes, mas

14. *Transformações Gerais do Direito das Obrigações*, pp. 46-47.

174 A TEORIA DA IMPREVISÃO NO DIREITO CIVIL E NO PROCESSO CIVIL

principalmente por qualquer pessoa, empaticamente em seu lugar, dando foros de generalidade à situação. Equivale dizer: mesmo não envolvida na contratação – quando teria uma expectativa voltada para resultados –, qualquer pessoa pressuporia certos efeitos, independentemente de sua participação no negócio, tendo seu raciocínio influenciado apenas pelos fatos ocorridos.

Na doutrina de Windscheid a pressuposição nasce da representação individual surgida no raciocínio das partes; na *pressuposição típica* de Pisko, de uma situação de fato comum a todos os que se encontrem nas mesmas circunstâncias. Diante do evento imprevisível, modificador do suporte negocial, a contratação perderia seu sentido, sendo, portanto, inexigível.

Observou, ainda, Orlando Gomes[15] que a maior relevância na teoria de Pisko é o fato de não ser dada grande importância à situação do devedor que se dispõe a cumprir prestação alterada por evento extraordinário, seja com grande sacrifício financeiro ou mesmo a própria ruína. Acrescentou que para Pisko as considerações de natureza sentimental – quase sempre apresentadas em nome da eqüidade – que autorizariam a revisão contratual pouco valem, porque o desaparecimento de um de seus pressupostos a elas se sobrepõe em importância. E uma vez mais Orlando Gomes[16] nos forneceu subsídios, com um outro exemplo: certo fabricante, tendo contratado com uma empresa de publicidade a colocação de anúncios de certo produto, em virtude de guerra se vê impossibilitado de fabricá-lo e, conseqüentemente, a propaganda contratada perde todo e qualquer sentido. A situação de fato determinante da contratação teria desaparecido (*pressuposição típica* de Pisko), esvaziando-se inteiramente sua finalidade.

Na tentativa de aperfeiçoar a pressuposição windscheidiana, Pisko tentou construir sua tese sobre bases estritamente objetivas. Não o conseguiu de todo, conforme se constata, mais uma vez, na análise de Orlando Gomes,[17] quando diz que a noção de pressuposição *típica* é vaga e não se liberta inteiramente do elemento psicológico próprio do conceito de Windscheid, pois, apesar de ter tentado objetivá-la, qualificando-a, importa sempre uma representação de condições de fato, o que, na prática, não ocorre.

Embora estivesse no caminho certo ao tentar afastar a subjetividade na construção de sua doutrina, além de não alcançar o objetivo pre-

15. Ob. cit., p. 47.
16. Idem, p. 48.
17. Idem, p. 47.

NATUREZA JURÍDICA DA IMPREVISÃO

tendido, Pisko – como Windscheid – pecou pela amplitude da pretensão. Se fosse adotada, traria, por certo, a instabilidade dos negócios jurídicos, já que pelas suas diretrizes seriam possíveis a revisão ou extinção dos pactos com base na simples inflação, que – pelo menos entre nós –, por sua constância durante décadas, passou a integrar o cotidiano.

12.1.1.4 Osti – A vontade marginal ou *soppravenienza*: Coincidentemente, a teoria de Osti apresenta inúmeros pontos de contato com a de Windscheid. Seu núcleo é a vontade contratual, por ele dividida em *ato da vontade* e *determinação da vontade*. No momento da vinculação contratual nasceria o primeiro, e na execução a segunda, também chamada de *vontade marginal*. Para Osti a vontade do contratante se bipartiria em dois tempos distintos: presente e futuro. No âmbito dos contratos diferidos, celebrado o pacto, as circunstâncias que o cercaram equivaleriam ao presente; na execução (futuro), alterada anormalmente a base do convencionado por acontecimento imprevisível, teria o devedor da obrigação o direito de alegar que a mudança era contrária à sua vontade primitiva de cumprir o contrato na forma e condições determinadas – que até o instante da execução teria permanecido em suspenso –, razão por que deveria ser considerada uma *vontade marginal* (portanto, estranha à vontade manifestada na vinculação); e, por isto, liberado o devedor de seu cumprimento.

Depois de algum tempo Osti reformulou sua teoria da vontade marginal e a rebatizou, passando a chamá-la de *soppravenienza*, cuja identificação exigia a ocorrência de eventos *imprevisíveis* e *supervenientes* à celebração do pacto.

Anísio José de Oliveira,[18] inspirado pelos escritos de Medeiros da Fonseca, esclareceu que Osti reconheceu a vontade que visava a constituir uma obrigação como meio idôneo para se atingir um resultado concreto. Acrescentou que na hipótese de ser falho este resultado ou de ser diverso daquele a que normalmente deveria conduzir a obrigação, a tutela jurídica exigiria que ela fosse eliminada, e teríamos, assim, resolvido o contrato. Portanto, faltando correspondência entre a obrigação prometida e aquela que seria cumprida, a própria razão da tutela jurídica exigiria que fossem suprimidos os deveres contratuais.

Para Giuseppe Osti[19] quando alguém se obriga ao cumprimento de promessa nada mais faz do que exercer uma efetiva vontade con-

---

18. Ob. cit., p. 118.
19. "Appunti per una teoria della soppravenienza", *Rivista di Diritto Civile* 32/ 691-696, ano V.

176   A TEORIA DA IMPREVISÃO NO DIREITO CIVIL E NO PROCESSO CIVIL

tratual. Mas, a par com ela, há também o exercício do que chamou *vontade marginal*, emergente no instante do cumprimento da prestação e condicionada à atividade voluntária daquele que se obrigou. A teoria traz em si elementos objetivos e subjetivos, pois ao compor o que chamou de *vontade marginal* Osti elencou problemas das duas categorias a serem invocados pela parte que necessitasse valer-se da *soppravenienza*. Primeiro os de natureza objetiva, resultantes do tempo e lugar da obrigação; e segundo os de ordem subjetiva, tais como os reflexos sobre o estado patrimonial ou a economia do obrigado. Assim, a representação da vontade estaria sujeita a modificações pela *soppravenienza* de acontecimentos imprevisíveis.

Osti,[20] depois de explicar longamente sua tese, na tentativa de apresentá-la com bases científicas, procurou sintetizá-la em 13 princípios, traçando diretrizes segundo as quais a *superveniência* teria adequação.

Pelas coordenadas sumariadas por Medeiros da Fonseca[21] ficariam eles reduzidos aos seguintes pressupostos: 1) *imprevisibilidade*; 2) *não-ocorrência do fato esperado*; 3) *momento da prestação*; 4) *ausência de ação ou omissão culposa do obrigado*; e, ainda, 5) *possibilidade de invocação da vontade marginal apenas pela parte prejudicada, sem prejuízo de sua essência*.

Em conclusão: na concepção formulada pelo jurista italiano a vontade marginal seria considerada parte integrante do acordo somente quando tivesse por base a representação de um efeito concreto, ligado ao aspecto objetivo da prestação, percebido pela outra parte.

No plano da observação crítica é preciso denunciar, como primeira saliência na teoria, a nenhuma pertinência de elementos subjetivos, introduzidos por Osti, na composição da vontade marginal. Somente seria admissível a existência de condições econômicas objetivas, decorrentes da inter-relação de causa e efeito com a obrigação assumida. À luz dos princípios hermenêuticos que regem o contratualismo, a vontade contratual estaria assentada na avaliação do seu conteúdo.

Tentando esclarecer a doutrina, Medeiros da Fonseca[22] observou que a ordem jurídica só reconhece e consagra a vontade dirigida com o objetivo de constituir uma obrigação, atendendo a que para conseguir um certo resultado concreto é aquela, normalmente, meio idôneo.

20. Idem, *Rivista di Diritto Civile* 32/696.
21. Ob. cit., n. 155, p. 205.
22. Ob. cit., pp. 206-207.

NATUREZA JURÍDICA DA IMPREVISÃO 177

Daí resulta que, falhando esse resultado, ou sendo diverso daquele que normalmente deveria conduzir a obrigação, a própria razão da tutela jurídica exige que se possa eliminá-la.

Analisando as críticas de Pugliesi à doutrina da *soppravenienza*, Paulo Carneiro Maia[23] relatou que o ponto alto de sua argumentação é atingido quando diz que o vínculo jurídico existe ou não existe; se existe, seu objeto pode ser anormal, desde que – bem entendido – a anormalidade não transponha os limites assinalados pela lei para a validade dos negócios jurídicos, sem que por tal motivo deixe de produzir todo seu efeito; se não existe, a mais apurada normalidade não pode tomar-lhe o lugar e gerar, *ex nihilo*, obrigações a cargo de uma das partes.

Mas entre os críticos mais mordazes e implacáveis de Osti, na Itália, destacou-se Elio Osilia,[24] que, mesmo reconhecendo ser o trabalho do autor da *vontade marginal*, no campo das obrigações contratuais, o mais original até então surgido, viu na teoria tão-somente a base da vontade das partes em assumir a obrigação, e não uma vontade marginal. Entre outras críticas, identificou-a com a doutrina de Windscheid, pois tanto em uma como na outra ênfase especial era dada ao chamado *conteúdo da vontade* não expresso na obrigação, sem qualquer relevância jurídica. Equiparando as formulações, Osilia concluiu que as representações que sustentavam a vontade marginal de Osti não se afastavam dos motivos contratuais de Windscheid, excluídos da proteção legal.

Osilia assim se expressou: "Volendosi seguire il processo per cui le rappresentazioni acquistano rilievo e valore nella mente del dichiarante, si viene alla conclusione che esse precedono la formazione della volontà constitutiva dell'obligo, e soltanto a formare il substrato della volontà marginale. È por tanto più esatto che le rappresentazioni siano a base della volontà di obligarsi, anzichè della volontà marginale"[25] ("Desejando-se seguir o processo pelo qual as representações adquirem relevo e valor na concepção do declarante, chega-se à conclusão de que elas antecedem a formação da vontade constitutiva da obrigação, e destinada a formar a essência da vontade marginal. É portanto mais do que exato que as representações sejam a base da vontade de obrigar-se, bem como da vontade marginal").

---

23. *Da Cláusula "Rebus Sic Stantibus"*, pp. 178-179.
24. "La soppravenienza contratuale", *Rivista di Diritto Commerciale* 5/302, ano XXII.
25. Idem, *Rivista di Diritto Commerciale* 5/303-304.

178 A TEORIA DA IMPREVISÃO NO DIREITO CIVIL E NO PROCESSO CIVIL

Não podem restar dúvidas de que no instante da execução surge uma outra vontade que não pode ficar à disposição da parte quanto a cumprir ou não o convencionado. Esta liberdade de *querer ou não* só existe no instante da vinculação primitiva. Uma vez celebrado o contrato, exaure-se o instante de manifestação da vontade, que, com opção pelo *querer*, na execução, por mais que se deseje, é um momento que não pode ser revivido. Em caráter definitivo: sob este ponto de vista não há maneira de aceitar a doutrina de Osti como fundamento para se determinar a natureza jurídica da teoria da imprevisão.

12.1.1.5 Oertmann – A base do negócio jurídico: No entender de Paul Oertmann "(...) la voluntad constitutiva de un negocio jurídico puede ir encaminada a que el resultado del mismo no se obtenga en todo caso, sino sólamente si se dan determinadas circunstancias especiales".[26]

Quando uma das partes formula uma *representação mental*, no instante da conclusão de um pacto, do inteiro conhecimento e aceitação da outra – representação, essa, que traz a aparência de determinadas circunstâncias nas quais a vontade negocial se assenta –, definida estará o que Oertmann chamou de *base negocial*, como causa para a resolução contratual diante de sua anormal alteração. A grande diferença entre as teorias de Windscheid e de Oertmann é que na primeira a *pressuposição* consubstancia parte de uma declaração independente; na segunda, *base do negócio jurídico*, a relação é direta com o negócio como um todo. A essência da formulação de Oertmann é o *equilíbrio entre prestação e contraprestação*, fixadas de forma subjetiva pelas partes, em atenção à bilateralidade indispensável na formação de todo contrato comutativo. Para muitos juristas, pela estreita afinidade de raciocínio entre as duas teorias, a *pressuposição* seria a própria *base do negócio jurídico*, que, contrariada ou suprimida, ensejaria a resolução do pacto.

Anísio José de Oliveira[27] procurou demonstrar que um contrato alterado por eventos anormais não corresponde mais à vontade primitiva das partes.

Oertmann criticou a base subjetiva e desconhecida, bem como a noção unilateral proposta por Windscheid, apresentando, em substituição, um fato do conhecimento das partes, certo e determinado, a

---

26. *Introducción al Derecho Civil*, trad. da 3ª ed. alemã, § 52, p. 289.
27. Ob. cit., p. 122.

NATUREZA JURÍDICA DA IMPREVISÃO

que chamou de *base do negócio*, alicerce sobre o qual os contratantes estabeleceriam os efeitos da contratação, sem considerá-los como *condição*, em decorrência de sua certeza de cumprimento no instante diferido na execução. A base do negócio (*Geschäftsgrundlage*) seria, então, o reconhecimento da existência de circunstâncias essenciais, presentes na conclusão do pacto, aceitas pelas partes como circundantes do acordo contratual. Entre elas, a equivalência entre prestação e contraprestação.

Quando, em conseqüência de fatos supervenientes à conclusão do contrato – explicou Medeiros da Fonseca[28] –, a base do negócio desaparecesse, perturbando-se o equilíbrio inicial, o pacto não corresponderia mais à vontade das partes e o juiz deveria, com sua intervenção, readaptá-lo a essa vontade, fosse resilindo-o, fosse modificando-o, para que ele correspondesse ao que, como seria razoável supor, as partes teriam querido se previssem os acontecimentos.

No entender de Oertmann *base do negócio jurídico* seria a idéia que levaria alguém a contratar. Seria a soma dos componentes psicológicos da contratação, que deveria ser do pleno conhecimento da outra parte. Aí, se a representação psicológica proposta não se configurasse, deduzir-se-ia que a nova situação não representava a vontade das partes, ou de uma delas, donde a justificativa para um novo enfoque da obrigação pactuada, via revisão ou resolução, conseqüente ao desvirtuamento da primitiva pretensão e, *ipso facto*, da mudança da base negocial.

Aceitando em parte a concepção de Oertmann, Karl Larenz[29] tentou reformulá-la, diminuindo sua amplitude e, portanto, seus efeitos, ao explicar que a *base de negócio* não poderia ser tomada senão num sentido restrito e que as representações sobre a existência e permanência de certas circunstâncias fundamentais teriam sido tomadas como base do negócio – sem integrar o contrato – por ambos os contratantes, ou por um só, do inteiro conhecimento do outro, sem qualquer oposição.

O próprio Oertmann – citado por Bessone[30] –, na tentativa de melhor esclarecer a teoria da *base do negócio jurídico*, apresentou um exemplo para ilustração: Fritz e Karl são comerciantes de calçados na mesma cidade. Pretendendo ficar sozinho na área, Fritz propõe a Karl

---

28. Ob. cit., p. 2.
29. *La Base del Negocio Jurídico y Cumplimiento de los Contratos*, p. 14.
30. *Do Contrato*, § 145.

180 A TEORIA DA IMPREVISÃO NO DIREITO CIVIL E NO PROCESSO CIVIL

que se afaste de suas atividades por determinado tempo, mediante pagamento de certa quantia, por período entre eles avençado (obrigação de não-fazer). Acertados os detalhes e elaborada a contratação, Karl se retira do comércio, obedecendo ao contratado, recebendo por este adimplemento as quantias mensais pactuadas. Depois de algum tempo Fritz decide se retirar do comércio. No entendimento de Oertmann a obrigação de Fritz cessa, não sendo mais necessários os pagamentos mensais, e Karl pode voltar às suas atividades, porquanto com a retirada de Fritz a contratação que era baseada em determinadas circunstâncias (eliminar a concorrência) deixou de existir, não representando mais o pactuado o que as partes primitivamente desejaram.

O Projeto do Código Civil Português (1966 – Vaz Serra), ao introduzir a imprevisão naquele ordenamento jurídico (arts. 437º e 438º), sob o nome de *alteração das circunstâncias*, valeu-se da *base do negócio jurídico*, de Paul Oertmann. No Código definitivo a expressão foi abolida, ficando apenas – por suficiente – uma referência à boa-fé.

Segundo Karl Larenz – referido por Othon Sidou[31] –, no ano de 1948 foi submetido ao Tribunal de Apelação de Potsdan um caso em que se configurou a extinção da base do negócio jurídico, comprovando a aceitação da teoria de Oertmann como fundamento para a intervenção do Judiciário nos contratos regularmente celebrados, a fim de adequá-los à nova realidade. Relatou ele: "'A' vendera um caminhão em 1940 a 'B' e 'C', por quantia certa e com reserva de tornar a comprar o veículo depois de terminada a guerra, por preço também fixado. Esse direito de retrovenda foi perseguido por 'A' em 1946, mas 'B' e 'C' recusaram-se a entregar o caminhão. Promovida a competente demanda, foi rechaçada tanto nos juízos de primeiro como de segundo graus. Para assim proceder a Corte contemplou a insubsistência do ajuste, tendo em vista a desaparição da base do negócio. Levou em conta que as partes, em 1940, estimaram o final da guerra para data anterior àquela em que de fato ocorrera e que, ao estipularem a retrovenda, sabiam que esta só poderia ter sentido durante um breve período de tempo, compatível com a duração normal da coisa, não inferior a cinco anos. A subsistência do vínculo era um fato alheio à vontade subjetiva dos contraentes na conclusão do contrato. Levou em conta ainda o Tribunal que as circunstâncias na atualidade eram diversas das previstas pelas partes ao firmarem o acordo quanto ao pre-

---

31. *A Revisão Judicial dos Contratos*, 2ª ed., p. 42.

NATUREZA JURÍDICA DA IMPREVISÃO 181

ço. 'A' insistia em não aceitar um reajuste. O valor estipulado representaria a ruína de 'B' e 'C' , fato incompatível com suas pressuposições, na conclusão negocial. O acordo estava desfeito por falta de base".

Otto Lennel,[32] convencido de que a *base do negócio* não seria a doutrina que poderia fundamentar a teoria da imprevisão, contestou veementemente a formulação de Paul Oertmann, como já fizera com a de Windscheid, ambas – no seu entender – extremamente semelhantes. Carneiro Maia,[33] fazendo coro às restrições de Lennel e tentando interpretar-lhe o pensamento, explicou que aceitar a teoria proposta por Oertmann seria decretar o fim da estabilidade dos negócios jurídicos.

Foram neste rumo também as considerações de Anísio José de Oliveira.[34]

Tentando interpretar a doutrina, Clóvis do Couto e Silva[35] transcreveu análise dos juristas alemães Gerd Rinck e Peter Ulmer sobre a fixação de preços mínimos pelo Governo e sua influência nos pactos.

32. "Sin embargo, uno de nuestros mejores juristas, Oertmann, ha sostenido recintemente una doctrina que, si no es la misma de la 'presuposición', muestra con ella la mayor analogía; y se presta en lo esencial a idénticas objeciones: es la doctrina de lo que Oertmann llama 'la base del negocio jurídico' (*Geschäftsgrundlage*). Oertmann se esfuerza por poner en claro este concepto, pero sin lograrlo, a mi ver. Nos dice, desde luego, lo que 'la base del negocio jurídico' no es; no se trata necesariamente, según él, de un verdadero motivo. No necesita intervenir positivamente, y de modo determinante, en la resolución de celebrar el negocio jurídico; basta que tenga una significación negativa, es decir, que sin la tal base no se hubiera tomado aquella resolución" (*La Cláusula "Rebus Sic Stantibus"*, p. 203).

33. "Só haverá de exato, conclui Lennel, o fato de que, caso tivesse podido a parte prever o futuro, o negócio não se teria realizado. Contudo, admitir-se isto como fundamento da rescisão importaria pôr fim a toda a segurança do comércio jurídico. Não conseguiu Oertmann, nem poderia consegui-lo, estabelecer uma distinção mais ou menos nítida entre o que se entende por base do negócio jurídico e a simples 'pressuposição', que ele reputa também indiferente ao Direito" (ob. cit., p. 183).

34. "É acusada de pouca objetividade, de viver na Via Láctea do Direito. É falha, pois é muito ampla. Entretanto, J. M. Othon Sidou afirma que vem sendo muito aplicada na Alemanha, mesmo depois da II Grande Guerra, e que é, de todas as teorias modernas que fundamentam ou procuram servir de fundamento à cláusula *rebus sic stantibus*, a menos imperfeita, e tal afirmativa diz da 'cruz máxima' em que se erige o marcar desse linde no campo da interpretação dos contratos" (ob. cit., p. 123).

35. "No caso de o Estado haver determinado preços mínimos para certos produtos, salienta Gerd Rinck ('Preisherabsetzung von Hoher Hand', in *Archiv für die civilistiche Praxis* 152/503) que 'a lei obriga o comprador a cumprir um contrato em condições diversas das que foram convencionadas. A fixação dos preços modifica o conteúdo do contrato em seu ponto mais sensível, na relação de equivalência entre a mercadoria e o preço. A vinculação do comprador no contrato não decorre mais da vontade das

182 A TEORIA DA IMPREVISÃO NO DIREITO CIVIL E NO PROCESSO CIVIL

Embora reconhecendo que a doutrina de Oertmann trazia para o instituto da imprevisão um novo enfoque, os juristas de todo o mundo, entre outras acusações, consideraram-na como situada na Via Láctea do Direito, em conseqüência de sua total falta de objetividade e abrangência exagerada.

As críticas à teoria de Oertmann foram muitas, em especial contra sua amplitude. Nela era suficiente que uma das partes reconhecesse certas circunstâncias básicas, presentes ou futuras, como importantes para que a desoneração obrigacional pudesse ocorrer diante da alteração do alicerce econômico do pacto. Entretanto, o pleno conhecimento de suas deficiências não impediu que o Projeto Vaz Serra (novo Código Civil Português) a adotasse como base da *alteração das circunstâncias* (art. 437º). Depois de adaptada às condições lusitanas e aliviada de sua carga subjetiva, a teoria de Oertmann foi a que embasou a imprevisibilidade em Portugal.

12.1.1.6 Locher – O fim negocial: Eugen Locher[36] estruturou sua teoria com apoio nos pontos principais da *base negocial* de Oertmann, nela introduzindo algumas correções. Não aceitou a concepção oertmanniana na íntegra por considerar de natureza psicológica as relações entre a vontade real do agente e a representação das circunstâncias

---

partes, mas da lei; e, pois, ele se configura como um contrato cogente, ou, melhor, como um contrato corrigido" ("A teoria da base do negócio jurídico no Direito Brasileiro", *RT* 655/10-11).

E Couto e Silva prosseguiu, citando Peter Ulmer ("Wirtschaftslenkung und Vertragserfüllung', in *Archiv für die civilistische Praxis* 174/167-201):

"Pode suceder, entretanto, que o contrato seja realizado em obediência ao preço mínimo, e posteriormente, por ato de intervenção do Estado, através de planos econômicos setoriais, venha o aludido preço mínimo a cristalizar-se, ficando muito abaixo dos preços dos insumos necessários. Como se há de resolver o problema?

"Considera-se como um dos aspectos mais importantes para a aplicação do conceito de base objetiva do contrato a influência dos planos do Estado no controle da economia. Essas modificações são, no geral, imprevisíveis, porquanto as autoridades governamentais nunca afirmam que se vai adotar um plano de congelamento. O Estado utiliza-se de todos os meios para criar a expectativa de que tal não sucederá, para evitar o aumento antecipado dos preços. Por esse motivo, é impossível prever os efeitos resultantes da adoção dos malsinados planos, e como se comportarão os preços após o seu término. Pois todos esses aspectos justificam a aplicação da teoria da base objetiva do negócio jurídico, para restabelecer o equilíbrio das prestações em face de um eventual rompimento" (artigo cit., *RT* 655/10-11).

36. "Geschäftsgrundlage und Geschäftszwec", in *Archiv für die civilistische Praxis* 121/1 e ss., *apud* João de Matos Antunes Varela, *Ineficácia do Testamento e Vontade Conjectural do Testador*, p. 296.

NATUREZA JURÍDICA DA IMPREVISÃO 183

que servem de base à celebração do pacto. Sugeriu que elas fossem tomadas como um juízo lógico, relacionado à necessidade objetiva de determinadas situações, com vistas a um fim pretendido pelo negócio – donde chamar sua teoria de *fim negocial*. Para ele, conseqüentemente, só poderia ser caracterizado como base do negócio o complexo de circunstâncias sem cuja existência, perduração ou evento o efeito colimado – em razão do seu conteúdo – não pudesse ser atingido, apesar da conclusão regular da operação e do cumprimento das prestações exigíveis dos contratantes. Por outras palavras: o fim que se tivesse em vista só seria relevante se pudesse ser considerado como o fim do negócio, aceito pela outra parte, de forma a se poder dizer que houve uma *convenção de fim*.

Locher propôs que a frustração do objetivo buscado tivesse total relevância, pouco importando que o declarante houvesse ou não dela cogitado. Neste passo, para o autor o mais importante não seria a existência das circunstâncias indispensáveis ao fim pretendido, mas, antes, a inexistência de previsão das circunstâncias que pudessem impedir este fim, por ele denominado *negocial*.

Um exemplo fornecido por Heinrich Rhode (citado por Varela[37]) ilustra com precisão a teoria de Locher: "'A' toma um quarto num hotel, situado perto da residência de parentes, onde vai assistir a uma reunião de família, e paga elevado suplemento de preço por dever ter lugar, no mesmo dia e no mesmo hotel, uma sessão de um congresso ao qual 'A' não deseja assistir; o congresso não chega a ter lugar e o dono do hotel é obrigado a restituir o suplemento pago por 'A', apesar de o fim, que este teve em vista (assistir à reunião de família), se realizar. Com efeito, se ele se obrigou a pagar aquele *plus* foi porque só assim podia obter o quarto, em virtude de o congresso ter tornado o preço mais alto, e o hoteleiro auferiria um lucro injustificado se pudesse guardar ou exigir o suplemento".

Na proposição de Locher, a despeito de se saber se o declarante cogitou ou não da anormalidade alteradora das circunstâncias, o fim pretendido deve ser relevado, diante de sua frustração. Entende como condição necessária o fato de o fim desejado pela parte ter integrado o conteúdo do negócio jurídico não como um fim qualquer, mas sobretudo como um fim negocial (*Geschäftszweck*).

---

37. Heinrich Rhode, "Die beiderseitige Varoussetzung als Vertragsinhalt", *Archiv für die civilistische Praxis*, p. 322, cit. por João de Matos Antunes Varela, ob. cit., nota n. 1, p. 301, *apud* Adriano Paes Vaz Serra, artigo cit., "Separata" do *Boletim do Ministério da Justiça* (Coimbra) 69, p. 25.

184 A TEORIA DA IMPREVISÃO NO DIREITO CIVIL E NO PROCESSO CIVIL

Varela[38] esclareceu que os pontos fundamentais da teoria do fim negocial resultam, em certa medida, da análise crítica de três aspectos distintos apreciados por Locher no estudo da obra de Oertmann, que são: a) a formulação do conceito da base negocial; b) o acerto psicológístico da posição do problema; c) a justificação legal das soluções propostas.

Na visão de Vieira Netto[39] a teoria de Locher representa um progresso sobre as precedentes, porque entende como base do negócio não os pressupostos subjetivos das partes, porém somente a finalidade a que elas se propõem, intrinsecamente ligadas ao seu conteúdo. Como conclusão: o contrato seria extinto se a possibilidade desse resultado – fim buscado pelas partes – fosse alterada por circunstâncias supervenientes e desconhecidas dos contratantes.

Muitos autores entenderam que, comparada à doutrina de Oertmann, a proposição de Locher não apresentava qualquer novidade, não lhe sendo superior em qualquer ponto, razão da pouca importância que lhe foi atribuída.

Antunes Varela[40] observou, ainda, que ela representava um verdadeiro retrocesso em relação ao que já estava sedimentado sobre o tema. Locher valorizava apenas a motivação positiva, restringindo quase totalmente a negativa.

A teoria de Locher não alcançou a repercussão obtida pelas de Windscheid e Oertmann, sendo bastante criticada. Sua construção é deficiente e não chega a ser estruturada como dogma jurídico. Indaga-

38. Ob. cit., p. 296.

39. Ob. cit., pp. 133-134.

40. "Todavia, além de não precisar, com o rigor necessário, a noção de tipicidade válida para o efeito, Locher preconiza, de qualquer modo, uma solução insustentável, *de lege ferenda*, como parece evidenciá-lo um dos exemplos com os quais Krückmann procura refutá-la: 'A' compra uma urna para o marido, julgando-o falecido, quando ele se encontra em simples morte aparente, e vem, entretanto, a salvar-se. Apesar da frustração do seu fim típico, a rescisão do negócio nem sempre (pelo menos) constitui, de facto, a solução mais idónea da hipótese formulada. Resta, entretanto, averiguar se, não obstante as deficiências apontadas, a doutrina de Locher não encontra quaisquer pontos de apoio no Direito (...)."

E prossegue o mesmo autor: "A doutrina de Locher impediria, em grande parte, se não totalmente, a eficácia da chamada *motivação negativa*; por isso Krückmann afirma, com razão, que ela constitui, sob esse aspecto, um retrocesso em face da teoria de Oertmann. Embora se trate de um aspecto com interesse muito secundário, cremos que a versão dada por Locher à noção fundamental de Oertmann também não corresponde ao pensamento do último autor" (João de Matos Antunes Varela, ob. cit., pp. 302-305).

NATUREZA JURÍDICA DA IMPREVISÃO 185

se: e se o fim negocial, por ele defendido, for atingido sem ter sido afetado pela anormal alteração das circunstâncias em que as partes fundaram sua decisão de contratar e uma delas venha a ter um lucro injustificado, conseqüente à aludida modificação? Neste caso, inarredável será a revisão, ou, alternativamente, a resolução, com possibilidades indenizatórias, seja em nome da justiça comutativa, eqüidade, enriquecimento sem causa, moral, boa-fé ou de qualquer outro fundamento.

12.1.1.7 Larenz – Os fatores objetivo e subjetivo: Como linha de princípio, Larenz admitiu a teoria da *base do negócio jurídico* proposta e desenvolvida por Oertmann, mas destacou que nela deveriam ser incluídos alguns fatores – a que chamou de *objetivos* e *subjetivos* – sem os quais os contratos não teriam eficácia. Procurou dar um relevo especial à alteração anormal da base contratual, afastando-se, neste ponto, da concepção oertmanniana, no quê percorreu caminho acertado. No seu entender, a *base subjetiva* seria constituída pelas circunstâncias, a despeito de sua condição temporal (presentes, passadas ou futuras), que os contratantes tivessem como motivação ao se vincularem, existentes no momento daquele ato. A principal diferença em relação à *base objetiva* estaria nos fatores pressupostos pelas partes sem consciência, isto é, sem ter atingido o plano das representações mentais. Assim, em sua formulação, suficiente seria que as partes tivessem representado mentalmente um determinado pressuposto, aliando-o à motivação da contratação.

Tentando uma síntese da teoria de Larenz, António Menezes Cordeiro[41] explicou que, embora ela fosse conhecida, não surgira com tempo suficiente para influenciar a elaboração do Código Civil Português de 1966.

Larenz, tendo ponderado as teses ditas *subjetivistas* de seus conterrâneos, Windscheid e Oertmann – e ainda as *objetivistas* de E. Kaufmann, Krückmann e Locher –, concluiu que a base do negócio poderia ser utilizada em dois sentidos: a base subjetiva traduziria a representação pelas partes, no fecho do contrato; a objetiva corresponderia ao conjunto de circunstâncias cuja existência ou manutenção, com ou sem consciência das partes, seria necessária para a salvaguarda do mais amplo sentido contratual e alcance do fim pretendido.

41. *A Boa-Fé no Direito Civil*, Colecção "Teses", v. II, p. 1.046.

186 A TEORIA DA IMPREVISÃO NO DIREITO CIVIL E NO PROCESSO CIVIL

A teoria de Larenz mereceu de Inocêncio Galvão Telles[42] uma apreciação crítica pouco favorável, ao considerar bastante artificial a distinção entre base objetiva e subjetiva, porque aquela, em última análise, reconduzia a esta. No fundo – arrematou o professor lusitano –, estaremos sempre na presença de "motivos" que, mais ou menos conscientemente, influenciaram a formação e o desenvolvimento da vontade dos contratantes.

Inteiramente procedentes são também as considerações de Carvalho Fernandes,[43] discordando da distinção proposta por Larenz.

Judith H. Martins Costa,[44] para quem o direito dos contratos não surge exclusivamente dos princípios da autodeterminação e da conseqüente autovinculação, conforme pretensão do Liberalismo, procurou igualmente traduzir o pensamento de Larenz. A eles deveriam – no seu entender – ser acrescentados os parâmetros da equivalência objetiva e da proporcionalidade medida, o fiel-da-balança da Justiça, na moderação dos aspectos positivos e negativos da contratação, balizadores das condições gerais de qualquer relação negocial.

Conforme críticas feitas pelos diversos juristas, o grande equívoco de Larenz – o que não deslustra nem altera sua imagem e posição irretocável de jurista consagrado – foi o de pretender assentar a imprevisibilidade em fatores objetivos e subjetivos, que, a rigor, acabam por criar um círculo vicioso. Sua tentativa de fundir o que de melhor havia nas teorias então apresentadas conduziu-o à conclusão da existência de uma representação mental de pressupostos, conjugada com os motivos da contratação, fundamento que não foi aceito, por sua alta dose subjetivista.

42. *Manual de Direito das Obrigações*, 5ª ed., *Manuais da Faculdade de Direito de Lisboa*, t. I, p. 225.

43. "Quanto à posição de Larenz, pode dizer-se que não nos parece justificável a distinção entre base de negócio subjectiva e objectiva, pois, no fundo, a realidade é a mesma, em ambos os casos: uma alteração de circunstâncias, que tornou errada a representação mental comum às partes e que as levou a contratar, ou que alterou as circunstâncias cuja persistência é essencial à subsistência do contrato."

Em continuação, arremata: "O seu erro está, pois, em falar em base de negócio subjectiva, em admitir que a errada representação comum dos contraentes é um caso de falta de base do negócio. Neste aspecto repudiamos a sua posição, pois ou essa representação resulta da interpretação do negócio, e estamos no campo do regime das condições, ou não resulta, e então não pode ter qualquer relevância" (artigo cit., *Boletim do Ministério da Justiça* (Coimbra) 128/63).

44. "A teoria da imprevisão e a incidência dos planos econômicos governamentais na relação contratual", *RT* 670/42.

NATUREZA JURÍDICA DA IMPREVISÃO 187

12.1.1.8 Krückmann – A reserva virtual: A *teoria da reserva virtual*, proposta por Paul Krückmann (*Der virtueller Vorbehalt*), não se afastou da teoria da pressuposição, de Windscheid. Procurou, antes, ampliá-la, ao considerar suficiente o simples conhecimento da pressuposição, insuficiente para Windscheid. Sustentou que o único critério seguro seria considerar a pressuposição como uma *reserva virtual* do declarante. Não se trataria, assim, da manifestação da vontade atual do contratante, mas meramente de uma vontade virtual, ou potencial, a ser invocada futuramente, em face da profunda alteração da base negocial.

Antunes Varela[45] não viu deméritos na teoria de Krückmann, entendendo que a solução da reserva virtual por ele proposta tinha algum fundamento.

Krückmann sustentou que o único critério válido a ser empregado na formulação do princípio da imprevisão deveria ser o da exigibilidade ou não-exigibilidade (*Zumulbarkeit oder Nichtzumulbakeit*). A coordenada fundamental consistia na idéia de que cada indivíduo, em sua esfera patrimonial, em sua vida, deveria correr o risco de ocorrência de todos os eventos que pudessem advir. Acrescentou que Windscheid errou quando não conseguiu distinguir entre conteúdo atual e mero conteúdo potencial – ou virtual – da declaração de vontade, por ele defendida como reserva. Para ter relevância – dizia Krückmann –, a reserva virtual deve reunir condições necessárias à convocação.

Conquanto tenha deixado o leito mais seguro das construções objetivas, Krückmann conseguiu estabelecer uma base de natureza subjetiva quase aceitável. Foi esta a conclusão a que, dando continuidade às considerações favoráveis e fazendo um rápido levantamento das formulações que precederam a teoria da reserva virtual – na qual se incluiu o recurso à boa-fé – chegou o jurista lusitano Antunes Varela.[46]

---

45. "Não deve reputar-se desacertada a distinção feita por Krückmann, a propósito da doutrina da pressuposição, entre o conteúdo em acto e o simples conteúdo virtual da declaração de vontade, a qual corresponde, mas só em certa medida, à distinção, corrente na doutrina moderna, entre a vontade real e a mera vontade hipotética ou conjectural do declarante" (ob. cit., p. 316).

46. "O mérito principal da contribuição de Krückmann consiste, porém, não só no apelo feito aos princípios substanciais da boa-fé, ao critério da exgibilidade ou não-exigibilidade, mas também na circunstância de, após uma série de tentativas inconsistentes (como a cláusula *rebus sic stantibus*, apelando directamente para a vontade real dos contraentes; como a da pressuposição, recorrendo, por seu turno, a uma vontade real, de coloração mal-definida; como a da base negocial, remetendo para as simples representações psicológicas do declarante; como a do fim negocial, firmando-se numa

188 A TEORIA DA IMPREVISÃO NO DIREITO CIVIL E NO PROCESSO CIVIL

Carvalho Fernandes[47] e Vaz Serra[48] também registraram críticas feitas por Paul Krükckmann à concepção windscheidiana, embora reconhecessem, como tantos, que, mesmo discordando de alguns de seus pontos, ele dela se valeu, tentando dar-lhe nova roupagem, mas não logrando, apesar de seus esforços, suprir-lhe os defeitos congênitos.

Embora tivesse elogiado o trabalho de Krückmann, Varela[49] fez-lhe algumas restrições, acentuando que os mesmos defeitos existentes na pressuposição de Windscheid haviam sido repetidos, sem novidades relevantes – fatos já observados pela maioria dos estudiosos da questão.

Paul Krückmann reduziu a reserva virtual à impossibilidade do fim da declaração, dizendo:[50] "O que nos é possível hoje é tentar alcançar de todas as maneiras os mais diversos pontos de vista".

Carvalho Fernandes,[51] em suas considerações, destacou a semelhança entre a reserva virtual e a pressuposição.

Em linhas gerais, a teoria da reserva virtual de Krückmann é a mesma exposta por Windscheid na pressuposição. Somente em um ponto as formulações se afastam e se diferenciam: representação de motivos não pode ser confundida com vontade real.

12.1.1.9 Giovenne – A teoria do erro: O conceito central da doutrina da imprevisibilidade para Achile Giovenne,[52] numa primeira abordagem, seria o *vício da vontade*.

---

vontade real prévia dos contraentes), ter conseguido apreender um fundamento quase idóneo da ineficácia do negócio preconizada para as diversas espécies abrangidas pelo espírito da sua doutrina e das teorias precedentes" (ob. cit., p. 316).

47. "Krückmann, referindo-se à teoria de Windscheid, afirma que um dos seus aspectos errados consiste em que se não pode psicologicamente considerar erro que a limitação da vontade à verificação de certas circunstâncias constitui a vontade real do declarante. O que pode acontecer é que essa limitação esteja virtualmente contida nas suas declarações, no sentido de que, se o agente pudesse ter previsto a não-verificação de certa circunstância, não quereria o negócio" (artigo cit., *Boletim do Ministério da Justiça* (Coimbra) 128/82).

48. Artigo cit., "Separata" do *Boletim do Ministério da Justiça* (Coimbra) 69, p. 83.

49. Ob. cit., p. 316.

50. *Die Voraussetzung als virtueller Vorbehal, apud* João de Matos Antunes Varela, ob. cit, p. 292.

51. "A teoria da reserva virtual, se a virmos bem, só se afasta da pressuposição de Windscheid na medida em que considera que a representação dos motivos pelas partes não se pode configurar como vontade real delas" (artigo cit., "Separata" do *Boletim do Ministério da Justiça* (Coimbra) 69, p. 83).

52. "Sul fondamento especifico de l'instituto della soppravenienza", *Rivista di Diritto Commerciale* 1/213.

NATUREZA JURÍDICA DA IMPREVISÃO

Giovenne, como Osti, fez distinção também entre *ato da vontade* e *determinação da vontade*. Convenceu-se da existência de uma estreita relação de causa e efeito entre esta última (determinação da vontade) e as representações psíquicas que eventualmente o promitente elaborasse quanto às vantagens ou desvantagens da prestação ou da contraprestação.

Embora fulcrado nas formulações de Osti, delas se afastou quando constatou a possibilidade de divergência entre *realidade* e *suposição*, ou, na prática, não restasse configurada a representação objetiva que desse sustentação à declaração de vontade, conseqüente à grave superveniência imprevisível. Neste aspecto defendeu a aplicação do conceito do *erro*, que justificaria a anulação do ato, sob o argumento de que o consentimento manifestado estaria viciado.

Para Giovenne erro sobre o valor e erro sobre a qualidade apresentavam um traço em comum, que seria o desenvolvimento do primeiro no segundo, asseverando que, se a lei protege a qualidade substancial da declaração da vontade, com igual justiça deveria tutelar o valor que advém dessa mesma qualidade. De forma simples, pretendeu demonstrar a prevalência do erro sobre o valor.

Na concepção de Giovenne[53] sempre haveria um *erro de vontade* na identificação de uma divergência entre o suposto e a realidade, falhando as representações objetivas que serviram de base à determinação do querer, por superveniência imprevista. Assim, quando alguém, tendo uma falsa percepção sobre determinado fato, crê verdadeiro o que na realidade não é, ou vice-versa, e, em razão desta conclusão, emite uma declaração de vontade – que em outras circunstâncias, conhecedor da verdade, não emitiria –, configura-se o *erro* proposto por Giovenne como *pedra de toque* para a anulação do pacto.

Neste contexto existiriam sempre duas vontades: a declarada pela parte, nascida de uma falsa representação mental, e a verdadeira, não expressa em razão do desconhecimento das circunstâncias reais. Frustrada a representação objetiva, conseqüente à anormal alteração da base negocial, provocada por evento imprevisível, constatada a falta de correspondência entre a realidade e o que foi imaginado pela parte, na concepção de Giovenne identificado estaria o *erro*, condição liberatória para anulação do pacto por vício do consentimento. Para ele caracterizada restaria, então, uma equivocada idéia quanto ao objeto da contratação e sua estimação econômica.

---

53. Idem, ibidem.

190 A TEORIA DA IMPREVISÃO NO DIREITO CIVIL E NO PROCESSO CIVIL

No Direito Brasileiro o único erro que leva à anulabilidade do ato é o erro substancial, o que atinge a essência do ato, uma vez que do chamado *erro acidental* não advêm maiores conseqüências, posto que atua apenas no setor periférico do ato, na sua natureza extrínseca (arts. 86-91 do CC em vigor).

Rocha de Gouveia[54] expôs com bastante clareza sua concepção de erro.

Em seu entusiasmo, sustentou Giovenne que[55] "(...) substancialmente não se trata senão de um problema de vontade, contra a eficácia do vínculo anteriormente constituído". O jurista, neste passo, procurou dar foros de legalidade à superveniência, porque, uma vez caracterizada como defeito do ato jurídico, ou vício do consentimento, sob a luz do art. 1.123 do Código Civil Italiano então vigente, eximiria de cumprimento o devedor de obrigação que tivesse "uma causa autorizada por lei".

Para o autor da *teoria do erro* a parte só se obrigaria por pensar que sua representação se amoldaria à realidade que viria e que o momento efetivamente relevante, no plano do erro, seria o da celebração do contrato. Daí que, na tentativa de demonstrar que o engano sobre o valor nada mais seria do que um equívoco a refletir-se na substância do contrato, Giovenne[56] condenou aquele vício contido na determinação da vontade.

Este trato inusitado da imprevisão foi severamente criticado por Giuseppe Pugliesi[57] e Osilia.[58] Para o primeiro o interesse pecuniário

---

54. "Quando a entidade económica real da prestação (ou da contraprestação) se vem a mostrar diferente da representada, haveria uma inexacta representação da realidade no momento da formação da vontade, embora tal inexactidão só seja revelada por um facto posterior. A superveniência vem revelar a não-correspondência entre a representação e a realidade da entidade económica da prestação, apresentando-se esta, independentemente de culpa do promitente, em termos tais que, se este os tivesse representado, não se teria obrigado, ou tê-lo-ia feito em condições diversas. Ora, o erro é uma falsa ou ilusória representação da realidade, desculpável, que leva a respectiva vítima a querer diversamente do que quereria se tal vício não existisse" (artigo cit., *Revista da Faculdade de Direito de Lisboa*, Suplemento, 1958, p. 143).

55. Artigo cit., *Rivista di Diritto Commerciale* 1/98.

56. "Se, al momento della conclusione del negozio, la volontà si determina in base alla representazione di una certa valutazione della entità economica della prestazione, qual à datto desunere dalle condizionei di fatto allora sussistenti è dimostrata fallare in virtù di un mutamento di circonstance, inimputabile al tempo della conclusione del negocio, la determinazione di volontà non può non ritenersi viziata de error ed un tal vazio da diritto a chiedere l'annulamento del vincolo costituito" (Achille Giovenne, artigo cit., *Rivista di Diritto Commerciale* 1/98).

57. "*Laesio superveniens*", *Rivista di Diritto Commerciale* I/155 e ss.

58. Artigo cit., *Rivista di Diritto Commerciale* 5/310-311.

NATUREZA JURÍDICA DA IMPREVISÃO

seria o que movimentaria as ações humanas, não sendo, entretanto, o único fator determinante, já que outros interesses secundários existiriam. Explicou Pugliesi que o erro sobre o valor não constituiria, em si, um defeito sobre o que se poderia chamar de um elemento jurídico relevante. Na visão de Osilia só se poderia reconhecer como qualidade substancial aquilo que dissesse respeito, de forma direta, à entidade material e física da coisa objeto do pacto. Acrescentou que *valor econômico* seria a relação existente entre os bens e necessidades, sujeito às mutações sofridas pela relação contratual.

Anísio José de Oliveira[59] também apontou graves falhas na teoria de Giovenne, a começar pelo aspecto topológico, destacando que o erro precede a manifestação de vontade – fato não levado em conta pela doutrina de Giovenne.

O mesmo autor (Anísio José de Oliveira[60]) esclareceu que o grande equívoco de Giovenne resultou do fato de ter ele tomado para comparação tempos distintos do contrato – o da celebração e o da execução, este último modificado pelo evento superveniente; e daí concluir que se a prestação, no segundo momento, não correspondesse à realidade do primeiro, então teria havido erro.

Também Rocha de Gouveia,[61] de forma categórica, declarou que o defeito fundamental da doutrina de Giovenne estaria no fato de que a falsa representação da futura entidade econômica da prestação (ou da contraprestação) não constituiria, tecnicamente, um erro.

Carvalho Fernandes[62] assinalou que o próprio Giovenne tinha consciência da fragilidade de alguns aspectos de sua doutrina e que, embora tentasse, não conseguiu fortalecê-los.

---

59. "Incontestavelmente esta teoria é falha e sem um ponto de sustentação, pois – *data venia* – o erro é anterior à manifestação da vontade. Esta tem por base a verdade externa livremente manifestada, um fato concreto, quer dizer, o erro teria que ser anterior à externação da vontade. Logicamente o indivíduo não teria feito o contrato se estivesse num erro qualquer. E, além disso, ele é endógeno, está dentro do indivíduo. Logo, não houve erro da parte daquele que se obrigara. Quando da elaboração do contrato não houve nenhuma representação falsa da realidade em sua mente. Todo ambiente objetivo foi projetado com fidelidade em sua psique. O evento superveniente é que trouxe modificações. A sua opinião, a sua idealização, naquele instante, era correta, exata. A sua vontade foi exteriorizada baseada em elementos corretos, certos, exatos, em perfeita harmonia com o mundo exterior" (ob. cit., p. 124).

60. Ob. cit., p. 126.

61. Artigo cit., *Revista da Faculdade de Direito de Lisboa*, Suplemento, 1958, p. 146.

62. "A crítica geralmente movida contra a idéia de Giovenne, que, aliás, este previu, mas não conseguiu afastar, consiste em não se poder falar na existência de erro,

192 A TEORIA DA IMPREVISÃO NO DIREITO CIVIL E NO PROCESSO CIVIL

Amílcar Freire dos Santos[63] – em didáticas considerações sobre a diferença entre *erro* e *imprevisão* – também rejeitou a teoria.

Pela análise da doutrina de Giovenne, reforçada pelas apreciações críticas dos estudiosos do tema, constata-se que as bases nas quais se assentou sua concepção são extremamente frágeis. Não é possível, no plano jurídico, estabelecer-se um confronto entre a representação psicológica e uma realidade ainda não configurada.

Entretanto, para a rejeição da doutrina de Giovenne um outro argumento – talvez definitivo – precisa ser arrolado e enfatizado. Trata-se da exata noção do que seja *erro* no campo dos atos jurídicos. Ao se falar em *vícios do consentimento*, genericamente, e em *erro de fato*, de forma específica, a primeira idéia que nos surge é a do integral conhecimento deste defeito, não como anomalia, antes como normalidade. Embora o que uma das partes supunha verdadeiro, no momento do ato vinculativo, correspondesse exatamente àquilo que ela acreditava ser, em verdade não era, ficando evidente a existência de um defeito já no ato da contratação. Como o acontecimento anormal, alterador das circunstâncias em que a contratação foi assentada, é acontecimento futuro, de forma imprevisível (trata-se de evento anormal que foge à álea natural do contrato, postando-se na *aura contratual*, fora do

em sentido técnico-jurídico, quando a divergência se verifica entre uma representação psicológica actual e uma realidade futura. Não basta, como pretendia Giovenne, que haja divergência entre o que se pensa e o que há de existir. A noção de erro pressupõe a possibilidade de conhecimento; ora, não há essa possibilidade de conhecimento quanto ao futuro, pois dele todos somos ignorantes. E nem sequer se pode dizer que a divergência entre a representação psicológica e a realidade futura tem de ser reconduzida ao momento da representação; na verdade, nesse momento, e por hipótese, não havia erro, ou seja, o que a parte tinha como existente correspondia àquilo que se verificava".

E conclui com as dificuldades reconhecidas pelo próprio Giovenne para a aceitação de sua teoria: "Por outro lado, não se vê bem como o regime da caducidade dos contratos viciados por erro poderia convir à teoria da imprevisão. O próprio Giovenne sente a dificuldade, pois afirma que não seria forçoso aplicar o regime da lei sobre o erro, pois este representa apenas um dos meios de tutela dos interesses em causa. Mas, admitida a diversidade de regime, não parece razoável defender a identidade de institutos" (Luís Alberto de Carvalho Fernandes, artigo cit., *Boletim do Ministério da Justiça* (Coimbra) 128/94-95).

63. "Enquanto que pelo erro o vício é inicial, isto é, que o contratante, sujeito dum erro sobre uma das obrigações que ele assumiu, sofre um prejuízo no seu património desde o momento da formação do contrato, pela imprevisão a convenção, que é perfeita no momento da sua conclusão, não se torna prejudicial para o devedor senão pela continuação no futuro, quando o acontecimento imprevisto e suas conseqüências fizeram já a sua obra. Cremos que esta diferença é essencial para pôr de lado esta teoria" ("A teoria da imprevisão no direito privado", *Revista da Ordem dos Advogados* (Lisboa) 3-4/265, ano 10).

NATUREZA JURÍDICA DA IMPREVISÃO

pacto), fica difícil – se não impossível – apoiar a teoria da imprevisão no erro, como pretendeu Giovenne. Principalmente se, para tanto, for necessário aceitar o evento imprevisível como erro surgido na execução, e não preexistente a ela, já na vinculação, como é de sua natureza.

12.1.1.10 (a) Cogliolo – O mútuo consenso e (b) Bruzin – Situações contratuais e extracontratuais: As teorias formuladas por Cogliolo e Bruzin apresentaram pontos comuns de identificação, razão por que ora são estudadas em conjunto.

(a) Pietro Cogliolo, analisando o processo volitivo, disse: "A rescisão de um contrato depende da cessação do mútuo consenso daqueles objetivos que, sem terem sido previstos pelas partes em acordos expressos, foram todavia pressupostos da vontade dos contraentes".[64]

Entre os juristas portugueses, José Maria Barbosa de Magalhães[65] deu integral apoio a esta doutrina. Procurou justificar sua aceitação ressaltando que o mútuo consenso – na condição de elemento essencial à validade dos contratos – sancionaria de imediato o conteúdo das vontades. Identificado este conteúdo, de pronto se poderia saber qual foi a intenção das partes contratantes, sem que elas fossem obrigadas a cumprir aquilo que nem sequer podiam prever no momento vinculativo. Ora, se desde o momento em que o contrato foi celebrado até aquele em que deveria ser cumprido – explicou – o meio objetivo sofreu transformações de tal sorte que as condições determinantes da formação do desejo contratual deixaram de existir, não seria ousado dizer-se que tal contrato deveria ser rescindido, pois lhe faltaria o elemento essencial do mútuo consenso – arrematou o jurista lusitano.

Pelas coordenadas traçadas, constata-se que para Barbosa de Magalhães qualquer alteração da base negocial, modificadora da economia contratual, não estaria incluída no *mútuo consenso* manifestado no instante da vinculação ao pacto – razão fática e jurídica suficiente para justificar a revisão ou resolução judicial da convenção.

(b) O eixo da construção de Eugène Bruzin[66] fixou-se na distinção entre o que chamou de *imprevisão legítima* – conseqüentemente,

64. Ob. cit., p. 420.

65. "A teoria da imprevisão e o conceito clássico de força maior", *Gazeta da Relação de Lisboa*, ano 37ª, pp. 129 e ss.

66. "Le rôle du juge est donc dans chaque cas de déterminer objectivement, mais en considération de l'époque, du milieu, de la personalité du débiteur, si l'événement et ses conséquences relatives à l'éxécution de l'obligation pouvaient être prévus au moment de la conclusion du contrat. Il doit apprécier si cet événement et ses consé-

194   A TEORIA DA IMPREVISÃO NO DIREITO CIVIL E NO PROCESSO CIVIL

desculpável – e *imprevisão culposa*, concluindo que ilegítima deveria ser considerada a que não se apresentasse como suficientemente provável no instante do nascimento da convenção. Entendia que sua base estaria nos princípios formadores dos pactos, reservando um papel preponderante para o *mútuo consenso*. Defendia a manifestação da vontade sempre como relativa, condicionada ao ambiente de seu nascimento.

Bruzin[67] dizia que as partes, ao manifestarem suas vontades, conservavam o ambiente objetivo em que se encontravam, pelo quê o *mútuo consenso* não poderia ultrapassar os limites das circunstâncias que houvessem cercado o querer dos contratantes. Procurando melhor ilustrar seu pensamento, explicava que se alguém contratasse prestações sucessivas que, no instante da vinculação, representassem um percentual de seus ganhos mensais e depois, por circunstâncias totalmente imprevisíveis e alheias ao seu querer – para as quais não tivesse concorrido, tais como uma imposição governamental que trouxesse modificações na economia do contrato celebrado –, essas prestações sucessivas ascendessem à quase-totalidade de seu orçamento (dentro do qual o pacto fora previsto), seria inegável a ocorrência de uma modificação que, se tivesse sido possível prever no instante da contratação, faria com que o contrato perdesse seu sentido ou, quando não, se pautasse por outras condições. Ocorria, assim, na sua avaliação, uma alteração da relatividade do meio no qual a vontade fora manifestada pela parte. O vínculo contratual acabaria por adquirir uma extensão, em sua aplicação, diversa da inicialmente contratada.

Advogava, ainda, a existência de dois momentos no vínculo obrigacional:

1) *domínio do previsível* – o contrato seria elaborado com caráter obrigatório, dentro do campo da regra *pacta sunt servanda*;

2) *domínio do imprevisível* – circunstâncias inexistentes no momento da contratação, inteiramente imprevisíveis, alterariam a base do negócio, trazendo a possibilidade de lesão a uma das partes, sendo, então possível o recurso à teoria da imprevisão.

Para melhor distinção, chamou de circunstâncias *contratuais* as que se colocassem no campo do *previsível* (onde a força do *pacta sunt*

---

quences avaient alors un caractère de probabilité suffisant pour qu'il y ait imprudence à s'engager" (*Essai sur la Notion d'Imprévision et son Rôle en Matière Contractuelle*, p. 381).

67. Ob. cit., *apud* Julien Bonnecase, *Supplément au Traité Théorique et Pratique de Droit Civil*, Supplement III, v. I, n. 1.

NATUREZA JURÍDICA DA IMPREVISÃO

servanda seria total), e de *extracontratuais* as do plano da *imprevisibilidade*. Deste modo, tanto credor como devedor estariam aptos a representar mentalmente os efeitos que suas vontades pudessem conceber ou prever no momento vinculativo. O acordo de vontades, assim, jamais poderia ter maior alcance do que a extensão do *previsível*, nunca abrangendo situações excepcionais, resultantes de alterações anormais na base econômica do pacto – quando, então, estaria incluindo, de forma inaceitável, a *imprevisibilidade*.

Foi daí que Bruzin[68] extraiu a distinção entre *circunstâncias contratuais* e *extracontratuais*. No domínio do *previsível* as circunstâncias apresentariam caráter contratual. Passando para o que chamou de *campo extracontratual* (ausência de correspondência entre a formação do contrato e sua execução), a obrigatoriedade de cumprimento do pacto desapareceria. Entendia Bruzin que a teoria da imprevisão se continha na interpretação da vontade dos contratantes, por meio da qual "(...) nem o devedor quis assumir, nem o credor pensou honestamente em receber outras obrigações que não as calculadas ou previstas, segundo o ambiente econômico e jurídico do instante em que o contrato se instalou".[69]

Inicialmente, é preciso registrar que aceitar a doutrina de Cogliolo seria levar os efeitos do consentimento muito além de suas fronteiras (que terminam após a manifestação da vontade contratual), sem qualquer sustentáculo jurídico.

Discordando das idéias de Cogliolo, e principalmente do posicionamento assumido por seu conterrâneo, o professor Barbosa de Magalhães (que aceitou e divulgou em Portugal aquela doutrina), Carvalho Fernandes,[70] o jurista lusitano tantas vezes referido, observou que a formulação se apoiava em supervalorização do mútuo consenso. Este

---

68. Ob. cit., *apud* Julien Bonnecase, ob. cit., v. I, n. 278, n. 1.

69. Ob. cit., *apud* Luís Maria Rezzonico, *La Fuerza Obligatoria del Contrato y la Teoría de la Imprevisión*, p. 30.

70. "A posição do professor Barbosa de Magalhães peca, desde logo, por considerar a subsistência do mútuo consenso como condição de validade do contrato. Ora, tal não é de se admitir, pois o mútuo consenso apenas necessita existência no momento da celebração do contrato. Uma vez verificado, continua a vincular as partes, independentemente da sua subsistência. Admitir o contrário levaria à possibilidade de o contrato perder a sua força vinculativa por determinação apenas de um dos contraentes – ele poderia sempre alegar que já não o desejava e, assim, invocando a falta de mútuo consenso, fazer cessar os seus efeitos" (artigo cit., *Boletim do Ministério da Justiça* (Coimbra) 128/92).

196 A TEORIA DA IMPREVISÃO NO DIREITO CIVIL E NO PROCESSO CIVIL

só seria indispensável no nascimento do pacto. O que ocorresse depois representaria a conseqüência lógica da vinculação.

Rejeitando a teoria de Bruzin, como também já fizera com a de Osti – para ele, extremamente assemelhadas –, entendeu Carvalho Fernandes[71] que em ambas existiria uma exagerada valoração dos motivos individuais dos contratantes, concepção que a doutrina majoritária sobre o tema vinha rejeitando sistematicamente.

As idéias de Cogliolo, bem como de seu defensor em Portugal (Barbosa de Magalhães) e de Bruzin, na tentativa de justificar a aceitação do princípio da imprevisibilidade, configurando-lhe a natureza jurídica, quer pela defesa do *mútuo consenso*, quer pela identificação de *circunstâncias extracontratuais*, colidem frontalmente com uma barreira intransponível, razão principal de sua rejeição: a manifestação de vontade, uma vez expressa no sentido positivo da contratação, não é mais passível de produção de quaisquer efeitos no contrato. Toda sua energia esgota-se no instante da vinculação. Querer invocá-la *a posteriori*, com vistas à obtenção de revisão ou resolução dos pactos, por alteração de sua base econômica, não tem qualquer consistência jurídica. A teoria acabou por ser vítima de sua própria pretensão de alcance, ao tentar transformar um plano objetivo – em que foi pensada e exteriorizada a manifestação de vontade (alicerce da base negocial, para Oertmann) – em subjetivo. A vingar esta tese de alargamento do entendimento do *mútuo consenso*, o menor risco que se correria seria o de escancaramento das portas contratuais à possibilidade de alteração do convencionado por apenas uma das partes – o que, juridicamente, se afigura como inadmissível –, trazendo o óbvio enfraquecimento do vínculo contratual e, por decorrência, da própria segurança das negociações.

De resto, pela sua semelhança com a pressuposição de Windscheid, as mesmas críticas se lhe podem ser feitas.

---

71. "Aceitar a teoria da imprevisão com tal fundamento era dar razão aos seus contraditores, quer na medida em que eles a combatem como intolerável causa de insegurança no direito das obrigações, quer quando afirmam que a vontade das partes se não pode considerar sequer existente no sentido em que estes autores a entendem. Na verdade, muito mais de acordo com a realidade seria entender que nos contratos a longo prazo as partes o celebraram precisamente para se porem a coberto de futuras e possíveis alterações de certas circunstâncias. Assim, esta alteração, em lugar de constituir uma limitação da vontade dos contratantes, seria antes a razão determinante da celebração do contrato" (artigo cit., *Boletim do Ministério da Justiça* (Coimbra) 128/93).

NATUREZA JURÍDICA DA IMPREVISÃO

Em breve recenseamento do que até aqui foi exposto (determinação da natureza jurídica da teoria da imprevisão com base na vontade das partes), a insofismável verdade é que o problema principal de constatação da fragilidade destas teorias ainda não foi superado. Quando se assenta uma concepção no *voluntarismo* fatalmente se é levado ao campo dos *motivos*. Deste ponto em diante adentra-se o espaço do arbítrio. E isto, em qualquer teoria, é inaceitável.

12.1.2 Doutrinas com sustentação na concepção de Direito

12.1.2.1 Bonnecase – A exata noção de Direito: Na concepção de Bonnecase[72] seria desnecessária a utilização da moral, da eqüidade, da hermenêutica contratual, da boa-fé ou de quaisquer outros princípios para a justificativa de aceitação e emprego da teoria da imprevisão com vistas à revisão ou resolução dos pactos. Entendia como suficiente a *exata noção de Direito*, em seu mais amplo e profundo sentido.

Assim, tanto o abuso de direito, o enriquecimento sem causa e, de resto, a própria imprevisão nada mais seriam do que reflexos da correta conceituação da Ciência do Direito. Fazendo uma distinção entre eles – abuso de direito, enriquecimento sem causa e imprevisão –, explicou que o primeiro seria a manifestação de um desequilíbrio entre dois patrimônios e que, hierarquicamente, estaria acima do enriquecimento sem causa; o segundo, um novo rumo dado às coordenadas do pacto primitivo, um verdadeiro desvio de rota, levando à injustiça, sob o manto da legalidade aparente; quanto à imprevisão, Bonnecase[73] dizia que ela estaria colocada sob o abuso de direito, que, de resto, seria a própria contrariedade ao direito positivo. Para o professor de Direito de Bordeaux a doutrina da imprevisibilidade se situaria acima do enriquecimento sem causa, e este, acima do abuso de direito. Esta conclusão de valoração gradativa poderia ser facilmente obtida por meio do que chamou de *exata noção de Direito*. Ele os diferenciava hierarquicamente.

---

72. Ob. cit., v. III.

73. "À son tour, l'imprévision se trouve placée au-dessus de l'abus des droits, car elle vient non seulement maintenir le droit positif dans son domaine propre, mais encore heurter et contrarier le droit positif. Celui-ci éxige, en effet, que les contrats s'aient fidèlement exécutés; en venant permettre au juge de les modifier dans l'intérêt de l'un des intéréssés, il est évident que la notion d'imprévision aboutit à la transformation du droit positif" (ob. cit., v. III, pp. 314-315).

198 A TEORIA DA IMPREVISÃO NO DIREITO CIVIL E NO PROCESSO CIVIL

Como não podia ser de outra forma – e tem sido preconizado por juristas do mundo inteiro, em todos os tempos –, Bonnecase[74] aceitava e recomendava o uso da imprevisibilidade apenas como remédio de exceção.

Medeiros da Fonseca,[75] tentando interpretar a doutrina de Bonnecase, relatou que para o professor bordalês, embora a Ciência do Direito fosse impotente para realizar sozinha, sem a ajuda da Moral, sua obra de harmonia em alguns domínios (por exemplo, no direito de família), todavia, em matéria de direito patrimonial seria uma noção que se bastaria a si própria. Prosseguiu dizendo que a exata noção de Direito configuraria o elemento de equilíbrio entre pretensões e interesses contrapostos. E esta noção ditaria, por si mesma, a solução na questão da imprevisão, impedindo que uma das partes comprometidas em uma relação jurídica esmagasse a outra, em seu benefício. Completou seu pensamento afirmando que emanações diretas da noção de Direito forneceriam a compreensão do que seriam o enriquecimento sem causa, o abuso de direito e a imprevisão.

Embora na condição de remédio jurídico a ser utilizado na excepcionalidade, os autores das diversas teorias sobre a imprevisão sempre tiveram em mente que a doutrina deveria ter grande abrangência. Com base nesta premissa, criticando a teoria de Bonnecase, Freire dos Santos[76] não a aceitava integralmente, em razão de seu caráter restritivo.

Para Bonnecase só a justiça teria importância, relegando a plano secundário até seus princípios informadores. Tentando evitar confusões – conquanto assentada no direito natural – traçou coordenadas

---

74. "C'est porquoi nous estimons, à l'encontre de certains auteurs, que l'imprévision n'est pas appellée à jouer dans des cas particuliers et isolées, mais bien, au contraire, dans des hipothèses où un événement imprévu, qu'il soit d'origine humaine ou naturelle, a empiré la condition de toute catégorie de débiteurs" (ob. cit., v. III, p. 629).

75. Ob. cit., pp. 225-226.

76. "O Direito não é, porém, constituído, apenas, por emanações do sentimento de justiça. Ao lado deste, há outros elevados princípios – segurança, liberdade, utilidade social – que também se impõem, e o Direito não é mais que o resultado da conciliação de todos esses elevados princípios.

"Mas essa conciliação é feita pelo legislador. E o trabalho do intérprete, quando está em frente daquilo que lhe parece uma exigência do sentimento de justiça, mas que não se encontra regulada na lei, não consiste apenas em verificar essa exigência. Há que ver, antes de mais nada, se a existência de outros princípios que o legislador tomou em consideração não exclui a regulamentação que nos parece justa" (artigo cit., *Revista da Ordem dos Advogados* (Lisboa) 3-4/271).

NATUREZA JURÍDICA DA IMPREVISÃO 199

para disciplinar sua teoria a fim de que fosse identificada com o nome de *exata noção de Direito*.

A concepção deste autor quanto a serem oriundos da correta noção de Direito institutos como os do abuso de direito, enriquecimento sem causa e imprevisão, sob todos os aspectos, é incensurável. Há necessidade, contudo, de um exame mais profundo de sua proposição. Embora possa a aceitação da teoria da imprevisão assentar-se com solidez no equilibrado sentimento de justiça, somente ele não esgota a concepção. Significa que isto apenas não é suficiente para que os tribunais a aceitem e apliquem a doutrina. Em relação ao abuso de direito, uma base legal para seu reconhecimento e rejeição já foi estabelecida. É fundamental, então, que se instalem as mesmas bases para o enriquecimento sem causa e para a imprevisão (o futuro Código Civil disciplinou o enriquecimento desmotivado e a imprevisibilidade – arts. 883-885 e 478-480, respectivamente), depois do quê aceitação e aplicação poderão ser fulcradas na simples e *exata noção de Direito*. Antes de levantados tais alicerces, somente a proposição contida na doutrina de Bonnecase – embora de resistente estrutura dogmática – não pode ser tomada como perfil sólido e definitivo da natureza jurídica do *remedium iuris* de exceção.

12.1.3 Doutrinas com suporte em princípios éticos e ético-jurídicos

12.1.3.1 (a) Voirin e (b) Ripert – A noção moral de equivalência das prestações: Pierre Voirin e Georges Ripert levaram ao extremo a valorização da moral.

(a) No auge das acaloradas discussões e da profusão de teorias sobre a imprevisão, entenderam alguns juristas que, por razões de moralidade superior, em todo contrato de execução diferida – e nos contratos em geral – deveria sempre existir a equivalência das prestações, como corolário lógico de justiça comutativa. Para os canonistas foi esse o primeiro fundamento do princípio da imprevisibilidade, surgida na Idade Média, profundamente influenciada pela moral religiosa, que, entre outras coisas, combatia veementemente a usura. Entretanto, por um outro prisma, observaram também os juristas defensores de princípios morais nas contratações, que sempre deveria estar presente uma noção econômica de segurança, a exigir o respeito fiel ao convencionado, na forma estabelecida. Destes dois interesses foi que Voirin[77] viu surgir a teoria sobre a alteração da base negocial, com uma

77. *De l'Imprévision dans les Rapports de Droit Privé*, p. 27.

200 A TEORIA DA IMPREVISÃO NO DIREITO CIVIL E NO PROCESSO CIVIL

penetração cada vez maior da Moral no campo do Direito. Para ele imprevisão era sinônimo de *moralidade superior*, definindo-a como um princípio geral de Direito, situado acima e além do próprio ordenamento jurídico.

Na condição de verdadeiro critério finalístico e teleológico da ciência jurídica, de princípio imediato e formador de normas, percebeu Voirin a Moral ligada à própria juridicidade. Procurou traçar paralelos entre os princípios que entendeu colidentes, isto é, entre a moralidade superior, indissoluvelmente ligada à juridicidade e à segurança, bem como à certeza das relações jurídicas contratuais, consubstanciadas na regra *pacta sunt servanda*. Deste entrechoque, no seu entender, deveria sempre prevalecer o princípio da moralidade superior (imprevisão), desde que presentes os pressupostos de sua admissibilidade.

Para ele a solução nasceria do confronto. Dizia que, sendo a teoria da imprevisão um postulado determinante dos desvios surgidos na busca do critério finalístico do Direito, deveria estar inserida na categoria de verdadeiro princípio geral, como a boa-fé, o bem comum, a ordem pública. Por este ângulo, deveria pairar acima das normas de direito positivo, porque se apresentaria como um juízo de valor superior. Em contrapartida, a certeza de um pacto alicerçado na regra *pacta sunt servanda* seria tida como simples norma de direito positivo.

Voirin não negou o valor da segurança no cumprimento das obrigações, como fator de equilíbrio econômico e social. Sugeriu, no entanto, uma técnica conciliatória das duas noções de exigência, condicionando-se a segunda à existência da primeira. Segurança dos pactos, mas dentro dos ditames da moralidade aceita no consenso geral, em harmonia com a consciência média dos homens. Se o objetivo do pacto é a realização de certos fins estabelecidos pelas partes – sob um determinado estado econômico e social – e se circunstâncias especiais modificam o estado inicial em que foram emitidas as declarações de vontade, estarão elas em posição inteiramente diferente daquela em que as obrigações foram assumidas, e, conseqüentemente, sem correspondência com o estado que as gerou, razão por que uma delas – a que estiver diante de uma lesão virtual – deverá receber tratamento diferenciado.

Certos valores (equivalência das prestações e segurança) só seriam realmente conflitantes em certos aspectos – menos importantes, no entender de Voirin. Assim, na aplicação isolada de apenas um destes princípios o resultado seria a constatação de uma grande eqüidistância entre eles, o que já não ocorreria com a sua aplicação simultânea.

NATUREZA JURÍDICA DA IMPREVISÃO 201

Propôs, como solução conciliatória, a adoção da justiça comutativa, com menos rigor do que a exigiam os canonistas, tendo presente apenas a noção moral de equivalência.

Em caráter definitivo, para Voirin a justificativa de aplicação da antiga cláusula *rebus sic stantibus* estaria contida na Moral. Jamais negou que a segurança fosse o grande objetivo a ser buscado nas relações econômico-sociais, não só como garantia da relação negocial, mas também como autêntica mola propulsora do desenvolvimento das atividades jurídicas. Deixou claro que, por mais rigorosos que pudessem ter sido os juristas do Direito medieval, influenciados pelos conceitos morais, nunca chegaram ao ponto de exigir que o Direito se mantivesse indiferente à justiça comutativa, que, em última análise, deveria representar sempre um ideal a ser alcançado.

(b) No universo comportamental, o grande defensor da Moral foi, sem dúvida alguma, o mestre francês Georges Ripert.[78] As teorias que tentaram justificar a imprevisão como oriunda da própria noção de contrato encontraram nele seu mais enérgico opositor. Começou por aproximar a doutrina da noção de lesão, concluindo que uma das partes não se pode prevalecer do direito que o contrato lhe conferiu, até à injustiça, em prejuízo da outra. Elucidou que só se pode aferir a desproporção das prestações se se tiver uma noção exata do seu valor, o que nem sempre é possível. O autor da *Règle Morale dans les Obligations Civiles* descartou inteiramente a invocação do direito consuetudinário, condenando a utilização dos usos e costumes, porque poderiam se prestar à exploração de uma das partes pela outra. Ilustrou com o exemplo do comprador que pagasse preço excessivo por um quadro que lhe agradasse. Nesta hipótese – embora comutativo o contrato, porque equivalentes prestação e contraprestação no plano subjetivo – não deixaria de haver lesão, condenável, no seu entender, sob o ponto de vista da Moral. Neste caso – disse Ripert[79] – não seria o desequilí-

---

78. Explicou que: "On ne saurait en effet réduire sans danger l'idée de lésion à la disproportion des obligations avec ou sans limite de calcul, car, pour donner une forme juridique à la règle, on la dépouille alors de son caractère moral, ruinant son fondement sans pour cela arriver à la précision téchnique que l'on vise" (*La Règle Morale dans les Obligations Civiles*, 4ª ed., n. 69, p. 126).

79. "Si la différence de valeur des prestations provient d'un cas fortuit postérieur au contrat, on ne saurait dénoncer cette exploitation. Nous restons simplement en présence d'un déséquilibre qui constitue l'aléa du contrat. Ce dont le commerce souffre, c'est justement de l'acte trop fréquent du contractant se dérobant au contrat conclu, parce que le marché est devenu désavantageux" (ob. cit., n. 85, p. 161).

202 A TEORIA DA IMPREVISÃO NO DIREITO CIVIL E NO PROCESSO CIVIL

brio entre a prestação e a contraprestação que, sob o influxo da Moral, justificaria a mudança ou a extinção da contratação.

Embora defendendo a existência permanente da regra moral como diretriz a reger os contratos, Ripert sempre foi um anti-revisionista. Seu grande argumento nesta postura foi considerar inteiramente ilícita a indução de nova vontade, totalmente oposta àquela anteriormente manifestada, decorrente de fatos exteriores, não autorizados a ensejar a criação de um querer diferente.

E concluiu Ripert[80] ser aquela forma de interpretação inteiramente contrária à natureza dos contratos, observando que o valor intrínseco de uma convenção – que, de resto, garante às partes a segurança necessária e as resguarda contra eventuais circunstâncias adversas ao seu integral cumprimento – não seria compatível com a criação de uma situação extracontratual em substituição ao primitivo estado objetivo vinculatório, com vistas à desobrigação da parte atingida.

Ficaram mundialmente conhecidas suas célebres frases: "Contracter c'est prévoir"; ou "Le contrat est une entreprise sur l'avenir"; ou, ainda, "Tout contract contient une idée d'assurance".

Esta concepção consubstanciava-se no entendimento de que em toda contratação deve haver sempre uma idéia de proteção. Assim – dizia Ripert[81] –, permitir e até estimular a revisão ou resolução do pacto negocial sempre que uma situação nova e anormal se apresente seria subtrair da contratação a garantia que as partes têm justamente contra o imprevisível, e que é, afinal, o principal *desideratum* do contrato, essência de sua segurança.

Entretanto, embora não admitindo como regra geral a revisão ou resolução dos contratos por alteração das circunstâncias fáticas da contratação, Ripert,[82] de forma a causar surpresa, a aceitava, excepcional-

80. "Ce que prévoit le créancier, c'est justement que les choses changeront, et il s'assure contre les inconvénients de cette modification en traitant dès maintenant par une série d'opérations. Il n'a sans doute pas prévu avec exactitude les circonstances futures, mais il a prévu qu'il y aurait une modification des circonstances présentes" (ob. cit., n. 82, p. 156).

81. Ob. cit., n. 84, p. 164.

82. "De même que la nullité pour lésion ne peut se comprendre si on ne voit pas dans la lésion injuste exploitation du débiteur pour le créancier, de même la nullité, la prorogation ou la révision du contrat pour imprévision est inadmissible, si on ne la justifie pas sur cette idée que le contractant ne peut user jusqu'à l'injustice du droit que, juridiquement, lui donne le contrat. Le débiteur ne peut pas manquer à la parole donnée sous le pretexte qu'il n'avait pas prévu l'importance de la ditte ou qu'il payrait plus qu'il ne ce recevrait; il n'a le droit de ne pas s'éxecuter que si, en conscience, il

NATUREZA JURÍDICA DA IMPREVISÃO

mente, com assento na Moral, sob a ótica de que o credor que usa do seu direito com excessivo rigor comete uma suprema injustiça. Assim, em nome da Moral, o devedor atingido pela má sorte deveria ser protegido, uma vez que, pelo exercício de seu direito creditório, obtendo o credor um enriquecimento injusto, teria cometido um abuso de direito, veementemente condenado pela Moral. Embora contraditória (por um lado, nega; por outro, admite), orientou-se esta postura para uma melhor e mais justa apreciação da questão.

Procurando traçar diretrizes seguras para a admissão da revisão ou resolução – em princípio, por ele não aceitas – diante da ocorrência de fatos imprevisíveis, Ripert,[83] sempre em nome da Moral, explicou que o abuso começa quando o desequilíbrio no contrato é de tal sorte que o contratante beneficiado não poderia prever as vantagens que o negócio lhe iria trazer, decorrentes de um acontecimento excepcional. A fim de que a revisão fosse admitida, imprescindível seria que, a par com aqueles acontecimentos, a execução da prestação pelo devedor se constituísse em uma lesão desproporcional ou, de forma mais comum, marcada pela excessiva onerosidade. Neste aspecto, o ilustre Mestre da Universidade de Paris encerrou seu pensamento dispondo, em termos vigorosos e objetivos, quais seriam as bases da Moral a serem incorporadas às leis positivas no campo obrigacional, princípio que, aprioristicamente, proibiria ao credor enriquecer-se à custa do devedor. Ripert apresentou a seguinte proposição: "O juiz poderá ordenar a resolução ou a revisão do contrato primitivo quando, em conseqüência de circunstâncias que não podiam ser previstas, o devedor sofrer um prejuízo considerável e o credor vier a retirar um proveito injusto de um contrato que não haja sido inspirado por um fim específico".[84] Melhor seria ter dito: devedor e credor *estivessem em vias de sofrer um prejuízo* – uma vez que a questão discute uma lesão virtual, e não objetiva.

Ripert[85] não deixou quaisquer dúvidas quanto a ser favorável à revisão ou resolução dos contratos não pela ocorrência de fatores imprevisíveis propriamente, mas pela possibilidade de lesão posterior, sempre sob o manto da Moral. Para ele, a exemplo da primeira doutri-

---

peut être déchargé, par ce que le créancier réclame à ses dépens un enrichissement injuste" (ob. cit., n. 86, pp. 162-163).

83. Ob. cit., n. 86.

84. Idem, ns. 87-88.

85. Idem, n. 88.

204 A TEORIA DA IMPREVISÃO NO DIREITO CIVIL E NO PROCESSO CIVIL

na sobre o tema, formulada por Bártolo, na Idade Média, o relevante eram os efeitos, não a causa dos mesmos – no que não deve ser louvada sua conclusão. Pela ótica preconizada pelo mestre francês (relembre-se: "Contracter c'est prevoir" e "Tout contract contient une idée d'assurance"), a rigidez do princípio *pacta sunt servanda* acabou por perder o caráter dogmático inicial, uma vez que admitiu, em nome da Moral, que os contratos alterados por eventos imprevisíveis pudessem ser revistos.

Carneiro Maia,[86] com rara felicidade, sintetizou o pensamento de Ripert.

Discordando da doutrina defendida por Voirin e Ripert, e demonstrando ser inaceitável que os pactos só pudessem ter validade diante da equivalência das prestações, posicionou-se Amílcar Freire dos Santos.[87]

Anísio José de Oliveira[88] também criticou as formulações, embora visse nelas mais pontos convergentes do que divergentes na busca da estruturação jurídica da imprevisão. Concluiu que o conceito de moral é movediço, variável e escorregadio. Acrescentou que ela oscila até mesmo como ideologia política que o cidadão adote. Há uma moral cristã, como há uma moral budista, ou uma outra para os ateus – acrescentou. No entendimento marxista é moral o que está de acordo com o interesse, com a finalidade do Estado. No plano da Moral, como no de quase todas as coisas, tudo é relativo; de absoluto nada

---

86. "Na sua clássica e tão invocada obra, Ripert, reavivando a crítica dos civilistas pelo rompimento com a tradição e a repulsa da lesão como regra, deduz que suas aplicações constituem evoluções fatais do pensamento jurídico, impostas pelas necessidades do momento".

E finaliza: "Mas não é curioso que, depois de um século de liberalismo e de admissão excessiva pelo contrato, expressão de vontade livre, retorne-se à doutrina dos nossos antigos jurisconsultos, que era toda impregnada da idéia moral evidenciada pelos canonistas? Já não acreditamos mais na justiça contratual. Debaixo da submissão aparente do devedor vemos a revolta profunda do justo, lesado por um sacrifício que vai enriquecer, injustamente, o mais forte e o mais hábil. E o Direito perquire se não andou mal em desdenhar o ensinamento da velha Moral que faz basear o contrato sobre a justiça e não a justiça sobre o contrato" (ob. cit., p. 201).

87. "(...) não é possível – nem o pretendeu o próprio Voirin – que a equivalência objetiva das prestações seja elevada à condição normal de validade dos contratos. Erigir em regra geral de Direito o princípio da equivalência objetiva seria um resultado desastroso para a segurança das convenções, condição fundamental do progresso da vida econômica. As necessidades do comércio jurídico exigem a estabilidade das obrigações assumidas" (artigo cit., *Revista da Ordem dos Advogados* (Lisboa) 3-4/269).

88. Ob. cit., p. 144.

NATUREZA JURÍDICA DA IMPREVISÃO

existe. Observou ainda que em Direito sempre se deve trabalhar com elementos objetivos e deixar de lado os que primam pela suprema mobilidade. Prosseguiu observando que Ripert não fez qualquer distinção entre risco previsível e imprevisível. Todo contrato comporta, evidentemente, um juízo valorativo sobre o que as partes contratam precisamente, na previsão das suas próprias variações. Neste sentido – concluiu – tem razão Ripert quando afirma que *contratar é prever*. Contudo, esqueceu-se de que, além desse risco previsível, há também um outro imprevisível, a ser levado em conta pelos contratantes, e em especial pelo julgador.

Falando sobre a lesão e enfatizando sua origem na moral cristã, Carneiro Maia[89] a situou nos primórdios da concepção de Direito, no Império Romano.

Até o início da I Guerra Mundial a jurisprudência francesa orientava-se unicamente para o exame da legalidade das cláusulas contratuais, mas na doutrina já começavam a surgir juristas que entendiam ser possível o reexame dos pactos diante de situações excepcionais. Depois do grande conflito armado (1914/1918), mais precisamente em 1920, Ripert começou a mudar gradativamente seu ponto de vista, passando a dizer que "(...) a revisão do contrato só seria admissível caso se verificasse um acontecimento extraordinário, fora da previsão humana, segundo o verdadeiro sentido da cláusula *rebus sic stantibus*".[90] Entretanto, o jurista francês insistia na cautela do seu emprego, porque "(...) admitir a revisão dos contratos sempre que se apresentasse uma situação que não foi prevista pelas partes seria tirar do contrato sua principal utilidade, que consistia em garantir o credor contra o imprevisto".

Registre-se que Ripert nunca chegou a ser francamente favorável à aplicação da imprevisibilidade no direito privado, como ainda é o pensamento dominante na doutrina francesa. Sempre a entendeu como contrária à segurança das contratações. Ripert,[91] em obra posterior

---

89. "Parece que este problema da lesão foi posto, pela primeira vez, pela moral cristã. Talvez a célebre Constituição atribuída a Deocleciano, sobre a venda, tenha sido inspirada, ela própria, pelos preceitos da religião nova. Em todo caso, o grande trabalho dos canonistas no estudo do contrato tem sido o de impedir a injustiça usurária. E mais a tese variou se na prática foi necessário ceder às exigências do comércio jurídico" (ob. cit., p. 203).

90. Ob. cit., n. 391.

91. "Alega-se que, em todo contrato, deve-se sempre presumir uma cláusula *rebus sic stantibus*. A jurisprudência recusou-se a seguir os defensores desta tese. A solução parecia-lhe, e com razão, inconciliável com os princípios do Código Civil. Por

206 A TEORIA DA IMPREVISÃO NO DIREITO CIVIL E NO PROCESSO CIVIL

(1935), depois de alguns anos de vigência da *Lei Failliot*, retomando o tema e passando, então, a admitir seu emprego, em nome dos interesses coletivos, alinhou-se, no mais, com a doutrina e a jurisprudência então dominantes no direito público.

Do exposto se extrai que a formulação apresentada por Voirin (*domínio do previsível* e do *imprevisível*) – embora exposta sem o brilhantismo de que era dotado seu mestre – foi menos criticada que a de Ripert (*regra moral sobre as obrigações civis*).

É necessário considerar: o subjetivismo pertence ao campo da Filosofia. Tentar utilizá-lo, como fez Ripert, para balizamento do caminho a ser adotado pelo ordenamento jurídico, intentando substituir sinalizações de caráter objetivo pelas quais ele sempre se orientou, criaria um inseguro relativismo de conceitos e, em decorrência, situações juridicamente insustentáveis. A despeito da justeza e do brilho de sua argumentação, a proposta foi de uma subjetividade tão grande que acabou por atrair reiteradas críticas, não sendo aceita nem como justificativa para a determinação da natureza jurídica da imprevisão, nem para a terapêutica excepcional de sua aplicação.

12.1.3.2 Medeiros da Fonseca – A eqüidade e a justiça: Medeiros da Fonseca,[92] um dos mais completos e profundos estudiosos do problema da imprevisão entre nós, depois de analisar as teorias mais importantes, apontando suas virtudes e falhas, expôs em que termos a acolhia. Começou por lembrar que não havia discrepância de entendimento quanto à necessidade de se entregar definitivamente ao legislador a regulamentação do princípio. Acentuou que entre nós, sendo ainda a teoria da imprevisão aplicada *de iure constituendo*, a grande questão que se apresentava era a de precisar se, diante de alterações

---

que razão se deveria supor que os contratantes tivessem tido a intenção de só manter o contrato se as coisas não mudassem? Seria igualmente verossímil afirmar que eles haviam feito um contrato de longa duração justamente porque tinham previsto a mudança das coisas, sem o quê bastaria negociar dia a dia ... A teoria da imprevisão, na realidade, levanta-se contra o contrato; trata-se de fazer ceder a execução regular, porque uma das partes sofre demasiado com esta execução. A jurisprudência civil não podia admitir um tal atentado à força contratual; e, se o Conselho de Estado se mostrou mais favorável à revisão (*Lei Failliot*, 5.8.1918), foi justamente porque a necessidade da execução do serviço público lhe parecia ter mais importância que a aplicação regular do contrato" (*Le Régime Démocratique et le Droit Civil Moderne*, ns. 95 e 156, *apud* G. Irinêo Joffily, "A teoria da imprevisão (*rebus sic stantibus*) não deve abalar a seriedade dos negócios", *Revista de Informação Legislativa* (Senado Federal) 35/90-91).

92. Ob. cit., p. 235.

NATUREZA JURÍDICA DA IMPREVISÃO

anormais na base econômica do pacto, face a face com a lesão virtual, teria o juiz, em princípio, a faculdade de adequá-lo à nova situação fática ou, quando não, extingui-lo. Esclareceu que quando o evento modificador trouxesse apenas um aumento ou dificuldade para o devedor da obrigação, sem acrescer qualquer vantagem para o credor, "(...) não haveria iniqüidade nenhuma em exigir do primeiro o cumprimento da obrigação livremente assumida". Nada justifica, nem o Direito sanciona – explicou –, o sacrifício do credor e o decorrente benefício do devedor, já que a estabilidade dos contratos, autêntica exigência social, não pode levar a injustiça alguma. Por outro lado – continuou –, diante de alteração profunda e imprevisível, iminente a lesão do devedor – com visível e palpável acréscimo de benefícios para o credor –, os elementares princípios de justiça comutativa estariam ausentes se, em nome da regra *pacta sunt servanda*, fosse exigido do devedor da prestação o fiel e integral cumprimento da obrigação assumida. Não é a alteração anormal – concluiu –, que fere o contrato e traz o enriquecimento do credor, o mais importante, mas tãosomente a superveniência imprevisível que se abate sobre ele. Ou, de outro modo: ao contrário da primitiva formulação de Bártolo, no exame da doutrina da imprevisibilidade é a *causa*, não o *efeito*, o que realmente importa.

Entendeu Medeiros da Fonseca[93] ser suficiente o senso de justiça para aceitar a imprevisibilidade, sendo desnecessário valer-se de outros princípios, como moral e boa-fé. Contrapôs o abuso de direito à exata noção de imprevisibilidade, como justificativa para a sanção das regras que sempre entendeu como o fiel-da-balança da comutativida-

---

93. "Da mesma forma que a noção do abuso de direito, hoje geralmente acolhida, impede que se procure desviar o direito positivo, cuja observância se assegura, de sua verdadeira finalidade – reprimindo a injustiça que se acoberta sob a capa de legalidade aparente –, assim também a noção de imprevisão estaria destinada a impedir que o salutar e necessário princípio da irretratabilidade das convenções pudesse, por sua vez, conduzir a injustos enriquecimentos."

Finalmente, procurando dar uma idéia de como concebe este *remedium juris* de exceção, elucidou:

"Quanto ao fundamento da noção de imprevisão, como a acolhemos, não julgamos necessário chegar até a regra moral para justificá-la. O sentimento de justiça dita, por si mesmo, nessa matéria, como uma resultante, a norma que irá impedir o esmagamento de um dos contratantes para o enriquecimento do outro.

"Ela seria, a nosso ver, o justo limite imposto pela consciência comum à noção econômica de segurança, para impedir a iniquidade a que poderia dar lugar a aplicação supersticiosa e inflexível do princípio, necessário em regra, da irretrabilidade das convenções" (ob. cit., p. 236).

208 A TEORIA DA IMPREVISÃO NO DIREITO CIVIL E NO PROCESSO CIVIL

de. Explicou que a base de suas convicções se assentava nos princípios do *alterum non laedere*, informador da eqüidade; em resumo, da exata noção de Direito.

O mesmo autor, esclarecendo o paralelismo existente entre a imprevisibilidade e outros institutos jurídicos já consagrados pelo direito positivo, deixou bastante claro que, entre todas as teorias existentes, sua opção era pela doutrina de Bonnecase, para quem a simples e exata noção de Direito chancelaria a aceitação e uso da doutrina excepcional.

Anísio José de Oliveira[94] criticou a postura de apoio a Bonnecase adotada por Medeiros da Fonseca, reconhecendo o que chamou de "as bases frágeis da teoria", negando-lhes qualquer valoração ou relevância jurídica.

Embora aceitando as idéias expostas por Bonnecase – ou, como criticou Anísio José de Oliveira, uma aceitação com base em "conceitos flutuantes" –, é de justiça registrar que o menos importante na postura de Medeiros da Fonseca foram suas convicções quanto à natureza jurídica da imprevisão, já que neste campo as centenas de doutrinas surgidas nem sempre estiveram corretas. Registra-se como fato mais importante sua redenção. Além de sua condição de pesquisador emérito do tema, a grandeza do jurista residiu menos na justeza das proposições formuladas do que na sua capacidade de rever conceitos que supunha definitivos. De anti-revisionista convicto, depois de análises comparativas e aprofundamentos nos princípios informadores da teoria de exceção, passou a integrar a hoste revisionista, admitindo e aceitando francamente sua aplicação. Destaque-se que para se adotar posição diametralmente oposta à que se tinha – em que os subsídios e argumentos para defesa foram sedimentados em anos de estudos e, não raro, em toda uma vida de confrontos – é preciso, acima de tudo, integridade intelectual e profissional, mente aberta e verdadeiro espírito científico. E estas qualidades jamais faltaram a Medeiros da Fonseca.

---

94. "Infelizmente, diríamos nós, o autor embrenha-se também pelos meandros da incerteza da dúvida. A moral, a eqüidade, como a razão e a boa fé são conceitos flutuantes, como vimos anteriormente. São termos que exprimem uma diversidade, já que cada cidadão, qualquer que seja ele, possui uma noção, uma idéia, do que é a eqüidade, moral, justiça etc.

"Diríamos mais: a imagem, a efígie da Justiça é vaga e inespecífica. Os romanos diziam, como vimos, que a Justiça é a vontade constante e perpétua *suum cuique tribuere*. Outros, que a Justiça é aquela disposição da vontade que 'hace a los hombres inclinados a darme a mi el mío, y a mi me dispone a darles a ellos lo suyo'" (ob. cit., p. 152).

NATUREZA JURÍDICA DA IMPREVISÃO 209

12.1.3.3 (a) Wendt e (b) Naquet – A boa-fé: Como regra de aplicação geral em termos de relação contratual, a boa-fé tem sido o grande fundamento de inúmeras doutrinas (e até de artigos de alguns Códigos, notadamente do Alemão) a justificar a revisão ou resolução dos negócios jurídicos decorrentes da anormal modificação da base contratual.

Partindo do princípio elementar de que é humanamente impossível ao legislador prever todos os incidentes que, na prática, possam surgir em um contrato, Wendt – segundo relato de Osti[95] – considerava a boa-fé como uma perfeita válvula de segurança a ser utilizada para a correta aplicação do Direito ao caso concreto. Esta opinião de Wendt, compartilhada por Naquet[96] – para quem aquele princípio ético seria o componente básico e indispensável na hermenêutica contratual –, dispensaria quaisquer complementações, já que, por si só, seria justificadora da admissão e uso do princípio da imprevisibilidade.

Em abono da tese, segundo Freire dos Santos,[97] apontava Naquet a adoção da doutrina pelas jurisprudências da Hungria, Suíça, Polônia e Alemanha.

Como principal sustentáculo da readequação ou extinção dos pactos decorrentes de anormal alteração da base negocial, entenderam aqueles juristas que agiria de má-fé o credor que, mesmo em face da superveniência de condições transformadoras da economia contratual, determinantes do surgimento da lesão virtual, exigisse do devedor o cumprimento integral do que fora avençado, a despeito de que os encargos adicionais, imprevisíveis, não tivessem sido ocasionados por ele e pudessem levá-lo à ruína financeira.

A seguir, no Título III desta pesquisa, a boa-fé será analisada com mais profundidade e de forma detalhada, na condição de base indispensável para a sustentação do edifício jurídico da imprevisão, desde o Direito Romano, passando pelo direito canônico, até o direito privado dos nossos dias. A referência a estes dois autores objetiva discutir mais uma teoria que tentou fixar a natureza jurídica da doutrina.

Larombière[98] foi talvez o único autor que a admitiu como fundamento da imprevisão na França, totalmente avesso à sua aceitação no

95. In *Rivista di Diritto Civile* 32/664.

96. Naquet, *apud* Julien Bonnecase, ob. cit., v. III, p. 627.

97. Artigo cit., *Revista da Ordem dos Advogados* (Lisboa) 3-4/265.

98. Para ele a boa fé traz em si "(...) tous les sentiments honnêts d'une droite conscience, fuit pousse le désinterèssement jusqu'au sacrifice; la loi bannit des con-

210 A TEORIA DA IMPREVISÃO NO DIREITO CIVIL E NO PROCESSO CIVIL

direito privado (aceita-a apenas no direito público), nos moldes alemães consagrados pelo *Burgerliches Gezetzbuch (BGB)*. Acolheu-a em um sentido bem mais amplo do que primitivamente fora aceita pelo Direito Francês.

Quando se fala em boa-fé, uma das grandes curiosidades é o fato de que, até hoje, ela ainda é invocada tanto pelos que aceitam como pelos que negam o uso da doutrina da imprevisibilidade, ora para admiti-la, ora para rejeitá-la. A boa-fé sustentaria, assim, tanto a aceitação como a recusa de reajuste ou resolução dos contratos por mudança profunda de sua economia. Encampá-la – para alguns – seria um atentado contra a integridade jurídica; afastá-la – para outros –, proscrever elementares princípios contidos na manifestação da vontade.

Em nome da boa-fé muitas vozes se levantaram. Disseram alguns: os contratos deveriam ser cumpridos como estabelecidos, independentemente da mudança do estado de fato em que a execução iria ocorrer (*pacta sunt servanda*), mesmo que isso pudesse trazer sérios prejuízos para a parte atingida. A segurança, com o efetivo cumprimento da obrigação, estaria garantida, em nome da boa-fé. Atitude diversa do avençado adentraria o campo da má-fé. Todas as vezes em que as circunstâncias sofressem profunda alteração que trouxesse para uma das partes a iminência de uma lesão de consideráveis proporções – argumentaram outros – as obrigações poderiam ser revistas ou, na sua impossibilidade, resolvidas de vez, a fim de desobrigar, ainda que de forma parcial, o potencialmente prejudicado, em obediência aos cânones de elementar boa-fé (*rebus sic stantibus*). Não considerar o evento anormal e a possibilidade de gravame para uma das partes, exigindo, assim mesmo, o integral cumprimento da obrigação, seria agir de má-fé.

António de Almeida Santos[99] observou que a boa-fé, "estrela polar do Direito", na conceituação de De Szladits, era outro dos monstros sagrados do subsolo ético dos sistemas de Direito chamados a desempenhar o papel de regra de aplicação genérica no domínio dos contratos. Falando da elaboração do Código Civil Português – especialmente do art. 437º –, prosseguiu o mesmo autor explicando que uma referência à boa-fé sobreviveu à decantação pela Comissão Revisora do articulado, proposta pelo professor Vaz Serra. E, em acréscimo, inda-

---

trats les ruses et les manoeuvres astucieuses, les procédés malhonnêtes, les calcules frauduleux, les dissimulations et les simulations perfides, la malice, enfin (...)" (*Traité Théorique et Pratique des Obligations*, t. I, p. 331).

99. "A teoria da imprevisão ou da superveniência contratual e o novo Código Civil", in *Jornadas Jurídicas – Estudos sobre o Código Civil*, pp. 32-33.

NATUREZA JURÍDICA DA IMPREVISÃO 211

gou se a regra positiva ou princípio jurídico poderiam, na verdade, alhear-se às idéias de direito e de eqüidade. Já se disse – arrematou – que "(...) o Direito não é mais do que a análise do que é eqüitativo e bom. E como negar que moral e boa-fé consubstanciem 'válvulas de segurança' ou 'conceitos amortecedores' de inestimável utilidade contra o desequilíbrio entre a regra abstrata e a particularidade do caso concreto?"

Na fase preparatória do atual Código Civil Português, Vaz Serra,[100] um dos seus grandes idealizadores, observou não proceder de boa-fé o contraente que exige do outro uma prestação que a alteração das circunstâncias tornou inexigível. Esta regra, já constante dos escritos de Planiol, Ripert e Esmein,[101] procura apresentar uma concepção de que todo aquele que contrata deve agir como homem honesto, do princípio ao fim.

Anísio José de Oliveira,[102] embora entendesse como "flutuante" o conceito de boa-fé, demonstrou estar convencido de que ela seria a explicação mais convincente para a justificação da cláusula *rebus sic stantibus*. Explicou que, por não ser possível ao legislador prever tudo o que pudesse surgir na trajetória de um contrato, deveria ser tomada como espada da Justiça, esteio de segurança para a aplicação do Direito aos casos do cotidiano.

Com riqueza de detalhes, Medeiros da Fonseca[103] demonstrou ser contrário à adoção da boa-fé como fundamento para a teoria da imprevisão.

100. Artigo cit., "Separata" do *Boletim do Ministério da Justiça* (Coimbra) 69, p. 305.

101. Paul Smein, Marcel Planiol e Georges Ripert, *Traité Pratique de Droit Civil*, t. VI, ns. 379 e 396.

102. Ob. cit., p. 144.

103. Pelo mesmo fundamento, Medeiros da Fonseca discordou: "Não nos parece que tenha razão o ilustre Professor da Faculdade de Direito do Recife. Se a boa-fé exige a revisão do contrato porque a vontade contratual 'não se teria dirigido no mesmo sentido, acaso pudessem ser previstas as alterações posteriormente advindas à economia do negócio', então o fundamento da teoria deveria ser não a boa-fé, propriamente, mas essa ausência de vontade de obrigar-se. Além disso, boa-fé e eqüidade não se confundem, sobretudo se entendermos esta última não como 'um desvio do que juridicamente seria', segundo a expressão de Windscheid, que Giuseppe Osti repetiu (*Rivista di Diritto Civille*, 1913, v. 4, p. 664), mas como elemento substancial e essência do próprio Direito, que de ser norma de equilíbrio e harmonia entre as pretensões e interesses contrapostos. Fundada a revisão dos contratos na boa-fé, não se tem, na verdade, uma base de orientação segura. Seguimos, pois, o aviso de Osti: não seremos também nós que recorreremos a uma noção mais ou menos vaga, tranqüilizando a consciência com essas duas palavras mágicas" (ob. cit., n. 159, nota 49, pp. 218-219).

212 A TEORIA DA IMPREVISÃO NO DIREITO CIVIL E NO PROCESSO CIVIL

Destaque-se que Medeiros da Fonseca[104] criticou a formulação apoiada naquele conceito ético, por entendê-lo implícito em todos os pactos, não podendo ser destacado como ponto de sustentação para a doutrina de exceção; além do quê, mais que um postulado de elementar segurança social no campo dos pactos, é, antes de tudo, uma regra de conduta, de estrito cumprimento do dever.

Também Anísio José de Oliveira[105] discordou, explicando que nem a moral nem a boa-fé podem servir de alicerce a uma doutrina com a relevância da imprevisão, em razão de sua instabilidade. Este autor descartou totalmente a possibilidade de identificação de sua natureza jurídica com base na boa-fé ou na moral, considerando-as em ponto inatingível do Direito, postura válida até certo ponto, mas com a qual não se pode concordar integralmente.

A boa-fé – conforme será analisada – integra de forma expressa dispositivos dos nossos direitos de família, obrigações, coisas e sucessões, sendo da essência do art. 437º do Código Civil Português, ao compor o princípio da alteração das circunstâncias (imprevisão, em Portugal) no seu direito positivo.

E mais: a Alemanha abre-lhe espaço de forma expressa no § 242 do *BGB*. A tal propósito, depois de expor uma fórmula geral para a aceitação da imprevisibilidade, apoiada na *base do negócio jurídico*, de Oertmann, combinando fatores objetivos e subjetivos, Ennecerus[106] explicou que, caso a incerteza das circunstâncias fosse tomada

104. "Mas, além de que se trata de um conceito muito vago cujos elementos, no próprio dizer de Wendt, 'pertencem às noções imponderáveis', será procedente a afirmação de deverem os ônus decorrentes da superveniência de circunstâncias imprevistas, pelo princípio da boa-fé contratual, recair, de preferência, sobre o credor, quando, ao contrário, as partes, no momento em que contratam, estão, via de regra, convencidas da irrevogabilidade das obrigações que reciprocamente assumem. O respeito à fé prometida não é só uma necessidade decorrente dos princípios superiores de segurança social; é também, como fez sentir Pugliesi, um imperativo moral" (ob. cit., nota 159, p. 218).

105. "São duas concepções que pecam pela base. Pensamos que tanto a boa-fé como a moral são conceitos instáveis, flutuantes e não se prestam para fundamentar construções jurídicas, pois o Direito prefere lidar com elementos objetivos.

"Estas teorias estão na estratosfera jurídica. Quando não se quer dizer nada então diz-se *boa-fé* ou *moral*. Cada indivíduo, é bom que se diga, tem uma idéia do que seja moral ou boa-fé; outros não acham nada e alguns nem conhecessem coisa alguma" (ob. cit., p. 146).

106. Ludwig Enneccerus, *apud* Diogo de Paiva Brandão, "Considerações sobre o problema da imprevisão", *Boletim da Faculdade de Direito da Universidade de Coimbra*, "Suplemento" do v. XXVII, p. 205.

NATUREZA JURÍDICA DA IMPREVISÃO 213

a sério, a outra parte, que tivesse acedido a essa pretensão, estaria procedendo de boa-fé, dada a finalidade do contrato. Completou Enneccerus[107] dizendo que, em última análise, os autores vão pedir aos princípios da boa-fé (§ 242) a justificação do direito de resolução, mandando atender ao conteúdo do pacto e às bases do mesmo (§ 157) para determinar aquilo que, dentro de tais princípios, seria exigível do devedor.

Acrescente-se, a tal propósito, que na própria França – país tradicionalmente anti-revisionista em seu direito privado – a imprevisibilidade só foi aceita pela jurisprudência com apoio na boa-fé.

Ripert, como foi visto – também contrário à sua aplicação –, só a admitia sob esse fundamento ético.

É indispensável registrar, como comentário crítico, que os autores referidos – Medeiros da Fonseca e Anísio José de Oliveira – talvez não tivessem dado a devida importância ao princípio ético da boafé, por entenderem que os que dela se valeram como um dos sustentáculos da doutrina da imprevisibilidade o fizeram em caráter dogmático, passando a impressão de que ela representava autêntica *pièce de resistance* a justificar, por si só, a aceitação do princípio. Se válida a proposição, há nesta postura evidente equívoco. Sozinha, ela realmente não é suficiente para fundamentar a imprevisibilidade e, de resto, seria esta uma posição profundamente temerária. Mas o que está fora de qualquer dúvida é que as relações jurídicas, tanto no direito privado como no público, sem ela são absolutamente impossíveis – daí sua importância. A validade de qualquer manifestação do sujeito de direito – e, em decorrência dos seus efeitos –, em qualquer dos pólos, aliada à eqüidade – como se verá –, condiciona-se à sua presença. Quanto à sua instabilidade, seria suficiente imaginar-se: ruim com ela, pior sem ela – espancando de vez as sombras ao se imaginar relações negociais sem boa-fé.

Em seus estudos sobre a imprevisibilidade, coerentemente, o jurista Nehemias Gueiros[108] sempre afirmou ser indispensável que, a fim de que os contratos fossem executados de boa-fé, seu entendimento sempre deveria ser feito *rebus sic stantibus*.

Sobre o fato de servir a boa-fé tanto para a aceitação como para a rejeição da teoria da imprevisão, paradigmática e ilustrativa foi a pos-

107. *Apud* Diogo de Paiva Brandão, artigo cit., *Boletim da Faculdade de Direito da Universidade de Coimbra*, "Suplemento" do v. XXVII, p. 206.
108. Ob. cit., pp. 108-109.

214 A TEORIA DA IMPREVISÃO NO DIREITO CIVIL E NO PROCESSO CIVIL

tura do já citado Nehemias Gueiros,[109] em contraposição à de Medeiros da Fonseca (a princípio, um anti-revisionista), este último responsável por severas críticas às formulações do primeiro. Curiosamente, ambos se valem do mesmo fundamento para justificar e proscrever a aceitação da imprevisibilidade. Oportuno é destacar não ser possível a conclusão de que ambos estivessem certos, ou ambos errados. Assim, rejeitando a concepção apresentada por Gueiros (pelas mesmas razões que serviram de base para sustentá-la), com sua formação e militância – ainda anti-revisionista –, entendia Medeiros que os contratos só poderiam ser interpretados à luz da regra *pacta sunt servanda*, para ele corolário lógico de segurança do comércio jurídico, considerando o princípio *rebus sic stantibus* – como fizeram outros juristas – uma base insegura e sem qualquer consistência.

12.1.4 Doutrinas alicerçadas no direito positivo

12.1.4.1 Lalou – O alargamento do conceito de caso fortuito: Até o final do século XIX os Tribunais da França, Alemanha e Inglaterra, como conduta-padrão, nunca aceitaram a teoria da imprevisão na condição de princípio jurídico. Em suas decisões sempre procuraram um embasamento para a revisão ou extinção dos pactos, em face das anormais alterações da base negocial, por via do alargamento da concepção de caso fortuito ou de força maior, entendendo estar neles implícita a imprevisibilidade.

Para os adeptos da teoria do *alargamento do conceito de caso fortuito* ela seria responsável pelo surgimento do que chamaram de *impossibilidade relativa*. Discorda-se totalmente desta expressão, por inexistir gradação na impossibilidade, visto que a prestação ou é impossível ou possível – e apenas esta última é que admite relatividade (absoluta ou relativamente possível). A condenável expressão *impos-*

---

109. "Entendeu Gueiros que 'é precisamente a boa-fé que inspira a revisão do contrato, e não a sua manutenção' – quando as circunstâncias se modificaram profundamente –, pela razão de que a vontade contratual, como existiu no momento da formação do vínculo, não se teria dirigido no mesmo sentido acaso pudessem ser previstas as alterações posteriormente advindas à economia do negócio."

E continuou: "'O mesmo autor dissera: 'De todos os sistemas que tendem à justificação da teoria da imprevisão, o que a faz repousar nos elevados domínios da boa-fé é o mais simples, talvez o menos técnico, mas, por isso mesmo, o que busca mais a noção da justiça comutativa. Quem diz 'boa-fé' quer dizer 'eqüidade'. É preciso ter em conta os princípios desta um pouco à margem das regras indeclináveis e inflexíveis da lei, para poder respeitar a boa-fé, acima da letra contratual'" (Nehemias Gueiros, *apud* Arnoldo Medeiros da Fonseca, ob. cit., nota 49, p. 218).

NATUREZA JURÍDICA DA IMPREVISÃO 215

sibilidade relativa, também conhecida como *excessiva onerosidade*, foi adotada pelo jurista francês Henri Lalou.

Lalou divulgou e defendeu a tese de que a ocorrência de eventos imprevisíveis, alteradores da economia contratual e geradores da lesão virtual para o devedor da obrigação, não seria mais do que uma "espécie atenuada de caso fortuito". Com esta visão simplista pretendeu traçar um paralelo entre as situações de *extrema dificuldade* com as de *impossibilidade*, essência do caso fortuito, conforme está consagrado no art. 1.058 do nosso Código Civil vigente (art. 392 do novo CC).

Anísio José de Oliveira[110] explicou que Henri Lalou, um dos expoentes da teoria estudada, indagou, por ocasião da Semana Internacional de Direito realizada em 1937, em Paris: "Não se poderia dizer que as circunstâncias imprevistas que trazem excessiva onerosidade, para uma das partes, na execução de um contrato se constituiriam em caso de força maior?".

Entendendo que o caso fortuito ou de força maior se identificaria com a ausência de culpa e, conseqüentemente, de responsabilidade contratual, o jurista português Jaime Augusto Cardoso de Gouveia[111] incluiu a imprevisão entre as causas liberatórias redutíveis ao caso fortuito. Para ele entre as duas figuras jurídicas existiria apenas uma diferença de quantidade ou grau.

Assim também entendeu Luís da Cunha Gonçalves.[112] Após tentar equiparar a imprevisão ao estado de necessidade e, por decorrência, identificada como um vício do consentimento, traçou as coordenadas que julgou indispensáveis à sua admissão, por ele também considerada como uma modalidade de caso fortuito ou de força maior.

Entre nós, de igual forma, defendeu esta teoria o jurista João Franzen de Lima.[113]

Explicando que o principal motivo da impossibilidade de equiparação reside no fato de se tratar de institutos distintos, com semelhanças e diferenças profundamente acentuadas, laborando em lamentável equívoco quem insistisse na comparação, Anísio José de Oliveira,[114]

110. Ob. cit., p. 148.
111. *Da Responsabilidade Contratual*, p. 45.
112. *Tratado de Direito Civil em Comentários ao Código Civil Português*, v. VI, p. 533.
113. *Curso de Direito Civil Brasileiro*, v. 2, t. I, p. 297.
114. "Vimos que nesta hipótese é confundir impossibilidade subjetiva com impossibilidade objetiva, existente indistintamente para todos os cidadãos. Entretanto, a

216 A TEORIA DA IMPREVISÃO NO DIREITO CIVIL E NO PROCESSO CIVIL

com toda propriedade, argumentou, com insistência, sobre o risco de se confundir impossibilidade objetiva com subjetiva. Era totalmente contrário à posição das jurisprudências estrangeiras que equipararam a teoria da imprevisão a uma *modalidade atenuada de caso fortuito*.

Entre inúmeros juristas contrários incluiu-se também Menezes Cordeiro.[115]

A par com outras considerações, também se quis ver na imprevisão a verdadeira efígie do *estado de necessidade*, entendido não como um vício do consentimento, antes caracterizado como aquela situação de fato em que se encontra aquele que, sem melhor alternativa, causa um dano a outrem para evitar um dano próprio ou alheio, manifestamente superior.

Explicando que Lalou tentou conferir juridicidade à velha sabedoria dos povos segundo a qual "do mal, o menos", ou "de dois males, o menor", desde que a diferença seja "manifesta", com características tão diferenciadas que se justifique um tipo de "expropriação do direito do credor", ressarcível por via indenizatória, Almeida Santos[116] igualmente rejeitou a doutrina, taxando-a de inaceitável.

A tentativa de Lalou – como a de tantos outros –, no contexto (determinação da natureza jurídica da imprevisão), foi válida. Mas não passou de mera especulação, ou mesmo experimentação, uma vez que tanto o caso fortuito ou de força maior como a teoria da imprevisão têm naturezas jurídicas, estruturações, contextos, gêneses e efeitos próprios e totalmente distintos, com diferenciações marcantes que os identificam e individualizam. Somente pelas diferenças apontadas já se afere a impossibilidade de aceitação da doutrina proposta por La-

---

isto nós temos o direito: uma coisa é cláusula *rebus sic stantibus*, outra coisa é caso fortuito e força maior. Insiste-se em comparar, em equiparar uma coisa com outra. Por esta única, exclusiva, porém de grande valia causa, toda uma teoria tornou-se impregnada de inverdades.

"Portanto, o fundamento na extensibilidade do fortuito é uma teoria que não se sustenta em si própria, já que os seus precursores violam noções substanciais intrínsecas da própria conceituação do fortuito e da cláusula *rebus sic stantibus*" (ob. cit., p. 148).

115. "A tentativa de solucionar a alteração das circunstâncias com recurso à impossibilidade alargada soçobra por razões dogmáticas.

"Depois da Guerra de 1914-1918, assistiu-se a uma larga consagração jurisprudencial da alteração das circunstâncias, à aplicação directa da boa-fé e à exceção de ruína; a doutrina não reduziu dogmaticamente estes implementos; o recurso à idéia de inexigibilidade é formal" (ob. cit., v. II, p. 1.296).

116. Artigo cit., in *Jornadas Jurídicas – Estudos sobre o Código Civil*, p. 37.

NATUREZA JURÍDICA DA IMPREVISÃO

lou. São institutos independentes e com origens que não podem ser confundidas ou, mesmo, fundidas por via de proposta de extensão, porque, estruturalmente, têm elementos diversos dos que informam a doutrina da alteração da base negocial, conforme exposto no Título I, Capítulo III, desta obra, em estudo comparativo sobre as semelhanças e diferenças dos fenômenos.

A diferenciação existente entre as situações resultantes do evento imprevisível ou da ocorrência do caso fortuito ou de força maior – a que tais países não deram a devida importância – reside em que mesmo os pontos comuns são marcados por um misto de relativismo e absolutismo, sendo a ocorrência imprevisível disciplinada por valorações diversas em cada contexto e na identificação de suas naturezas: ambos são fatos jurídicos, mas com assento em bases diversas – donde se concluir que a relatividade predomina em seus pontos de contato mais estreitos. Mais nada. A *inevitabilidade* e a *irresistibilidade*, que integram o *caso fortuito ou de força maior*, não estão presentes na teoria da imprevisão, por serem inteiramente estranhas à sua natureza. O *caso fortuito ou de força maior* tem sua gênese em *causas objetivas*; e a *imprevisão* em *subjetivas*. As primeiras ocorrem em *plano contratual*; as segundas, em contexto *extracontratual*. Acrescente-se a estas diferenças basilares uma outra, fundamental no plano dos efeitos: no *caso fortuito ou de força maior* a parte se vê diante de uma *impossibilidade*; na *imprevisão*, de uma *dificuldade exacerbada* – situações que não podem ser consideradas como idênticas.

Como foi visto, outros aspectos dessemelhantes foram estabelecidos quando do estudo comparativo entre as situações mencionadas, sendo desnecessárias quaisquer considerações para a conclusão de existência de total impossibilidade de equiparação fática – razão por que a doutrina proposta por Lalou, consubstanciada no alargamento do conceito de caso fortuito ou de força maior, colheu mais críticas negativas do que positivas.

12.1.4.2 Popescu – O enriquecimento sem causa: Tomando parte na discussão, em rápido balanço das formulações então existentes para a determinação da natureza jurídica da imprevisão, o jurista romeno Corneliu Mihail Popescu trouxe também seu contributo, ao dizer que[117] "...uma outra teoria que oferece alguma semelhança com a teoria da imprevisão é a teoria do enriquecimento desmotivado".

---

117. *Essai d'une Théorie de l'Imprévision en Droit Français et Comparé*, p. 67.

218 A TEORIA DA IMPREVISÃO NO DIREITO CIVIL E NO PROCESSO CIVIL

Em termos despojados de tecnicidade, o enriquecimento sem causa consistiria no defeito de concordância superveniente entre o resultado de uma operação e o objetivo pretendido por ela, ou entre o resultado de um fato e sua conseqüência normalmente esperada.

Depois de explicar que tanto o abuso de direito como o enriquecimento sem causa foram inspirados pelo mesmo sentimento de eqüidade, rompido em decorrência de um evento anormal, Popescu deixou claro que a teoria do enriquecimento sem causa consistia, basicamente, na grande vantagem do credor e, correlativamente, na acentuada desvantagem do devedor, sem que houvesse uma justa causa.

Ao estabelecer a principal diferença entre o enriquecimento desmotivado e a imprevisão, Popescu[118] afirmou que enquanto a última surgia à sombra do contrato, o primeiro nascia dentro dele. Deste modo, tendo surgido à margem do pacto, seria este o grande fundamento a justificar sua revisão ou resolução, justamente por estar inserido na categoria de evento superveniente e extraordinário, alterando o *statu quo ante* em que a vontade das partes se manifestou, com base em premissas identificadas. Insistiu Popescu[119] na injuridicidade contida na ausência de contrapartida do devedor.

O ponto de vista dos defensores desta teoria orientou-se para a convicção de que tanto na imprevisão como no enriquecimento sem causa a mesma realidade se apresenta: alguém se beneficia em prejuízo de outrem. E isto nem o Direito nem a Justiça podem chancelar.

Popescu,[120] depois de um estudo comparativo sobre a doutrina da imprevisão em vários países, concluiu que as legislações francesa, bel-

---

118. "En d'autres termes, et pour mieux préciser la différence entre les deux notions, tandis que l'enrichissement sans cause est caracterisé par le fait qu'il n'y a aucun rapport juridique entre les parties et que cet enrichissement s'est produit en déhors de tout contrat, l'imprévision, par contre, a à sa base un contrat, un rapport juridique entre deux personnes et elle ne peut être mise en question que si le lien contractuel existe" (ob. cit., p. 69).

119. "L'enrichissement sans cause suppose, comme son nom l'indique d'ailleurs, que l'enrichissement du débiteur est dépourvu de toute cause, qu'il n'a pas de contrepartie, car du moment qu'une prestation a sa contre-prestation, même si l'equilibre entre elles n'est pas respecté, il ne s'agit plus d'un enrichissement, mais d'un contrat en bonne et due forme" (ob. cit., p. 68).

120. "En comparant ces diverses formes de la théorie de l'imprévision, nous estimons que le meilleur système est encore celui consacré par les legislations française, belge et italienne. En effet, ce système, tout en restant fidèle aux principes consacrés par le Code Civil, nécessaires pour la stabilité des conventions et pour la sécurité de la vie économique du pays, admet une dérogation. Cette dérogation consiste dans la consécration de la théorie de l'imprévision par un texte de loi à effet limité lorsque le

NATUREZA JURÍDICA DA IMPREVISÃO

ga e italiana foram as que melhor conseguiram harmonizar os princípios *pacta sunt servanda* e *rebus sic stantibus*, eliminando o aparente conflito entre eles.

Não se pode comungar do mesmo ponto de vista, já que tanto o ordenamento francês como o belga não admitem a doutrina em seu direito privado e o italiano a incorporou de forma restritiva, negando-lhe a aplicação de um valor consagrado universalmente: a bilateralidade da justiça. Quando da apreciação crítica dos arts. 478, 479 e 480 do novo Código Civil Brasileiro, os artigos da legislação italiana que serviram de base à Comissão encarregada do novo Estatuto foram discutidos.

Carvalho Fernandes[121] observou que qualquer tentativa de justificar o princípio da imprevisibilidade assemelhando-o ao enriquecimento sem causa não poderia ser aceita por um argumento definitivo – que, aliás, a grande maioria da doutrina não deixou de perceber desde logo –, que é justamente a existência de uma *causa*. Prosseguiu o mesmo autor apresentando outro dado indiscutível: no enriquecimento sem causa – como a nominação do instituto leva a concluir: a característica é o fato de não haver qualquer relação jurídica anterior que justifique aquele resultado, isto é, a desmotivação total daquele efeito. Nestes casos – concluiu – não se pode negar a existência de alguém que aufere uma vantagem em prejuízo de outro. Contudo, será inaceitável dizer que não haja uma causa (relação jurídica entre ambos) que justifique aquele enriquecimento.

Seria inteiramente dispensável destacar a inexistência de relação anterior determinante da lesão virtual no contexto do princípio de exceção, uma vez que, se assim fosse, não seria possível falar em imprevisibilidade. O evento anormal posterior estaria relacionado com seu nascimento, quando, então, seria normal, não anormal, como exige a disciplina da teoria da imprevisão.

De igual contundência foram as críticas de António de Almeida Santos.[122]

---

bouleversement économique amené par les événements est tellement grave, qu'il risquerait de paralyser entièrement la vie économique du pays" (ob. cit., p. 217).

121. Artigo cit., *Boletim do Ministério da Justiça* (Coimbra) 128/68.

122. "Disse-se também: tanto na imprevisão como no injusto locupletamento uma parte aufere um benefício em detrimento da outra: naquela, por obra do acaso; nesta, por obra de causa nenhuma. Ambas as situações justificam o mesmo tratamento. Para que, então uma noção a mais?

220   A TEORIA DA IMPREVISÃO NO DIREITO CIVIL E NO PROCESSO CIVIL

A defesa desta concepção torna-se extremamente difícil quando se pretende justificar a aplicação do princípio com apoio em construção que busque identificar a virtualidade do enriquecimento de uma das partes por acontecimento extraordinário como *isento de origem*, como pretendeu Popescu.

Uma crítica deve ser reiterada e enfatizada em relação às conclusões de Popescu, ao defender a pretensa conciliação entre os princípios *pacta sunt servanda* e *rebus sic stantibus*, conseguida pelos Direitos Francês, Belga e Italiano – o que, a rigor, não corresponde à verdade. Já o dissemos: os dois primeiros ignoraram completamente a doutrina no direito privado, abrindo espaço apenas para o fiel e integral cumprimento dos pactos; o último, embora os mantenha harmônicos, aceitando-a sob a forma de *excessiva onerosidade*, integrou-a de forma incompleta, por via de injustificada restrição (apenas o devedor é o destinatário da norma), que tem reclamado urgente revisão.

12.1.4.3 De Simone – O desaparecimento da causa da obrigação: Para M. De Simone[123] ocorreria o *desaparecimento da causa da obrigação* quando fatos supervenientes, imprevisíveis no momento da execução do contrato, trouxessem uma alteração em sua base econômica e, com esta, uma excessiva onerosidade para uma das partes, razão da possibilidade de se efetuar uma revisão para adequação ou, quando não, para a resolução da convenção.

O jurista procurou assentar o fundamento na idéia de que a *causa* não pode ser vista como algo a ser determinado *a priori*, devendo ligar-se à própria vontade das partes e a seus motivos determinantes. *Causa do negócio jurídico*, na visão de De Simone, seria a função econômica e social do próprio negócio e causa da obrigação, o objetivo pretendido pelas partes quando se obrigaram.

Foi mais longe, ao buscar apoio normativo em princípio jurídico consagrado, constante no art. 1.119 do Código Civil Italiano de 1865

"Deve, porém, reconhecer-se que as duas figuras apenas têm de comum a configuração de uma situação de enriquecimento que a justiça não deve sufragar. No mais, são em tudo diferentes. O enriquecimento injusto dispensa os requisitos da superveniência e da imprevisibilidade. A situação de locupletamento injusto, essa, nasce injusta. E não é por ter sido *ab ovo* conhecida, e até querida pela parte lesada, que deixa de justificar a intervenção reajustadora do Direito.

"Acresce que só com muito boa vontade se pode considerar sem causa um resultado baseado numa declaração de vontade sem defeito" (artigo cit., in *Jornadas Jurídicas – Estudos sobre o Código Civil*, pp. 43-44).

123. *Ancora sulla Soppravienza Contrattuale nel Diritto Positivo*, v. X, p. 122.

NATUREZA JURÍDICA DA IMPREVISÃO

(hoje, arts. 1.325, alínea 2, 1.343-1.345 e, ainda, 1.418, II), que dispunha: "L'obligazione senza causa non può avere alcuno effeto". Registre-se que os arts. 1.131 do Código Civil Francês e 692º do Código Civil Português são os correspondentes do preceito.

De Simone pisou em terreno mais seguro ao acentuar a grande diferença existente entre *causa do contrato* e *causa da obrigação*, esclarecendo que a primeira representa a função social e econômica do pacto, e a segunda o objetivo colimado pelas partes. Para a lei o que realmente importa é a *causa da obrigação*, traduzida como o objetivo buscado pelos obrigados, única razão da manifestação de suas vontades na criação do vínculo contratual.

O princípio romano "sublata causa, tollitus effectus", na visão de De Simone, teria inteira aplicação à sua teoria, uma vez que a *causa* deve estar presente não só no instante do nascimento da obrigação, como também no da execução.

As interpretações do direito comum firmaram-se na postura de que uma obrigação assumida *sem causa* é nula, ocorrendo o mesmo quando ela desaparece. De Simone, valendo-se do princípio, reformulou-o em sua *teoria da cessação da causa da obrigação*. A extinção superveniente da causa por eventos alteradores da base da contratação, totalmente imprevisíveis, facultaria à parte em vias de sofrer a lesão a anulação do pacto pelas vias judiciais.

Em seu entusiasmo, entendeu que cada uma das partes se obriga ria tendo em vista obter da contraprestação do outro contratante uma utilidade bastante superior à que, por seu turno, teria de satisfazer, característica essencial dos contratos sinalagmáticos, onde o escopo (causa) não é objeto da obrigação, mas antes uma correspondência útil da contrapartida.

Carvalho Fernandes[124] ressalvou que a posição de De Simone teve o mérito de conseguir escapar às críticas dirigidas contra outras teorias que, no fundo, não se afastaram essencialmente da que ele defendeu, como a da pressuposição ou da vontade marginal, de Osti. O mesmo autor acrescentou que, sendo a causa elemento essencial do contrato – independente, portanto, da vontade das partes –, seria perfeitamente admissível – como fez De Simone – considerar incluída no contrato certa limitação à dificuldade da prestação, ainda quando sobre tal situação não houvesse acordo das partes.

---

124. Artigo cit., *Boletim do Ministério da Justiça* (Coimbra) 128/65.

222 A TEORIA DA IMPREVISÃO NO DIREITO CIVIL E NO PROCESSO CIVIL

Depois de apontar os pontos positivos, Carvalho Fernandes[125] denunciou as várias arestas existentes na teoria, entre elas o fato de que nem sempre o objetivo das partes se reduz à pretensão de obter uma contraprestação (como é o caso específico dos contratos unilaterais benéficos), ou, ainda, o de graduar o conceito de *causa*, considerando irrelevantes os pequenos prejuízos que poderiam advir aos contratantes, desde que não alterassem a essência do negócio, em inequívoca demonstração de que aquela ainda não seria considerada a formulação ideal sobre a teoria da imprevisão.

Alfredo José Rodrigues Rocha de Gouveia[126] também fez considerações favoráveis à proposição e registrou que De Simone, por meio da relevância do conceito de causa, conseguiu superar os obstáculos que a *pressuposição*, de Windscheid, e a *vontade marginal*, de Osti, não conseguiram.

Como apreciação crítica é importante sublinhar que a distinção feita por De Simone entre *causa do contrato* e *causa da obrigação* é confusa e, portanto, pouco inteligível. O autor não esclareceu qual seria a razão para que apenas a *causa da obrigação* fosse considerada relevante na contratação. A proposição, como base jurídica para a aplicação da imprevisibilidade – para o menos – ou como determinação de sua natureza jurídica – para o mais –, é incompleta e, ao deixar inteiramente à disposição das partes a convocação da falta de um elemento essencial do contrato (*causa*) – existente no instante vinculativo e alterado posteriormente –, acabou por se afastar totalmente do verdadeiro espírito da verdadeira imprevisibilidade.

12.1.4.4 Hartmann – O dever de esforço: A convicção de Gustav Hartmann foi orientada para um entendimento no sentido de que a

---

125. "A teoria de De Simone assenta ainda noutro ponto muito discutível: o da relevância da falta superveniente da causa. A discussão desta questão não pode ser desprendida da noção de causa de que se partir. Com efeito, se pode ser lógico afirmar que factos supervenientes façam desaparecer o que De Simone considera ser a causa da obrigação, já o mesmo se não poderá dizer em relação a conceitos de causa que a entendam como função social do contrato" (artigo cit., *Boletim do Ministério da Justiça* (Coimbra) 128/67).

126. "O conceito de causa de De Simone fornece não só um regime inconveniente para o problema das alterações da economia originária do contrato, mas também insuficiente. Na verdade, este autor, ao ocupar-se desse problema, preocupou-se, apenas, com os contratos sinalagmáticos, esquecendo-se dos contratos unilaterais, igualmente merecedores de tutela" (artigo cit., *Revista da Faculdade de Direito de Lisboa*, Suplemento, 1958, p. 160).

NATUREZA JURÍDICA DA IMPREVISÃO

responsabilidade obrigacional apresentaria uma estrutura complexa, na qual existiriam elementos de *débito* e *garantia*. A garantia seria o meio de efetivação do débito, o conteúdo que exigiria um dispêndio por parte do devedor, isto é, um esforço, maior ou menor, em razão das circunstâncias. O dever de prestar estaria estreitamente ligado ao dever de realizar um determinado esforço. Um se prenderia ao outro, indissoluvelmente. Desta forma, se o devedor despendesse um certo esforço – minimamente exigível pela boa-fé –, ainda que não fosse suficiente para satisfazer o interesse do credor, mesmo que o cumprimento ainda fosse possível, estaria esse devedor dele desobrigado. Bastaria – no seu modo de pensar – para a liberação do devedor da obrigação que tivesse havido o desenvolvimento do que chamou de "esforço médio", devidamente conformado com os princípios da boa-fé. A essência da obrigação não seria responsabilidade do devedor da prestação, mas apenas o que chamou de "dever juridicamente assegurado" – que, de resto, nada mais seria do que o desenvolvimento de uma atividade, uma aplicação de trabalho suficiente para a obtenção do objetivo previsto contratualmente. A responsabilidade se apresentaria apenas como um *meio* de realização da obrigação do devedor. Diante de tal quadro, o conteúdo do *dever jurídico* não estaria contido na prestação que uma das partes deveria satisfazer, mas no chamado *dever de esforço*, maior ou menor, na consecução do objetivo contratado, dependendo da situação.

A *culpa* ou a *impossibilidade* seriam relegadas a plano secundário, sendo prioritário o esforço empregado. Tal esforço – atendimento à exigência das imposições do *dever jurídico* –, mesmo que insuficiente para o cumprimento da prestação prevista contratualmente, exoneraria o devedor de toda e qualquer responsabilidade, conferindo uma flexibilidade muito grande ao cumprimento da obrigação, ultrapassando até mesmo o conceito de impossibilidade.

A teoria de Hartmann foi exposta e defendida por Lodovico Barassi,[127] apoiado nas disposições do próprio Código Civil Italiano. Foi considerada uma teoria revolucionária, porque o conteúdo do "dever jurídico" não estaria situado no âmbito da prestação, mas tão-somente no que ele chamou de "dever de esforço".

Krückmann – pretendendo demonstrar a fragilidade da teoria de Hartmann – assinalou que se o esforço custasse ao devedor menos do

---

127. "Se e quando lo sciopero di forza maggiore", "Apêndice" ao *Traité Théorique et Pratique de Droit Civil*, de Julien Bonnecase, v. XXII, ns. 27 e ss.

224 A TEORIA DA IMPREVISÃO NO DIREITO CIVIL E NO PROCESSO CIVIL

que aquele constante da obrigação seria um absurdo considerar-se a prestação como satisfeita. O erro todo estaria em se atribuir maior importância ao esforço despendido em busca de um resultado, e não a este em si, elemento da essência das contratações.

O jurista alemão não foi feliz nesta formulação. Embora suas idéias pudessem e devessem ser criticadas, principalmente por defender uma dupla responsabilidade, totalmente inaceitável (a que decorresse da superveniência de eventos que tornam impossível o cumprimento da prestação e a resultante do seu não-cumprimento), é de se registrar que se o devedor despendesse um esforço menor do que o necessário, embora constasse do conteúdo da obrigação que ele devesse ser maior, mas mesmo assim a prestação tivesse sido satisfeita, não se justificaria a restrição feita por Krückmann. Sua objeção somente prevaleceria se a prestação não tivesse sido atingida pelo devedor que nela houvesse empregado um esforço médio, aquém do esperado, e mesmo assim – com base na doutrina do *dever de esforço* – fosse liberado da obrigação.

Anísio José de Oliveira[128] demonstrou que sua falha principal residia no fato de que, quando alguém celebra um contrato, ele o faz com o intuito precípuo de cumprir objetivamente aquilo que foi objeto da transação, sem levar em conta o esforço que terá de despender para tanto.

Esclarecendo a classificação de Demogue – aceita, defendida e divulgada por Josserand – em *contratos de meio* e *de resultado* ou *fim*, o mesmo autor explicou que os primeiros (*meio*) são aqueles em que alguém se obriga somente quanto à maneira, isto é, quanto à forma de sua responsabilidade. Se, ao final da contratação, o fim esperado não for atingido, mas a parte devedora tiver envidado esforços para alcançá-lo, o vínculo desaparecerá. Nos *contratos de fim* alguém se obriga do princípio ao término da contratação, responsabilizando-se tanto pelos meios como pela conclusão do que foi estabelecido, exemplificando com os contratos de compra e venda.

Responsável pela mais séria crítica que se poderia fazer à teoria, Anísio José de Oliveira[129] explicou que as proposições de Hartmann não se aplicariam aos *contratos de resultado*, sendo possível aplicá-la apenas aos *contratos de meio*. Como se constata, a doutrina abrangeria apenas uma parte da realidade contratual. Assim, a dualidade de

128. Ob. cit., p. 132.
129. Idem, p. 133.

NATUREZA JURÍDICA DA IMPREVISÃO

regimes de responsabilidade civil, com toda sua carga de insegurança, afigurou-se logicamente inaceitável também para alguns juristas portugueses.

Muitas foram as críticas sofridas pela doutrina de Hartmann em Portugal. Entre as principais destacou-se a de Rocha de Gouveia,[130] ao explicar que seu argumento mais forte seria o de que nada justificaria um regime mais favorável para a responsabilidade pela "relativa impossibilidade" (expressão que se desaconselha) da execução da prestação. Suas observações tiveram inteira procedência. Nesta hipótese – prosseguiu –, tão-somente pelo dispêndio de determinado esforço (sem qualquer preocupação com o cumprimento da prestação) a obrigação seria considerada cumprida. Neste caso, a parcialidade da justiça estaria configurada, o que seria de todo inaceitável.

Rocha de Gouveia[131] acrescentou, ainda, que Hartmann estruturou sua idéia a partir de um novo conceito de *obrigação*. Por meio dela, o que realmente teria importância não seria a obrigação em si, mas sim o *esforço despendido* para a obtenção de um resultado. Original, mas inviável.

A discordância de Rocha de Gouveia[132] neste aspecto foi total. Não aceitou o fato de que apenas com o dispêndio de um esforço médio, exigido pela boa-fé, o devedor pudesse desobrigar-se. Foi esse o incensurável e correto resultado a que chegou, sem qualquer possibilidade de refutação.

Como conclusão, o que se impõe é que, diante das mais variadas tentativas de encontrar um fundamento jurídico para o princípio da imprevisão, não se pode chegar ao ponto de sancionar proposições que, a pretexto de atenuar o rigor da regra *pacta sunt servanda*, acabem por revogá-la. Nesta tarefa não se poderá jamais esquecer que ela é a única diretriz segura a orientar os contratos. Para excepciná-la é necessária uma doutrina realmente estruturada, que não acabe por ferir mortalmente a essência da regra principal.

---

130. Artigo cit., *Revista da Faculdade de Direito de Lisboa*, Suplemento, 1958, p. 107.

131. "Não fez carreira esta tentativa de extensão dos efeitos dos casos à impossibilidade relativa, também dita subjectiva ou impotência, por forma a poder identificar-se a imprevisão com o caso fortuito ou de força maior, ainda que de forma acentuada" (artigo cit., *Revista da Faculdade de Direito de Lisboa*, Suplemento, 1958, p. 36).

132. Artigo cit., *Revista da Faculdade de Direito de Lisboa*, Suplemento, 1958, p. 36.

226 A TEORIA DA IMPREVISÃO NO DIREITO CIVIL E NO PROCESSO CIVIL

Vânia da Cunha Bruno[133] informou que para o professor russo Ioffe o estado de guerra não seria, por si só, fundamento bastante para exonerar o devedor do cumprimento do ajuste, porém deveria ser eximido da responsabilidade sempre que comprovasse impossibilidade de cumprir o contrato por circunstâncias bélicas, ou seja, se o devedor não adotou todas as medidas possíveis para cumprir o contrato, apesar das circunstâncias, seria culpável e não poderia exonerar-se da responsabilidade. Segundo Othon Sidou – acrescentou Vânia – a interpretação russa constitui a configuração prática da teoria do dever de esforço ou da prestação de diligência, de Hartmann.

12.1.4.5 Lehmann e Coviello – O estado de necessidade: De acordo com informações de Giovenne,[134] para justificar a admissão e aplicação da imprevisão Lehmann desenvolveu a idéia e estabeleceu uma doutrina a que chamou *estado de necessidade*. Na prática, uma vez configurado este estado, traria como conseqüência a faculdade de diminuir a responsabilidade do devedor da obrigação. Se o devedor se visse sobrecarregado pela ocorrência de uma dificuldade anormal (evento imprevisível), deveria ser considerado em *estado de necessidade*, hipótese em que poderia ser liberado de seus deveres caso não pudessem ser substituídos por obrigação semelhante. Haveria, quando muito, uma indenização ao credor, sem quaisquer considerações de composição de possíveis danos. Desta concepção surgiram algumas derivações, chegando-se até mesmo a considerar o *estado de necessidade* como um verdadeiro vício do consentimento. Sob tal ótica, no entender de Lehmann o chamado *estado de necessidade* teria pontos de contato com o caso fortuito ou de força maior (hipóteses de impossibilidade) e ainda com a não-pontualidade no cumprimento da obrigação.

Por sua vez, Coviello pretendeu ir mais além – segundo informou Anísio José de Oliveira[135] – quando, ao dar continuidade à explanação de sua teoria, afirmou que o estado de necessidade não seria só uma causa de extinção de responsabilidade, mas um "título constitutivo de direito". Assim, entendeu Coviello que aquele que deixasse de cumprir a obrigação quando em *estado de necessidade* só o fazia para evitar mal superior – ou, como disse Almeida Santos,[136] "do mal, o

---

133. *A Teoria da Imprevisão e o Atual Direito Privado Nacional*, p. 45.

134. Karl Lehmann, *Allgemeiner Teil*, 3ª ed., pp. 260 e ss., *apud* Achille Giovenne, artigo cit., *Rivista di Diritto Commerciale* 1/40-41.

135. Coviello, *apud* Anísio José de Oliveira, ob. cit., p. 135.

136. Artigo cit., in *Jornadas Jurídicas – Estudos sobre o Código Civil*, p. 37.

NATUREZA JURÍDICA DA IMPREVISÃO   227

menos", ou "de dois males, o menor". Como era de se esperar, a teoria apresentada por Lehmann e Coviello para justificar o emprego da doutrina da imprevisibilidade foi considerada pela maioria dos juristas como uma autêntica *expropriação do direito do credor*.

A injuridicidade e a insuficiência dogmática de sua estrutura são reconhecíveis aprioristicamente, já que seria extremamente perigoso dar a um preceito dessa natureza um caráter geral, contrariando de maneira frontal o espírito da teoria da imprevisão, *remedium iuris* de aplicação excepcional.

Embora reconhecendo que a imprevisibilidade pudesse estar presente no caso fortuito ou de força maior, mas com relevância secundária, Giorgio Giorgi[137] tentou reformular a teoria de Lehmann/Coviello, admitindo que se pudesse cumprir a prestação pelo equivalente – sem, contudo, lograr êxito nessa pretensão.

Giorgi[138] explicou que "(...) Assim como a lei humana não pode impor exigência extrema a ponto de criar ônus que limita com o impossível e escapa das previsões contratuais, pactuam-se aquelas razões eqüitativas pelas quais o juiz pode autorizar ao devedor *em grande dificuldade* a execução por equivalência".

Analisando também esta teoria, Almeida Santos[139] destacou ser irrelevante – para não dizer *nulo* – o significado que sobraria à imprevisão, confinada ao expediente de substituir uma prestação pelo seu equivalente pecuniário, admitindo-se, mesmo, até não ser pecuniária a obrigação. A uma modificação de circunstâncias far-se-ia corresponder uma equivalência no plano do cumprimento. Cômodo e prático, mas não jurídico.

Entendendo como fundamentadas as críticas de Medeiros da Fonseca e Anísio José de Oliveira, outro estudioso da questão, Márcio Klang,[140] concluiu que o cerne da teoria estaria no fato de partir da premissa de que a escusa de adimplir seria um direito subjetivo do devedor quando este se encontrasse em dificuldade de fazê-lo por razões supervenientes, imprevisíveis e alheias à sua vontade. Prosseguiu dizendo ser notória a polêmica doutrinária sobre o conceito de direito subjetivo, e, por conseguinte, muito difícil se tornava a construção de uma fundamentação para o princípio, com apoio tão inseguro.

---

137. *Apud* Achille Giovenne, artigo cit., *Rivista di Diritto Commerciale* 1/41.
138. Idem, *Rivista di Diritto Commerciale* 1/42.
139. Artigo cit., in *Jornadas Jurídicas – Estudos sobre o Código Civil*, p. 41.
140. *A Teoria da Imprevisão e a Revisão dos Contratos*, ns. 383 e 384, p. 29.

228 A TEORIA DA IMPREVISÃO NO DIREITO CIVIL E NO PROCESSO CIVIL

Anísio José de Oliveira[141] reiterou sua discordância ao não ver fundamento no fato de que o não-cumprimento da obrigação ocasionado pela onerosidade excessiva pudesse ser considerado um direito superior ao do credor. Continuou lembrando que Coviello considerava o *estado de necessidade* como um direito e que, em contraposição, o Min. Nélson Hungria, de modo expressivo e fulgurante, afirmou ser ele uma *faculdade*, e não um *direito*, pois a este corresponderia uma obrigação. Concluiu o mesmo autor: haveria uma obrigação do credor em não receber a prestação?

Interessante observação fez Regina Beatriz da Silva Tavares Papa dos Santos[142] ao se referir à posição de Othon Sidou sobre a teoria do *estado de necessidade*. Ao analisá-la – disse ela – Othon Sidou não aceitou a iminência do perigo na noção de acontecimento imprevisto que impediria o cumprimento das obrigações contratuais. E concluiu dizendo que, embora não se pudesse aceitar a doutrina de Giorgi como fundamento para a determinação da natureza jurídica da imprevisão, poder-se-ia dizer que a situação perigosa estaria presente nos possíveis prejuízos, até mesmo ruinosos, para a parte que sofresse a onerosidade prestacional excessiva. Em complementação, poderia ser acrescentado: ou a que tem sua prestação depreciada, desvalorizada ou aviltada por eventos extraordinários.

A bem da verdade, a doutrina Lehmann/Coviello não conseguiu impressionar os juristas estudiosos da questão, razão por que não foi havida como relevante.

Com informações detalhadas sobre o que chamou de *contradição implícita* na teoria Lehmann/Coviello, também apontada pela doutrina, as críticas de Medeiros da Fonseca[143] parecem ter sido definitivas.

---

141. Ob. cit., p. 136.

142. *Cláusula "Rebus Sic Stantibus" ou Teoria da Imprevisão – Revisão Contratual*, p. 32.

143. "Contra essa teoria, entretanto, argüiu-se que a própria concepção do *estado de necessidade* a contrariava, pois este se referia ao conflito de dois direitos, à contraposição de duas situações jurídicas incompatíveis, devendo o bem menor ceder ao maior; ao passo que no caso de uma dificuldade da prestação o que restava provar era precisamente que o devedor estivesse a tutelar um direito legítimo; e, quando isso fosse admitido, seria preciso que, em todos os casos, se pudesse resolver em sentido favorável ao devedor o problema da onerosidade excessiva, sem que a teoria fornecesse, por outro lado, qualquer critério para decidir os limites em que a dificuldade deveria ficar a cargo do devedor, e as condições em que se justificaria o inadimplemento" (ob. cit., p. 103).

NATUREZA JURÍDICA DA IMPREVISÃO 229

O equívoco basilar da teoria reside, indiscutivelmente, no enfoque distorcido dos direitos de credor e devedor. Ao devedor, em face da excessiva onerosidade, estaria outorgado o direito de não cumprir a prestação – direito, este, de valor superior ao do credor de exigir seu cumprimento, considerando como assente, de forma inaceitável, a prova do exacerbado aumento da prestação, então traduzido como *estado de necessidade*, fator exonerativo da responsabilidade de cumprimento dos deveres contratualmente assumidos. Como se vê, com uma sustentação de tal porte não poderia mesmo ser aceita.

12.1.4.6 De Szladits, Volkmar, Thilo, Simonius, Titze e Oertmann – A impossibilidade econômica: Em um dos mais importantes encontros de juristas que até hoje se fez para a discussão da teoria da imprevisão (Semana Internacional de Direito de Paris, no ano de 1937), defenderam a teoria da *impossibilidade econômica* como fundamento para a aplicação da doutrina da imprevisibilidade os juristas alemães Volkmar, Titze e Oertmann, o húngaro De Szladits e os suíços Thilo e Simonius.[144]

De acordo com esta teoria, os limites até os quais se poderia estender uma "possibilidade" teriam, necessariamente, como válvulas de segurança a boa-fé e a eqüidade. Assim, uma obrigação em que a excessiva onerosidade se situasse muito além das *possibilidades econômicas* do devedor deveria ser considerada como inviável e, portanto, inexeqüível – atitude que estaria perfeitamente assentada nos preceitos éticos supracitados. Seus defensores sustentaram que para se aferir o *impossível* seria suficiente determinar as linhas até onde se estendesse o *possível* – isto é, tudo aquilo que o devedor deveria e poderia fazer, sem prejuízos. O que ultrapassasse aquela linha estaria adentrando o campo da *impossibilidade econômica*.

Medeiros da Fonseca[145] também criticou a teoria defendida na Alemanha por Titze e Oertmann – e lá mesmo combatida por Brecht e Krückmann –, tendo como aliado, na Itália, Giovenne, a chamada *doutrina da impossibilidade econômica*. As coordenadas do campo das possibilidades, segundo aquela teoria, haveriam de ser determinadas com o auxílio da boa-fé e da eqüidade. Não seria justo ir ao absolutamente irresistível (impossível lógico) para determinar o conceito de impossibilidade.

144. *Travaux de la Semaine Internacionale de Droit*, 1937.
145. Ob. cit., p. 104.

230 A TEORIA DA IMPREVISÃO NO DIREITO CIVIL E NO PROCESSO CIVIL

Constata-se na proposição uma tentativa de seus autores de equiparação da *impossibilidade subjetiva* à *impossibilidade objetiva*, requisito para a desoneração da obrigação assumida.

A tradição da doutrina francesa – à qual se filia a grande maioria dos juristas nacionais – defendeu a exigência da *impossibilidade absoluta* (expressão que, como já foi dito, deve ser evitada, não só por razões de ordem lógica como também semântica), visto que aceitar menos seria criar uma fonte insuperável de problemas de ordem prática de difícil solução. Operacionalmente, é quase impossível determinar-se, de forma segura, qual o esforço mínimo exigível em cada caso para a liberação do devedor da prestação. Acrescente-se que, acima de tudo, faltarão ao julgador condições fáticas para verificar a sinceridade do devedor diante da alegação de uma *impossibilidade econômica*, bem como de que ele fez tudo o que lhe foi possível para o adimplemento.

A pretensão desta teoria não teve grande alcance, embora Giovenne[146] – que a ela aderiu, classificando-a como autônoma, mais humana e, sobretudo, mais acessível – tenha tentado determinar seu real espaço.

Na análise de seus fundamentos constata-se que a pretensão de assentar a doutrina da imprevisibilidade na *impossibilidade econômica* acabou por nada trazer de novo. Seus argumentos são redundantes, já que se apóia, principalmente, na eqüidade e na boa-fé, fundamentos da própria doutrina da imprevisibilidade, alicerces consagrados de sua sustentação.

Entretanto, por mais humana e eqüitativa que à primeira vista pudesse parecer a nova doutrina, suas conclusões provocaram severas objeções – ponderou Medeiros da Fonseca[147] –, a começar pela constatação de que o devedor, ao contrair a obrigação, teria assumido a culpa de aceitá-la superior às suas forças.

---

146. "Posizione decisivamente autonoma, perchè il concetto di possibilità od impossibilità non è eliminato e sostituito con l'altro d'impossibilità od inimpossibilità, ma solo inteso in un senso concreto e relativo; risulta diversi, perchè se l'attenuazione della possibilità nel senso economico acquista valore pratico e significato concreto solo quando si rapporti alla particolare economia o alla particolare potenzialità economica dell'obligato, è naturale inferirne che, mentre la dottrina del dovere di sforzo fonda un criterio obbietivo e che, di conseguenza, la somma di attività a carico del debitore, nell'una, è determinata dall'estensione di quel dovere, nell'altra dalla particolare economia dell'obligato" (artigo cit., *Rivista di Diritto Commerciale* 1/309).

147. Ob. cit., p. 105.

NATUREZA JURÍDICA DA IMPREVISÃO

A doutrina da *impossibilidade econômica* acabou por criar um campo no qual a produção de provas é bastante subjetiva e, em conseqüência, extremamente difícil. Para o julgador as dificuldades de aferição das provas na decisão de um caso concreto, diante da ausência de efetivos elementos informadores, seriam intransponíveis caso ela fosse adotada. Por fim, a teoria pecou pela ausência de elementares fundamentos de eqüidade, uma vez que, valorizando apenas a situação do devedor, esqueceu-se da figura do credor, em condenável e inaceitável desrespeito ao princípio do equilíbrio e da necessária estabilidade das convenções, utilizando de forma unilateral um valor reconhecido universalmente como sendo bilateral, que é a justiça.

12.1.5 Doutrinas fundamentadas no vínculo social

12.1.5.1 Louveau – O solidarismo: O *solidarismo* foi uma boa tentativa de determinação da natureza jurídica da teoria da imprevisão, que não conseguiu melhores resultados do que as doutrinas antecedentes. Entre seus adeptos e defensores – segundo o relato de Eugenio Osvaldo Cardini[148] – encontrou-se Louveau, que o adotou por entendê-lo inserido no contexto do Direito contemporâneo, que cada vez mais se inclinava para a socialização. A acentuada solidariedade social por ele mencionada – também detectada por Badenes Gasset e Carvalho Fernandes, na doutrina da *socialização do Direito* –, no seu entender, seria razão mais do que suficiente para justificar o exame da situação do devedor por via da revisão do pacto ou sua extinção quando impossível sua adequação ao novo estado de fato que a alteração anormal tivesse feito nascer, nunca desconsiderando a possibilidade indenizatória.

Na Alemanha e na Itália (basicamente em razão do fascismo e do nacional-socialismo, vigentes às vésperas da II Guerra Mundial) a teoria encontrou campo fértil para desenvolvimento, não passando, entretanto, de mais uma sobre o princípio da imprevisibilidade – sempre à espera da determinação de sua verdadeira natureza jurídica –, sem maiores conseqüências. Contudo, procurando reforçar-lhe a consistência, Volkmar[149] tentou reunir argumentos quanto à real posição dos contraentes, que, em contratações normais, via de regra, postavam-se como partes adversas ou autênticos adversários. Segundo ele no soli-

148. *La Teoría de la Imprevisión*, p. 46.
149. "La révision des contrats par le juge", *Travaux de la Semaine Internationale de Droit*, 1937, *RF* LXXXVI/15-16.

232   A TEORIA DA IMPREVISÃO NO DIREITO CIVIL E NO PROCESSO CIVIL

darismo isto não aconteceria, uma vez que ali os contratantes seriam tidos como verdadeiros "companheiros associados", com vistas à obtenção de um fim, por eles determinado de comum acordo.

Esta é a evidência: toda a estrutura da doutrina do solidarismo não passou, infelizmente, de simples formulação. É conhecida a real situação em que se encontram as partes no instante de nascimento de um pacto. Embora acordes quanto ao conteúdo e condições da convenção, só chegam àquele consenso porque ele satisfaz, direta ou indiretamente, seus recíprocos interesses, e não porque, dentro de uma visão idealista, possam ser considerados "companheiros associados". Esta pretensão nas relações mercantis (que só visam ao lucro) por enquanto é impraticável no mundo fático. Entretanto, aos poucos a socialização do Direito vai tomando forma, e talvez em futuro próximo as contratações possam se dar no plano idealizado por Louveau.

Em conclusão, embora pudesse representar um modelo ideal para o futuro, por sua carência de bases, divorciada do universo do cotidiano em que se dão as convenções privadas, também esta teoria não logrou aceitação doutrinária ou jurisprudencial, embora se possa creditar-lhe as virtudes de representar uma pretensão de justiça mais harmônica e humana, que, por sua própria natureza, não deve ser desprezada.

12.1.5.2 Betti – Vínculos obrigacionais. A cooperação social: A concepção de que o direito das obrigações – e em especial os *vínculos creditórios* – deve ser focalizado acima de tudo como um *direito de cooperação social* não é nova. Deve-se a Francesco Ferrara,[150] que em sua obra, ao tratar da doutrina da imprevisibilidade, já lhe dera o relevo indispensável. A obra de Ferrara é de 1932, mas nem por isso suas idéias se perderam. Em 1953, Emilio Betti as retomou e desenvolveu.

150. O jurista considerou que "(...) a essência da obrigação é a satisfação de um interesse do credor, mediante prestação do devedor". "Il creditore giunge al bene *a traverso l'obbligato*". Portanto, da essência da obrigação é uma prestação de outra pessoa, que a ela se vincula, mas não de uma maneira geral e vaga; pelo contrário, "la sua libertà è sacrificata solo in tanto che riguarda la prestazione". Mas esta prestação, visando assim a satisfazer um interesse de outrem, torna-se um meio de realizar a troca de bens ou serviços, pois o devedor, em troca da sua prestação, visaria a alcançar do credor uma actividade de que resulte, por sua vez, a satisfação de um interesse seu (ou já teve esse interesse satisfeito e a sua prestação representa a retribuição daquela vantagem).

Assim, "l'obbligazioni processano l'attribuizione di bene o la soddisfazioni di bisogni individuali merci la cooperazione nella forma del commercio". Daí considerar Ferrara "i vincoli obbligatori come *dirrito di cooperazioni sociale*" (*Trattato di Diritto Civile*, v. I, pp. 375 e ss., *apud* Luís Alberto de Carvalho Fernandes, artigo cit., *Boletim do Ministério da Justiça* (Coimbra) 128/98-99).

NATUREZA JURÍDICA DA IMPREVISÃO

A essência da doutrina bettiana consubstanciou-se na revelação especial de um inusitado ramo do Direito – ainda não suficientemente explorado e, principalmente, valorizado –, representado pela pretensão de caracterizar as obrigações como *vínculos de cooperação*. Salientou Betti que é justamente neste aspecto que o direito das obrigações se diferencia e se afasta dos direitos reais.

A ideia impressionou Betti de tal forma, que expressamente afirmou: "(...) vemos como a idéia de cooperação se transforma em fio condutor que orienta o jurista ao enfrentar a grande questão do direito das obrigações".

O jurista lusitano Carvalho Fernandes,[151] como grande entusiasta da doutrina, considerou, sob todos os aspectos, incensuráveis as idéias de Betti.

Quando se fala em *cooperação social*, a primeira idéia que surge é a de auxílio mútuo no âmbito do comportamento societário. Neste sentido, a conclusão óbvia que se impõe é a de que no universo obrigacional o titular de um direito creditório não tem condições de satisfazer seus interesses sem a colaboração do devedor, e vice-versa. Esta situação apresenta-se com um relevo especial – e traça os parâmetros da doutrina – nos contratos sinalagmáticos. Neles as prestações encontram-se interligadas de tal sorte que a não-satisfação por parte de um dos contraentes autoriza o descumprimento do outro (art. 1.092 do CC – *exceptio non adimpleti contractus*). Acrescente-se que não só neste tipo de contrato encontra-se a idéia de *cooperação social*. Ela existe em qualquer negócio jurídico situado no universo obrigacional.

O jurista italiano defendia como fundamento da imprevisão "(...) la equidad consistente en la cooperación entre acreedor y deudor en cuanto a la distribución de los riesgos que ascenden del area racional del contrato".[152]

Estabelecidas as premissas básicas para o desenvolvimento da idéia de que direito obrigacional significa *cooperação social* na proposta de Betti, restaria saber até que ponto a aceitação dessa idéia serviria de embasamento e se relacionaria com o emprego da teoria da

---

151. "Independentemente duma análise crítica da maneira como Betti utiliza este ponto de partida, o que importa realçar é a sua idéia, fundamentalmente exacta, de que o direito das obrigações é um direito de cooperação" (artigo cit., *Boletim do Ministério da Justiça* (Coimbra) 128/99).

152. Emilio Betti, *Teoria Generale delle Obbligazioni*, v. I, p. 215.

234 A TEORIA DA IMPREVISÃO NO DIREITO CIVIL E NO PROCESSO CIVIL

imprevisão. Carvalho Fernandes[153] explicou que na concepção bettiana cada um dos contratantes – ao estabelecer qualquer relação jurídica de natureza obrigacional – buscaria obter do outro uma ação que satisfizesse o objetivo por ele buscado, impossível de obter por custo tão baixo como o que representou a simples celebração daquele pacto. Como regra geral, as partes aceitam a recíproca cooperação porque têm em vista a satisfação de seus interesses. Satisfação que cada uma buscará – advirta-se – sempre ao menor custo. O que resulta de tal situação, como conclusão definitiva, é o fato de que se as partes celebraram o contrato foi porque o consideraram como o meio mais idôneo e seguro de alcançar seus objetivos.

Betti enfrentou o problema da imprevisão fundamentalmente com a idéia de cooperação societária e considerou "(...)a sobrevinda excessiva onerosidade da prestação uma exigência da igualdade de cooperação na divisão dos riscos excedentes da álea normal".[154] Assim, todo ônus superveniente que ultrapassasse a álea normal da contratação deveria ser considerado como risco, e este, em face de sua peculiaridade e do contexto de seu nascimento, não deveria ser suportado apenas por uma das partes, mas repartido entre elas. Surgiu dali a idéia de revisão da contratação alterada por eventos extraordinários e, conseqüentemente, a concepção de um perfeito e acabado exercício de entendimento e cooperação social. Para Betti o grande fundamento da doutrina da imprevisibilidade seria a eqüidade, consistente na cooperação entre credor e devedor no que diz respeito à distribuição dos riscos que ultrapassassem a álea natural do contrato.

Na visão de Betti[155] a base jurídica da excessiva onerosidade não deveria ser buscada nem na *vontade marginal* (Osti), nem na *base do negócio* (Oertmann), e muito menos no elemento causal do negócio, mas na exigência de conservação e valoração da prestação estabelecida, que, com base na eqüidade, corresponderia à cooperação entre credor e devedor quanto à divisão dos riscos que excedessem a álea normal da contratação, isto é, emergentes no plano extracontratual.

Vários juristas viram na concepção bettiana fundamentos lógicos e calcados na realidade social. Carvalho Fernandes[156] figurou entre os

153. Artigo cit., *Boletim do Ministério da Justiça* (Coimbra) 128/100.
154. Ob. cit., v. I, pp. 189-190, *apud* Luís Alberto de Carvalho Fernandes, artigo cit., *Boletim do Ministério da Justiça* (Coimbra) 128/102.
155. Ob. cit., v. I, p. 336.
156. "Ora, é esta idéia de que cada contrato, cada negócio jurídico, visa a realizar certo modo de cooperação entre determinados indivíduos que ele vincula que justi-

NATUREZA JURÍDICA DA IMPREVISÃO

que a aceitaram por entendê-la como de estrutura sólida e de perfil jurídico quase completo para a determinação da natureza jurídica da imprevisão. Posteriormente, partindo daquele ponto, juntamente com Gasset foi em busca de fundamento para a estruturação de uma outra vertente, tendo em vista a base e o desenvolvimento da formulação a que denominaram *socialização do Direito*.

Credita-se a teoria da *socialização do Direito* ao pioneirismo do espírito inquieto e investigatório de Ferrara,[157] seu primeiro autor. Como mencionado, por ela seduzido, Betti[158] a adotou e desenvolveu. Entendia Betti,[159] em síntese, que o grande fundamento da doutrina só poderia ser a eqüidade, consistente na cooperação entre credor e devedor da prestação no que dissesse respeito aos riscos extrapoladores da área racional de acontecimentos em um contrato. Esta idéia – explicou Almeida Santos[160] – teve uma virtualidade notável. Veio realçar o fato de que não se deve procurar a consagração positiva da resolução ou modificação dos pactos por mudança imprevisível das circunstâncias apenas em fundamentos técnico-jurídicos, mas também em determinantes sócio-econômicos – isto é, sempre será recomendável uma visão mais abrangente.

A doutrina da *cooperação social* concebida por Betti guarda estreita semelhança com o *solidarismo* (Louveau), já analisado, e com a *socialização do Direito* (Badenes Gasset e Carvalho Fernandes), discutida a seguir. Afina-se também com a idéia de *conduta contrapartida*, desenvolvida por Cossio. Contudo, é importante destacar que entre o *subjetivismo* contido no solidarismo e na socialização do Direito (incensuráveis como ideário teórico, mas, a curto prazo, de resultados

---

fica que o negócio deixe de produzir os seus efeitos típicos se factos supervenientes vieram tornar impossível a realização desse mínimo de cooperação que nele se devia definir. Ou seja, o fundamento último da teoria da imprevisão é a idéia de cooperação, ínsita na própria noção de direito das obrigações, e que, por isso mesmo, tem de ser realizada, ainda que numa forma mínima, em cada negócio jurídico, mas esta idéia assim entendida, se justifica a teoria da imprevisão, não nos dá a medida do seu funcionamento, ou seja, o seu modo de aplicação. Por isso, e apenas para este efeito, temos de recorrer à concreta cooperação definida no acto jurídico, para determinar se, e como, naquele caso concreto deixou de existir essa idéia de cooperação em que a regulamentação de interesses, feita no negócio jurídico, se traduz" (artigo cit., *Boletim do Ministério da Justiça* (Coimbra) 108/101).

157. Ob. cit., v. I, p. 147.

158. Ob. cit., v. I, p. 67.

159. Idem, v. I, pp. 215-221.

160. "A teoria da imprevisão ou da superveniência contratual e o novo Código Civil", in *Jornadas Jurídicas – Estudos sobre o Código Civil*, p. 62.

236 A TEORIA DA IMPREVISÃO NO DIREITO CIVIL E NO PROCESSO CIVIL

práticos duvidosos, mormente no atual estágio de supervalorização do capital) e o *objetivismo* da cooperação social, de Betti, forçoso é reconhecer que esta última é mais sólida para a aplicação da doutrina de exceção, embora talvez não seja ainda a doutrina ideal a embasar um texto legal que pretenda incorporar ao direito positivo um princípio da envergadura da imprevisibilidade. Contudo, sua visão realista, com mais qualidades do que defeitos, a credencia como formulação aceitável, mesmo admitindo-se que a chamada *cooperação social*, quando existe, traduz apenas a efetiva satisfação do interesse das partes. Corrobora esta assertiva a simples inversão da equação: ausente o interesse dos contratantes, dificilmente haveria cooperação social. Pelo menos como regra geral – como era de se esperar –, e não apenas como exceção.

12.1.5.3 Badenes Gasset e Carvalho Fernandes – A socialização do Direito: Anísio José de Oliveira[161] sustentou que a *teoria da socialização do Direito* – também conhecida como de *cooperação social* – defendida por Ramón Badenes Gasset, na Espanha, e por Luís Alberto de Carvalho Fernandes, em Portugal, como justificativa para a aceitação da doutrina da imprevisão, de todas as que foram formuladas, encontra-se mais próxima da realidade contemporânea, porquanto é inegável a tendência mundial de socialização do Direito.

Registre-se que, a rigor, todo Direito é socializante, decorrente de sua função primeira, de natureza eminentemente social. É elaborado pelo homem, para o homem. Quando se fala em *socialização do Direito* o que se tem em mente é uma visão mais concentrada e dirigida a seu aspecto humanitário – sempre relegado a plano secundário – no tecido societário, equivalente a uma autêntica repersonalização do homem (ênfase à Moral). O homem, na dupla condição de agente que da norma se vale como autor e destinatário, deve se empenhar cada ves mais para substituir a aplicação fria e destituída de sensibilidade dos textos legais, em especial do princípio *dura lex, sed lex*, que, infelizmente, para alguns magistrados ainda é a palavra-de-ordem. Isto é certo: afastado e substituído, não deixaria saudades. Nesta perspectiva, seria perfeitamente válido o não-cumprimento de uma obrigação contratual em nome da chamada *caridade jurídica*. A concepção é a de que se viva com intensidade a existência em sociedade, deixando de lado interesses particulares, e acima deles colocando os superiores

161. Ob. cit., p. 149.

NATUREZA JURÍDICA DA IMPREVISÃO

reclamos do objetivo societário. Assim, a revisão ou resolução dos pactos estaria autorizada em nome dos postulados do interesse público e do espírito comunitário dos contratantes. De forma sintética, esta seria a essência da doutrina, que, não raras vezes, foi considerada socialista demais e, portanto, de esquerda.

O mesmo autor[162] destacou análise feita por Wilson Melo da Silva assentada em uma advertência: ou o direito privado se adapta às novas regras e idéias, filhas de imperiosas necessidades sociais de nossos tempos, ou acabará definitivamente absorvido pelo direito público. O Direito se socializa e – consoante Savatier – já se teria mesmo iniciado a arrancada que, do direito privado, acabaria por terminar nos largos domínios do direito público.

Como apreciação crítica às observações de Melo da Silva, é importante assinalar que modernamente não existe mais possibilidade de sustentação da antiga dicotomia direito público/privado, uma vez que é de todo impossível a identificação de um interesse particular autônomo, isolado do interesse público. Como explicou Eroulths Cortiano Júnior, "(...) a ordem jurídica social é unitária, com a mesma fonte constitucional".[163]

Procurando dar uma idéia de sua concepção, Gasset observou: "La justicia de la teoría aparece en la consciencia como vía de inspiración imperativa en muchos casos prácticos, aunque permanescan como ocultas las razones tecnico-jurídicas en las que tenga que apoyarse la conclusión a la cual se llega subitamente por simples intuición".[164]

Contrariando a posição quase-unânime da doutrina quanto ao caráter subjetivo do princípio por ele apresentado, Carvalho Fernandes,[165] apoiado na concreta cooperação das partes, manifestada por ocasião do nascimento da convenção, explicou que o princípio deveria ter características nitidamente objetivas. Prosseguiu salientando que a teoria por ele aceita (na linha das coordenadas traçadas por Betti), ao contrário do suposto por seus contestadores, não abrigava os defeitos contidos na teoria do *dever de esforço*, de Hartmann. Em defesa

---

162. Anísio José de Oliveira, ob. cit., p. 149.

163. "Alguns apontamentos sobre os chamados direitos da personalidade", in Luiz Edson Fachin (coord.), *Repensando Fundamentos do Direito Civil Brasileiro Contemporâneo*, p. 37.

164. Badenes Gasset, *apud* Luís Alberto de Carvalho Fernandes, artigo cit., *Boletim do Ministério da Justiça* (Coimbra) 128/99.

165. Artigo cit., *Boletim do Ministério da Justiça* (Coimbra) 128/99.

238   A TEORIA DA IMPREVISÃO NO DIREITO CIVIL E NO PROCESSO CIVIL

deste ponto de vista, indagou se daí não resultaria que o devedor, ao se obrigar, teria apenas em vista realizar determinado esforço, e que este consubstanciaria o conteúdo da obrigação. Esclareceu que poderia aparentar que esse era seu ponto de vista. Encaminhou-se para uma conclusão dizendo que essa idéia era falsa, porque ao aceitá-la cairse-ia logo no defeito de esquecer precisamente aquele aspecto que em sua teoria era fundamental: o de que, sendo a obrigação um meio de cooperação social, todo o interesse desta idéia desapareceria se fosse considerada como a troca de certa medida de esforço a ser realizada pelas partes.

A idéia de cooperação não significaria que o devedor deveria arruinar-se para satisfazer o interesse do credor. Significaria, acima de tudo, atuação conjunta de credor e devedor. Carvalho Fernandes[166] acrescentou que cada contratante estaria vinculado àquela atividade – por ele considerada meio idôneo, num dado momento – para colaborar na realização do interesse da outra parte. Por tal motivo – concluiu –, a idéia de cooperação poderia nos dar a razão-de-ser da imprevisibilidade, uma vez que ela mesma impõe limites à atuação de cada contratante.

Destaque-se que Carvalho Fernandes foi mais realista quando viu na *cooperação social* a conjugação de fins pretendidos pelos contratantes – isto é, o credor não poderá atingir seu objetivo sem a colaboração do devedor da obrigação. Por outras palavras: determinadas pretensões só podem ser satisfeitas com a cooperação das partes envolvidas na ciranda de interesses criados por elas.

Há mais de meio século (1941) Gabriel de Rezende Filho[167] já registrava a tendência socializadora do Direito ao dizer que os direitos subjetivos, tidos outrora como poderes inatingíveis, ante os quais limitações mesmo razoáveis pareciam arrancadas de um espírito de anarquia, são hoje considerados como faculdades que se devem exercer – e só assim são garantidas – dentro dos limites de sua conciliação com os superiores interesses da coletividade. Acrescentou que os direitos não devem funcionar para o solitário egoísmo de seus titulares. Daí a justiça repelir não só o ilícito e o imoral, como também o antisocial. No contexto da teoria da imprevisão chamou a atenção para o fato de que a segurança das prestações não era considerada mais princípio absoluto, mercê da aplicação da regra *rebus sic stantibus*, que

166. Idem, p. 106.
167. "Tendência socializadora do Direito", *RF* 85/35.

NATUREZA JURÍDICA DA IMPREVISÃO

permitia a ruptura das convenções uma vez verificado que na sua exe-cução, decorrente das condições de fato, um dos contratantes poderia arrastar o outro à ruína e ao desespero. Assim – concluiu –, a inviola-bilidade contratual seria mantida dentro dos limites da ética e da pró-pria finalidade das obrigações. Como evidente restrição à concepção individualista do Direito assinale-se, ainda, a matéria respeitante à res-ponsabilidade extracontratual. A doutrina da *socialização do Direito* não foi de todo rejeitada, tendo encontrado favorável ressonância en-tre os juristas brasileiros.

Em perfeito e acabado discurso a favor da necessidade de sociali-zação do Direito, Pietro Perlingieri[168] conclamou os juristas para uma conjugação de forças a fim de que a questão moral fosse recolocada no centro da discussão (repersonalização do homem), a fim de evitar que o Direito se torne um corpo sem alma, por lhe faltar a essência vital, que é a justiça.

Vendo mais virtudes do que pecados e concluindo que elas pode-riam ser o grande fundamento da cláusula *rebus sic stantibus*, Anísio José de Oliveira[169] acabou por se render às formulações de Betti e Gasset, como já fizera Carvalho Fernandes.

É inegável a tendência atual de socialização do Direito. Entretan-to, as considerações de Anísio José de Oliveira[170] – quanto a ser pos-sível o descumprimento do contrato "em nome da caridade jurídica", ou de que o princípio encontraria espaço porque os fins traçados po-deriam conjugar-se –, na atual conjuntura por que passa o mundo, in-felizmente, ainda são pouco viáveis. No campo do direito privado esta

---

168. "É necessário que, com força, a questão moral, entendida como efetivo res-peito à dignidade da vida de cada homem e, portanto, como superioridade deste valor em relação a qualquer razão política da organização da vida em comum, seja reposta no centro do debate na doutrina e no foro, como única indicação idônea a impedir a vitória de um Direito sem Justiça. A Justiça está derrotada quando a sociedade tende a se consolidar no desvalor dos particularismos individuais ou dos grupos, na recomen-dação desvirtuada, no interesse de lucrar sempre, mesmo que seja sob forma de propi-na; quando tende a extorquir ou, o que é ainda pior, quando é obrigada a utilizar for-mas ilícitas para obter o que lhe compete; quando tende a se consolidar no sistema de repartição e do loteamento entre grupos, dos empregos dos bancos às cátedras univer-sitárias, sem nenhum respeito pelo mérito e pelas competências de cada um" (*Perfis do Direito Civil*, pp. 5-6).

169. Ob. cit., p. 149.

170. "A teoria da socialização de Gasset atuaria, assim, no sentido de regular o acordo à vida atual, atribuindo um determinado afrouxamento ao despotismo da obri-gatoriedade dos ajustes, o qual teria de transferir terreno por causa dos superiores inte-resses sociais" (ob. cit., p. 150).

240 A TEORIA DA IMPREVISÃO NO DIREITO CIVIL E NO PROCESSO CIVIL

idealística visão, a curto prazo, parece impossível. O jogo de interesses individuais é o móvel de toda a contratação, e não será tarefa fácil reorientá-lo para as regras do benefício coletivo. Isto parece indiscutível: na atualidade, a cooperação de uma parte com a outra é ditada pela antevisão de vantagens de toda natureza, a serem satisfeitas por via da contratação. O que pode aparentar ser uma colaboração societária é, em última análise, o meio de realização de um propósito individual. Em tese, seria este o ideal de justiça no campo obrigacional. Contudo, ainda se encontra situado em ponto diametralmente oposto ao que deveria estar no mundo fático. E, se alguma dúvida restasse, uma rápida visão no famigerado – e nunca suficientemente execrado – comportamento dos bancos, públicos ou privados, em matéria contratual de pronto a dissiparia.

Registre-se, entretanto, que os primeiros traços de cooperação social no terreno das obrigações começam a se esboçar, como, por exemplo, nos verdadeiros *contratos de franquia*, em que o franqueador mantém estreito relacionamento societário com seus franqueados, seja fazendo seguros em grupo, ministrando cursos, acompanhando e reciclando a atuação das franquias, oferecendo vantagens – enfim, desenvolvendo um trabalho de perfeita e acabada simbiose societária, em princípio com vistas aos seus interesses, mas movido também por um espírito social de preocupação com a outra parte contratante, em busca de um fim comum. Entre outros, é um começo promissor.

12.1.6 Doutrinas fulcradas em princípios jurídicos afins

12.1.6.1 Mantica – A lesão superveniente: A primeira tentativa de fundamentar a imprevisão na concepção de *lesão superveniente* deve-se ao Cardeal Francesco Mantica,[171] no século XVII.

A idéia apoiou-se no *alargamento do conceito de lesão*, estendendo-se também àquela que surgisse posteriormente, em decorrência de uma alteração anormal da base contratual. Constatada a desproporção entre a prestação e a contraprestação, identificada estaria a lesão superveniente.

Conceituando lesão, Inocêncio Galvão Telles[172] esclareceu que ela aparece quando em um contrato oneroso as prestações ou sacrifícios das partes se mostram desproporcionais, dando uma delas mais

---

171. *Lucubrationes de Tacitis et Ambiguis Conventionibus*, Lib. II, Tít. 84, IV, I.
172. Ob. cit., p. 225.

NATUREZA JURÍDICA DA IMPREVISÃO 241

do que recebe. Em regra – adicionou –, ao referir-se a este fenômeno pensa-se na lesão inicial. Mas a lesão pode sobrevir a essa celebração. Assim – prosseguiu –, o equilíbrio das prestações, tido originariamente como certo, rompe-se em virtude de acontecimento imprevisível. Tanto em um caso como no outro – concluiu – trata-se de hipóteses de justiça comutativa, contrária à força obrigatória do contrato, espécie que não atua por si mesma, mas apenas quando revestida de autoridade legal.

Em Portugal, dentre os estudiosos da questão, apenas um jurista viu nessa doutrina consistência em grau satisfatório para a fundamentação do princípio da imprevisão. Foi Diogo de Paiva Brandão,[173] que, em suas considerações, esclareceu que, finalmente, quando o princípio *rebus sic stantibus* atingiu o apogeu de sua maturação, no século XVII, condicionou-se sua aplicação pelo fato de o cumprimento integral do compromisso implicar prejuízo flagrantemente injusto. Ora, tal prejuízo – complementou – derivaria do fato de se ter rompido o primitivo equilíbrio das prestações. Eis a idéia de *lesão superveniente*. E prosseguiu dizendo que o problema só se denunciaria quando tal transformação se refletisse na economia do contrato, originando um desequilíbrio entre a prestação e a contraprestação.

O mesmo autor, procurando apresentar a solução do conflito entre os dois princípios basilares do Direito – *segurança* e *justiça* –, seguiu argumentando que, por assim entender, tomaria a idéia da lesão superveniente como ponto de partida das considerações que a seguir produziria sobre o caráter da questão e as condições de aplicação do princípio geralmente conhecido por "problema" e "princípio da imprevisão". Ora – acrescentou –, a acuidade da questão da lesão superveniente reside na dificuldade de conciliar dois princípios tradutores do conflito: "o princípio da justiça" – que levaria a corrigir o desequilíbrio sobrevindo – e o "princípio da segurança" – que conduziria à manutenção da convenção nos seus termos iniciais. E terminou explicando que em torno daquela oposição se tem travado a batalha da imprevisão. Uns afirmam: se o equilíbrio inicial das prestações se rompeu, é de elementar justiça que o contrato não subsista nos termos primitivos. Mas outros declaram: se admitirmos esse princípio, vamos contra as prementes exigências da segurança econômica. E as duas alegações parecem dignas de consideração.

173. Artigo cit., *Boletim da Faculdade de Direito da Universidade de Coimbra*, Suplemento do v. XXVII, pp. 220-223.

242 A TEORIA DA IMPREVISÃO NO DIREITO CIVIL E NO PROCESSO CIVIL

Buscando encontrar um denominador comum para posições reconhecidamente antagônicas, mas de igual relevância, Paiva Brandão[174] lembrou que tal conciliação só seria possível na base da transigência recíproca: a lesão superveniente teria influência na força obrigatória do contrato (princípio de justiça), mas dentro de certos limites, e ainda assim se obedecesse a determinados requisitos (princípio da segurança). A lesão deveria, em primeiro lugar, ter tido origem em acontecimento posterior à celebração do contrato (superveniente), ao tempo "imprevisível" e para o qual o devedor não tivesse contribuído (ação ou omissão), devendo, ainda, ser "essencial e profunda".

Galvão Telles[175] acrescentou que, em regra, quando se trata deste fenômeno pensa-se na lesão primitiva, contemporânea da oficialização do acordo. Mas a lesão poderia não estar presente quando de sua celebração, podendo sobrevir a ela; o equilíbrio das prestações, tido originariamente como certo, romper-se-ia em virtude do acontecimento imprevisível. Nisto consistiria, afinal, a imprevisão, que poderia ser definida como uma lesão superveniente. E arrematou dizendo considerar que o fundamento exato em que se poderá alicerçar a doutrina, também de natureza objetiva, é a lesão de um dos contraentes por fato posterior ao contrato.

A conclusão a que chegou o jurista lusitano não pode ser aceita, uma vez que a imprevisibilidade só tem sentido diante da lesão iminente, e ele fala em "lesão de um dos contraentes" – isto é, da lesão objetiva, e não da subjetiva.

Carvalho Fernandes[176] também analisou a lesão superveniente, registrando a posição de Mantica. Salientou que nos contratos de trato sucessivo o desequilíbrio das prestações pode se referir tanto ao momento inicial da sua celebração como ao da troca das prestações. Em ambos os casos a eqüidade exige igual tratamento: readaptação da obrigação ou extinção do pacto.

A posição de Paiva Brandão não chegou a ser um aval consistente à teoria de Mantica, uma vez que colidiu frontalmente com uma barreira intransponível – a exclusão dos contratos gratuitos (nos quais não há contraprestação) –, cuidando restritivamente apenas dos interesses do devedor. Se é justo que não se negue a este o direito de em-

---

174. Idem, p. 222.
175. Ob. cit., p. 225.
176. Artigo cit., *Boletim do Ministério da Justiça* (Coimbra) 128/31.

NATUREZA JURÍDICA DA IMPREVISÃO

prego do princípio, pelos mesmos fundamentos não se deve – nem se pode – recusá-lo ao credor.

Entre nós, Caio Mário da Silva Pereira[177] esclareceu que o conceito de lesão emana igualmente de elementos objetivos e subjetivos, na conjugação de um vício do contrato com um vício da vontade. Haveria, em um primeiro tempo, o registro de um lucro patrimonial resultante da comparação entre o justo e o devido e a vantagem obtida. A estimação média comum – prosseguiu – seria o valor corrente que tem a coisa ou o serviço objeto da contratação. Em segundo lugar – complementou –, o aproveitar-se da inexperiência, leviandade ou necessidade da outra parte seria outro elemento a dar base à lesão, repelida pelo Direito. Acrescentou o mesmo autor que o aspecto objetivo (vantagem efetiva de um dos contratantes) funde-se com o subjetivo (especulação de uma situação especial) na caracterização de um ato consciente de um dos contratantes ao se aproveitar de condições desfavoráveis ao outro, provocando-lhe uma lesão. A necessidade de contratar – concluiu – não advém da condição financeira do lesado, mas da circunstância de não poder ele deixar de realizar o negócio.

No elenco de restrições apresentadas à teoria da lesão superveniente, do Cardeal Francesco Mantica, foi apontada como relevante aquela que negligenciou o fato de que todo o problema da lesão se restringiria ao instante da celebração da convenção, ao passo que a dissonância na doutrina da imprevisibilidade só seria considerada posteriormente. Entretanto, não é este, ainda, seu ponto mais fraco. Entre outros equívocos, pretendeu um fundamento único para os dois tipos de lesão – inicial e superveniente –, o que juridicamente não pode ser aceito. Acrescente-se, também, que ela não fornece uma idéia completa e definitiva da teoria da imprevisão, como seria de se exigir. Assenta sua aplicação tão-somente no desequilíbrio das prestações, situações em que se apresenta a onerosidade superveniente – o que reduz seu campo apenas aos contratos sinalagmáticos, excluindo de vez os pactos sem contrapartida. Esta visão pouco clara foi condenada por Carvalho Fernandes.[178] Em análise à teoria em discussão, disse que ao se aceitar a imprevisibilidade não se lhe pode dar, sem gravame da lógica, entendimento tão restrito.

Toda a fundamentação da *lesão superveniente* tem assento na desproporção entre as prestações nos contratos comutativos. No instante

177. *Lesão nos Contratos*, p. 96.
178. Artigo cit., *Boletim do Ministério da Justiça* (Coimbra) 128/63.

244 A TEORIA DA IMPREVISÃO NO DIREITO CIVIL E NO PROCESSO CIVIL

em que este desequilíbrio se torna inaceitável para o sentimento jurídico justificada estaria a intervenção judicial, com base na suposição de que a vontade da parte, na iminência de ser lesada, sofreu modificação estrutural que lhe causará prejuízo, sob todos os aspectos condenável e inaceitável pelo ordenamento jurídico. A restrição contida na doutrina comprometeu seu alicerce, razão por que a edificação se tornou insustentável. Entre outros, foi este o principal motivo de sua proscrição, atribuindo-se-lhe apenas o inegável mérito do pioneirismo neste campo, após a concepção de Bártolo.

12.1.6.2 Giorgi e Lennel – O equilíbrio das prestações: O aparecimento de um estado de fato imprevisível e inerente no tempo, influenciando o vínculo contratual diretamente, acabará por causar inexoravelmente o desequilíbrio das prestações, tornando a de uma das partes mais onerosa e desigual perante a outra – observou Anísio José de Oliveira.[179]

Um dos primeiros dentre os grandes defensores da *justiça comutativa* foi, sem dúvida, São Tomás de Aquino (*Summa Theologica*). Giorgio Giorgi[180] e Lennel,[181] inspirados nos ensinamentos do grande filósofo católico, em nome dos princípios da eqüidade e da justiça, entenderam que em toda convenção deveria haver sempre o equilíbrio das prestações, e que diante do desequilíbrio justificada estaria a aplicação da teoria da imprevisão, para reajustar ou extinguir os pactos.

Anísio José de Oliveira,[182] citando Giorgi, acrescentou que razões de eqüidade e justiça distributiva exigiriam que a lei determinasse ao magistrado a tarefa de restabelecer o equilíbrio legal, ajustando as desigualdades entre as partes e estabelecendo a utilidade comum que deu origem à celebração e execução do pacto.

Criticando Lennel, por ter apenas rebatizado a teoria que já fora apresentada por Giorgi, o mesmo autor disse que o jurista alemão, sem acrescentar elementos novos à doutrina, nada mais fez do que lhe dar outra denominação, chamando-a, então, de *teoria do equilíbrio de interesses*.

Analisando as proposições de Giorgi e Lennel, concluiu Anísio José de Oliveira[183] serem ambas iguais em sua essência, ressaltando-

179. Ob. cit., p. 140.
180. *Teoria delle Obbligazioni nel Diritto Moderno Italiano*, 6ª ed., p. 49.
181. Ob. cit., p. 27.
182. Ob. cit., p. 140.
183. Idem, p. 141.

NATUREZA JURÍDICA DA IMPREVISÃO

se na última (Lennel) o direito da parte a quem se impôs uma restrição de receber indenização por ter confiado na inalterabilidade da avença, tendo em vista a manutenção do princípio de segurança da contratatação. Ambas, porém, produzem os mesmos efeitos jurídicos e se apóiam nos mesmos fundamentos.

Vieira Netto informou que, além de Lennel e Giorgi, também Ruggiero e Brugi aceitaram a *justiça distributiva* como base para a teoria da imprevisão.

Para Giorgi "(...) no solo se producen los efectos previstos y expresamente queridos, sino también otros que, según la equidad, el uso o la ley, derivan del contracto". Assim – explicou ele –, fica fácil concluir que "(...) el principio puede y debe estimarse implícito en nuestro ordenamiento mas que por la tradición (rota por la codificación), por virtud de los supremos principios de la equidad que exigen un cierto equilibrio económico entre la prestación y no consienten la ilimitada depauperación de una parte en beneficio de la otra".[184]

Também Ambroise Colin e Henri Capitant,[185] fundamentados nos postulados da justiça comutativa, entenderam que a doutrina da imprevisibilidade deveria ser admitida. Argumentaram com o fato de que se no regime anterior, de total liberdade, a estabilidade dos contratos e do próprio comércio jurídico – com fulcro no princípio *pacta sunt servanda* – foi indispensável para a manutenção da atividade mercantil, no atual regime de economia dirigida (em que as convenções dos particulares se encontram sujeitas ao controle dos organismos oficiais) não subsistem mais quaisquer justificativas para sua rejeição.

É relevante registrar, ainda, que, embora com certas reservas, em situações e sob condições especiais, alterada a base econômica do pacto, para Giorgi[186] o devedor da obrigação poderia dela se eximir em nome do equilíbrio que, a todo custo, deve ser mantido, eliminando-se qualquer desigualdade surgida no instante da execução.

Citando Bessone – quando observou que toda contratação traz em seu bojo uma certa dose de risco –, Anísio José de Oliveira[187] chamou a atenção para a impossibilidade de se aceitar o *equilíbrio das prestações* como fundamento para a imprevisão. Não só por seu caráter restritivo, como, também, pela inexistência de uma medida oficial para

---

184. Ob. cit., p. 96.
185. *Cours Élémentaire de Droit Civil Français*, p. 39.
186. Ob. cit., p. 19.
187. Ob. cit., p. 140.

246 A TEORIA DA IMPREVISÃO NO DIREITO CIVIL E NO PROCESSO CIVIL

servir de parâmetro no julgamento da desproporção das prestações, concluindo pela grande dificuldade de se conseguir um verdadeiro equilíbrio nos contratos. Arrematou com um exemplo definitivo: nos contratos aleatórios não há equivalência das prestações. Ao menos no plano objetivo.

Sobre o tema *contratos aleatórios* oportuno é acrescentar que nem por isso a eles deverá ser vedado o emprego da doutrina da imprevisibilidade quando a mudança anormal da base do negócio jurídico, por acontecimento imprevisível que não diga respeito ao campo aleatório, faça nascer a lesão virtual. Felizmente, neste aspecto, o nosso futuro Código Civil, no capítulo da imprevisibilidade, não incorreu no equívoco reducionista trilhado pelo Código Civil Italiano (modelo copiado), ao proibir expressamente sua aplicação àqueles contratos, em seu art. 1.469.

Medeiros da Fonseca[188] – ainda em sua fase anti-revisionista – também criticou a *equivalência das prestações*, proposta por Giorgi e Lennel, baseado no fato de que para ela não há previsão legal, o que a tornaria apenas aceitável pelos princípios da justiça comutativa, e não na forma proposta.

Registre-se que também Boselli – referido por Aguiar Dias[189] – entendeu que a teoria que reuniu mais amplo consenso foi a que encarou a essência da superveniência como turbação do *equilíbrio econômico das prestações*. Este ponto tem sido considerado como necessário e comum local de chegada das várias doutrinas propostas. Esse equilíbrio não reveste o significado de *equivalência* mas, antes, de *proporção* entre os valores atuais das prestações e a relação que existir no momento da estipulação entre esses mesmos valores.

Por todas as razões apontadas, a teoria da equivalência das prestações nada acrescentou ao processo de estruturação da natureza jurídica da imprevisibilidade, ressalvando-se apenas a possibilidade de

---

188. "A equivalência objetiva das prestações não pode, a nosso ver, ser elevada a uma condição normal de validade dos contratos, porque a lei não a estabelece. As necessidades do comércio jurídico exigem a estabilidade das obrigações assumidas. Demais, o contrato é um ato de previsão para o futuro. A lesão porventura experimentada no dia do contrato pode se transformar num excelente negócio, em virtude de circunstâncias posteriores. E como apurá-la seguramente? Qual a base a tomar? Se não há nenhum vício de consentimento, só excepcionalmente deve a lei intervir, limitando a liberdade de contratar, para impedir a exploração injusta dos fracos pelos fortes. Erigir, entretanto, em regra geral de direito o princípio da equivalência objetiva seria um resultado desastroso para a segurança das convenções" (ob. cit., pp. 222-223).

189. Aldo Boselli, *apud* José de Aguiar Dias, ob. cit., v. I, pp. 65-66.

NATUREZA JURÍDICA DA IMPREVISÃO 247

indenização da parte em desvantagem – figura que nunca foi estranha no campo daquela doutrina. A incidência da obrigação indenizatória em casos especiais é proposta e desenvolvida neste estudo como forma de compensação para o credor em contratos pendentes de cumprimento resultantes de resolução – quando não conseguida a revisão por conciliação ou intervenção do juiz – do que foi primitivamente estabelecido.

Também esta teoria desenvolvida e apresentada por Giorgi e Lennel recebeu mais críticas de rejeição do que considerações de aceitação.

12.1.7 Doutrinas assentadas em mais de um fundamento (mistas)

12.1.7.1 (a) Cardini e (b) Soriano de Oliveira – Fundamentos múltiplos: Diante da profusão de teorias, fulcradas nos mais diversos fundamentos, de natureza objetiva ou subjetiva, com base no direito positivo ou natural, nos princípios éticos e ético-jurídicos – enfim, diante da diversidade de conceituações polêmicas e, não raras vezes, até harmônicas (característica dos grandes princípios jurídicos) –, estudiosos como Eugenio Cardini,[190] na Argentina, e Soriano de Oliveira,[191] no Brasil, entenderam que a melhor solução talvez fosse a adoção de mais de um fundamento para a revisão ou resolução dos pactos atingidos e afetados por anormal desestruturação da base econômica.

(a) Na concepção de Eugenio Cardini a imprevisão deveria ter como alicerce uma natureza bipartida: *intrínseca*, com fundamento na solidariedade social (proposição de Louveau, Badenes Gasset e Carvalho Fernandes, com pequenas variações entre si), que, em confronto com eventos imprevisíveis, aconselharia um comportamento lastreado na eqüidade, decorrente da reprovação do enriquecimento imotivado, da lesão subjetiva ou do abuso de direito. Pelo ângulo objetivo tudo se resolveria com apoio na justiça distributiva, que teria como corolário lógico-jurídico a equivalência das prestações. Estaria fundamentada no subjetivismo da *vontade marginal*, criada por Osti; quanto à natureza *extrínseca* – relacionada diretamente com o mais amplo conceito de boa-fé, moral e lesão subjetiva – reduzia a questão ao fato óbvio de que ninguém jamais celebraria um contrato ou assumiria obrigações com o objetivo de se prejudicar.

(b) Para Abgar Soriano de Oliveira o fenômeno jurídico sempre deveria ser considerado como multifatorial. Pela sua natureza com-

190. Ob. cit., p. 191.
191. Ob. cit., p. 38.

248 A TEORIA DA IMPREVISÃO NO DIREITO CIVIL E NO PROCESSO CIVIL

plexa, não poderia nem deveria ser estudado apenas sob um determinado ponto de vista, ético ou jurídico. Assim, nem só o elemento comportamental ou a vontade seriam suficientes para dar base e consistência à teoria da imprevisão. No seu entendimento seria necessário bem mais.

Soriano de Oliveira[192] via as posições de Osti e Bruzin como científicas e, sob todos os aspectos, admiráveis, mas considerava que padeciam de uma certa estreiteza ótica, ou, como chamou, de falta de amplitude; focalizavam o problema da imprevisibilidade tão-somente pelo prisma jurídico, deixando à margem outros elementos, a seu ver fundamentais, tais como princípios informadores da chamada *alteração da base negocial* ou da *economia contratual*. Jamais aceitou fundamento único para a imprevisibilidade porque, segundo concebia, isto implicava declarar o desconhecimento do fenômeno jurídico que se tinha em mãos, sentindo-se bem mais confortável e seguro quando, a compor a estrutura básica do princípio, encontravam-se presentes elementos de natureza moral, além de jurídica.

Carneiro Maia[193] observou que o critério de múltiplo fundamento adotado por Soriano de Oliveira, infelizmente, não trouxe a solução. Defendeu sempre uma formulação baseada em apenas um alicerce, já que não via como pudesse ser separado na contratação o aspecto moral do jurídico, que a doutrina mista pretendia bipartir.

Em verdade, a rendição a esta evidência parece definitiva: o grande problema levantado pelas chamadas *teorias mistas* é que elas, a pretexto de muito explicar, buscando apoio e segurança em mais de um fundamento, na sua indefinição estrutural acabam por nada esclarecer nem precisar. Aqueles que, como Abgar Soriano de Oliveira, não se limitaram a adotar fundamento único, e sim misto (jurídico e moral), nem por isto afastaram a dificuldade de determinação da natureza jurídica do instituto da imprevisibilidade ou apresentaram solução definitiva e, portanto, inatacável. Para este convencimento seria suficiente ponderar que, se o elemento moral é ínsito e perene no contrato, como deve ser – e, de resto, é reconhecido pelo próprio Soriano de

---

192. Ob. cit., p. 162.

193. "Pensamos que a adoção de um só fundamento, no terreno doutrinário, alcança a integridade do problema porque, na composição do ato contratual, são indissociáveis os aspectos moral e jurídico. E este fundamento, nos termos considerados e também no campo da doutrina, para nós, está na própria noção de Direito. Como tal o admitimos para justificar a influência da imprevisão no domínio contratual" (ob. cit., pp. 198-199).

NATUREZA JURÍDICA DA IMPREVISÃO

Oliveira –, não haveria necessidade de dissociá-lo do aspecto jurídico da contratação, dando-lhe características particulares e uma autonomia que ele não tem.

12.1.8 Doutrinas com conceituação "sui generis"

12.1.8.1 Hauriou – As tendências limitativas: Depois de um profundo estudo nas teorias então existentes, sancionadoras da aceitação e emprego da imprevisibilidade, na busca de sua natureza jurídica, entendeu Maurice Hauriou[194] só ser possível encontrar espaço em contratações que estivessem inteiramente ligadas à idéia de *instituição*, isto é, pactos em que houvesse, além de um interesse comum das partes, também um risco comum. Excluiu daquela proposição, desde logo, a importância dos contratantes, explicando que a intervenção do juiz só se daria em virtude da instituição e, deste modo, em razão da relevância social a ela indissoluvelmente ligada. Somente entendia possível a aceitação do princípio inserida em contexto específico.

Dizia Hauriou[195] que onde quer que houvesse uma instituição viva e atuante existiria uma comunhão de idéias em estreita correspondência com uma comunidade de interesses.

Assim, criar-se-ia um espírito comum que no Estado teria o nome de *espírito público*; nas associações, *espírito corporativo*; e nas relações de direito privado, *espírito de família*. Complementou dizendo que nos contratos influenciados por uma instituição esse espírito penetraria desde logo e levaria em seu bojo o sentimento de risco comum e de justiça distributiva. Desta forma, o encadeamento das causas e efeitos assim se manifestaria:

1º) contrato ligado a uma instituição ou por ela influenciado;

2º) situação contratual unida a uma comunidade de interesses e a esse espírito comum que nasce da instituição;

3º) em caso de necessidade, um ato de justiça distributiva, para repartição dos riscos reputados comuns.

Esta, em síntese, a doutrina das *tendências limitativas* de Hauriou.

É totalmente dispensável tecer considerações a respeito das normas de direito privado que, fundamentalmente, cercam as contratações

---

194. "L'imprévision et les contrats dominés par les institutions sociales", *Revue de Droit Privé* 83/43.

195. Idem, n. 3, pp. 3-20.

250 A TEORIA DA IMPREVISÃO NO DIREITO CIVIL E NO PROCESSO CIVIL

no campo das obrigações para que, sem muito esforço, se desqualifique a proposição de Maurice Hauriou. Ela não se amolda nem satisfaz o elenco mínimo de exigências para a aplicação de uma doutrina geneticamente ligada à excepcionalidade, com o porte informativo e a importância apresentados pela teoria da imprevisão. O deixar de lado alicerces éticos ou ético-jurídicos como a boa-fé, a moral e a eqüidade, bem como o relegar a plano secundário a vontade contratual ou a exata noção de Direito, ou, ainda – o que é pior –, a atuação das partes, acabaram por tornar a proposição de Hauriou sem eco e, conseqüentemente, sem qualquer receptividade entre os estudiosos da questão, forjando seu próprio destino: total rejeição pela doutrina e jurisprudência, que continuaram em busca de uma sólida e definitiva fundamentação para o milenar *remedium iuris*.

12.1.8.2 Cossio – Gênese da imprevisão: a transformação do ato em fato jurídico: No universo da teoria egológica – criação de um dos maiores juristas argentinos de todos os tempos, Carlos Cossio[196] – a teoria da imprevisão poderia ser explicada por meio da *simples transformação do ato em fato jurídico*.

Em suas próprias palavras: "Hablando en el lenguaje técnico del Código Civil, la teoría egológica hará ver que un contrato como acto jurídico se transforma en un hecho jurídico, cuando se dan las condiciones que han promovido la teoria de la imprevisión".

Sua definição de contrato – inserida profundamente na idéia de socialização do Direito – é magistral: "Un contrato comienza y termina como conducta compartida dentro del mismo proyecto de existencia que ambas partes han coproyetactado".

Segundo Cossio – para quem o Direito seria acima de tudo comportamento – todo contrato se encontra em determinada situação porque a existência humana está ontologicamente ligada a ela. Uma exata noção desta afirmativa poderia ser obtida com a simples tentativa de desvincular o homem, ou o contrato, de um contexto situacional e, em seguida, pretender interpretá-lo ou, mesmo, aplicá-lo. De pronto se constataria ter pela frente uma missão impossível.

Todo contrato (e aqui se fala dos de execução diferida) que se encontre cercado por determinadas circunstâncias deve conservá-las do instante do nascimento até a execução. Se isto não ocorrer, por força e atuação de acontecimentos imprevisíveis que alterem profunda-

196. *La Teoría de la Imprevisión*, pp. 32-36.

NATUREZA JURÍDICA DA IMPREVISÃO

mente a base negocial, já não se trataria mais de examinar o contrato na configuração primitiva, mas sim em função da transformação por ele sofrida à luz de outros princípios, donde ser imprescindível a análise da nova situação do convencionado.

Sinteticamente:

1) *situação do contrato* = *regência:* pacta sunt servanda;

2) *contrato em determinada situação* = *regência*: rebus sic stantibus.

Quando se discute o *ato jurídico* a primeira idéia que surge é a de *atuação*; ao se analisar o *fato jurídico*, relevante passa a ser a *situação*. Destas premissas podemos extrair que no ato jurídico – e aqui já sob forma de contrato (*pacta sunt servanda*) – o que se tem como presente é a *atuação* da pessoa física ou jurídica. Ao se identificarem os pressupostos de admissibilidade de aplicação da teoria da imprevisão (*rebus sic stantibus*), conseqüente à ocorrência de eventos extraordinários, o pacto terá deixado de ocupar espaço como *atuação objetiva* – porque exaurido seu conteúdo como *ato jurídico* –, e em seu lugar surgirá uma *situação*, de natureza extracontratual (na *aura* da contratação), já então na condição de *fato jurídico*, caracteristicamente de exceção, denominada no mundo contemporâneo de *imprevisibilidade*. Esclareceu o mestre argentino que existe uma grande diferença entre ato e fato jurídico no que diz respeito à viabilidade de uma promessa. O *ato jurídico* está aprioristicamente *prometido como atuação*, razão por que um pacto pode ser de execução diferida ou sucessiva; em contrapartida, o *fato jurídico* não pode ser prometido, motivo pelo qual é *representativo de uma situação*, ou de um novo estado fático – como na imprevisão –, mas sempre de um estado.

Cossio insistiu na tese: importa menos o que o contrato diz, do que aquilo sobre o que ele diz – repetindo, com Husserl, que *toda expressão não só diz algo, como também acerca de algo*. Para ele isto significa que em um primeiro momento o contrato consubstancia um *acordo de vontades* com o objetivo específico de criar, modificar ou extinguir direitos, consolidando-se com a aceitação ou assinatura dos contratantes; em seguida, relevante é a *conduta a que se obrigam as partes*, resultante do acordo de vontades, ali considerado como um verdadeiro "projeto de existência compartilhada". Neste se falará do cumprimento ou descumprimento do contrato, ou da sua forma de execução, que poderá ser imediata ou diferida; naquele, do comportamento das partes diante de uma nova situação.

252 A TEORIA DA IMPREVISÃO NO DIREITO CIVIL E NO PROCESSO CIVIL

Prosseguindo, esclareceu que o acordo de vontades para a criação, modificação e extinção do direito é a expressão que *diz algo*, e a conduta dos contraentes no cumprir ou não o pacto, *o que se diz sobre algo*. No primeiro caso estaremos diante da expressão ou do *significante* (forma); e no outro, do objeto ou do *significado* (conteúdo) ao qual a expressão se refere. Em afortunada síntese, Cossio explicou que "o contrato começa e termina como conduta compartilhada, dentro de um projeto de existência, decidido conjuntamente pelas partes"[197] – em inequívoca aceitação da tese da socialização do Direito (Gasset e Carvalho Fernandes). Classificou a relação contratual como sendo de *estrutura vital*. Interpretou a expressão ao dizer que quando a relação negocial sofre um aumento quantitativo de suas partes componentes (ocorrência de eventos anormais), por razões dessa mesma ordem, terá como conseqüência uma qualidade nova. Como se sabe – adicionou –, um simples detalhe que se acrescente pode afetar o sentido de um ato humano qualitativamente, dependendo da situação em que este se realize. Ilustrou a proposição com o seguinte exemplo: para quem receba mensalmente, de várias fontes e em épocas diferentes, um salário de US\$ 3,000.00 terão maior importância os primeiros US\$ 1,000.00 do que os últimos, uma vez que estes serão empregados na solução dos compromissos mais urgentes de quem os recebe, embora entre eles haja igualdade quantitativa, mas não qualitativa. Tanto o primeiro recebimento como os últimos integram uma estrutura situacional, razão por que ambos diferem em qualidade, não só quanto ao tempo como também conseqüente à destinação de cada um.

---

197. "Un contrato comienza y termina como conducta contrapartida dentro del mismo proyecto de existencia que ambas partes han coproyectado. Óbviamente, las consecuencias de azar están más alla de este proyecto de existencia que ambas partes han dado para salir de una situación. En cambio, las consecuencias *virtuales* de un contrato, contempladas por el art. 1.198, *[é este o dispositivo legal que admite a teoria da imprevisão no Código Civil Argentino]* están dentro de ese proyecto de existencia como cosa connatural a él, aunque no se las hubiere expresado formalmente o no se las hubiere previsto. El art. 1.198 tiene un sentio intergiversable: cuando este artículo habla de 'las consecuencias virtualmente compreendidas'en el contrato, no cabe duda acerca de que se está refiriendo al proyecto de existencia y al azar; a ese proyecto de existencia sobre el que hubo un acuerdo de voluntades como verdad de conducta, cuya única garantía de existencia es, a su vez, la recíproca buena-fe de los contratantes.

"El precedente análisis ontológico ya decide de por sí sobre la incientificidad de los argumentos tendientes a eliminar totalmente de algún derecho positivo el juego de la imprevisión contractual, en vez de buscar los límites de su valimiento empírico. Pero el enfoque egológico no estaría todavía completamente esbozado, si no se le agregran dos cosas más de superlativo valor" (ob. cit., pp. 41-42).

NATUREZA JURÍDICA DA IMPREVISÃO 253

Na hipótese apresentada – perfeitamente inserida na dialética marxista – Cossio procurou aclarar a tese de que *toda mudança quantitativa importa também alteração qualitativa*. Isto significa que a transformação do ato jurídico em fato jurídico ocorre porque a alteração quantitativa que atinge o primeiro adquire características especiais de valoração. A teoria da imprevisão seria o resultado de transformações quantitativas do ato jurídico (que por causa delas se revaloriza) em fato jurídico. Na operação se estaria contrapondo a primitiva configuração do primeiro, *situação do contrato*, à que adveio como resultante da incidência do evento anormal, isto é, o *contrato em determinada situação*.

E o jurista argentino reiterou: "En efecto, cuando se dan las condiciones que han promovido la teoría de la imprevisión, aquella transmutación se percibe en el hecho clarísimo de que el contrato deja de estar en situación, pasando a ser el contrato mismo la nueva situación del deudor. Toda situación nos obstaculiza y aprieta como un compromiso vital a superar; y mientras la situación es la misma, el deudor sale de ella cumpliendo su contrato".[198]

A doutrina *sui generis* criada, exposta e defendida por Carlos Cossio em sua obra *La Teoría de la Imprevisión* vale-se dos parâmetros traçados pela justiça comutativa (equivalência das prestações), mostrando estreita relação com a *noção exata de Direito* (Bonnecase), com o *Solidarismo* (Louveau) e, por extensão, com a *cooperação social* (Betti), e ainda com a *socialização do Direito* (Gasset/Carvalho Fernandes).

E Cossio,[199] depois de argumentar que o mundo contemporâneo vem trazendo novas modalidades de força maior, em especial com

198. Carlos Cossio, ob. cit., p. 34.

199. "Cabe preguntar qué le ocurrirá al jurista cuando aprenda a ver con sus propios ojos lo que hoy ocurre en la experiencia que le concierne. Entonces comprenderá que los fenómenos económicos que encara la teoría de la imprevisión son no sólamente nuevos hechos peculiares a la vida del siglo XX, sino también típicos fenómenos de fuerza mayor en la estructura social de esa vida. Son fenómenos desconocidos por el siglo XIX; por eso no puede acogerlos en su seno un pensamiento jurídico que se prolonga como repetición de lo que alguna vez fué dicho para otra circunstancia. Semejante repetición cae forzosamente en ideologíoa; y al cruzarse de brazos, a la espera de una reforma legislativa, entra intencionadamente en la lucha ideológica a favor de quienes controlan la legislación y en detrimento del entendimiento societario. El mundo del siglo XX, con su contacto político universal, con sus comunicaciones inmediatas, con su control social superlativo, con la desaparición del analfabetismo, con su mercado universal, con su comercio universal, ha creado en la experiencia jurídica una interdependencia de sus partes, de magnitud desconocida en las épocas anteriroes; y de esta

254 A TEORIA DA IMPREVISÃO NO DIREITO CIVIL E NO PROCESSO CIVIL

fundamentos de ordem econômica, concluiu chamando a atenção para seu caráter de persistência, que a situaria bem distante da classificação de um simples acidente.

Após explicar que a discussão sobre a imprevisibilidade põe em xeque a autonomia da vontade e até mesmo os fundamentos do Direito tradicional, Adelqui Carlomagno[200] tentou demonstrar que o pro-

situación irreversible deriva el hecho de que haya aparecido la fuerza mayor con nuevas formas, a saber en los motivos económicos que, como ruina del deudor, tematiza la teoría de la imprevisión. El hecho de la fuerza mayor con nuevas formas, ni es ilusión, ni tiene el carácter de un fugaz accidente, porque corresponde a la constante ontología del entendimiento societario. Pero hay que saberlo ver como fuerza mayor dentro del siglo XX, si deseamos controlar la proyección de nuestra vida al trazarse sobre él, diga lo que dijere el jurista anclado en el pasado. Y el jurista tiene en ello un sólo instrumento contra su ceguera ideológica. Este instrumento es la Ontología Jurídica" (ob. cit., pp. 64-66).

200. "La justicia – que desde el viejo concepto de igualdad sería como la directiva o meta hacia la cual tiende el Derecho – es un valor transcendente y como tal implica jusnaturalismo (Aristóteles, *Ética a Nicômaco*, V; Santo Tomás de Aquino, Com. al Libro V de la *Ética a Nicômaco*, trad. de B. R. Raffo Magnasco, Buenos Aires, 1946, pp. 91 y 101); idea rechazada por las teorías objetivas, como la solidarista (Duguit, L., *Traité de Droit Constitutionnel*, Paris, 1920, pp. 166 y 225), y sobre todo la de Kelsen, para quién el Derecho es lógica del deber-ser, sin importar su contenido fines o valores, todo lo cual sería metajurídico (Kelsen, H., *La Teoría Pura del Derecho*, Buenos Aires, 1941, p. 80). Pero si es verdad que existe esta lógica, no debemos olvidar que el hombre, no como espécimen biológico, sino como tal en su libertad, es el destinatario del Derecho, y por tanto esta libertad implica un valor previo que ha de tenerse en cuenta en lo jurídico. Y es, en definitiva, la característica o tónica de las orientaciones no totalmente objetivas; tal la teoría de la institución (Martinak, C., *Le fondement objectif du droit d'après St. Thomas d'Aquin*, Paris 1931; Hauriou, M., *La Teoría de la Institución*, Buenos Aires, 1947; Renard, G., *La Théorie de la Institution*, Paris 1935). Y también entre nosotros la escuela egológica: para la cual la libertad está mentada en la norma, aunque en sentido existencial, y por lo que el Derecho sería conducta, o libertad metafísica fenomenalizada en interferencia inter-subjetiva; pero que, bueno es aclararlo, sólo lo establece para la Ciencia del Derecho o del deber ser lógico, mas no para la Filosofía del Derecho o del deber-ser axiológico, en cuya esfera actua el juez y donde la libertad como la justicia son valores humanos o ideales hacia los que tiende el Derecho (comp. Cossio, C., *La Teoría Egológica y el Concepto de Libertad*, Buenos Aires, 1944, pp. 120 y 165; 125, 129 y 197; 189, 196 y 212; 228 y 266). Lo que se perfila más aún en la actualidad, con el retorno a los valores e importancia de las motivaciones: en que la libertad real es siempre un valor conjuntamente con el de la justicia, y a los que, como se ha dicho, se dirige necesariamente el Derecho (Stamler, R., *Filosofía del Derecho*, Madrid, 1930; Josserand, L., *El Espíritu de los Derechos y su Relatividad*, Paris 1928, p. 35; Charmont, C., *Renaissance du Droit Naturel*, Paris, 1929; Le Fur, H., *Théorie du Droit Naturel*, Paris, 1924; Piot, T., *Droit Naturel et Realisme*, Paris, 1924; Soler, S., *Ley, Historia y Libertad*, Buenos Aires, 1943, p. 216). Aparte de que dentro de la propia teoría de Kelsen, el juez, al crear la norma individual y elegir así una solución entre varias, no puede hacer caso omiso de la política jurídica y por tanto de las motivaciones (comp. Dassen, J., "En torno a la

NATUREZA JURÍDICA DA IMPREVISÃO

blema pertence mais ao campo da Filosofia do Direito do que propriamente ao da contratação no direito privado.

Ressalte-se que a teoria proposta por Cossio é inovadora, arrojada e, de resto, em perfeita conformidade com as diretrizes da sua teoria egológica do Direito. Embora com raízes na cooperação social (conduta compartilhada, dentro de um projeto de existência – como ele preferia definir o contrato), a doutrina de Cossio é única em sua formulação, sendo classificada como de *natureza fenomenológica e cultural*.

Fenomenológica enquanto estrutura da consciência na constituição dos objetos. A Fenomenologia é a ciência da essência, ou ainda a ciência que descreve os atos da consciência, ou a maneira como as coisas surgem nela. O Direito existe para nós apenas espiritual ou idealmente. É a análise fenomenológica que nos permite atingir a essência do Direito, da Moral e da boa-fé.

Cultural porque resultante de um conhecimento transmitido. Na visão cossiana a conduta humana é conseqüência do condicionamento cultural, de que o Direito é um de seus produtos.

Como considerações finais sobre a natureza jurídica da imprevisão, por via da *transformação do ato em fato jurídico*, proposta pelo jurista argentino, em caráter reiterativo, necessários se fazem, ainda, alguns comentários sobre uma proposição inédita do autor. Depois de explicar que os fenômenos econômicos que embasam a doutrina não são somente fatos novos na vida do século XX, concluiu Cossio que eles são principalmente típicos eventos de uma "nova forma de força maior" na estrutura social. Acrescentou que o mundo atual, em razão do desenvolvimento tecnológico, acabou por criar na experiência jurídica uma interdependência entre os homens de magnitude inteiramente desconhecida em épocas anteriores. Finalizou reconhecendo que desta situação irreversível derivaria o fato de que novas modalidades de força maior tivessem surgido (embora sem reconhecimento e aceitação pela doutrina ou jurisprudência), em especial com base em razões de ordem econômica que, configuradas como lesão virtual, sancionariam a aplicação da imprevisão. Em síntese, eis sua proposta: *a imprevisibilidade poderia ser aceita como forma de reconhecimento de uma força maior de natureza econômica*.

interpretación jurídica", en *DJ* 25.12.1949, p. 2)" ("La teoría de la imprevisión en los contratos y en el Derecho in general", *Revista de Jurisprudencia Argentina* 43/7, "Doctrina").

256 A TEORIA DA IMPREVISÃO NO DIREITO CIVIL E NO PROCESSO CIVIL

Registre-se que a idéia do jurista platino de criação legislativa de uma *força maior de natureza econômica*, em razão do grande desenvolvimento deste setor, embora sedutora, não pode ser aceita. O caso fortuito ou de força maior quando em confronto com a teoria da imprevisão – conforme demonstrado em contexto próprio – apresenta semelhanças apenas relativas, mas diferenças específicas e absolutas, atuando em campo completamente diferente, com natureza jurídica inteiramente diversa (entre outras: os benefícios dos primeiros são renunciáveis; os da segunda, não). Equipará-los seria subtrair do instituto excepcional da imprevisibilidade séculos de sedimentação doutrinária e jurisprudencial como princípio jurídico já estruturado, em nome de uma reclassificação que, rigorosamente, nada acrescentaria ao instituto da força maior, mas, em contrapartida, acabaria por desfigurar a teoria da imprevisão.

Para Cossio[201] a essência da doutrina da imprevisibilidade estaria na metamorfose do ato em fato jurídico. Na sustentação dessa tese, valendo-se da Ontologia, explicou que com o esgotamento do ato jurídico – prometido como atuação –, em casos especiais como o da imprevisibilidade, em seu lugar surgiria uma situação – então identificada como fato jurídico – que apenas aconteceria, sem nada prescrever. Quem prescreve ou fala sobre ela é a lei. Nessa transformação o que se constataria é que, ao surgir o evento extraordinário, este não atingiria a álea comum do ato jurídico (contrato), uma vez que ela estaria

---

201. "La cuestión está en entender cómo un acto jurídico puede transformarse, de por sí, en un hecho jurídico, tal como la larva se transforma de por sí en crisálida y ésta en mariposa. La explicación y la evidencia han de venir, claro está, de la ontología de la conducta y sólo de ella, porque no es un problema de lo que el contrato dice, sino de aquello acerca de lo cual lo dice. Con esto se subraya que son los hechos mismos, con la fuerza de su existencia incontrovertible, los que sostienen nuestra tesis. Son los propios hechos a que la norma contractual apunta y que ella requiere como realización de vida humana los que tienen que ser interrogados para esclarecer la realidad que se trata y a la cual la enunciación contractual necesariamente integra en la medida en que ella misma pretende precisamente realidad por su realización. El hecho jurídico es parte integrante de una situación y en tal carácter produce efectos jurídicos en la medida en que alguna norma le impute tales consecuencias. En cambio los actos jurídicos – y sólo ellos – pueden ser cumplidos, en cuanto que se constituyen con la promesa de su cumplimiento; es decir, que están coproyectados precisamente para cumplirse, según también con claridad resulta del art. 944 del Código. Las teleologías del hecho jurídico y del acto jurídico son tan diferentes con relación a la promesa no contenida en el primero y contenida en el segundo, que eso basta para advertir la diversa calidad constitutiva de uno y de otro. El acto jurídico está prometido como actuación; y por eso un contrato puede ser de ejecución diferida o sucesiva. En cambio el hecho jurídico no puede ser prometido; si lo encuentra ya dado haciendo una situación o haciendo una nueva situación, pero siempre como situación" (ob. cit., pp. 30-31).

OUTRAS DOUTRINAS

exaurida pelo elenco de ocorrências naturais, abrindo espaço para um fato que, por seu caráter incomum, não poderia mais atuar sobre a álea normal da convenção, atingindo, então, a aura contratual, ou álea extracontratual do pacto, espaço em que se identificam os pressupostos de admissibilidade da teoria da imprevisão.

Os estudiosos do tema "imprevisibilidade" são unânimes neste ponto: a contribuição de Cossio ao instituto é inestimável não só pelo seu ineditismo, consistência dogmática e riqueza de concepção, como também pela ênfase que deu à justiça como valor bilateral, destinado a proteger tanto devedor como credor, e ainda à socialização do Direito, sendo imperioso ressaltar, como definitiva, sua sugestão de direcionamento do exame da *situação do contrato* (*pacta sunta servanda*) e seu reexame após sofrer os efeitos do evento imprevisível, quando, então, já se teria a transformação do ato em fato jurídico, identificada como a do *contrato em um situação* (*rebus sic stantibus*). Antes de Cossio e de seus estudos o único aspecto a que se dedicavam os estudiosos da questão era apenas o que era regido pela regra *pacta sunt servanda*, traduzida como *situação do contrato*; perfeita, acabada, consolidada e imutável.

13. *Outras doutrinas*

Apoiadas nos registros históricos sobre as bases informadoras da imprevisibilidade, as principais teorias foram desenvolvidas neste título visando não só a demonstrar sua complexidade histórico-evolutiva, mas também a diversidade de fundamentos de que se valeram seus autores, ao longo de sua trajetória milenar, em busca do verdadeiro perfil de sua natureza jurídica.

Apesar dos diligentes trabalhos jurídicos e dos mais variados recursos e expedientes utilizados, a questão ainda não se pacificou. Entre nós, a paz definitiva sobre o tema só virá quando o novo Código Civil entrar em vigor, pouco importando o fundamento em que se assente, já que o tempo se encarregará de aperfeiçoá-lo. O que realmente importará será sua inclusão no direito positivo. Espera-se que antes dela algumas correções, não apenas de natureza formal, mas principalmente de conteúdo, sejam feitas no texto legal que inclui no nosso ordenamento o *remedium iuris* de exceção. Ao final desta pesquisa são apresentadas algumas sugestões legislativas de modificação dos artigos responsáveis por sua integração definitiva (Anexo 34.9).

258 A TEORIA DA IMPREVISÃO NO DIREITO CIVIL E NO PROCESSO CIVIL

É importante destacar que, além das estudadas, muitas outras formulações foram elaboradas, ao longo dos tempos. Com base nos estudos e informações de Menezes Cordeiro,[202] surgidas no universo jurídico da doutrina alemã, mais algumas dezenas aqui são trazidas, apenas de forma referenciada, tão-somente para registro.

Entre outras formulações, mereceram destaque especial:

1) a de *Kopp* e *J. H. Eberhard*, conhecida como *causa final*, no contexto das contratações (*causa finalis plene et efficaciter voluntatem movet*);

2) a de *Stahl*, ao explicar que a imprevisão seria um instituto destinado a ter em conta uma modificação verificada depois da conclusão de um contrato;

3) a de *Kaufmann*, assentada na justificação moral de subordinação das contratações ao Estado;

4) a de *Stammler*, defendendo uma idéia social de conjunto;

5) a de *Pfaff* (na esteira de *Bekker*), que recorreu a uma cláusula subjetiva, a ser extraída do contrato pela interpretação;

6) a de *Leetz*, de base subjetivista, com apelo à boa-fé para a interpretação dos contratos;

7) a de *Fritze*, para quem tanto haveria alteração das circunstâncias no contrato com apoio em certa realidade que, por força de acontecimento imprevisível, se modificasse como naquele que se baseasse em uma evolução tida como certa que, de modo inesperado, não se verificasse;

8) a de *A. D. Weber*, que, aceitando a doutrina de Bártolo, defendeu a tese de que todos os pactos compreenderiam tacitamente a antiga cláusula *rebus sic stantibus*;

9) a de *Wolfgang Fikentscher*, fundada no louvável princípio de proteção da confiança. Uma vez ultrapassados os limites da *fides* romana, a boa-fé seria causa obstativa da exigência da prestação;

10) a de *Schmidt-Rimpler*, chamada de *base da valoração do negócio*. Posta em confronto a alteração das circunstâncias com a regra *pacta sunt servanda*, ao juiz caberia a interpretação corretora;

11) a de *Fikentscher*, *Kegel* e *Simshäuser*, que, em análise da pressuposição, de Windscheid, limitou-se a denunciar insuficiências de natureza psicológica do problema, sem qualquer sistematização;

202. Ob. cit., v. II, pp. 1.002-1.084.

OUTRAS DOUTRINAS 259

12) a de *Stötter*, também sobre a doutrina de Windscheid, admitindo que a pressuposição poderia ser um motivo real ou hipotético, sendo reconhecida como tal apenas a intenção, desde que com pleno conhecimento da outra parte;

13) a de *Helmut Köhler*, também divulgada como *teoria do risco*. Nela se constataria a contradição entre o comportamento atual e o anterior, em razão de que a primeira atuação teria provocado na parte uma confiança não correspondida;

14) a de *Medicus*, ao sustentar que na base do negócio existiriam dois grupos: 1º) as alterações da base negocial deveriam ser resolvidas pela interpretação contratual; 2º) a solução final teria como base a eqüidade;

15) a de *Rothoeft* e *Ulmer*, propondo como solução mais eqüitativa a repartição dos riscos entre as partes, uma vez que o elemento que se abateu sobre a economia contratual não poderia ser previsto por qualquer delas;

16) a de *Stötter*, ao propor como solução para o problema da imprevisibilidade o recurso ao § 779 do *BGB*, porque qualquer transação deveria ser considerada ineficaz quando baseada em fatos não correspondentes com a realidade;

17) a de *Franz Wieacker*, que sugeriu a repartição das probabilidades, desde que (conforme redação do art. 437º/1 do CC Português) estivesse "(...) coberta pelo risco próprio do contrato" e esse fosse identificado como anormal;

18) a de *Flume*, que não aceitava a autonomia da doutrina, admitindo apenas, subjacentemente, como solução, também a repartição dos riscos, na consideração de situações que, por sua natureza, ficassem excluídas de quaisquer previsões, verdadeiras ou hipotéticas, das partes (modificações de existência social);

19) a de *Koller*, ao pretender disciplinar sob forma de sistemas a imputação dos riscos nos contratos sinalagmáticos, em face das alterações contratuais, propondo novos critérios de decisão;

20) a de *Chiotellis*, ao entender que a ultrapassagem de certos riscos contratuais pelo devedor conferiria eficácia ao princípio da imprevisibilidade, donde concluir que, nestas situações, a prestação seria inexigível;

21) a de *Kegel*, conhecida como *teoria catastrófica* (risco considerado como dano casual), na qual a imprevisão teria espaço quando

260 A TEORIA DA IMPREVISÃO NO DIREITO CIVIL E NO PROCESSO CIVIL

oriunda de perigo comunitário, natural ou causado pelo Estado (guerra, medidas econômicas);

22) a de *Heinchrich Henkel*, ao entender que a pura eqüidade seria suficiente para a solução do problema da imprevisão, uma vez que a inexigibilidade da prestação não seria o melhor caminho;

23) a de *Nipperdey*, contrária à de *Henkel*, ao enfatizar que o princípio da inexigibilidade da prestação não seria, em momento algum, contrário ao da lealdade contratual;

24) a de *Teodor Kleineidam*, em que cada obrigação, como regra, implicaria um certo acréscimo de esforço, que deveria ser limitado ao campo da normalidade. Havendo excesso, o campo seria outro;

25) a de *Dernburg*, assentando a aplicação da doutrina nos §§ 321 e 610 do *BGB*, por via de adaptação, e no § 517, com base na boa-fé;

26) a de *Matthias*, ressaltando a ineficácia de alterações anormais que pudessem conduzir a uma situação de espoliação de uma parte pela outra;

27) a de *Endermann*, ao pretender incluir a cláusula *rebus sic stantibus* nas promessas de crédito, salientando que, para tanto, relevantes seriam as disposições do § 610 do *BGB*;

28) a de *Wilhelm Kisch*, ao explicar que uma prestação que tivesse de ser realizada sob esforço extremo e com recurso a meios totalmente desproporcionais não deveria mais ser tratada como normal e possível pela ordem jurídica;

29) a de *Heinrich Titze*, ao tentar contrapor um entendimento lógico a uma concepção jurídica e filosófica da questão;

30) a de *Richard Treitel*, ao considerar que, assim como a prestação é delimitada em função do momento e do local onde deveria ser cumprida, também o seria quanto ao esforço que requeresse por parte do devedor;

31) a de *Carl Crome*, segundo a qual para haver impossibilidade bastaria que, por força da boa-fé, a prestação não pudesse ser exigida;

32) a de *Rothoeft*, em que a relevância seria dada a diversos fatores de divisão de riscos no comércio privado;

33) a de *Horst Krahmer*, ao sustentar que existiria somente uma impossibilidade verdadeira: a necessidade de não-ocorrência do evento extraordinário;

34) a de *Ernst Landsberg*, que afirmava haver impossibilidade quando a prestação não se pudesse efetivar ou quando exigisse um esforço desmesurado.

OUTRAS DOUTRINAS

Em seus estudos, Vieira Netto[203] também fez referências a outras doutrinas que não chegaram ter grande relevância como princípios jurídicos ou se constituir em formulações autônomas dignas, portanto, de estudo aprofundado.

São elas:

35) a de *Dusi*, para quem a vontade contratual, uma vez manifestada, se tornaria objetiva, criando um vínculo contratual. Se na execução surgisse uma alteração anormal e profunda, esta deveria ser considerada como *transformação radical e imprevisível da obrigação*, que, não só por sua natureza extracontratual, mas também por incidir no ambiente objetivo do contrato a que estava condicionada a vontade das partes, não poderia ser exigida. É de raciocínio elementar que a parte não estaria vinculada à modificação superveniente, que, de resto, representaria coisa diversa da que fora estabelecida na contratação;

36) a de *Ennecerus*, defensor do princípio de que, surgido o fato imprevisível, a *não-equivalência* importaria uma outra obrigação, cuja exigência seria contrária aos princípios da boa-fé;

37) a de *J. Radouant*, chamada de *risco previsível*, confrontando as exigências e diferenças necessárias para a caracterização da previsibilidade e da imprevisibilidade;

38) a de *Serbesco*, na qual tudo estaria reduzido à vontade das partes, interpretada pelo elemento básico de suas intenções; não tendo sido objeto de suas considerações os acontecimentos considerados anormais, por via de conseqüência, os efeitos por eles produzidos seriam inexigíveis;

39) a de *Magnan de Bornier*, fundador da *teoria da utilidade geral*, para quem – contrariando Serbesco – as obrigações não dependeriam unicamente da vontade dos contratantes, mas também dos efeitos de toda e qualquer alteração exterior, tendo-se sempre em mente o equilíbrio das perdas e ganhos resultantes para as partes vinculadas contratualmente;

40) e ainda a de *Josserand*, chamada de *uso abusivo*, em que a limitação estaria também na vontade das partes, considerando a exigência da prestação exacerbada como um direito inexistente, porque inteiramente desconforme com a manifestação expressa no pacto celebrado.

203. Ob. cit., pp. 132-140.

262 A TEORIA DA IMPREVISÃO NO DIREITO CIVIL E NO PROCESSO CIVIL

Estas teorias, embora pudessem provocar reflexões sobre o tema em discussão, não chegaram a se constituir em verdadeiras doutrinas, razão por que, pela irrelevância, não alcançaram grande repercussão, nem tiveram destaque especial, de forma a gerar movimentos de adesão ou rejeição. Nada mais foram do que pretensões de estudiosos da questão, na milenar e incessante busca de uma natureza jurídica suficientemente estruturada e sólida em que assentar de vez um princípio da envergadura da teoria da imprevisão. Entretanto, se as teses não contiveram idéias suficientemente sólidas e inéditas para desenvolvimento como doutrinas autônomas, é indiscutível que, de um modo ou de outro, forneceram valiosos subsídios para o estudo da polêmica questão.

14. Conclusões sobre as doutrinas expostas

Pela ótica de Boselli – na citação de Aguiar Dias[204] – somente duas opiniões merecem registro na condição de responsáveis pelo efetivo progresso à compreensão da doutrina da imprevisibilidade: a de Santoro-Passarelli, ao considerar o equilíbrio buscado como a adequação do sacrifício de um dos contratantes em benefício do outro (inserida no contexto da socialização do Direito), e a de De Simone, que assentou o fundamento da superveniência na frustração do chamado *correlativo útil*. "O objetivo que busca cada contraente é a obtenção de um correspectivo útil (registre-se que falamos de correspectivo e não de contraprestação). Somente uma contraprestação não é suficiente para determinar que alguém assumiu uma obrigação. É necessário que ela apresente uma utilidade, um proveito".

As conclusões a que se chega após o exame das várias doutrinas, em um primeiro momento, no plano subjetivo são de caráter profundamente otimista. Constata-se que na quase-totalidade das formulações discutidas a preocupação de seus autores, na concepção de suas formulações e busca da doutrina ideal, foi a de inovar ou sempre acrescentar alguma variante nas formulações existentes, ora partindo da vontade, de conceitos éticos, ético-jurídicos, conjugando dois ou mais deles ou procurando outro suporte, mas sempre tendo em vista seu aprimoramento. O que ficou expresso foi sempre a seriedade da postura por eles adotada e a profunda preocupação com o tema (o que dá uma idéia de sua importância), marcada pelo empenho de cada um na

---

204. Aldo Boselli, *apud* José de Aguiar Dias, ob. cit., v. I, p. 66.

CONCLUSÕES SOBRE AS DOUTRINAS EXPOSTAS

defesa de suas teses. Pelo prisma jurídico deve ser destacado o alto nível dos confrontos e debates, em harmonia com a relevância do instituto.

É possível, neste ponto, fazer a seguinte síntese:

1º. Independentemente de seu fundamento, qualquer doutrina deve manter implicitamente em seu subsolo a exigência de que estejam presentes a *moral*, a *boa-fé* e a *eqüidade*, porque não se pode conceber qualquer tentativa de aceitação de um princípio jurídico sem esta infra-estrutura.

2º. Entre as teorias desenvolvidas e analisadas, com base na atual tendência, apresentaram-se como mais aceitáveis: *cooperação social* (Emílio Betti); *socialização do Direito* (Badenes Gasset e Carvalho Fernandes) e, principalmente, a da *transformação do ato em fato jurídico*, brilhantemente formulada por Carlos Cossio. Além de sua implicação direta com a *doutrina egológica do Direito*, destacam-se seus fortes componentes socializantes. Relembre-se que "(...) todo contrato começa e termina como conduta compartilhada, dentro de um projeto de existência, decidido conjuntamente pelas partes" – na visão do jurista platino.

É importante destacar que o fundamento jurídico para o emprego da doutrina não deve ser buscado somente na vontade marginal, em elementos causais da relação negocial, ou na chamada base do negócio, mas tão-somente na exigência de conservação do custo inicial da prestação, que responde pela presença da eqüidade, na cooperação entre devedor e credor quanto à repartição dos riscos excedentes da álea normal do contrato, conforme explicou Ricardo Pereira Lira.[205]

No campo da teoria obrigacional (e na própria trajetória do homem) a história da Humanidade resume-se a uma eterna e constante luta entre seres humanos egoístas, voltados exclusivamente para si, e não-egoístas, preocupados não só com a Natureza (patrimônio comum a todos), como também com a sociedade em que vivem. Pelo prisma ideológico seria possível formular uma tese elementar baseada na afirmação de que o futuro do contratualismo (e o próprio destino do *homo sapiens*) repousa na vitória dos últimos sobre os primeiros. No mais amplo e melhor dos sentidos, seria a consagração da socialização do Direito. A proposição, mais do que uma tese e menos do que uma virtualidade, consubstancia, acima de tudo, um objetivo de sobrevivência harmônica e uma acalentada esperança.

---

205. "A onerosidade excessiva nos contratos", *RDA* 159/16.

TÍTULO III

CAPÍTULO I

15. Fundamentos da imprevisão: 15.1 Âmbito de juridicidade: 15.1.1 A eqüidade como alicerce da doutrina – 15.1.2 A boa-fé como base complementar da doutrina.

15. Fundamentos da imprevisão

15.1 Âmbito de juridicidade

15.1.1 A eqüidade como alicerce da doutrina

Nenhum princípio ético-jurídico reúne melhores condições de ser o instrumento moderador da máxima ciceroniana *summum ius, summa iniuria* do que a *eqüidade*. Sua conceituação não é tarefa simples, razão por que José de Aguiar Dias[1] veementemente a desaconselhou, lembrando que ela escapa a qualquer tentativa de definição. Quando a isso se arriscam – aditou –, os juristas põem a perder sua noção e a indispõem com os que, sem consciência de sua essência, a conhecem sob enfoque equivocado. Esta visão comprometida não raras vezes a coloca em situação subversiva, quando não faz pior, apresentando-a em função secundária e obscura. Concluiu que talvez fosse essa a razão pela qual os Códigos a ela evitam referências, silenciando sobre um dos mais fecundos elementos de justiça comutativa. Não se pode pretender sua compreensão sem uma profunda concepção da Ciência do Direito, inserida que se encontra profundamente na noção de tudo o que evoca a retidão, o correto, o justo.

---

1. "A eqüidade e o poder do juiz", *RF* 164/20.

268 A TEORIA DA IMPREVISÃO NO DIREITO CIVIL E NO PROCESSO CIVIL

Fiel à diretriz de que a lei é o instrumento do Direito e este não passa de um meio de alcance de um objetivo maior, Georges Gurvitch[2] asseverou que o princípio "(...) é essencialmente ligado à idéia de justiça. O Direito é sempre um ensaio em vias de realizar a justiça".

A origem da eqüidade e de sua conceituação perde-se na noite dos tempos. Pelo prisma estritamente filosófico, de conformidade com a concepção aristotélica de *epyqueia*, pode significar correção, moderação. Neste sentido, *epyqueia* (do Grego *epieikeia*) significa tudo "aquilo que convém", "aquilo que se adapta" ou, ainda, "o ajuste de uma relação por íntima e estreita correspondência". A relação entre a *epyqueia* (Aristóteles) e a *aequitas* romana é inegável, uma vez que o *justo* e o *eqüitativo* se equivalem no mundo fático. "(...) este es el hombre equitativo, y esta disposición moral, esta virtud, es la equidad, que es una espécie de justicia y no la virtud diferente de la justicia misma" – dizia Aristóteles.

Citado por Eduardo Espínola Filho,[3] explicou o filósofo grego que o eqüitativo, sendo superior a uma espécie de justo, é justo, sem ser superior ao justo, porque pertence a um gênero diferente. O justo e o eqüitativo são, pois, uma só e mesma coisa, graduados de forma diversa; ambos são bons, mas o eqüitativo é bom a um grau mais alto. O que faz a aporia é que o eqüitativo, mesmo sendo justo, não é o justo segundo a lei, mas uma correção do justo legal. Em prosseguimento, esclareceu também que o eqüitativo parece ser o justo, mas é o justo que ultrapassa a lei escrita. As lacunas desta são, umas, queridas pelos legisladores, as outras involuntárias; involuntárias quando o caso lhes escapa; voluntárias quando, não podendo defini-lo, são forçados a empregar uma fórmula geral, mas válida na maior parte dos casos.

Espínola[4] acrescentou que a eqüidade tem por fim suprimir, tanto quanto possível, a dissonância entre a norma abstrata fixa e sua atuação concreta, em correspondência com a grande variedade de circunstâncias dos casos que se apresentam. Este objetivo será melhor alcançado – complementou – se ao juiz for conferido um razoável poder de apreciação. Sem a eqüidade – concluiu –, apenas com a aplicação rigorosa da norma, o resultado poderá ser uma condenável injustiça, propósito nunca pretendido pelos fins de qualquer legislação e, de resto, em contrariedade flagrante com elementares fundamentos de Direito.

2. *Le Temps Présent et l'Idée de Droit Social*, v. I, p. 32.
3. *Tratado de Direito Civil Brasileiro*, v. I, p. 244.
4. Ob. cit., v. I, p. 247.

FUNDAMENTOS DA IMPREVISÃO

Iduna Weinert de Abreu,[5] analisando também a grande obra aristotélica (*Ética a Nicômaco*) e interpretando as idéias do pensador grego, afirmou que a lei, embora geral, tem aplicação dirigida a casos particulares. Entre as conseqüências imediatas a responsabilidade funda-se nas omissões inerentes a toda norma, não porque possa ou deva ela ser considerada menos boa, mas tão-somente porque a falha não está em sua condição intrínseca ou na falta de técnica do legislador. A responsabilidade – arrematou – deve ser debitada à própria natureza de todas as coisas práticas que, de resto, acabam por redundar na impossibilidade de entendimento do Direito, no restrito espaço das normas.

Em excerto da obra aristotélica – já mencionada por Espínola –, falando do justo e do eqüitativo, relembrou Iduna: "Lo equitativo y lo justo son una misma cosa; y siendo buenos ambos, la única diferencia que hay entre ellos es que lo equitativo es mejor aún".[6]

E Georges Ciulei explicou:[7] "Entre os princípios da Filosofia Grega imperava sobretudo a noção de eqüidade, que resultou em uma feliz destinação, contribuindo para o desenvolvimento e a transformação do Direito Romano".

Séculos adiante de Aristóteles, já no contexto românico, citando Peter Stein, da Universidade de Cambridge, Weinert de Abreu transcreveu:[8] "O elemento eqüitativo no Direito Romano não se encontra somente em princípios como os discutidos. Liga-se também a certos padrões que invadem áreas específicas do Direito. Já foi feita referência ao princípio da boa-fé, que prescrevia o conteúdo de obrigações oriundas de contratos consensuais (e outras relações, como aquelas do tutor e do tutelado) como resultado da referência à *bona fides* na *formulae* destas ações. Outros padrões foram realmente incorporados das próprias regras".

A máxima jurídica cunhada por Celsus – *ius est ars boni et aequi* – conserva, depois de muitos séculos, espantosa mas indiscutível atualidade. Eqüidade provém de *aequitas*, que significa *igual* (sentido de igualdade) – o que nos leva à idéia de retidão, de tudo aquilo que se

---

5. "Da eqüidade – Estudo de direito positivo comparado", *Revista de Informação Legislativa* 60/217.

6. Artigo cit., *Revista de Informação Legislativa* 60/217.

7. "Les rapports de l'équité avec le Droit et la Justice dans l'oeuvre de Cicéron", *Revue Historique de Droit Français et Étranger*, 1968, p. 639.

8. Artigo cit., *Revista de Informação Legislativa* 60/220.

270 A TEORIA DA IMPREVISÃO NO DIREITO CIVIL E NO PROCESSO CIVIL

encontra em conformidade com uma regra de justiça, no seu mais profundo e integral significado.

Antes da estruturação definitiva da *aequitas* no mundo românico, a noção de *aequum* – em oposição a *iniquum* – foi um precedente de grande relevância.

Nas chamadas eras arcaica e pré-clássica do Direito Romano a *aequitas* teve papel fundamental como princípio moderador, especialmente no rigor das disposições constantes do *ius civile*. Com base nesses precedentes, diante de situações de exceção como as relacionadas a cidadãos não-romanos, é que os primeiros comportamentos mais flexíveis dos pretores começaram a surgir, lançando as bases do que seria mais tarde a edificação denominada *ius gentium*.

Na Idade Média, principalmente pela grande hegemonia do direito canônico (como decorrência de sua conceituação sobre a natureza do homem e ainda pela destinação de suas normas ao domínio espiritual), foram inúmeros os conflitos entre a eqüidade e o Direito Romano.

Como o grande fim do Direito é a obtenção da igualdade nas relações humanas, do verdadeiro equilíbrio social, segue-se que a idéia de eqüidade dele é inseparável. Entretanto, no mundo fático nem sempre os princípios se encontram dentro da harmonia desejada. Vários fatores contribuem para este descompasso: defeituosa redação da norma jurídica; sua própria imperfeição congênita, decorrente da impossibilidade de previsão de todos os casos; sua natural desatualização, provocada por uma dinâmica social constante e cada vez mais exigente, de que resulta, em um determinado momento, a dissonância entre eles. Apesar disso, diante da desarmonia inevitável, a eqüidade continua a representar um elemento fundamental no equilíbrio e reequilíbrio jurídico, com vistas ao entendimento societário. É o instrumento indispensável ao julgador na busca do ponto exato em que assentar as bases da justiça comutativa.

Dando ênfase à idéia de que o fim primordial da eqüidade é a correção do Direito, integrando-o e adaptando-o por meio da interpretação, insistiu Francisco Ramón Bonet[9] na necessidade da criação de

---

9. "A tal fin la *aequitas* despliega su fuerza, dirigida a corregir el *jus*, o bien a integrarlo o adaptarlo por vía de la interpretación para que se cumpla eficazmente su función de disciplina y de orden en la sociedad. Podemos así resumir con Riccobono las varias funciones de la *aequitas*: la crítica y el control del *jus*, por la que promueva la adecuación de las normas de Derecho a las nuevas exigencias de la vida; la correctiva del *jus* en su aplicación; la integrativa por vía de la interpretación, que viene actuada

FUNDAMENTOS DA IMPREVISÃO

mecanismos de complementação para que seu objetivo mais importante fosse alcançado. Isto porque, como destacado, sempre foi utópica e despropositada a pretensão de conter na lei todo o Direito – e, como conseqüência, a conclusão de que nela também não se esgota a justiça.

Nunca chegou a ser fundamento de qualquer corrente a pretensão de que o Direito codificado possa ou deva conter a plenitude das soluções jurídicas. Nem mesmo como ideal de justiça. O principal motivo é que para o direito positivo tal situação se apresenta como totalmente impossível. Tentar exaurir a multivariedade das relações jurídicas, presentes e futuras, entre os homens, cogitadas ou não pelo legislador, com o fim de normatizá-las, é pretensão fantasiosa, que se projeta muito além de qualquer plano de realidade. Representando a lei uma das modalidades do Direito, na condição de seu mais eficaz instrumento, parece insofismável que ele jamais poderá estar nela contido integralmente, a começar pela sua ordem de grandeza. Esta constatação nos conduz de volta ao ponto de partida e à irretorquibilidade da afirmação de que as codificações, por mais completas que possam ser – e hoje elas já deixaram de ser o centro do ordenamento jurídico, cedendo espaço aos sub e microssistemas –, jamais poderão dar guarida a todo o Direito existente no contexto social.

Das coordenadas fornecidas por Ramón Bonet[10] seria válido concluir que as grandes funções da eqüidade são as de *formar*, *interpretar* e *suprir* o Direito, como já ocorria nos seus primórdios, no mundo romano. Quando o jurista – e em especial o juiz – dimensiona as conseqüências de um ato cuja obrigatoriedade se restrinja ao caso em discussão está formando, por eqüidade, normas jurídicas que atendem às exigências da vida social, independentemente de disposições constantes na lei – situação em que o caráter da eqüidade será exclusivamente *formativo*; por outro lado, se no exame da lei ou de um ato a pretensão seja a de procurar determinar qual foi a vontade do legislador ou a do particular, isto é, tão-somente por meio da simples indagação, investigação ou mera procura das causas, sem substituir um ou outro (legislador ou particular), enfim, se ocorrer apenas a busca da motivação do ato volitivo ou do fato consumado, a eqüidade será *interpretativa*; entretanto, se a lei silenciar sobre determinada situação – porque

por los jueces y por los juristas" ("Equidad en los ordenamientos jurídicos privados", *Revista de la Facultad de Derecho de la Universidad de Madrid* IV/290, n. 17).

10. Artigo. cit., *Revista de la Facultad de Derecho de la Universidad de Madrid* IV/291.

272 A TEORIA DA IMPREVISÃO NO DIREITO CIVIL E NO PROCESSO CIVIL

impossível a previsão de todas as hipóteses – e a decisão tiver de ser pronunciada à sombra de um preceito que se busca mas que se verifica, então, inexistente, nada impede que a doutrina ou a jurisprudência formem a norma jurídica, inspiradas pela eqüidade. Nesta hipótese estaremos diante da eqüidade *supletiva*.

Paul Lombard – citado por Carneiro Maia[11] – ensinou que a lei é uma espécie parcial do Direito, jamais podendo contê-lo integralmente. Disciplina apenas as regras fundamentais, assim mesmo de forma insuficiente, quando em confronto com a exuberância e a diversidade de situações que a vida apresenta.

Contudo, é na *função interpretativa* da lei que a eqüidade tem encontrado seu maior campo de atuação, em especial na sustentação da teoria da imprevisão, principalmente nos sistemas jurídicos como o nosso, em que ainda é aplicada *de iure constituendo*.

Com a argúcia e a precisão de raciocínio que sempre o caracterizaram, discordando da tese, De Page nunca aceitou a função supletiva da eqüidade, assentando seu raciocínio em argumento de cuja conclusão até se pode discordar, mas jamais negar a existência de louvável aconselhamento lógico. Revisemos as teorias em lugar de nos esgotarmos a lutar contra a evidência de realidades objetivas – propôs De Page, citado por Aguiar Dias.[12] As teorias é que estão submetidas aos fatos, e não os fatos às teorias. O fato que permanece inexplicável e inexplicado é um sinal de que a teoria é insuficiente ou mal-construída, por não tê-lo levado em conta – concluiu, de forma irreparável (neste ponto, lembrando San Tiago Dantas, citado por Fachin[13]). Prosseguiu explicando que o vírus do racionalismo continua a nos envenenar. Sistema contrário à Lógica e à Bíblia, proclama a Inquisição, impondo castigo a Galileu. Trate-se da Bíblia ou de Códigos – acrescentou –, a deformação é a mesma. Todo erro está em pretender definir a

11. Disse ele: "La loi est un mode du Droit, mais elle ne le contient pas tout entier. Elle s'efforce de formuler certaines règles essentielles; elles ne trouvent que difficilement leur formule adéquate dans la parole du législateur. Celui-ci ne peut avoir la prétention ni de créer à lui seul le Droit ni de le l'enfermer dans ses règles toujours pauvres en comparaison à la richesse de la vie" (Paul Lombard, in *Revue de Université de Paris*, apud Paulo Carneiro Maia, *Da Cláusula "Rebus Sic Stantibus"*, p. 247).

12. Philippe De Page, *apud* José de Aguiar Dias, artigo cit., *RF* 164/22-23.

13. "(...) nada falseia mais o espírito jurídico, nada o afasta mais perigosamente do seu verdadeiro sentido, do que a convicção, favorecida pelos longos períodos de estabilidade, de que a vida social deve ajustar-se aos conhecimentos jurídicos, em vez de se adequarem estes àquela" (San Tiago Dantas, *apud* Luiz Edson Fachin (coord.), *Repensando Fundamentos do Direito Civil Brasileiro Contemporâneo*, p. 320).

FUNDAMENTOS DA IMPREVISÃO

eqüidade em função do dado legal e em decorrência dele. Na realidade, a eqüidade está fora da órbita da lei. Esta é a realização parcial do justo, estabelecida de conformidade com as exigências da disciplina social, da vida coletiva. *O domínio da eqüidade é o justo que não foi incorporado à lei, ou que ela incorporou de maneira incorreta* – arrematou, com segurança, Aguiar Dias.

Nesta linha de pensamento, parece não restar dúvidas de que, acima de tudo, a eqüidade equivale a um especial sentimento de justiça diante do caso concreto, como genialmente foi concebida pelos canonistas. Classificá-la como elemento de substituição do Direito é incidir em grave erro. É, principalmente, um fator de integração cuja precípua função consiste em restituir à norma a que acaso falte, por imprecisão de fórmula ou imprevisão do caso concreto – na explicação de Aguiar Dias[14] – a exata avaliação da situação a que esta corresponde, afastando, por imposição inerente ao fim social da própria norma, o risco de se converter em instrumento de iniqüidade.

Raymond Theodore Troplong[15] – em perfeita harmonia com Bossuet, quando de suas observações sobre a cláusula *rebus sic stantibus* –, insistindo na tese de que toda sociedade busca uma melhor qualidade de vida e uma estável convivência, ensinou que os objetivos societários poderiam ser conseguidos apenas com a observância de três requisitos básicos: 1º) o bem no sentido de ser comum, vendo na Igreja a verdadeira sociedade universal, que tem como patrimônio a vida sobrenatural, seu principal elemento; 2º) o bem resultante da relação entre os membros de uma sociedade; 3º) o bem proveniente das relações entre as diversas sociedades. Para ele a idéia de eqüidade era inseparável da idéia de *bem*. Dispensável destacar que ela nunca poderia ser usada contra leis ou princípios.

No início do século preconizava o mesmo jurista que a eqüidade consistia basicamente no Direito congênito não-escrito gravado por

14. Artigo cit., *RF* 164/23.

15. "L'équité c'est que d'autres on appelle le droit naturel; c'est ce que fond d'idées complètes qui est l'apanage commum de L'humanité; c'est ce Droit non-écrit, mais inée, que Dieu a gravé dans nos coeurs en caractères si profonds qu'il survit à toutes les altérations par lesquelles l'ignorance de l'homme peut le corrompre. L'équité donne pour base aux codes qu'elle formule la liberté et l'égalité, les sentiments de la nature, les affections spontanées dans l'homme, les inspirations de la droite raison. Mas la prépodérance de l'équité est tardive dans la marche de la civilisation; elle ne vient biller de son éclat que lorsque, se relevant peu à peu de sa chute, a franchi les âges de violence, de superstition et d'ignorance, et s'est rendu digne de contempler dans sa sincerité la vérité éternelle pour laquelle Dieu la créé" (*De l'Influence du Christianisme sur le Droit Civil des Romains*, p. 31).

274 A TEORIA DA IMPREVISÃO NO DIREITO CIVIL E NO PROCESSO CIVIL

Deus no coração dos homens, com caracteres profundos, sustentáculo dos Códigos, na formulação da liberdade e da igualdade, com anterioridade às leis escritas e postulados de conduta. Teria por objetivo completar ou retificar o direito positivo, sob as vistas do direito natural, isto é, das obrigações morais ou deveres jurídicos.

Com o surgimento e incrementação do dirigismo econômico ou estatal, as exigências contemporâneas acabaram por repelir a conceituação liberalista da autonomia da vontade, constante do Código Napoleônico, em busca de postura mais socializante e socializadora. Para tanto, no campo do contratualismo as formulações vinculativas e autodeterminantes cederam passo aos princípios éticos e ético-jurídicos – como a boa-fé e a eqüidade –, encontrando na revisão judicial das contratações a grande fórmula do reequilíbrio comutativo.

Norberto Bobbio[16] esclareceu que na aceitação da revisão judicial o que se tem é um juízo inaplicável às normas jurídicas positivas (legislativas e – podemos até acrescentar – consuetudinárias) preexistentes. No juízo de eqüidade – adicionou – o juiz decide "segundo sua consciência" ou "com base no próprio sentimento de justiça". Poderse-ia dizer também – completou – que decide aplicando regras de direito natural, se concebermos este último como um conjunto de preceitos preexistentes.

Saliente-se que a condição de árbitro que a lei dá ao juiz nos julgamentos por eqüidade encontra-se disciplinada por parâmetros legais que não podem ser excedidos, visto tratar-se da disciplina de uma regra de exceção. Neste plano, em nosso ordenamento jurídico vige a *jurisdição de direito* como regra geral, e como exceção os chamados *juízos de eqüidade*, previstos pela legislação.

Revogado pela Lei 9.307, de 23.9.1996, dispunha o art. 1.075, IV, da lei processual: "O compromisso poderá ainda conter: (...) IV – a autorização aos árbitros para julgarem por eqüidade, fora das regras e formas de direito".

"Age o juiz com eqüidade *[ensinou Aurélio Carlos Mota de Souza]* – quando esclarece, interpreta, humaniza a norma legal, visando a ajustar o Direito, como regra geral e abstrata, aos casos concretos".[17] Prosseguiu explicando que o emprego da eqüidade não é contrário à lei quando mera interpretação do texto, e em sua operacionalização

---

16. *O Positivismo Jurídico*, 1ª ed., p. 171.

17. "Poderes éticos do juiz (a igualdade das partes e a repressão ao abuso processual)", *RF* 296/165.

FUNDAMENTOS DA IMPREVISÃO

normal não depende de autorização expressa, pois tem o juiz a liberdade de se valer dela quando convencido de que deverá ser usada. Só necessita de autorização legal quando tiver de usar a eqüidade em vez do texto legal.

De capital importância é também o estabelecimento da extensão das coordenadas da eqüidade: pode ultrapassar apenas a fórmula, nunca a essência da regra jurídica, como pretenderam alguns juristas, entre os quais Roberto Ruggiero. É, sobretudo, um comando, uma faculdade – enfim, um poder do juiz. E isso porque a lei, por maior que tenha sido o esforço do legislador – já foi dito –, pode disciplinar ou estabelecer regras de conduta social somente até certos limites. Momentos existirão em que a lei será considerada como verdadeira camisa-de-força – na expressão de De Page[18] –, por se imobilizar quando deveria funcionar e silenciar quando deveria proclamar o Direito aplicável.

Um dos maiores defensores da teoria da imprevisão, com fundamento na *aequitas* romana, foi Ruggiero. Explicou ele que ela procede e deve considerar-se implícita em nosso ordenamento, mais do que pela tradição, em virtude dos supremos princípios que exigem certo equilíbrio econômico entre a prestação e a contraprestação e que não consentem na ilimitada depauperação de uma parte em benefício da outra por excessiva sujeição ao princípio da obrigatoriedade do contrato, consubstanciado na formulação romana do *pacta sunt servanda*.

Registre-se que o art. 1.124 do Código Civil Italiano de 1865 (art. 1.134 do Código atual), no campo das obrigações, vinculava as partes tanto ao que ali se achava expresso como também ao que resultasse da lei, dos costumes e da eqüidade. O espírito que norteou a elaboração do dispositivo ateve-se ao fato de que dali resultariam efeitos que já estariam compreendidos no âmbito contratual, conforme explicação de Robeto de Ruggiero.[19]

Tito de Oliveira Hesketh[20] orientou suas conclusões na mesma direção, deixando claro que, diante da anormal alteração das circuns-

---

18. *Apud* José de Aguiar Dias, artigo cit., *RF* 164/24.

19. "Sólo una explícita intención contraria nos iludiría con la condición de que tal intención fuese lícita y no contradijise la función y la naturaleza de aquel determinado contrato" (*Instituciones de Derecho Civil*, trad. espanhola da 4ª ed. italiana, p. 306).

20. "Assim entendida a eqüidade, é nela que divisamos os alicerces da cláusula *rebus sic stantibus*, pois, sobrevindo uma imprevista mutação das circunstâncias fáticas que envolveram o vincular contratual, carreando enormes e desproporcionais prejuízos a uma das partes, em proveito da outra, o exigir-se a fiel obediência à letra do contrato seria uma atitude de extrema iniqüidade, vale dizer, uma atitude que fere in-

276 A TEORIA DA IMPREVISÃO NO DIREITO CIVIL E NO PROCESSO CIVIL

tâncias, a cega obediência contratual seria uma total iniqüidade e um contra-senso sem limites.

Curiosamente – e este é o grande fascínio da ciência jurídica –, paralelamente aos que defendem a eqüidade como o grande fundamento da imprevisão colocam-se os que não a aceitam como tal, chegando mesmo a utilizá-la para justificativa diametralmente oposta, isto é, sua rejeição ao princípio. Neste último grupo colocou-se Alfredo José Rodrigues Rocha de Gouveia,[21] para quem o conceito de eqüidade é demasiado vago e flutuante. Registrou a existência de autores que dele se valem para demonstrar repúdio ao que chamam de *instituto da superveniência*.

Em ponto extremado – do qual só se pode discordar – postou-se o jurista italiano Elio Osilia,[22] para quem a eqüidade, como princípio abstrato, é tudo aquilo que cada um idealmente quer ou crê dever-ser. É uma noção jurídica inutilizável, pela sua extrema indeterminação. É um vácuo – dizia –, que cada um pode preencher a seu gosto.

Para surpresa geral, este mesmo autor observou (até certo ponto, em posição totalmente contraditória) que nos casos autorizados a serem julgados por eqüidade o juiz não tem a faculdade de criar o Direito, mas tão-somente a de aplicar a norma que for mais apropriada às conseqüências do fato concreto. Revelou que a resultante do choque entre a norma fria e as imposições das necessidades da vida, a interpretação impregnada de eqüidade, dava à lei um novo sentido, fazendo com que ela ressurgisse adaptada às novas contingências. Neste aspecto Osilia não demonstrou grande coerência. De forma indefinida, em seus escritos, ora a condenou veementemente, ora a admitiu, chegando até à tentativa de discipliná-la, em atitude confusa e desconexa.

cisivamente os postulados da justiça, da própria noção de Direito. O Direito busca estabelecer o equilíbrio entre as pretensões concorrentes e muitas vezes antagônicas. Mas tal equilíbrio comporta uma alterabilidade condicionada a circunstâncias eventuais. Sobrevindo estas, na esfera contratual, a invocação da cláusula *rebus sic stantibus*, agasalhada na própria noção de Direito, é meio hábil para a recuperação daquele equilíbrio, operando uma *reductio ad justitiam et aequitatem*, ou seja, na frase de Bonnecase, 'empêchant que l'une des parties engageés dans un rapport de droit ne soit écrasée au detriment de l'autre'" ("Da cláusula *rebus sic stantibus*", "Separata" da *RT 320*, pp. 12-13).

21. "Da teoria da imprevisão nos contratos civis", *Revista da Faculdade de Direito de Lisboa*, Suplemento, 1958, p. 95.

22. *Apud* Alfredo José Rodrigues Rocha de Gouveia, artigo cit., *Revista da Faculdade de Direito de Lisboa*, Suplemento, 1958, p. 95.

FUNDAMENTOS DA IMPREVISÃO

Para Giuseppe Andreoli[23] a cláusula *rebus sic stantibus* com base na eqüidade seria insubsistente, porque a presunção era a de aceitação das modificações da base contratual, pouco importando que tivesse origem no evento extraordinário.

Alguns juristas entenderam que fundamentar a imprevisibilidade na eqüidade seria negar sua aplicação genérica e permiti-la somente a casos particulares. Conquanto respeitáveis os pronunciamentos contrários à fundamentação da doutrina da imprevisibilidade na eqüidade, não podem ser considerados relevantes de forma a afastar sua pertinência como um dos fortes esteios na composição da estrutura de um princípio harmônico – embora de exceção – capaz de dar solução às hipóteses de abalo do alicerce contratual pela ocorrência de eventos extraordinários. Como essência que é do próprio Direito na formação da justiça comutativa, a eqüidade não pode ser afastada por simples jogo de palavras. Falta a tais discursos, como era de se esperar, elementar base de lógica jurídica.

Hoje, poucos são os que discordam: a eqüidade, como princípio destinado à retificação ou complementação do Direito, é, sem dúvida, a margem mais segura onde se deve postar o julgador não só para a aplicação da teoria da imprevisão, como espécie excepcional, mas principalmente para a plena atuação do Direito, de um modo geral. Para tanto, exige-se dele, além de uma consciência clara, um refinado amor à justiça.

A perfeita visão da eqüidade deverá ser a mais isenta possível. É um princípio ético-jurídico que deve ser considerado não o arbítrio pessoal, vago e despótico – nas sempre ponderadas palavras de Aguiar Dias[24] –, mas sim o mais necessário dos poderes do juiz. Também o mais árduo – prosseguiu –, pelas exigências de conhecimentos e de equilíbrio que encerra. Mas sempre o mais belo deles, porque só por meio dele é que pode o magistrado elevar-se à função social e constitucional de fiador do bem comum, da sobrevivência mesma da justiça como inestimável valor da civilização. E é ele também – completou – que o retira da miserável condição humana, para revesti-lo da iluminada feição de corajoso rival dos deuses.

É preciso, entretanto, deixar consignado desde logo que, embora a eqüidade seja considerada um princípio ético-jurídico de inestimá-

---

23. "Revisione critica della dottrina sulla soppravenienza contratuale", *Rivista di Diritto Civile*, 1938, p. 327.

24. Artigo cit., *RF* 164/28.

278 A TEORIA DA IMPREVISÃO NO DIREITO CIVIL E NO PROCESSO CIVIL

vel valor, não confere ao julgador a faculdade de se transformar em legislador, substituindo *sponte sua* a norma expressa, conforme já foi decidido pelo Supremo Tribunal Federal[25] e pelo Superior Tribunal de Justiça.[26]

Esclarecendo antiga dúvida sobre a verdadeira autoria de uma das mais perfeitas definições sobre o tema – "a eqüidade é a justiça do caso concreto" –, por muito tempo registrada erroneamente como de autoria de Aristóteles, o jurista italiano Vittorio Frosini[27] demonstrou que ela foi cunhada pelos canonistas medievais, sendo equivocada a paternidade atribuída ao filósofo grego.

Nesta linha de concepção, por sua vez, explicou Abelardo Torré: "Se la considera tradicionalmente como *la justicia del caso particular, cuyo fin es atemperar el excesivo rigorismo de las leyes*. La función de la equidad es pues corregir la injusticia que puede derivar de la aplicación de una ley a un caso concreto, aunque la ley en su esquema genérico pueda ser justa. Por ejemplo: una ley puede establecer una sanción para el que roba, supongamos de seis meses a cuatro años de prisión, lo cual parece evidentemente justo, pero bien puede ocurrir que la ley no contemple la situación del que roba impulsado por una necesidad extrema, como sería el caso del que se apodera de algo ajeno para comer, porque se está muriendo de hambre: en este caso, la función de la equidad es corregir la tremenda injusticia que constuiría el aplicarle seis meses de prisión al que robó un pan para comer, perdonándolo (por ello se ha dicho que la equidad es la justicia *sin* la venda simbólica)".[28] Embora, para nós, o exemplo de Torré discuta uma hipótese de *estado de necessidade* (que a lei exime de responsa-

25. "Não pode o juiz, sob alegação de que a aplicação do texto da lei à hipótese não se harmoniza com o seu sentimento de justiça ou eqüidade, substituir-se ao legislador para formular ele próprio a regra de Direito aplicável. Mitigue o juiz o rigor da lei, aplique-a com eqüidade e equanimidade, mas não a substitua pelo seu critério" (*RT* 634/123).

26. "A melhor interpretação da lei é a que se preocupa com a solução justa, não podendo o seu aplicador esquecer que o rigorismo na exegese dos textos legais pode levar a injustiças" (*RT* 656/43).

27. "*Preliminari. La definizione aristotelica di equità* – L'equità viene definita, secondo una formula tradizionale, che si fa inesattamente risalire ad Aristotile, 'la giustizia del caso concreto'; ma tale definizione testuale non si ritorva in Aristotile, ed essa è in realtà una formula scolastica, con la quale si è voluto reassumere il pensiero aristotelico sul problema del l'equità, e lo si è invece deformato, come avviene di un'imagine riflessa in uno specchio curvo" ("Nozione di equità", *Enciclopedia del Diritto*, v. XV, p. 69).

28. *Introducción al Derecho*, p. 246.

FUNDAMENTOS DA IMPREVISÃO 279

bilidade), a comparação procede, como tentativa de ilustração da real função da eqüidade.

Ainda sobre o tema, analisando a posição do julgador, observou Rafael Nuñez Lagos: "(...) sin influjos técnicos de ninguna clase, confiado en su intuición de la justicia del caso concreto, concediendo o denegando la aplicación del principio si más norte ni guía que su amor a la equidad y a la justicia".[29]

Salvatore Romano,[30] outro grande pesquisador italiano, valendose das formulações desenvolvidas por Giannini, Maggiore, Condorelli e, em especial, Scialoja (juristas famosos por trabalhos no campo do direito privado), concluiu que a consciência do homem moderno traz em si um poderoso código de conduta, atavicamente regido pela força da eqüidade.

No Direito Brasileiro ela tem sido considerada como elemento de adaptação da norma ao caso concreto.

O art. 127 do Código de Processo Civil dispôs: "O juiz só decidirá por eqüidade nos casos previstos em lei".

Algumas das previsões legais são:

– art. 1.040, IV, do Código Civil vigente,[31] que concedia autorização expressa aos árbitros (compromisso dos arts. 1.037 e ss.) para o julgamento por eqüidade. Este artigo foi revogado pela Lei 9.307, de 23.9.1996 (Lei de Arbitragem);

– art. 1.075, IV, do Código de Processo Civil, que nada mais é do que uma repetição do art. 1.040, IV, do Código Civil (autorização aos árbitros), também revogado pela mesma norma legal;

– art. 1.456 do Código Civil,[32] recomendando ao juiz proceder com eqüidade na aplicação da pena ao segurado (art. 1.454 do Código atual; art. 767 do novo CC.[33] Mas o art. 1.456 do Código Civil de 1916 não tem correspondente no novo Código Civil);

---

29. *El Enriquecimiento sin Causa en el Derecho Español*, p. 3.

30. "L'idea dell'equità come giusto morale domina ovunque. È particolarmente sviluppata nel senso che l'equità è principio etico dominante in tutto il Diritto, è criterio morale di scelta delle azioni; oltre che principio etico di fronte al Diritto, norma autoritaria" ("Principio di equità (dir. priv.)", in *Enciclopedia del Diritto*, p. 84).

31. "Art. 1.040. O compromisso poderá também declarar: (...) IV – a autorização dada aos árbitros para julgarem por eqüidade, fora das regras e formas de direito."

32. "Art. 1.456. No aplicar a pena do art. 1.454 procederá o juiz com eqüidade, atentando nas circunstâncias reais, e não em probabilidades infundadas, quanto à agravação dos riscos."

33. Art. 1.454 do CC vigente: "Enquanto vigorar o contrato, o segurado absterse-á de tudo quanto possa aumentar os riscos, ou seja contrário aos termos do estipula-

280   A TEORIA DA IMPREVISÃO NO DIREITO CIVIL E NO PROCESSO CIVIL

– art. 1.109 do Código de Processo Civil[34] (jurisdição voluntária), outorgando ao juiz a faculdade de adotar a solução que, a seu juízo, for melhor;

– art. 73 e seu parágrafo único do Código de Águas,[35] conferindo também ao juiz o poder de decidir por eqüidade;

– art. 8º da Consolidação das Leis do Trabalho,[36] dispositivo que outorga às autoridades administrativas e aplicadores da legislação trabalhista a possibilidade de decidir por eqüidade; e, ainda

– art. 108 do Código Tributário Nacional.[37]

Rotulando-a de "preceito corajoso", Miguel Reale[38] – outro grande defensor do princípio – lembrou ser importante ressaltar a natureza da decisão mediante a qual, verificada a omissão da lei, o juiz procederá à sua integração no ordenamento jurídico. Acrescentou que esta integração é, fora de dúvida, um ato comparável ao do legislador, razão pela qual, com muito acerto, o art. 114 do revogado Código de Processo Civil, de 1939, assim dispunha: "Quando autorizado a decidir por eqüidade, o juiz aplicará a norma que estabeleceria se fosse legislador".

Lamentou o Mestre que esse valoroso dispositivo tenha sido substituído pelo art. 127 da atual lei processual, que, ambiguamente, declara: "O juiz só decidirá por eqüidade nos casos previstos em lei".

do, sob pena de perder o direito ao seguro". Art. 767do novo CC: "O segurado perderá o direito à garantia se agravar intencionalmente o risco objeto do contrato".

34. "Art. 1.109. O juiz decidirá o pedido no prazo de dez dias; não é, porém, obrigado a observar critério de legalidade estrita, podendo adotar em cada caso a solução que reputar mais conveniente ou oportuna."

35. "Art. 73. Se o prédio é simplesmente banhado pela corrente e as águas não são sobejas, far-se-á a divisão das mesmas entre o dono ou o possuidor dele e o do prédio fronteiro, proporcionalmente à extensão dos prédios e às suas necessidades.

"Parágrafo único. Devem-se harmonizar, quanto possível, nesta partilha, os interesses da agricultura com os da indústria; e o juiz terá a faculdade de decidir *ex bono et aequo.*"

36. "Art. 8ª. As autoridades administrativas e a Justiça do Trabalho, na falta de disposições legais ou contratuais, decidirão, conforme o caso, pela jurisprudência, por analogia, por eqüidade e outros princípios e normas gerais de Direito, principalmente do direito do trabalho, e, ainda, de acordo com os usos e costumes, o Direito Comparado, mas sempre de maneira que nenhum interesse de classe ou particular prevaleça sobre o interesse público."

37. "Art. 108. Na ausência de disposição expressa, a autoridade competente para aplicar a legislação tributária utilizará, sucessivamente, na ordem indicada: (...) IV – a eqüidade; (..)."

38. *Fontes e Modelos do Direito*, p. 121.

FUNDAMENTOS DA IMPREVISÃO   281

Concluiu advertindo que nada mais temeroso e fora da realidade do que esse mandamento, pois a todo instante o juiz é chamado a decidir por eqüidade, sobretudo quando – como visto – as disposições legais são omissas ou contraditórias e ao julgador é cometida a tarefa de suprir tais defeitos mediante criação de modelos hermenêuticos que superem as antinomias ou, então, efetuar um apurado balanceamento de bens e valores, para a obtenção da verdadeira justiça.

Reale[39] lembrou, ainda, que os romanos advertiam, com razão, que muitas vezes a estrita aplicação do Direito traz conseqüências danosas à justiça. Relembre-se: *summum ius, summa iniuria*. Não raro pratica injustiça o magistrado que, com insensibilidade formalística, segue rigorosamente o mandamento do texto legal. Há casos em que é necessário abrandar o texto – completou Reale –, operando-se tal abrandamento por meio da eqüidade, que é, portanto, a justiça amoldada à especificidade de uma situação real.

No Direito Brasileiro – entre muitos que se encontram espalhados pelo Código – talvez o primeiro dispositivo legal a consagrar a eqüidade tenha sido o art. 16 da chamada *Lei de Luvas* (Decreto 24.150, de 20.4.1934),[40] hoje parcialmente integrada na Lei do Inquilinato. Infelizmente, o art. 71 desta lei locatícia fez questão de ignorar a primitiva Lei de Luvas, não percebendo a involução.

Oswaldo Opitz,[41] comentando dispositivo tão importante – alijado do nosso ordenamento jurídico sem qualquer razão lógica –, observou que o objetivo do art. 16 da Lei de Luvas era o de dar ao juiz a oportunidade de realizar um ideal de justiça. Esclareceu que ele não visava à correção da lei, mas nada impedia que a ampliasse, porque o juiz é um verdadeiro legislador de cada caso. Tal postura – aditou – se reclama exatamente para que em suas mãos o texto se desdobre num sentido moral e social mais amplo do que, em sua angústia expressional, ele contém. E mais adiante explicou Opitz que o juiz tomará partido por uma concepção de Direito mais harmônica com o mundo e a vida, buscando sempre o rejuvenescimento dos textos. E concluiu dizendo que à frieza da lei dá sopro de vida para aplicação ao caso concreto.

---

39. *Lições Preliminares de Direito*, p. 331.

40. "Art. 16. O juiz apreciará, para proferir a sentença, além das regras de Direito, os princípios de eqüidade, tendo em vista as circunstâncias de cada caso concreto, para o quê poderá converter o julgamento em diligência a fim de melhor se elucidar."

41. *Lei de Luvas – Problemas de Locação Comercial e Industrial*, 3ª ed., p. 245.

282   A TEORIA DA IMPREVISÃO NO DIREITO CIVIL E NO PROCESSO CIVIL

No Código Civil de Porto Rico o art. 7º mereceu de Pablo Berga y Ponce de Léon a seguinte observação: "Cuando no existe ley aplicable – establece el Código Civil de Puerto Rico – el tribunal resolverá conforme la equidad, que quiere decir que se tendrá en cuenta la razón natural, de acuerdo con los principios generales del Derecho y los usos y costumbres aceptados y establecidos".[42]

No Código Civil Português a eqüidade encontrou abrigo seguro no art. 4º, alíneas "a", "b" e "c".[43]

Na Itália, ainda sob a égide do Código Civil de 1865, os juristas Pestalozza e principalmente Ruggiero, na tentativa de incluir a imprevisão na órbita do art. 1.124º (que determinava a obrigatoriedade de cumprimento tanto do que se achava expresso no contrato, como do que resultasse da lei, dos usos e da eqüidade), também fundamentaram suas concepções nos cânones daquele princípio.

Nesta coordenada, entendia Ruggiero que da eqüidade, do uso e da lei resultariam efeitos que "(...) deben reputarse virtualmente comprendidos en la voluntad contratual; sólo una explícita intención contraria los iludiría con la condición de que tal intención fuese lícita, y no contradijese la función esencial y la naturaleza de aquel determinado contrato".[44]

Miraglia – citado por Carlos Maximiliano[45] – considerava a eqüidade como um princípio de categoria superior.

Weinert de Abreu[46] enumerou vários artigos no atual Código Civil Italiano (1942) onde a eqüidade encontrou espaço definitivo.

42. "La Equidad Bajo el Derecho", in *Legislación y Jurisprudencia del Colegio de Abogados de Puerto Rico*, v. I, p. 18.
43. "Art. 4º (*Valor da Equidade*): Os tribunais só podem resolver segundo a equidade:
"a) quando haja disposição legal que o permita;
"b) quando haja acordo das partes e a relação jurídica não seja indisponível;
"c) quando as partes tenham previamente convencionado o recurso à equidade, nos termos aplicáveis à cláusula compromissória."
44. *Instituciones de Derecho Civil*, cit., p. 305, *apud* Luís Alberto de Carvalho Fernandes, "A teoria da imprevisão no direito civil português", *Boletim do Ministério da Justiça* (Coimbra) 128/42-43.
45. "A eqüidade tem algo de superior a toda fórmula escrita ou tradicional: é um conjunto de princípios imanentes, constituindo de algum modo a substância jurídica da Humanidade, segundo a sua natureza e o seu fim, princípios imutáveis no fundo, porém cuja forma se adapta à variedade dos tempos e países" (Luigi Miraglia, *apud* Carlos Maximiliano da Fonseca, *Hermenêutica e Aplicação do Direito*, 9ª ed., p. 173).
46. Arts. 1.226 (avaliação do dano), 1.349 (determinação do objeto do contrato por terceiro), 1.384 (redução de cláusula penal), 1.447 (indenização por rescisão de

FUNDAMENTOS DA IMPREVISÃO

Para Fernando Setembrino[47] as teorias revisionistas só são aplicadas com base nos esforços de juristas, magistrados e advogados, sempre calcados nos princípios de eqüidade.

O *Direito*, a *justiça* e a *eqüidade*: eis três palavras que, através dos séculos – observou Floriano Corrêa Vaz da Silva[48] –, subsistiram na linguagem dos homens e parecem resistir a toda confusão. Tal fato foi sublinhado por Henri De Page (*apud* Aguiar Dias), que ponderou: "Se as palavras continuam a viver, é muito provavelmente porque elas correspondem às idéias".

Recaséns Siches, jurista espanhol – citado por Corrêa Vaz da Silva[49] –, esclareceu o que, a seu ver, deve ser entendido por *eqüidade*. Seria aquele modo de ditar sentenças judiciais e resoluções administrativas mediante o qual se levem em conta as singulares características do caso particular, de maneira que, à vista das mesmas, se interprete e se aplique com justiça a lei; que está sempre redigida em termos abstratos e gerais. Para Siches[50] a eqüidade poderia ser resumida como a interpretação razoável da lei, já que não se trata de corrigi-la, senão de compreendê-la com bom senso.

García Maynes sintetizou o pensamento aristotélico da *Ética a Nicômaco*, fonte indispensável de profundas e preciosas lições a quantos estudaram e escreveram sobre a eqüidade: "Las leyes son, por esencia, enunciados generales y abstractos. Por amplias que sean, no pueden abarcar todo los casos. Hay múltiplas situaciones que escapan a la previsión del legislador más sagaz que sea dable imaginar. La apli-

---

contrato), 1.450 (oferta de modificação para evitar a rescisão), 1.467-1.469 (resolução por onerosidade excessiva ou contrato com obrigação para uma só das partes), 1.526 (resolução de contrato de venda com reserva de domínio), 1.651 (benfeitorias dos arrendamentos rurais), 1.660 (variações necessárias em projeto de adjudicação), 1.664 (onerosidade imprevisível na execução da adjudicação), 1.733 (montante da provisão na comissão), 1.736 (remuneração do comissário), 1.749 (redução da provisão por não-execução), 1.751 (indenização por dissolução de pacto de agência comercial), 2.045 (fato ilícito consumado em estado de necessidade), 2.047 (dano ocasionado por incapaz), 2.056 (estimação da falta de ganho decorrente de um fato ilícito), 2.109 (duração do período de repouso), 2.110 (indenização por acidente, gravidez ou doença), 2.111 (chamada para serviço militar), 2.118 (rescisão do contrato por tempo indeterminado), 2.119 (rescisão por justa causa), 2.120 (indenização por tempo de serviço – *ancianité*) (artigo cit., *Revista de Informação Legislativa* 60/221-222).

47. "A revisão judicial dos contratos", *RF* 297/123.

48. "A eqüidade e o direito do trabalho", *Revista de Informação Legislativa* 43/75.

49. Idem, ibidem.

50. Luís Recaséns Siches, *apud* Floriano Corrêa Vaz da Silva, artigo cit., *Revista de Informação Legislativa* 43/83.

284 A TEORIA DA IMPREVISÃO NO DIREITO CIVIL E NO PROCESSO CIVIL

cación fiel de una norma a una situación determinada podría resultar, a veces, injusta. En tales circunstancias, debe el juez hacer un llamamiento a la equidad, para atemperar los rigores de una fórmula demasiado genérica. La equidad es, por consiguiente, de acuerdo con la concepción aristotélica, una virtud del juzgador".[51]

Não há como negar: a eqüidade existe – e sempre há de existir – em estado de constante tensão com o Direito. A razão é que, sendo a essência da justiça a busca da igualdade, não pode aceitar as imposições da lei, que, como instrumento do Direito, em princípio não leva em conta a singularidade do caso concreto. Não quer isto dizer que a justiça não deva se consubstanciar em normas gerais; mas, para ser completa, deve admitir graus. Há de existir uma espécie de compensação – como ensinou Radbruch – "(...) entre la más amplia generalización y la individualización más completa cuando, por ejemplo, el principio de la igualdad de las personas en derecho civil es sustituido, en el derecho del trabajo, por la distinción entre obreros y patronos".[52]

Esclareceu José Manoel de Arruda Alvim[53] que, em nosso ordenamento jurídico, no uso da eqüidade deverão existir sempre uma *questão de direito*, relacionada à norma que autorize seu emprego, e uma *questão de fato*, a ser decidida pela norma concreta.

Dando prosseguimento à sua análise, um valioso contributo foi apresentado pelo jurista mexicano García Maynes.[54] Observou que o

51. *Introducción al Estudio del Derecho*, 4ª ed., p. 37.
52. *Filosofia do Direito*, v. III, p. 36.
53. *Código de Processo Civil Comentado*, v. V, p. 146.
54. "Lo equitativo y lo justo son una misma cosa; y siendo buenos ambos, la única diferencia que hay entre ellos es que lo equitativo es mejor aún. La dificultad está en que lo equitativo, siendo justo, no es lo justo legal, sino una dichosa rectificación de la justicia rigurosamente legal. La causa de esta diferencia es que la ley necesariamente es siempre general, y que hay ciertos objetos sobre los cuales no se puede estatuir convenientemente por medio de disposiciones generales. Y así, en todas las cuestiones en respecto de las que es absolutamente inevitable decidir de una manera puramente general, sin que sea posible hacerlo bien, la ley se limita a los casos más ordinarios, sin que disimule los vacios que deja. La ley no es por esto menos buena: la falta no está en ella; tampoco está en el legislador que dicta la ley; está por entero en la naturaleza misma de las cosas; porque ésta es precisamente la condición de todas las cosas prácticas. Por consiguiente, cuando la ley dispone de una manera general, y en los casos particulares hay algo excepcional, entonces, viendo que el legislador calla o que se ha engañado por haber hablado en términos generales, es imprescindible corregirle y suplir su silencio, y hablar en su lugar, como el mismo lo aría si estuviese presente; es decir, haciendo la ley como ella habría hecho, si hubiera podido conocer los casos particulares de que se trata. Lo propio de lo equitativo consiste precisamente en restablecer la ley en los puntos en que se ha engañado, a causa de fórmula general de que se ha servido.

FUNDAMENTOS DA IMPREVISÃO

eqüitativo e o justo se equivalem (relembre-se Reale), mas guardam certa diferença, de sorte a resultar que o eqüitativo é mais completo e melhor do que o justo, embora, em virtude da lei, não seja o justo legal, já que nas leis não há particularidades, mas apenas generalidades; e traça interessante paralelo entre os institutos, destacando algumas diferenças, com prevalência para o eqüitativo.

A eqüidade – já foi dito – apóia-se basicamente no Direito congênito, não-escrito, gravado por Deus no coração dos homens, com caracteres profundos, sustentáculo dos códigos na formulação dos postulados de liberdade e igualdade, com anterioridade às leis escritas e regras de conduta. Tem por objetivo completar ou retificar o direito positivo, sob as vistas do direito natural ou, por outras palavras, das obrigações morais ou deveres jurídicos. Sua existência é milenar. Aristóteles (*Ética a Nicômaco*) já entendia que "ir ao juiz é ir à Justiça, uma vez que ele é uma espécie de justiça viva".

No chamado Direito Anglo-Americano – de natureza consuetudinária – o papel da eqüidade é muito mais importante do que nos países de direito positivo como o nosso. Nele a função da jurisprudência – como fonte indireta do Direito – é da maior relevância.

Em conclusão, a eqüidade – conjugada com a boa-fé – destina-se a completar a inteligência hermenêutica dos dispositivos legais. Neste passo não se pode, em momento algum, perder de vista os dados sociológicos que informaram seu nascimento, com prioridade absoluta para seu espírito e buscando sempre o sistema que a presidiu, em constante e plena harmonia com os elementos econômicos e morais do caso concreto. Por tal prisma, não comporta dúvida a afirmação de que ela é o principal alicerce em que repousa a teoria da imprevisão nos sistemas jurídicos que, como o nosso, ainda não a integraram no seu direito positivo.

Desta forma, por mais relevantes que possam ser os argumentos arrolados em favor do princípio consagrado de estrita e integral fidelidade contratual, dos cânones de obediência milenar ao postulado de que o contrato faz lei entre as partes, em momento algum poderão se sobrepor aos superiores princípios da eqüidade e da boa-fé. Mesmo porque, ao longo dos séculos e milênios, sua presença no campo obrigacional tem sido considerada indispensável, de uma forma geral, e,

---

"Tratándose de cosas indeterminadas, la ley debe permanecer indeterminada como ellas, igual a la regla de plomo de que se sirven en la Arquitectura de Lesbos; la cual se amolda y acomoda a la forma de la piedra que mide" (ob. cit., pp. 326-327).

A TEORIA DA IMPREVISÃO NO DIREITO CIVIL E NO PROCESSO CIVIL

de forma específica, não só na celebração dos pactos como também – e principalmente – na sua execução.

15.1.2 A boa-fé como base complementar da doutrina

Com absoluta razão sustentava M. L. Larombière[55] que a boa-fé traz em seu bojo todos os sentimentos honestos de uma consciência íntegra.

Embora sem rigor e tecnicismo de outros institutos, a boa-fé, pela sua simplicidade, traz a idéia fundamental de justiça comutativa, ou seja, de equivalência das prestações, ainda que apenas no plano subjetivo. Não se pode conceber, validamente, uma relação jurídica sem boa-fé. Como decorrência, ora de forma isolada, ora em conjunto com outros princípios éticos ou ético-jurídicos, sempre tem sido invocada como sustentáculo do emprego da imprevisibilidade.

De fácil entendimento, aceitação e identificação, esse recurso tem a justificá-lo o fato de que se para o nascimento da manifestação de vontade no ato vinculatório, bem como na execução, ela deve sempre estar presente, com mais e maior razão deverá ser convocada para presidir uma situação excepcional, em que as filigranas jurídicas, além de diversificadas, são mais complexas, com vistas à adequação ou extinção de um pacto que, no instante da execução, revela ter sofrido profunda, anormal e gravosa mudança, na iminência de ocasionar lesão a uma das partes.

Antes de sua conceituação necessário se faz o estabelecimento de algumas premissas básicas.

Primeiro: tomada apenas como idéia de conduta, a boa-fé é um *fato moral*; considerada em seus efeitos, um *princípio*. Na condição de *fato*, admite abordagens de natureza ética, relacionadas na prova com a culpa e a diligência, na condição de conceito elástico e flexível; como *princípio*, seus efeitos são produzidos em conseqüência da lei (informa e integra as normas vigentes), e, em sua essência, é usada como forma de hermenêutica jurídica e como fonte do Direito (princípios gerais).

Aceito que a boa-fé, por um prisma, é um *fato moral*, é válido e oportuno indagar se ela é também um *fato jurídico*. Sendo este um acontecimento em razão do qual as relações de direito nascem, modificam-se e se extinguem (eventos naturais e humanos), a única cate-

---

55. *Traité Théorique et Pratique des Obligations*, t. I, p. 331.

FUNDAMENTOS DA IMPREVISÃO 287

goria que comporta a boa-fé é a das ações humanas. Contudo, a boa-fé jamais poderá ser considerada como ação humana, mas sim o fato moral, o comportamento que a acompanha. Daí se conclui ser impossível considerá-la um fato jurídico, conseqüente à sua condição específica de complemento do fato.

Alípio Silveira[56] esclareceu que a boa-fé pode acompanhar qualquer dos atos humanos – jurídicos, lícitos e ilícitos –, mas ela não é um ato e, portanto, não pode ser um fato jurídico. O ato jurídico produz efeitos jurídicos diferentes, segundo seja ou não acompanhado de boa-fé.

Segundo: uma coisa é a "idéia de boa-fé", e outra um "princípio geral de boa-fé". Esta identificação é necessária a fim de que o instituto seja bem situado, tornando mais fácil sua compreensão. Começando pela "idéia de boa-fé", é preciso destacar que ela se encontra tão entranhada na norma jurídica que, em certas situações, mesmo nulo o ato praticado, mas presente a boa-fé, os efeitos que dele possam advir serão reconhecidos por lei como válidos. Assim, se dois irmãos se casarem ignorando o parentesco, mas de boa-fé comprovada (união putativa), embora nula essa união (art. 207,[57] c/c art. 183, IV,[58] do CC Brasileiro e art. 1.602º, "a", do CC Português[59]), os filhos dela oriundos serão considerados legítimos. O art. 227, § 6º, da Constituição Federal Brasileira pacificou de vez a questão, proibindo a discriminação entre filhos.

Por outro lado, "os princípios gerais de boa-fé" induzem a idéia de que os membros de uma comunidade devem ter comportamento escorreito em suas relações profissionais, comerciais, sociais e jurídicas. A concepção de boa-fé estaria contida na idéia de conduta social

56. "A boa-fé no direito civil", *RF* 86/14.
57. CC vigente: "Art. 207. É nulo e de nenhum efeito, quanto aos contraentes e aos filhos, o casamento contraído com infração de qualquer dos ns. I a VIII do art. 183"; novo CC: Art. 1.547. É nulo o casamento contraído: (...) II – por infringência de impedimento. Art. 1.561. Embora anulável ou mesmo nulo, se contraído de boa-fé por ambos os cônjuges, o casamento, em relação a estes como aos filhos, produz todos os efeitos até o dia da sentença anulatória. § 1º. Se um dos cônjuges estava de boa-fé ao celebrar o casamento, os seus efeitos civis só a ele e aos filhos aproveitarão (...).
58. CC vigente: "Art. 183. Não podem casar (arts. 207 e 209): (...) IV – os irmãos, legítimos ou ilegítimos, germanos ou não e os colaterais, legítimos ou ilegítimos, até o terceiro grau inclusive"; novo CC: Art. 1.520. Não podem casar: (...) IV – os irmãos, unilaterais ou bilaterais, e demais colaterais, até o terceiro grau inclusive.
59. "Art. 1.602º. São também dirimentes, obstando o casamento entre si das pessoas a quem respeitam, os impedimentos seguintes: a) o parentesco em linha recta; (...)."

288 A TEORIA DA IMPREVISÃO NO DIREITO CIVIL E NO PROCESSO CIVIL

ou, por outra forma, naquele comportamento no seio do organismo societário que se pudesse chamar de *paradigmático*.

Philippe Stoffel-Munck[60] explicou que na disciplina de seus interesses as partes sempre fixam um esquema de execução de suas obrigações. Entretanto, embora estabelecidas as regras, não descartam a possibilidade de que a alteração das circunstâncias acabe por trair suas expectativas. É neste ponto que a negligência, o egoísmo ou mesmo a má-fé de um deles podem trazer prejuízos ao outro. Neste passo, o atingido pelo comportamento irregular do outro contratante não poderá extrair do contrato toda a utilidade pretendida, visto estar preso a uma convenção, embora inadequada para si. Assim, o imperativo da boa-fé seria a garantia da esperança legítima da parte virtualmente prejudicada. Válido seria afirmar que a boa-fé cada vez mais traduz uma concepção de vínculo contratual.

Percebeu-se, desde logo, o grande interesse despertado pelo contrato, não só com base em sua análise econômica, mas também no fato de ser operação responsável por bons frutos para as partes, sem ter sido dada grande importância para o que se esperava como o mais justo nas contratações: a divisão dos riscos e vantagens existentes. Entretanto, diante de um acontecimento imprevisível esta tolerância consentida das partes poderia revelar-se despropositada – acrescentou o mesmo autor. Concluiu Munck que uma particular importância deve ser dada às considerações morais, isto é, à sempre constante exigência da boa-fé nas contratações.

60. "Par leur convention, les parties ont entendu fixer le schéma d'éxecution de leurs obligations. Pour cela elles on prévu certaines modalités dans l'espace et dans le temps. Mais il se peut fort bien que l'évolution des circonstances vienne trahir leurs prévisions. À ce moment la négligence, l'egoïsme ou la malveillance de l'un des co-contractants peut se révéler préjudiciable à l'autre. Ce dernier ne pourra en effet retirer toute l'utilité qu'il espérait du contrat pour le seul motif qu'il se trouve enfermé dans la lettre d'une convention, devenue inadaptée pour lui. L'impératif de bonne-foi impose alors que son cocontractant fasse preuve d'une certaine compréhension afin de garantir les espérances légitimes de son partenaire. Dans cette perspective, l'obligation de bonne-foi traduit une conception de plus en plus solidaire du lien contractuel. La doctrine a d'ailleurs remarqué la place croissante de l'intérêt commun dans le contrat; cette vision du contrat s'accorde avec son analyse économique. Le contrat s'y résume à la réalisation d'une opération normalement fructueuse pour les deux parties, au sein de laquelle elles se sont partagées les risques et les avantages. Dans cette optique, une souplesse contractuelle est nécessaire. Mais face à un événement extraordinaire, cette tolérance qui est exigée des parties peut se retrouver inutile. Le désastre de l'un se retrouvant alors définitivement consommé; c'est vers des considérations morales que l'impératif de bonne-foi invite à se tourner" (*Regards sur la Théorie de l'Imprévision*, p. 87).

FUNDAMENTOS DA IMPREVISÃO 289

É importante, ainda, não esquecer a existência de variantes dos conceitos de boa-fé, conhecidas como derivações éticas e psicológicas. Na primeira (ética) o rigor deve ser muito maior, de tal sorte que, embora alguém possa praticar um ato em virtude de erro ou ignorância, não terá atenuantes se seu comportamento, naquela situação, não tiver sido o mais adequado ou, ainda, o único compatível com o contexto fático, tomando-se como parâmetro o que dele se exige socialmente como norma de conduta incensurável. Na variante psicológica – tanto o erro como a ignorância do caráter psicológico da boa-fé – o alicerce será sempre a crença (mesmo que esta evidencie a ignorância total dos fatos) em uma determinada situação, por mais equivocada que possa ser. E é desse conceito que se vale a norma jurídica para a constatação ou não da existência da boa-fé na análise do caso concreto. Entretanto, é preciso ter em mente que a crença ou a ignorância deverão ser quanto à valoração intrínseca do ato, isto é, quanto ao seu caráter de licitude ou ilicitude. Em relação à crença, isoladamente, ela deverá estar presente na medida em que se tenha consciência de se estar praticando um ato na pressuposição de sua validade, ou regularidade permitida.

Desde as fontes do Direito até a sucessão testamentária, com incidência decisiva no negócio jurídico, nas obrigações, na posse e na constituição dos direitos reais, a boa-fé informa provisões normativas e vetores importantes da ordem privada. O que parece estar fora de qualquer discussão é que nem o Direito Romano nem o canônico se preocuparam em definir a boa-fé. Modernamente, Alemanha, Hungria, Polônia e Suíça estruturam seus direitos privados na concepção de boa-fé. É a viga-mestra e a essência do *BGB* Alemão, que, ao acolhê-la, o fez nos termos do § 242. Analisando o princípio no contexto do dispositivo legal alemão, Franz Wieacker[61] denunciou as antinomias do Direito, vendo, ao mesmo tempo, no texto da lei alemã grandeza e miserabilidade.

---

61. "La grandeza y la miseria del § 242 resultán de las inevitables antinomías del concepto mismo de Derecho. Oportunidad y racionalidad, o, mejor, justicia del caso concreto y validez general, son elementos necesarios del Derecho y de la Justicia, que frecuentemente se hallan en conflicto en la realidad. E este conflicto, la apelación a las cláusulas generales entraña una aspiración a la justicia del caso concreto y una inclinación a limitar la egualdad ante el Derecho. Esta contraposición no se puede solucionar si se persiste en la línea de análisis de la que suelen partir los partidarios y adversarios de las cláusulas generales" (*Zur rechtstheoretische Präzisierung des § 242 BGB* (*El Principio General de la Buena-Fe*), trad. espanhola de José Luís Carro, p. 32).

290 A TEORIA DA IMPREVISÃO NO DIREITO CIVIL E NO PROCESSO CIVIL

Na tradução espanhola das obras de Wieacker sobre o tema, explicou Luís Diez-Picazo[62] que o ordenamento jurídico leva também em conta a boa-fé com sua diversidade de matizes e efeitos.

António Menezes Cordeiro,[63] no trabalho magistral com que conquistou a cátedra na Universidade de Lisboa, esclarecendo que a boa-fé surge com freqüência no espaço civil, forneceu uma idéia do instituto.

Igualmente, Giuseppe Grosso,[64] no âmbito do Direito Romano, viu nela a força vinculante que plasmava o direito objetivo.

Ainda uma vez, o magistério do jurista lusitano Menezes Cordeiro[65] é indispensável para justificar a utilização da boa-fé como o grande suporte da doutrina de exceção – aliada a outros princípios éticos e ético-jurídicos –, em especial ao discorrer sobre a boa-fé objetiva, em situações anômalas como a do abuso de direito, da culpa e, principalmente, de imprevisibilidade.

Octávio Moreira Guimarães[66] elucidou que, entre outras situações, identificava-se a boa-fé quando alguém adquirisse um bem de outrem que supusesse o verdadeiro proprietário, mas que na verdade

62. Disse ele, sobre os matizes da boa-fé: "a) La buena-fe es considerada en primer lugar como una causa de exoneración de la sanción o, por lo menos, de atenuación de la misma; b) la buena-fe es tenida en cuenta en segundo lugar como una causa o una fuente de creación de especiales deberes de conducta exigibiles en cada caso, de acuerdo con la naturaleza de la relación jurídica y con la finalidad perseguida por las partes a traves de ella" (*Prólogo del Principio General de la Buena-Fe*, p. 19).

63. "A boa-fé traduz um estágio juscultural, manifesta uma Ciência do Direito e exprime um modo de decidir próprio de certa ordem sócio-jurídica. A natureza juscultural da boa-fé implica o seu assumir como criação humana, fundada, dimensionada e explicada em termos históricos. Os jurisprudentes romanos intentaram descobrir, num mar de decisões empíricas, manifestações de regularidade que, tratar o igual por igual e o diferente de modo diferente, de acordo com as medidas da variação, tornassem previsíveis as saídas para litígios futuros. Fazendo-o fundaram a Ciência do Direito, onde, de imediato, se incluiu a boa-fé" (*A Boa Fé no Direito Civil*, Colecção "Teses", v. II, p. 18).

64. "Buona-fede", in *Encilopedia del Diritto*, v. V, p. 662.

65. "O Código Civil consagrou institutos que, embora admitidos, antes dele, sob pressão da doutrina, surgiam duvidosos, à míngua de apoio na lei. De entre eles, a maioria conecta-se com a boa-fé objectiva: a culpa na formação dos contratos, o abuso de direito e a modificação do contrato por alteração das circunstâncias" (ob. cit., v. II, p. 27).

66. "Quando uma pessoa adquire um bem de quem não é proprietário, pode realizar a aquisição supondo que esteja tratando com o dono verdadeiro. Sucede o mesmo com o devedor que paga a quem aparece como titular real do crédito, e nos demais casos em que o interessado acredita que esteja lidando com o verdadeiro sujeito do direito. Como define Windscheid, a boa-fé é a crença de não se lesar o proprietário" (*Da Boa-Fé no Direito Civil Brasileiro*, 2ª ed., p. 29).

FUNDAMENTOS DA IMPREVISÃO 291

não o fosse. Boa-fé nada mais é do que a representação que nasce de um engano aceitável. Só se escusa o erro de quem se atém ao fato e o examina com rigor. Em síntese: quem procede com zelo extremado.

José Luís de Los Mozos[67] entendeu que a a boa-fé completa a própria norma jurídica, seja ela decorrente da autonomia da vontade privada ou da lei.

Sílvio de Macedo[68] disse que atualmente a boa-fé pode ser colocada sob diversidade de crivo metodológico, seja antropológico, sociológico, dogmático e, finalmente, fenomenológico, e essa riqueza de perspectivas justifica seu campo prevalente na Filosofia do Direito.

Clóvis do Couto e Silva[69] destacou que a boa-fé é um preceito ético dirigido principalmente ao juiz, responsável pelo controle corretivo do Direito estrito e pelo enriquecimento da relação obrigacional. Sua função é individualizadora, semelhante à do pretor romano, criando o "Direito do caso".

Ruy Rosado de Aguiar Júnior,[70] Ministro do Superior Tribunal de Justiça, aceitou a boa-fé como uma fonte autônoma de deveres, independente da vontade. Explicou que ela tem função integradora da obrigação, atuando como responsável por direitos e obrigações no acordo de vontades, além de servir de interpretação de cláusulas convencionadas. Os voluntaristas – prosseguiu – querem reduzir sua intervenção à simples integração do contrato, de acordo com o pressuposto pelas partes; mas não é assim: a utilização da cláusula da boa-fé implica a *criação de uma norma para o caso*, de acordo com os dados objetivos que ele mesmo apresenta, atendendo à realidade social e econômica em que o contrato opera, ainda que isso o leve para fora do círculo da vontade.

A boa-fé – destacou Paulo Ribeiro Nalin[71] –, ao lado de outros princípios jurídicos, como os da liberdade e dignidade da pessoa humana, exemplificativamente, compõe o quadro dos ditos princípios

67. *El Principio de la Buena-Fe*, p. 54.

68. "Boa-fé – II", in *Enciclopédia Saraiva do Direito*, v. II, p. 496.

69. "O princípio da boa-fé no Direito Brasileiro e Português", in *Estudos de Direito Civil Brasileiro e Português*, p. 43.

70. "A boa-fé na relação de consumo", trabalho apresentado no II Congresso Brasileiro de Direito do Consumidor, Brasília, 1994, *apud* Athos Gusmão Carneiro, "O contrato de *leasing* financeiro e as ações revisionais", *Genesis – Revista de Direito Processual Civil* 5/306.

71. "Ética e boa-fé no adimplemento contratual", in Luiz Edson Fachin (coord.), *Repensando Fundamentos do Direito Civil Brasileiro Contemporâneo*, p. 185.

292 A TEORIA DA IMPREVISÃO NO DIREITO CIVIL E NO PROCESSO CIVIL

gerais de Direito. A dimensão aqui emprestada à boa-fé – acrescentou
–, enquanto princípio jurídico, transcende aquela prevista no ordenamento jurídico nacional (art. 4º da LICCl), que elenca os "princípios gerais do Direito" como instrumento de supressão das lacunas legais, exatamente na ordem e concepção de completude do sitema. E conclui afirmando que sua utilidade vai além da simples integração do sistema legal.

Vários dispositivos do nosso Código Civil de 1916, em diferentes campos (com predominância no direito das coisas), consagraram expressamente a *boa-fé*:

– no *direito das obrigações*, arts. 933 (pagamento de boa-fé), 935 (credor putativo), 1.072 (cessionário de boa-fé), 1.318 (extinção de mandato), 1.404 (renúncia de sócio) e 1.443 (contrato de seguro);[72]

– no *direito das coisas*, arts. 490 e seu parágrafo único (possuidor de boa-fé), 491 (boa-fé e as circunstâncias), 510 (percepção de frutos), 511 (cessação da boa-fé), 514 (perda ou deterioração da coisa), 516 (direito de indenização), 549 (plantação em terreno alheio), 550 (presunção de boa-fé no usucapião), 551 (aquisição de propriedade), 612 (a especificação e a boa-fé), 619 (usucapião de coisa móvel), 622 (tradição), 935 (credor putativo), 968 (pagamento indevido), 1.072 (cessionário) e 1.272 (herdeiro do depositário);[73]

---

72. Os artigos citados do CC vigente correspondem, respectivamente, aos arts. 306; 308; 166; 685; 1.028; e 764, do novo Código Civil.

73. Os artigos citados do atual CC correspondem, respectivamente, aos arts. 1.200; 1.201; 1.213; parágrafo único do art. 1.213; 1.216; 1.218; 1.256; 1.237; 1.241; 1.269; 1.260; 1.267; 308; 878; 166; e 636. Além dos citados, o novo Código Civil consagra o princípio da boa-fé nos seguintes artigos: 112 (interpretação dos negócios jurídicos); 127 (atos já praticados sobrevindo condição resolutiva); 163 (negócios indispensáveis à manutenção do devedor e de sua família); 186 (atos que excedem manifestamente limites); 241 (benfeitorias realizadas e frutos percebidos); 285 (cláusula proibitiva de cessão); 421 (obrigação de observar princípios de probidade e boa-fé); 522 (terceiro adquirente); 605 (compensação razoável do trabalho executado); 688 (morte do mandante ou extinção do mandato); 813 (dívidas de jogo ou de aposta); 855, parágrafo único (candidato a prestação de serviço que houver feito despesas); 877, 1.221, 1.227 e 1.242 (posse de boa-fé); 895 (portador de título de crédito); 924 (emitente de título de crédito); 1.048 (lucros recebidos); 1.148 (cessão dos créditos); 1.246 (reivindicação de imóvel); 1.254 (semeadura, plantio ou edificação em terreno alheio); 1.257 e 1.258 (construtor em terreno alheio); 1.259 (aquisição de coisa móvel); 1.561 (casamento contraído de boa-fé); 1.565 (nulidade do casamento em relação a terceiros); 1.601 (direitos dos filhos); 1.753 (administração dos bens do tutelado); 1.829 (alienações onerosas de bens hereditários a terceiros); 1.839, parágrafo único, e 1.840 (herdeiro aparente).

FUNDAMENTOS DA IMPREVISÃO

– no *Código de Processo Civil*, arts. 14, II, e ss., ao estabelecer os deveres das partes e seus procuradores, assentados em lealdade e boa-fé;

– no *Código de Defesa do Consumidor*, arts. 4º, III, e 51, IV (equilíbrio das relações jurídicas e proibição de cláusulas abusivas).

Couto e Silva[74] assinalou que, embora não conste de dispositivo expresso na lei, em nosso Direito ninguém ignora sua existência no campo obrigacional, e em especial como ponto limítrofe ao princípio da autonomia da vontade. Prosseguiu dizendo que suas funções são amplas e variadas. Como princípio fundamental dá ao juiz condições de criar novas soluções, acrescentando um suporte sistemático complementar ao simples julgamento por eqüidade, e determina maior objetivação na concepção do negócio jurídico. Concluiu que a tendência para a reiterada busca desse objetivo criou o conceito de *base objetiva do pacto*.

António de Almeida Santos[75] explicou que o constante apelo à eqüidade e a luta pela sua manutenção e aplicação constituem a melhor homenagem que se pode fazer à Magistratura, uma vez que ela é, como a boa-fé, um conceito amortecedor da rigidez da aplicação da lei, representando a sobreposição da justiça de cada caso à uniformidade e certeza das soluções jurídicas.

Carlos Cossio – cuja notabilidade nunca será suficientemente louvada –, principal responsável pela adoção da imprevisibilidade no vizinho país platino (art. 1.198 do CC), dizia que "(...) sin buena-fe no cabe un acuerdo de voluntades, en la medida en que se proyecta una actuación para saber a que atenerse en la trance de vivir, y no es posible saber a que atenerse en la conducta contrapartida de un contrato, sin la buena-fe de los participantes como garantía precisamente de una verdad de conducta".[76]

Sílvio de Macedo[77] sustentou que sua grande fonte é o direito canônico.

---

74. In ob. cit., p. 9.

75. "A teoria da imprevisão ou da superveniência contratual e o novo Código Civil", in *Jornadas Jurídicas – Estudos sobre o Código Civil*, p. 105.

76. *La Teoría de la Imprevisión*, p. 38.

77. "O Código Canônico é uma das fontes da legislação moderna sobre o instituto, principalmente em matéria de direito de família. O Cân. 1.512 refere-se expressamente à boa-fé como validade da prescrição. O Cân. 1.731 trata da restituição, o Cân. 1.135 trata do casamento putativo, o Cân. 1.140 da *sanatio in radice* e o Cân. 1.114 sobre a legitimação dos filhos. O suporte da boa-fé é, portanto, apreciável neste Códi-

294 A TEORIA DA IMPREVISÃO NO DIREITO CIVIL E NO PROCESSO CIVIL

Ao final destas considerações, uma certeza: não se pode pretender falar em manifestação de vontade, em qualquer campo do Direito, particularmente no das obrigações e, em especial, no dos contratos (onde ela é mais exigida), ou ainda a respeito de qualquer relação jurídica, sem que se tenha presente a boa-fé. Talvez até se pudesse dizer, em equação simplificada, que ela, no tecido social, é o *gênero* do qual as relações jurídicas são as *espécies*. E se é exigível quando da contratação, na aquisição de direitos e assunção de deveres, com mais e melhor motivo deverá estar viva e atuante no momento da execução, ao surgir o acontecimento que traga desequilíbrio à economia do convencionado, exigindo a intervenção do Judiciário, na revisão ou extinção de um pacto. Diante da mudança da base negocial, impossibilitada a execução em face da lesão iminente, a presença da boa-fé é indispensável para que o julgador possa decidir com justiça. É, assim, o grande princípio ético que, aliado a outro de igual valor e importância, de natureza ético-jurídica (a eqüidade), vem lastreando a aplicação da imprevisão (ainda *de iure constituendo*), até que o novo Código Civil entre em vigor. Essa integração definitiva da doutrina da imprevisibilidade em nosso direito positivo, com fulcro na eqüidade e na boa-fé, por todos os motivos, é uma esperança transformada em realidade e, mais do que isto, uma urgente satisfação de uma das mais relevantes necessidades do nosso ordenamento jurídico.

Em conclusão: antes de tudo, a boa-fé apresenta-se primeiramente como atitude mental, e só depois comportamental. Consubstancia-se em regra extremamente rígida, intransigível, verdadeira coluna dorsal do ordenamento jurídico, que, fraturada, dá lugar ao seu oposto, à má-fé, viciando intrinsecamente e condenando de forma apriorística toda e qualquer relação negocial.

go, com maior razão ainda que na legislação comum" (verbete cit., in *Enciclopédia Saraiva do Direito*, v. II, p. 498).

CAPÍTULO II

16. Pressupostos de admissibilidade da imprevisão: 16.1 Campo de aplicação: 16.1.1 Execução diferida – 16.1.2 Imprevisibilidade – 16.1.3 Ausência do estado moratório – 16.1.4 Lesão virtual – 16.1.5 Essencialidade –16.1.6 Inimputabilidade – 16.1.7 Excessiva onerosidade e extrema vantagem – 16.2 Regime jurídico.

16. Pressupostos de admissibilidade da imprevisão

16.1 Campo de aplicação

Esta afirmação não comporta dúvidas: o terreno fértil onde tem medrado e se desenvolvido o fenômeno da imprevisão é, fundamentalmente, o do direito das obrigações, pouco importando seja resultante de relações entre pessoas naturais, entre estas e as jurídicas, somente entre jurídicas, ou entre elas e as naturais, entre estas e o Estado, bem como entre Estados e organismos nacionais ou internacionais – enfim, no relacionamento jurídico obrigacional em qualquer plano, com quaisquer partes.

Repetição que é de uma fórmula consagrada há milênios, um postulado existe de indiscutível atualidade, configurado no exato, pontual e integral cumprimento das obrigações válidas e regularmente assumidas, expresso pela máxima romana *pacta sunt servanda*. Esta a regra geral. Como era de se esperar, a justificá-la, a conferir-lhe energia, consistência e solidez e ratificar sua eficácia, necessariamente haveria de existir uma exceção. Em tal contexto, no universo das obrigações postergadas ela tem sido identificada como *teoria da imprevisão*, representada pela revisão ou, quando não, pela resolução dos pactos.

296 A TEORIA DA IMPREVISÃO NO DIREITO CIVIL E NO PROCESSO CIVIL

Seu emprego é inarredável na iminência de lesão provocada por situação anômala (*v.g.*, mudança da ambiência objetiva na qual a manifestação de vontade se deu) que traga profunda alteração da base negocial ou sua extinção.

O contrato tem sido o solo fértil em que, ao longo dos tempos, a teoria da imprevisão germinou e acabou por se transformar em resistente árvore de boa sombra e melhores frutos. Foi nele que, assumida validamente uma obrigação, os acontecimentos excepcionais sempre ocorreram, alterando profundamente o alicerce negocial. Neste contexto é que sempre se fez indispensável (convém relembrar: a ciência é filha direta da necessidade) a criação de uma nova concepção de justiça comutativa, conseqüente à profunda e anormal mudança do primitivo estado de fato – virtualmente lesiva a uma das partes –, com o surgimento da salutar idéia de atenuação do rigor existente na força vinculativa e estática da regra geral de segurança, nascida no universo românico.

Curiosamente, tendo ela surgido como essência do sistema capitalista mundial, era de se esperar que não tivesse qualquer função – e até nem fosse aceita – na economia socialista. No entanto, principalmente no direito público, o que se observou foi que neste regime, diante da imprevisibilidade, em vez de culminar com a composição por perdas e danos (constatado o inadimplemento, para o qual se optou por sanções de natureza pessoal, como advertência ou demissão para os responsáveis que deixaram de cumprir cláusulas contratuais – modalidade de reação já existente no nosso direito administrativo), a revisão tem funcionado como elemento de regulamentação dos planos econômicos estatais, balizando as operações determinadas e exigidas pelo governo. Com a queda do Muro de Berlim, importante símbolo da derrocada do regime socialista e da predominância da economia privada – para o bem ou para o mal –, deverá ocupar o grande lugar que a boa lógica jurídica lhe reserva.

Citado por Bittar, Diez-Picazo,[1] entre outros, em didática exposição, tentou traçar as coordenadas para a aplicação da doutrina, preo-

---

1. "Estos requisitos o presupuestos pueden ser esquematizados del siguiente modo:

"1ª. La relación obligatoria contemplada ha de ser una obligación de tracto sucesivo, segun la terminología de la doctrina tradicional, es decir, lo que nosotros hemos llamado una relación obligatoria duradera. La regla se aplica también en materia de relaciones obligatorias de ejecución instantánea, cuando su cumplimiento ha sido diferido para un momento futuro.

PRESSUPOSTOS DE ADMISSIBILIDADE DA IMPREVISÃO 297

cupado em circunscrevê-la ao rígido espaço balizado por exigências indispensáveis a qualquer excepcionalidade, mormente quando aplicada *de iure constituendo.* Vale registrar, nesse campo, que vários autores tentaram elencar o que chamaram de pressupostos para um seguro emprego do princípio.

Desde que ausentes do ato jurídico os vícios de consentimento, para a utilização do princípio *pacta sunt servanda* exige-se apenas a manifestação válida da vontade das partes (capazes no momento do ato vinculativo), a existência de um objeto lícito e a observância de forma e proibição legais; em contrapartida, para o emprego do princípio de exceção (*rebus sic stantibus*) uma série de requisitos indispensáveis devem estar presentes, concomitantemente.

E não poderia nem deveria ser outra a disciplina do princípio *pacta sunt servanda*, uma vez que esta regra é expressa como generalidade no campo do direito das obrigações, diferentemente da imprevisão, que é rigorosamente de natureza conjuntural, visto surgir no curso nor-

"2ª. La relación obligatoria de que se trate ha de econtrarse pendiente de ejecución en todo o en parte. Por regla general debe entenderse que la desaparición de la base del negocio afecta o incide sobre las prestaciones pendientes de ejecución, pero no sobre las prestaciones ya ejecutadas.

"3ª. Debe producirse una desaparición sobrevenida sobre la base del negocio. La desaparición sobrevenida de la base del negocio se entiende producida cuando concurren las circunstancias siguientes: a) cuando la relación de equivalencia o la proporción entre las prestaciones se destruye totalmente o se aniquila de suerte que no pueda hablarse ya de prestación y contraprestación; b) cuando la finalidad sustancial del negocio para una de las partes, admitida y no rechazada por la otra, resulta inalcanzable.

"4ª . La desaparición de la base del negocio ha de producir como consecuencia de ella una alteración de las circunstancias que deba considerarse como extraordinária, en relación con las existentes en el momento de la celebración del contrato y que, además, resultara en aquel momento radicalmente imprevista e imprevisible. No han de tenerse en cuenta, por tanto, las transformaciones de las circunstancias que fueron previsibles o que se encontraban en la esfera de influencia de la parte prejudicada.

"Por la misma razón tampoco ha de ser tenida en cuenta una transformación de las circunstancias cuando el riesgo haya sido el motivo determinante del negocio, como sucedería en un contrato aleatorio, o cuando la alteración sobrevenida forme parte del riesgo asumido por una de las partes de acuerdo con la naturaleza del tipo del negocio.

"5ª. La alteración sobrevenida de las circunstancias debe determinar un perjuicio que resulte injustificado de acuerdo con el sistema de responsabilidad estatuido para la obligación. Por consiguiente, no son tenidas en cuenta aquellas alteraciones que repercuten en la posición de una de las partes y la prejudican a causa de un anterior incumplimiento o de la violación por ella de la obligación. De manera especial no pueden ser tenidas en cuenta las transformaciones de las circunstancias que perjudican el interés de una de las partes por encontrarse ésta en situación de *mora solvendi* o *accipiendi*" (Diez-Picazo, *Fundamentos del Derecho Civil Patrimonial, apud* Carlos Alberto Bittar (coord.), *Contornos Atuais da Teoria dos Contratos*, pp. 44-45).

298 A TEORIA DA IMPREVISÃO NO DIREITO CIVIL E NO PROCESSO CIVIL

mal do cumprimento do que foi pactuado, daquilo que as partes assumiram legal e regularmente. Para a modificação do estabelecido – ou ruptura irreversível do vínculo contratual – indispensável seria o atendimento de várias exigências, sem o quê sua invocação não poderia ser admitida. Proceder-se de maneira diversa seria escancarar perigosa e condenavelmente as portas ao desequilíbrio jurídico, trazendo, em conseqüência, a nunca desejada insegurança aos pactos.

A seguir são discutidos os principais pressupostos a serem atendidos por quem pretenda se valer da teoria da imprevisão antes de vencida a obrigação. Diferentemente das exigências (mínimas) para aplicação da cláusula *rebus sic stantibus* no Direito Intermediário (apenas a alteração profunda e irreversível da base contratual), na moderna imprevisibilidade o juízo de admissibilidade do princípio é bem mais severo. Juntamente com a análise dessa exigência vestibular, adicionou-se uma apreciação crítica do termo "impossibilidade" (sob a epígrafe "Lesão virtual" – item 16.1.4 deste capítulo), que nossa legislação (art. 1.091 do CC vigente; art. 105 do novo CC: "A impossibilidade inicial do objeto não invalida o negócio jurídico se for relativa, ou se cessar antes de realizada a condição a que ele estiver subordinado"), doutrina e jurisprudência entenderam de rotular dicotomicamente de *impossibilidades relativa* e *impossibilidade absoluta*. Discorda-se da expressão. Na análise, as razões da não-aceitação são apresentadas.

Operacionalmente, os pressupostos indispensáveis para a aplicação da doutrina (desenvolvidos, item por item, a seguir) seriam:

– *execução diferida*;

– *imprevisibilidade*;

– *ausência do estado moratório*;

– *lesão virtual*;

– *essencialidade*;

– *inimputabilidade*;

– *excessiva onerosidade e extrema vantagem*.

16.1.1 Execução diferida

Como regra geral, a teoria da imprevisão não encontra espaço nos contratos de *execução imediata* ou *instantânea*, sendo pertinente apenas aos de *execução diferida*, que tem como espécies: *diferida propriamente dita*; *continuada* ou *sucessiva*; *periódica*; e *a termo*.

PRESSUPOSTOS DE ADMISSIBILIDADE DA IMPREVISÃO   299

A restrição aos pactos de execução imediata é perfeitamente compreensível e aceitável, com base na exigência de que para o surgimento ou não do fenômeno de exceção é indispensável o decurso de um certo tempo, que os de execução imediata não possuem. Neste contexto as partes cumprem suas respectivas obrigações ao mesmo tempo.

Registre-se que, já em sua fase embrionária, constava da expressão romana *tractum sucessivum et dependentiam de futuro*, predeterminando seu campo de aplicação. A conclusão de que "trato sucessivo" e "dependência do futuro" são situações estranhas e inconciliáveis com a imediatidade da execução parece de compreensão elementar. É fundamental, assim, que exista um certo interregno temporal entre o instante vinculativo e a execução. Constatado este, aberto estará o espaço para o aparecimento ou não de eventos alteradores das circunstâncias iniciais em que as partes fundaram sua decisão de contratar, justificando ou não a aplicação do *remedium iuris* excepcional.

O direito das obrigações admite apenas dois tipos de cumprimento da prestação contratual, tecnicamente chamado de *execução: imediata* (momentânea, concomitante ou instantânea) e *diferida*. "Diferir" equivale a "postergar", "transferir para o futuro", próximo ou remoto – transferência que, como *gênero*, poderá apresentar *espécies*. Estas, no universo da imprevisibilidade, podem ser identificadas, como já mencionado, em *diferida propriamente dita; continuada* – também conhecida como *sucessiva; periódica*; ou, ainda, *a termo*.

Uma vez atingido um pacto por evento extraordinário, deverá haver resposta à seguinte indagação: trata-se de execução imediata ou diferida? Sendo imediata não há que se falar em imprevisibilidade, mesmo porque não existe temporalidade para tanto. Uma vez identificado o *gênero diferido*, o próximo passo será o enquadramento em uma de suas espécies. Os exemplos mencionados e desenvolvidos a seguir buscam traçar um painel ilustrativo:

1º. *Execução diferida propriamente dita* – se a obrigação tiver sua execução marcada para três, seis, oito ou mais meses após a contratação, sem a satisfação de quaisquer condições nesse lapso de tempo, não poderá ser classificada como sendo de natureza *continuada*, *periódica* ou mesmo *a termo*, uma vez que nasceu livre de quaisquer exigências. Nesta hipótese estaremos diante de uma *execução diferida propriamente dita*, aqui como espécie do *gênero diferido*. Seria, por exemplo, o caso de alguém que adquirisse um imóvel com 50% de entrada e contratualmente ficasse obrigado a pagar os restantes 50%, apenas vinculados a reajuste futuro, com base em índices go-

300 A TEORIA DA IMPREVISÃO NO DIREITO CIVIL E NO PROCESSO CIVIL

vernamentais (TR). Sobrevindo evento imprevisível – luta armada interna, responsável pela dificuldade extrema de pagamento do saldo devedor, conseqüente à sua elevação; epidemia; ou medida governamental inédita –, parece estar identificada a espécie e estar fora de dúvida a possibilidade de aplicação da doutrina da imprevisibilidade nesta configuração *sui generis*.

2º. *Execução continuada* (ou *sucessiva*) – nesta hipótese as obrigações deverão ser cumpridas semanalmente, quinzenalmente ou mensalmente, sempre de forma sucessiva. Em tais casos, nascendo de um só título – que se subdivide pela conveniência da contratação –, a prestação não se esgota totalmente com o ato positivo e integral da execução. Assim, em *contrato de aluguel* a prestação é *continuada* (ou *sucessiva*), equivale dizer, os compromissos mensais se sucedem (*tractum sucessivum*, dizia Neratius), mas sua satisfação não equivale à extinção da obrigação assumida na relação locatícia – a não ser parcialmente –, que só se considerará satisfeita integralmente com o fim da locação, pela via normal, isto é, com o cumprimento das prestações pactuadas.

3º. *Execução periódica* – os contratos de arrendamento, estabelecidos para execução parcial, seja trimestral, semestral ou anual, em dinheiro, espécie fixa ou variada, de acordo com o interesse das partes, estabelecem uma periodicidade para cumprimento da obrigação assumida contratualmente. Nesses casos o adimplemento nos prazos e forma estipulados, enquanto parcial, também não esgota a prestação.

4º. *Execução a termo* – como linha de princípio, *termo* é a cláusula que condiciona o efeito do ato jurídico a um acontecimento futuro, certo ou incerto. É a prestação que nasce vinculada à ocorrência de um fato específico e determinado. Pode ser inicial, quando indica o momento em que deve começar, ou final, quando estabelece o instante de cessação do exercício. Sendo no início liga-se a uma condição *suspensiva*; e no final, a uma condição *resolutiva* – todas elas consubstanciando formas postergadas de cumprimento da obrigação. Embora o mais comum seja a referência a *fato certo*, a se configurar no futuro, excepcionalmente poderá ser considerado *incerto*, quando a data de sua verificação não estiver determinada. Nos dois casos (certo e incerto) a única convicção seria a ocorrência do fato. Assim, seria considerado como *certo* o fato que houvesse estabelecido uma data no futuro para sua vigência; *incerto* quando – embora certa sua incidência – a época de efetivação não estivesse determinada, porque condicionada ao concurso de outros fatores. Esta modalidade configura

PRESSUPOSTOS DE ADMISSIBILIDADE DA IMPREVISÃO   301

uma subespécie das *execuções periódicas*, com a complementação condicionada à satisfação de uma ou mais exigências futuras, livremente estabelecidas pelos contratantes.

Adite-se que a expressão *execução diferida propriamente dita*, já discutida, é uma modalidade encontrada nos contratos de financiamento agrícola por períodos únicos de três, seis ou mais meses. Se a liberação do financiamento (e isto é bastante comum) estiver condicionada a exigências futuras, certas ou incertas quanto à data, impostas pelo estabelecimento creditício para repasse do *quantum* financiado, estaremos diante de uma modalidade *sui generis* que, além de ser de *execução diferida propriamente dita*, estará caracterizada também por um *termo*, expresso na contratação. Aqui, a obrigação inicialmente *diferida* apresentará uma cumulação marcada por uma condição suspensiva (se for satisfeita no início) ou resolutiva (se for cumprida no fim). Neste caso o pagamento esgota a prestação, extinguindo a obrigação e, *ipso facto*, a própria contratação.

Todas estas situações abrem espaço para o emprego da teoria da imprevisão, sendo necessário apenas que a execução não seja contemporânea à celebração do avençado, pouco importando a forma com que se apresente futuramente no mundo jurídico.

Nas hipóteses discutidas poderiam, ainda, ser incluídas as obrigações que, embora sendo de execução continuada, se caracterizam pela satisfação imediata de uma prestação, igual, maior ou menor do que as outras, como se fora de execução imediata (pagamento inicial no ato da contratação), mas com prestações futuras, como é o caso da *compra e venda a prazo de eletrodomésticos*, de *veículos*, como é mais comum, ou de quaisquer outros bens. Ou, ainda, de forma contrária: contratos caracteristicamente de execução diferida que suprimem a prestação inicial ("sem entrada"), como é hábito constar em algumas promoções comerciais. Nelas a execução se inicia no ato da compra, com o comprador levando o produto de imediato, mas com pagamentos iniciais diferidos para algum tempo depois. Não cabem dúvidas sobre poder a imprevisibilidade ser aplicada a estas obrigações, desde que a contratação as coloque em uma das situações de *execução diferida*, como *gênero*, em qualquer de suas *espécies*. A rigor, aqui se identifica uma das espécies, denominada *continuada* ou *sucessiva*.

No campo das *omissões* – isto é, das *obrigações de não-fazer* – é importante registrar a possibilidade de surgimento de duas situações distintas:

302   A TEORIA DA IMPREVISÃO NO DIREITO CIVIL E NO PROCESSO CIVIL

1ª. A obrigação poderá estar definida como de *execução continuada*, mas estruturada com caráter complexo (duas formas: imediata e diferida), com multiplicidade de obrigações de omissão. Exemplo de pacto com execução estabelecida em diversas épocas seria a hipótese de exigência do cumprimento imediato de uma ou mais *obrigações de não-fazer*, reservando-se as demais para o futuro.

2ª. Embora caracterizada uma *obrigação de não-fazer* (abstenção de ato), ela poderá estar *condicionada à prática de determinado ato* (omissão sujeita a implementação) para o início da execução, como é o caso de alguma ação ligada à obrigação negativa (cessação de produção somente depois de atingido um *quantum*, ultrapassado determinado prazo ou obtido certo índice). Em todas as situações configuradas será possível a aplicação da imprevisibilidade.

Martinho Garcez Neto[2] didaticamente expôs seu entendimento sobre o que considerava como diferença entre execução diferida e instantânea.

Em síntese preliminar, temos:

a) a doutrina da imprevisão manifesta-se e se desenvolve, genericamente, no campo do direito obrigacional;

b) especificamente, no âmbito dos contratos;

c) restritivamente, nos *contratos de execução diferida, como gênero*, que poderão apresentar as *espécies: execução diferida propriamente dita, continuada* (ou *sucessiva*), *periódica* e *a termo*.

Como discutido, nas obrigações negativas (omissão) poderá haver um caráter misto, pela possibilidade de, mesmo na execução continuada (sucessiva), eventualmente se exigir o cumprimento imediato de uma das obrigações de omissão ou, ainda, se submeter à satisfação de termo ou condição, livremente estabelecidos pelos contratantes. Assim, as obrigações de não-fazer poderão comportar tanto hipóteses simples como mistas de execução, condicionadas ou não à satisfação de termo que, eventualmente, poderá ser cumprida de uma só vez, ou por etapas, ou exigir a prática de atos positivos, além dos negativos.

---

2. Ensinou o jurista que "(...) contratos de execução instantânea são aqueles que se executam de uma só vez, que se cumprem em um só momento. São contratos que não admitem etapas para o seu cumprimento, que se não executam com o decurso do tempo. Já os contratos de execução sucessiva, ao contrário, pressupõem uma execução de trato sucessivo, isto é, que se não processa de um só jato, cujo cumprimento se desenrola à medida que transcorre o tempo" ("Contratos", *Repertório de Jurisprudência* 12/260).

PRESSUPOSTOS DE ADMISSIBILIDADE DA IMPREVISÃO

Tais situações, até a data de sua regular execução, poderão ser alvo de profundo abalo estrutural provocado por evento extraordinário. Identificadas estas premissas iniciais, teremos terreno sólido onde erguer o edifício da imprevisão, na condição de remédio jurídico específico, destinado a atenuar o rigor da regra *pacta sunt servanda*, desde que presentes estejam também os requisitos indispensáveis de sua admissibilidade.

As disposições sinóticas a seguir procuram ilustrar as hipóteses analisadas.

QUADRO SINÓTICO DAS EXECUÇÕES
dar e fazer = ação

Execução diferida propriamente dita
Cumprimento integral da obrigação em data futura, sem amortizações parciais ou satisfação de quaisquer condições, até o vencimento integral da contratação.

Continuada ou sucessiva
As prestações são satisfeitas sucessivamente, de forma continuada, sem extinção da obrigação principal, o que só ocorrerá por meio do cumprimento total, que ponha efetivo término ao contrato.

Periódica
Obrigações estabelecidas para cumprimento de uma só vez (bimestral, trimestral, semestral), em dinheiro ou espécie (contratos de arrendamento). Somente a execução integral esgota a obrigação; a parcial, não.

A termo
Embora a execução da prestação (três, seis ou mais meses) possa esgotar a obrigação, a liberação do devedor condiciona-se à satisfação de termo (suspensivo ou resolutivo) estabelecido por uma das partes para cumprimento da outra, para só então configurar-se a extinção obrigacional definitiva.

não fazer alguma coisa = omissão

Dever de abstenção (simples e misto)
a) As obrigações de não-fazer poderão ter caráter diferido *simples*, quando a omissão for postergada, continuada, periódica, ou a termo, desde que seja levada a efeito *de uma só vez.*
b) Poderão também ser representadas por omissões a serem cumpridas em mais de uma vez, estabelecidas em etapas periódicas.
c) Terão características *mistas* se para sua implementação houver necessidade da prática de uma *ação* como *conditio sine qua non* de sua vigência, para só depois iniciar-se a omissão – ou omissões – prevista.

304 A TEORIA DA IMPREVISÃO NO DIREITO CIVIL E NO PROCESSO CIVIL

16.1.2 Imprevisibilidade

Diferentemente do caso fortuito ou de força maior – em que a anormalidade do acontecimento é de relativa importância, a ela se sobrepondo a lesão objetiva, decorrente da inevitabilidade e irresistibilidade do evento –, a excessiva dificuldade de adimplemento dá origem a um dos mais importantes pressupostos do princípio em discussão, verdadeira *ratio essendi* de sua existência: a *doutrina da imprevisibilidade*. Sem ela, sem a ocorrência do inusitado, do elemento extraordinário situado fora dos quadros de previsões normais do cotidiano, da vivência do cidadão comum, modificador da base negocial que dá origem à lesão virtual (ou ao desaparecimento do alicerce contratual), não haverá possibilidade de revisão ou resolução contratual.

Uma primeira idéia de imprevisibilidade pode ser obtida por via da noção contrária a fato certo e provável. Isto porque, de um modo geral, até certo ponto, todos os eventos são mais ou menos previsíveis, donde a necessidade de se balizar sua conceituação – sem o quê jamais se teria condições de classificar de forma segura um fato como não-previsível. Tomando-se por base tais coordenadas, se a previsibilidade decorre da identificação de um fato certo e provável, o fato incerto e improvável só poderá ser considerado imprevisível. Como exemplos poderiam ser citados: guerra, revolução, golpe de estado, epidemia, proibição de fabricação de determinado produto, proibição de importação de matéria-prima ou de componentes, racionamento de energia elétrica, de água, de gás e, futuramente, quem sabe, uma greve de provedores da *Internet*.

No entendimento de Alfredo José Rodrigues Rocha de Gouveia[3] mesmo um *fato inexistente* no momento da vinculação (a que chama de *lesão inicial*), então desconhecido, revelado, contudo, mais tarde para as partes (*lesão superveniente*), deve ser considerado imprevisível, ensejando pedido de revisão contratual ou, em caso de impossibilidade, de resolução. No mesmo plano – prosseguiu – estaria a hipótese da *inidoneidade do fato*. No ato vinculativo o fato imprevisível poderia, ainda, não ter idoneidade, isto é, não ter condições de produzir efeitos, mas vir a tê-las posteriormente, de maneira a trazer profunda e anormal alteração das circunstâncias que serviram de base à contratação. Embora se possa até concordar em parte com a tese do consagrado jurista lusitano, é preciso atentar para um importante detalhe: o

---

3. "Da teoria da imprevisão nos contratos civis", *Revista da Faculdade de Direito de Lisboa*, Suplemento, 1958, p. 80.

PRESSUPOSTOS DE ADMISSIBILIDADE DA IMPREVISÃO 305

fato por ele chamado de "inexistente" no momento da vinculação – na primeira hipótese porque então desconhecido, mas identificado mais tarde –, a rigor, não poderia ser assim considerado, uma vez que já existia, apenas não tendo sido revelado, por razões que fogem ao interesse da questão. Contudo, a conclusão é perfeita: se ele era desconhecido, mas existente, e posteriormente se mostrou capaz de alterar o equilíbrio da economia contratual, inarredável será a aplicação da teoria da imprevisão. E outra não é a alternativa para a segunda situação, em que a idoneidade, a maturação completa do fato, ainda não se completara. Conquanto existente no instante da vinculação obrigacional, sua imaturidade não o deixou ser causa imediata da alteração ou extinção da base negocial, só vindo a ser qualificado para tanto posteriormente, porque dependente de outros fatores para sua completude. Desaparecida sua inidoneidade, e tendo surgido como causa do desequilíbrio (já então como fato idôneo) da base na qual se assentou o convencionado, não há como negar a existência de condições para a aplicação do princípio de exceção.

Tentando deslocar o eixo da discussão – centrada nos termos "possibilidade" ou "impossibilidade" de previsão do evento –, António de Almeida Santos[4] sugeriu fórmula alternativa, que merece análise. Propôs que, em vez de se jogar com o conceito de "possibilidade de previsão", talvez fosse melhor uma outra orientação, seguindo uma idéia a que chamou de "dever de previsão". Não só o que de todo em todo "se não podia ser previsto", mas também o que "razoavelmente se não estava obrigado a prever", deveria possibilitar a revisão contratual.

Teoricamente, talvez a construção do professor Almeida Santos até pudesse ser considerada boa. Entretanto, sérias dúvidas surgiriam quanto à sua operacionalidade. Com apoio nestas coordenadas, na prática, para os juízes, a aferição deste elemento fundamental na busca da identificação do instituto da imprevisibilidade e da sua conseqüente pertinência ou não ao caso concreto, ou critério de valoração, se apresentaria como difícil, se não impossível.

Em caráter alternativo, Rocha de Gouveia[5] sugeriu que, em vez de se trabalhar com os termos "previsíveis" e "imprevisíveis", fosse adotada melhor terminologia, como a dos vocábulos "certos" ou

---

4. "A teoria da imprevisão ou da superveniência contratual e o novo Código Civil", in *Jornadas Jurídicas – Estudos sobre o Código Civil*, p. 80.

5. Artigo cit., *Revista da Faculdade de Direito de Lisboa*, Suplemento, 1958, p. 76.

306 A TEORIA DA IMPREVISÃO NO DIREITO CIVIL E NO PROCESSO CIVIL

"prováveis". Com esta sugestão "a emenda ficou pior do que o soneto" – como diz o jargão popular –, uma vez que as concepções de *certeza* e *probabilidade* são mais flexíveis, imprecisas e inseguras do que a de "imprevisibilidade".

Embora sem ênfase à fórmula alternativa proposta, Almeida Santos,[6] tentando aclará-la, explicou que se tratava de um conceito que "transporta consigo uma carga de imprevisibilidade". Acrescentou que os homens se determinam segundo juízos e normalidades. Formulou algumas indagações: "(...) mas aqui retomamos a perplexidade de há pouco. Uma guerra é ou não um acontecimento anormal? E a desvalorização da moeda? E o desuso de certo produto?". E concluiu, sintomaticamente: "(...) como se vê, não ganhamos muito com a troca".

Com mais propriedade e precisão, o Código Civil Português contornou o problema, buscando segurança em uma outra expressão: *alteração anormal das circunstâncias*.

Deixando, agora, o terreno fácil – mas pouco seguro – das digressões, e voltando ao termo "imprevisibilidade", indispensável seria a configuração de uma questão interrogativa, com resposta a uma distinção de importância capital: 1º) O que seriam *fato imprevisto* e *fato imprevisível*? 2º) Haveria diferença? 3º) Em caso positivo, para o estudo em tela, seria relevante?

"Imprevisto" tem um significado, e "imprevisível", outro. Não se confundem. A relevância da distinção é total. Existe grande diferença, e esta é de importância capital. Comumente se considera *imprevisto* tudo aquilo que poderia ser aprioristicamente identificado, mas não foi – por circunstâncias e motivos que pouco importam; dentro, portanto, do campo da normalidade das previsões. Seria a distinção tão simples assim? A questão é aparentemente fácil, mas a verdadeira conceituação não se reveste de tanta tranqüilidade. Quando se fala em *evento imprevisível* de imediato nos acode a idéia de fato ocorrido fora dos padrões e expectativas de uma realidade, isto é, de acontecimento extraordinário porque situado fora das possibilidades de qualquer previsão, tomados como base os acontecimentos normais do cotidiano. Contudo, no exame de casos concretos, postos sob o crivo do julgamento do magistrado, vinculado à entrega da prestação jurisdicional – que deve estar lastreada na segurança que se espera da justiça comutativa –, a idéia geral de tal conceito é insuficiente.

---

6. In *Jornadas Jurídicas – Estudos sobre o Código Civil*, p. 82.

PRESSUPOSTOS DE ADMISSIBILIDADE DA IMPREVISÃO 307

O magistério de Alberto dos Reis,[7] como curiosidade, deve ser trazido ao debate, ao explicar que *evento imprevisto* é tudo aquilo que excede os limites das previsões normais. Tudo aquilo com que não se pode razoavelmente contar deve considerar-se imprevisto. O que interessa não é a possibilidade abstrata do evento, é a possibilidade de sua previsão concreta . É importante esclarecer que o jurista lusitano conceituou *acontecimento imprevisto* no sentido em que o entendemos como imprevisível, ressaltando o fator "imprevisibilidade" *in concreto* do fato, e não *in abstracto*. Para ele *imprevisto* e *imprevisível* são a mesma coisa – o que para nós se afigura como conceituação incorreta e, portanto, inaproveitável. O contrário de imprevisível é todo resultado previsível. A previsibilidade caracteriza-se pela possibilidade de representação mental de um ato ou de um fato, como resultado da análise e compreensão dos elementos disponíveis em determinada situação.

Como exceção, poderá ocorrer também uma curiosa situação. Embora o acontecimento seja realmente imprevisível – porque situado além das fronteiras da capacidade normal de previsão, que se assenta no conhecimento comum, nível de informação, grau de instrução, capacidade de discernimento; enfim, no entendimento do homem médio –, entretanto, para a outra parte, a que pretenda se utilizar do *remedium iuris* inserto na doutrina, aquele mesmo fato (tido como imprevisível para um deles, e mesmo para o comum das pessoas) poderá alojar-se no campo da previsibilidade, decorrente do seu conhecimento especializado, experiência, informação privilegiada ou qualquer outro motivo, correlacionado ao fato, que lhe dê condições de prever a alteração das circunstâncias que o outro contratante, contingentemente, a quem faltem os mesmos requisitos, só poderá classificar como imprevisível. Haverá, neste caso *sui generis*, sob a ótica de um, fato *imprevisível*; sob a do outro, perfeitamente *previsível*. Ao julgador – depois de levantadas as premissas informativas da excepcionalidade e dos pressupostos indispensáveis à informação do instituto – caberá encontrar a solução, pois terá pela frente uma outra exceção, dentro da já existente (emprego da imprevisibilidade), inserta na diferenciada capacidade previsiva das partes.

Rocha de Gouveia[8] procurou ilustrar a tese dizendo que se for provado que certo acontecimento foi efetivamente previsto, não obs-

---

7. "A imprevisibilidade", *Revista de Legislação e Jurisprudência* (Lisboa), ano 75, 1939, pp. 26 e ss.

8. Artigo cit., *Revista da Faculdade de Direito de Lisboa*, Suplemento, 1958, pp. 26 e ss.

308 A TEORIA DA IMPREVISÃO NO DIREITO CIVIL E NO PROCESSO CIVIL

tante ser normalmente imprevisível, terá isso todo interesse na aplicação da teoria da imprevisão ou, nesta hipótese, na determinação de sua impertinência. Prosseguiu explicando que pode, com efeito, suceder que determinado evento, embora insuscetível de previsão para as pessoas que se comportam com diligência normal, contudo tenha sido efetivamente previsto pela parte que pretenda invocar o benefício da doutrina, em razão de quaisquer circunstâncias especiais a ela respeitantes, conforme exposto. Arrematou com a conclusão de que, "também neste caso, não se lhe poderão aproveitar os benefícios do princípio, já que a efetiva previsão destrói a imprevisibilidade. O inverso é que não é verdadeiro, isto é, a efetiva imprevisão não inutiliza a previsibilidade".

Nesta hipótese – já foi dito – estaremos diante de uma situação de rara ocorrência, incomum em todos os seus contornos e essência. Uma vez constatada pelo julgador, fugirá à regra geral e, como tal, deverá também ter tratamento diferenciado. Por este prisma, para alguém ligado ao Ministério da Defesa ou às Forças Armadas (ministro, general, estrategista e assemelhados) a eclosão de uma guerra com país vizinho poderá não consubstanciar um fato imprevisível, em razão de suas informações privilegiadas e confidenciais, bem como acompanhamento do evoluir das relações de tensão com o referido país. Por outro lado, para alguém que com um dos beligerantes haja celebrado um contrato cuja execução se dará em pleno fragor do conflito, cujos antecedentes são por ele ignorados, certamente o será. Comparecendo eles a juízo sob a alegação de que foram afetados pela imprevisibilidade do conflito armado, ao julgador caberá, depois de analisados tais antecedentes, negar o pedido ao primeiro e concedê-lo ao segundo.

Luís Alberto de Carvalho Fernandes[9] esclareceu que a imprevisibilidade não pode ser entendida apenas como impossibilidade de antecipar a verificação de certos fatos. Acrescentou que é sempre possível prever, em certo sentido, a eclosão de uma guerra, ou um cataclismo, ou, ainda, que um mau ano agrícola provoque alteração nos preços dos produtos alimentares. Se somente neste contexto – prosseguiu – se entendesse a imprevisibilidade, esta nunca existiria. Por isso – concluiu – a maioria dos autores entende que o fato será previsível quando puder ser considerado como certo ou provável; caso contrário, será

9. "A teoria da imprevisão no direito civil português", *Boletim do Ministério da Justiça* (Coimbra) 128/127-128.

PRESSUPOSTOS DE ADMISSIBILIDADE DA IMPREVISÃO   309

imprevisível. A razão é que a imprevisibilidade pode se referir tanto à verificação do acontecimento, em si, como à sua idoneidade na produção de determinado efeito, à sua duração ou à sua intensidade. De outra forma: para ele os parâmetros de aferição da imprevisibilidade são extraídos do conjunto de fatores que disciplinam a própria anormalidade do fato.

Nesta tentativa de fixação dos parâmetros mínimos indispensáveis para o entendimento do instituto em pauta – já que o terreno da conceituação nunca é seguro –, esta parece ser uma formulação que, até certo ponto, se nos afigura confiável: *fato imprevisto será todo aquele que poderia ser previsto e não o foi; imprevisível, aquele a que faltou a possibilidade normal de previsão.* O primeiro inscreve-se no plano dos acontecimentos normais, vivenciados no cotidiano; o segundo, no rol dos eventos passíveis de ocorrer (porque dentro das probabilidades naturais), embora não pertencentes ao conjunto de acontecimentos considerados comuns ao dia-a-dia. Exemplos típicos desta última hipótese são uma guerra com países fronteiriços ou não, conflito interno armado, proibição de importação de componentes básicos para uma indústria, retirada abrupta de certo produto do mercado e mesmo uma epidemia.

Muitas dúvidas surgiram em relação ao famigerado "Plano Collor", verdadeira aberração político-histórica, de reflexos jurídicos, sociais, econômicos, morais e psicológicos sem paralelo na vida da nação. Duas correntes se formaram: a dos que entenderam que a imprevisibilidade dos bloqueios de recursos existentes em estabelecimentos bancários, por seu ineditismo, sancionaria o emprego da teoria da imprevisão e a dos que, pela *impossibilidade* de acesso aos mesmos recursos, defenderam a configuração de uma hipótese de caso fortuito ou de força maior. O "Plano" em questão, além das costumeiras disposições econômicas, teve como essência o impedimento de acesso aos ativos financeiros existentes, algo surrealista e nunca ocorrido até então no país, e talvez em toda a saga mundial dos povos. Pelo menos onde o regime político em vigor se diz democrático. Neste último exemplo, nos 500 anos de sua história, no contexto social brasileiro fato assemelhado jamais ocorrera. Os sólidos elementos caracterizadores de um acontecimento extraordinário – portanto, imprevisível –, sob todos os aspectos, poderiam, inadvertidamente, levar à classificação do fato como sancionatório do emprego da teoria da imprevisão (relembre-se a inexistência de precedentes), porque completamente fora do cotidiano, mas dentro das possibilidades de ocorrer, como de fato ocorreu –

310 A TEORIA DA IMPREVISÃO NO DIREITO CIVIL E NO PROCESSO CIVIL

portanto, liberatório da aplicação da doutrina de exceção. Saliente-se que sua característica imprevisível não se delineou pelo inusitado do seu conteúdo (mais um plano econômico), mas sim pelos seus efeitos periféricos, porque completamente diferentes do elenco de medidas governamentais, por mais esdrúxulas que, até então, tivessem sido. A restrição implícita ao direito de propriedade, o abuso manifesto e o visceral ferimento dos direitos e garantias individuais, e outras tantas violações de conquistas constitucionalmente sedimentadas, constaram da medida provisória, que, juridicamente, não poderia ter sido referendada pelo Supremo Tribunal Federal nas ações diretas de inconstitucionalidade que contra ela foram propostas. Isso caso o julgamento da questão tivesse como fulcro o Direito e a Justiça, e não o aspecto exclusivamente político. Infelizmente não foi isso o que aconteceu, porque, como sempre, em questões assemelhadas, em países onde predomina o Executivo o aspecto jurídico da questão é sempre o de menor importância.

Na hipótese em pauta, a impossibilidade de acesso das pessoas às quantias depositadas em contas correntes ou aplicadas em bancos, a não ser por via de inexpressivos saques, poderia, a rigor, dar causa a uma dificuldade extrema de cumprimento de obrigações diferidas dependentes daqueles recursos, assumidas anteriormente ao "Plano" – dando a impressão de que, indiscutivelmente, seria possível recorrer à teoria da imprevisão, em especial pela natureza insólita da apropriação indébita. O equívoco reside no fato de que, além da existência de um evento de natureza imprevisível – e, na espécie, não subsistem dúvidas nesse sentido –, *é necessário que ele modifique a base da contratação* para que se possa falar em *dificuldade extrema* de execução, além de outros pressupostos, e, conseqüentemente, se convoque a doutrina. Esta seria a razão que poderia levar a parte virtualmente afetada a recorrer ao Poder Judiciário com toda segurança, fosse para rever o contrato ou extingui-lo, mesmo assumindo obrigação indenizatória em relação ao item pendente de cumprimento. No caso em discussão as pessoas que celebraram contratos de execução diferida contando com quantias depositadas ou aplicadas em estabelecimentos bancários para satisfazer suas obrigações nas datas marcadas, diante da "apreensão branca" de todo o ativo financeiro existente, defrontaram-se com uma situação de difícil ou incerta reparação, para a qual as ações cautelares previstas nos arts. 798 e 799 do Código de Processo Civil (com pedido da tutela antecipatória do art. 273, I) seriam a solução – como efetivamente foram –, a fim de que importâncias retidas ilegal e in-

PRESSUPOSTOS DE ADMISSIBILIDADE DA IMPREVISÃO 311

constitucionalmente pudessem ser liberadas para a satisfação de obrigações contratuais assumidas, uma vez que as coordenadas disponíveis traçavam um quadro de difícil ou incerta reparação (*periculum in mora* e *fumus boni iuris*).

Conquanto o pressuposto principal (imprevisibilidade) estivesse presente, ausentes estiveram a essencialidade – alteração profunda da base econômica – e os outros. Constatou-se no "Plano" a inexistência de uma *extrema dificuldade* de cumprimento da obrigação, normalmente caracterizada pela possibilidade de redução do devedor à ruína financeira como decorrência de empréstimos, alienação de bens e operações extraordinárias a serem por ele efetuadas caso se dispusesse a adimplir a contratação. O que se apresentou aos correntistas de bancos foi uma verdadeira *impossibilidade imediata*, como resultado de um acontecimento anormal, levando a crer que até se pudesse estar diante de uma hipótese de caso fortuito ou de força maior (inevitabilidade e irresistibilidade). Contudo, essa situação – embora assemelhada – não ocorreu. Nas situações caracterizadas como de autênticas *inexecuções involuntárias* (art. 1.058 do atual e art. 392 do novo CC) ocorreria uma real *impossibilidade* de cumprimento da obrigação diante de um fato consumado pelo bloqueio de ativos financeiros, mas sem as características do caso fortuito ou de força maior. Tal impossibilidade existe diante de um terremoto, de um furacão, de um assalto, de um seqüestro. No caso em discussão o que existiu foi apenas uma *possibilidade relativa* – não uma *impossibilidade* –, porque, embora para o adimplemento não existisse via livre – quando se teria, então, uma *possibilidade absoluta* –, outros meios existiam para que a prestação pudesse ser cumprida, definindo uma *possibilidade relativa*, que poderia ser resolvida por meio do contorno ou, mesmo, remoção do obstáculo representado pelo impedimento de acesso ao dinheiro depositado nos bancos. É bastante simples a compreensão e aceitação de que no bloqueio decorrente do "Plano Collor" nunca houve espaço para a invocação da teoria da imprevisão (embora presente uma situação *sui generis* de imprevisibilidade), nem para a exclusão de responsabilidade como resultante de caso fortuito ou de força maior (a despeito de estarem caracterizadas a inevitabilidade e a irresistibilidade do evento). Nele não ocorreu *alteração da base da contratação*, quer por força da *imprevisibilidade* do evento, quer pela *impossibilidade imediata* de acesso aos recursos bloqueados, sendo que outras vias existiam para o desbloqueio dos ativos mencionados, utilizadas pelos interessados na época. Reitere-se que tais ocorrências excepcionais

312 A TEORIA DA IMPREVISÃO NO DIREITO CIVIL E NO PROCESSO CIVIL

não tiveram a faculdade de abalar ou desestruturar a base econômica dos contratos atingidos pela truculência do "Plano". Permaneceu a mesma, seja no *quantum* estipulado, na forma e no tempo de execução – enfim, íntegra em sua totalidade –, com a conseqüente incolumidade das prestações. E mais: não colheria melhores frutos a tentativa de liberação de obrigações sob a invocação de caso fortuito ou de força maior, uma vez que a inevitabilidade e a irresistibilidade do evento poderiam ser contornadas – o que não se admite nas situações reconhecidamente de inexecução involuntária tuteladas pela lei.

Em conclusão: embora o bloqueio em referência tenha se revestido de características imprevisíveis, criando uma impossibilidade momentânea de utilização dos recursos depositados ou aplicados em estabelecimentos creditícios, por inexistência de pressupostos básicos de admissibilidade, não poderia autorizar o uso da doutrina da imprevisibilidade, e muito menos para qualquer tentativa de exclusão de responsabilidade por via de apelo ao caso fortuito ou de força maior. Os juízes que aceitaram qualquer das duas teses erraram. O Superior Tribunal de Justiça, referendando decisão do Tribunal de Justiça de São Paulo, decidiu: "O Plano Collor II não pode ser considerado um fato imprevisível que possa invalidar a rescisão unilateral de um contrato de obra pública".[10]

Algumas considerações são indispensáveis sobre o significado do termo "impossibilidade". Esta rápida digressão objetiva apenas colocar em pauta, para debate, a expressão "impossibilidade relativa", empregada pela quase-totalidade dos juristas e tribunais pátrios (também pelo Código Civil) para a diferenciação das situações de caso fortuito ou de força maior das de imprevisibilidade. A pretensão de se classificar as primeiras como de *impossibilidade absoluta* – em que a *inevitabilidade* e a *irresistibilidade* do fato inviabilizassem de todo o cumprimento da prestação – e de *impossibilidade relativa* as que, resultando de eventos extraordinários, tornassem o adimplemento apenas difícil, além de carecer de lógica estrutural, não tem qualquer fundamento lingüístico. Os que assim entendem aceitaram como *impossibilidade absoluta* aquele estado em que nenhuma alteração das circunstâncias poderia reverter e tornar possível o cumprimento da prestação (*lesão objetiva*), e como *impossibilidade relativa* aquela situação de dificuldade nascida de determinadas condições obstativas de cumprimento da prestação, que passasse a ser possível quando elas fossem

10. 2ª T., REsp 190.793, *Boletim Informativo Juruá* 289/2, ano 9, 1-10.5.2001.

PRESSUPOSTOS DE ADMISSIBILIDADE DA IMPREVISÃO 313

removidas (*lesão subjetiva*). Nesta linha, o *Dicionário Contemporâneo da Língua Portuguesa*, de Caldas Aulete, conceitua:

"*Impossibilidade absoluta* – caráter do que é impossível em si, e que nenhuma mudança de circunstâncias pode tornar possível";

"*Impossibilidade relativa* – a que resulta de certas condições e que cessa quando elas cessam".[11]

Este raciocínio peca pela base. Se uma das partes, mesmo com sacrifícios, consegue se sobrepor às dificuldades e cumpre a prestação, diretamente ou por ação de terceiros (cumprimento da obrigação por intervenção), isto não significa que as circunstâncias que criaram os percalços tenham desaparecido, pois o adimplemento se terá efetuado independentemente de sua existência ou não. Nas hipóteses mencionadas (contorno do obstáculo) a obrigação terá sido satisfeita, independentemente das condições que criaram os percalços, sem sua remoção. Estes permanecerão na condição de óbice, deitando por terra o conceito de *impossibilidade relativa*, condicionada ao desaparecimento das condições responsáveis pelo incidente de percurso. É um erro de conceituação tentar dividir a impossibilidade em absoluta e relativa. O impossível existe ou não existe. Se existe, seu entendimento só pode ser *absoluto*; se não existe, não há o que discutir e nada justifica sua divisão em *absoluto* e *relativo*. Não se divide o que não existe. E se é dispensável dizer-se que uma impossibilidade sempre será *total* (simplesmente porque não pode ser *parcial*), pela mesma razão não se poderá dividi-la em *absoluta* e *relativa*. É mais do que evidente a existência de uma visão distorcida, fundada em comodismo perigoso, cujo descaso pode acabar por comprometer o real significado das palavras. O que comporta *graus* é a *possibilidade*, jamais a *impossibilidade*. Quando nada existe que impeça o cumprimento da prestação dizemos que a *possibilidade é absoluta*; quando surgem *dificuldades*, que ela é *relativa*.

E o mesmo *Dicionário Contemporâneo* de Caldas Aulete,[12] na mesma página, contraditoriamente, registrou: "*Impossibilidade* – qualidade de ser impossível ou inexecutável". Não a dividiu em absoluta ou relativamente inexecutável. O termo "impossibilidade" deve ser reservado para os casos em que a prestação se apresente insuscetível de ser cumprida física, moral, econômica ou legalmente, ou por qualquer outra forma, a despeito dos esforços empregados. Traduzir-se-á este

11. Ob. cit., 4ª ed., v. III, p. 2.672.
12. Ob. cit., v. III, p. 2.672.

314 A TEORIA DA IMPREVISÃO NO DIREITO CIVIL E NO PROCESSO CIVIL

estado como irrealizável pela própria natureza das coisas. Mais precisamente: por ser "inexecutável", como quer o *Dicionário*. Um exemplo seria a promessa de entrega de um objeto inexistente, destruído, ou, ainda, impedimento por um fenômeno da Natureza (enchente, terremoto), ou a prática de um ato proibido por lei (como o crime, ou um negócio jurídico nulo). Nestas hipóteses parece indiscutível que a prestação será *impossível*. O que tem sido chamado de *impossibilidade relativa* nada mais é do que uma situação de *dificuldade da prestação* (*difficultas praestandi*). Quando a execução se torna problemática ou gravosa o que se tem é uma *dificuldade*, em menor ou maior grau, que não pode ser tomada como sinônimo de *impossibilidade*. Falar-se em *impossibilidade relativa* equivaleria a dizer que determinado direito, pelo decurso do tempo, estaria *absoluta* ou *relativamente decadente* – absurdo inqualificável. O fato – *decadência* – incidente sobre o direito de alguém existe ou não.

O que tem sido chamado de "impossibilidade relativa", em nome da coerência minimamente lógica, nada mais é do que uma *possibilidade relativa*. O que comporta gradação em *absoluta* e *relativa* é a *possibilidade*, não a *impossibilidade*. Haverá *possibilidade absoluta da prestação* quando nenhum obstáculo se interpuser entre a vinculação e a execução da obrigação assumida; existirá *possibilidade relativa* diante de *dificuldades* de cumprimento que poderão ser removidas ou contornadas, de forma direta ou indireta, a fim de que o objetivo colimado possa ser atingido. Consigne-se que, além do *Dicionário* de Caldas Aulete, o art. 1.091 do nosso Código Civil incorreu na mesma falta de apuro lingüístico, tão comum em nossa doutrina e jurisprudência, quando disse: "A impossibilidade da prestação não invalida o contrato, sendo relativa, ou cessando antes de realizada a condição" (no futuro Código Civil, art. 105: "A impossibilidade inicial do objeto não invalida o negócio jurídico se for relativa, ou se cessar antes de realizada a condição a que ele estiver subordinado").

16.1.3 Ausência do estado moratório

Como visto, é imprescindível que o contrato onde se pretenda invocar a ocorrência do evento imprevisível seja de *execução diferida*, pelas razões apresentadas. Entretanto, ainda que ele seja efetivamente de execução postergada, que o acontecimento extraordinário esteja identificado como tal, presentes estejam, simultaneamente, de um lado, a excessiva onerosidade e, do outro, a extrema vantagem (futura

PRESSUPOSTOS DE ADMISSIBILIDADE DA IMPREVISÃO

legislação brasileira), ou, ainda, a depreciação ou aviltamento do objeto da prestação, constatadas, por fim, a profunda e irreversível modificação ou extinção da base em que o pacto foi assentado, bem como a iminência da lesão, ou sua efetividade, nas hipóteses de desaparecimento da base contratual – presentes, enfim, todos os pressupostos de aceitação e aplicação do princípio –, ainda assim poderá não haver espaço para a aplicação da teoria da imprevisão. Isto ocorrerá quando aquele que tiver uma obrigação a cumprir se encontrar em *estado moratório*, isto é, sua obrigação já tenha atingido e ultrapassado a data de cumprimento.

Por tal motivo, aquele que pretenda fazer uso do remédio jurídico de abrandamento do rigor da regra *pacta sunt servanda* deverá exercitar sua pretensão antes do vencimento da obrigação contratada, sob pena de se ver constituído em mora nas exigências positivas e líquidas, ou após interpelação, nas ilíquidas (art. 960 do atual e art. 396 do novo CC). Essa a regra geral. Entretanto, a confirmá-la, exceção existe a que se poderia chamar de uma autêntica *atenuação* do rigorismo dos efeitos da mora. Ocorrerá quando a *alteração da base negocial* tiver ocorrido *antes do estado moratório* e, por qualquer razão, não tiver sido denunciada. Uma hipótese clara e indiscutível de *mora pós-existente* à imprevisibilidade. Neste caso, a prevalência do fato imprevisível é pacífica, já nem mesmo como princípio de ordem pública, mas tão-somente por uma questão de anterioridade. E, dentro de elementar escala valorativa, será sempre lícita sua denunciação posterior, porque a superveniência da mora não teria a faculdade de operar a decadência do direito da parte, diante de uma lesão virtual, no que respeita aos benefícios de revisão ou resolução do contrato. Esta conclusão, a rigor, padece de certa obviedade, visto que, aprioristicamente, os elementos sancionadores da utilização da doutrina da imprevisibilidade já existiam em estado hibernal e a situação moratória só surgiu depois, ficando estreme de qualquer dúvida a prevalência dos primeiros sobre a segunda.

O Código Civil Português, neste aspecto, em seu art. 438º,[13] foi mais preciso do que os artigos 478, 479 e 480 do nosso futuro Código Civil, ao disciplinar a questão. Em apreciação crítica ao dispositivo mencionado, preliminarmente, com vistas à precisão técnica e rigor conceitual, enfim, até mesmo por questões lingüísticas, o art. 438º

---

13. "Art. 438º. A parte lesada não goza do direito de resolução ou modificação do contrato, se estava em mora no momento em que a alteração das circunstâncias se verificou."

316 A TEORIA DA IMPREVISÃO NO DIREITO CIVIL E NO PROCESSO CIVIL

deveria dizer "parte em vias de ser lesada", e não, como disse, "parte lesada", pois o que ali se discute é um dano virtual, e não objetivo. Entretanto, fica claro que no dispositivo o legislador lusitano cuidou da *mora preexistente* à alteração das circunstâncias, ao elevá-la à condição de causa obstativa de invocação do benefício, porquanto não faz qualquer alusão à existência de alterações da base negocial anteriores à *mora solvendi*. Assim, pelo silêncio do texto, uma conclusão se impõe: a tese (estado moratório anterior às mudanças) é válida também para o Direito Português. E, se alguma dúvida ainda restasse, a expressão "(...) estava em mora", constante do mesmo art. 438º, a dissiparia, visto ser bastante clara como evidência de pré-exigência. A corroboração desta assertiva vem logo em seguida, no bojo da expressão "(...) no momento em que a alteração das circunstâncias se verificou", que fecha o artigo, balizando a determinação do exato instante de sua ocorrência.

Em síntese: *mutatis mutandis*, se a alteração anormal se deu "antes" da ocorrência do estado moratório, *mesmo que ele se apresente*, goza o devedor do direito de pedir modificação ou extinção do pacto. Acrescente-se que a mora não atua por si mesma. Não pode ser conhecida *de ofício*. Precisa ser invocada por uma das partes contra a outra, seja a obrigação positiva e líquida, ou ilíquida, quando será indispensável torná-la líquida, por via da interpelação judicial.

16.1.4 Lesão virtual

No elenco das muitas exigências que o juiz deverá fazer para a configuração da imprevisibilidade e identificação de seus pressupostos de aplicação, uma outra avulta como de capital importância: a presença indispensável da *lesão virtual*, também conhecida como *lesão subjetiva* ou *iminente*.

É preciso esclarecer que a *lesão virtual* pode surgir em decorrência de dificuldade extrema, não só de caráter físico como também moral. A lógica que rege este raciocínio é a mesma que comanda a composição das situações de impossibilidade (caso fortuito ou de força maior), em que são considerados tanto fatores de ordem concreta como abstrata.

A doutrina tem como assente que, sob o ponto de vista econômico, autorizam o uso da imprevisibilidade, entre outras: uma onerosidade excessiva da prestação resultante da subida astronômica de preços de produtos a serem adquiridos ou fornecidos; da escassez, determinante

PRESSUPOSTOS DE ADMISSIBILIDADE DA IMPREVISÃO

de sua aquisição em mercado paralelo; ou ainda de medida governamental inédita ou de quaisquer procedimentos dos quais resultem profundas alterações de ordem patrimonial.

Por outro lado, o instrumentista ou cantor que deixa de comparecer para realizar espetáculo marcado, o artesão ou profissional que não se apresenta para executar trabalho contratado, em razão de súbita doença ou falecimento de seu filho, por certo terão razões de ordem moral para alegar dificuldade extrema, para alguns gerada por evento imprevisível, para outros por impedimento causado por caso fortuito ou de força maior. Ao julgador caberá o enquadramento.

Carvalho Fernandes[14] ensinou que não há, porém, qualquer imperativo de lógica que imponha a limitação da teoria da imprevisão aos casos em que a prestação se tenha tornado mais difícil de cumprir sob o ponto de vista patrimonial. A razão que a justifica neste caso – adicionou – pode perfeitamente estender-se àqueles em que a prestação se torne mais difícil de executar quer do ponto de vista do esforço físico que exige, quer das limitações de ordem moral que implica. Assim, se a parte, consciente de que poderá ser levada à ruína financeira ou ver prejudicado seu compromisso profissional, mesmo com sacrifício cumpre sua obrigação, ainda que esta consubstancie uma lesão, nada mais terá feito do que adimplir cláusula contratual livremente assumida, vigendo em toda sua plenitude a regra *pacta sunt servanda*. É fundamental que a lesão não tenha ocorrido mas esteja prestes a ocorrer, antes de chegado o prazo para o cumprimento da obrigação, uma vez que desse ponto em diante a parte já estará em mora.

A presença da *lesão virtual* ou subjetiva é indispensável para que se complete o quadro de exigências a serem satisfeitas por quem pretenda se valer da doutrina.

São condições indispensáveis para a identificação da lesão virtual a existência de:

– *espaço jurídico*: em princípio, a doutrina nasce, desenvolve-se e irradia seus efeitos no universo do direito das obrigações, em sua mais rica e fecunda modalidade, que é o contrato;

– *determinação temporal*: ocorre exclusivamente nos pactos de *execução diferida* (como gênero), nas modalidades *execução diferida propriamente dita*, *continuada* (também chamada de *sucessiva*), *periódica* e *a termo* (como espécies);

---

14. Artigo cit., *Boletim do Ministério da Justiça* (Coimbra) 128/111-112.

318 A TEORIA DA IMPREVISÃO NO DIREITO CIVIL E NO PROCESSO CIVIL

– *iminência da lesão*: é fundamental que a lesão ainda não tenha ocorrido. Sua iminência é definitiva na composição dos pressupostos de admissibilidade da doutrina. Cumprida a obrigação, mesmo com efetivos danos, descabe a invocação do benefício.

16.1.5 Essencialidade

No contexto do direito positivo lusitano a teoria da imprevisão (ali denominada *alteração das circunstâncias*) foi integrada com fundamento na teoria da *base do negócio jurídico*, do jurista alemão Paul Oertmann. No texto legal foram consideradas como *essenciais* as circunstâncias imprevisíveis que tivessem dado causa à modificação ou desaparecimento da base contratual. O art. 437º, para definir aquela essencialidade, chamou-as de *alterações anormais*.

Embora sem recurso a fórmulas de excessivo compromisso, o legislador português, diante da dificuldade que as filigranas da gradação milimétrica entre *normal* e *anormal* trariam ao intérprete (quase-normal, quase-anormal, seminormal, semi-anormal), judiciosamente, complementou o texto legal de forma segura, ao dizer: "(...) desde que a exigência das obrigações assumidas pela parte lesada afecte gravemente os princípios da boa-fé, e não esteja coberta pelos riscos próprios do contrato" (art. 437º do CC Português). Por este ângulo conclui-se que seria sempre possível recorrer à teoria da imprevisão em face, por exemplo, de medida governamental que trouxesse alteração consistente na profunda desvalorização monetária – em contexto de sólida e absoluta estabilidade –, conhecida como *maxidesvalorização*. Identifica-se nesta hipótese o preenchimento do requisito da essencialidade.

Em janeiro de 1999 foi possível sentir os efeitos da desvalorização da moeda vigente no país, em especial nos contratos que tinham como indexadores moedas estrangeiras, a despeito da proibição legal. Entre nós, a *maxidesvalorização* do Real (moeda) no contexto de uma efetiva estabilidade, prolongada por décadas, poderia até ser considerada como evento imprevisível, com vistas à aplicação da doutrina de exceção. Contudo, atribuir-se estabilidade, solidez estrutural, ao estado em que o Plano Real vigia em 1999, de forma a inspirar confiança que levasse a acreditar na fortaleza de suas bases, é outra discussão. O que se tem como definitivo é que nas economias européias, canadense e americana, tidas e havidas como sólidas, com controle rígido da inflação há muitas décadas, uma *maxidesvalorização* monetária tem

PRESSUPOSTOS DE ADMISSIBILIDADE DA IMPREVISÃO 319

sido considerada um acontecimento imprevisível. Em nossa economia, no âmbito de uma efêmera – talvez até enganosa – estabilidade, seria, no mínimo, temerário classificá-la de imprevisível, uma vez que, a rigor, representou apenas mais uma *quebra da confiança* depositada nas promessas do Governo. Considerá-la, *ipso facto*, em tal situação, como acontecimento extraordinário não se afigura como paradigma de elementar prudência, em especial para o emprego da imprevisibilidade.

Pelo prisma do que se entende por *essencialidade* (tomada como fato realmente incomum que atinge o âmago de um pacto, e não apenas seu aspecto periférico), qualificando a alteração como anormal, exigir do devedor o cumprimento da prestação seria um atentado aos princípios da boa-fé e da eqüidade. Desde que a alteração pudesse ser considerada incomum, identificada estaria a exigência do pressuposto da essencialidade. "Essencial" – o próprio nome o diz – será tudo aquilo que atinja a essência, não apenas a parte externa, do pacto.

Carvalho Fernandes[15] ensinou que a alteração deve apresentar certa gravidade, traduzindo uma modificação do conteúdo das prestações, para ser relevante, para poder ser invocada pelo contraente a quem afete. Complementou dizendo que isto implica também a necessidade de definição desse limite a partir do qual se considere superada a colaboração em que o contrato se traduz. E Carvalho Fernandes[16] entendeu, ainda, que a melhor solução seria a de entregar ao prudente arbítrio do julgador a determinação, em cada caso concreto, da essencialidade da alteração. Defendeu a idéia de que a norma, ao disciplinar o emprego da doutrina, deveria definir com objetividade os princípios a que estivesse sujeita, já que seus poderes de atuação e efeitos não podiam ser ilimitados. Dentro dessa ordem de idéias – prosseguiu ele –, seria de se exigir que se tratasse de alteração substancial das circunstâncias existentes no momento da contratação e que se traduzisse em modificações do conteúdo das prestações que repercutissem sobre os aspectos do contrato e da regulamentação de interesses nele definida. A seu ver, a única maneira possível de se aferir todos esses aspectos, de resolver todos esses problemas, seria atender ao conteúdo do próprio negócio jurídico, e, por meio da sua interpretação, levadas em conta as naturezas e as circunstâncias da convenção, os interesses que ela visou a satisfazer e, ainda, a maneira como as partes os regularam pela manifestação de vontade – por ele considerada como a

15. Artigo cit., *Boletim do Ministério da Justiça* (Coimbra) 128/122.
16. Idem, pp. 123-124.

320 A TEORIA DA IMPREVISÃO NO DIREITO CIVIL E NO PROCESSO CIVIL

verdadeira eficácia vinculativa –, demarcando o ponto até o qual elas poderiam se onerar e tornar mais difíceis as prestações, ou alterar-lhes a substância, sem ultrapassar o limite de cooperação que o pacto organizou. Carvalho Fernandes[17] traçou as coordenadas para o alcance desse pressuposto: o requisito da essencialidade da alteração da prestação levaria a excluir todos aqueles danos que os contraentes tivessem sofrido, ou lucros que tivessem deixado de auferir, por efeito das alterações das circunstâncias, consideradas como abrangidas pela disciplina de interesses definida na convenção.

Desse modo, constatadas as alterações extraordinárias – e, principalmente, sua profundidade –, a boa-fé deveria traçar sempre os limites ativos e passivos pelos quais se faria a adaptação contratual ao novo universo fático.

É oportuno registrar que nas hipóteses de impossibilidade de adequação ao novo estado, por supressão da base contratual, cumpriria verificar se a autoria daquele desaparecimento poderia ser atribuída a qualquer das partes ou a terceiros. Em caso positivo o caminho seria o de levantamento de prejuízos, com vistas à indenização do lesado. Esta situação é, por sua natureza, caracterizada como uma essencialidade no elenco de pressupostos de aplicação do *remedium iuris* de exceção.

Um outro aspecto da questão reclama análise. Alguns autores elencam nos pressupostos de admissibilidade de aplicação da teoria da imprevisão a *irreversibilidade* do evento. Argumentam que se ele for transitório não se poderá falar em emprego da doutrina. Diante dos fatos, a tese não se mantém. Neste passo, relevante será a aferição de seus efeitos, seja de natureza transitória ou permanente. Eventos existem que, mesmo irreversíveis, não provocam alterações da base contratual, como outros, de caráter transitório, que o fazem.

Os dois pressupostos básicos para a utilização do *remedium iuris* excepcional, cujas presenças não podem ser dispensadas, são a imprevisibilidade (causa) e suas conseqüências (efeitos). Desde que o evento seja imprevisível e atinja um pacto de execução diferida, alterando-lhe profundamente as bases estabelecidas, pouco importa seja ele de curta ou longa duração. O que realmente terá relevância será sua identificação como extraordinário e os efeitos de sua atuação.

Como tem sido destacado, a última palavra caberá ao juiz, que, depois de ultrapassado o juízo de admissibilidade do princípio, deverá

17. Idem, pp. 125-126.

PRESSUPOSTOS DE ADMISSIBILIDADE DA IMPREVISÃO

examinar os efeitos de uma lesão irreversível ou transitória denunciados pelo autor da ação.

16.1.6 Inimputabilidade

Na composição do perfil jurídico da doutrina, com vistas à elaboração do quadro fático em que seus pressupostos de admissibilidade devem estar presentes, um outro requisito é indispensável: a *inimputabilidade*.

Há de existir, de forma inconteste, a negativa de autoria do fato alterador das circunstâncias em que as partes fundaram suas vontades de contratar, gerador da lesão virtual ou extinção da base negocial, por via de ação ou omissão atribuível àquele que dela pretenda se valer. Isto significa que o acontecimento extraordinário causador do dano iminente – ou supressão do suporte contratual – não pode ter sido provocado por quem invoca o benefício da imprevisibilidade. Ocorrido o evento modificador da economia negocial, reconhecidamente imprevisível, o fato que ocasionou o acidente de percurso ocorrido na vida do contrato, seu desvio de rota, não poderá ser imputado àquele que tenha em mente a utilização do *remedium iuris* de exceção. Equivale dizer: tanto é responsável o que, no instante vinculativo, plantou a semente da alteração da base contratual como o que, podendo evitar a ocorrência da modificação, permaneceu inerte. Sinteticamente: é tão culpado o criador da causa como o que podia tê-la impedido de surgir. Ação ou omissão, pouco importa. E a exigência é perfeita, correta e incensurável sob todos os aspectos, na medida em que se tem como assente o fato de que não deve ser atendido quem pretenda alegar em seu benefício a própria torpeza (*turpitudinem suam allegans non est audiendus*).

Foram muitas as legislações e doutrinas que alicerçaram esta pesquisa. Talvez por estar eticamente implícita, praticamente em nenhuma foi encontrada a exigência da inimputabilidade, abrindo-se pequena exceção para as breves considerações do jurista português Almeida Santos.[18] Em abordagem ilustrativa, entendeu ele que a culpa pela ação ou omissão da parte, se existente, deveria ser apreciada *in abstracto*, segundo a diligência de um bom-pai-de-família, em face das circunstâncias de cada caso (art. 437º, n. 2, *ex vi* do art. 700º, do CC Português), e o ônus da prova do requisito da inimputabilidade incum-

---

18. In *Jornadas Jurídicas – Estudos sobre o Código Civil*, p. 90.

322 A TEORIA DA IMPREVISÃO NO DIREITO CIVIL E NO PROCESSO CIVIL

biria à parte em vias de ser lesada pela alteração e que do princípio pretendesse se valer (art. 799º, n. 1).

Esta exigência de ação ou omissão talvez se deva ao entendimento sedimentado, já referido, de que ninguém pode extrair benefícios da própria culpa. De resto, os princípios gerais que regulam o inadimplemento e a mora levam à conclusão definitiva de que se a parte tiver dado causa a uma situação patológica, agindo ou deixando de agir, e com isso houver criado um estado de profunda e irreversível alteração da base negocial, fazendo nascer a lesão virtual para a outra, dela não poderá colher quaisquer benefícios, como é do mais elementar bom senso.

16.1.7 Excessiva onerosidade e extrema vantagem

Em nossa futura legislação civil (art. 478) e em alguns outros Códigos, especialmente no italiano de 1942 (art. 1.467), onde a teoria da imprevisão recebeu o nome de *excessiva onerosidade*, uma outra exigência deve ser preenchida por aquele que pretenda se valer do remédio jurídico de exceção. Entre outras, deverá levar ao juiz a prova de existência de uma exacerbação excessiva de sua obrigação como resultado dos efeitos que o evento imprevisível produziu na base contratual, fazendo nascer a lesão virtual, que, se não for obstada, certamente se transformará em objetiva.

No diploma legal mencionado – cópia fiel do Código Civil Italiano – o legislador, além da *excessiva onerosidade* ali constante, exigiu ainda que deveria existir a *extrema vantagem* para o credor, presenças a serem identificadas de forma concomitante. Destaque-se que a exigência desta contrapartida simultânea não foi criação do Projeto 118/84, do qual resultou o novo Código Civil, uma vez que já constava no art. 358 do primitivo Projeto do Código das Obrigações, elaborado por Caio Mário da Silva Pereira (o primeiro é de 1941, da lavra do professor Orlando Gomes).

Lamenta-se profundamente a escolha do modelo italiano da *excessiva onerosidade* como *pièce de resistance* da inclusão do princípio em nosso ordenamento jurídico. Se era para copiar, que se copiasse de modelo melhor e mais completo, como por exemplo o art. 437 do Código Civil Português, que, entre outros méritos, situa a imprevisibilidade no campo abrangente da *alteração das circunstâncias*, afastando de vez o engessamento resultante da adoção do modelo que só tem como destinatário o devedor – porque *ônus* é encargo do devedor,

PRESSUPOSTOS DE ADMISSIBILIDADE DA IMPREVISÃO 323

jamais do credor. A restrição constante da parcialidade legislativa é inaceitável porque inteiramente contrária aos cânones da justiça comutativa. Acrescente-se, como análise crítica, que no modelo italiano se encontra a fórmula bartoliana do século XIII, porquanto a *excessiva onerosidade* sempre foi um pressuposto que se preocupou apenas com o efeito provocado pelo acontecimento imprevisível, relegando a plano secundário a verdadeira essência do princípio, que é a *causa* e não o *efeito* do acontecimento extraordinário. Infeliz opção do legislador pátrio, a reclamar urgente modificação a fim de que se apresente trajada de forma mais consentânea com o espírito revisionista do princípio, a ser usado pelas partes, não apenas pelo devedor, sob o crivo parcimonioso do julgador, conforme exige o emprego de um princípio excepcional.

É importante sublinhar que nossos juízes e tribunais têm concedido o benefício revisional – quando fundado em evento imprevisível – sem levar em conta a exigência da *extrema vantagem* para o credor. O acréscimo é altamente discutível pelo seu *iter* subjetivo, nem sempre presente em situações anômalas, que sancionam a aplicação da doutrina, sendo irrelevante que a parte credora esteja na iminência de auferir a *extrema vantagem*. Melhor teria sido apenas a referência ao temo "vantagem", situação que ocorre na maioria das vezes.

Não seria possível encerrar esta análise sem deixar expressamente consignada uma hipótese de aplicação do princípio, de total pertinência por sua indiscutível atualidade e efeitos no cotidiano brasileiro, no atual contexto fático. Trata-se da medida provisória responsável pelo *racionamento de energia elétrica* nas regiões Sudeste, Nordeste e Centro-Oeste, onde se encontram os pressupostos de admissibilidade do princípio da imprevisibilidade, razão por que devedores ou credores de prestação por ela alteradas, em vias de serem lesados, poderão recorrer ao Judiciário. Na medida governamental, com características inéditas, facilmente podem ser encontrados os elementos exigidos para o uso da doutrina, com vistas à revisão ou resolução contratual. Na hipótese, o agente passivo das ações judiciais com vistas ao emprego do princípio não será o Governo, mas sim a outra parte do convencionado, em pacto onde, pela excessiva onerosidade resultante do racionamento, ocorra a alteração profunda da base negocial estabelecida pelas partes, decorrente do pagamento de sobretaxa para a manutenção do mesmo consumo energético para que a produção possa atender à contratação, de multa por inadimplemento contratual, despesas extras com a instalação de fontes alternativas de energia – enfim, por

324 A TEORIA DA IMPREVISÃO NO DIREITO CIVIL E NO PROCESSO CIVIL

qualquer motivo ligado, direta ou indiretamente, à medida governamental. Contra o Governo caberão medidas baseadas nos arts. 5° – dever da União de prover condições básicas de vida para a população, como o fornecimento de água e luz – e 175 – dever de prestação de serviços públicos – da Constituição Federal, por inconstitucionalidade do corte de energia e sobretaxa para consumo superior ao estabelecido nas diversas categorias (residencial, comercial, industrial, rural e para o Poder Público).

Serão possíveis, ainda, medidas contra a concessionária do serviço público por comprovados prejuízos em aparelhos eletrodomésticos – procedimentos que encontrarão respaldo nos arts. 6° e 22 do Código do Consumidor e, ainda, na Resolução 456 da ANEEL (Agência Nacional de Energia Elétrica) quando aqueles forem decorrentes de queda ou corte de energia elétrica.

Especificamente quanto à *sobretaxa*, a legislação tributária brasileira abriga apenas dois tipos – remuneração de serviços prestados pela Administração Pública e o decorrente do poder de polícia –, nos quais a pretensão governamental não se encaixa, sendo risível o argumento oficial de que não se trata de uma sobretaxa porque o produto final reverterá em benefício dos consumidores que gastarem menos de 100kWh. Nessa categoria só estarão incluídos os que trocarem as lâmpadas por velas, desligarem geladeiras (que gastam 66kWh, em média, mensalmente), televisores e outros aparelhos elétricos e aquecerem água para banho no fogão. Adite-se que ela tem sido considerada inconstitucional pelo Supremo Tribunal Federal, por representar verdadeiro confisco, que se define quando a importância adicionada ultrapassa o valor inicialmente devido.

Assim, será fundamental que o interessado verifique se o contrato preenche o requisito básico da *execução diferida* para o exercício do direito da ação revisional – ou de extinção – pretendida (art. 75 do CC vigente), a ser oposta contra a excepcionalidade criada pelo Governo Federal. Satisfeito esse requisito básico, deverá demonstrar, ainda:

1°. Que o evento, dentro do quadro fático do cotidiano, se reveste de caráter excepcional, em razão de que não se encontra no dia-a-dia do cidadão brasileiro, sendo incomparável com medidas assemelhadas postas em prática em outros tempos. O racionamento mais recente de que se tem notícia ocorreu no período de março de 1987 a janeiro de 1988, na região Nordeste, no Sul do Pará e Norte de Goiás (atual Estado de Tocantins). Os Estados mais prejudicados foram Bahia e Pernambuco, tendo a indústria do primeiro levado 4 anos para se re-

PRESSUPOSTOS DE ADMISSIBILIDADE DA IMPREVISÃO 325

cuperar de seus efeitos, e a do último, 11 anos. A ausência desse evento (racionamento) no cotidiano nacional identifica-o como fato extraordinário, podendo com segurança, no atual contexto de desenvolvimento do país, ser classificado como *imprevisível*.

2º. Que, como resultante da medida em execução, o contrato foi profundamente (*essencialidade*) afetado, advindo, como conseqüência, a transformação de uma possibilidade em probabilidade de lesão à parte que, em razão da palavra empenhada, se dispuser a cumprir o contratado. Identifica-se, nesse caso, a *lesão virtual*.

3º. Que, por ação ou omissão, a parte não concorreu para aquele resultado, ficando estreme de qualquer dúvida o pressuposto da *inimputabilidade*.

4º. Que a prestação, pelo racionamento energético, fez com que a base negocial sofresse alterações expressivas, o que tornou a prestação *excessivamente onerosa*.

5º. Que quando da ocorrência do fato imprevisível, profundamente alterador da economia negocial, estava rigorosamente em dia com suas obrigações contratuais – o que se define por *ausência de estado moratório*.

Um outro aspecto da questão, que só reforça a tese, é que, além do evento *racionamento* – que no atual contexto deve ser considerado imprevisível – prende-se à *quebra da confiança*. Neste plano, em razão de sua propalada abundância no país, o Ministro de Minas e Energia exortava os consumidores ao uso da energia elétrica, deixando de lado fontes alternativas (derivados do petróleo). Isso no primeiro semestre de 2001 ...

Sobre o tema, explicou o professor Fachin (observe-se que, mesmo falando sobre as conseqüências da maxidesvalorização de janeiro de 1999, suas palavras têm impressionante atualidade, com total pertinência ao tema *racionamento*, em discussão): "Mais que noção ética, é princípio jurídico a proteção da confiança que conduz, dentro da relação jurídica, à igualação de cargas e, externamente, à manutenção do equilíbrio econômico-financeiro coerente com as condições existentes à época da contratação".[19] E, mais adiante: "A quebra da confiança é juridicamente protegida. Confiava-se no futuro, que se presentificou transformando em pesadelo o sonho da estabilidade".

19. "A quebra da confiança", *Folha de S. Paulo*, ed. 6.2.2000.

326 A TEORIA DA IMPREVISÃO NO DIREITO CIVIL E NO PROCESSO CIVIL

Adite-se que a ANEEL divulgou estatísticas de que no atual Governo houve entrada em operação de mais *megawatts*-hora do que nos anteriores, ocultando o fato de que mais de 2.000 haviam sido comprados da Argentina mas não puderam ser aproveitados por falta de linhas de transmissão. E o mais importante – também sonegado na informação – é que entre o investimento e a entrada em operação das hidrelétricas medeia um período de alguns anos, ficando provado que parte dos milhares de *megawatts*-hora foi resultante de investimentos de governos anteriores.

Em síntese: desde que o contrato seja de execução diferida, a parte não esteja em mora e a lesão virtual provocada pelo racionamento faça nascer a extrema dificuldade de adimplemento, o recurso ao *remedium iuris* da teoria da imprevisão apresenta-se como inarredável, enquanto o Poder Judiciário não desqualifica as medidas.

16.2 Regime jurídico

Esta epígrafe agasalha a análise conclusiva sobre qual o tratamento ideal a ser dado aos contratos sujeitos à aplicação da teoria da imprevisão e o que foi adotado pelo futuro Código Civil Brasileiro.

Quando se discute a teoria da imprevisão de imediato se procura encontrar respostas satisfatórias para algumas indagações, tais como *regime, aspecto crono-topológico* e *via a percorrer*.

Regime

O regime ideal seria apenas o da revisão?

Só o da resolução?

Um regime misto?

Aspecto crono-topológico

O ideal seria revisão antes da resolução?

Resolução antes, com possibilidades de revisão na contestação?

Via a percorrer

Judicial?

Extrajudicial?

Regime jurídico: estes são os aspectos a considerar: revisão ou resolução, aspecto topológico, via judicial ou extrajudicial.

PRESSUPOSTOS DE ADMISSIBILIDADE DA IMPREVISÃO 327

Diante destas questões também se viu o jurista português Diogo de Paiva Brandão,[20] que chegou ao exagero de detectar no princípio uma verdadeira ruptura do laço contratual, embora pudesse sofrer a atenuação por simples adaptação ao novo estado. Seu entendimento orientou-se para a sugestão de que fossem confrontadas a vontade das partes e a alteração das circunstâncias sobrevindas. Daí nasceu sua sugestão de fixação de parâmetros para aferição. Questionou ele se uma vez possível a previsão de mudança do ambiente vinculativo de suas vontades, com modificação da base contratual, as partes teriam, assim mesmo, assinado o contrato, então sob condições e termos diversos, ou não o teriam levado a efeito, diante da total impossibilidade de composição. Se a última hipótese for a resposta – aditou – seria imposta a *resolução*; vitoriosa a primeira, o caminho seria o da *revisão*, já que assim agiriam mesmo que o fato ocorrido pudesse ter sido previsto.

A proposição não logrou aceitação diante da complexidade e multiplicidade de situações que se apresentam ao julgador, que sob nenhum pretexto poderia ficar condicionado a uma fórmula tão despojada de tecnicismo.

É indiscutível que entre a *resolução contratual* – mais grave e, portanto, sem volta – e a *revisão*, sempre que esta for possível, até mesmo em nome da função social do contrato (em grau de recurso, se outros motivos faltarem), a escolha deverá recair nesta última. Não sendo possível a adequação do pacto ao novo estado fático, então – só então – se caminhará para a ruptura definitiva do vínculo contratual. Situações existem, como se verá, em que a única via é a da resolução, quando inexistirá espaço para revisão.

O regime da *resolução* pura e simples foi praticamente abandonado pela quase-totalidade das legislações modernas. Entretanto, a norte-americana, no conhecido *Restatement*,[21] ainda o conserva. No

20. "Considerações sobre o problema da imprevisão", *Boletim da Faculdade de Direito da Universidade de Coimbra*, Suplemento do v. XXVII, p. 225.

21. § 454 do *Restatement of Law of Contracts*: "*Definition of impossibility* – In the restatement of this subject *impossibility* means no only strict impossibility, but impracticability, because of extreme and unreasonable difficulty, expense, injury or lost involved".

"§ 457. *Supervening impossibility* – Except as stated in § 455, where, after the formation of a contract, facts that a promisor have no reason to anticipate, and for the occurrence of which he is not in contributing fault, render performance of the promise impossible, the duty of the promissor is discharged, unless a contrary intention has been manifested, even though he had already committed a breach by anticipatory repu-

328 A TEORIA DA IMPREVISÃO NO DIREITO CIVIL E NO PROCESSO CIVIL

ordenamento jurídico dos Estados Unidos, curiosamente, não existe diferença entre *impossibilidade* (entre nós dividida, equivocadamente, em absoluta e relativa) e *dificuldade da prestação*, impropriamente chamada de *impossibilidade relativa*.

Se não é prudente, por óbvias razões, adotar-se apenas a *resolução*, pelos mesmos motivos não se deverá adotar somente a *revisão*. Com toda certeza, situações hão de surgir nas quais o caminho da extinção do pacto é o único a ser seguido, e esta possibilidade – manda o bom senso – há de existir na lei, embora destinada a regular exceções raríssimas.

O exemplo fornecido por João de Matos Antunes Varela ilustra com propriedade a tese em pauta: "Ao divorciar-se, o marido, para que a mulher e o filho não ficassem sem habitação, cedeu-lhes, de arrendamento, uma casa sua, onde o casal nunca havia habitado, porque a antiga residência da família se inutilizara entretanto ou fora recuperada pelo senhorio. Logo a seguir ao divórcio e à realização do arrendamento, o filho impugna a paternidade do marido da mãe e acaba por ser judicialmente reconhecido como filho de outro homem. Invocando a alteração das circunstâncias registada, que para ele pode ter sido totalmente imprevista, o senhorio pretende resolver o contrato com base na doutrina do art. 437º".[22]

Igualmente a ocorrência na Inglaterra dos *Coronation Nat Cases*, em 1902, configura autêntica impossibilidade de revisão.

À quase-unanimidade defendem os autores a adoção de um sistema misto em que, não sendo possível uma alternativa, outra possa ser convocada.

J. M. Othon Sidou[23] informou que na aplicação da teoria da imprevisão, ou superveniência, a jurisprudência alemã aferra-se ao princípio de que "a Justiça tem de se esforçar por manter o contrato, modificando-o". Não há cogitar de uma sub-rogação – prosseguiu –, e muito menos de uma subordinação de vontades, porém apenas de um caminho preferencial, ou prioritário, com isto significando que não se deixa às partes um concurso eletivo *ad libitum* – querer a revisão ou preferir a rescisão; há um *iter* a percorrer. Primeiramente, portanto, a

---

diation" (*apud* Nehemias Gueiros, *A Justiça Comutativa no Direito das Obrigações*, pp. 129-130).

22. "Anotação ao acórdão do Supremo Tribunal de Justiça", *Revista de Legislação e Jurisprudência* (Lisboa) 3.744/78.

23. *A Revisão Judicial dos Contratos*, 2ª ed., p. 315.

PRESSUPOSTOS DE ADMISSIBILIDADE DA IMPREVISÃO

tentativa de conciliar, e só depois, por ineficácia deste esforço, deve-se pensar na desvinculação.

Também Vaz Serra sugeriu o sistema misto, por entendê-lo mais lógico e de acordo com o espírito da justiça comutativa.

Carneiro Maia[24] afirmou estar filiado ao entendimento de que a solução revisionista é, incontestavelmente, mais adequada e se justa-põe à natureza da imprevisão, embora, em certas circunstâncias, isso possa conduzir ao extremo, de fato, da resolução contratual.

Almeida Santos[25] igualmente se rendeu ao sistema dualístico, por ver nele a solução mais consentânea com os ideais de justiça, princi-palmente diante da multiplicidade de situações em que a adoção de um só regime não seria a solução. Enfrentando este aspecto multifato-rial do Direito, reafirmou serem evidentes as vantagens do sistema misto. A gama das alterações imprevisíveis é tão vasta e caprichosa que só em face de cada caso se poderá concluir pela conveniência ou inconveniência de um remédio ou de outro. Prosseguindo, explicou o jurista que, nessa medida, somente por meio de uma postura de total flexibilidade é que se encontraria o melhor caminho. Por vezes a reso-lução poderia se apresentar como iníqua para a parte não lesada pela alteração das circunstâncias – concluiu – cujos interesses fossem tão dignos de tutela como os da parte por ela lesada. E não raros hão de ser os casos – acrescenta-se – em que, apesar da excepcionalidade das alterações da base contratual, à primeira vista a tentativa de revisão não chegue a esgotar todo seu potencial de utilidade para os que parti-cipam do processo – daí sua prevalência sobre a resolução.

Carvalho Fernandes[26] posicionou-se igualmente a favor do siste-ma que contempla as duas alternativas.

Neste ponto fica difícil não concluir que o regime ideal deverá dar guarida às duas possibilidades. Relembrem-se, neste aspecto, res-pectivamente, Othon Sidou (nota de rodapé 23) – ao aconselhar que, "primeiramente, a tentativa de reconciliar, e só depois, por ineficácia deste esforço, a desvinculação" – e Almeida Santos (nota de rodapé 25) – ao acrescentar que "por vezes a resolução pode apresentar-se como iníqua para a parte não lesada pela alteração das circunstâncias, cujos interesses serão tão dignos de tutela como os da parte por ela lesada". Por meio da revisão tenta-se a readequação do pacto e, frus-

---

24. *Da Cláusula "Rebus Sic Stantibus"*, p. 29.
25. Artigo cit., in *Jornadas Jurídicas – Estudos sobre o Código Civil*, p. 105.
26. Artigo cit., *Boletim do Ministério da Justiça* (Coimbra) 128/155.

330 A TEORIA DA IMPREVISÃO NO DIREITO CIVIL E NO PROCESSO CIVIL

trada esta, a ruptura do vínculo por via da resolução, tendo sempre presente a possibilidade de indenização à parte prejudicada.

Fica estabelecido – em resposta às primeiras questões lançadas – que a adoção de um só dos caminhos (*revisão* ou *resolução*) deve ser proscrita, pois o ideal será ter as duas possibilidades à disposição do julgador.

Judicial ou extrajudicial: com relação a esta indagação, a opinião unânime dos autores orienta-se para a postura mais lógica: deverá ser sempre em juízo, logicamente excetuadas as hipóteses em que as partes busquem solução e se componham ainda na fase do conflito de interesses, antes da sua transformação em lide, conseqüente a uma pretensão resistida, levada ao Judiciário. Além de ser este o caminho mais seguro, as próprias legislações que já incorporaram a imprevisão traçaram este rumo. No art. 437º do Código Civil Português encontramos: "Requerida a resolução (...)". Daí se infere a existência de uma ação em juízo (*requerida*), ou seja, uma busca de definição pela via judicial, deixando evidente que o deslinde da questão só poderá ser naquele contexto. Também o art. 478 do novo Código Civil estabeleceu: "(...) oferecendo-se o réu a modificar eqüitativamente as condições do contrato". "Réu" é figura jurídica de natureza processual que só existe em juízo – o que nos leva à única conclusão possível: nosso legislador, ao pretender incorporar a teoria da imprevisão ao direito material, optou pelo *regime misto*, no que, felizmente, andou certo.

Do exposto se conclui serem indiscutíveis as vantagens do *sistema misto* sobre qualquer outro, adotando-se a *revisão* antes da *resolução* (ressalvadas as situações de exceção que só comportem resolução), sempre com *intervenção judicial*. Não apenas pelas razões desenvolvidas como, também, em nome do mais elementar bom senso. Como já se disse, a gama de alterações imprevisíveis é tão vasta que apenas diante do caso concreto se poderá optar pela revisão ou resolução.

Acrescente-se, ainda, a situação de pedidos alternativo-sucessivos em que o autor requer a revisão e, impossível esta, a extinção do contrato. A indenização da outra parte, em pacto por cumprir, nesta hipótese será inarredável. Estes instrumentos deverão ser colocados à disposição do julgador para o correto emprego do Direito ao caso concreto, em especial na oportunidade da integração do princípio ao nosso ordenamento jurídico positivo, como ocorre agora no novo Código Civil, a entrar brevemente em vigor.

PRESSUPOSTOS DE ADMISSIBILIDADE DA IMPREVISÃO 331

Se, por qualquer razão, resultar infrutífera a tentativa de revisão de cláusula atingida pela imprevisibilidade, ao extinguir o contrato deverá o julgador fixar a indenização devida à parte credora, prejudicada pelo término de contrato por cumprir, tomando como coordenadas, entre outras, o enriquecimento desmotivado, a injuridicidade da decisão que extinguir o pacto, com efetivos prejuízos para o credor (pacto incumprido), e a responsabilidade objetiva, oriunda do término da contratação. Detalhes mais completos sobre o tema "indenização" serão encontrados na análise da hipótese de pedidos sucessivo-alternativos (Título V, Capítulo Único, item 27.3).

No plano operacional parece ser esta a disciplina mais adequada a que deve se submeter um procedimento que tenha como objetivo o emprego do princípio da imprevisibilidade, porque somente uma terapêutica elástica poderá indicar o melhor remédio.

CAPÍTULO III

17. A imprevisão e o direito administrativo: 17.1 A imprevisão e a cláusula de escala móvel de reajustamento. Conceituação e campo operacional – 17.2 Inaceitabilidade da pretendida substituição da teoria da imprevisão pela cláusula de escala móvel – 17.3 Compatibilidade e harmonia entre a cláusula escalar e a teoria da imprevisão. 18. A imprevisão e os contratos de locação. 19. A teoria da imprevisão e os contratos de "leasing": 19.1 Origem e conceituação dos contratos de "leasing" – 19.2 Rejeição da teoria da imprevisão nos contratos de "leasing". Improcedência da postura, adotada em caráter genérico – 19.3 A total pertinência do emprego da doutrina da imprevisibilidade nos contratos de "leasing". 20. O revisionismo contratual no Código de Defesa do Consumidor (Lei 8.078, de 11.9.1990): 20.1 Breves considerações sobre a evolução do Código de Defesa do Consumidor – 20.2 Os arts. 6º, V, 83 e 51, § 1º, III, do Código de Defesa do Consumidor – 20.3 Consagração da revisão contratual no Código de Defesa do Consumidor, sem qualquer vínculo ou relação com a teoria da imprevisão. 21. A imprevisão e as convenções coletivas de trabalho: 21.1 Tribunal Superior do Trabalho (TST) – 21.2 Tribunais Regionais do Trabalho (TRTs) – 21.3 O Direito Comparado e as convenções coletivas de trabalho: 21.3.1 Colômbia – 21.3.2 Argentina – 21.3.3 México – 21.3.4 Estados Unidos – 21.3.5 Espanha – 21.3.6 França – 21.3.7 Itália – 21.3.8 Alemanha – 21.3.9 Polônia. 22. A Semana Internacional de Direito em Paris (1937).

17. A imprevisão e o direito administrativo

Não comporta dúvidas a afirmação de que a I Guerra Mundial (1914/1918) foi o tiro de partida para a aplicação da *teoria da imprevisão* não só nas convenções de direito privado como, também, nos contratos administrativos, diante da instabilidade do comércio jurídico, conseqüente à desorganização política e econômica vigente em quase todos os países.

A IMPREVISÃO E O DIREITO ADMINISTRATIVO 333

Embora os contratos administrativos estejam inseridos em contexto público, nem por isso deixam de ser convenção assentada em um acordo de vontades, geradora de direitos e obrigações. Assemelham-se em tudo aos pactos de natureza civil, deles se afastando ao adentrar o campo dos efeitos. Em razão do fato de poder a Administração Pública exigir da outra parte o que julgar indispensável para o funcionamento do serviço público, inclusive com sobrecarga de obrigações, identifica-se, desde logo, uma posição de superioridade do Estado a que se poderia chamar de *sui generis*, só encontrável em contratos desta natureza. Dizem os administrativistas que a justificativa é palpável e elementar: a Administração Pública não tem preocupação pessoal e procura defender, acima de tudo, o interesse público – considerado de maior relevância no contexto social –, enquanto o particular defende a si mesmo ou, quando não, interesses de outros particulares a ele ligados direta ou indiretamente. Esta parece ser a concepção dos juristas da área do direito público.

Entre os autores investigados as únicas vozes dissonantes são as de Rocha de Gouveia, jurista português já referido, e Eugène Bruzin. Por razões que explicam, discordam da idéia generalizada quanto a ser o interesse público o princípio fundamental que norteia os contratos administrativos. Na tentativa de demonstrar a falha de tal raciocínio, Alfredo José Rodrigues Rocha de Gouveia[1] começou por considerá-lo fantasioso. Prosseguiu argumentando com o fato de que tanto os concessionários como os fornecedores nunca contratariam pensando no interesse da coletividade. Para tanto seria necessário que a doutrina de Louveau (solidarismo) vigesse em sua plenitude – o que não é a nossa realidade. O particular contrata tendo em vista as vantagens pessoais; e a Administração, embora o faça em nome dos administrados, no instante em que se vincula postula um interesse totalmente contrário ao da outra parte – o que, em última análise, é exatamente a contraposição encontrada nas convenções entre particulares: a Administração procura o melhor fornecimento pelo menor preço, resultando daí uma vantagem menor para o contratado, e este, por sua vez, como qualquer particular, tenta obter exatamente o inverso.

---

1. "A diferenciação entre contratos administrativos e contratos civis, considerando os primeiros nominados pela idéia de serviço público e os segundos por uma constante rivalidade de interesses antagónicos, é exagerada. Não é exacta a afirmação de que a oposição de interesses, característica das convenções de direito privado, não apareça nos contratos administrativos" ("Da teoria da imprevisão nos contratos civis", *Revista da Faculdade de Direito de Lisboa*, Suplemento, 1958, p. 174).

334 A TEORIA DA IMPREVISÃO NO DIREITO CIVIL E NO PROCESSO CIVIL

Bruzin[2] discordou do consenso geral de que a Administração Pública não tenha interesse. Por tal ângulo de abordagem, seria possível dizer-se que a Administração, por autêntica delegação de poderes dos administrados e, conseqüentemente, arrogando para si as melhores condições, preços e vantagens, assemelha-se ao particular, em tudo e por tudo.

Não deixa de ter um certo fundamento a argumentação de Bruzin, embora na prática não gere efeito algum e sirva tão-somente para uma alentada discussão acadêmica.

O liberalismo que inspirou o Código Napoleônico alimentou-se dos princípios da autovinculação e da autodeterminação. No campo do contratualismo, o chamado "direito justo" (radicado na justiça comutativa), muito cedo, repeliu a idéia, por contrariar frontalmente elementares princípios de boa-fé, adotando postura mais socializadora, com base em louváveis cânones de eqüidade.

É bastante comum no direito administrativo a invocação – como suporte para a aplicação da teoria da imprevisão – da chamada *exigência de funcionamento regular do serviço público*. É este um argumento da maior relevância. Se levarmos em conta que, diante da lesão virtual, por um lado, o particular, por se encontrar em posição de só poder cumprir o contrato com grave prejuízo ou mesmo ruína financeira, não o fará se não lhe forem oferecidas condições satisfatórias de revisão da contratação e, por seu turno, a Administração – na obrigação de manter a regular continuidade do serviço público –, tendo de escolher entre ir à procura de outro empreiteiro (não raro, por meio de outra licitação), que só aceitará o serviço em bases econômicas condizentes com a realidade fática em vigor, pretendidas por seu antecessor, ou, então, manter o contrato com a mesma parte, proceder à adaptação do contrato às exigências de alteração da base negocial, parece

---

2. "Em primeiro lugar, o fornecedor ou o concessionário não contratam para servir à coletividade, mas na esperança de realizar um proveito pessoal. O fim perseguido por eles não pode ser senão o de especulação. A Administração contrata, é verdade, não para ela, mas para os administrados. Mas não é do interesse destes últimos e, conseqüentemente, da Administração que o melhor fornecimento seja feito ao mais baixo preço possível? A adjudicação em hasta pública traduz sob uma forma concreta a divergência dos fins perseguidos pelos dois contratantes. A Administração tem, portanto, no momento em que contrata, um interesse exatamente contrário ao da parte. Esta oposição de interesses é comparável numa muito larga medida à que revelam os contratos entre particulares" (in *Notas de Bonnecase*, Supplément II, p. 590, *apud* Rocha de Gouveia, artigo cit., *Revista da Faculdade de Direito de Lisboa*, Suplemento, 1958, p. 174).

A IMPREVISÃO E O DIREITO ADMINISTRATIVO 335

que, em termos práticos, acertadamente tem prevalecido esta última hipótese. E nenhum prejuízo tem resultado para o Poder Público, que assim tem agido dentro dos ditames da justiça comutativa. Ademais, se a proposta do Estado é a "realização integral dos destinos humanos" e a tese da solidariedade nas relações jurídicas apresenta tendências de incrementação – como tem sido apregoado pela Sociologia Jurídica –, neste rumo devem ser canalizados todos os seus esforços.

A Administração Pública não ignora que o objetivo do comércio é, fundamentalmente, o lucro. Por este prisma, ao contratar com o particular sabe que deverá lhe apresentar uma *equação econômica* de tal sorte que ele possa planejar seus custos e, decorrente destes, sua compensação financeira.

Hely Lopes Meirelles[3] esclareceu que *equação econômico-financeira* é a relação que as partes estabelecem no contrato administrativo entre os encargos do particular e a retribuição devida pela entidade ou órgão contratante, com vistas à justa remuneração do seu objeto.

A mencionada operação pode ser alterada quando situada nas chamadas *áleas administrativas*. Estas se consubstanciam na *alteração unilateral do pacto* (prerrogativa exclusiva da Administração, calcada no interesse público) e, ainda, no *fato do príncipe*, caracterizado por medidas econômicas estatais que, embora não ligadas diretamente aos contratos, nele deságuam, com prejuízo para o particular, e na *álea econômica* de origem anormal – portanto, imprevisível – sancionadora do emprego da teoria da imprevisão.

No direito administrativo o problema da extensão do seu emprego acabou por criar duas correntes: a dos que entenderam ser ela aplicável somente aos contratos de trato sucessivo ou prestações continuadas, mas apenas de *fornecimento*, e a dos que – de forma mais liberal e mais consentânea com o próprio espírito do princípio – a admitiram sem restrições, tanto nas contratações de *fornecimento* como nas de *obras ou concessões de serviços públicos*.

Entre os mais antigos e talvez mais importantes casos da jurisprudência francesa sobre a imprevisibilidade destacou-se o da concessionária de serviço público *Cie. Générale d'Éclairage de Bordeaux* (1916), já discutido.

Acrescente-se que em 1905 (aresto *Ville de Paris*) e em 1911 (aresto *Labeye*) o precedente da imprevisão já havia sido aplicado em

---

3. "Reajustamento e recomposição de preços em contrato administrativo", *RF* 272/15.

336 A TEORIA DA IMPREVISÃO NO DIREITO CIVIL E NO PROCESSO CIVIL

contratos administrativos, independentemente da regra "lei entre as partes" ou, mesmo, disposições contratuais contrárias.

René Demogue[4] via nos contratos administrativos um instrumento criador de direitos individuais ou, mais importante, *individualistas*, conceituando-os como verdadeiros organismos vivos. Foi o primeiro a discutir o destino dos contratos diante da *imprevisão*, nos comentários às decisões do Conselho de Estado.[5]

Lopes Meirelles,[6] falando sobre o direito que tem o particular de ver mantida a correlação encargo/remuneração, esclareceu que são indispensáveis para o exercício da verdadeira justiça comutativa os necessários reajustes econômicos sempre que por ato ou fato da Administração o equilíbrio contratual restar comprometido, com evidentes prejuízos para aquele, independentemente de previsão contratual. Como ensinou Laubaudère: "Cette régle d'équilibre est quelquefois considerée comme résultant de la commune intention des parties; elle s'applique, tous cas, même lorsqu'elle ne figure pas expressement dans le contrat" ("Esta regra de equilíbrio de qualquer modo é considerada como resultante da comum intenção das partes; ela se aplica, em todo caso, mesmo naquelas hipóteses não expressas no contrato").

---

4. "Au point de vue social les contrats sont moins générateurs de droits individuels et individualistes dans leurs fins que des combinaisons protégées par la loi pour arriver à des fins supérieurs: création, distribution des richesses pour la satisfaction des êtres humains. Par le contrat, les personnes s'associent pour leur interêt commum. En face de circonstances nouvelles, il faut le répéter: le contrat qui est chose vivante ne peut être absolutement rigide. Vivre, c'est se transformer en restant dans une certaine direction générale. La révision du contrat s'impose donc" (*Traité des Obligations en Général*, t. VI, p. 697).

5. "De même que le juge peut accorder des termes de grâce, ne va-t-il pas pouvoir temporairement accorder des atténuations de grâce? Les contrats sont sous la protection de l'autorité judiciaire, qui doit faire le nécessaire quand, avec les données des parties, la convention ne peut fonctionner. Le juge pourra ainsi dire que la société reste obligée de fournir le gaz aux conditions du cahier des charges; mais, pour éviter sa ruine, elle lui permettra de percevoir un prix plus élevé. Cette argumentation nous permet d'approuver le jugement sans aller jusqu'à dire avec M. Jèze que la situation du bénéficiaire d'un service public n'est pas celle d'un contractant; que sa situation reste dans la dépendance de l'acte de concession. On pourrait aussi arriver au même résultat en partant de cette idée (v. note de M. Wahl, S. 1916, 1.17) que souvent les parties ont sous-entendu dans les contrats la clause *rebus sic stantibus*, et il dépend du juge du fait de constater sur ce point l'intention des parties" (René Demogue, "Obligations et contrats spéciaux" (*Revue Trimestrielle de Droit Civil*, 15/518 e 520, n. 14).

6. Artigo cit., *RF* 272/52.

A IMPREVISÃO E O DIREITO ADMINISTRATIVO 337

De igual importância são as considerações de Gaston Jèze[7] ao explicar que a reparação que se impõe à Administração é uma exigência da eqüidade.

Outro jurista, expoente do direito administrativo em Portugal, que também admitia o recurso ao remédio jurídico da imprevisão, mas com base apenas na excessiva onerosidade contratual, foi Marcello Caetano.[8]

Jean Rivero[9] enfatizou que a sobrevivência do Estado condiciona toda a legalidade. Comprometer tal sobrevivência – prosseguiu – por causa de um apego formalista à norma ordinária seria, em definitivo, destruir a base da legalidade. Acrescentou que a *teoria das circunstâncias excepcionais* se aproxima de outras concepções jurisprudenciais que procedem de conceitos análogos. Observou, ainda, que mesmo em períodos normais a legalidade de uma decisão administrativa depende, freqüentemente, das circunstâncias de fato nas quais intervém e que a urgência – em especial em matéria de polícia – e os dados da vida local (iniciativas econômicas nas comunas) justificam extensões de competência. Sublinhou o mesmo autor que, no campo dos contratos administrativos, circunstâncias imprevisíveis podem acarretar uma suspensão das obrigações contratuais (teoria da imprevisão). A teoria das circunstâncias excepcionais – concluiu – é a expressão mais acabada dessas tendências. Nem por isso apresenta menos riscos, porque a Administração pode encobrir medidas arbitrárias com o pretexto de circunstâncias excepcionais, e o controle do juiz, exercido *a posteriori*, não estará em condições de identificar essas manobras.

Mas o clássico – por isto sempre atual – entre os administrativistas franceses, André de Laubadère, traçou um perfil bem mais enérgi-

---

7. "(...) a teoria da imprevisão tem por fim fazer participar em certa medida, temporariamente, a Administração nas perdas e danos sofridas pelo contratante. Ela não tende a reparar um prejuízo. O ato do Governo, pelo contrário, tem por resultado, sempre que tenha influência sobre situação econômica do contratante, conferir a este o direito de exigir reparação definitiva do prejuízo causado pela Administração, sob forma de um suplemento de preço; a eqüidade exige que o contratante não sofra perda alguma, nem mesmo uma diminuição dos seus benefícios, pelo ato do Governo" (*Les Contrats Administratifs*, v. II, t. VI, p. 697).

8. "Caso imprevisto é o facto estranho à vontade dos contraentes que, determinando a modificação das circunstâncias econômicas gerais, torna a execução do contrato muito mais onerosa para uma das partes do que caberia no risco normalmente considerado" (*Manual de Direito Administrativo*, t. II, p. 564).

9. *Droit Administratif, apud* Rogério Erhardt Soares, *O Direito e a Constitucionalidade*, pp. 98 e ss.

338   A TEORIA DA IMPREVISÃO NO DIREITO CIVIL E NO PROCESSO CIVIL

co da imprevisão, admitindo sua aplicação em todos os contratos administrativos. Lembrou ele que após o famoso caso das *Tramways de Cherbourg* (1932) a jurisprudência francesa construiu uma verdadeira espécie de *força maior administrativa*, inteiramente diversa da noção vigente no direito privado, "... na qual a condição de irresistibilidade não é exigida".[10]

Talvez por convicção – ou influência do conservadorismo secular do dogma francês "les conventions légalement formées tiennent lieu de loi à ceux que les ont faits" –, o direito administrativo sempre foi o único campo em que Laubadère[11] admitia o emprego da teoria da imprevisão. Condenava-a no direito privado. Como tantos outros estudiosos do tema, em todo o mundo, também ele fez uma afirmação infeliz ao enfatizar que não havia espaço para a imprevisibilidade fora do direito público. Este ponto de vista refletia nada mais do que uma posição coerente com a doutrina francesa, que, inexplicavelmente, continua relutante em aceitá-la nas convenções entre particulares. No ordenamento jurídico português, como em todos os outros, a aceitação da imprevisibilidade no direito administrativo é realidade que há muito tempo vem ocupando largo espaço.

É relevante o registro de restrição constante do Decreto-lei 48.871, de 1969,[12] que, em seu art. 173º, vedou a aplicação dos prin-

---

10. "D'une manière générale la théorie de l'imprévision est effectivement susceptible de s'appliquer dans touts les contrats administratifs dans lesquels le contratant fournit à l'Administration des prestations ou services au moyen d'une activité industrielle ou commerciale. C'est notamment le cas pour: la concession de service public; le marché de fournitures; le marché de services (et marché de transport); le marché de travaux publics; les concessions diverses" (*Traité des Contrats Administratifs*, t. II, p. 571).

11. "La théorie de l'imprévision est propre au droit administratif. Les observations que l'on vient de faire suffisent à montrer que la théorie de l'imprévision, telle que l'a construite la jurisprudence administrative, est une théorie propre au droit public, qui serait insusceptible d'être appliquée en droit privé aux relations contractuelles entre particuliers. Cella ne veut pas dire qu'en lui-même le principe de l'imprévision, c'est-à-dire d'une révision des contrats dont l'économie se trouve bouleversée par des événements impévisibles, serait inconcevable en droit privé; s'il n'est pas actuellement accueilli par la jurisprudence judiciaire, son application au droit privé n'a jamais manqué de partisan s'il n'est pas exclu que la Cour de Cassation finisse par l'amettre" (ob. cit., t. II, pp. 563-564).

12. "Art. 173º. Nos contratos celebrados por prazo superior a um ano, quando as circunstâncias em que as partes hajam fundado a decisão de contratar sofram alteração imprevisível, segundo as regras da prudência e da boa-fé, donde resulte, na execução da obra, grave aumento de encargos que não caiba nos riscos normais, o empreiteiro terá direito à revisão do contrato para o efeito de, conforme a eqüidade, ser compensa-

A IMPREVISÃO E O DIREITO ADMINISTRATIVO   339

cípios da alteração das circunstâncias aos *contratos administrativos com prazo superior a um ano*.

O espírito desta norma é o resultado do que se convencionou chamar de "grave aumento de encargos", que extravasassem a área de riscos normais, constantes dos pactos. Assim, no setor de obras públicas, em que o Estado é o empreiteiro, supôs o legislador – inspirado na idéia geral de *continuidade do serviço público* – que durante o tempo de um ano não sobreviriam grandes aumentos. Isso provocou severo comentário de António de Almeida Santos: "Tal suposição é mais cômoda do que válida".[13]

Na legislação portuguesa muitos dispositivos legais surgiram disciplinando a questão. Talvez o mais antigo seja o constante do art. 56º do Regulamento nos Contratos Militares, de 1905.[14] Seguiram-se-lhe – já em plena I Guerra Mundial – o Decreto 1.536, de 1915, relacionado com os fornecedores do Estado; o Decreto 4.076, de 1918, relativo aos adjudicatários de obras públicas; o Decreto 14.668, já em 1927, tratando da concessão de iluminação pública, cujo âmbito foi alargado pelo Decreto 16.076, de 1928; a Lei 1.968, de 1938, autorizando empresas ferroviárias a cobrar um adicional de 1%, no máximo, sobre o tráfego; o Decreto 31.911, de 1942 – no decurso da II Guerra Mundial –, sobre a concessão de produção e distribuição de energia elétrica; o Decreto 32.432, de 1942, relativo aos contratos de empreitada, concessivo de indenização pela alta dos preços provocada pela guerra.

No campo jurisprudencial, disse Diogo de Paiva Brandão: "A atitude da nossa jurisprudência administrativa, leviana, incoerente e por vezes contraditória, tem colocado o intérprete em sérios embaraços".[15] No mesmo sentido Luís Alberto de Carvalho Fernandes.[16]

do do aumento dos encargos efectivamente sofridos ou se proceder à actualização dos preços" (publ. no *Diário do Governo* 42/187, 1º semestre de fevereiro de 1969).

13. "A teoria da imprevisão ou da superveniência contratual e o novo Código Civil", in *Jornadas Jurídicas – Estudos sobre o Código Civil*, p. 93.

14. "Art. 56º. O caso da guerra não dispensa o arrematante das obrigações contraídas.

"Parágrafo único. Se as condições gerais do acordo tiverem sido, porém, notavelmente alteradas, o arrematante, comprovados os argumentos aduzidos, poderá solicitar do Ministério da Guerra, em alternativa, a rescisão do seu contrato ou o abono de determinada indenização, ficando livre ao Governo a opção por qualquer destas soluções."

15. "Considerações sobre o problema da imprevisão", *Boletim da Faculdade de Direito da Universidade de Coimbra*, Suplemento do v. XXVII, p. 257.

16. "O interesse da jurisprudência portuguesa em matéria de imprevisão nos contratos administrativos é bastante mais limitado do que seria de esperar em face do nú-

340 A TEORIA DA IMPREVISÃO NO DIREITO CIVIL E NO PROCESSO CIVIL

O primeiro grande equívoco da jurisprudência portuguesa no campo administrativo deveu-se ao Supremo Tribunal de Justiça, no ano de 1922. Em polêmico aresto aquele Colegiado acabou por confundir *caso fortuito* com *imprevisibilidade*. Em 1926 o mesmo Tribunal deixou claro *descaber* na concepção de *caso fortuito* a simples *dificuldade excessiva*.

Um outro julgado (1930), do Supremo Conselho da Administração Pública, aplicou integralmente a teoria da imprevisão. Expressivas, ainda, foram as decisões proferidas pelo Supremo Tribunal de Justiça em 1939, 1941, 1955 e 1958. Também digna de comentários foi a decisão de 1939. Embora se tratasse de um perfeito e acabado *acto do Governo* – conhecido administrativamente como *fato do príncipe* –, o Supremo Tribunal Administrativo entendeu aplicável o princípio da alteração das circunstâncias, em evidente confusão, provocando críticas incontáveis dos juristas portugueses. Disse o Tribunal: "Nesta base, tem sido defendida na doutrina a aplicação ao direito administrativo da teoria da imprevisão, embora esta teoria encontre dificuldades de aplicação no direito privado". A decisão provocou acerbo comentário de Paiva Brandão.[17] "São evidentes a incorrecção jurídica e a incoerência deste acórdão. Mas, como adiante veremos, a jurisprudência dos nossos tribunais em matéria de imprevisão não prima nem pela correcção nem pela coerência".

Igualmente oportuno é o registro de que em Portugal, a partir de 1941, por meio de uma decisão do Supremo Tribunal Administrativo – salientou Paiva Brandão –, a jurisprudência naquele campo se firmou no entendimento de que "(...) a teoria da imprevisão só poderia ser invocada quando já estivesse em execução o contrato administrativo". Também o chamado *acto do Governo* – isto é, o poder que tem a Administração Pública, mediante indenização pecuniária ao contraente, de modificar a extensão da obrigação por este assumida – constituiu a mais chocante das diferenças de regime entre as convenções administrativas e os contratos civis – concluiu Paiva Brandão.[18]

---

mero de casos sobre que os nossos tribunais já se pronunciaram, em virtude do incipiente conhecimento da técnica da teoria, que neles se revela, o que faz com que nem se tenha chegado a definir uma corrente jurisprudencial esclarecida sobre o problema" ("A teoria da imprevisão no direito civil português", *Boletim do Ministério da Justiça* (Coimbra) 128/275).

17. Artigo cit., *Boletim da Faculdade de Direito da Universidade de Coimbra*, Suplemento do v. XXVII, p. 241.

18. Idem, p. 242.

A IMPREVISÃO E O DIREITO ADMINISTRATIVO 341

Em todo o mundo, no campo doutrinário, tem sido pacífico este entendimento: as alterações contratuais resultantes do *fato do príncipe* (atos da Administração que importem modificação unilateral do pacto) *não admitem recurso à teoria da imprevisão*. Somente os chamados *fatos da administração* – a que o Direito Português rotula de *actos do Governo* – a aceitam.

Assim, depois de configurado o comportamento dos Direitos Francês e Português diante da imprevisibilidade em matéria administrativa, oportuno é saber como foi recebida no direito público brasileiro.

Themístocles Brandão Cavalcanti[19] explicou que no direito civil sua aplicação tem sido mais restrita, em razão da limitação no tempo de vigor dos contratos entre particulares. No direito administrativo, porém, mereceu estudos especiais, pela necessidade de adaptação da velha teoria às novas exigências do Direito moderno.

A corrente majoritária na doutrina, nacional e internacional, é de entendimento que alguns atos praticados pela Administração não abririam espaço para a imprevisibilidade. Entre eles estaria o chamado *fato do príncipe*.

Celso Antônio Bandeira de Mello,[20] discorrendo com a segurança costumeira sobre o instituto e seu alcance como forma de garantir o justo equilíbrio de um contrato alterado unilateralmente por fato da administração – possibilidade só deferida ao Poder Público, de quem não se pode exigir o cumprimento integral do pacto e contra quem não é possível invocar a exceção do contrato não cumprido – e explicando que hoje a prova da imprevisibilidade perdeu o rigorismo inicial que a cercava, adquirindo contornos mais razoáveis, deixou clara a posição das nossas doutrina e jurisprudência públicas, menos exigentes do que as do setor privado.

Hely Lopes Meirelles[21] apresentou oportunos esclarecimentos sobre a diferença existente entre *fato da administração* e *fato do príncipe*.

19. *Cláusula "Rebus Sic Stantibus"*, p. 40.
20. "Demais disso, a condição 'imprevisibilidade' tornou-se menos severa. É o que realça o nunca assaz citado Francis-Paul Bénoît. O imprevisível passou a se referir apenas ao *imprevisto*, ao razoavelmente não-previsto, e a indenização de imprevisão transmudou-se de ajuda parcial temporária em meio de garantia do equilíbrio econômico-financeiro estipulado por ocasião do contrato, nele incluído o lucro" (*Curso de Direito Administrativo*, 13ª ed., pp. 591-592).
21. "*Fato do príncipe* é toda determinação estatal, positiva ou negativa, geral, imprevista e imprevisível, que onera substancialmente a execução do contrato administrativo. Essa oneração, constituindo uma *álea administrativa extraordinária e ex-*

342 A TEORIA DA IMPREVISÃO NO DIREITO CIVIL E NO PROCESSO CIVIL

Daniel Goldberg[22] analisou o papel dos tribunais diante da alegação de "fato do príncipe" pela Administração Pública, concluindo que faltou àqueles colegiados a verificação da compatibilização entre as posturas, diante do intervencionismo estatal.

É indiscutível que as prerrogativas do Estado no campo da intervenção contratual são inúmeras, razão por que as contratações administrativas diferem – e muito – das realizadas no campo do direito privado, embora eles – contratos –, em princípio estejam sujeitos à disciplina da teoria obrigacional.

Thadeu Andrade da Cunha, depois de discorrer sobre a necessidade de proteção do particular que contrata com a Administração Pública, estabeleceu a diferença que existe, a seu juízo, entre o *fato do príncipe* e a *teoria da imprevisão*: "A diferença entre as duas causas de desarmonia contratual está em que o fato do príncipe decorre de uma prerrogativa pública, representando um ato da Administração a incidir sobre as obrigações do contratado, enquanto na teoria da imprevisão o fato é considerado imprevisto tanto para o Poder Público quanto para o particular e o prejuízo afeta a álea econômica".[23] Prosseguiu esclarecendo que a indenização, nas hipóteses de *fato do príncipe* é integral, equivalente ao prejuízo sofrido pela parte; na ocorrên-

---

tracontratual, desde que *intolerável* e *impeditiva da execução do ajuste*, obriga o Poder Público contratante a compensar integralmente os prejuízos suportados pela outra parte, a fim de possibilitar o prosseguimento da execução, e, se esta for impossível, rende ensejo à rescisão do contrato, com as indenizações cabíveis."

"*Fato da administração* é toda ação ou omissão do Poder Público que, incidindo direta e especificamente sobre o contrato, retarda ou impede sua execução. O *fato da administração* equipara-se à *força maior* e produz os mesmos efeitos excludentes da responsabilidade do particular pela inexecução do ajuste. É o que ocorre, por exemplo, quando a Administração deixa de entregar o local da obra ou serviço, ou não providencia as desapropriações necessárias, ou atrasa os pagamentos por longo tempo, ou pratica qualquer ato impeditivo dos trabalhos a cargo da outra parte" (*Direito Administrativo Brasileiro*, 26ª ed., p. 229).

22. "O que resta aos tribunais discutirem mais a fundo é o âmbito de alegação do 'fato do príncipe' (pode uma mudança brusca de alíquotas constituir-se fato extraordinário e imprevisível?) e a compatibilidade deste tipo de utilização da teoria com um sistema intervencionista como o brasileiro. Se a interpretação judicial for ampla no sentido da aceitação das diferentes formas de intervenção estatal, no âmbito negocial privado (e, como o demonstramos, atualmente não o é), como justificadoras da aplicação da teoria da imprevisão, então é certo que será alegada de forma corrente. A seguir-se a atual tendência, a teoria da imprevisão não terá seus contornos tão alterados, e a prioridade do Judiciário ainda será a da segurança das relações jurídicas, mesmo que isto paradoxalmente signifique permitir a sua alteração por ato de caráter cogente sem que se restabeleça judicialmente o *statu quo* original da relação" ("Teoria da imprevisão, inflação e fato do príncipe", *RT* 723/203.).

23. "A teoria da imprevisão e os contratos administrativos", *RDA* 201/42.

A IMPREVISÃO E O DIREITO ADMINISTRATIVO 343

cia da *imprevisibilidade* ela é parcial, uma vez que deve ser suportada por ambos os contratantes.

A Lei 8.666, de 1993, deixou expresso que a Administração Pública pode extinguir unilateralmente o contrato nas hipóteses previstas no art. 58, II, c/c arts. 78 e 79, I – obviamente, precedido de ampla defesa, como preconiza o art. 78, parágrafo único. Assenta-se, em princípio, em duas hipóteses: por razões de interesse público, sem qualquer responsabilidade do contratado, que, então, deverá ser indenizado (§ 2º do art. 79); por culpa do contratado, com ressarcimento do Poder Público.

Por longo tempo predominou o entendimento de que a extinção unilateral dos contratos administrativos era uma prerrogativa da Administração Pública, que, dada sua natureza, gozava de autênticos privilégios legais, não se lhe podendo opor a *exceptio non adimpleti contratactus*. As lições de Celso Antônio Bandeira de Mello mudaram esta distorcida visão. Disse ele: "Costumava-se afirmar que a exceção de contrato não cumprido (*exceptio non adimpleti contractus*) não é invocável pelo contratado nos contratos administrativos. Tal assertiva (que, ao nosso ver, dantes já era inexata) hoje não mais poderia ser feita, pois o art. 78, XV, expressamente estabelece que, se a Administração atrasar por mais de 90 dias os pagamentos devidos em decorrência de obras, serviços, fornecimentos ou parcelas destes, já recebidos ou executados, salvo no caso de calamidade pública, grave perturbação da ordem interna ou guerra, o contratado poderá suspender o cumprimento de suas obrigações, até a normalização destes pagamentos, ou então obter a rescisão do contrato. Assim também o inciso XIV – sempre com a ressalva das situações excepcionais aludidas – autoriza-o, no caso de suspensão da execução do contrato por ordem escrita da Administração, por prazo superior a 120 dias, ou por repetidas suspensões que totalizem o mesmo tempo, a suspender o cumprimento de suas obrigações ou a obter rescisão do contrato".[24]

A *exceptio non adimpleti contractus*, já referida, em princípio figura existente no direito privado, encontra-se disciplinada no art. 1.092 do vigente Código Civil[25] e repetida no art. 475 do novo Código Civil. No Código Civil Português, no art. 428º.[26]

---

24. Ob. cit., p. 569.
25. "Art. 1.092. Nos contratos bilaterais, nenhum dos contraentes, antes de cumprida a sua obrigação, pode exigir o implemento da do outro."
26. "Art. 428º. Se nos contratos bilaterais não houver prazos diferentes para o cumprimento das prestações, cada um dos contraentes tem a faculdade de recusar a

344   A TEORIA DA IMPREVISÃO NO DIREITO CIVIL E NO PROCESSO CIVIL

Orientado para uma nova visão jurisprudencial – que cada vez mais vem considerando certos fatos da administração como autênticos fatos do príncipe (aos quais, em princípio, a teoria da imprevisão seria inaplicável) –, o direito administrativo brasileiro absorveu as lições de Oswaldo Aranha Bandeira de Mello,[27] orientadas para uma postura de evolução. A negativa de revisão representa para o particular uma injustificável restrição, da qual o jurista medianamente liberal discorda, uma vez que a tendência moderna se encontra cada vez mais voltada para um enfoque societário da ciência jurídica, compartilhando direitos e obrigações.

Com indiscutível tendência de aceitação da chamada *socialização do Direito* – a exemplo de tantos outros juristas que já haviam se rendido aos novos rumos –, igualmente importante é a contribuição de José Carlos Ferreira de Oliveira, trazendo um novo enfoque do problema ao explicar que "(...) o fundamento jurídico da revisão não é o acordo de vontade das partes contratantes, mas a idéia de justiça e de solidariedade que deve presidir toda execução contratual, como querem alguns autores, ou de eqüidade, como sustentam outros".[28]

Pela imperatividade da distribuição eqüitativa dos encargos no serviço público, cuja continuidade defendeu, por entender imprescindível, não obstante goze a Administração de privilégios nunca deferidos ao particular na relação com seus administrados, com base na eqüidade, é que se posicionou o jurista Alcino Salazar.[29]

---

sua prestação enquanto o outro não efectuar a que lhe cabe ou não oferecer o seu cumprimento simultâneo."

27. "Já se considera como *fait du prince* o ato da Administração Pública, contratante, no exercício do seu poder de gestão, que acarreta a modificação no modo de execução do serviço público ou no de execução de obra pública, consistente em normas regulamentares ou decisões executórias, unilateralmente, no interesse coletivo, que afetam as cláusulas contratuais relativas ao regime jurídico pertinente à execução do ajuste, que tornam mais onerosa a satisfação das obrigações pelo outro contratante" (*Princípios Gerais de Direito Administrativo*, v. I, p. 678).

28. "A teoria da imprevisão e os contratos administrativos", *RT* 320/28.

29. "Se o exposto prevalece em relação a contratos particulares de direito privado, com maior força de razão, e até em conseqüência de outros motivos inarredáveis, há de vigorar no que toca aos chamados contratos administrativos de direito público, consistindo freqüentemente na continuidade e regularidade da execução do serviço ou da obra contratados com terceiros, atua inelutavelmente em favor da composição de interesses a que visa a cláusula *rebus sic stantibus*. Ainda outra razão preponderante: a decorrente do princípio de igualdade na distribuição dos encargos do serviço público. Se acontecimentos imprevisíveis e extraordinários impõem ao particular um ônus excessivo na execução do serviço contratado com a Administração Pública, justo é que o

A IMPREVISÃO E O DIREITO ADMINISTRATIVO 345

Thadeu Andrade da Cunha – já mencionado – observou que: "(...) afinal, o contrato administrativo é tipificado pela participação da Administração na relação jurídica com supremacia de poder para fixar condições iniciais do ajuste e, conseqüentemente, a faculdade de impor as chamadas cláusulas exorbitantes ao direito comum. Daí, com muita propriedade, a professora Maria Sylvia Zanella advertir que o equilíbrio do pacto administrativo é essencialmente dinâmico e instável, rompendo-se com muito mais facilidade que no direito privado. Desse modo, o contrato administrativo comporta uma teoria da imprevisão própria que contempla suas especificidades".[30]

J. Guimarães Menegale,[31] ressaltando o aspecto diversificado dos contratos administrativos, emitiu importante parecer no qual demonstrou que a grande diferença entre eles está no plano da intangibilidade: mais severa no direito privado e menos no direito público.

No mesmo caminho seguiu Oscar Saraiva[32] ao enfatizar a proteção constitucional aos contratos administrativos para que, durante seu curso, o equilíbrio se mantenha em face de situação anormal que lhe venha a afetar a economia.

É importante enfatizar que, ao se pretender aplicar a imprevisão nos contratos administrativos, é pré-condição que neles se possa

sacrifício seja suportado pela coletividade que dele é beneficiária" ("A cláusula *rebus sic stantibus* – Sua aplicação no Direito Brasileiro", *RDA* 31/306-307).

30. Artigo cit., *RDA* 201/44.

31. "A primeira circunstância favorável ao cabimento da teoria da imprevisão no direito administrativo reside, exatamente, na flexibilidade de seus contratos, em oposição aos de direito civil, teoricamente imutáveis. Essa disposição filia-se à outra, e vem a ser que, pela emancipação do direito administrativo, o doutrinador e o juiz encontraram na exegese das normas legais uma liberdade maior, indispensável, de resto, à coadunação dos textos aos fatos". E concluiu: "A violação de lei compreende a violação de qualquer norma obrigatória por lei ou regulamento ou ainda por disposições contratuais. Quando, pois, um ato administrativo infringe norma obrigatória por disposição contratual, o poder, que o sistema de garantias, no Brasil, confere à parte lesada por ato administrativo, é o de reivindicar em juízo o direito à prestação do contratante, mais os ressarcimentos dos danos ocasionados pela violação do contrato" ("Parecer sobre a concessão de serviço público – Cláusula *rebus sic stantibus* – Reajustamento de tarifas mediante ação judicial", *RDA* 23/317 e 324).

32. "Assim, pois, em se tratando de contratos administrativos a longo prazo, cuja prestação se dilatar por espaçado período, tal como as concessões de serviço público, não ocorre dúvida em que se possa operar a revisão, reajustando-se os preços dos valores correntes. Para esses contratos, o legislador constitucional assegurou a faculdade de revisão, a ser pleiteada pelos interessados, de forma a permitir que durante toda a sua vigência se obtenha o equilíbrio entre as obrigações assumidas pelos contratantes e os direitos que lhes devem ser assegurados" ("Os contratos de empreitada e a aplicação da cláusula *rebus sic stantibus* no direito administrativo", *RDA* 1/35).

346 A TEORIA DA IMPREVISÃO NO DIREITO CIVIL E NO PROCESSO CIVIL

identificar, antes, qual é sua verdadeira finalidade, a razão da sua existência, uma vez que, em princípio, eles já preenchem o primeiro requisito básico, que é o de serem contratos de execução diferida. E será, logicamente, por meio deste reconhecimento que se poderá, com mais segurança, determinar a pertinência ou não do princípio. Nesta linha de raciocínio, os esclarecimentos de outro administrativista, Brandão Cavalcanti,[33] vêm a propósito.

Entre nós, até 1986 a polêmica sobre a aceitação e aplicação do princípio da imprevisibilidade nos contratos celebrados com a Administração Pública – menos na doutrina do que na jurisprudência – restou pacificada com o advento do Decreto-lei 2.300, de 21 de novembro, já revogado. Previa o diploma legal a expressa obrigação de restabelecimento do equilíbrio econômico-financeiro do contrato, por parte do Poder Público, sempre que eventos extraordinários se abatessem sobre a contratação.

Sobre a questão – revisão do pacto para a manutenção das condições efetivas da proposta – a atual Constituição Federal, em seu art. 37 e inciso XXI, dispôs: "A Administração Pública direta, indireta ou fundacional, de qualquer dos Poderes da União, dos Estados, do Distrito Federal e dos Municípios obedecerá aos princípios de legalidade, impessoalidade, moralidade, publicidade e, também, ao seguinte: (...) XXI – ressalvados os casos especificados na legislação, as obras, serviços, compras e alienações serão contratados mediante processo de licitação pública que assegure igualdade de condições a todos os concorrentes, com cláusulas que estabeleçam obrigações de pagamento, mantidas as condições efetivas da proposta, nos termos da lei, o qual somente permitirá as exigências de qualificação técnica e econômica indispensáveis à garantia do cumprimento das obrigações".

Por fim, a decisão do Tribunal de Apelação do Distrito Federal citada por Celso Antônio Bandeira de Mello[34] (*Arquivo Judiciário 68/ 344 e ss.*) é paradigmática, sob todos os aspectos.

33. "No direito administrativo tem tido a doutrina uma aplicação bem mais larga, atribuindo-se a causa do desequilíbrio ou a fatores puramente econômicos, ou a fatos da administração (álea econômica e álea administrativa). No primeiro caso, as causas independem inteiramente da vontade das partes, que nenhum ato praticaram que pudesse influir sobre as condições de execução do contrato; no segundo é o que se chama 'fato do príncipe' e o desequilíbrio é ocasionado por uma medida tomada pela Administração e que se reflete diretamente sobre o contrato e as condições em que é o mesmo executado. Somente na primeira hipótese tem aplicação a teoria da imprevisão" (ob. cit., p. 39).

34. "'(...) o risco que os contraentes assumem no contrato não pode ser concebido como excedendo o risco normal, isto é, o que se compreende nos limites da previ-

A IMPREVISÃO E O DIREITO ADMINISTRATIVO   347

A previsão de manutenção do equilíbrio econômico-financeiro dos contratos celebrados com a Administração Pública, no plano da legislação infraconstitucional, foi disciplinada pela Lei das Licitações (Lei 8.666, de 1993) e disposições expressas do art. 65, II, "d", da Lei 8.883, de 1994, que chegam a contemplar a hipótese de revisão contratual mesmo diante da previsibilidade do acontecimento modificador da economia contratual, mas não de suas conseqüências.

Assim, por determinação legal os contornos da revisão e do reequilíbrio da contratação deverão constar explicitamente do edital de licitação, consolidando-se no momento em que a proposta de um dos licitantes é julgada pela Administração como a mais vantajosa para o interesse público. Da data desse julgamento em diante a equação econômico-financeira da contratação gozará da proteção legal tanto no campo específico da contratação como em sua *aura contratual*, álea anormal em que ocorre o fenômeno da imprevisibilidade.

17.1 *A imprevisão e a cláusula de escala móvel de reajustamento. Conceituação e campo operacional*

Por *cláusula de "escala móvel"* – ensinou Lopes Meirelles[35] – devemos entender, na exata conceituação do professor Arnoldo Wald,

---

são humana. Levar mais longe o dogma da intangibilidade do contrato seria, sob o pretexto de garantir a liberdade contratual, destruir o fundamento dos pactos, a sua base econômica e moral, como instrumento de comércio e de cooperação entre os homens, o elemento de boa-fé e de justiça sem o qual a liberdade dos contratos seria apenas uma aparência destinada a legitimar o locupletamento injusto de uma parte à custa do patrimônio da outra, sobre esta recaindo de modo exclusivo os riscos estranhos à natureza do contrato e que, se previsíveis na ocasião de atar-se o vínculo contratual, teriam impedido a sua formação. Os pressupostos que determinaram as partes a se obrigarem deixaram de existir e, se imprevisíveis as circunstâncias que de modo tão grave frustraram a justificada expectativa dos contraentes, seria, evidentemente, injusto manter a economia do contrato contra a intenção e a fé em que ele foi ajustado e concluído. Nas épocas, porém, como a nossa, de grandes cataclismos políticos que surpreendem pela sua amplitude e a sua gravidade ainda aos homens colocados nas torres de comando, e forçam os governos e todos os países às mais drásticas medidas de emergência, seria sumamente injustificável que no domínio do comércio jurídico e da liberdade contratual, que se fundam precisamente no pressuposto da continuidade da ordem estabelecida, se deixasse ao egoísmo individual o *poder, dissimulado em direito, de aproveitar-se das circunstâncias imprevistas e anormais para transformar um instrumento de equilíbrio econômico, como é o contrato, em instrumento de extorsão ou de enriquecimento injusto*. Daí o haver a teoria da imprevisão nos contratos passado somente de poucos anos a esta parte a ser considerada como da mais alta importância prática'" (ob. cit., p. 590).

35. *Estudos e Pareceres de Direito Público*, v. I, p. 8.

348 A TEORIA DA IMPREVISÃO NO DIREITO CIVIL E NO PROCESSO CIVIL

toda "(...) aquela que estabelece uma revisão, preconvencionada pelas partes, dos pagamentos que deverão ser feitos de acordo com as variações do preço de determinadas mercadorias, ou serviços, ou do índice geral do custo de vida ou dos salários". Depois de explicar que a *cláusula de escala móvel* é também chamada de *cláusula escalar*, de *escalonamento*, ou *número-índice*, o mesmo autor – Lopes Meirelles[36] – acrescentou que nos contratos modernos ela vem sendo o sucedâneo da velha cláusula *rebus sic stantibus* (afirmação da qual se discorda totalmente), em razão da vontade de possibilitar os reajustes automáticos prefixados pelas partes por meio de um coeficiente prévio de correção. Com tal medida a revisão pelo sistema tradicional, condicionada à verificação dos efeitos do evento alterador da economia contratual e sua conseqüente estimativa por meio de arbitramento judicial, seria evitada. Prosseguiu o mesmo autor ressaltando as vantagens da cláusula em discussão, que, tendo como vetor o chamado *número-índice* de atualização monetária, colocaria em evidência a principal razão de sua adoção não só nos pactos administrativos, como também nos de natureza privada.

Desde o surgimento da *Lei Failliot* na França (1918) que o direito administrativo francês – e mundial – vem aceitando e aplicando a imprevisibilidade nos contratos de execução diferida. Os precedentes na doutrina e jurisprudência são mais antigos. Particular e Administração Pública sempre adotaram na contratação o pressuposto *rebus sic stantibus* (no que respeita aos valores estabelecidos primitivamente), admitindo sua revisão em razão de alterações anormais, subseqüente. Mais recentemente, com o surgimento da cláusula de escala móvel, a correção tem sido levada a efeito com base em referenciais estabelecidos pelas partes, *perfeitamente previsíveis*, tais como inflação, recessão e outros desequilíbrios. Assim, por via de revisão buscam garantir a chamada *equação econômico-financeira* do pacto, afastando de vez o rigor da intangibilidade contido na regra *pacta sunt servanda*.

Teoricamente, devem refletir as modificações econômicas futuras, sendo defeso à Administração Pública qualquer interferência ou tentativa de manipulação dos coeficientes estabelecidos, já que seu interesse primário (complexo de pretensões individuais em determinada organização jurídica da comunidade) deve sempre se sobrepor ao secundário (vantagens públicas obtidas com sacrifícios ou, mesmo, prejuízos do particular).

36. Idem, v. I, p. 9.

A IMPREVISÃO E O DIREITO ADMINISTRATIVO

Com a lucidez característica de suas análises, discorrendo sobre o tema, Celso Antônio Bandeira de Mello[37] observou que, com o objetivo de evitar no futuro o recurso à teoria da imprevisão, pretendeu-se chegar à fixação de cláusulas que formalmente excluíam a possibilidade de seu emprego, na convicção de que o reajuste contratualmente estipulado para a revisão de preços seria a solução do problema, dispensando-se quaisquer outras providências. E concluiu ele assinalando que, por todas as razões de lógica elementar, a tentativa *foi, é e sempre há de ser absurda.*

Ainda sobre o assunto, Celso Antônio Bandeira de Mello[38] – citando Waline – esclareceu: "'Precisamente porque a indenização da imprevisão supõe a superveniência de acontecimentos que, por hipótese, as partes não haviam podido prever quando da conclusão do contrato, a jurisprudência houve por bem decidir que *tais cláusulas, inseridas nos contratos, eram sem valor para o caso em que qualquer circunstância realmente imprevista sobreviesse no interregno.* Nenhuma cláusula de exclusão poderia jamais impedir o empreiteiro, por exemplo, de postular indenização por imprevisão quando ocorresse fato novo absolutamente imprevisível na data do contrato e subvertedor das previsões da partes'" (grifamos).

Orlando Gomes, ao analisar as cláusulas de reajuste não só como forma de escapar às determinações legais de vedação de estipulação da chamada cláusula-ouro, ou de contratação em moeda estrangeira, mas também como meio de proteção à instabilidade econômica, em especial a inflação, explicou que, "(...) para fugir a essa proibição, as partes começaram a inserir nos contratos cláusulas pelas quais a quantia a ser paga fosse fixada em função das variações de determinado índice econômico, como, por exemplo, o de custo de vida ou do salário mínimo. A essas cláusulas de indexação, deu-se a denominação de cláusulas de escala móvel".[39] O mesmo autor acrescentou considerar inteiramente válidas as cláusulas de indexação, porque obra dos próprios interessados, relembrando argumento usado pelos anti-revisionistas (embora ele não o fosse), assim expresso: *se as partes, de um modo geral, cumprem a legislação do país em que vivem e pela qual são responsáveis apenas indiretamente, com mais razão deverão cumprir a lei que, de forma direta, fizeram nascer, ao contratar.*

---

37. Ob. cit., p. 592.
38. Ob. cit., pp. 593-593.
39. *Transformações Gerais do Direito das Obrigações*, p. 136.

350 A TEORIA DA IMPREVISÃO NO DIREITO CIVIL E NO PROCESSO CIVIL

Caio Mário da Silva Pereira também entendeu que essas cláusulas exercem importante função na justiça comutativa dos pactos, aceitando-as como solução substitutiva de emprego da imprevisibilidade nos contratos administrativos (aceitação da qual também se discorda). Disse ele: "As cláusulas monetárias, em si mesmas, são tecnicamente válidas e moralmente recomendáveis: de um lado amparam o credor, quando impedem que o devedor se aproveite do fenômeno inflacionário para liberar-se mediante entrega de uma soma aparentemente correlata da *res debita*, porém intrinsecamente inferior a ela; e por outro lado defendem o devedor, evitando que o credor encareça o valor da prestação como garantia contra a depreciação monetária. Embora importem no pagamento de soma superior nominalmente à quantia devida, têm o mérito de enfrentar o problema com franqueza e lealdade, em vez de esboçarem uma técnica defensiva por linhas oblíquas, conducente a resultado igualmente inflacionário, como ocorre quando o credor eleva a taxa de juros e o fornecedor sobrecarrega o preço da mercadoria".[40] E concluiu Caio Mário: "(...) não será nefasta a cláusula pela qual as partes se premunam contra as flutuações de seu valor, desde que não envolva repulsa à moeda de curso legal e respeite o seu poder liberatório pelo valor nominal".[41]

É importante ressaltar que a adoção da cláusula de escala móvel representa nada mais do que louvável espírito revisionista em face de acontecimento *perfeitamente previsível e identificado* no instante vinculativo, que seria a depreciação monetária, não trazendo em si – pela previsibilidade – os elementos indispensáveis para a configuração de uma hipótese excepcional e conseqüente emprego da teoria da imprevisão.

António Pinto Monteiro foi categórico ao explicar que no Direito Português as cláusulas de escala móvel são admitidas francamente e que, dado seu caráter de antecipação de defesa pelas partes contra o risco de depreciação da moeda, devem ser aplaudidas. Exaltou suas vantagens, ressaltando que elas fomentam o "(...) equilíbrio eqüitativo das prestações contratuais, evitam a paralisação do tráfico econômico e permitem a defesa das categorias sociais mais desfavorecidas, principais vítimas da inflação".[42]

40. *Instituições de Direito Civil*, v. II, p. 122.
41. Idem, v. II, pp. 125 e 169.
42. *Inflação e Direito Civil*, p. 20.

A IMPREVISÃO E O DIREITO ADMINISTRATIVO

Entre nós, um dos grandes estudiosos da escala móvel de reajustamento tem sido o professor Arnoldo Wald.[43] Depois de analisar os pressupostos e reflexos de sua incidência, explicou: "Na luta pela adoção da cláusula de escala móvel, militam juntas a segurança e a justiça, para garantir a cada um o que é seu hoje e o que será seu amanhã, para dar ao índice o papel que a moeda já não pode exercer, de ponte entre o presente e o futuro". E Wald[44] advertiu, ainda, que é preciso, todavia, reconhecer que, ao lado da correção monetária, como instrumento geral de revalorização dos créditos, existem no Direito Brasileiro – e especialmente na área contratual – outras técnicas que asseguram a comutatividade das prestações, particularmente nos contratos a longo prazo. Prosseguiu explicando que, independentemente da inflação e da atualização monetária, e mesmo antes que se cogitasse desta última como instrumento corretor generalizado, destinado a garantir a identidade da moeda no tempo, os contratos a longo prazo foram vinculados a determinadas fórmulas que asseguravam seu equilíbrio contratual. Concluiu dizendo que, ao lado do tradicional princípio que estabelecia a vinculação das partes aos contratos (*pacta sunt servanda*), admitiu-se, tanto no direito público como no direito privado, a introdução da chamada *cláusula "rebus sic stantibus"*, ou teoria da imprevisão, que corrigia os efeitos nefastos de situações supervenientes imprevisíveis.

Carlos Alberto Bittar[45] participou da discussão, esclarecendo que a obrigação pecuniária deve ser originalmente estipulada como tal, podendo as partes, já na contratação, prever as formas de correção possíveis, por meio de revisão valorativa, conforme preço do bem ou

---

43. Explicou ele:

"1. Em princípio são válidas as cláusulas de escala móvel propriamente ditas (excluídas as cláusulas-ouro, valor-ouro, divisas estrangeiras e valor-divisas, já que são proibidas) e por não contrariarem as disposições legais sobre o curso forçado do cruzeiro-papel.

"2. A validade da cláusula de escala móvel não depende nem da personalidade dos contratantes, nem do índice escolhido. Somente é inválida a cláusula de escala móvel quando seus efeitos forem contrários a uma lei de ordem pública, como aquela que chancela aluguéis.

"3. Os tribunais brasileiros reconhecem as modificações do poder aquisitivo da moeda e procuram corrigir o desequilíbrio entre as prestações das partes causado por este motivo, como acontece em matéria de desapropriação" (*A Cláusula de Escala Móvel*, pp. 132-133).

44. "Revisão de valores no contrato: a correção monetária, a teoria da imprevisão e o direito adquirido", parecer, *RT* 647/28.

45. *Curso de Direito Civil – Direito das Obrigações*, p. 53.

352   A TEORIA DA IMPREVISÃO NO DIREITO CIVIL E NO PROCESSO CIVIL

índice geral do custo de vida (escala móvel), ou por índices oficiais (correção monetária), mantendo-se as correspondências nas prestações. Informou o mesmo autor que a jurisprudência pátria, a princípio relutante, hoje aceita francamente as cláusulas de escala móvel, uma vez que a correção monetária se integrou de forma definitiva em nossa cultura econômica. Ilustrou suas afirmações com inúmeros julgados.

17.2 Inaceitabilidade da pretendida substituição da teoria da imprevisão pela cláusula de escala móvel

Buscando traçar os contornos diferenciais entre a escala móvel e a imprevisibilidade (felizmente sem propor a substituição de uma pela outra), com toda propriedade, Carlos Alberto Bittar Filho asseverou: "A cláusula de escala móvel aparta-se da teoria da imprevisão, pois, enquanto que, por meio desta, o Estado-juiz procede à revisão contratual, independentemente da vontade de um dos contraentes, aquela é predeterminada pela vontade das partes, tornando factível a revisão do valor do objeto da prestação". [46]

É indiscutível que há muito tempo, nos direitos privado e público, se tomou consciência da instabilidade da economia, razão por que, principalmente para as contratações administrativas, se procurou criar instrumentos de readequação dos valores estabelecidos na vinculação inicial, sujeitos a alterações posteriores. Por tal mecanismo de prevenção foi que alguns pretenderam substituir a aplicação da doutrina da imprevisibilidade, em tentativa inglória e destituída de qualquer fundamento.

Uma apreciação crítica se faz necessária sobre a absurda tentativa de substituição de uma pela outra (teoria da imprevisão pela cláusula de escala móvel), formulações de gêneses, naturezas e fundamentações tão diversas, a começar pela álea de incidência e jogo operativo de cada uma delas – donde se poder denunciar, categoricamente, a inviabilidade absoluta da proposta. Pretender afastar o emprego da imprevisibilidade pela simples operação de colocar a previsibilidade em seu lugar é, antes de tudo, ignorar os pressupostos operacionais da teoria da imprevisão e – o que é pior – tentar fundir e equiparar coisas infungíveis e não-equiparáveis.

É importante destacar que, embora de propósitos louváveis, a pretensão de apresentar a cláusula de escala móvel como única e definiti-

---

46. "A teoria da imprevisão: evolução e contornos atuais", in Carlos Alberto Bittar (coord.), *Contornos Atuais da Teoria dos Contratos*, p. 29.

A IMPREVISÃO E O DIREITO ADMINISTRATIVO   353

va solução para o problema das alterações da base contratual por efeito de acontecimentos imprevisíveis subseqüentes, alteradores do convencionado, por razões de caráter antinômico, é proposta que não pode ser aceita. Ao buscar um indicador de atualização do valor-base da transação inicial (fruto de preocupação com a perda de poder aquisitivo da moeda), o intento acabaria por levar ao cometimento de um pecado capital de impossível expiação: com a inclusão de cláusulas de reajustes dos preços primitivos, em "substituição" ao *remedium iuris* da imprevisibilidade, a pretensão consubstanciaria nada mais, nada menos, do que a utopia de tentar *prever contratualmente um fato imprevisível*.

A tentativa de utilização – e equiparação – do mesmo mecanismo válido para a fixação da cláusula penal dos arts. 916 e ss. do Código Civil atual (*prefixação de perdas e danos*) e 407 e ss. do novo Código Civil, no contexto das *situações contratuais resolutivas expressas* gravita em órbita inteiramente distinta, assemelhando-se ao plantio de uma semente sem capacidade germinativa alguma e, conseqüentemente, sem condições de vingar – deixando, em decorrência, de produzir os frutos esperados. No plano teórico, aparentemente, a solução poderia até se apresentar como ideal. Entretanto, o mesmo não aconteceria no campo operacional, que é o único que realmente importa.

Como a da teoria da imprevisão entre nós ainda tem sua aplicação diferida até a vigência do novo Código Civil, muitas dúvidas hão de surgir quando em confronto com a cláusula de *escala móvel de reajustamento*. Aqui são elencadas algumas, com a solução entendida como a mais correta. Entre elas:

1ª. Como já se constatou, a cláusula escalar tem sido o remédio utilizado contra várias enfermidades, em especial a da cronicidade inflacionária, rejeitada *in totum* como fundamento para revisão por imprevisibilidade, tanto pela doutrina como pela jurisprudência. Isso porque o fenômeno inflação, entre nós, até há poucos anos era tido como fato comum, pertencente ao espectro normal do cotidiano, e principalmente porque neste ano de 2001 ainda é cedo para que possamos dizer que o chamado "Plano Real" tem estrutura sólida e, em decorrência, já temos uma economia estável. Seria, então, possível – indaga-se – equiparar situações fáticas tão eqüidistantes? Se para a cláusula escalar toda a razão de ser se sustenta na desvalorização da moeda por efeito da inflação, com poder de acionar o mecanismo do reajuste contratual, para a doutrina da imprevisibilidade esse mesmo fato, por ser *previsível e comum*, não tem qualquer validade como pressuposto de

354 A TEORIA DA IMPREVISÃO NO DIREITO CIVIL E NO PROCESSO CIVIL

aplicação do princípio. Daí se concluir sem muito esforço que a primeira não se equipara à segunda, sendo impossível a substituição de uma pela outra, porque representativas de grandezas inconciliáveis e inseridas em contextos imiscíveis.

2ª. Outro questionamento é pertinente: e se a obrigação alterada por eventos anormais não for de natureza pecuniária, em contrato onde se encontre clausulada a escala móvel, especificamente para situações daquele porte? Ainda assim ela poderia resolver definitivamente a questão? Teria o condão de afastar o recurso ao princípio da imprevisibilidade diante da lesão virtual por fato de outra natureza que não a econômica? Estamos absolutamente convencidos de que não. Seu campo é específico e único e se configura apenas no âmbito da normalidade dos acontecimentos.

3ª. Mas e se a obrigação atingida for de natureza mista – pecuniária e não-pecuniária –, sem predominância de uma sobre a outra, e a alteração comprometer profunda e irreversivelmente as duas áreas, por fatos previsíveis e imprevisíveis? Existente e aplicada a escala móvel, como ficaria a alteração na parte não-econômica da obrigação, desprotegida por ela por ser imprevisível, modificada pelo evento extraordinário, gerador da lesão virtual em outro campo? Parece indiscutível que, mesmo com a previsão contratual inserta na cláusula escalar e sua utilização, o recurso à teoria da imprevisão seria inafastável, desde que presentes seus pressupostos de admissibilidade.

4ª. Ainda: e se nas obrigações de natureza mista houvesse predominância de uma sobre a outra, *econômica sobre não-econômica*, por via de disposição contratual expressa, com prevalência da escala móvel até seu limite máximo e a primeira se revelasse insuficiente para atender às exigências da profundidade e diversidade da alteração da base negocial? Prevaleceria a cláusula escalar ou o princípio da imprevisibilidade? A regra romana *electa una via non datur recursus ad alterum* encontraria espaço? É mais do que elementar que seria aquela que, atuando em seu campo, mantivesse presentes os principais elementos da verdadeira justiça comutativa. Resposta contrária equivaleria ao reconhecimento inaceitável de que a adoção da escala móvel excluiria o apelo à imprevisão. Em síntese: diante da hipótese, o bom senso determinaria que para o reequilíbrio da *álea normal* atingida fosse empregada a escala móvel; para o da *anormal*, a teoria da imprevisão. É de mediano entendimento que, a despeito de eleição diversa pelas partes, um princípio de ordem pública como a imprevisibilidade não poderia ceder o passo a convenções privadas, por mais força que

A IMPREVISÃO E O DIREITO ADMINISTRATIVO   355

se quisesse atribuir à hegemonia do princípio *pacta sunt servanda*. E se fosse o contrário – isto é, por disposição contratual, houvesse predominância expressa da *álea não-econômica sobre a econômica*? Seria possível a aplicação dos dois remédios jurídicos, ao mesmo tempo, para a revisão dos dois planos atingidos? A resposta seria a mesma, porque a predominância de uma ou outra, disposta em contrato, não teria o condão de alterar a natureza específica dos campos normal e anormal de cada um deles. O que foi estabelecido contratualmente pelas partes, ao ser atingido por incidentes de percurso de natureza normal, deve ter solução dentro de sua álea comum: identificado o fenômeno alterador da economia do pacto como imprevisível, a teoria da imprevisão encontrará espaço, sendo inaceitável a disposição de vontade que outorga supremacia de uma sobre a outra. Têm gêneses e naturezas diversas, campos específicos, áleas diferenciadas, sendo de todo impossível ministrar-lhes um único tratamento, seja equiparando-as ou mesmo atribuindo superioridades inexistentes.

*17.3 Compatibilidade e harmonia entre a cláusula escalar
e a teoria da imprevisão*

A idéia de substituição da teoria da imprevisão pela cláusula escalar, proposta por alguns, deve ser afastada de pronto, por desvirtuar por completo a doutrina da imprevisibilidade. Seu espaço de atuação (*aura contratual*) situa-se no imponderável, no inescrutável, no desconhecido, na extracontratualidade – em contraposição ao objeto certo, previsível e identificado de uma cláusula de reajustamento, que, para tanto, se vale de índices e mecanismos de reajustamento totalmente conhecidos, contra riscos previsíveis de alteração da base negocial. Nascida a dúvida, a solução seria bastante simples: diante da alteração da base negocial por acontecimento *reconhecidamente previsível* (inflação, recessão, elevação de custos) em contratação na qual se tenha adotado expressamente a cláusula de escala móvel, sua aplicação deverá corresponder ao espírito da verdadeira justiça comutativa a que têm direito as partes; se o fenômeno modificador da base de contratação for *reconhecidamente imprevisível*, seja de natureza econômica ou não, independentemente da existência de uma cláusula escalar, o emprego do princípio da imprevisibilidade será o único caminho a seguir.

Neste ponto, algumas conclusões já podem ser alinhadas: a) a escala móvel nasce da vontade das partes, por via de consenso expresso

356 A TEORIA DA IMPREVISÃO NO DIREITO CIVIL E NO PROCESSO CIVIL

e prévio de revisão contratual, diante da possibilidade de anômala e irreversível situação futura que, na contratação, *identificam* e para a qual predeterminam solução; b) o universo da imprevisibilidade posta-se a anos-luz da vontade contratual e, em última análise, de seu campo de atuação e efeitos; c) a *identificação prévia* define a primeira; o *desconhecimento total*, a segunda; d) suas órbitas gravitacionais são diferentes e distintas: a primeira, como ato jurídico, não pode deixar o espaço contratual; a segunda, como fato jurídico, atua no que convencionamos denominar de *aura contratual* – conseqüentemente, inteiramente fora dos efeitos gravitacionais da contratação, justamente por não poder ser prevista, quando, então, seria contratual, e não extracontratual.

Consigne-se, pela total pertinência, a conclusão de Pontes de Miranda, em judiciosa análise da hipótese, a despeito de sua postura anti-revisionista – fato que jamais o impeliu a abandonar o bom senso na análise de questões polêmicas: "Qualquer avaliação intercalar é provisória, razão por que se têm de corrigir ou atualizar os cálculos. As cláusulas escalares distinguem-se da cláusula *rebus sic stantibus* em que aquelas se referem ao que se há de observar no cumprimento dos deveres e obrigações dos figurantes ou mesmo do figurante do negócio jurídico, ao passo que, nessa, se alude à retirada de eficácia devido às circunstâncias".[47]

No campo jurisprudencial a aceitação da cláusula de escala móvel tem sido pacífica. Sob o aspecto pragmático, é de todo louvável a tentativa de estabelecer mecanismos revisionais para a adaptação do pacto ao novo estado fático, com vistas à possibilidade de alteração futura de sua base negocial. E não poderia ser de outra forma, já que a vontade das partes, desde que conforme com as disposições legais, tem de ser respeitada. Entretanto, em face das indagações formuladas, como reagiriam os tribunais? Sancionariam a aplicação da teoria da imprevisão, como única solução, único caminho possível, com prevalência sobre a cláusula escalar? Determinariam o reajuste com base nas disposições da escala móvel e o excedente pelos princípios da imprevisibilidade? Entenderiam que, uma vez estabelecido pelas partes um mecanismo de correção, somente ele deveria ser usado, com exclusão de qualquer outro, com fundamento no princípio *pacta sunt servanda*? Esta última alternativa seria, por certo, lamentável, porque não

---

47. *Dez Anos de Pareceres*, "Parecer 261 – Contrato de empreitada", v. 10, p. 199.

A IMPREVISÃO E O DIREITO ADMINISTRATIVO 357

se poderia pretender que, a despeito de suas reconhecidas vantagens (sempre no contexto da álea normal da contratação), a cláusula de reajustamento pudesse trazer a solução definitiva para questões fora de seu universo, substituindo um instituto jurídico das dimensões e importância da teoria da imprevisão. O reconhecimento de que cada um deve atuar no limite de seu campo, sem exclusões, substituições ou equiparações, ainda parece ser a rota mais correta e segura.

O Tribunal de Alçada do Rio de Janeiro, na Ap. 77.784, por sua 3ª Câmara, proferiu decisão dentro do espírito das linhas mestras da tese exposta, nos seguintes termos: "Locação residencial. Ação de revisão de aluguel. Não obsta à revisão a circunstância da ocorrência de pequeno reajuste, dois anos antes da propositura da ação, já que o espírito da lei é adequar o aluguel ao valor real do mercado".[48]

No campo locatício, em que, *mutatis mutandis*, por seu caráter de execução continuada – espécie do gênero execução diferida –, também são admitidas cláusulas escalares de reajustamento, na tentativa de prevenir alterações futuras da base negocial, Maria Helena Diniz demonstrou ser perfeitamente possível a aplicação do princípio da imprevisibilidade todas as vezes em que a previsão de modificações – via cláusula de escala móvel – não correspondesse às expectativas de modificação contratual por eventos anormais e a lesão virtual restasse constatada. Disse ela: "Cabível a ação revisória do aluguel ainda quando o contrato prevê cláusula expressa de majoração periódica, uma vez que esta pode não guardar o sentido de correção monetária".[49]

De todo o exposto, fica claro que a cláusula de escala móvel nada mais é do que um acordo expressamente estabelecido pelas partes para revisão futura, de forma *extrajudicial* ou, quando não, *judicial*, com base em índices por elas estabelecidos, principalmente nas alterações resultantes de inflação, seja nas contratações públicas ou privadas.

Quando se tratar de revisão no contexto do Código de Defesa do Consumidor diante de alterações que se apresentem na álea comum dos contratos, o art. 6º, V, segunda parte, também permite, de forma expressa, a revisão contratual uma vez configurada alteração *previsível* (inflação ou recessão, por exemplo) que torne a prestação do devedor excessivamente onerosa, estabelecendo uma verdadeira cláusula escalar legislativa, apenas sem a predeterminação dos índices de atualização, a serem utilizados pelo julgador.

48. *RT* 575/260.
49. *Lei de Locações de Imóveis Urbanos Comentada*, p. 92.

358 A TEORIA DA IMPREVISÃO NO DIREITO CIVIL E NO PROCESSO CIVIL

Em conclusão:

1º. Diante de reajustes, de natureza econômica ou não, que se apresentem na *álea comum dos contratos* deve a escala móvel ser aplicada, como estabelecido pelas partes, sendo satisfatório seu caráter comutativo para a revisão, com fundamento no direito da liberdade de contratação.

2º. Em face de modificações profundas e extraordinárias – portanto, de natureza incomum (de caráter econômico ou não) – que ultrapassem a capacidade de previsão das partes não haverá como substituir o recurso ao princípio da imprevisibilidade se a pretensão for de fazer prevalecer a justiça comutativa, independentemente da existência de cláusula de escala móvel de reajustamento, em qualquer pacto.

Na verdade, a solução definitiva para o problema da imprevisibilidade deverá ser legislativa. Quando a doutrina excepcional da imprevisibilidade, ao abrigo do novo Código Civil, estiver em vigor, as soluções para as questões de alteração da base negocial se tornarão mais fáceis. Contudo, enquanto viger seu emprego *de iure constituendo*, não só pelos juízos monocráticos de primeiro grau como pelos colegiados de segundo, o caminho apontado, como fruto das considerações desenvolvidas, até prova em contrário, parece ser o mais lógico e, principalmente, o mais justo.

18. *A imprevisão e os contratos de locação*

A doutrina da imprevisibilidade – talvez um dos mais antigos institutos do Direito – nos ordenamentos jurídicos do mundo inteiro, há milênios, vem tentando se firmar definitivamente, em busca de seu merecido espaço, nos mais variados contextos contratuais.

Na Antigüidade quaisquer acontecimentos ligados à Natureza, previsíveis ou imprevisíveis, que se abatessem sobre as contratações eram identificados como hipótese de caso fortuito ou de força maior. Curioso é que, depois de milênios, isto continue acontecendo.

Dando continuidade ao fortalecimento de uma linha cada vez mais direcionada para a aceitação do revisionismo contratual (já consta de lei federal – art. 6º, V, do CDC), com toda certeza sua integração nos arts. 478, 479 e 480 do futuro Código Civil colocará, por fim, nosso ordenamento jurídico ao lado de outros, reconhecidamente adiantados.

É oportuno destacar, como primeiro enfoque, que muitos autores – com toda razão – não admitem possa o campo locatício ser conside-

A IMPREVISÃO E OS CONTRATOS DE LOCAÇÃO 359

rado como o ideal para a germinação da semente da imprevisibilidade apenas pelo fato de que nele se encontram expressos, desde a Lei de Luvas (Decreto 24.150, de 1934), mecanismos revisionistas. Se o acontecimento extraordinário, a ausência de possibilidade de previsão do fato – dizem eles –, é a essência da doutrina, no momento em que a legislação locatícia prevê expressamente a possibilidade de revisão contratual, presentes os pressupostos que elenca, o evento imprevisível passa a ser previsível, esvaziando a pretensão de aplicação do princípio de exceção, conforme exposto quando da discussão de outras situações (Código de Defesa do Consumidor, escala móvel, *leasing*).

O argumento é bastante consistente e, a rigor, deve ser a *ratio essendi* da negativa de se identificar as hipóteses revisionais previstas na Lei do Inquilinato – e anteriormente na Lei de Luvas – como exemplos de aplicação da teoria da imprevisão, então *de iure constituto*, a despeito de opiniões contrárias. É necessária, entretanto, uma visão com um pouco mais de longitude e abrangência, coadjuvada por um exame detalhado do contexto em que se desenrolam os fatos. Acima de tudo, é fundamental que se tenha em mente que apenas a possibilidade de revisão não é suficiente para a identificação da doutrina da imprevisão.

Rogério Ferraz Donnini, falando sobre o art. 31 da revogada Lei de Luvas, depois de transcrevê-lo, disse: "Trata-se, sem dúvida, da aplicação da teoria da imprevisão, na medida em que o legislador possibilitou a revisão contratual para evitar os danos que um dos contratantes poderia sofrer em virtude da modificação das condições econômicas do local do imóvel".[50]

A hipótese configura, *data venia*, não uma situação em que se possa identificar o emprego da teoria da imprevisão, mas apenas sancionadora de revisionismo contratual com base em *fato perfeitamente previsível*, não imprevisível, readaptação prevista em lei que nada mais é do que um mecanismo de reequilíbrio utilizado pelo julgador para obter a justiça comutativa, e não prova de configuração do princípio milenar.

Nossas doutrina e jurisprudência, desde o surgimento da imprevisibilidade entre nós, dividiram-se em duas grandes correntes: revisionistas e anti-revisionistas. De forma expressa, a Lei de Luvas (art. 31), há mais de meio século (1934), já contemplava a possibilidade de re-

---

50. *A Revisão dos Contratos no Código Civil e no Código de Defesa do Consumidor*, p. 51.

360 A TEORIA DA IMPREVISÃO NO DIREITO CIVIL E NO PROCESSO CIVIL

visão contratual. Embora não se tratasse de aplicação da excepcionalidade (imprevisão), naquele momento histórico deixou inconteste o prevalecimento da corrente mais liberal sobre sua opositora, conquanto restrita apenas ao campo locatício, sem atingir, naquele instante, o direito das obrigações no Código Civil.

Anos depois a predisposição de reexame e nova conformação das chamadas questões consolidadas ressurgiria na Lei 6.899, de 1981 (correção monetária dos débitos judiciais) e, mais recentemente, na Lei 8.078, de 1990 (CDC – art. 6º, V).

Desde seu nascimento o espírito da teoria da imprevisão foi orientado pela idéia de revisionismo contratual, sempre cerceada pelo rigor do princípio *pacta sunt servanda*. A readequação dos pactos ao novo estado fático sempre foi uma exigência comutativa quando o desequilíbrio das prestações se fizesse presente como resultado de alteração do alicerce negocial provocada por acontecimento anormal. Da primeira tomada de posição, francamente revisionista (1934), até o Projeto 118/84 da futura legislação civil brasileira, 50 anos se passariam; da apresentação do Projeto 118/84 até a aprovação final do novo Código Civil mais 17, totalizando quase sete décadas. O que é fundamental – e acima de tudo é o que se espera – é que outros 70 não passem até que a doutrina de exceção seja aplicada, finalmente, em caráter definitivo, no nosso direito.

A análise que aqui se desenvolve tem como objetivo maior o registro da disposição revisionista à qual o diploma locatício deu guarida há muitas décadas – elemento que consubstancia o núcleo de aplicação e reflexos operacionais no terreno da imprevisibilidade.

Já foi dito que, entre nós, o primeiro diploma legal a falar em "revisão do preço estipulado" foi a supracitada Lei de Luvas (Decreto 24.150, de 1934), em seu art. 31. A quase-totalidade da doutrina e jurisprudência brasileiras tem visto naquele dispositivo a consagração e o acolhimento da teoria da imprevisão. Por razões que aqui serão discutidas, discorda-se francamente da tese, tida e havida como majoritária. Embora louvável como tomada de posição revisionista, fundamentada na comutatividade, não se pode pretender que a simples disposição do legislador de readaptação de contratos atingidos por modificações econômicas superiores a 20% possa ser tomada como consagração legislativa da doutrina da imprevisibilidade. O que ocorreu foi simplesmente o reconhecimento de um revisionismo contratual, que a doutrina já defendia, desde o advento do diploma legal de 1916. As disposições do art. 31 da Lei de Luvas apresentaram-se como as mais adequadas à

A IMPREVISÃO E OS CONTRATOS DE LOCAÇÃO   361

espécie, por trabalharem com elementos perfeitamente previsíveis, e não imprevisíveis, que a própria norma se encarregou de definir (percentual acima de 20%).

Se confrontada com a data de vigência do Código das Obrigações da Polônia (1934) – de forma expressa em seu direito positivo (art. 269) – se constatará que nossa Lei de Luvas é contemporânea daquele diploma legal, o primeiro no mundo a fazer constar o revisionismo contratual, ali apresentado e aceito como exemplo de imprevisibilidade mas, pelas hipóteses elencadas, de forma impura, porque fundida com o caso fortuito ou de força maior. Não seria surpresa se nossa lei locatícia tivesse sido influenciada pelo espírito daquele Código.

A atual Lei do Inquilinato (n. 8.245, de 1991), em capítulo próprio (IV), nos art. 19 e 68 a 70, contempla a idéia de revisão sob a epígrafe "Da Ação Revisional de Aluguel", uma vez fracassada a tentativa de readequação contratual pelas vias extrajudiciais (art. 18). Destaque-se – pela relevância – a identificação de disposição legal, refletora de postura do legislador de então, que, cativo da doutrina revisionista, pela sua própria natureza, a consagrou no direito positivo locatício. Importa, aqui, a constatação da existência de antiga e salutar semente comutativa em nosso direito privado, entendimento sempre majoritário entre nossos juristas. Para a discussão do tema no presente contexto, a idéia de readaptação dos pactos seria sua justificativa maior.

Na trajetória de sua peregrinação milenar, como visto, foram muitos os fundamentos da imprevisibilidade, a justificar sua natureza jurídica. Para Sylvio Capanema de Souza[51] a revisão encontraria sua *ratio essendi* na excessiva onerosidade. Esclareceu ele que, se a economia contratual restasse comprometida por eventos extraordinários surgidos após o instante vinculativo, dando lugar a grave e irreversível lesão iminente, identificando-se tais acontecimentos como aqueles que escapam à capacidade de previsão do homem comum, a parte que estivesse em vias de sofrer prejuízo teria todo o direito de pleitear em juízo não só a revisão da cláusula alterada, como também sua volta ao *statu quo ante* ou, ainda, a extinção da contratação. Prosseguiu enfatizando que a intangibilidade dos contratos não tem mais o caráter absolutista de outrora, devendo ser suavizada e adaptada com base no velho princípio *rebus sic stantibus*. Concluiu de forma categórica com a afirmação de que se, ainda no plano do conflito de inte-

---

51. A *Nova Lei do Inquilinato Comentada*, pp. 84-85.

362 A TEORIA DA IMPREVISÃO NO DIREITO CIVIL E NO PROCESSO CIVIL

resses, as partes se encontrarem diante da impossibilidade de obter o equilíbrio necessário o procedimento revisional seria o remédio jurídico específico a ser prescrito para a patologia identificada e o conseqüente reequilíbrio da economia negocial locatícia comprometida, adaptando-se os aluguéis aos níveis vigentes no mercado.

Textualmente, prescreve o art. 19 da Lei 8.245, de 1991: "Não havendo acordo, o locador ou o locatário, após três anos de vigência do contrato ou do acordo anteriormente realizado, poderão pedir revisão judicial do aluguel, a fim de ajustá-lo ao preço de mercado".

A primeira observação que se faz a este dispositivo legal é dirigida à louvável manutenção do valor bilateral da justiça (locador e locatário), já contemplado no primitivo art. 31 da Lei de Luvas. Infelizmente, o Projeto 118/84, do qual resultou o texto do novo Código Civil, afinal aprovado, nos artigos dedicados à imprevisibilidade, como se verá em espaço próprio, não andou por sendas tão seguras, esquecendo-se por completo de que nas contratações não existe apenas a parte devedora da obrigação, mas também a credora.

Maria Helena Diniz,[52] em comentários ao art. 31, explicou que sua finalidade é possibilitar o arbitramento judicial dos aluguéis de prédios urbanos, residenciais ou não, para a correção do valor locativo estabelecido inicialmente, adequando-o à realidade do mercado imobiliário. Aditou que tal procedimento só seria possível a partir do terceiro ano completo de locação, ou do acordo celebrado entre as partes. Prosseguiu dizendo que, conforme autorização legal, tanto locador como locatário são titulares de procedimentos revisionais para ajustar o aluguel às verdadeiras condições da realidade locatícia, prevenindo condenável situação de não equivalência. Concluiu com a observação de que o reajuste deverá ser por arbitramento do julgador do feito, lastreado em laudo pericial no qual a multifatoriedade deverá estar presente, observando-se, além do valor real do imóvel, sua localização, comercialização do ponto, condições de habitabilidade, inflação e alterações urbanísticas – dentre as exigências principais –, fatores de suma relevância para o estabelecimento de justos parâmetros revisionais.

Em nome da evolução, por meio da Lei 8.178 importante alteração foi feita na atual Lei do Inquilinato quanto ao uso da ação revisional de aluguéis. Em boa hora se extinguiu a dualidade de tratamento existente em relação aos prazos: as locações residenciais tinham um,

52. Ob. cit., nota de rodapé 125, p. 92.

A IMPREVISÃO E OS CONTRATOS DE LOCAÇÃO 363

e as não-residenciais outro. A unificação temporal tornou possível o uso de um só procedimento revisional para todas as locações. Antes, locador ou locatário, em contratação regida pela Lei de Luvas, teriam que, obrigatoriamente, aguardar os cinco anos determinados pelo Decreto 24.150, de 1934, mais os três anos para o exercício de quaisquer pretensões revisionistas, em um total de oito anos (nas locações residenciais o prazo revisional estava fixado em três anos). Este duplo tratamento fora estabelecido pelas leis locatícias sem qualquer razão lógica ou jurídica, como se as modificações de natureza econômica – normais ou anormais – incidentes sobre aqueles pactos não fossem as mesmas. Felizmente, ainda em tempo, constatou o legislador que o fenômeno modificador da economia contratual atingia tanto um tipo de convenção como o outro. Menos mal que uma verdade axiomática não passasse despercebida por mais tempo.

"A revisão trienal do aluguel está unificada em sua regulamentação e abrange todas as locações regidas pela Lei 8.245. Seu intuito legal é socorrer não somente o locador como também o locatário, mesmo havendo previsão contratual de periodicidade nos reajustes segundo os índices legais" – esclareceu João Carlos Pestana de Aguiar.[53] E o mesmo autor acrescentou que: "(...) a uniformização e generalização da revisional é bem-vinda, para que não mais ocorram as diferenças abissais entre o aluguel achatado pelas leis e o preço normal de mercado, malgrado o prazo de três anos ainda seja extenso para a economia inflacionária da última década e dos dias atuais".[54]

Analisando as revisionais locatícias, Luiz Fux[55] adicionou que os defensores do princípio *rebus sic stantibus* entendem que a regra *pacta sunt servanda* deve prevalecer se, não havendo modificações, ou mesmo com estas, o contrato se mantiver em suas bases originais. Esclareceu que, em nome da eqüidade, havendo rompimento do equilíbrio, seria urgente seu restabelecimento. Prosseguiu, exemplificando: sabedoras as partes contratantes de que, no decorrer do tempo, a base da contratação e a comutatividade inicial poderiam ficar comprometidas por evento imprevisível, abrindo espaço para uma lesão iminente, por certo não teriam contratado. Concluiu explicando que o equilíbrio é fonte de otimização no relacionamento social, em nome do qual intervém o Judiciário por meio do procedimento revisional, com vistas

53. *Novas Locações Comentadas*, p. 148.
54. Idem, p. 145.
55. *Locações – Processo e Procedimento*, pp. 233-234.

364 A TEORIA DA IMPREVISÃO NO DIREITO CIVIL E NO PROCESSO CIVIL

não só ao impedimento de que uma parte se locuplete à custa da outra como, também, levando em conta, ainda, a função social da propriedade.

A atual Lei do Inquilinato – seguindo, com muita propriedade, o exemplo das disposições referentes à ação de alimentos, em que, para atender a situação emergencial, é facultada a fixação de prestação alimentícia provisória – dispôs:

"Art. 68. Na ação revisional de aluguel, que terá o rito sumário, observar-se-á o seguinte:

"I – além dos requisitos exigidos pelos arts. 276 e 282 do Código de Processo Civil, a petição inicial deverá indicar o valor do aluguel cuja fixação é pretendida;

"II – ao designar a audiência de instrução e julgamento, o juiz, se houver pedido e com base nos elementos fornecidos pelo autor ou nos que indicar, fixará aluguel provisório, não excedente a 80% do pedido, que será devido desde a citação; (...).

"§ 2º. No curso da ação de revisão, o aluguel provisório será reajustado na periodicidade pactuada ou na fixada em lei."

E no art. 69 da mesma lei se encontra: "O aluguel fixado na sentença retroage à citação, e as diferenças devidas durante a ação de revisão, descontados os alugueres provisórios satisfeitos, serão pagas corrigidas, exigíveis a partir do trânsito em julgado da decisão que fixar o novo aluguel".

Processualmente, o dispositivo legal de fixação provisória dos aluguéis caracteriza-se como autêntica liminar no que diz respeito à prestação jurisdicional emergencial, mas sem a incerteza nela contida (que, ordinariamente, poderá ou não ser confirmada na decisão final, condicionada que se encontra à reversão ao estado primitivo, seja pelo juiz ou em virtude de reação da parte contrária), porquanto, naquele contexto, apenas como exceção é que a decretação temporária não se transformará em definitiva. O dispositivo em questão é único não só em seu campo, como em qualquer outro. É relevante destacar que, neste caso, pode ser identificada uma perfeita e acabada solução legislativa para as hipóteses de desequilíbrio contratual. O dispositivo legal (a exemplo do art. 6º, V, do CDC) previne a possibilidade. E o importante é que a lei não fixa parâmetros para a correção, desatrelando-a de índices oficiais ou extra-oficiais. Diz apenas que "o aluguel provisório será reajustado" – o que possibilita, fundamentado na eqüidade, a adequação à realidade do mercado imobiliário, a ser aferida por laudo

A IMPREVISÃO E OS CONTRATOS DE LOCAÇÃO   365

técnico, elaborado com base em amplo espectro da realidade econômica que envolve o setor.

Sobre o tema, Gilberto Caldas explicou: "Na vigência da lei anterior, as partes, com o fim de procrastinar o processo, buscando auferir vantagens, suscitavam a necessidade de se nomear um perito para arbitrar o aluguel provisório. Isto quase que anularia os efeitos da providência, pois quem milita no fórum conhece as dificuldades que envolvem uma perícia".[56]

Além de proceder a uma revisão imediata das bases locatícias, o § 2º do art. 68 preveniu a desvalorização que possa ocorrer durante a tramitação da ação revisional, a exemplo do que ocorre com as cláusulas de escala móvel dos contratos administrativos, que objetivam acautelar a possível – e quase sempre provável – desatualização da prestação.

Analisando os dispositivos legais em discussão e sua relação com a teoria da imprevisão, Vânia Maria da Cunha Bruno[57] esclareceu que a controvérsia era grande nos colegiados de segundo grau antes da disciplina legislativa contida nos arts. 68 e 69, incisos e parágrafos. A corrente minoritária – fiel ao princípio *pacta sunt servanda* – negava a possibilidade de revisão locatícia *ope iudice*, uma vez que só a entendia possível assentada em autorização legislativa. Prosseguiu a mesma autora informando que os adeptos da teoria revisionista, compondo a corrente majoritária, apresentavam um entendimento dividido, mais de cunho formal do que propriamente material: para alguns a revisão só seria possível em procedimento ordinário de reajuste da locação; para outros, além do ordinário, a pretensão só teria acolhida se cumulada com ação revisional específica ou ainda renovatória, nas hipóteses de enquadramento na Lei de Luvas.

Adicione-se estarem fora de questão possíveis dúvidas de que, à luz das prescrições do art. 14 do mesmo diploma legal ("Aplicam-se às sublocações, no que couber, as disposições relativas às locações"), seria válido afirmar que tanto sublocador como sublocatário, formalmente investidos nestas funções, têm direito de propor ação revisional de aluguel, disciplinada pelos arts. 19 e 68 a 70 da referida lei.

A possibilidade de aplicação do procedimento locatício no campo revisional das prestações a outras situações nos arrendamentos ur-

---

56. *A Nova Lei do Inquilinato Comentada*, p. 165.
57. *A Teoria da Imprevisão e o Atual Direito Privado Nacional*, p. 82.

366 A TEORIA DA IMPREVISÃO NO DIREITO CIVIL E NO PROCESSO CIVIL

banos, excluídas e por isso mesmo carentes do mesmo tratamento, é simples questão de hermenêutica pretoriana, condicionada tão-somente ao fator *tempo*.

Em consonância com a tese de alguns juristas – da qual se discorda – no sentido de que a imprevisibilidade foi recepcionada de *forma expressa* na Lei do Inquilinato, Cunha Bruno observou: "Acolhida a noção de imprevisão, expressamente em relação às cláusulas que estabelecem o valor do aluguel, da periodicidade de reajuste e do indexador, questiona-se a possibilidade de modificação de outras cláusulas, diante da norma do art. 69".[58] Respondendo à indagação formulada, esclareceu o professor Capanema (apud Cunha Bruno): "Entendemos que sim, já que as partes estão em juízo exatamente para modificar o contrato, em suas cláusulas mais importantes, não se justificando inibi-las quanto às demais".

Enfatizando seu aspecto positivo e destacando que, com seu louvável espírito revisionista, a nova Lei do Inquilinato, além de pôr em relevo a importância emprestada à comutatividade contratual, fez muito mais do que simplesmente acolher a imprevisibilidade, Cunha Bruno[59] destacou sua louvável abrangência, não encontrada em qualquer outro texto legal anterior. Por este prisma, seria válido acrescentar: amplitude inexistente até mesmo nos arts. 478, 479 e 480 do futuro Código Civil, responsável pela integração do princípio da imprevisibilidade em nosso direito positivo. Quanto à abrangência da postura revisionista, nada a opor. Contudo, discorda-se do entendimento de que o diploma locatício, em razão da longitude de sua postura de adequação dos pactos ao novo estado fático, tenha consagrado, pelo *revisionismo puro e simples*, a teoria da imprevisão. O princípio de exceção alimenta-se *exclusivamente* de desequilíbrios contratuais profundos ocasionados por *eventos imprevisíveis*, e não pelos que podem ser identificados (quando deixam de ser imprevisíveis), como consta dos dispositivos legais locatícios. Contudo, volta-se a insistir: *a chancela*

---

58. Idem, p. 84.

59. "A noção de imprevisão já havia sido expressamente consagrada no campo locatício, de forma condicionada, antes mesmo do advento da Lei n. 8.245/91. A nova lei não apenas reitera o agasalhamento da teoria da imprevisão. Acolhe-a em maiores proporções, não só por autorizar a revisão do aluguel a cada três anos, seja em imóvel residencial, de fim comercial ou industrial, mas também por autorizar a modificação da periodicidade de reajuste do aluguel e do indexador para este reajustamento e, ainda, por reconhecer expressamente a urgente necessidade de restabelecer, *ab initio*, a comutatividade inaugural do contrato, através da fixação do aluguel provisório" (ob. cit., p. 79).

A IMPREVISÃO E OS CONTRATOS DE LOCAÇÃO 367

legislativa apenas de revisão de cláusula contratual não autoriza a conclusão de que ali se consagrou o emprego da teoria da imprevisão. Esta sempre encontrará espaço em qualquer contrato de execução diferida – como os de locação – desde que presentes outros pressupostos de sua admissibilidade. E – o que é mais importante – concomitantemente.

Como ficou expresso inicialmente, havendo reconhecimento prévio de que fatores do cotidiano, oscilações inerentes à própria natureza do mercado locatício, possam alterar a realidade contratada, buscando preveni-los é que a lei autoriza a revisão trienal. Este entendimento, aprioristicamente, desaconselha que se fale em teoria da imprevisão (que trabalha exclusivamente com elementos imprevisíveis – e aqui a discussão tem por objeto somente os previsíveis), mas põe em destaque o espírito que norteia sua essência comutativa, que é, acima de tudo, a predisposição de reequilíbrio contratual, responsável pelo abrigo à idéia revisionista.

Desde o advento do nosso Código Civil nenhuma lei foi tão coerente como a Lei do Inquilinato – mesmo em suas múltiplas formulações e reformulações – no que se refere ao reconhecimento e à aceitação da existência de fatores posteriores à celebração dos pactos que lhes dificultem e conturbem a trajetória. Sua co-irmã, a Lei de Luvas, foi a primeira a consagrar a possibilidade de readequação da contratação atingida por incidentes de percurso, em seu art. 31, no longínquo ano de 1934, revogada depois de mais de 60 anos de proveitosa vigência e aplicação.

Embora a norma locatícia tenha previsto o procedimento sumaríssimo para disciplinar as solicitações revisionais, acertadamente a Lei 9.245, de 1995, o modificou para sumário, conseqüente à providência indispensável de elaboração de laudo pericial a ser tomado como base para a fixação do novo aluguel.

No campo dos efeitos da decisão revisional, Pedro Paulo Filho informou que "(...) a sentença que vier a ser proferida é condenatória, constituindo título executivo e ensejando nos próprios autos a sua execução por quantia certa, após trânsito em julgado".[60] Acrescente-se que esta execução é extensiva aos fiadores, na condição de coobrigados.

E o grande mestre das relações locatícias, José da Silva Pacheco, reiterou afirmação já exposta de que "o objetivo da ação revisional é

60. *As Ações na Locação Imobiliária Urbana*, p. 578.

368 A TEORIA DA IMPREVISÃO NO DIREITO CIVIL E NO PROCESSO CIVIL

ajustar o aluguel ao nível do mercado, conforme dispôs o art. 19".
Afirmou ainda que o tempo provoca o distanciamento "entre valor
nominal e real do aluguel" e que "a revisão – assentada em parâmetros de eqüidade – busca equacionar o desequilíbrio que a defasagem
provocou, decorrente de evento *normal* ou *anormal* (? – *sic*) incidente
sobre a contratação, sempre em busca do equilíbrio financeiro neces-
sitado pelas partes" (grifamos).[61]

É necessário sublinhar com o mais forte dos traços: a ação revisional locatícia, disciplinada pelo mencionado art. 19, decorre de *evento
normal*, na álea comum do contrato de locação, que desequilibra a
contratação. *Se o evento for de natureza anormal* a revisão a que se
procederá estará balizada pelos princípios da imprevisibilidade – até
hoje aplicada *de iure constituendo*, e, com a entrada em vigor do novo
Código Civil, pelos arts. 478, 479 e 480 – e *não pelas prescrições
legais que orientam as revisões locatícias*. Não se pode, por tal motivo, aceitar para revisões no âmbito da Lei do Inquilinato alterações da
base negocial de *natureza normal* e *anormal*, mas apenas *normal*. As
anormais surgem e se desenvolvem em outro campo: na álea extracontratual dos pactos, a que batizamos de *aura contratual*. Esta nada
– absolutamente nada – tem a ver com a álea normal das contratações,
campo específico dos acontecimentos previsíveis, como inflação, recessão e congêneres, porque *em contexto perfeitamente previsível*.

Falando também sobre a abrangência das revisionais no campo
locatício, Ulderico Pires dos Santos[62] observou que o locador pode
pedir ao juiz que na sentença, além de estabelecer periodicidade diferente da que consta no pacto, substitua também o indexador originá-
rio. Concluiu dizendo que ao julgador caberá a tarefa de aferir os efeitos que tais mudanças possam trazer ao locatário, deferindo-as ou não,
porque a disposição legal disciplinadora da espécie, neste aspecto,
nada impõe, conferindo ao magistrado apenas uma faculdade, quando
diz: "(...) a sentença poderá".

Com a entrada em vigor do novo Código Civil, o nosso direito
privado – já com bastante atraso – consolidará um milenar processo
gradativo de ascensão da doutrina da imprevisibilidade não só entre
os juristas que a consagraram como um dos princípios jurídicos nos
quais a eqüidade encontra toda sua razão de ser, como também nos

---

61. *Ação Revisional de Aluguel*, p. 617.
62. *Teoria e Prática da Locação Imobiliária*, p. 165.

A IMPREVISÃO E OS CONTRATOS DE LOCAÇÃO   369

colegiados superiores, que aos poucos se renderam à evidente comutatividade da sua essência.

Neste ponto é indispensável uma conclusão de suma importância: independentemente das disposições existentes em uma das primeiras normas locatícias a dar abrigo ao espírito revisionista contido na doutrina da imprevisibilidade (art. 31 da Lei de Luvas), ou ainda das que ora constam da atual Lei do Inquilinato (arts. 19, 68 e seus incisos, 69 e 70), *ainda assim será possível a aplicação da teoria da imprevisão aos contratos de locação desde que o elemento alterador da base da contratação possa ser considerado como extraordinário, independentemente dos dispositivos legais ali expressos.* Não existiria qualquer possibilidade de confusão entre uma ação revisional proposta com base no antigo art. 31 da Lei de Luvas ou nos atuais arts. 68 a 70 da atual Lei do Inquilinato e a que, no campo locatício, fosse proposta para revisão de cláusula atingida por evento imprevisível. A cristalina diferença situa-se no fato de que na primeira hipótese (primitivas locatícias revisionais com fundamento no art. 31 da Lei de Luvas, ou atuais, com base nas disposições dos arts. 68-70 da Lei do Inquilinato em vigor) o que se tinha (art. 31) e se tem (art. 68 a 70) é nada mais, nada menos, que situações *perfeitamente previsíveis – por isto mesmo, disciplinadas –, contempladas legislativamente, de forma expressa –* portanto, totalmente distantes do campo da imprevisibilidade. A evidência é de clareza solar: se aqueles fatos fossem imprevisíveis não constariam da lei; se constaram é porque são previsíveis, não imprevisíveis. Em síntese: *desde que fora das hipóteses previstas nos artigos da Lei do Inquilinato que tratam da revisão contratual (uma vez que eles declinam as causas indispensáveis para tanto, isto é, identificam as hipóteses),* sempre será possível o emprego da doutrina da imprevisibilidade; com base nelas, não.

É importante destacar que quando o art. 31 da Lei de Luvas autorizou a ação revisional em razão de "(...) modificação das condições econômicas do lugar (...)" nas hipóteses em que "(...) o valor locativo fixado pelo contrato amigável, ou, em conseqüência das obrigações estatuídas (...) sofrer variações, além de 20% das estimativas feitas (...)", ou, ainda, quando o art. 19 da Lei do Inquilinato dispôs que, "não havendo acordo, o locador ou o locatário, após três anos de vigência do contrato ou do acordo anteriormente realizado, poderão pedir revisão judicial do aluguel, a fim de ajustá-lo ao preço de mercado", o que se tem é apenas situações *perfeitamente previsíveis* e, por isso mesmo, com antecipação de solução normativa, inseridas com to-

370 A TEORIA DA IMPREVISÃO NO DIREITO CIVIL E NO PROCESSO CIVIL

tal adequação na *álea comum* (jamais na *aura contratual*) da convenção locatícia.

Neste aspecto, o espírito revisionista, a subjetividade inserta na antecipação legislativa, é o único ponto a ser ressaltado, valendo destacar que ela – revisão – é apenas um mecanismo de adequação do pacto que, diante do *efeito denominado "lesão virtual"*, ameaça uma das partes, e não um *elemento identificador da teoria da imprevisão*. Isto significa que a causa (*evento imprevisível*), juntamente com outros pressupostos, é que determinará o emprego da doutrina de exceção, não seus mecanismos de correção da cláusula ameaçada, como constava na primeira formulação de Bártolo, na Idade Média. Embora possa ser considerado como o principal mecanismo de adaptação dos pactos ao novo estado provocado pela ocorrência alteradora, não pode, só por esse motivo, ser considerada como forma de aceitação e aplicação da doutrina da imprevisibilidade. Esta inexiste quando assentada em fatos identificados ou identificáveis. Por outro lado, se uma revisão com força normativa for levada a efeito em um contrato e, em seguida, acontecimento reconhecidamente imprevisível alterar a economia do convencionado, já modificado por decisão judicial, dando causa a lesão virtual para locador ou locatário, com certeza absoluta poderão eles se valer da doutrina da imprevisibilidade, independente da revisão, recentemente exercitada. A aceitação do entendimento de se adequar as contratações alteradas ao novo estado, com vistas à sua comutatividade, exige um estado de total impossibilidade de identificação dos fatores alteradores da base negocial, como é da própria essência etimológica do princípio. Desde que o fato modificador da base econômica possa situar-se como ausente dos quadros do cotidiano – absolutamente impossível de ser previsto – será tido e havido como imprevisível.

Neste caminhar, se no contexto locatício, com base em autorização normativa ou não, for levada a efeito uma revisão contratual mas, em seguida, acontecimento reconhecidamente imprevisível, diferente do anterior, alterar a economia do contrato, já modificado por decisão judicial, dando causa a lesão virtual para locador ou locatário, com certeza absoluta poderão eles se valer da doutrina da imprevisibilidade, de conformidade com o que estabelece o art. 271, I, do Código de Processo Civil. A aceitação do entendimento de se adequar as contratações alteradas ao novo estado, com vistas à sua comutatividade, exige um estado de total impossibilidade de identificação dos fatores alteradores da base negocial, como é da própria essência etimológica do

A IMPREVISÃO E OS CONTRATOS DE LOCAÇÃO   371

princípio. Desde que o fato modificador da base econômica possa situar-se como ausente dos quadros do cotidiano, será tido e havido como imprevisível.

Em conclusão, na revisão contratual prevista na Lei de Luvas ou na Lei do Inquilinato a possibilidade jurídica do pedido se achava – e se acha – condicionada à ocorrência de *fatos previstos* nas disposições normativas; na que se processa com base na doutrina da imprevisibilidade os acontecimentos que a determinam independem do contrato (relembre-se: sua ocorrência se dá na *aura contratual*) ou da lei, sendo indispensável que o fato alterador da base econômica da contratação se inscreva como extraordinário.

Nesta linha de raciocínio – embora com base na inflação – é a decisão publicada pela *RT* 656/145-146 (junho de 1990), que expressamente estabeleceu: "Não obstante o art. 31 do Decreto 24.150/34 disponha sobre o cabimento da ação revisional de aluguel quando findo o prazo de três anos da data do início da prorrogação do contrato de locação, não há óbice à propositura da demanda durante a vigência do ajuste original se rompido o equilíbrio financeiro entre os contratantes em decorrência da inflação galopante. Nos contratos sucessivos ou a termo, o vínculo obrigacional está subordinado à continuação do estado de fato vigente à época de sua formação, cuja força não pode sujeitar-se à ocorrência de motivos supervenientes e imprevisíveis não cogitados pelas partes, que, à luz da cláusula *rebus sic stantibus*, implícita em todos os contratos, em face de modificações imprevisíveis, justificam a intervenção judicial para restabelecer o equilíbrio contratual".

Seria, então, perfeitamente possível afirmar que a revisão de que nos dão conta as disposições locatícias, baseada em acontecimentos *perfeitamente previsíveis* (álea comum de riscos), inerente a toda contratação, poderia ser equiparada às cláusulas de escala móvel que a Administração Pública estabelece nos contratos administrativos com particulares, na previsão de eventual alteração da base contratual, mas sempre tendo em mente modificações normais, inscritas no quadro fático do cotidiano. A grande diferença entre as duas formas de adaptação do pacto ao novo estado se prenderia ao fato de que a revisão, no contexto locatício, só poderia ocorrer no âmbito judicial, em resposta a pedido específico formulado pelas partes; a cláusula de escala móvel, livremente estabelecida pelos contraentes, possibilitaria, em um primeiro tempo, um reajuste extrajudicial.

Quanto à pretensão de que na revisão locatícia se encontra a recepção (*de iure constituto*) da teoria da imprevisão, é importante fixar

372 A TEORIA DA IMPREVISÃO NO DIREITO CIVIL E NO PROCESSO CIVIL

definitivamente que, pela inexistência de suportes fático e jurídico, tal postura não pode ser aceita. As hipóteses discutidas na Lei do Inquilinato só têm de comum com a teoria da imprevisão a possibilidade de readequação (revisão) do contrato e o fato de este se classificar como de execução diferida. Mais nada. E só esta equivalência é insuficiente. Para a segurança das contratações, a admissibilidade e aplicação do princípio da imprevisibilidade exigem a presença *concomitante* de vários pressupostos, objetivos e subjetivos (contratação de execução diferida, imprevisibilidade, inimputabilidade, lesão virtual, essencialidade, ausência contemporânea do estado moratório com a lesão virtual e, ao mesmo tempo, excessiva onerosidade e extrema vantagem – binômio constante do art. 478 do futuro CC). Sem eles não será possível sequer falar-se na doutrina de exceção e, pelas mesmas razões, defender a possibilidade de sua aplicação no universo das locações apenas com base em artigos que tratam da revisão por causas conhecidas

De forma sintética: como em qualquer contrato de execução diferida, os pactos locatícios admitem o emprego da teoria da imprevisão *desde que o evento imprevisível – responsável pela profunda alteração da base negocial – dê origem a uma lesão virtual para qualquer das partes, não incursa em estado moratório ao tempo do fato não provocado por uma delas, lesão que certamente se transformará em objetiva se, na execução, o contrato atingido e modificado pelo acontecimento anormal for cumprido, a despeito de representar – em decorrência da mutação – obrigação extremamente difícil.*

19. A teoria da imprevisão e os contratos de "leasing"

19.1 Origem e conceituação dos contratos de "leasing"

Como linha de princípio, a teoria da imprevisão tem seu espaço garantido em todos os contratos de execução diferida, sejam eles unilaterais ou bilaterais, em qualquer contexto obrigacional, de natureza pública ou privada.

Nos contratos de *leasing* desde logo se levantou a dúvida: abririam eles a possibilidade de emprego daquele princípio de exceção? Como sempre ocorre em questões polêmicas – e esta, certamente, é uma delas – a respeito da aceitação ou não de um princípio, os juristas dividiram-se, formando-se duas correntes: uma delas, de inquestionável correção, firmada no entendimento voltado para sua total pertinência e conseqüente aplicação; outra, totalmente equivocada, de total rejeição.

A TEORIA DA IMPREVISÃO E OS CONTRATOS DE "LEASING"   373

Disseram os contrários: pelo prisma extrínseco, considerando-se aspectos emergentes de sua própria natureza, os contratos de *leasing* enquadram-se como bilaterais, onerosos e sinalagmáticos; pelo aspecto intrínseco, juristas e tribunais têm-se manifestado contra a possibilidade de emprego da doutrina de exceção, sob a alegação de que mesmo diante de eventos reconhecidamente imprevisíveis não se poderia falar em quebra do princípio da comutatividade contratual (como efeito), única justificativa para que – aliada ao evento imprevisível (como causa) – estaria sancionado seu emprego.

O curioso – e poucos disso se aperceberam – é que a pertinência do princípio tem como base exatamente a quebra da comutatividade provocada por acontecimento incomum, por eles julgada irrelevante; e, ao rejeitarem o emprego da excepcionalidade nos contratos em questão, sem perceber estenderam a recusa a qualquer outro contrato de execução postergada, uma vez que o contrato de *leasing* nada mais é do que uma espécie do gênero obrigacional das execuções continuadas, periódicas ou sucessivas.

Como primeiro destaque, é importante consignar que os contratos de *leasing* são convenções de execução diferida – campo específico de atuação do remédio jurídico da imprevisibilidade –, registrando-se, ainda, curiosamente, a tese dos que entendem não se revestir ele sequer da condição de contrato, não podendo ser tratado como tal.

Como instrumento regulador de um mercado financeiro em crescente desenvolvimento, o contrato de *leasing* surgiu na década de 50 nos Estados Unidos, espalhando-se rapidamente por vários países europeus. Em Portugal denominou-se *locação financeira*; na Alemanha, *mietfinanzierung*; na França, *crédit-bail*; na Itália, *locazione finanziaria*; na Espanha, *arrendamiento financiero*; e entre nós – cujo colonialismo cultural sempre foi fascinado por estrangeirismos –, apenas *leasing*.

Sem dispêndio de grande capital, a contratação caracteriza-se pela possibilidade de aquisição de um determinado bem apenas com o pagamento de prestações fixadas em valores e prazos estabelecidos contratualmente. Ao final, o bem financiado poderá ser integrado definitivamente ao patrimônio do financiado – até então, simples possuidor –, no exercício regular de sua opção de compra, pelo pagamento do chamado *valor residual*, devidamente corrigido, com coeficientes de atualização previamente estabelecido pelas partes. Em decorrência de alteração legislativa, tanto pessoas jurídicas como físicas podem se valer de tais contratos.

374 A TEORIA DA IMPREVISÃO NO DIREITO CIVIL E NO PROCESSO CIVIL

A despeito do nome *leasing*, no contratualismo nacional classifica-se como pacto atípico, inominado, não só por se encontrar fora do elenco exemplificativo do Código Civil como, também, por suas características de negócio jurídico complexo, que, a um só tempo, reúne locação, financiamento e venda.

A denominação "arrendamento mercantil" deve ser evitada, por não traduzir com fidelidade as características especiais destas operações.

No magistério de Martín Oviedo[63] – uma expressiva voz que nega tenha ele as características de um contrato – trata-se de sistema típico de negócio de arrendamento de bens, colocado pelas sociedades que o exploram como objeto social ao alcance de quem necessita de recursos para a renovação de seu equipamento ou de seu instrumental de trabalho ou que, mesmo possuindo capital para a aquisição, prefira aplicá-lo no giro do negócio a imobilizá-lo em bens desgastáveis.

A fonte normativa do contrato de arrendamento no sistema *leasing* – acrescentou Oviedo[64] – está na autonomia de contratar das partes, representadas pela sociedade (ou empresa de *leasing*) e o usuário.

Seria, então, em princípio, um pacto em que o arrendador funciona como financiador, e o arrendatário como financiado. A quantia financiada é aplicada pelo arrendatário-financiado na compra do bem, sob forma de pagamentos parcelados, travestidos de aluguel, incluindo-se os acessórios (juros, taxas), mais o lucro do arrendador-financiador.

A Lei 6.099, de 12.9.1974, foi a responsável pela introdução do *leasing* no Direito nacional. Posteriormente, a Lei 7.132, de 26.10.1983, estendeu a possibilidade dessa contratação às pessoas físicas, até então exclusividade das pessoas jurídicas.

Konder Comparato[65] – citando Claude Champaud – explicou que no bojo dos contratos de *leasing* existem pelo menos cinco relações obrigacionais diferentes, que, pela ordem de surgimento, são: uma promessa sinalagmática de locação; uma relação de mandato; uma locação de coisas; uma promessa unilateral de venda; e, eventualmente, uma venda.

Arnoldo Wald[66] entendeu-o como um contrato de locação onde existe simbiose com uma operação de financiamento, marcada pela

63. *El "Leasing" ante el Derecho Español*, p. 15.
64. Ob. cit., p. 16.
65. "Contrato de *leasing*", RF 250/9.
66. "Noções básicas de *leasing*", RF 250/31.

A TEORIA DA IMPREVISÃO E OS CONTRATOS DE "LEASING"   375

alternativa de renovação ou aquisição do bem pelo preço residual, que se traduz pelo *quantum* estabelecido para a venda inicial mais o custo financeiro, do qual são descontadas as prestações locativas anteriormente pagas.

Na visão do Juiz Penalva Santos[67] identifica-se como sendo de *leasing* o contrato complexo, nominado, consensual, sinalagmático, composto de um financiamento ou uma abertura de crédito e o arrendamento de bens móveis ou imóveis, com cláusulas de opção que a sociedade arrendadora irrevogavelmente dá à arrendatária para: a) continuar o arrendamento; b) resili-lo; c) adquirir o bem arrendado pelo valor residual.

O *leasing* não surgiu como idéia preconcebida – sustentou Assis Ribeiro[68] –, criada para uma finalidade específica. Foi o resultado de uma evolução natural a partir da tradicional forma contratual de arrendamento. Suas raízes primeiras – acrescentou – estão, sem dúvida, na luta permanente do homem pela sobrevivência em um mundo cada vez mais hostil, bem como no espírito de competição e concorrência, tendo como objetivo sempre o aumento da produtividade.

Depois de explicar que, a rigor, o *leasing* não é uma criação contemporânea, já que suas raízes remontam à era imperial babilônica e egípcia, o jurista Garcia Hilário[69] também o conceituou como um pacto de arrendamento no qual surgem atos e fases diferentes mas que convergem para uma finalidade unitária, de característica essencial, constituindo-se em um contrato de categoria flexível.

No entender de Penteado Júnior[70] mais compatível com o instituto seria a denominação "locação financeira ou mercantil", pela vantagem de seu afastamento das antigas conotações de arrendamento e enfiteuse, uma vez que sua verdadeira posição é a de locação vinculada a uma operação creditícia.

Sintetizando as diversas concepções, Mattos Filho[71] explicou que o *leasing* nada mais é que uma locação ou arrendamento com opção de compra, embora não conste do elenco exemplificativo do nosso Código Civil, pelo óbvio distanciamento, em décadas, do último em relação ao primeiro.

---

67. *"Leasing"*, RF 250/47.
68. "Reflexões sobre os contratos de *leasing*", RF 250/69.
69. "Contrato de *leasing*", RF 250/71 e 75.
70. "A disciplina tributária do arrendamento mercantil – *Leasing*", RF 250/77.
71. "Problemas nas operações de *leasing*", RF 250/82.

376 A TEORIA DA IMPREVISÃO NO DIREITO CIVIL E NO PROCESSO CIVIL

Chamando a atenção para a possibilidade de ser o *leasing* uma faca de dois gumes, Luiz Mélega[72] alertou para o fato de que ele tanto pode proporcionar maior liberdade às empresas como, também, restringir sua ação. Se, por exemplo – acrescentou –, uma empresa não mais necessitar de máquina alugada pouco poderá fazer durante o período de vigência contratual se o pacto não for rescindível. Ao contrário, se proprietária do bem, simplesmente procederia à sua venda, liquidando de vez o problema. No *leasing* teria que continuar a efetuar pagamentos, sem qualquer utilidade, salvo opção de substituição da máquina. Acrescente-se que nesta hipótese poderia estar a cotidiana operação aquisitiva de computadores para uma empresa, sob a modalidade discutida. A velocidade das modificações e lançamentos de modelos mais sofisticados e com mais recursos tem feito com que tais utilitários fiquem desatualizados em muito pouco tempo, podendo ilustrar a tese.

Denunciando a injustificada falta de regulamentação desses contratos, Vasconcellos Coelho[73] observou que, diversamente do que ocorre em outros países, apesar da crescente importância que vêm assumindo, as operações de *leasing* não foram submetidas entre nós, até agora, a qualquer disciplina especial. Da mesma forma – concluiu –, não se encontram submetidas a qualquer disciplina especial as empresas ou sociedades de *leasing*.

19.2 *Rejeição da teoria da imprevisão nos contratos de "leasing". Improcedência da postura, adotada em caráter genérico*

Segundo o professor Athos Gusmão Carneiro,[74] como regra geral, os contratos de *leasing* financeiro que objetivem aquisição de bens de capital não estariam acobertados pelo Código de Defesa do Consumidor pelo simples fato de que – tratando-se de pessoa jurídica – a empresa nunca é destinatária final de um produto, simplesmente por não ser considerada consumidora, conseqüente à sua condição de organização que disciplina os fatores de produção. O entendimento não estabelece uma proibição sem exceções. Apresenta algumas aberturas que autorizam a aplicação a entidades como os clubes de lazer, coo-

72. "Aspectos fiscais do *leasing*", *RF* 250/92.
73. "*Leasing* – ICM e imposto de transmissão", *RF* 250/106.
74. "O contrato de *leasing* financeiro e as ações revisionais", *Genesis – Revista de Direito Processual Civil* 5/304.

A TEORIA DA IMPREVISÃO E OS CONTRATOS DE "LEASING"

perativas de consumo, asilos de idosos ou creches, como reconheceu o jurista.

Para efeito didático – explicou Gusmão Carneiro,[75] citando Jacques Ghestin –, *consumidor* é considerado aquele que contrata o fornecimento de bens ou a prestação de serviços para seu uso particular, não os repassando a terceiros nem os utilizando como instrumentos de produção (bens de capital). Gusmão Carneiro – francamente contra a aplicação da imprevisibilidade nos contratos de *leasing* – citou um aresto do Superior Tribunal de Justiça[76] em que o Relator, Min. Eduardo Ribeiro, negando espaço ao princípio naquele contexto, explicitou seu voto: "Inexiste razão para invocar essa doutrina quando, em contrato de mútuo, tenha o mutuário dificuldade de cumprir aquilo a que se obrigou, em virtude de prejuízos que sofreu".

É indispensável observar: 1º) a decisão fala em "prejuízos que a parte sofreu", deixando claro que se trata de uma lesão objetiva (que ocorre na álea comum da contratação), e não em *lesão virtual*, que surge na álea incomum (aura contratual); e 2º) apenas pela parte do texto transcrito não se pode ter uma idéia exata sobre se a alteração foi provocada por evento previsível ou imprevisível. Pela referência a "prejuízos sofridos", a conclusão é a de que, no caso, se tratou de evento previsível , já que discute fato consumado, e não a se consumar. Se o fenômeno desestruturador fosse imprevisível – e já se viu que ele não é – a lesão decorrente seria iminente, não efetiva. Na hipótese dos autos não há que se falar na possibilidade de afastamento da teoria da imprevisão, simplesmente porque aquele não é seu universo operacional. Não existe a menor hipótese de se discutir o "desequilíbrio das prestações nem o enriquecimento injustificável do mutuante" no campo da imprevisibilidade, porque situados no da absoluta previsibilidade.

É preciso, contudo, esclarecer que o respeitável voto não significou que em qualquer dos caso de contratação na modalidade *leasing* sejam proibitivos a invocação e o emprego da doutrina da imprevisibilidade, mas tão-somente no caso decidido por aquele Tribunal. Por outras palavras: a decisão prolatada na discussão daquele contrato de mútuo é específica, e não genérica; vale para aquele caso, não sendo extensiva a todos os pactos de *leasing*, vedando *in totum*, em qualquer circunstância, a aplicação da teoria da imprevisão.

---

75. Artigo cit., *Genesis – Revista de Direito Processual Civil* 5/306.
76. *DJU* 19.8.1991.

378 A TEORIA DA IMPREVISÃO NO DIREITO CIVIL E NO PROCESSO CIVIL

O mesmo autor transcreveu fundamentação da sentença do Juiz Sílvio Luís Algarve, de Passo Fundo/RS, ao considerar "(...) ser inegável que qualquer pessoa de mediano senso, ao celebrar um contrato, tem em mira a sua capacidade econômica de suportá-lo. Naquele momento, projeta a manutenção do encargo pelo tempo em que deverá honrar as respectivas prestações, podendo assim atinar com a viabilidade do negócio e das vantagens e desvantagens que lhe possam resultar, como é da álea natural e razoavelmente ínsita em qualquer negócio".

Sobre a decisão, algumas observações. Se o contexto da discussão for, indiscutivelmente, o da teoria da imprevisão, é imperioso registrar que esta mesma linha de argumentação ("... qualquer pessoa de mediano bom senso, ao celebrar um contrato, tem em mira a sua capacidade econômica de suportá-lo") – hoje, felizmente, superada – foi usada durante muito tempo pelos anti-revisionistas, no final do século XIX e início do XX. A tal propósito relembre-se Ripert, e suas famosas máximas: *Contracter c'est prévoir; Tout contract contient une idée d'assurance*. Ripert – nunca será demais lembrar – foi o grande jurista francês que, na linha de frente das hostes anti-revisionistas, em nome da Moral, acabou por admitir o emprego da imprevisibilidade.

Na decisão de Passo Fundo a discussão feriu-se em área de absoluta previsibilidade, não sendo admissível confundir os contextos. O campo de raciocínio da respeitável sentença circunscreveu-se apenas à álea normal das contratações; e, examinando a existência ou não do evento imprevisível (que não é lugar para o fenômeno metacontratual, que tem seu universo específico na aura contratual) como causa geradora dos efeitos denunciados, concluiu pela sua inexistência, decidindo pela improcedência do pedido. Na álea comum da contratação, até o fim dos tempos, jamais o ilustre Colegiado haverá de encontrar eventos imprevisíveis. Por isso são chamados de *imprevisíveis*, com álea própria, inteiramente afastada da álea natural das contratações. Nesta forma de raciocinar – e o próprio *decisum* reconheceu – não se poderia concluir pela existência do fenômeno da imprevisibilidade, simplesmente porque ele não surge na álea normal dos pactos. Na álea comum – como disse o julgado – o contratante "(...) projeta a manutenção do encargo pelo tempo em que deverá honrar as respectivas prestações, podendo assim atinar com a viabilidade do negócio e das vantagens e desvantagens que lhe possam resultar, como é da álea natural e razoavelmente ínsita em qualquer negócio" – concluiu o acórdão. O equívoco nasceu na formulação que pretendeu rotular de im-

A TEORIA DA IMPREVISÃO E OS CONTRATOS DE "LEASING"   379

previsíveis acontecimentos alteradores da base negocial que, a rigor, eram perfeitamente previsíveis. Se o autor do pedido alega a ocorrência de um incidente de percurso na vida do contrato, provocado por evento imprevisível, é preciso que o julgador examine a questão à luz dos pressupostos que sancionam a aplicação da regra de exceção. Existentes, o pedido será deferido; inexistentes, não. Nos casos citados a negação de amparo judicial às pretensões dos autores deveu-se à carência do verdadeiro estado de imprevisibilidade, indispensável para emprego do *remedium iuris* de exceção; o que não significa – repete-se – que a teoria da imprevisão não encontre espaço nos contratos de *leasing*.

Do exposto, uma conclusão é definitiva: os votos do Min. Eduardo Ribeiro e do Juiz Sílvio Luís Algarve, transcritos por Gusmão Carneiro, foram denegatórios não porque a teoria da imprevisão seja inaplicável aos contratos de *leasing*, mas sobretudo porque, nos casos examinados, as transformações que causaram prejuízos a uma das partes (na imprevisibilidade elas são virtuais) não foram provocadas por acontecimentos imprevisíveis, mas sim perfeitamente previsíveis.

Nunca será demais repetir: quando um acontecimento reconhecidamente imprevisível se abate sobre um pacto, criando uma nova realidade, responsável pelo nascimento de lesão virtual a uma das partes, a álea comum de riscos das contratações normais, existente no instante de nascimento do pacto, subsume-se ao acontecimento incomum, passando, então, a predominar a álea extraordinária; mas a recíproca não é verdadeira. A assertiva significa apenas que, uma vez surgida a situação imprevisível, passa ela a dominar a contratação (predomínio da álea incomum ou extracontratual, por nós denominada de aura contratual), com vistas à revisão do avençado ou, quando não – se pedida pelo autor –, à resolução. Entretanto, se o fenômeno modificador se dá na álea comum, normal, de ocorrência de riscos, uma cláusula de escala móvel não poderá afastar o emprego da imprevisibilidade, paralelamente à sua aplicação, ou mesmo depois de ter sido utilizada.

No espaço comum das convenções não existe possibilidade de discussão sobre a falta de capacidade ou suporte econômico das partes, nem sobre a ausência do seu dever de honrar as prestações assumidas, por ocorrência de riscos anormais. Sendo o contexto de total normalidade os riscos serão os normais, porque a disciplina-los estará a regra *pacta sunt servanda*. Nos casos em discussão, se a decisões foram orientadas naquele sentido, a razão é que os verdadeiros elementos da imprevisibilidade, seus pressupostos de admissão e aplica-

380 A TEORIA DA IMPREVISÃO NO DIREITO CIVIL E NO PROCESSO CIVIL

ção, não estavam presentes. Nestas circunstâncias, não podem servir de paradigma para o afastamento definitivo do emprego do doutrina excepcional nos contratos de *leasing*, porque foram decisões que examinaram situações sem relação alguma com a teoria da imprevisão. Seria o equivalente – *mutatis mutandis* – à defesa da parte que em ação de despejo por falta de pagamento justificasse seu estado moratório com o fato de estar desempregada (evento de perfeita normalidade) e, com base nele, pretendesse os benefícios de uma revisão locatícia fundamentada no princípio da imprevisibilidade. Repete-se, para fixação definitiva: se o fato é previsível, se sua natureza nada tem de insólita, a possibilidade de emprego da teoria da imprevisão fica definitivamente afastada; se é imprevisível, não.

Depois de falar sobre o rompimento do equilíbrio comutativo dos pactos, em complementação à postura denegatória de aplicação da imprevisão, asseverou o ilustre jurista gaúcho: "Ora, nos casos concretos que nos foram apresentados, em nenhum deles concorreram tais circunstâncias".[77]

A afirmação de que "os casos examinados" não sancionariam o emprego da imprevisibilidade provoca esta indagação: poderiam esses "casos examinados" ser considerados como componentes de um elenco exaustivo, de forma a afastar definitivamente a imprevisão? Representariam eles todos os casos possíveis e imagináveis de emprego da doutrina? Consubstanciariam *numerus clausus* de hipóteses definitivas, de forma a excluir quaisquer outras? Estamos convencidos de que não.

"E o mesmo se dirá – acrescentou Gusmão Carneiro – da argüição vinculada à eventual deterioração do bem, normalmente devida quer ao seu uso normal como à falta de cuidados do arrendatário em sua boa conservação e utilização. Para fatos outros, como o furto do bem, ou sua perda em acidente, o arrendatário deve precaver-se pela providência, absolutamente elementar, de contratar um seguro". E concluiu o iminente jurista: "Aos contratos em exame, de *leasing* financeiro, sujeitos a demandas revisionais, apresenta-se inaplicável a 'teoria da imprevisão', por manifesta ausência de seus pressupostos de incidência". Insista-se: "aos contratos em exame" equivale dizer: *naquele contexto contratual*.

Observe-se que nas hipóteses discutidas nas decisões do Superior Tribunal de Justiça e do Tribunal do Rio Grande do Sul (dificuldades

---

77. Artigo cit., *Genesis – Revista de Direito Processual Civil* 5/315.

A TEORIA DA IMPREVISÃO E OS CONTRATOS DE "LEASING"   381

de cumprimento da obrigação em razão de prejuízos sofridos ou capacidade econômica de satisfação da obrigação e projeção do encargo no tempo de vida do pacto, respectivamente), bem como nas mencionadas pelo jurista (deterioração do bem por uso normal ou anormal, falta de cuidados do arrendatário, furto, perda), não houve uma só referência à causa de tais situações. A razão da omissão é simples: as hipóteses tratavam de acontecimentos perfeitamente previsíveis, aos quais realmente não se aplica a teoria da imprevisão. No contexto, correta foi a decisão dos Colegiados superiores, bem como correta a postura de Gusmão Carneiro ao analisar questões que nada, absolutamente nada, tinham a ver com as situações de emprego da imprevisibilidade. Contudo, é indispensável repetir: a impossibilidade de emprego da teoria da imprevisão nas contratações referidas por Gusmão Carneiro não autoriza, em momento algum, a conclusão de que inexiste espaço para sua aplicação, de um modo geral, nos contratos de *leasing*. Nos casos analisados, por exemplo, o que houve foi a pretensão imprópria de utilização de um campo de basquetebol para uma partida oficial de futebol – o que, aprioristicamente, teria que se configurar como realização de todo impossível.

Em outras abordagens sobre o tema, em mais de uma oportunidade, chamamos a atenção para o fato de que na maioria dos casos de rejeição de emprego da teoria da imprevisão por juízes e tribunais a culpa cabe aos advogados, que desconhecem a exigência de seus pressupostos de admissibilidade e usam o princípio como uma panacéia para qualquer situação em que o desequilíbrio da base negocial, por qualquer causa – o mais das vezes perfeitamente previsível –, faça surgir a lesão virtual, que exacerba a prestação. Esta, uma vez cumprida, se transformará em lesão objetiva, sem qualquer possibilidade de ressarcimento ao devedor, que nada mais terá feito do que adimplir a obrigação contratualmente assumida. Isto não significa, em absoluto, que juízes e tribunais também não errem – e como! – na aplicação do princípio. Tudo indica que, depois de normatizado (art. 478-480 do futuro Código Civil), a aplicação do princípio apresente menos dificuldades.

19.3 *A total pertinência de emprego da doutrina da imprevisibilidade nos contratos de "leasing"*

Esta afirmação parece não comportar dúvidas: a teoria da imprevisão sempre há de encontrar espaço quando o evento identificado

382 A TEORIA DA IMPREVISÃO NO DIREITO CIVIL E NO PROCESSO CIVIL

como imprevisível modificar a comutatividade da contratação, fazendo nascer a lesão virtual para uma das partes. De forma analítica, sempre que em um estado fático, nas contratações de execução diferida, estiverem presentes (a) o evento imprevisível, (b) a lesão virtual, (c) a essencialidade (profundidade da alteração da base negocial), (d) inimputabilidade (nenhuma das partes pode ser responsável – ação ou omissão – pelo evento incomum, alterador da base negocial, (e) excessiva onerosidade para o credor e extrema vantagem para o credor (esta última é uma exigência do futuro Código Civil – art. 478) e (f) ausência de estado moratório para a parte que pretenda se valer do *remedium iuris* excepcional, será inarredável o recurso ao princípio da imprevisibilidade, seja para o credor ou para o devedor da obrigação. Por sua natureza imprevisível, não se poderá jamais atribuir caráter restrito ao princípio, mas sim genérico, com pertinência e aplicação não só aos contratos sinalagmáticos e unilaterais como, também, aos aleatórios, pactos com cláusulas de escala móvel, de locação, no Código de Defesa do Consumidor, convenções coletivas de trabalho, de *leasing* – como aqui se demonstrou –, desde que presentes os pressupostos de admissibilidade supracitados.

A teoria da imprevisão deve ser identificada como uma regra ímpar que, a cada dia que passa, com a multiplicação dos microssistemas e subsistemas, vê sua margem de atuação ficar mais e mais estreita. Esta constatação de sua utilidade singular e específica em espaço restrito, antes de ser uma lamentável redução de seu pragmatismo operacional, deve, sob todos os aspectos, ser considerada um excelente e promissor sinal de aperfeiçoamento do sistema (quanto menos for necessário recurso à exceção, melhor), a ser mantido pelos ordenamentos, a qualquer custo.

20. *O revisionismo contratual no Código de Defesa do Consumidor (Lei 8.078, de 11.9.1990)*

20.1 *Breves considerações sobre a evolução do Código de Defesa do Consumidor*

Tema de grande atualidade, inteiramente desconhecido no século passado, o Código de Defesa do Consumidor nasceu e vive basicamente em função da chamada *sociedade de consumo*, inserida no contexto do direito econômico, reforçando a tese já exposta de que a ciência é filha direta da necessidade.

O REVISIONISMO CONTRATUAL NO CDC 383

Com rara felicidade, seguindo e aperfeiçoando os modelos constantes dos ordenamentos jurídicos mais avançados, voltados para a busca de uma forma ideal de reconhecimento e aplicação do valor bilateral da justiça, este Código conseguiu harmonizar dentro de um mesmo espaço os princípios da intangibilidade dos pactos (como regra geral) e, paralelamente, os do revisionismo (como exceção). Se, por um lado, revigorou a autonomia e a abrangência da manifestação de vontade das partes, por outro – sem restringi-las –, deu ênfase especial aos cânones da justiça, com prioridade para a defesa da parte mais fraca, que é o consumidor.

Forçoso é reconhecer que entre nós, de uma posição equilibrada de forças antes existente entre fornecedor e consumidor, hoje, o fabricante, o prestador de serviços, o comerciante ou importador, na relação de consumo, passou a ser a parte mais forte, exigindo do Direito providências para a prevenção e correção do equilíbrio ameaçado ou atingido, conseqüente à indiscutível vulnerabilidade do consumidor.

A inspiração do atual Código de Defesa do Consumidor é fundamentalmente de natureza constitucional. As linhas mestras de codificação das relações de consumo nasceram de uma Assembléia Nacional Constituinte, responsável pela Carta de 1988. Nesta, o *art. 5º, XXXI*, estabeleceu: "O Estado promoverá, na forma da lei, a defesa do consumidor".

O dispositivo foi complementado pelo art. 48 das Disposições Transitórias, que determinou: "O Congresso Nacional, dentro de 120 dias da promulgação da Constituição, elaborará o Código de Defesa do Consumidor" (esses 120 dias levariam dois anos até a Lei 8.078, de 11.9.1990).

"Registre-se que o Código recolheu subsídios em várias fontes estrangeiras, a saber: Nações Unidas (Resolução 39/248-1985), França (*Project de Code de la Consommation*, professor Jean Calais-Auloy), Espanha (*Ley General para la Defensa de los Consumidores y Usuarios*), México (*Ley Federal de Protección al Consumidor*); e, ainda, das legislações portuguesa (Decreto-lei 446, de 1985), alemã (*Gesetz zur Regelung des Rechts der Algemeinen Geschäftsbedingungen*) e norte-americana.

Depois que a chamada *legislação extravagante* (a partir de 1931) passou a admitir francamente o revisionismo contratual, não só a doutrina – que, majoritariamente, há muito tempo propunha sua adoção – como também a jurisprudência se orientaram no rumo da sua integral

384   A TEORIA DA IMPREVISÃO NO DIREITO CIVIL E NO PROCESSO CIVIL

aceitação. Em relação à legislação civil, seu ponto mais alto foi a adoção da teoria da imprevisão expressa pelos arts. 478, 478 e 480 do futuro Código Civil.

Doutrina e jurisprudência contemporâneas têm sido unânimes em reconhecer no art. 6º, V, do Código de Defesa do Consumidor a consagração expressa, absoluta e definitiva da *teoria da imprevisão*, quando fala em *fatos supervenientes*, *excessiva onerosidade* e *revisão*. Discorda-se totalmente dessa unanimidade. Primeiro porque o artigo regula – e tão-só – duas formas de revisionismo contratual a favor do consumidor que nada, absolutamente nada, têm a ver com a doutrina da imprevisibilidade; segundo porque existem diferenças marcantes e insuperáveis entre as situações de imprevisibilidade e as que são disciplinadas pelo art. 6º, V, do Código de Defesa do Consumidor, restando como conclusão a total impossibilidade de sua equivalência.

20.2 Os arts. 6º, V, 83 e 51, § 1º, III, do Código de Defesa do Consumidor

Como preâmbulo à análise do artigo que, equivocadamente, à unanimidade, tem levado os intérpretes a proclamar que a Lei 8.078, de 1990, mais conhecida como *Código de Defesa do Consumidor*, consagrou definitivamente a teoria da imprevisão em nosso ordenamento jurídico, é indispensável consignar três afirmações básicas, em torno das quais toda a discussão deverá ocorrer:

1ª. *O art. 6º, V, do Código de Defesa do Consumidor não sanciona – nem nunca sancionou – o emprego da teoria da imprevisão. Com ela não tem qualquer relação, embora faça referências a "revisão", a "fatos supervenientes" e também a "excessiva onerosidade" – termos e expressões encontrados no universo da doutrina da imprevisibilidade.*

2ª. *Embora o artigo em pauta não autorize o emprego da doutrina da imprevisibilidade, não quer dizer que ela esteja proscrita no Código de Defesa do Consumidor. Desde que a contratação seja de execução diferida e sobre ela, incida acontecimento reconhecidamente imprevisível, que traga o nascimento de lesão virtual para qualquer das partes contratantes, permitido estará seu emprego, uma vez observada a concorrência de outros pressupostos de sua admissibilidade.*

3ª. *Até o presente momento, em nosso ordenamento jurídico, somente os arts. 478, 479 e 480 do futuro Código Civil consubstanciam,*

O REVISIONISMO CONTRATUAL NO CDC

de forma expressa e definitiva, os dispositivos legais responsáveis pela disciplina e emprego da teoria da imprevisão.

A essência da teoria da imprevisão inclui, necessariamente, o revisionismo contratual, mas a recíproca nem sempre é verdadeira. Como linha de princípio, quando se aplica o princípio de exceção da imprevisibilidade o procedimento implicará sempre perfeita readaptação de um pacto (como gênero), no qual uma de suas espécies, entre outras, poderá até ser a excessiva onerosidade, como consta na configuração legislativa italiana. Entretanto, esta mesma *excessiva onerosidade*, resultante de *fatos supervenientes*, ali definida como um dos fundamentos para a revisão, *isoladamente*, desacompanhada de outros pressupostos de aplicação da doutrina, não poderá jamais autorizar seu emprego com fundamento na parte final do art. 6º, V, do Código de Defesa do Consumidor, como pretenderam vários juristas. O equívoco em que incorreram quantos aceitaram esta tese (configuração definitiva, *de iure constituto*) deve-se às expressões mencionadas (*revisão, fatos supervenientes* e *excessiva onerosidade*), utilizadas na configuração de pressupostos objetivos específicos e genéricos da imprevisão. O grande engano teve origem exatamente naquelas expressões.

A primeira – *revisão* – define o fim pretendido pelo consumidor que tenha sua prestação exacerbada por fatos *supervenientes* que acabem por torná-la excessivamente onerosa. Aqui começou a indução do intérprete ao erro exegético. Desavisado, acabou por concluir que sempre que fosse possível a *revisão contratual* se estaria diante do emprego da teoria da imprevisão. Na hipótese do artigo examinado, que fala em "revisão", sem exigir outros pressupostos da doutrina, subsiste apenas uma interpretação: com vistas à proteção do consumidor, o legislador estabeleceu duas situações de revisão do pacto de execução diferida, sem a mais leve referência, direta ou indireta, à doutrina da imprevisibilidade. Se o termo "revisão" acabou por levar o intérprete a entender que estava diante do princípio de exceção à intangibilidade dos pactos, ao menos neste aspecto a culpa não pode ser debitada ao legislador.

Quanto à expressão *fatos supervenientes*, surgiu ela no texto apenas como elemento de identificação da temporalidade do pacto. Era necessário que o legislador situasse o pacto como sendo de execução diferida, como *conditio sine qua non* da hipótese revisional. E foi o que ele fez. Como o diferimento da obrigação identifica o campo em que atua a imprevisibilidade, o induzimento ao equívoco foi reforçado. Contudo, este reconhecimento é indispensável: a exigência de que

386 A TEORIA DA IMPREVISÃO NO DIREITO CIVIL E NO PROCESSO CIVIL

o contrato do consumidor fosse de execução diferida (*fatos superve-nientes*) para a admissão da *revisão* acabou por estabelecer a *única semelhança* que o mencionado art. 6º, V, do Código de Defesa do Consumidor apresenta com a doutrina da imprevisão.

E a expressão *excessiva onerosidade* completou o equívoco em andamento, quando do emprego de termos que definem *uma das es-pécies do gênero imprevisibilidade*, utilizado pelos arts. 1.467, 1468 e 1.469 do vigente Código Civil Italiano. Os intérpretes, diante de vo-cábulos que entenderam auto-suficientes e definitivos para a caracte-rização da doutrina de exceção, desprezaram seu elemento principal – a *imprevisibilidade do fato* –, formulando equiparação enganosa, ori-gem do erro hermenêutico denunciado.

Três artigos do Código de Defesa do Consumidor regulam a ma-téria em pauta. Encontram-se entrelaçados, e sua estreita correlação implica, necessariamente, análise conjunta de suas disposições, para o entendimento seguro da configuração revisionista, ali geralmente con-fundida com a doutrina da imprevisibilidade. São eles: a) art. 6º, V; b) art. 83; e c) art. 51, § 1º, III.

"Art. 6º. São direitos básicos do consumidor: (...) V – a modifi-cação das cláusulas contratuais que estabeleçam prestações despropor-cionais ou sua revisão em razão de fatos supervenientes que as tornem excessivamente onerosas."

O artigo disciplina duas formas distintas e independentes de de-sequilíbrio do convencionado, para as quais, nas hipóteses que enun-cia, oferece solução revisionista. A primeira de natureza congênita ("... cláusulas contratuais que estabeleçam prestações desproporcionais"), em certa medida comparável à teoria do erro (Achile Giovenne), uma vez que trata de *lesão objetiva inicial.* A segunda (*revisão* em razão de situação que torne a cláusula por cumprir *excessivamente onerosa*) como resultante da alteração da base econômica do pacto, provocada por acontecimento posterior à vinculação (execução diferida), campo que, equivocadamente, tem sido aceito como o grande espaço aberto no Código de Defesa do Consumidor para a consagração legislativa da teoria da imprevisão.

Surpreendentemente, as disposições do art. 6º, V, *primeira parte*, ultrapassam as pretensões acautelatórias contidas na teoria da impre-visão e até mesmo nas situações de caso fortuito ou de força maior. Não levando em conta os dois estados da contratação – vinculação e execução –, concedeu ao consumidor direito expresso de estabelecer

O REVISIONISMO CONTRATUAL NO CDC   387

modificações em cláusulas onde se identifiquem *prestações despro-*
porcionais, equiparando-as a uma espécie de vício do consentimento
mas descartando – pelo menos naquele momento – a hipótese anulatória do convencionado, substituindo o procedimento pela modificação eqüitativa da cláusula onde a irregularidade se manifestou. Esta
possibilidade criou um estado fático singular, que, embora assemelhado ao erro (lesão objetiva *ab initio*), pelas disposições do mencionado
artigo, como linha de princípio não deveria ter os efeitos da lesão inicial. Assim, o artigo *sub examine* abriu espaço para duas situações distintas de revisão, sempre com ressalva para a possibilidade de reajuste
contratual por vontade das partes (conciliação do art. 447). São elas:

I – "V – a modificação das cláusulas contratuais que estabeleçam
prestações desproporcionais (...)".

Identificada a cláusula sem proporção a favor do fornecedor
(prestador, ou alguém a ele equiparado), em prejuízo do consumidor,
nasce o conflito de interesses. Este, solucionado no plano extrajudicial,
reequilibra a contratação sem maiores problemas. Colocada a questão
sob o crivo do Poder Judiciário (já então transformada em lide, como
resultante de pretensão resistida), na oportunidade da conciliação (art.
447 do CPC) também poderá haver adaptação, equacionando-se a desproporcionalidade, corrigindo, assim, o desequilíbrio contratual.
Contudo, se nessas fases não se lograr solução para o descompasso denunciado, com base no conjunto probatório existente, ao julgador caberá alterar a cláusula denunciada, ajustando-a à realidade econômica
vigente, por via da fixação de novos valores, condições, formas e o
que mais for necessário para, com fundamento nos princípios de eqüidade, fazer presente a justiça comutativa.

Esta será uma via de revisão judicial dos pactos.

Conclui-se do exposto que em juízo, para os efeitos de aplicação
do art. 6º, V, *primeira parte –* como em qualquer discussão sobre direitos patrimoniais –, do Código de Defesa do Consumidor existem
dois instantes processuais para a revisão de *cláusulas desproporcio-*
nais: a) o da fase conciliatória; e b) o da sua adaptação pelo juiz, de
conformidade com as pretensões deduzidas pelo autor, apoiado no
conjunto probatório apresentado com a inicial e produzido no curso
do processo.

II – "(...) ou sua revisão em razão de fatos supervenientes que as
tornem excessivamente onerosas".

Deixando de lado o valor bilateral da justiça, em sua parte final o
texto legal – como, de resto, todo o Código – abriu espaço para ape-

nas um titular da ação revisional: o *consumidor*. Só ele poderá pedir adaptação contratual ao novo estado fático caso sua prestação se torne *excessivamente onerosa*. Registre-se que o texto (parte final do art. 6º, V) buscou seu *leitmotiv* nos arts. 478 a 480 do futuro Código Civil, que, por sua vez, o copiou dos arts. 1.467 a 1.469 do Código Civil Italiano (1942) – modelo que não representa o que de melhor existe sobre o tema.

Complemente-se que, no âmbito da imprevisibilidade, a expressão *excessiva onerosidade* configura um odioso caráter restritivo quanto ao destinatário da norma. Ela se mantém em posição diametralmente oposta à essência do verdadeiro espírito da justiça comutativa, que, de resto, é a *pièce de résistance* da teoria da imprevisão. Apenas para ilustração: suponha-se um fornecedor que, "em razão de fatos supervenientes" – *no dizer ambíguo e incompleto da lei* –, se veja em dificuldades para o cumprimento de obrigação assumida contratualmente. Pela parcialidade legislativa adotada pelo Código de Defesa do Consumidor, mesmo presentes os *fatos supervenientes* que fizeram nascer a extrema dificuldade de cumprimento da obrigação de fornecer, *sua condição de fornecedor* (*credor*) levanta uma barreira intransponível para pleitear revisão: *primeiro porque o Código de Defesa do Consumidor cuida dos interesses apenas do devedor; segundo porque a lei defere esse direito somente àquele que se defrontar com prestação "excessivamente onerosa"* – atributo cometido com exclusividade ao devedor (nunca ao credor) de uma prestação, sendo-lhe, por tal motivo, fechadas as portas do Judiciário caso pretenda a revisão do pacto com fundamento no art. 6º, V.

Outros aspectos merecem destaque. Além de uma imperdoável *inversão* de termos com significados opostos, observa-se uma deplorável *antinomia* no cotejo entre os arts. 6º, V, e 51, § 1º, III, do Código de Defesa do Consumidor. Destaque-se que a situação só prevalece diante de fatos supervenientes *previsíveis*, porque em face dos *imprevisíveis* tanto o devedor como o credor têm direito ao emprego da teoria da imprevisão.

1º. *Inversão de termos essenciais*: uma injustificável inversão legislativa se constata quando do exame do único dispositivo que deu origem ao enunciado do § 1º do art. 51, III, que trata das nulidades. No momento em que o inciso IV do art. 51 fala em "obrigações consideradas (...) abusivas, que coloquem o consumidor em desvantagem exagerada (...)", não deixa dúvidas de que se trata de uma prevenção do direito do consumidor que se veja em situação desfavorável na

O mencionado art. contratação. Entretanto, por um passe de mágica, em vez de definir o que poderia ser considerado como *desvantagem exagerada*, o § 1º do referido art. 51 definiu o que entendia por *vantagem*, que nada tem a ver com a discussão em pauta. Pela total impossibilidade de configuração de uma *excessiva onerosidade* como *vantagem* para o consumidor, devedor da obrigação, verifica-se que desde 1990 o dispositivo legal mantém o termo erradamente. De nada valeu o período de quatro meses de *vacatio legis* (ampliado para dois anos, pela inércia legislativa costumeira), destinado a possíveis correções de ordem extrínseca no texto legal.

2º. *Antinomia*: sobre a questão é oportuno registrar que, enquanto o art. 6º, V, disciplina duas situações distintas de *revisão* ou reajuste contratual (*adequação de prestações desproporcionais* ou sua *adaptação quando excessivamente onerosas*), o 51, § 1º, III, fulmina com *nulidade de pleno direito* a "vantagem (?) que se mostra excessivamente onerosa (...)", em princípio chanceladora de revisão (art. 6º, V), não de declaração de nulidade contratual. Afinal: a prestação desproporcional ou excessivamente onerosa *pode* – ou *deve* – ser *revista* ou considerada *nula*? Pelo art. 6º, V, cabe *revisão*; pelo 51, § 1º, III, é *nula*. Observa-se que no referido art. 51, § 1º, III, o legislador não manteve a mínima coerência com o que dispusera no art. 6º, V.

O mencionado art. 51 do Código de Defesa do Consumidor estabeleceu:

"Art. 51. *São nulas de pleno direito*, entre outras, as cláusulas contratuais relativas ao fornecimento de produtos e serviços que: (...)

"IV – estabeleçam obrigações consideradas iníquas, abusivas, que coloquem o consumidor em desvantagem exagerada ou sejam incompatíveis com a boa-fé ou a eqüidade; (...).

"§ 1º. Presume-se exagerada, entre outros casos, a *vantagem [?]* que: (...)

"III – se mostra *excessivamente onerosa para o consumidor*, considerando-se a natureza e conteúdo do contrato, o interesse das partes e outras circunstâncias peculiares a cada caso; (...)" (grifamos).

A primeira observação refere-se à troca dos termos "desvantagem" por "vantagem", que muda completamente o sentido não só do texto, como de todo o espírito revisionista, até então exercitado. Não existe como rotular de *exagerada* uma "vantagem" que acabe por tornar uma prestação "excessivamente onerosa" para o consumidor, como estabeleceu a lei (n. III do § 1º. do art. 51). Isto seria possível

390 A TEORIA DA IMPREVISÃO NO DIREITO CIVIL E NO PROCESSO CIVIL

somente quando se tratasse de uma "desvantagem", que – esta, sim – sempre implica ônus para o devedor. Constatado o desequilíbrio contratual com base na "desvantagem" – jamais na "vantagem" –, pelo texto legal estaria autorizado o pedido de declaração de nulidade, verificado ser *excessiva*.

E, por outro ângulo, o intérprete ou o julgador poderão perguntar: e se em vez da revisão o consumidor optar pela declaração de nulidade do contrato, ou vice-versa? Teria ele esse direito? Como negar-lhe a possibilidade de escolha, se a própria lei lhe oferece as alternativas, em dois artigos distintos? Qual dos artigos prevaleceria? Por disciplinarem soluções antagônicas, acabariam por se anular? Com um pouco mais de apuro técnico esta antinomia poderia ter sido evitada, com prevalência da revisão nas duas hipóteses, não só por coerência procedimental como, também, por ser o mais lógico e eqüitativo.

Tentando conciliar soluções tão diversas estabelecidas pelos artigos em discussão, depois de denunciar que o Código de Defesa do Consumidor apenas exagerou na terminologia ("nulidade de pleno direito"), sem, contudo, criar um novo sistema, diverso do que consta no Código Civil, Cláudia Lima Marques – citada por Paulo Roque Khouri[78] – explicou que os textos legais cuidam de ampla diversidade de situações, cada uma delas com tratamento específico. As nulidades instituídas em favor do consumidor – no seu entendimento – não serão decretadas *se provada a utilidade da cláusula para o beneficiário*.

Parece indiscutível que se a cláusula for útil para o consumidor não há que se falar nem em revisão, quanto mais em nulidade, tãosomente porque ninguém de bom senso iria a juízo pleitear mudança ou nulidade de cláusula que o favorecesse; se favorável ao fornecedor e desvantajosa para o consumidor a antinomia reaparece com toda a força denunciada. Pedirá revisão ou nulidade da cláusula? O disposto no § 2º do mesmo art. 51[79] também não soluciona o problema. Registre-se, por oportuno, que em todo o Código de Defesa do Consumidor é o único dispositivo legal que, de forma excepcional, reconhece o valor bilateral da justiça, ao falar em "qualquer das partes". Em momento algum, como linha de princípio, a lei estabeleceu alternativas de *revisão* ou *declaração de nulidade*. Falou, sim, na primeira possi-

---

78. "Relações de consumo – Teoria da imprevisão", *Revista Consulex* 30/40, ano III.

79. "§ 2º. A nulidade de uma cláusula contratual abusiva não invalida o contrato, exceto quando de sua ausência, apesar dos esforços de integração, decorrer ônus excessivo a qualquer das partes."

O REVISIONISMO CONTRATUAL NO CDC

bilidade (*revisão*) com base na *excessiva onerosidade* (art. 6º, V, parte final), para depois (art. 51, § 1º, III) considerar aquele fundamento como *desvantagem exagerada* (erroneamente consignada como *vantagem*) e, naquelas circunstâncias, como causa suficiente para um pedido de declaração de *nulidade de pleno direito* do convencionado.

Na verdade, o que se constata é uma configuração que foge inteiramente aos padrões estabelecidos no direito material, e principalmente em sua disciplina topológica. Dispensa, como é da estrutura das nulidades, sua existência no instante vinculativo, admitindo seu reconhecimento *a posteriori*, ocasionado por *fato superveniente*, ali identificado pelo silêncio, como sendo de natureza *previsível*.

Araken de Assis[80] entendeu que, em face da lesão, o consumidor poderia escolher a via da extinção contratual, conseqüente ao reconhecimento de cláusulas abusivas. Acrescentou que ele poderia, eventualmente, não desejar a conservação do pacto, por estar, *v.g.*, impossibilitado de cumprir uma obrigação pecuniária, seja pelo fato de estar desempregado ou por qualquer outra causa impeditiva de adimplemento da obrigação, sendo-lhe facultada, em conseqüência, a resolução contratual. Registre-se que, em princípio, ao negar valor bilateral ao direito (escolha da solução somente pelo devedor), o caminho apontado atentaria contra a estabilidade dos pactos. Nem expressa ou implicitamente a lei diz que tudo deve ficar *ad libitum* do devedor. É preferível o entendimento de que não foi essa a intenção do legislador, por ser perigosa e representar distinção onde a lei não distinguiu; é preferível deixar que a jurisprudência reconheça a antinomia denunciada e se pronuncie sobre qual alternativa deve prevalecer: revisão ou extinção do pacto pela identificação da nulidade. Ao que tudo indica, com base na idéia revisionista que orientou a redação do art. 6º, V, em qualquer das hipóteses discutidas descabem dúvidas de que, com assento na eqüidade, a manutenção do pacto por via de sua adaptação às novas circunstâncias é, ainda, o mais jurídico e melhor desfecho para a *vexata quaestio* em pauta.

Em análise do Código de Defesa do Consumidor, Roque Khouri[81] chamou a atenção para o fato de que o diploma versa sobre a proteção do consumidor e trata a onerosidade excessiva como uma nulidade, quando nunca se cogitou dessa possibilidade no âmbito da teoria da imprevisão. Nela, a excessiva onerosidade (arts. 478-480 do futuro

---

80. *Resolução do Contrato*, 2ª ed., pp. 238-239.
81. Artigo cit., *Revista Consulex* 30/40.

392 A TEORIA DA IMPREVISÃO NO DIREITO CIVIL E NO PROCESSO CIVIL

Código Civil) é considerada motivo para revisão ou resolução dos contratos, jamais um vício do negócio jurídico, passível de declaração de nulidade, como fez o art. 51, § 1º, III, do Código de Defesa do Consumidor.

A proteção ao consumidor – complementou Roque Khouri[82] – implica autorização ao juiz para modificar cláusulas que, de acordo com o Código de Defesa do Consumidor, são tidas como "nulas de pleno direito", incluindo as que resultem em onerosidade excessiva para o consumidor.

Seria bastante oportuna a indagação: de onde adviria essa autorização? Apenas do poder discricionário do julgador? A lei não faz a distinção preconizada; e, se ela não faz, ao intérprete não é permitido fazê-la.

Trata-se de nulidade *sui generis* – acrescentou o Min. Ruy Rosado de Aguiar, do Superior Tribunal de Justiça – citado pelo mesmo autor –, totalmente divorciada da disciplina clássica sobre nulidades constante do Código Civil, na qual todos os vícios do negócio jurídico assim se qualificam no momento da formação do contrato, nunca posteriormente.

É importante sublinhar que, aceita a tese do Ministro, a jurisprudência, na condição de fonte indireta do Direito, de forma surpreendente estaria criando uma *outra forma de nulidade* (*a posteriori*), usurpando função e espaço do Poder Legislativo – proposta situada a anos-luz da possibilidade de criação do Direito por via da eqüidade. É válido, ainda, destacar que, no espírito dessa tese, sérias dúvidas poderão surgir quanto ao poder discricionário do julgador para, diante de situação declarada expressamente pela lei como "nula de pleno direito", revisá-la em benefício do consumidor. É quase desnecessário dizer que o caminho mais correto não é apontado pela hermenêutica dos colegiados ou da doutrina. A segurança maior deverá vir somente da normatização. É preciso definir, de uma vez por todas, se a excessiva onerosidade de uma prestação, no universo das contratações regidas pelo Código de Defesa do Consumidor, enseja *revisão* ou *declaração de nulidade* do convencionado. E isso só pode ser feito pela proposta de derrogação do mencionado Código, pacificando-se definitivamente a questão.

Em acréscimo às considerações da nenhuma pertinência da pretensão de ver no art. 6º, V, do Código de Defesa do Consumidor o

---

82. Idem, ibidem.

O REVISIONISMO CONTRATUAL NO CDC

elenco de exigências para a aplicação da teoria da imprevisão, algumas diferenças inconciliáveis podem ser apontadas.

Primeira: não existe similitude entre os pressupostos de admissibilidade da teoria da imprevisão e as situações de revisionismo contratual disciplinadas pelo art. 6º, V, do Código de Defesa do Consumidor. Conforme os arts. 478, 479 e 480 do futuro Código Civil, o revisionismo por imprevisibilidade, com base na *excessiva onerosidade*, exige, antes, como indispensável e necessária, a existência de prejuízo virtual para uma das partes (consumidor), em contrapartida a uma *extrema vantagem* para a outra (fornecedor) – que o mencionado artigo não contempla e, de resto, todo o sistema do Código de Defesa do Consumidor nega.

Segunda: assentado nos cânones da justiça comutativa, o espírito revisionista contido na teoria da imprevisão leva em conta o valor bilateral da justiça, de sorte a conceder o direito de revisão ou resolução tanto ao devedor como ao credor da obrigação; o revisionismo tratado pelo Código de Defesa do Consumidor de pronto exclui o credor da obrigação, com aplicação exclusiva ao mesmo apenas do princípio *pacta sunt servanda*, com possibilidades de vinculação até mesmo anterior na hipótese de existência de um contrato preliminar (pré-contrato). É um estatuto destinado à proteção exclusivamente do consumidor, advindo daí a impossibilidade de sua extensão ao fornecedor, fixando legislativamente um direito de revisão unilateral do contrato (art. 6º, V). Esta contemplação restritiva inexiste no verdadeiro espírito que alimenta e sustenta a teoria da imprevisão.

Terceira: primeiramente, a referência feita pelo dispositivo a *fatos supervenientes* guarda com a teoria da imprevisão uma remota semelhança de natureza temporal e, na segunda parte, uma identidade de lesões. Isto é, ambas trabalham com a possibilidade de uma lesão virtual. Tanto em uma situação como na outra (imprevisão) a revisão só poderá ser concedida com fundamento em ocorrência futura (execução diferida), e, na parte final, na identificação da lesão virtual, estreitamente ligada à temporalidade. Acabam aqui as semelhanças. Enquanto que para o emprego da *imprevisibilidade* é indispensável a identificação de *fatos supervenientes reconhecidamente imprevisíveis*, na *revisão* disciplinada pelo art. 6º, V, do Código de Defesa do Consumidor os *fatos supervenientes* – embora não expresso pela lei – são *perfeitamente previsíveis*, uma vez que os incomuns são regulados no universo da *aura contratual* (campo da imprevisibilidade). O princípio da imprevisibilidade não admite qualquer discussão sobre fatos in-

394 A TEORIA DA IMPREVISÃO NO DIREITO CIVIL E NO PROCESSO CIVIL

comuns, não-previsíveis, dentro do espaço contratual, quando, então, seriam previsíveis – não extraordinários –, porque clausulados na contratação. Sob pena de subversão dos princípios básicos da doutrina da imprevisibilidade – a começar por sua etimologia –, não se admite o conhecimento anterior de situações contratualmente definidas, já que o desconhecimento futuro é a razão de ser de sua própria natureza extraordinária.

Quarta: a motivação primeira da teoria da imprevisão, sua verdadeira *ratio essendi*, é a manutenção, pela revisão, dos pactos alterados por acontecimento imprevisível cuja resultante seja uma lesão virtual para qualquer das partes. Em última análise, objetiva tornar *relativo* o *rigor absoluto* do princípio *pacta sunt servanda*. Na condição de *remedium iuris* colocado à disposição de quem contrata, primeiro busca a revisão, ou, quando não, a resolução de pactos atingidos por acontecimento extraordinário que, modificando a base contratual, acabe por dar origem a uma lesão virtual, sendo a *nulidade contratual* considerada como figura inteiramente impertinente ao seu elenco de conseqüências. Quando o art. 6º, V, do Código de Defesa do Consumidor fala em *excessiva onerosidade* é indispensável cotejá-lo com as disposições do *art. 51, § 1º, III, do mesmo Código*. Embora no art. 6º, V, esteja expresso que é possível a "(...) revisão em razão de fatos supervenientes (...)" que tornem as prestações "excessivamente onerosas" e, além dela, *também a declaração de nulidade do pacto*, urge denunciar que a hipótese de nulidade, por ser totalmente contrária às suas diretrizes operacionais, a teoria da imprevisão não admite. No campo da imprevisibilidade, quando não houver possibilidade de revisão, um pacto poderá, quando muito, ser extinto (sem prejuízo da responsabilidade indenizatória por enriquecimento desmotivado, em alguns casos); jamais *nulo*. A razão é bastante simples: a nulidade é um *defeito congênito do ato jurídico*, já existente no momento da contratação. A imprevisibilidade trabalha exclusivamente com eventos desconhecidos, condicionando-se à *confirmação de probabilidades futuras*, estranhas ao espectro comum dos riscos enfrentados na álea natural, uma vez que ocorrem em álea anormal, no campo que batizamos de *aura contratual*, operando em pólos diametralmente opostos.

Quinta: outra razão que explica a confusão denunciada é o emprego da expressão *excessiva onerosidade*, consagrada pelo Código Civil Italiano (arts. 1.467-1.469), como representativa da doutrina da *imprevisibilidade* naquele ordenamento jurídico. A excessiva onerosidade constante da teoria da imprevisão (arts. 478-480 da nova legislação civil, cópia fiel das disposições italianas) não é a mesma de que nos falam os arts. 6º, V, e 51, § 1º, III, do Código de Defesa do Consumidor. Na primeira (imprevisibilidade) seus efeitos determinam revisão ou resolução dos pactos; na última, além da revisão, também a declaração de nulidade de pleno direito, sem prevalência de ordem na aplicação.

Sexta: no mesmo equívoco denunciado incorreu, primeiramente, Bártolo de Sassoferrato, no final do século XVI, com base na doutrina da cláusula *"rebus sic stantibus" subentendida*, nos contratos de execução diferida, atribuída ao jurista romano Neratius. Na mesma linha, no século XVIII, Frei Francisco Mantica, ao formular sua teoria da lesão superveniente – mas esta com uma atenuante: na época só existia uma possibilidade de revisionismo contratual, com apoio exclusivo na cláusula romana referida. A diretriz em questão tinha como fundamento principal não a *causa* que gerava o fato, mas o *efeito* que ela pudesse produzir na base negocial. Na moderna teoria da imprevisão tal postura não é mais admitida. É fundamental que o acontecimento modificador da base negocial seja identificado como *imprevisível* para que, presentes os outros pressupostos de admissibilidade, a doutrina de exceção possa ser empregada. No artigo em questão, ao reconhecer que apenas a existência da *excessiva onerosidade*, resultante de *fatos supervenientes perfeitamente previsíveis*, seria suficiente para a aplicação da teoria da imprevisão, o intérprete apoiou seu raciocínio em estruturação medieval, que hoje é referida apenas como fonte de interesse histórico, e com desprezo à exigência basilar de que o acontecimento modificador do alicerce negocial se classifique como extraordinário, a par com outros pressupostos, presentes concomitantemente.

Em balanço preliminar, de todo o exposto, sinteticamente, teríamos:

a) O art. 6º, V, do Código de Defesa do Consumidor disciplina duas formas de revisão contratual (ou a modificação de *cláusula desproporcional* não seria revisão?), *sem qualquer relação com a teoria da imprevisão*.

b) Na primeira parte do referido artigo, decorrente de conciliação ou *ope iudicis*, poderão ser reajustadas e realinhadas as *prestações desproporcionais* lesivas ao consumidor.

c) Na segunda parte, por conciliação ou interferência do julgador, a prestação *excessivamente onerosa*, a tanto reduzida por *fatos supervenientes*, totalmente previsíveis, poderá ser revista e conformada ao novo estado alterado.

396 A TEORIA DA IMPREVISÃO NO DIREITO CIVIL E NO PROCESSO CIVIL

d) Como o Código é de *defesa do consumidor*, o fornecedor, na condição de credor, não terá qualquer direito à revisão do pacto. A proibição tem ainda um outro fundamento: um credor jamais verá sua obrigação tornar-se *excessivamente onerosa*, uma vez que ônus é encargo exclusivo do devedor, nunca do credor.

Buscando disciplinar as situações contempladas nos arts. 6º, V, e 51, § 1º, III, em complementação, o Código de Defesa do Consumidor estabeleceu: "Art. 83. Para a defesa dos direitos e interesses protegidos por este Código são admissíveis todas as espécies de ações capazes de propiciar sua adequada e efetiva tutela".

Equivale dizer: em tese, o consumidor tanto poderá se valer de ação revisional como de nulidade. Isto porque, sem disciplinar prevalência de uma sobre a outra, seqüência ou alternatividade na aplicação, o legislador colocou à sua disposição tanto a manutenção do pacto, por via de sua adaptação, como a extinção, pela denúncia de nulidade. A ambigüidade de procedimentos e, principalmente, sua antinomia – revisão e nulidade – resultaram na nunca desejada imprecisão de soluções. Pior: trouxeram grande confusão ao intérprete ao empregar termos que acabaram por induzi-lo a raciocínios falsos, divorciados da realidade fática.

Vânia Maria da Cunha Bruno,[83] ao citar Voltaire de Lima Moraes, quando da apresentação da justificativa do Relator do Projeto (deputado Joaci Goes), também entendeu estar consagrado o princípio da imprevisibilidade no art. 6º, V, do Código de Defesa do Consumidor.

A mesma autora – Cunha Bruno[84] – apresentou interpretação do dispositivo que merece comentário. Depois de relatar que, majoritariamente, nossa doutrina admite ser o inciso V do art. 6º o responsável pela inclusão da *imprevisão* no Código de Defesa do Consumidor, com base nas três coordenadas estabelecidas por Medeiros da Fonseca, levantou dúvidas sobre a identificação de todas elas no texto em apreço. Admitiu a existência de alusão expressa pelo legislador a *fatos super-*

---

83. "(...) a adoção do princípio *rebus sic stantibus* nos contratos de consumo é necessidade inadiável. Já conhecido no direito administrativo (para favorecer os fornecedores), com muito mais razão deve ser adotado no direito do consumidor (para favorecer o consumidor). Sua adoção não implica a criação de insegurança no comércio jurídico, já que sua imposição é sempre judicial, estando limitada a duas hipóteses apenas: prestações desproporcionais e excessiva onerosidade superveniente. O conceito de desproporcionalidade é similar ao de vantagem exagerada, claramente definido no art. 50, § 1º" (ob. cit., pp. 88-89).

84. Ob. cit., pp. 90-91.

O REVISIONISMO CONTRATUAL NO CDC

venientes e, em conseqüência, o surgimento de prestações *excessivamente onerosas*, preenchendo, portanto, somente duas das três exigências mencionadas. Com propriedade, denunciou em seguida a falta do elemento principal – a *imprevisibilidade* –, tecendo considerações sobre a técnica hermenêutica contida nos ensinamentos do grande jurista Carlos Maximiliano. E Cunha Bruno concluiu: "A recente lei do consumidor *também consagra a idéia hoje conhecida como teoria da imprevisão. Se não a consagra, expressamente, na sua forma moderna, acolhe-a na forma primitiva, sem a exigência do elemento 'imprevisibilidade '"*[85] (grifos nossos).

Sublinhe-se que "sem a existência do elemento imprevisibilidade" – única razão de ser da doutrina de exceção – será possível falar-se de qualquer coisa, menos de teoria da imprevisão.

Na mesma trilha as conclusões de Ferraz Donnini: "Dessa forma, pode-se asseverar que *a teoria da imprevisão foi acolhida pelo CDC, mas com algumas modificações, que dispensam o requisito da incidência de fato extraordinário e imprevisível* e objetivam a conservação do contrato de consumo, e não mais apenas sua resolução"[86] (grifos nossos). Valem as mesmas considerações anteriores, com este aditamento: "(...) sem o requisito da incidência de fato extraordinário e imprevisível (*sic*) – como propôs Donnini – *não existe teoria da imprevisão*". Não é possível dispensar-se a essência de um instituto jurídico, e mesmo assim reconhecer sua existência.

João Batista de Almeida,[87] falando sobre a proteção jurídica do consumidor no Código de Defesa do Consumidor, observou que entre as novas medidas podem ser destacadas as seguintes: a *atenuação do princípio da força obrigatória do contrato (pacta sunt servanda)* e *conseqüente adoção da "teoria da imprevisão", ao permitir a modificação das cláusulas que estabeleçam prestações desproporcionais e ainda a revisão das prestações excessivamente onerosas em razão de fatos supervenientes*, mediante acolhimento, na via legislativa, da cláusula *rebus sic stantibus*. Consigne-se que quanto à consagração do abrandamento da intangibilidade dos pactos no artigo em discussão a observação é incensurável; são inaceitáveis, contudo, as considerações que dizem respeito à identificação de adoção da teoria da imprevisão ou acolhimento legislativo do princípio *rebus sic stantibus* no referido

85. Ob. cit., p. 96.
86. Ob. cit., p. 173.
87. *A Proteção Jurídica do Consumidor*, p. 100.

398 A TEORIA DA IMPREVISÃO NO DIREITO CIVIL E NO PROCESSO CIVIL

art. 6º, V, do Código de Defesa do Consumidor, não só pela limitação quando de sua criação por Bártolo, mas principalmente pela inexistência de seu principal elemento: a *imprevisibilidade*.

Sobre o tema, também José Manoel de Arruda Alvim entendeu que "(...) não há tolerância para contratações desproporcionais em detrimento do consumidor, sejam as em que se haja configurado (art. 6º, V, primeira frase), *sejam as em que se caracteriza a onerosidade excessiva ou imprevisão (art. 6º, V, segunda frase)*, que virá atingir o ulterior cumprimento do contrato"[88] (grifos nossos).

E Cláudia Lima Marques foi mais longe ao expressar seu entendimento sobre a questão. Disse que, para fins de aplicação do art. 6º, V, do Código de Defesa do Consumidor, *"não são exigíveis os requisitos da imprevisibilidade* e excepcionalidade, bastando a mera verificação da onerosidade excessiva"[89] (grifamos). É preciso balizar o caminho: se a idéia for apenas de revisão contratual, sem qualquer pretensão de ver no artigo em discussão a identificação da doutrina de exceção, os pressupostos da imprevisão são perfeitamente dispensáveis, como proposto; em caso contrário, não. Isto porque não se pode pretender aplicar um princípio jurídico deixando de lado a *essência de sua configuração*, toda sua razão de ser e estar, enfim, de existir no mundo jurídico, sedimentada ao longo dos séculos e milênios de luta travada em busca de seu real espaço nos vários ordenamentos jurídicos, em todo o mundo. Esclareça-se: luta desigual, em campo de atuação hegemônica do princípio *pacta sunt servanda*. E sua consagração – seria quase dispensável enfatizar – se efetivou justamente por sua natureza *imprevisível*.

20.3 Consagração da revisão contratual
  no Código de Defesa do Consumidor, sem qualquer vínculo
  ou relação com a teoria da imprevisão

Diante de afirmações tão categóricas dos renomados autores transcritos sobre o acolhimento da teoria da imprevisão no referido dispositivo legal, válido seria indagar: mas, se o art. 6º, V, do Código de Defesa do Consumidor deu abrigo – segundo alguns – a uma "forma primitiva" de teoria da imprevisão, ainda que sob a epígrafe de

---

88. *Código do Consumidor Comentado*, 2ª ed., pp. 65-66.
89. *Conclusão n. 3 do I Congresso Brasileiro de Direito do Consumidor – Contratos no Ano 2000*.

O REVISIONISMO CONTRATUAL NO CDC

cláusula *rebus*, sem exigência da *imprevisibilidade*, não seria possível admitir-se sua consagração naquele Código? A resposta *só pode ser negativa*. E a justificativa é bastante simples.

Para começar, não existe uma *forma primitiva de teoria da imprevisão*. Historicamente, o que existe é tão-somente uma primeira tentativa de estruturação, em sua fase embrionária, sem perfil jurídico, alicerce doutrinário ou, ainda, característica de princípio hegemônico, formulada por Bártolo de Sassoferato e seguida por juristas medievais, atribuindo-se-lhe um único mérito: o de ter sido uma formulação pioneira sobre a imprevisibilidade. Por seus defeitos congênitos e sua insuficiência dogmática, a cláusula romana foi descartada no final do século XIX e início do XX, cedendo espaço para o que é hoje considerada como a formulação moderna da imprevisibilidade, identificada como teoria da imprevisão, sólida e estruturada doutrina jurídica de exceção ao fiel cumprimento dos pactos, por isso mesmo de aplicação parcimoniosa.

A cláusula *rebus* representou a semente da imprevisão na fórmula proposta por Bártolo, final do século XVI. Embora tacitamente contida nos pactos de execução diferida, jamais desprezou o fator *imprevisibilidade*. Já dissemos – mas sempre será oportuno repetir: a cláusula romana se contém na moderna teoria da imprevisão, mas a recíproca não é verdadeira, conseqüente à amplitude e múltiplas exigências da última, inexistentes na primeira.

Ainda no tema, Alfredo José Rodrigues Rocha de Gouveia, analisando a cláusula *rebus sic stantibus*, esclareceu: "Um dos requisitos relevantes daquela alteração é resultar de circunstâncias imprevisíveis, como certas ou prováveis, no momento da celebração do contrato e ser de tal ordem que, se a parte por ela afetada a tivesse previsto, não teria contratado, ou, pelo menos, não o teria feito naqueles termos. A alteração da economia originária do contrato teria de se apresentar em desconformidade com a vontade da parte por ela prejudicada. Resultaria daí que a parte apenas quis vincular-se *rebus sic stantibus*".[90]

Isto é certo: como demonstrado, mesmo que se adotasse como justificativa para reconhecer no art. 6º, V, a aceitação da cláusula *rebus sic stantibus*, ainda assim não seria possível dispensar a imprevisibilidade, como têm pretendido alguns juristas. Não se pode admitir *apenas* o termo *revisão*, ou a expressão *excessiva onerosidade*, ou, ainda, a que menciona *fatos supervenientes* como elementos suficientes para a identifi-

---

90. Artigo cit., *Revista da Faculdade de Direito de Lisboa*, Suplemento, 1958, p. 26.

400 A TEORIA DA IMPREVISÃO NO DIREITO CIVIL E NO PROCESSO CIVIL

cação da teoria da imprevisão. Embora a doutrina de exceção tenha na revisão a sua *pièce de resistance*, a recíproca não é verdadeira. Equivale dizer: nem toda revisão se efetiva em contexto de anormalidade contratual provocada por evento extraordinário. Exemplo clássico pode ser encontrado no art. 6º, V, do Código de Defesa do Consumidor. Ainda: na moderna teoria da imprevisão a carga de imanência contida na cláusula (permanência das coisas em seu estado inicial) se contém, mas, devido a seu restrito espaço, as exigências contemporâneas do princípio da imprevisibilidade nela não podem ser acomodadas.

É pacífico o entendimento de que na análise de um contrato atingido por incidente de percurso dois fatores devem ser levados em conta: *causa* e *efeito*. Na aplicação da cláusula *rebus sic stantibus* no Direito intermediário maior ênfase era dada ao *efeito* produzido pelo evento *imprevisível* (*causa*) responsável pela alteração da contratação que, naquelas circunstâncias, tornava a prestação extremamente difícil de ser cumprida, razão por que o convencionado poderia ser extinto, sem se cogitar de revisão. Na moderna teoria da imprevisão (expressão atribuída a Medeiros da Fonseca), já nas primeiras formulações no início do século XX – como resultantes da I Guerra Mundial –, a evolução da doutrina trouxe como conseqüência a adoção de uma disciplina mais rigorosa de aplicação, invertendo a equação existente na Idade Média: a *causa* (imprevisibilidade) passou a ser considerada como mais importante do que o *efeito*. Resultou daí que para o emprego da teoria da imprevisão será sempre indispensável que o fato alterador da base negocial seja *efetivamente imprevisível*. A indiferença quanto a esta exigência (fato previsível ou imprevisível) – como entenderam alguns – no art. 6º, V, do Código de Defesa do Consumidor não é admitida na órbita gravitacional da doutrina da imprevisibilidade. Em síntese: ou o fato alterador da economia é *imprevisível* e a teoria da imprevisão encontra espaço, ou ele é *previsível* e a revisão de que se cuida não diz respeito à doutrina de exceção. O que é certo é que somente a referência a *fatos supervenientes* (art. 6º, V, do CDC) define tão-somente o tempo de execução (diferida), mas não é suficiente para conceituar a imprevisibilidade e, *ipso facto*, seu reconhecimento no dispositivo legal em questão.

A par com estas considerações, outras existem, também dignas de registro.

Um bom exemplo é a que diz respeito à *excessiva onerosidade*, fundamento da teoria da imprevisão no direito civil italiano. O que se extrai dos arts. 1.467 a 1.469 da legislação italiana é, acima de tudo, o caráter energético existente no instante fático de constatação da excessiva onerosidade. Para aquele ordenamento jurídico o ônus que ultrapassa as fronteiras da normalidade contratual (álea natural de toda convenção de cumprimento postergado) é identificado como sancionador do emprego da doutrina sem que, expressamente, seja necessário qualquer referência ao termo *imprevisibilidade*. Para a doutrina e a jurisprudência italianas a *excessiva onerosidade* é considerada como sinônimo de *imprevisibilidade*; em Portugal é chamada de *alteração das circunstâncias*; na maior parte do mundo, teoria da imprevisão, para a designação do mesmo remédio jurídico, com idênticos propósitos. Nesses ordenamentos qualquer situação que utilize as expressões citadas para designar um *evento imprevisível*, responsável pela alteração e conseqüente nascimento da lesão virtual para uma das partes, estará sempre se referindo a um estado de fato para o qual a teoria da imprevisão se apresenta como solução.

Um outro aspecto do problema reclama especial atenção. Até aqui, coerentemente com as linhas mestras desenvolvidas pelo Código de Defesa do Consumidor, foram discutidos apenas mecanismos de defesa dos interesses do consumidor, devedor da obrigação. E o *fornecedor* (*credor*)? Teria ele direito à utilização do remédio jurídico da imprevisibilidade, no âmbito do Código de Defesa do Consumidor? Em nome da mais elementar valoração da bilateralidade da justiça e da comutatividade, *a resposta só pode ser afirmativa*. No mesmo exemplo mencionado, suponhamos que o atingido pela imprevisibilidade seja ele, e não o consumidor. A extrema dificuldade de cumprimento de sua obrigação (entrega de bens ou prestação de serviço contratado), ocasionada por um conflito armado ou qualquer outro evento extraordinário, com toda certeza deverá autorizar recurso ao Judiciário para revisar ou resolver o pacto atingido irreversivelmente. O artigo em discussão deixou claro que o contrato é de execução diferida. Por tal motivo é possível afirmar que, *embora inexistentes os elementos de identificação do princípio naquele dispositivo legal, a teoria da imprevisão encontra total espaço e adequação no Código de Defesa do Consumidor desde que o evento alterador da base negocial seja imprevisível, dela podendo se valer tanto o consumidor (devedor) como o fornecedor (credor).*

Assim, se um *contrato de execução diferida* celebrado entre fornecedor e consumidor for atingido pela imprevisibilidade, com profunda modificação da base negocial – dentre elas a excessiva onerosidade –, certamente poderá ser *revisto*, desde que presentes os outros pressu-

402 A TEORIA DA IMPREVISÃO NO DIREITO CIVIL E NO PROCESSO CIVIL

postos de admissibilidade do princípio, dentre os quais não se dispensa a extraordinariedade do fato. Se ele tiver seus alicerces abalados de forma irreversível por declaração de guerra do Brasil à Argentina (*fato superveniente imprevisível*) e a obrigação do fornecedor ou prestador de serviços tornar-se *extremamente difícil de ser cumprida*, é indiscutível que a convenção atingida poderá ser *revista* com base na teoria da imprevisão, independentemente das disposições do art. 6º, V, do Código de Defesa do Consumidor, que trata apenas de alterações *previsíveis*. Nesta hipótese, a *imprevisibilidade*, consubstanciada na guerra e seus efeitos, justificaria seu emprego.

Em síntese: tanto a *excessiva onerosidade* para o devedor como a *extrema dificuldade de cumprimento da obrigação* pelo fornecedor ou prestador de serviços provocadas por evento extraordinário, em pacto de execução diferida, autorizariam o emprego da imprevisão.

Louvável, sob todos os aspectos, a preocupação de Cunha Bruno com o rigorismo formal específico (exigência do pressuposto da *imprevisibilidade*), inarredável para a identificação do princípio, uma vez que se estará cogitando da aplicação de uma excepcionalidade. Inaceitável, entretanto, sua liberalidade em admitir a doutrina como a concebeu Bártolo na Idade Média, nos primórdios da teoria da imprevisão, que serve, hoje, apenas como fonte de consulta. A máxima romana *lex non est textus, sed contextus* deverá sempre balizar a interpretação da lei. O art. 85 do Código Civil vigente (art. 111 do novo CC) fornece a consubstanciação expressa desta postura exegética. Neste passo, ao falar apenas em *fatos supervenientes*, sem defini-los, silenciando sobre a imprevisibilidade, o art. 6º, V, do Código de Defesa do Consumidor afastou, naquele momento, o emprego da doutrina excepcional. Acrescente-se que a autora mencionada (Vânia Maria da Cunha Bruno), ao transcrever Carlos Maximiliano, disse aceitar como correto o mecanismo hermenêutico por ele descrito ("tudo se interpreta, inclusive o silêncio ...")

Em observações ao inciso V do art. 6º do Código de Defesa do Consumidor, Toshio Mukai explicou: "O inciso V impõe a modificação das cláusulas contratuais que estabeleçam prestações desproporcionais ou sua revisão, em razão de fatos supervenientes que as tornem excessivamente onerosas. Essa disposição nem necessitaria constar da lei, tal a impossibilidade jurídica de sua instituição, em face do disposto no inciso II".[91]

---

91. In *Comentários ao Código de Proteção ao Consumidor*, coletânea de artigos coordenados por Juarez de Oliveira, p. 16.

O REVISIONISMO CONTRATUAL NO CDC

A proposição do jurista reveste-se de excessivo rigor. A vingar sua tese – desnecessidade do inciso V do art. 6º do Código de Defesa do Consumidor –, dispensável também seria o art. 48 das Disposições Transitórias da Constituição Federal, pois o art. 5º, XXXI, já deixa expresso que o Estado dará proteção ao consumidor. Para a segura aplicação do princípio, sempre que possível, o texto legal deverá enunciá-lo expressamente, como fez o inciso V do art. 6º do Código de Defesa do Consumidor. A rigor, o que seria perfeitamente dispensável é a pretensão de encontrar no mencionado artigo elementos que sancionassem o emprego da teoria da imprevisão, porque ali inexistentes.

Por seu turno, Carlos Alberto Silveira Lenzi[92] esclareceu que os incisos I, II, III, IV, V e VI do art. 6º buscam a proteção do consumidor e a possibilidade de reversão judicial destas cláusulas em razão de fatos posteriores que no momento da assinatura do contrato ele não teria condições de prever, onerando-o de forma injusta e desproporcionada.

Em comentários ao dispositivo, Cláudia Lima Marques[93] observou que, na visão tradicional, a força obrigatória teria seu fundamento na vontade das partes. A nova concepção do contrato destaca, ao contrário, o papel da lei. Ela é que reserva um espaço para a autonomia da vontade, para a auto-regulamentação dos interesses privados. Assim – continuou –, o princípio clássico de que o contrato não pode ser modificado ou suprimido senão por meio de uma nova manifestação volitiva das partes contratantes sofrerá limitações – regra com a qual ela parece não concordar. Concluiu chamando a atenção para o "enfraquecimento da força vinculativa dos contratos" por via da possível aceitação da teoria da imprevisão. É preciso dar ênfase a esta discordância: a aceitação da teoria da imprevisão nunca representou enfraquecimento das bases contratuais vigentes em qualquer época, em qualquer ordenamento jurídico, em todo o mundo. Os princípios *pacta sunt servanda* e *rebus sic stantibus* (hoje aperfeiçoado na teoria da imprevisão) complementam-se ao conjugar-se, não se registrando um só instante em toda sua trajetória milenar de aplicação em que seus objetivos colidissem ou se excluíssem. O corolário lógico-jurídico desta afirmação estaria consubstanciado na formulação que desenvolvemos consistente na simples ligação dos dois princípios por uma con-

92. *Código do Consumidor Comentado*, n. 22, p. 29.
93. *Contratos no Código de Defesa do Consumidor*, pp. 93-94.

404 A TEORIA DA IMPREVISÃO NO DIREITO CIVIL E NO PROCESSO CIVIL

junção adversativa: *pacta sunt servanda,* **sed** *rebus sic stantibus* ("o contrato faz lei entre as partes, *mas* desde que mantidas as condições iniciais da contratação"). Nunca, em tempo algum, ocorreu o enfraquecimento da base contratual pela aplicação do *remedium iuris* excepcional. Foi esse sempre o fulcro da tese dos anti-revisionistas, hoje em inexpressiva minoria, praticamente em extinção.

Também Nélson Nery,[94] em análise à aplicação da teoria da imprevisão – mas, felizmente, sem qualquer referência ao art. 6º, V, do Código de Defesa do Consumidor –, expressou o entendimento de que o juiz exerce verdadeira atividade criadora quando interfere nas relações de consumo já estabelecidas nas quais o acontecimento imprevisível se abateu e se tenha criado uma lesão virtual, deixando clara a possibilidade de emprego da doutrina no universo do Código de Defesa do Consumidor.

No que diz respeito à outra parte, o *fornecedor,* acrescentou Tupinambá Miguel Castro do Nascimento que: "(...) o *pacta sunt servanda,* ou a *obrigatoriedade de cumprimento do contrato, aplica-se com toda a sua eficácia e extensão ao fornecedor.* O contrato para ele é obrigatório, vinculando-o desde logo. Em outras palavras, tem força e operacionalidade equiparáveis à lei. Na verdade já o vincula antes de se aperfeiçoar o contrato, se houver configuração de contrato preliminar, denominado na lei de pré-contrato (art. 48 do CDC)" [95] (grifos nossos). Seria oportuno indagar: e para o consumidor, o contrato não é obrigatório? Com base em que fundamento estaria ele eximido das responsabilidades contratuais? Só porque o Código é de *defesa do consumidor?*

Registre-se, ainda, que, além do art. 6º, outro existe que reitera a destinação do benefício somente ao devedor da prestação, conforme denunciado. O mencionado art. 51 dispôs:

"Art. 51. São nulas de pleno direito, entre outras, as cláusulas contratuais relativas ao fornecimento de produtos que:

"I – impossibilitem, exonerem ou atenuem a responsabilidade do fornecedor por vícios de qualquer natureza dos produtos e serviços ou impliquem renúncia ou disposição de direitos. Nas relações de consumo entre fornecedor e consumidor/pessoa jurídica, a indenização poderá ser limitada, em situações justificáveis; (...).

---

94. *Código Brasileiro de Defesa do Consumidor,* p. 312.
95. *Comentários ao Código do Consumidor,* pp. 58-59.

O REVISIONISMO CONTRATUAL NO CDC

"§ 2º. A nulidade de uma cláusula contratual abusiva não invalida o contrato, exceto quando de sua ausência, apesar dos esforços de integração, *decorrer ônus excessivo a qualquer das partes*" (grifamos)

Mais uma vez a má técnica legislativa: excessiva onerosidade ao credor (hipótese totalmente absurda), que, indiscutivelmente, é "uma das partes" contempladas pela lei.

Dignas de nota, ainda, são as disposições do art. 84, ao traçar diretrizes para a atuação magistrado:

"Art. 84. Na ação que tenha por objeto o cumprimento de obrigação de fazer ou não fazer, o juiz concederá a tutela específica da obrigação ou determinará providências que assegurem o resultado prático equivalente ao do adimplemento".

Destaque-se que um aspecto altamente positivo do Código de Defesa do Consumidor – em relação à processualística civil – foi a inversão do ônus da prova, assentada na mais perfeita eqüidade, porquanto o consumidor será sempre a parte mais fraca nas relações de consumo.

Como resultado de consulta aos vários trabalhos que trataram do Código de Defesa do Consumidor, restou constatado que os arts. 6º, V, e 51, com seus parágrafos e incisos, ainda não tiveram análises e comentários à altura de sua real importância.

É imperioso estabelecer que o maior equívoco dos intérpretes tem sido pretender identificar em textos legais que não os específicos da teoria da imprevisão (arts. 478-480 do novo Código Civil) coordenadas para aplicação da doutrina de exceção, tão-somente porque mencionam uma ou duas exigências do princípio. Sem a presença de *todos os seus pressupostos de admissibilidade* (de forma concomitante) o máximo que tem sido obtido é a identificação de uma intenção ou espírito revisionista, como já constava no art. 31 da Lei de Luvas (Decreto 24.150/34) e consta atualmente dos arts. 19, 68 e seus incisos, 69 e 70 da atual Lei do Inquilinato. Reitere-se que apenas o revisionismo, isoladamente, não poderá jamais autorizar o intérprete a identificar a possibilidade de emprego da doutrina de exceção. É de elementar raciocínio que se a lei estabelecesse um elenco de situações por ela consideradas imprevisíveis, com base nas quais se pudesse revisar ou resolver os pactos, de pronto teriam elas deixado de ser imprevisíveis. A consideração objetiva de uma hipótese na lei, seja qual for (inflação, recessão, desvalorização da moeda etc.), destrói toda sua probabilidade subjetiva, isto é, sua imprevisibilidade. Desta forma, o

406 A TEORIA DA IMPREVISÃO NO DIREITO CIVIL E NO PROCESSO CIVIL

artigo em questão, independentemente de não representar a consagração legislativa do princípio, deve ser saudado como mais um texto legal a admitir expressa e francamente o revisionismo contratual. Doutrina e jurisprudência já o aceitavam; o Código de Defesa do Consumidor fechou o círculo.

Neste ponto, necessária se faz a reafirmação de algumas premissas básicas, agora em caráter definitivo:

1ª. *Qualquer modificação na essência da teoria da imprevisão (em especial, a ausência da imprevisibilidade) desfigura-a de tal modo e a tal ponto que ela simplesmente deixa de existir.*

2ª. *Se a pretensão for de estabilidade e segurança contratual não se admite a menor possibilidade de aplicação da teoria da imprevisão sem seu principal elemento, que é o fato extraordinário, também conhecido como anormal ou imprevisível.*

3ª. *A forma primitiva esculpida por Bártolo e seus seguidores – semente da moderna doutrina de exceção – pertence apenas a um repositório histórico, há muito superado.*

4ª. *Não existe qualquer resquício da presença de requisitos imprevisíveis no art. 6º, V, do Código de Defesa do Consumidor, simplesmente porque ele trata apenas de duas formas de revisão, sem ter nada, absolutamente nada, a ver com a teoria da imprevisão, já que trata de fatos previsíveis, estritamente dentro das fronteiras do campo contratual.*

5ª. *Com fundamento nas disposições do art. 6º, V, do Código de Defesa do Consumidor – onde não existe qualquer referência a evento imprevisível – jamais será possível o emprego da doutrina da imprevisibilidade.*

6ª. *Fora do âmbito do mencionado artigo a possibilidade é total, desde que presentes, ao mesmo tempo, os pressupostos de admissibilidade do princípio.*

A síntese de todo o exposto pode ser acondicionada em duas conclusões:

Primeira: não existe qualquer fundamento que justifique a pretensão de que o art. 6º, V, do Código de Defesa do Consumidor contenha pressupostos, genéricos ou específicos, de aplicação da imprevisibilidade *apenas* porque fala em *revisão* de prestação *excessivamente onerosa*, em decorrência de *fatos supervenientes*. O equívoco precisa ser corrigido. Como demonstrado, o pressuposto principal da doutrina

O REVISIONISMO CONTRATUAL NO CDC

– que é a *imprevisibilidade* – não pode ser "inferido" pelo intérprete apenas da expressão "fatos supervenientes", de que se vale o dispositivo, *e muito menos extrair a conclusão de que os fatos supervenientes mencionados pela lei tanto podem ser previsíveis como imprevisíveis.* Se o dispositivo tivesse dito *fatos imprevisíveis supervenientes*, sem elencá-los, afastando a previsibilidade, o principal elemento exigido para o emprego da teoria da imprevisão estaria presente, restando saber se os outros também ali poderiam se acomodar. Até mesmo a referência *excessiva onerosidade* seria inteiramente dispensável, já que representa apenas uma das espécies do gênero *imprevisibilidade*. E não foi outra a fórmula encontrada pelo art. 478 do futuro Código Civil.[96] Como está no art. 6º, V, do Código de Defesa do Consumidor, só serviu para confundir o intérprete e induzi-lo à errônea conclusão de que sempre que fosse mencionada a expressão *excessiva onerosidade* de pronto se abriria espaço para o emprego da teoria da imprevisão – conclusão que se posiciona a anos-luz da verdade.

Segunda: embora o art. 6º, V, do Código de Defesa do Consumidor não sancione o emprego do *remedium iuris* excepcional, nem por isso seu emprego está definitivamente afastado daquele Código, pelas óbvias razões já demonstradas (a previsibilidade liquida com a imprevisibilidade). A pertinência de sua aplicação pressupõe que se abata sobre a convenção um fato reconhecidamente imprevisível, responsável pelo nascimento da lesão virtual para as partes, fornecedor e consumidor. Para que a doutrina da imprevisibilidade encontre espaço e solo fértil é indispensável que seus pressupostos de admissibilidade (*execução diferida, imprevisibilidade, lesão virtual, essencialidade, irreversibilidade, inimputabilidade, ausência de estado moratório* e *excessiva onerosidade e extrema vantagem*) estejam presentes no pacto que se pretenda revisar ou extinguir. Não admitir o princípio da imprevisibilidade na área de atuação do art. 6º, V, do Código de Defesa do Consumidor não significa, necessariamente, proibir seu emprego naquele diploma legal. Assim, é possível afirmar categoricamente que o princípio encontrará hora e vez no universo do Código de Defesa do Consumidor *desde que não seja com base no que dispõe o art. 6º, V.*

---

96. "Art. 477. Nos contratos de execução continuada ou diferida se a prestação de uma das partes se tornar excessivamente onerosa, com extrema vantagem para a outra, em virtude de acontecimentos extraordinários e imprevisíveis, poderá o devedor pedir a resolução do contrato.
"Parágrafo único. Os efeitos da sentença que a decretar retroagirão à data da citação."

408 A TEORIA DA IMPREVISÃO NO DIREITO CIVIL E NO PROCESSO CIVIL

Pretender identificá-la no dispositivo legal em discussão revela, de pronto, um percurso de rota falsa e irreversivelmente comprometida, porque desviada por coordenadas de hermenêutica contratual equivocada quando da leitura da carta náutica. E esta nau, uma vez lançada ao mar do entendimento, por mais liberal e bem-intencionada que possa ser, por melhor que seja o tempo e mais favorável o vento, nunca haverá de levar o intérprete a seguro e bom porto.

21. A imprevisão e as convenções coletivas de trabalho

Embora o rol de oportunidades para a aplicação da teoria da imprevisão se encontre com mais freqüência no universo das obrigações civis, ela também tem encontrado espaço no campo do direito laboral. Nestas linhas se objetiva tão-somente uma colheita de subsídios existentes na área, com considerações de caráter informativo sobre a atuação do princípio em espaço diverso de seu *habitat*.

O enfoque inicial começa pela análise das expressões *convenção coletiva de trabalho* e *contrato coletivo de trabalho*. Mozart Víctor Russomano[97] é de entendimento que, tanto técnica como terminologicamente, no direito trabalhista brasileiro não existe qualquer diferença substancial entre os termos *convenção* e *contrato*, considerando-os sinônimos. Para outros autores (Oliveira Lima) a diferença seria que o contrato coletivo tem como objeto o trabalho; a convenção coletiva busca estabelecer normas ou preceitos que regulem os contratos individuais em curso ou futuros.

Do art. 611 ao art. 625 a Consolidação das Leis do Trabalho fala apenas em *contrato coletivo de trabalho*. Assim, essa modalidade contratual ocorre quando um sindicato representando os *empregados* e outro representando os *empregadores* (art. 8º, VI, da CF) estabelecem uma relação jurídica pelo prazo de um ano, durante o qual se obrigam mutuamente à prestação de serviços convencionado pelos representados do primeiro e remuneração por meio do pagamento de um salário pelos representados do último.

Todo contrato de trabalho tem como características básicas a onerosidade, a exclusividade e a subordinação – requisitos que, de resto, identificam a locação de serviço. O que contrata os serviços é denominado *empregador*; e o contratado, *empregado*. Pode ser *individual* ou *coletivo*. O primeiro ocorre quando é estabelecida entre as partes

---

97. *Comentários à Consolidação das Leis do Trabalho*, 5ª ed., v. IV, p. 1.082.

A IMPREVISÃO E AS CONVENÇÕES COLETIVAS DE TRABALHO 409

(empregado e empregador) a discriminação de obrigações recíprocas; será coletivo quando for acordado entre o órgão de classe que represente o empregador e o sindicato que represente os empregados. Nesta última hipótese vige a presunção de que o estabelecido deverá vigorar sem alterações de qualquer natureza, pelo menos pelo prazo de um ano.

Sebastião Machado Filho[98] destacou que a chamada "proibição de revisão", por sentença, das convenções, acordos ou das próprias sentenças normativas antes de decorrido um ano de sua vigência conflita com o espírito de admissão da revisão em qualquer tempo, desde que presentes os pressupostos de admissibilidade da antiga cláusula *rebus sic stantibus*. E Machado Filho,[99] desenvolvendo o tema, em didáticas considerações, explicou que não se pode condicionar a aplicação da cláusula *rebus sic stantibus*, com vistas à revisão (diante de alteração anormal da situação primitiva existente na contratação), à limitação legal do prazo de vigência da convenção coletiva de trabalho. Se assim se procedesse não seria possível considerar a cláusula romana como remédio jurídico aplicável às contratações de trato sucessivo, condicionados a acontecimentos futuros. O aspecto mais importante do princípio – continuou ele – é exatamente o fato de não haver condicionamento a qualquer prazo contratual ou legal. Isto porque os altos objetivos da ordem jurídica, no plano da segurança e certeza nas relações – prosseguiu –, devem ser considerados sempre como valores a serem buscados pelo Direito, sem quaisquer limitações de tempo. E arrematou o mesmo autor: "Não se pode fixar um prazo durante o qual o evento da mudança extraordinária e imprevisível não teria efeito na revisão dos contratos. Obviamente, não se pode prever o que é imprevisível".[100]

Vicenzo Carullo[101] observou que a revisão dos contratos coletivos na Itália foi um tema ao qual não se deu a devida importância. O mesmo Carullo[102] chamou a atenção para a divergência existente na

98. "A teoria da imprevisão na convenção de trabalho", *Revista de Informação Legislativa* 30/15.

99. Idem, p. 35.

100. Idem, p. 36.

101. "Un tema suggestivo, e tuttavia pressoché inesplorato dagli studiosi di diritto corporativo, è indubbiamente quello che concerne la revisione del contratto collective di lavoro o per soppravenuto notevole mutamento dello stato di fatto esistente al momento della sua stipulazione" (*La Revisione delle Norme Colettive di Lavoro*, p. 114).

102. Ob. cit., p. 13.

410 A TEORIA DA IMPREVISÃO NO DIREITO CIVIL E NO PROCESSO CIVIL

Itália entre os autores quanto à fundamentação em que se apoiava o direito de revisão nos contratos coletivos de trabalho. Alguns (Costamagna, Malchirodi, Ranellet e Coniglio) recorreram ao direito comum e justificaram o emprego da cláusula *rebus sic stantibus* como condição subentendida nos contratos de obrigações sucessivas, como já preconizavam Bártolo e seus seguidores. Informou ainda o mesmo autor sobre interessante distinção entre a admissibilidade da cláusula *rebus* e a de *pedido de revisão contratual*, totalmente inusitada e inadmissível no campo das obrigações civis. No universo dos contratos coletivos de trabalho – explicou Carullo[103] – a cláusula só encontraria espaço quando, depois de celebrado o contrato, um acontecimento imprevisível sobreviesse, mudando radicalmente o estado de coisas. Para o exercício do procedimento revisional seria suficiente que se constatasse uma notável mudança do estado de fato vigente no ato da contratação. A diferença se situaria, então, em graus: para o emprego da cláusula seria indispensável uma alteração imprevisível e profunda da base do contrato coletivo, após a sua elaboração; para a ação de revisão, suficiente seria uma notável alteração.

A rigor, seria uma inovação no processo de aplicação da cláusula *rebus sic stantibus* – conforme concebida pela primeira doutrina sobre o tema, formulada pelo jurista medieval Bártolo de Sassoferrato (cláusula subentendida nas contratações de execução diferida, que, diante da alteração da base negocial no momento da execução, autorizava a extinção do pacto) – apenas com a substituição da resolução pela revisão.

Acrescentou, ainda, Carullo[104] que, em seu entendimento, ao se utilizar a cláusula o resultado normal deveria ser a extinção do pacto laboral coletivo; diversamente deveria ocorrer com o pedido de revisão. A este não se atribuiria qualquer eficácia preventiva diante da alteração do primitivo estado fático. Resultaria daí que os sindicatos ou, na sua falta, os órgãos conciliadores e jurisdicionais competentes iriam definir em cada caso quais seriam as modificações a serem introduzidas na convenção coletiva. Por sua vez, a cláusula *rebus sic stantibus* – quando aplicável – atuaria por via de condição resolutiva tácita: as partes envolvidas discutiriam a existência ou não da alteração das circunstâncias modificadoras da base do pacto coletivo. Determinada sua existência o efeito seria imediato, afeto ao julgador e independente de

103. Idem, p. 14.
104. Ob. cit., p. 14.

A IMPREVISÃO E AS CONVENÇÕES COLETIVAS DE TRABALHO   411

quaisquer outras considerações das mesmas partes. Contrariamente, por não ser considerada uma condição resolutiva subentendida, nas hipóteses de revisão seria permitida a acomodação do pacto às novas situações de fato. Tanto uma como outra teriam como objetivo diminuir a rigidez da regra *pacta sunt servanda*.

Em nosso Direito, tanto nas obrigações de natureza civil como trabalhista não existe tal distinção. Desde que o contrato seja de execução diferida (e o pacto laboral coletivo nela se insere, uma vez que durante um ano as regras estabelecidas pelos sindicatos deverão prevalecer) e sobre sua base se abata um acontecimento imprevisível, modificador da estrutura inicial, ocasionando lesão virtual para qualquer das partes representadas na convenção, aplicável será a teoria da imprevisão. Esta – como já definira Neratius – amolda-se aos contratos "(...) qui habent tractum sucessivum (...)". Desde que estejam eles no universo das obrigações, sejam civis, tributárias, trabalhistas, administrativas ou de qualquer outra natureza, pertinente será sempre a aplicação do princípio excepcional.

Por este ângulo, cumpre registrar que a admissão da dualidade de situações não se apresenta como solução mais acertada para o problema criado pelo advento do acontecimento extraordinário incidente na economia de um pacto coletivo. O alicerce em que se sustenta a moderna imprevisibilidade é o da manutenção da vontade das partes, inicialmente manifestada, sempre que possível. Com a revisão – mesmo alteradas as disposições primitivas por consenso mútuo – a idéia da contratação será mantida; com a resolução, não. Se o espírito do princípio é, acima de tudo, o da efetiva aplicação da verdadeira justiça comutativa diante de acontecimento imprevisível que poderá afetar profundamente a economia do pacto, a busca de uma nova adequação que satisfaça as partes envolvidas não inclui, por certo, a resolução do convencionado. As simples revisão e adaptação ao novo estado fático – em harmonia com os princípios basilares de aplicação da teoria da imprevisão e, principalmente, sua nobre função sócio-jurídica – deveriam ser suficientes.

Egon Gottschalk – citado por Sebastião Machado Filho[105] – afirmou que "(...) a cláusula *rebus sic stantibus* é inerente à decisão dos tribunais do trabalho nos dissídios coletivos. É da própria natureza jurídica dos conflitos coletivos econômicos, cuja solução se acha, essencialmente, sujeita às circunstâncias do momento em que forem fi-

105. Artigo cit., *Revista de Informação Legislativa* 30/39.

412 A TEORIA DA IMPREVISÃO NO DIREITO CIVIL E NO PROCESSO CIVIL

xadas as novas condições de trabalho, destinadas, afinal, a equilibrar uma situação decorrente de fatos de índole exclusivamente econômica e, portanto, necessariamente instável".

Analisando a aplicação do princípio da imprevisibilidade nas convenções coletivas de trabalho, Oswaldo de Carvalho Monteiro[106] observou que, por estarem os contratos trabalhistas estreitamente ligados aos fatores de produção, seus traços característicos revestem-se de uma dinâmica maior do que a encontrada em outros tipos de convenções, adaptando-se às mutações e evolução do próprio ambiente industrial e, por decorrência, às suas necessidades. Complementou com o fato de que eles estão sujeitos a fenômenos sociais e econômicos cujos efeitos supervenientes vêm alterar profundamente as condições estabelecidas em sua contratação primitiva, em escala maior do que qualquer outro tipo de obrigação de natureza civil. Neste caso – concluiu – a cláusula *rebus sic stantibus* deve encontrar sábia e moderada aplicação para as partes que assumiram deveres.

Negando totalmente sua condição de cláusula subentendida, Carvalho Monteiro foi categórico: "A mencionada cláusula, como condição ingênita do contrato, é uma presunção de direito absoluto, e não condição tácita de contrato ou acessória da vontade".[107]

A afirmação de que a própria teoria da imprevisão é uma *presunção de direito absoluto* (que nada tem a ver com *presunção absoluta de direito*), sob todos os aspectos – como já dissera o jurista lusitano Carvalho Fernandes (na doutrina da socialização do Direito, desenvolvida em parceria com Badenes Gasset) –, é incensurável.

Sebastião Machado Filho chamou, mais uma vez, atenção para o fato de que a segurança pretendida não se refere ao contrato, mas, antes, àquilo que foi contratado, e este objetivo só é conseguido "(...) quando se subentende ingente a cláusula *rebus sic stantibus* entre aquilo que é contratado para os casos futuros imprevistos e relativamente anormais à normalidade relativa do presente".[108]

Nélio Reis[109] chamou de *injustiça usurária* a que mantém a vontade alterada por acontecimentos imprevisíveis mesmo com efeitos prejudiciais à parte menos favorecida, uma vez que quebra a manutenção de equivalência das prestações, com prejuízo certo para a no-

---

106. "Cláusula *rebus sic stantibus*", *RF* 94/255.
107. Idem, ibidem.
108. Artigo cit., *Revista de Informação Legislativa* 30/255.
109. "A teoria da imprevisão no contrato de trabalho", *Revista do Trabalho* 7/5.

A IMPREVISÃO E AS CONVENÇÕES COLETIVAS DE TRABALHO

ção econômica de segurança dos contratos. Insistiu no fato de que o principal campo de aplicação da teoria da imprevisão é o do direito do trabalho. Justificou sua tese dizendo: "(...) precisamente porque é neste que a intervenção estatal se verifica com maior intensidade, alterando, por via legal, tudo quanto antes haviam as partes contratado". Depois de defender a aplicação do princípio da imprevisibilidade nas convenções coletivas, como elementar forma de aplicação da verdadeira justiça, Nélio Reis desabafou: "Ora, se o Estado, ao intervir no mundo dos contratos, o faz sob o imperativo de justiça igualitária, não se pode admitir que ele próprio, através do Judiciário, assista, impassível, a um dos contratantes se aproveitar, em demasia, de condições supervenientes e imprevisíveis, em desfavor do outro, que, de boa-fé, deve estar obrigado apenas aos termos do pacto inaugural".[110]

O que se conclui de todo o exposto é que as nossas doutrina e jurisprudência trabalhistas – a exemplo do que ocorre em vários países – acolhem a aplicação do princípio de exceção tanto nos contratos individuais como nas convenções coletivas de trabalho. Quanto à legislação, embora não contenha, ainda, dispositivos expressos admitindo o princípio (como os que, em breve, estarão em vigor no futuro Código Civil, materializados nos arts. 478, 479 e 480), juízes ou tribunais a quem estiverem afetos o exame ou reexame de um acordo coletivo, em pleno decurso do prazo estabelecido, sobre o qual se abata um acontecimento imprevisível, alterador da economia contratual que deverá viger sem modificações durante um ano, sempre poderão se valer da salvaguarda legal constante do art. 8º da Consolidação das Leis do Trabalho, quando recomenda:

"Art. 8º. As autoridades administrativas e a Justiça do Trabalho, na falta de disposições legais ou contratuais, decidirão, conforme o caso, pela jurisprudência, por analogia, por eqüidade e outros princípios e normas gerais do Direito, principalmente do direito do trabalho, e ainda de acordo com os usos e costumes, o Direito Comparado, mas sempre de maneira que nenhum interesse de classe ou particular prevaleça sobre o interesse público.

"Parágrafo único. O direito comum será fonte subsidiária do direito do trabalho, naquilo em que não for incompatível com os princípios fundamentais deste."

O que se tem como pacífico é que, diante da alteração anormal da contratação (contratos individuais ou convenção coletiva de traba-

---

110. Idem, p. 8.

414 A TEORIA DA IMPREVISÃO NO DIREITO CIVIL E NO PROCESSO CIVIL

lho), a jurisprudência não tem aceito o apenamento puro e simples do empregador ou do sindicato patronal. Esta postura tem como base a premissa de que nas hipóteses de aplicação da teoria da imprevisão a responsabilidade pela modificação das regras determinantes da alteração da economia do convencionado não lhes pode ser atribuída. De resto, não é outro o espírito que norteia seu emprego nas obrigações civis. O cerne da questão está na causa da alteração e, *ipso facto*, sua identificação como imprevisível, e não apenas nas conseqüências virtuais dela resultantes, como era aceito no Direito intermediário. Seu efeito – grave alteração da base contratual – deve servir apenas como diretriz para a revisão do contrato individual ou da convenção coletiva, identificada como o grande meio para se atingir o fim de aceitação integral e uso do princípio.

Algumas decisões sobre o tema, em pequena amostragem (alterações em razão da inflação, planos econômicos, recessão, não têm sido considerados como eventos extraordinários), fornecem uma idéia de como se posicionam o Tribunal Superior do Trabalho e os Tribunais Regionais sobre a aplicação da imprevisibilidade.

21.1 *Tribunal Superior do Trabalho (TST)*

01. Três diretrizes constantes nos inspiram no julgamento dos dissídios coletivos. A primeira é a que emana da lição de Oliveira Viana, quando nos lembra que o juiz do trabalho, no conflito coletivo, funciona mais como árbitro do que propriamente como juiz. A segunda é a que radica nesse poder de aumentar salários, aos grupos, resultante da aplicação da cláusula *rebus sic stantibus*, princípio geral de direito civil, peculiar à legislação de todos os povos cultos. A terceira é a que nos apega, por prudência e também por espírito de colaboração com os demais Poderes do Estado, às estatísticas oficiais de aumento do índice do custo de vida, único elemento numérico de que dispomos para uma arbitragem acertada e para uma aplicação da cláusula *rebus sic stantibus*. (Pleno, acórdão de 30.6.1950)

02. É a aplicação da cláusula *rebus sic stantibus*, também chamada hodiernamente de *superveniência contratual*, destinada a atender à mudança das circunstâncias que constituíram o ambiente objetivo do contrato, acarretando a falta de equivalência econômica da prestação e da contraprestação. Tal equivalência prevalecia no momento da formação do contrato, porém desapareceu, passando este a ser executado

A IMPREVISÃO E AS CONVENÇÕES COLETIVAS DE TRABALHO 415

em condições diferentes das existentes ao tempo da convenção. (Proc. RR-5.458/55, rel. Min. Oliveira Lima, *DJU* 15.2.1957)

21.2 Tribunais Regionais do Trabalho (TRTs)

03. Diferenças salariais indevidas – Previsão em convenção coletiva de trabalho de reajustes com base em IPC – Advento de lei que revoga a anterior que previa tais correções. Não está o empregador obrigado a proceder aos reajustes previstos em convenção coletiva com base em IPC do mês anterior, a qual foi procedida tendo em vista os ditames da Lei n. 7.788/89. Isto porque essa lei foi expressamente revogada pela de n. 8.030/90. Aplicação dos princípios da teoria da imprevisão e da cláusula *rebus sic stantibus*. (TRT-PR, 1ª T., acórdão 4.863/92, RO 2.431/91, rel. Juiz Silvonei Sérgio Piovesan, *DJPR* 3.7.9192, p. 33)

04. A cláusula *rebus sic stantibus* está alicerçada na construção teórica conhecida por *teoria da imprevisão*, cujo pressuposto é o de que a parte lesada por um contrato pode se desligar de suas obrigações quando acontecimentos imprevisíveis no momento em que foi firmado tornam impossível a manutenção do pactuado, resultando evidente que não teria consentido em assumir tais obrigações se tivesse podido prever a ocorrência do fato causador do prejuízo. Ao ser celebrada a convenção coletiva de trabalho em fevereiro de 1990, dispondo sobre reajustes de salário com base no IPC, era inteiramente imprevisível a radical mudança na política econômica do Governo, levada a efeito pela Medida Provisória n. 154, de 15.3.1990, posteriormente transformada na Lei n. 8.030, de 12.4.1990. (TRT-12ª R.,.2ª T., 2ª JCJ de Joinville, acórdão 1.867/94, ROV 7.867/92, rel. Juiz Umberto Grillo, v.u., *DJSC* 19.4.1994, p. 57)

21.3 O Direito Comparado e as convenções coletivas de trabalho

Além de se constituir em dever de justiça, é imperioso registrar que estas breves informações sobre a atuação da doutrina da imprevisibilidade na seara dos contratos coletivos de trabalho, nas várias legislações mundiais, foram grandemente facilitadas após o contato com o didático e minucioso levantamento feito pelo professor da Universidade de Brasília Sebastião Machado Filho – aqui referido várias vezes –, de cujos subsídios nos valemos constantemente para este esboço panorâmico sobre o tema.

416 A TEORIA DA IMPREVISÃO NO DIREITO CIVIL E NO PROCESSO CIVIL

As legislações estrangeiras não têm postura uniforme sobre o assunto, chegando mesmo a surpreender pelo que se poderia chamar de incoerência normativa, doutrinária e jurisprudencial, já que dentro do mesmo ordenamento jurídico não vigora a mesma orientação.

21.3.1 Colômbia

Entre os muitos exemplos do que se poderia chamar de *autêntica modernidade social*, o Direito Colombiano, neste aspecto, desponta como figura de proa: além de admitir o reexame contratual no universo das obrigações civis, também aceita, de forma integral, a aplicação da teoria da imprevisão às convenções coletivas de trabalho. E corajosamente o faz *de iure constituto*, em seu art. 480: "Las convenciones colectivas son revisables cuando quiera que sobrevengan imprevisibles y graves alteraciones de la normalidad económica". Esta posição só pode ser aplaudida e referenciada como exemplo da exata compreensão dos princípios de socialização do Direito, buscada constantemente pelos ordenamentos contemporâneos como o caminho mais direto para a verdadeiro justiça, sob todos os aspectos paradigmática em sua hermenêutica de vanguarda.

21.3.2 Argentina

A Lei 14.250, de 29.9.1953, disciplinou as convenções coletivas de trabalho no país platino. Entretanto, em seu texto não existe dispositivo específico que autorize a revisão destes pactos, antes do vencimento do prazo estabelecido, apenas em razão de modificações econômicas.

O jurista Mario L. Deveali, também referido por Machado Filho,[111] procurando justificar a omissão legal com o fato de que a mencionada Lei 14.250, de 1953 – reguladora das convenções coletivas –, não criou nem mencionou a possível existência de qualquer sistema obrigatório que devesse solucionar os conflitos coletivos, lembrou que a faculdade de pedir revisão com base na mudança do estado fático teria sentido somente nos ordenamentos jurídicos em que existissem autoridades especificamente constituídas para dirimir a questão (órgão judicial ou conselho arbitral).

---

111. *Curso de Derecho Sindical y de la Previsión Social*, 2ª ed., Buenos Aires, Zavalia, 1954, p. 239, *apud* Sebastião Machado Filho, artigo cit., *Revista de Informação Legislativa* 30/22.

A IMPREVISÃO E AS CONVENÇÕES COLETIVAS DE TRABALHO

Para Krotoschin – segundo Machado Filho[112] – uma alteração profunda das condições econômicas no curso de uma convenção coletiva tem para esta a mesma importância e o mesmo efeito que para qualquer outro contrato de execução diferida, no campo do direito das obrigações. Observou o mesmo autor que: "(...) tales contratos y, por consiguiente, también la convención por su propia naturaleza se quedan bajo la cláusula implícita *rebus sic stantibus*. Pero para que una parte o ambas de la convención puedan invocar esta cláusula, el cambio de las condiciones debe ser tan considerable y fundamental, al mismo tiempo imprevisible y imprevisto, que de acuerdo con los principios de la buena-fé no se puede exigir que se mantenga la convención. Tanto que la disolución de la cláusula *rebus sic stantibus* depende, generalmente, de un pronunciamiento judicial a respecto (a menos que intervenga el mutuo consentimiento de las partes)".

Embora o ordenamento jurídico argentino admita a teoria da imprevisão no campo das obrigações civis (art. 1.198 do CC) e parte de sua doutrina (Cabanellas, Krotoschin, Deveali, Tissembaum, Ruprecht, Pozzo, Gronda, Sanchez e Garzón Ferreyra, entre os mais expressivos) apóie a aplicação do princípio nos contratos coletivos de trabalho, o pensamento jurídico majoritário orienta-se para o cumprimento integral dos pactos mesmo em face de alterações extraordinárias. Depreende-se, daí, que vigem no país platino duas orientações: a legal, doutrinária e jurisprudencial, de franca admissão do princípio da imprevisibilidade, no campo das obrigações civis; e outra, no âmbito trabalhista, de absoluta vigência da regra *pacta sunt servanda*. Para a consolidação definitiva do princípio no país vizinho, como princípio jurídico de alcance social inestimável, o ideal seria a unificação dos entendimentos, com opção pela orientação legislativa constante do Código Civil (art. 1.198, referido).

21.3.3 México

No México os pactos coletivos de trabalho (*contratos colectivos de trabajo*) apresentam-se sob duas formas: o *comum*, ou ordinário, e o *contrato-lei*, também conhecido como *contrato coletivo*, de adoção obrigatória em determinados ramos da indústria, em todo o país ou em certas regiões, por razões de natureza econômica ou geográfica. A intervenção nos contratos em razão da imprevisibilidade dá-se por re-

---

112. Idem, ibidem.

418   A TEORIA DA IMPREVISÃO NO DIREITO CIVIL E NO PROCESSO CIVIL

visão e *modificação*. A primeira é um direito implícito no nascimento do contrato coletivo, a ser exercitado após dois anos ou ao término do contrato. Tem natureza obrigatória, porque emana da lei, conforme dispõe o artigo 56 do *Código Mejicano del Trabajo*. Deverá ser proposta com um prazo mínimo de 60 dias antes do término da avença. É o que se poderia chamar de *obrigação de revisão*, adquirida pelas partes signatárias do contrato coletivo. A segunda é um direito que surge posteriormente, com fundamento em fato inteiramente estranho e imprevisível surgido na economia do contrato coletivo. Em síntese: a *revisão* é considerada como um *direito ordinário* das partes; e a *modificação*, uma prerrogativa de *caráter extraordinário*, ditada por circunstâncias consideradas incomuns.

Com absoluta propriedade, Mario de la Cueva,[113] comentando o art. 57, III, do mencionado Código – admissão da imprevisibilidade no âmbito das falências e liquidações –, entendeu ser ela aplicável aos contratos coletivos de trabalho, por concluir que a razão do dispositivo legal (alteração anormal da base negocial) é, fundamentalmente, a mesma.

21.3.4   Estados Unidos

Neste país o contratualismo é basicamente produto de negociação coletiva. A livre negociação é protegida como em nenhum outro lugar do mundo, já que se trata de autêntico postulado de política nacional. Embora a negociação seja um dever legal naquele ordenamento jurídico trabalhista, esta não se estende à efetiva obtenção de um acordo final. Não há distinção entre convenção coletiva e acordo coletivo, sendo indiferente a terminologia empregada, uma vez que o sustentáculo deste tipo de pacto – conforme Machado Filho,[114] citan-

---

113. Explicou ele: "(...) en estas condiciones, ocurre traer a colación la llamada *teoría de la imprevisión*: los maestros de derecho civil discuten si es posible aplicar esa doctrina sin violentar los textos legales; los canonistas hablaron de la cláusula *rebus sic stantibus* implícita en los contratos y cuya esencia es la siguiente. Los derechos y obligaciones de las partes son invariables en tanto permanezcan las cosas en la condición prevista al celebrarse el contrato; por eso hablan los modernos de la teoría de la imprevisión, pues las circunstancias imprevistas, cuando alteran substancialmente las condiciones que dieron vida al contrato, operan su necesaria modificación. Y es indudable que el derecho del trabajo acoge este principio de la imprevisión, según se revela en las reglas acerca de la suspensíon y terminación de las relaciones de trabajo" (*Derecho Mexicano del Trabajo*, t. II, p. 678).

114. Artigo cit., *Revista de Informação Legislativa* 30/25.

A IMPREVISÃO E AS CONVENÇÕES COLETIVAS DE TRABALHO   419

do o jurista americano Randle – é o reconhecimento e a assunção pelas partes contratantes de suas responsabilidades, conectadas com os acordos obtidos, em prenúncio louvável de socialização do Direito.

E Machado Filho[115] mencionou, ainda, as considerações de Glenn Gardiner sobre o tema: "Contudo, as negociações não começam nem terminam com a assinatura de um contrato. Seria um erro tal interpretação, porque isto é apenas o início de uma negociação que, na verdade, se desenvolve durante 365 dias por ano. As partes mais importantes das negociações coletivas são aquelas que se desenvolvem no dia-a-dia, sob as regras estabelecidas através do acordo trabalhista".

Sobre o tema, o entendimento da doutrina, composta pela maioria dos juristas norte-americanos – prosseguiu Machado Filho[116] –, nos fornece a conclusão de que, com base no dinamismo existente nas negociações coletivas, os acordos dali resultantes podem ser constantemente alterados ou modificados, donde ser perfeitamente cabível a aplicação da teoria da imprevisão nas convenções coletivas de trabalho, embora não a qualquer tempo. Têm como correta a concepção de que, concluída uma negociação coletiva, devem ser feitos preparativos para a negociação da próxima. Baseiam-se no fato de que os processos de negociação, em decorrência do dinamismo que os caracteriza, são permeados por constantes alterações, todas voltadas para seu aprimoramento. Esta é a condescendente – mas nem por isto menos correta – posição da doutrina, que, infelizmente, como a mexicana, não se harmoniza com a legislação vigente.

Entretanto, pela Lei *Taft-Hartley*, de 1961, o elenco exaustivo de hipóteses (apenas quatro) em que a anulação ou revisão das convenções coletivas são possíveis deixa claro que a aplicação a qualquer tempo do princípio da imprevisibilidade – como é de sua natureza – não encontra espaço no ordenamento jurídico norte-americano, consoante as informações de Machado Filho,[117] uma vez mais.

115. Idem, ibidem.
116. Idem, p. 26.
117. "Resumindo: pela Lei *Taft-Hartley*, no capítulo referente às práticas desleais de trabalho, dispõe que, quando está em vigência um contrato coletivo de trabalho, a parte que pretender anulá-lo ou modificá-lo deverá: a) notificar a outra parte, 60 dias antes do vencimento do contrato ou, se este não tem data de vencimento, 60 dias antes da época em que deverá produzir a anulação ou modificação pretendida: b) propor um encontro com a outra parte, a fim de negociar um novo contrato ou um contrato que contenha as modificações propostas; c) inocorrendo acordo, notificar o fato da existência de disputa ao Serviço Federal de Mediação e Conciliação; d) continuar entretan-

420 A TEORIA DA IMPREVISÃO NO DIREITO CIVIL E NO PROCESSO CIVIL

21.3.5 Espanha

Com assento nos arts. 12 da *Ley de Convenios Colectivos Sindicales* (1958) e 5º do seu Regulamento (22.7.1958), informa-nos Machado Filho[118] – apoiado nos estudos de Perez Leñero – que em situações especiais a revisão é admitida, tais como a mudança de condições sociais e econômicas determinantes da convenção, porque: "(...) el convenio colectivo, como todo contrato, lleva implícita la cláusula *rebus sic stantibus*". A linha de pensamento do Supremo Tribunal na Espanha orienta-se para o entendimento de que, com lastro no caráter protecionista existente na legislação social, a vontade das partes livremente manifestada deve ser conservada nas contratações trabalhistas (*pacta sunt servanda*), a não ser que acontecimentos tragam como resultado prejuízos para o trabalho. E o limite da vontade das partes situa-se no exato ponto que tem como objetivo evitar desvantagens para o trabalhador.

Menendez-Pidal – referido também por Machado Filho[119] –, fazendo a defesa de condições mais favoráveis para o trabalhador, esclareceu que: "(...) es decir, centrando la cuestión, existe el predominio de la doctrina contractual, pero esto no quiere decir que no deba operar la doctrina de la relación de trabajo ya que con acierto se ha puesto de manifesto que muchas veces la voluntad individual se mostraba como teoría ilusoria, por lo que fué preciso la intervención estatal, y para que entrasen en juego algunos de los principios informadores de la nueva rama del Derecho, es decir, el derecho social, laboral, del trabajo, estableciendo serias limitaciones a la voluntad individual y dándole un sentido social a las cuestiones referentes a la libertad de contratación y de seguridad jurídica, sometiendo a revisión las cláusulas *rebus sic stantibus* (revisión del pactado), la *exceptio non adimpleti contractus* (cumplimiento de la obligación hasta tanto que la otra parte no ejecute la suya), teoría de los riesgos y otras".

Observa-se no ordenamento jurídico espanhol uma curiosidade semelhante à que existe no argentino, mas de forma invertida, também com dupla postura: no Direito Platino a teoria da imprevisão é

---

to aplicando o contrato preexistente até 60 dias após a notificação acima, sem apelar para greve ou *lock-out*. Os empregados que se declararem em greve, dentro do aludido período de 60 dias, perderão o emprego" (artigo cit., *Revista de Informação Legislativa* 30/27).

118. Artigo cit., *Revista de Informação Legislativa* 30/28.

119. Idem, ibidem.

A IMPREVISÃO E AS CONVENÇÕES COLETIVAS DE TRABALHO

expressamente admitida nas obrigações civis, mas não nas trabalhistas; no espanhol não é aceita nas obrigações civis, mas se aplica às convenções coletivas de trabalho.

21.3.6 França

A posição da legislação, doutrina e jurisprudência francesas no campo do direito privado sempre foi de integral respeito e aplicação da regra *pacta sunt servanda*, expressa no art. 1.134 do Código Civil, paradigma seguido por quase todos os Códigos Civis que surgiram, a partir do século XIX. Embora depois da I Guerra Mundial o princípio da imprevisão tenha sido aceito no direito público francês, a partir dos precedentes da *Cie. Générale d'Éclairage de Bordeaux* (1916) e da *Lei Failliot* (1918), no direito privado – a despeito de expressiva corrente doutrinária favorável – ele ainda não conseguiu espaço. Talvez por considerar o direito do trabalho como situado no campo do direito público – como entendem alguns juristas nacionais – a revisão das convenções coletivas na França tem sido admitida, se não individualmente pelos juízes, ao menos pelos colegiados, ali representados pela jurisprudência arbitral.

Machado Filho,[120] com base nos estudos do jurista francês Mitsou, fez referências à existência de um projeto governamental francês destinado à instituição da arbitragem obrigatória nas convenções coletivas de trabalho, nos seguintes termos: "Os procedimentos de conciliação e arbitragem aplicam-se principalmente em caso de variação expressiva do custo de vida, ao regulamento de desacordos provenientes das conseqüências desta variação e trazidos a negociação e à revisão de cláusulas relacionadas com os salários contidas nas convenções coletivas" (art. 13).

O mesmo Mitsou – apoiado em Planiol, Ripert e Smein –, ainda nos estudos de Machado Filho,[121] reafirmou a postura francesa, ao esclarecer: "Na França, as jurisdições civis, até o momento, apóiam toda aplicação da teoria da imprevisão nas convenções".

21.3.7 Itália

Anteriormente ao atual Código Civil Italiano (1942), o Regulamento de 1º de julho de 1926 já admitia a revisão dos contratos indi-

---

120. Artigo cit., *Revista de Informação Legislativa* 30/29.
121. Idem, p. 30.

422   A TEORIA DA IMPREVISÃO NO DIREITO CIVIL E NO PROCESSO CIVIL

viduais de trabalho, objetivando estabelecer novas condições, sempre que sua base econômica sofresse profundas alterações, estendendo a possibilidade às convenções coletivas antes que o termo fixado por elas tivesse terminado, desde que presentes os pressupostos de aplicação do princípio.

Os arts. 1.467, 1.468 e 1.469 do vigente Código Civil erigiram o princípio à condição de direito normatizado, aceito e aplicado de forma genérica, tanto no direito público como no privado, sempre que a situação de fato em que a contratação se assentasse sofresse alterações anormais, ali identificadas como de excessiva onerosidade.

Barassi – citado igualmente por Machado Filho[122] – explicou: "E de fato o art. 71 do capítulo do regulamento admite a ação de revisão do contrato coletivo, 'mesmo antes do prazo de validade estabelecido para duração'; por meio da qual se efetua a formulação de novas condições do trabalho. Entretanto, é preciso 'constatar uma alteração recíproca do estado de fato existente no momento da contratação'".

Também Virgílio Feroci – lembrado ainda por Machado Filho,[123] na tradução espanhola de 1942 – reiterou que: "(...) la acción para pedir nuevas condiciones de trabajo es admitida aun cuando el contrato colectivo esté en vigor, y antes de la caducidad del término establecido para su duración, siempre que se haya verificado un cambio notable en el estado de hecho existente en el momento de la estipulación".

O que se tem como definitivo é que na Itália os princípios que embasaram a adoção da *excessiva onerosidade* – nome impróprio com que, naquele país, é chamada a teoria da imprevisão – têm caráter geral e irrestrito, aplicados que são tanto nas obrigações civis de caráter privado como nas do direito administrativo e do direito do trabalho.

21.3.8   Alemanha

A jurisprudência alemã (*Rechsprechung*), por intermédio de seu Supremo Tribunal do Trabalho (*Reichsarbeitegericht*), desde a década de 20 tem admitido a revisão das convenções coletivas antes do prazo estabelecido para seu término.

A diretriz adotada por aquela jurisprudência superior tomou como base a existência da possibilidade de revisão dos contratos individuais,

---

122. Idem, ibidem.
123. Artigo cit., *Revista de Informação Legislativa* 30/30.

A IMPREVISÃO E AS CONVENÇÕES COLETIVAS DE TRABALHO   423

não expressa no *BGB* – mas ali existente de forma implícita no § 242, com assento na boa-fé –, entendendo que no campo das convenções coletivas tudo ficaria reduzido a uma simples "questão de direito" (*Rechtsfrage*). Assim, a referida *quaestio iuris*, no âmbito da contratação laboral coletiva, deveria ser examinadas pelos tribunais do trabalho, que, entendendo aplicável o princípio, autorizariam a revisão pretendida, tanto em contratos individuais como em coletivos.

A princípio houve relutância na aceitação da velha cláusula *rebus sic stantibus*. Os efeitos da I Guerra Mundial, materializados na perturbação política, social e, principalmente, econômica, aos poucos fizeram com que uma nova doutrina fosse criada e aplicada: a da chamada *revalorização* (*Aufssertung*). No Direito Alemão contemporâneo a teoria da imprevisão tanto é aplicada nos contratos civis como nos de trabalho, em contexto público ou privado, com extensão às convenções coletivas, uma vez que, em sua gênese, a cláusula romana sempre se referiu aos *contractus*, abrigando a expressão contratações de qualquer natureza, desde que diferida sua execução.

21.3.9   Polônia

O direito positivo polonês foi o primeiro no mundo (1932) a normatizar o princípio da imprevisibilidade, no art. 269 do Código das Obrigações. A aplicação tem sentido genérico, não se referindo apenas à revisão das obrigações civis, porquanto o supracitado artigo deixa claro que, por efeito de acontecimentos excepcionais criadores de dificuldades excessivas de adimplemento para uma das partes, impossíveis de prever quando da contratação, com base no princípio ético da boa-fé, o tribunal ao qual estiver afeto o exame de pedido revisional ou de resolução do pacto poderá fixar outro modo de execução, alterar o valor da prestação ou, mesmo, resolver a convenção. Acrescente-se que o dispositivo legal referido (art. 269), de forma eclética, alberga tanto o caso fortuito ou de força maior como a imprevisibilidade.

Resulta como conclusão final, nesta breve incursão pelos meandros do Direito Comparado, que, com algumas exceções, a corrente majoritária é a de aceitação do princípio revisional nas convenções coletivas de trabalho. Todas as características sancionadoras de sua aceitação e aplicação encontram-se presentes nesta modalidade de manifestação de vontade, a começar pela execução diferida, sendo

424 A TEORIA DA IMPREVISÃO NO DIREITO CIVIL E NO PROCESSO CIVIL

imperioso admitir que as mesmas razões que justificam sua existência no universo das obrigações civis – não só como remédio jurídico destinado a atenuar o rigor da regra *pacta sunt servanda*, como também na condição de exemplo ímpar de justiça comutativa – autenticam sua aceitação no campo das obrigações trabalhistas.

22. *A Semana Internacional de Direito em Paris (1937)*

Na condição de mais importante reunião que até hoje se fez para discussão a respeito da "Revisão dos contratos pelo juiz", a Semana Internacional de Direito em Paris, em 1937, merece considerações especiais.

Naquele ano, na Capital Francesa, durante uma semana, mais de 500 delegados de 47 países, inclusive do Brasil, discutiram seis questões de Direito consideradas básicas: 1ª) "O abandono da família e suas sanções"; 2ª) "A revisão dos contratos pelo juiz"; 3ª) "As fundações"; 4ª) "O regime matrimonial de direito comum"; 5ª) "A fidúcia no direito de crédito"; 6ª) "A proteção dos obrigacionistas".

Os temas foram apresentados e desenvolvidos pelos mais destacados juristas de cada nação, sob a forma de Relatórios Parciais, que, ao final, depois das conclusões, integraram um Relatório Final, levado ao Plenário para discussão.

A teoria da imprevisão foi analisada sob a epígrafe "A revisão dos contratos pelo juiz", à luz da legislação mundial e dos países participantes.

Dignas de atenção foram as considerações de Karl Wolf,[124] da Áustria; Longchamps de Berier,[125] da Polônia; Albert Richards,[126] da

124. "A revisão dos contratos pelo juiz é possível no caso de superveniência de circunstâncias que, segundo as estipulações do contrato, teriam por conseqüência a sua ineficácia. A revisão dos contratos é dever do juiz se o interesse público o exige" (in *Travaux de la Semaine Internationale de Droit*, v. II, p. 197).

125. Disse ele: "Je conviens que le principe du maintien du contrat sans révision comporte beaucoup d'avantages, mais je doute qu'il soit possible de le respecter dans toutes les hipothèses" (in *Travaux de la Semaine Internationale de Droit*, v. II, p. 198).

126. Sugeriu este jurista o emprego de medida que vinha sendo utilizada pelo Tribunal Suíço, a qual "(...) autorizava o juiz a proceder, em casos excepcionais, à revisão dos contratos, com todas as garantias necessárias, quando verdadeiramente o interesse geral o ordena e aconselha" (in *Travaux de la Semaine Internationale de Droit*, v. II, p. 207).

A SEMANA INTERNACIONAL DE DIREITO EM PARIS (1937)   425

Suíça; Naojiro Sugiyama,[127] do Japão; e Levinsteinas,[128] da Lituânia. Este último registrou a quase-impossibilidade de se traçar limites ao campo de atuação do magistrado – motivo pelo qual entendia premente a necessidade de se abrandar o rigor da fórmula *pacta sunt servanda*, por via legislativa.

A síntese dos trabalhos foi didaticamente organizada pelo professor Niboyet, Relator-Geral, que, de forma bastante objetiva, classificou as legislações em dois grupos – revisionistas e não-revisionistas –, deixando para um enquadramento especial, em razão de suas peculiaridades, os Direitos Inglês e Norte-Americano.

Entre os países que aceitavam a revisão dos contratos pelo juiz, chamados *revisionistas*, estavam Alemanha, Hungria, Noruega, Polônia e Suíça. No grupo *não-revisionista*: França, Itália, Portugal, Bélgica, Romênia, Síria, Líbano e Japão. Passados mais de 60 anos daquele encontro, tornaram-se revisionistas a Itália e Portugal. Brevemente, graças ao novo Código Civil, recém aprovado, o Brasil.

Acrescente-se que, impropriamente, Niboyet batizou o grupo não-revisionista de *Grupo Latino*, porquanto Síria, Líbano e Japão, por ele incluídos neste grupo, têm origens que nada têm a ver com a latinidade.

Cossio resumiu as palavras finais de Pierre Niboyet[129] naquele Encontro: "La regla *pacta sunt servanda* es una ciudadela inviolable para las legislaciones latinas. ¿Debe ser o no limitada en sus efectos? ¿Sufrirá el asalto triunfante de la famosa cláusula *rebus sic stanbibus*? Para el Grupo Latino la limitación aún no existe. Los individuos deben soportar sus obligaciones y, si es necesario, desaparecer si no pueden satisfacerlas. Es la ley del honor que así lo exige, sin que sea necesario investigar si quien sucumbe es culpable o no". Até certo ponto indignado com semelhante conclusão, Carlos Cossio deu a necessária e indispensável resposta a Niboyet: "Óbviamente que en la cuestión no hay de por medio un problema de honor, sino de justicia".[130]

Por ocasião do Encontro vigorava na Itália o Código Civil de 1865, e em Portugal o de 1867. Com os Códigos de 1942 e 1966, res-

---

127. Sugiyama, por excelência um anti-revisionista, disse: "A imprevisão em Direito Interno, como em Direito Internacional, constitui uma só e mesma teoria que ameaça a ordem e deve ser rejeitada, ao menos em princípio. Ela não deveria ser admitida senão por via legislativa e somente em épocas e circunstâncias excepcionais" (in *Travaux de la Semaine Internationale de Droit*, v. II, p. 193).

128. In *Travaux de la Semaine Internationale de Droit*, v. II, p. 199.

129. In *Travaux de la Semaine International de Droit*, v. II, p. 208.

130. *La Teoría de la Imprevisión*, Colección Monografías Jurídicas, n. 56, p. 14.

426 A TEORIA DA IMPREVISÃO NO DIREITO CIVIL E NO PROCESSO CIVIL

pectivamente, Itália e Portugal passaram a admitir a aplicação da teoria da imprevisão, sendo denominada de *excessiva onerosidade* no primeiro, e de *alteração das circunstâncias* no segundo, com diferenças legislativas marcantes. Na Itália a imprevisão teve como base a lesão subjetiva (Francisco Mantica); em Portugal, a *base do negócio jurídico*, devidamente expurgada de sua parte subjetiva, concebida por Paul Oertmann; na Itália a imprevisão é inaplicável aos contratos aleatórios; em Portugal, pelo silêncio legislativo, deduz-se que a proibição não existe.

Resumindo os debates e acentuando que os oradores se haviam mostrado, de uma maneira geral, favoráveis à manutenção da força obrigatória do contrato, embora admitissem a intervenção do legislador ou do juiz, em certa medida – explicou Arnoldo Medeiros da Fonseca[131] –, o Presidente da sessão, professor Georges Ripert, salientou que a doutrina revisionista oferecia dois inconvenientes: em primeiro lugar o risco de se atribuir ao juiz uma faculdade quase ilimitada, sem guia e sem direção, e, em segundo lugar a possibilidade de se despertar no ânimo dos contratantes, cuja boa-fé se queria proteger, a inclinação para a má-fé, com a esperança de não ficarem vinculados pelos compromissos assumidos. Tendo justificado esta posição, Ripert[132] atribuiu a energia existente nos contratos ao reflexo da moral cristã. Esta, como vinculadora da palavra empenhada ou da boa-fé manifestada, com a intervenção constante do juiz traria como conseqüência, para os juristas, a perda de sua função, que é a de manutenção do Direito.

No grupo anti-revisionista mereceu destaque a veemência do protesto de Naojiro Sugiyama contra a pretensão de incorporação do princípio no Direito Japonês. Disse ele: "Transplantar esta árvore alemã para a terra japonesa é desconhecer a diferença essencial que separa profundamente os dois Direitos do ponto de vista das exigências econômicas, da moralidade e dos textos; a necessidade mais urgente é corrigir a mentalidade que admite sem escrúpulos que uma promessa não seja cumprida. E dar pretexto a atrair tal promessa é o ato mais grave que se pode praticar contra a boa-fé, quer se trate de uma promessa entre particulares, ou de um tratado entre Estados".[133] Nunca imaginou o jurista que, meio século depois, os países anti-revisionistas representariam inexpressiva minoria, com tendência ao desaparecimento.

---

131. *Caso Fortuito e Teoria da Imprevisão*, 2ª ed., n. 152, p. 201.
132. In *Travaux de la Semaine Internationale de Droit*, v. II, p. 8.
133. In ob. cit., v. II, p. 165.

A SEMANA INTERNACIONAL DE DIREITO EM PARIS (1937)   427

Igualmente importante foi o pronunciamento do anti-revisionista Claude Renard,[134] citado por Caio Mário da Silva Pereira. Falando contra a revisão dos pactos pelo juiz, teve seu minuto de fama quando disse que admitir "a imprevisão seria dar um prêmio à imprevidência". A resposta adequada não se fez esperar, e foi dada pelo próprio Caio Mário quando do registro deste pronunciamento: "Os homens devem ser previdentes, mas ninguém os quer profetas".[135]

Além da Semana Internacional de Direito de Paris, outros congressos e encontros, em todo o mundo, discutiram a teoria da imprevisão. Em 1943 realizou-se no Rio de Janeiro o Congresso Jurídico Nacional, com a finalidade específica de debater sua aceitação, tal o efeito provocado pela Semana de Paris. Naquele Congresso, a grande figura nacional foi o professor Noé Azevedo, que defendeu brilhantemente a aplicação da doutrina. Em 1950, em Roma, o Congresso Internacional de Direito Privado debateu o tema "A força obrigatória dos contratos e suas modificações". Ainda em 1950, em Londres, discutiu-se "A interferência do juiz em razão da ruptura do contrato pela imprevisão, nos Direitos modernos". Também em 1951,[136] em Montevidéu, na VII Conferência Interamericana de Advogados, Adolfo Aguirre González conseguiu a aprovação de proposição orientada para uma maior atenção ao problema da imprevisão (que deveria ser também objeto de preocupação do legislador), de tal sorte que se encontrasse o justo equilíbrio, sem afetar a segurança contratual. O XIII Congresso da *Union Internationale des Avocats*, novamente no Rio de Janeiro, abordou aspectos da "Evolução contemporânea do direito contratual – Imprevisão – Dirigismo", no ano de 1951.[137] Em 1959 o *Congreso de Abogados*,[138] realizado em La Plata, em que Spota e Quinteros se pronunciaram sobre o valor bilateral da justiça.

Há mais de 50 anos (Congresso Jurídico Nacional – Rio de Janeiro, 1943) que entre nós não se discute com profundidade a teoria

---

134. Claude Renard (*apud* Caio Mário da Silva Pereira), "Cláusula *rebus sic stantibus*", *RF* XCII/797.

135. Ob. cit., *RF* XCII/797.

136. *Anales de la VII Conferencia Interamericana de Abogados*, t. I, p. 25.

137. Ali ficou expresso que o princípio da força obrigatória das convenções de direito público e privado não deve se opor à "(...) revisão das obrigações tornadas onerosas em conseqüência de atos governamentais ou de alterações sociais consideráveis e imprevistas, quando esta revisão é pedida pela parte interessada e se atenha aos limites impostos pela lei" (*XIII Congrès Internationale des Avocats*, Rio de Janeiro, *apud* Paulo Carneiro Maia, *Da Cláusula "Rebus Sic Stantibus"*, n. 6, p. 22).

138. *Congreso de Abogados de La Plata*, referido por Carlos Cossio, ob. cit., p. 14.

428 A TEORIA DA IMPREVISÃO NO DIREITO CIVIL E NO PROCESSO CIVIL

da imprevisão. Todas as contribuições ao instituto se devem, basicamente, primeiro à doutrina e depois à jurisprudência. A legislação, embora tenha fornecido alguns dispositivos ou, mesmo, leis importantes sobre revisão contratual, continua como a grande responsável pela lacuna a ser preenchida. Às vésperas de um novo Código Civil e da inclusão desse tão importante princípio no nosso direito positivo, já aprovada sua integração pela Câmara Federal em 1984 e pelo Senado em 1997, seria mais do que oportuno um novo congresso jurídico sobre o tema. Este reuniria os nomes mais expressivos do pensamento jurídico nacional, em seus diversos campos, para a discussão do tema, abordando com profundidade todos os seus aspectos, com soluções finais a serem enviadas ao Legislativo por via de sugestões de modificação da atual proposta – novamente na Câmara Federal para discussão das emendas apresentadas pelo Senado –, buscando-se seu aperfeiçoamento antes de entrar em vigor, contrariando a idéia mais comum que é a de incluir, para depois efetuar a depuração.

TÍTULO IV

CAPÍTULO I

23. Direito Comparado: 23.1 Ordenamentos revisionistas: 23.1.1 O Direito Português – 23.1.2 O Direito Italiano – 23.1.3 O Direito Alemão – 23.1.4 Os Direitos Inglês e Norte-Americano – 23.1.5 O Direito Argentino – 23.1.6 O Direito Suíço – 23.1.7 O Direito Polonês – 23.1.8 O Direito Norueguês – 23.1.9 O Direito Egipcio – 23.2 Ordenamentos anti-revisionistas: 23.2.1 O Direito Francês – 23.2.2 O Direito Belga – 23.2.3 O Direito Espanhol – 23.2.4 O Direito Japonês – 23.3 Outras legislações: 23.3.1 Legislações revisionistas – 23.3.2 Legislações indiferentes – 23.3.3 Legislações anti-revisionistas. 24. O Direito Internacional e a imprevisão.

23. Direito Comparado

Inicialmente, é indispensável registrar que em todo o mundo, desde a primeira manifestação de que se tem notícia a respeito da imprevisibilidade (ainda sob a forma de caso fortuito ou de força maior), escrita sob forma rupestre na Lei 48 do Código de Hamurabi, aos poucos a teoria da imprevisão vem cada vez mais ganhando espaço. Na atualidade integra o direito positivo dos ordenamentos jurídicos mais importantes do mundo, sendo poucas as nações que ainda lhe negam espaço e, conseqüentemente, não a aceitam em seu direito privado. No direito público ela tem sido acolhida pela quase-totalidade das legislações, sem maiores problemas.

O ordenamento jurídico francês – sempre tendo presente seu papel de principal anti-revisionista dentre os países ocidentais – foi o primeiro a aceitá-la, não só na doutrina como principalmente na jurisprudência administrativa (caso da Cia. de Gás de Bordéus contra a Municipalidade, em 1916), elevando o princípio à condição de direito normatizado em 1918 (*Lei Failliot*), exclusivamente no âmbito do direito público.

432 A TEORIA DA IMPREVISÃO NO DIREITO CIVIL E NO PROCESSO CIVIL

No presente estudo a aceitação e aplicação ou não da imprevisão determinaram a classificação dos países como *revisionistas* ou *não-revisionistas*.

Revisionistas: Itália, Alemanha, Inglaterra, Estados Unidos, Argentina, Venezuela, Uruguai, Suíça, Polônia, Noruega, Egito, Grécia, União Soviética, Portugal e, logicamente, Brasil, cujas legislação, doutrina e jurisprudência são objeto de análises distintas nesta pesquisa.

Não-revisionistas: França, Bélgica, Holanda, Japão, Espanha, México, Chile, Uruguai, Líbano, Romênia, Síria, todos praticamente influenciados direta ou indiretamente pelo Código Napoleônico.

23.1 Ordenamentos revisionistas

23.1.1 O Direito Português

23.1.1.1 Introdução: Esta abordagem da evolução da teoria da imprevisão em Portugal – ali chamada de *alteração das circunstâncias* – nos campos da doutrina, jurisprudência e legislação apóia-se em algumas justificativas. Primeiro porque, como o nosso, aquele é um país de língua portuguesa – o que torna imediata a compreensão do Direito ali vigente; segundo porque nosso direito civil tem como fontes principais as Ordenações do Reino de Portugal (Afonsinas, Manuelinas e Filipinas), além dos Direitos Francês e Italiano; terceiro porque o Direito nacional foi regido pelas Ordenações Filipinas até o advento do Código Civil de 1916, conforme determinação governamental, em 1823; ainda: os institutos de direito privado no ordenamento jurídico português guardam estreita semelhança com o nosso, já que os inspirou; desde 1967 a teoria da imprevisão já consta do direito material daquele país e, finalmente, porque, entre todos os ordenamentos jurídicos pesquisados, o português foi o que – juntamente com o polonês, podendo ser considerado superior àquele – melhor incluiu a doutrina da imprevisibilidade em seu direito positivo (arts. 437º/439º e 252º-2), com uma abrangência superior à excessiva onerosidade do Código Civil Italiano de 1942, modelo do futuro Código Civil Brasileiro.

23.1.1.2 Antecedentes: Posteriormente à estruturação de Andreas Alciato no início do século XVI pode-se dizer que foi bastante modesta e quase inexpressiva a contribuição dos países latinos à teoria da imprevisão. O depoimento de Giuseppe Osti confirma a assertiva: "Nella dottrina e nella pratica dei paesi latini, ai quali non si estese o

DIREITO COMPARADO

subito si estinse il soffio innovatore della Riforma, e con eso il nuovo fervore di coltura in generale e di coltura giuridica in particolare, non troviamo qua – si nulla da porre a riscontro della elaborazione teorica tedesca della clausola *rebus sic stantibus* ora riassunta nelle sue linee generali"[1] ("Na doutrina e na prática dos países latinos, não atingidos pelo espírito inovador da Reforma, trazendo um novo fervor de cultura em geral e de cultura jurídica em particular, pode ser considerada inexpressiva a elaboração alemã da cláusula *rebus sic stantibus*, retomada agora em sua linha geral").

Embora as nações latinas tenham apresentado escassos contributos ao instituto – se comparados com o interesse germânico sobre o tema, a despeito da opinião contrária de Osti –, não podem ser esquecidos os estudos de Mascardo, Menochio, Coccejo, Mantica e Agostinho Barbosa, este último o primeiro dos juristas portugueses a se dedicar à cláusula *rebus sic stantibus*, no início do século XVIII. Registrando os estudos deste importante jurista, observou Paulo Carneiro Maia[2] que, quando ele se ateve ao desenvolvimento da *clausulis frequentioribus*, no Capítulo IV de seu trabalho, destinou a cláusula CXXIX ao princípio *rebus sic stantibus*. Sob essa epígrafe sumariou as seis idéias que identificavam sua concepção sobre o tema. Maia[3] síntetizou as idéias de Agostinho Barbosa, atestando a inequívoca demonstração do invulgar interesse e grande preocupação daquele jurista com a cláusula romana.

Como a imprevisão só recentemente encontrou abrigo no direito positivo, e ainda assim restrita aos Códigos de origem alemã, ou com eles aparentados – com exceção do Italiano –, não poderia ser outra a diretriz que não a expressa pelo princípio *pacta sunt servanda* a fornecer as coordenadas das Ordenações em Portugal. É compreensível,

---

1. "Appunti per una teoria della sopravenienza", *Rivista di Diritto Civile* 32/39, ano V.

2. *Da Cláusula "Rebus Sic Stantibus"*, p. 52.

3. Eram estas as idéias sumariadas: "1. Referem os doutores que tratam da força e dos efeitos desta cláusula. 2. A cláusula *rebus sic stantibus* entende-se em qualquer disposição, em qualquer obrigação, e promessa, ou pacto, e juramento firmados. 3. A cláusula *rebus sic stantibus* importa o mesmo que tivesse sido dito, enquanto a coisa permanecer no mesmo estado. 4. A promessa deve entender-se segundo o termo e estado que ao tempo da promessa vigorava. 5. As que surgem de novo necessitam de novo auxílio. 6. A cláusula *rebus sic stantibus* não subsiste quando as partes dispuserem também quanto à mudança do estado das coisas, ou quando se cogitou disso, ou então se pode prever para o futuro" (Agostinho Barbosa, *Tractatus Varii, Ledgum*, 1718, pp. 455-456, *apud* Paulo Carneiro Maia, ob. cit., p. 52).

434 A TEORIA DA IMPREVISÃO NO DIREITO CIVIL E NO PROCESSO CIVIL

assim, que em nenhuma delas se encontre a aceitação, ao menos implícita, da teoria da imprevisão, embora tenham surgido soluções que em princípio pudessem contê-la. Assim é que no Livro IV das Ordenações Filipinas[4] (como também nas Afonsinas e Manuelinas) pode ser lido: "Fazendo-se compra e venda de alguma certa cousa por certo preço, depois que o contrato he firmado pelas partes, não se pode mais alguma delas arrepender sem consentimento da outra".

Indiscutivelmente, neste texto se encontra de forma expressa a reafirmação de que o contrato faz lei entre as partes. Ao pugnar pelo integral e fiel cumprimento dos pactos, não admitindo sequer referências à possibilidade de alteração imprevisível da base negocial, as Ordenações levaram em consideração apenas a *lesão inicial dos contratos*, afastando, *ipso facto*, a *lesão superveniente*, defendida por Mantica no início do século XVII como o grande fundamento da imprevisão. Esta afirmação encontra eco no abalizado depoimento de Luís Alberto de Carvalho Fernandes: "Com efeito, a forma como as Ordenações regulam a lesão não pode deixar dúvidas de que só a lesão inicial por elas era contemplada, pois apenas era invocável (...) se fosse achado que o devedor foi enganado além da metade do preço".[5] Assim, um engano na contratação que não atingisse pelo menos 50% do preço justo não seria considerado suficiente para a caracterização de um defeito do ato jurídico e, por decorrência, um vício do consentimento.

Embora filiadas ao *pacta sunt servanda*, algumas soluções nas Ordenações trazem a essência da *rebus sic stantibus*, tais como a do Título XXI (sobre moedas), do Título XXIV (retomada do imóvel pelo senhorio), do Título XXVII (malogro de safra agrícola) e do Título XLV (revogação de doação), todas do Livro IV.

23.1.1.3 A alteração das circunstâncias e a doutrina: Posteriormente a Agostinho Barbosa, muitos juristas portugueses se valeram das investigações de Bártolo, Baldo, Bartolomeo da Brescia, Tiraquelo, Coccejo, Juan de Andrea, Giason del Mayno, Alciato, Mantica e outros – sem nunca usar, contudo, a expressão romana *rebus sic stantibus*.

---

4. *Ordenações do Reino de Portugal*, 10ª ed., Coimbra, Real Imprensa da Universidade, 1833.
5. "A teoria da imprevisão no direito civil português", *Boletim do Ministério da Justiça* (Coimbra) 128/172-173.

DIREITO COMPARADO

Entre os pesquisadores mais profundos e expressivos destacou-se António Gama Pereira,[6] contemporâneo de Agostinho Barbosa, cujas valiosas contribuições deram nova dimensão ao estudo do princípio conhecido hoje como *alteração das circunstâncias*. Entretanto, os estudiosos não vacilam em apontar o nome de Manuel Gonçalves da Silva[7] como o jurista que revelou maior e mais aguda consciência do problema, em Portugal. Em comentários às Ordenações, ao pesquisar o instituto da lesão, explicou que nos contratos que tivessem trato sucessivo e se referissem ao futuro seria possível atender à lesão superveniente. A idéia de lesão superveniente nos trabalhos de Gonçalves da Silva se faz presente em um dos mais ilustrativos exemplos: se alguém se obrigou a cozer pão para certa pessoa e seus familiares, por certa remuneração, e se depois a família aumentou de tal modo que ele possa se considerar muito lesado e agravado, poderá, por esse motivo, livrar-se de tal encargo (*potuit agere ut a tale onere relevatur*).[8]

No minucioso trabalho de levantamento efetuado sobre a evolução da alteração das circunstâncias na doutrina portuguesa – fonte de consulta segura e obrigatória para quantos sobre ela queiram se informar –, falando sobre Gonçalves da Silva, afirmou Carvalho Fernandes[9] que o jurista aceitava a possibilidade de o contrato vir a ser afetado pela mudança do *statu quo ante* justificada pela idéia de lesão superveniente. É interessante notar que este autor vai, assim, contra a própria letra das Ordenações. Este fato, aliás, ele próprio confessa, apoiando-se para tanto na opinião de Mantica, por ele citado como o primeiro tratadista a recorrer à "idéia de lesão superveniente" e elaborar uma doutrina sobre a aplicação da imprevisibilidade nos pactos de execução diferida, com o objetivo de justificar a grande relevância da transformação circundante do pacto.

Outros juristas lusitanos – além de Gonçalves da Silva – também defenderam a concepção de lesão superveniente exposta no texto concebido e divulgado por Frei Francisco Mantica. Entre eles, na con-

6. Dizia: "Promittens solvere in moneta aerea, si illa mutatur in quantitate uniuscuiusque nummi, non in materia, quando liberetur solvendo eam" (António Gama Pereira, *Decisionis Supremis Senatus Lusitanae Centuriaes*, v. IV, Lisboa, Antuerpiae, 1683, Dec. 374, pp. 493-494, *apud* Paulo Carneiro Maia, ob. cit., p. 55).

7. *Commentaria ad Ordinationes Regni Portugalia*, t. IV, Ulysipone, 1740, *apud* Luís Alberto de Carvalho Fernandes, artigo cit., *Boletim do Ministério da Justiça* (Coimbra) 128/176.

8. Manuel Gonçalves da Silva, *apud* Luís Alberto de Carvalho Fernandes, artigo cit., *Boletim do Ministério da Justiça* (Coimbra) 128/17.

9. Artigo cit., *Boletim do Ministério da Justiça* (Coimbra) 128/177.

436 A TEORIA DA IMPREVISÃO NO DIREITO CIVIL E NO PROCESSO CIVIL

dição de seguidores bem próximos de Gonçalves da Silva, destacaram-se os juristas Didaco de Brito e Ario Pinhel.[10]

De grande relevância são, ainda, as pesquisas de Álvaro Valasco e Melchior Febo,[11] preocupados com a idéia da *culpa* no contexto da alteração das circunstâncias. No ano de 1575, um caso levado ao tribunal, no julgamento final, concluiu que "as convenções das partes sempre se devem entender *rebus sic stantibus*". Esta decisão faz parte dos importantes contributos dos juristas Francisco Pinheiro e Georgio Cabedo.[12] Constata-se que já nos séculos XVI e XVII havia consciência revisionista em Portugal. Grande destaque tiveram os estudos de Pantaleão de Araújo Neto, Mauro Ludovico de Lima, Miguel de Reynoso, Gabriel Pereira de Castro, Emmanuel Álvares Pegas, Mello Freire, Liz Teixeira, Coelho da Rocha, Joaquim Correia Telles, Manuel de Almeida e Souza Lobão e Luís António Seabra,[13] entre outros, destacando-se este último como o grande estruturador do primitivo Código Civil Português (*Código Seabra*), que entrou em vigor em julho de 1867.

10. Didaco de Brito, *Commentaria de Locato et Conducto*, Coimbra, 1744; Ario Pinhel, *Opera Omnia – Comentarii ad Rub. – De Rescindenda Venditione Elaboratissimi*, Lisboa, Antuerpiae, Livro II, 1681 (*apud* Luís Alberto de Carvalho Fernandes, artigo cit., *Boletim do Ministério da Justiça* (Coimbra) 128/179-180).

11. Álvaro Valasco, *De iure Emphyteutico Quaestio XXVII, De Steritate*, pp. 102 e ss.; Melchior Febo, *Decisiones Senatus Regni Lusitaniae*, Lisboa, 1760 (*apud* Luís Alberto de Carvalho Fernandes, artigo cit., *Boletim do Ministério da Justiça* (Coimbra) 128/182).

12. Francisco Pinheiro, *De iure Emphyteusi Tractatus. Eborae*, 1681, pp. 281 e ss.; Georgio Cabedo, *Decisionum Supremi Senatus Regni Portugaliae*, Lisboa, Antuerpiae, Dec. CX, 1724, p. 113 (*apud* Carvalho Fernandes, idem, p. 182).

13. Pantaleão de Araújo Neto, *Commentaria ad Ordines Portugaliae Regni*, L. Quarti, T. Primus, Conimbricae, 1740; Mauro Ludovico de Lima, *Commentaria ad Ordinationes Regni Portugaliae*, Lisboa, Olyssipone, 1741, pp. 229 e ss.; Miguel de Reynoso, *Observationes Praticae*, Conimbricae, in *Observatio XXXV*, 1724, p. 227; Gabriel Pereira de Castro, *Decisiones Supreme Emminentissimique Senatus Portugaliae*, Dec. CI, 1720, p. 441; Emmanuel Álvares Pegas, *Tractatus de Obligationibus et Acionibus sed Resolutiones Forenses*, Coimbra, 1737; A. Mello Freire, *Institutiones Juris Civilis Lusitani*, Conimbricae, Título XI do L. III, 1845, § 13; Liz Teixeira, *Curso de Direito Civil Português*, Coimbra, 1848; J. Coelho da Rocha, *Instituições de Direito Civil Português*, t. II, Coimbra, Imprensa da Universidade, §§ 546, p. 425, e 846, p. 656, 1848; Joaquim Correia Telles, *Digesto Português, ou Tratado de Direitos e Obrigações Civis, Acomodados às Leis e Costumes da Nação Portuguesa para Servir de Subsídio ao Novo Código Civil*, v. 3, Coimbra, Imprensa da Universidade, Título IX, § 3, 1845, p. 128; Manuel de Almeida e Souza Lobão, *Tratado Prático de Todo o Direito Enfitêutico*, t. I, Lisboa, §§ 741 e 761, pp. 499 e 517, 1814; Luís António Seabra, *Projecto do Código Civil Português de 1966, Examinado pela Comissão Revisora*, 2ª ed., Lisboa, Imprensa Nacional, 1864 (*apud* Carvalho Fernandes, artigo cit., *Boletim do Ministério da Justiça* (Coimbra) 128/183).

DIREITO COMPARADO 437

Em 1930, pelo Decreto 19.126, o Código Civil Português sofreu sua primeira revisão. Contudo, tendo como modelo o Código Napoleônico, era de se esperar que, dentre as muitas alterações em sua estrutura, no campo do contratualismo o princípio da absoluta fidelidade fosse preservado. E tal opção ficou consubstanciada no art. 406,[14] que, com pequenas alterações, é a reprodução fiel do que ficara expresso no art. 1.134[15] do Código Civil Francês. O art. 437º – que iria introduzir a teoria da imprevisão em Portugal, sob a epígrafe *alteração das circunstâncias* – só surgiria exatamente um século mais tarde, com o Código de 1967, *ex vi* do Decreto 47.344, de 25.11.1966. Adriano Paes Vaz Serra,[16] em comentários ao Código de Seabra, disse que, com aquela diretriz, o legislador consignou a doutrina de que os contraentes se obrigavam definitivamente ao cumprimento do contrato, sem levar em conta as mudanças que porventura viessem a ocorrer no plano objetivo da sua celebração.

Tentando constatar se a alteração das circunstâncias estaria ou não em contradição com os princípios gerais estabelecidos pelo então vigente Código Civil Português, vários juristas lusitanos se posicionaram naquele país defendendo esta ou aquela teoria, buscando enquadrá-la, *de iure constituendo*, nos dispositivos legais em vigor. Naquela fase despontaram, por seus estudos, Manuel de Andrade[17] – para quem a base do negócio jurídico estruturada por Oertmann seria o melhor fundamento para a alteração das circunstâncias no Direito Lusitano – e João de Matos Antunes Varela[18] – este com acentuada inclinação para a reserva virtual, de Krückmann. Entretanto, entre as diversas posturas assumidas pelos juristas portugueses, a que viria a ser encampada pelo atual Código (1966) foi a de Vaz Serra, alicerçada na *base do negócio jurídico* (Oertmann) e na boa-fé.

Este autor tomou, fundamentalmente, como ponto de partida a proposta de Lehmann, didaticamente divulgada por Ludwig Ennecce-

14. "Art. 406. O contrato deve ser pontualmente cumprido, e só pode modificar-se ou extinguir-se por mútuo consentimento dos contraentes ou nos casos admitidos na lei."

15. "Art. 1.134. Les conventions légalement formées tiennent lieu de loi à ceux qui les ont faites. Elles ne peuvent être révoquées que de leur consentement mutuel, ou pour les causes que la loi autorise. Elles doivent être executées de bonne-foi."

16. "Resolução ou modificação dos contratos por alteração das circunstâncias", "Separata" do *Boletim do Ministério da Justiça* (Coimbra) 69, p. 199.

17. *Teoria Geral das Obrigações*, v. I, pp. 23 e ss., e *Teoria Geral da Relação Jurídica*, p. 34.

18. *Ineficácia do Testamento e Vontade Conjectural do Testador*, pp. 316-321.

438 A TEORIA DA IMPREVISÃO NO DIREITO CIVIL E NO PROCESSO CIVIL

rus.[19] Em síntese, o entendimento de Vaz Serra[20] – com relação à boa-fé – era o de que, por si só, aquele princípio ético seria insuficiente para autorizar a aplicação da imprevisibilidade por alteração anormal das circunstâncias, podendo até, em casos extremos, estar ausentes os princípios informadores da base do negócio.

Carvalho Fernandes[21] viu na formulação um excessivo e comprometedor liberalismo e dela discordou, observando que não se poderia perder a oportunidade de notar, como relevante, a inaceitável referência que o professor Vaz Serra fazia à ausência da boa-fé para admitir a alteração das circunstâncias, ainda que não se verificassem os requisitos de aplicação da teoria da base do negócio. Acrescentou que a exigência da boa-fé é a melhor crítica que se pode fazer àquela concepção, na exata medida em que identifica suas insuficiências para resolver todos os problemas levantados pela imprevisão.

Contra a teoria da base do negócio, de Oertmann, levantaram-se as vozes de muitos juristas. Entre eles Inocêncio Galvão Telles,[22] que, por extensão, também teceu considerações críticas à proposta de Larenz (bases objetiva e subjetiva). Destacou o fato de que ela deixava o problema nos precisos termos em que se apresentava diante da teoria windscheidiana da pressuposição.

Merecem igual referência, ainda, as investigações de José Tavares[23] ao reconhecer que, diante do silêncio do Código, a conclusão era a de que não havia aceitação – nem mesmo implícita – da então chamada teoria da imprevisão. Neste ponto de vista foi secundado por Diogo de Paiva Brandão,[24] que declarou ser de todo inútil procurar

19. A proposta assentava-se em três pontos fundamentais: "1ª) Que a outra parte contratante tenha podido conhecer a importância da circunstância para a conclusão do contrato; 2ª) que fosse unicamente a certeza a respeito da existência, subsistência ou verificação posterior da circunstância em questão o que levasse a parte que lhe atribui valor a prescindir de pedir à outra parte o seu reconhecimento como condição; 3ª) e, finalmente, que no caso de a insegurança da circunstância tivesse sido tomada em consideração, a outra parte contratante tivesse acedido a essa pretensão, tendo em conta a finalidade do contrato, ou tivesse de aceder de boa fé" (*Derecho de Obligaciones*, trad. da 3ª ed. alemã, t. II, p. 210).

20. Artigo cit., "Separata" do *Boletim do Ministério da Justiça* (Coimbra) 69, pp. 45-46.

21. Artigo cit., *Boletim do Ministério da Justiça* (Coimbra) 128/195-196.

22. *Contratos em Geral*, 5ª ed., *Manuais da Faculdade de Direito de Lisboa*, t. II, p. 248.

23. "Os princípios fundamentais nas relações contratuais", *Gazeta da Relação de Lisboa*, v. II, pp. 527 e ss.

24. "Considerações sobre o problema da imprevisão", *Boletim da Faculdade de Direito da Universidade de Coimbra*, Suplemento do v. XXVII, pp. 224 e ss.

DIREITO COMPARADO

enxergar o princípio da imprevisão dentro de um sistema jurídico que o desconhecia por completo, se é que não o hostilizava.

Ricardo Lopes[25] foi outro jurista de grande expressão no Direito Português, um dos primeiros a reivindicar para a imprevisão o mesmo tratamento dispensado ao caso fortuito ou de força maior. Para ele a diferença residiria apenas no fato de que na primeira a dificuldade seria parcial (tecnicamente, uma "extrema dificuldade"), enquanto que nos últimos ("impossibilidade absoluta") seria total. Afirmação correta em sua essência, mas censurável quanto à terminologia, uma vez que não se pode aceitar a expressão "impossibilidade absoluta" sem reparos. Como exposto, o *impossível* não admite relativo: existe ou não existe; é impossível ou não é. Por este ângulo – dizia –, a imprevisão deveria estar contida no caso fortuito, com o simples alargamento do conceito. Lalou assim também entendeu. Do mesmo ponto de vista comungou José Maria Barbosa de Magalhães,[26] que, além de defendê-lo intransigentemente, propôs uma interpretação do caso fortuito em sentido amplo, com vistas à inclusão do princípio já na sua conceituação.

Por este mesmo caminho seguiu Alberto Reis Maia,[27] explicando que o exato entendimento da teoria do caso fortuito ou de força maior seria suficiente para resolver os problemas resultantes de situações de exceção, identificadas como de imprevisibilidade.

Para Luís da Cunha Gonçalves[28] – comentador do Código Civil Português em vigor – a discutida doutrina poderia ser aceita no campo dos princípios porque sua relevância equivalia à do erro, sendo, assim, de se lhe aplicar, com certas reservas, o mesmo tratamento dado ao caso fortuito ou de força maior.

Em outro plano – mas não de menor importância – postaram-se juristas que admitiam a imprevisão mas procuravam fundamentá-la em dispositivos legais já constantes do então vigente Código Civil. Nesta linha de conduta, os registros nos informam que parece ter sido Gui-

---

25. "A imprevisão nas relações contratuais", *Revista Trimestral Portuguesa e Brasileira* 1/23 e ss.

26. "A teoria da imprevisão e o conceito clássico de força maior", *Gazeta da Relação de Lisboa*, ano 37ª, pp. 129 e ss.

27. "Direito geral das obrigações", *Revista de Legislação e Jurisprudência*, Parte I, 1926, p. 476.

28. *Tratado de Direito Civil em Comentários ao Código Civil Português*, v. VI, p. 527.

440 A TEORIA DA IMPREVISÃO NO DIREITO CIVIL E NO PROCESSO CIVIL

lherme Moreira[29] o primeiro a efetuar a correlação. Foi seguido de perto por José Gabriel Pinto Coelho,[30] Luís Cabral de Moncada[31] e Manuel de Andrade.[32] Para eles a imprevisão encontraria respaldo legal nos arts. 741º, 806º-4, 901º, 1.401º, parágrafo único, 1.482º, 1.488º, 1.607º e 1.614º.

Ocorreu em Portugal a mesma tomada de posição, por parte da doutrina, registrada no Brasil e, de resto, o que normalmente ocorre em todos os países quando da entrada em vigor de um novo Código, no que diz respeito a institutos jurídicos polêmicos. Uma corrente entendeu que o legislador consagrara, implicitamente, a chancela para o uso da teoria da imprevisão, e outra que aquele mesmo Código, em alguns dispositivos, de forma implícita, deixava bastante claro que o domínio do princípio *pacta sunt servanda* era absoluto, não havendo o menor espaço para regras de exceção. A corrente favorável, como era de se esperar, de imediato passou a defender sua aplicação; e a contrária, sua rejeição. Acrescente-se que em Portugal a polêmica existente enquanto vigente o Código Seabra desapareceu, porquanto o art. 437º – do Código Civil de 1967, que expressamente acolheu o princípio – pacificou de vez a questão. Resta aguardar que o mesmo aconteça em nosso Direito – o que já não será sem tempo.

23.1.1.4 A alteração das circunstâncias e a jurisprudência: A primeira manifestação da jurisprudência portuguesa sobre a doutrina de exceção então conhecida como *teoria da imprevisão* foi a decisão do Supremo Tribunal de Justiça (equivalente ao nosso Supremo Tribunal Federal), em 28 de novembro de 1922, ao enunciar que: "(...) não incorre em responsabilidade civil quem, arrematando o fornecimento de carnes para o Concelho, cessa esse fornecimento depois de, em nome da subida constante e diária do preço do gado, ter, decorrido meses, procurado obter da respectiva Câmara, sem resultado, a revisão do contrato".[33]

Na época foi considerada uma decisão polêmica, bastante criticada por Fézas Vital,[34] que observou ter o Supremo Tribunal de Justiça,

---

29. *Instituições de Direito Civil Português*, v. I, pp. 496 e ss.

30. "Cláusulas acessórias do negócio jurídico", *Revista de Legislação e Jurisprudência* (Coimbra) II/169 e ss.

31. *Lições de Direito Civil*, 2ª ed., pp. 296-392.

32. *Teoria Geral das Obrigações*, v. I, pp. 23 e ss.

33. "Decisão do Supremo Tribunal de Justiça", *Revista de Legislação e Jurisprudência* (Lisboa), ano 55º, 1923, p. 366.

34. Fézas Vital, "O Supremo Tribunal de Justiça e a alteração das circunstâncias", *Revista de Legislação e Jurisprudência* (Lisboa), ano 55º, 1923, p. 368, *apud* Luís

DIREITO COMPARADO

naquele acórdão, se deixado guiar por uma interpretação da imprevisibilidade de tal forma latitudinária que na sua aplicação não só acabou por se afastar do critério restritivo do Conselho de Estado Francês como, também, não se conformou com a idéia fundamental que o inspirou. Este – dizia – supõe que, dadas as circunstâncias de fato, é de todo impossível exigir que o devedor tenha previsto as modificações operadas. Em 30 de junho de 1926, para surpresa geral, o mesmo Tribunal adotou posição oposta, proferindo decisão que se poderia chamar, dali para a frente, de *julgamento-padrão*,[35] então sumulado. Em 28 de maio de 1930 um acórdão do Supremo Conselho de Administração referendou acordo feito pelas partes assentado basicamente nos princípios informados pela teoria da imprevisão.[36]

Mais recentemente – já em pleno vigor o art. 437º do Código Civil –, decisões dos Tribunais de Relação de Lisboa,[37] de Évora[38] e do Porto[39] (respectivamente em 1976, 1977 e 1978) consagraram também a aplicação da imprevisibilidade no Direito Português, já então com base no direito positivo.

A única restrição à aplicação do instituto, até 1988, em Portugal, levantada pelo Supremo Tribunal de Justiça situou-se no campo dos contratos de arrendamento (como é chamada a locação urbana naquele país). Pelo seu caráter polêmico e posicionamento contrário de alguns juristas do maior respeito à postura da mais alta Corte de Justiça Lusitana, aqueles contratos de arrendamento para habitação, no contexto da imprevisibilidade, serão examinados com mais detalhes a seguir.

23.1.1.5 A alteração das circunstâncias e os contratos de arrendamento para habitação: Ainda no campo jurisprudencial, um aspecto

---

Alberto de Carvalho Fernandes, artigo cit., *Boletim do Ministério da Justiça* (Coimbra) 128/218.

35. "Não pode admitir-se como implícita nos contratos a cláusula *rebus sic stantibus*. A jurisprudência não deve recorrer à teoria da imprevisão senão na medida em que está reconhecida e consagrada nas leis. E no que respeita a contrato de obras, fornecimento e serviços públicos as nossas leis só permitem que se invoque a teoria da imprevisão quando os contratos tenham sido celebrados antes de 4 de agosto de 1914" ("Decisão do Supremo Tribunal de Justiça", *Boletim da Faculdade de Direito da Universidade de Coimbra*, ano X, 1926, pp. 197-200).

36. "Decisão do Supremo Conselho de Administração" (Lisboa), *Diário do Governo*, série II, 5.7.1930.

37. *Sumários da Colectânea de Jurisprudência*, Lisboa, org. pelo Des. Armando Pinto Bastos – 1976/1980, decisões de 30.11.1976 a 10.1.1977.

38. Idem, decisões de 10.3.1976 a 14.4.1977.

39. Idem, decisões de 6.4.1977 a abril de 1978.

442 A TEORIA DA IMPREVISÃO NO DIREITO CIVIL E NO PROCESSO CIVIL

bastante polêmico no Direito Lusitano há que ser discutido. Trata-se da aplicação da teoria da imprevisão nos contratos de arrendamento para habitação – ou, como são conhecidos entre nós, de locação urbana.

Na edição portuguesa de 1967 do *Código Civil Anotado*, João de Matos Antunes Varela e António Pires de Lima, falando sobre o art. 437º, disseram que a disposição do artigo em questão seria inaplicável quando a lei, sobrepondo-se à intervenção dos tribunais, fixa ela própria os termos da modificação contratual. São os casos – acrescentaram –, por exemplo, da atualização de rendas ou de foros.[40] Exemplo de fixação legal dos termos para a modificação contratual é o que consta das diretrizes traçadas pela Lei 46/85, de 20 de setembro – equivalente à nossa Lei do Inquilinato –, disciplinadora do arrendamento para habitação. No art. 1.106º se encontra uma forma de atualização de rendas, que estabeleceu: "Quando o senhorio seja compelido administrativamente a fazer obras de beneficiação do prédio não determinadas por defeitos de construção, caso fortuito ou de força maior, tem direito a exigir do inquilino um aumento de renda a regular por legislação especial".

A "legislação especial" de que fala o texto encontra-se no art. 17º da supracitada Lei 46/85. Nesta hipótese, o senhorio poderá requerer a avaliação fiscal do prédio, com vistas à correção do rendimento. Seriam estas, então, as situações de atualização da renda que, no entender de Varela e Pires de Lima, teriam o efeito de afastar a aplicação do art. 437º aos contratos de arrendamento. Isto porque a própria lei teria se encarregado de fixar as situações e os termos da alteração contratual. Assim, por determinação legal ficou expresso quais seriam as hipóteses em que nos contratos de arrendamento para habitação poderia haver revisão locatícia.

Em face da expressa enumeração dos arts. *1.093º*[41] (resolução do contrato pelo senhorio), considerada como *elenco exaustivo* (*numerus*

40. *Código Civil Anotado*, v. I, pp. 290-291.
41. "Art. 1.093º. O senhorio só pode resolver o contrato: a) se o arrendatário não pagar a renda no tempo e lugar próprios nem fizer depósito liberatório; b) se usar ou consentir que outrem use o prédio arrendado para fim ou ramo diverso daquele ou daqueles a que se destina; c) se aplicar o prédio, reiterada ou habitualmente, a práticas ilícitas, imorais ou desonestas; d) se fizer no prédio, sem o consentimento escrito do senhorio, obras que alterem substancialmente a sua estrutura externa ou a disposição interna das suas divisões, ou praticar quaisquer actos que nele causem deteriorações consideráveis, igualmente não consentidas e que não possam justificar-se nos termos dos arts. 1.043º ou 1.092º; e) se der hospedagem a mais de três pessoas das mencionadas no n. 3 do art. 1.109º, quando não seja esse o fim para que o prédio foi arrendado;

DIREITO COMPARADO

clausus), e não simplesmente *exemplificativo*, e *1.050º*[42] (denúncia do contrato pelo inquilino), do Código Civil Português, pela leitura dos dispositivos legais fica bastante claro que nenhum deles, senhorio ou inquilino, tem autorização para resolução contratual, diante da alteração das circunstâncias, disciplinada pelo art. 437º. Em síntese, os dispositivos pintam este quadro: a) o senhorio só pode resolver o contrato diante de uma das situações do art. 1.093º e suas alíneas, entre as quais não se encontram as hipóteses tratadas pelo referido art. 437º. Assim, a manifestação de vontade em que as partes fundaram a decisão de contratar, pelo artigo em exame, não autoriza *resolução*, pelo senhorio, ou *denúncia*, pelo inquilino, diante da alteração das circunstâncias; b) o senhorio pode atualizar a renda do imóvel, com base no que dispõe a Lei 46/85, afastando a aplicação do art. 437º, já que, de forma expressa, ela estabeleceu coordenadas para a modificação do pacto. Repita-se que esta é a posição do Supremo Tribunal de Justiça, já que os Tribunais de Relação admitem o uso da alteração das circunstâncias nos contratos referidos.

É possível afirmar que a margem mais segura não é aquela em que se encontra o Supremo, mas sim a dos Tribunais impropriamente chamados de inferiores. E a justificativa – como se verá – é bastante simples.

Inicialmente, é preciso consignar que ao incorporar a Teoria da Imprevisão no Direito Português (arts. 437º-439º e 252º-2, sob a denominação de *alteração das circunstâncias*), de maneira a permitir que os contratos pudessem ser resolvidos ou revistos – presentes os elementos configuradores da modificação anormal, sendo indispensá-

---

f) se subarrendar ou emprestar, total ou parcialmente, o prédio arrendado, ou ceder a sua posição contratual, nos casos em que estes actos são ilícitos, inválidos por falta de forma ou ineficazes em relação ao senhorio, salvo o disposto no art. 1.049º; g) se cobrar do sublocatário renda superior à que é permitida nos termos do art. 1.062º; h) se conservar encerrado por mais de um ano, consecutivamente, o prédio arrendado para o comércio, indústria ou exercício de profissão liberal, salvo caso de força maior ou ausência forçada do arrendatário, que não se prolongue por mais de dois anos; i) se conservar o prédio desabitado por mais de um ano, consecutivamente, ou, sendo o prédio destinado à habitação, não tiver nele residência permanente, habite ou não outra casa, própria ou alheia; j) se deixar de prestar ao proprietário ou ao senhorio os serviços pessoais que determinaram a ocupação do prédio."

42. "Art. 1.050º. O locatário pode resolver o contrato, independentemente de responsabilidade do locador: a) se, por motivo estranho à sua própria pessoa ou à dos seus familiares, for privado do gozo da coisa, ainda que só temporariamente; b) se na coisa locada existir ou sobrevier defeito que ponha em perigo a vida ou a saúde do locatário ou dos seus familiares."

444 A TEORIA DA IMPREVISÃO NO DIREITO CIVIL E NO PROCESSO CIVIL

vel a boa-fé –, *propositadamente o legislador a expressou em termos genéricos*, a fim de que o julgador, uma vez constatada a presença dos pressupostos de admissibilidade do princípio, pudesse conceder a revisão ou a resolução dos pactos.

Relembre-se que a flexibilidade da norma não vai ao ponto de dispensar a prova da modificação da base contratual e da relação dos elementos conclusivos de que, confrontando a situação fática primitiva com o novo estado de coisas, a exigência de uma das partes do integral cumprimento do convencionado, pela outra, caracteriza ação atentatória aos princípios da boa-fé. E é justamente esta amplitude que permite, desde logo, a invocação do recurso da imprevisibilidade aos contratos de arrendamento, a despeito de entendimentos contrários – em especial da mais alta Corte de Justiça Portuguesa – bem como do elenco taxativo de hipóteses de resolução, previstas nas alíneas "a" a "j" do mencionado art. 1.093º. E vários são os motivos que justificam esta posição de confronto. O primeiro deles, de caráter genérico, refere-se ao fato de que, ao vedar a aplicação da imprevisão, o Supremo Tribunal de Justiça fez, no mínimo, injustificável e condenável distinção onde a lei não distinguiu. A única restrição legal de aplicação do princípio encontra-se na parte final do mencionado art. 437º, quando diz: "(...) não esteja coberto pelos riscos próprios do contrato". Embora passível de reparos, pela redundância, a barreira legal que ele intenta levantar não chega nem a atingir os contratos aleatórios, uma vez que estes, além de sua álea especial de futuridade, de incertezas, possuem duas outras áleas, *normal* e *anormal*, como outras contratações. É elementar que se o evento então denominado pela parte como "extraordinário" estiver coberto pelos riscos próprios do contrato não há que se falar em recurso ao mencionado artigo; se não estiver, cabível será a aplicação da doutrina – donde inteiramente dispensável a obviedade.

Esclareça-se, por oportuno, que alguns juristas lusitanos pretenderam ver no texto um obstáculo intransponível para a utilização da imprevisão nos contratos aleatórios – no que andaram errados. Se a lei admite o recurso ao *remedium iuris* (dedutível do silêncio, não proibição expressa, como faz o Código Civil Italiano) naquele tipo de contrato e, logicamente, nos bilaterais e unilaterais, em favor do credor ou do devedor (a lei fala, genericamente, em "contratos"), e, num rasgo de liberalismo, até às obrigações livremente assumidas (promessa pública de recompensa), é de se perguntar, então: que razão justificaria a restrição aos contratos de arrendamento? Não são eles, por aca-

DIREITO COMPARADO 445

so, contratos bilaterais e sinalagmáticos? Não preenchem a primeira das exigências, que é estarem inscritos no elenco das execuções diferidas? Deste modo, satisfeito este requisito básico e presentes os pressupostos de sua admissibilidade, em nome da boa-fé e da eqüidade, não há como afastar a utilização da *alteração das circunstâncias* em tais contratos, mesmo que a hipótese em discussão não se encontre no rol de situações constantes do art. 1.093º.

Abordando o tema e tendo em conta, principalmente, o caráter da execução diferida – conforme exposto –, lembrou Antunes Varela[43] que o longo raio de ação com que deliberadamente foi traçado pelo legislador o círculo normativo do art. 437º do Código Civil abarca, sem dúvida, os pactos de arrendamento, como abrange, em princípio, qualquer outro, especialmente os de cuja celebração nasçam obrigações de prestação continuada e obrigações de prestação reiterada ou periódica, como é o caso dos arrendamentos para habitação. Em complementação, depois de comparar dispositivos da legislação portuguesa com os da italiana, Varela[44] chamou a atenção para o fato de que, ao invés do que sucede com seu correspondente no Código Civil Italiano (1942) – que é o art. 1.467 –, o art. 437º do Código Civil Português não se limita aos contratos de execução continuada, periódica ou diferida. É bem mais vasto e, em certo aspecto, diferente seu campo de aplicação.

O segundo motivo que justificaria a postura em favor da pertinência do emprego da *alteração das circunstâncias* nos contratos de arrendamento para habitação liga-se ao fato de que, embora a enumeração dos arts. 1.093º e 1.050º possa ser considerada como exaustiva, não chega a ser um argumento de peso e, portanto, definitivo. É fundamental indagar em que contexto a pretensa exaustão, o *numerus clausus*, ocorre. Todas as hipóteses ali relacionadas referem-se a situações que, embora possam ensejar *retomada* ou *denúncia*, inserem-se no plano dos *eventos normais na vida do contrato, incidindo sobre sua álea comum*, ou – o que é muito mais importante – não se relacionam, direta ou indiretamente, com a base da contratação, com a vontade contratual manifestada pelas partes. Isto significa que, conquanto possam trazer a extinção do pacto, a chamada *base do negócio jurídico*, o verdadeiro motivo da contratação, terá permanecido incólume. A ruptura sancionada pelos dispositivos legais não atingirá a base negocial.

43. João de Matos Antunes Varela e António Pires de Lima, ob. cit., v. I, p. 78.
44. Idem, ibidem.

446 A TEORIA DA IMPREVISÃO NO DIREITO CIVIL E NO PROCESSO CIVIL

Exposto de outra forma: embora o senhorio possa propor a *retomada* do imóvel, com base na falta de pagamento da renda, desvio de uso, práticas ilícitas – enfim, dentro do âmbito do art. 1.093º –, e o inquilino, por seu turno, possa *denunciar* o contrato, assentado na privação de gozo ou defeito da coisa locada que ponha em perigo sua saúde ou vida, bem como de seus familiares (autorização do art. 1.050º), em nenhum dos casos disciplinados – a favor do locador ou do locatário – se poderá dizer que terá havido desaparecimento ou alteração anormal das circunstâncias da base negocial, da motivação contratual, ou mesmo um simples arranhão na vontade primitivamente manifestada. Fica patente, pois, que o exercício das hipóteses legais por parte do senhorio ou do inquilino atua no campo da *normalidade contratual*, dentro da álea normal de ocorrência de eventos, no que tange ao alicerce e fundamento da contratação. Ademais – acrescente-se –, não só dentro da *normalidade contratual* como, principalmente, *dentro do contrato*.

Relembre-se, neste ponto, que a *imprevisibilidade* tem natureza *extracontratual* (ocorre na *aura contratual*) – daí sua configuração *sui generis*. O que fazer, então, quando aquela base sofre profunda, anormal e irreversível modificação e esta não guarda a menor relação com as hipóteses constantes do quadro legal que autoriza a atuação das partes? Conformar-se com a impossibilidade de recurso ao remédio jurídico de exceção – e, logicamente, com o prejuízo –, como entendeu o Supremo Tribunal de Justiça, em Portugal? O melhor caminho não será, por certo, o da aceitação passiva. Se a base contratual estiver em vias de desaparecer em decorrência de alterações anormais em contratos de execução diferida – no caso em discussão, de arrendamento –, parece indiscutível a possibilidade de emprego da *alteração das circunstâncias*, a despeito de não estar incluída nas previsões dos arts. 1.093º e 1.050º (que só tratam de *retomada* e *denúncia* em contextos de *normalidade*). Isto, se não em nome do bom senso ditado pelas conclusões fornecidas pelo quadro fático, ao menos pelos ditames da boa-fé e da eqüidade. Como o legislador não poderia prever tudo, era perfeitamente natural que só tivesse tratado de hipóteses inseridas no universo da normalidade. De resto, ao juiz ("legislador de cada caso", no dizer de Opitz), caberá restabelecer o equilíbrio.

Definitivos para a ilustração da tese são os dois exemplos formulados por Antunes Varela[45] na anotação do acórdão já referido. As hi-

---

45. João de Matos Antunes Varela e António Pires de Lima, ob. cit., v. I, p. 86.

DIREITO COMPARADO 447

póteses por ele apresentadas – como nos *Coronation Nat Cases* ("Casos das Localidades da Coroação") – só comportavam a resolução contratual, para a qual os arts. 1.093º e 1.050º não ofereciam resposta, em negação peremptória de que *a todo o direito, corresponde uma ação que o assegura* (art. 75 do CC Brasileiro). São estes os exemplos:

1. "O técnico de petroquímica nomeado director de uma fábrica em Sines arrenda um imóvel nesta localidade, começando o contrato a vigorar um ou dois meses após a assinatura, quando pouco depois o Estado extingue a empresa onde o técnico fora colocado e encerra a fábrica que ele ia dirigir. O senhorio quer que o arrendatário lhe pague as rendas correspondentes ao período de duração fixado no contrato; o arrendatário pretende, ao contrário, resolver o contrato, invocando precisamente a alteração das circunstâncias em que ele fundara a sua decisão de arrendar o prédio."

Na primeira hipótese, o inquilino – técnico de petroquímica – não foi buscar no art. 1.050º do Código Civil o amparo jurídico de que necessitava para a denúncia do contrato de arrendamento. Valeu-se, tão-somente, dos princípios que informam a alteração das circunstâncias, dispostos no art. 437º, uma vez que, no caso em projeção, é indiscutível a existência de alteração anormal das circunstâncias que envolveram a contratação, com a faculdade de fazer desaparecer as bases em que a vontade inicial foi manifestada.

2. "Um marido divorciado, em contrato de arrendamento, cede uma casa de sua propriedade para residência de sua ex-mulher e de seu filho. Iniciada a locação, o filho impugna a paternidade do marido da mãe – suposto pai – e acaba por ser reconhecido como filho de outro homem. Valendo-se da alteração das circunstâncias em que havia assentado a contratação – fato de servir a residência para moradia daquele que tinha como filho –, o senhorio pede a resolução contratual, pois a destinação primitiva, a base da contratação, desaparecera com a declaração de que aquele filho não era seu."[46]

Nesta situação – que representa uma exceção em que o senhorio precisa de um fundamento jurídico – fica claro que o art. 1.093º também não oferece amparo, restando apenas o apelo ao art. 437º. O campo onde surgem os problemas é inteiramente distinto daquele em que se desenvolvem os que são disciplinados pelos arts. 1.093º e 1.050º do Código Civil, mas nem por isto o *remedium iuris* deixaria de ser a

---

46. João de Matos Antunes Varela e António Pires de Lima, ob. cit., v. I, p. 86.

448 A TEORIA DA IMPREVISÃO NO DIREITO CIVIL E NO PROCESSO CIVIL

resolução contratual, tanto em um caso como no outro, por razões de elementar justiça comutativa, não havendo como deixar de lado o caminho apontado pela alteração das circunstâncias, do referido art. 437º.

E as razões deste convencimento são extremamente simples. Na hipótese do art. 1.093º, principalmente, cuidou-se basicamente da *violação de deveres contratuais* – pouco importando se principais, secundários ou acessórios – *por parte do inquilino*. Em tal situação, é totalmente irrelevante a investigação sobre o ato jurídico que deu sustentação à relação locatícia entre locador e locatário. O que realmente importa são os reflexos advindos do relacionamento entre as partes, decorrentes do contrato de arrendamento. Fica patente, então, que a intenção do legislador – no elenco de situações descritas no art. 1.093º – foi a de possibilitar a resolução do pacto diante da ocorrência de uma daquelas hipóteses.

Fixada esta premissa, uma só conclusão se impõe: o art. 1.093º disciplinou de forma exaustiva as possibilidades de extinção da relação negocial como decorrência de infração legal ou contratual por parte do inquilino. Fora delas não seria possível extinguir o convencionado. Contudo, pode ser necessária – como demonstrou Antunes Varela – uma resolução contratual, em pacto de arrendamento, por alteração anormal das circunstâncias ou inexistência da primitiva base negocial que nada tenha a ver com o art. 1.093º e para a qual ele não ofereça passagem. E neste ponto é preciso voltar ao início e examinar qual foi a intenção do legislador ao dispor: "O senhorio *só* pode resolver o contrato (...)" (art. 1.093º).

Dentro do contexto proposto, não cabem dúvidas de que *só* (*unicamente*) nos casos a que faz expressa referência o supracitado artigo será possível a resolução do pacto. Entretanto, o espírito desta norma, a essência subjacente que nela se vislumbra, *situa-se exclusivamente no espaço específico da violação dos deveres contratuais*. Dali se poderia, sem muito esforço, extrair a seguinte formulação: transgredidas as disposições contratuais, por parte do inquilino, o senhorio somente poderá pleitear a extinção se a transgressão, se a violação, se enquadrar no elenco que a lei oferece. Mas é de se indagar: e se não houver infração de qualquer cláusula e diante da alteração anormal das circunstâncias surgir a lesão virtual e a única solução for a de extinguir o contrato, como nos exemplos de Varela? Como ficaria? Pelo art. 1.093º não há passagem; pelo art. 437º – diz o Supremo – também não. E se a pretensão de resolução for deduzida em juízo com funda-

DIREITO COMPARADO

mento no art. 437º, assentada no princípio de que *a todo direito corresponde uma ação que o assegura*? E a entrega da prestação jurisdicional, a que todo juiz se obriga? O bom senso determina que, por descabimento no rol do art. 1.093º, a despeito da posição do Supremo, à luz do art. 437º, a resolução contratual seja possível.

A restrição é injustificada, razão por que é perfeitamente cabível a invocação da *alteração das circunstâncias* para adequar o pacto ao novo estado ou extingui-lo, conforme previsão legal no Direito Português. Ao que parece, a mudança de postura do Supremo é somente uma questão de tempo.

Saliente-se que as lições de Varela[47] sobre a questão são paradigmáticas, tendo tido configuração fática em Portugal. Contrariando frontalmente o que decidira o Tribunal de Relação do Porto (16.5.1975), o Supremo Tribunal de Justiça[48] negou a aplicação do art. 437º a um pedido de resolução em contrato de arrendamento para habitação. Foi esta a decisão do Supremo criticada por Antunes Varela.

Outro aspecto altamente relevante é o que diz respeito à preterintencionalidade do Supremo no acórdão em discussão, que, ao vedar o uso dos princípios da alteração das circunstâncias aos contratos de arrendamento, acabou por obstar também à possibilidade de outra solução – qual seja, a da revisão dos pactos. Por outras palavras: entendendo ser defeso o exame da resolução nos contratos de arrendamento fora do âmbito do art. 1.093º e, expressamente, afastando a pertinência do art. 437º, alijada ficou do campo do debate a possibilidade de revisão nos mencionados pactos (preocupação primordial para que se mantivesse a manifestação primitiva da vontade das partes). Se depois de posta em juízo uma pretensão só existir a via do término da con-

---

47. "O art. 437º, pelo contrário, além de se referir a todos os contratos em geral, e não apenas ao arrendamento, não cuida da violação dos deveres a cargo das partes ou de alguma delas, não trata da má execução do contrato, da falta de cumprimento ou do cumprimento defeituoso das obrigações emergentes do contrato. Do que a disposição trata é da frustração, por alteração superveniente, das circunstâncias (de facto ou de direito)" (Antunes Varela e Pires de Lima, ob. cit., v. I, p. 87).

48. "O art. 437º do Código Civil, que estabelece as condições de admissibilidade para a resolução ou modificação do contrato, por alteração das circunstâncias, não pode aplicar-se à resolução do contrato de arrendamento pela simples razão de que este contrato, dadas a sua natureza e as restrições que a lei impõe à faculdade geral da sua resolução, não poderá, em caso algum, ser resolvido ou modificado por alteração das circunstâncias, designadamente, em quaisquer outros casos que não sejam os taxativamente enumerados pelo art. 1.093º do Código Civil" ("Decisão do Supremo Tribunal de Justiça" (Lisboa), *Revista de Legislação e Jurisprudência* 3.744/78, acórdão de 25.5.1982).

450 A TEORIA DA IMPREVISÃO NO DIREITO CIVIL E NO PROCESSO CIVIL

tratação nada impede que as partes não a utilizem e, no exercício de suas livres vontades, modifiquem o pacto, adaptando-o à satisfação de seus recíprocos interesses. Havendo interesse das partes, a revisão sempre será possível. E esta possibilidade, com o julgamento de inaplicabilidade do art. 437º aos contratos de arrendamento, o Supremo descartou inteiramente ao impedir o caminho do acesso judicial ao senhorio. A tese mais lógica e de conformidade com a dinâmica que se exige do Direito não se encontra na postura do Supremo, já que, ao fechar a porta também à possibilidade de adequação do convencionado à nova situação fática, negou, igualmente, vigência ao sistema misto (revisão/resolução) constante do direito privado português. No trato da *alteração das circunstâncias*, relegou, por um lado, a plano secundário a preocupação com a incolumidade da vontade das partes e, por outro, a nobre função social do contrato. O que se critica é que, não aceitando o uso do art. 437º *para o mais*, o Tribunal acabou por impedir *o menos*, já que a revisão, conforme visto, será sempre judicial – possibilidade que nos contratos de arrendamento para habitação restou proibida às partes pela decisão. Assim, nos pactos desta natureza, a alternativa será sempre a do processo comum.

Sobre o tema, importante é a ponderação de António de Sá Carneiro em anotação ao julgado do Tribunal de Relação do Porto: "Não vemos, porém, inconvenientes em que o art. 437º se aplique na parte em que se faculta a modificação do contrato".[49]

Subsistem poucas dúvidas na afirmação de que a posição do Supremo deverá ser alterada. É tão-somente uma questão de sedimentação do entendimento mais consentâneo com a verdadeira natureza dos contratos, que há muito tempo perderam sua natureza voluntarista, estando hoje voltados inteiramente para os interesses sociais, de sorte a poderem funcionar como instrumentos orientadores do ordenamento jurídico, inseridos no contexto de uma dinâmica social cada vez mais exigente, que, conquanto prescreva ao ordenamento jurídico uma posição firme e equilibrada, não a necessita nem quer menos humana.

23.1.1.6 A alteração das circunstâncias e a legislação (arts. 437º e 252º-2 do Código Civil): Quando da elaboração do Código Civil Português (anos 60) os estudiosos constataram que todas as teorias no campo da imprevisibilidade tinham acabado por revelar falhas insaná-

---

49. "Anotação ao acórdão do Tribunal de Relação do Porto", *RT* 474/383.

DIREITO COMPARADO 451

veis e, como alternativa, viram somente um caminho a percorrer: voltar ao ponto de partida. Foi o que fizeram, valendo-se fundamentalmente dos conceitos de eqüidade e boa-fé.

Vaz Serra, um dos principais responsáveis pela introdução da *alteração das circunstâncias* no direito positivo português, justificou-se: "Não parecendo que a lei deva tomar partido por uma teoria determinada, talvez que, no entanto, a teoria da base do negócio possa fornecer soluções ou modificações dos contratos por alteração das circunstâncias".[50]

Dispôs o já mencionado art. 437º do Código Civil Português:

"1. Se as circunstâncias em que as partes fundamentaram a decisão de contratar tiverem sofrido uma alteração anormal, tem a parte lesada direito à resolução do contrato, ou à modificação dele segundo juízos de eqüidade, desde que a exigência das obrigações por ela assumidas afecte gravemente os princípios da boa-fé e não esteja coberta pelos riscos próprios do contrato.

"2. Requerida a resolução, a parte contrária pode opor-se ao pedido, declarando aceitar a modificação do contrato nos termos do número anterior."

Por via do art. 437º do Código Civil, de forma louvável, integrouse a imprevisibilidade no direito positivo lusitano. Segue-se daí que todo seu caráter polêmico – e, em decorrência, grande parte do seu interesse – perdeu toda sua razão de ser. Assim ocorreu em Portugal após 1966 e também em todos os países em que o princípio da imprevisibilidade passou a integrar o Direito normatizado – e, com toda certeza, deverá ocorrer em nosso ordenamento.

Os conceitos informadores do princípio, consubstanciados no art. 437º, são indeterminados, com ênfase especial à boa-fé, rota percorrida acertadamente pelo legislador. Os efeitos de ordem operacional deste posicionamento só serão aferidos diante do caso concreto, quando se terá, então, sua verdadeira configuração, valendo ressaltar sua pretensão latitudinária, que nem referências sequer faz aos pactos de execução diferida, satisfazendo-se apenas com o termo "contrato". Nele se harmonizam dois componentes básicos (objetivo e subjetivo) pelos quais deve passar a solução do problema. Entretanto, algumas

50. Artigo cit., "Separata" do *Boletim do Ministério da Justiça* (Coimbra) 69, p. 311.

452 A TEORIA DA IMPREVISÃO NO DIREITO CIVIL E NO PROCESSO CIVIL

identificações apriorísticas podem ser feitas ao se analisar o texto legal.

Assim, quando o art. 437º fala, logo no início, em "circunstâncias em que as partes fundaram a decisão de contratar", constatamos estar diante da chamada *base do negócio*, fundamento maior da doutrina de Paul Oertmann (*base do negócio jurídico*). Esta teoria, fortemente impregnada de conotações subjetivas em sua origem, ao ser aproveitada pela legislação portuguesa foi totalmente expurgada daquele pecado original. Ficou muito claro, portanto, que, ao se referir ao fundamento da decisão das partes, o que é atingido é o contrato – e, por via reflexa, os contratantes. Para o direito privado português irrelevantes são as esperanças de vantagens ou, pelo menos, de ausência de desvantagens que um deles possa ter ou os motivos psicológicos da contratação (presentes na formulação inicial da *base do negócio jurídico*, de Oertmann), de natureza subjetiva e, portanto, situados em plano impertinente. Antes de se fixar nesta expressão (*base do negócio*), os responsáveis pela codificação lusitana, influenciados pelo que ocorrera na Alemanha, peregrinaram pelas sendas de várias alternativas lingüísticas, quase se detendo na idéia de *impossibilidade*, conforme observação de António Menezes Cordeiro.[51] Ao examinar a questão, Menezes Cordeiro[52] sublinhou que a consagração no *BGB* da idéia de *impossibilidade*, com eficácia extintiva, se superveniente (§ 275-1), e como fundamento de nulidade do contrato, se inicial (§ 306), teve, contudo, um impacto dogmático importante: os contornos do seu regime não foram, no seu todo, delineados e disciplinados pelo legislador.

O fracasso do pretendido *alargamento do conceito de "impossibilidade"* teve grande repercussão, conquanto pudesse ter tido alguma aceitação na jurisprudência, antes das formulações da doutrina da *base do negócio jurídico*, que mais tarde acabaria por ser adotada em Portugal como fundamento para a aceitação da imprevisibilidade. A rejeição foi registrada por Menezes Cordeiro.[53]

51. "Uma primeira tentativa de redução dogmática da alteração das circunstâncias, com vistas a um enfoque novo, teve por base o conceito de *impossibilidade*. Correspondeu, de algum modo, aos esforços, no espaço napoleônico, para obter resultados através do conceito de caso fortuito. O conceito de impossibilidade tem raízes romanas, designadamente no fragmento de Celsus, muito citado: *impossibilium nulla est obligatio*" (*A Boa-Fé no Direito Civil*, Colecção "Teses", v. II, pp. 999-1.001).

52. Ob. cit., v. II, p. 1.003.

53. "Depois desse sucesso inicial, o entendimento alargado da *impossibilidade* provocaria críticas crescentes, apesar de ter colhido algum apoio na jurisprudência. O fracasso da *impossibilidade alargada* consumara-se antes de concluído o ciclo de per-

DIREITO COMPARADO

O art. 437º fala, ainda, em "alteração anormal". Quer isto dizer que a mudança deverá, necessariamente, estar postada além das fronteiras da normalidade – traduzindo, portanto, uma transformação totalmente imprevisível, isto é, aquela impossível de ser prevista, porque não constante do quadro de acontecimentos do cotidiano. Em decorrência da *alteração anormal* há de existir uma *parte em vias de ser lesada*, isto é, deverá restar configurado virtualmente um prejuízo para uma das partes, que, consoante doutrina e jurisprudência uniformes, não deverá ser, necessariamente, de natureza econômica. O que não pode ser afastado é que a *alteração anormal* traga, virtualmente, expressivos danos a uma das partes, sendo imprescindível a intervenção no pacto. Embora a lei não tenha oferecido parâmetros expressos e definidos para a aferição potencial de tais danos, para tanto tem sido utilizado o critério da boa-fé, que, na execução da prestação, deverá ser o farol a iluminar o caminho a ser percorrido pelo devedor, a fim de que seja determinado se os princípios foram ou não afetados por aquela exigência de cumprimento.

Constatada a lesão subjetiva de expressivas extensão e envergadura, comprometidos os princípios éticos fundamentais (boa-fé), a resolução ou revisão do pacto – direcionada pela bússola dos *juízos de eqüidade* – será possível, desde que, logicamente, "não esteja coberta pelos riscos próprios do contrato".

Analisando a questão, Menezes Cordeiro[54] esclareceu que, nesta hipótese, a regra deverá ser a seguinte: a alegação da alteração das circunstâncias só é eficaz perante contratos pendentes de cumprimento, isto é, havendo "contratos de execução periódica ou ainda de execução diferida". Depois do cumprimento – acrescentou – tudo quanto se alegue pertence aos riscos próprios do contrato. Com esta observação o jurista português deixou claro que no âmbito do art. 437º existem *coordenadas de natureza temporal* disciplinando a invocação do princípio da alteração anormal das circunstâncias, isto é, um condicionamento à cobertura pelos riscos próprios do pacto. Menezes Cordeiro[55] procurou ilustrar seu ponto de vista com o exemplo do indivíduo que, tendo comprado um carro a prestações, em virtude de violento

---

turbações internas causadas na Alemanha pelo primeiro conflito mundial. Mas consumou-se, também, depois da cláusula *rebus sic stantibus* ter esgotado o seu potencial significativo e antes de Oertmann, através da implementação lingüística da *base do negócio*, ter recolocado o tema em termos tradicionais" (ob. cit., v. II, p. 1.007).

54. Ob. cit., v. II, pp. 70-71.

55. Idem, p. 71.

454 A TEORIA DA IMPREVISÃO NO DIREITO CIVIL E NO PROCESSO CIVIL

aumento de combustível, no curso regular do contrato, pretenda a invocação dos benefícios do art. 437º. Obviamente, não terá a menor procedência tal pretensão.

Até certo ponto, a expressão "riscos próprios do contrato" – constante do dispositivo legal – é redundante e, assim, dispensável. E a razão é bastante simples: se a lei não diz que os contratos onde se pleiteie o *remedium iuris* da *alteração das circunstâncias* devam ser de execução diferida ou periódica, como, também, silencia sobre a *inimputabilidade* das partes quanto ao evento modificador da base negocial, é tão-somente porque os entende implícitos, dispensando-se referência expressa. No exemplo da inimputabilidade o princípio consagrado de que ninguém pode se beneficiar de irregularidade a que tiver dado causa liquida a questão. Subentendido também deverá estar que somente nos contratos em que exista um certo lapso de tempo entre vinculação e execução é que a imprevisão encontrará espaço. É por demais sabido para que se dê ênfase especial, sendo suficiente apenas que se relembre a existência em todos os contratos de uma álea normal, isto é, uma área de riscos onde as *mutações previsíveis* se manifestam e se desenvolvem. No instante da vinculação contratual as partes têm plena consciência de que, subjacentemente, aquelas possibilidades existentes no "campo minado" da álea contratual são normais e fazem parte da obrigação assumida. Por ser um componente básico de qualquer contratação, sobre sua existência e aceitação reinam a mais absoluta normalidade e o mais perfeito consenso. Neste passo, desnecessária seria sua menção expressa, como fez o dispositivo legal lusitano. E isso porque se a exigência das obrigações está coberta pelos riscos próprios do contrato não há que se falar de excepcionalidade – e, conseqüentemente, descabe a invocação do art. 437º, pela total normalidade dos acontecimentos; se não está coberta por tais riscos as fronteiras da normalidade terão sido ultrapassadas e a alteração das circunstâncias poderá ser invocada e aplicada. E tal constatação situa-se na esfera de competência do julgador, não na do legislador. A obviedade "riscos próprios do contrato" era perfeitamente dispensável.

Um outro reparo ao art. 437º precisa ser feito. Como no nosso novo Código, também o dispositivo legal português pecou pela inversão, demonstrando igualmente má técnica jurídica: contempla-se ali primeiro a *resolução*, e só depois a *revisão*. A primeira delas para aquele que se valesse do princípio, e a segunda para aquele contra quem ele fosse invocado. A boa técnica recomendaria o inverso. No regime jurídico da imprevisibilidade no futuro Código Civil a vontade contratual, embora modificada pelas partes – mas que, nem por isso,

DIREITO COMPARADO 455

deixa de ser vontade contratual – seria conservada no essencial, representando a chancela judicial simples ato declaratório de homologação.

Uma vez impossibilitada a revisão, a hipótese da extinção do pacto seria posta em prática quando fosse o caso ou constasse de pedido expresso em procedimento revisional, com suas óbvias conseqüências – incluindo-se a indenização ao contratante prejudicado quanto à parte do pacto pendente de cumprimento. Estes instrumentos de aplicação da justiça, nesta ordem – primeiro a revisão e, impossível esta, a resolução –, deveriam estar à disposição do julgador. Mas não é o que se vê no art. 437º. Algumas críticas sobre a má técnica legislativa feitas aos arts. 478 a 480 do futuro Código Civil Brasileiro são válidas também para o texto português.

Paulo Roberto da Silva Passos[56] – citando o jurista português Mário Júlio – forneceu os pressupostos de aplicação da alteração das circunstâncias à luz do art. 437º. Por sua vez, Mário Júlio – citado por Silva Passos[57] –, a respeito da expressão "alteração das circunstâncias", explicou que o critério da anormalidade da alteração coincide nos resultados, via de regra, com o da imprevisibilidade. Porém – acrescentou –, aquele se afigura mais amplo do que este, permitindo, razoavelmente, conjugado com a boa-fé, estender a resolução ou modificação a certas hipóteses em que alterações anormais das circunstâncias, posto que previsíveis, afetem o equilíbrio do contrato – por exemplo, na locação de janela para assistir à passagem de um cortejo pode ser previsível que este não se realize ou mude de trajeto (o jurista refere-se aos *Coronation Nat Cases* – "Casos das Localidades da Coroação"). Parece desnecessário – continuou – que o fato gerador da alteração anormal se inicie somente depois da celebração do pacto, embora se exija que nessa data ainda não se apresente.

Quanto ao art. 252º-2[58] tem sido pacífico o entendimento de que a lesão originária, isto é, aquela que existe no instante da vinculação

56. "a) Exige-se, antes de mais nada, que a alteração a ter por relevante diga respeito a circunstâncias em que se alicerçou a decisão de contratar (art. 437º, I). b) É necessário que essas circunstâncias fundamentais hajam sofrido 'uma alteração anormal' (art. 437º, I). c) Torna-se indispensável, além disso, que a estabilidade do contrato envolva 'lesão para uma das partes' (art. 437º, I). d) Como forçoso se mostra que tal manutenção do contrato ou dos termos 'afecte gravemente os princípios da boa-fé' (art. 437º, I). e) Também é necessário que 'a situação não se encontre abrangida pelos riscos próprios do contrato' (art. 437º, I); f) Exige-se por último a 'inexistência de mora do lesado' (art. 437º, I)" ("Cláusula *rebus sic stantibus* – Teoria da imprevisão", *RT* 647/51).

57. Artigo. cit., *RT* 647/51.

58. "Art. 252º-2. Se, porém, recair sobre as circunstâncias que constituem a base do negócio, é aplicável ao erro do declarante o disposto sobre a resolução ou modifica-

456 A TEORIA DA IMPREVISÃO NO DIREITO CIVIL E NO PROCESSO CIVIL

contratual, no momento do nascimento do contrato, é chamada de *erro*. Este, uma vez constatado, poderá servir de base à anulação da convenção, porque será identificado como defeito do ato jurídico. Pelas disposições do Código Civil Português, se o erro identificado se assentar sobre "as circunstâncias que constituem a base do negócio" – diz o art. 252º-2 – a contratação poderá ser objeto de resolução ou revisão, na conformidade do que dispõe o art. 437º. Sobre este artigo Menezes Cordeiro[59] entendeu que a remissão ao art. 252º-2 em nada ajudou o intérprete. O dispositivo faz menção expressa à *base do negócio* (que o art. 437º evitou), confirmando o que foi assinalado quanto à opção do legislador pela teoria de Oertmann. A referência à *base do negócio* também não passou despercebida a Menezes Cordeiro.[60]

Na visão de Carlos Alberto da Mota Pinto[61] o art. 437º tem uma amplitude normativa muito grande, abrigando praticamente todos os contratos de execução diferida.

É importante registrar que não se pretendeu, nestas breves considerações, uma análise aprofundada dos arts. 437º e 252º-2 do Código Civil Português. Com mais propriedade e capacidade já o fizeram os juristas lusitanos. O intuito foi só referi-los e dar uma rápida visão da integração da *alteração das circunstâncias* naquele direito privado, pela via legislativa.

ção do contrato por alteração das circunstâncias vigentes no momento em que o negócio foi concluído."

59. "O art. 252º-2 remete o regime do erro que recai '(...) sobre as circunstâncias que constituem a base do negócio (...)' para o disposto no art. 437º-1. Adiante-se já que este preceito, tal como acabaria por ficar no Código, não ajuda a doutrina da alteração das circunstâncias nem a do erro. A referência, nele feita, à base do negócio coloca o intérprete num cenário difuso" (ob. cit., v. II, pp. 1.087-1.088).

60. "Torna-se curioso constatar que a expressão 'base do negócio', presente no antepassado do art. 437º-1, no Anteprojecto Vaz Serra, foi eliminada da versão definitiva do Código. E bem: basta a referência à boa-fé para situar o intérprete aplicador no espaço da terceira sistemática e para lhe facultar o âmbito necessário ao procurar das melhores orientações; a menção à 'base do negócio incapaz de, por si, precisar a idéia', apenas conduz, nalguns setores, mas num fenómeno compreensível, à tentação de ressuscitar a fórmula oertmanniana, de modo acrítico, dado o aparente apoio legal. Manteve-se, porém, no art. 252º-2 onde, por maioria de razão, ela devia ter sido erradicada" (ob. cit., v. II, p. 1.088).

61. "Parece que o art. 437º não limita a resolução dos contratos por alteração das circunstâncias aos contratos bilaterais, podendo lançar-se mão dessa providência, desde que se verifiquem os requisitos respectivos, nos contratos unilaterais ou bilaterais imperfeitos" (*Teoria Geral do Direito Civil*, 3ª ed., p. 603).

DIREITO COMPARADO

Embora com pequenas e praticamente desimportantes dissonâncias, a consagração da teoria da imprevisão, *de iure constituto*, nos mencionados dispositivos legais, sob a epígrafe *alteração das circunstâncias*, dada sua amplitude – que vai muito além da simples excessiva onerosidade do Código Civil Italiano de 1942 –, é das mais completas.

23.1.2 O Direito Italiano

Como tantos outros, também o Direito Italiano sofreu profunda influência do Código Napoleônico. No diploma legal de 1865, art. 1.123,[62] ficou expresso que *os contratos tinham força de lei para aqueles que os celebrassem, só podendo ser revogados por mútuo acordo ou por razões legais*. Foram recepcionadas, *mutatis mutandis*, as mesmas disposições do art. 1.134 do Código Civil Francês. No artigo 1.124 do diploma italiano foram fixados os suportes indispensáveis à aplicação da teoria da imprevisão (princípios ético e ético-jurídico), ao estabelecer que "(...) os contratos devem ser executados de boa-fé e obrigam não só a quanto está neles expresso mas ainda a todas as conseqüências que, segundo a eqüidade, o uso ou as leis, deles derivam".

Na Itália foram feitas tentativas de implantação da doutrina – quer como lesão inicial ou superveniente – por meio da invocação de princípios normativos constantes em dispositivos da lei civil, tais como arts. 888, 1.078, 1.083, 1.124, 1.131, 1.176, 1.224, 1.228, 1.469, 1.580, 1.641, 1.816, 1.860 e 1.919. Um grande número de juristas entendeu existir neles, implicitamente, a aceitação da cláusula *rebus sic stantibus*, como aconteceu em nossa doutrina. Em 27.7.1915 surgiu o Decreto 739, dispondo que o chefe de família que fosse ou tivesse sido combatente podia pedir a resolução do contrato de locação, considerando a guerra como situação de força maior. Em 1918 o Decreto 880 reconhecia a possibilidade de aplicação da imprevisão aos contratos de arrendamento agrícola. Entretanto, depois da Guerra, curiosamente a jurisprudência italiana acabou por repudiar totalmente a cláusula romana. Exemplo da postura é a decisão do Tribunal de Cassação de Roma (25.11.1919) determinando que somente a "impossibilidade absoluta" (força maior) dispensaria o devedor de suas obrigações – excluindo, assim, inteiramente a aplicação da doutrina da imprevisibili-

---

62. "Art. 1.123. I contratti legalmente formati hanno forza di legge per coloro che li hanno fatti. Non possono essere rivocati che per mutuo consenso o per cause autorizatte dalla legge."

458   A TEORIA DA IMPREVISÃO NO DIREITO CIVIL E NO PROCESSO CIVIL

dade. Outra decisão do mesmo Tribunal, em 7.4.1923, assinalava textualmente que:"(...) a teoria da pressuposição e a cláusula *rebus sic stantibus* não são admissíveis nos contratos bilaterais". Sentença da *Corte di Cassazione del Regno* (5.5.1925) também a repeliu. Posteriormente (30.4.1926) uma outra decisão do mesmo Colegiado afastou de vez o entendimento de que nos contratos bilaterais se poderia considerar subentendida a cláusula *rebus sic stantibus*. Contudo, quando, em março de 1942, o novo Código Civil Italiano entrou em vigor, após promulgação levada a efeito na cidade de Florença, a Itália passou a integrar o contingente dos chamados *países revisionistas*, com o privilégio de ser a primeira nação do mundo a integrar a teoria da imprevisão no seu Código Civil (a Polônia o fizera em 1934, em seu Código das Obrigações, art. 269). Não mais como lei extravagante à espera de posicionamento definitivo, mas sim como princípio normativo definido, dirigido a um fim específico, como regra disciplinadora de situações contratuais consideradas como patológicas, nas quais uma das partes se encontrasse em reconhecida situação de desvantagem, como decorrência do nascimento da lesão virtual.

Carullo também trouxe seu contributo ao tema ao analisar a aceitação e aplicação da imprevisibilidade nos domínios do direito do trabalho, em especial nos contratos coletivos, conforme já discutido (v., neste trabalho, Título III, Capítulo III, notas de rodapé 100-103).

Reitere-se: os princípios *pacta sunt servanda* e *rebus sic stantibus* são harmônicos e complementares, não colidentes ou excludentes um do outro. Representam a mais perfeita justiça comutativa. O art. 1.372 da lei italiana reafirma que o pacto faz lei entre as partes (*pacta sunt servanda*) para, em seguida, admitir o emprego da doutrina de exceção em face da excessiva onerosidade, comprovando a harmonia mencionada. Assim, pela primeira vez em quase dois milênios de existência – embora houvesse constado anteriormente do Anteprojeto do *Codex Maximilianeus Bavaricus Civilis* (rejeitado no Projeto definitivo) e do *Landrechet* Prussiano, de curta duração –, o princípio encontrou abrigo seguro nos arts. 1.467, 1.468 e 1.469, no Capítulo *Dell'Eccessiva Onerositá*[63] (*contrato con prestazioni corrispettive*). A importância de sua integração é indiscutível.

---

63. "Art. 1.467. Nei contratti a esecuzione differita, se la prestazione di una delle parti è divenuta eccessivamente onerosa per il verificarsi di avvenimenti straordinari e imprevidiili, la parte che deve tale prestazione può domandare la risoluzione del contratto, con gli efetti stabiliti dall'art. 1.458. La risoluzione non può essere domandata se la soppravenuta onerosità rientra nel'alea normal del contratto. La parte contra la

23.1.3 O Direito Alemão

No campo do revisionismo contratual o Direito Alemão ocupa posição de vanguarda em todo o mundo, em especial em relação ao direito positivo, como tem acontecido com todos os grandes movimentos revolucionários nos mais variados setores do pensamento humano (Filosofia, Ciência, Música, Literatura).

O pressuposto – aceito pela quase-totalidade da doutrina mundial – de que os pactos, ao surgirem, devem trazer em si a condição tacitamente aceita pelas partes de que as circunstâncias que cercaram o instante vinculativo da contratação diferida (nascimento) deverão permanecer e vigorar até seu término (execução) – essência do princípio *rebus sic stantibus* – e de que, uma vez alteradas tais premissas, urge tratamento diferenciado ao pacto encontrou perfeita correspondência para os juristas alemães na chamada *supressão das bases objetivas do negócio* – forma como a imprevisão é reconhecida no ordenamento jurídico alemão, complementada pela boa-fé.

Ludwig Enneccerus – citado por Francisco Queiroz Bezerra Cavalcanti[64] –, na edição espanhola de seu *Derecho de Obligaciones*, apresentou um resumo da evolução do princípio na Alemanha. Começou explicando que na doutrina mais remota a cláusula *rebus sic stantibus* sempre ocupou lugar de destaque, conforme pode ser constatado nas disposições de antiga legislação conhecida como *Codex Maximilianeus Bavaricus Civilis*, de 1756,[65] onde já encontrara abrigo seguro.

quale è domandata la risoluzione può evitarla offrendo di modificarse equalement le condizione del contrato (962, 1.623 e 1.664).

"Art. 1.468 (*contrato con obligazioni di una sola parte*). Nell'ipotesi prevista dall'articolo precedente, se si trata de un contrato nel quale una sola delle parti ha assunto obligazioni, questa può chiedere una riduzione nelle modalità di esecuzione, suficientii per ricondurla ad equità.

"Art. 1.469 (*contrato aleatorio*). Le norme del articolo precedente (1.466 §§) non si applicano ai contrati aleatori per loro natura (1.879) o per volontà delle parti (1.448)."

64. Ludwig Ennecerus, *Derecho de Obligaciones*, trad. da 3ª ed. alemã, t. II, p. 206, *apud* Bezerra Cavalcanti, "A teoria da imprevisão", *RF* 260/110-111.

65. Dispôs o n. 3 do § 12: "Todos os vínculos contêm em si tacitamente a cláusula *rebus sic stantibus*, assim tornam-se inválidos pela modificação da coisa sobre que recai a obrigação, desde que se verifiquem três requisitos seguintes: 1ª) lue a modificação não resulte nem de mora *auct facto debitori*; 2ª) que não fosse fácil de prever; 3ª) que fosse de tal natureza que, se o devedor a tivesse conhecido, segundo a opinião desinteressada e honesta das pessoas inteligentes, não teria consentido em obrigar-se; restando, todavia, em tais circunstâncias, apreciar juridicamente se a obrigação deve caducar ou somente ser reduzida em proporção da modificação verificada".

460 A TEORIA DA IMPREVISÃO NO DIREITO CIVIL E NO PROCESSO CIVIL

Embora tentando manter a regra geral de que os contratos devem ser fielmente cumpridos – fundamento básico para a segurança do comércio jurídico –, por ocasião da Guerra de 1914/1918 isto não foi possível. Os problemas econômicos que o conflito mundial trouxe – explicou o jurista alemão – "(...) tuvieran por consecuencia en numerosos casos tan profundas alteraciones de las relaciones económicas que el obligar al deudor a atenerse al contrato hubiera estado en absoluto desacuerdo con la justicia y la equidad. Por ejemplo, al que hubiese comprometido a suministrar fuerza motriz durante largos años a un precio calculado entonces, no podrá ser constrenido a cumprir el contrato, a todo evento, si el precio de los combustibles y de los jornales había subido al véntuplo o incluso ao céntuplo del precio primitivo".

Bezerra Cavalcanti acrescentou que Enneccerus[66] dividiu em quatro fases a evolução da doutrina da imprevisibilidade na Alemanha. Para ele o direito de resolução por imprevisão encontraria justificativa tão-somente no princípio da boa-fé, disciplinado pelo § 242 do *BGB*.

66. "1. Por de pronto se intentó, cuando se trataba de contratos de suministro concentrados por largo prazo, evitar al deudor la prestación económica y equiparando esta a la imposibilidad material.

"2. Posteriormente se advertió que la doctrina de la imposibilidad no daba satisfacción plena a las dificuldades del deber de prestación suscitado, especialmente, como consecuencia de la desvalorización en dinero. Se enfiló el problema por el lado de la contraprestación, o sea en el aspecto pecuniario, desarrollándose la necesidad de la revalorización.

"3. La idea de la equivalencia condujo, en definitiva, al reconocimiento de un derecho de resolución por causa de alteración de las circunstancias. Este derecho se fundamenta en parte en la antigua doctrina de la cláusula *rebus sic stantibus* y en parte en la doctrina de la presuposición.

"4. En nuevo estagio de la evolución, el derecho de resolución por alteración de las circunstancias fué fundado también en la desaparición de la base del negocio.

"Por *base del negocio subjetiva* ha de entenderse una representación y esperanza de ambos contratantes, por la que ambos se han dejado guiar al concluir el contrato (...) y falta o desaparece la base subjetiva del negocio, el contrato o la disposición contratual respectiva es por regla general ineficaz. Por *base del negocio objetiva* ha de entenderse el conjunto de circunstancias y estado general de cosas cuya existencia o subsistencia es objetivamente necesaria para que el contracto según el significado de las intenciones de ambos contratantes pueda subsistir como regulación dotada de sentido. La base del negocio objetiva ha desaparecido:

"a) cuando la relación de equivalencia entre prestación y contraprestación presupuesta en el contracto se ha destruido en tal medida que no puede hablarse racionalmente de una prestación;

"b) cuando la común finalidad objetiva del contracto haya resultado definitivamente inalcanzable, aun cuando la prestación del deudor sea todavía posible (frustración de la finalidad)" (Ludwig Enneccerus, *apud* Bezerra Cavalcanti, artigo cit., *RF* 260/110).

DIREITO COMPARADO 461

Como discutido, a base normativa para a aceitação do princípio, entre outras, é a constante do art. 242 do *BGB* (repositório dos *juízos de eqüidade*), ao dar ênfase especial ao cumprimento das obrigações com "lealdade e confiança recíproca".

Entre os pioneiros, Hugo Grócio[67] interessou-se pelo tema, desenvolvendo profundos estudos sobre a imprevisibilidade, e, embora não a admitisse "como cláusula tácita necessariamente inserta nas promessas, a menos que resultasse claramente delas que o estado de fato à data da declaração tivesse sido causa determinante dos compromissos tomados", entendeu-a aplicável, em especial aos pactos de trato sucessivo.

Também foi aceita pelo jurista Samuel Puffendorf, para quem as regras da imprevisibilidade deviam ficar restritas ao campo do Direito Internacional.

Somente pela *vontade das partes* ou *resultante dos termos da própria convenção* foi que, conquanto não a repelisse integralmente, aceitando-a em caráter reducionista, sem as relevantes características de sua natureza, se posicionou Puffendorf.[68]

O princípio na Alemanha sempre foi bem aceito assentado na boa-fé e na eqüidade. A corrente anti-revisionista nunca foi majoritária naquele país. Alguns juristas estabeleceram condições para sua aceitação, embora a regra geral já estivesse estabelecida naquele princípio.

Mas foi com a I Guerra Mundial, do início do século, que, decorrente dos transtornos econômicos, escassez de matéria-prima, dificuldades de fabricação e inflação astronômica generalizada, se acentuou a necessidade de encontrar solução para as profundas e prementes perturbações vigentes naquele país. E a doutrina alemã começou a elaborar as mais variadas construções (a ciência é filha direta da necessidade, repita-se) que satisfizessem elementares exigências de justiça e eqüidade. Naquele contexto, falando sobre a doutrina – então aceita por muitos, rejeitada por poucos – foi que um dos mais respeitados e profundos juristas alemães do início do século, Otto Lennel,[69] chamou

---

67. *De iure belli ac. Pacis*, L. II, ch. XVI, pp. 25 e ss., *apud* Corneliu Mihail Popescu, *Essai d'une Théorie de l'Imprévision en Droit Français et Comparé*, p. 12.

68. Dizia: "a) si cela résulte de l'intention des parties; b) si, appliquant les termes de la convention rigoureusement, il résulterait de là quelque chose non pas à la verité absolutement illicite en soi-même, mais qui, à en juger humainement, paraît trop dur ou trop onereux (...)" (*De iure naturae et gentium*, Libri octo., Frankfurt, 1684, *apud* Popescu, ob. cit., p. 12).

69. "La cláusula *rebus sic stantibus*", *Revista de Derecho Privado* 118/206.

462 A TEORIA DA IMPREVISÃO NO DIREITO CIVIL E NO PROCESSO CIVIL

a atenção para o fato de que as divergências na prática judiciária dos diferentes países eram bastante prejudiciais para a Alemanha, já que se poderia crer que a fidelidade contratual era tida em menos estima naquela nação. Mas o verdadeiro fundamento do maior campo de aplicação da cláusula *rebus sic stantibus* – acrescentou – não era aquele; o que ocorria é que a situação desesperada daquele povo no após-guerra colocou em relevo – com uma importância avassaladora para os alemães – um problema que em outros lugares só excepcionalmente foi levantado.

M. Volkmar, no capítulo "Dever de fidelidade dos contratantes" em sua exposição sobre "A revisão dos contratos pelo juiz na Alemanha", na Semana Internacional de Direito, em Paris, em 1937, observou: "A nova Alemanha substituiu as idéias liberais pela noção da coletividade nacional-socialista. As partes não são mais adversários que, nos limites traçados pela lei, podem dar livre curso ao seu egoísmo, mas sim – como expôs Lange em seu estudo sobre a *Vertragstreue Deutches Recht*, 1934, pp. 351 e ss. – 'companheiros associados para a realização de um fim fixado de comum acordo'. De um tal acordo nasceria o dever de 'fidelidade' (*Treupflcht*), aumentado por certos contratos, tais como o contrato de locação de serviços. A violação desse dever provocaria uma obrigação de danos e juros ou a supressão do contrato. No futuro direito das obrigações, fundado no dever de fidelidade recíproca das partes, poder-se-ia prescindir da noção de 'violação positiva do contrato' (*positive Vertragverletzung*). As diversas situações compreendidas nesta noção, tal como a mora, aparecerão assim muito simplesmente como casos especiais de violação do dever de fidelidade".[70]

E concluiu Lennel, traçando as coordenadas do que chamou de "o verdadeiro papel do juiz contemporâneo", dentro dos limites do seu poder de revisão: "A nova época impõe ao juiz o dever de procurar a solução do processo, não somente do ângulo abstratamente jurídico, mas também dos pontos de vista econômico e coletivo. Oferecendo ao juiz, numa escala cada vez maior, a possibilidade de intervir nos contratos de maneira construtiva, substituiu-se o velho juiz, cuja atividade consistia essencialmente na interpretação e aplicação das regras de Direito, pelo novo juiz, que está chamado a intervir de maneira ativa e construtiva na vida econômica".[71]

---

70. "La révision des contrats par le juge", *Travaux de la Semaine Internationale de Droit*, 1937, *RF* 86/74.

71. Artigo cit., *Revista de Derecho Privado* 118/206.

DIREITO COMPARADO

Depois de muitas formulações, a doutrina alemã acabou por acolher a teoria da chamada *base do negócio jurídico*, apresentada e estruturada por Paul Oertmann – entendendo-se como tal as representações que as partes contratantes tinham como certas por ocasião da celebração do contrato, quanto a serem elas fundamentais para a disposição de contratar, devendo, caso não tivessem sido conhecidas, ser constituídas pelos interessados, como *base do contrato*. Embora aceita por muitos, como se esperava, a doutrina dominante não se harmonizou inteiramente com aqueles princípios, uma vez que a concepção da base negocial de Oertmann nunca logrou aceitação majoritária.

Em síntese: Locher criticou Oertmann e tentou reformular a teoria, dando-lhe um *fim*; Krückmann procurou adequá-la ao que chamou de *reserva virtual da vontade*; Larenz buscou distinguir *bases objetivas* e *subjetivas* na relação negocial, enquanto Enneccerus e Lehmann pretenderam a combinação dos dois fatores. A rigor, nada mais fizeram do que ensejar o renascimento da *teoria da pressuposição*, de Windscheid, devidamente retocada por via de ampliações, reduções, acréscimos e supressões parciais, mudanças de nomes ou substituições de conceitos. No fundo, ocorreu o que se poderia chamar de variações em torno de um mesmo tema, isto é, a incessante busca de fundamentos sólidos para a determinação da natureza jurídica da imprevisibilidade.

A jurisprudência sentiu os efeitos daquela flutuação doutrinária. O *Reichsgericht* (Supremo Tribunal) repudiou a cláusula em sua forma tradicional. Em tentativa de compensação foram sugeridas aplicações analógicas – como na Itália –, tentando apoiá-la em alguns dispositivos do Código Civil em vigor, tais como os §§ 321, 459, 610, 626 e 723, sem melhores resultados. Contudo, após a Guerra as construções doutrinárias foram aceitas pelos tribunais, ocorrendo exatamente o inverso do que se dera na França: lá, os Conselhos de Estado aceitaram a imprevisão, mas as Cortes de Cassação não; aqui, o próprio Supremo Tribunal foi quem lhe deu maior impulso e os chamados tribunais inferiores, por vezes, se inclinaram pela rejeição. Uma rápida radiografia da situação foi efetuada por Volkmar: "Depois da Guerra, a jurisprudência e a legislação alemãs multiplicaram os casos de intervenção do juiz nas relações contratuais. Não se tratou de coincidências, mas, ao contrário, de evolução progressiva das concepções e noções jurídicas".[72]

---

72. Artigo cit., *Travaux de la Semaine Internationale de Droit*, 1937, RF 86/25-27.

464 A TEORIA DA IMPREVISÃO NO DIREITO CIVIL E NO PROCESSO CIVIL

No final do século XIX (1896), com o surgimento do Código Civil Alemão (*BGB*), o pensamento jurídico começou a se transformar, adotando-se conceitos mais elásticos sobre o conhecimento do estado de coisas, a começar pela incorporação de dispositivos que não deixaram dúvidas quanto à influência da cláusula *rebus sic stantibus*.

No § 119 encontramos: "Quem, ao enunciar uma declaração de vontade, estava em erro sobre o seu conteúdo, poderá impugná-la, caso se possa admitir que não a teria enunciado se tivesse conhecimento do estado de coisas tidas como essenciais (...)".

E no § 157: "Os contratos devem ser interpretados como o exige a boa-fé, atendo-se aos usos e costumes".

O diploma civil alemão não tratou expressamente do instituto, como o fizeram as legislações italiana, portuguesa, egípcia, grega, norueguesa e argentina, ao aceitar a imprevisibilidade, e mesmo a francesa, ao rejeitá-la, ou ainda o nosso novo Código Civil. Buscou fórmula alternativa mais abrangente e mais completa. Assentando toda sua estrutura no mais amplo e ilimitado conceito de boa-fé (como já fizera no § 157), deu cobertura completa à imprevisibilidade no já referido § 242, que textualmente dispôs: "(*Prestação: cumprimento segundo a boa-fé*). O devedor está obrigado a efetuar a prestação como o exige o princípio da boa-fé tendo em conta os usos e costumes".[73]

Com muita propriedade e competência Franz Wieacker[74] analisou o parágrafo referido. Depois de traçar, com toda a segurança, os critérios para a atualização e adaptação das diretrizes contidas no § 242, constatou que, em última análise, não conseguiam fugir da estrita regulamentação legal, já delineada pelo *ius comune* romano, incluindo a lógica jurídica, o direito natural e a eqüidade, e complementou: "Con otras palabras, en la aplicación del § 242, las máximas del arte de la

---

73. No original: "§ 242. (*Leistung nach Treu un Glauben*). Der Schuldner ist verpflichtet, die Leistung so zu bewirken, vie Treu und Glauben mit Rücksicht auf die Verkehssitte es erfordern".

74. "La concepción tradicional según la cual el § 242 simplemente constituye una recepción en el derecho positivo de las normas de conducta social bien estructuradas podría únicamente implantarse de nuevo mediante una repristinación del derecho natural precrítico. Ello constituiría un abandono del trabajo filosófico sobre el problema ético, si se llevasse a cabo bajo la forma venerable y metódicamente severa del pensamiento tomista del Orden, mediante la formulación de normas jurídicas culturales como derecho natural protestante (rechazado por la crítica de la reforma), o incluso mediante el derecho natural benévolo y ecléctico de nuevos reyes y jueces. No seguiremos estos caminos" (*Zur rechtstheoretische Präzisierung des § 242 BGB* (*El Principio General de la Buena-Fe*), trad. espanhola de José Luís Carro, p. 38).

DIREITO COMPARADO   465

decisión judicial deben poder reconducirse a las cognoscibles y determinables indicaciones del legislador o a los principios elementares, practicamente indiscutidos, del obrar justo".[75]

Pretendendo analisar as máximas latinas que expressaram a essência da boa-fé, entre elas *venire contra factum proprium*, entendeu Wieacker que a partir delas se podia conceber o fundamento da doutrina da imprevisibilidade. Colocou-as no mesmo plano da *fides* romana, base da manutenção da palavra empenhada, e da própria regra *pacta sunt servanda*, complementando: "Dicho más concisamente: en lugar de la letra, el espíritu de la obligación. El principio *venire contra factum proprium* está profundamente arraigado en la justicia personal a cuyo elemento más interno pertence la veracidad".[76]

Para concluir a extensa apreciação de Wieackear[77] sobre a real função do § 242 do *BGB* – fundamento da doutrina no Direito Germânico – é importante, ainda, o registro de que ele buscou levantar coordenadas seguras para o traçado do verdadeiro âmbito de emprego do *remedium iuris* de exceção, em especial no campo obrigacional privado.

O indispensável cumprimento das obrigações assumidas condiciona-se à sanção da ordem jurídica. Esta radica no princípio fixado pelo Direito Romano no *pacta sunt servanda*. No Código Civil Alemão, no capítulo das empreitadas, ele é expresso no § 681: "Pelo contrato de empreitada, fica o empreiteiro obrigado à realização da obra prometida; o comitente, ao pagamento da remuneração combinada".

Curiosamente, no Livro Segundo do *BGB* – "Direito das Relações Obrigatórias" –, em sua Seção Primeira, ao tratar genericamente da obrigação à prestação, e especificamente da liberação do devedor, prevista nos §§ 275 e 323, fica claro que no direito positivo alemão

75. Ob. cit., pp. 44, 46 e 47.

76. Ob. cit., pp. 60-61.

77. "¿Restricción del § 242 al derecho de las obligaciones? A la pregunta, que durante largo tiempo ha sido erroneamente formulada, sobre 'si la aplicación del § 242 ha de limitarse al derecho de las obligaciones', quizá se puede responder ahora de una forma más precisa. No necesita mayor discusión que las máximas generales de conducta ético-jurídica y la nueva creación de Derecho no se limitan al derecho de obligaciones y, por consiguiente, no se encuentran vinculadas al lugar que ocupa actualmente el § 242 en la ley. Por el contrario, la función genuina *officium judicis* de nuestro primer grupo está sin duda típicamente asociada a la relación obligatoria – con inclusión de las obligaciones legales de prestación del derecho de cosas, de familia, de sucesiones y naturalmente del derecho de sociedades. Pues sólamente así se puede hablar de un plan legislativo de valoración, más simplemente de criterios para el, cómo del deber de prestación" (ob. cit., pp. 87-88).

466 A TEORIA DA IMPREVISÃO NO DIREITO CIVIL E NO PROCESSO CIVIL

não se procurou estabelecer uma diferença entre a imprevisibilidade e as hipóteses de caso fortuito ou de força maior. Ao liberar o devedor da obrigação em razão de evento surgido sem sua participação, desconsidera o fator *imprevisibilidade*, dando ênfase especial à *boa-fé*.

A aceitação da imprevisão no *BGB* Alemão, embora de forma implícita – como em alguns artigos do nosso Código Civil vigente –, tem fornecido alguns subsídios para a jurisprudência daquele país, fulcrados em dispositivos legais considerados como sancionadores do princípio. Neste plano estão:

– o *§ 275*: a impossibilidade posterior ao nascimento da obrigação é igualada à do devedor, em relação à que surgir depois do seu nascimento – aplicação analógica;

– o *§ 306*: dispõe que é nulo o contrato direcionado para prestação impossível;

– o *§ 315*: possibilidade de revisão pelo juiz, com base na eqüidade, na dúvida quanto ao estabelecimento da prestação deixada a critério de uma das partes;

– o *§ 343*: decisão judicial para redução de multa excessiva.

Como se vê, diante do acontecimento extraordinário, além da doutrina e jurisprudência voltadas para a aceitação irrestrita do revisionismo, reclamado como necessário pela dinâmica do ordenamento jurídico, também o legislador alemão foi sensível ao princípio da imprevisibilidade.

23.1.4 Os Direitos Inglês e Norte-Americano

(a) Direito Inglês: A postura jurídica inglesa, expressa pela *Common Law*, a princípio francamente contra a revisão dos pactos, no final do século XIX começou a mudar, de forma a permitir que o princípio *rebus sic stantibus* encontrasse campo fértil em sua doutrina e jurisprudência. Anteriormente, com base em antiga regra da *Common Law* (em vigor até 1850), mesmo na impossibilidade de execução de uma obrigação por circunstâncias imprevisíveis ficava o devedor vinculado à sua promessa primitiva, porque deveria ter previsto aquela possibilidade de alteração anormal.

Segundo nos informou M. Gutteridge[78] – delegado britânico na Semana Internacional de Direito de Paris, em 1937, professor em

---

78. "A revisão dos contratos pelo juiz no Direito Inglês", *RF* 86/58-64.

DIREITO COMPARADO

Cambridge –, até então o Direito Inglês nunca admitira sequer a inexecução involuntária das obrigações (caso fortuito ou força maior), aceita pela totalidade dos ordenamentos jurídicos em todo o mundo. Os tribunais ingleses sempre observaram a regra "where the tree falls, there let it lie" ("onde a árvore cair, deixa-a ficar"). Acatou apenas, depois de muita insistência da doutrina, o *Act of God*, que, em síntese, se referia a eventos catastróficos, tais como tufões, furacões, maremotos e similares – que fora do campo marítimo, praticamente, não tinham outra aplicação. E foi a mesma doutrina que conseguiu aos poucos a equiparação da *vis maior* ao *Act of God*.

A característica marcante da Justiça Inglesa sempre foi a independência, integridade e capacidade de seus magistrados, com um *iter* a mais: a celeridade processual. Nenhuma influência política, direta ou indireta, é tolerada no organismo judiciário britânico. Há mais de 250 anos a Coroa não afasta do cargo juízes por acusação de desonestidade.

A *Britain, An Official Dandbook* (janeiro de 1954), na p. 67, publicou: "O Judiciário do Reino Unido é independente. Em outras palavras, é livre no ministrar a lei, sob a proteção da lei, sem medo ou favor. Todos os juízes, desde aqueles da Câmara dos Pares *[House of Lords]* e das Cortes Supremas, até os magistrados leigos ou juízes de paz, não só devem ser, mas devem parecer, completamente imparciais, pois é de importância fundamental que a justiça não só seja realizada, mas seja manifesta e indubitavelmente feita sob as vistas do povo".

Alípio Silveira informou: "No pináculo da Magistratura não se tolera nenhuma influência política, mostra-o o cargo de *Lord Chanceler*. Este é o chefe supremo da Magistratura, mas acumula ao mesmo tempo funções políticas, pois faz parte do Gabinete, como Ministro da Justiça. É, assim, homem político, mas é universalmente reconhecido que, quando ele se senta como julgador na Câmara dos Pares, o *Chanceler* não se deixa influenciar por sua situação política nem mesmo pelo interesse do governo".[79] Um pouco diferente do comportamento da nossa classe política...

Na Inglaterra não existe separação de Poderes na organização política, à maneira francesa traçada por Montesquieu. Os vários departamentos se entrelaçam e se superpõem. O Executivo (incluindo-se o *Lord Chanceler*), o Procurador-Geral do Estado e o *Solicitor General*

79. "A Justiça Inglesa de hoje", *RF* 160/410.

468 A TEORIA DA IMPREVISÃO NO DIREITO CIVIL E NO PROCESSO CIVIL

têm assento no Legislativo. Por sua vez, o Legislativo pode nomear e demitir, de forma indireta, membros para o Executivo.

É ainda Alípio Silveira quem complementa: "A Inglaterra foi o país moderno em que a eqüidade desempenhou papel de relevo na formação do seu Direito e administração da justiça. Foi o próprio súdito inglês que, recorrendo dos tribunais comuns para o seu soberano, a partir do século XVI, fez com que surgisse um tribunal especial de eqüidade, a célebre *Chencery Court*. Nela eram corrigidos a dureza, o rigor excessivo e as deficiências da *Common Law*".[80]

No que diz respeito ao tema em pauta – *imprevisibilidade* –, em visão panorâmica do Direito Britânico sobre sua aplicação, Oswaldo de Carvalho Monteiro[81] transcreveu o que chamou de notável trabalho de um professor de Direito Comparado, publicado em 1937 (*A Revisão dos Contratos pelo Juiz de Direito Inglês*). Afirmou o jurista britânico que: "(...) o Direito Inglês jamais admitiu o princípio fundamental da noção de força maior ou de caso fortuito", tendo formulado uma doutrina que lhe é peculiar, geralmente chamada de "teoria da impossibilidade de execução" (*frustration*), muito próxima da cláusula *rebus sic stantibus*. E, em complementação, informou: "Tanto quanto seja possível elaborar uma síntese da jurisprudência inglesa sobre a imprevisão, a conclusão parece ser a seguinte: é permitida a inexecução dos contratos relativos a coisas certas, se o objeto desaparecer depois da celebração do contrato. A inexecução será igualmente admitida, se se demonstrar que as partes contrataram tendo em vista a manutenção de um estado de coisas que, apesar das tentativas, veio a desaparecer. E mais: as partes ficariam igualmente liberadas se a execução fosse retardada por uma causa imprevista no momento da celebração do pacto e se o retardamento se prolongasse de modo a alterar inteiramente a natureza da execução. Contudo, não bastaria o simples fato da execução tornar-se mais difícil, ou arruinasse o devedor. Enfim, se o contrato previsse a eventualidade que tornasse impossível a execução, não haveria lugar para aplicar a teoria da impossibilidade de execução".

Era entendimento da *Common Law* – dando ênfase à chamada doutrina da *discharge by frustration* – que: "(...) a party is not discharged his contractual obligations moraly because performance has become more onerous or impossible owing to some unforeseen event.

80. Idem, p. 413.
81. "Cláusula *rebus sic stantibus*", *RF* 94/243.

DIREITO COMPARADO 469

The general rule is that a contractual obligation is absolute, and if a party wishes to protect himself against subsequent dificulties in performance, he should stipulate for that protection" ("A parte não está moralmente dispensada de suas obrigações contratuais porque a execução se tornou mais onerosa ou impossível em razão de algum imprevisto. A regra geral é que a obrigação contratual é absoluta, e se a parte quiser proteger-se de dificuldades subseqüentes na execução, deve clausular contratualmente tal proteção").

A teoria da *discharge by frustration* acabou por criar precedentes que romperam com a rigidez da regra geral assentada no *pacta sunt servanda*. Alguns deles ficaram famosos, como "Blackeleurn Boblein Co. Ltd. *versus* T. W. Miller" (1918), "Maritime National Fish Ltd. *versus* Ocean Trawlers Ltd." (1938) e "Joseph Constantino Steam Ship Ltd. *versus* Imperial Smelting Corporation Ltd." (1942).

Mas as primeiras rupturas são bem mais antigas. Em 1863, como resultantes do julgamento do caso "Taylor *versus* Caldwell" – já referido (e, posteriormente, "Krell *versus* Henry"), certas regras foram estabelecidas, então denominadas de *cláusulas tácitas* ou *implícitas*. Por elas a execução dos contratos ficava na dependência da existência material do objeto sobre que eles versassem. Desaparecido este, elidida estaria a responsabilidade.

Lord Blackburn – um dos mais eminentes magistrados da época – foi o juiz que decidiu o caso "Taylor *versus* Caldwell", proferindo decisão histórica, constitutiva de verdadeiro precedente de aceitação da teoria da imprevisão nos registros do Direito Britânico, que – como vimos – até então não aceitava o caso fortuito ou de força maior para a desoneração do devedor da prestação.

Em 1901, em outro caso – "Nickoll *versus* Ashton" (já referido) –, a chamada *convenção tácita* foi novamente aplicada, seguindo o precedente "Taylor *versus* Caldwell", com a diferença básica de que no caso anterior tratava-se de coisa certa; neste, não. A decisão entendeu que era admissível a inexecução voluntária, independentemente de ser a coisa destruída ou ter desaparecido o objeto do pacto, desde que sua existência fosse *essencial à execução*.

Com a consagração do precedente na jurisprudência inglesa, aberto estava o caminho para a aceitação definitiva da doutrina. Finalmente, a *Common Law* havia cedido o passo.

Entretanto, o caso mais famoso havido em solo inglês ocorreu no ano de 1902, conhecido mundialmente como *Coronation Nat Cases*

470 A TEORIA DA IMPREVISÃO NO DIREITO CIVIL E NO PROCESSO CIVIL

("Casos das Localidades da Coroação"), já mencionado e descrito. A nota surpreendente da Justiça Inglesa naqueles casos foi a determinação de devolução parcial do que os inquilinos haviam pago.

Carneiro Maia[82] tentou justificar a curiosa decisão esclarecendo que o locador também estaria eximido da responsabilidade quanto ao evento que determinou o desaparecimento da base negocial.

Os tribunais disseram: "Se um convênio qualquer se baseia na convicção de ambas as partes de que há de se realizar um determinado fato e este fato constitui o fundamento do contrato *[the foundation of the contract]*, desde que resulte frustrada a convicção sem culpa das partes, por circunstâncias imprevisíveis para estas no momento da celebração do contrato, ambas as partes ficarão libertadas das suas obrigações; mas não se poderá exigir a restituição dos pagamentos já efetuados".[83]

Esta linha de raciocínio, para nós, seria, no mínimo, discutível. Não existe justificativa para que um dos contraentes fique com parte do pagamento recebido por antecipação por coisa que não entregou nem foi usada pelo locatário, mesmo que se pudesse considerá-la – e aqui a dúvida se acentua – à sua disposição. Acrescente-se que, ainda assim, esta disponibilidade é passível de questionamento, já que as janelas se encontravam no interior das residências, com toda a possibilidade de uso pelo locador e nenhuma pelos locatários, a não ser no dia do desfile. De que serviriam elas senão para assistir ao cortejo? Tê-las à disposição, a título de reserva, só teria sentido se o desfile fosse realizado, ou se fosse feita a prova de que elas tinham sido procuradas por outros interessados para aluguel a preço superior e, com base na reserva, descartadas. Caso contrário, não. É passível de acalentadas discussões este entendimento dos Tribunais Britânicos, embora, em sua essência, consagre definitivamente a aceitação do princípio em uma de suas modalidades (resolução por absoluta impossibilidade de revisão) no Direito Inglês.

---

82. "A ocorrência de acontecimento especial, impediente do cortejo, constituiu impossibilidade ulterior, caracterizando a relação de causa e efeito, que os Tribunais Ingleses entenderam constituir a condição tácita admitida na *frustration of adventure*. E a conseqüência seria a resolução do contrato, com efeitos *ex nunc*, para só desobrigar o locatário do pagamento dos alugueres vincendos. O que malograra, pois, fora o cortejo, sem que para isto houvesse contribuído o locador. O objeto da locação, a janela, não fora destruído, parcial ou totalmente, nem o locador impedira sua fruição pelo locatário" (ob. cit., p. 138).

83. Paulo Carneiro Maia, ob. cit., p. 138.

DIREITO COMPARADO   471

Em recente obra (*The Law of Contract*), o jurista inglês G. H. Treitel, falando sobre a *doutrina da frustração* – uma das expressões pelas quais é conhecida a *imprevisibilidade* no Império Britânico –, explicou: "The doctrine of frustration is most likely to apply where the lease is a short-term in order for a particular purpose: *e.g.* where a holidaly cottage which has been rented for a month is burnt down without the fault of either party. Similarly, the contracts in cases like 'Taylor *versus* Caldwell' and 'Krell *versus* Henry' could be frustrated, even if the transactions were expressed as leases and not (as they actually were) as licences. In Scotland the lease of a salmon fishery was held to be frustrated when construction of a nearby bombing range prevented the tenant from using the fishery; and this case might now be followed in England. A lease could also be frustrated if 'some vast convulsion of nature swallowed up the property altogether, or buried it in the depths of the sea'; or if, in the cases a building lease, 'legislation were subsequently passed which permanently prohibited private building in the area or dedicated it as an open space for ever. The doctrine of *frustrationis* can apply to an agreement for a lease, no less than to an executed lease'".[84]

Eduardo Espínola, então Ministro do Supremo Tribunal, em voto em memorável acórdão proferido em 5 de janeiro de 1938, explicou: "Os juízes ingleses, invocando a teoria da causa, consideraram como havendo a cláusula implícita da Coroação para justificar a existência, a constituição do contrato, e por isso concluíram por julgar nulas tais convenções, uma vez que a Coroação fora adiada. Todavia, pela índole especial do Direito Inglês ou dos Tribunais Ingleses, a solução não pareceu inteiramente lógica: aqueles contratos que ainda não tinham

---

84. Em tradução livre: "A teoria da imprevisão aplica-se com mais propriedade quando o contrato é de curto prazo com um propósito específico: por exemplo, um chalé de férias, que foi alugado por um mês, queima-se totalmente sem que haja culpa de qualquer das partes. De modo semelhante, os contratos, em casos como os de 'Taylor *x* Caldwell' e 'Krell x Henry', poderiam ser cancelados, mesmo se as transações tivessem sido expressas como arrendamentos e não como licenças (o que realmente são). Na Escócia o contrato de um pesqueiro de salmão foi cancelado quando a construção de um campo de testes de explosivos próximo impediu o arrendatário de usar o pesqueiro; e este caso agora poderá ser usado como precedente na Inglaterra. Um contrato também poderia ser cancelado se 'uma grande convulsão da Natureza engolisse toda a propriedade ou a afundasse nas profundezas do oceano'; ou se, no caso de um contrato de construção (de um prédio), 'uma legislação fosse subseqüentemente promulgada e que permanentemente proibisse edificações particulares na área ou a reservasse como área de preservação ambiental para sempre. A doutrina da *frustrationis* aplica-se tanto a um acordo para um contrato, quanto a um contrato firmado" (G. H. Treitel, *The Law of Contract*, p. 807).

472 A TEORIA DA IMPREVISÃO NO DIREITO CIVIL E NO PROCESSO CIVIL

sido cumpridos foram revogados; mas naqueles em que os contratantes haviam pago a importância da locação não houve a devolução da quantia pactuada e já paga. Havia contratos em que o preço não estava pago – foram revogados; e contratos já de preço pago, que ficaram de pé".[85]

No campo do direito comercial surgiu a *doctrine of the frustration of adventure*, que, em resumo, beneficiava todo atraso proveniente de força maior provocada por conflitos armados constatado por ocasião da execução do contrato, dando a uma ou a ambas as partes o direito de considerá-lo extinto, desde que a especulação comercial pretendida, em virtude do atraso, tivesse deixado de ser possível. Virtualmente, era nada mais,nada menos, do que a aceitação, por outro caminho, da cláusula *rebus sic stantibus*.

Othon Sidou resumiu: "Observa-se que a *frustração por risco* em nada se assemelha à onerosidade ou ao desequilíbrio de prestações, e se acomoda perfeitamente ao ensinamento de Elliot sobre a formação do contrato. Desta forma, é válido por seu aspecto formal e subjetivo. Ambas as partes, por manifestação de vontade, se ajustaram em que o objeto do acerto é possível e desejam mutuamente contribuir com sua prestação. Todavia, um evento novo se antepôs a esse comum anelo, tornando impossível a execução obrigacional, não porque circunstâncias modificadoras desequilibrem a prestação em face à contraprestação; não porque a conjuntura econômica faça descambar uma das prestações para o capítulo do enriquecimento sem justa causa; mas pura e simplesmente porque o contrato perdeu sentido e se esvaziou na própria impossibilidade de vigorar. Verifica-se, então, a *frustation of adventure*, que não é atribuível a um dos contratantes, nem a ambos, nem é uma causa da vontade modificada por evento futuro, porém um evento que, se previsto, impediria a conclusão do contrato à míngua de sentido teleológico".[86]

Entretanto, o ponto alto da evolução da jurisprudência inglesa em matéria de imprevisão só foi atingido com a Guerra de 1914/1918, a exemplo do que ocorreu em outros países. Foi a época do surgimento dos *war cases*.[87] Em um de seus relatórios pode ser lido: "Se a im-

85. *RF* 77/79-85.

86. *A Revisão Judicial dos Contratos*, 2ª ed., pp. 72-73.

87. Relatório dos *war cases* apud Diogo de Paiva Brandão, "Considerações sobre o problema da imprevisão", *Boletim da Faculdade de Direito da Universidade de Coimbra*, Suplemento do v. XXVII, p. 210.

DIREITO COMPARADO 473

possibilidade (de cumprir) provém de uma causa que nem uma nem outra das partes podiam razoavelmente ter previsto no momento da formação do contrato e a respeito da qual as cláusulas do contrato não contêm disposição alguma, ninguém se teria, assim, comprometido; desde que a matéria saia fora do domínio das previsões, não se pode dizer que as partes se tenham comprometido, pura e simplesmente, assim como, pela mesma razão, não inseriram uma estipulação que engendrasse uma condição ao abrigo da qual pudessem ser escusadas".

Basicamente, o Direito Inglês acolheu o princípio da imprevisibilidade, tanto na doutrina como na jurisprudência, fundamentada na *impossibilidade econômica*, defendida por Volkmar, De Szladits, Thilo e Simonius na Semana Internacional de Direito, em Paris, em 1937, já discutida (v. Título II, Capítulo Único, item 12, "Natureza Jurídica da Imprevisão"). Hoje cerra fileira com os países revisionistas, outorgando a seus juízes a faculdade de aplicar a imprevisibilidade diante de um caso concreto em que a essência da contratação sofreu profunda e anormal alteração, dando origem à lesão virtual.

(b) Direito Norte-Americano: De forma bastante lúcida e didática, o professor Vicente Ráo[88] analisou o Direito Norte-Americano e a predominância da *Common Law*.

Na Nação Americana os Estados, embora independentes, com legislação própria, subordinam-se a uma Constituição Federal. Em conseqüência, as soluções que possam atender à grande variedade de situações, sujeitas a legislações diversas com base na *Common Law*, têm sido um sério problema. Com o tempo, tanto a noção de *impossibilidade econômica* como a de *imprevisão*, analogamente ao que ocorreu no Direito Inglês, aos poucos foram penetrando no Direito Norte-Americano.

O *American Law Institute*, embora de caráter privado, em face da diversidade de legislações, procurou reunir os princípios mais aceitos e já consagrados, na tentativa louvável de orientar os tribunais, definindo, por meio de parágrafos – no que se convencionou denominar

---

88. "O Direito Norte-Americano filia-se ao Direito Inglês, do qual, na substância e forma, é um desenvolvimento adaptado às condições peculiares do povo norte-americano. Vem daí a multiplicidade de aspectos da *Common Law* Norte-Americana, em contraste com a Inglesa, multiplicidade que consagra as soluções correspondentes às necessidades e caracteres próprios de cada Estado e, conseqüentemente, suas particulares concepções do modo de solução dos conflitos" (Vicente Ráo, *O Direito e a Vida dos Direitos, apud* Paulo Carneiro Maia, ob. cit., p. 141).

474 A TEORIA DA IMPREVISÃO NO DIREITO CIVIL E NO PROCESSO CIVIL

Restatement –, os conceitos de *impossibilidade* e de *imprevisão*, consubstanciados nos n. *454 e 457*, conhecidos como *impossibility* e *supervening impossibility.*[89] Este último parágrafo estabeleceu que se, depois de concluído o pacto, surgirem fatos não provocados por um dos contratantes, fora de qualquer possibilidade de previsão, tornando inexeqüível a prestação, sua obrigação poderá ser afastada *caso não haja disposição contrária, direcionada para o adimplemento a despeito da ocorrência do fato imprevisível.* As disposições do § *457* – é indispensável denunciar – no campo da imprevisibilidade representam um perfeito e acabado exercício de futurologia, admirável mas, sob todos os aspectos, contrário ao espírito da doutrina, portanto inaceitável.

Em 6 de junho de 1933 algumas leis especiais relativas à moratória concedida à cláusula-ouro, por meio da *Joint Resolution*, foram aprovadas, com aplicação tanto a contratos pretéritos como futuros, em inequívoca e indiscutível aceitação da teoria da imprevisão.

Nos Estados Unidos – informou a professora Jussara Suzi Assis Borges Nasser Ferreira[90] – vigora o *Uniform Commercial Code* em alguns de seus Estados, ensejando aos tribunais a faculdade de revisão dos contratos. O art. 302 do referido Código prescreveu: "Se o tribunal considerar que uma cláusula contratual é excessivamente onerosa, no momento da celebração do contrato, pode ou negar a execução do mesmo ou executar o resto do contrato ou, enfim, limitar a cláusula inequitativa na medida necessária para impedir um resultado excessivamente gravoso".

A colonização americana iniciou-se com os pioneiros ingleses, que, atirando-se ao mar na histórica viagem do *Mayflower*, levaram para a nova terra não só a língua como a cultura, os costumes e – como era de se esperar – seu ordenamento jurídico, assentado fundamentalmente no direito consuetudinário.

---

89. "§ 454. *Definition of impossibility.* In the restatement on this subject *impossibility* means not only strict impossibility, but impraticability because of extreme and unreasonable difficulty exprense, injury or loss involved.

"§ 455. *Supervening impossibility.* Excepted as stated in where, after the formation of a contract, facts that a promisor had no reason to anticipate, and for the occurence of wich he is not in contributing fault, render performance of the promise impossible, the duty of the promisor is discharged, unless a contrary intention has been manifested, even though he has already commited a breach by antecipatory repudiation."

90. *Tipologia Jurídica do "Shopping Center" no Brasil*, tese de Doutoramento defendida na Pontifícia Universidade Católica de São Paulo (PUC), p. 165.

DIREITO COMPARADO

Deste modo, fica estreme de qualquer dúvida a relevância da doutrina da imprevisibilidade, que, independentemente do Direito vigente em um determinado país – positivo ou consuetudinário –, se impõe como regra jurídica moderadora, instrumento indispensável para a distribuição da verdadeira justiça comutativa que, depois de integrado de vez no direito positivo, há de facilitar a tarefa dos magistrados na entrega da prestação jurisdicional.

23.1.5 O Direito Argentino

Também o Direito Argentino – como outros já nominados – sofreu profunda influência do Código Civil Francês. A regra *pacta sunt servanda*, elevada à categoria de dogma intangível, por muitas décadas foi a única diretriz seguida.

No vizinho país platino, juristas clássicos na área do direito civil, como Segovia, José Olegario Machado, Baldomero Llerena e José Gustavino, nem sequer chegaram a abordar o tema da *imprevisão*. Consideravam-no proscrito das letras jurídicas argentinas, império absoluto do *pacta sunt servanda*. Juan António Babiloni entendia seu uso como altamente perigoso. Era suficiente – dizia – a idéia do enriquecimento indevido, conjugado com a boa- fé, para se dirimir questões para as quais se preconizava a aplicação da teoria da imprevisão. Rafael Bielsa sustentava que o princípio romano *pacta sunt servanda* tinha alicerces na eqüidade e a que a revisão dos contratos só seria admissível pela via legislativa; jamais por intermédio do juiz.

Quanto aos juristas considerados modernos – Raimundo Salvat, Alfredo Colmo e Lafeille –, pareceram igualmente ignorar o princípio.

Entretanto, no quadro jurídico da atualidade, felizmente, o panorama é totalmente diverso. Defenderam a doutrina – até conseguir integrá-la ao direito positivo platino –, entre outros, Adelqui Carlomagno, Ovejero, Eugenio Oswaldo Cardini (autor da *teoria mista*, juntamente com o brasileiro Abgar Soriano de Oliveira), Dalmiro Alsina, Atienza, Pedro Guillermo Altamira, Alberto Spota, Quinteros, Luiz Adorno e, principalmente, Carlos Cossio.

No ano de 1934 Adelqui Carlomagno traçou um perfil do estágio em que se encontrava a doutrina na Argentina: "Por último y en lo que respecta a nuestro país, se ha optado también por la legislación de emergencia. Sobre todo en materia de alquileres, cuya constitucionalidad se planteó ante la Corte Suprema Nacional en los casos ya un tanto lejanos de 'Ercolano *versus* Lanteri de Renshaw' y 'Horta *versus*

476 A TEORIA DA IMPREVISÃO NO DIREITO CIVIL E NO PROCESSO CIVIL

Harguindegui'; pero sin aplicar la imprevisón y recurriendo a criterios totalmente insustanciales, como el del distingo entre contrato verbal y escrito. Aunque después, el Anteproyecto Bibiloni y el Proyecto de 1936 (art. 820) ya avanzan un tanto, estableciendo expresamente que 'los contratos deben ser cumpridos de buena-fe'; aparte de una lei nacional de 1946 que, por lo menos en materia administrativa, la consagra en forma concreta".[91]

A jurista paranaense Nasser Ferreira esclareceu, ainda, que "na Argentina a teoria da imprevisão é também defendida pelo ilustre professor Luiz Adorno. Destacando sua admissibilidade afirmou ele que '(...) en consecuencia, si tal modificación o alteración de la base contractual como resultado de acontecimientos extraordinarios e imprevisibles ha conducido a una *dificultas praestandi*, grave a una de las partes, con la posibilidad de su ruina económica, parece natural el poder de decidir el reajuste o resolución del contrato, conferido al Poder Judicial, por aplicación de la institución que estamos estudiando'".[92]

Prosseguiu a autora acrescentando que o mesmo jurista mencionado informou, ainda, que: "(...) en rigor de verdad, como bien lo señala Masnatta, si bien la lei habla de acontecimientos imprevisibles, no se trata de imprevisibilidad absoluta, pues cualquier ocurrencia, aunque sea inesperada, es susceptible de ser conocida y eventualmente pensada. Lo que se requiere es que el hecho escape a la habitual y prudente previsibilidad. Se trataría de um hecho anormal – guerra, crisis, greve, devaluación monetaria, medida excepcional de gobierno etc. –, que no ocurre de acuerdo al cursio normal, natural y ordinario de las cosas y que ha escapado a la prudente previsibilidad de las partes al tiempo de celebración contractual".

Carlos Cossio (autor da teoria egológica do Direito), um dos maiores cultores da ciência jurídica na Argentina, entre outras posições revolucionárias, refutou a concepção consagrada de Hans Kelsen, para quem o *Direito é norma, somente norma, nada mais do que norma*, contrapondo: "El Derecho es conducta humana y sólo humana, porque es una realidad realísima y nada más que una realidad, tampoco menos".[93]

---

91. "La teoría de la imprevisión en los contratos y en el Derecho en general", *Revista de Jurisprudência Argentina* 43/14, "Doctrina".

92. Luiz Adorno, "La teoría de la imprevisión", in *RDC*, Buenos Aires, *apud* Jussara Suzi Assis Borges Nasser Ferreira, ob. cit., p. 167.

93. *La Teoria Egológica del Derecho y el Concepto Jurídico de Libertad* (Buenos Aires, 1964).

DIREITO COMPARADO   477

Carlos Cossio foi o grande responsável pela aceitação da imprevisibilidade no ordenamento jurídico argentino e sua inclusão no Código Civil atualmente em vigor, por via da modificação do art. 1.198,[94] que, fiel ao sistema francês, preconizava a obrigatoriedade de cumprimento dos pactos a qualquer custo, dando-lhe redação totalmente diferente.

O grande mérito do novo dispositivo do Código Civil Argentino restringe-se à inclusão do instituto no direito positivo. Sua redação é longa, com os mesmos vícios denunciados nos artigos sobre imprevisibilidade constantes do futuro Código Civil Brasileiro e ainda do Código Civil Italiano, louvando-se o silêncio a respeito de proibição de emprego nos contratos aleatórios.

Conforme foi visto, Cossio fundamentou o emprego da imprevisão valendo-se de elementos inteiramente diversos dos que, até então, tinham sido usados pelos juristas de todo o mundo. Alicerçou-a em sua *teoria egológica do Direito*, na qual distinguiu três sentidos para os contratos: 1º) um *acordo de vontades* a criar, modificar e extinguir direitos; 2º) contrato como *conduta* que, no acordo de vontades, significaria um projeto de existência; 3º) contrato como *instrumento*, reduzido à forma escrita. No primeiro sentido seria um *significante* – expressão que diz algo; e no segundo, um *significado* – objeto sobre o qual se diz algo, consoante exposto.

94. Atual redação do art. 1.198 do Código Civil Argentino:
"Art. 1.198. Los contratos deben celebrarse, interpretarse y ejecutarse de buena-fe y de acuerdo con lo que verosimilmente las partes entendieron o pudieron entender, obrando con cuidado y previsión.
"En los contratos bilaterales commutativos y en los unilaterales onerosos y commutativos de ejecución diferida o continuada, si la prestación a cargo de una de las partes se tornara excesivamente onerosa, por acontecimientos extraordinarios e imprevisibles, la parte perjudicada podrá demandar la resolución del contrato. El mismo principio se aplicará a los contratos aleatorios cuando la excesiva onerosidad se produzca por causas estrañas al riesgo propio del contrato.
"En los contratos de ejecucíon continuada la resolución no alcanzará a los efectos ya cumplidos.
"No procederá la resolución, si el perjudicado hubiese obrado con culpa o estuviese en mora.
"La otra parte podrá impedir la resolución ofreciendo mejorar equitativamente los efectos del contrato."
Primitiva redação do art. 1.198 do Código Civil Argentino: "Art. 1.198. Los contratos obligan no sólo a lo que esté formalmente expresado en ellos, sino a todas las consecuencias que puedan considerarse que hubiesen sido virtualmente comprendidas en ellos".

478 A TEORIA DA IMPREVISÃO NO DIREITO CIVIL E NO PROCESSO CIVIL

Na solidária visão de Cossio *o contrato começa e termina como conduta contrapartida, dentro de um projeto de existência, decidido conjuntamente pelas partes.*[95] Esta concepção de rara beleza ideológica (essência da *teoria egológica do Direito*), a justificar a aceitação da teoria da imprevisão, conseguiu fundir de maneira sólida e admirável, em um só cadinho, forma e conteúdo. Mas toda a argumentação do grande jurista argentino, na busca da natureza jurídica da imprevisão, teve como alicerce três grandes suportes, a saber: a *boa-fé*, considerada como um ato consumado, uma vez que deve estar presente na consciência de cada um dos contratantes, porque sem ela é impossível a constituição válida de um acordo de vontades, indissoluvelmente ligada a uma verdadeira *conduta contratual*; a complementaridade e *harmonia dos princípios "pacta sunt servanda" e "rebus sic stantibus"*, porquanto, na sua maneira de pensar, nenhum pode subsistir sem o outro, expressões que são da mesma boa-fé constitutiva da conduta contratual contrapartida; e, por último, o chamado *entendimento societário* – assemelhado ao solidarismo, de Louveau –, definido como sendo a convivência assentada em uma verdade de conduta que outra garantia não tem além da visão de um mundo solidário e da conseqüente boa-fé dos contratantes.

A boa-fé é o grande fundamento não só do contratualismo como, também, das situações extracontratuais em que se desenvolve a doutrina da imprevisibilidade no Direito Platino. Exatamente como no ordenamento jurídico italiano, a legislação civil argentina oferece provas fortes da harmonia dos princípios e da possibilidade – e, por que não, da necessidade? – de convivência entre eles dentro do mesmo sistema normativo.

Por um lado, o art. 1.197[96] reafirma o dogma milenar de que o contrato faz lei entre as partes; por outro, o art. 1.198 consagra a imprevisão. E é interessante notar que a reafirmação da *regra geral* está disposta *antes*, e a *exceção depois*, deixando patente, neste aspecto, a boa técnica jurídico-legislativa adotada por aquele Código.

23.1.6 O Direito Suíço

Pelas coordenadas traçadas por Carneiro Maia[97] tem-se a informação de que o legislador suíço não enfrentou os problemas que se

95. Ob. cit., pp. 25-26.
96. "Art. 1.197. Las convenciones hechas en los contratos forman para las partes una regla a la cual deben someterse como a la ley misma."
97. Ob. cit., p. 98.

DIREITO COMPARADO 479

apresentaram aos outros países, conseqüentes ao primeiro conflito mundial, não tendo que se valer de leis excepcionais para a revisão dos contratos.

Ensinou A. Simonius que a modificação dos contratos em razão das crises econômicas sempre foi considerada em harmonia com o espírito da lei suíça, em que, sem diminuição do valor da palavra compromissada, sempre existiu a tendência para aliviar o rigor excessivo da intangibilidade dos pactos.

O art. 2º do Código Civil Suíço determinou que cada qual deve exercer seus direitos e cumprir suas obrigações segundo as regras da boa-fé; o art. 163 autorizou o juiz a reduzir multas contratuais excessivas; o art. 269 previu a resolução antecipada de locações diante de circunstâncias graves; o art. 352 facultou a empregado e empregador a desistência do contrato, por motivos justos, sem aviso prévio; o art. 373 deu condições ao julgador de reajustar ou extinguir os contratos de empreitada atingidos por circunstâncias anormais; o art. 545 possibilitou a dissolução da sociedade antes do prazo fixado ou, se por prazo indeterminado, sem aviso prévio diante da configuração de motivos justos. Do conjunto dessas regras – concluiu Simonius, na citação de Carneiro Maia[98] – foi possível deduzir que a lei suíça, diante de alterações profundas e extraordinárias da base contratual, não era contrária à revisão dos pactos. Os tribunais nunca tiveram problemas em suas decisões, sem necessitar da interferência do legislador.

Carneiro Maia[99] referiu-se às importantes conclusões apresentadas pelo jurista Émile Thilo, na condição de Secretário-Geral do Tri-

98. Ob. cit., pp. 99-100.

99. De 1919 a 1933:

"1ª. O direito positivo suíço não reconhece a cláusula *rebus sic stantibus* como causa geral de extinção das obrigações contratuais. Observa-se, de modo geral, a regra *pacta sunt servanda*.

"2º. Excepcionalmente, o juiz pode atender às alterações ocorridas depois da conclusão do contrato e suprimir, ou modificar, as obrigações do devedor.

"3ª. Para esse efeito, inspirar-se-á: a) nas regras de boa-fé que devem ser observadas no exercício de qualquer direito (c/c art. 2º); b) no fato de haver impossibilidade relativa de execução da obrigação, não imputável ao devedor (c/c art. 119); c) na analogia com as disposições legais que permitem resilir ou resolver unilateralmente certos contratos em caso de superveniência de acontecimentos excepcionais (c/c arts. 83, 352, 373 e 543).

"4ª. Não podem ser anulados *ex tunc* ou *ex nunc*, ou modificados, senão os contratos bilaterais concluídos a longo prazo.

"5ª. As circunstâncias novas devem ser imprevistas, imprevisíveis e extraordinárias.

480 A TEORIA DA IMPREVISÃO NO DIREITO CIVIL E NO PROCESSO CIVIL

bunal Federal daquele país, em *quadro elaborado sobre a jurisprudência suíça* – levantamento dividido em dois períodos: de 1919 a 1933 e de 1933 em diante. Até 1933 admitindo o uso da teoria da imprevisão, terminando com a observação de que tal postura foi a concretização da idéia de se manter um certo equilíbrio entre as prestações das partes contratantes, dando ao juiz uma referência segura para a aplicação do princípio.

Ainda, com base nos estudos de equilíbrio entre as prestações das partes contratantes, dando ao juiz um guia seguro para a aplicação do princípio.

Destaque-se que desde a revisão de 1911 o Código Civil Suíço já continha artigos que identificavam a propensão para o abrandamento do rigor contido na regra *pacta sunt servanda*. Consagrar de forma definitiva o princípio da boa-fé, que acabou por se sobrepor à fidelidade contratual, em face de acontecimentos extraordinários, responsáveis pelo desequilíbrio contratual, foi apenas uma questão de tempo.

23.1.7 O Direito Polonês

Até 1934 – data da entrada em vigor do Código das Obrigações – a Polônia engrossava o contingente anti-revisionista porque doutrina e jurisprudência entendiam que a segurança do comércio jurídico só poderia existir se houvesse respeito absoluto e integral aos pactos.

"6ª. Tais circunstâncias devem ter a conseqüência de fazer aparecer a prestação do devedor como inteiramente diversa da que tivesse sido estipulada por ocasião da conclusão do contrato; devem elas tornar sua execução tão onerosa para o devedor que manter as obrigações contratuais acarretaria sua ruína ou seria contrário à boa-fé comercial.

"7ª. O juiz que modificar o contrato deve investigar o que as partes teriam estipulado se houvessem previsto o curso dos acontecimentos.

"8ª. O caráter aleatório do contrato constitui motivo para recusar o benefício da cláusula."

Do ano de 1933 em diante:

"1ª. O princípio da fidelidade ao contrato é dominado pelo princípio superior da boa-fé.

"2ª. O juiz deve inspirar-se nas normas editadas para impedir a lesão de um contratante pelo outro. Cumpre-lhe examinar se a atitude do credor, que exige a execução do contrato tal como o concluiu, conduziria a explorar, de maneira usurária, o desequilíbrio manifesto e excessivo, provocado, entre a prestação e a contraprestação, pelo curso imprevisto, imprevisível e extraordinário dos acontecimentos, sem fato ou culpa do devedor. Verificará o juiz se o benefício concedido a um pode ser deixado a cargo de outro, levando em conta as áleas do contrato" (Paulo Carneiro Maia, ob. cit., p. 102).

DIREITO COMPARADO 481

Como exceção à regra do fiel cumprimento das obrigações somente eram aceitas as situações de *impossibilidade absoluta*. Desconhecia-se por completo o que fosse *extrema dificuldade* de cumprimento da prestação.

Carneiro Maia,[100] valendo-se dos estudos de Longchamps de Bérier, informou que, em decorrência da Guerra de 1914/1918 e diante das crises econômicas por ela provocadas, diversos diplomas legais contingentes surgiram na Polônia como solução para situações de exceção. Os mais importantes foram a lei de 20.12.1932 (redução da taxa de juros, prorrogação de empréstimos, letras caucionadas), a de 29.3.1933 (diminuição de percentagem, dívidas hipotecárias), o decreto de 23.11.1934 (dívidas agrárias). Aquelas leis de exceção tinham como único objetivo a proteção dos devedores colocados contratualmente em situações desfavoráveis por mudança imprevisível da base negocial.

A *imprevisão* na Polônia – continuou Carneiro Maia – foi acolhida sob os mais diversos fundamentos – atenuação do conceito de impossibilidade; execução conforme as exigências da boa-fé; enriquecimento injusto; abuso de direito; equivalência das prestações; cláusula *rebus sic stantibus*, regra geral em todos os pactos; premissa objetiva, consciente ou inconsciente, presente em qualquer declaração de vontade; lacuna da lei e outros –, assentados na interpretação da vontade contratual. Com base nestes antecedentes, o novo Código Polonês das Obrigações, surgido em 1933, aceitou integralmente a possibilidade de revisão dos contratos pelo juiz não só em casos de lesão como nos de mudanças supervenientes, anormais, tendo sido disciplinadas algumas pelos arts. 42, 59, § 2º, e 85. Entretanto, a regra geral que iria consagrar definitivamente o ordenamento jurídico polonês como revisionista encontra-se no art. 269.[101]

É oportuno observar que o artigo em questão arrola tanto causas imprevisíveis (guerra epidemia) como previsíveis (cataclismos e perda de colheitas), misturando as hipóteses de caso fortuito ou de força maior com imprevisão.

---

100. Ob. cit., pp. 92-93.

101. "Art. 269. Quando, em conseqüência de acontecimentos excepcionais, tais como guerra, epidemia, perda total das colheitas e outros cataclismos nacionais, a execução da prestação enfrentar dificuldades excessivas, ou ameaçar uma das partes de perda exorbitante, que os contratantes não poderiam ter previsto ao tempo da conclusão do contrato, o tribunal pode, se entender necessário, segundo os princípios da boa fé e depois de tomar em consideração os interesses das duas partes, fixar o modo de execução, o montante da prestação, ou mesmo pronunciar a resolução da convenção."

482 A TEORIA DA IMPREVISÃO NO DIREITO CIVIL E NO PROCESSO CIVIL

Registre-se, por sua importância histórica, que, depois do Código *Maximilianeus Bavaricus* e do *Landrecht* Prussiano – pioneiros na aceitação da doutrina, que, infelizmente, ali não permaneceu –, o Código das Obrigações da Polônia foi o primeiro a dar guarida legal à teoria da imprevisão – onde permanece até hoje –, seguido pelo Código Civil da Itália de 1942.

Em prosseguimento, Carneiro Maia,[102] ainda citando Longchamps de Bérier, elencou as exigências para o pedido de revisão: 1º) a obrigação deverá ter origem no contrato, não necessariamente bilateral; 2º) a alteração deve ter caráter extraordinário; 3º) a mudança das circunstâncias deve trazer dificuldades excessivas para a execução da prestação ou possibilidade de perdas exorbitantes ao devedor ou ao credor; 4º) a dificuldade e a perda devem ser de tal natureza que as partes não possam prevê-las no momento da formação do contrato. E Carneiro Maia[103] conclui dizendo ser bastante amplo o poder conferido ao juiz quanto à escolha dos meios a serem aplicados para atingir o resultado conforme às exigências da boa-fé e capaz de satisfazer o justo interesse das partes.

23.1.8 O Direito Norueguês

No campo do contratualismo o Direito Norueguês é categórico: se depois de concluído o pacto, em decorrência de circunstâncias supervenientes, ele deixar de ser – ou estiver na iminência de deixar de ser – eqüitativo o magistrado tem a faculdade de interpretar a vontade contratual manifestada pelas partes, chegando até ao ponto de poder completá-la. Embora seja de um excessivo liberalismo esta outorga de poderes ao juiz, talvez natural para o comportamento societário nórdico, invejável até certo ponto para nós, esta liberdade extremada se nos afigura um tanto perigosa. Pelo menos com base em nossa vivência neste lado do mundo. Esclareça-se que a interpretação do juiz, incluindo a complementação, não significa – segundo Arnholm, citado por Carneiro Maia[104] – a tradução da intenção das partes no instante vinculativo, mas o que se pode (e deve) esperar como a melhor solução para o problema levado ao julgador, decorrente da superveniência.

102. Ob. cit., pp. 94-95.
103. Idem, pp. 95-97.
104. Ob. cit., pp. 87-88.

DIREITO COMPARADO 483

As regras para a aplicação do princípio podem ser reunidas em três grandes grupos: a) diretrizes da própria lei sobre os pactos, relativas ao *abuso de direito* (31.5.1918); b) orientações sobre *trusts*, fiscalização das restrições da concorrência e dos preços elevados irregularmente (1.2.1926); c) casos que se enquadram nos *parágrafos legais*, conhecidos como *parágrafos de graça*. Exemplos típicos daqueles parágrafos são os de ns. 31, 13 e 34, todos referentes às contratações nas quais a imprevisibilidade é aplicada. Nos chamados *contratos-parágrafos* – em especial os de ns. 36 e 38 – a legislação dá ao juiz poderes, com base na eqüidade, não só para interpretação mas, também, para complementação (função supletiva), fundamentalmente com base no interesse público.

Segundo informou ainda Arnholm,[105] nas pesquisas de Carneiro Maia, foi por meio das *règles de grâce* que a teoria da imprevisão foi aceita na Noruega, outorgando-se ao juiz o poder e a liberdade de revisar os pactos, na forma já exposta.

23.1.9 O Direito Egípcio

Ainda com base nos estudos de Carneiro Maia[106] toma-se contato com o Direito Egípcio, que até o Código Civil de 1883 desconhecia a revisão contratual. Em seu art. 142 havia um princípio equivalente à regra *pacta sunt servanda*, seguindo, de um modo geral, as diretrizes traçadas pelo Direito Francês.

Na Semana Internacional de Direito de 1937, em Paris, por seu delegado, Abdel el Fattah el Sayed Bey, o Egito seguiu o voto do Relator, Niboyet, francamente contra a revisão dos pactos, admitida apenas em casos excepcionais (guerras prolongadas, interrupção de comunicação com outro país), e ainda assim desde que constante de legislação específica. Com a reforma legislativa que resultou no novo Código Civil de 1948 o Egito passou a integrar o contingente revisionista, por intermédio de seu art. 147, alínea 2.

José Antônio Lomônaco[107] trouxe importantes subsídios ao tema em discussão ao informar que Mostapha Mohamad El-Gammal, profes-

---

105. Arnholm, "La révision des contrats par le juge en Norvège", *Travaux de la Semaine Internationale de Droit*, 1937, *apud* Paulo Carneiro Maia, ob. cit., p. 89.

106. Ob. cit., p. 113.

107. "A cláusula *rebus sic stantibus* no Direito Brasileiro – Algumas considerações doutrinárias", *RT* 683/40.

484 A TEORIA DA IMPREVISÃO NO DIREITO CIVIL E NO PROCESSO CIVIL

sor da Faculdade de Direito de Alexandria, em interessante monografia sobre a adaptação do contrato às circunstâncias, enfatizou a importância da distinção entre os eventos imprevisíveis e os previsíveis, pois, como ele próprio afirmou: "(...) somente esta distinção demonstra, ao mesmo tempo, a incapacidade da vontade de regular as circunstâncias muito imprevistas". Prosseguiu salientando que, como acentuou o mestre árabe, até a crise mundial de 1929 jamais se havia sofrido de forma tão profunda e prolongada os efeitos nefastos do desequilíbrio econômico, mesmo porque a desorganização, segundo crença geral, seria concomitante apenas ao período da I Guerra Mundial. Acrescentou ainda que a preocupação geral era no sentido da supressão das injustiças flagrantes decorrentes do conflito mundial, já que se falava na adequação dos contratos aos efeitos da guerra, e não da sua adequação às contingências econômicas. E concluiu enfatizando que as circunstâncias não melhoraram tão rapidamente quanto se esperava. O provisório acabou sendo aceito como um estado normal. Tratou-se de uma circunstância inerente à economia nacional por si mesma, não sendo a lei da oferta e da procura capaz, sozinha, de harmonizar os preços relativos, de modo a assegurar o equilíbrio econômico.

É ainda pelos esclarecimentos de Carneiro Maia[108] que podemos precisar a forma como este revisionismo ingressou na terra de Gamal Abdel Nasser, como o juiz passou a concentrar poderes de reduzir razoavelmente a prestação elevada por alteração da base econômica do pacto. Esclareça-se, contudo, que o *remedium iuris* da imprevisão naquele país só poderia ser invocado pelo *devedor da obrigação*. Na Noruega e em Portugal as partes (credor ou devedor) em vias de sofrer a lesão podem se valer do princípio. No sistema egípcio – como também no italiano e, infelizmente, no nosso, da maneira como se encontram redigidos os dispositivos legais que disciplinam a matéria no novo Código Civil – o acesso ao Poder Judiciário só é deferido ao devedor. Ao credor é defeso o procedimento – o que só pode ser lamentado.

Vânia Maria da Cunha Bruno[109] forneceu importantes contributos sobre o tema ao explicar que o Código Civil Egípcio, dadas as circunstâncias históricas, só foi editado em 1948 e deu guarida à teoria revisionista. De seu art. 147 pode-se deduzir que a regra se concentra na onerosidade, independentemente da possibilidade; que a iniciativa

---

108. Ob. cit., p. 114.
109. *A Teoria da Imprevisão e o Atual Direito Privado Nacional*, p. 40.

DIREITO COMPARADO

compete à parte agravada pelo evento; que ao juiz é assegurado amplo direito de mediação processual; que a demanda pertence à parte agravada no contrato, sem importar anulação do pacto; e que às partes é vedado demandar sobre acontecimentos excepcionais no sentido de garantia aleatória. Quanto à proibição de aplicação da teoria da imprevisão aos contratos aleatórios só se pode lamentar. Também o legislador egípcio foi presa fácil de equivocado – ou incompleto – conhecimento sobre tais contratações.

Tito de Oliveira Hesketh[110] informou que o Código Civil Egípcio, aceitando a fórmula bartolista, em seu art. 146 estabeleceu que quando, em conseqüência de acontecimentos excepcionais e imprevisíveis, com caráter de generalidade, a execução da obrigação contratual, sem ser impossível, tornar-se excessivamente onerosa, de maneira a ameaçar o devedor de um modo exorbitante, o juiz pode, segundo as circunstâncias e tomando em consideração os interesses das partes, reduzir, de forma razoável, a obrigação tornada excessiva. Toda convenção contrária é nula.

Constata-se que o valor bilateral da justiça, consagrado universalmente, também não foi levado em conta pela legislação egípcia ao integrar a doutrina da imprevisibilidade em seu direito positivo, uma vez que a parcialidade contida na prerrogativa concedida apenas ao devedor proscreve séculos de sedimentação da indispensável justiça comutativa – postura da qual só se pode discordar.

23.2 Ordenamentos anti-revisionistas

23.2.1 O Direito Francês

Quando da análise da evolução da imprevisão (Título I, Capítulo II, item 7) foram feitas breves considerações sobre a posição do Direito Francês em relação à teoria da imprevisão.

Até a eclosão da I Guerra Mundial – a despeito de poucos precedentes contrários – o ordenamento jurídico francês guardava integral respeito à regra *pacta sunt servanda*, por força das disposições do art. 1.134 de seu Código Civil, admitindo-se exceção apenas no direito administrativo. Destaque-se que de 1804 – data do advento do Código – até 1918 (*Lei Failliot*), definindo o contrato como a "convention par laquelle une ou plusieurs personnes s'obligent, envers une ou plusieurs

110. "Da cláusula *rebus sic stantibus*", "Separata" da *RT* 320, p. 12.

486 A TEORIA DA IMPREVISÃO NO DIREITO CIVIL E NO PROCESSO CIVIL

autres, à donner, à faire ou à ne pas faire quelque chose" ("convenção pela qual uma ou mais pessoas se obrigam, perante uma ou várias outras, a dar, fazer ou não-fazer alguma coisa" – art. 1.101 do CC), o Direito Francês sempre entendeu que *o contrato era lei entre as partes*, e, como tal, deveria ser cumprido, não deixando margem para que declarações explícitas pudessem sofrer modificações por condições implícitas. Até a alegação de *erro de consentimento* como justificativa para a revisão encontrava-se cercada de restrições. Sobre ele, o art. 1.110 prescreveu: "Art. 1.110. L'erreur n'est une cause de nullité de la convention que lorsqu'elle tombe sur la substance même de la chose qui en est l'objet. Elle n'est point une cause de nullité, lorsqu'elle ne tombe que sur la personne avec laquelle on a intention de contracter, à moins que la considération de cette personne ne soit la cause principale de la convention".("O erro não é uma causa de nulidade do contrato ainda que recaia sobre a substância mesma da coisa que lhe é o objeto. Não representa uma causa de nulidade, porque não recai sobre a pessoa com a qual se teve a intenção de contratar, a não ser que a consideração dessa pessoa não seja a causa principal da contratação"). Em síntese, o dispositivo transcrito deixa claro que o erro só dá causa à nulidade do convencionado se recair sobre a própria substância da coisa de que é objeto.

E o art. 5º do Código Civil estabeleceu: "Art. 5º. Il est défendu aux juges de prononcer par voie de disposition génerale et réglementaire sur les causes qui le sont soumises" ("É vedado aos juízes pronunciar-se por meio de disposição geral e regulamentar sobre as causas que lhes forem submetidas").

Philippe Stoffel-Munck,[111] em suas conclusões gerais, referiu-se às considerações de Foyer, que, entre outras afirmações, classificou a proibição do art. 5º como um perfeito e acabado erro histórico, uma vez que a eqüidade conferida ao juiz jamais representou qualquer perigo. Com o passar do tempo estabeleceu-se a convicção de que o juiz deve ser cada vez mais ativo no epicentro contratual.

Com o início do primeiro grande conflito mundial tanto as estruturas econômicas como as sociais, jurídicas e políticas se romperam,

---

111. "Un auteur a rappelé que dès 1964 Jean Foyer avait qualifié la prohibition de l'art. 5eme. 'd'antiquité' fondée sur une 'erreur historique'. D'autres, forts de leur expérience en France comme à l'étranger, ont constaté que l'équité du juge n'était sans doute pas aussi redoutable qu'il était d'usage de la proclamer. Ainsi au fil du temps de blancier semble reparti et le juge être de plus en plus actif au sein du contrat" (*Regards sur la Théorie de l'Imprévision*, pp. 163-164).

DIREITO COMPARADO

trazendo uma nova realidade fática, a que todos os povos tiveram que se adaptar. Como em todos os países que, direta ou indiretamente, estiveram envolvidos, também a França se viu diante de contingências excepcionais que reclamavam do Poder Judiciário soluções de exceção, já que o quadro delineado configurava a mais perfeita e acabada anormalidade.

As primeiras rupturas surgiram como resultado das decisões pretorianas: primeiro a do Contrato de Transporte de Rouen, depois a do Canal Craponne – todas anteriores à I Guerra Mundial, porém já prenunciando uma tímida mas decisiva mudança de mentalidade – e, em plena guerra, a da *Cie. Générale d'Éclairage de Bordeaux*, já mencionada. A esta, como decorrência do estado de mutação reinante, seguiu-se a *Lei Failliot* (igualmente discutida), admitindo francamente a revisão dos pactos como resultado de alteração imprevisível da base negocial – disposição legislativa pioneira, que legou ao mundo o mais longo exemplo de irretroatividade constante de norma expressa. Com os precedentes jurisprudenciais e da *Lei Failliot*, no Direito Francês restaram confirmadas a aceitação e a aplicação da imprevisibilidade, mas somente no direito público. Embora nas convenções de natureza privada a negativa de vigência ainda persista, não há como negar que as leis circunstanciais abrandaram a rigidez do Código Napoleônico, não se podendo, entretanto, deduzir daí que, por via legislativa, o princípio tenha sido introduzido no ordenamento francês, conseqüente às contingências de nascimento e excepcionalidade daquelas leis. O que não se pode negar, entretanto, é que as normas de exceção acabaram por prestigiar a teoria da imprevisão e atenuar sobremodo o rigor da chamada *intangibilidade dos pactos*.

Outro exemplo que merece registro, na condição de lei de circunstância, é o surgido em 9 de abril de 1920, determinando a rescisão das convenções atingidas pela *Lei Failliot*. Naquela hipótese o credor só poderia se eximir dos efeitos da obrigação legal, constante de decisão que determinasse o recebimento da prestação devidamente revista ou, impossível esta, extinguisse o pacto, se provasse que o prejuízo do devedor não tinha excedido os limites de uma previsão razoável ao tempo da vinculação contratual. Uma interessante exceção ao princípio então vigente (*pacta sunt servanda*), com um acréscimo raro: a inversão do ônus da prova. Também a lei de 9.3.1918, em matéria de arrendamento (revigorada e modificada pela de 31.3.1922), tratou do tema. A de 2.9.1924 e a de 6.7.1925 cuidaram igualmente da imprevisão. As leis de 10.10.1918 e 22.7.1919 – tendo como objeto os con-

488   A TEORIA DA IMPREVISÃO NO DIREITO CIVIL E NO PROCESSO CIVIL

tratos de seguros – e a de 22.11.1918 – sobre relações empregatícias – preocuparam-se, basicamente, com a aplicação de princípios estreita e indissoluvelmente ligados à teoria da imprevisão.

São estas algumas das principais manifestações pioneiras no Legislativo Francês em uma fase em que, em virtude do primeiro conflito mundial, todos os países procuraram se adaptar às convulsões sociais, econômicas e jurídicas deixadas pelo furacão da guerra.

À época, algumas vozes – embora poucas, mas expressivas – levantaram-se na doutrina francesa para clamar pela aplicação da imprevisão também no direito privado (no direito público era admitida desde o caso da *Cie. Générale d'Éclairage* contra a Municipalidade de Bordeaux), tentando encontrar no próprio art. 1.134 do Código Civil condições para sua defesa. Quando o artigo em questão, referindo-se às convenções, no seu final, diz que "elles doivent être executées de bonne-foi", entenderam aqueles juristas que uma execução de *boa-fé* teria que incluir o princípio, encampando-o legalmente. Tal tentativa restou malograda diante da oposição dos anti-revisionistas, que argumentaram ser ela nada mais do que a *garantia de execução fiel do contrato*, uma vez que era simples corolário do princípio precedente: "les convéntions légalement formées tiennent lieu de loi, à ceux que les ont faites".

Baudry-Lacantinnerie – citado por Vânia Maria da Cunha Bruno[112] –, lamentando, injustificadamente, a perda de terreno da regra *pacta sunt servanda* para o princípio revisionista dos pactos, desabafou: "Assim se instaura, pouco a pouco, o regime de instabilidade dos contratos. Assim desaparece, pouco a pouco, o princípio de que as convenções fazem lei entre as partes. Seja a causa dessa desaparição uma idéia de justiça, ou a influência de idéias democráticas sobre o direito civil, ou talvez ambas, há, nesta tendência lenta e progressiva, um fenômeno jurídico cuja evolução seria interessante seguir. No conflito assinalado entre o respeito à palavra dada e a eqüidade, o primeiro, que tinha sido triunfante no Código Civil, perde terreno". Como se vê, também os expoentes da ciência jurídica se equivocam.

Os anti-revisionistas rejeitaram a doutrina da imprevisão por considerá-la muito geral e imprecisa, características diametralmente opostas ao espírito liberal que permeou o Código Civil Francês. Se a pretensão dos códigos era a construção de um sistema central e genérico em que, no campo do contratualismo, a palavra de ordem fosse

112. Ob. cit., p. 29.

DIREITO COMPARADO

"o contrato faz lei entre as partes" – expressão máxima da vontade individual –, nada poderia ser mais contrário a tal propósito do que a aceitação da doutrina da imprevisibilidade.

Toda a essência da regra *pacta sunt servanda* restou consubstanciada no art. 1.134 do Código Civil Francês, afastada do universo contratualista desde fins do século XVIII, conforme foi visto.

Stoffel-Munck, tentando uma explicação para a rejeição da doutrina da imprevisibilidade no direito privado francês, destacou: "Cette apparente hétérogénéité des constructions favorables à la théorie de l'imprévision explique en partie leur insuccès. Ainsi fragmentée la doctrine qui combat la ridigité contractuelle ne peut que prêter le flanc à la critique. C'est donc à un effort de synthèse que nous devons procéder pour soutenir l'idée selon laquelle la souplesse du contrat peut se combiner avec les principes actuels de notre théorie générale. C'est en revanche à une démarche analytique qu'il faut se livrer pour découvrir quelles peuvent être les conséquences des principes retenus pour fonder la théorie de l'imprévision dans le droit positif actuel. Sans prétendre à l'éexhaustivité il sera dès lors possible d'imaginer quel pourrait être son régime"[113] ("Esta aparente heterogeneidade de construções favoráveis à teoria da imprevisão explica em parte seu insucesso. Assim fragmentada, a doutrina que combate a rigidez contratual não pode oferecer seu flanco à crítica. É por meio de um esforço de síntese que nós devemos agir para sustentar a idéia segundo a qual a flexibilidade pode se harmonizar com os princípios atuais da nossa teoria geral. Em troca terá uma visão analítica que lhe dará condições para descobrir quais podem ser as conseqüências dos princípios conservados para fundar a teoria da imprevisão no direito positivo atual. Sem pretender o esgotamento será então possível imaginar qual poderá ser seu regime").

Com exceção do Código Civil Alemão de 1896, todas as demais codificações sofreram profunda influência do Código Napoleônico, e – no campo da imprevisibilidade – em especial do mencionado art. 1.134, responsável direto pelo restabelecimento do princípio de que o contrato faz lei entre as partes, que as construções dos juristas medievais (principalmente Bártolo, Alciato e Mantica) tinham afastado para ceder lugar à cláusula *rebus sic stantibus*.

Verificando que a passagem aberta pelo art. 1.134 era por demais estreita, permitindo apenas o trânsito da regra *pacta sunt servanda*, os

---

113. Ob. cit., p. 33.

490   A TEORIA DA IMPREVISÃO NO DIREITO CIVIL E NO PROCESSO CIVIL

revisionistas buscaram apoio em outros artigos, em especial os arts. 1.150[114] (divisão de riscos entre credor e devedor, conseqüente à culpa e sem ausência de dolo) e 1.156[115] (atendimento à comum intenção das partes), sem melhores resultados, segundo Arnoldo Medeiros da Fonseca,[116] voltando-se para os conceitos de *superveniência imprevista* ou utilização da noção de *causa*, tudo com vistas à prevenção do desequilíbrio contratual.

Prosseguiu Medeiros, relatando que vozes expressivas como a de Radouant se fizeram ouvir contra os princípios disciplinadores das obrigações do devedor. Para ele *severidade* nunca foi sinônimo de injustiça, nem indulgência, de eqüidade, sendo indiscutível que, no confronto entre credor e devedor, um sempre será sacrificado, porque a estabilidade das convenções é uma necessidade social e um princípio de bom senso, além de ser, também, uma regra de justiça.

Entretanto, os revisionistas não se deram por vencidos. Conquanto a redação do discutido art. 1.134 fosse considerada definitiva como fortaleza intransponível para as pretensões revisionistas, a busca prosseguiu à procura de um dispositivo do Código que, ao menos indiretamente, abrisse espaço para, em casos excepcionais, permitir a discussão da doutrina da imprevisibilidade. O dispositivo no qual se baseou a então minoritária corrente revisionista francesa foi o art. 1.150, que dispunha não estar o devedor obrigado além dos seus deveres e interesses previstos ou previsíveis por ocasião do contrato quando não resultantes de seu dolo e a obrigação não fosse cumprida (texto do artigo transcrito na nota de rodapé 114).

M. L. Fyot – citado por Popescu[117] –, considerando o art. 1.150, esboçou uma nova base para a teoria da imprevisão, sustentando que o dispositivo legal em questão fornecia o verdadeiro alicerce do princípio e que "cet article enjoint au juge de resteindre aux limites prévisibles la responsabilité pécuniaire du débiteur, s'il prouve que l'amplitude des événements qui ont influé sur la valeur de la prestation a dépassé les prévisions possibles" ("este artigo faculta ao juiz recolo-

---

114. "Art. 1.150. Le débiteur n'est tenu que des dommages et intérêts qui ont été prévus ou qu'on a pu prévoir lors du contrat, lorsque ce n'est point par son dol que l'obligation n'est point exécutée."

115. "Art. 1.156. On doit dans les conventions rechercher quelle a été la commune intention des parties contractantes, plutôt que de s'arrêter au sens littéral des termes."

116. *Caso Fortuito e Teoria da Imprevisão*, 2ª ed., pp. 250-252.

117. Ob. cit., p. 52.

DIREITO COMPARADO

car nos limites previsíveis a responsabilidade pecuniária do devedor, se for provado que a amplitude dos acontecimentos que influíram sobre o valor da prestação ultrapassou as previsões possíveis").

Fyot – ainda nas informações de Popescu[118] – ao desenvolver sua teoria, adotou a tese desenvolvida por Aubry e Rau, que declararam: "(...) lorsque l'inexécution ne provient pas du dol du débiteur, celui-ci, en vertu de l'art. 1.150 CCivil, ne doit qu'une indemnité représentant la perte et la privation du gain, qui on été prévues ou que l'on a pu prévoir lors de la formation du contrat" ("... quando a inexecução não provier de dolo do devedor, este, em virtude do art. 1.150 do Código Civil, não se obrigará senão a uma indenização representando a perda e a privação do ganho, que foram previstas ou que se poderia prever quando da elaboração do contrato").

Também Pothier (*Traité des Obligations*) – uma das mais expressivas vozes da doutrina francesa, citado por Popescu[119] –, de forma enfática, declarou que: "(...) le débiteur, en s'obligeant aux dommages-intérêts qui résulteraient de l'inexécution de son obligation, est censé n'avoir entendu ni voulu s'obliger que jusqu'à somme à laquelle il a pu vraisemblablement prévoir que pourraient monter au plus haut les dits dommages-intérêts et non au delà. Donc, lorsque ces dommages-intérêts se trouvent monter à une somme excessive à laquelle le débiteur n'a pu jamais penser, ils doivent être réduits et modérés à la somme à laquelle on pouvait raisonnablement penser qu'ils pourraient monter au plus haut" ("...o devedor, obrigando-se às conseqüências resultantes da inexecução de sua obrigação, é considerado como não tendo compreendido e nem querido se obrigar senão até o limite verdadeiramente previsível, o qual poderia atingir o máximo do binômio desvantagens/vantagens, e não além disso. Então, quando essas desvantagens/vantagens alcançassem uma soma excessiva, da qual o devedor não cogitou, deveriam ser reduzidas ao nível que se poderia razoavelmente supor que elas atingissem").

Equivalente ao nosso art. 85 (a intenção deve se sobrepor ao sentido literal da linguagem), também o art. 1.156 do Código Civil Francês[120] foi invocado pelos revisionistas na defesa do princípio da imprevisibilidade.

---

118. Idem, ibidem.

119. Ob. cit., p. 52.

120. "Art. 1.156. On doit dans les conventions rechercher quelle a été la commune intention des parties contractantes, plutôt de s'arrêter au sens littéraire des termes."

492 A TEORIA DA IMPREVISÃO NO DIREITO CIVIL E NO PROCESSO CIVIL

Na hermenêutica deste artigo os juristas franceses concluíram que, embora a intenção das partes fosse primordial, os juízes não estavam autorizados a interpretar um contrato redigido em termos obscuros pelas partes; se, em contrapartida, eles fossem claros e precisos o contrato deveria ser executado com base nas coordenadas iniciais, que seriam, então, as condições de execução.

Consolidaram, ainda, o entendimento de que, quando o juiz interpreta uma convenção, deve levar em consideração o momento de sua conclusão, o instante em que as partes estão de acordo para dar ou fazer qualquer coisa, e não o momento de execução daquele pacto.

É no instante da conclusão de um contrato que se identifica a comum intenção das partes, referida pelo art. 1.156. Posteriormente, se um acontecimento imprevisível convulsionar a economia contratual, logicamente os interesses das partes estarão em campos opostos – proclamaram os anti-revisionistas.

A despeito da tentativa dos revisionistas de fundamentar a doutrina da imprevisão nos arts. 1.150 e 1.156 do Código, a interpretação favorável destes dispositivos permaneceu restrita a um pequeno grupo e os tribunais se encarregaram de fazer viger, com toda sua força, as taxativas disposições do art. 1.134, que ainda hoje, passados quase 200 anos, permanece como sustentáculo da regra *pacta sunt servanda*, na sinalização constante de que o contrato faz lei entre as partes.

Popescu[121] explicou que a cláusula *rebus sic stantibus* não foi aceita nem pelo Código, nem pela doutrina ou jurisprudência francesas, a despeito de seu espírito eqüitativo. Acrescentou que mesmo a *Lei Failliot* – contexto onde ela se consagrou – teve sua vigência condicionada a um determinado período, em razão da I Guerra Mundial. Na interpretação do art. 1.134 do Código Civil Francês, esclareceu Popescu[122] que a decisão da Corte de Cassação, em 31.12.1873, foi

---

121. Ob. cit., p. 77.

122. "Si les conventions légalement formées, dit la Cour, tiennent lieu de loi à ceux qui les ont faites et ne peuvent être modifiées que de leur consentement mutuel, il en est tout autrement avec les contrats à prestations sucessives; il est reconnu, en Droit, que ces contrats peuvent être modifiés lorsqu'il n'y a plus une corrélation équitable entre les prestations de l'une des parties et les prestations de l'autre. Du moment que cette égalité cesse, la loi primitive du contrat est rompu. Devant cette décision, la Cour de Cassation dut prendre position. Elle condamne définitivement la théorie que la Cour d'Aix, dans l'arrêt précité, avait essayé d'introduire dans notre Droit, et géneéralise l'application du principe du respect des contracts légalement formées, consacré par l'art. 1.134 du Code Civil. La règle établie par l'art. 1.134 du Code Civil – dit la Cour de Cassation – est générale et absolue et régit aussi bien les contrats à prestations suc-

DIREITO COMPARADO 493

redigida em termos claros e precisos, de forma a encerrar todas as discussões sobre o tema.

Destaque-se que a idéia inicial de respeito à palavra empenhada (lei entre as partes) é de inspiração canonista. Sobre a concepção de São Tomás de Aquino de que não poderia ser considerado infiel aquele que deixasse de cumprir sua promessa em razão de mudança de condição-base sobre a qual os primeiros juristas do Direito intermediário assentaram suas construções revisionistas (Bártolo, Baldo, Tiraquelo, Giason del Mayno, Coccejo), argumentaram os juristas franceses que tal postura poderia até estar correta sob o ponto de vista do devedor, mas não no do credor.

As justificativas para a redação do discutido art. 1.134 do Código Civil Francês,[123] com base na comparação (o rigor contratual não é mais injusto do que a indulgência proveniente da eqüidade), em tradução livre, podem assim ser resumidas:

A) Intangibilidade das Convenções

1. *Princípio.* Em nenhum caso é possível aos tribunais modificar o que ficou acordado entre as partes.

---

cessives que les contrats de toute autre nature; en aucun cas les tribunaux, si équitables que sembleraient leurs décisions, ne pourront prendre en considération le temps et les circonstances pour modifier les conventions" (aresto da Corte de Cassação Francesa, *apud* Popescu, ob. cit., pp. 76-77).

123. *"A) Intangibilité des Conventions*

"1. *Principe.* Dans aucun cas, il n'appartient aux tribunaux (...) modifier les conventions des parties (...).

"(...). 2. Le juge ne peut, dans les rapports contractuels, se substituer aux parties, pour exercer, en leur nom, une option qu'elles se sont réservées, ni autoriser le cocontractant, qui n'avait pas ce droit d'après la convention, à opérer le choix à la place de la partie défaillante. (...).

"3. (...). Lorsqu'une clause pénale est prevue pour le cas de dénonciation unilatérale du contrat, les juges du fond ne peuvent l'appliquer en cas de résiliation judiciaire de ce contrat.

"4. *Tempéraments.* Pouvoirs du juge: conversion de l'obligation de soins stipulé au contrat en un complément de rente viagère. (...). Intervention du juge dans la recherche d'un nouvel accord nécessaire pour la poursuite du contrat initial (...). Suspension momentanée de l'exécution d'une obligation. (...).

"*E) Révocation des Conventions*

"14. Si, aux termes de l'art. 1134, les conventions légalement formées ne peuvent être révoquées que par l'accord des contractants, semblable accord, qui n'est soumis à aucune condition de forme, peut être tacite et résulter des circonstances dont l'appréciation appartient aux juges du fond. (...).

"15. Il résulte de l'art. 1134 que, dans les contrats à éxecution sucessive (...) la résiliation unilaterale est (...) offerte aux deux parties. (...)" (*Notes à l'Article 1.134 du Code Civil Français*, 95ª ed., Paris, Dalloz, agosto de 1995, pp. 760-762).

494 A TEORIA DA IMPREVISÃO NO DIREITO CIVIL E NO PROCESSO CIVIL

2. O juiz não pode, nas relações contratuais, tomar o lugar de uma das partes para exercer em seu nome uma opção que a ela é reservada, nem autorizar o co-contratante que não tinha direitos antes da convenção a agir no lugar da parte prejudicada.

3. Quando uma cláusula penal está prevista, em caso de denúncia unilateral do contrato, o juiz não pode aplicá-la nas resilições judiciais.

4. *Poderes do juiz*: conversão da obrigação do contrato em complemento de renda vitalícia; intervenção para o prosseguimento do contrato inicial; suspensão momentânea da execução de uma obrigação.

E) Revogação das Convenções

14. Se, nos termos do art. 1.134, as convenções legalmente formadas não podem ser revogadas senão pelo acordo dos contraentes, tal acordo, que não deve ser submetido a qualquer condição formal, pode ser tácito e resultar das circunstâncias, cuja apreciação será do juiz do caso.

15. Resulta do art. 1.134 que nos contratos de execução sucessiva a resilição unilateral é comum às duas partes.

23.2.2 O Direito Belga

Além da França, também a Bélgica adotou como direito positivo o Código Napoleônico, diploma disciplinador dos direitos privados e campo da regra *pacta sunt servanda*.

O jurista belga Henri de Page – referido por Carneiro Maia[124] – explicou que a imprevisão naquele país é considerada como *norma de Direito não-escrito*, em franca oposição à autonomia da vontade e ao princípio da convenção-lei. Acrescentou que, embora sua noção não se apóie em dispositivos do Código Civil, existe um *Direito além dos seus textos*. Este reconhecimento levou a legislação a admitir o princípio como regra de direito consuetudinário.

Carneiro Maia[125] fez uma síntese do pensamento do mestre belga quando da definição dos caracteres técnicos do instituto: 1º) a imprevisão não deve confundir-se com a força maior; 2º) não pode ser assimilada a vício de vontade, porque a causa que atinge a economia do contrato é subseqüente à formação dele mesmo; 3º) por identidade de motivos, não é a lesão, pois essa, no sistema do Código Civil, consti-

124. Ob. cit., p. 122.
125. Ob. cit., pp. 122-124.

DIREITO COMPARADO

tui vício presumido da vontade em certos contratos; 4º) só é aplicável em contratos de prestações sucessivas ou diferidas; 5º) pressupõe a superveniência de acontecimentos anormais, não cogitados.

Apesar do brilhantismo das argumentações de juristas como Pierre de Harven, De Page e de uns poucos seguidores – favoráveis à aplicação da teoria da imprevisão tão-somente como recurso de uso excepcional, em situações de comprovada patologia jurídica –, legislação, doutrina e jurisprudência belgas seguem, ainda, as diretrizes fornecidas pela legislação francesa.

23.2.3 O Direito Espanhol

A Espanha, na condição de pais anti-revisionista, consagra expressamente nos arts. 1.091 e 1.258 do seu Código Civil a regra *pacta sunt servanda*, nos seguintes termos:

"Art. 1.091. Las obligaciones que nacen de los contratos tienen fuerza de ley que las hubiere establecido; y, en lo que ésta no hubiere previsto, por las disposiciones del presente libro".

"Art. 1.258. Los contratos se perfeccionan por el mero consentimiento, y desde entonces obligan no sólo al cumplimiento de lo expresamente pactado, sino también a todas las consecuencias que, según su naturaleza, sean conformes a la buena-fe, al uso y a la lei."

O Direito Espanhol abrigou inicialmente o instituto da lesão para extinção dos pactos como meio de corrigir o desequilíbrio verificado nas prestações das partes contratantes. O Código Civil de 1899 extinguiu de vez aquela possibilidade, conservando-a apenas nas hipóteses de partilha, no campo do direito das sucessões.

Contudo, outras figuras de reexame contratual existiram na terra de Cervantes, além da extinção baseada apenas na lesão. Assim, os contratos regularmente celebrados contavam com a simpatia da doutrina e da jurisprudência para a utilização do remédio jurídico conhecido como cláusula *rebus sic stantibus* – figura inteiramente distinta do instituto da lesão (embora harmônicas em seu fim: restabelecimento da economia contratual), não só em sua essência objetiva como também no aspecto cronológico: a primeira trata da lesão inicial, de caráter objetivo; a última, da superveniente, de natureza subjetiva.

María Paz Sánchez González – retratando a postura doutrinária espanhola – explicou: "Las posibilidades reales de esta cláusula, su aplicación práctica, no tienen por qué limitarse a los fenómenos de grandes crisis económicas que lleven aparejadas importantes devalua-

496 A TEORIA DA IMPREVISÃO NO DIREITO CIVIL E NO PROCESSO CIVIL

ciones monetarias. Éste há sido, que duda cabe, el supuesto típico. Ahora bien, esa excesiva onerosidad de la prestación que se va a producir para una de las partes como consecuencia de alteraciones sobrevenidas podrá darse en otros muchos supuestos: arrendamientos, contratos de suministro etc. De ahí que no haya de excluirse, en principio, la aplicación del mencionado instrumento a este tipo de relaciones jurídicas".[126]

Buscando descrever o fundamento operacional do princípio nos colegiados espanhóis, Sánches González[127] apresentou uma série de pressupostos e considerações que, ao longo dos anos, foram aceitos e desenvolvidos pelos tribunais.

Conquanto o ordenamento jurídico espanhol não abra espaço para a aplicação da imprevisibilidade (arts. 1.091 e 1.258), o mesmo não ocorre com a doutrina e a jurisprudência, que sempre se mostraram favoráveis ao princípio.

A *sentencia de 27.6.1984 (Ar. 3.438)*,[128] referida por Sánchez González, expressamente dispôs: "Considerando: Que entre las varias teorías surgidas para resolver el problema que se plantea en los con-

---

126. *Alteraciones Económicas y Obligaciones Contractuales: la Cláusula "Rebus Sic Stantibus"*, p. 9.

127. 1ª. "Que frente al principio tradicional clásico *pacta sunt servanda* y la norevisibilidad de las obligaciones, en que se ha basado nuestra legislación desde el Ordenamiento de Alcalá (...) ha obrado la moderna doctrina resucitando la cláusula romana *rebus sic stantibus*, sus teorías de estabilización tendentes a corregir y compensar las grandes diferencias que la inestabilidad de los cambios y las intensas fluctuaciones de las monedas de la mayor parte de los países originan en los negocios jurídicos, sobre todo los convenidos a largo plazo, que divorcían la voluntad originaria de los contratantes de la realidad efectiva al momento de su conservación" (STS de 6.6.1959).

2ª. "La solución adoptada (aplicación de la cláusula *rebus sic stantibus*) supone tan sólo el aceptar, como razonable, una forma nueva de ezercicio de la prestación acomodada a las exigencias actuales (...), éste debe ser asumido por ele beneficiario para impedir un desequilibrio en el contrato e impedir un enriquecimiento injustificado" (STS de 9.7.1984).

3ª. "Tanto la aplicación implícita de cláusula *rebus sic stantibus et aliquo novo non emergentibus*, como la de la teoría más subjetiva de la quiebra o desaparición de la base del negocio, como la de la equivalencia de las prestaciones o de la equidad al amparo del art. 3.1 del Código Civil, no son sino distintos mecanismos que la jurisprudencia y la técnica doctrinal utilizan para enmendar el pretendido desequilibrio producido en el cumplimiento del contrato a lo largo del tiempo en que, de forma continuada, haya de produzirse" (STS de 6.10.1987). (María Paz Sánchez González, ob. cit., p. 11).

O art. 3.2, referido *supra*, diz: "La equidad habrá de ponderarse en la aplicación de las normas, si bien las resoluciones de los tribunales sólo podrán descansar de manera exclusiva en ellla cuando la lei expresamente lo permita".

128. Ob. cit., p. 36.

DIREITO COMPARADO

tratos de tracto sucesivo, o que dependan de un hecho futuro, como consecuencia de una alteración o modificación de las circunstancias que se tuvieron en cuenta al contratar, esta Sala ha admitido la doctrina de la llamada cláusula *rebus sic stantibus*, si bien de manera restrictiva por afectar al principio general *pacta sunt servanda* y al de seguridad jurídica, exigiendo por ello como requisitos necesariospara su aplicación: a) que entre las circunstancias existentes en el momento de cumplimiento del contrato y las concurrentes al celebrarlo se haya producido una alteración extraordinaria; b) que, como consecuencia de dicha alteración, resulte una desproporción exobirtante y fuera de todo cálculo entre las prestaciones convenidas; c) que ello se haya producido por sobreveniencia de circunstancias realmente imprevisibles; d) que se carezca de otro medio para subsanar el referido desequilibrio patrimonial producido; alteración extraordinaria de las circunstancias con su repercusión exorbitante en el equilibrio de las prestaciones que no resulta, en el caso de *litis*, de la declaración de hechos probados que contiene la sentencia recurrida (...)".

O esquema funcional da cláusula *rebus sic stantibus* é, sem sombra de dúvida, uma criação dos colegiados superiores. Seu fundamento operacional acabou por se fundir ao seu caráter instrumental de correção do desequilíbrio interno dos contratos. Além dos tribunais de segundo grau, também o Supremo aos poucos foi-se posicionando favoravelmente à aplicação da doutrina. Assim, as manifestações do Tribunal Supremo na Espanha favoráveis à aceitação da teoria da imprevisão em casos especiais – de capital importância – têm representado uma função essencial no acolhimento deste *remedium iuris* milenar, de altíssima relevância no direito dos povos.

Embora o entendimento majoritário da doutrina espanhola bem como dos tribunais de segundo grau – e mesmo do Supremo – seja tendente à sua aceitação, a legislação ainda não lhe abriu espaço. Isto coloca – ao menos por enquanto – a Espanha ao lado dos poucos países anti-revisionistas do mundo ocidental.

23.2.4 O Direito Japonês

Embora o Código Civil Japonês – segundo Medeiros da Fonseca[129] – não tenha aceitado a teoria da imprevisão, entendendo que a consagração da liberdade e segurança contratuais continuava a residir

129. Ob. cit., p. 263.

498　A TEORIA DA IMPREVISÃO NO DIREITO CIVIL E NO PROCESSO CIVIL

na intangibilidade dos pactos, alguns dispositivos esparsos bem como leis especiais trazem a certeza de que o Japão não ficou totalmente indiferente ao princípio. Neste sentido foi a lei de 8.4.1921, que autorizou o pedido de aumento ou diminuição de renda, verificada a existência de circunstâncias excepcionais, na locação de terrenos ou prédios, assim como a lei de 21.4.1922, ao admitir, em face de alterações imprevisíveis, a forma de administração do bem dado em fidúcia. Estas disposições de exceção só fizeram confirmar a regra geral de respeito absoluto aos pactos regularmente celebrados, vigente durante muito tempo naquele país oriental, como comprova a decisão da Corte de Cassação de 16.6.1932 referida por Medeiros da Fonseca.[130]

Na década de 40, influenciada pelas idéias alemãs, surgiu uma nova escola com tendência de reação contra os princípios tradicionais, com reflexos na jurisprudência, que, por vezes, admitiu reavaliação nos contratos de locação. Contudo, o Japão ainda hoje é um país anti-revisionista.

Para o jurista Naojiro Sugiyama – que teve papel de destaque na Semana Internacional de Direito, em Paris (1937) – o movimento doutrinário a favor do princípio da imprevisibilidade deve-se à influência alemã, uma das pioneiras em sua defesa.

Desde sua participação na Semana Internacional de Direito que o jurista japonês deixou clara sua posição em defesa do ordenamento jurídico dos países orientais, para os quais uma exceção à regra do fiel e integral cumprimento dos pactos só poderia ser acolhida nas hipóteses extremas de caso fortuito ou de força maior, devendo ser reservadas para o liberalismo ocidental outras formas de desoneração da obrigação contratual.

23.3 Outras legislações

23.3.1 Legislações revisionistas

23.3.1.1 Turquia: Por influência da doutrina e jurisprudência suíças e alemãs, hoje se encontra incluída no bloco revisionista.

23.3.1.2 Hungria: Também se alinha entre os que aceitam e aplicam a imprevisibilidade, utilizando não apenas a cláusula *rebus sic stantibus*, mas também as noções de *abuso de direito* e de *impossibilidade econômica*, todas com fundamento nos princípios da boa-fé.

---

130. Ob. cit., pp. 263-264.

DIREITO COMPARADO 499

23.3.1.3 Grécia: Em relação à civilização helênica, Cunha Bruno,[131] em breve síntese, registra que aquele país só conseguiu estabelecer seu Código Civil em 1940, que entrou em vigor em 1946. Invocando o testemunho de Sidou,[132] a mesma autora, falando sobre o art. 388 daquele Código, fornece um importante contributo ao dizer que a postura legislativa admite o revisionismo.

23.3.1.4 Colômbia: Embora a doutrina fosse partidária do revisionismo contratual, a Corte Suprema (1931) traçou as diretrizes da jurisprudência, negando a aplicação da imprevisibilidade. Entretanto, em fevereiro de 1937 foi enviado ao Congresso um projeto de lei admitindo a teoria da imprevisão. Também a chamada *Lei 6ª*, de 1945 (novo Estatuto do Trabalho Colombiano), em seu art. 8º, inciso 2º, estabeleceu: "Todo contrato será revisable cuandoquiera que sobrevengan imprevisibles y graves alteraciones de la normalidad económica".

23.3.1.5 Bolívia: Este vizinho país sul-americano incluiu em seu direito positivo a doutrina da imprevisibilidade nos arts. 581 e 582.[133]

---

131. Ob. cit., pp. 38-39.

132. "A primeira parte do dispositivo concentra, em sua ortodoxia, a cláusula revisionista e dispensa exame. A segunda deve entender-se como *ultima ratio* do esforço em prol do equilíbrio obrigacional. Uma vez que este não seja obtido, o juiz decreta o retorno ao *statu quo ante pactum*, o que redunda em si num equilíbrio de vontades, e em respeito a esse equilíbrio manda devolver o que tiver sido pago, respeitados os princípios do enriquecimento sem justa causa. Obviamente, as prestações já efetuadas que não se enquadrem nesse princípio ou puderem ser compensadas com as contraprestações havidas nem serão devolvidas ou indenizadas."

E prosseguiu a mesma autora: "Retornando aos Códigos antigos para estudar a União Soviética, encontra-se, em 1832, o *Corpo das Leis do Império Russo*, publicado em 15 volumes, um dos quais se refere às obrigações convencionais. Era uma compilação de leis, em parte frustrada e em parte ultrapassada. Assim, no final do século, uma revisão legislativa profunda se fazia necessária para a feitura de um Código Civil. Contudo, o estudo iniciado só prosperou com o advento da revolução socialista que logo iniciou o processo formativo do direito civil e a estruturação de outras figuras deste direito. Em 1922 foi editado o primeiro Código Civil Soviético. Este Código não elimina a vontade individual como elemento subjetivo dos contratos e contém, no seu art. 144, os princípios da imprevisão ou superveniência. Posteriormente, as *Bases da Legislação Civil da União Soviética e das Repúblicas Federadas*, publicadas em 1960, dedicam, sobre o direito das obrigações, o art. 36 da Seção III: 'A pessoa que não cumprir sua obrigação ou que haja cumprido de modo inadequado responderá economicamente apenas quando ocorrer culpa (má-fé ou imprudência), salvo os casos previstos na lei. A ausência de culpa terá que ser provada pela pessoa que haja infringido a obrigação'" (Vânia Maria da Cunha Bruno, ob. cit., p. 40).

133. "Art. 581. (*resolución judicial por excesiva onerosidad de los contratos con prestaciones reciprocas*).

500 A TEORIA DA IMPREVISÃO NO DIREITO CIVIL E NO PROCESSO CIVIL

Hoje se encontra entre os que consagraram o revisionismo contratual. Na *Sección III*, sob o título "De la Resolución por Excesiva Onerosidad", também seduzida pela formulação italiana, embora de forma reducionista (só o devedor é passível de sofrer os efeitos da excessiva onerosidade), a Bolívia, hoje, integra o contingente revionista.

23.3.2 Legislações indiferentes

23.3.2.1 Uruguai: Segundo Medeiros da Fonseca[134] – baseado nas pesquisas de Eugênio Cardini –, até a metade dos anos 40 este país apresentava uma jurisprudência totalmente indiferente à teoria da imprevisão.

Nos arts. 1.440 a 1.446[135] ("Título VIII – Excesiva Onerosidad de la Prestación") o Código Civil Peruano disciplinou a questão. Em

"I – En los contratos de ejecución continuada, periódica o diferida, la parte cuya prestación se ha tornado excesivamente onerosa por circunstancias o acontecimientos extraordinarios e imprevisibles podrá demandar la resolución del contrato con los efectos establecidos para la resolución por incumplimiento voluntario.

"II – La demanda de resolución no será admitida si la prestación excesivamente onerosa ha sido ya ejecutada, o si la parte cuya prestación se ha tornado onerosa en exceso era ya voluntariamente incumplida o si las circunstancias o los acontecimientos extraordinarios e imprevisibles se presentaron después de cumplirse la obligación.

"III – Tampoco se admitirá la demanda de resolución si la onerosidad sobrevenida está inclusa en el riesgo o álea normal del contrato.

"IV – El demandado puede terminar el litigio si antes de sentencia ofrece modificar el contrato en condiciones que, a juicio del juez, sean equitativas.

"Art. 582. (*reducción o modificación judicial por excesiva onerosidad de los contratos con prestación unilateral*). En la hipótesis prevista por el artículo anterior, y cuando se trata de contratos con prestacion unilateral, la parte perjudicada puede demandar se reduzcan sus prestaciones a la equidad o se modifiquen las modalidades de ejecución a la equidad (arts. 581, 728, 1.468 Código Civil)."

134. Ob. cit., p. 266.

135. "Art. 1.440. En los contrato conmutativos de ejecución continuada, periódica o diferida, si la prestación llega a ser excesivamente onerosa por acontecimientos extraordinarios e imprevisibiles, la parte perjudicada puede solicitar al juez que la reduzca o que aumente la contraprestación, a fin de que cese la excesiva onerosidad. Si ello no fuera posible por la natureza de la prestación, por las circunstancias o si lo solicitara el demandado, el juez decidirá la resolución del contrato. La resolución no se extiende a las prestaciones ejecutadas.

"Art. 1.441. Las disposiciones contenidas en el art. 1440 se aplican:

"1. a los contratos conmutativos de ejecución inmediata, cuando la prestación a cargo de una de las partes ha sido diferida por causa no imputable a ella;

"2. a los contratos aleatorios, cuando la excesiva onerosidad se produce por causas extrañas al riesgo propio del contrato.

DIREITO COMPARADO 501

nota a esses artigos, Hernan Figueroa Estremadoyro, Magistrado da Corte Superior de Justiça da Província Constitucional do Callao, esclareceu:

"Procede la redución que se indica en este Título en los contratos conmutativos de ejecución continuada, periódica o diferida si se presentan circunstancias extraordinarias y imprevisibles. La solicitud respectiva se presenta ante el juez.

"La redución se aplica a los contratos conmutativos de ejecución inmediata, así como en los contratos en los cuales una sola de las partes hubiera asumido obligaciones."

Com o advento do Decreto Legislativo 295, de 24.7.1984, responsável pela promulgação do novo Código Civil criado pela Lei 23.403 (em vigor somente a partir de 14.11.1984), adotando a fundamentação constante do Código Civil Italiano de 1942, sob a epígrafe *excessiva onerosidade*, a doutrina da imprevisibilidade foi aceita no território andino, passando a fazer parte do cada vez mais dilatado grupo de países revisionistas.

Em relação aos outros países do Continente Sul-Americano – com exceção da Argentina, que hoje é revisionista, explicou Cardini (*apud* Arnoldo Medeiros da Fonseca): "Sus Códigos, inspirados en el Napoleón, suelen seguir la tendencia tradicionalista de la inflexibilidad del contrato cuya inalterabilidad, salvo la legislación de emergencia, sostienen sus tribunales".

23.3.2.2 Peru: A legislação civil do Peru, juntamente com a doutrina e a jurisprudência – ainda sob o império do Código Civil de 1936 – sempre manteve a mais absoluta indiferença em relação à doutrina da imprevisibilidade.

"Art. 1.442. Cuando se trate de contratos en que una sola de las partes hubiera asumido obligaciones, le es privativo solicitar judicialmente la reducción de la prestación a fin de que cese su excesiva onerosidad. Si no se puede reducir la prestación, rige do lispuesto en el segundo párrafo del art. 1440.

"Art. 1.443. No procede la acción por excesiva onerosidad de la prestación cuando su ejecución se ha diferido por dolo o culpa de la parte perjudicada.

"Art. 1.444. Es nula la renuncia a la acción por excesiva onerosidad de la prestación.

"Art. 1.445. La acción por excesiva onerosidad de la prestación caduca a los tres meses de producidos los acontecimientos extraordinarios e imprevisibles a que se refiere el art. 1440.

"Art. 1.446. El término inicial del plazo de caducidad a que se refiere el art. 1445 corre a partir del momento en que hayan desaparecido los acontecimentos extraordinarios e imprevisibles."

502   A TEORIA DA IMPREVISÃO NO DIREITO CIVIL E NO PROCESSO CIVIL

23.3.2.3 Etiópia: Seu Código Civil ignora por completo a impre-visibilidade.

23.3.3 Legislações anti-revisionistas

23.3.3.1 Romênia: Apresenta algumas exceções de aceitação da imprevisibilidade, ora na legislação esparsa, ora na jurisprudência, precedentes que não chegaram a alterar a concepção geral, fiel ao princípio *pacta sunt servanda*, expressa no art. 969 do Código Civil, em repetição do art. 1.134 do Código Civil Francês – razão por que continua listada entre os países anti-revisionistas.

23.3.3.2 Legislação sírio-libanesa: Sofrendo os influxos da lei, doutrina e jurisprudência francesas, também engrossa as fileiras anti-revisionistas.

23.3.3.3 Espanha: Como foi visto, segue a linha francesa, não admitindo exceções ao fiel cumprimento dos pactos, a não ser as provocadas por caso fortuito ou de força maior. Não só o Código Civil da Espanha[136] como também o da Catalunha[137] rejeitam expressamente o princípio.

23.3.3.4 México: Por suas disposições legislativas, as relações jurídicas de ordem privada mexicanas não admitem o revisionismo contratual. O art. 1.795 do seu Código Civil dispôs:

"Art. 1.795. El contrato puede ser invalidado:

"I – por incapacidad legal de las partes o de una de ellas;

"II – por vicios del consentimiento;

"III – porque su objeto, o su motivo o fin, sea ilícito;

"IV – porque el consentimiento no se haya manifestado en la forma que la ley establece."

E o art. 1.796 estabeleceu:"Art. 1.796. Los contratos se perfeccionan por el mero consentimiento, excepto aquellos que deben revestir

---

136. "Art. 1.258. Los contratos se perfeccionan por el mero consentimiento, y desde entonces obligan no sólo al cumplimiento de lo expresamente pactado, sino también a todas las consecuencias que, según la naturaleza, sean conformes a la buena-fe, al uso y a la ley" (*Código Civil Espanhol*, 18ª ed., 1995).
137. "Art. 1.091. Las obligaciones que nazcan de los contratos tienen fuerza de ley entre las partes contratantes, y deben cumplirse al tenor de los mismos."

DIREITO COMPARADO

una forma establecida por la ley. Desde que se perfeccionan, obligan a los contratantes no sólo al cumplimiento de lo expresamente pactado, sino también a las consecuencias que, según su naturaleza, son conformes a la buena-fe, al uso o a la ley".

23.3.3.5 Chile: Na atualidade, embora a jurisprudência conserve a mesma indiferença da década de 40, sob o prisma legislativo pode ser incluído entre os países anti-revisionistas, uma vez que o art. 1.545 de seu Código Civil dispôs: "Todo contrato legalmente celebrado es una lei para los contratantes, y no puede ser invalidado sino por su consentimiento mutuo o por causas legales" – aceitando as diretrizes traçadas pelo art. 1.134 do Código Civil Francês.

Acrescente-se que no elenco das hipóteses de extinção das obrigações do art. 1.567 do Código Civil Chileno não se encontra incluída a resolução por ocorrência de evento imprevisível que, incidindo sobre o pacto, modifique substancialmente a base contratual. A revisão foi sumariamente ignorada.

Anísio José de Oliveira[138] fez uma síntese dos sistemas revisionistas e anti-revisionistas. Na relação por ele apresentada, uma pequena contribuição: entre os países *revisionistas* encontram-se Inglaterra e Estados Unidos (países de direito consuetudinário), Áustria e México, conforme ele mesmo classificou. Entre os *anti-revisionistas* foi colocado *Portugal*, que, desde o Código Civil de 1967, consagrou a imprevisibilidade, sob a denominação *alteração das circunstâncias*, conforme já foi visto, em seu *art. 437º*, tendo hoje, portanto, um ordenamento jurídico francamente revisionista.

O que vigora atualmente no mundo sobre a *doutrina da imprevisibilidade* pode assim ser sintetizado:

1º) ordenamentos que *não a aceitam sob qualquer hipótese* (em franca e irreversível extinção);

2º) os que lhe são *total ou parcialmente indiferentes*;

3º) os que a *admitem somente por via legislativa*;

4º) os que a *aceitam "de iure constituendo"*, enquanto não se dá sua integração legislativa.

A última postura é a mais liberal e deve ser preferida quando em confronto com a exigência de normatização, indiferença ou – o que é

138. *A Teoria da Imprevisão nos Contratos*, 2ª ed., p. 77.

504 A TEORIA DA IMPREVISÃO NO DIREITO CIVIL E NO PROCESSO CIVIL

pior – sua rejeição pura e simples. Isto é certo: será muito mais seguro inseri-la no direito material depois de tê-la vivenciado na admissão *de iure constituendo*. As contribuições doutrinárias e jurisprudenciais hão de lhe dar consistência e perfil jurídico devidamente estruturados. Depois que o primeiro e o segundo graus a tenham exaurido ela poderá atingir sua plena maturidade. Somente admiti-la depois da normatização, sem qualquer experiência em seu campo operacional, é um contra-senso condenável.

24. O Direito Internacional e a imprevisão

A Convenção de Havana, de 1928, sobre Tratados Internacionais, em seu art. 14, já havia deixado expresso que os tratados entre países deixam de vigorar uma vez cumprida a finalidade para a qual foram criados, como habitualmente acontece com os pactos privados. Também se extinguem por acordo entre as partes, pela renúncia, pela denúncia total ou parcial, quando se tornam inexeqüíveis ou, ainda, pela caducidade.

Em 1969, a Convenção de Viena sobre o Direito Decorrente dos Tratados praticamente ratificou procedimentos anteriores, incluindo a mudança fundamental das circunstâncias (*rebus sic stantibus*), desde que não prevista pelas partes. Registre-se que tal disposição é de uma obviedade terrível: se foi prevista, não há o que discutir; se não foi, é porque não era previsível, mas sim imprevisível.

O art. 62 daquela Convenção deixou expresso que se o evento imprevisível se abater sobre uma determinada condição considerada como essencial para o consentimento das partes, ou transformar radicalmente a natureza das obrigações por cumprir, a aplicação da imprevisão será permitida, não só para extinção do tratado como, também, para sua retirada e conseqüente cessação de efeitos.

Carlos Alberto Bittar Filho,[139] depois de discorrer sobre algumas legislações que aceitam ou rejeitam a teoria da imprevisão, traçando

---

139. "Em Direito Internacional, devido à cláusula *rebus sic stantibus*, a mudança fundamental das circunstâncias que determinam uma certa disposição de um tratado pode causar a extinção deste. Mais especificamente, consoante a Convenção de Viena (1969), a mudança radical de circunstâncias, desde que não prevista pelas partes, poderá ser invocada como causa para a extinção (ou retirada) do tratado. Além disso, tal circunstância deve configurar-se como condição essencial do consentimento das partes ou ter por efeito a transformação radical da natureza das obrigações ainda pendentes de cumprimento em virtude do tratado (art. 62, 1).

O DIREITO INTERNACIONAL E A IMPREVISÃO

um rápido panorama do espaço por ela ocupado diante do Direito Internacional – com breve referência, em contrapartida, à posição deste em relação à primitiva formulação do princípio da imprevisão –, concluiu que a doutrina da cláusula subentendida em todos os contratos de execução diferida (Bártolo e seus seguidores, no Direito intermediário; e uns poucos juristas, na atualidade), embora afastada há muitos séculos pela justiça comutativa por absoluta insuficiência de estrutura dogmática, fora a escolhida. Segundo o autor citado, a doutrina de Bártolo tem sido o fiel-da-balança na composição dos litígios surgidos nos tratados internacionais, pelo menos até o ano de 1969.

Em outro trabalho, Bittar Filho informou: "Mesmo na seara do Direito Internacional a mudança profunda de circunstâncias que não foram previstas pelas partes encontra guarida, autorizando a extinção dos tratados".[140]

Rosemiro Pereira Leal[141] esclareceu que a teoria da imprevisão ou força maior abonada pelo Direito Brasileiro pressupõe uma situação de desequilíbrio ou desvantagem involuntária e aleatória que possa afetar as partes contratantes e as prestações atinentes aos contratos desde o início de sua celebração ou mesmo antes desta. Acrescentou que difíceis condições de vida (*hardship*) trazem como conseqüência um desequilíbrio por força de fato imprevisível e inevitável geralmente ligado à correção monetária, à indexação e aos preços de bens e serviços, cujos insumos e tecnologia estão sujeitos às oscilações de oferta e procura – abundância e escassez – no mercado internacional.

Prosseguiu o mesmo autor acrescentando que, em nome da preservação da validade dos contratos internacionais, as regras conflituais das leis aplicáveis são examinadas no sentido de evitar inibições ao comércio e intercâmbio internacional, em esforço conjunto dos diver-

---

"Jamais se poderá invocar a cláusula como causa para a extinção (ou retirada) do tratado se este for dispositivo (de fronteiras ou limites), ou se resultar de violação pela parte que a invoca, seja de tratado, seja de qualquer outra obrigação internacional, em relação às outras partes no tratado (art. 62, 2). A parte contratante também pode invocar a mudança fundamental de circunstâncias para suspender a execução do tratado (art. 62, 3).

"Antes de 1969, segundo a doutrina, considerava-se cláusula subentendida em todos os tratados, conclusão discutível juridicamente" ("A teoria da imprevisão: evolução e contornos atuais", in Carlos Alberto Bittar (coord.), *Contornos Atuais da Teoria dos Contratos*, p. 106).

140. *Teoria da Imprevisão – Dos Poderes do Juiz*, Coleção "Constituição de 1988 – Primeira Leitura", v. 16, p. 32.

141. "Verificação da internacionalidade dos contratos", *Revista Jurídica* 205/37.

sos sistemas jurídicos para se adaptarem às necessidades das partes e à vontade do legislador. Entretanto – concluiu –, o ideal de justiça material, dentro de critérios de conexão mais genéricos no que respeita à eqüidade e aos direitos econômicos fundamentais, há de passar por padrões de jurisdicionalidade que se uniformizem pela postura científica do Direito na identificação dos elementos de internacionalidade dos contratos, e não pelo jogo brutal que divide os povos em dominadores e dominados.

Pelo exposto, conclui-se que, entre as inúmeras doutrinas existentes – bem mais completas do que a de Bártolo –, parece que o Direito Internacional preferiu ficar com o conceito de existência tácita do princípio *rebus sic stantibus* (cláusula subentendida) – no que não deve ser louvado.

CAPÍTULO II

25. Integração da imprevisão no Direito Brasileiro: 25.1 O contexto legislativo – 25.2 O entendimento doutrinário: 25.2.1 A vanguarda de aceitação e rejeição do princípio. Doutrina contemporânea – 25.3 O entendimento jurisprudencial: 25.3.1 A vanguarda de aceitação e rejeição do princípio. Jurisprudência contemporânea.

25. Integração da imprevisão no Direito Brasileiro

25.1 O contexto legislativo

Inicialmente, é imperioso ressaltar que, embora profunda a influência que o Código Civil Francês exerceu sobre nosso direito privado, desde a *Consolidação das Leis Civis*, em 1855, é possível afirmar que, conquanto Augusto Teixeira de Freitas (o maior jurista da época, envolvido com o projeto da nossa legislação civil) não tenha feito qualquer referência expressa à cláusula *rebus sic stantibus*, não significa que a desconhecesse ou não lhe desse importância. Os registros históricos desautorizam esta conclusão.

Já no *Esboço* do nosso Código Civil (1858) Teixeira de Freitas não se mostrou indiferente à doutrina da imprevisibilidade, chegando mesmo a aceitá-la, até certo ponto, conforme pode ser constatado pela redação dos arts. 454, 462 e 1.859 do Anteprojeto[1] por ele proposto.

---

1. "Art. 454. Haverá *ignorância de fato*, quando os agentes não tiverem absolutamente sabido do que existia, ou não existia, ou do que podia acontecer, em relação ao fato que foi causa principal da determinação da vontade. Haverá *erro de fato*, quando supuseram verdadeiro o que era falso, ou falso o que era verdadeiro, também em relação ao fato que foi causa principal da determinação da vontade."

508 A TEORIA DA IMPREVISÃO NO DIREITO CIVIL E NO PROCESSO CIVIL

Clóvis Beviláqua[2] demonstrou que em certos casos o motivo da obrigação se sobrepõe à sua validade, porque, como regra geral, para os Códigos as representações mentais dos contratantes não têm a menor relevância. Os motivos do ato são do domínio da Psicologia e da Moral. O Direito não os investiga, nem lhes sofre a influência, exceto quando integram o ato, quer apareçam como razão dele, quer como condição de que ele dependa.

Embora nosso Código – quando trata da autonomia da vontade – não contenha expressamente dispositivo algum destinado a dar relevo à regra *pacta sunt servanda* (nos precisos termos em que o fazem os arts. 1.134 da lei francesa; 406 da portuguesa,[3] 1.123 da italiana de 1865[4] – o Código de 1942 já acolhe a teoria da imprevisão, com o nome de *excessiva onerosidade*; 1.545 da chilena; 8º, II, da colombiana; 1.756 da mexicana; 1.091 da espanhola, ou 1.258 do Código da Catalunha; 969 da romena; ou ainda 1.291[5] da uruguaia), não cabe a menor dúvida de que se orienta pelos princípios inflexíveis da milenar diretriz de que o contrato deve sempre fazer lei entre as partes. Apesar de ter nascido em plena I Guerra Mundial (1916), mola propulsora da retomada da teoria revisionista nos pactos neste século, não se deixou influenciar por este ideário (aceitando o princípio de forma expressa), por muitos considerado, até certo ponto, revolucionário.

"Art. 462. A ignorância ou erro que versar sobre qualquer objeto, fato ou circunstância, que não tenha sido a causa principal do ato ou disposição, reputar-se-á como acidental, e não fará os atos anuláveis."

"Art. 1.859 (*dos vícios do consentimento*). Constitui erro essencial nos contratos: (...).

"3ª. O que versar sobre o objeto do contrato, tendo-se contratado sobre uma coisa individualmente diversa daquela sobre que se queria contratar (...) ou sobre um diverso fato" (Augusto Teixeira de Freitas, *Esboço do Código Civil Brasileiro*, Rio de Janeiro, Imprensa Nacional, 1885).

2. *Código Civil dos Estados Unidos do Brasil Comentado*, 10ª ed., v. 4, p. 359.

3. "Ar. 406. O contrato deve ser pontualmente cumprido, e só pode modificar-se ou extinguir-se por mútuo consentimento dos contraentes ou nos casos admitidos na lei."

4. "Art. 1.123. I contratti legalmente formati hanno forza di legge per coloro che li hanno fatti. Non possono essere rivocati che per mutuo consensu e per cause autorizzate dalla legge."

5. "Art. 1.291. Los contratos legalmente celebrados forman una regla a la cual deben someterse las partes como a la ley misma.

"Todos deben ejecutarse de buena-fe y por lo conseguiente no sólo a lo que en ellos se expresa, sino a todas las consecuencias que según su naturaleza sean conformes a la equidad, al uso o a la ley."

INTEGRAÇÃO DA IMPREVISÃO NO DIREITO BRASILEIRO 509

Hoje, passados quase 200 anos de plena vigência do Código Napoleônico, a imprevisão deixa de constar apenas de alguns poucos Códigos Civis em todo o mundo. Entre eles, sem justificativa, o Francês. Na estrutura jurídica privada da França, curiosamente, a doutrina revisionista de exceção é francamente rejeitada. Aceita-a somente nos contratos administrativos. A decisão pioneira surgiu na literatura jurídica francesa (Cia. de Gás de Bordeaux), e a primeira lei que a aceitou (*Failliot*) é também obra do Parlamento Gaulês. É possível prever que é apenas uma questão de tempo o alinhamento definitivo daquela legislação com os países revisionistas, incluindo de vez a imprevisão no seu direito privado, a exemplo do que já fizeram e estão fazendo os ordenamentos jurídicos mais expressivos em todo o mundo. Já não se trata mais – como a princípio foi considerado – de manter a qualquer custo a segurança das contratações (que realmente importa), mas sim de aplicar corretamente a justiça comutativa (que importa muito mais).

Na Europa o grande movimento revisionista das vontades livremente manifestadas mas desviadas de seu curso natural por acontecimentos imprevisíveis, com drásticas repercussões na economia contratual, só atingiu seu ponto de ebulição após a Guerra de 1914/1918; no Brasil, somente após a Revolução de 1930. Entre nós, antes desta data não há registros de precedentes de alguma relevância, seja na legislação ou na jurisprudência. Quanto à doutrina – sempre na vanguarda das grandes transformações –, há muito vem defendendo sua aceitação e aplicação.

No que diz respeito ao nosso Código Civil atual, de 1916, é indiscutível que, se ele não se mostrou totalmente indiferente à teoria da imprevisão, também não lhe deu destaque. Talvez pela pouca coragem do legislador em afrontar o pensamento dominante na época, inteiramente voltado para as diretrizes do art. 1.134 do Código Civil Francês; quem sabe pela linha tipicamente conservadora de nossa legislação privada. Seja por estas razões, acrescidas de outras tantas que podem ter pesado, o certo é que somente de forma implícita em alguns artigos é que vamos encontrar sua contemplação – fato que serviu para acirrar ainda mais a polêmica entre revisionistas e não-revisionistas.

Adite-se que o nosso Código não fez sequer referência ou breve alusão à sinceridade e à boa-fé que devem reinar na execução dos contratos, conforme observou Francisco de Paula Lacerda de Almeida.[6] Seria por considerá-las implícitas?

6. *Dos Efeitos das Obrigações*, p. 13.

510 A TEORIA DA IMPREVISÃO NO DIREITO CIVIL E NO PROCESSO CIVIL

Soam no mesmo acorde as palavras de Paulo Carneiro Maia[7] ao dizer que no sistema do nosso Código Civil vigente não há disposição expressa instituindo como regra a aplicação da cláusula *rebus sic stantibus*. Em contrapartida, de igual forma, inexistem dispositivos a repeli-la. Encontram-se artigos insulados relativos a relações jurídicas específicas que empregam o mesmo princípio e seguem na mesma linha.

A postura omissiva não escapou às observações de Jorge Americano[8] ao explicar que "nosso Código, em vez de se erigir em princípio definindo a cláusula romana – como fez com a força maior e o caso fortuito –, adotou-a com discrição, apenas determinando sua aplicação em casos expressos, além de consentir, pelo princípio da liberdade das convenções, que as partes ajustassem a revisão eventual dos contratos" – a cláusula de escala móvel poderia ser um exemplo – "no momento de contrair o vínculo obrigacional".

Esta visão do problema, conquanto revisionista, *data venia*, coloca o cerne da questão muito distante do seu verdadeiro espírito.

Entre nós, talvez o mais antigo registro legislativo a pôr em xeque a intangibilidade dos pactos tenha sido a Lei 4.403, de 1921 (cinco anos após o advento do Código Civil), sobre locação de prédios urbanos. Embora revogada em 1928, foi revigorada em 1931. Em uma das justificativas desta lei, sob a forma de "considerandos", encontra-se expressa referência ao "alto pensamento de eqüidade, que o Direito moderno acolhe, subordinando, cada vez mais, a exigibilidade de certas obrigações à regra *rebus sic stantibus*".

Fora do Código Civil (a chamada "legislação extravagante") – de acordo com o seguro roteiro traçado por Carneiro Maia[9] –, depois da Revolução de 1930 várias leis de emergência consagraram a teoria da imprevisão no Brasil. As mais importantes ora são registradas:

– Decreto 19.573, de 7.1.1931, que abriu a possibilidade de resolução ou revisão dos contratos de locação nos quais fossem partes militares ou funcionários públicos civis, quando da transferência para outras localidades. Foi este o primeiro texto legal a tratar da imprevisão. Repita-se, pela importância: "(...) o Direito moderno acolhe, subordinando, cada vez mais, a exigibilidade de certas obrigações à regra *rebus sic stantibus*"(excerto da Lei 4.403, de 1921, mencionada);

---

7. *Da Cláusula "Rebus Sic Stantibus"*, p. 215.

8. "Cláusula *rebus sic stantibus*", *Revista da Faculdade de Direito de São Paulo* 29/345-346.

9. Ob. cit., pp. 237-239.

INTEGRAÇÃO DA IMPREVISÃO NO DIREITO BRASILEIRO

– Decreto 20.626, de 7.4.1933, que regulamentou os juros contratuais e as cláusulas penais, ao mesmo tempo em que concedeu moratória, alterando substancialmente disposições contratuais regularmente estabelecidas pelas partes;

– Decreto 23.501, de 27.11.1933, e Decreto 22.626, de 7.4.1933, inquinando de nula qualquer estipulação contratual de pagamento em ouro ou outra moeda que não fosse aquela com curso e vigência oficial no país;

– Decreto 24.150, de 20.4.1934, também conhecido por *Lei de Luvas*, em cujo art. 31[10] foram estabelecidas condições e formas de revisão dos contratos de locação não-residencial desde que constatada acentuada variação ou desvalorização da moeda, objetivando a fixação de um novo valor locativo;

– Decreto-lei 6.739, de 26.6.1944, sobre prorrogação dos contratos de locação;

– Decreto 869, de 1.1.1938, e Lei 1.521, de 26.12.1951, que regulamentaram os crimes contra a economia popular e a lesão inicial, na condição de vício contratual, de forma a permitir a revisão pelo juiz dos chamados *contratos usurários*;

– Lei 6.899, de 8.4.1981,[11] regulamentada pelo Decreto 86.649, de 25.11.1981, resultante das teorias revisionistas que, com o passar do tempo, aos poucos foram se impondo. Esta norma trouxe para o direito positivo a possibilidade de que em todos os débitos resultantes de decisões judiciais, independentemente de pedido da parte (antes, a solicitação era feita ao final, em caráter acessório), incidisse a correção monetária – incluindo-se as dívidas de dinheiro, sem contratação expressa, o que antes era vedado pelo Código –, como forma de atualização da prestação do devedor que, com o tempo, se tornava totalmente defasada.

Voltando a defender o uso da doutrina excepcional no Direito Brasileiro, Carneiro Maia[12] insistiu em que, embora ausente do Códi-

---

10. "Art. 31. Se, em virtude de modificação das condições econômicas do lugar, o valor locativo fixado pelo contrato amigável, ou em conseqüência das obrigações estatuídas pela presente Lei, sofrer variações além de 20% das estimativas, poderão os contratantes (locador e locatário), findo o prazo de três anos da data do início da prorrogação do contrato, promover a revisão do preço estatuído."

11. "Art. 1º. A correção monetária incide sobre qualquer débito resultante de decisão judicial, inclusive sobre custas e honorários advocatícios."

12. Ob. cit., p. 245.

512 A TEORIA DA IMPREVISÃO NO DIREITO CIVIL E NO PROCESSO CIVIL

go o acolhimento expresso da teoria da imprevisão, como regra, não significava que sua aplicação, pelo silêncio da lei, tivesse sido proibida. Lembrou o mesmo autor, ainda, que os próprios princípios gerais de Direito, em seus domínios de fontes subsidiárias, autorizavam sua aplicação.

Dispõe o art. 4º da Lei de Introdução ao Código Civil Brasileiro: "Quando a lei for omissa, o juiz decidirá o caso de acordo com a analogia, os costumes e os princípios gerais de Direito".

Com um campo de abrangência ainda maior, o art. 5º do mesmo diploma estabeleceu: "Na aplicação da lei, o juiz atenderá aos fins sociais a que ela se dirige e às exigências do bem comum".

Os arts. 126, 127 e 1.109 do Código de Processo Civil, de forma implícita, igualmente se referem ao princípio:

"Art. 126. O juiz não se exime de sentenciar ou despachar alegando lacuna ou obscuridade da lei. No julgamento da lide caber-lhe-á aplicar as normas legais; não as havendo, recorrerá à analogia, aos costumes e aos princípios gerais de Direito.

"Art. 127.O juiz só decidirá por eqüidade nos casos previstos em lei."

"Art. 1.109. "O juiz decidirá o pedido no prazo de 10 dias; não é, porém, obrigado a observar critério de legalidade estrita, podendo adotar em cada caso a solução que reputar mais conveniente ou oportuna."

É importante destacar que nosso Código Comercial (1850), bem anterior ao Código Civil, já dispunha, em seu art. 131, 1: "Art. 131. A inteligência simples e adequada, que for mais conforme à boa-fé e ao verdadeiro espírito e natureza do contrato, deve sempre prevalecer à vigorosa e restrita significação das palavras".

Também o art. 291 do mesmo Código: "As leis particulares do comércio, a convenção das partes sempre que lhes não for contrária, e os usos comerciais regulam toda sorte de associação mercantil; não podendo recorrer-se ao direito civil para decisão de qualquer dúvida que se ofereça, senão na falta de lei ou uso comercial".

Quantos tenham pesquisado a teoria da imprevisão no Direito Brasileiro acabaram por constatar que grande número de artigos do Código Civil atual relaciona-se direta ou indiretamente com ela, ora aceitando, ora negando sua aplicação. É esta uma prova indiscutível de que nossa legislação civil não desconhecia sua grande importância mas, por influência do Código Napoleônico, dominante na época, evi-

INTEGRAÇÃO DA IMPREVISÃO NO DIREITO BRASILEIRO   513

tou tomar partido abertamente. Os artigos ligados à imprevisibilidade, direta ou indiretamente, são elencados a seguir:

– art. 85: atendimento à intenção em primeiro lugar e só depois ao sentido literal da linguagem (*lex non est textus, sed contextus*) (art. 111 do novo CC);

– art. 401: revisão de pensão alimentícia (art. 1.711 do novo CC);

– art. 762, I e II: antecipação de vencimento de dívida (art. 1.424, I e II, do novo CC);

– art. 879: resolução da obrigação se a prestação de fato se impossibilitar sem culpa do devedor (art. 247 do novo CC);

– art. 954, III: vencimento antecipado da dívida por cessação ou insuficiência dos bens dados em garantia do débito, em razão de negativa de reforço (este artigo é referido por Espínola Filho em seu voto em decisão pioneira do Supremo Tribunal Federal de 25.5.1938) (art. 332, III, do novo CC);

– art. 1.059, parágrafo único: limitação da responsabilidade do credor em mora aos lucros que "podiam ser previstos na data da obrigação". Este tem sido o artigo mais invocado pela doutrina revisionista, por falar expressamente em "imprevisibilidade";

– art. 1.060: exclusão da responsabilidade do devedor por perdas e danos indiretas (art. 402 do novo CC);

– art. 1.091: dificuldade excessiva da prestação (entre todos, o preferido por Carvalho Santos para justificar a aplicação da doutrina) (art. 105 do novo CC);

– art. 1.092, segunda parte (art. 476 do novo CC);

– art. 1.131 (art. 494 do novo CC);

– art. 1.181: revogação de doação por ingratidão do donatário (art. 554 do novo CC);

– art. 1.190: condições ao locatário de resolver o contrato de locação quando o objeto deixar de servir ao fim a que fora destinado (art. 566 do novo CC);

– art. 1.214 (frustração de colheita);

– art. 1.246 (acrécimo de preço na empreitada de obra) (art. 618 do novo CC);

– art. 1.250: suspensão de uso e gozo da coisa emprestada em caso de necessidade imprevista e urgente, reconhecida judicialmente, e aplicação implícita em contratos de empreitada (art. 580 do novo CC);

514 A TEORIA DA IMPREVISÃO NO DIREITO CIVIL E NO PROCESSO CIVIL

– art. 1.456: recomendação ao juiz de procedimento com eqüidade na aplicação da pena do art. 1.454;

– art. 1.499: benefício de ordem na fiança.

Em todos os artigos transcritos encontra-se autorização implícita de uso da doutrina da imprevisibilidade.

Para negá-la os anti-revisonistas também se valeram de alguns artigos do Código, para eles dispositivos de proibição implícita, com destaque para os seguintes:

– art. 1.091: vigência integral do contrato em face da impossibilidade relativa da prestação (expressão do Código da qual se discorda) (art. 105 do novo CC);

– art. 1.214: impossibilidade de abatimento do aluguel mesmo em face do caso fortuito;

– art. 1.238: responsabilidade nos contratos de empreitada (art. 610 do novo CC);

– art. 1.246: negativa de acréscimo em contrato de empreitada com base em aumento de salários ou material (a jurisprudência, inclusive do Supremo, contrariou esta tese inúmeras vezes) (art. 618 do novo CC); e, ainda,

– art. 1.453: agravamento de riscos além do que era possível imaginar.

Dentre todos, o que foi sempre considerado pelos anti-revisionistas como a *pièce de resistance* no rol de argumentos contra a aceitação do princípio, destacou-se o art. 1.246.

De forma mais sintética – e por isso menos completa, já que omite, injustificadamente, a referência à boa-fé –, a linha de pensamento constante do art. 131 do Código Comercial foi repetida no art. 85[13] do Código Civil.

Se pensarmos, entretanto, que a idéia inicial de se atender mais ao "espírito e natureza da contratação" – isto é, mais ao sentido do que às palavras existentes na convenção – nasceu no Código Comercial estaremos laborando em erro, uma vez que a inspiração primeira do dispositivo legal em questão remonta aos primórdios do Direito. Suas coordenadas foram utilizadas na França bem antes da vigência

---

13. "Art. 85. Nas declarações de vontade se atenderá mais à sua intenção que ao sentido literal da linguagem." Novo Código Civil: "Art. 111. Nas declarações de vontade se atenderá mais à intenção nelas consubstanciada do que ao sentido literal da linguagem".

INTEGRAÇÃO DA IMPREVISÃO NO DIREITO BRASILEIRO   515

do nosso Código. Em 1830 o jurista francês Pothier, comentando os princípios de interpretação do Direito Romano, sob o título *Regras para a Interpretação das Convenções*, já chegara a esta conclusão, consoante informações de Carneiro Maia.[14]

Mas a antigüidade do princípio recua mais ainda. Não nasceu com o jurista francês, em 1830. Os registros históricos situam-na nos escritos de Papiniano, jurista romano que compôs com Paulo, Gaio, Ulpiano e Modestino o famoso *Tribunal dos Mortos*, criado por Teodósio II, que por muito tempo serviu de orientação aos juristas romanos. Papiniano afirmava: "Nas convenções deve atender-se mais à intenção do que às palavras".[15]

Carvalho Santos[16] refutou veementemente a utilização deste fundamento para a aplicação da imprevisibilidade.

Tito de Oliveira Hesketh[17] também discordou. Entendeu que não seria este preceito a base legal sobre que se sustentaria a noção de imprevisão. Ensinou que o dispositivo em questão é mais um princípio de hermenêutica tendente "(...) à l'interprétation d'une volonté obscure", na conhecida frase de Bonnecase, quando da discussão do art. 1.156 do Código de Napoleão,[18] correspondente ao nosso dispositivo em exame.

De igual entendimento era Arnoldo Medeiros da Fonseca,[19] que começou por negar o alcance que se pretendeu atribuir à norma e a considerou também simples regra de hermenêutica com vistas ao esclarecimento de uma vontade não muito clara. Jamais teria poderes

14. Disse Pothier: "Nas convenções mais se deve indagar qual tenha sido a intenção comum das partes contratantes, do que o sentido gramatical das palavras" (*Oeuvres Complètes*, v. I, Paris, Eugène Crochar, n. 91, p. 424, *apud* Paulo Carneiro Maia, ob. cit., p. 220).

15. "In conventionibus contrahentium voluntatem potius verba spectari plasuit" (L. 219, D. Verb. Sign. 50, 16, *apud* J. M. de Carvalho Santos, *Código Civil Brasileiro Interpretado*, v. XII, p. 226).

16. Ponderou ele que: "(...) a lei não exige o consentimento senão para a formação do contrato. O ato de vontade, que se faz preciso para a sua execução, já não cabe no campo do Direito. A anormalidade da situação no momento da execução do contrato não poderá nunca influir mais sobre a validade do consentimento dado, em forma, por ocasião da celebração do contrato, mesmo porque não se poderia nunca, com fundamento, induzir uma vontade em completo antagonismo, capaz de destruir mesmo a vontade anteriormente manifestada" (ob. cit., v. XII, p. 23).

17. "Da cláusula *rebus sic stantibus*", "Separata" da *RT* 320, p. 228.

18. "Art. 1.156. On doit dans les conventions rechercher quelle a été la commune intention des parties contractantes, plutôt que de s'arreter au sens littéral de termes."

19. *Caso Fortuito e Teoria da Imprevisão*, 2ª ed., p. 230.

516 A TEORIA DA IMPREVISÃO NO DIREITO CIVIL E NO PROCESSO CIVIL

para levar à negação de contrato válido, tão-somente pela investigação da vontade manifestada.

Simples regra de hermenêutica ou elemento complementar do conceito de ato jurídico, o que parece incontestável é que esse preceito jamais poderia conduzir à negação de vigência do contrato pela investigação da comum intenção dos contratantes. Medeiros da Fonseca lembrou que Bonnecase já advertira, a propósito do art. 1.156 do Código Civil Francês, que, se é possível ("artificialmente") admitir que o devedor possa fazer uma espécie de restrição mental concernente à imprevisão, o mesmo não se pode pretender do credor.

Hesketh,[20] ao tratar genericamente dos dispositivos legais que, a seu juízo, admitem implicitamente a aplicação da teoria da imprevisão no direito privado brasileiro, ponderou que, em última análise, tais artigos não deixavam de conferir uma espécie de proteção ao crédito.

Não há muito o que discutir: sem dúvida, a razão está com os juristas que discordam da utilização do art. 85 como o grande fundamento em que se poderia apoiar a teoria da imprevisão em nosso Direito. As regras por ele traçadas carecem de elementos específicos e direcionados e não fornecem condições para a confirmação da pretensão. Conquanto possa ter grande solidez como paradigma exegético dos mais lógicos no contratualismo, pretender utilizá-lo como ponto de apoio, fulcro da alavanca da imprevisibilidade, no plano extracontratual, é ultrapassar os limites e, conseqüentemente, enfraquecer os verdadeiros alicerces do princípio. Certos andaram os que o rejeitaram como justificativa para a admissão e aplicação da doutrina de exceção.

Na revogada Lei de Luvas o espírito revisionista – essência da imprevisibilidade – foi consagrado no art. 31: "Se, em virtude da modificação das condições econômicas do lugar, o valor locativo fixado pelo contrato amigável, ou em conseqüência das obrigações estatuídas pela presente Lei, sofrer variações, além de 20% das estimativas, poderão os contratantes (locador e locatário), findo o prazo de três anos da data do início da prorrogação do contrato, promover a revisão do preço estipulado".

Registre-se que o primitivo prazo revisional de três anos foi reduzido para dois pelo Decreto-lei 4, de 7.2.1966. Como a Lei do Inqui-

---

20. "Sem falar nos arts. 1.131 e 1.092, entre outros, que, bem examinados, permitem inferir conterem antes, como dizia Carvalho de Mendonça (J. X.), uma 'justa proteção ou tutela de crédito', poderão ser mencionados os arts. 1.059, parágrafo único, 1.190 e 1.250 como albergando, indisfarçadamente, a imprevisão" (artigo cit., "Separata" da *RT* 320, p. 20).

INTEGRAÇÃO DA IMPREVISÃO NO DIREITO BRASILEIRO 517

linato de n. 6.649, de 1979, revogou integralmente o mencionado decreto-lei, mantido restou o prazo de três anos para a revisão, constante da lei posterior (n. 6.649, de 1979).

Na atualidade, para a readaptação fática dos aluguéis continua a prevalecer o prazo de três anos, agora expresso pelo art. 19 da vigente Lei do Inquilinato (Lei 8.245, de 1991), que, em seus arts. 68 a 70, disciplinou o processo judicial de revisão.

Nascimento Franco e Nisske Gondo[21] explicaram que o arbitramento se destina ao equacionamento do aluguel, atualizando o valor venal do imóvel, porque, ao criar um sistema de garantias do fundo de comércio, o Decreto 24.150 limitou substancialmente o direito do locador. Mas, em contrapartida, compensou-o de tantas e tão sérias restrições com a possibilidade de perceber sempre aluguel justo e proporcional ao valor real e atualizado do prédio.

A propósito do art. 401 – por muitos considerado como o dispositivo que consagra, *de iure constituto*, a imprevisão –, Márcio Klang,[22] depois de confirmar que o dispositivo se destinava à redução ou aumento da obrigação por dívida alimentar, decorrente de mudança da economia particular de quem a recebe ou se ache compelido a satisfazê-la, indagou qual teria sido a *mens legis* do dispositivo. Entendeu que ela se consubstanciaria na flexibilidade de fixação dos alimentos com vistas à sua adequação a uma realidade determinada por alterações nas fortunas de credor e devedor. Identificou aí um perfeito e acabado caso de amparo do nosso direito positivo à teoria da imprevisão. Na verdade – seria possível aditar –, não é bem assim. No dispositivo legal o que se tem é apenas a configuração do espírito revisionista no Código. Estando determinado por lei (art. 401) o reajuste da obrigação alimentar nas circunstâncias que disciplinou, *perfeitamente identificadas* (alteração nas fortunas de credor e devedor da prestação alimentícia), não se poderá falar na existência de evento imprevisível.

Até 1979 (hoje o número é indiscutivelmente muito mais expressivo) a jurisprudência do Supremo Tribunal Federal já consagrara as seguintes decisões sobre o art. 401 – norma expressa de aplicação da doutrina:

– RE 68.500-SP (1ª T., rel. Min. Eloy da Rocha, j. 26.4.1971);

– RE 71.761-SP (1ª T., rel. Min. Djaci Falcão, j. 28.5.1971);

21. *Ação Revisional e Ação Renovatória de Aluguel*, 5ª ed., p. 309.
22. *A Teoria da Imprevisão e a Revisão dos Contratos*, p. 38.

518 A TEORIA DA IMPREVISÃO NO DIREITO CIVIL E NO PROCESSO CIVIL

– RE 71.557-RJ (1ª T., rel. Min. Oswaldo Trigueiro, j. 17.7.1971);
– RE 79.051-PB (1ª T., rel. Min. Oswaldo Trigueiro, j. 6.9.1974);
– RE 81.936-SP (1ª T., rel. Min. Thompson Flores, j. 18.11.1975);
– AgRg no AI 70.640-SP (1ª T., rel. Min. Soares Muñoz, j. 2.12.1977);
– RE 86.064-MG (1ª T., rel. Min. Rafael Mayer, j. 4.4.1979).

Entre todos os artigos mencionados, os que têm mais adequação aos propósitos da imprevisibilidade, principalmente pela aceitação do espírito revisionista como exceção à intangibilidade dos pactos, são os arts. 31 do Decreto 24.150, de 1934 (Lei de Luvas), ao autorizar, de forma expressa, a "(...) revisão do preço estatuído"; 1.059, parágrafo único, quando fala que o "(...) devedor (...) só responde pelos lucros que foram ou podiam ser previstos na data da obrigação", e 401 (alimentos) do vigente Código Civil (art. 1.711 do novo), ao se referir à "(...) mudança na fortuna de quem os supre, ou de quem os recebe (...)". E ainda o art. 22 da Lei 6.515, de 1977, ao dispor que, "salvo decisão judicial, as prestações alimentícias, de qualquer natureza, serão corrigidas monetariamente (...)". Entretanto, de todos os dispositivos, o de que mais têm se valido os revisionistas é o mencionado art. 1.059, parágrafo único, do Código Civil,[23] ao disciplinar as conseqüências impostas pela lei ao devedor faltoso, no campo do ressarcimento das perdas e danos. As disposições deste artigo representam o corolário lógico-jurídico da sujeição do devedor à composição dos prejuízos a que seu comportamento tiver dado causa. Não é outra a conclusão que se colhe do art. 1.056[24] e de seu parágrafo único. Mas o devedor faltoso só responderá pelos lucros que foram ou podiam ser previstos na data da obrigação, já que culpa não lhe cabe pela ocorrência de *lucros imprevistos* (na expressão legal, que melhor teria feito se tivesse dito "imprevisíveis"), totalmente estranhos ao quadro fático da contratação.

Desta análise, a impressão que fica é a de que o legislador teve a intenção inequívoca de não deixar de lado um instituto tão importante

---

23. "Art. 1.059. Salvo as exceções previstas neste Código, de modo expresso, as perdas e danos devidos ao credor abrangem, além do que ele efetivamente perdeu, o que razoavelmente deixou de lucrar. Parágrafo único. O devedor, porém, que não pagou no tempo e forma devidos, só responde pelos lucros, que foram ou podiam ser previstos na data da obrigação." O art. 401 do novo Código repete, quase com as mesmas palavras o *caput* do artigo. Mas não o seu parágrafo único.

24. "Art. 1.056. Não cumprindo a obrigação, ou deixando de cumpri-la pelo modo e no tempo devidos, responde o devedor por perdas e danos."

INTEGRAÇÃO DA IMPREVISÃO NO DIREITO BRASILEIRO   519

e tão polêmico, ao longo de sua trajetória milenar; mas, ao mesmo tempo, pressionado pelo espírito dominante e pela linha tradicionalista do Código – assentada basicamente na regra *pacta sunt servanda* –, não teve as necessárias isenção e coragem para adotá-lo abertamente, de forma expressa. Foi uma pena. Essa postura poderia ter dado ao nosso Código, no alvorecer do século, a posição de vanguarda na adoção do princípio.

Como mencionado, expressiva corrente doutrinária viu no parágrafo único do art. 1.059 a consagração implícita da teoria da imprevisão no Direito Brasileiro, ao estabelecer que o devedor seria responsável unicamente pelos lucros previsíveis na data da contratação – ensejando, por tal fato, tratamento diferenciado caso excedessem a previsão normal.

Um dos pioneiros neste campo, autor de trabalho profundo e minucioso, foi, sem dúvida alguma, Arnoldo Medeiros da Fonseca,[25] aqui citado inúmeras vezes. Sua obra é o que se poderia chamar de *quase-definitiva*. Na última edição, ainda vivo o autor (inicialmente alinhado entre os anti-revisionistas), deixou claro que fora dos casos expressamente regulados não seria possível admitir jamais a resolução ou revisão dos contratos, por intermédio do juiz, pela superveniência de acontecimentos imprevisíveis que não acarretassem impossibilidade absoluta (*sic*) ou objetiva de executar, reafirmando o que entendia dever ser a regra geral. Mas, como que se penitenciando pela postura anterior, Medeiros da Fonseca[26] ressalvou as situações de reconhecida excepcionalidade, dizendo que nos momentos de graves perturbações econômicas, provocadas por circunstâncias de ordem geral, atingindo um grande número de devedores, sentiu-se a necessidade de leis excepcionais, que foram promulgadas para conceder moratórias, impedindo catástrofes financeiras. Continuando, o consagrado mestre – agora, felizmente, revisionista – acrescentou ser forçoso reconhecer que presentemente, em face dos princípios que resultam da legislação vigente, para a superveniência de acontecimentos imprevisíveis, alterando radicalmente o ambiente objetivo existente ao tempo da formação do contrato e acarretando para um dos contratantes, virtualmente, uma onerosidade excessiva e não compensada por outras vantagens auferidas anteriormente ou, ainda, esperáveis, diante dos termos do ajuste, existiria espaço seguro para a intervenção judicial com o objetivo de revisar ou resolver o vínculo contratual.

25. Ob. cit., p. 311.
26. Ob. cit., p. 315.

520 A TEORIA DA IMPREVISÃO NO DIREITO CIVIL E NO PROCESSO CIVIL

Especificamente sobre o art. 1.059 e seu parágrafo único – um dos mais precisos e diretos sobre a imprevisibilidade –, Medeiros da Fonseca indagou: "Não estará aí consagrada, pelo menos parcialmente, a noção de imprevisão?"[27]

Por fim – como prova de sua rendição incondicional ao princípio, Medeiros da Fonseca[28] concluiu que com a admissão posterior no Brasil da lesão subjetiva como vício dos contratos foi, porém, possível, sob tal fundamento, dar acolhida à teoria da imprevisão em face do nosso direito positivo.

Na verdade, o que menos importou foi o fundamento de sua convicção. O mais importante foi ter ficado expresso seu convencimento de que a teoria da imprevisão merecia acolhida no Direito Brasileiro.

De um modo geral, o enunciado do parágrafo único do art. 1.059 não deixa de ser um abrandamento do rigor da regra *pacta sunt servanda*; de forma específica, também o *caput* do mesmo artigo. Esta idéia ficou clara quando o dispositivo admitiu que o devedor da obrigação pudesse argüir em sua defesa causas estranhas transformadoras do estado da contratação em condições quase-impeditivas do cumprimento da obrigação, para as quais ele não houvesse contribuído. E se alguma dúvida ainda restasse de que a intenção inequívoca do legislador foi a de não deixar de lado um princípio com a importância da teoria da imprevisão, suficiente seria atentar-se para a topologia do caso fortuito e da força maior (contemplou o princípio da imprevisão, de forma implícita, logo em seguida), ligados pelos estudiosos à doutrina de exceção, conforme se viu.

No art. 1.059, parágrafo único, implicitamente o legislador abriu espaço para a imprevisibilidade, deixando estreme de dúvidas sua disposição de colocá-la bem próxima de institutos que – ao menos quanto a acontecimentos extraordinários – fossem aparentados. E a doutrina desde logo se apercebeu do fato, considerando o dispositivo legal que tratou dos "lucros que foram ou podiam ser previstos na data da obrigação" como o visto de que necessitava para a defesa da aceitação do princípio. Com apoio em tal dispositivo muitos pedidos de aplicação da imprevisibilidade foram solicitados e deferidos.

27. Ob. cit., p. 321.
28. Idem, ibidem.

INTEGRAÇÃO DA IMPREVISÃO NO DIREITO BRASILEIRO 521

Para uma expressiva corrente de juristas outros dispositivos legais que representaram autorização expressa para o emprego da imprevisão foram o art. 1.092 e seu parágrafo único, segunda parte.[29]

Sempre na tentativa de extrair das entrelinhas do texto legal a real intenção do legislador, na busca de uma referência direta ou indireta à consagração do princípio excepcional, possibilitando, assim, a revisão ou resolução dos pactos, de igual forma foi buscado apoio no art. 1.190.[30]

Valendo-se de dispositivos assemelhados – e com o mesmo propósito –, recorreu-se também aos arts. 1.250[31] e 1.499[32] com a pretensão de encontrar o necessário sufrágio à aplicação da doutrina.

Medeiros da Fonseca[33] informou que, em seu liberalismo, Jair Lins via aplicações práticas da teoria da imprevisão nos casos de detenção pessoal, arresto ou embargo conseqüentes a mudanças de estado do devedor, de vencimento antecipado de títulos na falência, no concurso de credores (hoje, insolvência), na retenção de coisas vendidas a crédito, antes da entrega, pela mudança de estado do comprador, de vencimento antecipado da hipoteca, pela insuficiência de garantia. No entender de Medeiros da Fonseca as situações arroladas pelo jurista mineiro tinham apenas caráter protetivo, que em nada as identificava com a cláusula *rebus sic stantibus*. Explicou, ainda, que os casos referidos por Jair Lins seriam passíveis somente de aplicação de medidas tutelares de crédito ou decorrentes da própria natureza dos contratos bilaterais e da reciprocidade que os caracterizava.

29. "Art. 1.092. (...). "Se, depois de concluído o contrato, sobrevier a uma das partes contratantes diminuição em seu patrimônio, capaz de comprometer ou tornar duvidosa a prestação pela qual se obrigou, pode a parte, a quem incumbe fazer prestação em primeiro lugar, recusar-se a esta, até que a outra satisfaça a que lhe compete ou dê garantia bastante de satisfazê-la" (corresponde ao art. 476 do noco Código Civil).

30. "Art. 1.190. Se, durante a locação, se deteriorar a coisa alugada, sem culpa do locatário, a este caberá pedir redução proporcional do aluguer, ou rescindir o contrato, caso já não sirva a coisa para o fim a que se destinava" (cf. art. 566 do novo CC).

31. "Art. 1.250. Se o comodato não tiver prazo convencional, presumir-se-lhe-á o necessário para o uso concedido; não podendo o comodante, salvo necessidade imprevista e urgente, reconhecida pelo juiz, suspender o uso e gozo da coisa emprestada, antes de findo o prazo convencional, ou o que se determine pelo uso outorgado" (v. art. 580 do novo CC).

32. "Art. 1.499. O fiador, ainda antes de haver pago, pode exigir que o devedor satisfaça a obrigação, ou o exonere da fiança, desde que a dívida se torne exigível, ou tenha decorrido o prazo dentro no qual o devedor se obrigou a desonerá-lo."

33. Ob. cit., p. 311.

522 A TEORIA DA IMPREVISÃO NO DIREITO CIVIL E NO PROCESSO CIVIL

Por outro lado, buscando na mesma fonte os subsídios necessários à demonstração de que, implicitamente, o Código Civil Brasileiro de 1916 rejeitava a teoria da imprevisão, outra expressiva corrente anti-revisionista pretendeu encontrar apoio em dispositivos da mesma lei substantiva. Além dos argumentos de ordem doutrinária, desenvolvidos ao longo de décadas de polêmicas em congressos, debates, monografias, artigos em revistas especializadas e jornais, na demonstração da tese de não-aceitação do princípio, estes juristas se valeram das disposições legais constantes dos arts. 1.091[34] (novo art. 105), 1.214,[35] 1.246[36] (este último considerado como o mais importante e repetido no novo art. 618) e, ainda, 1.453.[37]

Com apoio principalmente no art. 1.246 (novo art. 618), os anti-revisionistas buscaram concentrar esforços para demonstrar que, de maneira categórica, o direito positivo brasileiro repelia o princípio da revisão ou resolução dos pactos diante da anormal e imprevisível alteração da base negocial.

Embora revisionista, em posição intermediária ficou Clóvis Beviláqua[38] ao comentar o art. 1.246, o principal sustentáculo em que se apoiaram os juristas contrários ao princípio, ao longo das décadas, esclarecendo, que convencionado um determinado preço, não seria admissível modificá-lo sob o fundamento de que tivessem aumentado salários e materiais, salvo casos em que a situação se houvesse se alterado consideravelmente.

J. X. Carvalho de Mendonça[39] cerrou fileira com os anti-revisionistas, buscando demonstrar que nosso direito positivo nunca abriu espaço para a cláusula romana; acrescentando que, como quer que fos-

---

34. "Art. 1.091. A impossibilidade da prestação não invalida o contrato sendo relativa, ou cessando antes de realizada a condição" (cf. art. 566 do novo CC).

35. "Art. 1.214. Salvo ajuste em contrário, nem a esterilidade, nem o malogro da colheita por caso fortuito, autorizam o locatário a exigir abate de aluguer."

36. "Art. 1.246. O arquiteto, ou construtor que, por empreitada, se incumbir de executar uma obra segundo plano aceito por quem a encomenda, não terá direito a exigir acréscimo no preço, ainda que o dos salários, ou o do material, encareça, nem ainda que se altere ou aumente em relação à planta, a obra ajustada, salvo se se aumentou, ou alterou, por instruções escritas do outro contratante e exibidas pelo empreiteiro" (v. art. 618 do noco CC).

37. "Art. 1.453. Embora se hajam agravado os riscos, além do que era possível antever no contrato, nem por isso, a não haver nele cláusula expressa, terá direito o segurador a aumento de prêmio" (cf. art.768 do novo CC).

38. Ob. cit., v. 4, p. 353.

39. "A cláusula *rebus sic stantibus*", RF 55/65.

INTEGRAÇÃO DA IMPREVISÃO NO DIREITO BRASILEIRO   523

se, nosso Direito, não obstante atribuir grande valor à eqüidade, não adotou aquela cláusula subentendida como norma legal.

Em síntese objetiva e sem reparos, Francisco de Queiroz Bezerra Cavalcanti[40] refutou a estreiteza de visão dos juristas que só viram no art. 1.246 a proibição implícita de aplicação da teoria da imprevisão, demonstrando que, se do referido artigo se podia inferir que o contrato era lei entre as partes, seu corolário lógico deveria ser a manutenção do estado primitivo em que se deu a livre manifestação da vontade das partes.

Relembre-se que esta postura vem inteiramente ao encontro do que já foi proposto quando se tratou da harmonia entre os dois princípios (*pacta sunt servanda, **sed** rebus sic stantibus*).

Entendeu o jurista que, mesmo que a intenção do legislador do atual Código Civil Brasileiro tivesse sido no sentido de se opor à imprevisão, o Código em si, objetivamente, não se opôs. Prosseguiu citando o art. 1.246, o "cavalo-de-batalha" – como chamou – daqueles que se negaram a aceitar a cláusula *rebus sic stantibus*, observando que mesmo aquele dispositivo não era contrário à doutrina da imprevisibilidade, pelo simples fato de não ser aplicável àquelas situações em que o acontecimento anormal se manifestava. Demonstrando muita visão e perspicácia, acrescentou que, tomando como ponto de partida a teoria de Carlos Cossio, seria possível afirmar que a doutrina da imprevisão não é exceção ao disposto no art. 1.246, uma vez que se traduz em efetiva complementação daquele texto, sendo ambos expressões da mesma boa-fé constitutiva da vontade contratual. O *pacta sunt servanda* do art. 1.246 e a cláusula *rebus sic stantibus* não se anulam ao conjugar-se – acrescentou –, porque, na realidade, se complementam e se compenetram. Concluiu dizendo que eles são paralelos: enquanto um se refere ao contrato em uma situação, o outro diz respeito à situação do contrato afetado pela imprevisibilidade, como brilhantemente expusera Cossio em sua obra *Teoría de la Imprevisión*, já referido.

Chamando a atenção para o fato de que o art. 1.246 do Código Civil vigente só se referia à álea ordinária específica – isto é, aos aumentos e oscilações comuns do mercado de materiais de construção –, e não às transformações radicais que envolvessem a própria estabilidade econômica da empresa, trazendo virtualmente prejuízos tão grandes que pusessem em risco a vida financeira do empreiteiro, Themís-

---

40. "A teoria da imprevisão", *RF* 260/115.

524 A TEORIA DA IMPREVISÃO NO DIREITO CIVIL E NO PROCESSO CIVIL

tocles Brandão Cavalcanti[41] – em parecer exarado quando na Procuradoria-Geral da República – aduziu que era necessária a ocorrência dos fatos *a posteriori*, isto é, situados entre os acontecimentos que ocasionaram a alta e suas conseqüências.

Com outra postura, perfeitamente definida nas linhas da generalidade, isto é, de que as restrições do art. 1.246 não são absolutas, mantendo-se estritamente dentro de certos limites, é que se posicionou Oliveira Hesketh.[42]

Em 1941 Orozimbo Nonato, Philadelpho de Azevedo e Hahnemann Guimarães, a exemplo do que se fizera na Polônia e Suíça, elaboraram um Código das Obrigações, que, em seu art. 322, dava abrigo expresso e seguro à imprevisibilidade, nos seguintes termos: "Art. 322. Quando, por força de acontecimentos excepcionais e imprevistos ao tempo da conclusão do ato, um obstáculo se opõe ao cumprimento exato, desta dificuldade extrema, com prejuízo exorbitante para uma das partes, pode o juiz, a requerimento do interessado e considerando com equanimidade a situação dos contratantes, modificar o cumprimento da obrigação, prorrogando-lhe o termo, ou reduzindo-lhe a importância".

Embora de forma tímida, a essência do dispositivo refletiu à justa o espírito da verdadeira teoria da imprevisão, embora passível de reparos quanto à precisão técnica ao falar em "prejuizo exorbitante para uma das partes" (lesão objetiva), que nada tem a ver com a virtualidade da lesão que nasce em razão do evento extraordinário (lesão subjetiva). O Projeto não foi aceito e o tempo passou.

Depois de mais de 20 anos (1963) a tarefa foi entregue à competência indiscutível de Caio Mário da Silva Pereira. No item 77 de sua "Exposição de Motivos" justificou ele que na resolução por onerosidade excessiva o Anteprojeto dava guarida à velha cláusula *rebus sic stantibus*, que entrou decididamente no Direito moderno como teoria da imprevisão (Arnoldo Medeiros da Fonseca), ou da base do negócio jurídico (Paul Oertmann), ou da superveniência (Osti), todas baseadas no velho texto de Neratius.

---

41. *Cláusula "Rebus Sic Stantibus"*, p. 64.

42. "Quanto ao art. 1.246, o seu contexto enérgico poderia, de fato, arrastar à conclusão de que a lei não ampara o empreiteiro contra as danosidades de uma lesão imprevista. Mas não é tanto assim. Se é justa essa severidade ali sancionada, não será por isso que deva ela ser levada a um extremo que viria azorragar o construtor ou o arquiteto. Todo rigor, para que se não incompatibilize com a idéia de justiça, há de restringir-se a certos limites" (artigo cit., "Separata" da *RT* 320, p. 21).

INTEGRAÇÃO DA IMPREVISÃO NO DIREITO BRASILEIRO   525

E no corpo do Código – arts. 358, 359 e 361 – tratando do tema, ficou expresso:

"Art. 358. Nos contratos de execução diferida ou sucessiva, quando, por força de acontecimento excepcional e imprevisto ao tempo de sua celebração, a prestação de uma das partes venha a tornar-se excessivamente onerosa, capaz de gerar para ela grande prejuízo e para a outra parte lucro exagerado, pode o juiz, a requerimento do interessado, declarar a resolução do contrato.

"A sentença, então proferida, retrotrairá os seus efeitos à data da citação da outra parte."

"Art. 359. A resolução do contrato poderá ser evitada, oferecendo-se o réu, dentro do prazo da contestação, a modificar com equanimidade o esquema de cumprimento do contrato."

"Art. 361. Não se dará, igualmente, esta resolução nos contratos em que uma só das partes tenha assumido obrigação, limitando-se o juiz, nesse caso, a reduzir-lhe a prestação."

Por múltiplas razões ficou o texto do ilustre jurista muito distante do que se poderia chamar de redação ideal. Primeiramente pela exclusão da possibilidade de *revisão* do pacto, ao tratar exclusivamente da *resolução*. Se o reducionismo (apenas *revisão*) já era condenável no Projeto de 1941, com mais razão deveria sê-lo por suprimir a autêntica *ratio essendi* da doutrina da imprevisibilidade. Depois, pela injustificada exclusão do credor, ao dar abrigo à onerosidade excessiva aplicável *exclusivamente ao devedor* pois ao credor jamais se pode imputar qualquer ônus, sob pena de desfigurá-lo, transformando-o também em devedor, quando, então, a contratação consubstanciaria uma surrealista situação de dois devedores e nenhum credor. O absurdo da situação dispensa comentários. Considerações mais completas são desenvolvidas no estudo dos arts. 478, 479 e 480 do futuro Código Civil Brasileiro.

Um outro aspecto é relevante. É necessário lembrar aos autores da tese que o Código Civil Brasileiro de 1916 *já nasceu envelhecido* (com toda certeza por sua linha conservadora), que ele não poderia ter fugido às motivações contextuais de seu nascimento – que traçaram suas coordenadas e o inspiraram –, como também não poderia ficar indiferente às transformações e à evolução dos institutos jurídicos, deixando de sentir os efeitos do liberalismo reinante, em especial dos reclamos da justiça comutativa. E tanto isto é verdadeiro que ele não deixou de representar o produto de idéias em ebulição e de transfor-

526 A TEORIA DA IMPREVISÃO NO DIREITO CIVIL E NO PROCESSO CIVIL

mações sociais altamente relevantes, embora inspirado no modelo napoleônico, impregnado do racionalismo oriundo do Iluminismo Francês do fim do século XVIII – o que não é, por inúmeras razões, motivo para comemoração.

A doutrina disto logo se apercebeu; e o grande revisionista que foi Arthur Rocha[43] registrou aquela fase.

De forma sintética, se, por um lado, restou frustrada a tentativa de encontrar fundamento seguro para a defesa da imprevisibilidade, de modo expresso ou implícito, nos dispositivos do Código Civil em vigor, por outro, ficou a certeza de que nenhum artigo daquele diploma legal, direta ou indiretamente, a rejeitou. E isto leva à conclusão final – até certo ponto confortante – de que em nenhum momento a alteração imprevisível da base negocial (sancionadora da aplicação do princípio) se contrapôs à sistemática do Código. Prova irrefutável desta afirmação foi seu longo e gradual desenvolvimento, a despeito dos constantes ataques que durante toda sua existência vem sofrendo. Graças à doutrina e à jurisprudência, inspiradas nas construções estrangeiras sobre o instituto, aquela salutar evolução nos trouxe até o Projeto 118/84, e, mais exatamente, aos arts. 478, 479 e 480 do novo Código Civil Brasileiro, a despeito das falhas destes últimos, analisadas em contexto específico desta pesquisa.

25.2 O entendimento doutrinário

25.2.1 A vanguarda de aceitação e rejeição do princípio.
Doutrina contemporânea

Desde seu ressurgimento, após a I Guerra Mundial, as idéias revisionistas provocadas pela teoria da imprevisão encontraram salutar acolhida na doutrina brasileira. O grupo que a rejeitava foi sempre minoritário (hoje, praticamente extinto), embora então pudesse contar com nomes expressivos de nossas letras jurídicas.

Por outro lado, não há como negar: relevante entre nós foi a corrente anti-revisionista. Entre os adversários da doutrina, condenando sua tentativa de se impor como princípio jurídico, encontrava-se J. de

---

43. "O Código fez-se em pleno curso das idéias que se insurgiam contra as doutrinas exegetas, pecualiares aos sistemas codificados no século XIX, os quais faziam obras de disciplina contra a confusão de doutrinas e costumes sem harmonia nem idéias de conjunto, dificultando a aplicação racional" (*Da Intervenção do Estado nos Contratos Concluídos*, p. 126).

INTEGRAÇÃO DA IMPREVISÃO NO DIREITO BRASILEIRO   527

Castro Magalhães,[44] que, como contumaz contestador, indagava a que se reduziria a firmeza dos contratos, sua força como lei entre as partes, se as mudanças posteriores à sua organização, as alterações do estado de fato, fossem suficientes para os desfazer. Explicava que a noção de *contrato* deveria envolver justamente a possibilidade de acontecimentos futuros e contrários, dos quais as partes, ao contratar, visariam a se acobertar. Seu ponto de vista prendia-se ao fato de que era da natureza de todos os pactos uma álea de riscos – identificada como um campo de ocorrências –, mesmo daqueles que não fossem aleatórios na sua essência, e, por isso, a parte obrigada não poderia invocar tratamento diferenciado em seu benefício, para fugir ao convencionado, em razão do fato superveniente, cujos efeitos a outra quis evitar, por via da contratação.

Este autor, a despeito de seu indiscutível saber jurídico, infelizmente, na época, não possuía as informações necessárias à exata compreensão da imprevisibilidade. Quando divulgada, foi esta uma argumentação considerada importante, da lavra de um dos mais eminentes juristas da década de 40. Teve o efeito de impressionar fortemente os que ainda não se haviam decidido por uma posição definitiva quanto ao revisionismo ou não dos pactos, bem como os que não tinham dedicado à doutrina o estudo aprofundado que ela merecia.

Também Carvalho de Mendonça,[45] um dos nossos maiores expoentes no direito comercial, depois de constatar que o Código Civil não havia adotado expressamente a cláusula *rebus sic stantibus*, apresentou importante cotejo entre os artigos que, implicitamente, aceitavam e rejeitavam a doutrina. Começou dizendo que normas especiais, esparsas no Código Civil e no Código Comercial, ora a afastavam (CC, arts. 1.214, 1.246 e 1.453 do CC vigente), ora disciplinavam circunstâncias particulares que, surgindo após a conclusão do negócio jurídico, deveriam ser atendidas, ou para modificar esse negócio (CC, art. 1.190, novo art. 566) ou, finalmente, para liberar o devedor da obrigação (CC, art. 1.436, novo art. 761; e CComercial, art. 711). Posteriormente este jurista se converteria ao revisionismo.

No contingente anti-revisionista, a princípio, posicionou-se Orozimbo Nonato,[46] um dos maiores juristas de todos os tempos. Enten-

---

44. "A cláusula *rebus sic stantibus*", *RF* 85/45-50.

45. Artigo cit., *RF* 55/455-458.

46. "Aspectos do modernismo jurídico", *Boletim do Instituto dos Advogados Brasileiros* III/106-107.

528 A TEORIA DA IMPREVISÃO NO DIREITO CIVIL E NO PROCESSO CIVIL

dia que os textos não resistiriam à distensão com que se pretendia forçá-los, porquanto não ofereciam elasticidade suficiente para chegar à noção do risco imprevisível. Prosseguiu explicando que a concepção clássica do contrato, referida algumas vezes pelo legislador, em nome da ordem pública e pela ação penetrativa da jurisprudência sob a forma permanente de um controle das consciências individuais, era o que havia de mais contrário à tentativa dos teoristas da imprevisão. Concluindo, acrescentou que era preciso, a todo poder e custo, manter a força obrigatória das convenções. Sua integridade é que asseguraria o curso normal da vida jurídica.

Infelizmente equivocou-se o grande mestre do direito privado quando focalizou apenas parte dos fundamentos utilizados por alguns revisionistas. Refutou justamente a tese dos que pretenderam encontrar aprovação implícita no Código para o emprego do princípio, restringindo, assim, sua discordância à impossibilidade de distensão do texto legal, de forma a abrigar a doutrina, deixando de lado outros fatores altamente relevantes que, por todos as razões de ordem comutativa, sancionavam sua aplicação. A justificativa maior sempre esteve fora do Código.

Este mesmo jurista, posteriormente, reabilitou-se em parecer[47] revisionista.

Carvalho Santos,[48] um de nossos maiores civilistas, inicialmente também foi anti-revisionista, pois entendia que não se poderia aceitar a imprevisão a pretexto de "omissão da lei". A seu ver, em termos de não-aceitação do princípio, a norma legal era "claríssima e completa".

A "clareza" de que nos fala o jurista não é tanta assim. Não são poucos os artigos do Código que têm provocado controvérsias infindáveis justamente pela falta de clareza. Se a questão fosse assim tão pacífica o tema aqui discutido não teria dado origem a polêmicas formidáveis e a tantos desdobramentos, não só antes como também de-

47. "De então para cá, entretanto, o instituto progrediu intensamente, encontrando boa sombra nas reformas e tentativas de reformas legislativas mais recentes (v. Código Italiano, art. 1.467; Código Civil egípcio, art. 147; Código Polonês de Obrigações – anti-revolucionário –, art. 269)" (*Parecer* na ação revisional proposta pela Imobiliária Veronesi Ltda. contra Emílio Fialho e outros, Londrina/PR, agosto de 1963, p. 14).

48. "Como quer que seja, a cláusula *rebus sic stantibus* funciona no Direito moderno como um temperamento, em caso excepcionais, do *pacta sunt servanda* e como instrumento de humanização do Direito. A inocorrência, em nosso Direito, de preceito legal sobre o tema levou-nos, a princípio, seguindo, aliás, a esteira de Arnoldo Medeiros da Fonseca, a negar a sua aplicação genérica no Direito Pátrio" (ob. cit., v. XII, pp. 299 e ss.).

INTEGRAÇÃO DA IMPREVISÃO NO DIREITO BRASILEIRO 529

pois da entrada em vigor da nossa legislação privada e posteriormente às duas grandes guerras mundiais.

Concluindo não haver meios de se incluir a cláusula, sob o pretexto de "omissão de nossa lei", e tentando justificar sua radical rejeição, também Philadelpho Azevedo[49] – anti-revisionista por excelência – entendeu ser nosso diploma legal um estatuto de natureza quase completa. Via nosso Código Civil como um modelo de completude e clareza.

Arnoldo Medeiros da Fonseca (como exposto), antes contra a aplicação da imprevisibilidade *de iure constituendo*, convencido de que seus argumentos anteriores não representavam o ideal perseguido pela justiça comutativa, passou a defendê-la e a aconselhar seu uso, redimindo-se de sua posição anterior, francamente contrária.

Outros nomes de expressão no Direito Brasileiro cerraram fileira nas hostes contrárias à aceitação e aplicação do instituto (só o aceitavam *de iure constituto*). Entre eles Hahnemann Guimarães[50] e Jaime Landim.[51]

Naquela fase de tomada de posição, a favor e contra o princípio, aquele que, com justiça, foi considerado o maior privatista brasileiro de todos os tempos, Pontes de Miranda,[52] explicou que ninguém contrata pensando que as circunstâncias permanecerão rigorosamente as mesmas, posto que haja também mudanças totalmente improváveis que, de repente ou devagar, ocorrem. Falar-se de erro a respeito de circunstâncias imprevisíveis – acrescentou – já é forçar o conceito de erro. Quem contrata deve arcar com as conseqüências das mudanças desfavoráveis das circunstâncias, como se aproveita das mudanças favoráveis. Se esses motivos – prosseguiu (que podem não ter sido, sequer, admitidos como possíveis pelos interessados, se alguém os tivesse advertido) – não entraram como elemento acidental no suporte fático do negócio, não têm de ser atendidos. Estariam fora do conteúdo do negócio jurídico. Concluiu dizendo que para que nele estivessem teria sido necessário terem-se encaixado, como elemento volitivo, no suporte fático daquela negociação; então a cláusula *rebus sic stanti-*

49. "Aplicação da cláusula *rebus sic stantibus* ou dirigismo na vida contratual", *RT* 145/226.

50. "Estudo comparativo do Anteprojeto do Código das Obrigações e do Direito vigente", *RF* 97/290.

51. "Notas ao Anteprojeto do Código das Obrigações", *RF* 97/325.

52. *Tratado de Direito Privado*, t. III, p. 74.

530   A TEORIA DA IMPREVISÃO NO DIREITO CIVIL E NO PROCESSO CIVIL

bus, explícita, com a caracterização das circunstâncias ou estado de coisas, daria lugar ao direito de resolução, de denúncia ou outro procedimento semelhante.

Data venia, a frase do saudoso mestre "quem contrata deve arcar com as conseqüências das mudanças desfavoráveis das circunstâncias, como se aproveita das mudanças favoráveis", ao contrário do efeito pretendido, retrata uma perfeita e acabada situação em que o emprego da teoria da imprevisão estaria legitimamente sancionado. Em contrato de execução diferida, se as mudanças favoráveis a uma das partes resultarem de evento imprevisível, dando origem a lesão virtual para a outra, por certo a doutrina da imprevisibilidade será aplicável, da mesma forma que o seria se fosse provocada por mudanças desfavoráveis. Em resumo: favoráveis ou desfavoráveis as alterações para qualquer das partes, afastado fica o princípio *pacta sunt servanda*, para dar lugar ao emprego da imprevisibilidade. A saliência no raciocínio está em se considerar a aplicação do princípio de forma unilateral. Quando o evento imprevisível provocar vantagem para uma das partes e desvantagem para a outra, presentes os pressupostos de admissão, sempre será possível invocar a doutrina.

Pontes de Miranda,[53] em outro volume de sua vastíssima obra – considerada a maior em todo o mundo, escrita por um só jurista –, insistiu no fato de que toda manifestação geneticamente ligada à vontade deveria ser expressa, razão principal de sua não-aceitação do princípio *rebus sic stantibus*.

Embora respeitáveis estas considerações, porque provenientes de uma inteligência de exceção, como bem poucas no universo jurídico, não só brasileiro como mundial, é de se lamentar profundamente a posição do grande mestre alagoano. Perderam as letras jurídicas brasi-

---

53. "A doutrina da cláusula *rebus sic stantibus* somente era verdadeira onde se firmava na interpretação do negócio jurídico e se podia dizer que incluíra a cláusula, ou como núcleo do conteúdo ou como condição. Aqueles que falam de cláusula *rebus sic stantibus* sem a reputar implícita ou tácita, ou, já um tanto forçadamente, como elemento que a lei impõe (regra jurídica dispositiva), desatendem a que qualquer *cláusula* é manifestação de vontade e manifestação de vontade há de ser expressa em palavras e atos. Em vez disso, o que se viu foi a mais desabusada regra jurídica sobre a base do negócio jurídico." "Se a legislação houvesse adotado, por exemplo, nos contratos de compra-e-venda, a *doutrina da inclusão dispositiva da cláucusula 'rebus sic stantibus'*, quer dizer, a regra de que, em todos os contratos, se entendia existir a cláusula *rebus sc stantibus*, em delicada situação ficaria a segurança contratual. Não há, sequer, norma interpretativa para, no caso de dúvida se foi, ou não, incluída a cláusula, se responder afirmativamente" (ob. cit., t. XV, § 3.060, n. 3, e t. XIII, § 1.536, n. 7).

INTEGRAÇÃO DA IMPREVISÃO NO DIREITO BRASILEIRO

leiras uma grande e excelente oportunidade de vê-lo na margem mais segura da questão, aclarando com sua excepcional argúcia e invulgar capacidade de observação e exposição (lastreada, em especial, pela vastidão do seu imenso saber jurídico) um instituto que, felizmente, hoje já encontrou seu verdadeiro espaço em quase todas as legislações do mundo, graças ao trabalho artesanal e paciente da doutrina e da jurisprudência. Infelizmente, esta foi postura que demonstrou apenas uma visão unilateral do problema e o esquecimento de que a tão decantada estabilidade dos contratos – em decorrência, do próprio comércio jurídico – é, fundamentalmente, um valor bilateral, que não pode ser focalizada apenas sob a ótica de uma das partes, como sabiamente lembraram Spota e Quinteros (v. Título I, Capítulo III, item 10, nota de rodapé 32), com muita propriedade. Temos certeza de que, se vivo fosse, Pontes de Miranda já teria revisto sua posição, como tantos outros grandes juristas o fizeram, enriquecendo com seu discernimento o contingente dos que, colocando a justiça comutativa em seu devido lugar, não tiveram quaisquer dúvidas em admitir o emprego da doutrina.

Curiosamente, Pontes de Miranda, no seu *Tratado dos Testamentos*, t. I, n. 73, pp. 168 e ss. – citado por Oswaldo de Carvalho Monteiro[54] –, reconheceu a ocorrência de situações em que o princípio da imprevisibilidade se achava presente e, a tal propósito, cumpria não confundir o erro sobre o conteúdo da declaração e a cláusula *rebus sic stantibus*: se ele *conhecesse* a verdade, não testaria – aí o erro; se, ao tempo em que testou, a situação fosse a da morte, não testaria – tal a cláusula *rebus sic stantibus*. Prosseguiu dizendo que para a aceitação da cláusula *rebus* no direito positivo brasileiro seria preciso observar seus verdadeiros efeitos, que nem sempre poderiam ser considerados como totais.

Citando o jurista germânico Max Mathias (*Rechtswiskungen der Clausula "rebus sic stantibus" und der Veraussetzung "rebus sic stantibus"*), Pontes de Miranda esclareceu que os efeitos da cláusula seriam apenas para casos particulares, não existindo um efeito geral na sua aplicação.

Em seguida forneceu dois exemplos em que ela seria identificável:

"a) o testador dispôs da metade testável a favor da mulher, apresentou petição de desquite ou divórcio contra o cônjuge, ou, ainda, de nulidade de casamento, e venceu, ou ao morrer continuou na ação;

---

54. Artigo cit., *RF* 94/251.

532 A TEORIA DA IMPREVISÃO NO DIREITO CIVIL E NO PROCESSO CIVIL

"b) o testador contemplou a noiva, com quem cortou relações ou simplesmente desfez os esponsais."

E concluiu dizendo que o casamento dissolvido, o noivado desfeito, a sociedade conjugal que se apagou, constituem, na verdade, casos de cláusula *rebus sic stantibus*. Nos exemplos observa-se que o testador teve em mente a chamada *qualidade essencial* do beneficiário naquele contexto, isto é, mulher ou noiva. Se essa qualidade desapareceu, nada justifica a manutenção da vontade primitiva, mormente se a base em que ela se apoiava deixou de existir.

Sem a preocupação de análise da justeza ou não das proposições do grande mestre – a rigor, divorciadas do moderno conceito de teoria da imprevisão –, é imprescindível registrar que, a despeito da posição francamente contestatória de nosso maior jurista e de outros tantos estudiosos de expressiva envergadura quanto à não-admissibilidade da imprevisão no direito privado brasileiro, é preciso ter presente que as estruturas políticas, sociais, econômicas e jurídicas – que ainda não haviam se assentado de todo, em conseqüência da I Guerra Mundial – acabavam de sofrer outro abalo, talvez de maior profundidade, que foi a II Guerra Mundial. Depois deste último cataclisma foi que muitos juristas ilustres – antes, declarados anti-revisionistas – passaram a defender intransigentemente a imprevisibilidade. Como se verá (e a realidade dos nossos dias só faz aumentar), o grupo dos revisionistas foi também altamente relevante, demonstrando uma capacidade de argumentação muito forte na defesa do princípio, alicerçada em lógica irrefutável.

Embora expressivo e respeitável o elenco de juristas, todos de primeira linha, nas hostes anti-revisionistas, outros tantos, de igual envergadura, cerraram fileiras no campo revisionista.

Dentre os mais lúcidos e sólidos defensores da doutrina destacou-se Jair Lins.[55] Com base na máxima romana *voluntas non extenditur incognitum*, entendia que na teoria da imprevisão se encontrava implícita a ausência total de consentimento da parte em vias de sofrer a lesão, motivo pelo qual gozava ela do direito ao *remedium juris* de exceção. Tinha como afirmativa a resposta à indagação sobre se o pacto não se firmaria, ou seria celebrado sob outras condições, se uma alteração tão profunda como a provocada por fatores imprevisíveis pudesse ser cogitada. Aditou que nenhum comerciante honesto seria capaz de contestar aquela afirmativa, o que só seria feito por jogado-

55. "A cláusula *rebus sic stantibus*", RF 55/512.

INTEGRAÇÃO DA IMPREVISÃO NO DIREITO BRASILEIRO 533

res. Concluiu explicando que a boa-fé, base do comércio e, em geral, de qualquer contrato, não permitiria que alguém pudesse pretender um lucro dessa natureza, em detrimento da outra parte, por não ser tolerável que um comerciante quisesse a prosperidade repentina à custa do suicídio econômico de outrem.

Arthur Rocha,[56] valendo-se, basicamente, dos elementos que norteiam a presunção e assentando a doutrina de exceção na determinação da vontade expressa no contrato e na limitação do consentimento nele implícita, procurou esclarecer o instituto, observando que em qualquer negócio a termo existe uma presunção absoluta a limitar a responsabilidade dos riscos à álea normal ao tempo de sua formação. Acrescentou ser a superveniência resultante da imprevisão criadora de um regime novo, a exigir noções de eqüidade natural.

De forma semelhante, dando ênfase maior ao consentimento – a seu ver, o principal motivo – Mendes Pimentel, citado por Arthur Rocha,[57] também defendeu a imprevisibilidade.

As bases em que cada jurista assentou sua aceitação variaram constantemente. Cada um, a seu modo, valendo-se dos diversos fundamentos que lastrearam as diferentes formulações, ao longo dos séculos, tentou justificar sua chancela. Assim, para Virgílio de Sá Pereira[58] o princípio da imprevisão nada mais seria do que uma forma atenuada de força maior. Afirmou que no Código Civil de 1916 estão expressos dispositivos muito claros que dão condições bastante amplas à jurisprudência para extrair um princípio superior de eqüidade aplicável aos casos em que a "(...) mudança do ambiente objetivo do contrato fosse imprevisível".

Convencido também de que o *remedium iuris* de exceção defendido pelos revisionistas guardava estreito parentesco com a força maior e buscando um paralelo entre eles, Epitácio Pessoa[59] observou que, independentemente das diferenças estabelecidas pela doutrina entre força maior e imprevisão, ninguém lograria dissimular a analogia que aproxima uma da outra, mesmo quando não se queira ver a perfeita identidade existente entre ambas do ponto de vista da inevitabilidade

56. Ob. cit., p. 150.

57. Idem, ibidem.

58. "Parecer", in revista *A Balança* 27.5.1934, *apud* Arnoldo Medeiros da Fonseca, ob. cit., p. 294.

59. "Aplicação da cláusula *rebus sic stantibus* no Direito Brasileiro", Rio de Janeiro, in *Memorial na Apelação Cível n. 3.847, Embargos*, pp. 6, 7 e 10, *apud* Arnoldo Medeiros da Fonseca, ob. cit., p. 295.

534 A TEORIA DA IMPREVISÃO NO DIREITO CIVIL E NO PROCESSO CIVIL

do fato que as gera, nos casos em que o porte da transformação das circunstâncias da época do pacto acabe por torná-lo inteiramente inexeqüível.

Como tantos outros juristas, também ele se equivocou na tentativa de demonstrar a similitude dos institutos. Como se viu em contexto próprio, a semelhança que existe entre o caso fortuito ou de força maior e a imprevisão é inexpressiva, porque de natureza apenas relativa, ao passo que as inúmeras diferenças são absolutas. Insista-se em que tanto na Antigüidade como também em décadas passadas, e ainda hoje, era muito comum a confusão – o que, presentemente, não mais se justifica, por se tratar de institutos inteiramente diversos, com gênese, desenvolvimento e efeitos totalmente distintos.

Na concepção de Antônio Bento de Faria[60] a aplicação da imprevisibilidade no espaço jurídico brasileiro seria a que resultasse dos princípios gerais do Direito e da eqüidade, invocável nos casos omissos, a reclamar apreciação e decisão.

Eduardo Espínola Filho,[61] um dos maiores juristas da época, verdadeiramente apaixonado pelo tema e pela variedade de formulações que ele permitia – a exemplo das incontáveis doutrinas até então desenvolvidas –, bem como pela sua complexidade, desafio constante para juristas preocupados com a pesquisa e a real determinação da natureza jurídica de institutos polêmicos, fez profundo e alentado estudo, desde sua concepção no Direito Romano, passando pelos jusnaturalistas e bartolistas medievais, pesquisadores do direito canônico, da glosa civil e religiosa, e, ainda, pelos reflexos das duas grandes guerras mundiais, até nossos dias, engrossando a corrente revisionista.

Além dos estudiosos aqui elencados (e de suas opiniões transcritas) partidários da aplicação do remédio excepcional da imprevisibilidade no Direito Brasileiro, bem como dos incansáveis pesquisadores pioneiros nestes estudos que foram Arthur Rocha, Arnoldo Medeiros da Fonseca, Abgar Soriano de Oliveira, Nehemias Gueiros e, mais re-

---

60. *Aplicação e Retroatividade da Lei*, pp. 112-113.

61. "Há, portanto, casos especiais em que as nossas leis repelem a teoria da imprevisão, outros se encontram em que essa teoria é reconhecida. Fica aberto ao exame e à interpretação dos tribunais se dos princípios gerais de Direito, em que se inspira a nossa legislação comum, resulta que se deve reconhecer a teoria da imprevisão e amparar a parte obrigada, com fundamento na cláusula *rebus sic stantibus*, em casos imprevistos de excepcional gravidade, em que o cumprimento de sua prestação se transforme em insuportável sacrifício e fragorosa injustiça" ("A cláusula *rebus sic stantibus* no Direito contemporâneo", parecer, *Revista "Direito"* I/33-34).

INTEGRAÇÃO DA IMPREVISÃO NO DIREITO BRASILEIRO   535

centemente, Paulo Carneiro Maia, Tito de Oliveira Hesketh, Anísio José de Oliveira, estudiosos que gravaram para sempre seus nomes na construção do edifício da teoria da imprevisão entre nós – aqui constantemente citados, fontes obrigatórias de consulta de quantos se aventurem a pesquisar e escrever sobre o tema –, de cujas investigações ímpares todos se valeram, outras vozes altamente expressivas se fizeram ouvir, ao longo dos anos, em defesa daquele princípio moderador como chancela para a revisão ou resolução dos contratos, no exercício regular da mais autêntica justiça comutativa.

No curso das décadas, um grupo de juristas brasileiros de indiscutível capacidade destacou-se, pela profundidade e seriedade de seus estudos. Os resultados das pesquisas desses dedicados juristas representam contributos à literatura jurídica nacional de valor inestimável, traçando rumos seguros para a jurisprudência; e, na condição de princípios informadores, consubstanciam subsídios indispensáveis ao legislador na escultura dos artigos de lei responsáveis pela integração definitiva do princípio em nosso direito positivo.

Pela autoridade de suas idéias e conclusões sólidas, um registro nominal de alguns dos juristas mencionados ora é feito, sem a mínima pretensão de esgotá-los, em razão de seu grande número. Além dos já citados, o grupo revisionista teve seu quadro enriquecido, em décadas passadas, por estudiosos da mais alta envergadura, tais como: Noé Azevedo, Darcy Bessone, Brandão Cavalcanti, Francisco Campos, San Thiago Dantas, Caio Mário da Silva Pereira, Oswaldo de Carvalho Monteiro, Espínola Fillho, Adhemar de Souza Monteiro, Alcino Salazar, José Campos, Caio Tácito, Lino de Moraes Leme, Amaral Gurgel, Orlando Gomes, Serrano Neves, Vicente Ráo, Almeida Paiva[62] – e tantos outros que, como advertido, qualquer pretensão de enumeração precisa restaria frustrada.

---

62. Darcy Bessone de Oliveira Andrade, *Aspectos da Evolução da Teoria dos Contratos*, p. 49; Themístocles Brandão Cavalcanti, "Empreitada – Teoria da imprevisão – Cláusula *rebus sic stantibus* – Contrato administrativo" (parecer), *RF* 212; Francisco Campos, *Direito Civil*, 1947; F. C. de San Thiago Dantas, *Problemas do Direito Positivo – Evolução Contemporânea* (parecer), 1958; Caio Mário da Silva Pereira, *Lesão nos Contratos*, p. 43; Oswaldo de Carvalho Monteiro, "Cláusula *rebus sic stantibus*", *RF* 94/243-244; Eduardo Espínola, *Tratado de Direito Civil Brasileiro*, v. I; Adhemar de Souza Monteiro, "Contrato – Impossibilidade superveniente da execução – Força maior – Justa causa – Cláusula *rebus sic stantibus* – Excerto de razões", *Revista de Direito* 18/36-37; Alcino Salazar, "A cláusula *rebus sic stantibus* – Sua aplicação no Direito Brasileiro", *RDA* 31/76; José Campos, *A Cláusula "Rebus Sic Stantibus" e o Surto Inflacionário no País*, p. 112; Caio Tácito, "Contratos administrativos

536 A TEORIA DA IMPREVISÃO NO DIREITO CIVIL E NO PROCESSO CIVIL

Serpa Lopes,[63] também na condição de revisionista, deixou claro estar de pleno acordo com Francisco Campos quando este considerou constituir regra implícita em todos os contratos a fixação do valor da prestação, razão por que inexistia de qualquer obstáculo à aplicação da teoria da imprevisão.

E Serpa Lopes,[64] com a precisão didática que o caracterizou não só na área dos Registros Públicos como, também, em todo o direito privado, procurando demonstrar que, em razão da I Guerra Mundial, embora fosse possível o cumprimento das obrigações, em tais circunstâncias o adimplemento implicava quase sempre o aniquilamento econômico, desenvolveu preciosos argumentos específicos em favor da aplicação do princípio e, genericamente, do revisionismo contratual.

Posicionando-se, igualmente, a favor da revisão dos pactos, João Didonet Neto[65] salientou que, como disse Ripert, estamos, hoje, muito desiludidos sobre o valor do contrato segundo as doutrinas liberais. A teoria da autonomia da vontade está desacreditada pelos filósofos; o liberalismo, abandonado pelos economistas. Hoje, a cláusula *rebus sic stantibus* ressurge com a denominação de teoria da imprevisão e a revisão dos pactos já é uma conquista definitiva do Direito moderno,

– Revisão de preço", *RF* 155/32; Lino de Moraes Leme, "As transformações dos contratos", *RF* 171/59-66; J. do Amaral Gurgel, *Dos Contratos no Código Civil Brasileiro*, v. I, n. 1, pp. 5-16; Orlando Gomes, "Comentário", *Forum – Revista do Instituto da Ordem dos Advogados da Bahia* XIII/128-130; Geraldo Serrano Neves, *Teoria da Imprevisão e Cláusula "Rebus Sic Stantibus"*, p. 255; Vicente Ráo, *Empreitada – Modalidade do Contrato – Aplicação da Cláusula "Rebus Sic Stantibus"*, 1981; Alfredo de Almeida Paiva, *Aspectos do Contrato de Empreitada: a Cláusula "Rebus Sic Stantibus"– Sua Aplicação no Direito Brasileiro*, 1946.

63. "A cláusula *rebus sic stantibus* no Direito contemporâneo" (parecer), *Revista "Direito"* 1957, pp. 33-34.

64. "Em 1914, a Guerra veio mostrar que não era mais possível cumprir os contratos. O aço, o ferro e outros materiais subiram de preço astronomicamente. É só havia, então, uma alternativa: ou cumprir os contratos ou aniquilar-se. A obrigação não era impossível. A obrigação podia ser cumprida, mas isso importava o aniquilamento econômico.

"Portanto, nós podermos dizer que, modernamente, o efeito do contrato continua a ser o de vincular os contratantes, mas não se pode conceber uma vinculação no sentido absurdo, pois que é incontestável – a despeito da resistência de certa corrente jurisprudencial muito apegada a certas idéias que, por exageradas, não podem ser aplaudidas –, nós temos que reconhecer que o instituto da imprevisão é necessário ser reajustado ao nosso aparelhamento jurídico. Não por qualquer oscilação econômica, mas quando houver uma gravidade tal que determine a necessidade de revisão do contrato" ("Contratos", *Revista Jurídica* 27/18-19).

65. "A revisão dos contratos no direito civil brasileiro", *Revista Jurídica* 4/43.

INTEGRAÇÃO DA IMPREVISÃO NO DIREITO BRASILEIRO   537

adotada em codificações como no Código das Obrigações da Polônia (1934, art. 269) e no Código Civil Italiano (1942, arts. 1.467-1.469). Prosseguiu explicando que o Direito moderno converge para as concepções cristãs, das quais se afastaram as construções filosóficas e jurídicas do século XVIII, porque a cláusula *rebus*, acolhida pelos canonistas dos séculos XII e XIII, com o apoio de São Tomás de Aquino, e aplicada pelos tribunais eclesiásticos, foi afastada pelo Código Napoleônico.

No levantamento procedido sobre a vanguarda de juristas que se interessaram pelo tema ficou constatado que a quase-totalidade aceitou o princípio. Os contemporâneos, unanimemente, são favoráveis à sua inclusão em nosso direito material. Enquanto isto não se dá, apóiam integralmente sua aplicação *de iure constituendo* pelos juízes do primeiro grau e pelos colegiados do segundo. Constata-se que beberam nas fontes doutrinárias que os pioneiros de ontem se encarregaram de purificar. É impossível falar-se em imprevisão sem citá-los ou deixar de reconhecer a importância de suas pesquisas.

Quase ao final destas referências a alguns dos juristas que compuseram a frente revisionista no Direito Brasileiro (hoje vitoriosa nos arts. 478-480 do futuro Código Civil), sem qualquer pretensão de fazer um levantamento completo – uma vez que a cada dia, seduzidos pelo fascínio do instituto milenar, novos adeptos passam a fazer parte do grupo –, rendendo nossas profundas homenagens, indispensáveis são algumas referências elogiosas às minudentes pesquisas de Paulo Carneiro Maia,[66] de quem se pode dizer, com absoluta segurança, que,

---

66. "As idéias fundamentais expostas em sinopse, que mais não suportaria o verbete, nos levam a concluir em traços fundamentais e incisivos:

"1ª. A cláusula *rebus sic stantibus* constitui antiga aspiração, que o direito medieval sancionou e as primeiras codificações acolheram; tendo entrado em declínio, no período do liberalismo, ressurgiu nos tempos atuais, com a moderna teoria da imprevisão.

"2ª. O fundamento jurídico da imprevisão, a nosso ver, está na lesão subjetiva, a que o Direito não pode ficar alheio, desde que deva compor o conflito dos interesses segundo critério eqüitativo.

"3ª. O Código Civil Brasileiro não acolheu a teoria da imprevisão, de modo expresso, como regra geral da revisão dos contratos; todavia, consignou, em alguns dispositivos, aplicações particulares da teoria, que traduzem uma tendência, acentuada, depois de 1930, em legislação especial.

"4ª. Ainda, à míngua de texto legal, nada obsta a que o juiz, interpretando e aplicando o art. 4ª da Lei de Introdução ao Código Civil – que elevou os princípios gerais à categoria de fonte subsidiária do Direito, com eficácia vinculativa –, proceda à revisão do contrato de execução sucessiva ou diferida que, por força de acontecimento extraordinário sobremaneira gravoso, sofra o inquilino" (ob. cit., p. 155).

538 A TEORIA DA IMPREVISÃO NO DIREITO CIVIL E NO PROCESSO CIVIL

entre os autores estudados, demonstrou ser um dos mais rigorosos e completos, responsável pelo levantamento de questões e observações argutas e brilhantes, pesquisador e inventariante de um rico acervo, sob todos os aspectos indispensável a quantos se dediquem ao estudo da controvertida mas fascinante questão. Seu trabalho exemplar deverá ser sempre utilizado por quem pretenda obter informações fidedignas e completas. Pela importância indiscutível, suas conclusões sobre o polêmico tema são aqui reproduzidas, extraídas de verbete constante da *Enciclopédia Saraiva do Direito*.

Também Carlos Alberto Bittar, defendendo o valor bilateral da justiça, acrescentou que: "(...)não se justifica, juridicamente, a oneração excessiva de uma parte diante da outra, em razão de distorções provocadas por *factum principis*, que, ao revés, esteiam a aplicação da teoria da imprevisão, ou da cláusula *rebus sic stantibus*, para restauração do equilíbrio na economia do contrato".[67] Depois de reafirmar a aceitação do princípio, tanto pela doutrina como pela jurisprudência nacionais, diante de situação extraordinária em que os mecanismos privados de composição de interesses tiverem se esgotado – e reclamem o intervencionismo estatal –, concluiu o mesmo autor que o fundamento da intervenção judicial estaria exatamente na consecução de justiça às relações privadas, para o restabelecimento da comutatividade entre as posições em desequilíbrio.

Outro jurista, Álvaro Vilaça Azevedo,[68] entendeu que a cláusula *rebus sic stantibus* – fase embrionária da moderna teoria da imprevisão – protege uma das partes do contrato ante a excessiva dificuldade da obrigação assumida, em razão da brusca alteração da situação primitiva que cercou o nascimento da contratação. Adicionou que ela é a segurança de uma das partes contratantes para não correr o risco de empobrecimento ante modificações casuais do contrato, alheias à vontade negocial. Concluiu que, em suma, a cláusula instala-se nos contratos para prevenir contra alteração imprevisível das situações existentes no momento da contratação, contra a onerosidade excessiva, representada pelo desequilíbrio prestacional, e contra o enriquecimento de um dos contratantes, com prejuízos do outro, não previstos no negócio.

Com base em jurisprudência do Supremo, que há mais de meio século vem admitindo a aplicação do princípio *de iure constituendo*,

---

67. *Curso de Direito Civil – Direito das Obrigações*, pp. 187-188.
68. "Teoria da imprevisão e revisão judicial dos contratos", *RT* 733/111-112.

INTEGRAÇÃO DA IMPREVISÃO NO DIREITO BRASILEIRO   539

inclusive aos contratos de empreitada, reiterando sua aceitação, Ives Gandra da Silva Martins[69] destacou que a imprevisão passou a ser elemento de decisiva influência no reequilíbrio contratual.

Com riqueza de detalhes, analisando a desvalorização da moeda e a necessidade de seu equilíbrio por via de mecanismos que pudessem manter a verdadeira intenção das partes quando da vinculação, com o brilhantismo costumeiro, posicionou-se Orlando Gomes.[70]

Injustiça imperdoável seria não referir, ainda, as inestimáveis contribuições que representaram os trabalhos de Othon Sidou, Márcio Klang, Vânia Maria da Cunha Bruno, Regina Beatriz Papa dos Santos – e tantos outros que escreveram sobre o tema, que sua enumeração é impossível.

Contrariando formulação de Paul Roubier[71] sobre a irretroatividade absoluta das leis, não só incidentes sobre outras leis como sobre os contratos, hoje prevalece o princípio de que ela não é total e tolera exceções necessárias para evitar conseqüências inaceitáveis, principalmente quando assentadas em fato reconhecidamente imprevisível. Como linha de princípio, a lei nova aplica-se mesmo às situações estabelecidas ou às relações formadas desde antes de sua promulgação. É uma conseqüência de sua soberania e da predominância do interesse público sobre os interesses privados, na concepção de Savigny. Essa também tem sido a atual tendência jurisprudencial em situações con-

69. "Contratos anteriores ao Plano Brasil Novo sem mecanismo de adaptação à nova realidade econômica", *RF* 388/82.

70. "Sabe-se que a deterioração da moeda, constante e irremediável, constitui um fator de perturbação dos contratos, determinando, principalmente, a destruição do equilíbrio que devem conservar, porque tal é a vontade das partes; à medida que, ao longo do tempo, vai a moeda perdendo o valor, o contrato entra em desequilíbrio e a equivalência original das obrigações esvazia, a ponto de uma dessas obrigações perder a sua própria causa. Necessário se faz manter o contrato no respeito da vontade real das partes, que é celebrar um contrato equilibrado. É bem certo que os contratos não podem exercer funções jurídicas e econômicas quando o desequilíbrio os está destruindo, mesmo nos contratos aleatórios, pois que, longe de serem contratos de jogo, têm, na verdade, por fim econômico proporcionar a uma das partes segurança no tempo; impõe-se, em conseqüência, o restabelecimento do equilíbrio, sejam quais forem as razões jurídicas e metajurídicas que o fundamentem, inclusive o princípio da valoração dos créditos, que eu defendi com apoio em Joubrecht, ou o do respeito à intenção das partes, que tem maior cobertura dogmática" (*Novas Questões de Direito Civil*, p. 238).

71. "Une loi nouvelle sera-t-elle sans influence sur une clause de non-responsabilité, ou sur une clausule pénale antérieurement stipulée. Ici d'allieurs nous entrons dans un domaine propre aux obligations contractuelle, et le principe est que la loi nouvelle ne peut avior d'effet sur les contrats en cours" (*Les Conflits des Lois dans le Temps*, t. II, p. 19).

540 A TEORIA DA IMPREVISÃO NO DIREITO CIVIL E NO PROCESSO CIVIL

sideradas especiais – prevalência das normas de interesse público –, em que se vem entendendo serem elas de aplicação imediata, anulando cláusulas cuja regularidade era incontestável na época em que foram aceitas pelas partes, como se constata na *RT* 656/202.

O que fica estreme de qualquer dúvida é que no campo doutrinário, a princípio em desvantagem, a corrente dos revisionistas acabou por ser majoritária; e muitos juristas de importância, inicialmente contra a aplicação da teoria da imprevisão, acabaram por se render às características eqüitativas de sua natureza, passando não só a aceitá-la como a defendê-la, preconizando seu emprego diante do desequilíbrio comutativo dos contratos.

Lamenta-se apenas que outros, de igual ou maior brilho, não tenham feito a mesma conversão. Tão importante como as renovadas considerações dos que se converteram seriam os inestimáveis contributos que suas mentes de exceção poderiam ter legado à doutrina da imprevisibilidade, já tão rica de subsídios.

25.3 O entendimento jurisprudencial

25.3.1 A vanguarda de aceitação e rejeição do princípio.
Jurisprudência contemporânea

Por via de ementas, no final desta pesquisa (Anexo 34.1) encontra-se um levantamento jurisprudencial de algumas decisões concessivas, seguidas de umas poucas denegatórias, a título de confronto e esclarecimento, retratando a posição da jurisprudência brasileira na atualidade – isto é, de integral aceitação do princípio.

Entretanto, os antecedentes decisórios do atual estágio de nossos colegiados de segundo grau (e mesmo do impropriamente chamado "terceiro" grau), de franca admissão do princípio de exceção ao fiel cumprimento dos pactos, pela sua relevância, também merecem registro.

A mais antiga decisão a inserir a teoria da imprevisão no Direito Brasileiro deve-se à excepcional capacidade de discernimento e visão de futuro de um de nossos maiores juristas: Nélson Hungria. Em outubro de 1930, na condição de Juiz da ainda chamada primeira instância, no Rio de Janeiro, para aceitar a doutrina fundamentou sua convicção na eqüidade e nos princípios gerais de Direito – bases das quais, mais tarde, também iria se valer Carneiro Maia, um dos mais profundos estudiosos da questão entre nós. A decisão, embora reformada pelo Tribunal de Justiça (1932), estribada nas disposições do então recente

INTEGRAÇÃO DA IMPREVISÃO NO DIREITO BRASILEIRO 541

Código Civil (1917), gestado e nascido sob total influência do Código Napoleônico, assinalou um marco importantíssimo nas letras jurídicas brasileiras, e principalmente na vida da nossa jurisprudência.

Em decisões posteriores, proferidas em 1936,[72] 1938 e 1940 pela 4ª Câmara do Tribunal de Justiça de São Paulo, pelas Câmaras Cíveis do Tribunal de Apelação do Distrito Federal e pelo Tribunal de Apelação da Bahia, respectivamente, a teoria da imprevisão foi rejeitada. Na mesma época, seguindo o caminho vanguardista aberto por Nélson Hungria, outro magistrado, Emmanuel de Almeida Sodré,[73] também em julgamento de primeira instância, acolheu integralmente a doutrina. Em 5.4.1932, por decisão conjunta das 3ª e 4ª Câmaras Cíveis do Tribunal de Justiça do Distrito Federal, aquela decisão também foi reformada. Carneiro Maia[74] observou que, embora a sentença em discussão tivesse sido rejeitada por maioria de votos, curiosamente, passou a ser restaurada pelas Câmaras Cíveis do Tribunal de Justiça do Distrito Federal,[75] seguindo precedente aberto pelo desempate do Des. Alfredo Russel. Este, em gesto de maturidade jurídica paradigmática, reconsiderou voto anterior (sentença de Nélson Hungria), adotando o revisionismo por imprevisibilidade. Tem-se este aresto como o primeiro pronunciamento de um tribunal pátrio favorável à regra *rebus sic stantibus*.

Em 1938 pela primeira vez a imprevisão logrou pronunciamento favorável no Supremo Tribunal Federal,[76] cuja ementa de julgamento consagrou o princípio de que "(...) a regra *rebus sic stantibus* não é contrária ao texto expresso da lei nacional".

Medeiros da Fonseca[77] registrou que, naquele julgamento, a corrente vencedora contou com os votos dos Mins. Costa Manso, Eduardo

72. Decisão proferida em 18.3.1936, *RT* 101/579.
73. Sentença prolatada em 27.6.1933, *Revista de Direito* 118/220-227.
74. TJDF, Cs. Conjs., j. 27.11.1934, *Revista de Direito* 110/227-229, *apud* Paulo Carneiro Maia, ob. cit., p. 241.
75. Decisão pioneira de um colegiado de segundo grau – Corte de Apelação (Câmaras Conjuntas de Apelações Civis), j. 22.9.1934.
76. Acórdão in *RF* 77/79-85.
77. "A cláusula *rebus sic stantibus*, admitida ao tempo em que o direito das obrigações não havia ainda atingido os extremos de sua fixidez atual, repousava na necessidade de serem atendidos, como motivos relevantes da infração dos ajustes, fatos que, em tempo, não pudessem ser removidos pelas partes e cuja apreciação se deixava ao arbítrio do magistrado. Com o progresso, porém, dos institutos jurídicos e os anseios de segurança que as transações reclamavam, disciplinando as responsabilidades dos que se obrigavam, deu essa cláusula nascimento às hipóteses do caso fortuito e da força maior, às quais se atribuía o efeito de justificar o inadimplemento" (ob. cit., pp. 305-306).

542 A TEORIA DA IMPREVISÃO NO DIREITO CIVIL E NO PROCESSO CIVIL

Espínola, Carvalho Mourão Artur Ribeiro, Bento de Faria, Ataúlfo de Paiva, José Linhares, Armando de Alencar e Cunha Melo, ficando vencidos os Mins. Laudo de Carmargo e Otávio Kelly. Foi ainda Medeiros da Fonseca[78] quem deu conta da única manifestação francamente contra o princípio da imprevisibilidade, de autoria do Min. Otávio Kelly. Sem qualquer demérito ao seu ilustre prolator, um voto profundamente infeliz e inteiramente equivocado, em plena desconformidade com o saber jurídico de seu autor, sem condições de prevalecer, porque totalmente divorciado das diretrizes que bem informam a doutrina. Errou de saída ao equiparar o princípio ao caso fortuito ou de força maior. Nesta confusão muitos juristas incorreram, tanto no Brasil como no Exterior. Seu destino só poderia ser o de voto vencido.

Capitaneada pela Supremo Tribunal Federal, há mais de meio século começou a segura caminhada da nossa jurisprudência em busca do seu objetivo final, hoje materializado nos arts. 478, 479 e 480 do novo Código.

Acrescente-se que no RE 64.152,[79] do então Estado da Guanabara, decidiu o Supremo Tribunal Federal, pelo voto do Min. Oswaldo Trigueiro, que: "(...) não viola expressa disposição de lei o julgado que acolhe a cláusula *rebus sic stantibus*. Isto porque a invocação da cláusula *rebus sic stantibus* exige, ao lado da boa-fé, prova de que o cumprimento do contrato arruína o estipulante ou lhe deu prejuízo se o cumpriu".

Na atualidade os julgados dos colegiados superiores são, em sua totalidade, francamente revisionistas, na esteira de decisões pioneiras, não só do Supremo, nos anos de 1943, 1945, 1946, 1950, 1952 e 1956.[80]

Em outra decisão (RE 64.231[81]) o Supremo, pelo voto do Min. Adaucto Cardoso, deixou expresso que: "(...) como se vê da jurisprudência mencionada no acórdão referido pela antiga 1ª Turma, em 28.5.1938, no RE 64.152, relator o Min. Oswaldo Trigueiro, nem a doutrina nem a jurisprudência se recusam no Brasil a adotar a teoria

78. Ob. cit., p. 306.

79. Acórdão in *RTJ* 47/131 (1969).

80. *STF*: 2ª T., RE 9.346, rel. Min. Lafayette de Andrada. j. 27.11.1946, *RF* 113/92; RE 11.415, rel. Min. Álvaro Ribeiro da Costa, j. 25.11.1950, *DJU* 25.11.1950, Apenso 7, p. 1. 019. *TJDF*: 5ª C., j. 26.6.1943, *RF* 97/111; 3ª C., j. 24.4.1945, *RF* 104/269. *TJSP*: 5ª C., j. 4.9.1950, *RT* 91/169; 5ª C., j. 11.5.1956, *RT* 254/213. *TJBA*: j. 30.5.1952, *RF* 144/383.

81. In *RTJ* 51/187 (1969).

INTEGRAÇÃO DA IMPREVISÃO NO DIREITO BRASILEIRO 543

da imprevisão. E o Supremo Tribunal Federal não considera que ocorra negativa de vigência ao art. 1.246 do Código Civil (novo art. 618) na revisão dos preços da empreitada por causa de superveniência imprevisível, encarecimento de salários ou material".

A nossa mais alta Corte de Justiça, desde a decisão pioneira em 1938 (nota de rodapé 72), tem mantido coerência quanto à aceitação do princípio. Seu acolhimento na doutrina há muito tempo é unânime. A jurisprudência, a princípio, foi vacilante. Hoje a corrente esmagadoramente majoritária – talvez unânime – é francamente favorável à sua admissão.

Nota-se que, embora alguns juristas tenham manifestado preferência por esta ou aquela doutrina, nos tribunais isto não ocorreu. A razão de tal postura se justifica, uma vez que o princípio ainda é aplicado *de iure constituendo* e a adoção de uma delas – caso haja – deverá ser pelo legislador.

Em Portugal a inspiração que determinou a escolha de uma entre as centenas de doutrinas existentes para a composição do art. 437º – integradora da *alteração das circunstâncias*, naquele país, no direito positivo –, como discutido, recaiu sobre a teoria da base do negócio jurídico, de Paul Oertmann, com apelo à boa-fé e à eqüidade.

Certamente, depois que o novo Código Civil entrar em vigor e o *remedium iuris* de exceção estiver integrado em nosso ordenamento jurídico, as manifestações dos pretórios se conformarão com a diretriz que tiver inspirado o legislador na elaboração dos dispositivos legais disciplinadores do instituto.

São muitos os julgamentos concessivos do emprego da imprevisibilidade, sob os mais diversos fundamentos, mas sempre levando em conta a alteração extraordinária da base negocial, não provocada por qualquer das partes, e o conseqüente nascimento da lesão virtual para uma delas, tendo como coordenadas maiores a existência de um contrato de execução diferida e a alteração da base negocial por evento reconhecidamente imprevisível, responsável pela lesão virtual denunciada pela parte.

A contemplação apenas do devedor da obrigação pelos tribunais tem sido uma constante porque a visão liberal desejada, infelizmente, ali ainda não chegou. Quando os pretórios começarem a se referir à possibilidade de "lesão às partes" – deixando de tutelar apenas o direito do devedor, como vêm fazendo há muito tempo, incluindo também o credor da prestação –, teremos atingido a essência da verdadeira justiça comutativa.

544 A TEORIA DA IMPREVISÃO NO DIREITO CIVIL E NO PROCESSO CIVIL

É imperioso consignar que da análise feita em algumas centenas de acórdãos resultou que, em sua quase-totalidade, as decisões denegatórias estavam corretas. Isto não significou que a aplicação do princípio não pudesse ter sido acolhida no colegiado onde foi discutido. Por outras palavras: que o colegiado, perempetoriamente, rejeitava a aplicação da doutrina. É necessário algum cuidado no julgamento destas situações, para evitar juízos precipitados e conclusões equivocadas. O erro quase sempre foi do postulante, que entendia aplicável a imprevisibilidade a casos onde ela não estava configurada. Por tal prisma, seria temerário dizer-se que este ou aquele tribunal não aceitou o emprego do remédio jurídico da imprevisibilidade tão-somente por haver negado provimento a um apelo que pretendesse reformar sentença de rejeição de pedido de revisão ou resolução fundamentado em fato que, *na visão do postulante*, tinha caráter extraordinário e reclamava tratamento de exceção. É indispensável um exame cuidadoso do caso concreto. Os arestos que negaram o amparo solicitado, em sua maioria, reconheceram que na espécie discutida descabia o benefício pleiteado, por faltarem um ou mais pressupostos disciplinadores de sua admissibilidade – *v.g.* os ataques a estados fáticos em que os tribunais, na sua maioria, acertadamente, vêm entendendo ser impertinente o uso da teoria da imprevisão, por absoluta descaracterização do fenômeno denunciado como excepcional, a exemplo da velha conhecida de nossa economia, a inflação.

Por si só, a rejeição de sua aplicação não deve autorizar a conclusão apriorística de que os colegiados em questão repelem seu emprego. Nestes casos, as decisões pretorianas terão funcionado como qualquer outra em primeiro grau em que o autor, antes de fazer prova de sua pretensão, não logrou superar o juízo de admissibilidade, quer por falta de condições da ação, quer por falta de fundamento jurídico do pedido ou, mesmo, falta de pretensão de direito material, ou até por intempestividade. Ausentes os pressupostos que autorizam o uso do remédio excepcional, tanto de ordem fática como jurídica, fica de todo impossível seu enquadramento nas hipóteses tuteladas pelo Direito. Presentes estes fatores, por certo a pretensão encontrará abrigo. A rejeição dos tribunais nunca foi contra a teoria da imprevisão, mas sim contra más formulações ou, ainda, contra tentativas de configurá-la com base em pressupostos inexistentes.

Como se verá pelas decisões transcritas, como regra geral – e com certa propriedade –, com as exceções de praxe, os colegiados de segundo grau têm desacolhido a teoria da omprevisão nas seguintes hipóteses:

INTEGRAÇÃO DA IMPREVISÃO NO DIREITO BRASILEIRO   545

1ª) quando faltem condições fáticas e jurídicas de sua aceitação e regular processamento (ausência de pressupostos básicos de admissibidade);

2ª) contra os planos econômicos do Governo;

3ª) contra a elevação de prestações em virtude da inflação;

4ª) contra a recessão econômica;

5ª) para a exclusão de correção monetária;

6ª) para revisão de contratos indexados em moeda estrangeira.

Exemplo do comportamento jurisprudencial no que tange à inflação pode ser colhido nesta parte final de decisão da Justiça Gaúcha: "Teoria da imprevisão. A inflação não pode jamais ser considerada imprevisível".[82]

Acrescente-se que, embora a jurisprudência seja majoritária nestes casos de recusa de aplicação do princípio às hipóteses de inflação, nem por isto pode ser considerada pacífica e uniforme. Vez por outra tribunais de expressão (Supremo Tribunal Federal, secundado pelo Superior Tribunal de Justiça – v. Título VI, Capítulo III, item 35.1.1, "Decisões Concessivas"), decidem pela aplicação da imprevisibilidade no contexto dos planos governamentais, no da inflação e no da recessão econômica. O que não tem sido admitido em hipótese alguma – e compõe majoritariamente o conjunto de decisões negativas – é a ausência de exigências de admissibilidade da doutrina. O entendimento é correto, e não poderia ser de outra forma. Para se discutir uma situação patológica de exceção e se reivindicar solução jurídica para a anormalidade fática dela resultante é preciso, antes de tudo, que ela exista e isso seja demonstrado de maneira inequívoca.

Outro aspecto merece destaque. Nos casos de ruptura do equilíbrio da economia contratual provocada pelos chamados "choques heterodoxos" resultantes de planos econômicos e, ainda, de utilização das "tablitas" alguns tribunais já admitiram seu emprego por considerarem as alterações decorrentes dessas situações como não pertencentes ao espectro de eventos do cotidiano, isto é, da normalidade de ocorrências da vida nacional.

Daniel Goldberg[83] explicou que um fato que chamou bastante a atenção foi a forma de admissibilidade da doutrina nos casos em que houve desequilíbrio contratual provocado pela chamada "tablita" –

---

82. *RJTJRS* 30/295, ano VII.

83. "Teoria da imprevisão, inflação e fato do príncipe", *RT* 723/201.

546 A TEORIA DA IMPREVISÃO NO DIREITO CIVIL E NO PROCESSO CIVIL

instrumento normativo que manteve um índice artificial de deflação, visto que, em geral, os preços continuaram a subir, com os índices mais variados. Assim, cabe ressaltar que, a certa altura, os choques heterodoxos (o "Plano Cruzado" e o "Plano Bresser", por exemplo, utilizaram-se da tablita) por vezes mudaram de maneira drástica não o quadro inflacionário, mas os índices de indexação. Esse procedimento inusitado – concluiu – criou um total descompasso entre a situação fática (preços em elevação) e a jurídica (índices irreais); e, em certos períodos, deflação enquanto retornava a espiral inflacionária.

Com certa freqüência têm sido confundidas maxidesvalorização com inflação – o que não corresponde à realidade, já que são coisas distintas. É majoritário o convencimento jurisprudencial de recusa da inflação – responsável pela corrosão da economia contratual – como fundamento para pedidos de revisão. Por entender que a economia nacional já convive há décadas com tal fenômeno, à luz dos pressupostos do princípio da imprevisibilidade, não seria possível considerá-lo como extraordinário. Sublinhe-se que em nossa economia a inflação se encontra contida já há alguns anos. Se perdurar por algumas décadas, como a européia, a canadense, a japonesa, a americana, caso ressurja, poderá ser considerada, então, como evento imprevisível. Se a inflação é – ou, pelo menos, por enquanto, foi – do nosso cotidiano, o mesmo não ocorre com a chamada *maxidesvalorização, desde que exista realmente uma estabilidade econômica*, conforme mencionado. Esta, pela sua própria natureza, é medida governamental, tomada em caráter extraordinário, que tem como objetivo principal exatamente a contenção da inflação quando outras medidas se revelem ineficazes, sendo totalmente indiferente que seus efeitos tenham ou não sido positivos. Equivale dizer: é irrelevante que a medida tenha impedido ou não que a inflação atinja certo ponto. O que realmente conta é seu caráter de evento imprevisível – desde que, já foi dito, em contexto absolutamente estável –, porquanto não é comum que, como tentativa de refrear a ascensão da espiral inflacionária, o Governo recorra à maxidesvalorização. É, sob todos os aspectos, medida de exceção, que – repita-se, por necessário –, para se classificar como extraordinária, deve surgir em contexto monetário sólido. A maxidesvalorização normalmente tem repercussão e efeitos mais amplos, com evidente depreciação interna da moeda e conseqüente perda de seu poder aquisitivo, refletindo de forma acentuada na vida econômica dos contratos. Neste sentido, no RE 116.669-0-BA,[84] o Relator, Min. Oscar Corrêa, foi categórico:

---

84. *RT* 638/237.

INTEGRAÇÃO DA IMPREVISÃO NO DIREITO BRASILEIRO

"Rejeito, assim, a tese da recorrente de que a maxidesvalorização decorreu da inflação, sendo, antes, recurso do Governo para tentar contê-la.

"Mas é aceitável que se tome a maxidesvalorização como imprevisível, quaisquer que tenham sido os seus antecedentes ou sejam as conseqüências e tenha ou não atingido os objetivos. É que, na verdade, decorreu de imposições da política econômico-financeira do Governo e teve reflexos gerais, determinada pela autoridade monetária."

Por outro lado, é preciso registrar que a inflação só é desconsiderada como acontecimento extraordinário a autorizar a aplicação da imprevisibilidade por ser um fenômeno comum entre nós. Há décadas convivemos com ele. Em qualquer outro país em que o fenômeno seja praticamente desconhecido – isto é, conquanto possível, não faça parte das previsões do cotidiano ou das projeções econômicas –, caso surja e traga alterações da base contratual e decorrente lesão virtual para uma das partes, por certo será considerado como imprevisível.

Conclui-se, do exposto, que a teoria da imprevisão é essencialmente contingente, condicionada que se acha à identificação do evento modificador do alicerce contratual como anormal ou não. Sublinhe-se, ainda, que não raras vezes os colegiados inovam neste campo. Às vezes de forma inaceitável. A decisão do Supremo Tribunal Federal no caso "Imobiliária Veronesi" contra Emílio Gomes Fialho e outros, na comarca de Londrina/PR, traz duas curiosidades (para não ir mais longe e chamá-las, a rigor, de *equívocos*): (a) fala da proibição do emprego da *imprevisibilidade em empreitadas de prazo breve*, introduzindo uma inaceitável modalidade, até então inexistente, na *execução diferida* (pouco importa se o diferimento é curto ou longo, desde que seja diferido e o evento extraordinário atinja a base contratual) e (b) entende como válida uma *cláusula proibitiva de reajustamento diante do acontecimento imprevisível*, registrada por aquele Pretório como expressa no contrato de empreitada. Como foi visto, uma cláusula desta natureza é nula de pleno direito, uma vez que, além de consubstanciar *renúncia a direito irrenunciável*, afrontando um princípio de ordem pública, comete violência mais grave: transforma o evento *imprevisível* em *previsível*, porque só é possível renunciar a direitos previsíveis, portanto conhecidos; não a imprevisíveis e, conseqüentemente, desconhecidos. *Voluntas non extendit ad incognitum* – com muita propriedade diziam os romanos.

A acolhida da imprevisibilidade em nossa doutrina – já foi dito – há muito tempo é unânime. Na jurisprudência a questão não se acha

548   A TEORIA DA IMPREVISÃO NO DIREITO CIVIL E NO PROCESSO CIVIL

de todo pacificada e ainda apresenta algumas poucas e inexpressivas arestas. A maioria dos tribunais a aceita; alguns, por desconhecê-la em sua essência, a rejeitam. Para harmonizar a questão talvez fosse possível o exame desta sugestão: enquanto o *remedium iuris* excepcional se encontra ainda sob a condição *de iure constituendo* – e poderá ainda permanecer por algum tempo –, coerente com sua postura de aceitação do princípio, o Supremo Tribunal Federal, que há muito tempo se encontra *avant la lettre de la loi*, em nome de um reclamo maior, que é a justiça comutativa, bem que poderia fazer com que sua incensurável postura revisionista passasse à condição de direito sumulado, para dirimir de vez a questão. Uma vez transformado o entendimento em súmula (que não é, mas tem força de lei), a divergência entre os colegiados de segundo grau não teria mais sentido, porque o caminho para a aceitação e aplicação do princípio teria suas diretrizes traçadas. A sugestão tem pouco a ver com a súmula vinculante, ao mesmo tempo tão atacada e defendida. Abriga outra questão, totalmente diferente. Deste modo, com a sumulação do entendimento pela nossa mais alta Corte de Justiça – assentada em suas reiteradas decisões de acolhimento da doutrina –, a harmonia hermenêutica sobre a matéria seria uma realidade, principalmente diante dos arts. 478 a 480 do futuro Código Civil, responsáveis pela integração do princípio no nosso direito positivo.

TÍTULO V

CAPÍTULO ÚNICO

26. Campo operacional da imprevisão: 26.1 Alternativas do Direito – 26.2 Poder acautelatório do juiz – 26.3 A teoria da imprevisão na processualística civil – 26.4 Arts. 798 e 799 do Código de Processo Civil – 26.5 Art. 273, I, do Código de Processo Civil. Tutela antecipatória. 27. Tramitação processual da imprevisão: 27.1 Disciplina da doutrina no campo operacional – 27.2 Situações de revisão ou resolução. Quadro sinótico – 27.3 A indenização devida em algumas hipóteses de resolução: 27.3.1 Fundamentos – 27.4 Efeitos da sentença que concede revisão ou resolução – 27.5 Inexigência de caução nas liminares revisionais por imprevisibilidade: 27.5.1 Tutela antecipatória e cautelar: diferenças – 27.5.2 Hipóteses de "mora accipiendi" – 27.5.3 Inconsistência da caução.

26. Campo operacional da imprevisão

26.1 Alternativas do Direito

O alternativismo jurídico parece ter ganhado maior expressão em nossa época no universo da Magistratura Italiana, por ocasião das reuniões em Catania (1972), Livorno e Milão (1973) – informou Gilberto Callado de Oliveira[1] –, onde foram discutidos os métodos tradicionais

---

1. "Durante los días 15 al 17 de mayo de 1972 se reunió en Catania un nutrido grupo de intelectuales dedicados profesionalmente al Derecho en la Universidad o en los Tribunales de Justicia. Los problemas allí expuestos y discutidos han sido recogidos en una gruesa obra en dos volúmenes, cuyo título coincide con el de este epígrafe (se trata de *L'Uso Alternativo del Diritto, I – Scienza Giuridica e Analisi Marxista*, y *II – Ortodossia Giuridica e Prattica Politica*, de varios autores, al cuidado de P. Barcellona, Bari, 1973). El 10 de febrero de 1973 tiene lugar en Livorno, y al amparo de la publicación católica *Quaderni di Corea*, una mesa redonda con intervención de magistrados de distintas tendencias en torno al tema: *La Función del Juez en el Orden*

552 A TEORIA DA IMPREVISÃO NO DIREITO CIVIL E NO PROCESSO CIVIL

de hermenêutica jurídica no direito positivo e ainda a imparcialidade dos juízes.

Insistindo na tese de que o chamado *direito alternativo* é uma faca de dois gumes, Callado de Oliveira – citando a *Rerum Novarum*, de Leão XIII – expôs seu entendimento no sentido de que: "(...) o grande erro foi o de acreditar que o Direito sustente uma inimizade congênita entre classes sociais, como se a Natureza tivesse armado os ricos e os pobres para se combaterem mutuamente num duelo obstinado".

De forma didática e definitiva, explicou o jurista uruguaio Eduardo J. Couture[2] que o Direito não é um fim, mas um meio. Na escala de valores o Direito não aparece. Surge, ao contrário, a Justiça, que – essa, sim – é um fim, ao qual o Direito é tão-somente uma via de acesso. A luta – concluiu – há de ser, portanto, pela Justiça. A lei é menos importante do que o Direito, já que não pode contê-lo integralmente; mas a Justiça é mais importante do que o Direito, porque este é um meio de se obter aquela.

E Luiz Vicente Cernicchiaro ilustrou a tese com o seguinte exemplo: "É conhecida a imagem de Robinson Crusoé: enquanto sozinho na ilha deserta, não podia reclamar nada de ninguém e ninguém dele exigia coisa alguma. Com a chegada de Sexta-Feira, tudo mudou. Formou-se um vínculo entre ambos. Surgiu o Direito".[3]

Na condição de ciência eminentemente social, como elemento fundamental, o Direito exige, para sua operacionalidade, a existência de mais de uma pessoa, em estreita correlação subjetiva. Não raras vezes o Direito não é encontrado na lei. Em razão de sua importância superior e comprovada transcendência, ela (a lei) é ultrapassada todas as vezes que deixa de representar o instrumento adequado e indispensável para a obtenção da Justiça, em especial da justiça comutativa.

Sobre o tema, Cernicchiaro[4] referiu-se a situações ilustrativas como a do salário mínimo, que o art. 7º, IV, da Constituição Federal

---

Constitucional, seguida de un coloquio que pone de manifiesto el interés extraprofesional que tales cuestiones están suscitando. En mayo de 1973, en la Universidad Estatal de Milán, magistrados y estudiantes se encuentran para discutir sobre los problemas de la administración de justicia en Italia. De este acto sale un libro igualmente importante (varios autores, *L'Amministrazione della Giustizia in Italia*, Milano, 1973)" (Perfecto Andrés Ibáñez, "Para una práctica judicial alternativa", in *Anales de la Cátedra Francisco Suares*, Granada, Universidade de Granada, 1976, n. 16, p. 158 – *apud* Gilberto Callado de Oliveira, *A Verdadeira Face do Direito Alternativo*, 2ª ed., p. 53).

2. *Introdução ao Estudo do Processo Civil*, p. 84.

3. "Direito alternativo", *Revista Jurídica Consulex* 7/36.

4. Idem, ibidem.

CAMPO OPERACIONAL DA IMPREVISÃO

determinou dever ser a remuneração capaz de atender às necessidades de um trabalhador e de sua família e que, na prática, apresenta perversa e diferente realidade. Mencionou ainda a iniqüidade existente no mundo fático quando se constata que o salário-família – destinado a atender aos descendentes do trabalhador – se situa em patamar ridículo e sem consonância alguma com as exigências legais e, de resto, muito aquém das verdadeiras necessidades de quem o recebe.

Discorrendo sobre o direito alternativo – do qual é defensor –, Cernicchiaro[5] acrescentou que o juiz é o grande crítico da lei; seu compromisso é com o Direito. Não se pode ater ao positivismo ortodoxo. O Direito não é simples forma. O magistrado – continuou – tem compromisso com a Justiça, no sentido de analisar a lei e constatar se, em lugar de dar prioridade aos anseios humanos, mantém a desigualdade de classes. O juiz precisa tomar consciência de que sua sentença deve repousar em visão ontológica. Sempre que a lei não mais corresponder aos anseios do Direito e, principalmente, da Justiça, compete ao juiz encontrar solução alternativa. A lei é que tem de se ajustar ao Direito – concluiu –, não este àquela, oriunda, não raras vezes, de pressões e interesses de classes, e não de legítimos anseios sociais. É fundamental a conscientização dos juízes quanto ao papel político da hermenêutica dos textos legais. A analogia e os princípios gerais de Direito existem para ajudá-los, e com mais propriedade o art. 5º da Lei de Introdução ao Código Civil.

Observou, ainda, Callado de Oliveira[6] – francamente contra o direito alternativo – que, se examinarmos formalmente a declaração de que a coisa justa se opõe à lei positiva, não haveria a menor dificuldade em optar categoricamente pela primeira. Acrescentou que toda lei que contraria o justo natural carece de essência de juridicidade para que seja respeitada e obedecida, pois, como dizia São Tomás de Aquino, "si scriptura legis contineat aliquid contra ius naturale, iniusta est, nec habet vim obligandi" ("se a lei escrita contém alguma coisa contra o direito natural, deixa de obrigar"). A postura não deixa de ter conotações radicais, uma vez que a dinâmica inserta no Direito exige sempre a abertura a novas idéias, novas concepções, em especial em uma época em que o direito civil não oferece mais a tutela de meio século atrás, quando reinava absoluto, sem precisar dividir seu espaço com os microssistemas ou subsistemas que hoje grassam em qualquer

---

5. Artigo cit., *Revista Jurídica Consulex* 7/37.
6. Ob. cit., p. 13.

554 A TEORIA DA IMPREVISÃO NO DIREITO CIVIL E NO PROCESSO CIVIL

ordenamento jurídico. Neste aspecto, é preciso não esquecer: o radicalismo é tão nefasto como a total liberalidade; *in medio virtus* – aconselhava Aristóteles.

No campo da terminologia, em lugar de um direito alternativo, para disciplinar situações de exceção, talvez devesse o magistrado se manter constantemente receptivo às *hipóteses alternativas do Direito*, dentre as quais deve ser incluída, sem sombra de dúvida, a teoria da imprevisão.

26.2 Poder acautelatório do juiz

Onde houver mais de um homem haverá sempre o desentendimento e, conseqüentemente, surgirá o Direito para dirimir dúvidas entre ambos. Infelizmente, o ser humano, como regra geral, é marcado por uma natureza profundamente egoísta, característica primeira de identificação de sua imaturidade mental.

A missão de julgar, das mais difíceis, é, ao mesmo tempo, sublime e ingrata, pois a verdade nunca é de fácil identificação. A verdadeira Justiça se consubstancia em um ideal de perfeição, sempre procurado, mas raramente encontrado.

O termo "julgar" vem de *juízo*, que é o entendimento que se tem sobre os fatos. Não se pode, ao final, em um julgamento penal ou civil, chegar a um empate, como ocorre nos esportes. É preciso determinar inocência ou culpabilidade, ou se a razão está com o autor ou com o réu. Esta a tarefa nobre – mas ao mesmo tempo espinhosa – dos juízes.

A Justiça é um valor, um critério de valoração altamente subjetivo, com base no qual se aprovam ou condenam as ações humanas – explicou Flóscolo da Nóbrega, citado por Maurício Studart.[7] O mesmo Studart[8] esclareceu que, em um mundo conturbado como o atual, a tarefa do juiz não deixa de ter inúmeros obstáculos. Pressões políticas e de particulares – adicionou –, ameaças, situação financeira difícil, dificuldades na atualização dos conhecimentos relativos a legislação, doutrina e jurisprudência, promoções dependentes do órgão político, ausência de pessoal de apoio, excesso de serviço sem tempo para aperfeiçoamento, falta de ambiente intelectual (o que o torna um pro-

---

7. "O juiz – O homem e a profissão", *RF* 277/348.
8. Idem, p. 352.

CAMPO OPERACIONAL DA IMPREVISÃO 555

fissional solitário) – tudo isto desanima alguns. Mas os vocacionados para a profissão – arrematou –, aqueles que vibram com seu ofício, não desistem nunca e, de degrau em degrau, galgam os altos postos da Magistratura, dignificando os pretórios nacionais e exalçando o Poder Judiciário, em sua sublime missão de julgar, assegurando a paz e a tranqüilidade da sociedade, para a qual a indefinição dos direitos permanece como um fator de desagregação social.

O melhor Direito ainda é aquele efetuado por intermédio de um juiz.

Mário Guimarães,[9] ex-Ministro do Supremo Tribunal Federal, explicou que a função de julgar é tão antiga como a própria sociedade. Em todo aglomerado humano, por primitivo que fosse – observou –, o choque de paixões e de interesses sempre provocou desavenças que haveriam de ser dirimidas por alguém. Esse alguém seria o juiz. O mesmo autor, complementando suas considerações, esclareceu que a convicção da verdade é a certeza, posto que nem sempre verdade e certeza se harmonizem. Temos, às vezes, por verdadeiro o que absolutamente não o é. Até as certezas científicas – verdades proclamadas por sábios – caem por terra, de quando em quando, derrubadas por outras certezas.

E Mário Guimarães[10] enfatizou que a verdade é o que se busca. A certeza é o que se consegue, quando se consegue. Mas desde que a adquira, por meio da prova, acerca de um fato, pode o juiz sobre este alicerçar sua sentença. E acrescentou: a verdade subjetiva, nesse caso, faz presumir a objetiva. A atividade jurisdicional, além de declarar o direito, ordena seu cumprimento, a fim de efetivar a tutela jurídica. Não raras vezes – prosseguiu – nos deparamos com decisões que, embora rigorosamente justas, aos olhos do cidadão comum assim não se apresentam. Para o leigo a conceituação de Justiça freqüentemente deixa o leito do Direito e se confunde com a Moral. Por tal razão é comum a expressão "Direito injusto", que, em última análise, dá uma conotação ideal ao termo "Justiça". Os enfoques e conceituações variam. Para uns – finalizou – a Justiça deve se submeter ao Direito; para outros, harmonizar-se com ele.

Analisando características do poder cautelar, o processualista Galeno Lacerda[11] explicou que ele se reveste de natureza discricionária e

9. *O Juiz e a Função Jurisdicional*, p. 19.
10. Ob. cit., p. 268.
11. *Comentários ao Código de Processo Civil*, v. VIII, t. I, pp. 137-138.

556 A TEORIA DA IMPREVISÃO NO DIREITO CIVIL E NO PROCESSO CIVIL

jurisdicional. Acrescentou que expressiva corrente de administrativistas só aceita a discricionariedade no campo administrativo, em oposição ao campo jurisdicional. O poder cautelar pode abrigar ambas as naturezas. Elucidou, ainda, que hoje não tem mais sentido aquela tese – superada, que foi, pela melhor doutrina – que estabeleceu que a discrição pode e deve integrar também os critérios que bem informam a jurisdição. Concluiu precisando o conceito de *discrição* no universo do poder cautelar, que de modo algum significa arbítrio, mas antes liberdade de escolha e determinação dentro dos limites da lei. Corresponderia – complementou – à idéia das lacunas necessárias, na ordem jurídica.

Galeno Lacerda,[12] falando ainda sobre a discricionariedade, de forma arrebatada, ensinou que a notável liberdade que a lei concede ao juiz para adotar as medidas atípicas mais adequadas para conjurar a situação de aprêmio representou, a seu ver, o momento mais alto e amplo de criação do Direito Continental, em que se incluiu o nosso. Observou que o juiz não cria, aí, o direito material em abstrato. Mas as providências variadas e imprevisíveis, impostas pela força dos fatos, fazem com que os decretos do magistrado assumam o caráter de imperativos concretos de conduta, os quais significam, na verdade, autêntica obra de descoberta e criação singular do Direito, emanada do fato, colada ao fato, nascida para o fato. Prosseguiu explicando que, nesta perspectiva, rasga-se a imagem tradicional do juiz do sistema continental, preso e manietado, e dá-se ao juiz moderno dos países codificados o mesmo horizonte criador e novo do pretor romano e dos magistrados anglo-americanos. Encerrou dizendo que o direito cautelar a todos nivela, e especialmente aos juízes de todos os tempos e lugares, acima da história e dos sistemas diversificados de elaboração jurídica, numa identidade imposta pelas necessidades permanentes e universais de proteção direta do homem contra a ameaça, o perigo, o risco, o conflito.

Situações existem no cotidiano em que, em decorrência de algumas nuanças e características incomuns de certos casos concretos, por sua abstração e natureza genérica, à lei será vedado bem discipliná-las. Para tanto, a valoração independente do juiz, sua discricionariedade, serão fundamentais. Discrição, então, nada mais seria do que um crédito de confiança que o legislador confere ao julgador diante de sua impotência para, em certos casos, prever e, conseqüentemente, prover.

12. Ob. cit., v. VIII, t. I, pp. 156-157.

CAMPO OPERACIONAL DA IMPREVISÃO

Para Carlos Aurélio Mota de Souza[13] uma das principais funções do juiz é a chamada "humanização do processo". Esta, no seu entender, consiste na valorização do homem que nele comparece e pressupõe a atuação de valores éticos no sistema processual, ordenados à sua finalidade. Acrescentou Mota de Souza[14] que se costuma enfocar também a humanização do processo quando se lhe dá uma dimensão social explícita, tanto no sentido de aproximação dos litigantes para alcançarem a satisfação razoável dos interesses em conflito como para buscar maior solidariedade dos entes sociais.

É importante insistir que graças a este poder cautelar outorgado ao discernimento e sensibilidade dos verdadeiros magistrados – infelizmente em número ainda reduzido (mais como missão ímpar, do que como dever funcional) – foi que institutos jurídicos de transcendental importância, como a teoria da imprevisão e tantos outros, depois de séculos de peregrinação, aos poucos foram encontrando abrigo seguro. Primeiro na doutrina, depois na jurisprudência e, por fim, na legislação. Mas é imperioso registrar que o paciente e obstinado trabalho artesanal dos autênticos magistrados (relembre-se: a primeira decisão aceitando o princípio da imprevisibilidade no país foi proferida por Nélson Hungria, em 1930) constitui, sem dúvida, a sólida base em que têm sido edificados os princípios de exceção.

Sydney Sanches[15] observou que, se devidamente utilizados os instrumentos oferecidos, desapegando-se os juízes do preconceito contra medidas cautelares, sobretudo as ditadas pelo poder assecuratório geral, e usando da prudência que sempre há de caracterizar o bom magistrado, não haverá dúvida de que a distribuição da justiça poderá ser consideravelmente melhorada, sem maiores riscos para as partes enquanto aguardam a prestação jurisdicional definitiva.

É fundamental que a função jurisdicional não seja pautada pela timidez do magistrado, reduzindo-o a mero espectador dos pactos. Sua atuação – com base na justiça comutativa –, acima de tudo, deverá despi-lo da condição de testemunha *ex officio* da contratação. No exame da imprevisibilidade, a excepcionalidade deverá ser considerada sempre como cláusula supracontratual – e, como tal, tratada de forma diferenciada, tão-somente porque o magistrado estará diante de um caso concreto *sui generis*.

---

13. "Poderes éticos do juiz (a igualdade das partes e a repressão ao abuso processual)", *RF* 296/161.

14. Idem, ibidem.

15. "Poder cautelar geral do juiz", *RT* 587/18.

558 A TEORIA DA IMPREVISÃO NO DIREITO CIVIL E NO PROCESSO CIVIL

Volnei Ivo Carlin[16] deu ênfase ao principal dever do Estado em relação aos indivíduos, que é o de ministrar a Justiça. Acrescentou que, segundo Gaston Jèze, em todos os sistemas jurídicos se encontra um *droit de juge*, que é um verdadeiro *droit public* irrenunciável, mormente em face do arbítrio.

Alguns autores – como Gilberto Ferreira e Sandra Mara Flügel Assad[17] – tentaram sintetizar a atuação do juiz explicando que no processo civil convivem dois grandes princípios, aparentemente contrapostos: o dispositivo, derivado da natureza privatística do processo, e o inquisitório, oriundo de sua natureza publicista. Em relação aos princípios conflitantes esclareceram que, inexistindo harmonia entre os dois, o último (inquisitório) deve se sobrepor àquele (dispositivo). A supremacia da natureza publicista – acrescentaram –, que coloca como fim do processo não somente a solução do litígio, mas a efetiva aplicação do Direito, para obtenção da segurança jurídica e da harmonia social, obriga o juiz a adotar uma postura mais atuante na forma de entregar a prestação jurisdicional, fazendo com que esta atinja sua verdadeira finalidade. Para tanto – disseram –, a lei confere ao magistrado um grande número de poderes, que, na verdade, são poderes-deveres, dentre os quais se destacam os de orientar a parte, de emendar a inicial da forma mais correta possível, de colher a prova buscando a verdade e de velar pela rápida solução dos litígios, punindo os litigantes de má-fé e obtendo, sempre que possível, a conciliação das partes. Procedendo assim – concluíram –, terá o juiz cumprido seu dever de entregar a cada um o direito que tem, extinguindo o litígio, reforçando a autoridade do Estado e, sobretudo, realizando a paz jurídica no contexto social.

Em didático e proveitoso depoimento, Luís Ricardo Lorenzetti[18] explicou que, de acordo com seu entendimento, o juiz deve estar rodeado de normas fundamentais que lhe permitam raciocinar constitucionalmente, sentindo-se respaldado, e não isolado, no campo da pura inovação. É imprescindível desenvolver uma lógica normativa, que hoje é freqüentemente substituída pela intuição. De qualquer modo, é preciso implementar uma metodologia mínima para examinar esses aspectos.

---

16. "O papel do juiz na sociedade moderna (o Judiciário na vida social)", *RF* 293/101.

17. *Os Poderes do Juiz no Processo Civil Moderno*, p. 18.

18. *Fundamentos do Direito Privado*, p. 76.

CAMPO OPERACIONAL DA IMPREVISÃO

Oportuna é a transcrição de trechos do indignado – mas perfeitamente justificado – pronunciamento de Fábio Bittencourt da Rosa (Presidente do Tribunal Regional Federal da 4ª Região) quando da cerimônia de posse do novo diretor do foro da Seção Judiciária do Paraná, Dirceu de Almeida Soares (11.1.2000): "A crise atual tem o sinal amargo de constituir-se numa crise da perda da ilusão, do arrefecimento do civismo, da ridicularização do sentimento nacionalista. Nada pior do que a ausência de soluções por falta de interesse, do ânimo para buscar soluções. A esperança está contaminada com o vírus inoculado, espertamente, e que transforma o cidadão em consumidor, sacraliza os templos dos mercados, neutraliza os adversários com a força da mídia (...). Sufoca-se o investidor nacional, esvazia-se a combalida sobrevivência econômica dos servidores públicos, dos assalariados, dos beneficiários da previdência social. Abandona-se o homem do campo, esquece-se o sistema de segurança pública. Impõe-se uma taxação excessiva sobre a população, diminui-se o acesso ao trabalho. Criam-se bolsões de miséria, aprofunda-se o abismo das desigualdades sociais, com marcada disparidade na distribuição da renda. E tudo para quê? Para se obter, no final do ano, um superávit primário de 30 bilhões de Reais e pagar, no mesmo período, cerca de 85 bilhões. O liberalismo, tão insistentemente professado no Brasil atual, é o domínio mais evidente, efetivo e injusto da especulação financeira, comprovada pelo fantástico lucro dos bancos nos últimos balanços (...). Cada vez mais o mundo é o quintal que abastece os Estados Unidos da América, em ampla ascensão, Estado preocupado com as sobras orçamentárias dos próximos anos. Povo que é capaz de gastar 20 bilhões de dólares para fazer com que as vias expressas passem por baixo da cidade de Boston, aliviando o trânsito. Não posso silenciar diante de tanta injustiça, sendo um juiz que tem não só o direito, mas o dever de poder sonhar com a Justiça. É preciso que recuperemos o sentimento cívico, porque não vive em democracia uma nação que perdeu a esperança. Perdoem. Sei que este não é o local adequado para o desabafo. Às vezes, porém, a tristeza vence o senso de conveniência. É o administrador público quem fala, acostumado a administrar carências, a ter que negar seguidamente, ainda quando isso possa ferir sua convicção. Esta mensagem, todavia, é uma conclamação à resistência, um desafio à capacidade de indignação, um apelo ao sacrifício que representa estar do lado contrário à simpatia dos donos do poder. Silenciar, estou certo, é abdicar da honra e renunciar à dignidade".[19]

19. *Tribuna Livre – Jornal da Ordem – Informativo Mensal da OAB* 59/17.

560 A TEORIA DA IMPREVISÃO NO DIREITO CIVIL E NO PROCESSO CIVIL

Conforme disposições da atual Lei Orgânica da Magistratura (art. 35), o juiz deve praticar os atos inerentes ao seu ofício com estrita observância dos prazos processuais, atender às partes e aos advogados. Contudo, sob o prisma social exige-se dele muito mais. O direito das partes deve ser a maior preocupação do verdadeiro juiz, que jamais deverá confundi-lo com a forma legal de alcançá-lo. A forma é, em si mesma, uma fonte de bens jurídicos, numa situação substitutiva do interesse primário. É sempre, portanto, um instrumento, e não o fim pretendido – ensinou Sidnei Agostinho Benedeti.[20]

Existem dois tipos de Magistratura, com os quais temos que conviver: a de massa e a artesanal. Por ser considerada Magistratura de massa, a primeira não é menos importante do que a segunda. Exige ela, contudo, uma produção em série, como nos processos de acidentes do trabalho. A rápida solução processual é o principal objetivo deste tipo de Magistratura. Na Magistratura artesanal o tempo e a consideração do direito das partes passam por um outro critério, que exige, acima de tudo, uma visão socializante e socializadora do Direito. Equivale dizer: se a norma ainda não veio consolidar o direito da parte, com base nos princípios da eqüidade, ao magistrado cabe a função supletiva de dar solução ao caso concreto, orientado pelos cânones da justiça comutativa. É preciso, ainda, que os juízes evoluam, não só intelectualmente como, principalmente, no plano mental. A cultura jurídica é fundamental, mas não é tudo. A sensibilidade para o cotidiano é, algumas vezes, bem mais importante.

Exemplo de descompasso entre o que existia e o que se pretendia foi observado na implantação do procedimento sumariíssimo no advento do Código de Processo Civil de 1973. Sua aplicação foi entregue a magistrados que, lamentavelmente, continuaram julgando com base em processos de rito sumário. Por outras palavras: mudou a estrutura do Código, mas não a mentalidade do julgador. Estruturas processuais desatualizadas devem ser descartadas pelo magistrado atento à dinâmica social e à sua conseqüente exigência transformadora.

Assim, os reclamos da justiça comutativa devem ser atendidos prioritariamente, de tal forma que, mesmo em situações *de iure constituendo*, o grande vazio que existe entre o Poder Judiciário e a realidade social aos poucos vá sendo preenchido. Neste passo, na atual tendência de socialização do Direito, a função dos magistrados adquire relevância maior, em especial quando se prioriza a justiça distributiva.

20. "O juiz e o serviço judiciário", *RF* 295/128.

CAMPO OPERACIONAL DA IMPREVISÃO 561

Para tanto – a aclará-los, quando outras luzes faltarem – restará sempre o recurso ao art. 5º da Lei de Introdução ao Código Civil, que, na aplicação da norma, os alerta para os fins sociais a que ela se dirige e às inalienáveis exigências do bem comum.

26.3 A teoria da imprevisão na processualística civil

O presente enfoque tem como objetivo principal a configuração e a disciplina da imprevisibilidade em seu campo operacional, com recurso à tutela antecipatória do art. 273, I, do Código de Processo Civil, sem quaisquer aprofundamentos ou análises específicas sobre aqueles provimentos jurisdicionais cautelares, seja em situações correlatas ou de quaisquer outras naturezas.

Diante do evento imprevisível que atinge a contratação, a nova situação configurada (plano fático) – até então de natureza e perfil apenas teórico, na área do direito material –, no que respeita à sua virtualidade (iminência de desequilíbrio contratual que irá atingir uma das partes), passa a ser um problema de direito processual civil. Não cabem dúvidas de que a parte atingida pela lesão virtual poderá se valer do benefício da teoria da imprevisão para solicitar revisão ou resolução do pacto. Pelo menos é o que tem sido consagrado pela doutrina e jurisprudência. Contudo, diante da lesão iminente, como proceder? Ainda que identificados todos os pressupostos de admissibilidade do princípio, não se pode afastar o fato de que a força vinculante do contrato atua até que contra ela exista uma sentença judicial com trânsito em julgado indicando a nova rota a ser seguida: revisão ou extinção da contratação.

Neste cenário, o contratante em vias de sofrer a lesão se verá a braços com o seguinte dilema: por um lado, a obrigatoriedade de cumprir pontualmente a obrigação virtualmente lesiva a seus interesses, a fim de que não se veja constituído em mora, que, sendo anterior à alteração do evento imprevisível, lhe obstará o caminho para se valer do benefício da doutrina excepcional; por outro, se adimplir integralmente o que foi contratado, seu prejuízo será fatal, a despeito da existência da profunda alteração da base contratual que, em princípio, milita a seu favor. Satisfeita a execução, estará consumada a lesão objetiva por via do cumprimento da obrigação alterada, e a parte nada mais terá feito do que atender à responsabilidade contratual assumida, afastando de vez a possibilidade de qualquer intervenção no contrato para um eventual ressarcimento provocado pela lesão objetiva. Neste ponto, algumas considerações são oportunas.

562   A TEORIA DA IMPREVISÃO NO DIREITO CIVIL E NO PROCESSO CIVIL

É pacífico que a execução parcial de um contrato atingido por acontecimento imprevisível – com o remanescente de, pelo menos, algumas prestações por cumprir (execução diferida) – é o campo ideal para a aplicação da doutrina da imprevisibilidade. Como exceção a esta regra, oportuna é a observação de Regina Beatriz da Silva Tavares Papa dos Santos – registrando uma situação *sui generis*, apresentada pelo professor Mário Júlio de Almeida, ao trazer à discussão uma hipótese em que, embora integral a execução das prestações, ainda assim se admitiu a possibilidade de seu emprego. "*A* celebra com uma empresa estrangeira, *B*, um contrato de aquisição de tecnologia industrial para fabricar no país certa especialidade farmacêutica; transmitida essa tecnologia e satisfeito o preço, ainda antes do início da laboração, a autoridade pública proíbe que se produza e venda, em todo o território nacional, o referido medicamento".[21] Observa-se que – acrescentou Papa dos Santos[22] – no caso discutido pelo ilustre Mestre luso a imprevisibilidade poderia ser aplicada com grande senso de justiça, embora o contrato em questão já tivesse sido executado em sua totalidade pelas partes.

A hipótese parece ser passível de questionamentos. Desde que haja cumprimento à justa das respectivas obrigações contratuais, qualquer ocorrência posterior não pode atingir o contrato – a não ser para configurar nulidade ou anulação –, sob pena de se atentar violentamente contra a segurança do adimplemento e, de resto, do próprio comércio jurídico. Ademais, o raciocínio prende-se, em princípio, à configuração portuguesa da teoria da imprevisão (art. 437º do CC), muito mais abrangente do que a nossa, já que trata de *alteração de circunstâncias*.

De volta ao tema, nas execuções diferidas – já foi dito –, se a parte cumprir a obrigação, nada mais terá feito do que adimplir o pacto; em contrapartida, se a parte deixar de cumprir o contratado apenas com base na ocorrência do evento anormal, sem quaisquer providências legais, ver-se-á constituída em mora e não terá direito de se beneficiar da imprevisão. Nas duas hipóteses sua insegurança é indisfarçável. Várias foram as sugestões sobre qual o melhor caminho a percorrer para a utilização da regra excepcional antes do surgimento da tutela antecipatória do art. 273, I, do Código de Processo Civil.

---

21. *Cláusula "Rebus Sic Stantibus" ou Teoria da Imprevisão – Revisão Contratual*, pp. 37-38.
22. Ob. cit., p. 38.

CAMPO OPERACIONAL DA IMPREVISÃO

Na doutrina portuguesa, Alfredo José Rodrigues Rocha de Gouveia,[23] com apoio em Baccianti, sugeriu a utilização do processo cautelar. Neste, uma decisão liminar daria ao interessado provisória segurança por via de autorização de não cumprir o contratado, sem incorrer no perigo de configuração do estado moratório para, em seguida, propor o procedimento revisional.

Para João Édison de Mello,[24] jurista mineiro estudioso do tema, a ação própria para o exercício do direito de invocação da cláusula seria a declaratória, principal ou autônoma, preferível por falta de lide secundária. Pedir-se-ia declaração de inexistência de relação jurídica quanto à parcela alterada, entendida como indevida, e a prerrogativa declarada seria oponível ao exercício do direito do credor.

Luís Alberto de Carvalho Fernandes[25] propôs alternativa mais prática, consubstanciada no poder discricionário do julgador, dirigindo-lhe *pedido de concessão de efeito suspensivo à exigência de cumprimento da obrigação* na qual se instalou a lesão virtual. Este caminho é o que vem sendo seguido pela processualística mundial, inclusive a nossa, não só em nome da economia processual como também por dispor o julgador, na maioria dos casos, de amparo na lei, como se demonstra. Adicione-se: com mais razão ainda depois do advento da tutela antecipatória do art. 273, I. Por esta via, no mesmo feito a parte se sujeitará, na sentença final, a ver reconhecida ou não sua pretensão de pertinência de emprego da teoria da imprevisão para rever ou extinguir o pacto alterado. Reconhecido o direito ao benefício, isto é, ultrapassado o juízo de admissibilidade do exame da questão, denunciada como de imprevisibilidade, autorizada estará a tentativa de revisão; não justificada a pretensão revisional, havendo pedido alternativo-sucessivo expresso de extinção do pacto, em caso de impossibilidade de adaptação da contratação à nova situação modificada, o autor estará percorrendo um campo minado, a chamada *trilha do risco calculado*, tão-somente porque se em atenção a seu pedido houver extinção do contrato, parcial ou inteiramente inexecutado, é da melhor justiça que o juiz lhe imponha a obrigação de indenizar o outro contratante. pela parte não cumprida do pacto.

---

23. "Da teoria da imprevisão nos contratos civis", *Revista da Faculdade de Direito de Lisboa*, Suplemento, 1958, pp. 182-183.

24. *Teoria da Imprevisibilidade*, p. 59.

25. "A teoria da imprevisão no direito civil português", *Boletim do Ministério da Justiça* (Coimbra) 128/159.

564   A TEORIA DA IMPREVISÃO NO DIREITO CIVIL E NO PROCESSO CIVIL

Com o deferimento do pedido liminar de suspensão da obrigação afastado ficará o perigo de ver fechado o acesso à discussão da imprevisibilidade, permanecendo em compasso de espera o estado moratório, em vias de configuração, porque autorizado judicialmente seu retardamento pela tutela antecipatória concedida. Antes da atual redação do art. 273, I, do Código de Processo Civil, com base nas disposições dos arts. 798 e 799 do mesmo Código já era possível aos magistrados o deferimento de algo assemelhado à tutela provisória em face da possibilidade de ocorrência de lesão de difícil ou incerta reparação (*fumus boni iuris* e *periculum in mora*), com fundamento na eqüidade, boa-fé e princípios de justiça comutativa. Agora, com a tutela antecipatória consagrada legalmente no art. 273 e disciplinada por seus incisos e parágrafos, sua pertinência é indiscutível.

Segundo o magistério de Ovídio Baptista da Silva[26] a antecipação da tutela do art. 273, I, tem nítido caráter de decisão interlocutória, e, como tal, concedida ou não, enseja a interposição de agravo.

O pedido de concessão de efeito suspensivo da obrigação para evitar o estado moratório, como regra, deve harmonizar-se com a boa-fé do postulante. Como linha de princípio, é possível deduzir que a parte que vai ao Poder Judiciário para pedir a intervenção do Estado em contratação particular, a fim de evitar que a lesão iminente se transforme em objetiva, fornece pelo menos duas provas irrefutáveis de boa-fé: sujeita-se de forma pública e oficial a um resultado adverso, assumindo risco preordenado, com suas óbvias conseqüências, e deixa clara sua intenção de cumprir o contratado desde que em outras condições, diferentes daquelas resultantes da modificação pelo acontecimento imprevisível que a ameaça e para o qual não concorreu por qualquer forma.

Nesta última hipótese é que se encontra o real espírito, a verdadeira *ratio essendi*, da teoria da imprevisão, porquanto a manutenção da vontade primitivamente manifestada pelas partes é a principal preocupação deste princípio de exceção, a ser sempre seguida pela doutrina e jurisprudência.

26.4   Arts. 798 e 799 do Código de Processo Civil

O art. 798 do Código de Processo Civil estabeleceu: "Além dos procedimentos cautelares específicos, que este Código regula, no Ca-

---

26. "Antecipação da tutela (duas perspectivas de análise)", *Genesis – Revista de Direito Processual Civil* 5/403.

CAMPO OPERACIONAL DA IMPREVISÃO

pítulo II deste Livro, poderá o juiz determinar as medidas provisórias que julgar adequadas, quando houver fundado receio de que uma parte, antes do julgamento da lide, cause ao direito da outra lesão grave e de difícil reparação".

A idéia inicial sobre as limitações do poder cautelar do magistrado que, à primeira vista, o artigo supra parece induzir é falsa. Hoje a questão encontra-se pacificada e o reconhecimento da amplitude de sua ação é uma realidade. Uma dessas limitações resultou da expressão "antes do julgamento da lide", que levou a uma primeira impressão de que a tutela cautelar só seria possível *antes* ou *depois* de iniciado o processo de conhecimento.

José Carlos Barbosa Moreira[27] criticou a visão restritiva, explicando que a necessidade pode surgir em qualquer situação, dentro ou fora do campo judicial.

Marcos Afonso Borges[28] também foi contrário ao limitado entendimento, explicando que o poder cautelar do juiz é amplo e genérico, devendo ser exercido em qualquer situação em que o perigo de lesão se apresente, posta a questão em juízo ou não.

No art. 799 temos: "No caso do artigo anterior, poderá o juiz, para evitar o dano, autorizar ou vedar a prática de determinados atos, (...)".

Considerando o poder cautelar geral como uma das mais importantes e delicadas funções da magistratura, Galeno Lacerda[29] identificou nos arts. 798 e 799 autênticas "normas em branco".

Ressalte-se que o direito de ação da parte lhe dá condições legais de exigir a tutela jurisdicional – como *gênero* – em uma de suas formas de prevenção – como *espécie* –, esclareceu Humberto Theodoro Júnior.[30]

---

27. *Estudos sobre o Novo Código de Processo Civil*, pp. 239 e ss.

28. "Embora sejam por demais claras as críticas do processualista José Carlos Barbosa Moreira, o entendimento unânime daqueles que até o presente momento se manifestaram sobre o processo cautelar é de que o Código, nestes artigos, confere ao juiz o poder geral de cautela, defluindo disso que a enumeração específica das cautelas, constante deste Livro III, é meramente exemplificativa. De onde se concluir que também enunciativas as medidas indicadas no art. 799" (*Comentários ao Código de Processo Civil*, v. IV, p. 9).

29. "Os arts. 798 e 799 consagram o poder cautelar geral do juiz, qualificado na doutrina como inominado ou atípico, exatamente porque se situa fora e além das cautelas específicas previstas pelo legislador" (ob. cit., v. VIII, t. I, p. 135).

30. "Na verdade, o que cumpre ao juiz não é agir discricionariamente diante da pretensão à tutela cautelar genérica, mas tão-somente julgar ou apreciar o pedido da parte à luz dos pressupostos legais" (*Comentários ao Código de Processo Civil*, v. V, p. 89).

566 A TEORIA DA IMPREVISÃO NO DIREITO CIVIL E NO PROCESSO CIVIL

Pontes de Miranda[31] apresentou também seu contributo, esclarecendo que, no exigir a presença de um "fundado receio" para o exercício da prevenção cautelar, afastada ficou a polêmica distinção entre dano eventual e iminente.

Analisando o tema, Frederico Marques[32] deu ênfase especial à conjugação do *fumus boni iuris* com o *periculum in mora* – para ele, elementos essenciais da tutela de prevenção.

O sentido contido no adjetivo "provisório", usado pelo art. 798, é bem mais amplo e, conseqüentemente, de aplicação mais abrangente do que a expressão sugere – ensinou Sérgio Sahione Fadel[33] –, já que *todas* as cautelares são *provisórias*, mas nem todas as *provisórias* têm constituição de *cautelares*.

José Antônio de Castro[34] disse que em todo pedido da parte dirigido ao juiz há uma solicitação subentendida de concessão liminar.

Nos artigos referidos – como na postura doutrinária – é uma realidade a presença implícita do *fummus boni iuris* e do *periculum in mora*, bases da tutela jurisdicional cautelar, diante da lesão virtual de difícil e incerta reparação. Esta conclusão é definitiva: na locução *periculum in mora* está a justificativa para a concessão de efeito liminar a pedido de revisão da prestação por alteração imprevisível das circunstâncias em que as partes fundaram sua intenção de contratar (Direito Português – art. 437º), ou para a profunda modificação da base contratual, na redação dos arts. 478, 479 e 480 do novo Código Civil Brasileiro.

Ovídio Araújo Baptista da Silva,[35] com apoio em Allorio, explicou que a tutela cautelar é um instrumento de proteção contra um *es-*

---

31. "O receio consiste em se considerar que algo de mau vai ocorrer, ou é provável que ocorra. A probabilidade é elemento necessário; não se pode recear o que não é possível, nem mesmo o que dificilmente aconteceria. O grau do provável é examinado pelo juiz, mas, se ele mesmo tem dúvida, deve deferir o pedido de medida cautelar. O outro pressuposto é o da gravidade da lesão e de difícil reparação. A lei não disse 'lesão grave ou de difícil reparação', mas sim 'lesão grave e de difícil reparação'" (*Tratado de Direito Privado*, t. III, p. 45).

32. "Se a ameaça não existe, não cabe medida cautelar. Igualmente será esta inadmissível se o ato lesivo, apesar de grave, for de fácil reparação" (*Manual de Direito Processual Civil*, v. IV, p. 335).

33. *Código de Processo Civil Comentado*, v. IV, p. 211.

34. "Aliás, todos os pedidos trazem em seu bojo a solicitação implícita para que o juiz mantenha o *status quo* do início da demanda (ou liminarmente o corrija e o mantenha até o final). Trata-se de obrigação funcional do juiz" (*Medidas Cautelares*, p. 19).

35. *A Ação Cautelar Inominada no Direito Brasileiro*, p. 237.

CAMPO OPERACIONAL DA IMPREVISÃO 567

tado de perigo. Reconheceu e defendeu a necessidade de preservação da "integridade dos direitos litigiosos",[36] mas, ao mesmo tempo, criticou o desinteresse no exame de fenômenos que ocorrem fora do campo jurisdicional.

A relevância de acontecimentos ainda em fase pré-litigiosa, no plano do simples conflito de interesses, é inconteste. É nele que a investigação do efetivo *periculum in mora* se dá. Uma vez configurado, o suporte para o pedido de revisão ou resolução do pacto estará identificado, podendo sobre ele ser levantada a estrutura operacional do pedido de aplicação da doutrina.

Algumas decisões recolhidas por Alexandre de Paula[37] – aqui apenas referenciadas – corroboram a tese de que, judicial ou extrajudicialmente, havendo "fundado receio de dano de difícil ou incerta reparação", o juiz poderá acautelar o interesse da parte por via da concessão liminar do pedido, equivalendo esta a um verdadeiro efeito suspensivo no que respeita ao cumprimento da obrigação em vias de se tornar lesiva ao seu interesse.

Como consideração inicial, é preciso estabelecer: uma coisa é *tutela cautelar* – que nenhum interesse imediato tem para o caso em discussão – na tentativa de evitar que uma lesão virtual se transforme em objetiva; outra, bem diferente – com todo interesse e pertinência ao caso em pauta –, é *tutela antecipatória*, hoje disciplinada pelo art. 273, I, do Código de Processo Civil. No procedimento revisional deverá ser convocada a se apresentar apenas a tutela antecipatória.

26.5 *Art. 273, I, do Código de Processo Civil. Tutela antecipatória*

Deve-se à Lei 8.952, de 13.2.1994, a introdução da tutela antecipatória em nosso Código de Processo Civil. O primitivo art. 273 – que

---

36. "Os direitos quando contestados ou infringidos merecem a proteção jurisdicional que se desenvolve num *processus* temporal. Durante esse lapso irremediável de tempo, há necessidade de preservar-se a integridade dos direitos litigiosos, de tal modo que o resultado final da atividade jurisdicional não seja uma vazia e inútil expressão verbal. E os direitos e pretensões, fora do campo da jurisdição, quando não controversos, podem necessitar de proteção semelhante, de modo que os deveres e obrigações se cumpram rigorosamente? É sabido que os direitos e deveres não são fenômenos instantâneos, salvo raríssimas exceções. De um modo geral, o exercício dos direitos, seu perfil estrutural, assim como o cumprimento das obrigações exigem um *iter* temporal, verdadeiro *processus*, durante o qual o fenômeno obrigacional se exaure" (Ovídio Araújo Baptista da Silva, *A Ação Cautelar* ..., cit., p. 281-282).

37. Decisões de ns. 14.194, 14.200, 14.201, 14.203, 14.204, 14.205, 14.207, 14.210, 14.213, 14.214 (*O Processo Civil à Luz da Jurisprudência*, pp. 239-244).

568 A TEORIA DA IMPREVISÃO NO DIREITO CIVIL E NO PROCESSO CIVIL

tratava dos procedimentos especial e sumariíssimo – foi transformado em parágrafo único do art. 272, cedendo seu espaço ao novo dispositivo legal.

Estabeleceu o art. 273: "O juiz poderá, a requerimento da parte, antecipar, total ou parcialmente, os efeitos da tutela pretendida no pedido inicial, desde que, existindo prova inequívoca, se convença da verossimilhança da alegação e: I – haja fundado receio de dano irreparável ou de difícil reparação; ou II – fique caracterizado o abuso de direito de defesa ou o manifesto propósito protelatório do réu".

O inciso I do art. 273, supratranscrito (fundado receio de dano irreparável ou de difícil reparação – *fumus boni iuris* e *periculum in mora*), na atualidade é o alicerce em que se apóia o pedido de suspensão liminar (tutela antecipada) do cumprimento de obrigação vincenda em procedimento revisional de cláusula contratual – ou extinção do pacto, em caráter alternativo – fundado em alteração anormal da primitiva estrutura negocial. Entretanto, além da possibilidade de "dano irreparável ou de difícil reparação", de que nos fala a lei, o dispositivo exige do julgador a observância de duas coordenadas indispensáveis, que são (a) a *existência de prova inequívoca* que o leve a se convencer da (b) *verossimilhança das alegações* apresentadas por aquele que pleiteia a antecipação de uma tutela.

A palavra "verossimilhança" (o Código grafa "verosemelhança", que o *Aurélio* não registra), cuja raiz é extraída da palavra latina *vero* (verdadeiro), a qual, por sua vez, deu origem ao termo "verossímil" ("semelhante à verdade", "tudo aquilo em que se pode acreditar"), e é consignada pelos dicionários como a qualidade ou o caráter daquilo que apresenta características de verdade.

Assim, uma vez deferido o efeito suspensivo, provisoriamente estará afastado o estado moratório. Comprovada a pertinência de aplicação da imprevisibilidade, a lesão iminente será sustada por meio da revisão do pacto, em caso de recíproca transigência das partes ou entendimento do julgador; incabível aquela, de pronto emergirá o estado moratório, no qual se dará a condenação da parte obrigada ao cumprimento integral do pacto, suspenso pela tutela antecipatória, sem prejuízo da indenização por perdas e danos ou possível multa contratual.

Se o pacto for extinto em razão de pedido do autor (em ação em que era impossível a revisão, ou possível e a intransigência da parte a impediu), desde que conste de pedido do réu, na contestação, a ele deverá ser imposta a obrigatoriedade de indenização pelo restante do

CAMPO OPERACIONAL DA IMPREVISÃO 569

contrato não cumprido (com base em parâmetros revisionais), fundada no princípio de rejeição ao *enriquecimento sem causa*. O assunto é desenvolvido com detalhes em contexto próprio desta pesquisa.

Na análise do tema, J. E. Carreira Alvim[38] concluiu que o intelecto do juiz, ao se defrontar com um fato, pode se encontrar diante de critérios variados, quando da procura da verdade. Tais critérios, depois de devidamente postos em prática, analisadas as circunstâncias e fatos apresentados pelo caso concreto (confronto dos motivos convergentes e divergentes), resultam na formação de uma *opinião* no espírito do julgador, da qual emerge um juízo de *probabilidade*. Se os motivos convergentes – prosseguiu Carreira Alvim[39] – são superiores aos divergentes, o juízo de probabilidade cresce; se os motivos divergentes são superiores aos convergentes, a probabilidade diminui. Para que a probabilidade aumente é necessário que os elementos a reforcem, aproximando-a da certeza.

E concluiu Carreira Alvim[40] que a *probabilidade* é o que fatalmente ocorrerá se não sobrevier algum motivo divergente; a *possibilidade* é o que *não* ocorrerá, salvo se intervier algum motivo convergente.

Antes de dizer que a probabilidade é uma fração da certeza – esclareceu Corrado Gini, citado por Carreira Alvim[41] – convém dizer que ela é a "medida da incerteza".

Quanto à expressão "prova inequívoca", usada pelo art. 273, é preciso muito cuidado para não confundi-la com o *fato que dá origem*

---

38. "Ao examinar um pedido de liminar, deve o julgador trabalhar à luz da lógica maior, da lógica material, da lógica crítica. Deve o juiz considerar as diferentes atitudes que a inteligência pode assumir em face da verdade: a ignorância, a dúvida, a opinião e a certeza. A *ignorância* é a situação de pleno desconhecimento, de absoluta falta de motivos, a favor ou contra, do objeto *cognoscendi*. Nesse caso, a mente está *in albis*; simplesmente, inexiste representação mental em qualquer sentido. A *dúvida* é a situação em que a inteligência oscila entre o sim e o não, frente a razões favoráveis a cada uma das hipóteses contraditórias. Essa situação, que pode ser traduzida como *possibilidade*, é um tormento para o juiz, quando se vê diante dela e precisa resolvê-la. Como o juiz precisa quebrar a dúvida em prol do sim ou do não, forma-se a opinião. Na opinião, o assentimento pende para uma das alternativas consideradas, em que pese a alguma 'inquietude' que possa restar nessa tomada de posição. Essa situação pode ser traduzida como *probabilidade*. Por fim, a *certeza*, que representa uma firme convicção, fundada na evidência do objeto" (*Tutela Antecipada na Reforma Processual*, 2ª ed., pp. 44 e 47).

39. Ob. cit., p. 47.

40. Ob. cit., p. 48.

41. Corrado Gini, "Probabilitá, calcollo delle", *Novíssimo Digesto Italiano*, Turim, UTET, 1966, p. 999, *apud* Carreira Alvim, ob. cit., p. 45.

570 A TEORIA DA IMPREVISÃO NO DIREITO CIVIL E NO PROCESSO CIVIL

ao pedido. Este é que deve ser inequívoco, incontroverso, às vezes até sob o manto de uma presunção legal de natureza absoluta.

E Carreira Alvim[42] esclareceu que a expressão "prova inequívoca" deve ser entendida em termos, porque, se "inequívoco" traduz aquilo que não é equívoco, ou o que é claro, ou o que é evidente, semelhante qualidade nenhuma prova, absolutamente nenhuma, há de possuir, pois toda ela, qualquer que seja sua natureza, deve passar pelo crivo do julgador. Concluiu o mesmo autor que *prova inequívoca* deve ser considerada, então, aquela que apresenta um grau de convencimento tal, que a seu respeito não possa ser oposta qualquer dúvida razoável; ou, em outros termos, aquela prova cuja autenticidade ou veracidade seja comprovável. Em conclusão seria possível dizer-se que a qualidade de ser *inequívoca* nunca deverá recair sobre a *prova*, mas sim sobre o *fato*. É este que dá condições ao conjunto probatório de classificá-lo como inequívoco ou não.

Na hipótese em discussão parece fora de qualquer dúvida razoável que o devedor, ao solicitar uma antecipação de tutela, consubstanciada na concessão de efeito suspensivo a uma obrigação vincenda mutilada por acontecimento imprevisível, apresenta de forma inconteste, além do *fumus boni iuris* (direito material), também o *periculum in mora* (direito processual), que se conjugam para a convergência de uma consistente *probabilidade de dano* de difícil ou incerta reparação – a se transmudar em certeza – caso o pedido de liminar suspensiva da obrigação prestes a vencer não seja concedido.

Quanto à posição do credor – já foi dito –, sempre poderá recorrer à imprevisibilidade pela mesma via, por idênticas razões e com igual tramitação, evitando a mora *accipiendi* e, logicamente, sujeitando-se a riscos em tudo assemelhados aos do devedor da obrigação.

Se, como se sabe, existe a defesa intransigente da efetividade do direito de ação, com igual razão se deve dar ênfase à possibilidade de recurso à tutela de direitos ameaçados, mormente em razão de fato imprevisível para o desencadeamento do qual a parte de nenhum modo concorreu. O atendimento aos dois princípios constitucionais (devido processo legal e segurança jurídica) deverá ser prioritário.

Em nosso ordenamento jurídico, lamentavelmente, a máquina judiciária não tem acompanhado a dinâmica dos fatos econômicos resultantes de uma sociedade em constante mutação. O descompasso é sentido em nosso dia-a-dia, sendo a morosidade da entrega da presta-

---

42. Ob. cit., p. 58.

CAMPO OPERACIONAL DA IMPREVISÃO

ção jurisdicional uma odiosa realidade – o que, por si só, já é bastante grave –, com todos os seus efeitos, uma vez que justiça tardia é tão (ou mais?) nefasta quanto sua ausência.

Humberto Theodoro Júnior[43] esclareceu que *receio fundado* é o que não decorre do simples estado de espírito do requerente, afastado da situação subjetiva de temor ou dúvida pessoal, antes relacionado estreitamente a uma situação objetiva, de fácil comprovação por via de um fato concreto. Acrescentou que *perigo de dano próximo ou iminente* é o que se relaciona com uma lesão que com toda certeza irá ocorrer ainda durante o curso do processo principal, isto é, antes da solução definitiva da questão. Concluiu com a recomendação de que o dano temido – ensejador da proteção cautelar – deve ser, ao mesmo tempo, grave e de difícil reparação, porque as duas idéias se conjugam e se completam, sendo grave a lesão que não comporta volta ao *statu quo ante* ou, pelo menos, a torna extremamente difícil.

A tal propósito, relembre-se o que foi dito: uma vez satisfeita a obrigação contratual exacerbada por evento anormal, afastada fica a hipótese de recomposição do prejuízo conseqüente, pois o devedor apenas terá adimplido sua prestação, sem possibilidades de discutir um possível ressarcimento pelo excesso.

Kazuo Watanabe[44] entendeu que a iminência de dano irreparável resulta de um ato cuja desconformidade ao Direito está em si mesmo, e não na relação jurídica mais ampla a que está ligado.

Luiz Guilherme Marinoni[45] fez oportuna e didática distinção entre tutela cautelar e antecipatória. E esclareceu Marinoni – em harmonia com as lições de Donaldo Armelin ("A tutela jurisdicional", *RJESP* 23/115) – que é relevante ressaltar o eixo central da tutela antecipatória: o *tempo*, dimensão fundamental na vida humana e no processo, porquanto "processo também é vida".[46]

43. "Tutela jurisdicional cautelar", *RT* 574/15.
44. *Da Cognição no Processo Civil*, p. 106.
45. "A tutela que satisfaz antecipadamente o direito não é cautelar porque nada assegura ou acautela. A tutela cautelar supõe referibilidade a um direito acautelado ou protegido. Quando não há referibilidade é porque há tutela antecipatória. A tutela antecipatória não tem por fim assegurar o resultado útil do processo, já que o único resultado útil que se espera do processo ocorre exatamente no momento em que a tutela antecipatória é prestada. O 'resultado útil do processo' somente pode ser o 'bem da vida' que é devido ao autor, e não a sentença acobertada pela coisa julgada material, que é própria da 'ação principal'. Porém, a tutela antecipatória sempre foi prestada sob o manto da tutela cautelar. Mas é, na verdade, uma espécie de tutela diferenciada" (*Efetividade do Processo e Tutela de Urgência*, p. 59).
46. Ob. cit., p. 57.

572 A TEORIA DA IMPREVISÃO NO DIREITO CIVIL E NO PROCESSO CIVIL

Marinoni,[47] depois de explicar que a tutela sumária antecipatória representa o instrumento processual idôneo, indispensável, para a realização de um direito constitucional, deixou claro que ela não tem características cautelares porque possui nítidos contornos de tutela diferenciada, cujo único objetivo no campo operacional está justamente na sua antecipação. Acrescentou Marinoni[48] que a tutela antecipada constitui nada mais do que uma execução fundada em cognição sumária.

Em outra manifestação, em artigo sobre a tutela antecipatória no âmbito das ações declaratória e constitutiva, Marinoni[49] ensinou que a tutela de urgência pode conter a valoração antecipada da nulidade da cláusula de um contrato ou de um estatuto societário. Nestes casos – prosseguiu –, sempre que subsistir em concreto um prejuízo irreparável para ser eliminado, o interesse da parte parece encontrar satisfação também em uma forma atenuada de certeza, fundada sobre um juízo de mera verossimilhança que se forma em sede cautelar. A ação de conhecimento que a parte terá o ônus de propor – concluiu – servirá para transformar a probabilidade em certeza e para produzir aquele efeito declaratório que apenas impropriamente pode ser chamado de antecipado, na condição de cautelar. Parece fora de qualquer dúvida – insistiu Marinoni[50] – que o caráter transitório inserto em uma tutela que estabelece um provimento judicial não antecipa qualquer efeito executivo ou mandamental.

47. "Quando se fala em antecipação de determinados efeitos da sentença definitiva, portanto, se quer dizer, obviamente, antecipação de certos efeitos materiais. Deveras, a tutela cautelar assegura os resultados práticos da tutela definitiva; atua no plano fático. Nesta dimensão, pois, fica evidenciada a possibilidade da tutela cautelar apresentar estrutura onde se verifique antecipação parcial dos efeitos da providência definitiva. Com efeito, é corrente, por exemplo, a afirmação de que a suspensão de deliberações sociais antecipa os efeitos da sentença do processo principal, embora Calamandrei a visse como uma tutela interinal, como os alimentos, apesar destes, como já afirmamos, serem nitidamente *satisfativos*" (*Tutela Cautelar e Tutela Antecipatória*, p. 99).

48. "Como já foi dito, a tutela antecipatória constitui execução fundada em cognição sumária. Ora, se é possível execução provisória mediante cognição sumária, é intuitiva a necessidade da admissão da execução provisória fundada em cognição exauriente.

"Note-se, aliás, que a impossibilidade da execução provisória contra o *periculum in mora* também foi responsável pela epidemia do uso indiscriminado das medidas cautelares. De fato, se fosse possível a execução provisória contra o *periculum in mora* no procedimento ordinário, o perigo de dano pela demora procedimental estaria atenuado" (*Tutela ...*, cit., p. 46).

49. "A tutela antecipatória nas ações declaratória e constitutiva", *RT* 741/80-81.

50. Artigo cit., *RT* 741/83.

CAMPO OPERACIONAL DA IMPREVISÃO 573

Buscando uma forma de tornar efetiva e eficiente a prestação jurisdicional, Donaldo Armelin[51] propôs a adoção de novas técnicas para suprimento das lacunas. Sugeriu que, em nome da autêntica justiça comutativa, mesmo na falta de certeza plena, às vezes, deve ser concedida a antecipação de uma tutela que, nas circunstâncias (como ocorre com as liminares nos procedimentos revisionais por imprevisibilidade), é vital para uma das partes. Assim, o que já era possível por via dos arts. 798 e 799, agora, com a nova redação do art. 273 e seu inciso I, tornou-se indiscutível.

Deixando expresso que, por razões de política judiciária, o instrumento jurisdicional não deve dar lugar a atividades inúteis, porque sua função é de autêntica prevenção de danos, considerados estes de tal porte que possam prejudicar o próprio direito, Carlos Alberto Álvaro de Oliveira[52] trouxe também seu valioso contributo ao instituto.

A eficácia da tutela antecipatória – complementou Álvaro de Oliveira[53] – decorre da lei substantiva. O objeto da cognição do órgão judicial gravita em torno do direito, do dever e da lesão, podendo o

---

51. "A adoção de técnicas diferenciais (de cognição) objetiva atender ao reclamo de uma efetiva prestação jurisdicional, considerando, de um lado, que para alguns direitos torna-se conveniente sacrificar a certeza e a segurança resultante de uma tutela lastreada em cognição plena e exauriente, e, pois, qualificada pela imutabilidade, às exigências de sua rápida e concreta satisfação. De outro lado, leva-se em conta a inexistência ou insubsistência manifesta, efetivas ou virtuais, da defesa do réu, inibindo o abuso do direito a essa defesa e eliminando, pelo menos em parte, o dano marginal decorrente da excessiva demora na prestação jurisdicional. Daí por que, ao lado dos provimentos cautelares, Frisina categoriza aqueles de natureza sumária não-cautelar e os de tutela interinal, caracterizando estes últimos em razão da circunstância de emergirem no curso e por ocasião de um processo de conhecimento, de rito comum, tendo em vista uma decisão definitiva a ser nele consubstanciada, da qual, em parte, antecipam os efeitos" (*O Processo Civil Contemporâneo*, p. 110).

52. "Sob esse ponto de vista, não há dúvida de que, na hipótese do inciso I do art. 273, visa-se a prevenir o dano – a lei é suficientemente explícita e não deixa margem a tergiversação (*fundado receio de dano irreparável e de difícil reparação*). Não se cuida, ademais, de simplesmente acelerar o ritmo do procedimento, em atenção à natureza do direito envolvido na demanda, mas de autêntica e típica prevenção de dano, capaz de comprometer o próprio direito, eventualmente reconhecido a final, ou o seu gozo e desfrute. A antecipação deve assim atuar nos limites da sua finalidade essencial, exatamente a prevenção do dano ou do prejuízo; antecipa-se efeito bastante e suficiente para impedir a lesão, mediante tomada de medidas práticas, a se consubstanciarem em ordens ou mandados do órgão judicial. De outro modo não se agiria com rapidez no plano sensível, externo ao processo, único no qual interessa interferir para afastar o receio da lesão" ("Perfil dogmático da tutela de urgência", *Genesis – Revista de Direito Processual Civil* 5/328).

53. Artigo cit., *Genesis – Revista de Direito Processual Civil* 5/331.

574 A TEORIA DA IMPREVISÃO NO DIREITO CIVIL E NO PROCESSO CIVIL

conteúdo da decisão então proferida assemelhar-se ao da sentença definitiva. Exemplificou com a hipótese de providência antecipatória de alimentos, em que, embora em cognição sumária, devem restar incontestes para a determinação de pagamento, mesmo em caráter provisório, tanto o dever de prestá-los como a alegada lesão. Concluiu explicando que a diferença está na extensão da cognição, isto é, no caráter provisório da ordem judicial e nos seus efeitos.

Arruda Alvim[54] consignou seu entendimento no sentido de que a aplicação dessas normas pelo magistrado poderia ter lugar quer em concessão de tutela liminar satisfativa de direito, quer em sentença final, cabendo-lhe determinar por meio de decisão determinativa, de conteúdo constitutivo-integrativo e mandamental, as modificações contratuais que julgasse necessárias para o estabelecimento ou a reconstituição da igualdade da contratação, primitivamente inexistente ou de ocorrência ulterior, colimando a obtenção de avença isônoma.

É oportuno repetir que toda e qualquer antecipação de tutela reveste-se de natureza provisória, que não se confunde com cautelar. A última (cautelar) busca um provimento de segurança, acautelatório, de natureza meramente processual; a primeira (antecipatória) intenta um provimento satisfativo, de caráter substancial, que se esgota com a concessão, produzindo efeitos imediatos na esfera jurídica da parte contrária.

Tentando estabelecer uma distinção prática dos limites existentes entre a *tutela cautelar* do art. 798 e a *antecipatória* do art. 273, Carreira Alvim[55] esclareceu que a *cautelar* cuida de uma providência de índole processual, inteiramente distinta da pretensão substancial, com o propósito específico de garanti-la; a *antecipatória* adianta a própria pretensão material, que, devendo ser reconhecida na sentença, tem seus efeitos antecipados *initio litis*.

Em didática e exemplificativa distinção, Carreira Alvim[56] apresentou uma relação de situações que bem ilustram as duas formas de tutela.

---

54. *Código do Consumidor Comentado*, 2ª ed., p. 66.

55. Ob. cit., pp. 32-33.

56. "Meditando sobre os casos concretos, para estabelecer uma linha divisória entre as duas modalidades de tutela, cheguei às seguintes conclusões: a) a entrega de um bem apreendido é antecipação de tutela; a suspensão do leilão desse bem é cautela; b) a anulação de uma assembléia (condominial ou societária) é antecipação; a suspensão da sua eficácia é cautela; c) a entrega do bem na reivindicatória (ou imissão de posse) é antecipação; o mero seqüestro do bem é cautela; d) a entrega do bem na pos-

CAMPO OPERACIONAL DA IMPREVISÃO 575

Em face de hipótese como a discutida, na atualidade o magistrado dispõe de base legal para a concessão de efeito suspensivo ao cumprimento da prestação vincenda, solicitado em revisional de cláusula contratual, com fundamento na constatação de ocorrência do evento imprevisível e de seus efeitos, como proposto. A chancela jurídica para tal postura, genericamente, pode ser colhida nas disposições dos arts. 798 e 799 e, especificamente, nas do art. 273, I, do Código de Processo Civil. Nenhum prejuízo para a parte contrária ou para a Justiça advirá deste procedimento. Vitoriosa a pretensão deduzida em juízo, absorvida estará a mora incidente no curso do processamento do pedido, pelo não-cumprimento da prestação na data ou forma pactuadas – então autorizado pela suspensão liminar –, e a revisão ou resolução do pacto será efetivada (nesta última hipótese, em alguns casos, com obrigação indenizatória); negada a pretensão, não só o estado moratório afluirá, como também a exigência da execução integral não poderá mais ser afastada, com possíveis composições de perdas e danos, como exposto e de conformidade com as coordenadas traçadas.

A Lei 8.952, de 1994, estabeleceu novas coordenadas para algumas situações processuais, dentre as quais o exercício da tutela antecipatória. Esta não poderá ser examinada nem deferida sem que se apresente:

a) requerimento da parte interessada;

b) prova inequívoca dos fatos elencados na inicial;

c) verossimilhança da alegação;

d) fundado receio de dano irreparável; ou

e) caracterização de abuso de direito ou manifesto propósito protelatório do réu; e, ainda,

f) possibilidade de reversão da medida antecipatória caso o juiz se convença dessa necessidade, por si ou por via de recurso da parte contrária.

sessória é antecipação; somente o seqüestro é cautela; e) a entrega de valores confiscados pelo Governo é antecipação; o seu depósito em conta judicial é cautela; f) a baixa de um título protestado é antecipação; a suspensão do protesto é cautela; g) a anulação de um edital é antecipação; a suspensão da eficácia de alguma cláusula é cautela; h) a entrega da guarda de pessoa ou coisa é antecipação; a sua apreensão provisória é cautela; i) a anulação de uma penalidade administrativa é antecipação; a suspensão da eficácia da sanção é cautela; j) a entrega de um quadro ao dono é antecipação; o seu depósito para que não seja alienado é cautela; l) a declaração de inexigibilidade de um tributo é antecipação; a mera suspensão da exigibilidade da exação é cautela" (ob. cit., pp. 33-34).

576 A TEORIA DA IMPREVISÃO NO DIREITO CIVIL E NO PROCESSO CIVIL

27. *Tramitação processual da imprevisão*

27.1 *Disciplina da doutrina no campo operacional*

A fim de que um princípio de exceção com o histórico da imprevisibilidade não se preste a injustiças, a parte que dele pretenda se valer, antes do ingresso do pedido revisional, deverá examinar e definir uma das situações processuais distintas que, no plano operacional, poderão se apresentar. Assim, ao se defrontar com uma lesão virtual provocada por acontecimento anormal, desejando ver o contrato de execução postergada discutido à luz dos princípios da teoria da imprevisão, antes do vencimento da obrigação alterada deverá deduzir sua pretensão em procedimento ordinário revisional de cláusula contratual, solicitando a suspensão imediata do cumprimento da prestação vincenda, fundamentando a cautela provisória (liminar) nas disposições do art. 273, I, do Código de Processo Civil, que chancela a antecipação da prestação jurisdicional quando se pretenda obstar a lesão a direito de difícil ou incerta reparação.

Desde logo será possível ao juiz verificar a existência ou não do *fumus boni iuris* e do *periculum in mora*. A cognição que o exame lhe proporcionará, com vistas à concessão, será definitiva, o que não é causa obstativa de volta ao *statu quo ante*, seja por revogação do próprio magistrado ou por via de recurso específico, previsto na legislação processual (agravo de instrumento).

Marinoni[57] ilustrou a situação com a hipótese do § 2º do art. 273, que dispõe não ser possível conceder antecipação da tutela quando houver perigo de irreversibilidade do provimento antecipado. *A contrario sensu*, havendo reversibilidade sua possibilidade é total. E a razão é que, no caso de sucessividade (revisão/resolução), quando do julgamento antecipado de um dos pedidos (liminar) não haverá razão para se temer a volta ao estado anterior, porque a decisão será tomada com base em cognição sumária e não exauriente – completou o jurista –, que a qualquer momento pode ser revogada.

O estado moratório de uma das partes será sempre causa impeditiva de acesso ao *remedium iuris* da imprevisão, a não ser que, comprovadamente, o acontecimento anormal preceda aquela situação de profunda e irreversível anormalidade contratual ou, embora existente,

---

57. *Tutela Antecipatória, Julgamento Antecipado e Execução Imediata da Sentença*, p. 163.

TRAMITAÇÃO PROCESSUAL DA IMPREVISÃO 577

por qualquer razão, não se tenha revelado antes da configuração de qualquer das moras (*solvendi* ou *accipiendi*).

Assim, superada a fase inicial de preenchimento de um dos pressupostos de admissibilidade de aplicação do princípio (diferimento da obrigação em uma de suas espécies), ao juiz competirá verificar se a hipótese deduzida em juízo harmoniza o fato apresentado com as exigências legais.

O quadro sinótico a seguir procurou ilustrar as diversas possibilidades de fundamentação para o exercício de um procedimento ordinário revisional com pedido de suspensão liminar de obrigação vincenda, a ser examinada à luz dos pressupostos de admissibilidade da teoria da imprevisão.

27.2 Situações de revisão ou resolução. Quadro sinótico

**HIPÓTESES DE PROCEDIMENTO ORDINÁRIO
DE REVISÃO CONTRATUAL
COM PEDIDO LIMINAR DE SUSPENSÃO DA OBRIGAÇÃO,
FUNDADO NA TEORIA DA IMPREVISÃO**

1ª) Situação de resolução compulsória

a) Desaparecimento da base contratual decorrente de atos praticados por terceiro. Inexistindo prejuízos, extingue-se o contrato sem responsabilidade para as partes

b) Desaparecimento da base contratual decorrente de atos praticados por uma das partes, sem prejuízos para a outra. A extinção se dará também sem responsabilidade

c) Desaparecimento da base contratual decorrente de atos praticados por uma das partes, com prejuízos para uma delas. Indenização inafastável

2ª) Situação de revisão consensual ou por decisão judicial

a) Aceita a proposta de revisão, ao juiz restará apenas a homologação da vontade das partes (arts. 448 e 246 – atual e futuro CC 1.028 e 841– atual e futuro CC)

b) Impossível a conciliação, presentes os pressupostos de admissibilidade do pedido, a revisão será feita *ope iudicis*

578 A TEORIA DA IMPREVISÃO NO DIREITO CIVIL E NO PROCESSO CIVIL

3ª) Situação de revisão contingente

Hipótese de *mora accipiendi*. Para evitá-la, ao credor só interessará a revisão. O recebimento da prestação reduzida ainda será preferível ao seu não-recebimento, caso peça resolução

4ª) Situação de pedidos alternativo-sucessivos: revisão ou resolução

Não se efetivando a revisão (conciliação ou *ope iudicis*) em ação com pedidos alternativo-sucessivos (revisão ou, quando não, resolução), ao decretar a extinção do pacto, em atenção ao pedido na contestação, o juiz deverá fixar a indenização devida à parte prejudicada

Como linha de princípio, consoante quadro configurativo desenvolvido, são estes os mais prováveis estados fáticos:

I – *situação de resolução compulsória (extinção da base contratual)*;

II – *situação de revisão consensual ou por via de decisão judicial*;

III – *situação de revisão contingente*;

IV – *situação de revisão ou resolução (pedidos alternativo-sucessivos)*.

I – *Resolução compulsória (supressão da base contratual)*: hipótese em que só cabe *resolução*, fundada em acontecimento provocado por uma das partes ou por terceiros. É elementar que a responsabilidade por perdas e danos condiciona-se à existência ou não de prejuízos, de qualquer natureza.

II – *Revisão consensual ou por via de decisão judicial*: estado de coisas em que o pedido é específico de *revisão*, a ser efetuada como fruto de conciliação entre as partes ou decretada *ope iudicis*.

III – *Revisão contingente*: situação em que, não interessando a *resolução*, o melhor caminho para a parte será o da *revisão*, com o objetivo de evitar a *mora accipiendi*.

IV – *Pedidos alternativo-sucessivos (revisão ou resolução)*: contingência em que o autor formula pedidos alternativo-sucessivos: não se efetivando a *revisão*, que seja decretada a *resolução*.

Embora a configuração supra não represente *numerus clausus*, operacionalmente seriam estas as principais hipóteses passíveis de ocorrência e discussão em juízo no campo da imprevisibilidade.

A análise de cada uma se faz necessária.

TRAMITAÇÃO PROCESSUAL DA IMPREVISÃO 579

I – *Resolução compulsória (extinção da base contratual)*: Esta primeira situação contempla um estado em que a única solução para o contrato atingido pela imprevisibilidade seja o da *resolução compulsória*, mesmo porque no plano fático ela já se terá efetivado. Diante do evento anormal, responsável pelo desaparecimento da base contratual, o quadro que se apresenta não deixa outra alternativa que não a de extinção do convencionado. Por outras palavras: o que resta é oficializar pelo Direito (sentença judicial) o que já se encontra consolidado pelos fatos. São casos em que a revisão não encontra espaço porque o contexto no qual a modificação extraordinária ocorreu deixa como solução apenas o caminho da extinção do convencionado. São casos raros, mas o perfil jurídico-histórico milenar da imprevisibilidade registra alguns. Um deles, *Coronation Nat Cases*. Os exemplos fornecidos por Antunes Varela (v. Título IV, Capítulo I, item 23.1.1.5, e notas de rodapé 45 e 46) no Direito Português identificam outros. Neles não se constata a menor possibilidade de adaptação do pacto à nova situação resultante da imprevisibilidade, porque a base em que ele se apoiou terá desaparecido e, com ela, a possibilidade de manutenção do vínculo contratual pela via revisional. Em decorrência, o próprio interesse das partes.

Três hipóteses distintas disciplinam este quadro:

a) *Desaparecimento da base contratual em virtude de ato praticado por terceiros, sem prejuízo para as partes*: em casos de impossibilidade manifesta de adaptação do contrato ao novo estado, decorrente de fato provocado por terceiros (governo, organismos nacionais ou internacionais, corporações, empresas, conflitos armados internos, guerras, revoluções, golpes de Estado), as partes deverão deduzir pedido específico de *resolução contratual*. Inexistindo prejuízos para qualquer delas, também não haverá responsabilidades contratuais de qualquer natureza, assemelhando-se em tudo (no plano dos efeitos) ao caso fortuito ou de força maior, porque nenhuma culpa se lhes poderá ser atribuída pela supressão da base do convencionado. As custas processuais deverão ser liquidadas pelo sistema *pro rata*.

b) *Desaparecimento da base contratual decorrente de ato praticado por uma das partes – ou por terceiros – com prejuízos para a outra*: se a base contratual for suprimida por ação ou omissão de uma das partes, ou terceiros, com prejuízos para a parte inocente, por certo a responsabilidade indenizatória pela parte não cumprida do pacto, ou obrigação correlata, será inafastável. O réu poderá se opor fazendo prova de que não é verdadeira a *impossibilidade de revisão* alegada

580   A TEORIA DA IMPREVISÃO NO DIREITO CIVIL E NO PROCESSO CIVIL

pelo autor, demonstrando, enfim, que o contrato atingido comporta ajustes e conformação ao novo estado emergente, não se aplicando, *ipso facto*, a solução definitiva da resolução contratual.

c) *Desaparecimento da base contratual como resultante de ato praticado por uma das partes, sem prejuízos para a outra*: Antunes Varela[58] apresentou uma situação que ilustra a tese, já mencionada (v. Título IV, Capítulo I, item 23.1.1.5, e nota de rodapé 45). Em síntese: o marido alugou uma casa de sua propriedade para moradia de sua ex-mulher e de seu filho, sob a guarda da mãe, mas uma investigatória de paternidade provou que aquele filho não era seu, mas de outro homem. Pretendendo desfazer a locação, invocou ele a alteração das circunstâncias do art. 437º do Código Civil Português, porque a hipótese não se enquadrava no elenco exaustivo do art. 1.093º do mesmo diploma legal.

Estes fatos exemplificam uma situação de desaparecimento da base contratual decorrente de ato praticado por uma das partes (o alicerce do pacto era a filiação de um dos ocupantes do imóvel, que, em discussão judicial específica, restou comprovada como inexistente), sem que a chamada alteração das circunstâncias em que os contratantes haviam fundado a decisão de contratar trouxesse prejuízos efetivos para uma delas. A *essência objetiva da contratação locatícia* era a utilização do imóvel mediante pagamento de um aluguel justo, de conformidade com as características básicas de qualquer contrato comutativo. O atendimento a esta premissa fundamental ficou constatado e mantido na contratação desde o princípio e persistiria se o locador não tivesse optado pelo pedido de resolução porque, no seu entender, as circunstâncias que determinaram a gênese locatícia haviam desaparecido. O possível abalo emocional que a imprevisível desconstituição de sua paternidade possa ter provocado não pode se transformar em lesão objetiva – embora pudesse servir de fundamento para a extinção da locação –, uma vez que esta, naquele contexto, só poderia advir da relação locatícia a que ele pôs fim. Quando muito seria fundamento para a pretensão de indenização por danos morais. Isto porque, se a locação não se truncasse por ato seu, tudo levaria a crer que o pacto seria rigorosamente cumprido até o final do prazo estabelecido, sem incidentes, principalmente porque, já sem a condição privilegiada de filho do locador, o locatário estaria ciente de não contar mais

---

58. João de Matos Antunes Varela e António Pires de Lima, *Código Civil Anotado*, v. I, p. 78.

TRAMITAÇÃO PROCESSUAL DA IMPREVISÃO

com quaisquer privilégios. O único prejuízo – de difícil mas não impossível aferição – foi de ordem psicológica. Neste contexto de subjetividade restaria a discussão de sua aceitação ou não como fundamento hábil para um pedido de indenização por prejuízos morais – tarefa da competência do julgador.

II – *Revisão consensual ou por via de decisão judicial*: Esta hipótese se biparte em duas situações distintas:

a) Interessando ao devedor da obrigação a manutenção da contratação, por razões de qualquer natureza, havendo intenção de cumprimento da cláusula alterada por eventos imprevisíveis, mas em outras condições que não as resultantes da alteração extraordinária, deverá manifestar-se judicialmente, pleiteando a revisão. Nesta intenção de manutenção sempre se há de identificar o verdadeiro espírito da teoria da imprevisão. Uma vez posto em juízo um pedido de revisão de cláusula contratual desfigurada pela eventualidade anômala, competirá ao juiz, na fase conciliatória (art. 448 do CPC), tentar a adequação das mudanças da base contratual (então mutilada em sua essência), de maneira a satisfazer devedor e credor, tendo em vista seus recíprocos interesses. Obtido o consenso (condições da obrigação, natureza pecuniária ou não, prazos, forma, tempo, lugar de execução, termos), a prestação jurisdicional terá sido entregue por meio da homologação do acordo celebrado entre autor e réu. Identifica-se, aqui, uma *situação de revisão judicial consensual*.

b) Impossível o entendimento das partes na fase conciliatória, mas resultando da instrução probatória a comprovação das alegações do autor – devidamente examinadas à luz dos pressupostos da imprevisão – e tidas como válidas, aceitos, enfim, os fundamentos do pedido revisional, ao julgador só restará a decisão pela procedência da pretensão, dando nova conformação à obrigação modificada, afastando de vez a possibilidade de a lesão virtual transformar-se em objetiva. Nestas circunstâncias, a parte que se tiver oposto à revisão sofrerá os efeitos da sentença, que, estabelecendo as novas bases para a contratação, deverá responsabilizá-la também pelas verbas acessórias.

Acrescente-se que na hipótese configura-se uma perfeita e acabada situação do necessário intervencionismo estatal, em que a *vontade contratual* deve ceder o passo à *vontade social*. Como imperativo de elementar comutatividade, a transformação se impõe: em lugar da vontade individual, a vontade legal.

Caio Mário da Silva Pereira observou que "aquela máxima de Fouillie – toda justiça é contratual; e quem diz contratual, diz justo –

582   A TEORIA DA IMPREVISÃO NO DIREITO CIVIL E NO PROCESSO CIVIL

entrou em demérito, e vêm surgindo das névoas do tempo pensamentos mais alevantados, estipulando que o direito subjetivo não pode traduzir a soberania do indivíduo, mas tem de se sujeitar às condições defensivas da coletividade e aos princípios de respeito à pessoa humana. Aqui se delineia uma *situação de revisão por decisão judicial*".[59]

III – *Revisão contingente*: À primeira vista a configuração fática desta hipótese pode parecer impossível. Ela identifica um estado no qual – embora não sendo a única – a via mais lógica e econômica a seguir será a da tentativa de adequação do contrato. Circunstâncias especiais traçam suas coordenadas. O simples inverter da equação comum ilustra a hipótese: suponha-se que, em lugar do *devedor* da obrigação, seja o *credor* quem vá a juízo propor revisão contratual. Imagine-se alguém, por exemplo, na condição de compromissário-donatário, em *contrato de promessa de doação*, pleiteando em Juízo a *revisão de prestação depreciada por acontecimento imprevisível, que a tenha reduzido a apenas 10% ou 20% – ou menos – de seu valor primitivo*. Se a coordenada maior for uma decisão comutativa assentada em juízos de eqüidade, nenhum juiz deixará de conceder a revisão de uma prestação reduzida a 10% ou 20% do seu valor original, mesmo tendo como característica básica a gratuidade. Não será a mesma coisa se a depreciação for de apenas 10% ou 20%. É fundamental que na lesão virtual exista *essencialidade*, isto é, que a probabilidade de prejuízos para o credor tenha efetiva profundidade e não seja apenas um pequeno abalo a atingir sua superfície. É indiscutível que ao autor desta ação jamais interessará a formulação usual de pedidos alternativo-sucessivos, isto é, impossível a revisão, que o pacto seja extinto – estado em que, em razão do término da contratação, nada receberá. Em caso extremo, é preferível receber o objeto da doação, mesmo desvalorizado, a perdê-lo integralmente, como decorrência da resolução contratual. Por força das circunstâncias, em ações desta natureza, em autêntica situação de absoluta contingência, ao credor interessará apenas a revisão, com vistas à reposição da depreciação que o acontecimento anormal houver trazido à prestação. Nesta configuração, o pedido alternativo-sucessivo não tomará como base revisão ou resolução, mas sim *revisão* e *aceitação*. Primeiro deverá ser feita a tentativa de recomposição da prestação; impossível esta, a alternativa deverá ser a de *aceitação da prestação, mesmo diminuída em seu valor primitivo*, seja por via de conciliação ou decisão resultante do entendimento do julgador.

59. *Lesão nos Contratos*, p. 172.

TRAMITAÇÃO PROCESSUAL DA IMPREVISÃO

Nesta hipótese, ao devedor sempre será possível perceber o nenhum interesse do credor na resolução, o que poderá levá-lo a discordar da revisão na conciliação, restando apenas a alternativa *ope iudicis* de revisão, afeta à aceitação do juiz. Deferido o pedido revisional, a depreciação será recomposta; indeferido, seus parâmetros deverão ser os da prestação alterada.

O recebimento da prestação reduzida, como alternativa, embora represente um recebimento parcial do que seria devido ao credor, nestas circunstâncias será sempre melhor do que nada.

Acrescente-se que na mesma situação de revisão contingente por desinteresse na resolução, e com os mesmos direitos, estará o fornecedor ou prestador de serviços (na contratação identificado como credor) cujo contrato tenha sido atingido profundamente por acontecimento extraordinário.

Sady Cardoso de Gusmão[60] explicou que, conquanto a mora do credor seja encarada de forma diferente pelas legislações e doutrinas estrangeiras, em nosso Direito o entendimento tem sido pacífico, filiado que é ao sistema alemão, mais próximo da tradição romana. A questão tem sido disciplinada por três sistemas: a) o da equiparação da mora do devedor à do credor; b) o que exige para a caracterização da mora fato imputável ao credor, excluída a força maior; e c) o que considera a *mora creditoris* ou *credendi* passível de ocorrer até mesmo diante da força maior.

A recusa injustificada de aceitar a prestação devidamente ofertada – ensinou J. M. de Carvalho Santos[61] – ou de aceder ao convite do devedor para prestar sua cooperação, quando esta se fizer necessária para tornar materialmente possível a prestação, constitui em mora o credor, uma vez que "é um dever do credor, ao qual corresponde o direito do devedor de exigir-lhe isso".

A doutrina nacional tem entendido que a prova da culpa do credor é dispensável, porque presumida da recusa de aceitação da prestação.

Embora alguns autores argumentem que o credor não tem o *dever*, mas apenas a *faculdade de receber*, não se pode negar ao devedor o direito de "liberar-se do vínculo obrigacional, em vez de manter-se jungido ao credor indefinidamente", como bem observou Caio Mário.[62]

---

60. "Mora", *Repertório Enciclopédico do Direito Brasileiro*, v. XXXIII, p. 279.
61. *Código Civil Brasileiro Interpretado*, v. XII, p. 319.
62. *Instituições de Direito Civil*, v. II, p. 270.

584 A TEORIA DA IMPREVISÃO NO DIREITO CIVIL E NO PROCESSO CIVIL

E o mesmo autor foi mais longe, ao sustentar que o devedor há de ter a faculdade de se desobrigar no tempo, no lugar e pelo modo devido, e não pode sofrer as conseqüências da omissão do credor, quando a *solutio* depender da cooperação deste.

Por outro prisma – continuou Caio Mário –, como que analisando uma hipótese de promessa de doação, atingida pela imprevisibilidade, *"(...) será escusado o procedimento do credor ou sua omissão, se tiver justificado motivo de recusar a oferta ou de negar a sua cooperação*, como no caso de ser o retardamento decorrente de força superior à sua vontade, ou da *prestação não corresponder exatamente ao conteúdo da obrigação"*[63] (grifamos). Aí está: o credor terá "justificado motivo de recusar a oferta" se a "prestação não corresponder exatamente ao conteúdo da obrigação".

A *mora accipiendi* produz o efeito de: a) isentar de responsabilidade o devedor da obrigação; b) liberá-lo dos juros e da pena convencional. Para o credor incurso em mora a conseqüência será a de ter de receber a coisa no estado em que se encontre, mesmo que tenha perecido ou se deteriorado, parcial ou totalmente. Na situação configurada (promessa de doação depreciada, ou profunda alteração no crédito do fornecedor) o credor irá pleitear a revisão justamente por não querer receber a prestação desvalorizada em percentual significativo, que, por sua profundidade, poderá até mesmo acabar por lhe subverter a natureza ou o objetivo.

É indiscutível que a oferta da *res debita* pelo devedor deve ser efetiva, sem qualquer dúvida em relação ao *quando, como* e *onde*, de sorte a poder caracterizar-se uma recusa de recebimento. A purgação da mora do credor encontra-se disciplinada pelo art. 959, II, do Código Civil atual (art. 400, II, do novo CC).

Em certos casos o devedor pode se valer da consignação em pagamento. Esta, como é sabido, atua nas hipóteses de normalidade, não servindo para as de anormalidade, como a que se discute.

IV – *Revisão ou resolução (pedidos alternativos)*: A hipótese de *pedidos alternativos* – revisão ou, quando não, resolução –, sem dúvida alguma, é a mais complexa.

Como linha procedimental, se à parte autora (devedor) só interessar a manutenção do pacto assentada nas bases propostas para revisão constante do pedido inicial, sem possibilidade de modificações, e,

63. *Instituições* ..., v. II, p. 271.

TRAMITAÇÃO PROCESSUAL DA IMPREVISÃO 585

como alternativa – diante de sua frustração –, solicitar a resolução do convencionado, fundada nas disposições processuais do art. 289 do Código de Processo Civil, deverá formular pedido alternativo-sucessivo: não se efetivando a revisão, que seja decretada a extinção contratual.

No tema, como ilustração, Pontes de Miranda[64] esclareceu que a cumulação objetiva opera-se pela simultânea propositura de duas ou mais ações, num só procedimento (duas ou mais relações jurídicas processuais, e um só procedimento), e tem-se a união de "ações" ou a fusão de "ações" numa só "ação".

Quando um segundo pedido só possa ser aceito condicionado à aceitação do primeiro, estaremos diante de uma *cumulação sucessiva*, que não é a hipótese em discussão; na *formulação alternativa* (hipótese em pauta) existe a pressuposição de inviabilidade do primeiro pedido, para que só então o segundo possa ser apreciado e deferido, se assim entender o juiz. No caso, existem no mesmo procedimento duas relações jurídicas (revisão ou resolução) mas, ao final, o acolhimento deverá ser de apenas uma delas. Não são pedidos cumulados (quando a pretensão seria a de obter guarida a mais de um), mas sim pedido subsidiário, com caráter alternativo.

Wellington Moreira Pimentel,[65] falando sobre a cumulação, esclareceu que é possível em um mesmo processo acionar o réu para compeli-lo ao cumprimento de uma obrigação de dar e de uma obrigação de fazer.

A discussão em tela trata de *solicitação objetiva alternativa*, como explicou Carlos Godinho,[66] ao registrar que na cumulação alternativa, assim como na sucessiva, há de existir, necessariamente, certa relação entre os pedidos, que na cumulação sucessiva é mais estreita ainda, uma vez que, neste caso, um pedido é condicionante do outro. Em síntese: não sendo possível um pedido, que o outro seja concedido. Na hipótese: não sendo possível a revisão, que seja decretada a resolução.

De caráter inédito, consubstanciando a essência desta pesquisa no campo processual, *na hipótese de pedido de resolução, como alternativa diante da impossibilidade de revisão*, embora inexistente a previsão legal, os princípios de eqüidade deixam claro que não há como afastar esta evidência, assentada em cânones de justiça comutativa:

---

64. *Comentários ao Código de Processo Civil*, t. IV, p. 72.

65. *Comentários ao Código de Processo Civil*, v. III, p. 199.

66. "Cumulação de ações perante o novo Código de Processo Civil", *RF* 252/418-419.

586 A TEORIA DA IMPREVISÃO NO DIREITO CIVIL E NO PROCESSO CIVIL

O autor (devedor da obrigação) deverá ser responsabilizado pela indenização das perdas e danos causados à outra parte – no que diz respeito à parte do contrato por cumprir – como resultado da procedência do pedido do réu (credor da obrigação), apresentado na contestação.

Em caso de extinção do pacto, se o devedor-autor não for condenado a indenizar a parte contrária (credor-réu) pela prestação da parte pendente de adimplemento, haverá *enriquecimento desmotivado*, também conhecido como *sem causa*. A indenização deverá ser fixada pelo juiz em função da situação em que se encontre a contratação (prestações cumpridas parcialmente, cumprimento quase-integral, forma, condições, prazos, lugar), como se fora uma autêntica revisão: nem o *quantum*, forma ou condições iniciais, nem o que foi alterado pelo fato imprevisível. Deve sempre ser buscado um meio-termo (relembre-se, uma vez mais, que *in medio virtus*). Como sempre, a eqüidade deverá ser o guia seguro para tanto. Em casos mais complexos o juiz poderá se valer de laudo pericial para a fixação da indenização, prazos, condições ou forma de execução.

Em princípio, três fundamentos jurídicos poderiam ser arrolados para justificar a indenização ao credor que, com a resolução, terá prejuízos efetivos pela parte não cumprida do contrato. Seriam eles: 1) *abuso de direito*, 2) *lesão*; e 3) *enriquecimento sem causa*.

O *abuso de direito* desde logo deve ser descartado, porque apresenta uma *causa* para a vantagem indevida obtida pelo devedor, como decorrência da extinção contratual, sendo discutível apenas seu *excesso*. Se o devedor tem direito ao recebimento e este ocorreu com um *plus* indevido, a essência de seu direito não é passível de discussão, mas apenas a ausência da justa medida, que o exacerbou, o que não retrata a hipótese em discussão. No caso em pauta não se pode, a rigor, falar em direito do devedor liberado integralmente de sua obrigação tão-somente como decorrência de uma impossibilidade de revisão do pacto alterado anormalmente. Ao caso em pauta não interessa a discussão da falta de moderação com que aquele direito foi exercido, apenas a inexistência de sua causa. O excesso no exercício de um direito, evidentemente, não configura o caso em tela. Equivocaram-se os que procuraram apoio no *abuso de direito*.

Na conceituação de Orlando Gomes,[67] segundo doutrina universalmente aceita, a *lesão* deve ser aferida ao tempo da contratação,

---

67. *Novas Questões de Direito Civil*, p. 208.

TRAMITAÇÃO PROCESSUAL DA IMPREVISÃO

como no Direito Romano já se dispunha na Lei Oitava: "nini minus dimidia iusti pretii quod fuerat tempore venditionis" ("nem menos da metade do justo preço existente no tempo da venda").

Ela tem sido considerada como um vício do consentimento que determina, segundo alguns, a resolubilidade do pacto por via de anulação ou nulidade. Na questão discutida (efeitos da resolução para o credor, por impossibilidade de adaptação do pacto ao novo estado, mutilado pelo acontecimento imprevisível) a lesão nasce de uma sentença – contexto em que não se pode pretender discutir vícios de consentimento, como ocorre nas convenções, e, conseqüentemente, sua anulação ou nulidade, mesmo porque a hipótese é de prestação jurisdicional, em que inexiste contratação. Também o *instituto da lesão*, ao caso em pauta, é inaproveitável.

O *enriquecimento sem causa* é o instituto que parece mais adequado ao propósito e oferece os mais consistentes alicerces para a indenização da parte prejudicada com a resolução contratual por impossibilidade de revisão.

O enriquecimento desmotivado será analisado em contexto próprio, com aproveitamento e desenvolvimento dos subsídios que o informam, para a veemente condenação do locupletamento de uma parte em detrimento da outra sem qualquer justificativa de ordem fática, moral ou jurídica, em qualquer circunstância, e, no caso em pauta, como decorrência de uma sentença que, em princípio, deveria fazer justiça às partes.

Sobre a injuridicidade de uma resolução sem contrapartida, como configurada, Arnoldo Medeiros da Fonseca[68] esclareceu que o devedor, quando contrata, assume implicitamente uma obrigação de não iludir as legítimas expectativas do credor de receber a prestação prometida. Se a assume superior às próprias forças, será culpado, e por sua culpa é natural que responda. Por outro lado – acrescentou –, as dificuldades de apurar, com segurança, até onde vão as possibilidades particulares do devedor justificam um critério objetivo na verificação da existência ou inexistência da impossibilidade de prestar. Nem seria justo em relação ao credor, perante quem o devedor assumiu sem reservas o compromisso de executar a obrigação – prosseguiu Medeiros –, exonerar este último quando outro indivíduo, em análogas condições exteriores de tempo, lugar e meio, teria podido cumprir o estipulado. A regra, portanto – encerrou Medeiros –, de que só a *impossibi-*

---

68. *Caso Fortuito e Teoria da Imprevisão*, 2ª ed., p. 111.

588   A TEORIA DA IMPREVISÃO NO DIREITO CIVIL E NO PROCESSO CIVIL

lidade absoluta (*sic*) ou *objetiva* de executar libera o obrigado nada tem de iníqua. E somente quando a produzir é que o *caso fortuito* deve ter como conseqüência a exoneração do devedor e a extinção do vínculo obrigacional.

Na hipóteses de extinção do pacto pela impossibilidade de sua adequação ao novo estado um resultado curioso – mas revestido de juridicidade – estaria criado: não se dando a revisão por qualquer das formas apontadas, como regra geral, em atenção ao pedido de resolução do autor, o juiz deverá extinguir o pacto. Entretanto, no pedido do réu de indenização pelo truncamento do contrato ainda não cumprido integralmente, quando de sua contestação, se agasalharia uma outra pretensão, além da de extinção formulada pelo autor. O julgador teria, neste contexto, duas solicitações, não colidentes nem exclusivas uma da outra, a serem decididas: a de *extinção contratual*, formulada pelo autor (devedor), e a *indenizatória*, apresentada na contestação pelo réu (credor). Neste passo, ao final, no plano processual ocorreria uma autêntica sucumbência recíproca das partes, resultante, *primeiro*, do julgamento pela *procedência da ação* e conseqüente resolução do contrato, e, *segundo*, consubstanciada na *determinação de pagamento das perdas e danos sofridas pelo réu*, como decorrência do contrato não cumprido, fixadas pelo julgador. Logicamente, além do principal, também os acessórios (honorários, custas e demais cominações aplicáveis). *Mutatis mutandis*, esta solução equivaleria – quanto aos efeitos – a um pedido judicial de extinção de contratação em plena vigência, efetuado por uma das partes, por não mais lhe convir sua manutenção. Seria assemelhada a uma alteração unilateral, com suas óbvias conseqüências.

No caso em discussão, um bom exemplo poderia ser o do locatário que por volta do quarto mês de uma locação prevista para 12, em pleno decurso do prazo contratual, não desejando mais permanecer no imóvel, ingressasse em juízo para propor sua extinção, cumulando o pedido com solicitação de pagamento de benfeitorias necessárias, ou úteis devidamente autorizadas. Deferidos os pedidos de ressarcimento e de extinção, impugnado na contestação seu direito de pôr fim a um contrato em plena vigência, seria reembolsado pela primeira pretensão (benfeitorias), mas deveria ser responsabilizado pela outra (extinção da convenção antes do prazo previsto), conforme o art. 1.193 do Código Civil vigente (art. 570 do novo CC), ou, alternativamente, pelo pagamento da multa legal de que fala o art. 8º da lei locatícia em vigor. Atente-se para o fato de que tal procedimento seria um imperati-

TRAMITAÇÃO PROCESSUAL DA IMPREVISÃO 589

vo da mais elementar justiça comutativa, embora faticamente se configurasse o equivalente a uma sucumbência recíproca. Desta forma, uma vez aceita pelos juízes de primeiro e colegiados de segundo graus a hipótese de indenização ao réu aqui proposta, quando impossível a revisão e a única alternativa for a da extinção do pacto, mais fácil ficaria sua manutenção por via da revisão judicial, já que com a resolução tanto autor como réu seriam prejudicados. O primeiro porque teria de indenizar; e o segundo porque nem sempre a indenização traria as mesmas vantagens ou atenderia a interesses que poderiam advir do cumprimento integral do pacto, mesmo reformulado.

Registre-se, por oportuno, que o primitivo "Código das Obrigações", em seu art. 322, já falava em "dificuldade extrema" e em "prejuízo exorbitante para uma das partes".

De todo o exposto, após tentativa de disciplinar o instituto, em síntese, esta poderia ser a tramitação processual de um procedimento revisional de cláusula contratual atingida pela imprevisibilidade:

1ª. No desaparecimento da base negocial algumas situações poderão surgir, fundadas em atos de terceiros ou das próprias partes, quando deverá ser aferida a existência ou não de prejuízos para a determinação de indenização, seja por danos efetivos ou morais.

2ª. Sendo possível a revisão requerida pelo devedor, obtido o consenso das partes na fase conciliatória, a adaptação será reduzida a termo e homologada pelo juiz, produzindo efeitos após seu trânsito em julgado, devendo as despesas processuais e os honorários advocatícios ser suportados pelos interessados, pelo sistema *pro rata*; não havendo conciliação, verificada a procedência das alegações, emergente do processo de cognição, deverá o juiz intervir no pacto para estabelecer novas bases e condições, responsabilizando o réu pelas verbas acessórias, por via de sentença de conteúdo constitutivo-integrativo.

3ª. A teoria da imprevisão é remédio jurídico colocado tanto à disposição do devedor como do credor da obrigação. Se em *promessa de doação ou contrato de fornecimento* houver considerável depreciação de seu objeto (80%, 90% ou mais), com o mesmo direito e nas mesmas condições do devedor, o credor poderá pleitear revisão da prestação para a recomposição do seu valor primitivo, para evitar a *mora accipiendi*, deixando expressa na contestação sua disposição de receber a prestação, mesmo depreciada, em caso de impossibilidade de revisão. A solicitação alternativa, rescisão/resolução, militará contra seus interesses; porque, como única opção, mesmo com o valor

590 A TEORIA DA IMPREVISÃO NO DIREITO CIVIL E NO PROCESSO CIVIL

reduzido, sempre será melhor do que não recebê-la, o que fatalmente ocorrerá com a extinção do pacto.

4º. Impossível a revisão na conciliação, porque o autor da ação, por razões de seu interesse, se mantém irredutível nos termos fixados na inicial para adaptação do pacto, em procedimento alternativo-sucessivo (revisão ou, quando não, resolução), e este insiste na extinção do pacto se o juiz não encontrar condições para adequação, não restará outra alternativa senão a de resolução. Nesta hipótese, o devedor (autor) deverá sujeitar-se à indenização correspondente à parte não cumprida do contrato, desde que o réu (credor) a requeira (se não o fizer, a decisão que o atenda será *ultra petita*), porque nada justifica a transformação de uma lesão iminente para o devedor em lesão efetiva para o credor, assentada em condenável enriquecimento sem causa do primeiro.

Enfatize-se que a pretensão do devedor de se liberar da obrigação (como se sua inexecução tivesse causas involuntárias) deve gerar conseqüências. Não pode ser premiado tão-somente porque sua tentativa de revisão (nas condições propostas) de cláusula modificada pela imprevisibilidade não frutificou. A conseqüência indiscutível será o prejuízo do credor. Por tais razões é que se entende que, embora possa ser extinta a convenção, os efeitos produzidos no universo econômico ou moral do credor não podem ser esquecidos pelo julgador, e a contrapartida por via indenizatória deve ser considerada.

27.3 *A indenização devida em algumas hipóteses de resolução*

27.3.1 Fundamentos

Não parece comportar dúvidas este entendimento: no campo processual, o que traça os contornos e estabelece definitivamente as fronteiras de uma lide (identificada como o conflito de interesses qualificado pela pretensão resistida, já então sob o crivo do Judiciário) é o pedido do autor (art. 489 do CPC). A este incumbe provar os fatos em que apóia sua pretensão; ao réu, circunstâncias que impeçam, modifiquem ou determinem a extinção daquela solicitação (art. 333, I e II, do CPC). A este conjunto procedimental dá-se o nome de *princípio dispositivo*. É nele que se fixa o contraditório. A disciplina legal encontra-se no art. 128 do Código de Processo Civil, que, expressamente, dispôs: "O juiz decidirá a lide nos limites em que foi proposta, sendo-lhe defeso conhecer de questões não suscitadas, a cujo respeito a lei exige a iniciativa da parte".

TRAMITAÇÃO PROCESSUAL DA IMPREVISÃO 591

Ao réu é vedado ampliar, restringir ou modificar por qualquer forma o pretendido, podendo apenas opor-se a ele por via de contestação ou exceção, na tentativa de demonstrar sua improcedência ou inadequação, ou, ainda, deduzir solicitação diferente, conexa com a do autor, em procedimento reconvencional específico (art. 297 do CPC).

A justificativa para esta tentativa de discutir e tentar disciplinar a questão do emprego da teoria da imprevisão, introduzindo a indenização em alguns casos de extinção contratual, prende-se ao fato de que os autores estudados, tanto nacionais como estrangeiros – e a jurisprudência lhes tem feito coro –, sem qualquer exceção, com pequenas variações redacionais, têm aceito e proposto sempre a mesma inaceitável formulação: *aquele que pretender fazer uso da teoria da imprevisão deverá requerer revisão contratual, solicitando também que, diante de sua impossibilidade, seja decretada a resolução do pacto.* E complementam: *uma vez presentes os pressupostos de aplicação do princípio de exceção, pelo magistrado deverá ser buscada, primeiramente, a adequação contratual para condicionar a prestação alterada à nova situação criada pelo evento anormal, na tentativa de evitar que a lesão subjetiva se transforme em objetiva; sendo impossível a adaptação (revisão), o juiz deverá decretar a resolução da contratação, com fundamento no pedido do autor.*

Ao longo dos tempos, é isto o que todos vêm dizendo.

Na confirmação da tese exposta e da postura unilateral da nossa doutrina, a informação de João Édison de Mello[69] vem a propósito, ao explicar que Bessone e San Tiago Dantas (na condição de pareceristas), Silva Pereira, Medeiros da Fonseca, Sílvio Rodrigues e Beviláqua consideraram como efeito da aplicação da cláusula *rebus sic stantibus* a faculdade de: ficar o devedor "desvinculado da obrigação"; operar-se a "resolução do contrato"; em face do desequilíbrio, "a obrigação não poder prevalecer"; haver "intervenção judicial para resolver o vínculo contratual"; "não se dando a revisão, o pacto deve ser extinto pela resolução"; e, ainda, que, "ocorrendo a impossibilidade depois, extingue-se a obrigação" – respectivamente.

O mesmo autor (ob. e p. cits.) apresentou sua convicção sobre qual deveria ser o objeto do pedido ao Judiciário e o tratamento a ser recebido nas situações de exceção em que a doutrina da imprevisibilidade fosse invocada, dizendo que a conclusão final seria a de *poderem os devedores, postos na situação de impossibilidade ou onerosidade*

---

69. Ob. cit., p. 30.

592 A TEORIA DA IMPREVISÃO NO DIREITO CIVIL E NO PROCESSO CIVIL

excessiva para cumprir o contrato, pleitear em juízo declaração de inexigibilidade do débito, na parte em que se caracterize o excesso de ônus. Prosseguiu Édison de Mello[70] dizendo que nas expressões usadas pelos renomados doutrinadores supracitados, de forma simples e direta, foi preconizado que *a solução da pendência pode chegar ao ponto de extinção de toda e qualquer obrigação*, não sendo levadas em conta as condições primitivamente acordadas, porque a crise gerada pela impossibilidade de revisão tornou inviável, difícil ou excessivamente oneroso seu cumprimento.

A postura merece reflexão e, principalmente, ampla discussão.

De início, é preciso indagar: que situações não abririam espaço para revisão? No plano operacional é possível apontar duas:

1ª) *quando o caso só comportar resolução* – hipótese menos freqüente em que o evento extraordinário suprime totalmente a base da contratação;

2ª) *quando, diante de pedidos sucessivo-alternativos (revisão ou, impossível esta, resolução), não se consiga adaptar o pacto ao novo estado, seja por via da conciliação das partes, seja pelo atendimento do pedido revisional "ope iudicis".*

É indiscutível que a adequação à nova situação criada pela imprevisibilidade não se dá, inicialmente, por atuação do juiz (relembre-se: como linha de princípio, sem provocação o Judiciário não atua), mas sim pela manifestação de vontade dos contratantes, cabendo ao julgador simplesmente homologá-la ou, na ausência de acordo, decidir se o caso comporta revisão ou, diante de sua impossibilidade, extinguir a contratação, determinando a indenização de eventuais prejuízos do credor, depois de devidamente provocado pela contestação apresentada pelo réu.

A *primeira* situação identifica uma *impossibilidade de revisão.* Quadros fáticos hão de existir em que, operacionalmente, a ocorrência de um acontecimento extraordinário que afete intrinsecamente o pacto só enseje a possibilidade de sua extinção, não havendo espaço para qualquer tentativa de revisão, como já discutido.

A *segunda* abriga um pedido sucessivo-alternativo: impossível a *revisão*, solicita o autor que o juiz decrete a *resolução.* Neste quadro – de todos, o mais controvertido –, a fórmula comumente utilizada deve ser analisada com mais atenção e profundidade e, conseqüentemente,

---

70. Idem, ibidem.

TRAMITAÇÃO PROCESSUAL DA IMPREVISÃO 593

mudada, porque a resolução do contrato pura e simples, como tem sido proposta e aceita, não sendo possível a revisão, certamente tem trazido prejuízos efetivos ao credor, que, como o devedor, também não pode ser responsabilizado pela desnaturação das características primitivas do contrato. Este procedimento tradicionalmente consagrado irá apená-lo injustificadamente. A situação que aqui se configura – resultante de resolução por impossibilidade de revisão – de forma condenável isentará o devedor de qualquer responsabilidade pela parte por cumprir da avença, sem qualquer base legal para tanto. A total injuridicidade de que se reveste a situação é de todo inadmissível. Favorecerá, em todos os sentidos, apenas o devedor que intentar procedimento revisional para adaptação do convencionado, ao identificar dificuldade extrema de cumprimento da obrigação. Já no instante de formular pedido sucessivo-alternativo entrará no jogo injustamente premiado: saberá de antemão que, uma vez frustrada a pretensão de adequação da prestação alterada, a solução será a extinção contratual, com liberação integral de sua responsabilidade. Nada tem a perder; só a ganhar.

Mesmo em face da alteração imprevisível da base negocial, sob nenhuma justificativa se pode esquecer de que a obrigação contratual do devedor – a ser assim beneficiado – continuará pendente de cumprimento. O fato de haver tentado revisá-la, sem conseguir, não lhe pode dar direito à isenção da responsabilidade total, como se a hipótese fosse de inexecução involuntária. Esta assertiva é incontestável: o inadimplemento resultante da inexecução da prestação continuará a pairar sobre o convencionado. Tão-somente pelas dificuldades encontradas na conciliação, ou ausência de elementos para adaptação ao novo estado pelo juiz – para as quais, sub-repticiamente, poderá até ter contribuído –, o devedor se verá presenteado com a extinção da obrigação (que, em termos de absurdo, é muito) e ainda com a dupla vantagem no campo processual (que, em termos de aberração jurídica, é tudo), assentada no seguinte quadro fático: primeiro, estará liberado do cumprimento de obrigação livremente assumida, ainda por cumprir (ou parcialmente cumprida); e, segundo, inteiramente livre, ainda, de possível sucumbência, já que terá obtido o deferimento de seu pedido alternativo de extinção da contratação, isto é, terá vencido a ação. Em síntese: desta injuridicidade o devedor só obterá vantagens; e o credor, só desvantagens.

O absurdo que se colhe desta estrambótica semeadura é que, ao solicitar a adaptação da prestação alterada ao novo estado de coisas (alternando-a, sucessivamente, com pedido de extinção contratual, na

594 A TEORIA DA IMPREVISÃO NO DIREITO CIVIL E NO PROCESSO CIVIL

impossibilidade de adequação), com o objetivo de reduzir 30%, 40%, 50% ou mais, com a resolução da contratação o devedor acabará obtendo um bônus de 100%, isento de qualquer ônus, sem elementar base jurídica para tanto. Esta situação é inadmissível, sob todos os aspectos, uma vez que não traz em si qualquer fagulha de moralidade, e muito menos de elementar comutatividade.

Em complementação, neste caminhar, é impossível deixar de reconhecer que uma parcela de responsabilidade deve ser atribuída às conseqüências negativas criadas pela limitação processual a apenas dois recursos (agravo e apelação). Como resultado da insuficiência recursal, em casos especiais como o de ausência de efeito suspensivo não raras vezes tem sido aberto espaço para o mandado de segurança. Neste campo, falando das decisões intermediárias, Celso Agrícola Barbi[71] ensinou que, além dessas interlocutórias, não se pode esquecer que há casos em que *a lesão decorre de uma sentença*, provimento que, por exceção, é atacável apenas por apelação sem efeito suspensivo. Basta isto para demonstrar que ficaram frustradas as esperanças postas no novo Código, no plano da disciplina recursal.

Na mesma obra, retomando o tema, Barbi[72] observou que, entretanto, podem surgir casos em que o recurso previsto em lei seja totalmente incapaz de evitar o prejuízo causado pela sentença, devendo-se essa incapacidade justamente à falta de efeito suspensivo. Essas hipóteses são raras, mas não impossíveis. Se acontecerem, a solução compatível com a Constituição e o Direito é admitir o mandado de segurança contra decisão judicial, para evitar o perecimento do direito da parte. É preciso registrar, contudo, que a possibilidade de utilização do *writ* como sucedâneo de recurso específico, até mesmo – e talvez por esta razão – por sua rápida tramitação, não tem tido aceitação majoritária pela doutrina e jurisprudência.

Gélson Amaro de Souza[73] assinalou que, hoje, sabidamente, um recurso ordinário demora mais tempo para ser apreciado no segundo grau do que o mandado de segurança, tendo em vista o rito especialíssimo da ação. Acrescentou que com a permissão generalizada desta via como meio de atacar decisão judicial se estaria criando situação de privilégio para os mais audazes e, por meio de burla à sistemática processual, seria obtida uma antecipação da prestação jurisdicional

---

71. "Mandado de segurança contra ato judicial", *RF* 288/48.
72. Artigo cit., *RF* 288/51.
73. "Mandado de segurança contra decisão judicial", *RF* 285/511.

TRAMITAÇÃO PROCESSUAL DA IMPREVISÃO 595

nos colegiados superiores por via do procedimento mandamental assecuratório. Concluiu que representaria uma substituição do recurso ordinário pelo *writ*, que, indiscutivelmente, tem desfecho mais rápido.

É oportuno destacar que não são poucos os autores que rejeitam a possibilidade de uso do mandado de segurança contra sentença judicial. Justificam a negativa com um consistente e respeitável raciocínio: quando alguém faz uso desta via, objetiva, desde logo, desconstituir o ato praticado com abuso ou desvio de poder ou, ainda, manifesta ilegalidade, praticado por autoridade ou quem de direito a ela equiparado. Uma vez configurado o ato, resta a identificação da autoridade coatora. Esta – no entendimento administrativo contemporâneo, que mais e mais se fortalece – só pode ser aquela que, praticando o ato impugnado, tenha poderes também para revogá-lo. Com a prolação da sentença – insiste esta corrente –, conforme o art. 463[74] do Código de Processo Civil, o julgador encerra sua atividade jurisdicional no processo, só podendo se manifestar nos casos dos incisos I e II do mesmo artigo ou, ainda, para declarar a deserção do recurso de apelação (art. 519[75]). No caso em discussão – resolução pura e simples por impossibilidade de revisão – o mandado de segurança contra a sentença que prejudicou uma das partes – no caso, o credor – de nada adiantaria, argumentam, pois o juiz não poderia revogar sua própria decisão terminativa do feito, porque lhe é vedado inovar no processo (art. 521) (tivemos a oportunidade de discutir a proibição de inovação processual em artigo publicado pela *RT*[76]). Poderá, ainda, o magistrado intervir para o aclaramento do julgado, em resposta a embargos de declaração ou na hipótese de equívoco, demonstrado na impugnação, quanto aos efeitos atribuídos ao recurso. Para esta última hipótese existe o agravo de instrumento, descabendo o mandado de segurança. Chega-se, então – concluem os opositores desta via –, ao seguinte impasse: nesta configuração o *writ* não terá sujeito passivo, porque a autoridade coatora a quem ele for dirigido (juiz) não o será, por lhe faltarem condições de auto-revogação do ato judicial praticado. Acrescentem-se, a tudo isso, os inconvenientes oriundos da propositura de uma ação or-

---

74. "Art. 463. Ao publicar a sentença de mérito, o juiz cumpre e acaba o ofício jurisdicional, só podendo alterá-la: I – para lhe corrigir, de ofício ou a requerimento da parte, inexatidões materiais, ou lhe retificar erros de cálculo; II – por meio de embargos de declaração."

75. "Art. 519. Dentro do prazo de 10 dias, contados da intimação da conta, o apelante efetuará o preparo , inclusive do porte de retorno, sob pena de deserção."

76. Nelson Borges, "Inovação processual", *RT* 567/27-30.

596 A TEORIA DA IMPREVISÃO NO DIREITO CIVIL E NO PROCESSO CIVIL

dinária *in rem verso* – dedutível dos princípios gerais de Direito e da eqüidade, constantes do *suum cuique tribuere* e *alterum non laedere* –, remédio jurídico por meio do qual "o autor reclama um prejuízo sofrido, em razão de que este, apesar de não ter sido ocasionado por fato ou negligência do réu, se lhe atribui um enriquecimento não legitimado por nenhum ato jurídico", conforme conceituação constante do *Vocabulário Jurídico* de Capitant, citado por Theodósio Pires Pereira da Silva.[77] O mencionado procedimento, na concepção de Pereira da Silva,[78] seria o remédio jurídico por meio do qual o autor reclamaria um prejuízo sofrido, em razão de que este, apesar de não ter sido ocasionado por fato ou negligência do réu, se lhe atribuiu um enriquecimento não legitimado por qualquer ato jurídico.

Pereira da Silva,[79] na mesma obra – desta vez com remissão à doutrina lusitana –, aditou que Cunha Gonçalves sempre ensinou que, em tal contexto, *causa* não tem o sentido de fato gerador eficiente, e sim o de *título justificativo* do enriquecimento: contrato, sucessão, doação, prescrição, lei, *sentença* e até mesmo um fato ilícito, pois quem recebe indenização de um prejuízo não se locupleta à custa alheia, não enriquece. Nestas circunstâncias, até com fundamento em tais argumentos seria de todo prudente a existência da indenização em situações como a discutida, não só em nome da comutatividade necessária, como até da simplicidade, quando não em nome da economia processual.

Constata-se, assim, que a contrapartida indenizatória imposta àquele que pleiteia a extinção de pacto conseqüente à inviabilidade de revisão, em contrato mutilado por acontecimento extraordinário, seria, ainda, a forma mais viável, prática e definitiva de se coibir a injustiça de uma sentença que pretendesse pôr fim ao contrato. A responsabilidade civil objetiva determinaria a indenização do credor pela parte ainda por cumprir do pacto, nascida de uma lesão efetiva que o provimento do Estado – sentença extintiva da contratação, pura e simples – traria ao credor. Para ele a situação seria extremamente prejudicial se a sugestão apontada não fosse adotada.

Deste modo, diante de um quadro em que, pela ausência de efeito suspensivo, não interessasse o recurso ordinário ou, por outro lado, o mandado de segurança, por sua aplicação insegura, estaria ele sujeito a um absurdo maior: somente lhe restaria o uso da ação rescisória (art.

---

77. "Ação de *in rem verso*", *RF* 289/435.
78. Idem, ibidem.
79. Idem, ibidem.

TRAMITAÇÃO PROCESSUAL DA IMPREVISÃO

485 do CPC), desde que a hipótese em discussão estivesse enquadrada em seu elenco exaustivo (*numerus clausus*). A *via crucis* que se esboçou é a configuração do castigo completo aplicado ao credor que apenas pretendesse exercer seu direito creditório, constitucionalmente identificado como direito adquirido, quando envolvido por procedimento revisional de cláusula alterada por evento imprevisível que, a pedido do devedor, ao final, terminasse em resolução.

Adicione-se – por indispensável – um enérgico libelo contra a surrealista e inadmissível injuridicidade da transformação de uma situação de descumprimento parcial ou total de obrigação contratual pelo devedor que, tendo dificuldades em adimpli-la, recorre ao Judiciário com base no *remedium iuris* da imprevisibilidade para tentar adaptar sua responsabilidade ao novo estado fático e, em autêntico passe de mágica, a vê desaparecer como resultante de pena indevidamente aplicada ao seu credor tão-somente porque, na conciliação prévia, não aceitou seus termos para revisão, ou que não foi levada a efeito pelo juiz. Credor que, ao final, se verá na seguinte situação: além das despesas processuais em que certamente será condenado na revisional, para não sofrer maiores danos terá de recorrer ao mandado de segurança nas hipóteses em que uma eventual apelação não tenha efeito suspensivo, jogando-o no campo da aleatoriedade, assemelhado, em tudo e por tudo, ao personagem kafkiano, agora em real – não fictício – processo.

Por outras palavras, é este o quadro: por um lado, um credor que teve seu crédito alterado por acontecimento imprevisível a que não deu causa e que, com a resolução, receberá um indevido castigo judicial que não apenas o privará definitivamente de seu direito creditício, como também o obrigará a mais despesas (não se pode nunca esquecer de que ele é credor), em agravamento ao já injusto apenamento que a resolução lhe impôs, sem qualquer fundamento jurídico para tanto; do outro, um devedor beneficiado por sentença judicial em processo cuja essência deveria ser a revisão, e não a resolução sem contrapartida, em condenável traição ao verdadeiro espírito da teoria da imprevisão e aos elementares princípios da comutatividade.

Fachin[80] foi categórico ao explicar que o Direito não pode dar guarida a condutas contrárias à observância de interesses legítimos.

Esclareceu, ainda, Fachin[81] que, sem embargo das diferenças, quer se trate de responsabilidade contratual, quer de extracontratual,

---

80. Luiz Édson Fachin (coord.), *Repensando Fundamentos do Direito Civil Brasileiro Contemporâneo*, p. 130.
81. Ob. cit., p. 139.

598 A TEORIA DA IMPREVISÃO NO DIREITO CIVIL E NO PROCESSO CIVIL

não há como negar a possibilidade de se impor o dever de indenizar. Aditou que a moderna tendência "vai no sentido de parificação dos dois tipos de responsabilidade".

Dando continuidade àquele pensamento, Fachin[82] falou, ainda, sobre o binômio liberdade/responsabilidade. Com base na relevância jurídica da confiança – completou –, a obrigação de indenizar *indepen-de da prova magistral da existência de vínculo contratual formal, des-de que suficientemente evidenciada a violação do interesse negativo.*

A tal respeito, em dispositivo inovador não constante do Código Civil de 1916, ainda em vigor, o futuro Código Civil, em seu art. 943, expressamente estabeleceu: "A indenização mede-se pela extensão do dano".

J. M. Othon Sidou[83] demonstrou aceitar a tese proposta ao consi-derar como preciosa a lição de Salleiles (*Théorie ...*, p. 185) ao ensi-nar que o contratante que deseja se libertar do vínculo, ou modificá-lo em seu proveito sem ter cumprido sua parte na obrigação, desnatura-lhe o caráter, dando de ombros à eqüidade.

Neste ponto, válida seria uma especulação: pelos termos estabe-lecidos – e esta é a posição da doutrina (tentativa de revisão e, frustra-da esta, resolução da convenção) –, suponha-se um devedor que não tenha satisfeito qualquer das prestações, apenas uma, um terço, ou metade delas. Diante de comprovada imprevisibilidade poderia pro-por revisão para adaptar cláusula profundamente modificada, aparen-temente com vistas à criação de situação condizente com o adimple-mento. Contudo, a idéia constante da proposta de adequação do pacto ao novo estado fático propositadamente poderia fixar um teto ou con-junto de condições preestabelecidas, além das quais não pretendesse passar, regras que sabe não serão aceitas como base para a revisão pelo credor, por ocasião da tentativa de conciliação (art. 448 do CPC), jogando com a possibilidade de o juiz entender como insuficientes os elementos existentes para a adequação ao novo estado. Como formu-lou pedido sucessivo-alternativo (extinção do contrato em caso de im-possibilidade de revisão), não se concretizando a adaptação, só resta-rá a alternativa de extinção contratual, com evidentes vantagens para si. Neste contexto, sob a chancela judicial, aquele que pleiteou a redu-ção de obrigação contratual, por via indireta, acabará por obter isen-ção total da obrigação, provocando irreversíveis prejuízos ao credor.

82. Ob. cit., p. 117.
83. *A Revisão Judicial dos Contratos*, 2ª ed., p. 313.

TRAMITAÇÃO PROCESSUAL DA IMPREVISÃO 599

É indiscutível que até a má-fé poderá permear tal situação. Contudo, caso existente mas não detectada, a lesão ao credor será certa e indiscutível, só lhe restando recurso ao segundo grau, na tentativa de reparação, com base no *enriquecimento sem causa* do devedor. Em acréscimo, haverá, ainda, o aprofundamento dos prejuízos provocados pela morosidade da máquina judiciária, agravados pela provável condenação nos acessórios.

Em outra hipótese, entretanto, poderá inexistir má-fé, mas tão-somente interesse comercial decorrente de impossibilidade fática em contratação paralela (como, por exemplo, a resultante de alteração da modalidade de entrega ou, ainda, de valores excessivamente majorados a serem suportados para o cumprimento da prestação) que traga dificuldades insuperáveis resultantes da obtenção de matéria-prima ou alteração de suas condições de aquisição. Neste caso, será óbvio que ao autor da ação só interessará a configuração proposta na conciliação, em ação ordinária de revisão contratual por imprevisibilidade. Poderá ocorrer que as condições finais fixadas para revisão não representem percentual expressivo em relação aos custos operacionais modificados em outra relação negocial, estreitamente ligada àquela, não expressa no pedido revisional porque estranha ao mesmo. Em tais circunstâncias só será satisfatória ao devedor da prestação uma revisão que minimize suas despesas ou condições no pacto paralelo, e não uma adequação que, embora aceita pelo credor, lhe obste à possibilidade de eliminar ou reduzir expressivamente os prejuízos iminentes na outra contratação que, com a ação revisional, tenta reduzir. Nesta situação, seu pedido de revisão não comportará adaptações para menos daquilo que em seus planos houver estabelecido como solução indireta para as obrigações na outra contratação. Frustrada a tentativa de revisão, somente restará o caminho da extinção. Neste contexto é indispensável que, na contestação, o réu, credor da obrigação, provoque a ação do julgador (que não poderá apreciar pedido inexistente na lide sem decidir *ultra petita*) *requerendo indenização decorrente da extinção de contrato por cumprir, em caso de impossibilidade de revisão.*

Isto é certo: se não houver indenização pela extinção contratual, em circunstâncias como a discutida, a teoria da imprevisão terá servido de instrumento de iniqüidade, e não de fiel-da-balança da justiça comutativa, como se espera e é da sua natureza. Terá apenas transferido de uma parte para outra os prejuízos, com a agravante de que a lesão virtual que o evento imprevisível representava para o devedor acabará se consubstanciando em lesão objetiva para o credor.

600 A TEORIA DA IMPREVISÃO NO DIREITO CIVIL E NO PROCESSO CIVIL

De forma sintética: terá transformado uma *possibilidade* de lesão para o devedor em irreversível *realidade* para o credor. Com base na proteção processual de que a revisão só possa ser efetivada nos termos propostos, e, em caso negativo, extinto o contrato, o devedor da prestação (aqui, autor do pedido) poderá valer-se de elementos estranhos à contratação (como mencionado) e apenas de "fachada" propor uma revisão (que particularmente o satisfaça), e, não obtida esta, extinguir o pacto, que, de resto, será muitíssimo melhor do que a revisão proposta. Reitera-se a tese: nestas situações a indenização não pode nem deve ser afastada. É preciso insistir: juridicamente nada existirá a justificar – muito menos no plano moral – a transformação de uma *lesão subjetiva* que apenas ameaça o devedor em *lesão objetiva* para o credor, tão-somente como decorrência da impossibilidade de revisão.

Vanessa Oliveira Batista[84] situou com propriedade o indivíduo diante do Estado ao dizer que a identificação de um direito é a possibilidade de que este venha a ser protegido por um juiz. Esta qualidade é inerente aos direitos constitucionais. *Se o ordenamento jurídico reconhece a justiciabilidade de um direito, ainda que ele não esteja positivado* – acrescentou (hipótese da teoria da imprevisão) –, *pode-se recorrer à sua proteção jurisdicional.*

Constata-se tratar a afirmativa de faculdades inerentes à pessoa humana, cujo gozo não está condicionado à existência concreta de garantias, mas apenas ao seu simples reconhecimento, porque o homem é o primeiro e único destinatário do Direito e, reflexivamente, da Justiça.

Válido é repetir, para fixação: "se o ordenamento jurídico reconhece a justicialidade de um direito, ainda que ele não esteja positivado, pode-se recorrer à sua proteção jurisdicional". Antes de ser uma questão de justiça, é, sobretudo, de dignidade.

Em relação à dignidade, a Constituição Espanhola, em seu art. 10.1, reconheceu: "La dignidad de la persona, los derechos inviolables inherentes, el libre desarrollo de la personalidad, el respeto a la ley y a los derechos de los demás son fundamento del orden político y de la paz social".

É de se indagar: por que esperar que a lesão objetiva do credor se concretize para só depois buscar solução por via recursal, ou ações específicas, se é possível evitar que ela ocorra (tese do enriquecimento

---

84. "O recurso de amparo no Direito Espanhol", *Revista de Direito Comparado* 1/133.

TRAMITAÇÃO PROCESSUAL DA IMPREVISÃO

desmotivado) pela simples possibilidade de fixação de uma indenização? Poder-se-ia lembrar que para algumas hipóteses de *enriquecimento sem causa* o Código Civil vigente prevê solução expressa nos arts. 964 e ss.[85] Entretanto, a possibilidade de uso do remédio jurídico da repetição do indébito (arts. 964-971) – que, à primeira vista, pode impressionar – não se aplica ao caso em discussão, uma vez que na hipótese de resolução decorrente de impossibilidade de revisão pura e simples, sem qualquer indenização, aquele *plus* recebido pelo devedor terá sido resultante de atuação *ope iudicis*, para a qual o remédio é inadequado. Terá nascido de sentença regular (exame de pedidos alternativo-sucessivos), que, diante da impossibilidade de acolher o primeiro, acolheu o segundo. A rigor, o juiz não terá feito nada mais do que dar solução legal à lide, estritamente no limite das fronteiras traçadas pela sistemática processual, embora resultando da decisão evidentes vantagens para o devedor e profundas desvantagens para o credor. Sublinhe-se que, se é condenável o enriquecimento injusto do credor – quando o devedor se veja na contingência de satisfazer prestação exacerbada, resultante de evento imprevisível –, não é menos justo que indenize o credor pela parte pendente de cumprimento quando a extinção contratual resultar de pedido seu.

Analisando as proposições de Lennel (introdutor da figura da indenização em situações assemelhadas), concluiu Anísio José de Oliveira[86] serem iguais em sua essência às de Giorgi, ressaltando-se na primeira (Lennel) o direito da parte – a quem se impôs uma restrição – de receber uma compensação pelo fato de ter confiado na inalterabilidade da avença, tendo em vista a manutenção do princípio de segurança dos contratos.

Um outro registro é necessário. Quando se fala em "dificuldade extrema de cumprimento da prestação" pensa-se restritivamente na excessiva onerosidade. A fórmula reducionista de raciocínio deve ser evitada. Situações de exceção também existirão em que a alteração da base negocial não se fundamentará, necessariamente, em mudanças na base econômica do pacto (obstáculos morais, por exemplo), mas poderão estar enquadradas na "dificuldade extrema de cumprimento da prestação".

---

85. Os arts. 875 a 882, do novo CC correspondem aos arts 964 a 971 do Código de 1916; mas a matéria do enriquecimento sem causa constitui capítulo à parte no novo Código Civil e é expressamente tratada nos arts. 883 a 885

86. *A Teoria da Imprevisão nos Contratos*, 2ª ed., p. 141.

602 A TEORIA DA IMPREVISÃO NO DIREITO CIVIL E NO PROCESSO CIVIL

A abertura quanto às possibilidades de exercício do remédio jurídico de exceção, tanto de devedor como de credor, deve existir, ao menos em nome da eqüidade, quando não no de outros princípios, de igual ou maior relevância.

27.3.1.1 O enriquecimento sem causa como alicerce indenizatório: Depois de muitos séculos, em sua essência a concepção de Direito continua a ser considerada "a arte do bom e do justo", cunhada por Celsus (*ius est ars boni et aequi*) no Direito Romano, com fortes raízes no direito natural. Em qualquer parte do mundo, independentemente da ética ou religião vigentes, impera o conjunto de diretrizes do que é bom e justo para uma sociedade, baseado consciente ou inconscientemente nos princípios romanos do *nenimen laedere* e *suuum cuique tribuere*.

Expressiva corrente doutrinária atribui a origem do *enriquecimento sem causa* (e, conseqüentemente, da ação de locupletamento) aos primórdios da civilização helênica, chegando a ser conhecido por ocasião da promulgação do Código de Hamurabi (1690 a.C.).

Segundo as coordenadas traçadas por L. P. Moitinho de Almeida,[87] no mundo moderno a responsabilidade por sua divulgação e aplicação deve-se aos juristas franceses, a começar por Aubry e Rau, para quem este tipo de ação apresentava maior relevância no *confronto* entre o empobrecimento e o enriquecimento, no desequilíbrio, do que propriamente na injustiça do recebimento.

Posteriormente, Laurent, Larombière e Demolombe (teoria da *gestão de negócios*) entenderam que a essência da ação se caracterizava pela restituição do que fora acrescido ao patrimônio de alguém em prejuízo do patrimônio de outrem, em perfeita e acabada *gestão de negócios anormal*. Esta concepção foi bastante criticada, não só na França como em todo o mundo.

Também Maury e Rouast – citados por Moitinho de Almeida[88] (teoria da *equivalência ou equilíbrio dos patrimônios*) – se posicionaram, o primeiro enfatizando a necessidade de haver sempre uma equivalência entre as fortunas, que se romperia no instante do deslocamento de valores sem causa para tanto. Por sua vez, Rouast explicou que a ação de não-locupletamento seria destinada a remediar as anormalidades resultantes.

87. *Enriquecimento sem Causa*, pp. 17-26.
88. Ob. cit., p. 28.

TRAMITAÇÃO PROCESSUAL DA IMPREVISÃO 603

Em prosseguimento, Moitinho de Almeida discutiu a doutrina do *fato ilícito*, apresentada e desenvolvida por Planiol. Afastando-se do instituto da responsabilidade civil, Planiol foi bastante criticado por entender que o enriquecimento sem causa decorreria de um fato ilícito. Se assim fosse – complementou Moitinho de Almeida –, estaria configurada a responsabilidade civil aquiliana, perfeitamente indenizável, afastando-se por completo da restituição, que, de resto, é a essência do enriquecimento desmotivado.

Para Ripert (*dever moral*) – prosseguiu o jurista lusitano – no contexto do enriquecimento desmotivado existiria sempre a necessidade de se indenizar aquele que ficou empobrecido, porque se trataria de obrigação moral que a jurisprudência transformou em ação jurídi-. ca. Este mesmo autor comparou a condenação do acréscimo sem causa a um rio subterrâneo que ninguém vê e que tem como função alimentar os casos de enriquecimento previstos na legislação.

Entre nós o grande seguidor de Ripert foi Agostinho Alvim,[89] para quem, ainda que houvesse noções diversas para moral, eqüidade, direito natural e princípios gerais, nos seus extremos, a confusão apareceria sempre que se tratasse de descobrir o fundamento último de um instituto, mais particularmente de uma regra social.

Agostinho Alvim[90] entendeu que os juristas contrários à possibilidade de alguém reclamar com fundamento no enriquecimento alheio assim se postavam por julgarem, limitadamente, que os casos de locupletamento encontrariam sempre remédio na lei, por meio destes ou daqueles institutos. Se o caso não estivesse previsto em lugar algum é porque o legislador teria querido tolerar, disseram eles. Adicionaram que para pedir é indispensável mostrar que o direito subjetivo de quem pede tem assento no direito objetivo, na lei, ou em fonte subsidiária. O rigor da proposição não pode ser aceito. Se a legislação não contempla a hipótese de desequilíbrio injusto, novas regras devem ser criadas, ao menos em nome da eqüidade e da justiça comutativa. A tal propósito, relembre-se De Page: "(...) o domínio da eqüidade é o que não foi incorporado à lei, ou que a ela se incorporou de maneira incorreta".[91]

E complementou Moitinho de Almeida que, segundo Bonnecase, Cunha Gonçalves e Josserand, por ser a teoria do enriquecimento sem

89. "O enriquecimento sem causa", *RF* 173/47.
90. Artigo cit., *RF* 173/53-54.
91. Philippe De Page, *apud* José de Aguiar Dias, "A eqüidade e o poder do juiz", *RF* 164/22-23.

604 A TEORIA DA IMPREVISÃO NO DIREITO CIVIL E NO PROCESSO CIVIL

causa condenada com rigor no direito positivo – praticamente em todos os ordenamentos jurídicos do mundo –, pela sua imprecisão conceitual, seria perfeitamente dispensável a construção de uma doutrina específica para a configuração de sua natureza jurídica. Paradoxalmente – arrematou – se estaria criando uma doutrina para justificar a desnecessidade de fundamentação de existência de uma outra doutrina para repelir o enriquecimento desmotivado.

Na construção de uma teoria de rejeição absoluta ao *enriquecimento sem causa* a grande preocupação da doutrina e da jurisprudência tem sido a de tentar evitar sua aplicação indiscriminada, com o inevitável comprometimento da ordem jurídica. Destaque-se que tem sido justamente em busca do aperfeiçoamento do sistema que os colegiados de segundo grau têm demonstrado rejeição ao instituto do benefício *sine causa*, apontando sua injuridicidade, buscando disciplinar a obrigatoriedade de devolução do recebimento indevido ou, quando faticamente impossível, de indenização equivalente.

Como princípio de discussão, é imprescindível fundamentar a teoria do *enriquecimento sem causa* não somente na eqüidade – seu grande alicerce –, mas em quaisquer outros motivos que possam conter elementares necessidades sociais, consubstanciadas na proteção não só do patrimônio – que, de resto, representa uma complementação da segurança do direito de propriedade – como, também, do tratamento justo e digno ao ser humano.

Para a estabilidade do comércio jurídico, entretanto, é preciso destacar que nem sempre o aumento patrimonial de uma das partes – mesmo em correlação com o empobrecimento da outra – enseja o direito à reclamação com pretensões devolutivas ou indenizatórias. É necessária a concorrência de outros elementos, em perfeita sintonia com este desequilíbrio, em especial a existência do exame da vontade daquele que viu seu patrimônio diminuído.

O campo de atuação do instituto – na lição de José G. do Valle Ferreira,[92] o grande estudioso do tema – é demarcado pela identificação de pressupostos que, de um modo geral, têm sido aceitos pela doutrina e jurisprudência, majoritariamente, em todo o mundo. São eles:

a) *atribuição patrimonial válida*;

b) *enriquecimento de uma das partes*;

c) *empobrecimento da outra*;

92. *Enriquecimento sem Causa*, p. 126.

TRAMITAÇÃO PROCESSUAL DA IMPREVISÃO 605

d) *correlação entre enriquecimento e empobrecimento*;
e) *ausência de causa jurídica*.

O mesmo autor, na obra e local citados, apresentou fórmula sintética e definitiva para a identificação do instituto e pertinência de sua aplicação ao dizer que tudo isso é bem claro o bastante para levar a uma conclusão: *o enriquecimento é sem causa quando a transferência patrimonial criadora do mesmo não resultou diretamente da vontade do empobrecido*.

É preciso enfatizar que a atribuição de vantagens patrimoniais injustas a alguém (como, por hipótese, a que é feita a um devedor que tenha solicitado a resolução contratual em caso de impossibilidade de revisão, diante de evento imprevisível) identifica-se como uma *vantagem patrimonial formal e extrinsecamente válida* quanto à sua origem. Poderá resultar da lei, de um ato jurídico perfeito e acabado, de um fato ou de uma situação. Na espécie em discussão – relembre-se – terá vindo de uma *sentença*. Nada justifica a confusão entre as *causas*. A *causa do ato jurídico* é distinta e não se confunde com a *causa do enriquecimento desmotivado*. Enquanto a primeira é juridicamente correta, a segunda, não. O que justifica a insurreição contra o enriquecimento sem causa são seus efeitos injustos, nada mais. Não se ataca a *mudança patrimonial* de alguém; ataca-se a *substância* daquele enriquecimento. A razão de ser do enriquecimento é que necessita de justificação, não o ato jurídico que lhe deu causa. Aquele que investe contra o recebimento indevido, ou enriquecimento sem motivo de outrem – correlato com seu empobrecimento –, jamais poderá modificar ou atropelar as regras do direito positivo e afrontar a legislação.

A lição de Marcel Planiol[93] sobre o tema é magistral. Para ele, a devolução do que alguém recebeu de forma indevida, ou, alternativa-

---

93. "L'existence d'une cause réelle et licite était exigée par les Romains, non pas pour la formation des *obligations*, mais pour la *conservation d'un bien ou d'une valeur*. En l'absense de cette *causa*, on donnaite une *condictio* pour répéter la valeur forunie, l'*enrichissement*. Domat a donc transporté dans la théorie des contrats une idée qui ne s'était appliquée jusque-là qu'aux faits de possessions et à l'acquisition de choses. Jamais les anciens ne s'étaient demandé si une obligation avait besoin d'une *causa* pour naître; ils admettaient la formation du lien obligatoire par cela seul qu'il s'était produit un fait générateur d'obligations, tel que les paroles de la stipulation, la *res praestita* des contrats réels ou le consentement dans les contrats consensuels.

"Ils admettaient bien qu'une obligation pouvait s'être formée sans cause, comme le prouvent les textes d'Ulpien (D. 12.7.1 et 3) et de Julien. Mais ces décisions ne sont que l'application de leur principe sur la répétition de l'enrichissement sans cause: l'obligation crée est considerée comme une valeur active sujette à restitution; elle *existe* donc, bien qu'elle n'ait pas de cause" (*Traité Élémentaire de Droit Civil*, 2ª ed., p. 319).

606 A TEORIA DA IMPREVISÃO NO DIREITO CIVIL E NO PROCESSO CIVIL

mente, a indenização do empobrecido, é situação indiscutível, já que a conservação daquele benefício sem causa se reveste de todas as características que definem um fato ilícito e, em tais circunstâncias, como era de se esperar, a lei condena peremptoriamente locupletamentos desta natureza.

Por sua grande importância, o tema do *enriquecimento sem causa* tem sido discutido ao longo da história do Direito pelos mais renomados juristas e tribunais de todo o mundo. Infelizmente, entre nós ainda não recebeu o tratamento diferenciado e especial que sua relevância, há muito tempo, está a exigir e merecer. Destaque-se que o futuro Código Civil Brasileiro o contempla em seus arts. 883 a 885, em caráter complementar, sem, contudo, lhe reconhecer a justa relevância para atribuição de verdadeiro instituto autônomo – o que, de longe o coloca em posição superior à do estatuto de 1916, que praticamente o ignorou.

Releve-se que as regras do *ius naturale*, quando trazem em seu bojo o Direito e a Justiça, mesmo que o legislador não as tenha contemplado especificamente, acabam por se sobrepor às leis. É o que ocorre com o enriquecimento injusto, que, embora alguns juristas sustentem ter sido inspirado pela Filosofia Grega, parece mais lógico situar suas raízes no contexto dos princípios do *honeste vivere*, *alterum non laedere* e *suum cuique tribuere* romanos, cunhados por Ulpiano.

Arnoldo Medeiros da Fonseca[94] via o enriquecimento sem causa como o deslocamento patrimonial, sem justo motivo, em conseqüência do qual alguém auferisse vantagens em detrimento de outrem, ficando, por isso, legalmente obrigado a restituir o proveito indevido recebido ou, na sua impossibilidade, a indenizar o prejudicado.

Sobre a antigüidade do princípio e de sua estruturação no Direito Romano o mesmo autor esclareceu que no *Digesto*, pelo enunciado legislativo de Pomponius (Lib. L, Tít. XVII, frag. 206), já podia ser encontrado: "Iure naturae aequum est neminem cum alterius detrimento et injuria, fieri locupletiorem"[95] ("Por direito da natureza é justo que ninguém se enriqueça com prejuízo e injúria de outrem"), condenando com veemência o locupletamento que, embora nascido justamente, trouxesse como conseqüência o prejuízo alheio.

---

94. "Enriquecimento sem causa", verbete in *Repertório Enciclopédico do Direito Brasileiro*, v. 20, p. 237.

95. Arnoldo Medeiros da Fonseca, idem, ibidem.

TRAMITAÇÃO PROCESSUAL DA IMPREVISÃO 607

Em seguida, traçando rápido perfil histórico do instituto, explicou que: "(...) todavia, a verdade é que no próprio Direito Romano tal princípio não se encontrava fixado numa regra geral, como, aliás, em geral sucedia. Emergia apenas de suas múltiplas aplicações, fixadas, casuística e sucessivamente, desde os fins da República, até Justiniano". Assim, na época clássica – disse Medeiros[96] – oferecia esse sistema jurídico diversos meios para impedir o enriquecimento injusto, como a *restitutio in integrum* concedida aos menores de 25 anos contra atos próprios, ou de seus tutores ou curadores, dos quais lhes resultasse lesão.

Informou José Alfredo de Oliveira Baracho[97] que no Direito Comparado a regra também foi recepcionada. Na Espanha apareceu nas Partidas: "Ninguno non deve enriqueszer tortizeramente, con daño de outro" (7ª, Lib. XVII, Tít. 34).

O enriquecimento injustificado ou sem causa – reiterou Baracho,[98] citando Alain Bénabent – em numerosas hipóteses decorre de operação jurídica que tem como conseqüência o enriquecimento de uma pessoa com sacrifício de outra. É a conseqüência de certa operação que, aparentemente, é legítima ou, pelo menos, justificável, sob o ponto de vista jurídico, desde que haja uma causa. Devido a um concurso de circunstâncias – completou – tal transferência não encontra justificação real no Direito. E adicionou o mesmo autor que as conseqüências do enriquecimento injusto e a responsabilidade apresentam certas diferenças, em que, de acordo com a responsabilidade, a reparação deve alcançar o dano total produzido. No caso do enriquecimento injusto – complementou – a restituição só é plena se levar em conta o valor real do enriquecimento alcançado. Convém ressaltar que o dano oriundo da responsabilidade decorre de ação ou omissão, ao passo que o enriquecimento injusto tem como base a redução positiva de um patrimônio em decorrência do aproveitamento de outro.

Eis a essência do princípio: *redução positiva de um patrimônio*.

Em termos simples, para o jurista francês M. Renard[99] o enriquecimento sem causa consistiria no defeito de concordância *a posteriori* entre o resultado de uma operação e o objetivo pretendido por ela –

96. Idem, ibidem.
97. "O enriquecimento injusto como princípio geral do direito administrativo", *Revista de Direito Comparado* 1/12, n. 1.
98. Artigo cit., *Revista de Direito Comparado* 1/13.
99. In *Revue Trimestrielle de Droit Civil*, 1904, pp. 729 e ss.

608 A TEORIA DA IMPREVISÃO NO DIREITO CIVIL E NO PROCESSO CIVIL

isto é, entre o resultado de um fato e sua conseqüência normal, esperada pela parte.

Para Roberto de Ruggiero[100] a restituição do indevido pertenceria ao mais amplo conceito do enriquecimento sem causa, pressupondo um pagamento feito quando não existisse vínculo, ou, ainda que existente, quando ele não estivesse isento de exceções que lhe poderiam ter paralisado a eficácia.

Valle Ferreira[101] – autor de uma das completas monografias sobre o tema, guia seguro neste campo – deixou claro que a contrariedade ao enriquecimento sem causa, fundada em velha regra de eqüidade, é universalmente aceita. A circunstância de não se encontrar expressamente consagrada por todas as legislações não impede seu reconhecimento pela jurisprudência, ao impulso das exigências diárias. Informou ainda Valle Ferreira[102] que a regra condenatória do enriquecimento sem causa à custa de outrem desde muito cedo foi admitida entre os romanos. Inúmeros preceitos reconheceram e sancionaram aquele ideal jurídico, desde a época clássica até os tempos de Justiniano.

Ulpiano já dizia: "In quid quod factus sit locupletior, aequissimum erit eum dari repetitionem; nec enim debet ex alieno damno esse locuples".

Já referidas por Medeiros da Fonseca, as leis elaboradas por Pomponius dão provas da preocupação então existente no universo jurídico da Antigüidade ("Iure naturae aequum ..." e "Nam hoc natura aequum ...").

Com base nas expressões "bono et aequo non conveniat" e "aut lucrari aliquem cum damno alterius, aut damnum sentire per alterius lucrum" ("alguém lucra causando prejuízo a outro", ou "alguém é prejudicado pelo lucro do outro"), também de Pomponius, os juristas da época tentaram disciplinar as situações em que a obrigação de restituir ou indenizar tinha como justificativa o enriquecimento sem causa.

Valle Ferreira[103] explicou que no Direito Romano clássico os dois fragmentos enunciavam a proibição legal do enriquecimento contrário ao Direito, em prejuízo de outrem; posteriormente, o elemento "injúria" foi extraído de uma das leis, para que ela pudesse entrar no mo-

---

100. *Instituições de Direito Civil. – Direito das Obrigações – Direito Hereditário*, trad. da 6ª ed. italiana, v. III, p. 476.

101. Ob. cit., p. 9.

102. Ob. cit., p. 57.

103. Ob. cit., p. 58.

TRAMITAÇÃO PROCESSUAL DA IMPREVISÃO 609

saico justiniano e afirmar, ali, a existência da nova oposição geral ao enriquecimento sem causa, em sua pura e simples objetividade.

Com a privilegiada visão de futuro de que era singularmente dotado, Justiniano, pretendendo generalizar o princípio da contrariedade ao enriquecimento desmotivado, criou a *condictio sine causa*, que tinha como finalidade estabelecer a obrigatoriedade de devolução de qualquer aquisição desmotivada. Com a redução a um denominador comum da nova *condictio* ficavam compreendidos todos os casos não alcançados por leis anteriores.

Rudolf von Ihering analisou a questão com a objetividade e a pertinência que sempre caracterizaram seus estudos: "Una circunstancia, una sola, debe investigarse para apreciar la transferencia de la propiedad, y es la de la intención de las partes, que era la de verificar una transferencia de la propiedad, quedando así separada cualquiera otra intención accesoria de su parte. La voluntad abstracta de transferir la propiedad – aditou – *tal es la sola razón que hay que investigar en ella. Esos dos actos nos muestran así islada, absoluta y separadamente, gracias al análisis jurídico de toda mezcla de obligación, la pura voluntad de transferir la propiedad. Para juzgarlos* – completou – *no es necesario comprender el derecho de las obligaciones. Estos son los hechos que se mueven exclusivamente sobre el terreno de la teoría de la propiedad pura, modos de la adquisición de la propiedad*"[104] (grifamos).

Encampando a tese de Mihail Popescu, expressivas e pertinentes são as considerações de J. M. Othon Sidou[105] quando analisou o contrato e concluiu pela pertinência da aplicação da doutrina da imprevisibilidade nos pactos de execução diferida, com base no enriquecimento desmotivado. Na condição de ato jurídico (art. 82 do Código vigente; art. 103 do novo CC) – disse ele –, exigiria para sua convalidação, além do agente capaz, objeto e forma não defesa em lei, podendo ser considerado nulo com base no art. 145, II, do Código Civil (ilicitude ou impossibilidade do objeto; art. 165, II do novo CC). Entretanto – acrescentou –, se o enriquecimento sem justa causa oriundo de uma prestação sem contraprestação equivalente deve ser considerado um ato ilícito, a tão propalada resistência do princípio *pacta sunt servanda* não pode ser levada às últimas conseqüências no "laboratório do

104. *El Espíritu del Derecho Romano* (versión Principe y Satorres), v. IV, § LXV, p. 228.

105. Ob. cit., pp. 59-60.

610 A TEORIA DA IMPREVISÃO NO DIREITO CIVIL E NO PROCESSO CIVIL

Direito", razão por que reclama o concurso indispensável de uma regra sempre presente ao se consolidar o ato jurídico, ou o contrato, destinada a neutralizar o eventual enriquecimento ilícito: o princípio *rebus sic stantibus*.

Infelizmente, o Código Napoleônico relegou a plano secundário as reformas efetuadas por Justiniano, não dando a devida importância ao enriquecimento sem causa.

O ordenamento jurídico alemão – embora substituísse a enumeração existente no Direito Romano – criou uma sólida teoria cuja essência estabeleceu que qualquer aquisição feita sem fundamento, sem motivo, obrigaria o adquirente à restituição ou, na sua impossibilidade, à indenização.

A jurisprudência italiana, ora com base na eqüidade, ora nos princípios gerais de Direito, sempre foi contrária ao enriquecimento sem causa. Mais tarde a legislação iria consolidar a postura condenatória, influenciada pelas constantes e reiteradas decisões pretorianas (arts. 2.041 e 2.042 do CC de 1942[106]).

Quanto à lei civil brasileira, ao enumerar as várias fontes das obrigações deixou de fora o enriquecimento sem causa, conquanto pudessem ser identificadas algumas regras que consagram a repulsa ao locupletamento *sine causa*.

Valle Ferreira[107] – diante da omissão do nosso Código de 1916 – observou que chegava a causar estranheza o fato de nossa legislação privada não ter registrado uma regra francamente acolhida pela maioria dos ordenamentos jurídicos modernos. Chamou a atenção para o fato de que em uma época de freqüentes apelos à ciência jurídica alemã, em especial aos trabalhos de elaboração da lei civil – então considerados como notáveis, em todo o mundo –, nossos juristas não tivessem manifestado sequer curiosidade pelo enriquecimento sem causa.

Em um primeiro enfoque, ao contrário do Código Napoleônico, que acolheu o conceito de causa, com a decorrente exclusão dos con-

---

106. "Art. 2.041. Chi, senza una giusta causa, si è arricchito a danno di un'altra persona è tenuto, nei limiti dell'arricchimento, a indennizzare quest'ultima della correlativa diminuzione patrimoniale.

"Qualora l'arricchimento abbia per oggetto una cosa determinata, colui che l'ha ricebuta è tenuto a restituirla in natura, se sussiste al tempo della domanda."

"Art. 2.042. L'azione di arricchimento non è proponibile quando il danneggiato può esercitare una altra azione per farsi indennizzare del pregiudizio subito."

107. Ob. cit., p. 83.

TRAMITAÇÃO PROCESSUAL DA IMPREVISÃO

tratos abstratos, nosso Código, ao tratar do tema, infelizmente não lhe deu o relevo conferido por outras codificações, convicto de que ela não representava elemento essencial, irrelevante, portanto, à conceituação e disciplina das contratações.

Na evolução histórica do nosso Código Civil, no Projeto de Joaquim Felício dos Santos (1881), no art. 645 dos "Apontamentos" pode ser encontrado: "Todo aquele que, voluntária e cientemente, ofende os direitos de outrem, constitui-se na obrigação de indenizar o lesado pelo dano que lhe causar" (Imprensa Oficial, 1891).

Conforme Valle Ferreira,[108] como toda regra geral, também nossa codificação em vigor apresentou algumas exceções. O art. 622, parágrafo único[109] (validade da obrigação que lhe serve de causa), consubstancia um bom exemplo. Nele, mesmo depois de efetuada a prestação, os efeitos da tradição sofrem restrição, reduzindo uma alienação de propriedade a simples transferência de posse.

O novo Código Civil, no Título VII, do Livro I ("Do Direito das Obrigações"), da Parte Especial, contém um Capítulo IV, "Do Enriquecimento sem Causa" (arts. 883 a 885), onde se estabelece:

"Art. 883. Aquele que, sem justa causa, se enriquecer à custa de outrem, será obrigado a restituir o indevidamente auferido, feita a atualização dos valores monetários.

"Parágrafo único. Se o enriquecimento tiver por objeto coisa determinada, quem a recebeu é obrigado a restituí-la, e, se a coisa não mais subsistir, a restituição se fará pelo valor do bem na época em que foi exigido.

"Art. 884. A restituição é devida, não só quando não tenha havido causa que justifique o enriquecimento, mas também se esta deixou de existir.

"Art. 885. Não caberá a restituição por enriquecimento, se a lei conferir ao lesado outros meios para se ressarcir do prejuízo sofrido."

Falando sobre a proibição de locupletamento à custa alheia, Tito Fulgêncio[110] explicou que ela não está escrita, mas predomina em todo

---

108. Ob. cit., p. 88.

109. Art. 622, parágrafo único, do Código Civil vigente: "Também não transfere o domínio a tradição, quanto tiver por título um ato nulo". Art. 1.267, § 2º, do novo CC: "Não transfere a propriedade a tradição, quando tiver por título um negócio jurídico nulo".

110. *Da Posse e das Ações Possessórias*, n. 253.

612 A TEORIA DA IMPREVISÃO NO DIREITO CIVIL E NO PROCESSO CIVIL

o Código, e isso nos basta, seja em matéria de acessão, de colações, de pacto de retrovenda, de anulação de obrigações de incapazes, de sociedade, de avarias, gestão de negócios etc.; e nesta matéria de benfeitorias é um princípio em torno do qual se podem agrupar todas as soluções do Código – completou.

Em rápida análise, é possível dizer que o enriquecimento sem causa no cenário mundial apresenta um panorama tripartite.

I – Primeiramente, os arts. 812 a 822 do *BGB* e 62 a 67 do Código Suíço das Obrigações, em amplo espectro, abordaram o tema sob a denominação de *enriquecimento indevido*, com a conclusão de que sempre deverá haver restituição – ou seu sucedâneo indenizatório – nas aquisições em que não se possa demonstrar causa eficiente. Percorreu o mesmo caminho o Código Civil Italiano de 1942 (arts. 2.041 e 2.042 – o de 1865 seguia diretrizes romanas). Também os Direitos Russo, Japonês e Mexicano se orientaram pelas linhas mestras alemãs.

II – Uma segunda vertente trouxe os Códigos Civis Francês e Espanhol, fiéis às raízes justinianas ("cui quis per errorem non debitum solvit, quasi ex contractu debere videtur") determinantes do entendimento: todo recebimento indevido deve dar origem à obrigação de restituir, em tudo assemelhada àquela que nascesse do contrato.

III – A terceira, capitaneada pelos Códigos Civis da Áustria (arts. 1.431 e 1.437) e Portugal (art. 758º), tendo como característica a ausência de considerações sobre a teoria do enriquecimento sem causa, apontando como solução apenas a possibilidade de repetição àquele que houver pago por erro.

Entre nós, no *Esboço do Código Civil*, de Teixeira de Freitas, não se encontra, em seus 5.000 artigos, a disciplina do enriquecimento sem causa como instituto autônomo, mas apenas de forma indireta, com a contemplação do erro essencial como justificativa para a repetição, seguindo as diretrizes austríacas.

Consideradas como as mais completas sobre a questão, as sistemáticas legislativas suíça e alemã, infelizmente, não alicerçaram nosso Código Civil de 1916. Espelhou-se ele nos diplomas austríaco e português e consagrou a idéia do *pagamento indevido*, disciplinado pelos arts. 964 a 971, considerado doutrinariamente como modalidade *sui generis* de enriquecimento sem causa (v. nota 85).

Registrando a inexistência em nosso direito material de uma estrutura que pudesse conferir ao enriquecimento sem causa a referida condição de instituto autônomo e com disciplina própria, fundado nas

TRAMITAÇÃO PROCESSUAL DA IMPREVISÃO

diretrizes consolidadas pela doutrina alemã, Caio Mário[111] traçou seus pressupostos de admissibilidade:

a) diminuição patrimonial do lesado, com deslocamento para o patrimônio alheio;

b) enriquecimento do beneficiado sem a existência de uma causa jurídica para a aquisição ou retenção;

c) enriquecimento de um ser decorrente do empobrecimento do outro, resultantes da mesma circunstância, caracterizando uma relação de imediatidade.

Washington de Barros Monteiro[112] propôs conceituação mais sintética: enriquecimento + empobrecimento + ausência de causa = indébito.

Talvez fosse possível simplificar mais ainda: enriquecimento de alguém, em confronto com a vontade de transferir a propriedade do bem que o enriqueceu.

Cumpre advertir: a indenização deverá ser contemporânea à época da extinção contratual, baseando-se nos parâmetros que poderiam ser utilizados para a revisão, e não a do nascimento do vínculo contratual – lembrou Carvalho Fernandes.[113] A tal propósito, o Tribunal de Justiça de São Paulo,[114] em antigo aresto, já falava em indenização.

O efeito da sentença, em qualquer das hipóteses discutidas, deverá ser *ex nunc*, o que significa condicionar a exigibilidade dos efeitos da decisão sobre forma e conteúdo do pacto – além do instante do trânsito em julgado da sentença que houver concedido o pedido – ao instante da citação válida.

A tese aqui defendida pretende demonstrar que o caráter genérico da expressão "será obrigado a restituir o indevidamente auferido", constante do art. 883 do futuro Código Civil autoriza a conclusão de que mesmo contra a própria lei ou decisão judicial – desde que sérias

111. *Instituições* ..., cit., v. II, p. 254.

112. *Curso de Direito Civil*, v. 4º, p. 268.

113. "Mas essa indemnização tem de ser avaliada não em função do contrato tal como foi celebrado pelas partes, mas antes tendo em conta as alterações que nele deviam ser introduzidas numa revisão eqüitativa" ("A teoria da imprevisão no direito civil português", *Boletim do Ministério da Justiça* (Coimbra) 128/156).

114. "Ainda quando se admita como implícita nos contratos a cláusula *rebus sic stantibus*, não pode ela ser subentendida amplamente, para isentar a parte inadimplente da obrigação de indenizar se podia cumprir em parte o contrato e reconheceu a existência de prejuízos" (*RT* 168/224).

614 A TEORIA DA IMPREVISÃO NO DIREITO CIVIL E NO PROCESSO CIVIL

dúvidas pairem sobre ser devido ou não o recebimento – prevalece o princípio de rejeição ao enriquecimento sem causa. Uma vez posta em xeque, a legitimidade do recebimento passa a ser um problema de justiça comutativa. Neste passo, quando alguém (neste caso, o devedor), como resultante de sentença judicial que extingue pacto onde não foi possível a revisão, *recebe o que lhe não era devido*, determinado pelo *decisum*, nada mais justo do que lhe impor a indenização dos prejuízos que o benefício a si atribuído na sentença houver causado à outra parte. Como o recebimento indevido é decorrente de decisão judicial – que se presume legítima –, operacionalmente será impossível a restituição do que o devedor recebeu indevidamente, razão por que a indenização pela vantagem recebida sem qualquer base lógica ou jurídica é a medida que se impõe como a mais justa.

O que se tem como certo é que a condenação apriorística do locupletamento indevido dispensa a estruturação de uma teoria específica para sua existência, visto que se assenta em princípios de eqüidade que, de resto, deságuam nos princípios clássicos da Justiça e do Direito. Ou – como pretenderam Aubry e Rau[115] – seria até possível construir a base jurídica do enriquecimento indevido na chamada *transmissão de valores* que ocorre de um patrimônio para outro, também conhecida como *versio in rem*.

Os registros históricos nos dão conta de que a utilização de princípios éticos e ético-jurídicos na busca do melhor Direito e da melhor Justiça, o apelo à verdadeira eqüidade, ocorreu com bastante consistência no Código de Justiniano. A correção do Direito então existente foi sua função primeira.

São definitivas as palavras de Barros Monteiro[116] ao ensinar que perante o Direito Civil brasileiro, fiel à inspiração romana, o princípio vigorante nessa matéria é o de que todo enriquecimento sem causa jurídica e que acarrete como conseqüência o empobrecimento de outrem induz obrigação de restituir em favor de quem se prejudica com o pagamento, ou, quando impossível, sua indenização equivalente.

Neste ponto é imperioso indagar: qual a causa jurídica determinante da liberação de um devedor que foi a juízo pleitear *redução de sua obrigação* e dela ficou *liberado integralmente*? Simplesmente porque pediu a resolução, caso não fosse possível a revisão? E a *cau-*

---

115. *Cours de Droit Civil Français*, 4ª e 5ª eds., Paris, Marchal, 1917, *apud* José G. do Valle Ferreira, ob. cit., p. 48.

116. Ob. cit., v. 4ª, p. 267.

TRAMITAÇÃO PROCESSUAL DA IMPREVISÃO 615

sa debendi que o define, ainda, como devedor, é irrelevante? Não existe qualquer juridicidade na sentença que, subordinada ao pedido do autor (devedor da obrigação), diante da impossibilidade de adequação do pacto à nova realidade, acabe por extingui-lo somente porque foi solicitado. Apenas duas hipóteses sancionariam este procedimento: (a) a de *revelia* e (b) a de contestação pelo credor *sem pedido de indenização pela parte pendente de cumprimento no contrato*, quando impossível a revisão. Nada, absolutamente nada, justifica o ganho sem causa. Aceitá-lo seria transigir – para dizer o menos – com a dignidade. E este tipo de transação o Direito não admite.

Carvalho Santos,[117] citando Giorgi, registrou que *qualquer proveito*, seja aumento de patrimônio, seja o evitar despesas ou perdas, deve ser considerado locupletamento, no significado exato da palavra.

O princípio melhor se justifica com o conceito de "equilíbrio dos patrimônios", ou de "segurança estática das fortunas" – equilíbrio ou segurança que se rompem logo que se opera um deslocamento de valores sem haver uma *força-causa* ou *energia criadora* que o justifique, ou que seja a contrapartida do empobrecimento de um dos interessados, complementou Carvalho Santos.[118]

Concluindo sua análise sobre as diversas teorias que procuraram estabelecer a natureza jurídica do enriquecimento sem causa, com ênfase para a Justiça e o Direito e, principalmente, a eqüidade, Carvalho Santos[119] adicionou que na opinião dos estudiosos – dentre os quais destacou o jurista português Cunha Gonçalves – nenhuma teoria é precisa quando tenta justificar a repulsa ao enriquecimento sem causa. Além dos princípios clássicos "dar a cada um o que é seu" (*suum cuique tribuere*) e "não lesar o próximo" (*neminem laedere*) – continuou –, as tentativas de encontrar um único fundamento têm sido infrutíferas. Aditou que o locupletamento pode nascer tanto de um fato lícito como de um fato ilícito, mas é sempre uma lesão involuntária do patrimônio alheio, no que se refere ao lesado. Foi categórico quando disse ser necessário restituir ou indenizar, porque não há direito absoluto de gozar ou conservar. Concluiu explicando que não restituir ou não indenizar é praticar um ato ilícito, é apropriar-se uma pessoa do que não lhe pertence, ou aproveitar-se do sacrifício, do trabalho ou do

117. Ob. cit., v. XII, p. 379.
118. Ob. cit., v. XII, p. 380.
119. Ob. cit., v. XII, p. 382.

616   A TEORIA DA IMPREVISÃO NO DIREITO CIVIL E NO PROCESSO CIVIL

dano de outrem, contra a vontade deste, que de nenhum modo pretendeu beneficiar seu locupletador.

René Demogue[120] entendia ser preciso basear o princípio do enriquecimento sem causa não somente na eqüidade, mas em quaisquer causas existentes por detrás das quais se escondessem as necessidades sociais, complexas ou não, com vistas a uma certa necessidade de segurança estática das fortunas.

A legislação francesa, conquanto não permitisse a aplicação da imprevisibilidade em seu direito privado (*Chapitre III – De l'Effet des Obligations* – art. 1.134 do *Code Civil*), ao enfatizar aquela inadmissibilidade trouxe à discussão uma hipótese que reforça a tese proposta. Entendeu que a admissão do princípio da imprevisibilidade nos contratos civis equivaleria à substituição da parte pelo julgador. Disciplinando a situação aqui discutida (para afastar o perigo da lesão virtual que se apresentasse contra os interesses de uma das partes, a solução seria transformá-la em lesão objetiva para a outra), o dispositivo legal francês, em sua justificativa de n. 2 ao referido art. 1.134,[121] estabeleceu: "Le juge ne peut, dans les rapports contractuels, se substituer aux parties, pour exercer, en leur nom, une option qu'elles se sont réservée, ni autoriser le cocontractant, qui n'avait pas ce droit d'aprés la convention, à opérer le choix à la place de la partie défaillante" ("O juiz não pode, nas relações contratuais, tomar o lugar de uma das partes, para exercer, em seu nome, uma opção que a elas é reservada, nem autorizar o co-contratante, que não tinha direitos antes da convenção, a agir no lugar da parte prejudicada"). E a situação não seria outra senão a de substituição processual pelo juiz que, diante da iminência de lesão ao devedor, decretasse a resolução contratual pura e simples, sem levar em conta seus efeitos e, conseqüentemente, os interesses do credor. Não se legitima ao devedor o direito de afastar a lesão que o ameaça por via de sua transferência ao credor, transformando uma *virtualidade* em *realidade*.

Othon Sidou[122] informou que na jurisprudência alemã a aplicação da teoria da imprevisão orientou-se pelo princípio de que a Justiça tem de se esforçar para manter o contrato, modificando-o. Qualquer possibilidade de sub-rogação ali é afastada e não se cogita também de uma

---

120. *Traité des Obligations en Général*, t. III, n. 79, p. 123.

121. *Code Civil*, 95ª ed., Paris, Dalloz, 1996, p. 760.

122. "Revisão judicial dos contratos", verbete in *Enciclopédia Saraiva do Direito*, v. 11, p. 315.f.

TRAMITAÇÃO PROCESSUAL DA IMPREVISÃO 617

subordinação de vontades, porém apenas de um caminho preferencial ou prioritário. Como já mencionado, explicou que esta prioridade significa que não se deixa às partes um concurso eletivo *ad libitum* – querer a revisão ou preferir a resolução; há um *iter* a percorrer. Concluiu dizendo que primeiramente deve ser feita a tentativa de conciliar, e só depois, por ineficácia deste esforço, pensar em desvinculação. É nesta última hipótese que não se pode pensar em deixar a outra parte sem indenização, sob pena de, a pretexto de se fazer justiça, praticar-se injustiça maior.

Analisando as proposições de Lennel – que introduziu na teoria a figura da indenização –, concluiu Anísio José de Oliveira[123] serem ambas iguais em sua essência, as de Giorgi e as de Lennel, ressaltando-se nestas últimas o direito da parte a quem se impôs uma restrição de receber indenização por ter confiado na inalterabilidade da avença, tendo em vista a manutenção do princípio de segurança dos pactos, conforme já discutido. Ambas, porém, produzem os mesmos efeitos jurídicos e se apóiam nos mesmos fundamentos.

Criticando Lennel por ter apenas rebatizado a teoria que já fora apresentada por Giorgi, o mesmo autor diz que ele nada mais fez do que dar à doutrina outra denominação: teoria do *equilíbrio de interesses*.

Acrescente-se que também Ruggiero e Bruggi já discutiam a possibilidade de indenização em casos de recebimento desmotivado – na comprovação de que o caminho apontado não é novo e representa a trilha ampla que fornece coordenadas seguras para a aplicação da verdadeira justiça comutativa.

Carvalho Fernandes[124] observou que o princípio que domina a imprevisão é o da repartição eqüitativa dos danos emergentes da alteração das circunstâncias subseqüentes à celebração do contrato. Sublinhou que, por representar a rescisão apenas a transferência desses prejuízos de uma para a outra parte, há o contraente que rescindir de indenizar o outro dos prejuízos sofridos. E insistiu: o contraente que rescindir deve ressarcir os prejuízos causados.

Georges Ripert,[125] sempre baseando o enriquecimento sem causa no ferimento de princípios morais – mas não afastando o uso da eqüi-

123. Ob. cit., p. 141.

124. Artigo cit., *Boletim do Ministério da Justiça* (Coimbra) 128/156.

125. "Cet appel à l'équité effraye les juristes, et ils veulent essayer de délimiter exactement les condictions d'application de l'action *de im rem verso*. D'où tant

618 A TEORIA DA IMPREVISÃO NO DIREITO CIVIL E NO PROCESSO CIVIL

dade para o reequilíbrio jurídico –, deixou consignado seu inconformismo com a indefinição da doutrina, jurisprudência e legislação então existentes a respeito de um princípio tão importante como o do recebimento indevido. Na mesma obra Ripert[126] falou sobre a relação entre a responsabilidade civil e o enriquecimento sem causa.

Valle Ferreira[127] fez didática explanação sobre as várias situações em que o nosso Código Civil admite a indenização de uma das partes como forma de compensação pelo enriquecimento indevido da outra. Entre elas:

1. *Quando disciplina a acessão natural* – sendo a acessão uma das formas de aquisição da propriedade (incorporação de uma coisa não pertencente a alguém a outra que é de sua propriedade), com a intenção de evitar conflitos entre os proprietários a lei declarou que o conjunto (principal e acessório) passasse a pertencer ao dono da coisa principal, a que se incorporou o acessório. Exemplo de acessão natural seria a avulsão, que se caracterizaria pela porção de terra destacada de um imóvel por força da natureza que se juntasse a outro. O Código atual, no artigo 541 (art. 1.250 do novo CC), deixou claro que se

---

d'études parues depuis une vingtaine d'années sur l'enrichissement sans cause. Le désir est sans doute louable et l'oeuvre n'est pas inutile; mais ce qu'il y a de remarquable, c'est que tous ces efforts ont tendu au fond à dépouiller l'action de son caractère moral. Il a semblé qu'elle n'aurait vraiment belle apparence juridique que lorsqu'on serait arrivé à masquer ce besoin d'équité qui en est le fondement ou tout au moins à la couler dans une forme juridique déjà connue" ("Este apelo à eqüidade assusta os juristas e eles tentam delimitar com precisão as condições de emprego da ação *de in rem verso*. Daí a existência de estudos que surgiram já há uma vintena de anos sobre o enriquecimento sem causa. O desejo é, sem dúvida, louvável e a empreitada não é de todo inútil; mas o que há de relevante é que todos esses esforços na realidade tenderam a despojar a ação de seu caráter moral. Parece que ela não teria verdadeira aparência jurídica que assim chegasse a mascarar esta necessidade de eqüidade que é o fundamento ou, ao menos, um meio de ligá-la a uma forma jurídica já conhecida") (*La Règle Morale dans les Obligations Civiles*, 4ª ed., n. 136, p. 264).

126. "Esta aproximação entre a teoria da responsabilidade civil e aquela do enriquecimento sem causa nos conduziu há tempos atrás, com a ajuda de uma colaboração preciosa no esboço de uma teoria que, partindo da idéia da responsabilidade criada e apoiada sobre o risco, admitia uma repetição do enriquecimento baseada no proveito proporcionado. Não nos é difícil lembrar da idéia que nos inspirou anos atrás. Tratava-se de dar ao enriquecimento sem causa a maior aplicação possível, de dilatar a amplitude da responsabilidade civil e ao mesmo tempo de colocar a teoria em um aparelho técnico de proteção. O sentimento profundo que nos animava era o desejo de atribuir a cada homem as boas e más conseqüências de seus atos, de chamar a atenção sobre a pessoa que empobreceu, de mostrar que a enriquecida não deve se aproveitar de uma situação por ela criada" (ob. cit., pp. 273-274).

127. Ob. cit., pp. 95 e ss.

TRAMITAÇÃO PROCESSUAL DA IMPREVISÃO 619

o beneficiado não estiver de acordo com a remoção do que foi acrescido deverá indenizar a outra parte. A hipótese é de configuração de um empobrecimento e, em contrapartida, de um enriquecimento, elementos básicos para a caracterização do *recebimento indevido*, aliado ao nexo causal existente e, conseqüentemente, sancionador da indenização pelo beneficiado sem causa.

2. *Quando cuida da acessão industrial* – o art. 545 do Código vigente (art. 2.152 do novo CC) não deixou dúvidas de que milita em favor do senhor de um imóvel a presunção de que a propriedade da coisa acessória passaria a pertencer ao dono da principal desde que resultante de incorporação por fato humano, consubstanciado na justaposição da coisa móvel na imóvel, fundada no princípio geral romano "omnne quod inaedificatur vel plantatur solo cedit" ("tudo o que é construído ou plantado se incorpora ao solo" no solo progride e frutifica"). Pode resultar de uma semeadura, plantação ou construção.

Destaque-se, em complementação, que a presunção do art. 545 do Código é fundamentalmente uma presunção *iuris tantum*. Em face da comprovação do enriquecimento indevido, ou sem causa, deve ceder o passo. A prova em contrário, neste tipo de presunção, é sempre admissível.

Em princípio, três situações configurariam a acessão industrial: a) o proprietário de coisa imóvel nela incorpora coisa móvel pertencente a outrem; b) inversamente, incorpora suas coisas móveis em coisa imóvel alheia; c) em imóvel alheio edifica, semeia ou planta, utilizando materiais de construção, semeadura e plantação que não lhe pertencem.

Pelo princípio de que, como regra geral, o acessório segue o principal, e, de resto, pela perda da individualidade conseqüente à incorporação, ao proprietário do solo deverão se agregar a construção e, além da semente germinada, também a plantação. Em qualquer das circunstâncias a lei protege o prejudicado de boa-fé. Assim, na primeira hipótese, embora adquira a propriedade dos bens móveis incorporados em seu imóvel, o beneficiado fica obrigado a pagar o valor das coisas incorporadas (registre-se que, rigorosamente, não se trata, aqui, de um enriquecimento indevido, visto que a obrigação de indenizar atinge tão-somente o valor dos materiais empregados); na segunda haverá perda das coisas móveis incorporadas em imóvel alheio, mas com direito à indenização (arts. 546 e 547 do CC Brasileiro); na terceira – exemplo típico de enriquecimento sem causa – o mesmo art. 547 determina a indenização, chegando a incluir o valor da mão-de-

620 A TEORIA DA IMPREVISÃO NO DIREITO CIVIL E NO PROCESSO CIVIL

obra, juntamente com os materiais, quando se tratar de edificação. As benfeitorias devem ser avaliadas não pelo que custaram, mas pela elevação de seu valor em virtude valorização que trouxerem.

3. *Ao tratar da especificação* – a especificação não se confunde com a acessão. Nesta o que se tem é a incorporação de uma coisa na outra; naquela, a criação de uma espécie nova. É uma forma de aquisição de propriedade de coisas móveis caracterizada pela realização de um trabalho que transforma coisa pertencente a outrem, dando-lhe nova dimensão e valor. Aquele que de boa-fé realiza a transformação goza dos benefícios da lei, adquirindo a propriedade da coisa transformada. O patrimônio daquele que, valendo-se de matéria-prima de outrem, a modifica, incorporando uma maior valia à nova espécie, indiscutivelmente será aumentado. Justamente pela valorização, o recebimento indevido, ou *sine causa*, deve ser indenizado.

Valle Ferreira[128] ilustrou o tema com alguns exemplos, dizendo que nos casos em que a pintura, a escultura e a escrita são consideradas como especificação da tela, do bronze e do papel (art. 62 do CC) o transformador adquire a espécie nova e terá de reembolsar ao dono da matéria-prima o respectivo valor.

4. *Ao tratar do pagamento a terceiro não autorizado* – em princípio, todo pagamento, toda atribuição de vantagens deve ser direcionada ao credor ou a quem o represente. Pagamento ou benefício a terceiros não legitimados não libera o devedor, a não ser que traga benefício ao credor, ou por ele seja ratificado, conforme estabelece o art. 934. Se o credor, mesmo beneficiado por pagamento a terceiros, tivesse o direito de exigir o cumprimento da prestação diretamente a si, estaria, por certo, obtendo um lucro indevido, não admitido pela lei. O que é relevante, nesta hipótese, é a determinação de ocorrência de benefício ou não ao verdadeiro credor.

5. *Quando disciplina o pagamento feito a incapaz* – o pagamento conscientemente feito ao inimputável é ineficaz. Entretanto, como na hipótese do pagamento a terceiro não autorizado, com base na idéia contrária ao recebimento sem causa, terá eficácia desde que reverta em benefício do próprio incapaz, uma vez que a nulidade cominada pela lei nestes casos tem como objetivo proteger o inimputável (presunção de impossibilidade de administrar seus negócios), e, em casos tais, nenhum prejuízo resultaria para ele.

128. Ob. cit., p. 101.

TRAMITAÇÃO PROCESSUAL DA IMPREVISÃO

Valle Ferreira[129] – citando Bigot-Préameneu – fixou o princípio: "Se a lei, na 'Exposição de Motivos', não quer a lesão de incapazes, também não deseja que eles se enriqueçam às custas de outros". Assim, exigir que o pagamento se faça, novamente, ao representante ou assistente do incapaz seria admitir – contra a lei – o enriquecimento sem causa, em razão de benefício já recebido por ele.

6. *Ao tratar da sociedade civil* – a solidariedade nos contratos mercantis, ao contrário da que existe nos civis, desde que resultem em proveito da sociedade, é presumida. Assim, mesmo que um sócio pratique atos para os quais o contrato social não conceda autorização, ou até os proíba, desde que os efeitos sejam vantajosos para a empresa, enquadram-se na exceção do art. 1.398 da lei civil. O objetivo é evitar que em prejuízo alheio se consume um enriquecimento indevido.

7. *Ao disciplinar os bens sujeitos à colação* – nas hipóteses de avaliação dos bens recebidos pelo herdeiro-donatário como adiantamento de legítima o valor não deverá ser contemporâneo ao do falecimento, mas sim o que tinham ao tempo da doação (art. 1.792, § 1º, do CC). Os melhoramentos introduzidos, os acréscimos, não se incluirão na avaliação. Não fosse assim disciplinado, e os demais herdeiros estariam recebendo indevidamente, às expensas do donatário, aquilo sobre o qual não teriam direito algum – isto é, seriam beneficiados por acréscimo desmotivado.

8. *Ao cuidar do herdeiro excluído* – pelo mesmo princípio até aqui desenvolvido (recebimento desmotivado), o herdeiro excluído que realizar despesas para a conservação dos bens do espólio terá direito a indenização (art. 1.601 do CC). A conclusão de certeza desta postura assenta-se em premissas bastante simples: havendo sentença que declare a exclusão de herdeiro, com trânsito em julgado, o que se tem é nada mais do que sua privação daquilo que houver recebido, mas não do desembolso para manutenção e conservação daqueles bens. A não-indenização do excluído, pelos herdeiros legítimos, por despesas efetuadas para a incolumidade do que, indevidamente, recebeu e tem de devolver caracterizaria um recebimento por parte deles inteiramente sem causa, isto é, sem qualquer juridicidade – e, portanto, inaceitável. Nestas chamadas *categorias legais* – proibição de locupletamento à custa de outrem, prevista na norma positiva – devem ser incluídas as benfeitorias. Isto porque o Código garante ao possuidor a indenização em tais casos (art. 516-519), com o objetivo de coibir o

129. Ob. cit., p. 103.

622 A TEORIA DA IMPREVISÃO NO DIREITO CIVIL E NO PROCESSO CIVIL

locupletamento do proprietário nas hipóteses em que a coisa volte ao seu patrimônio beneficiada por acréscimo levado a efeito pelo referido possuidor. Se, ao final (na evicção, por exemplo), a coisa voltar ao seu patrimônio valorizada pela acessão de outrem, não seria lógico nem justo que ele dela se beneficiasse, sob pena de aceitação condenável de um perfeito e acabado enriquecimento sem causa.

O que se tem como definitivo é que o princípio da condenação pelo locupletamento indevido paira sobre todo o Código, ora de forma expressa, ora implícita. Valendo ressaltar sua postura indiscutível de absoluta contrariedade, embora – como foi dito no princípio – não se tenha o legislador ocupado especificamente do assunto, preferindo estendê-lo por todo o corpo do nosso direito positivo na normatização de 1916.

Como caracterizar – indaga-se – a situação de um contrato em plena execução que, não logrando a conciliação das partes, nem por intermédio do juiz, para o traçado de linhas mestras para revisão, seja atingido por uma sentença judicial que, com o encerramento em plena execução, beneficie sobremaneira o devedor, senão como uma hipótese perfeita e acabada de recebimento indevido de benefício sem causa, que tem como destinatário aquele que não cumpriu sua prestação? Acrescente-se o fato de que ele continuará sendo a parte em débito para com a obrigação livremente contratada, ainda pendente de cumprimento. Repita-se, pela importância: em princípio, o devedor veio a juízo para obter tão-somente a modificação de prestação exacerbada por evento imprevisível. Não pode ser presenteado com a liberação total daquela obrigação somente porque pediu, caso fosse impossível o pedido, a revisão. E se – como foi dito – a impossibilidade foi criada por ele? E se a barreira intransponível para a revisão foi ele quem levantou? O juiz não poderá obrigá-lo a aceitar proposta de revisão que, no plano subjetivo, ele recusa, por não consultar a seus interesses. Mas, em contrapartida, não deverá, em razão dessa impossibilidade, apenar o credor. Por outro lado, aquele mesmo juiz estará obrigado a decidir a lide conforme pedido (alternativo) do autor: impossível a revisão, que o pacto seja extinto. Então, como proceder? Parece ser inarredável o convencimento de que o único balizamento eqüitativo em hipóteses desta natureza seria o da imposição de indenização ao devedor que, diante da impossibilidade de adequação do pacto ao novo estado fático, insista na sua resolução. Com tal providência o mínimo que se obtém é uma *disciplina revisional* equilibrada, sob todos os aspectos. O verdadeiro espírito da teoria da imprevisão (revisão e manutenção da vontade manifestada pelas partes) será mantido por via do *regramento*

TRAMITAÇÃO PROCESSUAL DA IMPREVISÃO 623

dos casos de resolução que, apenas como exceção, não deverão comportar obrigação indenizatória para o devedor (situação em que só caiba a extinção do pacto, provocada por terceiros ou pelas próprias partes, desde que, nesta última hipótese, dela não advenham prejuízos).

As considerações de Valle Ferreira[130] são definitivas ao afirmar que o pensamento de rejeição do locupletamento inspirou, sem dúvida, aqueles dispositivos do Código que concedem ações particulares com o propósito de impedir que uma pessoa possa conservar o que adquiriu injustamente, à custa de outra. Se o princípio foi tantas vezes reafirmado, cabe à jurisprudência aplicá-lo, por extensão analógica, a casos semelhantes, suprindo as lacunas da lei.

A indenização nas circunstâncias discutidas, antes mesmo de ser uma contingência – e exigência – do bom senso, com raízes de forma implícita na lei civil privada, é, antes de tudo, imperativo da mais elementar justiça comutativa, autêntico *Leitmotiv* da imprevisibilidade.

27.3.1.2 A injuridicidade como pressuposto de responsabilidade: Como linha de princípio, sempre que for possível estabelecer contrariedade entre uma norma em vigor, o Direito ou a Justiça e a ação do homem, estaremos diante de uma *injuridicidade*.

O tema foi objeto de considerações, aprofundamentos e aperfeiçoamentos primeiramente no campo do direito penal – área específica das ilicitudes comportamentais –, para só depois ser transportado para o plano civil, na órbita gravitacional do direito privado.

No contexto social, toda atuação do sujeito de direito deve estar circunscrita aos limites traçados pela lei e até mesmo fora dela, como na exigência de respeito aos usos e costumes. Como regra geral, no instante em que ela deixa de observar as diretrizes normativas ou jurídicas – ressalvadas as hipóteses oficiais de exclusão (legítima defesa, estado de necessidade e estrito cumprimento do dever legal, na área criminal; e inexecução involuntária, na civil) – surge a injuridicidade. Resulta, assim, do confronto de dois fatos: de um lado a Lei, o Direito, a Justiça – ou regra geral de comportamento; e do outro, a ação contrária do sujeito de direito.

Quando existem valores claros e compartilhados – explicou Lorenzetti[131] –, deles podem derivar regras com conteúdo material, e quem delas se afasta incide em conduta antijurídica.

130. Ob. cit., p. 106.
131. Ob. cit., p. 121.

624 A TEORIA DA IMPREVISÃO NO DIREITO CIVIL E NO PROCESSO CIVIL

A injuridicidade deve ser considerada por meio de seus termos relacionados: primeiro a *ação*, depois, a *norma*, o *Direito* ou a *Justiça*. A ação identifica-se pela exteriorização da vontade, consubstanciada no *fazer* alguma coisa. Esta, por sua vez, materializa-se em uma *atuação* ou *omissão*, isto é, em um *querer* de efeitos positivos ou negativos, na afirmação de Everardo da Cunha Luna.[132] Com fundamento nestas premissas iniciais, é possível concluir que *ação* nada mais é do que um desdobramento lógico do *querer* e do *fazer*. O primeiro, de caráter subjetivo; o segundo, objetivo.

O mesmo autor, tomando como base a lei, prosseguiu explicando que, no momento em que a ação viola a norma jurídica – no plano penal ou civil –, inclui ambos os aspectos (querer e fazer). Se não existe ação no desequilíbrio e queda de um corpo humano – continuou, agora exemplificando – não há por que indagar a respeito de sua injuridicidade, embora possa até ter alguma relevância de ordem jurídico-administrativa. Ausente a ação – concluiu –, não há, também, qualquer motivo para indagar sobre sua falta de juridicidade, muito embora o plano da queda possa ter até importância jurídico-pedagógica.

Em outro ponto Cunha Luna[133] insistiu na tese de que, enquanto juízo, enquanto relação, a injuridicidade é objetiva, como, de resto, também objetiva é a própria ordem jurídica. Quando se diz, porém, que é objetiva – elucidou –, o que se pretende significar é que a relação de contrariedade em que ela consiste tem existência autônoma do mundo subjetivo do homem, isto é, não se reduz a um produto mental, a um simples ente de razão, porque existe não na realidade em sentido estrito, na chamada realidade sensível, mas em uma outra, cultural e jurídica, na realidade dos valores, que, em última análise, tem caráter objetivo. Assim – acrescentou –, dizer apenas que é objetiva nada mais é do que reafirmar que ela existe. Em princípio – concluiu – toda ação injurídica é culposa, o que não autoriza confundir injuridicidade com culpabilidade. Isto porque na primeira a relação se dá *objetivamente* entre o *fazer* e a *norma*, e *subjetivamente* entre o *querer* e a *norma*; na *culpabilidade*, apenas entre o *querer* e o *fato*. Na injuridicidade a relação ocorre entre *fato psicológico-material* e *norma*; na *culpabilidade*, entre *fato psicológico* e *fato material*. Na primeira a relação coloca o fato diante da ordem jurídica; na segunda, do autor.

---

132. "Antijuridicidade", verbete in *Enciclopédia Saraiva do Direito*, v. 7, p. 1.
133. Verbete cit., *Enciclopédia Saraiva do Direito*, v. 7, p. 2.

Reale[134] – citanto Benedeto Croce – consignou que não se trata de declarar melancolicamente a intangível autonomia da vontade, de tal modo que, "quem quis coagido, não terá deixado de querer" ("coactus voluit, tamen voluit"); mas, sim, de reconhecer que a impureza ético-social da lei não a priva de sua força coercitiva. Observa-se, ainda neste contexto, o binômio que compõe a *ação*: *querer* (embora sob imposição) e *fazer*.

Embora o conceito de injuridicidade tenha sido elaborado basicamente pela Dogmática Penal, aos poucos transcendeu a *teoria do delito* e passou a ser uma categoria geral do Direito, com aplicação a qualquer dos seus setores. É necessário destacar, entretanto, que sua natureza no direito penal, além de formal, é também material. A razão é que naquele contexto ela se esgota na norma, com base no princípio romano "nullum crime, nulla poena sine lege". O mesmo não ocorre no direito civil, porque a investigação do ilícito não se restringe apenas às situações normatizadas. É dizer: não se restringe tão-somente às hipóteses legais, adentrando o campo do Direito, da Justiça, da Moral, dos usos e costumes.

É importante ainda estabelecer que excluir a tipicidade não significa, necessariamente, a injuridicidade. A primeira é um conceito especializado do direito penal, com características próprias no campo punitivo; e a última, um conceito comum a todos os ramos do Direito. Enquanto uma implica relação de *contrariedade*, a *adequação* é o objeto da outra. Quando no direito penal se diz "exclusão de tipicidade" identifica-se uma ausência de *conteúdo fático* na ação; na expressão "exclusão de injuridicidade", embora presente o conteúdo fático, constata-se ausência de um *conteúdo valorativo*.

O dano material que recai sobre o bem jurídico poderá se conter nas ações injurídicas, justificadas, deficientes ou, ainda, em fato que nem ao menos constitua ação. No sentido traçado pelas linhas mestras da Teoria Geral do Direito pertence ao denominado *tipo* – daí a chamada *tipificação* do direito penal.

Normalmente se identifica como um dos pressupostos da responsabilidade civil – além do nexo causal e do dano – a injuridicidade do evento danoso. Neste passo, como exposto, se uma sentença transforma lesão virtual em objetiva sem fundamento legal ou jurídico para tanto, seu conteúdo se reveste de flagrante injuridicidade, que o Direito não pode sancionar.

---

134. *Lições Preliminares de Direito*, p. 146.

626 A TEORIA DA IMPREVISÃO NO DIREITO CIVIL E NO PROCESSO CIVIL

O objetivo final das normas – quando disciplinadoras dos casos de injuridicidade, *v.g.* o caso de sentença que privilegia um devedor por via da aceitação e promoção do enriquecimento sem causa – é evitar ou reparar os prejuízos que o dano proveniente de estados fáticos possa trazer. A relevância do dano jurídico radica na falta de juridicidade de uma ação ou omissão. É necessário, entretanto, destacar que não se trata de qualquer dano, mas exclusivamente daquele que, em última análise, *frustra as expectativas asseguradas pelo Direito.*

Alguns juristas fazem algumas distinções: *injurídico* e *injusto* são a mesma coisa, apenas com a diferença de que o *injusto* abrange a *valoração* e o *conceito*, e o *injurídico* somente a *valoração*. Ou, por outra forma: a injuridicidade resulta da simples transgressão normativa; e o injusto, da própria conduta injurídica.

Na visão kelseniana – desenvolvida por José Manuel Busto Lago[135] – a ilicitude não é algo exterior, estranho ou alheio ao Direito, mas determinado por este na condição de alguma coisa interna que lhe é própria. Quando se fala de uma conduta *contrária ao Direito* o que se tem é uma conduta condicionante do ato coativo; ao se falar de uma conduta *conformada ao Direito* estar-se-á falando da que não é *contrária*, daquela que não o afronta.

No entendimento geral, atos ilícitos são os reprovados pelo ordenamento jurídico; e, em sentido contrário, serão lícitos quando não proibidos por ele.

A tese dominante sobre a injuridicidade em todo o mundo é a que sustenta seu reconhecimento no ordenamento em geral, descartando-se a possibilidade de sua existência em cada ramo do Direito. Seja um ilícito penal, civil, administrativo, fiscal, o que se terá será sempre a injuridicidade de uma conduta, positiva ou negativa.

Citando Welzel, Busto Lago transcreveu: "La antijuridicidad, como mera relación contradictoria entre el tipo realizado y las exigencias del Derecho, es una y la misma para todo el Derecho, existen en las distintas esferas jurídicas especies diferentes de hechos típicos (materia de prohibición). (...). Por eso ciertamente hay un específico injusto jurídico-penal, o un específico injusto jurídico-civil, o un específico injusto jurídico-administrativo (...). Pero únicamente hay una sola antijuridicidad. Todas las materias reguladas como prohibidas en

---

135. *La Antijuridicidad del Daño Resarcible en la Responsabilidad Civil Extracontractual*, p. 46.

TRAMITAÇÃO PROCESSUAL DA IMPREVISÃO   627

las diferentes ramas del Derecho son antijurídicas para el orden jurídico en general".[136]

Cumpre enfatizar: a injuridicidade caracteriza-se fundamentalmente por um comportamento contrário do sujeito de direito não somente em relação à norma, mas ao ordenamento jurídico em sua totalidade. O elemento *principal* é seu conteúdo; o elemento *secundário*, a ação do agente. Se assim não fosse, no atual diploma civil ela não teria obtido espaço, porque ali não existe, de forma expressa, a *injuridicidade do enriquecimento sem causa* – omissão que o o futuro Código Civil, nos arts. 883 a 885, referidos, cuidou de remediar. No silêncio da lei, doutrina e jurisprudência preencheram a lacuna a contento.

Conceituando *fato antijurídico*, Lorenzetti[137] o entendeu como uma intromissão na vida alheia que perturbe de qualquer forma sua privacidade. A intromissão – acrescentou – é uma ação caracterizada pela invasão da intimidade, sendo que esta pode consistir em entrar no domicílio, abrir uma carta, fotografar ou filmar sem autorização, ou ainda qualquer das formas em que ela seja violada. Também a violará – concluiu – quem interceptar conversações alheias, ouvindo-as ou gravando, ainda que não seja difundido o que foi escutado ou registrado.

Recorrendo, uma vez mais, às lições Busto Lago, seria possível sublinhar: "En consonancia con estas afirmaciones se señala que *no sólo lo contrario a la ley puede ser ilícito*"[138] (grifamos). Em continuação: "(...) por tanto, en última instancia, el criterio de la antijuridicidad como violación de una norma jurídica nos reconduce a la concepción últimamente reseñada, en el entendimiento de que habrá numerosos actos dañosos que engendren responsabilidad civil pese la inexistencia de un específico precepto legal que los reglamente y cuya antijuridicidad provendrá de la regla general implícita en el orden jurídico, sin formulación legal espresa, *que ordena actuar con diligencia, cuidado y consideración hacia los demás en todo momento y en todo sector de la actividad humana*" (grifamos).

Herança romana, o princípio *alterum non laedere* foi consagrado no art. 159 da nossa legislação civil, como forma de proteção contra ação ou omissão voluntária assentada em imprudência, negligência e

136. Ob. cit., p. 49.
137. Ob. cit., p. 493.
138. Ob. cit., p. 49.

628 A TEORIA DA IMPREVISÃO NO DIREITO CIVIL E NO PROCESSO CIVIL

mesmo imperícia. A correspondência legal no Direito Espanhol encontra-se no art. 1.902.[139]

A injuridicidade poderá ser determinada independentemente da existência de culpa – já foi dito. Diferentemente do que se passa no direito penal, no direito privado não existe comportamento gerador de responsabilidade civil dissociado do dano, ainda que a conduta do agente possa não ser culposa ou dolosa.

Pelo exposto se conclui que o pressuposto decisivo para a qualificação da injuridicidade de um evento é basicamente o *dano*, mesmo que o comportamento de quem o provoca não se enquadre nas hipóteses normatizadas. É esta a essência da responsabilidade extracontratual, ou objetiva: qualifica-se o *efeito*, não a *causa*.

Como conclusão, seria válido afirmar que o centro de gravidade da injuridicidade é o *dano injusto*. Este é identificado como aquele resultante de um ilícito civil praticado com assento no abuso de direito ou mesmo em direito inexistente, como é, por exemplo, a hipótese mencionada do enriquecimento sem causa. Na espécie, causada por uma sentença injusta que premia o devedor e apena o credor.

Busto Lago, convocando o jurista alemão Nipperdey, concluiu: "Así, parece ser aceptable, en lineas generales, la concepción de Nipperdey, para quien el juicio de antijuridicidad sólo estará completo cuando, además del resultado (o lesión de intereses), se atienda también a la función determinante de la norma jurídica. Nipperdey define la antijuridicidad (*widerrechtlich*) como la lesión de intereses jurídicos reconocidos – bienes jurídicos – por medio de acciones contrarias a los mandatos o prohibiciones del ordenamiento jurídico".[140]

Um outro aspecto do tema merece registro.

Destaque-se que um dos principais elementos do dano é, também, o *interesse* na recomposição de prejuízos. Nosso Código Civil vigente dele cuidou, como também dos lucros cessantes, nos arts. 1.060 (art. 402 do novo CC), 1.118 e 1.119 (arts. 457 e 458 do novo CC).

O Código Civil Espanhol, em seu art. 1.106, dispôs, expressamente: "La indemnización de daños y perjuicios comprende, no sólo el valor de la pérdida que haya sufrido, sino también el de la ganancia que haya dejado de obtener el acreedor (...)".

---

139. "Art. 1.902. El que por acción u omisión causa daño a otro, interviniendo culpa o negligencia, está obligado a reparar el daño causado."

140. Ob. cit., p. 67.

TRAMITAÇÃO PROCESSUAL DA IMPREVISÃO 629

Transportando-se os artigos citados para a esfera extracontratual, resulta o entendimento de que tanto são indenizáveis os efetivos interesses lesados (danos emergentes) como também os virtuais (lucros cessantes). Os *lucrum cesans* do Direito Romano representam aquele *plus* que o prejudicado deixou de receber por ato de outrem – vantagem que, por certo, receberia se não fosse o ato danoso impeditivo de sua ocorrência. Um interesse lesado por dano resultante de injuridicidade pode atuar tanto na órbita patrimonial como na extrapatrimonial, independentemente de qualquer possibilidade de previsão contratual.

Discorrendo sobre a *obrigação de indenizar* mesmo quando o dano não seja considerado injusto, ainda uma vez as considerações de Busto Lago (em tradução livre) merecem destaque: "A articulação do sistema de defesa dos diversos e heterogêneos interesses protegidos consolida-se em nosso ordenamento jurídico não apenas com base na proteção impeditiva da imolação do direito tutelado, determinante da ilicitude deste e da aplicação do sistema de responsabilidade civil baseada no art. 1.902 e seus complementos, uma vez que o sistema de defesa se completa com a proteção outorgada a determinados interesses, cujo sacrifício, conquanto não seja antijurídico, por estar de conformidade com o ordenamento jurídico, nem por isso deixa de ser injusto que recaia exclusivamente sobre a esfera jurídico-patrimonial do titular do interesse sacrificado. *Justamente para evitar a injustiça ou um resultado não desejado é que a lei prevê a obrigação de indenizar, que, como se observa, não nasce de um ato ilícito, não estando por esse motivo submetida ao regime comum da responsabilidade civil por atos lesivos antijurídicos*"[141] (grifamos).

Em outro ponto, assinalou o mesmo autor: "*O dano tomado no sentido jurídico* – que recai em uma esfera jurídica diversa da do agente – *não se esgota no dano antijurídico ou injusto, que traz para o agente a obrigação de indenizar e se qualifica por ter sido causado por meio da transgressão de um vínculo jurídico.* Este é só uma espécie complexa daquele. Os fatos lícitos danosos – 'dano justo' – se definem como tais por atribuírem ao agente uma obrigação diversa da indenização comum" (grifamos).

Após o desenvolvimento de algumas considerações sobre a *injuridicidade comportamental*, quer proveniente de uma das partes, quer da autoridade judiciária, administrativa, educacional, política ou de qualquer outra fonte ou órgão de qualquer natureza, fica estreme de

---

141. Ob. cit., pp. 165-166.

630   A TEORIA DA IMPREVISÃO NO DIREITO CIVIL E NO PROCESSO CIVIL

dúvidas que é totalmente irrelevante se o agente praticou a ação dolosa ou culposamente. O que realmente importa para sua determinação é o evento danoso que traga prejuízos a alguém, além do nexo causal que ligue o resultado ao agente responsável pela ação ou omissão. No caso em discussão, *uma sentença resolutiva de contrato*. Nosso ordenamento consagrou a espécie sob a denominação de *responsabilidade objetiva*.

Reale[142] esclareceu que no drama socrático (em que aceitação da lei positiva como *justiça legal* entra em conflito com o sentimento da *injustiça moralmente sentida*) estão implícitas muitas das aporias que até hoje são suscitadas pelas duas faces do justo (*subjetiva* e *objetiva*), ou – acrescentou – entre o que a lei determina e os valores reconhecidos da subjetividade por ela eventualmente violados. Prosseguindo, completou Reale[143] que na necessidade da *conformidade* a uma "ordem superior" como *conditio sine qua non* da convivência política permanece viva a correlação inseparável entre o que há de *subjetivo* e *objetivo* na idéia de justiça – o que nem sempre é lembrado pelos que têm procurado cuidar do assunto.

Saliente-se que o Código Civil Grego (art. 388), primeira parte, admite sem reservas, o revisionismo dos pactos. Na parte final busca uma forma de manutenção do equilíbrio contratual, dando ao juiz poderes para decretar o retorno ao *statu quo ante pactum*, na impossibilidade de conciliação. Manda devolver o que tiver sido pago por uma das partes à outra, e as prestações já pagas que não se enquadrem nesse princípio ou possam ser compensadas com as contraprestações havidas não serão devolvidas ou indenizadas, em perfeito e acabado reconhecimento de ocorrência da injuridicidade.

Por tal ângulo, seria possível afirmar que se o devedor ingressa com procedimento revisional de cláusula contratual alterada por evento imprevisível, com o objetivo de adequá-la, mas, em caráter alternativo, pede também a extinção do pacto na impossibilidade de adaptação ao novo estado fático (pedidos sucessivo-alternativos), a indenização a ser fixada pelo juiz relativamente à parte não cumprida da contratação se impõe, não só como medida de elementar justiça comutativa como, também, em atenção ao espírito que terá norteado a propositura da ação, identificada como de *revisão contratual*. Se a sentença, diante da impossibilidade de revisão, resolver o contrato sem indenização

142. *Nova Fase do Direito Moderno*, 2ª ed., p. 7.
143. Idem, ibidem.

TRAMITAÇÃO PROCESSUAL DA IMPREVISÃO 631

à outra parte pelo *quantum* ainda devido, com toda certeza, estará cometendo uma injuridicidade inadmissível. Proceder de forma diversa da que se espera – isto é, da indiscutível postura de reconhecimento do total cabimento da condenação indenizatória – é, sob todos os aspectos, castigar o justo (credor) e premiar o injusto (devedor), sem base fática, moral, jurídica, legal ou lógica para tanto.

Em síntese: todas as vezes em que o autor formular pedidos sucessivo-alternativos (revisão e, quando não, resolução) deverá sujeitar-se à indenização fixada pelo juiz, que, para tanto, deverá levar em conta a parte por cumprir da contratação. Não só a *injuridicidade* manifesta sanciona a pertinência da indenização, como também o recurso ao *enriquecimento sem causa* (hipótese em que uma das partes vê seu patrimônio acrescido de um *plus* sem qualquer origem justificada) e ainda à *teoria da responsabilidade sem culpa* (cuja reparação não leva em conta a possível culpabilidade, mas, antes, emergir do fato causador da lesão de um bem jurídico). Este último esteio é analisado a seguir.

27.3.1.3 Fundamento complementar da indenização. Responsabilidade sem culpa. Teoria do risco: Em sua "Exposição de Motivos", no Projeto 118/84, que deu origem ao novo Código Civil Brasileiro, Reale indagou: responsabilidade subjetiva ou responsabilidade objetiva? Não há que se fazer essa alternativa – ele mesmo respondeu. Em verdade, as duas formas de responsabilidade conjugam-se e se dinamizam. Deve ser reconhecida a responsabilidade subjetiva como regra geral, pois o indivíduo deve ser responsabilizado por sua ação ou omissão, culposa ou dolosa. Mas isto não exclui que, atendendo à estrutura dos negócios, se leve em conta a responsabilidade objetiva. Este é um ponto fundamental. O conceito de estrutura – aditou – não é privilégio do estruturalismo, que é um dos tantos modismos filosóficos do nosso tempo. Ao contrário – concluiu –, é conceito sociológico e filosófico, fundamental, como mostrou a obra de Parsons, ou de Merton, e desempenha papel cada vez mais relevante no mundo do Direito, esclarecendo o antigo e renovado conceito de "natureza das coisas", cuja aceitação independe – não é demais adverti-lo, para evitar equívocos correntes – do fato de se admitir ou não qualquer modalidade de direito natural.

Ao longo dos tempos sedimentou-se o entendimento de que a culpa resultaria de um erro da conduta humana em sociedade, provocado por avaliação equivocada de alguém de quem se esperassem ações

632 A TEORIA DA IMPREVISÃO NO DIREITO CIVIL E NO PROCESSO CIVIL

pautadas pela prudência e de conformidade com as regras morais do grupo a que pertencesse. Assim, desde que alguém violasse um dever – de maneira intencional ou não –, que tinha possibilidade e obrigação de respeitar, identificava-se a culpa. Entretanto, os acontecimentos do cotidiano, as contingências multifatoriais das situações do dia-a-dia (omissão de determinada diligência moralmente reprovável, por exemplo), mostraram que a conceituação tradicional era insuficiente e passaram a exigir um entendimento mais amplo para a determinação da responsabilidade todas as vezes que determinados estados fáticos registrassem prejuízos para uma das partes sem que fossem direta ou indiretamente resultantes de culpa da outra – lesões, estas, nascidas no âmbito dos contratos ou fora deles.

A culpa já era conhecida no mundo românico por meio dos escritos de Paulo (*De Verborem Significatione*), responsável pelas expressões "magna negligentia, culpa est", "magna culpa, dolus est", e, ainda, "latae culpae finis est, non intelligere id, quod omnes intelligunt". Mas o pioneirismo da concepção coube à doutrina francesa, que, inicialmente, presa ao entendimento restritivo do art. 1.382,[144] acabou por forçar passagem nas diretrizes traçadas pelo art. 1.384, § 1º, do mesmo Código.[145]

Assim, da primitiva responsabilidade pelo fato pessoal (art. 1.382) passou-se para a do fato da coisa inanimada (art. 1.384, § 1º). Nascia ali a noção da responsabilidade oriunda do fato em si, independentemente da culpa de seu causador. As *conseqüências* passaram a ter prioridade sobre a *autoria*. Desta nova configuração resultou que a culpa provável, desconhecida, anterior ou concomitante ao acontecimento, ou mesmo a coletiva, deixaram de ser definitivas na aferição da responsabilidade, porque sua constatação nasceria da existência do ocorrido e, com ela, a obrigação de indenizar, de reparar o dano. Como corolário lógico-jurídico, esta nova visão desaguou no conceito moderno da *responsabilidade sem culpa*. Destaque-se que o art. 1.383[146]

---

144. "Art. 1.382. Tout fait quelconque de l'homme, qui cause à autrui un dommage, oblige celui par la faute duquel il est arrivé, a le réparer."

145. "Art. 1.384. On est responsable non seulement du dommage que l'on cause par son propre fait, mais encore de celui que est causé par le fait des personnes dont on doit réprondre, ou des choses que l'on a sous sa garde.

"§ 1. La disposition de l'art 1.384 est d'une généralité absolue. Ce texte ne distingue pas les choses mobilières des choses immobiliéres."

146. "Art. 1.383. Chacun est responsable du dommage qu'il a causé non seulement par son fait, mais encore par sa néglicence ou par son imprudence."

TRAMITAÇÃO PROCESSUAL DA IMPREVISÃO 633

do Código Civil Francês (1804), foi quem forneceu coordenadas definitivas para a introdução da culpa em nosso ordenamento jurídico civil (art. 159).[147]

Em nosso ordenamento, como linha de princípio, da culpa emergiu a responsabilidade civil, que nada mais é do que o resultado do desequilíbrio provocado pelo dano; ou, de forma mais simples, o dever que nasce da violação de obrigação preexistente, de forma comissiva ou omissiva. O nosso Direito – repita-se –, em tese, adota a culpa como elemento fundante da responsabilidade, abrindo, no entanto, exceção para a admissão de espectro mais amplo, consubstanciado na responsabilidade sem culpa, conseqüente à insuficiência dogmática das diretrizes fornecidas pela chamada *culpa subjetiva*, de origem bizantina, fundamentada a tal extremo na falsa concepção de culpa moral que, ao longo dos tempos, a noção de *responsabilidade* acabou por ser assimilada à de *culpabilidade*.

Alvino Lima[148] – o grande pesquisador da teoria da responsabilidade sem culpa – trouxe seu inestimável contributo sobre o tema ao esclarecer que dentro do critério da responsabilidade fundada na culpa não era mais possível resolver um sem-número de casos que a civilização moderna criara ou agravara; imprescindível se tornara, para a solução do problema da responsabilidade extracontratual, afastar-se do elemento moral, da pesquisa psicológica, do íntimo do agente, ou da possibilidade de previsão ou de diligência, para colocar a questão sob um aspecto até então não analisado devidamente: sob o ponto de vista exclusivo da *reparação do dano*. O fim por atingir é exterior – arrematou –, é objetivo, de simples reparação, e não interior e subjetivo, como na imposição da pena. Os problemas da responsabilidade são tão-somente os problemas de reparação de perdas. O dano e a reparação não devem ser aferidos pela medida da culpabilidade. Devem, antes, emergir do fato causador da lesão de um bem jurídico, a fim de se manterem incólumes os interesses em jogo, cujo desequilíbrio será fatal caso fique contido nos estreitos limites de uma responsabilidade subjetiva. A tal propósito, relembre-se: "Cada um é responsável pelo prejuízo causado, não somente por sua ação, mas ainda por sua negligência ou imprudência" – expresso pelo art. 1.383 do Código Civil Francês (v. nota de rodapé 145).

---

147. "Art. 159. Aquele que, por ação ou omissão voluntária, negligência ou imprudência, violar direito, ou causar prejuízo a outrem, fica obrigado a reparar o dano."

148. *Culpa e Risco*, p. 119.

634 A TEORIA DA IMPREVISÃO NO DIREITO CIVIL E NO PROCESSO CIVIL

Falando da responsabilidade do Estado, Celso Antônio Bandeira de Mello ensinou que, admitida "já na segunda metade do século XIX, sua tendência foi expandir-se cada vez mais, de tal sorte que evoluiu de responsabilidade *subjetiva*, isto é, baseada na culpa, para uma responsabilidade *objetiva*, vale dizer, *ancorada na simples relação de causa e efeito entre o comportamento administrativo e o evento danoso*"[149] (grifos no original).

Como se vê, para tanto, necessário seria apenas o estabelecimento do nexo causal entre o dano e seu fato gerador, deixando de lado as razões que levaram o agente à prática do ato lesivo. Então, se a culpa nasce da ação ou omissão que traz como conseqüência o dano, a responsabilidade nada mais seria do que a satisfação indenizatória causada pelos efeitos daquele mesmo ato. Saliente-se, por indispensável, que, conquanto a teoria da responsabilidade sem culpa já fosse conhecida e aceita por muitos países, por influência do Código Civil Francês, o que passou a dominar foi a responsabilidade baseada na culpa. Esta a regra geral, que, obviamente, não excluiu as exceções de responsabilidade exclusiva pelo dano, independentemente de culpa, como tão bem demonstrou Alvino Lima.

Mutatis mutandis, entre nós, um diploma legal já consagrou a responsabilidade sem culpa, conforme se constata pelas disposições do art. 12 do Código de Defesa do Consumidor: "O fabricante, o produtor, o construtor, nacional ou estrangeiro, e o importador respondem, independentemente da existência de culpa, pela reparação dos danos causados aos consumidores por defeitos decorrentes de projeto, fabricação, construção, montagem, fórmulas, manipulação, apresentação ou acondicionamento de seus produtos, bem como por informações insuficientes ou inadequadas sobre sua utilização e riscos".

Com base na socialização do direito, Alvino Lima[150] insistiu em que a responsabilidade deve surgir exclusivamente do fato, devendo a culpa ser considerada como resultado de primitiva confusão existente entre as áreas civil e penal. A reparação do dano não deve decorrer da culpa ou da aferição de elementos morais, isto é, se o agente procedeu bem ou mal, com ou sem diligência, consciente ou inconscientemente. Concluiu dizendo que os interesses coletivos, os interesses sociais, devem se sobrepor aos individuais, e apenas com base neles é que

---

149. *Curso de Direito Administrativo*, 13ª ed., p. 808.
150. Ob. cit., pp. 121-122.

TRAMITAÇÃO PROCESSUAL DA IMPREVISÃO 635

deve ser determinada ou não a reparação do dano. E Alvino Lima,[151] em pinceladas seguras, fazendo um esboço do que deveria ser a res-

151. "A son origine, la responsabilité se fondait sur le responsable, et c'est en fonction de la *conduit d'un homme et de sa liberté qu'on le faisait répondre de ses actes*. Parmi les conséquences de la responsabilité humaine figurait la réparation due à la victime, *mais la victime n'était pas au centre de la responsabilité*, elle bénéficiait seulement d'une des conséquences de la responsabilité. Aujourd'hui, c'est l'inverse. Quand on parle de responsabilité, que considère-t-on? Est-ce un devoir? Non. C'est un droit. *C'est de la victime que l'on parle et du dommage*. Un dommage est causé, on cherche le responsable. La victime en vient même, avec le développement accru de la responsabilité à dire, toutes les fois qu'elle subit un dommage: 'Il n'est pas juste qu'il reste à ma charge, il doit y avoir un responsable'. Et, par définition, ce responsable, dans la conception qui tend à s'instaurer, *n'est jamais la victime*. C'est toujours un 'autre'. Notre temps perd de vue, de plus en plus, la responsabilité envers soi-même. La victime, *même en faute*, part toujours de l'idée qu'un autre doit néanmoins payer pour elle. La responsabilité, aujourd'hui, ne part plus du responsable, *elle part de la victime systématiquement créancière, elle est complétement désaxée. Et, ce qui achève de la désaxer, c'est l'assurance de la responsabilité*" (René Savatier, *Du Droit Civil au Droit Public, apud* Alvino Lima, ob. cit., p. 118).

"Il Diritto moderno – si è rilevato – si ricollega, attraverso il diritto comune, alla fase evoluta del Diritto Romano *nell sigere il requisito della colpa*; si è osservato altresí esser palese l'importanza della colpa, dappoichè soltanto il palpito della vita psichica di chi compie un fatto dannoso può imprimere al medesimo fatto dannoso un significato morale ed un valore sociale. Sennonchè, il Diritto, al pari di altre manifestazioni dello spirito umano, è soggetto a mutamenti che spesso sono dei ritorni, sia pure parziali, al passato. Cosí, *nell'epoca più recente* (fine dell'ottocento, secolo attuale) *la colpa ha perso il valore di unico criterio regolatore della responsabilità umana*. E ciò non perchè si sia verificato un imbarimento della mentalità giuridica, tale da annullare l'interesse per quello stato d'animo soggetivo nel quale si concreta la colpa; bensì per essersi ragionatamente ritenuto, *in base alla matuta struttura economica e sociale e alla moltiplicazione delle occasioni di danni, che non sempre corrisponda alle esigenze della Giustizia e dell'opportunità il far capo alla colpa al fine di giudicare della responsabilità per danno*. Nella generale esigenza della colpa si è visto il portato di un senso attutivo della responsabilità dei propri atti e delle proprie omissioni. *E nel quadro della reazione contro il criterio della colpa si è delineata anche una corrente estrema, secondo la quale quel criterio, non chè decadere dal trono che aveva occupato, dovrebbe essere addirittura abbandonato*. Ma l'esigenza del requisito della colpa ha troppo permeato di sè la consienza giuridica perchè esso possa essere integralmente abbandonato; *la colpa*, per i più, *continua ad essere l'espressione di un senso giuridico raffinato*: il passaggio dalla responsabilità vincolatta alla colpa *costituisse un grande progresso nella storia del Diritto*, nè è lecito tornare alle rozze concezioni dei tempi primitivi. In consequenza, prevale pienamente l'opinione per cui *non è consentito*, nella materia del danno, *di seguire principi assoluti ed escluvivi*, affermandosi anche in questo campo l'indole compromissoria del Diritto, il quale cerca di corrispondere *nella maniera più conveniente alle varie e multiforme esigenze della vita sociale*. Secondo i rappresentanti di questa opinione, *il criterio della colpa costituisse il minimum della responsabilità la quale, peralto, può spingersi oltre questo minimum ove l'equitá lo richieda*" (Adriano De Cupis, *Il Danno, apud* Alvino Lima, ob. cit., pp. 118-119).

636   A TEORIA DA IMPREVISÃO NO DIREITO CIVIL E NO PROCESSO CIVIL

ponsabilidade pelo dano causado, mais ligado à vítima e ao fato do que propriamente à aferição da culpa do responsável, convocou os juristas Savatier e De Cupis, acompanhados de suas inestimáveis contribuições ao instituto.

Leonir Batisti[152] observou que os arts. 1.846 a 1.854 do Código Civil Paraguaio tratam de várias modalidades de responsabilidade civil sem culpa, acrescentando que responde pelo dano causado aquele que criar um perigo com sua atividade, em face da natureza dela ou dos meios empregados.

Na mesma linha de raciocínio foram as considerações de Luiz Édson Fachin[153] quando constatou que, pelas decisões dos colegiados de terceiro grau (STF, RE 21.931, 26.820 e 43.951; e, ainda, Ap. 30.961-7, 710/89, do TJPR, e 2.655 e 43.321-8, do TAPR), ficou patente a existência de um valor jurídico na aparência, em perfeito acorde com as disposições da lei civil, ao tratar da validade da atuação do credor putativo ou das alienações levadas a efeito pelo herdeiro aparente (art. 1.600 do CC).

Discorrendo sobre as novas condições de vida da Humanidade, marcada por intensa industrialização, novas práticas tecnológicas, energia nuclear, engenharia genética, vôos siderais, revolução nos meios de comunicação, globalização em todos os sentidos, explicou Ronaldo Brêtas Carvalho Dias[154] que o elemento *culpa*, suporte da teoria subjetiva, teria sido substituído pela idéia de *risco criado*, inspiradora da responsabilidade objetiva, bastando a existência do nexo de causalidade entre a atividade ou ato desenvolvido pelo agente e o dano superveniente como resultado para que surgisse a obrigação indenizatória.

Com base no brocardo "necessità non conosce legge", entenderam os juristas italianos que o ato praticado no estado de necessidade é isento de injuridicidade – portanto, livre de responsabilidade. Entretanto, para a maioria dos estudiosos ela subsiste independentemente de apuração da culpa. Deste enfoque surgiram várias teorias. Uma delas foi a do *enriquecimento ilícito*. Disseram seus autores: se aquele que pratica o ato necessário consegue evitar um dano em seu proveito mas causa um prejuízo a terceiro, haverá um enriquecimento sem

---

152. *Direito do Consumidor para o Mercosul*, p. 376.

153. Luiz Édson Fachin (coord.), ob. cit., p. 140.

154. "Responsabilidade civil extracontratual: parâmetros para o enquadramento das atividades perigosas", *RF* 296/130.

TRAMITAÇÃO PROCESSUAL DA IMPREVISÃO 637

fundamento lícito, razão por que deverá ser responsabilizado pelos prejuízos causados. A tese não vingou, por excluir atos necessários em que o interesse do praticante estava ausente, como pode ser ilustrado com os atos baseados em altruísmo ou desinteresse, em que não se registra proveito algum para o agente.

Também na *expropriação por utilidade privada*, defendida por Demogue, haveria a proteção de um direito preferencial em relação a outro de menor valor, no plano social. Entretanto, o importante é que mesmo nestas circunstâncias deveria o expropriado ser indenizado. Também esta tentativa não colheu melhores frutos, a começar por seu total desacompanhamento de texto legal que lhe desse amparo. Relembre-se que mesmo as desapropriações, no direito público, são consideradas como prerrogativas exorbitantes concedidas à Administração. Estendê-las ao particular seria extremamente perigoso, em especial por sua impossibilidade de controle.

Mencionou, ainda, o mesmo autor a *teoria do risco*. Desde que houvesse proveito para o agente a vítima deveria ser indenizada. Pela sua falta de caráter geral – atos em que não há benefício para o autor, embora em caráter de exceção –, também esta doutrina sofreu críticas acerbas e não logrou aceitação.

Ainda no tema, Alvino Lima[155] fez um levantamento das diversas teorias que surgiram em razão de uma situação de total excepcionalidade nascida do estado de necessidade, deixando claro, ao final, que não se podem excluir as hipóteses de responsabilidade objetiva somente porque nosso Código Civil consagrou a responsabilidade subjetiva. Não se pode fechar os olhos a situações em que a justiça comutativa deve se colocar acima da norma expressa, sob pena de perder todo e qualquer sentido a aplicação dos cânones da verdadeira eqüidade e se proscrever princípios sedimentados de hierarquia do Direito sobre a norma, quando se busca a verdadeira justiça. No desenvolvimento da questão, falou ainda na responsabilidade resultante de atos praticados em situações de exceção – *v.g.*, no *estado de necessidade*.

Na *teoria da necessidade*, defendida pelo jurista francês Savatier, existiria o direito de lesar, de prejudicar outrem, baseado na eqüidade – diante da ausência de disposições legais –, em reconhecida situação de interesse social, causa de exoneração de toda e qualquer responsabilidade, quando os beneficiados são terceiros. Para ele, em princípio,

155. Ob. cit., pp. 191-216.

638 A TEORIA DA IMPREVISÃO NO DIREITO CIVIL E NO PROCESSO CIVIL

o ato necessário seria isento de culpa, mas se seu autor fosse o beneficiário a não-reparação do dano seria a causa da origem de sua culpa. Seria, por exemplo, o caso de alguém que, para salvar sua integridade física (ou a de outrem), ou, ainda, evitar danos ao seu patrimônio ou de terceiros, se visse na contingência de praticar atos dos quais resultassem prejuízos a patrimônios alheios. No direito penal a responsabilidade criminal inexiste se o ato é praticado em legítima defesa, estado de necessidade ou estrito cumprimento do dever legal. Contudo, o mesmo não se dá com a responsabilidade civil. A doutrina francesa – acrescentou Alvino Lima – aceita que o dano causado a terceiros por ato praticado mesmo em estado de necessidade seja ressarcível – no que, em princípio, está perfeitamente correta. Fundamenta essa responsabilidade na culpa, contrariando o que entre nós tem sido considerado como o conceito clássico de culpa. Para a doutrina italiana (Barassi, Benuci) o que se coloca ao autor do ato é uma situação em que aquilo que se pretenda salvar represente um interesse mais alto do que aquilo que deva ser sacrificado e – o que é mais importante – a alternativa não resulte de um ato voluntário (quando se poderia falar em culpa), mas antes de uma situação nunca desejada, porque existe um dever moral por parte daquele que pratica atos em defesa de terceiros – arrematou Alvino Lima.

O mesmo autor registrou uma outra formulação: a *teoria da eqüidade*, fundamento da maioria das legislações em todo o mundo. Nela, ao juiz caberá a fixação eqüitativa do *quantum* indenizatório.

Depois de apresentar um inventário das críticas à *teoria do risco*, Alvino Lima a defendeu, afastando as inúmeras acusações de que ela foi vítima, dentre as quais a de ser materialista e atentatória à dignidade humana. Neste plano, Alvino Lima[156] explicou que a teoria do risco, embora partindo do fato em si mesmo, para fixar responsabilidades, tem raízes profundas nos mais elevados princípios de justiça e de eqüidade. Ante a complexidade da vida moderna, que trouxe a multiplicidade dos acidentes que se tornaram anônimos, na feliz expressão de Josserand, a vítima passou a sentir uma insegurança absoluta ante a impossibilidade de provar a culpa, em virtude dos múltiplos fatores em concorrência. E Alvino Lima[157] indagou: os defensores da teoria da responsabilidade objetiva oferecem seus fundamentos, fixam seus princípios, apontam necessidades de sua aplicação; mas, por acaso,

156. Ob. cit., p. 208.
157. Ob. cit., p. 215.

TRAMITAÇÃO PROCESSUAL DA IMPREVISÃO

sua aplicação pelos tribunais, ainda quando não haja disposição expressa de lei, sua consagração em vários dispositivos dos Códigos Civis ou das obrigações, ou em leis especiais, não constituirão a mais robusta prova de que aquela teoria se fundamenta em princípios incontestáveis de justiça?

Fazendo a defesa das vítimas de atos danosos nos quais a inexistência de culpa eximiria de responsabilidade seus autores, Alvino Lima[158] relatou que foi em nome dessa insegurança da vítima, cada vez mais evidente e alarmante, desta imensa maioria de indivíduos expostos aos perigos da cobiça humana, foi em nome das injustiças irreparáveis sofridas pelas vítimas, esmagadas ante a impossibilidade de provar a culpa, embora contemplando o esplendor de um princípio lógico, natural e humano, mas incapaz de resolver com justiça, eqüidade e equilíbrio os problemas criados pelos próprios homens, que a responsabilidade sem culpa se desenvolveu. Foi em nome do princípio da igualdade – prosseguiu ele – que Ripert proclamou o privilégio da teoria da culpa, mas que, na verdade, ante a brutalidade da vida intensa moderna, não mais existe na acanhada concepção da culpa da teoria clássica, uma vez que a teoria do risco colocou a vítima inocente no mesmo pé de igualdade de condições em que se acham as empresas poderosas; e foi em nome da fraternidade – concluiu –, da solidariedade humana, pelo afinamento das nossas consciências e desenvolvimento do sentimento de responsabilidade, como afirmou Josserand, que se ergueu a teoria do risco.

Do exposto se conclui que, ao longo dos tempos, embora não se despreze o caráter de segurança contido na responsabilidade baseada na culpa – postura que forneceu os parâmetros mais seguros para a adoção do critério subjetivo na grande maioria dos Códigos em todo o mundo –, não se pode, contudo, desprezar a evidência de que sua determinação não resolveu todas as situações concretas donde emergem os danos. Na tentativa de preencher as lacunas resultantes é que, aos poucos, juízes e tribunais, na busca da verdadeira justiça comutativa, em casos de exceção comprovada, têm aceitado a teoria do risco.

No campo do contratualismo é pacífico o entendimento de que, dentre as funções da norma, a principal é a de neutralizar o desequilíbrio existente entre as partes, procurando socorrer sempre a mais fraca. E, se isto é exato nas contratações, com mais razão há de sê-lo diante da diversidade de situações apresentadas pela vida moderna.

---

158. Ob. cit., p. 209.

640 A TEORIA DA IMPREVISÃO NO DIREITO CIVIL E NO PROCESSO CIVIL

Na hipótese em discussão – extinção contratual pela impossibilidade de adequação do pacto ao novo estado – o quadro que se apresenta é o de uma das partes sofrendo os efeitos de atividade poderosa e exclusiva de um agente do Estado (o juiz) para quem, naquele momento, no exercício da profissão de julgar, os reclamos e o clamor dos princípios de eqüidade de nada valerão em confronto com a fatalidade jurídica do balizamento normativo existente e da necessidade de equacionar e solucionar a lide nos limites estabelecidos pelo pedido do autor. Nenhuma referência à culpa – contratual ou extracontratual – poderá ser feita, uma vez que o devedor da obrigação em procedimento revisional simplesmente terá formulado pedidos sucessivo-alternativos (revisão/resolução), como lhe faculta a lei. Diante deles, o juiz, no cumprimento da obrigação de entrega da prestação jurisdicional, depois de tentar, sem conseguir, uma conformação do pacto alterado, direcionará a solução da lide para o único caminho processualmente viável, em atenção ao pedido vestibular, que, alternativamente, solicitou a extinção do pacto. Mas o fato emergente daquela decisão, ali identificado como o prejuízo efetivo do credor provocado pelo término de contrato em curso, permanece a reclamar tratamento eqüitativo. Este não pode ser elidido por qualquer sofisma ou tentativa de justificação. Não existe qualquer fundamento para a criação do prejuízo de quem tinha para receber e, pela impossibilidade de revisão (cujos termos aceitou, acrescente-se), acaba na condição de vítima de uma sentença que, desprezando totalmente sua condição de credor, o apena sem qualquer justificativa, premiando injustificadamente seu devedor com a liberação total de obrigação contratual livremente assumida.

É fundamental que o fato lesivo se sobreponha sempre à determinação da culpa, na aferição da responsabilidade. Esta deverá emergir sempre do fato danoso, e não das circunstâncias que cercaram sua prática.

Assim, a justificativa para a indenização do credor, pelo devedor, nas hipóteses de pedidos sucessivo-alternativos cuja sentença final ponha fim à contratação sustenta-se sobre uma sólida edificação de tríplice alicerce: a) *enriquecimento sem causa* – para sua determinação, e conseqüente rejeição, é suficiente que se identifique apenas uma circunstância: a inexistência de uma vontade, da *intenção do credor de transferir sua propriedade* (crédito no contrato por cumprir) para o devedor, inteiramente de graça, caso não fosse possível a revisão; b) *injuridicidade* – de fácil e segura constatação na sentença que, na prevenção de lesão virtual sobre o devedor, a desvia, altera-lhe a rota e a

TRAMITAÇÃO PROCESSUAL DA IMPREVISÃO 641

transforma em lesão objetiva, direcionada contra o credor, caracterizando perfeita e acabada prática de ato contra Direito, normatizado ou não; e c) *teoria do risco – responsabilidade sem culpa* – nela, o dever de indenizar independe de existência da culpa. É uma teoria que fornece excelentes subsídios para a correta aplicação da justiça comutativa, não permitindo – no caso em discussão – que o credor seja punido com a integral perda do seu crédito.

Uma extinção contratual como a examinada, sem indenização ao credor, não terá qualquer lastro jurídico, em contrariedade condenável a elementares princípios éticos e ético-jurídicos, além de convalidar um enriquecimento sem causa, uma injuridicidade, e negar vigência aos postulados da responsabilidade objetiva – institutos, princípios e teses consagrados pela nossa doutrina e jurisprudência. Desprezar uma situação assentada na conjugação do nexo causal com um resultado danoso para uma das partes convalidará – ousa-se afirmar – uma aberração jurídica que a mais elementar lógica condena (Direito é, acima de tudo, bom senso); e, por tal motivo, não haverá de encontrar abrigo em qualquer ordenamento jurídico, em todo o mundo.

27.4 Efeitos da sentença que concede revisão ou resolução

Sem pretender aprofundar a discussão sobre uma possível classificação das ações, sejam elas de conhecimento, executivas ou cautelares, forçoso é reconhecer, inicialmente, que toda pretensão deduzida em juízo traz em seu bojo a solicitação de um provimento judicial, fator básico de sua diferenciação.

Carlos Alberto Bittar Filho[159] explicou que as chamadas *ações de conhecimento* – cujo escopo é uma sentença de mérito – subdividem-se em declaratórias, constitutivas e condenatórias. As primeiras fornecem a certeza ou não de uma relação jurídica; as segundas, no campo dessas mesmas relações, objetivam criá-las, modificá-las ou extingui-las; e as últimas buscam uma sanção ou determinação que, não cumprida, possa ser exigida de forma coativa.

O art. 162 do Código de Processo Civil deixou claro que ao juiz são atribuídos atos jurídicos (instrução processual) e atos materiais. No § 1º o legislador conceituou sentença; no § 2º, decisão interlocu-

---

159. *Teoria da Imprevisão – Dos Poderes do Juiz*, Coleção *Constituição de 1988 – Primeira Leitura*, v. 16, p. 11.

642 A TEORIA DA IMPREVISÃO NO DIREITO CIVIL E NO PROCESSO CIVIL

tória; e no § 3º, despacho. Em complementação, o art. 458 e seus incisos estabeleceram os requisitos essenciais da sentença.

A doutrina dominante sobre a natureza jurídica da sentença é a que a conceitua como um *ato de vontade*, sem prejuízo de ser um *ato de inteligência*.

Ao se propor um procedimento revisional de cláusula alterada por imprevisibilidade – com pedido liminar de suspensão de obrigação vincenda – o que se busca por via da revisão ou, em caso negativo, da resolução (mesmo nas hipóteses em que o autor tenha de indenizar) é nada mais do que uma sentença constitutiva. Esta se define pela criação de um novo direito, que tanto poderá ser para a alteração do conteúdo do contrato e forma de execução, havendo revisão, como pela sua extinção, com ou sem obrigação indenizatória para compensação da parte prejudicada.

Constatada a existência do direito postulado – ou, por outras palavras, uma vez constituído o direito daquele que pleiteia a tutela jurisdicional – e estabelecido que a decisão definitiva que concede a revisão ou resolução, sob a alegação de transformação por ocorrência imprevisível, constitui *direito novo*, resta apenas conceituar o que vem a ser uma sentença constitutiva.

Moacyr Amaral Santos[160] ensinou que as sentenças constitutivas – resultantes de ações do mesmo nome – produzem o efeito de *criar*, *modificar* ou *extinguir* uma relação jurídica. Acrescentou que essas sentenças, como as demais, contêm sempre uma declaração de certeza da relação ou situação jurídica identificada. Embora preexistente tal certeza, nelas se identifica um acréscimo que se define pela criação ou modificação da relação jurídica (caráter declaratório, comum a todas as sentenças). Se em decorrência daquela declaração se acrescenta *direito novo* ou *sua modificação*, identifica-se o caráter específico, também conhecido como *efeito constitutivo*.

Como regra geral, as sentenças constitutivas só produzem efeito após seu trânsito em julgado (*ex nunc*). Existe, contudo, previsão legal destinada a disciplinar situações de exceção em que o efeito *ex nunc* pode retroagir, como é a hipótese de anulação de um ato jurídico por incapacidade relativa do agente ou vícios do consentimento. Em tais casos as sentenças constitutivas restabelecerão o *statu quo ante*, por força das disposições do art. 147 do Código de Processo Civil. No

---

160. *Primeiras Linhas de Direito Processual Civil*, 4ª ed., p. 78.

TRAMITAÇÃO PROCESSUAL DA IMPREVISÃO 643

mesmo plano, e com os mesmos efeitos, acrescentem-se as sentenças de interdição, mesmo que não tenham transitado em julgado.

27.5 Inexigência de caução nas liminares revisionais por imprevisibilidade

27.5.1 Tutela antecipatória e cautelar: diferenças

Alguns magistrados – certamente influenciados pela praxe das *cautelares inominadas*, em que o deferimento tem sido condicionado ao depósito prévio do *quantum* em discussão ou de valor equivalente ao objeto questionado – têm exigido que o autor preste caução para a obtenção de liminar que confira efeito suspensivo à obrigação vincenda quando o procedimento de revisão contratual se assente na imprevisibilidade. O excesso de zelo não tem qualquer justificativa, porque carente de fundamentos jurídico e legal. Funda-se, no mais das vezes, na desinformação sobre o verdadeiro sentido e finalidade de determinados provimentos. Não há embasamento de qualquer natureza para tal exigência no contexto, uma vez que *nada existe para ser assegurado* por via de garantia real ou fidejussória. Mesmo depois de concedida a suspensão liminar do cumprimento da obrigação, decorrente de sua colocação em juízo sob o crivo da imprevisibilidade, a outra parte continuará protegida contratualmente. Procedente o pedido do autor, de exame da obrigação alterada – responsável pelo nascimento da lesão virtual –, à luz da teoria da imprevisão, confirmada restará a justeza da medida suspensiva, diante do perigo iminente, como resultado da pertinência de aplicação da *tutela antecipatória*, sem necessidade de qualquer garantia. Improcedente a pretensão, automaticamente estará revogada a suspensão provisória de cumprimento da obrigação contratual, dando lugar à configuração moratória e seus efeitos correlatos. Ao solicitar a liminar o autor deverá ter plena consciência de estar correndo um risco calculado. Exigir caução – ou, o que é pior, o depósito do valor representativo da obrigação (que, no contexto, poderá estar exacerbado, pela alteração imprevisível da base negocial, razão da extrema dificuldade de adimplemento) – é apenar desnecessária e injustificadamente a parte que do *remedium iuris* da imprevisão pretenda se valer.

Adite-se que a concessão de liminar que suspenda a exigência de cumprimento de obrigação prestes a se transformar em lesão objetiva para uma das partes não desprotege, por qualquer forma, nem retira a

644 A TEORIA DA IMPREVISÃO NO DIREITO CIVIL E NO PROCESSO CIVIL

segurança da outra, uma vez que a *caução* (de *cautio*, que significa "precaução") só deve ser exigida quando o julgador estiver convencido de que existe indeclinável necessidade de resguardar o direito de um dos contratantes por via da prevenção de um dano que, como resultado da concessão liminar sem a salvaguarda do caucionamento exigido, poderá criar uma irreversível situação de incerta ou difícil reparação.

É importante estabelecer: admitindo-se – como não pode ser de outra forma – que a justiça seja um valor bilateral, na qual tanto devedor como credor devem ter seus direitos tutelados, segue-se que um e outro podem se utilizar do remédio jurídico da imprevisibilidade diante da ameaça de lesão, sem restrições de qualquer natureza.

O equívoco reinante precisa ser denunciado e, acima de tudo, esclarecido. A exigência de prestação de caução, por alguns magistrados, como *conditio sine qua non* para a concessão de liminares suspensivas de obrigação vincenda em procedimentos ordinários em que se pretenda discutir a teoria da imprevisão é inteiramente despropositada. É imperioso estabelecer que a infundada exigência de prestação de caução imposta por alguns juízes para a concessão da suspensão liminar de obrigação vincenda, sem qualquer justificativa, *tem assumido, sistematicamente, caráter cautelar*, o que é um grande engano. Não há como confundir *tutela antecipatória* – que se esgota com sua concessão, podendo ser objeto de recurso ou, mesmo, auto-revogada – e *tutela cautelar*, que pressupõe a existência de um direito a ser protegido, que é como, de forma totalmente enganosa, alguns têm identificado a antecipação do provimento, e, conseqüentemente, exigido das partes garantia pessoal ou real. Pensando estar assegurando o que, na verdade, em momento algum corre qualquer risco é que alguns magistrados a têm exigido quando se defrontam com pedido de concessão liminar para suspensão do cumprimento de obrigação líquida e certa (*quantum*, forma, quando, onde) em ações revisionais nas hipóteses em que a comprovada imprevisibilidade do evento é a causa modificadora da base da contratação.

Sobre o tema, a judiciosa exposição distintiva do professor Marinoni[161] estabeleceu que a tutela destinada a satisfazer antecipadamente o direito não é cautelar, porque nada assegura ou acautela. A tutela cautelar supõe referibilidade a um direito acautelado ou protegido. Quando não há referibilidade é porque há tutela antecipatória. A tute-

161. *Tutela Cautelar* ..., cit., p. 99.

TRAMITAÇÃO PROCESSUAL DA IMPREVISÃO 645

la antecipatória não tem por fim assegurar o resultado útil de um processo. O único resultado que dela se espera ocorre exatamente no momento em que é prestada. Sua cognição é imediata e sumária; a da cautelar, ordinária e exauriente. Equivocadamente, a tutela antecipatória tem sido prestada travestida de cautelar.

Merecem registro, ainda, as didáticas considerações sobre tutela cautelar e antecipatória feitas pelo mesmo jurista Luiz Guilherme Marinoni.[162] E, em harmonia com as lições de Donaldo Armelin ("A tutela jurisdicional", *RJESP* 23/115), Marinoni[163] sublinhou que é relevante ressaltar o eixo central da tutela antecipatória: o *tempo*, dimensão fundamental na vida humana e no processo, porquanto "o processo também é vida".

Sobre o caráter distintivo das duas formas de tutela, já referido, digna de nota é a exemplificativa exposição de Carreira Alvim (v. nota de rodapé 56), ao apresentar uma longa relação de situações que ilustram o emprego daqueles provimentos judiciais.

Tentando estabelecer uma distinção prática entre os limites existentes entre a *tutela cautelar* do art. 798 e a *antecipatória* do art. 273, I, Carreira Alvim[164] esclareceu que a *cautelar* cuida de uma providência de índole processual, inteiramente distinta da pretensão substancial, com o propósito específico de garanti-la; a *antecipatória* adianta a própria pretensão material, que, podendo ser reconhecida na sentença, tem seus efeitos antecipados *initio litis*.

É importante lembrar que, em razão da sumariedade da cognição do julgador, a concessão de efeito suspensivo à obrigação modificada por evento imprevisível, diante de prejuízos iminentes, no plano material, assenta-se na chamada *plausibilidade do bom direito (fumus boni iuris)*. Este deve ser suficiente para a fundamentação de concessão da tutela antecipatória (*periculum in mora*), independentemente

---

162. "A tutela que satisfaz antecipadamente o direito não é cautelar porque nada assegura ou acautela. A tutela cautelar supõe referibilidade a um direito acautelado ou protegido. Quando não há referibilidade é porque há tutela antecipatória. A tutela antecipatória não tem por fim assegurar o resultado útil do processo, já que o único resultado útil que se espera do processo ocorre exatamente no momento em que a tutela antecipatória é prestada. O 'resultado útil do processo' somente pode ser o 'bem da vida' que é devido ao autor, e não a sentença acobertada pela coisa julgada material, que é própria da 'ação principal'. Porém, a tutela antecipatória sempre foi prestada sob o manto da tutela cautelar. Mas é, na verdade, uma espécie de tutela diferenciada" (*Efetividade do Processo ...*, cit., p. 59).

163. *Efetividade do Processo ...*, cit., p. 57.

164. Ob. cit., pp. 32-33.

646 A TEORIA DA IMPREVISÃO NO DIREITO CIVIL E NO PROCESSO CIVIL

da determinação de quaisquer garantias. Como exposto, o adiantamento da proteção jurisdicional, além de estar sujeito a recurso – ou autorevogação por quem a concedeu –, não é irreversível, podendo trazer o processo de volta ao *statu quo ante*. Assim, também pela sua reversibilidade, não representa qualquer risco para a parte contrária.

Destaque-se que, a vingar a tese de condicionamento de concessão da liminar (tutela antecipatória) à prestação de caução, uma surrealista e indesejável situação, juridicamente insustentável, poderá ser criada. Suponha-se, por exemplo, um caso de pedido liminar de suspensão de cumprimento de obrigação em pacto de execução diferida atingido por imprevisibilidade *efetuado por credores* e não pelo *devedor*, como é mais comum. Estes, valendo-se do mencionado procedimento revisional, poderão requerer tutela antecipatória a fim de evitar a *mora accipiendi*, exemplificativamente, no contexto de um *contrato de promessa de doação* ou de *fornecimento* (Código de Defesa do Consumidor), contratação na qual exista expressa estipulação de prazo e forma para recebimento do objeto doado ou entrega da mercadoria adquirida. Suas justificativas poderão ser, por exemplo, as de que o objeto da prestação – em razão de acontecimento imprevisível – foi depreciado ou aviltado profundamente, no caso do donatário, e, no do fornecedor, que a prestação se tornou excessivamente onerosa no interregno entre vinculação contratual e execução. Diante desses fatos, de modo algum lhes interessa receber a prestação ou entregá-la exacerbada em seu valor sem antes discutir a possibilidade de revisão da mesma, seja para tentar recompor o valor inicial ou reduzir o da prestação alterada, à luz dos princípios da doutrina da imprevisibilidade. Pretendendo analisar as razões de sua recusa de recebimento em juízo (desvalorização da prestação ou majoração da mercadoria a ser fornecida, que poderá atingir 80% ou 90%, para menos ou para mais, respectivamente), precedida de liminar suspensiva da obrigação vincenda de recebimento ou entrega da mercadoria para evitar a *mora accipiendi*, que caução – pergunta-se – poderia deles exigir o juiz? E, se o fizesse, para garantia do quê, ou proteção de quem? Não há resposta possível. Se o objeto da prestação recusada ou não entregue (em razão de sua desqualificação ou excesso de custo) continua condicionado à ação positiva dos credores, seja para recebimento ou entrega – que podem fazê-lo no momento que bem entenderem –, uma caução prestada por eles não será, por certo, para garantia do objeto da prestação que eles, na condição de donatário ou credor por fornecimento, se recusam a adimplir. Ou seria para garantia de sua própria recusa? Não será, com toda a certeza, para acautelamento dos direitos das outras partes, doador ou consumidor, já que a recusa é ato no qual eles não têm qualquer interferência, porque exclusivo dos destinatários da prestação (ali, na condição de credores), contratualmente obrigados a receber e a entregar o que, pelas razões apontadas, a tanto se negam. Uma caução nesta situação seria realmente para garantir os credores? Mas garantia contra o quê, ou proteção de quem? – repergunta-se. Aqui, teríamos montada uma equação infinitamente pior: a exigência de caução seria para assegurar direitos dos credores, donatário e fornecedor, ou, o que é mais grave, para proteção da entrega do objeto doado ou da mercadoria a ser entregue. Nesse caso, o quadro fica pior porque os credores estariam "garantindo-se contra si mesmos", isto é, contra atos ou ausência de atos seus. Em qualquer das hipóteses a caução exigida dos credores representaria o absurdo de um acautelamento destituído de qualquer sentido, porque sem objeto ou destinatário (coisa ou pessoa) – o que é inaceitável –, ou de uma segurança deles exigida dirigida contra suas omissões – o que é inqualificável.

Se a caução é o meio pelo qual se garante a indenização de dano possível, decorrente da falta de cumprimento de uma obrigação, que ressarcimento se poderia exigir de possíveis fiadores quando, depois de concedida a liminar pleiteada pelos credores para afastar a *mora accipiendi*, recusassem receber prestação que lhes fora destinada? E – o que é pior: quem presta uma caução vincula-se ao cumprimento da obrigação, caso o caucionado não o faça. Por sua natureza, se a liminar para não receber só puder ser concedida mediante caução, significará que, se os caucionados não cumprirem a obrigação de recebimento, os caucionantes deverão fazê-lo em lugar deles. Em síntese: a caução prestada nessas circunstâncias terá servido apenas para que os garantidores, sem poder para tanto, modifiquem a vontade dos garantidos, consubstanciada nas recusas de recebimentos, porque obrigações reconhecidamente lesivas aos seus interesses, sem qualquer discussão sobre as causas e efeitos das alterações sofridas pelas prestações, com a agravante da subtração inadmissível do exame da questão à luz dos pressupostos da imprevisibilidade. Por outras palavras: travestida de garantia, a caução retirará dos credores (ou devedores) aquilo que lhes foi concedido pela eqüidade, pelo bom direito, já aceito pela jurisprudência e – o que é mais grave – brevemente pela legislação que disciplina a matéria (arts. 477-479 do novo Código Civil Brasileiro).

648 A TEORIA DA IMPREVISÃO NO DIREITO CIVIL E NO PROCESSO CIVIL

27.5.2 Hipóteses de "mora accipiendi"

Quando a obrigação é positiva e líquida, notadamente nos casos de data predeterminada para recebimento futuro de objeto doado em promessa de doação, ou na hipótese de prazo estabelecido para o fornecimento de certa mercadoria (Código de Defesa do Consumidor), a regra que vigora funda-se na máxima romana *dies interpellat pro homine*. Isto significa que, a partir da data estabelecida, o não-cumprimento da obrigação (recebimento ou entrega) fará nascer a *mora accipiendi*. Esta tem sido considerada nas legislações e entre os juristas de forma diferenciada. Para alguns haveria equiparação entre a mora do devedor e a do credor, com os mesmos efeitos; para outros a caracterização seria a existência de fato imputável ao credor, com ressalva das situações de caso fortuito ou de força maior; e para um terceiro grupo haveria a possibilidade de sua identificação mesmo diante das hipóteses de inexecução involuntária.

Elencando pressupostos, Clóvis Beviláqua[165] esclareceu que a *mora creditoris* exige a existência de dívida positiva e líquida; que o devedor esteja preparado para efetuar o pagamento; e que se ofereça para efetuá-lo. A maioria dos juristas entende que o elemento *culpa* é estranho ao conceito da mora do credor, resultando, exclusivamente, de oferta regular de pagamento, seguida de recusa.

Washington de Barros Monteiro[166] destacou que a oferta do devedor é fundamental para que se caracterize a *mora accipiendi*. Ela deve traduzir o imediato propósito de satisfazer a obrigação assumida, sendo insuficiente que o devedor esteja pronto a adimpli-la.

Para disciplinar a mora do credor – ensinou Sady Cardoso de Gusmão[167] – estabeleceu o art. 957 que ela subtrai do devedor isento de dolo toda responsabilidade pela conservação da coisa e obriga o credor a ressarcir as despesas de conservação, sujeitando-o a recebê-la pela sua alta estimação se seu valor oscilar entre o tempo do contrato e o do pagamento. Equivale dizer: uma vez caracterizada a *mora accipiendi*, sem que exista intenção do devedor ou mesmo assunção pelos riscos de sua ocorrência (dolo), tanto o donatário como o fornecedor estarão sujeitos às seguintes conseqüências: o primeiro, a res-

---

165. *Código Civil dos Estados Unidos do Brasil Comentado*, 10ª ed., v. 4, p. 90.

166. Ob. cit., v. 4º, p. 265.

167. Verbete cit., in *Repertório Enciclopédico do Direito Brasileiro*, v. XXXIII, p. 280.

TRAMITAÇÃO PROCESSUAL DA IMPREVISÃO 649

sarcir os custos de sua conservação, além de recebê-la depreciada, conseqüente ao seu inadimplemento na data aprazada (poderá estar armazenada até a data prevista para a entrega, a partir da qual o valor daquele depósito poderá ser dobrado); e o segundo, a adquirir a mercadoria prometida por preço exacerbado e a entregá-la pelo preço contratado. E é para evitar tais situações que ambos – antes do vencimento das obrigações de recebimento do objeto doado e entrega da mercadoria adquirida – têm o direito de ver os efeitos adulteradores sofridos pela prestação discutidos à luz dos princípios da teoria da imprevisão.

Discordando da maioria dos juristas quanto a não ser a *culpa* elemento essencial da *mora creditoris*, Carvalho Santos,[168] em comentários ao art. 955, concluiu que em ambas ela está presente. Em tais contextos, pode ser identificada a violação de um dever preexistente, seja por parte do devedor ou do credor. Acrescentou que a obrigação implícita do credor sempre há de existir, consubstanciada na cooperação e facilitação dos meios necessários à execução da obrigação cometida ao devedor. Observou, ainda, que, embora sem cláusula expressa, são a lealdade e a boa-fé as fontes inspiradoras do nascimento de um dever implícito de recebimento, que, uma vez violado, estabelece uma presunção de culpa. Destacou também que o credor, sem qualquer dúvida, recusando ou criando embaraços ao recebimento da prestação do devedor, viola o vínculo obrigacional, desrespeita o contrato, que é lei entre as partes, causa prejuízo ao devedor, por lhe prolongar a responsabilidade, impedindo-lhe a desoneração do encargo.

E Carvalho Santos,[169] em aditamento, esclareceu: "Carvalho de Mendonça (M. L.) sustenta que a mora do credor tem seu fundamento racional no direito que tem o devedor de não ver a sua obrigação agravada por ato que não seja o seu. Nada, portanto, influi na consideração da imputabilidade, bastando a recusa do credor". E arrematou: "Se o devedor está em culpa, na maioria das vezes o credor não estará, razão pela qual a mora é do devedor. Se o devedor não tem culpa, não incide a mora, mas, se culpa tiver o credor, a mora será deste, justamente porque ele é quem está em culpa".[170]

Saleilles – citado por Carvalho Santos[171] – ensinou: "La verité est que la demeure du créancier résulte de l'impossibilité où il se trouve

168. Ob. cit., v. XII, p. 310.
169. Ob. cit., v. XII, p. 311.
170. Ob. cit., v. XII, p. 312.
171. Ob. cit., v. XII, p. 313.

650   A TEORIA DA IMPREVISÃO NO DIREITO CIVIL E NO PROCESSO CIVIL

d'exigir du débiteur plus qu'il ne doit; or prolonger l'obligation c'est demander au débiteur plus qu'il ne doit, c'est, de la part du créancier; s'arroger un droit que l'obligation ne lui donne pas; donc, il devra tenir compte au débiteur du fait de lui avoir demandé plus qu'il ne lui était dû; et alors il est indifférent de savoir si le créancier était ou non en faute, car sa bonne foi elle-même ne peut l'autoriser à invoquer un droit qu'il n'a pas et que ne contient pas l'obligation dont il se prévaut".

É importante estabelecer que o estado moratório pressupõe uma obrigação não cumprida pelas partes, isto é, devedor e credor. Para a maioria dos juristas fora do campo contratual inexiste mora, embora ela seja admitida, excepcionalmente, nas obrigações resultantes de atos ilícitos, a partir da data do evento.

Assim, em face do exposto, o descumprimento das obrigações de receber ou entregar, cometidas ao donatário ou ao fornecedor, respectivamente, se não estiver plenamente justificado abrirá espaço para a *mora creditoris*, com suas óbvias conseqüências. Neste passo, para evitar-lhe os efeitos, poderão, donatário e fornecedor, diante do fato imprevisível que alterou a base contratual, antes do vencimento da obrigação, solicitar, o primeiro, sua suspensão liminar para, no campo da imprevisibilidade, tentar, primeiramente, sua revisão e adequação ao novo estado fático ou, quando não, a resolução. Sublinhe-se que para o donatário não deverá haver pedido alternativo de resolução porque, mesmo diante de uma desvalorização significativa, como último recurso, será preferível receber alguma coisa a não receber nada, na hipótese de depreciação significativa do objeto da doação (80%, 90%); para o fornecedor, ou prestador de serviço, além de pedir também a revisão do preço alterado, em pedido alternativo-sucessivo, poderá solicitar a resolução contratual.

Embora já referido, outro aspecto merece destaque. O caucionante, prestador da caução – em similitude com o avalista –, vincula-se ao cumprimento de uma obrigação caso o caucionado não o faça. Então, é de se indagar: se a concessão da liminar para não receber ou entregar estiver condicionada a caução prévia, significará que, se o caucionado não cumprir a obrigação, o caucionante deverá fazê-lo? Nesta hipótese teríamos um quadro que nem Salvador Dali poderia conceber, em sua mais aguda e profunda fase surrealista. Não tendo o donatário concordado em receber a doação depreciada, ou o fornecedor em entregar a prestação exacerbada em seu custo primitivo ao consumidor, indaga-se: os garantidores exigidos para a concessão da li-

TRAMITAÇÃO PROCESSUAL DA IMPREVISÃO

minar de não-recebimento pelos credores seriam convocados a fazê-lo, em substituição aos mesmos? Seria essa a finalidade da caução exigida, quando os postulantes fossem os credores? Para quê teria servido? Para garantia de recebimento do objeto doado ou entrega da prestação, alterados pelo evento imprevisível, *adimplemento recusado, desde o início, pelos credores*, justificado pela intenção de se valer da revisão contratual? A bizarrice da situação dispensa a perda de tempo de quaisquer comentários. A exigência é inteiramente destituída de qualquer base lógica, portanto inadmissível. Para a concessão de liminares em pedidos que objetivem a prevenção de *mora solvendi* ou *accipiendi* em contratação alterada por evento imprevisível não existem justificativas para a exigência de caução, seja por parte do devedor ou do credor, tão-somente porque nada, absolutamente nada, existe para ser assegurado. O equívoco deve ser desfeito e nova postura adotada. Registre-se que a legitimidade da recusa estará fulcrada no desinteresse em cumprir obrigação que no nascimento do contrato tinha uma configuração e no instante da execução apresentou outra, consideravelmente alterada para menos ou mais, e o pedido de liminar terá como objetivo apenas evitar a *mora accipiendi*, como prevenção de transformação da lesão virtual em objetiva. A não-aceitação da prestação alterada se apoiará no direito de ver a nova situação discutida no campo da imprevisibilidade. Que complementação assecuratória exigir deles, que são credores, e não devedores? A resposta é uma só: nenhuma. Da negativa de adimplemento por parte dos credores nenhum prejuízo efetivo ou virtual advirá às contrapartes para que delas se exija qualquer garantia complementar da obrigação, além das que se encontrem disciplinadas pelo contrato. Chegar-se-ia ao ridículo de exigir que os credores se garantissem – por ato próprio ou de terceiro (caução real ou fidejussória) – contra seu próprio direito de *recusa de recebimento* sempre que pretendessem tutela antecipatória contra *riscos virtuais* em situação em que o objeto da prestação não fosse mais o mesmo. Ou seria do não-recebimento? Mas este, por ser a essência do pedido revisional e se qualificar como prestação negativa, não poderia jamais ser objeto de garantia. Que caução – repergunta-se – deveriam prestar os credores para obter liminar que aceitasse suas recusas, como prevenção da *mora accipiendi*, até que a situação fosse discutida à luz da imprevisão? Juridicamente, nenhuma. A absoluta falta de fundamento lógico da postura que exige caução é indisfarçável. A embasá-la – *ad argumentandum* – só seria possível aventar um mais do que esdrúxulo e condenável (portanto, inaceitável) argumento: operacionalmente,

652 A TEORIA DA IMPREVISÃO NO DIREITO CIVIL E NO PROCESSO CIVIL

não sendo possível que os credores prestassem caução para garantir seus atos omissivos, *somente o devedor* a ela estaria obrigado. Esta solução seria, no mínimo, uma aberração jurídica. A alternativa, além de afrontar princípios constitucionais isonômicos (art. 1º da CF) e processuais de paridade de tratamento às partes (art. 125, I, do CPC), estaria negando o valor bilateral da justiça. Condena-se, então, a inaceitável posição, que aos poucos vai tomando características de "praxe forense". No inaceitável comportamento, sem qualquer razão, alguns juízes têm buscado passagem onde, a rigor, não existe sequer uma parede. Conclui-se, do exposto, inexistir mínima pertinência na exigência de prestação de caução em situações de imprevisibilidade como as discutidas – *mora solvendi/accipiendi* –, em nome de elementares princípios que bem informam a autêntica justiça comutativa.

É oportuno relembrar que tanto devedor como credor correm riscos calculados: procedente o pedido, a revisão se processará, restando comprovada a necessidade da concessão liminar – *sem caução* – para evitar qualquer das moras; improcedente, não só o estado moratório, com suas óbvias conseqüências, como a responsabilidade por perdas e danos recairão sobre o autor do pedido. *Ad cautelam*– já foi dito –, na contestação, o donatário-credor deverá formular pedido alternativo-sucessivo, declarando que, uma vez impossível a revisão, *aceita receber a prestação, mesmo desvalorizada*; o fornecedor ou prestador de serviços, solicitar a revisão ou, na sua impossibilidade, a resolução, nunca se esquecendo de que, dependendo da situação, havendo prejuízo da contraparte, a indenização será inafastável. E não se argumente – em defesa da exigência de alguns magistrados – que ela estaria inserida na condição de "caução de direito completo". Esta, no magistério de Pontes de Miranda,[172] identifica-se como independente de outra motivação que não a da regra de direito material, ou processual, que ordena seja prestada. Na espécie, a exigência não emerge do direito material nem processual, porque nada existe para ser assegurado.

27.5.3 Inconsistência da caução

Humberto Theodoro Júnior[173] – citando Romero y Alfaro – registrou que sempre que se impõe ou se dá uma garantia de cumprimento do pactuado, do prometido ou do determinado – que em abso-

---

172. *Comentários ...*, cit., t. XII, p. 185.
173. *Comentários ...*, cit., v. V, p. 250.

TRAMITAÇÃO PROCESSUAL DA IMPREVISÃO 653

luto espelha o caso em discussão – surge a figura jurídica da caução. *A contrario sensu*, sua desnecessidade.

E Antônio Macedo de Campos[174] esclareceu que, para efeitos didáticos, pode-se aceitar caução como sendo o cuidado que se tem em virtude do qual certa pessoa oferece a outrem garantia ou segurança para o cumprimento de uma obrigação. Na caução – concluiu –, aquele que a presta assume a responsabilidade de solver uma obrigação caso o devedor principal não a cumpra.

Em sentido lato – ensinou José Cândido da Costa Sena[175] –, caução quer dizer segurança, garantia. Como redução de *cavitio*, o termo *cautio*, etimologicamente, significa "prestar atenção", "vigiar", "premunir-se contra".

José Antônio de Castro[176] explicou que o vocábulo *caução* está em consonância com prevenção ou precaução. A caução, em sentido técnico-processual, tem a finalidade de fazer com que o resultado do processo principal seja eficiente e útil – aliás, como em todas as cautelares – e que as partes se igualem em segurança até o final da ação principal ou da própria cautelar. Podemos conceituá-la – aditou – como sendo o meio pelo qual se garante a indenização de dano provável ou falta de cumprimento de alguma obrigação.

Na hipótese, o devedor, ao solicitar a antecipação de tutela (consubstanciada na concessão de efeito suspensivo a uma obrigação vincenda mutilada por acontecimento imprevisível), apresenta, de forma inconteste, além do *fumus boni iuris* (direito material), também o *periculum in mora* (direito processual), que se conjugam para a convergência de uma consistente *probabilidade de dano*, de difícil ou incerta reparação – a se transmudar em certeza – caso o pedido liminar de suspensão de obrigação prestes a vencer não seja concedido.

Pelas razões expostas, como o devedor, o credor sempre poderá recorrer à imprevisibilidade pela mesma via, por idênticas razões e com igual tramitação, evitando a *mora accipiendi* e, logicamente, sujeitando-se a riscos em tudo assemelhados aos do devedor da obrigação.

Sintetizando: a teoria da imprevisão é o remédio jurídico para a prevenção de transformação de uma lesão virtual em objetiva, tanto da *mora solvendi* como *accipiendi*, por via da tutela antecipatória do

---

174. *Medidas Cautelares e Procedimentos Especiais*, p. 45.

175. "Caução", verbete in *Repertório Enciclopédico do Direito Brasileiro*, v. 7, p. 393.

176. *Medidas Cautelares*, p. 97.

654 A TEORIA DA IMPREVISÃO NO DIREITO CIVIL E NO PROCESSO CIVIL

art. 273, I, do Código de Processo Civil, *sem prestação de caução*, como determinam doutrina, jurisprudência, brevemente a lei, a lógica e ... o bom senso.

Se, como se sabe, existe a defesa intransigente da efetividade do direito de ação, com igual razão se deve dar ênfase à possibilidade de recurso à tutela de direitos ameaçados, mormente em razão de fato imprevisível, para um desencadeamento para o qual a parte de nenhum modo concorreu. O atendimento aos dois princípios constitucionais (devido processo legal e segurança jurídica) mais do que nunca deverá ser prioritário. Em nosso ordenamento jurídico, lamentavelmente, a máquina judiciária não tem acompanhado a dinâmica dos fatos econômicos resultantes de uma sociedade em constante mutação. O descompasso é sentido no dia-a-dia, registrando-se a morosidade da entrega da prestação jurisdicional uma odiosa realidade – o que, por si só, já é bastante grave –, com todos os seus efeitos. Justiça tardia é tão (ou mais?) nefasta como sua ausência.

Deixando expresso que, por razões de política judiciária, o instrumento jurisdicional não deve dar lugar a atividades inúteis, porque sua função é de autêntica prevenção de danos, considerados estes de tal porte que possam prejudicar o próprio direito, Carlos Alberto Álvaro de Oliveira[177] trouxe também sua valiosa contribuição ao instituto. A eficácia da tutela antecipatória – complementou Álvaro de Oliveira[178] – decorre da lei substantiva. O objeto da cognição do órgão judicial gravita em torno do direito, do dever e da lesão, podendo o conteúdo da decisão então proferida assemelhar-se ao da sentença definitiva. Exemplificou com a hipótese de providência antecipatória de alimentos que, embora em cognição sumária, devem restar incontestes para a determinação de pagamento, porque, mesmo em caráter provisório, tanto o dever de prestá-los como a alegada lesão devem ser incontestes. Concluiu explicando que a diferença está na extensão da cognição, traduzida pelo caráter provisório da ordem judicial e nos seus efeitos.

---

177. Artigo cit., *Genesis – Revista de Direito Processual Civil* 5/328.
178. Artigo cit., *Genesis – Revista de Direito Processual Civil* 5/331.

TÍTULO VI

CAPÍTULO I

28. O novo Código Civil Brasileiro. Inclusão da teoria da imprevisão: 28.1 Legislação comparada – 28.2 O art. 477 – 28.3 O art. 478 – 28.4 O art. 479. 29. A imprevisão no campo obrigacional: 29.1 A imprevisão e o contratualismo – 29.2 Os contratos bilaterais – 29.3 Os contratos unilaterais – 29.4 Os contratos aleatórios: 29.4.1 A teoria da imprevisão e os contratos aleatórios – 29.4.2 As três áleas dos contratos aleatórios – 29.4.3 A álea (ou aura) da imprevisibilidade nos contratos aleatórios – 29.4.4 O caráter não-aleatório dos contratos de seguro.

28. O novo Código Civil Brasileiro. Inclusão da teoria da imprevisão

Há mais de meio século, sentindo a evolução da teoria da imprevisão e observando que a cada dia o movimento revisionista aumentava, não só entre nós como em todo o mundo, Caio Mário da Silva Pereira[1] já profetizava sua aceitação no Direito Brasileiro, condicionada tão-somente a uma questão de tempo.

É inegável para qualquer jurista minimamente atento à dinâmica das relações sociais que a estrutura jurídica dos contratos perdeu sua antiga conotação e se encontra, hoje, no limiar de uma grande transformação. Isso pode ser observado com muita clareza na obra do jurista

---

1. "Seja ou não exato que a história se repete, assista ou falte razão a Vico com sua lei dos *corsi* e *ricorsi*, a observação destes fenômenos na vida jurídica do Brasil, a sua íntima engrenagem com o instituto da lesão, a realização fragmentária dos objetivos destes, através do conjunto de leis desatreladas organicamente porém afinadas em conjunto, tudo leva à dedução, que a lógica mais elementar extrai, de que o instituto da lesão tomará ainda corpo no direito civil brasileiro, vestido à moda dos figurinos novos" (*Instituições de Direito Civil*, v. II, p. 212).

658 A TEORIA DA IMPREVISÃO NO DIREITO CIVIL E NO PROCESSO CIVIL

italiano Enzo Roppo,[2] para quem os institutos jurídicos só podem ser compreendidos na medida de seu posicionamento em circunstâncias sócio-econômicas de tempo e lugar. A razão principal – sublinhou – é que, longe de serem governados por leis absolutas, esses institutos estão sujeitos a um princípio de relatividade histórica: postular uma essência do contrato (e encontrá-la, em concreto, no livre exercício da vontade individual e dos impulsos subjetivos das partes) significa destacar, de modo arbitrário, uma fase historicamente condicionada e circunscrita da evolução do instituto, admitindo (o que é duvidoso) que também aquela fase tenha correspondido perfeitamente à pureza do modelo.

Sérgio Seleme[3] – em análise da obra de Roppo, falando sobre a *liberdade de contratação* e a *paridade entre os contratantes* – destacou que tal formulação serve à perfeição aos interesses da classe burguesa, hegemônica, dentro do esquema de produção baseado no aproveitamento do capital. Como se sabe – completou –, o capitalismo está baseado na troca, no mercado da força de trabalho transformada em mercadoria por um salário correspectivo, que apenas aparentemente remunera totalmente o labor despendido, uma vez que esconde a mais-valia apropriada pelo detentor do capital.

Assim, depois de mais de 65 anos de vigência do art. 31 do Decreto 24.150, de 1934,[4] consagrador da postura revisionista em relação à intervenção judicial nos pactos; de mais de meio século de uma decisão pioneira do Supremo Tribunal Federal;[5] de aceito unanimemente por doutrina e jurisprudência nacionais, o princípio da imprevisibilidade encontrou, enfim, seu justo reconhecimento e verdadeiro espaço no direito positivo brasileiro, consubstanciado nos arts. 478, 479 e 480 do novo Código Civil, afastado que esteve de seus quadros, ao longo dos mais de 80 anos de existência do Código Civil de 1916.

2. *O Contrato*, p. 258.

3. "Contrato e empresa: notas mínimas a partir da obra de Enzo Roppo", in Luiz Édson Fachin (coord.), *Repensando Fundamentos do Direito Civil Brasileiro Contemporâneo*, p. 262.

4. "Se, em virtude da modificação das condições econômicas do lugar, o valor locativo fixado pelo contrato amigável, ou em conseqüência das obrigações estatuídas pela presente Lei, sofrer variações, além de 20%, das estimativas feitas, poderão os contratantes (locador ou locatário), findo o prazo de três anos da data do início da prorrogação do contrato, promover a revisão do preço estipulado" (art. 31 do Decreto 24.150, de 20.4.1934).

5. V. Anexo 34.6.

A TEORIA DA IMPREVISÃO NO NOVO CÓDIGO CIVIL 659

A idéia de atualização do Código é antiga. No ano de 1941 a Imprensa Nacional já publicava o *Código das Obrigações*, que pretendia integrar, pela primeira vez, a teoria da imprevisão à legislação do país, em seu art. 322.[6] A comissão, composta pelos juristas Orozimbo Nonato, Philadelpho de Azevedo e Hahnemann Guimarães, na Exposição de Motivos[7] concluiu ser a adoção da doutrina da imprevisibilidade uma das grandes conquistas contemporâneas.

Esta primeira Comissão já tinha entre seus objetivos a unificação dos princípios informadores das relações civis e mercantis. Contudo, tal propósito cuidava apenas de dar forma a uma linha de aglutinação já seguida pelo Código quando norma específica não regulasse a matéria em discussão. Solicitações de ordem fática foram os vetores que ditaram este procedimento da Comissão, porquanto, no decorrer das décadas, era assim que as coisas se passavam no campo operacional, que, em última análise, se harmonizava com as disposições do art. 121 do Código Comercial de 1850,[8] o primeiro a tratar da matéria entre nós, embora de forma implícita.

Sílvio Rodrigues[9] sempre foi contrário a modificações de estrutura no Código Civil, sendo favorável a pequenas alterações, uma vez que sempre o considerou um paradigma de juridicidade a ser mantida a qualquer custo, nunca economizando elogios à sua estrutura monumental.

Defendendo a mesma tese, José Paulo Cavalcanti[10] observou ser injustificável a ab-rogação do Código atual (que eternizou na história do Direito Brasileiro o nome de Clóvis Beviláqua), porque seria suficiente introduzir-lhe apenas algumas modificações. Com toda a certeza seria solução acertadamente melhor – acrescentou –, porque é inestimável o valor social em termos de certeza que se destrói quando se substituem integralmente Códigos Civis, enriquecidos pelo generali-

6. Art. 322 do Anteprojeto do *Código das Obrigações*, Parte Geral, Título V, Capítulo I: "Quando, por força de acontecimentos excepcionais e imprevistos ao tempo da conclusão do ato, opõe-se ao cumprimento desta dificuldade extrema, com prejuízo exorbitante para uma das partes, pode o juiz, a requerimento do interessado e considerando com equanimidade a situação dos contratantes, modificar o cumprimento da obrigação, prorrogando-lhe o termo, ou reduzindo-lhe a importância".

7. *Exposição de Motivos do Código das Obrigações*, Parte Geral, Título V, Capítulo I, Rio de Janeiro, Imprensa Nacional, 1941, p. 19.

8. "Art. 121. As regras e disposições de direito civil para os contratos em geral são aplicáveis aos contratos mercantis."

9. *Direito Civil*, v. II, p. 37.

10. "Contra a substituição do Código Civil", *RF* 287/49.

660 A TEORIA DA IMPREVISÃO NO DIREITO CIVIL E NO PROCESSO CIVIL

zado conhecimento que se vai progressivamente acumulando ao longo de sua vigência.

Fachin[11] foi correta e justificadamente contundente ao dizer que em 1975 o Poder Executivo remeteu ao Congresso Nacional um novo Projeto de Código Civil *formulado de costas para o futuro e distante da realidade brasileira contemporânea*. Para o jurista paranaense "a proposta originária da Comissão elaboradora do Projeto produziu uma formulação apta a captar valores do século XIX e menos adequada a dimensionar os desafios do próximo milênio".[12]

Tomando por empréstimo a imagem de Wittgenstein, Luís Ricardo Lorenzetti[13] ilustrou sua exposição dizendo que o Código poderia ser comparado ao centro antigo de uma cidade ao qual foram – e continuam sendo – acrescentados novos subúrbios, com seus próprios centros e características de bairro. Poucos são – completou – os que se visitam uns aos outros. A ele se vai de quando em quando apenas para contemplar as relíquias históricas.

A identificação de micros e subsistemas que, paralelamente ao direito privado, acabaram por negar-lhe vigência foi uma decisiva constatação de Lorenzetti.[14] Exemplificou com disposições do Código de Defesa do Consumidor, que, logo de início, derrogou a igualdade entre os cidadãos. Neste passo, embora a lei civil tenha estabelecido o princípio do efeito relativo do contrato, o Código de Defesa do Consumidor de pronto o fulminou ao atribuir responsabilidades ao fabricante, ao distribuidor, ao atacadista, ao titular da marca – partes que não celebraram qualquer contrato com o consumidor. E mais: esse Código concedeu direito de ação – além da outorgada ao consumidor – também ao usuário, às associações dos consumidores – partes que também não se vincularam contratualmente.

É imperioso reconhecer que a existência desses microssistemas, por si só, já seria complexa e problemática se fossem interativos. Entretanto, independentes como se apresentam, tornam a questão muito mais grave. E as transformações são tantas que já perdeu todo e qualquer sentido manter como princípio geral de Direito as disposições do art. 3º da Lei de Introdução ao Código Civil ("Ninguém se escusa de

11. Luiz Édson Fachin (coord.), *Repensando Fundamentos do Direito Civil Brasileiro Contemporâneo*, p. 127.
12. Idem, p. 128.
13. *Fundamentos do Direito Privado*, p. 45.
14. Ob. cit., pp. 47-48.

A TEORIA DA IMPREVISÃO NO NOVO CÓDIGO CIVIL 661

cumprir a lei, alegando que não a conhece"), uma vez que a presunção de seu conhecimento, hoje – diante do multifacetado ordenamento jurídico –, se tornou quase absurda e, por isso, inexigível.

Em desabafo – até certo ponto inquietante –, Lorenzetti[15] esclareceu que a idéia contrária e a dúvida perturbam. Acrescentou que, atualmente, assistimos ao *requiem* da pesquisa básica; não se discute nem se argumenta, salvo em escassos cenáculos acadêmicos. Explicou que o jurista, aos poucos, vai-se convertendo em militante do microssistema e que o diploma civil e os civilistas tendem a perder a imparcialidade e se transformar em militantes de autênticas verdades parciais. O mesmo ocorre com o juiz – destacou – quando deve decidir acerca de problemas ambientais ou de consumo, tão-somente porque ele também é consumidor e está sendo prejudicado como ser vivo. Concluiu dizendo que, infelizmente, a verdade que se expressa é subjetiva, particularizada. E Lorenzetti[16] foi bastante incisivo quando falou do lugar que, a seu ver, deveria ocupar um código, dando ênfase à sua perplexidade em relação à força atual dos pactos.

Discutindo as *descodificações*, observou ainda Lorenzetti[17] que elas são estabelecidas pelo próprio sistema, na auto-regulação que cresce até um nível de saturação. Nesta primeira etapa descodificadora os lugares de instabilidade se multiplicam, conferindo a aparência de uma desordem insuperável; a desordem – arrematou – é produto da complexidade, e a diferenciação será necessária para crescer.

A Filosofia tem questionado fortemente a noção de *sujeito* como categoria conceitual, assinalando sua morte – explicou Lorenzetti.[18] Repetindo uma expressão de Michel Foucaultt, sentenciou: *o Direito é um texto sem sujeito* – querendo dizer que os textos são marcos de enunciação. O texto é elaborado de tal forma que o sujeito é dispensável. Não são os sujeitos que produzem os discursos; são os discursos que dão origem aos sujeitos – ensinou Foulcault –, porque o ser humano é basicamente fala, dialética, retórica.

15. Ob. cit., p. 56.
16. "O Código é uma lei 'sagrada'. A proliferação de leis representa uma dessacralização, já que, ao serem abundantes, adquirem as normas um caráter instrumental que as desvaloriza" (ob. cit., p. 57).
Ainda: "O contrato tem força de lei entre as partes (art. 1.197 CC); agora parece que ocorre algo inverso: a lei tem força de contrato entre as partes" (ob. cit., p. 58).
17. Ob. cit., p. 78.
18. Ob. cit., p. 545.

662 A TEORIA DA IMPREVISÃO NO DIREITO CIVIL E NO PROCESSO CIVIL

É importante esclarecer que o problema da descodificação não é nacional. Falando sobre o tema no ordenamento jurídico italiano, Pietro Perlingieri[19] observou também que numerosas leis especiais têm disciplinado – embora de maneira fragmentada e, por vezes, incoerente – setores relevantes. Explicou que o Código Civil – como já o fizera Lorenzetti – perdeu a centralidade de outrora. O papel unificador do sistema – finalizou –, tanto nos seus aspectos mais tradicionalmente civilísticos quanto naqueles de relevância publicista, é desempenhado de maneira cada vez mais incisiva pelo texto constitucional.

Deixando claro que *autonomia* não significa ausência de controle, ao discutir o comportamento do titular da propriedade, Perlingieri[20] esclareceu que também para o proprietário a função social assume uma valência de princípio geral. Autonomia – explicou – não é livre arbítrio: os atos e as atividades não somente não podem perseguir fins anti-sociais ou não-sociais, mas, para terem reconhecimento jurídico, devem ser avaliáveis como conformados à razão pela qual o direito de propriedade foi garantido. A função social – complementou – não pode, em caso algum, contrastar o conteúdo mínimo: função social e conteúdo mínimo são aspectos complementares e justificativos da propriedade. É imprescindível a ênfase à igual dignidade social (solidariedade e igualdade), entendida esta como o reconhecimento de que cada um tem direito ao respeito inerente à qualidade de homem, assim como a pretensão de ser colocado em condições idôneas para exercer as próprias aptidões pessoais, assumindo posição a estas correspondentes – insistiu Perinligeri.[21] E Perlingieri[22] – em perfeito e acabado discurso a favor da socialização do Direito – conclamou os juristas à conjugação de esforços para que a questão moral fosse urgentemente

19. *Perfis do Direito Civil*, pp. 5-6.

20. Ob. cit., pp. 228 e 231.

21. Ob. cit., p. 37.

22. "É necessário que, com força, a questão moral, entendida como efetivo respeito à dignidade da vida de cada homem e, portanto, como superioridade deste valor em relação a qualquer razão política da organização da vida em comum, seja reposta no centro do debate na doutrina e no foro, como única indicação idônea a impedir a vitória de um Direito sem Justiça. A Justiça está derrotada quando a sociedade tende a se consolidar no desvalor dos particularismos individuais ou dos grupos, na recomendação desvirtuada, no interesse de lucrar sempre, mesmo que seja sob forma de propina; quando tende a extorquir ou, o que é ainda pior, quando é obrigada a utilizar formas ilícitas para obter o que lhe compete; quando tende a se consolidar no sistema de repartição e do loteamento, entre grupos, dos empregos nos bancos às cátedras universitárias, sem nenhum respeito pelo mérito e pelas competências de cada um" (ob. cit., p. 23).

A TEORIA DA IMPREVISÃO NO NOVO CÓDIGO CIVIL   663

reposta no centro da discussão (repersonalização do homem), a fim de evitar que o Direito, por lhe faltar a essência vital, que é a Justiça, não acabe por se tornar um corpo sem alma.

Na obra mencionada (*La Teoria de la Imprevisión*, 1961) – como Fachin, Lorenzetti e Perlingieri – Carlos Cossio[23] já se insurgira contra a inércia do Direito considerado apenas norma fria e impessoal por Kelsen. Para ele o Direito seria coisa viva, e só a vida pode fazer dele algo expressivo e pulsante, e não *una cáscara muerta*. Dizia ser impossível romper o nexo entre o Direito e a vida, porque sempre a experiência acabaria por frustrar esse intento.

Para Cossio – responsável pela idéia de que se deveria "ver al Derecho con dimensión humana; verlo como un fenómeno del hombre de carne y hueso; verlo, pues, como conducta en los sentidos existenciales y coexistenciales que hacen al ser del hombre y, por eso mismo, al ser del Derecho"[24] – o ponto de partida de todo jurista deveria ser aquilo que acreditasse como verdade – e não como ideologia –, na medida em que os fatos correspondessem aos enunciados formulados.

Falando sobre as teorias, que, a seu ver, nada mais eram do que meras defesas intelectuais de interesses sociais de grupos, Cossio[25] insistiu no fato de que elas nunca poderiam separar a verdade de uma situação, porque a verdade jurídica, sendo resultado de um processo axiológico, coincidiria com a justiça situacional contida na conduta sobre a qual se estaria dizendo o que se diz.

Cossio foi o grande defensor da socialização do Direito. Entendia que a conduta contratual não é um fato da Natureza indiferente ao valor. Uma verdadeira teoria contratual não poderia esquecer a relevância com que essa conduta se apresenta na experiência, também como fato, ao se realizar. Combatia e afastava a idéia de que "el Derecho es una telaraña normativa que sobrevuela por arriba de la vida social".

23. Ob. cit., p. 39.
24. Ob. cit., p. 38.
25. "Pues para el jurista hay un dilema inicial de evidencia directamente intuitiva, que no se lo puede resolver ninguna teoría ni ninguna definición porque, precisamente, para el jurista constituye la situación que él mismo lo define. Este dilema de evidencia consiste en saber si el Derecho es cosa viva o cosa muerta. Y tan pronto como se logre ver lo primero, ha de convenirse inexorablemente que sólo la vida puede hacer del Derecho algo viviente; y que así como la vida puede frustrar sus mejores posibilidades, así también el jurista puede matar el mejor Derecho con sus ideologías, si lo encarrilla por alguna de esas posibilidades de frustración de la propia vida" (ob. cit., p. 37).

664 A TEORIA DA IMPREVISÃO NO DIREITO CIVIL E NO PROCESSO CIVIL

Procurando compensar o individualismo inovador, Lorenzetti[26] propôs, de forma bastante lírica – mas nem por isso menos jurídica –, o estabelecimento de alguns pontos fixos que o viabilizassem. Não à deriva e sem sentido, mas uma navegação com a conservação do mar, do céu e das estrelas como guias aos navegantes, consubstanciados nos bens coletivos. Destacou que esse movimento se pautava por três características: *recuperação de valores, reivindicação de claridade de normas* e uma *exigência de rigor*. Concluiu com a consideração de que o Liberalismo se assentava em tolerância e neutralidade. Sendo formal – não material –, seria responsável pela descontinuidade em relação ao contexto social.

Como bem destacou Cláudia Lima Marques[27] na "Apresentação" da obra do jurista argentino, seus estudos são permeados pela preocupação com a liberdade de comunicação e o direito à informação, como expressões da personalidade.

Foi é a mesma autora, Cláudia Lima Marques,[28] quem forneceu um painel preciso das concepções de Lorenzetti, da sua procura de normas fundantes, da sua proposta de elaboração de uma nova arquitetura do direito privado, da sua busca incessante não só da institucio-

---

26. Ob. cit., p. 232.

27. "Apresentação", in Luís Ricardo Lorenzetti, *Fundamentos do Direito Privado*, p. 36.

28. "O *Leitmotiv* das 'normas fundamentais' é usado pelo autor como uma linha guia de exposição a unir as três partes de sua obra. Trata-se da procura de 'normas fundantes', isto é, dos princípios, dos valores, das regras institucionais e mesmo dos direitos fundamentais que, sobrevivendo à crise da ciência do final do século XX, determinam a 'nova arquitetura do direito privado'; que 'reorientam', dão base e constituem limites ao atuar jurídico; em resumo, são 'normas' que integram e 'institucionalizam a sociedade civil, o mercado e o Estado', permitindo 'coordenar o público e o privado, a Economia e o Direito.

"Enganam-se os que identificam este *Leitmotiv* das 'normais fundamentais' como tradicional ou mesmo de kelseniano em excesso. Ao contrário, a obra utiliza o enfoque e a bibliografia internacional mais atual da Europa, repensando a Filosofia do Direito e a teoria geral do direito privado atual, mas leva o nome de seu *Leitmotiv*, justamente pela consciência do autor da crise da modernidade e de suas metanarrativas. Ricardo Lorenzetti propõe uma nova corrente, uma resposta pelo Direito à crise atual, e elabora assim uma obra monográfica preocupada com temas e problemas especiais, como o dano moral, a função social dos contratos, a proteção do meio ambiente, seus efeitos diretos e em face de terceiros (*Drittwirkungen*) dos direitos fundamentais das Constituições atuais. Renova na abordagem, ousa nas perguntas, mas está consciente quanto ao ceticismo atual de fornecer respostas absolutas e ao perigo de criar teorias gerais e de querer sistematizar o que a todos parece contemporaneamente caótico e em profunda e constante modificação" (in ob. cit., pp. 32-33).

A TEORIA DA IMPREVISÃO NO NOVO CÓDIGO CIVIL 665

nalização da sociedade civil como – principalmente – da harmonia entre o direito público e o privado.

Em visão atual das funções do direito privado, Eroulths Cortiano Júnior[29] explicou que ele não deve se restringir apenas à possibilidade de apropriação de bens, intuito último que informou o direito civil neste século. Deve destinar-se, antes, à formação de uma base reguladora para relacionamentos interpessoais. Não tem qualquer sentido a dicotomia direito público e privado, uma vez que a ordem jurídica social é unitária, com a mesma fonte constitucional – insistiu Cortiano Júnior.[30]

No mesmo acorde, Perlingieri[31] observou que a distinção entre eles está em crise. Esta diferenciação – acrescentou –, que já os romanos tinham dificuldade em definir, consubstancia-se ora na natureza pública do sujeito titular dos interesses, ora na natureza pública e privada dos interesses. Se, porém, em uma sociedade onde é precisa a distinção entre liberdade do particular e autoridade do Estado – concluiu – é possível distinguir a esfera de interesse dos particulares daquela do interesse público, em uma sociedade como a contemporânea torna-se difícil individualizar um interesse particular que seja completamente autônomo, independente, isolado do interesse público.

Sintetizando as considerações expostas, é importante estabelecer que o reconhecimento de uma crise no direito privado já consubstancia um primeiro passo. Mais do que nunca o jurista contemporâneo precisa se conscientizar de que se deve manter receptivo aos novos conceitos e novas idéias, procurando a revalorização do homem, a reciclagem do seu comportamento, a consolidação da socialização do Direito, a convivência harmônica com os microssistemas, a revitalização da pesquisa, o ordenamento da desordem resultante da descodificação – enfim, a reestrutura do sistema privado, a fim de que primeiro e segundo graus tenham subsídios para decisões mais justas e, conseqüentemente, para efetividade da tutela jurisdicional.

Defendendo a existência autônoma de um Código das Obrigações – a exemplo do Código das Obrigações da Polônia (1934) –, ao tratar

29. "Alguns apontamentos sobre os chamados direitos da personalidade", in Luiz Édson Fachin (coord.), *Repensando Fundamentos do Direito Civil Brasileiro Contemporâneo*, p. 40.

30. "Se todo o sistema jurídico gravita em torno da Constituição, tudo o que nela se contém forma e informa o Direito ordinário. A ordem jurídica de uma sociedade é unitária, o que afasta a tradicional contraposição direito privado/direito público" (in ob. cit., p. 37).

31. Ob. cit., p. 53.

666 A TEORIA DA IMPREVISÃO NO DIREITO CIVIL E NO PROCESSO CIVIL

do Projeto 118/84 do qual resultou o texto do novo Código Civil, Othon Sidou desabafou: "Lamentavelmente, o Brasil não terá ainda agora um Código de Obrigações. Manterá, por enquanto, um Código Civil à moda napoleônica, salvo – a relutância no caso se abeiraria do absurdo – quanto à parte da Introdução".[32]

Registre-se que com a primeira tentativa de atualização da legislação civil – no plano do ajuste das relações de natureza negocial – o ponto em que o descompasso mais se fez sentir foi no direito das obrigações. No entanto, embora aquela idéia de modernização do nosso direito privado, na área civil, tivesse sido entregue a juristas da mais alta estirpe, não logrou sua concretização de imediato. E a constatação desta impossibilidade foi simples: ainda que a maior carência se revelasse no setor obrigacional, todo o suporte do Código, quase centenário, reclamava revisão.

É indispensável consignar neste preâmbulo de análise dos artigos que integram a teoria da imprevisão no nosso direito positivo (arts. 478, 479 e 480) um fato de grande relevância: no dia 9.5.1984 o Projeto 118/84 do futuro Código Civil foi aprovado pela Câmara Federal, em Brasília.

Dos *479 deputados* que compunham aquela Casa Legislativa estavam presentes *apenas 34*. Foram aprovados – sem qualquer discussão ou emenda – os 2.073 artigos do Projeto, por *votos de liderança*, ou seja, concordância dos líderes dos partidos. Ninguém desconhece o que seja a aprovação de um projeto por voto de liderança: aquiescência pura e simples, com total desconhecimento da matéria votada.

O art. 31 da Constituição Federal[33] então vigente (com a EC 1, de 1969) exigia que as deliberações fossem tomadas por maioria de votos dos parlamentares que compunham a Câmara Federal (naquela época, *479 parlamentares*), equivalente, então, a um mínimo de *240 votos*, a não ser que houvesse disposição constitucional contrária – que, na hipótese, não existia. A determinação de participação direta do parlamentar nas deliberações de que falava o art. 31 afasta, de imediato, a mais remota possibilidade de qualquer representação, que outra coisa não é o chamado *voto de liderança*. Conclui-se daí que, tendo havido naquela votação violação expressa de disposição cons-

---

32. *A Revisão Judicial dos Contratos*, 2ª ed., p. 68.

33. Art. 31 da Constituição Federal de 1967, com a Emenda Constitucional 1, de 1969: "Salvo disposição em contrário, as deliberações de cada Câmara serão tomadas por maioria de votos, presente a maioria de seus membros".

A TEORIA DA IMPREVISÃO NO NOVO CÓDIGO CIVIL 667

titucional então em vigor, aquela forma de aprovação do Projeto 118/84, levada a efeito pela Câmara em 9.5.1984, é *nula de pleno direito* – portanto, de nenhum efeito. O que caberia ao Senado em face da nulidade inaproveitável da *aprovação sem a votação direta, com o numero mínimo de parlamentares exigido pela Constituição Federal*, seria considerar como de nenhum efeito a votação da Câmara, recusando-se a discutir e votar o projeto, por violação irreversível de elementares pressupostos constitucionais por uma das Casas do Congresso, devolvendo-o para cumprimento das exigências legais.

Mas o que fez o Senado? Considerou válida a "aprovação" e, com algumas dezenas de emendas regimentais – graças à diligência do senador Josaphat Marinho –, também o aprovou. A Câmara deveria ter feito a tomada de votos nominais, como determinava a Constituição então em vigor – maioria absoluta –, não havendo como considerar válida a aprovação, que contrariou dispositivo expresso da Lei Maior.

É simplesmente inadmissível que nenhum dos 2.073 artigos do então Projeto de Código tenha sido sequer discutido antes de ser "aprovado" pela Câmara. É bem provável que nem um só dos 34 parlamentares seja capaz de dizer hoje o que votou, do que se compunha, sua estrutura, livros, capítulos – isto sem entrar no mérito e exigir dele que esclareça uma ou duas diferenças entre o que foi aprovado e o que constava do diploma legal de 1916, para não falar na justificativa para aprovação. É de estarrecer a falta de seriedade com que, neste país, assuntos da mais alta relevância são tratados por quem, infelizmente, detém o poder.

É totalmente dispensável ressaltar o valor de uma Constituição Federal onde entre os direitos mais importantes estão reconhecidas as prerrogativas fundamentais do ser humano. Entretanto, situado em outro plano, de igual importância, existe um estatuto chamado por Miguel Reale de "Constituição do homem comum", consubstanciado no Código Civil. Merecia esta outra "Constituição" mais respeito e, conseqüentemente, tratamento mais digno por parte de parlamentares que, para tanto, são regiamente pagos pelo povo.

Existe um antigo discurso entre os juristas que nunca perde a atualidade: denomina-se "a crise da Justiça".

Pelo ângulo sociológico, Mário Moacyr Porto[34] observou que todos os juristas em disponibilidade intelectual, como disse Pontes de

---

34. *Ação de Responsabilidade Civil e Outros Estudos*, p. 192.

668 A TEORIA DA IMPREVISÃO NO DIREITO CIVIL E NO PROCESSO CIVIL

Miranda, compreenderam que as forças vivas que estruturam uma nova ordem acabaram por fraturar o arcabouço do antiquado sistema que regulamenta as condições existenciais da sociedade, e os legistas de todo mundo empenham-se, com a energia do desespero, em reatar o contato perdido com a realidade avassaladora e iconoclasta.

Quando se busca a razão dessa crise, a primeira constatação é a de que ela é multifatorial. Não existe apenas uma ou duas causas, mas várias. A começar por um volume de 4 milhões de novas ações anuais, no final do milênio, em todas as áreas do Direito, para um quadro de magistrados, cartórios, serventuários, em total descompasso com esta realidade fática. Identifica-se, então, primeiramente, uma *crise de demanda*. Ela vem aumentando geometricamente, enquanto que para seu atendimento o aparelho judiciário cresce apenas em proporções aritméticas. Contudo, paralelamente ao efeito negativo (congestionamento da máquina), uma conclusão positiva se extrai: a crescente demanda aumenta e consolida a confiabilidade no Poder Judiciário. Nesta área, no ano de 1997, só no campo dos acidentes de trabalho foram registradas cerca de 5 mil novas ações e nas Varas Federais um movimento de cerca de 15 mil processos. Ainda neste plano: no mesmo ano de 1997 no Superior Tribunal de Justiça havia em andamento 100 mil processos, para 33 Ministros (mais de 3 mil a cada um); no Supremo, 40 mil, para 11 Ministros (também mais de 3 mil a cada um); e em 1999, 53 mil. Se considerarmos que a Suprema Corte dos Estados Unidos, composta por 9 ministros – não 11, como a nossa (equivalente ao nosso STF) –, profere anualmente, em média, 300 decisões, a desproporção que se constata, se não configura um absurdo inaceitável, ultrapassa, com toda certeza, as fronteiras do que se entende por uma situação minimamente racional.

É elementar que um número menor de ações para exame e decisão ensejará julgamentos com mais qualidade, mais próximos da certeza jurídica do que a astronômica quantidade a que são submetidos nossos julgadores. Está fora de qualquer dúvida razoável que a qualidade dificilmente acompanha o aumento de quantidade.

No campo do direito processual – em atenção à determinação constitucional de "ampla defesa", operacionalizada na via recursal – a possibilidade de se eternizar uma demanda, na prática, é muito grande. Seriíssimas dúvidas têm sido colocadas quanto ao fato de que reiterados pedidos de reexame (em especial os interpostos pelo Estado, que sempre recorre, quase sempre sem razão) sejam o melhor caminho para a obtenção da verdadeira justiça.

A TEORIA DA IMPREVISÃO NO NOVO CÓDIGO CIVIL

Ademais, com o crescimento do volume de ações nasceu a exigência da contrapartida: mais cartórios, mais funcionários, mais juízes, mais tribunais – sendo de se prever que, em pouco tempo, o gigantismo da máquina a tornará operacionalmente inviável. Tudo isto sem arrolar seu elevado custo, em especial para o cidadão das classes menos favorecidas.

Em editorial do *Jornal da OAB* nacional 67/2, de novembro de 1998, o Presidente do Conselho Federal, Dr. Reginaldo Castro, disse: "Em linhas gerais, esta é a crise: temos um Judiciário do século XIX para atender a um país à beira do Terceiro Milênio. A responsabilidade pelo quadro atual certamente não é da Magistratura, que é igualmente vítima do processo. Se a saída depende de vontade política – e esse diagnóstico é consensual – é porque a causa do colapso é política".

Independentemente das disposições civis sobre a litigância de má-fé, talvez fosse de boa política a criação de multas rigorosas a serem aplicadas e recolhidas de imediato aos autores de recursos reconhecidamente protelatórios, como forma de inibir a iniciativa e tentar conter a avalancha recursal ora existente, a começar pela União, Executivos Estaduais e INSS, que, mesmo – ou quase sempre, como foi dito – sem terem razão, recorrem sistematicamente.

Radicado na idéia da *súmula vinculante* (que tem sofrido os mais diversos ataques, em especial por representar, para alguns, uma invasão de competência do Judiciário no Legislativo), conforme proposta da Associação dos Magistrados Brasileiros, poderia ser criada uma espécie de *súmula impeditiva de recursos*, com a seguinte estrutura: contra decisões sumuladas dos Tribunais Superiores não seriam admitidos recursos, a não ser em *questões de relevância*, cuja essência deveria conter fato novo.

Não se pode, ainda, esquecer que também o arcaísmo de dispositivos legais em vigor tem sua parcela de responsabilidade, não só pelo profundo sentido conservador que os inspirou, há mais de 80 anos, como também pela falta de correspondência fática quando confrontados com a realidade social e econômica dos nossos dias. Infelizmente, não se alimentam grandes esperanças de que o futuro Código Civil possa alterar essa situação.

Por fim, com base em observações ao longo de quatro décadas de atividade forense, é preciso levar em conta também que uma boa parcela dos membros da Magistratura – como em todas as profissões – não poderia ser considerada como composta por uma maioria de "membros fanáticos pelo labor judiciário".

670 A TEORIA DA IMPREVISÃO NO DIREITO CIVIL E NO PROCESSO CIVIL

Como se vê, são muitos e complexos os elementos que compõem o mosaico da "crise da Justiça" – como, de resto, também o do Legislativo, Executivo, Saúde, Educação, Segurança, Transporte e tantos outros setores.

Às vésperas de um novo Código, de um novo estatuto de direito privado, falando sobre o destino das leis e da sua identificação com o pensamento, o jurista Sebastian Soler,[35] com propriedade, destacou o relevo de sua independência.

Constata-se, com pesar, que no novo Código Civil a essência da imprevisão funda-se na *excessiva onerosidade*. O fundamento é analisado na seqüência destas considerações iniciais.

Sublinhe-se que na Exposição de Motivos, Livro I da Parte Especial, justificando as disposições constantes do futuro Código Civil sobre o contratualismo, o professor Miguel Reale[36] explicou que a liberdade de contratar somente pode ser exercida em razão e nos limites da função social do contrato e que os contratantes são obrigados a guardar, tanto em sua conclusão como em sua execução, os princípios de probidade e boa-fé. Acrescentou que em mais de uma oportunidade a nova lei oferece aos contratantes a possibilidade de extinguir o contrato diante do evento superveniente ou da excessiva onerosidade (expressão da qual se discorda, por representar raciocínio reducionista, condenavelmente restritivo, já que o direito à alegação de imprevisibilidade só é concedido ao devedor). Prosseguiu dando ênfase à linha de equilíbrio que deveria haver entre as prestações recíprocas. Concluiu dizendo que não é apenas o princípio da cláusula *rebus sic stantibus* que foi levado em conta no Código, mas alguma coisa mais importante, intrinsecamente ligada à natureza da relação negocial, objetivamente exigível em função da estrutura específica de certas relações jurídicas. Declinando as fontes inspiradoras da unificação obrigacional (civil e comercial), embora semelhante a alguns modelos estrangeiros,

---

35. "La ley, una vez sancionada, se independentiza de su pasado, adquiere un significado no identificable con los pensamientos realmente pensados por los legisladores al hacerla. La idea central puede expresarse mediante un pensamiento de Goethe: 'una vez pronunciada una palabra, ésta se junta y suma con las demás fuerzas naturales que actúan necesariamente'. Lo mismo ocurre con las leyes, con cuya sanción se produce un desprendimiento que las independentiza de los lazos psicológicos que las unían al pasado, para entrar dentro de una orden jurídica dotada de un dinamismo propio" (*La Interpretación de la Ley*, p. 18).

36. "Exposição de Motivos", in "Projeto 118/84, do novo Código Civil Brasileiro", *Diário do Congresso Nacional*, Seção I, Suplemento, setembro de 1975, p. 12.

A TEORIA DA IMPREVISÃO NO NOVO CÓDIGO CIVIL 671

Miguel Reale[37] – na condição de Presidente da Comissão e, ainda, Relator do Projeto 118/84 – acabou por admitir as coincidências.

Na Parte Especial, justificando a inclusão da imprevisibilidade em nosso direito positivo, depois de sua peregrinação secular em busca de merecido espaço e justo reconhecimento, principalmente como princípio moderador (relembre-se: "summum ius, summa iniuria"), enfatizou Reale[38] o fato de serem as disposições obrigacionais da nova legislação civil um perfeito exemplo de "sociabilidade do Direito". E foi destacado também por Reale[39] que no novo diploma o princípio *pacta sunt servanda* – ausente de forma expressa do Código Civil em vigor – encontrou lugar destacado, mas já sem o rigor romano ou, mesmo, a força que o Liberalismo Francês lhe conferiu a partir do Código Civil Napoleônico de 1804, em seu art. 1.134. Com efeito, no art. 426[40] a severidade e o rigorismo do princípio foram profundamente atenuados, com ressalva para exceções, dentre as quais se incluiu a excessiva onerosidade (art. 478, 479 e 480). A total liberdade na contratação, observadas as exigências legais, com a recomendação de que deveria estar assentada sempre nos postulados da boa-fé, sem a qual as relações jurídicas não podem vingar, por nascerem estigmatizadas por congênito vício de consentimento, consta dos arts. 420[41] e 421[42] do novo Código Civil.

37. "Pois bem: se o Anteprojeto coincide, em parte, com os modelos suíço e italiano, no que tange à unificação das obrigações, a sua ordenação da matéria obedece a orientação própria inconfundível, vinculada às mais gloriosas tradições do nosso Direito" (in *Diário do Congresso Nacional*, Seção I, Suplemento, setembro de 1975, p. 12).

38. "Por outro lado, firme consciência ética da realidade sócio-econômica norteia a revisão das regras gerais sobre a formação dos contratos e a garantia de sua execução eqüitativa, bem como as regras sobre a resolução dos negócios jurídicos, em virtude da onerosidade excessiva, às quais se reportam, dando a medida do propósito de conferir aos contratos estrutura e finalidades sociais. É um dos tantos exemplos da 'sociabilidade do Direito'" (idem, ibidem).

39. "(...) c) tornar explícito, como princípio condicionador de todo processo hermenêutico, que a liberdade deverá estar em consonância com os fins sociais do contrato, implicando os valores primordiais da boa-fé e da probidade. Trata-se de preceito fundamental, dispensável talvez sob o enfoque de uma estreita compreensão positiva do Direito, mas essencial à adequação das normas jurídicas particulares à concreção ética da experiência jurídica" (idem, ibidem).

40. Art. 426 do Projeto 118/84: "A proposta de contrato obriga o proponente se o contrário não resultar dos termos dela, da natureza do negócio, ou das circunstâncias do caso".

41. Art. 420 do Projeto: "A liberdade de contratar será exercida em razão e nos limites da função social do contrato".

42. Art. 421 do Projeto: "Os contratantes são obrigados a guardar, assim na conclusão do contrato, como em sua execução, os princípios de probidade e boa-fé".

672 A TEORIA DA IMPREVISÃO NO DIREITO CIVIL E NO PROCESSO CIVIL

Diretamente dos bastidores da elaboração da nova lei substantiva civil, José Paulo Cavalcanti[43] traz uma informação histórica: para a presidência da Comissão foi indicado, primeiramente, como unanimidade nacional, o nome de Pontes de Miranda, substituído posteriormente pelo de Miguel Reale.

Na análise a que se procederá em seguida, por simples confronto, fica comprovado que, com pequenos acréscimos, supressões, topologia ou sinonímia, o Projeto brasileiro se serviu fartamente das disposições do Código Civil Italiano de 1942 no que diz respeito à *excessiva onerosidade* – essência da imprevisão naquele ordenamento jurídico –, inovando apenas na inclusão da *extrema vantagem* e, felizmente, não excluindo os pactos aleatórios, como fez a legislação copiada. Acrescente-se que também as disposições dos anteriores Códigos das Obrigações foram aproveitadas. Conforme se verá, a teoria da imprevisão na legislação italiana foi admitida em caráter restritivo, o que, por si só, avaliza de pronto qualquer crítica. Não representa o que de melhor existe sobre a questão. É de se lamentar que, depois de tanto tempo de existência nômade, ora aceita, ora execrada pela doutrina e jurisprudência de todo o mundo, a incorporação definitiva de um princípio com a reconhecida relevância da imprevisão no Direito Italiano não tenha evitado injustiças e equívocos de forma e conteúdo tão primários. Equívocos que as legislações que dela se valeram – como a nossa e também a argentina –, descuidadamente, infelizmente, repetiram.

Observa-se que, pelas disposições legais sobre a imprevisão constantes do futuro Código Civil, ao regular a matéria, a solução normativa é a primeira a convalidar o enriquecimento sem causa do devedor. A iniqüidade da solução não pode prevalecer, sob pena de condenável desvio de fim na aplicação de um princípio com a importância ímpar que se empresta à doutrina de exceção. Tentando reparar injustiças, impropriedades e falta de apuro técnico, ao final desta pesquisa são apresentadas sugestões legislativas de modificação dos arts. 478, 479 e 480 (Anexo 34.9). As sugestões, além de procurar fundir a *excessiva onerosidade/extrema vantagem* com a *alteração das circunstâncias* (art. 437º do CC Português), na tentativa de construção de uma base

---

43. "Iniciando a exposição oral na Faculdade de Direito da Universidade Católica de Pernambuco, em 13.9.1984, contrariamente à substituição do Código Civil em vigor, objeto do atual Projeto de Código Civil (Projeto n. 118/84), dissemos que o comando dos trabalhos de revisão do Código Civil deveria ter sido de Pontes de Miranda, segundo opinião nacional; que não silenciáramos diante da preterição de Pontes de Miranda, que terá amargurado os derradeiros anos de uma vida justamente gloriosa" (*Tridimensionalidade e Outros Erros*, p. 7).

A TEORIA DA IMPREVISÃO NO NOVO CÓDIGO CIVIL

mais sólida para o princípio, procuraram disciplinar a tramitação processual dos pedidos revisionais, ou mesmo de resoluções, com a inclusão da indenização como forma de obstar ao enriquecimento sem causa de uma das partes sempre que a extinção apresentar efeitos prejudiciais a uma delas, em pactos que poderiam ou não ter sido revisados ou naqueles em que a supressão da base de contratação trouxer prejuízos. A constatação fática da possibilidade de revisão inaproveitada – como também a lesão advinda do desaparecimento do alicerce do pacto – será tarefa do julgador, que, diante do caso concreto, deverá ter possibilidade de determinar que a parte beneficiada sem qualquer justificativa indenize a outra, em pactos ainda por cumprir, truncados em seu regular desenvolvimento.

Os mencionados artigos do novo Código são apreciados criticamente a seguir, com destaque para seus defeitos extrínsecos e intrínsecos bem como para seus pontos positivos. É imperioso denunciar que, da forma como estão redigidos, para a verdadeira doutrina da imprevisão são absolutamente imprestáveis. Contudo, fica o registro: a despeito de seus irreparáveis defeitos congênitos, o texto de integração da imprevisibilidade no nosso direito positivo vale pela iniciativa, embora com algum atraso. Seu aperfeiçoamento será apenas questão de tempo – tarefa da qual, como sempre, há de se encarregar a doutrina.

28.1 Legislação comparada

28.2 O art. 477

CÓDIGO CIVIL ITALIANO (1942)	NOVO CÓDIGO CIVIL BRASILEIRO
Art. 1.467. Nos contratos de execução continuada ou periódica ou de execução diferida, se a prestação de uma das partes se tornou excessivamente onerosa pela verificação de acontecimentos extraordinários ou imprevisíveis, a parte que deve tal prestação pode pedir a resolução do contrato, com os efeitos estabelecidos no art. 1.458.	**Art. 478.** Nos contratos de execução continuada ou diferida, se a prestação de uma das partes se tornar excessivamente onerosa, com extrema vantagem para a outra, em virtude de acontecimentos extraordinários e imprevisíveis, poderá o devedor pedir a resolução do contrato. Os efeitos da sentença que a decretar retroagirão à data da citação.
A resolução não pode ser pedida se a onerosidade superveniente entra na álea normal do contrato.	
A parte contra a qual é pedida a resolução pode evitá-la oferecendo modificar eqüitativamente as condições do contrato.	

674 A TEORIA DA IMPREVISÃO NO DIREITO CIVIL E NO PROCESSO CIVIL

CÓDIGO CIVIL ITALIANO (1942)	NOVO CÓDIGO CIVIL BRASILEIRO
Art. 1.468. Na hipótese prevista pelo artigo precedente, se se trata de um contrato no qual só uma das partes assumiu obrigações, esta pode requerer uma redução da sua prestação ou uma modificação nas modalidades de execução, suficientes para reconduzir à eqüidade.	**Art. 479.** A resolução poderá ser evitada oferecendo-se o réu a modificar eqüitativamente as condições do contrato.
Art. 1.469. As normas dos artigos precedentes não se aplicam aos contratos aleatórios por sua natureza ou por vontade das partes.[44]	**Art. 480.** Se no contrato as obrigações couberem a apenas uma das partes, poderá ela pleitear que a sua prestação seja reduzida, ou alterado o modo de executá-la a fim de evitar a onerosidade excessiva.[45]

Ao introduzir a teoria da imprevisão no nosso direito positivo dispôs o art. 478 do futuro Código Civil Brasileiro:

"Art. 478. Nos contratos de execução continuada ou diferida, se a prestação de uma das partes se tornar excessivamente onerosa, com extrema vantagem para a outra, em virtude de acontecimentos extraordinários e imprevisíveis, poderá o devedor pedir a resolução do contrato. Os efeitos da sentença que a decretar retroagirão à data da citação."

A primeira observação crítica que se faz é de natureza formal. Talvez até pudesse permanecer o dispositivo que abre o tema sem este reparo, repetição que é da legislação italiana sobre a matéria (copiou-se a mesma redundância que lá estava), não fora a ênfase com que, na Exposição de Motivos, o Relator apresentou o "problema da linguagem" no Código, pretendendo deixar expressa a idéia de que ela mereceu tratamento especial e em nenhum momento seu apuro lingüístico foi descuidado. Infelizmente, não é esta a verdade. Registre-se que o professor Miguel Reale[46] foi categórico ao destacar que a "beleza

---

44. Arts. 1.467-1.469 do Código Civil Italiano de 1942, trad. de Adriano Paes Vaz Serra, "Resolução ou modificação dos contratos por alteração das circunstâncias", "Separata" do *Boletim do Ministério da Justiça* (Coimbra) 69, p. 6.

45. Arts. 478-480 do novo Código Civil (resultante do Projeto 118/84).

46. "O problema da linguagem é inseparável do conteúdo essencial daquilo que se quer comunicar, quando não se visa apenas a informar, mas também a fornecer mo-

A TEORIA DA IMPREVISÃO NO NOVO CÓDIGO CIVIL   675

formal dos preceitos" não deveria prejudicar a "clareza e a precisão
do enunciado". O texto legal é passível de vários reparos de forma e
conteúdo, conforme se verá a seguir.

1º. *Linguagem sem apuro técnico*: o art. 477 (cópia do art. 1.467
do CC Italiano) apresenta redundância inadmissível (embora não tão
grave como a que consta do art. 1.569, n. I[47]) quando fala em "acontecimentos extraordinários e imprevisíveis". É elementar que *imprevisível* é aquele fato que se situa além das fronteiras em que se desenrolam os acontecimentos normais, comuns, ordinários – portanto, fora
de qualquer previsão possível. Ao buscarmos o conceito de *extraordinário*, até etimologicamente temos que aceitar como tudo aquilo que
gravita fora da órbita do que é ordinário – portanto, imprevisível. Então, se *acontecimento imprevisível* significa não-previsível, não ordinário, incomum, *extraordinário*, não há como fugir à evidência gri-
tante de que *extraordinário* quer dizer não-ordinário, não-previsível,
incomum – portanto, *imprevisível*. Donde a equivalência dos termos e
sua conseqüente redundância. Inaceitável, sob todos os aspectos. Em
nome de elementar tecnicidade, urge sua reformulação. Em qualquer
texto literário, de pouca ou muita importância, onde a linguagem é plu-
rívoca a falha já seria grave e passível de reparos. Com maior razão o
será no manuseio da linguagem formal, unívoca, em suma, de um Código Civil. Assim, em um contexto técnico, dentro da nobreza de uma
lei, no âmago de um novo diploma legal que se encontra em gestação
há mais de 25 anos, é francamente inaceitável. A redundância evidencia de forma indiscutível a pouca estima para com o vernáculo, a despeito do tão decantado "cuidado especial" referido pelo professor Reale. Antes de ser tida como simples observação ou preocupação menor
com filigranas de linguagem, a denúncia deve ser registrada, ao menos, como falta de precaução técnica no transplante de irregularidade
formal alienígena; ou, quando não, como demonstração de pouco caso
para com o mais importante instrumento de transmissão do pensamento, que é a linguagem. Ademais, arremate-se: no texto não há que se
falar em "beleza formal dos preceitos" que, levada a extremos retóri-

---

delos e diretivas de ação. A linguagem de um Código não se dirige a meros espectado-
res, mas se destina antes aos protagonistas prováveis da conduta reguladora. Como o
comportamento deles importará sanções premiais ou punitivas, mister é que a beleza formal dos preceitos não comprometa a clareza e precisão daquilo que se enuncia e se exige" (in *Diário do Congresso Nacional*, Seção I, Suplemento, setembro de 1975, p. 12).

47. Art. 1.569 do novo Código Civil: "São deveres de ambos os cônjuges: I –
fidelidade recíproca".

676   A TEORIA DA IMPREVISÃO NO DIREITO CIVIL E NO PROCESSO CIVIL

cos e dialéticos, pudesse trazer falta de "clareza e precisão ao enuncia-do". A redundância situa-se muito aquém de qualquer "beleza formal". Pelo simples confronto dos textos legais constata-se de forma indiscutível que a fonte do art. 478 foi o art. 1.467 do Código Civil Italiano. Acrescente-se que no mesmo escasso apreço para com o vernáculo incidiu também o Código Civil Argentino, em seu art. 1.198,[48] como resultado do Terceiro Congresso Nacional de Direito Civil, em Córdoba, em 1961. Um texto legal não deve conter ambiguidades nem redundâncias. O texto que ora se analisa e se critica não obedeceu a estas determinações. Também a incorporação do princípio ao direito positivo argentino foi contaminada pela mesma falha, tendo o legislador platino, com toda a certeza, bebido da mesma fonte. Como referido, a incúria não foi somente do legislador italiano e do nosso.

Sobre o tema Vaz Serra[49] também se manifestou.

Explicou José de Aguiar Dias[50] que a exigência de conjugação de imprevisibilidade e excepcionalidade encerra uma redundância, pois os conceitos de *acontecimento imprevisível* e de *acontecimento extraordinário* são coincidentes, como são coincidentes os conceitos de *previsível* e de *ordinário*.

É válido salientar que o descuido constante do artigo mencionado não passou despercebido aos estudiosos da questão por ocasião da análise dos aspectos formal e de conteúdo do Projeto 118/84. Quantos se dedicaram ao exame do futuro texto legal registraram, negativamente, a falta de apuro da linguagem.

Em conclusão, não se admite a redundância denunciada – mesmo que copiada (ou principalmente por este motivo) – uma vez que a linguagem dos textos legais exige univocidade. Acontecimentos "extraordinários e imprevisíveis" retrata cópia pouco diligente e irrefletida.

---

48. "Art. 1.198. Los contractos deben celebrarse, interpretarse y ejecutarse de buena-fe y de acuerdo con lo que verosímilmente las partes entendieron o pudieron entender, obrando con cuidado y previsión.

"En los contractos bilaterales, onerosos y conmutativos de ejecución diferida o continuada, si la prestación a cargo de una de las partes se tornar excesivamente onerosa, por los acontecimientos extraordinarios e imprevisibles, la parte perjudicada podrá demandar la resolución del contrato."

49. "A expressão 'acontecimentos extraordinários e imprevisíveis' (art. 1.467 do Código Italiano) poderia ser substituída por 'acontecimentos imprevisíveis', visto que se o acontecimento é imprevisível é também extraordinário" ("Separata" do *Boletim do Ministério da Justiça* (Coimbra) 68).

50. "A eqüidade e o poder do juiz", *RF* 164/76.

A TEORIA DA IMPREVISÃO NO NOVO CÓDIGO CIVIL   677

Não é porque se encontra no Código Civil Italiano que deva ser considerado paradigma de correção. O texto ficaria mais elegante e, principalmente, mais correto (embora seu conteúdo também deixe bastante a desejar) se apenas um dos termos tivesse sido empregado.

Esta primeira apreciação sobre a linguagem utilizada pelo novo Código poderia, à primeira vista, parecer destituída de grande importância. Entretanto, vícios de forma, estilo e gramática tão primários – que um mínimo de atenção ou a assistência de um revisor com elementar conhecimento da língua teriam evitado – são absolutamente condenáveis e, por isso, inaceitáveis.

Oportuno é o registro: não se pense que há pioneirismo nesta denúncia. Os reparos feitos aos descuidos com a linguagem do texto legal aqui registrados, a rigor, não representam novidade. Perplexidade e constrangimento já haviam sido manifestados de forma bem mais completa, contundente e com riqueza de detalhes no ano de 1983 (há mais de 18 anos, portanto), na Câmara Federal, pelo deputado Brígido Tinoco.[51]

Embora sem qualquer resultado prático, a pouca importância dada ao emprego da Língua Portuguesa foi execrada no Relatório da Comissão Revisora, encarregada da Parte Especial do Projeto, em uma das Casas do Congresso Nacional.

Entre os aspectos que mereceram atenção especial da Comissão destacou-se o vernáculo, na condição de veículo destinado à transmissão de mensagem direta e objetiva, então enfatizado pelo Relator, em

---

51. Disse o deputado: "É também lamentável o aspecto lingüístico do Projeto, embora decantado pelo professor Miguel Reale, cujo saber colocamos em lugar imaculado. Não se trata somente (fora as exceções) do errôneo emprego da letra maiúscula após dois pontos, nem da indesejável aplicação do futuro nas frases de sentido impositivo. Hoje, a Gramática é mais exigente que a do tempo de Rui. Entretanto, além das dissonâncias e frases sibilantes, pululam nos textos do Código projetado cacófatos, ecos, neologismos e parequemas. São figuras gramaticais não consideradas devidamente à época de Rui. A chamada metonímia inunda o Projeto, de vez que os sujeitos são usados no plural sem necessidade. Há artigos de feição acaciana, que agridem o óbvio, a evidência: um, exige de ambos os cônjuges fidelidade recíproca; outro, alude à pessoa que tenha contraído matrimônio com outrem. É horrível, igualmente, encontrar no corpo da obra aclives penosos como estes: 'que dela' (art. 21); 'ressarcimento de enriquecimento' (item IV do art. 20); 'o agente terá' (art. 72); 'técnica já' (parágrafo único do art. 80). Num texto aparece o objeto indireto pronominal 'lhe', referindo-se à pessoa, faltando o objeto direto 'o', que se refere à coisa, isto é, ao crédito (art. 293); noutro, o pronome 'o' deve substituir a combinação com o artigo que governa a frase (art. 277, item II)" ("Relatório sobre a Parte Geral do Projeto n. 118/84, do Novo Código Civil", *Diário do Congresso Nacional*, Suplemento, 14.9.1983, p. 599).

678   A TEORIA DA IMPREVISÃO NO DIREITO CIVIL E NO PROCESSO CIVIL

14.9.1983. O parlamentar mal podia imaginar que no ano seguinte a mesma Casa de Leis iria aprovar mais de 2.000 artigos sem ao menos dicuti-los, apenas por *voto de liderança*, em desprezo total não só ao vernáculo, mas a disposições constitucionais expressas, como denunciado. Se, impunemente, é possível transgredir o *mais*, por que não o *menos*?

2º. *Inversão de raciocínio lógico*: observa-se, ainda no plano formal, que o artigo em pauta (art. 478) peca pela inversão de princípios que norteiam o desenvolvimento de elementar raciocínio lógico. Parte do *efeito* para a *causa*, quando o correto seria o inverso, já que o primeiro não existe sem a segunda. Assim, ao dizer "se a prestação de uma das partes se tornar excessivamente onerosa, (...) em virtude de acontecimentos extraordinários e imprevisíveis", em autêntica construção camoniana, subversiona o princípio da *causa* e *efeito*, uma vez que é necessário que primeiro ocorram os eventos anormais (*causa*) para que, em decorrência, resulte ou não a onerosidade excessiva (*efeito*). Fundamental seria primeiro definir o princípio informador da revisão ou resolução contratual, depois seus reflexos. Não o inverso. Indispensável era o ordenamento objetivo das idéias, buscando transmitir corretamente a mensagem. Infelizmente, não houve, também aqui, preocupação alguma com o estilo. Por tal motivo, não pode ele ser chamado dos mais apurados. Injustificadamente deixou de lado a melhor técnica, esquecendo-se do propalado "rigor formal e apuro lingüístico".

Embora de total obviedade, porque implícita, foi correta sua circunscrição aos contratos de execução continuada ou diferida como único solo em que a imprevisibilidade pode germinar.

Destaque-se como preocupação louvável, de natureza positiva, a inclusão da expressão "extrema vantagem". É importante esclarecer que sua extensão é bastante ampla, não se fixando apenas no campo pecuniário. Neste passo, uma vantagem extremada para uma das partes (credor) e, por outro lado, uma onerosidade excessiva para a outra (devedor), mesmo no plano não-econômico, desequilibram sensivelmente o fiel-da-balança comutativa. Neste contexto, consigne-se de imediato não ser possível a aceitação isolada destes elementos para a aplicação da doutrina. Objetivamente: são necessárias as presenças tanto da *onerosidade exacerbada* como da *extrema vantagem, simultaneamente*. À luz do art. 478 não se pode cogitar da possibilidade de aceitação de ocorrência de apenas uma das exigências. Embora o dispositivo não o diga expressamente, a concomitância é indispensável.

A TEORIA DA IMPREVISÃO NO NOVO CÓDIGO CIVIL 679

3º. *Expressão contraditória*: um outro reparo (primeiramente de forma, e depois de conteúdo, mas com profundos reflexos na essência do princípio) deve ser dirigido à expressão "se a prestação de uma das partes se tornar excessivamente onerosa". A frase "uma das partes", no contexto, é inteiramente destituída de qualquer sentido, uma vez que a única prestação que se pode tornar "excessivamente onerosa" é a do devedor, não se justificando a referência legal às "partes". É perfeitamente dispensável insistir em que, no campo operacional, a simples referência à onerosidade, de pronto, exclui o credor. Ônus é atributo indissociável da figura do devedor da prestação, jamais atribuível ao credor. Com este caráter reducionista (em negação inaceitável do valor bilateral da justiça), o dispositivo legal deixa claro que só o devedor tem direito ao *remedium iuris* da imprevisão – o que, por se constituir em uma aberração jurídica, deve ser condenado. Quando o art. 478 fala em "prestação excessivamente onerosa" está, aprioristicamente, negando ao credor a possibilidade de se valer do benefício. Só se pode discordar desta parcialidade legislativa.

Os artigos que integram o princípio de exceção ao nosso direito positivo não fazem a menor justiça à relevância e ao valor da doutrina, que, infelizmente, não recebeu do nosso legislador o tratamento merecido, como nos ordenamentos jurídicos mais avançados, deslustrando, neste aspecto, nossa tradição jurídica.

4º. *Negação do valor bilateral da justiça*: quanto à crítica de conteúdo do art. 478 – já referida anteriormente, *"en passant –*, o maior pecado cometido pelo nosso legislador ao se servir *ipsis litteris* do texto italiano foi o de aceitar, sem reparos, a *injustificável restrição* que o mesmo contém, discutida rapidamente no item anterior. No transplantar aquelas disposições para o Projeto que deu origem ao novo Código Civil, a mesma contradição expressa, existente na legislação italiana, foi lançada em nosso solo. Ao dizer "se a prestação de *uma das partes* se tornar excessivamente onerosa", em menos de uma dúzia de palavras *incluiu* e *excluiu o credor*, cometendo incoerência injustificável. Quando falou em "partes", obviamente, estava tratando do *devedor* e do *credor*. Em seguida, ao se referir à "prestação excessivamente onerosa", de imediato deixou de fora o credor, porque sua prestação (ou contraprestação) jamais poderá se tornar onerosa, quanto mais excessivamente onerosa. Repita-se, pela importância: *"ônus" é encargo exclusivamente do devedor*, nunca do credor. E, se alguma dúvida ainda subsistisse, a expressão "poderá o *devedor* pedir a resolução do contrato", que fecha o artigo, liquidaria a questão. Pelo texto

680 A TEORIA DA IMPREVISÃO NO DIREITO CIVIL E NO PROCESSO CIVIL

legal o credor *jamais poderá pedir a resolução do contrato, porque a norma legal o excluiu*; muito menos *revisão*.

Como postulado jurídico, a segurança contratual deverá ser sempre um valor bilateral. Tanto é condenável cuidar-se só do interesse do devedor como apenas do direito do credor. Entre nossos juristas o entendimento de que a justiça é um valor bilateral a ser preservado e mantido a qualquer custo é bastante antigo. Já no longínquo ano de 1938, em voto constante de acórdão pioneiro do Supremo Tribunal Federal de aceitação da teoria da imprevisão, notabilizou-se, por seu equilíbrio e segurança, o Min. Eduardo Espínola,[52] ao proferir voto em que tanto o devedor como o credor da obrigação estavam autorizados a fazer uso da doutrina da imprevisibilidade.

Destaque-se que, de forma expressa, a opção do legislador brasileiro foi pela teoria da lesão superveniente (Frei Francisco Mantica), o que se constata no corolário lógico-jurídico da onerosidade superlativa ou, ainda, na desproporção entre prestação e contraprestação. Pretendendo equilibrar o pacto, o texto acabou por estabelecer o desequilíbrio. Na injustificável e condenável distinção legal do artigo analisado fica estreme de qualquer dúvida que o único direito a ser protegido será sempre o do devedor, como se só ele pudesse ser afetado pelo evento imprevisível e, em decorrência, ver-se a braços com uma lesão virtual. O desafinado acorde deferiu apenas a ele o direito de pedir revisão ou resolução do pacto. Parcialidade normativa tanto injusta quanto maléfica, visto que trai, condenavelmente, o espírito da verdadeira imprevisibilidade, que, por se constituir em remédio jurídico de exceção, deve estar à disposição das partes contratantes, como consta de legislações mais atentas e preocupadas, acima de tudo, com a juri-

---

52. "(...) podemos dizer que uma disposição do nosso Código Civil há que, embora não consagre a teoria da imprevisibilidade, admite, de alguma maneira, a cláusula *rebus sic stantibus*, ou uma modalidade desta cláusula. É o art. 954, quando, depois de dizer que ao credor assistirá o direito de cobrar a dívida antes de vencido o prazo estipulado no contrato, ou marcado neste Código, se, executado o devedor, se abrir concurso creditório e se os bens hipotecados, empenhados, ou dados em anticrese, forem penhorados em execução por outro credor, declara que o mesmo se verificará se cessarem ou tornarem insuficientes as garantias do débito, fidejussórias ou reais, e o devedor, intimado, se negar a reforçá-las. De sorte que aí se trata de atender à mudança de situação do devedor, para alterar o que foi convencionado. O credor na ocasião em que se celebrou o contrato hipotecário aceitou as garantias que lhe eram fornecidas, por serem elas suficientes; entretanto, mudando as condições posteriormente, essas mesmas garantias já não satisfazem, porque perderam o seu valor. Nessa hipótese, o Código permite que o credor rescinda ou execute o contrato ou ainda que exija novas garantias" (voto do Min. Eduardo Espínola no acórdão do STF em recurso extraordinário de 5.1.1938, *RF* 77/79-85).

A TEORIA DA IMPREVISÃO NO NOVO CÓDIGO CIVIL   681

dicidade. Entre outros efeitos, em sentido amplo, com esta injustiça o dispositivo em apreço feriu mortalmente o princípio da isonomia constitucional; em sentido estrito, os de natureza processual, como o que dispõe o art. 125, I, do Código de Processo Civil,[53] em que a igualdade de tratamento às partes litigantes é expressamente assegurada.

Nestas circunstâncias – indaga-se –, como aplicar tratamento isonômico constitucional se o direito material fecha definitivamente as portas ao exercício da ação, com vistas à adequação ou extinção do contrato, quando o agente passivo da lesão virtual for o credor? Se "a todo direito corresponde uma ação, que o assegura" (art. 75 do CC), diante do dispositivo legal discutido (art. 478) ele não vigora, reduzido que foi apenas ao direito do devedor. Em caráter definitivo, legislativamente restou negada ao credor a via de acesso à ação revisional como decorrência óbvia da impossibilidade resultante da existência de excessiva onerosidade para si, a justificar uma possível dificuldade de adimplemento. Ficou claro, então, que à luz do art. 478 *não há direito de ação para o credor*. E a mesma restrição – como mencionado – também se encontra no já citado *artigo 1.198 do Código Civil Argentino*, que prescreveu: "(...) si la prestación a cargo de una de las partes se tornar excesivamente onerosa (...)". Esse "una de las partes", por certo, não incluiu o credor, que nunca terá sua prestação *exacerbada por ônus*, conforme discutido.

Exemplo clássico de lesão virtual para o credor poderia ser buscado em um *contrato de promessa de doação*. Se a alteração anormal da base contratual trouxer profunda depreciação ou aviltamento da prestação prometida, o direito de ação do credor para recompô-la será inarredável. Advirta-se que não se poderá rotular de lesão subjetiva qualquer alteração da base contratual. É indispensável que a mudança se traduza em profunda transformação da verdadeira economia contratual, com prejuízos certos se ele adimplir o pacto, por meio do recebimento. Ao credor então atingido pela mudança, na iminência da lesão, não interessará recebê-la daquela forma. Por outro lado, no contexto do art. 478 do futuro Código é imperioso reconhecer que para a outra parte, embora devedora, terá havido uma "extrema vantagem" como resultado da mudança trazida pela depreciação, motivo por que deve ser convocada a juízo para recompor a desvalorização ou aviltamento do objeto da prestação. É elementar que se, para a entrega do

---

53. "Art. 125. O juiz dirigirá o processo conforme as disposições deste Código, competindo-lhe: I – assegurar às partes igualdade de tratamento; (...)."

682 A TEORIA DA IMPREVISÃO NO DIREITO CIVIL E NO PROCESSO CIVIL

objeto da promessa de doação futura, o doador iria despender "x", com a depreciação desembolsará "x menos y". O inverso poderá acontecer também, caso a entrega da prestação futura dependa de moeda estrangeira que, como ocorreu em janeiro de 1999, sofra uma maxidesvalorização. Aqui, a desvantagem será do doador, que também poderá pedir revisão por alteração da base contratual. Entretanto, o ponto mais importante ainda não é este. A essência da injustiça inserida no âmago do artigo em destaque assenta-se na *lesão*. A constatação segura da possibilidade de ocorrência da lesão – e só ela – deverá ser o caráter distintivo e definitivo para a concessão ou não da revisão ou resolução. Quem começou falando em *partes* foi a própria lei. E, se ela assim iniciou o dispositivo, vedado lhe era cuidar, em seguida, apenas do interesse de *uma delas* (devedor), deixando a *outra* (credor) totalmente ao desamparo, negando-lhe aprioristicamente o acesso à Justiça, em condenável subversão da eqüidade que orienta não só o tratamento a ser dado pelo Poder Judiciário às partes, como também o espírito da doutrina da imprevisibilidade e, de resto, da própria isonomia constitucional.

Luís Alberto de Carvalho Fernandes,[54] ainda com base nas disposições do Código Civil Português de 1866, analisou a questão com segurança.

E a solução para tão grave injustiça se afigura de uma simplicidade indiscutível: iminente a afetação profunda do direito do credor, presentes os pressupostos de admissibilidade, lícito lhe será valer-se da teoria da imprevisão; caso contrário, não. Curiosamente, não era outra a posição majoritária da doutrina portuguesa às vésperas do advento do Código Civil em vigor (1966). Com a entrada do novo diploma legal a questão restou pacificada apenas com o emprego da expressão constante do art. 437º: "tem a parte lesada direito à resolução do contrato, ou à modificação".[55] Anote-se, por oportuno, que a expressão

54. "Quanto à posição do credor, importa saber se ele poderá reagir contra a diminuição do valor da prestação. Quando essa diminuição representa apenas uma maior facilidade em cumprir, que não afecte o interesse do credor, são válidas a argumentação e a solução atrás dadas, não podendo, portanto, invocar em seu favor a teoria da imprevisão. Se ele é afectado por essa alteração, vale então plenamente o argumento que se tira do regime definido nos arts. 1.516 e 1.530. Ou seja, terá neste caso o credor o direito de invocar a imprevisão" ("A teoria da imprevisão no direito civil português", *Boletim do Ministério da Justiça* (Coimbra) 128/142).

55. "Art. 437º. Se as circunstâncias em que as partes fundaram a decisão de contratar tiverem sofrido uma alteração anormal, tem a parte lesada direito à resolução do contrato, ou à modificação dele segundo juízos de eqüidade, desde que a exigência das

A TEORIA DA IMPREVISÃO NO NOVO CÓDIGO CIVIL   683

"parte lesada", conquanto mais abrangente do que a do nosso art. 478 (inclui devedor e credor), também peca pela falta de rigor técnico e, principalmente, de correlação fática. O mais correto seria ter dito "parte em vias de ser lesada", tão-somente porque se trata de um dano de natureza subjetiva (a se efetivar), e não objetiva (já concretizada). No que se refere ao direito das partes o texto legal não admite dúvidas: "parte lesada" poderá ser tanto o *devedor* como o *credor*. Por esta razão critica-se o dispositivo nacional, que, depois de falar, corretamente, em *partes*, sem qualquer justificativa termina por estender o benefício a apenas uma delas (devedor), ao falar em *excessiva onerosidade*, que não tem qualquer relação com o credor. Contudo, alguns juristas discordam da crítica. Examinando os contratos à luz da legislação portuguesa – de onde extraiu artigo expresso –, mas esquecendo-se de que o Direito é um valor bilateral, como ensinaram os juristas argentinos Spota e Quinteros (v. Título I, Capítulo III, nota de rodapé 32), a ser colocado de igual forma a serviço tanto do credor como do devedor, o jurista Rocha de Gouveia[56] posicionou-se contra a extensão do benefício ao credor quando na condição de parte virtualmente prejudicada.

Idêntica preocupação foi objeto das considerações de Roberto Tello, com a conclusão de que o credor também é parte e tem direito ao benefício excepcional: "Hay casos en que la imprevisión es alegada en beneficio del acreedor (desvalorización monetaria), porque las circunstancias van a colocarlo en una situación de absoluta inferioridad frente al deudor. La imprevisión no es pedida para favorecer a una sola clase de contratantes; ella tiene por fin el equilibrio de las partes".[57]

Dando ênfase ao valor bilateral da justiça, depois de discorrer sobre o princípio e concluir que ninguém pode se locupletar às custas de outrem, um dos maiores revisionistas, Jair Lins,[58] indagou se, tendo

---

obrigações por ela assumidas afecte gravemente os princípios da boa-fé e não esteja coberta pelos riscos próprios do contrato."

56. "Se quem se beneficia com o contrato gratuito é o credor, é óbvio que não pode queixar-se da diminuição de valor da prestação a que tem direito, até porque, impossibilitando-se a prestação nos termos do art. 705 do Código Civil (diminuição total de valor), nada recebe: se a lei proíbe o credor de reagir contra a impossibilidade superveniente da prestação, logicamente, também o proíbe de reagir contra a simples diminuição superveniente do seu valor" ("Da teoria da imprevisão nos contratos civis *Revista da Faculdade de Direito de Lisboa*, Suplemento, 1958, p. 44).

57. *La Teoría de la Imprevisión en los Contratos de Derecho Público*, p. 92.

58. "Em casos como este, opera em favor do vendedor a cláusula *rebus sic stantibus*, que se presume tacitamente inserta em todos os contratos, assim como operaria

684 A TEORIA DA IMPREVISÃO NO DIREITO CIVIL E NO PROCESSO CIVIL

conhecimento prévio da alteração profunda da base econômica do contrato, as partes ainda assim o teriam assinado.

O cuidado com a isonomia constitucional não pode ser relegado a plano secundário, sob pena de proscrição de princípios secularmente sedimentados pela melhor doutrina e jurisprudência, em todo o mundo. À luz dos mais elementares princípios de eqüidade, isto é indiscutível: em situações idênticas, diante da lesão iminente, devedor e credor devem merecer – e receber – da lei o mesmo tratamento. Infelizmente, pela porta estreita e exclusivista do art. 478 o credor não encontrará passagem. Ela foi construída de forma a permitir apenas o trânsito do devedor.

5º. *"Caput" do artigo. Resolução com exclusão da revisão*: ainda no campo da má técnica legislativa, o artigo em pauta faz uma exclusão sem qualquer base lógica, técnica ou, mesmo, apoiada em elementar bom senso. Trata apenas da *resolução*. Deixa para o art. 479 a *revisão*, evidenciando lamentável falta de apuro técnico. Tais artigos acabaram por criar autênticas situações de condenável surrealismo jurídico.

Por tal prisma, levantado para o credor (art. 478) um obstáculo intransponível caso pretenda a resolução do contrato, *vedado lhe ficará também pleitear sua revisão*. Para tanto teria de ir a juízo a fim de chamar oficialmente o devedor da prestação para discussão das novas condições da alteração pretendida ou, como diz o texto legal, tentar obter sua "mudança eqüitativa". Mas como exercitar qualquer pedido de *revisão* se lhe foi negado o principal, que é a pretensão de direito material? De que forma, se esta só foi deferida ao devedor, embora ele, credor, também seja parte no contrato? Infeliz e lamentável a redação do art. 478. A adoção do modelo italiano em nada deve ser louvada. Na própria Itália há muito se fala com insistência em *revisão da excessiva onerosidade*, exatamente por sua natureza restritiva (proibição ao credor de exercício da ação e de aplicação aos pactos aleatórios), ignorando elementares princípios de justiça comutativa. Em breve os artigos que serviram de base ao nosso diploma legal hão de passar por modificações mais condizentes com a realidade vigente, perdendo todo o sentido a utilização de um modelo que já nasceu incorreto, pela injustiça explícita, porque marcado pela parcialidade. Quanto a nós, que o copiamos, teremos de proceder a uma revisão de artigos constantes de um Código Civil ainda "cheirando a tinta".

---

em benefício do comprador, se o reverso da medalha se fizesse mostrar. 'Nemo locupletari potest cum aliena jactura'" ("A cláusula *rebus sic stantibus*", *RF* 55/512).

A TEORIA DA IMPREVISÃO NO NOVO CÓDIGO CIVIL   685

6º. *Fusão da lesão subjetiva com a objetiva*: um outro aspecto merece análise. O art. 478 diz: "se a prestação de uma das partes se tornar excessivamente onerosa, com extrema vantagem para a outra". Trata a lei, neste contexto, de situações diversas: *objetiva* e *virtual*. Não existem na hipótese do dispositivo, ainda, lesão objetiva para o devedor, mas apenas ameaça, decorrente da *excessiva onerosidade* (situação objetiva), nem *vantagem exacerbada para o credor* (situação subjetiva), apenas sua possibilidade, *no plano virtual*. Se o devedor cumprir a obrigação, a despeito da profunda e irreversível alteração constatada – de caráter objetivo –, o que se terá será apenas o adimplemento do pacto, não passível de questionamentos, seja pelo ônus excessivo de um lado, ou vantagem desmedida, do outro. Se, no plano objetivo, o adimplemento se efetivou não cabem discussões sobre alteração por acontecimento imprevisível. É quase desnecessário dizer que tais questionamentos só teriam sentido antes de vencida a prestação alterada pela imprevisibilidade, isto é, seu cabimento só vigoraria em um contexto: antes de consumada a lesão objetiva. Uma vez vencida e cumprida a obrigação (mesmo excessivamente onerosa e com desmedida vantagem) – já foi dito – não mais seriam admissíveis quaisquer discussões, *ex vi* do adimplemento contratual. Se ela vencer e não for satisfeita, mesmo existente a alteração anormal da base contratual por evento imprevisível, presentes todos os pressupostos de admissibilidade da doutrina de exceção, ao prejudicado pela excessiva onerosidade nada mais restará a fazer, uma vez que, a reger a espécie, aplicável seria a máxima romana "dormientibus non succurrit ius". Paralelamente, também não se discutirá a extrema vantagem da outra parte. Então, se tanto os aspectos negativo, para o devedor, e positivo, para o credor, ainda não se consumaram é somente porque se trata de hipóteses (lesão e vantagem) virtuais, isto é, conseqüências que ocorrerão se o devedor cumprir ou deixar de cumprir sua obrigação, sem intervenção do Judiciário. Em tais circunstâncias, a única constatação da existência de fato objetivo será o evento imprevisível, responsável pela alteração do suporte contratual. Todo o resto estará inserido no plano da virtualidade, razão mais do que suficiente para que o texto legal tivesse adotado conduta coerente com o subjetivismo de seu enunciado, de sua futuridade, dizendo "se a prestação de uma das partes se tornar excessivamente onerosa, com *possibilidades* de extrema vantagem para a outra", uma vez que a excessiva onerosidade, embora concreta, poderá dar origem a uma extrema vantagem. Esta, a rigor, consubstancia-se em uma possibilidade, em uma virtualidade, a ser transformada em realidade ou não, conforme exposto. Na prevenção

686 A TEORIA DA IMPREVISÃO NO DIREITO CIVIL E NO PROCESSO CIVIL

de uma ameaça decorrente da prestação excessivamente onerosa e ainda de uma possível vantagem, no plano da virtualidade (caso o devedor cumpra a obrigação), o art. 478 dá ao devedor – e somente a ele – o direito de propor resolução contratual, tratando uma lesão iminente como se fosse uma ocorrência objetiva – o que não pode ser aceito. Na redação do dispositivo legal discutido, consciente ou inconscientemente, o legislador acabou por fundir a *lesão subjetiva* com a *objetiva* – o que em um texto legal é inadmissível. Isso porque o art. 478, ao estabelecer que "se a prestação de uma das partes se tornar excessivamente onerosa, com extrema vantagem para a outra, em virtude de acontecimentos extraordinários e imprevisíveis", acabou por criar um absurdo inaceitável, ao considerar a existência de duas lesões: uma configurada e outra por se configurar. Por outras palavras, conferiu à primeira as mesmas características, valor e efeitos da segunda, equiparando, de forma implícita, a "prestação excessivamente onerosa" (do universo da teoria da imprevisão) ao "fato necessário, cujos efeitos não era possível evitar, ou impedir" (do parágrafo único do art. 1.058 do Código vigente, ao disciplinar situações de caso fortuito ou de força maior), fundindo coisas e situações completamente distintas; conseqüentemente, infungíveis. Ao dizer que em face de "acontecimentos extraordinários e imprevisíveis o devedor poderá pedir a resolução do contrato", o dispositivo legal, naquele contexto, simplesmente *autorizou a extinção contratual sem responsabilidades para o devedor*. Como era de se esperar, essa redação acabou por gerar absurdo maior: revestiu uma *inexecução voluntária* de características idênticas às do caso fortuito ou de força maior, isto é, de uma *inexecução involuntária*, assentada na simples ocorrência do acontecimento extraordinário. Neste aspecto, o que se discute – e, principalmente, se condena – é o caráter dogmático do art. 478. Não se pode aceitar o binômio *excessiva onerosidade/extrema vantagem* como equivalente a "fato necessário, cujos efeitos não era possível evitar, ou impedir" (art. 1.058), como fez o legislador, autorizando o devedor da prestação a extinguir o pacto, assemelhando a hipótese de imprevisibilidade às de inexecução involuntária, conforme estudado. Por este ângulo, oportuno é destacar que a situação examinada poderá consubstanciar um caso de erro grosseiro do devedor, ou mesmo de má-fé. Ele poderá estar forçando o reconhecimento de uma situação de imprevisibilidade inexistente (por ignorância ou desonestidade), com vistas à obtenção do benefício de extinção ou revisão de contrato que não está podendo cumprir. Identificada pelo credor a inexistência de condições fáticas e jurídicas para a discussão à luz dos princípios da imprevisão, consta-

A TEORIA DA IMPREVISÃO NO NOVO CÓDIGO CIVIL   687

tada a inexistência dos pressupostos básicos para sua admissibilidade e questionamento, em que dispositivo legal se fundaria sua proposta de revisão do pacto, na contestação? Como faria a parte não beneficiada pela lei, em vias de ser prejudicada, diante da necessidade de se valer do remédio jurídico da doutrina, para discutir a extinção ou revisão de um pacto que, no plano fático, não fosse atingido por evento imprevisível e ela precisasse denunciar? O art. 478 do futuro Código Civil não lhe fornece a porta de entrada necessária.

A excessiva dificuldade de cumprimento da prestação, um dos elementos identificadores dos efeitos da imprevisibilidade sobre os pactos (causador de uma *lesão subjetiva*), não pode ter peso e valor – enfim, não pode ser igualado – de fato necessário, gerador de efeitos contra os quais a parte não se pode opor, causador de uma *lesão objetiva*. A mistura que o artigo em discussão provoca entre as lesões é inaceitável. Enquanto a primeira (efetividade da prestação que se tornou onerosa pelo evento extraordinário) apresentou todas as características objetivas, a segunda (resultado da extrema vantagem para a outra parte) ofereceu apenas aspectos virtuais, resultando da conjugação das duas a autorização para o devedor resolver o pacto. A fusão da subjetividade com a objetividade na disciplina de tão importante instituto é inaceitável. Ao dizer "se a prestação de uma das partes se tornar excessivamente onerosa, com extrema vantagem para a outra, (...) poderá o devedor pedir a resolução do contrato", o dispositivo legal do futuro Código Civil fez equiparação impossível de ser admitida.

A este artigo são pertinentes todas as críticas já apresentadas às hipóteses em que o juiz, examinando pedidos sucessivo-alternativos, depois de fracassada a tentativa de revisão, decide pela extinção do pacto.

Entretanto, a situação configurada pelo texto legal é ainda pior do que a comumente encontrada, já que nem oferece, ao menos, a oportunidade para uma tentativa de revisão. O réu (credor da obrigação) só poderá tentar a adaptação do pacto às novas circunstâncias na contestação (art. 479). Entretanto – já se discutiu –, e se ele estiver convencido de que não concorrem na espécie os pressupostos de admissibilidade para a aplicação da doutrina da imprevisibilidade, que o autor labora em erro ou má-fé, e optar por não fazer proposta de revisão, atacando, preliminarmente, apenas o aspecto extrínseco da questão, isto é, sua inadmissibilidade? Uma vez recusados seus argumentos, a ausência de proposta de revisão determinará que o contrato por cumprir seja extinto, com premiação absurda e indevida do devedor e – o

688 A TEORIA DA IMPREVISÃO NO DIREITO CIVIL E NO PROCESSO CIVIL

que é pior – apenamento injustificado do credor. O texto legal favorece o devedor em todos os sentidos. Além do absurdo de lhe conceder o direito de resolver o pacto sem qualquer indenização, o mencionado artigo parte do princípio consolidado de que na contestação, havendo proposta de revisão contratual, tudo estará resolvido. Trabalha em cima de uma possibilidade teórica, como se ela fosse de proposição obrigatória pelo réu. E não é isto o que diz a lei. Se o dispositivo legal (que ignora completamente a indenização) dissesse ao menos que a proposta de revisão elidiria a resolução do pacto, isto é, que mesmo não efetivada aquela na conciliação teria o efeito de impedir a extinção do convencionado, o prejuízo certo do credor estaria afastado. E – o que é mais importante: a lei teria dito a que veio. Da forma como está, não.

Acrescente-se que o art. 1.198 do Código Civil Argentino (v. nota de rodapé 48) – cópia também do Código Civil Italiano – repete os mesmos absurdos jurídicos constantes do nosso.

7º. *Efeitos da sentença*: na segunda parte do art. 478 encontramos um adentramento da lei positiva no campo do direito processual civil. Diz o texto que "os efeitos da sentença que a decretar retroagirão à data da citação", balizando de forma pouco pertinente o alcance dos efeitos da decisão, função da lei adjetiva. Provavelmente, a pretensão do artigo, ao estabelecer os efeitos da sentença (*ex nunc* ou *ex tunc*) no campo operacional – embora fosse esta uma tarefa da lei processual –, tenha tomado por base a possibilidade do surgimento da seguinte dúvida: diante do caso concreto de alteração da base negocial uma vez acordada a revisão do contrato, a força do comando retroativo iria até o momento vinculativo ou tão-somente até o instante citatório válido? O novo Código decidiu-se pelo efeito *ex nunc*: uma vez concedida a adequação ao novo estado fático, os efeitos da sentença retroagirão à citação regularmente feita, e não ao instante vinculativo das partes. Esta foi uma escolha correta, e, portanto, incensurável. E a certeza deita raízes no regime jurídico misto, adotado por ele, que é o da solução pelas vias judiciais. Neste passo, o instante do conhecimento oficial da autoridade judiciária – ou o início do contraditório (citação eficaz) –, pela denúncia da existência de alteração anormal da base contratual e seus efeitos, deverá ser a fronteira até onde deve chegar a força retroativa do julgado. Certa a postura; condenável sua inadequação topológica. Melhor estaria nas disposições de natureza formal relativas à questão. Com o advento do novo Código Civil, por certo, a legislação processual sofrerá alterações que a harmonizem

A TEORIA DA IMPREVISÃO NO NOVO CÓDIGO CIVIL 689

com o texto modificado da lei civil, com vistas à necessária operacionalidade do princípio. Adicione-se que a admissão do efeito *ex tunc* não seria correta, uma vez que, implicitamente, se estaria admitindo a existência oficial de um direito que, na realidade, naquele momento ainda não seria conhecido – e muito menos reconhecido – oficialmente. Este só passaria a ter existência regular, para a produção de efeitos, depois de posto em juízo. Sublinhe-se, em complementação, que o efeito *ex nunc* não é atributo de direito preexistente, porquanto se refere apenas a situações em que se constata sua criação, seu nascimento; por sua vez, o efeito *ex tunc* diz respeito a direito anterior, já identificado, reconhecido como limite até onde se deve estender a eficácia retroativa da sentença que aceita revisão ou resolução.

8º. *Sistema misto*: a adoção do sistema misto pelo futuro Código Civil – revisão e resolução – sob todos os aspectos deve ser exaltada. Mas sua topologia e redação são desastrosas.

Em atenção às altas finalidades da teoria da imprevisão (relembre-se a jurisprudência alemã, trazida à colação por Sidou: "... não se deixa às partes o direito de requerer a revisão ou a resolução, existe um caminho a percorrer, devidamente orientado pelo Judiciário, que, a todo custo, deve preservar a contratação"[59]), lógica e bom senso elementares determinam que primeiro se tente a revisão, e, frustrada esta, a resolução.

Em certos casos – poder-se-ia complementar –, regularmente condicionada à indenização do credor, em pacto pendente de execução. Na prática, com vistas à operacionalidade da doutrina e principalmente em atenção ao seu espírito de manutenção, tanto quanto possível, da vontade primitivamente manifestada, elementar medida de bom senso determina que primeiro se tente a readequação do convencionado, para só depois, frustrada esta, conceder-se a resolução, e ainda assim, em certos casos, acompanhada da indispensável cominação de obrigação indenizatória à parte que se beneficiar da extinção em contrato por cumprir.

O dispositivo legal examinado (art. 478) deixa muito a desejar, mormente depois da peregrinação quase centenária do princípio de exceção, ao longo das décadas, em nossa doutrina, jurisprudência e alguns poucos textos legais, em busca de seu verdadeiro espaço. Isto para deixar de lado a incoerência manifesta ao se apresentar com tais

---

59. "Revisão judicial dos contratos", verbete in *Enciclopédia Saraiva do Direito*, v. 11, p. 315.f.

690 A TEORIA DA IMPREVISÃO NO DIREITO CIVIL E NO PROCESSO CIVIL

andrajos, depois de tanto tempo, em um novo diploma legal que se esperava vestido a rigor, coerente com sua pretensão de estatuto moderno e dinâmico.

Os três artigos que incorporaram a teoria da imprevisão no nosso direito positivo foram copiados pelo legislador pátrio dos arts. 1.467, 1.468 e 1.469 do vigente Código Civil Italiano, sem preocupação ou cuidado com a indispensável depuração, a fim de que os mesmos defeitos de forma e conteúdo ali existentes não se repetissem em nossa legislação, o que só se pode lamentar.

28.3 O art. 478

"Art. 478. A resolução poderá ser evitada oferecendo-se o réu a modificar eqüitativamente as condições do contrato."

1º. Na tentativa de sanar falha imperdoável constante do art. 478 (que fala somente em *resolução*) e dos arts. 322 (que só cuidou da *revisão*) e 346[60] (que tratou apenas da *resolução*) do primitivo projeto do Código das Obrigações, de 1941, o art. 480 tentou remediar a questão, permitindo a revisão contratual. Como no modelo copiado, também a legislação brasileira abriu oportunidade para o réu evitar a ruptura do vínculo, desde que se sujeitasse a mudanças eqüitativas, acordadas com o autor. Acrescente-se, para ilustração, que também neste ponto o Código Civil Português foi mais feliz, ao estabelecer desde logo que a parte "tem direito à resolução do contrato ou à modificação, segundo juízos de eqüidade". Registre-se, por oportuno, que o dispositivo legal que disciplinou a questão em Portugal, bastante superior ao italiano – e, conseqüentemente, ao nosso –, também merece reparos. Primeiro quanto à injustificável inversão das possibilidades, *resolução* antes da *revisão*, tolhendo-se a possibilidade inicial de se manter a vontade contratual, restando, assim, frustrada sua nobre função social; depois, quanto ao emprego da expressão "parte lesada", que não caracteriza em absoluto o instante factual da teoria da imprevisão (*alteração das circunstâncias*, para o Código Civil Português). Ao se falar em "parte lesada" – observação já feita anteriormente –, o agente

---

60. Art. 346 do Anteprojeto do "Código das Obrigações", Parte Geral: "Nos contratos de execução diferida ou sucessiva, quando por força de um acontecimento excepcional ou imprevisível, ao tempo de sua celebração, a prestação de uma das partes venha a tornar-se excessivamente onerosa, capaz de lhe ocasionar grande prejuízo e para a outra parte lucro desmedido, pode o juiz, a requerimento do interessado, declarar a resolução do contrato".

A TEORIA DA IMPREVISÃO NO NOVO CÓDIGO CIVIL   691

passivo não estará diante de uma *lesão virtual* ou *subjetiva*, mas sim *objetiva*. A parte que busca amparo na imprevisão *nunca será "parte lesada"*, mas *em vias de sofrer a lesão*, porque, consumada esta, descabe sua invocação. Um último reparo deve ser acrescentado ao texto legal que disciplinou a *alteração das circunstâncias* em Portugal. No dispositivo constata-se uma censurável redundância no final, ao dizer: "não esteja coberta pelos riscos próprios do contrato". A obviedade era perfeitamente dispensável. Se estiver na álea normal das contratações, inexistirá espaço para o emprego da imprevisibilidade; caso contrário, sim. Um alerta desnecessário, e, portanto, perfeitamente dispensável.

Othon Sidou[61] chegou a formular um esboço legislativo – antes da apresentação do Código das Obrigações do professor Caio Mário – nos seguintes termos:

"Qualquer das partes poderá demandar a resolução do contrato se não houver acordo para a revisão, desde que alegue a ocorrência de circunstâncias desconhecidas ou imprevistas ao tempo da conclusão do contrato e que ocasionem excessiva onerosidade no seu cumprimento.

"Parágrafo único. Na demanda se provará que a mudança das circunstâncias não foi ocasionada por mora ou culpa do devedor, nem a onerosidade excessiva decorre dos riscos normais do contrato."

A despeito de sua imprecisão ("... *qualquer das partes* ... ocasionem *excessiva onerosidade* ..."), a proposta tem o louvável bom senso de propor primeiro a tentativa de adequação ("se não houver acordo para a revisão"), e só depois, frustrada esta, a resolução contratual.

O art. 479 do Projeto do futuro Código Civil – como também das legislações italiana e lusitana – inverteu as possibilidades, não admitindo a hipótese de *revisão* antes. Só depois de tentada a *resolução* pode a outra parte valer-se da *revisão* – o que, desde logo, deve ser condenado, por trair totalmente o espírito da doutrina da imprevisibilidade, que é a manutenção do pacto, via adequação ao novo estado. A tal propósito, é de se indagar: e se interessar sobremaneira ao devedor a manutenção do pacto? Sua única alternativa será a revisão, que a lei relegou a plano secundário. O dispositivo em apreço, sem atentar para a má técnica da inversão, perdeu, aqui também, excelente oportunidade de se diferenciar – para melhor – de modelos jurídicos considerados mais avançados.

61. Ob. cit., pp. 73-74.

692 A TEORIA DA IMPREVISÃO NO DIREITO CIVIL E NO PROCESSO CIVIL

Fica fora de qualquer dúvida que o Projeto que deu origem ao novo Código Civil adotou o *regime misto*: constatada a lesão virtual, presentes as exigências para a admissibilidade do princípio, tenta-se uma solução; e, frustrada esta, a outra. Como exposto, primeiro deveria ser tentada a adaptação do avençado à nova situação fática; depois, não sendo possível, proceder-se à ruptura do vínculo. E isto porque a incolumidade da vontade manifestada pelas partes – único e verdadeiro comando de um contrato – a qualquer custo deve ser mantida. A adoção deste critério, além de atender a um princípio lógico de desenvolvimento processual, estaria, de resto, em perfeito acordo com o disposto no art. 448 do Código de Processo Civil,[62] que contempla a tentativa de composição do litígio como hipótese a ser discutida em primeiro lugar, antes da instrução de uma causa com tais características. Nenhum magistrado vale-se da conciliação para discutir *primeiramente* a resolução do pacto, e depois a revisão. O absurdo dispensa comentários.

A redação do art. 479 do novo diploma legal – além da inspiração italiana – valeu-se das disposições do art. 359 do primitivo Projeto de 1963 (o primeiro é de 1941), entregue ao professor Caio Mário, que, sem qualquer desdouro à sua imensa e irretocável cultura jurídica, não representou o que de melhor se poderia esperar como tentativa de estruturação definitiva sobre a doutrina da imprevisibilidade, a integrar um novo Código Civil.

2ª. O artigo em questão tentou ressalvar: "(...) oferecendo-se o réu a modificar eqüitativamente as condições do contrato".

O absurdo da situação que o artigo em discussão pode criar precisa ser redenunciado. Referências neste sentido já foram feitas. A hipótese a seguir ilustra a tese: à luz do atual art. 479, suponha-se um credor demandado em vultoso contrato parcialmente cumprido pelo devedor e que, ao contestar a ação, por entender ausentes os pressupostos de admissibilidade de aplicação da doutrina da imprevisibilidade, pretenda atacar somente a falta de condições para o exercício da ação e, por entender incabível, deixe de oferecer modificação eqüitativa nas condições do contrato (proposta de revisão), simplesmente por entender que não se trata de uma situação de imprevisibilidade. Ainda no campo das suposições: a contestação é recebida, e o juiz, discordando do réu, entende que os pressupostos atacados estão presentes,

---

62. "Art. 448. Antes de iniciar a instrução, o juiz tentará conciliar as partes. Chegando a acordo, o juiz mandará tomá-lo por termo."

A TEORIA DA IMPREVISÃO NO NOVO CÓDIGO CIVIL   693

bem como a excessiva onerosidade e extrema vantagem do credor, e, pela ausência de proposta de revisão, acaba por decretar a resolução. A justiça às partes terá sido feita? Parece óbvio que não. Se a possibilidade de revisão fosse oferecida *antes* o réu poderia tentar demonstrar o descabimento do pedido. Se a hipótese fosse de pedidos alternativo-sucessivos, em que a revisão não se consumasse, com encaminhamento para a resolução contratual, a *indenização proposta* evitaria o prejuízo do réu (credor; não devedor). Mas nem os arts. 478 ou 479 cogitaram de soluções para as hipótese exemplificadas. Assim, imobilizar o réu na camisa-de-força do art. 479 é iniqüidade inaceitável, verdadeiro corolário lógico-jurídico dos benefícios que o legislador já concedera ao devedor no art. 478. Se os direitos do credor já não haviam sido contemplados no art. 478, é indiscutível que no art. 479 a "pá de cal" no sepultamento de seu direito foi acrescentada. A lei não lhe ofereceu outra coisa senão a alternativa de apresentar coordenadas para a revisão do pacto, subtraindo-lhe qualquer outra possibilidade.

A redação dos artigos analisados leva a crer que o legislador teve uma vaga informação sobre o instituto e, dada sua complexa e multifacetada evolução histórica no decorrer dos milênios, bem como dificuldades operacionais, decidiu-se primeiramente pela cópia do Código Civil Italiano, sem análises e muito menos aprofundamentos. Qualquer estudioso do tema *imprevisibilidade* fica chocado ao ler os três artigos que pretendem integrar a teoria da imprevisão ao nosso direito positivo. É de se perguntar: qual seria a razão desta descuidada opção? Talvez uma forma de pensar mais simples do que poderia aparentar: primeiro se integra o princípio, depois a doutrina e a jurisprudência se encarregarão de lhe dar redação condizente. E é de se indagar, mais uma vez: não seria mais simples incluir o princípio corretamente e deixar para elas – doutrina e jurisprudência – apenas o aperfeiçoamento, isto é, tão-somente a lapidação do instituto jurídico integrado corretamente, escoimando-o de problemas redacionais, ambigüidades, incoerências, injuridicidades e – o que é pior – da negação de um dos maiores valores da justiça, que é a sua bilateralidade? Lamentável a redação dos artigos que integram a doutrina ímpar no nosso direito positivo.

Insistindo na relevância que teria tentar-se *primeiramente* a adequação do pacto às novas circunstâncias que a anormalidade fez nascer, para *só depois*, frustrada esta tentativa, pensar-se na extinção do vínculo (*revisão* antes da *resolução*), sem prejuízo dos argumentos já apresentados, relevante é assinalar ainda que por esta via a incolumi-

694 A TEORIA DA IMPREVISÃO NO DIREITO CIVIL E NO PROCESSO CIVIL

dade da vontade contratual inicialmente manifestada seria mantida. Sendo possível a modificação eqüitativa do pacto, a homologação judicial seria ato meramente declaratório, conservando-se por meio dela a íntegra do fundamento em que foi assentada a decisão de vinculação, porque as alterações introduzidas consensualmente não atingiriam o núcleo da primitiva manifestação. Havendo primeiro a *resolução*, a preservação da vontade primitiva seria impossível, por duas razões elementares:

a) suprimiria qualquer possibilidade de adaptação da prestação ao novo estado, uma vez que extinguiria o pacto e, com ele, a vontade manifestada;

b) extinguindo o pacto, não só uma das partes teria suprimida a possibilidade de manutenção do contratado, sentindo-lhe os efeitos, como também terceiros ligados jurídica ou economicamente à convenção estariam impedidos de opor qualquer medida com vistas à manutenção da contratação. Com a tentativa de revisão em primeiro lugar, todos estes problemas seriam evitados. Até em nome da economia processual – quando não da melhor técnica jurídica – a postura inversa, aqui sugerida, deveria ser a adotada. A resolução não deixa caminho de volta, e a doutrina da imprevisibilidade sempre abrigou a idéia de preservação do pacto, conquanto modificadas suas cláusulas diante de um novo estado fático. Quando se fala em teoria da imprevisão a primeira idéia que surge é a de revisão contratual, e não de resolução. Infelizmente, não foi essa a preocupação do art. 479 do futuro Código Civil.

28.4 O art. 479

"Art. 479. Se no contrato as obrigações couberem a apenas uma das partes, poderá ela pleitear que a sua prestação seja reduzida, ou alterado o modo de executá-la, a fim de evitar a onerosidade excessiva."

O artigo supracitado procurou disciplinar os contratos unilaterais. Embora o art. 478 contemple as *partes*, também este artigo acaba por trair o verdadeiro espírito da imprevisibilidade, ratificando o benefício da revisão apenas ao devedor, a fim de "evitar a onerosidade excessiva". Com esta canhestra redação fica afastada definitivamente qualquer dúvida possível a respeito de quem continuou sendo o único destinatário da norma.

Mais uma vez o futuro diploma civil protegeu apenas os interesses do devedor da obrigação quanto à possibilidade de aplicação da

A TEORIA DA IMPREVISÃO NO NOVO CÓDIGO CIVIL   695

teoria da imprevisão. No já apertado espaço aberto pelo art. 478 – mais estreitado pelo art. 479 – o credor não encontrará passagem. E esta restrição, como mencionado, é de natureza genética. Já na fundamentação de acolhimento do princípio o credor foi afastado, como se não fosse parte. Ao exigir para a condição de agente passivo da lesão virtual a excessiva onerosidade, fez uma injustificável eleição pelo devedor, deixando ao credor "la seguridad de su inseguridad".

Embora condenável a *mens legis*, talvez pudesse ter como inspiração o entendimento de alguns juristas que afirmam não existir nos contratos unilaterais o desequilíbrio de prestações constante nos sinalagmáticos, porque neles só existe a prestação do devedor, faltando a contraprestação do credor. Não obstante, vendo-se o credor em face de uma promessa de recebimento de prestação futura que no momento da execução se encontre consideravelmente diminuída, conseqüente à alteração anormal da economia contratual (exemplo já mencionado de um contrato de promessa de doação ou, em acréscimo, do fornecedor ou prestador de serviço, na condição de credor da obrigação), com apoio nos arts. 478 e 479 não encontrará respaldo para adequação do estado alterado da contratação por via de revisão, que, de resto, nestas circunstâncias será somente o que lhe interessará. E não se diga, levianamente, que inexistirá lesão virtual, neste caso. Fica bastante claro que a intenção do legislador foi a de afastar a possibilidade de *resolução* nos contratos unilaterais, admitindo apenas sua *revisão*, com injustificada restrição ao direito do credor e, de resto, traindo a regra geral de adoção do sistema misto que agasalhou as duas formas.

Ao falar da parte afetada a intenção do legislador está expressa nos termos: "poderá ela pleitear que a sua prestação seja reduzida, ou alterado o modo de executá-la a fim de evitar a onerosidade excessiva". Redução ou alteração do modo de execução da prestação são características da modalidade conhecida como de *revisão*, não de *resolução*.

No âmbito deste art. 480 a configuração de uma outra situação é pertinente: e se a hipótese não comportar revisão? Se for uma situação que comporte somente a resolução do pacto unilateral – conforme demonstrado na disciplina de aplicação do princípio –, como ficará, por exemplo, a parte devedora nesta contratação? Se a alteração das circunstâncias for de tal porte que a base negocial seja extinta, que revisão – indaga-se – poderá pleitear ela em convenção atingida por acontecimento anormal e profundo que destrua sua base de sustentação? Ainda assim estará obrigada por lei a reduzir ou alterar a maneira de executar a prestação se a base contratual tiver desaparecido? Este

696 A TEORIA DA IMPREVISÃO NO DIREITO CIVIL E NO PROCESSO CIVIL

absurdo está contido no texto legal, que, não se apercebendo desta possibilidade, pretendeu traçar seguras coordenadas operacionais. E a razão de tudo é que o legislador errou desde o princípio quando insistiu em considerar o remédio jurídico da imprevisão como passível de utilização apenas por uma das partes, esquecendo-se da existência de um credor e – o que é pior – da essência do direito e da justiça no campo do contratualismo: a inarredável bilateralidade.

Com toda a autoridade de seu magistério indiscutível, o grande responsável pelo Projeto do atual Código Civil Português, Vaz Serra,[63] defendeu ponto de vista diametralmente oposto ao que até aqui se desenvolveu. Entendeu que nos contratos nos quais apenas uma das partes assumiu obrigações os efeitos são diferentes. A outra não parece que possa ter motivos – disse ele – para se opor à simples modificação do pacto, da qual apenas derivará uma alteração relativa à prestação da parte contrária; o que poderá acontecer é que deixe, com essa alteração, de receber tudo aquilo que esperava receber, ou que o receba de outro modo, "mas isto parece melhor do que nada" – finalizou.

Sem qualquer demérito ao saber jurídico do renomado Mestre português, não se afigura esta análise como minimamente alicerçada em razoáveis fundamentos jurídicos. Entender que, para o credor, não receber tudo aquilo que esperava receber (*por direito*) será "melhor do que nada", a par com o fato de ser uma conclusão simplória, é, antes de tudo, uma solução destituída de resquícios de eqüidade e um descaso imperdoável às exigências da justiça comutativa. A vingar a tese, em qualquer situação – como a do devedor de um título cambial – os credores deveriam se conformar com o recebimento de apenas parte do seu crédito, porque isso será sempre "melhor do que nada". Mas a hipótese cuida de contratos unilaterais – poderia ser aventado. O raciocínio peca pelo esquecimento de que credor será sempre credor, devendo ter seu direito respeitado. Ademais, convém não esquecer que "aquilo que o credor esperava receber" terá constado expressamente de um contrato (*pacta sunt servanda*) – o que desautoriza qualquer interpretação restritiva, como propôs Vaz Serra, principalmente por ser "melhor do que nada", criando hermenêutica contratual particular, totalmente inaceitável. Se o contrato faz lei entre as partes (abrindo espaço apenas para a imprevisibilidade no campo do voluntarismo), trata-se apenas de exigir o que a "lei" determinou, e não ape-

---

63. Artigo cit., "Separata" do *Boletim do Ministério da Justiça* (Coimbra) 69, p. 91.

A TEORIA DA IMPREVISÃO NO NOVO CÓDIGO CIVIL 697

nas receber parte do que é devido, por ser "melhor do que nada". Entre os juristas lusitanos pesquisados, Rocha de Gouveia e Vaz Serra foram os únicos a não admitir a pertinência da imprevisibilidade nos contratos benéficos a favor do credor.

É preciso consignar que a opinião de Vaz Serra foi manifestada em 1957, quase 10 anos antes do vigente Código Civil Português e das disposições do art. 437º. Hoje, diante de alterações que tragam substancial depreciação ao objeto da prestação, seria bastante grato imaginar que a postura do jurista pudesse ser diversa, admitindo estender-se o manto da proteção legal também ao credor. À luz deste artigo, fica difícil, se não impossível, não reconhecer ao credor, para mais ou para menos, a condição de *parte virtualmente lesada*, nos limites da lei. Mas, como foi dito, não faltarão argumentos contrários. Tratando-se de contrato gratuito – dirão –, onde a manifestação de vontade é apenas de uma das partes, não teria a outra, que não se vinculou (e este entendimento é altamente discutível), o direito ao *remedium iuris* da imprevisão. Convém não esquecer: desde que a alteração anormal traga mudança substancial na economia do pacto, cujos efeitos reduzam muito o valor da prestação, não há como negar a existência de uma lesão virtual, com vantagem para o devedor, se houver o cumprimento do pactuado por via de recebimento.

Ulpiano, nos primórdios do Direito, já havia definido: "Contractus enim legem ex conventione accipiunt".

Uma outra abordagem se faz necessária. *Ad argumentandum tantum*: voltando ao tema, e se o credor, efetivamente, não fosse considerado *parte*, como pretendem e defendem muitos, nesta categoria de contrato unilateral benéfico? Insiste esta corrente: como o credor não é parte, desnecessário seria conferir-lhe qualquer direito, e a questão estaria resolvida. Mas se o credor não for parte, o que será? O absurdo da situação dispensa comentários. Talvez a melhor resposta seja a oferecida por Carlos Cossio[64] ao explicar que é simplesmente impossível conceber-se *um contrato fora de uma situação*, ontologicamente ligado que está a ela, porquanto *a estrutura da vida humana é situacional*. O pacto estará sempre em uma determinada situação, estreitamente ligada às partes, que, diante do abalo sísmico provocado pela alteração das circunstâncias – tendo como epicentro a base econômica do contrato –, estarão face a face com a lesão virtual. Já foi dito, mas não

64. Ob. cit., p. 46.

698 A TEORIA DA IMPREVISÃO NO DIREITO CIVIL E NO PROCESSO CIVIL

há prejuízo na repetição: a regra *pacta sunt servanda* cuida da *situação do contrato*; o princípio *rebus sic stantibus*, do *contrato em uma determinada situação*. Além disso, não considerar o credor como parte nos contratos gratuitos (promessa de doação), negando-lhe o direito à denúncia da lesão virtual configurada, decorrente de anormalidade havida na base negocial, criará um problema de conceituação jurídica e dificuldades operacionais quase insolúveis, pois se estará *atribuindo um bem ou vantagem a alguém inexistente*, porque – entendem alguns juristas – parte o credor não é. Neste contexto, inexplicável e absurdamente se estará suprimindo o destinatário da prestação.

Falando sobre os contratos unilaterais, pertinentes são ainda as considerações de António de Almeida Santos.[65]

Para complementação e ilustração da questão, o capítulo sobre o direito das obrigações, constante do Relatório do professor Reale, no Projeto 118/84 é registrado integralmente no final desta obra (Anexo 34.2).

Rocardo Pereira Lira[66] – com apoio em Betti – explicou que a doutrina da imprevisibilidade, sem a menor sombra de dúvida, oferece abrigo aos contratos gratuitos. Esclareceu que o jurista italiano valeu-se do art. 2.058 do Código Civil de seu país para lembrar que o juiz pode liberar o devedor de ressarcimentos específicos excessivamente onerosos, determinando que a prestação se faça pelo equivalente. Completou com as palavras de Betti ao ensinar que, se a onerosidade nos arts. 1.467 e 1.468 se referisse apenas aos contratos onerosos, se teria esse estranho resultado: enquanto o devedor de um ressarcimento em forma específica pode obter do juiz uma modificação na modalidade de execução de sua obrigação (ressarcimento pelo equivalente, em lugar da reintegração em forma específica), desde que aquela forma de prestação, abstratamente possível, resulte excessivamente one-

---

65. "Da concreta redação do art. 437º do Código Civil extrai-se que o legislador raciocinou em função dos contratos sinalagmáticos. Estes são, sem a menor dúvida, o seu domínio de eleição. Mas não em termos de se vincular exclusivamente a esse tipo de contratos. Nada impede que o regime prescrito se aplique aos contratos unilaterais (de que emergem obrigações apenas para uma das partes), em princípio sem distinção entre gratuitos e onerosos. Desde que o fundamento consagrado é a base do negócio, logo, de raiz subjetiva, em configuração com a boa-fé, pode perfeitamente ver-se desenhada a figura e razão de ser da imprevisão nestes contratos. O texto legal acima anima a conclusão ao falar *tout court* em contrato" ("A teoria da imprevisão ou da superveniência contratual e o novo Código Civil", in *Jornadas Jurídicas – Estudos sobre o Código Civil*, pp. 83 e 96).

66. "A onerosidade excessiva nos contratos", *RDA* 159/14-15.

A TEORIA DA IMPREVISÃO NO NOVO CÓDIGO CIVIL   699

rosa para o devedor, *ao contrário, o doador não poderá obter em caso algum a modificação da obrigação assumida com o fim de beneficiar a outra parte*, porque, segundo a tese ora refutada, a norma do art. 1.468 não seria aplicável aos contratos a título gratuito.

Entre os levantamentos efetuados, a melhor configuração da teoria da imprevisão – embora passível de algumas críticas de natureza formal – encontra-se no art. 437º do Código Civil Português. Apesar de estar fundamentada na teoria da base do negócio jurídico, do jurista alemão Oertmann (*Geschäftsgrundlage*), por muitos considerada como insatisfatória, depois de estudos foi sabiamente adaptada pelo legislador às contingências e necessidades do Direito Lusitano (o que aqui não se fez), com depuração da carga de subjetividade existente no modelo utilizado, incluindo como pressuposto de admissibilidade a existência dos princípios básicos da boa-fé e com a recomendação de que tanto a revisão como a resolução levassem em conta os chamados "juízos de eqüidade". Ainda que se tenha inspirado em molde alemão, o legislador português acabou por esculpir artigos de lei bem mais completos do que os constantes no modelo italiano, o mais deficiente sobre o tema – infelizmente, eleito pelo nosso legislador.

Sílvio de Salvo Venosa[67] também reconheceu ter sido feliz a redação do art. 437º.

Um exame no dispositivo legal revela que ele tratou a imprevisibilidade com raro equilíbrio, precisão e eqüidade elogiáveis, embora não seja perfeito. Nele, sim, é que o nosso legislador deveria Ter-se inspirado, senão por tradição, ao menos pela escolha de um modelo mais de conformidade com as linhas mestras do princípio. Este artigo exemplar também fala em "partes", como o nosso art. 478, mas não as discrimina. Ao dizer "tem a parte lesada (...)", aprioristicamente, as iguala. E – o que é mais importante: vale-se dos princípios de eqüidade e boa-fé, alicerces sólidos em que o princípio deve sempre se apoiar na busca da justiça comutativa, com vistas à equilibrada entrega da prestação jurisdicional. Urge reparação do equívoco. Sempre serão possíveis sua revisão e confecção de roupagem mais adequada à realidade e às exigências contemporâneas e, principalmente, à sua importância jurídico-histórica.

---

67. "O vigente Código Português avançou no alcance dessa figura jurídica, obtendo uma forma mais vinculada ao negócio jurídico em si e ao princípio da boa-fé (...)."

E complementa o mesmo autor: "A fórmula encontrada pelo legislador lusitano se afigura a mais elegante, moderna e eficiente (...)" (*Teoria Geral dos Contratos*, p. 92).

700 A TEORIA DA IMPREVISÃO NO DIREITO CIVIL E NO PROCESSO CIVIL

Como observações finais, apenas dois registros. O primeiro, de sentido altamente positivo, a inclusão, finalmente, da teoria da imprevisão no Direito Pátrio. É incontestável que quaisquer tentativas de exaltação ou incontido entusiasmo diante do fato apequenam-se quando confrontadas com a grandeza do seu significado e indiscutível importância, resultante de sua luta milenar em busca de afirmação e conquista de espaço. Entre nós, sua caminhada de quase 2 mil anos (ou até mais, se a situarmos no Código de Hamurabi) terá chegado ao fim quando o novo estatuto civil entrar em vigor. Neste caminhar, por sua inclusão no nosso ordenamento, a iniciativa só pode merecer aplausos e deve ser saudada como medida das mais expressivas e de relevância ímpar em nosso Direito, com destaque para o silêncio quanto à proibição de aplicação aos contratos aleatórios, ao contrário do que, equivocadamente, fez a legislação italiana (art. 1.479, parte final), registrando-se que neste equívoco não incorreu o Direito Português (art. 437º). O segundo, de contornos negativos, é endereçado ao modelo utilizado. Lamentável a escolha. Não representa ela, em todos os sentidos, o que já existe sedimentado e de melhor neste campo. Depois de tanto tempo, a incorporação no nosso direito material não deveria trazer em seu bojo, acima de tudo, a insegurança conseqüente à ausência de tecnicidade (dubiedade, restrição etc.).

Acrescente-se também que os efeitos da resolução pura e simples, *sem obrigação indenizatória*, quando a extinção do pacto houver sido pedida como alternativa em procedimento revisional de cláusula contratual encerram injuridicidade que não pode ser aceita. Para evitar mal que ameaça uma das partes, comete-se mal maior contra a outra. Nada justifica a transferência, para o credor, da lesão que ameaça o devedor, agora transformada em objetiva. A questão já foi analisada, e a solução apontada é a indenização dos prejuízos causados.

Este fato é incontestável: os primeiros e mais importantes passos já foram dados, e é isto o que efetivamente importa. Embora já aprovado pela Câmara e Senado Federal – neste último, com modificações substanciais –, devendo voltar à Câmara para aprovação ou rejeição das emendas feitas no Senado para, depois de sancionado pelo Executivo, com base no princípio da anualidade, entrar em vigor Quaisquer modificações só serão possíveis depois da entrada em vigor do Código. Mais do que uma esperança, as modificações configuram-se como urgente necessidade.

29. A imprevisão no campo obrigacional

29.1 A imprevisão e o contratualismo

Quando se tenta reconceituar um instituto jurídico, uma cautela é fundamental: ele não pode sofrer desfiguração em sua estrutura original, de modo a se tornar irreconhecível. É preciso que as premissas básicas, os elementos constitutivos de sua natureza jurídica, permaneçam intocados, a fim de que qualquer derivação ou tentativa de torná-lo explícito, cercando-o de toda a segurança possível e dando-lhe condições de operacionalidade no mundo jurídico, não acabem por se traduzir em formulação independente e diversa, que muito pouco terá conservado da concepção primitiva, em condenável infidelidade aos seus princípios jurígenos. Quando, no *Digesto*, Neratius cunhou a expressão "contractus qui habent tractum sucessivum et dependentiam de futuro, rebus sic stantibus intelliguntur", não se referiu aos contratos sinalagmáticos apenas, excluindo os unilaterais e aleatórios. Sua conceituação teve caráter genérico, razão por que denominou aquelas manifestações de vontade de *contractus*. E não se diga que o Direito Romano desconhecia os pactos unilaterais e aleatórios, porque não corresponde à verdade. Referências à sua utilização são encontradas em vários fragmentos do *Digesto*, restando inconteste que as mais importantes manifestações de vontade eram conhecidas e faziam parte daquele direito das obrigações. Aplicável a todo e qualquer pacto – *desde que de execução diferida* –, a teoria da imprevisão encontra adequação e espaço todas as vezes em que for convocada, desde que presentes os pressupostos de sua admissibilidade. A total pertinência do princípio da imprevisibilidade aos contratos unilaterais e aleatórios – além dos bilaterais ou sinalagmáticos – será demonstrada a seguir, como corolário lógico-jurídico da harmonia existente, desde o princípio, entre a doutrina da imprevisibilidade e a segurança dos negócios jurídicos, até mesmo como maneira de consolidação da regra *pacta sunt servanda*.

Explicou Martinho Garcez Neto[68] que a característica principal do contratualismo, seu caráter distintivo, é o concurso simultâneo de vontades de duas ou mais pessoas com o objetivo de criar, resguardar, modificar ou extinguir uma relação jurídica. Acrescentou que a existência das vontades – uma que promete e a outra que aceita – é fundamental para a configuração do pacto, uma vez que sem elas o que se

---

68. "Contratos", *Repertório de Jurisprudência* 12/194.

702 A TEORIA DA IMPREVISÃO NO DIREITO CIVIL E NO PROCESSO CIVIL

teria seria apenas o ato jurídico. Daí advém o conceito generalizado de que a contratação, em termos simples, pode ser reduzida a um simples ato jurídico ao qual se adiciona a vontade das partes.

29.2 Os contratos bilaterais

A característica básica dos contratos bilaterais – também chamados de sinalagmáticos ou com mútuas prestações – é a reciprocidade das obrigações. São assim considerados todos os pactos em que, simultaneamente, para cada uma das partes resultem direitos e obrigações, mas desde que unidos por uma relação de interdependência. O Código Civil Italiano os chama de *prestações correspectivas*, considerado pelos juristas como mais completa do que o sinalagma grego, já que inclui os contratos imperfeitos, isto é, aqueles em que há reciprocidade de prestações mas não interdependência (mútuo e depósito bancário). Para que um contrato seja considerado bilateral ou sinalagmático é preciso que as obrigações resultantes de prestação e contraprestação não tenham qualquer autonomia. Equivale dizer que é fundamental que elas surjam e permaneçam até o fim interligadas, sem qualquer independência. Desde que um dos contratantes se disponha a cumprir sua prestação, de imediato provoca a ação do outro, a quem fica vedado o uso da *exceptio non adimpleti contractus*. A teoria da imprevisão amolda-se perfeitamente aos contratos bilaterais ou sinalagmáticos. Neles, qualquer das partes poderá invocá-la desde que presentes os pressupostos de sua admissão.

Ricardo Pereira Lira[69] explicou que quando há excessiva onerosidade da prestação o que se constata como relevante não é propriamente sua falta, mas sim um esvaziamento do seu valor. Observou que ela "pode ser concebida como uma recusa à entrega da prestação tal como prevista originariamente no contrato, em virtude da superveniência de um desequilíbrio entre dita prestação do devedor e a contraprestação incumbente ao credor".[70]

Nos contratos bilaterais o desequilíbrio entre a prestação e a contraprestação é imediatamente identificado quando, por alteração anormal da base negocial, uma das partes vê sua responsabilidade de cumprimento tornar-se excessivamente onerosa ou dificultosa ou, ainda, aviltar-se ou depreciar-se, enquanto a outra se valoriza, modifi-

---

69. Artigo cit., *RDA* 159/11.
70. Artigo cit., *RDA* 159/12.

A IMPREVISÃO NO CAMPO OBRIGACIONAL 703

cando basicamente o *statu quo ante*, existente por ocasião da celebração do pacto. Menos freqüente – mas nem por isso impossível – é a hipótese mencionada de depreciação ou aviltamento da prestação que alguém deveria receber. É elementar que poderá haver, em tais situações, o desinteresse do credor em receber a coisa depreciada. Se a teoria da imprevisão atua no plano dos contratos bilaterais, e a desvalorização do objeto da prestação tiver sido a causa do desequilíbrio, não podem restar dúvidas de que, nestas circunstâncias, o pedido de revisão ou resolução deverá encontrar irrestrita aplicação e indiscutível amparo jurídico.

Em princípio, somente os danos emergentes devem ser abrangidos pelo benefício da *imprevisão*, ficando de fora os *lucros cessantes*. Esta regra geral tem orientado a jurisprudência nos países onde ela já se encontra integrada no direito positivo. Mas é de se perguntar: seria esta a melhor solução? A restrição aos lucros cessantes não procede. Não se percebe qual seria sua razão de ser, seu suporte jurídico, já que se identifica como acessório que, via de regra, deve seguir o principal. E se este, na condição de elemento mais importante da relação negocial, é contemplado com o *remedium iuris* da imprevisibilidade, fica difícil defender a canhestra postura de se autorizar o mais e proibir o menos.

Luís Alberto de Carvalho Fernandes[71] também discordou, e questionou se num contrato de entrega a longo prazo serão só relevantes as alterações quando o fornecedor não tenha adquirido ainda os objetos a fornecer – pelo quê sofrerá prejuízos adquirindo-os por preço superior ao que vai receber –, ou poderá aquele contratante invocar as alterações quando, tendo já comprado os objetos a serem entregues, não sofrer prejuízo direto com o cumprimento do contrato, deixando apenas de auferir um lucro que esperava, porque baixaram os preços desses produtos. Depois de indagar, responde que a situação é idêntica em ambos os casos, e por isto a solução deve ser a mesma. O contraente que sofre um prejuízo ou deixa de auferir uma vantagem encontra-se em face da mesma realidade de ter de cumprir um contrato cujo significado se alterou em virtude de fatos supervenientes. Esta é hipótese de uma *exceção dentro de exceção maior*, que, por sua natureza, consubstancia a teoria da imprevisão. Consideremos: como regra geral, no campo da aplicação do princípio é preciso que a lesão virtual seja identificada como resultante de mudança anormal da base

---

71. Artigo cit., *Boletim do Ministério da Justiça* (Coimbra) 128/117.

704 A TEORIA DA IMPREVISÃO NO DIREITO CIVIL E NO PROCESSO CIVIL

econômica do pacto. Este prejuízo potencial, também conhecido como lesão subjetiva, se opõe ao dano efetivo, identificado como lesão objetiva. Isto já foi discutido: se a parte obrigada cumpre a prestação embora profundamente alterada por eventos anormais – mesmo que, para tanto, não tenha concorrido –, nada mais terá feito do que adimplir o pacto, descabendo-lhe qualquer direito. Nada poderá pleitear, a título de ressarcimento, por cumprimento a que lícita e regularmente se tiver obrigado. Entretanto, partindo-se da possibilidade de busca do amparo jurídico às situações em que, cumprida a obrigação, surge a *lesão objetiva*, mas no campo dos *lucros cessantes* – e esta possibilidade é defendida por alguns juristas portugueses –, estaremos diante de uma situação de absoluta e rigorosa exceção quanto à exigência basilar da regra geral de identificação da *lesão subjetiva* para a aplicação da imprevisão. O nosso direito material ampara esta possibilidade de indenização de lucros cessantes quando, no *art. 1.059*, diz que "as perdas e danos devidas ao credor abrangem, além do que ele efetivamente perdeu, o que razoavelmente deixou de lucrar". Curiosamente, a hipótese de aplicação da teoria da imprevisão, ainda *de iure constituendo* entre nós, é aceita pela jurisprudência; em contrapartida, os lucros cessantes, previstos legalmente no art. 1.059 (*de iure constituto*), ao pretenderem acompanhar o uso da imprevisibilidade, têm sido por ela rejeitados.

Problemas como este por certo irão surgir a partir do momento em que a doutrina for integrada ao nosso direito material, e tanto à doutrina como à jurisprudência será cometida a responsabilidade de resolvê-los.

Alfredo José Rocha de Gouveia[72] – para quem o importante é a identificação do dano, objetivo ou subjetivo – entendeu que, no âmbito das hipóteses discutidas, tanto em um caso como no outro o devedor paga muito (dano) para, em troca, receber pouco (contrato sinalagmático) ou nada (contrato gratuito). Neste passo, em ambos os casos subsiste a razão que leva a permitir a reação contra o contrato com fundamento na extraordinária alteração de sua economia originária. A verdade é que *ônus* significa, antes, sacrifício, e este pode tornar-se excessivo pela superveniência quer do dano emergente, quer do lucro cessante.

72. Artigo cit., *Revista da Faculdade de Direito de Lisboa*, Suplemento, 1958, p. 74.

A IMPREVISÃO NO CAMPO OBRIGACIONAL 705

29.3 Os contratos unilaterais

Como discutido, alguns autores fizeram – e ainda fazem – severas restrições à aplicação da teoria da imprevisão nos contratos unilaterais. Fundamentados no princípio do *desequilíbrio das prestações*, argumentaram alguns que neste tipo de contrato não se poderia falar em disparidade porque a obrigação é cometida a apenas uma das partes – donde o descabimento do remédio excepcional da imprevisibilidade. Só admitem a excessiva onerosidade como causa para a revisão ou resolução contratual, para eles prova inequívoca do descompasso entre as obrigações (prestação e contraprestação). Como nos contratos unilaterais não há contraprestação, ali não seria possível seu emprego, e a aplicação da imprevisão ficaria restrita aos contratos sinalagmáticos. Bastante simplória a síntese da conclusão: não haverá descompasso quando o possível prejudicado for o credor, porque este não está obrigado a contraprestar.

Esta postura reclama estudo e revisão.

Mediano raciocínio há de aceitar que a razão que justifica a ação do credor contra a desvalorização da prestação é exatamente a mesma que sanciona a reação do devedor contra a "onerosidade excessiva". Não existe apoio legal ou mesmo lógico para se considerar apenas o devedor como legitimado à reação. Para tanto seria necessário que apenas ele fosse parte. E isso não é verdade.

"Nos contratos benéficos ou gratuitos, inexistindo contraprestação, só existe espaço para o inconformismo do devedor quando a excessiva onerosidade se fizer presente" – dizem os juristas contrários à aplicação da doutrina nos contratos unilaterais. Esta corrente, felizmente, é minoritária e inexpressiva, com tendência a desaparecer, diante das evidências fáticas do cotidiano, aliadas à inconsistência dogmática em que se assenta a tese. Partindo-se do pressuposto de que o cumprimento de uma obrigação nada mais é do que a satisfação do interesse de outrem, em condições normais de contratação e execução, na hipótese de sobrevirem alterações da base negocial – com novas conformações ao dever assumido (não raras vezes desfigurando-o completamente, trazendo até mesmo mudanças profundas em sua economia, seja ele sinalagmático, aleatório, unilateral ou gratuito) – não será necessário um grande esforço para se admitir a pertinência da teoria da imprevisão. E, neste passo, é preciso não esquecer a recomendação implícita em sua fase embrionária, isto é, a exigência do princípio *rebus sic stantibus*, que, por ocasião do seu nascimento, na formu-

706 A TEORIA DA IMPREVISÃO NO DIREITO CIVIL E NO PROCESSO CIVIL

lação do jurista romano, insistia: "Contractus qui habent (...)". Equivale dizer, *qualquer contrato* (*contractus*, disse Neratius), desde que tenha execução condicionada ao futuro. E aqui se incluem, com toda segurança, os unilaterais.

As construções restritivas, como a italiana (art. 1.469), que proíbe a aplicação da excessiva onerosidade aos contratos aleatórios – já estudadas – ou a brasileira, que, nos arts. 478 e 479, excluiu a figura do credor, não têm base jurídica. É preciso aceitar definitivamente: contratos gratuitos existem nos quais, por depreciação ou aviltamento da prestação, o potencialmente lesado será o credor – caso receba a prestação –, e não o devedor. Se este se comprometera a fazer a entrega de 100 e, no instante da entrega, algum tempo depois, pela depreciação, estes 100 só valem 10 ou 20, o sacrifício do devedor da prestação será 90% ou 80% menor e o benefício do credor reduzido na mesma proporção, isto é, ficará convertido a apenas 10% ou 20% do valor primitivamente contratado. Acrescente-se, ainda, que – como decorrência lógica – o *quantum* de capital empregado pelo devedor para satisfazer a prestação, na composição dos 100 então devidos pela contratação, também terá sido reduzido substancialmente. Se o credor receber a prestação depreciada estará sendo prejudicado, razão por que a invocação da teoria da imprevisão para a revisão contratual deve ser aceita. Aqui, dificilmente se poderá falar em resolução caso não seja possível a revisão. E isto porque – conforme discutido –, não havendo possibilidade de adequação do pacto à nova realidade, ao credor não interessará a extinção de uma promessa de doação, porquanto – aqui, sim, e somente aqui – receber a prestação desvalorizada, *depois de frustrada a tentativa de sua recomposição por via revisional*, será "menos pior" do que nada receber. A hipótese em pauta configura aquele estado de *revisão contingente*, já estudado.

Vaz Serra[73] adotou postura dúbia ao tratar da questão. Sempre declarou rejeitá-los como passíveis de utilização do remédio jurídico oferecido pela doutrina da imprevisão. Acrescentou que nos contratos em que apenas uma das partes assumiu obrigações a ausência de reciprocidade obstaria ao emprego daquela excepcionalidade. Entretanto, o mesmo Vaz Serra,[74] prevendo a possibilidade de outras situações e sentindo que a limitação por ele preconizada não representava o me-

---

73. Artigo cit., "Separata" do *Boletim do Ministério da Justiça* (Coimbra) 69, p. 91.

74. Idem, p. 92.

A IMPREVISÃO NO CAMPO OBRIGACIONAL

lhor caminho, com sua visão de jurista ímpar, reconsiderou a restrição inicial, dizendo que a alteração das circunstâncias poderia conduzir a resultados diferentes da simples excessiva onerosidade da prestação. Poderia tratar-se de outra dificuldade exacerbada ou do desaparecimento da base do negócio devido a circunstâncias diferentes. Então, já a resolução do contrato pareceria aconselhável – acrescentou –, por não bastar a mera possibilidade de se reduzir a prestação ou de se modificar as modalidades de seu cumprimento. Portanto – concluiu, em redenção –, seria preferível não distinguir os contratos bilaterais dos unilaterais, admitindo, em princípio, para quaisquer deles a possibilidade de resolução ou modificação, cuja escolha pertenceria ao juiz, na falta de acordo das partes, e exigindo-se, para a modificação, que ela estivesse de conformidade com os cânones da eqüidade. Bem mais abrangente foi a redação do art. 437º do Código Civil Português (v. nota de rodapé 55) quando tratou da alteração das circunstâncias. Ao dizer "tem a parte lesada (...)" – a rigor, *virtualmente lesada*, conforme já observado –, logicamente se referia tanto ao *credor* como ao *devedor* da obrigação, pois ambos são partes.

Entre os autores portugueses estudados, o único a enfrentar o problema de forma equilibrada e a apontar soluções fundadas em raciocínio lógico e jurídico foi, como sempre, Carvalho Fernandes.[75] Este jurista fez interessante distinção entre *contratos unilaterais em benefício do credor* e *em benefício do devedor* – preocupação que poucos tiveram. Começou por criticar os que rejeitavam a aplicação da teoria da imprevisão a este tipo de pacto, aduzindo que caso se tratasse de um contrato unilateral em benefício do credor o problema mais importante seria o de saber se este poderia reagir contra o aviltamento da prestação. Com efeito – prosseguiu –, no caso oposto, no agravamento da prestação, parece não restar dúvidas quanto a ser possível ao devedor reagir contra ela, invocando o regime da superveniência. A hipótese primeiramente referida traduzir-se-ia, normalmente, no desaparecimento do interesse do credor. Haveria casos em que o credor preferiria extinguir o contrato a receber uma prestação que já não teria qualquer interesse para si, prerrogativa que se lhe deve ser reconhecida. Esta alternativa não representa qualquer ofensa ao direito ou ao interesse da outra parte. Constata-se que o verdadeiro problema surgiria quando os contratos unilaterais fossem em favor do credor. Quando o beneficiado é o devedor todos os autores admitem o uso da imprevisibili-

75. Artigo cit., *Boletim do Ministério da Justiça* (Coimbra) 128/139.

708 A TEORIA DA IMPREVISÃO NO DIREITO CIVIL E NO PROCESSO CIVIL

dade, assentados na excessiva onerosidade da prestação. Ora, admiti-la em contratos unilaterais somente em benefício do devedor é postura que se reveste de odiosa discriminação, sem qualquer juridicidade. Aceitar que o beneficiário receba a prestação aviltada ou que deva "contentar-se com ela diminuída (...) uma vez que nada paga", ou, ainda, "não receber tudo aquilo que se esperava receber (...) porque (...) isto parece melhor do que nada", como raciocinaram os juristas lusitanos (Vaz Serra e Rocha de Gouveia), é usar dois pesos e duas medidas para aferir o mesmo valor – o que para o Direito é inadmissível. Carvalho Fernandes,[76] na tentativa de defender sua aplicação aos contratos unilaterais benéficos, ponderou ser limitada a compreensão de que a aplicação da teoria da imprevisão (defendida por aqueles que entenderam ser ela possível somente defronte de um desequilíbrio entre prestação e contraprestação) devesse ser excluída do âmbito dos contratos gratuitos. Nestes, como é sabido, de forma alguma se poderá falar em contraprestação ou, ao menos, em retribuição à prestação do devedor, decorrente de sua unilateralidade. Lembrou, ainda, Carvalho Fernandes que, uma vez revelado o verdadeiro motivo que leva à exclusão deste tipo de contratos, logo se veria o artificialismo de tal posição e se concluiria que, a não haver outra razão de mais peso e fundamento jurídico a justificá-la, a restrição deveria ser afastada. Terminou propondo que bastaria dar à imprevisão todo seu sentido lógico e alargar seu âmbito quanto às alterações da economia do pacto para poder incluir em seu universo os contratos unilaterais gratuitos.

Um outro interessante enfoque deve ser feito. Em princípio, a pertinência da doutrina circunscreve-se às obrigações nascidas no bojo dos contratos, sejam eles bilaterais, unilaterais ou aleatórios. Esta é a tese aqui defendida. Entretanto, uma vez aceito seu emprego nos contratos aleatórios e, principalmente, nos unilaterais, o perfil do instituto poderá estar perfeitamente delineado em obrigações provindas de outras fontes que não o contrato Deste modo, excepcionalmente poderá existir uma situação em que, embora a obrigação não provenha de relação genuinamente contratual, mas sim de uma manifestação unilateral de vontade – como é o caso da *promessa de recompensa*, que alguns juristas entendem ser um contrato unilateral –, diante da alteração profunda da base em que se deu a vontade manifestada, causada por eventos anormais, seja possível igualmente o emprego da teoria da imprevisão. Neste aspecto, é indiscutível que a discussão terá seu

76. Artigo cit., *Boletim do Ministério da Justiça* (Coimbra) 128/140.

A IMPREVISÃO NO CAMPO OBRIGACIONAL 709

eixo deslocado, passando da pertinência ou não do emprego da imprevisibilidade nos contratos unilaterais para a questão de ser ou não a *promessa de recompensa* um *pacto* ou uma simples *manifestação unilateral de vontade*. O art. 459º do Código Civil Português,[77] disciplinando este tipo de manifestação de vontade, chamou-a de *promessa pública*. No nosso Direito, apenas *promessa de recompensa*, regulada pelos arts. 1.512[78] e ss. do Código Civil vigente (art. 853 do novo CC).

Carvalho Fernandes ilustrou a tese em pauta com o seguinte exemplo: "Um indivíduo declara, num anúncio feito num jornal, que compra, por certa quantia, um livro geralmente considerado raridade bibliográfica, até porque a casa editora declarara que não voltaria a reeditá-lo. Mas pode acontecer que, entre o momento do anúncio e o aparecimento de alguém interessado na oferta feita por aquele indivíduo, se verifique uma reedição da obra. Levantam-se aqui problemas em tudo idênticos aos que vimos ser objecto das discussões dos autores a propósito da imprevisão: ou seja, saber se o primeiro indivíduo continua vinculado à declaração feita, se pode pedir uma redução do preço oferecido ou considerar-se mesmo desvinculado da declaração, no caso de o segundo não aceitar a modificação do preço proposto".[79]

Na mesma linha de pensamento se encontrou Rocha de Gouveia,[80] dividindo a impossibilidade em absoluta e relativa (expressões das quais se discorda) – curiosamente, um opositor da aplicação da imprevisibilidade nos contratos unilaterais –, ao entender que, logicamente, tal como a impossibilidade absoluta, a impossibilidade relativa funciona como limite do dever de prestar em relação a toda a obrigação. Desta afirmação Carvalho Fernandes extraiu: "Daqui se pode até concluir que este autor aceita a aplicabilidade da imprevisão até mesmo quando a obrigação resulte da lei, embora não a aceite nos contratos unilaterais".

Carvalho Fernandes[81] observou, ainda, que se a hipótese não tivesse como base o contrato, mas declaração unilateral de vontade, e

77. "Art. 459º. Aquele que, mediante anúncio público, prometer uma prestação a quem se encontre em determinada situação ou pratique certo facto, positivo ou negativo, fica vinculado desde logo à promessa."

78. "Art. 1.512. Aquele que, por anúncios públicos, se comprometer a recompensar, ou gratificar, a quem preencha certa condição, ou desempenhe certo serviço, contrai obrigação de fazer o prometido."

79. Artigo cit., *Boletim do Ministério da Justiça* (Coimbra) 128/150.

80. Artigo cit., *Revista da Faculdade de Direito de Lisboa*, Suplemento, 1958, p. 22.

81. Artigo cit., *Boletim do Ministério da Justiça* (Coimbra) 128/151.

710 A TEORIA DA IMPREVISÃO NO DIREITO CIVIL E NO PROCESSO CIVIL

nela se abatesse a alteração imprevisível, mudando a base negocial, a teoria da imprevisão também poderia encontrar espaço. Não se discutiria que, à primeira vista – arrematou –, a idéia pudesse até ser considerada contrária ao espírito da doutrina (Neratius falou em *contractus*), porque a regra geral é a de que sua ocorrência só devesse ser aceita no universo dos pactos de execução diferida. Mas juristas existem – e não são poucos – que identificam a *declaração unilateral de vontade* como um perfeito e acabado *contrato unilateral*. Entendem que todos os elementos de natureza obrigacional estão presentes nesta modalidade. A divergência seria apenas de nomenclatura, porque conceitualmente se equivaleriam, e – o que é mais importante – a lei confere a ambos os mesmos efeitos, reconhecendo-lhes condições de aplicação do princípio da imprevisibilidade.

Pelas razões expostas, se o contrato – a promessa de recompensa a ele assemelhada – for de execução diferida, periódica, sucessiva ou a termo, preenchidos estarão os requisitos primários de aceitação ou não do exame da superveniência virtualmente lesiva a uma das partes. Assim, ultrapassado o juízo de admissibilidade do princípio, os outros pressupostos, tais como imprevisibilidade, inimputabilidade, excessiva onerosidade e extrema vantagem, essencialidade, estado moratório, lesão virtual – enfim, o elenco de fatores que irão dar condição ao julgador de conceder ou não o benefício jurídico em discussão –, serão aferidos. O mais importante, neste aspecto, é determinar se o pacto condiciona a execução ao decurso de um certo tempo, seja a convenção bilateral, unilateral, gratuita, onerosa, aleatória ou mesmo em simples promessa de recompensa – nesta última hipótese quando os reclamos da justiça comutativa se façam ouvir e sejam atendidos. Determinado este ponto de modo afirmativo e presentes os pressupostos de admissibilidade da doutrina, quaisquer restrições a este ou àquele tipo de pacto não têm fundamento lógico ou jurídico e se estiolam em sua própria falta de sentido.

Assim, vedar a aplicação do princípio aos contratos unilaterais, em especial aos gratuitos – relembre-se –, equivale a negar, por exemplo, seu uso ao credor da prestação em contrato de promessa de doação depreciada por acontecimento extraordinário. A postura, além de condenável, por ser restritiva, comete um pecado maior: nega o valor bilateral da própria justiça, deferindo apenas ao devedor da obrigação (e não ao credor) o recurso ao *remedium iuris* de exceção contido nas ações revisionais. Como referido, há quase 2 mil anos Neratius já falava em *contractus*, presumindo-se, sem muito esforço, a

A IMPREVISÃO NO CAMPO OBRIGACIONAL 711

inclusão dos unilaterais em benefício do credor, também conhecidos como gratuitos.

Como síntese do que foi exposto, além dos contratos sinalagmáticos, que, por sua natureza, gozam da proteção jurídica da imprevisibilidade, pelas razões desenvolvidas, naquela tutela devem ser incluídos os aleatórios e os unilaterais. Em regime de exceção, como visto, mesmo as obrigações nascidas de outras fontes devem ser alcançadas pelo benefício jurídico. Quando Neratius se referiu aos *contractus*, não os discriminou. Quanto às declarações unilaterais de vontade, como fonte das obrigações, a despeito de não provirem dos *contractus*, os princípios de justiça comutativa deverão autorizar sua proteção em situações de reconhecida alteração da base vinculativa inicial, geradora da lesão virtual para a qual a parte atingida não tenha concorrido, assentada na mais legítima idéia de socialização do Direito.

29.4 Os contratos aleatórios

29.4.1 A teoria da imprevisão e os contratos aleatórios

A legislação italiana que serviu de modelo aos arts. 478, 479 e 480 do futuro Código Civil Brasileiro, ao tratar da excessiva onerosidade, em seu art. 1.469, expressamente proibiu: "(...) as normas dos artigos antecedentes não se aplicam aos contratos aleatórios (...)".

Neste aspecto, os artigos supracitados da nossa legislação civil – embora cópia fiel dos arts. 1.467 a 1.469 da mencionada legislação italiana – felizmente silenciaram a respeito, sendo válido supor-se não haverem transplantado a mesma proibição. A omissão equivale, implicitamente, à autorização de emprego da doutrina no universo dos contratos aleatórios. E uma das justificativas talvez pudesse ser esta: estabelecer uma proibição de caráter genérico e indiscriminado como a da legislação italiana certamente traria também a vedação de seu uso quando o fato imprevisível não estivesse ligado ao campo de incerteza desses pactos – como aqui se procura demonstrar –, o que seria profundamente injusto.

Conhecidos como "contratos de sorte", na conceituação de Sanchez Román – citado por Othon Sidou[82] –, os aleatórios, por natureza, são convenções em que uma das partes tem sua prestação determinada no momento da celebração e a contraprestação da outra parte con-

---

82. *A Cláusula "Rebus Sic Stantibus" no Direito Brasileiro*, p. 80.

712   A TEORIA DA IMPREVISÃO NO DIREITO CIVIL E NO PROCESSO CIVIL

dicionada a evento que, embora identificado na vinculação, é incerto quanto à *efetiva ocorrência* e ao *quando* ela se dará, com riscos implícitos de ganho ou perda para os contratantes.

A aleatoriedade poderá ocorrer, ainda, na compra e venda de coisas futuras sujeitas a incertezas quanto à entrega, ou em fase de litígio, cujos riscos foram assumidos pelo comprador. São os casos, por exemplo, da aquisição de uma colheita futura de cereais, com a aceitação do risco de nada ser colhido; da busca de um tesouro no oceano, na selva ou em qualquer lugar, ou ainda de relíquias sagradas, ou arqueológicas; da dependência de decisão favorável (judicial ou extrajudicial) – que poderá ser contrária – sobre determinado bem que, à época da contratação, se encontrasse sob discussão.

Sinteticamente, os pactos aleatórios poderão ter como objeto:

a) *coisa certa*, mas duvidosa quanto à efetiva ocorrência e a quando isso se dará (jogo, aposta);

b) *coisa futura*, sujeita a desaparecimento ou frustração da procura (aquisição de safra a ser colhida, busca de tesouros ou relíquias);

c) *coisa existente, mas exposta a risco* (aquisição de coisa litigiosa).

Sobre todas estas situações pairam: a) imprecisão e dúvida quanto à efetiva ocorrência e quando o fato se dará; b) probabilidade de frustração do esperado; c) decisão judicial contrária que liquide de vez com as expectativas do adquirente da coisa.

29.4.2   As três áleas dos contratos aleatórios

Como linha de princípio, todo contrato contém uma *álea normal* na qual se espera que ocorram eventos próprios da contratação. Por este ângulo, quando as partes celebram um pacto acompanha-as a consciência plena de que, com a vinculação, assumem determinados *riscos* e todos eles encerram uma idéia probabilística. De início, a contratação infunde a convicção de que no seu curso regular poderá haver transformação de uma incerteza em certeza, em algo perfeitamente concreto e mensurável. Assim, o locador sabe que seu locatário poderá desviar a finalidade da contratação, deixar de pagar os aluguéis, causar danos ao imóvel, sublocá-lo sem consentimento, não pagar encargos – enfim, descumprir cláusulas –, tudo dentro de um espectro de riscos previsíveis, inseridos na chamada *álea normal* da contratação. Se os acontecimentos supervenientes são os previsíveis, a alteração que trarão à pretensão das partes poderá ser minimizada pelos me-

A IMPREVISÃO NO CAMPO OBRIGACIONAL   713

canismos de proteção constantes da lei, estabelecidos para enfrentar o
risco inicial de caráter subjetivo, agora transmudado em objetivo.

Nos contratos aleatórios esse campo possui características diversas, pois nasce impregnado pela dúvida, pela incerteza, pela indeterminação quanto à *ocorrência dos fatos previstos contratualmente* e à
sua data de efetivação.

Desta forma, um contrato a princípio comutativo pode se transformar em aleatório, em função da incerteza de uma das prestações,
condicionada à ocorrência ou não do evento previsto contratualmente
pelas partes, fundamentalmente marcado por uma condição suspensiva.

Segundo João de Castro Mendes[83] um contrato é considerado
aleatório quando tem como característica a incerteza ou álea, que se
define por um fato incerto quanto à sua verificação e/ou quanto ao
momento da sua verificação.

Da possibilidade de efetivação do fato incerto é que nasceu o
nome *aleatório*, significando pactos caracterizados pela dúvida, incerteza, imprecisão, indeterminação, por se encontrarem ligados a acontecimentos futuros, regidos por duas exigências condicionantes: (a)
efetivo surgimento do fato previsto e (b) se efetivo, *quando* ocorreria.
A origem latina do termo "aleatório" significa "dado de jogar" (regido pela *sorte*), que os dicionários registram como a "probabilidade de
perda concomitante à probabilidade de lucro".[84]

Relembre-se César às margens do Rubicão, ao tomar a decisão
de invadir Roma: "Alea iacta est".

Quanto à indiscutível pertinência de aplicação da doutrina da imprevisibilidade aos pactos aleatórios – a ser extraída do silêncio dos
arts. 478, 479 e 480 do novo Código Civil –, uma antiga dúvida precisa ser desfeita. Como regra geral, os contratos de execução diferida
possuem uma álea normal de previsão de riscos, conhecida como terreno natural de ocorrências possíveis e prováveis, sobre os quais não
pairam dúvidas nem há incertezas e para os quais a lei prevê alternativas e soluções. Neles as inexecuções contratuais podem ocorrer ou
não, independentemente da existência do fator "sorte". Paralelamente
à álea normal das contratações, um outro campo existe no qual os
acontecimentos anormais surgem e se desenvolvem, que – de forma
subjetiva, como no plano natural das convenções – sancionam o em-

83. *Teoria Geral do Direito Civil*, v. III, p. 747.
84. Aurélio Buarque de Hollanda Ferreira, *Novo Dicionário Aurélio*, p. 64.

714 A TEORIA DA IMPREVISÃO NO DIREITO CIVIL E NO PROCESSO CIVIL

prego da teoria da imprevisão, sendo válida a conclusão de que, aprioristicamente, como já discutido, nos pactos de obrigação postergada existem duas áleas de ocorrência dos fatos: a *álea normal*, comum a todas as obrigações assumidas para serem executadas no futuro, em que os incidentes de percurso contratual são previsíveis no ato vinculativo; e a *álea anormal*, terreno dos fatos imprevisíveis, incomuns, por isso identificados como extraordinários. Para a aceitação desta segunda álea é indispensável considerar a possibilidade de sua existência também fora do campo dos contratos, isto é, a identificação de uma álea extracontratual, que ao longo desta pesquisa é identificada como *aura contratual*. Para os primeiros a solução já se encontra normatizada; para os últimos, ainda *de iure constituendo*, majoritariamente, doutrina e jurisprudência – e futuramente a legislação – têm admitido solução por via do emprego dos princípios da imprevisibilidade, com vistas à obtenção de justiça comutativa, sempre fundada na eqüidade e boa-fé.

No que se refere aos aleatórios, corporificam uma exceção com características diferenciais acentuadas, e, portanto, não seguem a regra mencionada. Além das discutidas áleas normal e anormal, possuem uma outra, caracterizada pela possibilidade de ocorrência de evento assentado na futuridade, isto é, na mais absoluta incerteza (especificamente apenas no que tange à *configuração do fato* (*se*) e ao *quando* ele se dará). Entretanto, embora marcada pela imprecisão, esta álea hegemônica de fatos duvidosos, ao contrário do que se pensa, não tem a faculdade de suprimir aquela outra que existe naturalmente em qualquer convenção (álea normal), portanto comum a todos os pactos de execução diferida. Apenas a ela se sobrepõe de forma temporária, afastando momentaneamente seus efeitos, para possibilitar a atuação daquela convenção *sui generis*, sublinhada pela incerteza (aleatoriedade), determinante direta da suspensão provisória de sua eficácia. Isto porque no subsolo do pacto permanece, por todo o tempo, em estado hibernal, a álea comum de acontecimentos, e ali se mantém. Em síntese: a álea normal não se subsume à álea *sui generis* dos contratos aleatórios.

Em função do caráter especial da convenção fundada em situações duvidosas, apenas cede sua titularidade a outra álea, de caráter excepcional. O que ocorre, a rigor, é o surgimento de uma outra álea, e não, como se pensa, um alargamento, desaparecimento ou substituição da primitiva. A álea primitiva continua a existir e se conserva em estado passivo, latente, enquanto presente a possibilidade de efetiva-

A IMPREVISÃO NO CAMPO OBRIGACIONAL 715

ção dos fatos duvidosos, previstos contratualmente. Como a doutrina da imprevisibilidade só é passível de emprego fora do campo normal dos eventos (metacontratual), à primeira vista poderia dar a impressão de que sua utilização só encontraria espaço nos contratos de álea comum, e jamais nos pactos denominados *aleatórios*, isto é, no universo específico de fatos regidos pela dúvida. É necessário, desde logo, estabelecer que, por todas as razões imagináveis, os termos *imprecisão*, *incerteza*, *indeterminação*, *dúvida*, não podem ser tomados como sinônimos de *imprevisibilidade*. Na verdade, de forma subjacente ao caráter específico dessas convenções, a álea disciplinada pela normalidade (que nasceu com o pacto) permanece inalterada, pela simples razão de que o aspecto duvidoso das convenções aleatórias refere-se especificamente à *efetivação* ou não do fato acautelado contratualmente (portanto, identificado, conhecido), e, em caso positivo, *quando* aquele fato se dará. Como se constata, a discussão gravita em torno de *fatos previsíveis*, e não *imprevisíveis*, conseqüente à sua identificação apriorística.

Como conclusão inicial, temos: os *contratos aleatórios* – e parecem ser os únicos em nosso ordenamento – possuem *três áleas*, independentes e diferenciadas. Uma *natural*, comum a todos os pactos, em que os riscos são previsíveis, com soluções normatizadas; outra de natureza *extracontratual*, específica para a identificação de acontecimentos imprevisíveis, inteiramente alheios e diferenciados; e uma terceira, determinada pela *natureza "sui generis" da contratação*, marcada pela dúvida, pela incerteza da contraprestação. Nestas três áleas – comum, incomum e aleatória – situações distintas podem ser configuradas: a) se, nessas contratações aleatórias, o acontecimento recair sobre a álea comum, de riscos previsíveis (não-pagamento de prestações, desobediência a cláusulas contratuais expressas), a própria lei prevê solução; b) se o fato incidente sobre a base negocial for imprevisível, *não atingindo nem a álea "sui generis"* do pacto aleatório, *nem a normal*, mas em plano de natureza extracontratual (distante do comum ou da dúvida que caracteriza a aleatoriedade, isto é, ocorrência efetiva e quando), não cabem dúvidas de que a doutrina da imprevisibilidade encontrará espaço; c) finalmente, se a prestação de uma das partes estiver caracterizada pela dúvida, incerteza, imprecisão (jogo, aposta, entrega de coisas futuras sujeitas a riscos, ou em litígio), identificadores do caráter aleatório da contratação, também a normatização já existente no estatuto privado sobre a espécie ditará as regras a serem seguidas.

716 A TEORIA DA IMPREVISÃO NO DIREITO CIVIL E NO PROCESSO CIVIL

Nunca será demais insistir: se o evento identificado como imprevisível se abater sobre uma contratação aleatória, atingindo especificamente seu campo "não-aleatório", apenas sua *aura*, não há como negar a possibilidade de abertura de espaço para o emprego da doutrina da imprevisibilidade. Se estiver caracteristicamente marcado pela incerteza ou dúvida quanto à ocorrência e época de transformação de garantia subjetiva em lesão objetiva, a teoria da imprevisão, indiscutivelmente, não encontrará espaço. Sinteticamente: *a teoria da imprevisão sempre será aplicável aos pactos aleatórios desde que o evento alterador da base contratual não se relacione com sua álea específica de incertezas. Se àquela álea estiver ligado, seu emprego estará afastado.*

Esta conclusão é extraída da ausência de qualquer referência ou proibição expressa de emprego nessas convenções, perceptível nos arts. 478, 479 e 480 do futuro Código Civil Brasileiro. A legislação italiana, no art. 1.469 do Código Civil em vigor, de forma expressa vedou a aplicação da doutrina da imprevisibilidade aos pactos aleatórios, confundindo *possibilidade de configuração* de um fato, indeterminado apenas quanto à *real efetivação* e seu *tempo*, duvidoso ou incerto, com *acontecimento imprevisível*. Felizmente, neste ponto não foi copiada. Colocada a discussão nestes termos, não seria absurdo afirmar-se que, como linha de princípio, todo contrato possui duas áleas: uma *normal* (comum a todos) e outra *anormal* (reduto dos eventos imprevisíveis). Entretanto, excepcionalmente, em especial nos contratos aleatórios, seria possível identificar – além das áleas normal e anormal – mais uma: a que abre espaço para os fatos duvidosos (quanto à *efetivação* e *quando* eles se darão), responsável pela concreta ocorrência das situações classificadas como aleatórias, previamente estabelecidas na contratação.

A aceitação da tese proposta e desenvolvida condiciona-se apenas ao reconhecimento de que *álea* nada mais é do que o *espaço* (em plano subjetivo) em que os fatos se desenvolvem, podendo ser de natureza normal ou anormal, abstraindo-se, aprioristicamente, a idéia condicionante e comprometedora de que ela só possa ter existência na esfera contratual. Neste aspecto, necessárias se fazem algumas considerações e conclusões sobre o tema *espaço*.

Inicialmente, é preciso estabelecer que o Direito tem seu lugar específico no campo das ciências humanas, e ele próprio pode ser compreendido como um *espaço* epistemologicamente estruturado. Seus ramos e subdivisões mantêm relações lógico-conceituais passí-

A IMPREVISÃO NO CAMPO OBRIGACIONAL   717

veis de serem representadas espacialmente, entendendo-se que se trata de algo que ocorre fundamentalmente no *tempo*. Naturalmente, esse espaço tem natureza metafórica (nem imaginária, nem virtual), e para sua identificação é freqüente o uso de expressões como *dimensão, lugar, campo, terreno, plano, linha de fuga, instância, topologia*. Quando se aplicam termos espaciais a objetos históricos (como o homem) adentra-se o terreno das *metáforas*, designando-se de forma oblíqua aquilo que não se pode nomear diretamente. Heidegger, em *Ser e Tempo* (1928), deixou bastante claro que a analítica existencial explicita como condição ontológica do homem a *temporalidade*. Assim, *espaço* e *tempo* (em um momento, dentro ou fora de um contrato), por estarem ligados à percepção de objetos físicos, são intuições puras, que situam em algum *lugar* ou *instante* os objetos da nossa experiência. *Espaço* e *tempo* são condições de possibilidade de toda representação mental ou cognitiva da realidade. De outro modo: se percebemos as coisas no *espaço* não é porque elas estejam lá fora, no mundo, mas porque nosso espírito está constituído de tal modo que não podemos pensá-las de outra maneira. "Perceber" significa aferir no espaço e no tempo, atribuir ao objeto lugar e instante.

Deste modo, no campo do contratualismo e fora dele existirá sempre um *espaço conceitual*, tanto para os fatos previsíveis como imprevisíveis, que consiste, evidentemente, também em uma *metáfora*, mas não em uma realidade tridimensional, como, a princípio, dispôs a Geometria euclidiana. Em acréscimo, é relevante advertir, contudo, que essa metáfora não se queda inerte; pelo contrário, é ativa, plena de significado e de conceitos, uma vez que seu conteúdo é exatamente o conjunto de relações entre os elementos nela representados.

De todo o exposto, uma primeira conclusão pode ser extraída: o *espaço metafórico conceitual* destinado à efetivação dos riscos normais, anormais e aleatórios de uma contratação será sempre o *mesmo*, pouco importando quando e onde ocorra (dentro ou fora do contrato), desde que atendidos os pressupostos de sua identificação, a começar pela execução diferida da obrigação. Sob todos os aspectos, pela total falta de suportes fático ou jurídico, hoje se afigura indefensável a superadíssima tese fulcrada na pretensão de privilegiar apenas os contratos, conferindo-lhes, *ipso facto*, a exclusividade de conterem – *somente eles* – o *espaço necessário* para o surgimento de eventos, com desprezo a séculos de sedimentação doutrinária e jurisprudencial orientada para a aceitação da existência de uma álea ou espaço metacontratual.

718 A TEORIA DA IMPREVISÃO NO DIREITO CIVIL E NO PROCESSO CIVIL

Por tais motivos, reduzindo toda a discussão a uma simples questão terminológica e, como marco de referência, traduzindo a expressão *álea contratual* como equivalente a *espaço* – campo fenomenológico contratual em que surgem os eventos normais e *sui generis*, estes últimos identificados como aleatórios, e ainda os extracontratuais (espaço, campo, álea ou *aura da imprevisibilidade*) – é que se defende a existência de *três áleas* nos pactos cercados por dúvidas, incertezas, imprecisões, denominados *aleatórios*.

Assim, como discutido, como linha de princípio, todos os pactos possuem *duas áleas* – ou *dois espaços* – nas quais se coreografam fatos comuns e incomuns. Elevam-se para *três* quando em relação ao *espaço* em que o evento ocorre – embora não sendo *comum* (álea normal), nem *incomum* (álea anormal) –, por suas características *sui generis* e em razão de especificidade inexistente na álea natural, o evento de gênero próprio se posiciona distante daquelas áleas. Ao identificar um fato nitidamente marcado pela presença de componentes duvidosos, com objeto previamente identificado, tais manifestações de vontade apresentam-se no universo contratualístico como convenções aleatórias.

29.4.3 A álea (ou aura) da imprevisibilidade nos contratos aleatórios

Parece ser inteiramente pertinente e oportuna a criação de uma metáfora na tentativa de "visualização" da álea extracontratual em que o fenômeno da imprevisibilidade ocorre. Assim, o espaço em que o evento extraordinário surge e se desenvolve, comprometendo, irreversivelmente, a economia contratual, no exercício de uma indispensável liberdade de expressão, poderia ser chamado de *aura*, assemelhada àquele campo eletromagnético multicor que se observa nas fotografias Kirlian.[85] Deste modo, no desenvolvimento deste estudo, sempre que

---

85. "Quando alguém aborda a história da kirliangrafia, cita sempre o nome de Semyon Davidovitch Kirlian, como tendo sido o primeiro ser humano responsável pela construção da máquina fotográfica Kirlian. Na verdade, o que ele construiu foi apenas sua *primeira* máquina (máquina de eletrofotografia), em 1939, na cidade de Krasnodar, na ex-União Soviética. Entretanto, a primeira máquina de eletrofotografia foi construída no Brasil, em 1904, pelo padre *Landel de Moura*, gaúcho de Porto Alegre. Na Capital Gaúcha existe um museu com seu nome e registro de suas pesquisas. Como ele era subordinado à Igreja Católica – que proibia a discussão de certos inventos –, a máquina eletrofotográfica por ele inventada não pôde ser patenteada nem divulgada, principalmente porque ele deu o nome de *perianto* a um dos efeitos revelados pela máquina e a Igreja, temendo que o termo fosse confundido com *perispírito*, da doutrina kardecista, foi categórica em sua proibição. Dentre as inúmeras teorias que existem

A IMPREVISÃO NO CAMPO OBRIGACIONAL   719

se fizerem necessárias referências à álea metacontratual em que o evento incomum tenha lugar será utilizada a expressão *aura contratual*.

Merecem registro as observações de Miguel Reale[86] ao falar deste tipo de contratos *sui generis* na "Exposição de Motivos" do Projeto do futuro diploma civil brasileiro, em implícita referência à imprevisibilidade. Esclareceu ele que em outros pontos foram preenchidas lacunas incontestáveis. Lembrou, entre outras, a hipótese dos "contratos aleatórios", que a lei privada em vigor contemplava prevendo apenas o caso de álea relativa à "entrega de coisas futuras", quando, em nosso tempo, o que prevalece é a assunção do risco, parcial ou integral, em razão dos fatos ou atos futuros, que nasce de um complexo de exigências da vida contemporânea. Alterado o conceito de "contrato aleatório" – complementou –, em mais de uma oportunidade se procurou preservar os direitos dos contraentes na *hipótese de álea anormal*, incompatível com a "natureza ou estrutura do negócio". Como se vê, o reconhecimento de existência de uma álea incomum ou anormal (seara da imprevisibilidade) nos pactos aleatórios não deve ser considerado como uma novidade.

Com o espírito liberal que sempre o definiu, Carvalho Fernandes[87] enfrentou mais este desafio e provou que a visão do tema é distorcida e nenhuma razão jurídica existe para a negativa sistemática de aplicação da doutrina de exceção aos contratos aleatórios. Demonstrou que as alterações anormais podem ocorrer em dois planos distintos, inteiramente diversos, mas presentes e constantes do universo jurídico daquelas convenções. Por um lado – esclareceu Carvalho Fernandes[88] – a transformação pode dizer respeito a aspectos que estão nitidamente fora da álea do contrato; por outro, não se pode dizer que nos contratos aleatórios, por definição, não exista uma álea anormal. Interessa,

---

para explicar o fenômeno, a mais aceita é a que defende a existência ao redor de corpos materiais, orgânicos ou inorgânicos – além dos gases e vapores e da fraquíssima irradiação que vai do infravermelho, passando pela luz visível e indo até a cor ultravioleta –, também de um campo energético, assemelhado às irradiações eletromagnéticas. Segundo Konstantin Korotkov, Ph.D da Universidade de S. Petersburgo, na Rússia, a mistura de gases e vapores, em contato com o campo elétrico da placa de qualquer máquina Kirlian, provoca a ionização daqueles gases, responsável pela formação do halo luminoso" (Newton Milhomens, "A kirlingrafia no Brasil", *Kirlian.com.br – História*, disponível em *http:///www.kirlian.com.br*).

86. In *Diário do Congresso Nacional*, Seção I, Brasília, Suplemento, setembro de 1975, p. 12.

87. Artigo cit., *Boletim do Ministério da Justiça* (Coimbra) 128/143.

88. Idem, ibidem.

720 A TEORIA DA IMPREVISÃO NO DIREITO CIVIL E NO PROCESSO CIVIL

pois – concluiu –, averiguar a possibilidade de alterações que sejam alheias ao seu aspecto aleatório e se haverá casos de relevância de alterações, ainda que digam respeito à própria extensão da álea da contratação. O jurista ilustrou sua tese com o seguinte exemplo: "Num contrato de aposta dois indivíduos declaram que, conforme certo cavalo ganhe ou não determinada corrida, assim um deles pagará ao outro determinada quantia 'x'. Admitindo que, entretanto, sobreveio uma desvalorização da moeda, não se vê motivos para não invocar a teoria da imprevisão. O aspecto que se modificou no contrato não respeita sequer o seu carácter aleatório".

O mesmo autor, valendo-se da hipótese apresentada, procurou abordar um outro ângulo da questão em que também entendeu não ter sido atingido o campo minado da incerteza, porque seus fatores determinantes se desenvolveram em área distinta, sem qualquer relação direta com a álea *sui generis* daqueles contratos: "Podemos retomar o exemplo da aposta sobre o cavalo vencedor de determinada corrida. Se 'A' apostou que o cavalo 'Z' ganhará e 'B' afirmou que não ganhará, devendo o que perder a aposta pagar quantia ao outro, poderá levantar-se um problema de imprevisão quanto a saber se no contrato cabe a hipótese de ter adoecido o *jockey* que normalmente conduziria o cavalo e o substituir outro menos destro, ou a de concorrentes desleais terem ministrado drogas ao cavalo, ou qualquer outro caso do mesmo género".[89]

O primeiro exemplo parece perfeito. No segundo, *data venia*, o ilustre jurista forçou os limites. Um *jockey* doente pode perfeitamente ser substituído, cabendo ao dono do cavalo manter um substituto à altura do que se encontre impossibilitado. Quanto à doença do animal – que o impossibilitaria de correr ou lhe tiraria as condições ideais para tanto –, não insere a questão nas hipóteses de imprevisibilidade, por lhe faltarem todos os pressupostos exigidos, e nem ao menos de caso fortuito ou de força maior, simplesmente porque, sendo o Direito uma ciência eminentemente social, o homem será sempre seu titular e destinatário, na condição única de sujeito de direito, restando ao animal apenas a condição de objeto do Direito. As hipóteses apresentadas – vale repetir – não se qualificam como de caso fortuito ou força maior, e muito menos de imprevisibilidade, uma vez que tanto a substituição do cavaleiro como a falta de condições do cavalo são fatos perfeitamente inseridos na álea comum das contratações. Ademais, relembre-

89. Artigo cit., *Boletim do Ministério da Justiça* (Coimbra) 128/145.

A IMPREVISÃO NO CAMPO OBRIGACIONAL   721

se: a teoria da imprevisão não pode servir de panacéia a ser aplicada indiscriminadamente. Isto se a pretensão for um mínimo de garantia contratual. Há de existir um rigoroso critério no seu emprego, sob pena de subversão e desvirtuamento de seu nobre espírito e real finalidade, trazendo a conseqüente insegurança nas relações jurídicas. Relembre-se, mais: o emprego desregrado da cláusula *rebus sic stantibus* – embrião da moderna imprevisão – nos séculos XVI a XVIII foi causa de sua decadência; e a repetição daquela situação é o que menos se deseja, devendo ser evitada a qualquer custo. As hipóteses aventadas no segundo exemplo eram perfeitamente previsíveis, devendo, em princípio, constar do elenco de acontecimentos normais do cotidiano, razão por que não podem ser tidas como imprevisíveis, subsistindo no pacto a álea *sui generis* em que a aposta foi inserida, isto é, sua aleatoriedade, a par com a incomum, na *aura contratual*, campo onde nasce e se desenvolve a teoria da imprevisão.

Adite-se que o exemplo de imprevisibilidade fornecido por Carvalho Fernandes (desvalorização da moeda), como exposto, só poderá ser assim considerado em contextos de economia estável (Portugal), não servindo de parâmetro para a nossa, na qual, há muito tempo, tanto a inflação como a perda do valor monetário mantêm o vai-e-vem característico das aves de arribação. Sublinhe-se que, a persistir por décadas o controle inflacionário ora existente, como nos países europeus, Canadá, Estados Unidos, talvez, então, se possa considerar a inflação um acontecimento imprevisível, na hipótese da sua volta; nas atuais circunstâncias, não.

Neste ponto, seria oportuna a indagação: em que aspecto os acontecimentos referidos – considerados duvidosos, incertos ou imprecisos – poderiam ser confundidos com o autêntico fato extraordinário (essência da doutrina da imprevisibilidade), de forma a afastar o emprego do princípio? Nos contratos aleatórios o que se discute – e se assegura – é a *efetiva ocorrência do fato* e, em caso positivo, *quando* isso ocorrerá. Ora, quando se fala na possibilidade de que tais eventos se abatam sobre a contratação discutem-se fatos perfeitamente previsíveis, condicionados apenas à *confirmação* e à *temporalidade*, não eventos imprevisíveis. De outra forma: analisam-se situações definidas anteriormente, embora incertas quanto à materialidade e data de efetivação, totalmente distintas e inconfundíveis. A *positividade do fato* assinala com precisão a passagem do *campo subjetivo* (simples garantia) para o *objetivo* (ocorrência do fato assegurado), inteiramente conhecidos e identificados no momento da vinculação contratual.

722 A TEORIA DA IMPREVISÃO NO DIREITO CIVIL E NO PROCESSO CIVIL

Considerar equivalente uma álea marcada pela incerteza, eminentemente contratual, assentada em fatos previstos no convencionado – portanto, conhecidos –, à que traça as coordenadas da imprevisibilidade, de natureza extracontratual – inteiramente desconhecidas –, é laborar em equívoco imperdoável. A incerteza quanto a fato determinado, perfeitamente identificado, não pode ser equiparada à dúvida que paira sobre uma contratação quanto à possibilidade de ser atingida por acontecimento reconhecidamente imprevisível, sem quantificação, forma, intensidade e efeitos que caracterizam a *ocorrência anormal*.

Nos contratos aleatórios existirá sempre a satisfação de uma *conditio*, envolta em incerteza, que consubstancia a responsabilidade da outra parte, convocada a satisfazer objetivamente sua obrigação. Esta, até então situada no plano subjetivo, com a passagem para o objetivo e conseqüente dissipação das sombras da incerteza, determinará o caráter positivo ou negativo da contraprestação. Para que isso ocorra é necessário apenas que a responsabilidade de uma das partes seja de realização duvidosa, esteja sujeita a riscos que poderão viabilizá-la ou não. Por outro lado, para a aplicação da teoria da imprevisão o fato alterador do suporte contratual coloca-se fora de qualquer possibilidade de identificação apriorística, sendo, portanto, imprevisível. O fato de ter ou não precedentes (guerra, proibições do Governo, retirada de produtos do mercado, epidemia, golpe de Estado, revolução e até racionamento de energia elétrica) é irrelevante, devendo apenas se manifestar antes do vencimento da obrigação. São situações distintas, disciplinadas por diretrizes próprias e inconfundíveis. Por tais razões é que se sustenta a tese de que as áleas normal e anormal das contratações nunca são absorvidas pela álea específica dos pactos aleatórios (ou vice-versa). Estes, com o predominar do caráter aleatório, apenas momentaneamente afastam a atuação e o comando energético das áleas comum e incomum, mas em nenhum momento as absorvem ou excluem, de forma a proibir a reação aos riscos considerados naturais ou o recurso à teoria da imprevisão, quando extraordinários.

Neste ponto é possível uma conclusão: seriam aleatórios todos os contratos assentados em dúvidas, incertezas, em relação à efetiva ocorrência do fato impreciso. Para tanto, há de existir na contratação aleatória a passagem do plano *subjetivo* (*se*) para o *objetivo* (*quando*). Por este prisma, existente o fato efetivamente duvidoso, no contexto identificado como objeto da relação jurídica que se forma, com ele surge a possibilidade de transformação de um estado virtual em objetivo, emergente da passagem da incerteza da entrega da prestação prometi-

A IMPREVISÃO NO CAMPO OBRIGACIONAL   723

da para uma realidade que, em função das circunstâncias, será positiva ou negativa, mas sempre marcada pela ausência de certeza, como exigem a "sorte" ou "azar" contidos na aleatoriedade. Deste modo, aquele que se vincula em convenção aleatória sabe previamente que a essência de sua contratação já nasce indelevelmente marcada pelo risco calculado.

Nessa situação também estará aquele que aposta ou joga. Sabe previamente que se o resultado for "x", perderá; se for "y", ganhará. Não há como se equiparar um resultado previamente conhecido – conteúdo dos aleatórios, tão-somente vinculado a probabilidades, não a possibilidades, como é o caso do fato imprevisível que orienta a aplicação da doutrina de exceção. E foi apoiada no equívoco da equiparação denunciada que uma corrente doutrinária entendeu não ser cabível o emprego da teoria da imprevisão nos contratos aleatórios. Fundamentou sua negativa na natureza daqueles pactos, que ultrapassavam a chamada álea normal da convenção, caracterizados basicamente pela incerteza que cercaria o momento da execução futura. Esta facção acabou por conseguir que no universo do contratualismo italiano de 1942 os contratos aleatórios fossem expressamente excluídos do abrigo do *remedium iuris* da imprevisibilidade, conforme se colhe do art. 1.469, mencionado.

Caio Mário da Silva Pereira[90] considerou como aleatórios todos os contratos em que a prestação de uma das partes não fosse precisamente conhecida e suscetível de ser estimada previamente, inexistindo equivalência com a da outra parte.

Explicou Juan Terraza Martorel que: "(...) no todas las mutaciones de las cosas autorizan a pedir la resolución de un contrato a largo término, sino solamente aquellas que cambien la razonable relación entre la prestación y la contraprestación, que no fueron ni pudieron ser previstas por los contratantes cuando estipularon el contrato, *aunque sea aleatorio*"[91] (grifamos).

Carlos Alberto Bittar Filho[92] – na linha da legislação italiana – adotou tese contrária à que ora se defende, consubstanciada na impossibilidade de aplicação da doutrina da imprevisibilidade aos contratos

90. Ob. cit., v. II, p. 47.

91. *Modificación y Resolución de los Contractos por Onerosidad o Imposibilidad en su Ejecución*, p. 24.

92. *Teoria da Imprevisão – Dos Poderes do Juiz*, Coleção "Constituição de 1988 – Primeira Leitura", v. 16, p. 23.

724   A TEORIA DA IMPREVISÃO NO DIREITO CIVIL E NO PROCESSO CIVIL

aleatórios e unilaterais, ao dizer que é plenamente possível a utilização da teoria em apreço tratando-se de contratos comutativos de execução diferida, continuada ou periódica, não se podendo dela cogitar para a resolução de contratos aleatórios, ou unilaterais.

Pelos motivos já desenvolvidos – ora sintetizados –, é imperioso divergir: *primeiro* porque, sendo o contrato de execução diferida, como acontece com este tipo de pacto, a proibição genérica de uso da doutrina da imprevisão aos mesmos seria uma restrição injustificada à sua área de atuação, o que, até por coerência jurídico-histórica, não pode ser aceito ("... contractus qui habent tratum sucessivum...", disse Neratius); *segundo* porque uma vedação desta ordem estaria fundada na convicção de que a álea natural dos contratos teria sido absorvida pelo caráter aleatório e que, *ipso facto*, só existiria uma álea específica – a da incerteza futura –, o que não corresponde à verdade; *terceiro* porque esta postura exclui a possibilidade de que o evento extraordinário possa atingir outro aspecto da contratação – que não o duvidoso – e ali fazer nascer a lesão virtual para uma das partes, sem qualquer relação com sua álea específica; *finalmente* – como complementação do primeiro motivo – porque, uma vez excluída a possibilidade de existência de uma outra álea (a não ser a que dá origem e nome a tais contratações), fecham-se as portas à possibilidade de ocorrência do fato incomum em campo paralelo (*aura contratual*), campo da doutrina da imprevisibilidade. Em síntese: é perfeitamente possível que o acontecimento extraordinário ocorra, sem qualquer relação com a natureza aleatória destas convenções, em álea anormal, extracontratual, distante das chamadas áleas normal ou *sui generis* dos contratos aleatórios. Para negar sua pertinência e total possibilidade de aplicação necessário seria demonstrar, antes de tudo, a impossibilidade desta ocorrência.

É fundamental ter em mente o fato de que um campo de riscos específicos, caracterizado por incertezas previamente determinadas, não significa, necessariamente, hegemonia daqueles riscos duvidosos, com exclusão de outras possibilidades, sejam normais ou anormais. Daí se deduz haver um ponto em que a incerteza, gravitando em uma órbita sem qualquer pertinência com o fato em discussão, deverá ceder o passo para que outros fatores passem a disciplinar as regras aplicáveis ao caso concreto. Nesta hipótese, ocorrendo alteração do alicerce negocial em campo diverso da álea específica das incertezas, não incidente naquela considerada como normal e previsível, mas especificamente em álea anormal, sendo iminente a lesão virtual para uma

A IMPREVISÃO NO CAMPO OBRIGACIONAL 725

das partes, inarredável será a aplicação da teoria da imprevisão, na tentativa de revisar o pacto com toda a eqüidade possível; e, frustrada esta, extingui-lo definitivamente, com as possibilidades indenizatórias, "aunque sea aleatorio", como disse Juan Terraza Martorel.

Um outro enfoque é indispensável: além dos contratos aleatórios – assim chamados por sua própria natureza –, outros existem no mesmo campo, pouco discutidos, denominados *relativamente aleatórios*, em que a dúvida, a incerteza, já passou do plano subjetivo para o objetivo. Nascem em épocas e circunstâncias anormais, quando já em curso revoluções, guerras ou conflitos armados de qualquer natureza, com um caráter mais ou menos duradouro. Curiosamente, nesta hipótese, os fatos *guerra* ou *conflito armado*, caracteristicamente consubstanciadores de acontecimentos imprevisíveis – no que se refere ao cumprimento da obrigação –, neste contexto aleatório definido por fatos incertos, imprecisos ou duvidosos passam a ser exatos, precisos e sem quaisquer dúvidas, porque aprioristicamente conhecidos, em razão de sua existência quando da contratação. A dificuldade de cumprimento da obrigação nestas contratações – talvez até impropriamente chamadas de *relativamente aleatórias* –, por ser conhecida, deverá possibilitar tratamento diferenciado ao devedor da prestação. Nestas convenções a característica especial de que se revestem, em razão dos obstáculos à execução integral e pontual da prestação, embora concreta, poderia até emprestar-lhes foros aleatórios. A álea ou campo de incertezas destes pactos relativamente aleatórios (em que a dúvida passou a ser coisa certa) – ou, para bem situá-los, *conjunturais* ou *circunstancialmente aleatórios* –, embora concreta e determinada quanto ao futuro, é muito mais abrangente do que, em condições normais, apresentam os pactos discutidos (*aleatórios*), nos quais, por sua natureza, a dúvida e a imprecisão são as marcas principais. Esta "futuridade presente", já não incerta (guerra interna ou externa) – fator imprevisível quando surge após a vinculação –, desde o início era do prévio conhecimento das partes, delimitada e identificada que fora pelas circunstâncias que cercaram o nascimento do pacto, mas nem por isso excluindo a aleatoriedade, ainda que circunstancialmente.

Com base nos argumentos desenvolvidos – e por todas as razões de ordem comutativa –, a aplicação da doutrina da imprevisibilidade deve ser admitida nos pactos aleatórios quando o fato imprevisível incidir sobre *álea incomum*, fora do específico campo de dúvidas daquelas convenções. Nem um só argumento, de qualquer natureza, de mínima relevância até hoje foi apresentado contra seu emprego, de for-

726 A TEORIA DA IMPREVISÃO NO DIREITO CIVIL E NO PROCESSO CIVIL

ma a ser identificado como obstáculo de alguma consistência jurídica a lhe interromper o passo.

Em reiteração ao exposto, fica difícil – se não impossível – não reconhecer que os contratos aleatórios, diferentemente dos demais, justamente por sua natureza ímpar, não possuem apenas uma álea, mas três: aquela estreitamente ligada à sua essência, fulcrada na futuridade, na incerteza, em fatos duvidosos quanto à ocorrência efetiva e ao quando se darão; uma outra na qual pode incidir o evento anormal (álea da imprevisibilidade) alterando a base contratual, que nenhuma relação tem com a que é responsável por sua natureza intrínseca – a que se denominou, neste trabalho, de *aura*; e, ainda, a comum, na qual os riscos normais da contratação (como o inadimplemento) podem ocorrer. Sintetizando: os incidentes de percurso nos contratos de execução diferida podem ocorrer tanto nas áleas *normais* (comum das contratações) como nas *anormais* (campo da imprevisibilidade) e, ainda, na identificada como *sui generis* (reduto dos contratos aleatórios). Esta última pode ser considerada como postada entre as áleas *normal* e *anormal*. Suas características especiais não lhe permitem integrar nem uma, nem outra, fazendo com que se lhe reconheça a condição de *álea com gênero próprio e específico*.

Em conclusão: negar a existência de uma terceira álea, de natureza extracontratual (*aura*), seria negar a aplicação da própria teoria da imprevisão, que necessita de um *campo, espaço* ou *álea* para sua operacionalidade. E isso – para dizer o menos –, na atual conjuntura legislativa, em que a doutrina de exceção já se encontra praticamente ao abrigo do direito material (arts. 478, 479 e 480 do futuro estatuto civil), seria, no mínimo, uma temeridade.

Pelas razões expostas, fica patente ser injustificada a restrição feita pela legislação italiana – e, analogicamente, por alguns juristas pátrios – ao emprego da doutrina de exceção conhecida como teoria da imprevisão às contratações identificadas como aleatórias.

29.4.4   O caráter não-aleatório dos contratos de seguro

Seguindo o pensamento dominante sobre o tema, em primitiva abordagem, categoricamente afirmamos neste tópico que os contratos de seguro poderiam ser tomados como exemplos vivos, perfeitos e acabados de aleatoriedade.[93] Posteriormente, graças à inestimável con-

93. In *RT* 782/78-89, dezembro de 2000.

A IMPREVISÃO NO CAMPO OBRIGACIONAL 727

tribuição que nos foi encaminhada pelo jurista Ernesto Tzirulnik[94] e seus consistentes argumentos, novas e mais claras luzes sobre o problema foram dirigidas, levando-nos, felizmente, a mudar radicalmente aquela convicção inicial para afirmar – agora, sim, com segurança – que justamente por sua natureza é que os contratos de seguro não podem ser incluídos no elenco das contratações aleatórias, restando equivocado o entendimento de que a ocorrência ou não do risco assegurado (*se*) e a época em que esse fato se deu (*quando*) seriam as causas determinantes de sua aleatoriedade.

Registre-se que muitos autores consagrados defenderam – e ainda defendem – a natureza aleatória dos contratos de seguro. Entre eles Enzo Roppo, citado por Tzirulnik,[95] para quem a natureza aleatória dos contratos é conseqüência de sua função econômico-social, em razão da qual a vantagem do segurador reside no fato da não-ocorrência do sinistro dentro do prazo da contratação.

Em comentários aos arts. 1.432[96] e 1.458[97] do Código Civil, explicou o jurista Tzirulnik: "O objeto do vínculo securitário deve ser reputado como a conduta do segurador visando a *garantir* o patrimônio de alguém (*interesse assegurável*) contra prejuízos advindos da realização de determinados riscos que foram *assumidos* em regime de contornos mutualísticos".

E continuou: "A idéia de *garantia*, nuclear do negócio jurídico examinado, está contida na expressão *risco assumido* à medida que o *risco* aqui não é aquele típico das *chances* genuinamente aleatórias, mas sim produto de *cálculos* que, inclusive, permitem a obtenção do *valor proporcional* à sua *assunção*: o prêmio".

Analisando o tema, o mesmo autor nos dá conta da existência de duas correntes distintas sobre a responsabilidade de uma das partes, o segurador: para uma sua obrigação se restringiria ao pagamento de uma *indenização eventual*; para outra seria uma *obrigação de garantia*.

Ao negar a aleatoriedade em tais pactos, reconhecendo-lhes apenas a natureza comutativa, juristas respeitáveis entenderam que a res-

---

94. *Regulação de Sinistro (Ensaio Jurídico)*, 3ª ed., pp. 41-58.

95. Ob. cit., p. 44.

96. Art. 756 do novo CC: "Pelo contrato de seguro, o segurador se obriga, mediante o pagamento do prêmio, a garantir interesse legítimo do segurado, relativo à pessoa ou a coisa, contra riscos predeterminados".

97. Art. 775 do novo CC: "O segurador é obrigado a pagar em dinheiro o prejuízo resultante do risco assumido, salvo se convencionada a reposição da coisa".

728   A TEORIA DA IMPREVISÃO NO DIREITO CIVIL E NO PROCESSO CIVIL

ponsabilidade do segurador é garantir a indenização do segurado, inexistindo nessa operação quaisquer incertezas, conseqüente à predeterminação pelas partes do objeto da contratação.

Em complementação, Tzirulnik[98] transcreve o pensamento de Lugo y Reimundo, orientado para a concepção de que no contrato de seguro as partes se obrigam a prestações certas e determinadas no momento do nascimento do vínculo contratual, identificando os prêmios e o valor do capital assegurado – em razão do quê por antecipação têm consciência exata de seus comprometimentos e do limite máximo de suas obrigações e, em decorrência, de seus interesses pecuniários. Explicou que no contrato de seguro não se especula sobre a sorte, uma vez que o segurado realiza um ato de absoluta previsão, garantido-se contra um risco perfeitamente tipificado e definido, aceito pelo segurador, em troca de pagamento dessa garantia, pelo segurado. E concluiu o autor citado que nos contratos de seguro existe uma nobreza moral (garantia), um conteúdo ético inexistente nos contratos aleatórios.

E Tzirulnik insiste, com segurança, em que "a obrigação securitária constitui, antes de tudo, um *vínculo de garantia*". Nessa linha de pensamento – *vínculo de garantia* –Tzirulnik[99] cita Paul-André Crépeau, para o qual o mais puro estado da obrigação de garantia pode ser encontrado nos contratos de seguro: "Dans l'ordre contractuel, l'obligation de garantie est moins rare qu'on ne le laisse croire. Un bon exemple est, sans doute, celui du contrat d'assurance où l'obligation de garantie se retrouve à l'état pur puisque c'est le but même de l'assurance d'assumer le risque des accidents".

E foi outra a diretriz adotada pelo art. 756 do futuro Código Civil, ao estabelecer: "Pelo contrato de seguro, o segurador se obriga, mediante o pagamento do prêmio, a garantir interesse legítimo do segurado, relativo à pessoa ou a coisa, contra riscos predeterminados".

Como se vê, a *predeterminação do risco* de imediato retira desses pactos o caráter aleatório, para o qual se exige a presença da incerteza.

Em outra obra Tzirulnik assinalou: "É indispensável a advertência sobre a comutatividade do seguro, pois se a obrigação da seguradora, fundamental, é de prestar garantia, logo ela o faz desde o início da relação contratual, com base nas finanças colhidas junto à coleti-

---

98. Ob. cit., p. 51.
99. Ob. cit., p. 51.

A IMPREVISÃO NO CAMPO OBRIGACIONAL

vidade de segurados, nos ativos que imobiliza para assegurar a solvabilidade da empresa que exerce, em geral e, também, em relação a cada contrato que celebra. E não, essencialmente, pagando ou deixando de pagar determinada indenização".[100]

Em face do exposto, forçoso é reconhecer que os contratos de seguro nada mais são do que manifestações bilaterais de vontade, de natureza comutativa, marcados por um vínculo de garantia. Sinteticamente: são *contratações comutativas de garantia*.

Por todo o exposto, parece ser possível afirmar:

1º) que a teoria da imprevisão tem inteira pertinência aos contratos aleatórios desde que o evento alterador da base contratual não incida em sua álea *sui generis*, mas sim em sua *álea extracontratual* (*aura*);

2º) que tais pactos possuem três áleas distintas – comum, *sui generis* e extracontratual; e

3º) que os contratos de seguro são pactos comutativos de garantia, sem caráter aleatório, a despeito de respeitável corrente contrária.

---

100. "Apontamentos sobre a operação de seguros", *Revista Brasileira de Direito de Seguros* 1/27, ano 1.

CAPÍTULO II

30. Questões processuais controvertidas. 31. Síntese evolutiva da doutrina. 32. Considerações finais. 33. Conclusões.

30. Questões processuais controvertidas

Depois da entrada em vigor do novo Código Civil Brasileiro, mesmo prevalecendo a condenável redação dos arts. 478 a 480, a teoria da imprevisão estará ao abrigo da lei e a discussão sobre sua pertinência e aceitação perderá todo o sentido. Entretanto, embora sua aplicação possa estar sob o manto legal – a despeito de seus defeitos congênitos –, algumas situações poderão gerar sérias dúvidas, não só para o intérprete, no plano teórico, como principalmente para o julgador, no campo operacional, em razão de suas peculiaridades. Na oportunidade alguns casos são levantados, analisados, e apontado o caminho entendido como o mais adequado.

1ª. Um problema que poderá surgir – ainda não enfrentado pela doutrina e jurisprudência investigadas, mesmo nos países em que a imprevisão já é aplicada *de iure constituto* – prende-se à *possibilidade de mais de uma revisão*, ou de *sucessivas revisões*. Suponha-se um contrato de prolongada duração (os celebrados pelo Poder Público podem durar anos) em que, presentes os pressupostos de admissibilidade do princípio, o juiz já tenha efetuado uma revisão da situação virtualmente lesiva a uma das partes, ou até mesmo a ambas. Seria possível uma segunda ou terceira revisão do contrato já revisto, por outro motivo, uma vez definida a causa como imprevisível? A resposta só pode ser afirmativa. O fato de ter sido admitida a revisão do pacto significa

QUESTÕES PROCESSUAIS CONTROVERTIDAS 731

tão-somente que o foi no contexto discutido. Uma segunda ou terceira alteração anormal determinará uma segunda ou terceira adequação em outros quadros fáticos, lastreadas no surgimento de novas lesões virtuais, em tudo assemelhadas à concessão da primeira revisão. O art. 471, I, do Código de Processo Civil[1] trata de situação assemelhada, que, analogicamente, poderia servir de base ao julgador para outras revisões.

Entre os autores pesquisados, o único que enfrentou a questão foi o jurista português António de Almeida Santos.[2] Talvez pelo entendimento de que a hipótese seria extremamente rara – mas nem por isso impossível –, de um modo geral, o problema não chegou a sensibilizar os demais juristas consultados. Ao que tudo indica, a grande dificuldade estaria no plano da fundamentação. No Direito Lusitano, embora ampla a passagem aberta pelo art. 437º para os casos concretos de alteração das circunstâncias, também não parece ser possível. Também esta não foi uma preocupação do legislador português. Neste caso, a questão assim se apresentaria: se a revisão teve como base uma alteração anormal das circunstâncias em que as partes fundaram sua decisão de contratar, depois de modificada judicialmente a nova base de sustentação do pacto terá nascido *ope iudicis*, como explicou Almeida Santos.[3] Surgindo nova mudança anormal e fazendo-se necessária nova revisão, esta já não incidirá sobre a decisão manifestada na vinculação inicial, mas sim sobre aquela que, sob as coordenadas da eqüidade, tiver sido estabelecida pelo juiz. Neste rumo, diante do que dispõe o art. 437º do Código Civil Português não existirá amparo para a nova revisão, já que não se estará tratando de "alteração anormal das circunstâncias em que as partes fundaram a decisão de contratar", mas sim de nova configuração contratual, nascida *ex vi* da interferência judicial. Por ausência absoluta de previsão legal, a situação só encontraria deslinde nos princípios analógicos, previstos no art. 10º[4] do mesmo Código.

---

1. "Art. 471. Nenhum juiz decidirá novamente as questões já decididas, relativas à mesma lide, salvo: I – se, tratando-se de relação jurídica continuativa, sobreveio modificação no estado de fato ou de direito; caso em que poderá pedir a revisão do que foi estatuído na sentença."

2. "A teoria da imprevisão ou da superveniência contratual e o novo Código Civil", in *Jornadas Jurídicas – Estudos sobre o Código Civil*, pp. 117-119.

3. Idem, p. 118.

4. "Art. 10º. Os casos que a lei não preveja são regulados segundo a norma aplicável aos casos análogos."

732 A TEORIA DA IMPREVISÃO NO DIREITO CIVIL E NO PROCESSO CIVIL

De acordo com o art. 477 do novo Código Civil isto não acontecerá. O texto legal, ao tratar do benefício, fala apenas que: "(...) se a prestação de uma das partes se tornar excessivamente onerosa, com extrema vantagem para a outra, (...) poderá o devedor pedir a resolução do contrato".

A lei estabeleceu que é suficiente a excessiva onerosidade para uma das partes, conjugada com a extrema vantagem para a outra, pouco importando quantas vezes elas possam ocorrer durante a vigência do contrato, embora o texto legal, por defeito congênito – já denunciado –, trate da *resolução* antes da *revisão*. Como alternativa, e mesmo como complementação, também a analogia (art. 4º da LICC) e ainda o art. 5º do mesmo diploma poderão ser invocados. Entretanto, o que parece indiscutível é a possibilidade de mais de uma revisão contratual por ocorrência de fato imprevisível.

2ª. Já se estabeleceu que a *inimputabilidade* configura um dos principais pressupostos de admissibilidade da doutrina. Contudo, poderá surgir uma situação em que, mesmo criado o evento anormal por aquele que pretenda se valer do remédio jurídico da imprevisão, ainda assim haverá legitimidade na sua invocação. É a hipótese de alguém que, no *exercício regular de um direito*, acabe por provocar a modificação imprevisível da base contratual. Como se resolveria este conflito de direitos? Qual deles prevaleceria? No contexto do Direito Português talvez a única solução fosse a aplicação do art. 15º do Código Civil.[5] No âmbito do Código Civil Brasileiro de 1916 e no futuro Código não existem dispositivos semelhantes. O deslinde poderia passar pelo caminho da extinção do pacto por via judicial, com base no princípio geral de isenção de culpa recíproca. Para tanto, o único dispositivo que parece oferecer uma aparente possibilidade é o constante do art. 155[6] do novo Código Civil, conhecido como *estado de perigo*. A hipótese deverá ocorrer quando o agente, *em estado de necessidade*, houver dado causa à alteração da base negocial e mesmo assim, diante da lesão virtual que poderá causar sua ruína financeira, pretenda se valer do *remedium iuris* de exceção.

---

5. "Art. 15º. A competência atribuída a uma lei abrange somente as normas que, pelo seu conteúdo e pela função que têm nessa lei, integram o regime do instituto visado, na regra dos conflitos."

6. "Art. 155. Configura-se o estado de perigo quando alguém, premido da necessidade de salvar-se, ou a pessoa de sua família, de grave dano conhecido pela outra parte, assume obrigação excessivamente onerosa."

QUESTÕES PROCESSUAIS CONTROVERTIDAS   733

3ª. O estado moratório – já foi visto – é causa excludente do direito ao benefício, não só no nosso como também no Direito Português, conforme consta expressamente do já citado art. 437º. Não o será, entretanto, se a alteração anormal lhe for preexistente. Poderá ocorrer que o fato alterador, embora existente, ainda não se tenha revelado, por falta de idoneidade ou condições fáticas de surgimento, mas já exista, e neste contexto se caracterize a mora. A prevalência do primeiro sobre o segundo é indiscutível. Já foi dito: a teoria da imprevisão deita fortes raízes no interesse público, e este deve sempre prevalecer sobre o privado. Os argumentos já expendidos sobre a inimputabilidade têm inteira pertinência a esta excepcional situação.

Nas sugestões legislativas de modificação dos arts. 478 a 480 (v. Anexos) o assunto é abordado.

4ª. Outra questão – de solução mais simples – poderá situar-se no campo do *direito intertemporal*. Com a entrada em vigor do novo Código Civil, e por decorrência dos artigos que integraram o princípio, atingiriam eles os contratos de execução diferida em curso? Não parece comportar dúvidas a opção pela resposta afirmativa, sendo apenas necessária a demonstração de que o evento imprevisível causador da lesão virtual precedeu a entrada em vigor do Código.

Até mesmo no estado moratório, voluntário (exercício de um direito ou simples inadimplemento) ou involuntário (provocado por terceiros ou não, causas naturais ou humanas), *desde que posterior à ocorrência do evento alterador e anterior à entrada em vigor do Código*, a intertemporalidade deverá admitir a aplicação do benefício jurídico contido na imprevisão.

5ª. Na análise dos pressupostos de admissibilidade ficou estabelecido que o princípio exige a identificação da *lesão virtual* ou *subjetiva*. Quer isto dizer que o fator subjetivo denominado *tempo*, nesta aferição, é fundamental. Em pólo diametralmente oposto, como decorrência, situa-se a *lesão objetiva*, aquela que efetivamente ocorreu. Do exposto se conclui que a *iminência*, o estado quase-efetivo do fato (prestes a se consumar, em vias de acontecer), quanto aos pressupostos de sua existência, é fundamental. Se não for obstada, a iminência se transformará em algo concreto, deixando o universo do subjetivismo para adentrar o específico mundo objetivo. Neste quadro, suponha-se que um motorista de táxi encontre extrema dificuldade em cumprir um contrato de financiamento bancário em razão da exacerbação das prestações mensais provocada por fato imprevisível, cujo objeto é um carro importado (*Limousine*) de que se vale para sua atividade profissio-

734 A TEORIA DA IMPREVISÃO NO DIREITO CIVIL E NO PROCESSO CIVIL

nal, alienado fiduciariamente a uma determinada instituição bancária. Em complementação, suponha-se ainda que, em razão de medida governamental *imprevisível, de natureza fiscal ou alfandegária, da União* (posteriormente comprovada como desnecessária), além da elevação desmedida da prestação, veja-se ele privado também do uso do aludido veículo por algum tempo. Neste quadro teremos configuradas duas lesões: a virtual, com a elevação dos valores das obrigações mensais (se ele cumprir, por certo terá prejuízos irressarcíveis), e a objetiva, com a impossibilidade de acesso ao veículo, sua ferramenta de trabalho. Em decorrência do acontecimento inusitado, imprevisível, a que não deu causa, entende-se que terá ele o direito ao benefício da imprevisão, invocável para não cumprimento do contrato, primeiramente, oponível contra o banco credor, em princípio com vistas à revisão. Até aqui não se terá saído do plano subjetivo. Mas é de se indagar: e os lucros cessantes? São eles, indiscutivelmente, de natureza objetiva. Poderiam ser pleiteados diretamente do responsável pela alteração da base negocial, isto é, da União, com fundamento na teoria da imprevisão? Entretanto, admitir este comportamento não seria negar um dos elementos básicos da imprevisibilidade, que é a *lesão subjetiva*? Ou poderiam ser admitidas as duas lesões dentro do âmbito da doutrina, desde que fossem praticamente concomitantes, e ainda correlatas, ligadas por indiscutível nexo causal (a segunda decorre da primeira), e restasse inconteste a alteração da base negocial por acontecimento extraordinário? Se admitidas, não se configuraria um paradoxo, já que a lesão objetiva exclui a subjetiva, e vice-versa, no âmbito da imprevisibilidade? Como proceder? A máxima romana "sublata causa, tollitur efectus" fornece a resposta. Primeiro, é importante fixar que, no caso, se identificam duas lesões, geradas *quase* ao mesmo tempo (a rigor, a objetiva seria resultante da subjetiva) pelo acontecimento anormal: a subjetiva, oriunda da imprevisível alteração da base negocial, responsável pela extrema dificuldade do adimplemento, e a objetiva, como conseqüência da apreensão do veículo, responsável pelos lucros cessantes. A causa que terá levado o julgador a conceder revisão ou resolução do pacto, tendo como fundamento jurídico a imprevisibilidade, não terá desaparecido, devendo ser o fundamento da intervenção judicial em pedido de reparação da lesão consumada, consubstanciada nos lucros cessantes. Será a mesma que, em outro contexto – o da lesão objetiva –, dará ao titular da obrigação revista (agora na posição de credor do Governo Federal) o direito de pleitear do causador das duas lesões o ressarcimento do seu prejuízo efetivo, pelos ganhos interrompidos. Com base na lesão subjetiva se adequará ou extinguirá o pacto,

QUESTÕES PROCESSUAIS CONTROVERTIDAS 735

em ação direta contra a outra parte (banco); fundamentado na lesão objetiva (lucros cessantes), sua cobrança terá como destinatário o Governo Federal.

6ª. Para a admissão da imprevisão, desde seu surgimento, o texto de Neratius exigia: "Contractus qui habent tractum sucessivum et dependentiam de futuro (...)". Daqui se extraem duas conclusões: é indispensável a existência de um *contrato* e que ele seja de *execução diferida* – donde se concluir que fora da contratualidade fica difícil – se não impossível – falar-se em imprevisão. Por esta ótica, sua própria invocação restaria prejudicada, já que ocorreria exclusivamente em situações extracontratuais, justamente em conseqüência de seu caráter incomum. Seria, então, pelo prisma topológico – fora do contrato –, de se pensar em negação de aplicação do princípio? É evidente que não. É a própria natureza do acontecimento imprevisível que remete a discussão para o campo da *aura contratual*. A equação é bastante simples: se o acontecimento alterador da base da contratação estivesse previsto nas cláusulas de um contrato seria certamente chamado de *contratual*, mas não seria *imprevisível*; sendo *imprevisível*, não poderia estar no contexto do pacto – quando, então, seria previsível –, portanto seria *extracontratual*. Estabelecidas estas premissas, não seria válido pretender-se a extensão da imprevisibilidade a situações em que a obrigação proviesse de outra fonte também extracontratual? Por exemplo – como já discutido –, de uma *declaração unilateral de vontade*, de um *ato ilícito* ou, mesmo, da própria *lei*? Ou – por que não? – de um enriquecimento sem causa que, embora determine a responsabilidade de devolver ou indenizar, não é aceito como fonte da obrigação? Se a modificação da base em que nasceu a *obrigação* (e aqui já não se fala mais em contrato, como espécie do gênero *dever*) cuja execução tiver sido protelada der origem a lesão virtual não cabem dúvidas de que os elevados princípios de justiça comutativa devem se sobrepor às exigências específicas de admissibilidade do princípio, principalmente se for levada em consideração a tendência socializadora do Direito, que, em última análise, vem entendendo que a Justiça deve ser prioritária.

A tese não é tão solitária como pode parecer à primeira vista. Os juristas portugueses Rocha de Gouveia e Carvalho Fernandes percorreram este mesmo caminho. Referindo-se à posição de Rocha de Gouveia, disse Carvalho Fernandes que dali se poderia até concluir que Gouveia aceitaria a aplicabilidade da imprevisão mesmo quando a obrigação resultasse da lei. A hipótese adentra os campos do chamado

736 A TEORIA DA IMPREVISÃO NO DIREITO CIVIL E NO PROCESSO CIVIL

direito alternativo, admitida por alguns sob a forma de *alternativas do direito*, assentada no fato de que, no plano subjetivo, a própria lei tem todas as características de um perfeito e acabado contrato, uma vez que disciplina direitos e deveres de seus destinatários.

7ª. Uma situação curiosa poderá se desenhar no bojo dos *contratos de doação com encargo* em que, de forma resolutiva expressa, tenha ficado estabelecido que o não-cumprimento do encargo no tempo, forma e condições especificados implicará reversão do bem doado ao patrimônio do doador. Esta situação é bastante comum nas doações que os Municípios fazem a empresas ou pessoas físicas em atenção a leis de estímulo à indústria ou comércio. Pergunta-se: e se o descumprimento do encargo tiver sido determinado por acontecimento anormal que, alterando a base negocial, for a causa da iminência do inadimplemento? Teria o donatário direito de se valer da teoria da imprevisão para adequar ao novo contexto fático as obrigações contratuais alteradas por evento a que não deu causa? A resposta afirmativa parece ser a única possível. Nesta hipótese o que realmente importa é a anterioridade do evento, analogicamente à situação moratória já exposta, bem como às situações de caso fortuito ou de força maior.

8ª. Ainda no campo dos contratos de doação, se restar caracterizada uma das hipóteses do art. 1.183, I, II, III e IV, do Código Civil vigente (art. 556, incs. I a IV do novo Código) o pacto pode ser revogado por ingratidão. O inciso IV do artigo em questão poderá dar origem a uma situação peculiar em que a imprevisibilidade, *aparentemente*, poderia encontrar espaço. Suponha-se alguém que tenha recebido uma doação de pessoa a quem se ache obrigado a prestar alimentos. Em circunstâncias normais tal encargo estaria sendo atendido até que, por exemplo, uma medida econômica governamental ("Plano Collor") – ou a iminência de um conflito armado que determinasse o bloqueio dos ativos financeiros – acabasse por impedir o acesso aos seus recursos, aplicados em banco, por muito tempo. À luz do dispositivo legal, poderia ser entendido que a ingratidão estaria configurada, dando ensejo à revogação da doação. Diz a lei que a ingratidão se caracteriza "se, podendo ministrar-lhos, recusou ao doador os alimentos, de que este necessitava" – o que, no caso em pauta, não teria ocorrido. Não se poderia argumentar que houve recusa; o que houve foi extrema dificuldade. De que natureza seria a questão a ser determinada? Se houvesse um incêndio no banco não se poderia dizer que houve recusa caracterizadora da ingratidão do donatário, porque estaria constatada uma situação de caso fortuito ou de força maior. No caso em discus-

QUESTÕES PROCESSUAIS CONTROVERTIDAS 737

são, indaga-se: seria uma hipótese de caso fortuito ou de força maior, ou de emprego da teoria da imprevisão? A situação já foi analisada quando se falou no "Plano Collor", e neste contexto a solução só poderia ser a mesma: nem o recurso à inexecução involuntária, nem aplicação da imprevisibilidade. Tão-somente o emprego de uma medida cautelar (com base no *fumus boni iuris* e no *periculum in mora*) deveria bastar para o reconhecimento da possibilidade relativa, resolúvel por via judicial, afastando-se de vez o fantasma da revogação da doação por ingratidão, fundada no descumprimento da prestação. E se o donatário se recusasse a ajuizar a medida cautelar? Estaria caracterizada sua recusa de cumprimento do dever de alimentar e autorizada a revogação? Por ter deixado de usar os meios necessários ao adimplemento, a resposta só pode ser positiva.

9ª. Outra questão polêmica poderá surgir no campo dos *contratos de comodato*. Suponha-se um pacto, sem prazo determinado, em que certo imóvel é o objeto da contratação. Pelo art. 1.250 (estava 1.218?) do Código Civil – que expressamente fala em *necessidade imprevista e urgente* – é possível ao comodante reaver o imóvel em decorrência de sentença que suspenda o uso e gozo da coisa emprestada ao comodatário uma vez provada a excepcionalidade da situação. Depois de integrada a imprevisibilidade no nosso direito material, em hipóteses como a proposta, não seria o caso de exclusão da forma de extinção do contrato de comodato, prevista pelo art. 1.218, parte final, ali identificada como revogação? A unificação da disciplina legal parece ser o mais recomendável, razão por que também esta resposta deve ser afirmativa. Operacionalmente, de início ocorrerá uma revogação do dispositivo de forma implícita; depois, de forma expressa. Já naquele contexto se delineiam os elementos da teoria da imprevisão ("necessidade imprevista", diz a lei), razão por que, passando ela a ser aplicada *de iure constituto*, deverá ter a preferência para aplicação ao caso concreto, em nome da justiça comutativa. As razões desta convicção baseiam-se na existência de um processo de cognição mais amplo a ser instaurado em procedimento revisional de cláusula contratual, onde a ocorrência de eventos imprevisíveis – bem como os pressupostos de admissão da doutrina – deverá ser demonstrada para a obtenção de decisão favorável que ponha fim ao pacto. Registre-se que nesta hipótese descaberá qualquer revisão. Só haverá espaço para a resolução, que no âmbito do comodato é conhecida como revogação.

10ª. É oportuno repetir: uma das exigências para a aplicação da doutrina é a de que o contrato seja de *execução diferida*. Correta sob

738 A TEORIA DA IMPREVISÃO NO DIREITO CIVIL E NO PROCESSO CIVIL

todos os aspectos, porquanto não existe espaço para tanto nos pactos onde a execução é imediata. O fator *tempo* – relembre-se – é fundamental para a ocorrência dos eventos transformadores da base contratual. Mas, e se circunstâncias alheias à vontade das partes transformarem um contrato de execução imediata em diferida? Caberá ou não a aplicação da imprevisibilidade? É óbvio que sim. Figure-se, exemplificativamente, o caso de alguém que em um fim de semana (como já ocorreu) celebrasse um *contrato de execução imediata* para aquisição de uma grande propriedade agrícola, de preço elevado, e na assinatura do contrato fizesse um pequeno pagamento inicial como sinal de negócio e se comprometesse à liquidação do saldo devedor no primeiro dia útil imediato. Suponha-se que, na calada da noite, no fim de semana, o Governo Federal baixasse medida provisória impeditiva de saques de recursos existentes em bancos por um prazo mínimo de 30, 60 ou mais dias, inviabilizando a conclusão do negócio iniciado. Imagine-se, finalmente, que na hipótese aventada – diferentemente do que aconteceu no "Plano Collor" – o ato governamental trouxesse alterações na base da contratação, fazendo nascer a lesão virtual para o devedor. Relembre-se que o pacto celebrado terá sido de *execução instantânea* – ao qual descabe o uso da imprevisibilidade, inexistindo, no contexto, prazo para pagamento da quantia remanescente –, que a medida governamental transformou em *diferida*. Pergunta-se: deveria ser atendido o caráter primitivo do pacto (execução imediata), ou aquele que a transformação lhe deu? Aceita a primeira hipótese, proibido restaria o emprego da imprevisibilidade; adotada a segunda – sob todos os aspectos a mais recomendável e mais eqüitativa, mormente diante da lesão iminente –, autorizada estaria sua aplicação, com atenuação das exigências contratuais, que, entre outras sanções pelo inadimplemento, poderiam ter previsto expressamente uma cláusula penal elevada. Extrai-se do exposto que a doutrina da imprevisibilidade poderá encontrar espaço em contrato de execução imediata quando for transformado, pelas circunstâncias, em execução diferida, conforme exemplo desenvolvido. Teríamos nesta hipótese uma exceção (imprevisibilidade) dentro de uma exceção (transformação do pacto imediato em diferido).

11ª. Hipótese rara – mas não impossível – poderá ocorrer quando, em contrato sinalagmático, se *agravarem* ou *aviltarem ambas as prestações*, ao mesmo tempo. Três aspectos devem ser considerados: a) dificuldades excessivas para o credor e para o devedor da prestação, conseqüente ao evento extraordinário; b) em razão da alteração, o desaparecimento do interesse de ambos; c) dificuldades comuns, de caráter pouco expressivo.

Nesta última situação nenhum problema sério se apresentará e a solução pela adequação do pacto *poderá* ser a adotada. Nos outros dois casos (o segundo poderá até ser conseqüência do primeiro) não deverá acontecer o mesmo. Se o contrato se tornou inútil ao fim colimado pelas partes, nenhuma delas terá interesse em mantê-lo em vigor, uma vez que a perspectiva de receber prestação mais valiosa poderá não compensar o enfrentamento das dificuldades excessivas surgidas, mesmo porque talvez não corresponda ao binômio custo/benefício. O caminho a seguir, em princípio, deverá ser o da resolução, nada impedindo que as partes tentem amoldá-lo ao novo estado de coisas – desde que, obviamente, satisfaça seus interesses.

12ª. Em tempos de globalização e, sobretudo, de domínio cibernético, poderia haver – e tem havido – a celebração de contratos de compra e venda a prestações (uma das espécies de execução diferida) de livros, objetos eletrônicos, revistas, gravações em antigüidades, objetos de arte, *softwares*, e mais uma infinidade de coisas, com empresas européias, americanas, canadenses, asiáticas, do próprio Mercosul, pela rede internacional de computação, conhecida como *Internet*, identificados na mídia eletrônica como *pactos virtuais*. Indaga-se: haveria espaço para o emprego da teoria da imprevisão se, depois de adquirido o bem, pagas algumas prestações ou – do outro lado – entregue parte do pedido, sobreviesse acontecimento imprevisível, de proporções internacionais ou locais, que, alterando a base da contratação, tornasse extremamente difícil o cumprimento da obrigação de qualquer das partes? A resposta, mais uma vez, só pode ser afirmativa. Pela inexistência de um contrato escrito nos moldes tradicionais, entre outras preocupações, deverá a transação ser comprovada por um disquete, ou instrumento assemelhado, no qual se possa comprovar em juízo a manifestação de vontade de comprador e vendedor, ou mesmo a interferência do provedor. Entretanto, saber qual o foro competente para a discussão de um contrato celebrado eletronicamente é que deverá ser o grande problema. Prevaleceriam as convenções e tratados internacionais sobre contratos? E se inexistentes com o país onde se deu a aquisição do bem em discussão? Ou deveria ser utilizada uma Corte internacional? Nesta hipótese, não seria relevante saber como ficaria o equilíbrio do já mencionado custo/benefício? É bem provável que a necessidade de disciplinar questões como estas acabe por determinar a criação de um conjunto de normas específicas de proces-

740 A TEORIA DA IMPREVISÃO NO DIREITO CIVIL E NO PROCESSO CIVIL

so e procedimento, consubstanciadas, por exemplo, em um Código de Processo Civil e Comercial Internacional. Só o tempo e as contingências é que deverão ser os vetores desta nova situação.

Todas as questões levantadas – e, por certo, muitas mais – deverão surgir e reclamar soluções da doutrina e da jurisprudência. Sem sombra de dúvida, a melhor postura para a aplicação da verdadeira justiça será encontrada, já que a vida do Direito se disciplina e se define na constante e eterna abertura de novos caminhos.

31. *Síntese evolutiva da doutrina*

A alteração imprevisível das circunstâncias em que as partes assentaram seu desejo de contratação, causadora da lesão subjetiva para qualquer delas, hoje consagrada entre nós com o nome de *teoria da imprevisão*, começou sua lenta e difícil caminhada há quase quatro milênios (3.700 anos), ou, mais precisamente, no século XVII a.C., segundo informações de Stodieck.[7]

Como visto, os primeiros registros de manifestação da vontade contratual podem ser encontrados na Lei 48 do Código de Hamurabi (1690 a.C.) e na Lei das XII Tábuas (458 a.C.). No universo românico, fora do campo do Direito, mesmo depois de manifestada a vontade, nos escritos dos filósofos mencionados já se identificava a possibilidade de exceção ao fiel cumprimento dos pactos, forma de manifestação embrionária da cláusula *rebus sic stantibus*. O mérito de sua aplicação pioneira deve-se, portanto, ao espírito inquieto daqueles pesquisadores, os primeiros a dar-lhe importância e recomendar seu uso, embora de forma incipiente.

Os estudiosos da questão não divergem quanto à responsabilidade dos juristas romanos Neratius (a quem se atribui a formulação "contractus qui habent tractum sucessivum et dependentia de futuro, rebus sic stantibus intelliguntur"), Africanus e Paulus pela sua introdução no mundo jurídico. É de se salientar, entretanto, que naquela época a aplicação da cláusula *rebus sic stantibus* foi episódica e destinada apenas a casos muito particulares, uma vez que o Direito então vigente era extremamente formalista e o comando das obrigações se encontrava entregue à regra *pacta sunt servanda*, extraída dos textos cunhados por Ulpiano.

---

7. "Código de Hamurabi e codificações anteriores", *Revista Jurídica* 30/21.

SÍNTESE EVOLUTIVA DA DOUTRINA 741

Não se encontram registros históricos ou informações seguras de que o princípio *rebus sic stantibus* tenha tido alguma relevância ou emprego depois de iniciada a Era Cristã, durante o final do Império Romano, ou depois dele, mas antes do final do século XIII. O que se tem de mais preciso é que até meados daquele século ele permaneceu em estado hibernal, quando, então, foi despertado pelo espírito científico de São Tomás de Aquino (*Summa Theologica*). Mas cumpre repetir: anteriormente (século V da Era Cristã) Santo Agostinho (*Sermones ad Populum*) já havia tratado da mentira, em confronto com a infidelidade contratual, tema retomado por São Tomás de Aquino, séculos mais tarde, com expressas referências em ambos os escritos ao princípio *rebus sic stantibus*. Também Graciano (*Patrologiae*) – nos chamados *Decretum Gratiani* – teceu considerações ao princípio, entendendo-o aplicável, mas apenas a casos especiais.

Sua revivescência, mais uma vez, iria ficar sob a responsabilidade dos filósofos do Direito intermediário. Surgiu timidamente, sem apresentar qualquer relevo ou contorno jurídico, o que só se daria quase ao término do século XIII, com o jurista Bártolo (de Sassoferato) e seus seguidores. Bártolo impressionou-se de tal modo com o texto de Neratius que não teve a menor dúvida em aceitá-lo como princípio fornecedor dos elementos idôneos para aplicação da cláusula *rebus sic stantibus*. Estruturou, então, as bases de uma doutrina em que a cláusula *rebus* estaria subentendida, implícita, ou tacitamente contida em toda convenção de trato sucessivo ou dependente do futuro. Assim a concebeu e assim foi aceita e divulgada por seus discípulos, os bartolistas.

Até o século XVI – apogeu do seu uso – a cláusula foi defendida e empregada por outros juristas do Direito medieval, como Baldo, Tiraquelo, Bartolomeo da Brescia, Giason del Mayno, Juan de Andrea, Coccejo e Alciato, bem como pelos tribunais eclesiásticos, fundamentados na moral religiosa então dominante.

A Andreas Alciato se deve a primeira e mais importante sistematização do princípio naquela época (século XVI). Percebendo que a cláusula se ressentia da ausência de um perfil jurídico e, principalmente, de uma estrutura dogmática que lhe desse sustentação, o jurista medieval procurou dotá-la de uma formulação teórica que contivesse as linhas mestras de um postulado jurídico, com condições sólidas de afirmação. Fazendo uma rigorosa interpretação da vontade contratual, bem como da extinção das causas geradoras da obrigação e, ainda, da então inexistente contraprestação nos pactos e erigindo a justa causa

742 A TEORIA DA IMPREVISÃO NO DIREITO CIVIL E NO PROCESSO CIVIL

como fundamento para o não-cumprimento da prestação, com propriedade e segurança Alciato deu à cláusula, pela primeira vez desde seu
nascimento, autêntica condição de instituto jurídico, com reais possibilidades de consolidação.

Muitos outros juristas da época deram continuidade ao seu excepcional trabalho. Credita-se a Coccejo (1691) a primeira e mais importante sistematização da cláusula, sua primeira configuração disciplinar.

Sua aceitação e utilização se dão até fins do século XVIII, quando entrou em acentuado e irreversível declínio. A maioria dos estudiosos da questão atribui essa decadência aos abusos praticados em seu
nome. Acrescente-se que não foram apenas os excessos que determinaram sua proscrição, mas também o despertar de uma nova era, a do
Liberalismo. Esse novo conceito de relacionamento societário que si-
nergicamente despontava, principalmente na Europa e, em especial,
na França, teve como seu representante mais significativo o Código
Civil Francês, de 1804, também chamado de *Código Napoleônico*. No
campo das obrigações, revitalizou a regra *pacta sunt servanda* – em
plano secundário desde fins do século XIII –, ao dispor, no art. 1.134,
que os pactos deveriam ser considerados como lei entre as partes. Conseqüentemente, mais uma vez a cláusula *rebus* voltou à hibernação,
de onde só sairia – desta vez para se fixar definitivamente – no início
do nosso século, em razão de vários fatores, como o declínio da classe
burguesa, entre outros, e principalmente a I Guerra Mundial, em 1914.

Embora tivesse constado de alguns estatutos civis e de algumas
legislações esparsas, foi o direito público quem primeiro acolheu a
doutrina da imprevisão sem qualquer restrição, aplicando-a largamente nos contratos administrativos.

Durante os últimos quatro séculos (desde o XVI), mais de uma
centena de doutrinas surgiram na Alemanha e Itália – países que maior
preocupação demonstraram com o tema – buscando determinar sua
natureza jurídica. Ora com base na moral, na boa-fé, na eqüidade, na
noção de direito, na justiça comutativa, no direito positivo, ora em
mais de um destes fundamentos, os juristas de todo o mundo tentaram
dar-lhe um perfil jurídico definitivo. Hoje já consta de muitos Códigos Civis, nos vários países que a acolheram, e brevemente também
deverá integrar nosso direito positivo.

Apoiado em Bossuet, Anísio José de Oliveira[8] registrou que os
princípios da cláusula *rebus sic stantibus*, antes de serem carreados

8. *A Teoria da Imprevisão nos Contratos*, 2ª ed., p. 10.

SÍNTESE EVOLUTIVA DA DOUTRINA 743

para as páginas dos escritos do *Digesto*, já podiam ser lidos no próprio coração dos homens.

A teoria da imprevisão é filha direta da constante necessidade que o ordenamento jurídico tem de adaptar o Direito aos novos fatos e, principalmente, no caso dela, os fatos ao Direito, em decorrência de uma dinâmica social cada vez mais exigente.

Há algumas décadas, qualquer jurista que se dispusesse a enfrentar o problema da imprevisão acabaria por se integrar a um dos grupos distintos que se formaram ao longo dos séculos.

O *primeiro*, de inspiração romana, revigorado pelo Código Civil Francês (art. 1.134), de franca rejeição ao princípio, com base no pressuposto de que as partes, ao contratar, fizeram sua lei, devendo-lhe obediência fiel e integral (*pacta sunt servanda*). Esta postura congrega hoje uma minoria inexpressiva, com tendência a desaparecer de vez.

O *segundo* formado por aqueles que sempre defenderam a possibilidade da intervenção do juiz para a revisão ou resolução dos pactos, desde que presentes as exigências para a aplicação da doutrina. Esta solução (*de iure constituendo*) ganhou força nas últimas décadas graças ao exaustivo e constante trabalho da doutrina (que conseguiu incluí-la em alguns Códigos), sempre atenta aos reclamos dos multifacetados interesses e necessidades sociais.

Um *terceiro* composto por juristas autodenominados *anti-revisionistas*, para o qual a única possibilidade de aceitação da excepcionalidade seria a legislativa. Embora reconhecessem o descompasso entre o contrato e a situação fática resultante de alteração das circunstâncias por fato imprevisível, só admitiam a intervenção do Judiciário com base na disciplina legal do princípio. Hoje este grupo é tão inexpressivo que não chega sequer a se constituir, ao menos, em uma frente.

Um *último* contingente, sob a liderança de Bonnecase, entendeu que a aplicação da teoria da imprevisão pelo juiz seria a resultante direta da aceitação e emprego dos princípios de eqüidade. Esta tem sido a postura mais aceita, precisamente porque a substituição da vontade das partes pelo magistrado (vontade convencional pela vontade legal) só deverá acontecer em situações de comprovada excepcionalidade e na iminência de lesão a uma delas.

Inicialmente, é preciso reconhecer que a confiança depositada nas regras de conduta sempre foi o alicerce da regra *pacta sunt servanda*. Desta forma, quaisquer excessos que resultassem em desvio e neces-

744 A TEORIA DA IMPREVISÃO NO DIREITO CIVIL E NO PROCESSO CIVIL

sitassem de correção de rota sempre encontrariam um obstáculo intransponível na regra então vigente de que *o contrato transforma o convencionado em lei entre as partes*. Em um segundo tempo, constatado que a liberdade de contratação e o exercício do direito, com base nesta regra, terminariam por ser usados contra a eqüidade e a justiça e, não raras vezes, na mais perfeita manifestação de má-fé, a teoria da imprevisão ganhou consistente e dilatado espaço, como tentativa válida de regulamentar e traçar diretrizes a serem seguidas pelos pactos cuja base negocial sofresse anormal transformação. O grande obstáculo que surgiu em seu caminho fundou-se sempre no fato de que, no plano das obrigações, seu emprego seria um desvirtuamento do recíproco objetivo da contratação, fundado no postulado do fiel e integral cumprimento do que fora livremente estabelecido. Contra este argumento não havia refutação. Entretanto, era imprescindível uma delimitação do campo de atuação desta regra, situando-a em seu verdadeiro contexto. E este sempre radicou em dois pontos: *generalidade* e *excepcionalidade*. Na primeira estaria a diretriz *pacta sunt servanda*; na segunda, a *teoria da imprevisão*. Esta última, inserida exclusivamente no plano da exceção, só viria confirmar o pressuposto genérico de que os contratos devem ser cumpridos fiel e integralmente, com a ressalva de que permanecessem em seu curso normal, do nascimento à execução. Uma vez *afetados por circunstâncias anormais*, não. Daí em diante estaria aberto o campo para a discussão de pertinência e aplicação da imprevisibilidade.

As corajosas decisões dos magistrados e de alguns tribunais que atualmente aceitam o princípio normalmente se fundam em razões diferentes, não resultando delas uma diretriz para o emprego da doutrina, uma estrutura dogmática sólida, de forma a lhe dar segurança – com determinação de sua natureza jurídica –, havendo, por isto, necessidade de unificação de entendimento, o que só a lei poderá fazer. Fundamentada na lesão subjetiva (Mantica), a iniciativa já consta do novo Código Civil, a despeito de suas imperfeições, sendo relevante destacar que também a jurisprudência vem-se tornando mais consciente do que seja a verdadeira justiça comutativa e, aos poucos, aceitando a utilização da doutrina de exceção em resposta clara às legítimas e multivariadas necessidades sociais.

Com muita propriedade, Regina Beatriz Papa dos Santos[9] observou que o princípio da intangibilidade contratual deve reger as rela-

9. *Cláusula "Rebus Sic Stantibus" ou Teoria da Imprevisão – Revisão Contratual*, p. 55.

SÍNTESE EVOLUTIVA DA DOUTRINA 745

ções entre as partes de acordo com seus fins sociais, e não somente com rígida observância de sua expressão literal, a fim de que, na hipótese de modificações imprevistas nas circunstâncias que existiam à época da celebração contratual, não resultem prejuízos irreparáveis para alguma delas na execução das obrigações assumidas.

Por mais contrário que se possa ser à aceitação da imprevisão, é ela, no momento, a única expressão jurídica de adaptação de forma e conteúdo à nova realidade econômica de uma convenção modificada por fatores extraordinários. Vale ressaltar que em nosso ordenamento jurídico-civil não existe disposição expressa que proíba seu emprego. Credita-se-lhe, por isso, no mundo jurídico contemporâneo, o fornecimento das melhores regras de hermenêutica contratualística. O caminho final deverá ser o da via legislativa, ninguém discute. Contudo, a fonte de toda angústia do estudioso da ciência jurídica reside no descompasso entre o processo moroso a que está submetida a elaboração das leis e o caráter emergencial do mundo fático, que, a curto ou médio prazo, infelizmente, não projeta horizontes otimistas. É imperioso reconhecer: o cenário onde se apresentam e se desenvolvem as situações imprevisíveis e seus reflexos configuram contextos desalentadores, por trazerem mudanças de tal porte que a lesão virtual para uma das partes passa a ser quase um fato concreto, quase uma lesão objetiva. A rigor, o lento processo de elaboração legislativa teria de ceder o passo às emergências sociais. Inafortunadamente, na prática, não é o que ocorre. E isto continuará a acontecer enquanto não se adotarem mecanismos de agilização para a gestação e nascimento do direito positivo. Até lá, a solução ainda será a revisão ou resolução pelos juízes e tribunais. Neste aspecto, o grande desafio será a correta substituição daquele conteúdo modificado pela imprevisibilidade por outro de igual alcance e importância, como efeito da intervenção judicial. Para tanto, os princípios de *eqüidade* e *boa-fé* são inarredáveis.

Constata-se em parecer do Sindicato da Indústria da Construção Civil do Estado de São Paulo[10] que no vigente contexto econômico-

10. "Parecer do Sindicato da Indústria da Construção Civil do Estado de São Paulo", publicação 84, de 22.10.1995, jornal *Folha de S.Paulo*:
"REAL PERMITE ATUALIZAR CONTRATOS
"A legislação do Real deu lugar a dúvidas no que diz respeito ao equilíbrio econômico-financeiro dos contratos de obras públicas. Vamos compreender em que consiste esse equilíbrio.
"Quando uma empresa oferece um preço numa licitação, baseia-se num orçamento realizado a partir dos custos dos insumos naquele instante. Há a suposição de

746 A TEORIA DA IMPREVISÃO NO DIREITO CIVIL E NO PROCESSO CIVIL

financeiro, ao contrário do que se pensa, o "Plano Real", mesmo no universo de sua pretensa estabilidade e antes de sua primeira grande crise (maxidesvalorização de janeiro de 1999), nunca conteve proibição de atualização dos contratos de obras públicas, embora até então tivesse sido contida a ciranda inflacionária.

Diante da exigência de cumprimento pontual de uma obrigação alterada anormalmente, a teoria da imprevisão apresenta-se como remédio jurídico de caráter *sui generis*. Como regra geral, o devedor deverá cumprir sua obrigação na forma estabelecida contratualmente. Entretanto, a excepcionalidade que rege a imprevisão não significa contrariedade aos princípios informativos do direito das obrigações. Pensar assim é laborar em erro, pois esta postura, além de desinformada – e, portanto, equivocada –, estará assentada em bases inteiramente falsas, podendo dar origem a condenáveis posturas arbitrárias.

É importante insistir que, acima de tudo, na aplicação do princípio será fundamental uma grande sobriedade terapêutica.

Esta afirmativa é incontestável: estamos diante de um processo irreversível. A iniciativa brasileira de inclusão do princípio da imprevisibilidade em seu direito positivo é das mais elogiáveis, e o passo

que o pagamento será feito em moeda constante, como contrapartida à execução da obra. Essa relação representa o equilíbrio econômico-financeiro do contrato.

"Mas a obra é feita dentro de um período prolongado. Poderá haver inflação e deflação na cesta de insumos. Para que os pagamentos do Estado correspondam de fato àquilo que foi previsto contratualmente, é necessária a atualização dos valores conforme a oscilação dos custos.

"Ocorre que alguns administradores públicos entendem que a legislação do Real impediria o reequilíbrio. Esse entendimento contraria o ordenamento jurídico. A Constituição (art. 37, inciso 21) e a Lei de Licitações (art. 65, inciso II, alínea 'd') preconizam a atualização das parcelas dos contratos a fim de preservar seu equilíbrio.

"Além disso, o estabelecimento de normas para o reajuste dos contratos pelo Governo Federal é aplicável somente a obras sob sua jurisdição. Segundo parecer do jurista Geraldo Ataliba, Estados, Municípios e Distrito Federal (e suas autarquias, empresas públicas etc.) podem estabelecer as regras que entenderem convenientes e oportunas para manter o equilíbrio.

"Os contratos de obras públicas firmados antes ou depois da vigência do Real precisam ser periodicamente ajustados. Se isso não ocorrer, será descumprida a Constituição. Haverá enriquecimento imotivado de alguma das partes: da empresa, se os preços dos insumos caírem; do Poder Público, caso os custos se elevarem.

"Nesta última hipótese, a tendência das empresas é paralisar gradativamente a execução das obras, à medida que os contratos forem se tornando inexeqüíveis. Essa paralisação vem acompanhada das conseqüências conhecidas: desemprego e falta de serviços públicos."

CONSIDERAÇÕES FINAIS   747

mais importante foi dado. O tempo – único responsável pela necessária parcimônia operacional – se encarregará do seu aperfeiçoamento.

32. Considerações finais

O tema proposto e desenvolvido nesta pesquisa tentou iluminar o palco multifacetado e complexo – não raras vezes, obscuro – onde se coreografam e se discutem desencontrados *pas de deux* geradores de situações anômalas que instauram a dúvida e a incerteza no vasto universo das obrigações civis, em especial na área dos contratos – a mais rica e fecunda de suas fontes –, responsáveis pelas dificuldades extremas de adimplemento, abrindo espaço para a revisão ou, quando não, extinção das contratações.

Quando elas têm origem em fatores diversos da vontade humana o quadro se delineia como de *inexecução involuntária* e seu principal efeito é a desoneração da parte obrigada ao cumprimento de uma prestação caso não haja renúncia expressa ao benefício do art. 1.058 do Código Civil vigente (art. 392 do novo Código), não esteja em mora nem tenha dado causa à situação anômala e irreversível.

Entre os diversos incidentes que podem perturbar a vida regular de uma convenção, levando-a até mesmo à extinção antecipada, o mais importante é, sem dúvida, aquele provocado por fatores imprevisíveis – campo em que se discute a teoria da imprevisão. Em seu espaço analisa-se, principalmente, a revisão dos pactos atingidos pelo fenômeno extraordinário. Nas modalidades de caso fortuito ou de força maior o novo estado fático não oferece outra alternativa a não ser a da resolução contratual, ressalvada sempre a vontade das partes em dispor de forma diversa.

Assim, na aplicação da imprevisibilidade o fator mais importante – paralelamente ao efetivo exercício da justiça comutativa – será sempre a possibilidade de manutenção da vontade primitivamente manifestada pelas partes, já que antes da resolução, por uma questão de lógica elementar, deve ser aberta a possibilidade de revisão. Este aspecto da questão é extremamente relevante para a comprovação de que, como nenhuma outra forma de incidente no curso normal da trajetória contratual, a doutrina da imprevisibilidade é a única em que a disposição do devedor da prestação de adimplir a obrigação se apresenta de maneira indiscutível. O exercício do direito de propor procedimento revisional de cláusula alterada – não de resolução, a não ser em casos especiais, conforme estudado –, tentando a adequação ao

748 A TEORIA DA IMPREVISÃO NO DIREITO CIVIL E NO PROCESSO CIVIL

novo estado criado pela imprevisibilidade, há de deixar inconteste sua disposição de adimplir a obrigação. Não só pelos milênios de evolução jurídico-histórica da doutrina da imprevisão (ao longo dos quais se esculpiram sólidas e clássicas doutrinas) é que a revisão de uma convenção estaria justificada, senão também pela grande oportunidade de efetivo exercício da autêntica justiça, com ênfase a seu valor bilateral e real possibilidade de manutenção da vontade primitivamente manifestada.

Outras formas de inexecução voluntária das obrigações civis (resilição, revogação, rescisão), igualmente relevantes, ao contrário da imprevisibilidade, já se encontram todas normatizadas.

Assim, na condição de princípio milenar da maior importância, nesta pesquisa a teoria da imprevisão mereceu estudo aprofundado, com análise de seus princípios informadores, formadores e transformadores, precedentes de aceitação e aplicação, fundamentos, natureza jurídica, posição doutrinária e jurisprudência, nacional e estrangeira, com ênfase especial para sua tramitação no campo da processualística civil, inovando não só na proposta de indenização ao credor, em certos casos, no que se refere à parte ainda por cumprir da contratação, bem como na dispensa de prestação de caução, inteiramente desnecessária na tutela antecipatória e ainda nos contratos aleatórios e unilaterais.

Como princípio de exceção, sua versatilidade de aplicação, seja em pactos de natureza urbana ou rural, praticamente não tem limites. Desde que – como regra geral – a contratação seja *diferida* e estejam presentes seus *pressupostos de admissibilidade*, abre-se espaço para seu emprego. Os eventos considerados imprevisíveis, estranhos ao cotidiano, poderão ir desde uma simples retirada de determinada mercadoria do mercado, passando pela proibição governamental de importação de matéria-prima, ou medida equivalente na área do comércio ou da indústria, até uma epidemia, guerra, revolução, golpe de estado, motim, ou quaisquer outras situações identificadas pelo julgador como de absoluta anormalidade. Por tal prisma, aceitam-na os contratos bilaterais, unilaterais e aleatórios; os celebrados com o Poder Público (administrativos), os que já contenham cláusulas de escala móvel, contratos de locação, de *leasing*, o Código de Defesa do Consumidor e as convenções coletivas de trabalho. Poder-se-ia até ir mais longe e considerar a hipótese de que, em casos especiais, mesmo em pactos de *execução imediata transformada em diferida* por força de circunstâncias ela poderia encontrar espaço, uma vez que seu objetivo maior (obtenção da justiça comutativa) sempre deverá prevalecer.

CONCLUSÕES 749

Adite-se – em plano de justificativa – que neste trabalho não se discutiu a possibilidade de emprego da teoria da imprevisão no campo do direito tributário. A principal razão é sua obviedade. Assim, se nos parcelamentos de débitos para com as Fazendas Municipal, Estadual ou Federal (contratação de execução diferida, sob a modalidade *continuada* ou *sucessiva*) o evento imprevisível modificar a base negocial, dando origem a lesão objetiva para qualquer das partes, será indiscutível sua aplicação. Da mesma forma se o mesmo fenômeno anormal exacerbar o *quantum* de um tributo cujo *recolhimento* tenha sido *diferido*, conquanto não tenha nascido de um pacto, mas da lei que definir a espécie. E a lei – já foi indagado –, com o disciplinar primordialmente direitos e deveres a serem exercitados e cumpridos pelo homem em sociedade, no fundo não poderia ser comparada a um contrato, com prevalência do fim comutativo sobre a forma?

E, ao final desta exauriente – mas profundamente gratificante – jornada, a rigor, iniciada no ano de 1987, as palavras de Peter Worsley, evocadas por Pinto Monteiro,[11] não poderiam ser esquecidas: "Só há uma conclusão clara a extrair em relação aos chamados trabalhos intelectuais: embora cheguemos sempre a algum lado, a jornada, em si mesma, não tem fim".

33. *Conclusões*

De todo o exposto, algumas conclusões podem ser alinhadas, nos planos formal e material.

1ª. Já na Antigüidade mais remota (incluindo-se o Direito Romano e ainda hoje) as situações de imprevisibilidade – posteriormente estudada por Neratius como cláusula *rebus sic stantibus* – eram confundidas com as de *caso fortuito* ou de *força maior*. Desta forma é que foi considerada na Lei 48 do Código de Hamurabi, há quase 1.700 anos antes de Cristo. Saliente-se que as bases da regra *pacta sunt servanda* só surgiriam no início da Era Cristã (Ulpiano), sendo carreadas para o *Digesto*, na órbita do *Ius Civile* ("Contractus enin legem ex conventione accipiunt" – século VI); donde se poder registrar uma curiosidade histórica: talvez seja este um dos poucos (ou único) casos na literatura jurídica em que, de forma não-oficial, *uma exceção surgiu antes da regra geral*. Assim, tivemos como *regra geral*, adotada

---

11. Peter Worsley, *Introdução à Sociologia*, Lisboa, 1974, p. 536, *apud* António Pinto Monteiro, *Cláusulas Limitativas e de Exclusão de Responsabilidade Civil*, p. 457.

750 A TEORIA DA IMPREVISÃO NO DIREITO CIVIL E NO PROCESSO CIVIL

pelo contratualismo, o princípio *pacta sunt servanda*, e como *exceção* a Lei 48 do Código de Hamurabi (1690 a.c.), origem do princípio *rebus sic stantibus*.

2ª. A rigor, a aplicação da teoria da imprevisão destina-se principalmente ao atendimento da *natureza econômica ou não dos contratos de execução diferida*, e só por via reflexa é que adquirem relevo as posições do credor e do devedor. Esta constatação não desvirtua em nenhum momento ou em qualquer aspecto o fato de que a justiça permanece como um valor bilateral.

3ª. Pelos estudos efetuados, conclui-se que a teoria da imprevisão deve ser considerada antes uma *presunção de direito absoluto* (que se não confunde com presunção absoluta de direito), e não condição tácita do contrato ou complementação da vontade manifestada, como pretenderam os juristas do Direito intermediário e alguns contemporâneos. Nos contratos de execução diferida esta presunção tem limitado a responsabilidade das partes aos riscos da previsão comum quando da celebração do pacto. A ocorrência de eventos imprevisíveis cria um regime novo, que só pode ser examinado à luz dos princípios da eqüidade e da boa-fé.

4ª. Comparativamente – plano das considerações sócio-jurídicas –, no princípio *rebus sic stantibus* se encontra muito mais vida e movimento do que no *pacta sunt servanda*. O último, por ser uma necessidade da efetiva segurança e estabilidade dos pactos – da qual não se discorda –, acabou por se transformar em dogma estático que desconsiderou o fato de que o Direito é vida, e vida é, acima de tudo, movimento, transformação. E este aspecto dinâmico é da essência da imprevisibilidade.

5ª. A aceitação irrestrita da intangibilidade do apotegma "o contrato faz lei entre as partes", consubstanciado na regra *pacta sunt servanda*, provoca pelo menos duas conclusões: a) a primeira quanto ao fato condenável de ser uma visão unilateral do problema, que, além de limitar a análise e restringir a área de atuação e reflexo dos contratos, presta-se a inúmeras distorções; b) a segunda quanto ao seu significado contextual, porque só é verdadeira a afirmação de que *o contrato faz lei entre as partes* no interregno temporal que vai do *instante contratual*, da vinculação objetiva, do conjunto de circunstâncias que cercaram aquele nascer de obrigações, até a execução, *sem incidentes anormais de percurso*. Quando da execução, alterada a base negocial por eventos imprevisíveis, iminente a lesão, o contexto não será mais aquele em que as partes aceitaram que *a contratação tivesse força de*

CONCLUSÕES 751

lei, porque, então, laboravam em contexto de absoluta *normalidade*. Não integra os cânones da justiça comutativa o entendimento de que as regras disciplinadoras dos planos de normalidade devam, necessariamente, ser as mesmas a viger nos de anormalidade.

6ª. Se o art. 1.058 do Código Civil vigente (art. 392 do novo Código), isenta de responsabilidade o devedor na ocorrência de caso fortuito ou de força maior, diante da *impossibilidade* (que alguns chamam de *absoluta*), é de se indagar: em que princípio de justiça se assenta a obrigatoriedade de cumprimento de cláusula modificada pelas circunstâncias, para a qual a parte não concorreu, causadora da *extrema dificuldade* de adimplemento ou *desvalorização da prestação a receber* e que fez nascer a lesão virtual? Conclui-se que a mesma lógica de raciocínio empregada no artigo 1.058 deveria prevalecer diante do acontecimento extraordinário, ao menos para admitir a tentativa de revisão, uma vez que o Direito não pode acautelar apenas o interesse de uma das partes, em detrimento da outra. Na aplicação do princípio da imprevisibilidade existe uma atenuante que não se encontra no caso fortuito ou de força maior: nela não se intenta, desde logo, a extinção do pacto, mas, principalmente, por via da revisão, sua adequação ao novo estado fático – o que é impossível nas hipóteses de inexecução involuntária.

7ª. De forma definitiva, é preciso fixar: a *ratio essendi* do princípio não é a profunda modificação da economia contratual causada pelo evento imprevisível, com o conseqüente surgimento da lesão virtual (*efeito*), mas sim a imprevisibilidade (*causa*) de sua ocorrência no universo da normalidade em que se efetuou a contratação inicial. É esta a razão de ser da doutrina, em posição diametralmente oposta à formulação de Bártolo (cláusula *rebus* subentendida).

8ª. Sob todos os aspectos, é paradigmática a máxima ciceroniana do *summum jus, summa iniuria*, como exemplo típico da hegemônica regra *pacta sunt servanda*. Como exposto, o instrumento moderador mais aceito – utilizado na busca do equilíbrio comprometido por este excesso – tem sido a eqüidade. "In medio virtus" – advertia Aristóteles, como que prenunciando estados fáticos em que o emprego de instrumentos corretores de equilíbrio, assentados em princípios éticos ou ético-jurídicos, fosse exigível.

9ª. Entre as teorias estudadas, importa menos saber qual a mais correta e recomendável para a estruturação e determinação da natureza jurídica do instituto do que se suas bases se encontram apoiadas efetivamente na verdadeira justiça comutativa. Tanto os princípios ju-

752 A TEORIA DA IMPREVISÃO NO DIREITO CIVIL E NO PROCESSO CIVIL

rídicos, éticos ou ético-jurídicos devem servir-lhe de base na sua construção definitiva (*de iure constituto*), uma vez que o valor bilateral da justiça será sempre prioritário, e, a qualquer custo e por todas as maneiras, é imperioso que seja resguardado.

10ª. Embora não seja relevante a determinação de qual doutrina reuniria mais e melhores condições de aceitação como a mais completa, a concepção formulada por Carlos Cossio – conjugada com as de cunho solidário (Louveau, Betti, Badenes Gasset e Carvalho Fernandes) – representa a síntese contemporânea de todas as teorias consagradas historicamente. A transformação do *ato* em *fato jurídico* exposta por Cossio para a aceitação da teoria da imprevisão, na formulação socializante de que "todo contrato começa e termina como conduta contrapartida, dentro de um projeto de existência, decidido conjuntamente pelas partes" (em suas palavras), simplifica a compreensão das alternativas de solução para alterações que abalam a estrutura negocial do pacto e justificam a busca de alternativa mais justa e segura.

11ª. É imperioso reconhecer que todo contrato de execução diferida tem necessariamente uma álea de natureza perfeitamente normal, comum, ordinária, em que os riscos assumidos fazem parte da contratação; para além da contratação – natureza metacontratual, ou *aura contratual* – existe uma outra álea em que ocorrem os eventos caracterizados como anormais, extraordinários, responsáveis pelo surgimento da lesão subjetiva, ou virtual. Os riscos da primeira são previsíveis, e, portanto, assumidos na contratação; os resultantes da segunda, não sendo imputáveis a qualquer das partes, devem receber tratamento diferenciado, porque situados além ou aquém de qualquer estimativa, autorizando o uso do princípio da imprevisibilidade.

12ª. Nos contratos aleatórios podem ser encontradas três áleas distintas, de gênese e naturezas diferentes: a) a álea comum a todos os pactos; b) a incomum, de natureza extracontratual (*aura contratual*), campo da imprevisibilidade; e c) a da incerteza, condicionada a acontecimentos futuros, mas inteiramente previsíveis, como é o caso do seguro de acidentes pessoais, seguro de vida, jogo, aposta, danos materiais. A álea em que atua a teoria da imprevisão foge de quaisquer classificações, parâmetros ou condicionamentos, sendo necessário que o acontecimento considerado imprevisível não esteja inscrito no quadro de ocorrências normais e, principalmente, não incida sobre a álea natural do pacto, nem sobre a específica dos contratos aleatórios, caracterizada pela dúvida, pela incerteza, pela imprecisão.

CONCLUSÕES 753

13ª. Uma vez alterada a base negocial por evento imprevisível, iminente a lesão, a exigência do integral cumprimento do contrato dá origem a um sério conflito entre Direito e Justiça. O primeiro a outorgar à parte credora da prestação a possibilidade de exigir que ela seja cumprida; o segundo a adverti-lo de que, em razão do desaparecimento do *statu quo ante*, os princípios que disciplinavam a contratação inicial se foram, e com eles a obrigatoriedade determinada pela regra de que o pacto consubstancia lei criada pelas partes e por elas deve ser cumprido, com vigência *ad aeternum*. Deste choque resulta que, embora o Direito tenha prevalência sobre a lei, a Justiça a ele se sobrepõe.

14ª. Em sua quase-totalidade, os autores pesquisados – e mesmo algumas legislações – referem-se ao devedor da prestação modificada como "parte lesada", o que, desde logo, precisa ser denunciado como grave erro técnico. Quando um acontecimento extraordinário se abate sobre a economia de um pacto dá origem a uma lesão iminente. Até ali ainda não existe uma parte lesada. Se, a despeito da dificuldade da prestação, ainda assim ela for cumprida, então – só então – se poderá falar em parte lesada. Antes, não. Em razão desta conclusão, no desenvolvimento deste estudo se optou por denominar *lesão virtual* as conseqüências do evento anormal, isto é, aquela marcada pela virtualidade, a que ainda não ocorreu, e que o emprego da doutrina de exceção tenta evitar.

15ª. Enquanto a realidade objetiva em que se deu a contratação permanecer a imperatividade da regra *pacta sunt servanda* deve prevalecer, sem qualquer espaço para o inadimplemento, já que inexiste justificativa para tanto; uma vez alterada a base negocial, abre-se espaço para o uso da teoria da imprevisão. Esta – na condição de instrumento de adaptação inversa (o *Direito ao fato*, e não o *fato ao Direito*) –, diante da lesão objetiva, é a única alternativa de manutenção da contratação sem ferimento dos cânones disciplinadores do contratualismo.

16ª. No universo da teoria da imprevisão, como regra geral, sendo possível a revisão, tanto no âmbito do direito público como do privado, as diferenças ou prejuízos devem ser divididos pelas partes. O credor – em razão do evento extraordinário, modificador da economia contratual – deverá concordar em receber de forma diferente, ou em época diversa, enfim, *menos* do que a alteração lhe daria; e o devedor, em vez de cumprir aquilo a que se obrigara na vinculação primitiva, agora alterada, também deverá concordar com a mudança para *mais*

754 A TEORIA DA IMPREVISÃO NO DIREITO CIVIL E NO PROCESSO CIVIL

da prestação estabelecida. É este, sem dúvida, o ideal da justiça comutativa.

17ª. Se por qualquer razão o juiz, agente do Direito, pretender afastar a aplicação da teoria da imprevisão, diante da alteração profunda da base negocial, é fundamental ponderar: como linha de princípio, é indiscutível que a favor do credor milita a regra de que *o contrato faz lei entre as partes*, de tal sorte que o devedor somente possa alegar eventos que justifiquem a inexecução involuntária (caso fortuito ou de força maior) para se eximir da responsabilidade do cumprimento da prestação. Sendo a justiça, reconhecidamente, um valor bilateral, pela mesma razão deve a regra (aplicada na proteção dos interesses do credor) vigorar também em favor do devedor, de maneira a *autorizá-lo ao cumprimento da prestação estabelecida no contrato, sem qualquer alteração para mais, visto constar de disciplina legal (lei entre as partes), que é a convenção celebrada.* Assim agindo ele estará cumprindo a regra legal do que foi estabelecido, porque o pacto faz *lei entre as partes,* e o devedor também é parte. A razão do devedor que justifica a não-aceitação da alteração da prestação para *mais* estará, então, fundada na lei, já que a permanência do *statu quo ante* apenas obedecerá aos ditames legais. Estes, a rigor, não poderiam sofrer modificações por eventos imprevisíveis, porque estranhos à contratação. Em síntese: se é lei, não pode sofrer os efeitos do evento anormal. Então, se a proposição soa como absurdo inaceitável, pelas mesmas razões seria rejeitável a pretensa intangibilidade dos contratos, defendida pelos anti-revisionistas, quando da tentativa de revisão. Diante desta situação ímpar, resta inquestionável que o justo equilíbrio só pode ser obtido à luz dos princípios da imprevisibilidade, tentando-se, primeiramente, a revisão contratual.

18ª. O caráter hegemônico de um princípio jurídico deve viger até que um outro de maior ou igual valor venha substituí-lo ou com ele dividir espaço. No campo dos contratos jamais surgiu uma formulação que pretendesse tomar o lugar da regra *pacta sunt servanda,* despontando apenas (da necessidade criada por situações anormais) um único instituto com condições de repartir sua área de atuação, conhecido como teoria da imprevisão. Esta, na condição de instrumento moderador, ao longo dos tempos tem possibilitado a obtenção da verdadeira justiça distributiva.

19ª. O princípio *rebus sic stantibus* não se opõe, em qualquer aspecto, à regra *pacta sunt servanda,* sendo, antes, dela um corolário lógico-jurídico. É suficiente que se acrescente um "mas" (*sed,* em La-

CONCLUSÕES 755

tim) entre as duas expressões para que uma harmônica justaposição se configure e a justiça efetiva seja obtida. Teríamos, então: *o contrato faz lei entre as partes ("pacta sunt servanda") mas ("sed") desde que mantidas as condições iniciais da contratação ("rebus sic stantibus")*. Em conclusão: *Pacta sunt servanda, **sed** rebus sic stantibus*. Não há qualquer afronta à regra geral no enunciado proposto; apenas fixação dos parâmetros exatos que devem disciplinar a aplicação do princípio genérico.

20ª. Embora os colegiados de segundo grau não aceitem a aplicação da doutrina em algumas hipóteses (inflação, exclusão de correção monetária, recessão, planos econômicos do Governo), por desconsiderá-las como eventos imprevisíveis, o mesmo não ocorre com a *maxidesvalorização da moeda* – desde que ocorrida em contexto de efetiva estabilidade econômica –, porque na vida de qualquer nação será sempre classificada como situação anômala (a solidez, a estabilidade, representam a regra geral) e, portanto, extraordinária, sancionadora de aplicação da doutrina.

21ª. O grande número de julgamentos denegatórios de aplicação da imprevisão pelos tribunais tem tomado como base – além das consagradas posturas de descabimento contra planos econômicos, inflação, recessão – principalmente a falta de pressupostos de sua admissibilidade. Tais situações só são constatadas no julgamento dos recursos das decisões que, no primeiro grau, desacolheram o pedido de emprego do *remedium iuris* de exceção. Talvez uma solução fosse a criação de um *juízo fático de exame prévio de admissibilidade de recursos*, paralelo ao *juízo de admissibilidade processual* já existente. Quando do exame de natureza jurídico-processual seria levado a efeito também o outro, de natureza fática.

22ª. Para que o objetivo do direito positivo seja alcançado é fundamental que sejam examinados: a norma aplicada e sua abrangência, o caso concreto e a adaptação do preceito legal à situação que se discute. No contexto contratual, surgido o incidente *normal* de percurso, de imediato o procedimento será o da conformação da disposição legal existente à *quaestio facti* em pauta. Quando o incidente é classificado como *anormal* (imprevisão), nas hipóteses *de iure constituendo* – como ainda ocorre em nosso ordenamento jurídico –, inverte-se a equação: a tentativa deverá ser não a de adaptação da lei (mesmo porque inexistente) ao acontecimento extraordinário, mas, antes, a de adequação do Direito ao fato incomum, incidente na *aura contratual*.

756   A TEORIA DA IMPREVISÃO NO DIREITO CIVIL E NO PROCESSO CIVIL

23ª. No plano processual algumas injustiças aos credores já foram praticadas com base em praxe forense que urge modificar. Não raras vezes o devedor, no procedimento revisional, tem sido o único a ter privilégios, em detrimento do credor. Em situações de impossibilidade de revisão os juízes têm decretado a *resolução*, com prejuízos para uma das partes. Este distorcido comportamento de nossa judicatura necessita reexame, com a possibilidade de indenização ao prejudicado pela parte não cumprida do pacto.

24ª. Em complementação, urge uma revisão na postura generalizada da quase-totalidade das legislações, doutrinas e jurisprudências – não só nacionais como estrangeiras –, que, diante da impossibilidade de revisão, aceitam e até recomendam a *resolução contratual pura e simples*, como se estivessem diante de uma hipótese de inexecução involuntária (caso fortuito ou de força maior). Se a justiça é um valor bilateral – afirmação que não comporta dúvidas –, não se pode admitir que uma lesão virtual que ameace o devedor, por efeito de simples pedido seu em juízo, possa se transformar em lesão objetiva para o credor, como conseqüência da extinção de pacto por cumprir. O espírito que norteia a aplicação do princípio da imprevisibilidade é, acima de tudo, o da manutenção da contratação, a qualquer custo. Se o devedor se mostrar insensível e mesmo intransigente à revisão, ou não for possível levá-la a efeito pelo juiz em contexto em que ela seja possível sem grandes sacrifícios para as partes, insistindo na solução constante de pedido alternativo (*resolução*), em nome da mais elementar justiça comutativa, *não poderá deixar de indenizar o credor pela parte ainda por cumprir do contrato*, a ser fixada pelo julgador com base no *enriquecimento sem causa*, complementado pela *injuridicidade* da postura e, ainda, pela doutrina da *responsabilidade objetiva*. Para tanto, indispensável se faz a alteração dos arts. 478, 479 e 480 do futuro Código Civil, proposta no Anexo 34.9, sob a epígrafe "Sugestões legislativas de modificação", como já foi referido. A atual redação – como no Código Civil Italiano – inexplicavelmente ignora os direitos do credor. Indispensáveis também serão algumas adaptações de dispositivos processuais à nova estrutura do direito material.

25ª. Talvez a forma mais segura de aferição de existência ou não do enriquecimento desmotivado em favor de uma das partes seja a da *investigação de suas intenções na transferência de um bem para o patrimônio de uma delas*. Constatada a intenção de transferir, não se poderá falar em enriquecimento sem causa; inexistente aquela, caracterizadas estarão a ausência de causa e, *ipso facto*, a injuridicidade da

CONCLUSÕES 757

vantagem atribuída a alguém, pouco importando a via de transferência, seja alienação regular ou mesmo sentença. Apenas a vontade manifestada de transferir deve ser levada em conta, aliada às formas existentes de transmissão da propriedade.

26ª. A responsabilidade pelos prejuízos causados ao credor em pacto por cumprir extinto por sentença deve surgir exclusivamente do fato. Não se deve levar em conta a existência ou não de culpa, uma vez que esta é decorrente de primitiva confusão existente entre as áreas civil e penal. Como corolário lógico-jurídico da socialização do Direito, a reparação do dano não pode ser atrelada à culpa ou a qualquer elemento moral, como perquirir se o agente agiu bem ou mal, com ou sem diligência, consciente ou inconscientemente. A *responsabilidade* pelo dano causado deve estar mais *ligada à vítima e ao fato* do que à possível verificação de culpabilidade.

27ª. A prerrogativa – ou dever, segundo forte corrente doutrinária – do credor é receber (art. 955, parte final, do CC); a do devedor, cumprir a obrigação convencionada. É defeso ao juiz – até por razões de bom senso – extinguir o pacto, de forma pura e simples, sem conseqüências, a pedido do autor-devedor, tão-somente porque não foi possível a revisão. A sentença que admite a resolução contratual sem qualquer indenização pela parte pendente de adimplemento estará extinguindo um direito creditório oriundo de contratação legítima.

28ª. É fundamental que se atente para o espírito do procedimento proposto. Como regra geral, nele, o devedor – autor da ação – deverá ajuizar pedido de revisão, cujo objetivo primordial se definirá pela tentativa de readequação do pacto descaracterizado pelo evento imprevisível, que o emprego da teoria da imprevisão buscará atenuar. Nem a doutrina nem a jurisprudência sancionam o uso inicial da extinção do pacto diante do evento imprevisível, a não ser em casos em que a resolução seja a única alternativa – razão por que a medida extrema, nestes casos, não pode nem deve trazer prejuízos para qualquer das partes.

29ª. O procedimento revisional deve objetivar, primordialmente, a modificação e adaptação de um estado de fato alterado para outro que satisfaça os contratantes, e não premiá-los ou castigá-los, por meio da intervenção do juiz, sob pena de total desvirtuamento dos nobres princípios da imprevisibilidade.

30ª. Com a extinção contratual, pura e simples, sem quaisquer conseqüências indenizatórias para o autor – que dela colherá somente

758   A TEORIA DA IMPREVISÃO NO DIREITO CIVIL E NO PROCESSO CIVIL

benefícios –, o juiz estará equiparando a extrema dificuldade da prestação para o devedor às hipóteses de caso fortuito ou de força maior, o que, em nome do mais elementar senso de justiça, é inaceitável. Disse Reale, no Relatório do Projeto 118/84 que deu origem ao novo Código Civil: "(...) é necessário, então, levar-se em conta as contingências da condição humana, conferindo-se maior poder ao juiz para assegurar o equilíbrio ético-econômico dos contratos, a fim de impedir que a parte mais fraca seja a primeira vítima de seu próprio querer, *ou que o decidido pela vontade individual afronte valores sociais impostergáveis*" (grifos nossos).

31ª. A rigor, dentro do espírito da imprevisibilidade, nem como exceção se poderia incluir a doutrina como uma forma de inexecução voluntária das obrigações. Quem se vale da teoria da imprevisão espera, em princípio, uma revisão do pacto atingido pelo evento extraordinário, não sua extinção. Se a pretensão de resolução – em pedidos sucessivo-alternativos – for obstada por via de indenização ao credor, como proposto, o verdadeiro e único propósito do princípio (revisionismo) será mantido, uma vez que o ônus decorrente da extinção contratual raramente interessará ao devedor. Por esta razão, uma vez adotadas as coordenadas propostas (indenização), seria quase impossível a insistência na alternativa resolutória.

32ª. A redação dos arts. 478 a 480 do novo Código Civil deverá sofrer alteração profundas, conforme demonstrado. Tanto credor como devedor devem ter direito ao emprego do *remedium iuris* excepcional. Não se pode esquecer que o mesmo evento imprevisível que atinge o devedor também atinge o credor, e que, como o devedor, também ele, credor, não terá dado causa à alteração da base contratual, por ação ou omissão, não havendo qualquer justificativa para seu prejuízo. A prevalecer a atual redação dos artigos em discussão, consolidada estará a injustiça, desta vez por via legal.

33ª. O exercício da liberdade do homem integrado na sociedade rege-se por determinados limites que têm – em tempo inicial – como vetores o interesse da coletividade, em primeiro lugar, e depois, em um segundo tempo, no universo do direito privado, a disciplina do relacionamento dos indivíduos entre si. Se o Direito busca, fundamentalmente, a liberdade consciente dos homens e o regramento de sua conduta social, deve esta ciência ser considerada, acima de tudo, comportamento, e não apenas um conjunto de normas (Kelsen), conforme defendeu Carlos Cossio. Este feixe de regras sócio-comportamentais deverá ser atrelado a um conjunto de preceitos normativos voltados

CONCLUSÕES 759

para a busca de um resultado satisfatório no plano ético-jurídico. Como linha de princípio, as relações jurídicas têm sido disciplinadas com acerto pelo direito privado. Genericamente, no campo das obrigações; e especificamente no do contratualismo.

34ª. O Direito – além de ser um autêntico limite ao arbítrio, ao egoísmo humano – é, acima de tudo, na mais ampla visão socializante, um verdadeiro meio de cooperação entre os homens, uma proa direcionada para a melhor forma de organização societária, na busca contínua da realização de interesses e vontades, norteado para um fim comum, objetivando sempre a superposição da motivação pública sobre a particular. Ideologicamente, seu lema deveria ser: *todos por um e cada um por todos*, e não o *cada um por si*, que infelizmente se vê.

35ª. Sendo a lei o principal instrumento do Direito, sabiamente ela previu mecanismos de correção para as hipóteses de desvio de rota no cumprimento das obrigações, tanto no contexto da involuntariedade – com menos hipóteses – como no da voluntariedade, em que a diversidade de situações é maior. Entretanto, independentemente da disciplina legal, o ideal de justiça comutativa só será alcançado quando for efetiva a consciência de que a socialização do Direito é a única rota a seguir, um verdadeiro caminho sem volta, e para ela forem concentrados e canalizados todos os esforços, com o objetivo de alterar a conduta humana em sociedade, transmudando-a de exclusivamente individual para coletiva sem que, para tanto, seja necessária a imposição legal. No âmbito de um ideário – que já foi bem mais utópico –, o correto seria que a lei apenas disciplinasse situações, que tão-somente regulamentasse a conduta social, e, quem sabe, no futuro, fossem desnecessárias as sanções. Consciência de direitos e obrigações independentemente da lei; apenas ditada por elementar código de ética. Os primeiros passos neste sentido já foram dados, com a ênfase inserta nos princípios do direito ambiental, que, embora pautado ainda por sanções, não deixa de ser um bom começo. Ali, a demonstração do óbvio (preservação do ambiente no interesse coletivo) tem colhido bons frutos, em especial na tarefa de conscientização e formação de nova mentalidade nas gerações futuras, de natureza eminentemente socializante.

36ª. A teoria da imprevisão encontra espaço e aplicação tanto nos contratos urbanos como nos rurais, desde que a obrigações tenham execução diferida. Também pode ser empregada nos contratos celebrados via *Internet* (conhecidos como *pactos virtuais*), sendo necessário apenas que o evento modificador da base negocial seja identifi-

760 A TEORIA DA IMPREVISÃO NO DIREITO CIVIL E NO PROCESSO CIVIL

cado como extraordinário e os pressupostos de admissão da doutrina estejam presentes.

37ª. Conclui-se, por fim, que, se a aplicação de qualquer princípio normatizado sempre envolveu uma alta dose de critério subjetivo, com muito mais razão deverá orientar o emprego de uma excepcionalidade, tendo como guias seguros a eqüidade e a boa-fé.

Felizmente para nós, os julgamentos são, ainda, uma nobre tarefa entregue a juízes, não a computadores.

CAPÍTULO III

34. Anexos: 34.1 Ementário de jurisprudência: 34.1.1 Decisões concessivas – 34.1.2 Decisões denegatórias – 34.2 "Exposição de Motivos" apresentada pelo professor Miguel Reale, Presidente da Comissão responsável pelo Projeto 118/84, que deu origem ao novo Código Civil Brasileiro – 34.3 Decisão pioneira de primeiro grau sobre a imprevisibilidade, prolatada por Nélson Hungria, como Juiz Titular da 5ª Vara Cível do Distrito Federal (Rio de Janeiro), em 27.10.1930, publicada na "Revista de Direito" 100/178, reformada pelo Tribunal de Justiça, em 1932 – 34.4 Decisão unânime da 4ª Câmara do Tribunal de Apelação do Distrito Federal (rel. Des. Alfredo Russel), em grau de embargos, que reformou a sentença do Juiz Nélson Hungria (Ap. cível 2.475, de 5.4.1932) – 34.5 Decisão pioneira de um colegiado de segundo grau sobre a teoria da imprevisão (Corte de Apelação, Câmaras Conjuntas de Apelações Civis), proferida em 27.11.1934, em grau de embargos, prolatada pelo Juiz Emanuel Sodré, acolhendo a imprevisão, reformada por acórdão de 22.9.1934, mas restaurada pelas Câmaras Cíveis Conjuntas (voto do Des. Alfredo Russel) – 34.6 Acórdão pioneiro do Supremo Tribunal Federal acolhendo a cláusula "rebus sic stantibus". Decisão proferida em 5.1.1938, publicada na "RF" 77/79-85 – 34.7 Decisão do Supremo Tribunal Federal. Ação de revisão contratual proposta na comarca de Londrina/PR, em 29.5.1973 ("RTJ" 66/561) – 34.8 Parecer do Comissário do Governo Francês, Chardenet, no caso da "Cie. Générale d'Éclairage de Bordeaux" contra a Municipalidade, em 16.3.1916 – 34.9 Sugestões legislativas de modificação dos arts. 477, 478 e 479 do novo Código Civil Brasileiro.

34. Anexos

34.1 Ementário de jurisprudência

34.1.1 Decisões concessivas

34.1.1.1 Supremo Tribunal Federal (STF)

001. A cláusula *rebus sic stantibus* tem sido admitida como implícita somente em contratos com pagamentos periódicos e sucessivos de ambas as

762 A TEORIA DA IMPREVISÃO NO DIREITO CIVIL E NO PROCESSO CIVIL

partes ao longo de prazo dilatado, se ocorreu alteração profunda e inteiramente imprevisível das circunstâncias existentes ao tempo da celebração do negócio. (*RTJ* 68/95)

002. Desfeito o negócio por impossibilidade manifesta do comprador, mercê da indisfarçável compressão diuturna dos salários, não será lícito negar-se a presença da teoria da imprevisão. Acreditar no Governo e, conseqüentemente, no sucesso dos planos econômicos é obrigação do cidadão. A trindade estatal impõe coerência e, por isso, o Poder Judiciário não pode cancelar o aumento do patrimônio de uns poucos em detrimento da grande maioria que confiou no Estado, chancelando, por vias oblíquas, a cultura da esperteza e da malícia. (*RT* 258/583)

003. Rebus sic stantibus – Empreitada. É certo que a jurisprudência dos tribunais já tem admitido a regra *rebus sic stantibus* em contratos de prazos longos e pagamentos periódicos sucessivos no curso do tempo, presumindo-se imprevisível o colapso da moeda por circunstâncias supervenientes. (*RT* 66/561)

004. Cabe revisão judicial de aluguel quando o critério corretivo contratado não corresponde à realidade da correção monetária concedida pela lei. (RE 83.869, *Jurisprudência Brasileira* 57/68, 1976)

005. Teoria da imprevisão – Aplicação pelo tribunal estadual – Ajuste firmado antes de maxidesvalorização da moeda nacional, que alterou imprevisivelmente as condições inicialmente estabelecidas – Compensação do devido com crédito decorrente de outro contrato determinada em embargos de declaração – Inadmissibilidade – Matéria que não foi objeto do pedido nem de debate entre as partes – Decisão, portanto, *ultra petita* – Recurso extraordinário provido, restaurada a decisão anterior. (*RT* 638/233)

006. Teoria da imprevisão – Contrato de execução diferida – Ato estranho à esfera de controle das partes capaz de modificar o estado de fato contemporâneo à avença. A teoria da imprevisão ou adoção da cláusula *rebus sic stantibus* torna-se possível no sentido de permitir a revisão do contrato quando, sendo ele de execução diferida, um ato ou fato estranho à esfera de controle das partes, excepcional ou imprevisto, modifica as circunstâncias contemporâneas à avença de tal forma que um dos contratantes é onerado demasiadamente enquanto outro se beneficia de modo exagerado. (rel. Min. Oscar Corrêa, *RT* 638/235)

007. Ação ordinária para pedir revisão de preços estabelecidos em contratos de compra e venda, ou de resolução do vínculo *ex nunc*, com restituição das partes, sob forma singela, ao estado anterior, com acréscimo apenas dos juros legais – Confirmação do acórdão recorrido porque se apoiou na apreciação dos fatos. O acórdão não negou que a teoria da imprevisão se possa aplicar em nosso Direito, apenas a ela não se referiu, por não ser o caso da espécie dos autos. (rel. Min. Hermes Lima, *RTJ* 36/104)

ANEXOS   763

008. Cláusula *rebus sic stantibus* – Sua conceituação. O tribunal que a acolhe não viola expressa disposição de lei. A construção de doutrinas jurídicas não reguladas na lei positiva jamais poderá ferir a letra da lei, para dar lugar ao recurso extraordinário. A admissão daquele recurso, por diversidade de interpretação da lei, pressupõe espécies que se ajustem perfeitamente. A regra *rebus sic stantibus* não é contrária a texto expresso da lei nacional. Rejeitam-se os embargos opostos ao acórdão publicado no v. 23, p. 574, da *Jurisprudência. (RF* 77/79-84, 1938)

009. Empreitada – Reajustamento de preços com base na cláusula *rebus sic stantibus.* Seu cabimento constitui matéria de apreciação de provas e cláusulas contratuais, a cargo das instâncias ordinárias.

Voto do Relator, Min. Adauto Cardoso: Como se vê na jurisprudência mencionada no acórdão proferido pela antiga 1ª Turma em 28.5.1968, no RE n. 64.152, relator o eminente Min. Oswaldo Trigueiro (*RT* 46/131), nem a doutrina nem a jurisprudência se recusam no Brasil a adotar a teoria da imprevisão. E o Supremo Tribunal Federal não considera que ocorra negativa de vigência do art. 1.246 do Código Civil na revisão de preços da empreitada por causa da superveniência de imprevisível encarecimento de salários e de material. Só que a medida desta imprevisibilidade constitui matéria de fato em cuja ponderação prevalece a competência de instâncias ordinárias, como no caso em julgamento (...). (*RTJ* 51/187)

010. Toda sentença contém a cláusula *rebus sic stantibus,* sendo evidente e inevitável a alteração da ordem judicial por força de fatos que nela influam irresistivelmente. (RE 24.071, rel. Min. Orozimbo Nonato, *RF* 160/122)

011. A cláusula *rebus sic stantibus* protege, em princípio, contrato de prestações sucessivas, mas não pode ser invocada nos caso que em que haja antecipação de capital. (*RF* 229/52)

34.1.1.2 Superior Tribunal de Justiça

012. A teoria da revisão, aos poucos, vai sendo acolhida pela jurisprudência, porque em face da injustiça do convencionado, do desequilíbrio evidente, da ruína talvez a alguma das partes, não é possível que o juiz cruze os braços. (*RT* 191/170)

013. Pela teoria da imprevisão se concede ao juiz a faculdade ou tarefa de rever o contrato, desde que acontecimentos imprevistos ou imprevisíveis tenham alterado as circunstâncias em que o vínculo havia se formado e tenham acarretado para o obrigado uma onerosidade excessiva da prestação. (3ª T., rel. Min. Cláudio Santos, j. 7.2.1995, fonte: *Datalex – Quorum Informática,* Belo Horizonte)

014. Contrato de arrendamento mercantil – Prestações indexadas às taxas de CDB – Ação visando ao reajustamento das prestações devidas por arrendatário mercantil em contrato firmado durante a vigência do Plano Cruza-

764 A TEORIA DA IMPREVISÃO NO DIREITO CIVIL E NO PROCESSO CIVIL

do, alterando-se o critério contratual de indexação segundo a maior taxa de captação dos CDBs – Procedência da demanda nas instâncias ordinárias. A aplicação da teoria da imprevisão em determinado caso concreto não contraria os arts. 7º e 8º da Lei n. 6.099/74, nem o art. 82 do Código Civil. Recurso especial. Admissibilidade. (*DJU* 8.9.1992, fonte: *Datalex – Quorum Informática*, Belo Horizonte)

015. Processual civil – Recurso especial – Litisconsórcio necessário – *Cláusula rebus sic stantibus.* Ocorre litisconsórcio necessário quando o juiz, por disposição de lei ou pela natureza da relação jurídica, tiver de decidir a lide de modo uniforme para todas as partes. Embora o BNH expedisse normas-padrão para o Sistema Financeiro da Habitação, a sentença de processo entre o agente e o mutuário terá eficácia apenas entre eles, quando se discute o valor das prestações acordadas no contrato. O litisconsórcio não se confunde com a a assistência. A cláusula *rebus sic stantibus* não afronta nenhuma lei. Ajusta as normas jurídicas ao sentido social dos fatos. Busca impedir o enriquecimento sem justa causa e amolda a expressão substancial do fenômeno ao sentido formal. (2ª T., REsp 371-CE, reg. 890008942, rel. Min. Luiz Vicente Cernicchiaro, m.v., *DJU* 4.6.1990)

016. A cláusula *rebus sic stantibus* não afronta nenhuma lei. Ajusta as normas jurídicas ao sentido social dos fatos. Busca impedir o enriquecimento sem justa causa e amolda a expressão substancial do fenômeno ao sentido formal. (*DJU* 4.6.1990, fonte: *Datalex – Quorum Informática*, Belo Horizonte)

017. Teoria da imprevisão – Aplicabilidade mesmo à míngua de texto expresso, porque exigência da eqüidade. Necessidade, entretanto, de que se apresentem todos os seus pressupostos. Entre eles o de que fatores imprevisíveis alterem a equivalência das prestações, tal como avaliadas pelas partes, daí resultando empobrecimento sensível para uma delas, com enriquecimento indevido da outra. (3ª T., rel. Min. Eduardo Ribeiro, j. 25.6.1991, fonte: *Datalex – Quorum Informática*, Belo Horizonte)

018. Cláusula *rebus sic stantibus* – Ação revisional de contrato de construção e venda de unidade habitacional em prédio em condomínio – Pretensão da construtora e vendedora da correção monetária das parcelas devidas com e após a entrega das chaves – Contrato avençado durante o "Plano Cruzado-I" – A correção monetária, como um aspecto diferenciado da teoria da imprevisão no contexto peculiar da economia brasileira, pode incidir mesmo nos contratos avençados sem a sua previsão – Contrato firmado durante o "Plano Cruzado-I", sob custos congelados e geral expectativa, em todas as classes sociais e com raras exceções, de que a inflação estivesse debelada ou reduzida a razoáveis proporções, permitindo assim a contratação de construções por preços acrescidos apenas de juros – Retomada da inflação, autorizadora da atualização da moeda desvalorizada a ponto de afetar a comutatividade contratual – Recurso especial conhecido e provido. (rel. Min. Athos Carneiro, *DJU* 25.11.1991, fonte: *Datalex – Quorum Informática*, Belo Horizonte)

ANEXOS

019. Havendo, no correr do contrato, modificação do preço, ainda que inexista previsão expressa de atualização, cumpre superar o formalismo para realizar o direito justo. A revisão dos alugueres tem por finalidade impedir que uma das partes seja beneficiada pelo desequilíbrio econômico das prestações, independente do *nomen iuris*, ainda que tratem de aluguel. A cláusula *rebus sic stantibus* não pode ser menosprezada. (*DJU* 10.5.1993, fonte: *Datalex – Quorum Informática*, Belo Horizonte)

020. A correção monetária, como um aspecto diferenciado da teoria da imprevisão no contexto peculiar da economia brasileira, pode incidir mesmo nos contratos avençados sem a sua previsão – Contrato firmado durante o Plano Cruzado-I, sob custos congelados e geral expectativa, em todas as classes sociais e com raras exceções, de que a inflação estivesse debelada ou reduzida a razoáveis proporções, permitindo assim a contratação de construções por preços acrescidos apenas de juros – Retomada da inflação, autorizadora da atualização da moeda desvalorizada a ponto de afetar a comutatividade contratual. (*JSTJ-TRF* 34/147, Lex Editora)

021. Locação – Aluguel – Revisão. Não é possível apego inflexível ao *pacta sunt servanda*. No contexto de instabilidade da economia, ocasionando oscilação diária dos preços, urge voltar a atuação da cláusula *rebus sic stantibus*. Não se tolera um dos contratantes aufira lucro, apegando-se ao sentido literal da norma formalizada. Atualização do preço não se confunde com majoração. (6ª T., REsp 33.269-6-MG, rel. Min. Luiz Vicente Cernicchiaro, v.u., *DJU* 24.5.1993)

022. Processual civil – Locação comercial – Reajuste de aluguel – Periodicidade – Alteração – Lei n. 6.649/79, art. 49, § 4º.

Recurso especial – Locação comercial – Alteração da periodicidade dos reajustes dos aluguéis de anual para semestral – Apontada violação ao disposto no art. 49, § 4º, da Lei n. 6.649/79, bem como ao *caput* do mesmo artigo, que adotou, como regra, a anualidade.

Dissenso pretoriano – Jurisprudência deste Tribunal.

I – A copiosa jurisprudência deste Tribunal é no sentido de que a modificação da situação econômica justifica a aplicação da teoria da imprevisão, sob pena de locupletamento ilícito de uma das partes, sendo pois correta a alteração da periodicidade dos reajustes dos aluguéis de anual para semestral.

II – Recurso improvido. (6ª T., REsp 30.018-0-RJ, rel. Min. Pedro Acioli, v.u., *DJU* 6.9.1993)

023. Civil – Locação – Acordo das partes – Princípio *pacta sunt servanda* – Interpretação – Cláusula *rebus sic stantibus* – Aplicação.

Locação – Revisional – Acordo das partes. O princípio *pacta sunt servanda* deve ser interpretado de acordo com a realidade sócio-econômica. A interpretação literal da lei cede espaço à realização do justo. O magistrado deve ser o crítico da lei e do fato social. A cláusula *rebus sic stantibus* cum-

766   A TEORIA DA IMPREVISÃO NO DIREITO CIVIL E NO PROCESSO CIVIL

pre ser considerada para o preço não acarretar prejuízo para um dos contratantes. A Lei de Locação fixou o prazo para revisão do valor do aluguel. Todavia, se o período, mercê da instabilidade econômica, provocar dano a uma das partes, deve ser desconsiderado. No caso dos autos, restara comprovado que o último reajuste do preço ficara bem abaixo do valor real. Cabível, por isso, revisá-lo judicialmente. (6ª T., REsp 46.423-3-SP, rel. Min. Luiz Vicente Cernicchiaro, v.u., *DJU* 8.8.1994)

024. Civil – Locação – Teoria da imprevisão. O antigo *pacta sunt servanda* não encerra princípio absoluto. Urge conjugá-lo com a Justiça. O contrato, assim, pode ser objeto de revisão. Eficácia da cláusula *rebus sic stantibus*. (6ª T., REsp 61.342-6-SP, rel. Min. Luiz Vicente Cernicchiaro, v.u., *DJU* 4.9.1995)

025. Civil – Contrato – Atualização econômica – Pacta *sunt servanda* – Compatibilização com a cláusula *rebus sic stantibus*.

Recurso especial – Comercial – Contrato. A prestação contratual, em havendo expressão econômica, deve mantê-la durante a avença. Leis subseqüentes à avença, visando a conservar o valor, devem ser levadas em consideração. O *pacta sunt servanda* deve ser compatibilizado com a cláusula *rebus sic stantibus*. (6ª T., REsp 93.143-0-RJ, rel. Min. Luiz Vicente Cernicchiaro, v.u., *DJU* 22.4.1997)

026. Locação – Revisão judicial. O princípio *pacta sunt servanda* não pode ser entendido literalmente. Algumas vertentes, inconformadas com a Escola de Exegese de origem francesa, como o pluralisnmo sistêmico-funcional, o humanismo dialético, o neomarxismo jurídico, o marxismo jurídico-ortodoxo e o normativismo dialético, buscam, através da norma, realizar valores. Invoque-se a velha cláusula *rebus sic stantibus*. O aluguel, nesse contexto, deve expressar o valor locatício, para evitar enriquecimento sem justa causa. Urge recusar reverência eclesiástica à literalidade da lei. (6ª T., REsp 102.556-SP, rel. Min. Luiz Vicente Cernicchiaro, *DJU* 17.2.1997)

027. Civil – Contrato – Atualização econômica – *Pacta sunt servanda*, compatibilização com a cláusula *rebus sic stantibus* – Recurso especial – Comercial – Contrato. A prestação contratual, em havendo expressão econômica, deve mantê-la durante a avença. Caso contrário haverá enriquecimento ilícito para uma das partes. Leis subseqüentes à avença, visando a conservar o valor, devem ser levadas em consideração. O *pacta sunt servanda* deve ser compatibilizado com a cláusula *rebus sic stantibus*. (STJ, 6ª T., REsp 93.143-0-RJ, rel. Min. Luiz Vicente Cernicchiaro, v.u., *DJU* 22.4.1997)

34.1.1.3 Tribunal de Justiça do Distrito Federal

028. A teoria da imprevisão é aplicável apenas nos casos de ocorrência de fatores imprevisíveis inesperados, que provoquem a completa ruptura do equilíbrio do contrato, criando onerosidade excessiva para o devedor. (2ª C.

ANEXOS 767

Cível, *DJU* 26.5.1993, fonte: *Datalex – Quorum Informática*, Belo Horizonte)

029. Promessa de compra e venda – Rescisão contratual requerida pelos devedores inadimplentes – Teoria da imprevisão – Código de Proteção e Defesa do Consumidor – Arts. 82, 120 e 145 do Código Civil – Princípios do *pacta sunt servanda* – Função social.

Toda ordem jurídica está imbuída da idéia de moral, o que determina que o negócio jurídico deve ajustar-se à medida em que o contrato está sendo cumprido, e, em caso de resolução, culmina com o benefício total da parte a que favorece a cláusula. O dogma da supremacia da vontade deve ser afastado se obstado maliciosamente o implemento de condição que aproveita à promitente vendedora. (1ª C., EInfrs em Ap. cível, reg. 77.572, rela. Des. Sandra de Santis, *DJU* 9.8.1995)

030. Consistem os pressupostos da aplicação da teoria da imprevisão na superveniência de acontecimento imprevisto e imprevisível que, além de modificar o ambiente objetivo que reinava à época da celebração do contrato, acarrete para o devedor um grande empobrecimento, e para o credor um enriquecimento inesperado e injustificado. (1ª T. Cível, *DJU* 4.8.1993, fonte: *Datalex – Quorum Informática*, Belo Horizonte)

031. A teoria da imprevisão apta ao sucesso no mundo negocial de modo a resilir a relação contratual reclama acontecimento imprevisto, imprevisível e inevitável, que assim possa modificar sensivelmente a situação de fato apresentada ao tempo da sua formação, tal qual por exemplo no caso fortuito ou força maior, que são episódios que ultrapassam as forças humanas; o fato estranho, alheio à vontade das partes, cujos efeitos não poderiam evitar ou impedir. (1ª T. Cível, *DJU* 7.2.19996, fonte: *Datalex – Quorum Informática*, Belo Horizonte)

032. Aplicação da teoria da imprevisão. O índice setorial fixado a partir de dados da construção civil possibilita margem de arbítrio que pode gerar valores altos e insustentáveis, impossibilitando o cumprimento do contrato. O evento imprevisível, por outro lado, consistente na mesma impossibilidade, autoriza a rescisão do contrato, sem culpa da construtora, eis que a cláusula *rebus sic stantibus* é exatamente a inexecução sem culpa. (2ª T. Cível, *DJU* 15.12.1993, fonte: *Datalex – Quorum Informática*, Belo Horizonte)

033. Para a ocorrência da teoria da imprevisão seria mister a verificação de acontecimentos ou eventos absolutamente imprevisíveis pelas partes, de caráter patrimonial ou extraordinário. (3ª T. Cível, *DJU* 4.5.1994, fonte: *Datalex – Quorum Informática*, Belo Horizonte)

034. O denominado Plano "Brasil Novo", editado em 15.3.1990, por suas medidas drásticas, surpreendentes e imprevisíveis, importou em radical alteração das condições econômicas objetivas do momento da contratação, com grave desequilíbrio da equação inicial. À vista de tal fato, lícito é a parte prejudicada invocar a teoria da imprevisão para rescindir-se o contrato. Em se

768 A TEORIA DA IMPREVISÃO NO DIREITO CIVIL E NO PROCESSO CIVIL

tratando de rescisão sem culpa e inadmitindo-se enriquecimento sem causa, as importâncias recebidas serão devolvidas de uma só vez, devidamente corrigidas. (1ª T. Cível, *DJU* 28.4.1993, fonte: *Datalex – Quorum Informática*, Belo Horizonte)

035. A teoria da imprevisão se alicerça na existência de eventos extraordinários e imprevisíveis, a tornar impossível ou demasiado oneroso o cumprimento do avençado por uma das partes. Todavia, embora previsível a escalada inflacionária, e a ineficiência do seu combate pela Administração, acreditar no Governo e no Estado é obrigação do cidadão, que entende que a civilização não prescinde da vida em sociedade. A trindade estatal impõe coerência e harmonia de seus entes em relação aos jurisdicionados. Assim, embora previsível a irresponsabilidade de alguns governantes, especialmente nas promessas e garantias de proporcionar dias melhores a todos, é lícito ao cidadão confiar que os atuais encarregados da condução dos negócios públicos constituem uma exceção a essa regra. Não é moral e nem lícito que se imponham ou se permita a imposição de sanções e perdas àqueles que no Estado harmônico confiaram. (1ª T. Cível, *DJU* 6.12.1995)

036. A implementação do denominado "Plano Collor" ou "Brasil Novo", por suas medidas drásticas, surpreendentes e imprevisíveis, acarretou visível desequilíbrio nos contratos já em curso, porquanto fez incidir elevados índices de correção nas prestações, enquanto permaneceram congelados os salários dos contratantes, ensejando assim a aplicação do disposto na teoria da imprevisão. (1ª C. Cível, *DJU* 19.10.1994, fonte: *Datalex – Quorum Informática*, Belo Horizonte)

037. Não é a inflação mas os inesperados choques na economia, com confisco de ativos bancários, demissão em massa de trabalhadores, achatamento salarial etc., que comprometem a equivalência prestação/salário e a cumulatividade contratual, assim ensejando, nesse norte, dada a notória excepcionalidade fática, imprevisível e inevitável, a resilição negocial com base na implícita cláusula *rebus sic stantibus*. (1ª T. Cível, *DJU* 7.12.1994, fonte: *Datalex – Quorum Informática*, Belo Horizonte)

038. Implementado o denominado "Plano Collor"ou "Plano Brasil Novo", o reajuste de parcelas com base no índice de 84,32% veio alterar o equilíbrio contratual, ocasionando enriquecimento ilícito de uma das partes, em detrimento da outra. Tratando-se de situação que extrapolou a previsibilidade de perdas em face da espiral inflacionária, aplica-se a teoria da imprevisão, retornando as partes ao *statu quo ante*. (1ª C. Cível, *DJU* 1.2.1995, fonte: *Datalex – Quorum Informática*, Belo Horizonte)

039. A teoria da imprevisão é plenamente aplicável aos contratos administrativo se constatada a álea extraordinária a romper o equilíbrio financeiro do contrato, merecendo o mesmo ser revisto. (1ª T. Cível, *DJU* 1.2.1995)

040. Processual civil – Agravo de instrumento – Concessão de tutela antecipada para aplicação do INPC nas parcelas ajustadas em contrato de *lea-*

ANEXOS

sing – Legalidade – Teoria da imprevisão inserida no Código de Defesa do Consumidor – Desnecessidade de imprevisibilidade ou extraordinariedade da situação, contentando-se com "fatos supervenientes" – Enriquecimento sem causa da parte favorecida pelo desequilíbrio contratual. A finalidade principal da imprevisão é socorrer a parte lesada pelo desequilíbrio contratual, e não punir a parte pelo que se enriquecerá com o desequilíbrio. (3ª T. Cível, AI, rel. Des. Nívio Gonçalves, Brasília, j. 9.8.1999)

041. Agravo de instrumento contra decisão que estipula honorários advocatícios *initio litis* em percentual inferior ao do débito para efeito de pagamento imediato – Possibilidade. No processo de execução, é válida a fixação dos honorários advocatícios *initio litis* que tem origem na *praxis* e que visa a atrair o devedor ao pagamento imediato do débito ante o aviso subliminar de que poderá haver aumento em caso de embargos. Esta fixação é provisória, está sujeita a alterações posteriores (cláusula *rebus sic stantibus*) e decorre do juízo de eqüidade do magistrado, não estando subordinada a percentual sobre o valor do débito (CPC, art. 20,. § 4º). (1ª T. Cível, AI, rel. Des. Waldir Leôncio Júnior, Brasília, j. 12.4.1999)

042. Aplica-se a teoria da imprevisão aos contratos de compra e venda, pois a alta inveterada de preços e o arrocho salarial tornam imprevisível o estado de fato entre a assinatura do contrato e a prestação futura. (1ª T. Cível, Ap., rel. Des. João Mariosa, v.u., Brasília, j. 7.6.1999)

043. *Leasing* – Arrendamento mercantil – Contrato atrelado à variação cambial do dólar – Aplicação do Código de Defesa do Consumidor – Cláusula *rebus sic stantibus* – Aumento imprevisível na cotação da moeda norte-americana. 1. Conforme posicionamento desta Corte e do Superior Tribunal de Justiça, aplica-se a Lei n. 8.078 (Código de Defesa do Consumidor) aos contratos de *leasing*. 2. A cláusula *rebus sic stantibus*, adotada pelo art. 6º, inciso V, da Lei n. 8.078/90, prescinde da existência de fato anormal e imprevisível a justificar a mudança do pactuado, desde que sua conseqüência seja a de tornar excessivamente onerosa a adimplência da obrigação assumida pelo consumidor. 3. A expressiva elevação do valor da moeda norte-americana em poucos dias tornou insustentável o regular cumprimento dos contratos de *leasing* cujas parcelas encontravam-se atreladas ao dólar. 4. Incide, pois, o art. 6º, inciso V, do Código de Defesa do Consumidor, justificando o deferimento da liminar na ação cautelar inominada. (5ª T. Cível, AI, rel. Des. Adelith de Carvalho Lopes, v.u., Brasília, j. 20.5.2000)

34.1.1.4 Julgados de outros Tribunais

044. Determinação do magistrado de estabelecer termo final à obrigação de alimentar – Hipótese de julgamento *extra petita* afastada. As decisões de alimentos contêm a cláusula *rebus sic stantibus*. (TJSP, j. 9.8.1994, fonte: *Datalex – Quorum Informática*, Belo Horizonte)

770 A TEORIA DA IMPREVISÃO NO DIREITO CIVIL E NO PROCESSO CIVIL

045. Alimentos – Revisional – Redução – Admissibilidade – Cláusula *rebus sic stantibus* – Índice de reajuste desproporcional em relação aos vencimentos percebidos pelo alimentante. A mutabilidade dos alimentos deflui da demonstração de modificação na situação econômica das partes que integram a relação, eis que se trata de obrigação em que está ínsita a cláusula *rebus sic stantibus*. (TJSP, j. 17.5.1995, fonte: *Datalex – Quorum Informática*, Belo Horizonte)

046. As elevadas taxas de inflação que vêm assolando nosso país estão a justificar, induvidosamente, a alteração da periodicidade dos reajustes locativos, importando na aplicação, por eqüidade, da cláusula *rebus sic stantibus*, a fim de assegurar o equilíbrio das partes contratantes. (TASP, 6ª C. Cível, j. 9.3.1994, fonte: *Datalex – Quorum Informática*, Belo Horizonte)

047. A incidência da cláusula *rebus sic stantibus*, a ensejar a resolução ou alteração do contrato de compra e venda, condiciona-se à existência de fato extraordinário e imprevisível capaz de modificar a equivalência das prestações, não se enquadrando em tal hipótese a elevação do valor das parcelas avençadas em decorrência da correção da moeda imposta pela espiral inflacionária. (TAMG, *DJE* 18.10.1995, fonte: *Datalex – Quorum Informática*, Belo Horizonte)

048. Toda decisão ou convenção a respeito de alimentos traz ínsita a cláusula *rebus sic tantibus*. Se a credora por alimentos consegue trabalho honesto que lhe permita viver condignamente, pode o marido devedor pedir com êxito a exoneração da obrigação alimentar, enquanto durar tal situação. (TAMG, 2ª C., Ap. cível 75.684, rel Juiz Gudesteu Biber, j. 9.5.1989, *Jurisprudência Mineira* 106/124)

049. Mútuo feneratício – Revisão de contrato pela teoria da imprevisão. Os juros e taxas oscilam para o mutuário na mesma intensidade que variam para o banqueiro, na captação dos recursos do mercado. No contrato comutativo é fundamental manter-se o princípio da equivalência das condições, Código Civil, art. 115. (TARS, 2ª C., Ap. cível 189.004.989, rel. Juiz Clarindo Favretto, j. 11.5.1989, *RJTARS* 144/81)

050. Ação declaratória – Transação por escritura pública, contendo confissão e reconhecimento de dívida, relativa a encargos fiscais decorrentes da não-entrega de declaração de renda – Fixação de valor a ser reembolsado pela empresa contabilista responsável – Redução da dívida desta, por anistia fiscal – Pretensão da autora em ver declarado o direito à redução da dívida reconhecida – Aplicação da teoria da imprevisão – Apelação acolhida. (TARS, 4ª C., Ap. cível 187.072.004, rel. Juiz Ramon Georg von Berg, j. 10.1.1988)

051. Teoria da imprevisão – Cláusula *rebus sic stantibus* aplicável à ação revisional da Lei de Luvas (art. 31), mesmo que se trate de contrato original, de longa duração (14 anos e 5 meses), quando presente a profunda alteração do ambiente objetivo anterior que acarreta extremo sacrifício a uma das partes e constitui fonte de enriquecimento inesperado e abusivo para a outra –

ANEXOS 771

Carência de ação tornada sem efeito, com provimento da apelação. (TARS, 4ª C., Ap. cível 186.075.966, rel. Juiz Ernani Graeff, j. 12.3.1987)

052. Arrendamento rural – Prazo e preço – Periodicidade de reajuste – Teoria da imprevisão. A lei não estabelece prazo máximo para a duração do contrato, mas exige que o prazo fixado no contrato seja reajustado periodicamente, e o regulamento deu o sentido da expressão "periodicamente" como sendo anual, pois se altera o preço do aluguel mediante alteração do valor da terra, segundo a proporção legal fixada em razão do valor cadastral do imóvel. Embora nada proíba a estipulação de arrendamento por 10 anos, afronta o Estatuto da Terra a cláusula que prevê o pagamento do total do preço em apenas uma parcela, no primeiro ano do contrato. Aplica-se a teoria da imprevisão e opera-se a revisão judicial do contrato, se o arrendamento foi celebrado em 1986, no início do Plano Cruzado, e o preço avençado para ser pago em uma única prestação, restando a arrendadora completamente desamparada quando a inflação voltou a seu curso galopante de corrosão da moeda. Apelação improvida. Unânime. (TARS, 2ª C., Ap. cível 193.088.358, rel. Juiz João Pedro Freire, j. 23.9.1989)

053. Verificada a excessiva onerosidade do comprador e enriquecimento indevido do vendedor, que apresentou o negócio como vantajoso para o comprador, justifica-se a dissolução do contrato nos moldes ajustados, transferindo-o para o campo dos contratos comuns de financiamento, com recálculo dos respectivos débitos e créditos, evitando-se o enriquecimento indevido de uma das partes em detrimento da outra. (TARS, 2ª C., Ap. cível 196.066.880, rel. Juiz Marco Aurélio dos Santos Caminha, j. 1.8.1996)

054. Revisão judicial de contrato – Índice oficial e oscilação do produto financiado – Onerosidade excessiva – TRD – É legal o uso da TRD como índice de correção monetária; entretanto, a notória desproporção entre o valor do financiamento corrigido por tal indexador e a valorização do produto financiado gera a onerosidade excessiva – Quebra da base jurídica do negócio e da comutatividade – Precedentes jurisprudenciais – Sentença reformada. (TARS, 4ª C., Ap. cível 193.167.582, rel. Juiz Ari Darci Wachholz, j. 30.6.1994)

055. Ação declaratória – Cédula rural pignoratícia com cláusula de atualização monetária pelo IPC – O BTN, como novo indexador econômico, passando a remunerar aplicadores e depositantes, deve também servir para corrigir os empréstimos anteriores contratados – Substituição do índice de correção monetária calculado pelo IPC, pelo percentual relativo à variação do BTN, correspondendo a 41,28% no mês de março de 1990, com índice zero em abril – Teoria da imprevisão caracterizada por fatores extraordinários, tornando mais onerosa a contratação – Princípio da eqüidade, razoabilidade da pretensão revisionista – Ação julgada procedente – Preliminares rejeitadas – Apelo do réu improvido. (TARS, 5ª C., Ap. cível 192.003.549, rel. Juiz Ari Azambuja Ramos, j. 18.2.1992)

772 A TEORIA DA IMPREVISÃO NO DIREITO CIVIL E NO PROCESSO CIVIL

056. Revisão dos contratos – Correção monetária – Índices aplicáveis. A teoria da imprevisão foi criada para restabelecer o equilíbrio de certos contratos de prestações sucessivas quando sobrevêm acontecimentos imprevisíveis, capazes de produzir mudanças anormais e extraordinárias, de tal ordem que, se previstas, teriam levado os contratantes a não concluir o contrato. A correção, em virtude de disposição legal ou estipulação de negócio jurídico, da expressão monetária de obrigação pecuniária somente poderá ter por base a variação nominal da ORTN, OTN, BTN e TR. No que respeita ao índice que deve ser aplicado no mês de março de 1990, é entendimento reiterado e uniforme de diversas Câmaras Cíveis deste Tribunal de que não pode incidir o IPC, na ordem de 84,32%, mas o índice que corrigiu o BTN, estabelecido em 41,28%, por ser este o indexador oficial. A Lei n. 8.088/90, que permitiu a aplicação de índice diverso, confere aos devedores uma faculdade, e não pode ser aplicada impositivamente, em face do princípio da irretroatividade das leis. (TARS, 2ª C., EMI 192.148.336, rel. Juiz Heitor Assis Remonti, j. 8.10.1993)

057. Contrato – Adesão – Prestação de serviços médicos e hospitalares – Mensalidades – Revisão unilateral na vigência do contrato, que permitia renovação, sem possibilidade de o usuário optar pela sua rescisão – Cláusula potestativa – Teoria da imprevisão e onerosidade excessiva alegáveis apenas mediante demanda judicial, facultada à parte contrária ampla defesa – Consignatória procedente – Recurso não provido. (TJSP, Ap. Cível 182.712-2, São Paulo, *JTJ*-Lex 136/83)

058. Contrato – Teoria da imprevisão – Admissibilidade – Superveniência de plano econômico – Utilização de tabela deflatora que faz romper o equilíbrio contratual – Necessidade de revisão da relação jurídica – Ação improcedente. (TJSP, Ap. cível 243.987-2, Jaú, *RJTJSP*-Lex 118/86, 124/62 e 126/79 e *JTJ*-Lex 141/63)

059. Nas ações renovatórias, atualmente, encontra guarida a cláusula *rebus sic stantibus*, podendo o Judiciário converter o aumento anual, ajustado contratualmente, em semestral. (*RT* 701/108, março de 1994)

060. Se o padrão monetário com que foi celebrado o contrato sofre modificação por ato do Governo, desequilibrando economicamente o próprio pacto, revela-se legítima a aplicação de deflator previsto na lei nova, que, regulando os efeitos da inovação da moeda, faz prevalecer o princípio da cláusula *rebus sic stantibus*, mantendo, em termos de expressão monetária, o que foi pactuado. (*RT* 681/188, julho de 1992)

061. Admitir o exercício da revisão dos locativos independentemente do transcurso do prazo a que se refere o art. 19 da Lei n. 8.245/91 implicaria em solução *contra legem*, que apenas se justificaria em hipóteses excepcionalíssimas. Implicaria, na verdade, em se reconhecer situação de excepcionalidade, dentro da excepcionalidade já prevista pelo legislador, solução que só poderia ser adotada ao menos em tese estando presentes os pressupostos da aplicação da cláusula *rebus sic stantibus*. (*RT* 697/125-126)

ANEXOS 773

062. Em razão da terrível inflação que assola o país, nas ações renovatórias atualmente encontra guarida a cláusula *rebus sic stantibus*, sendo lícito ao Judiciário modificar a periodicidade contratualmente ajustada pelas partes, sobretudo para que se ajuste à realidade econômica e de mercado, evitando-se, com isso, que o locatário se locuplete ilicitamente à custa do locador. (*RT* 686/128)

063. Contrato – Modificação da moeda – Aplicação de deflator – Cláusula *rebus sic stantibus*. Se o padrão monetário com que foi celebrado o contrato sofre modificação por ato do Governo, desequilibrando economicamente o próprio pacto, revela-se legítima a aplicação de deflator previsto na lei nova, que, regulando os efeitos da inovação da moeda, faz prevalecer o princípio da cláusula *rebus sic stantibus*, mantendo, em termos de expressão monetária, o que foi pactuado. (*RT* 681/188)

064. Não obstante o art. 31 do Decreto n. 24.150/34 disponha sobre o cabimento da ação revisional de aluguel quando findo o prazo de três anos da data do início da prorrogação do contrato de locação, não há óbice à propositura da demanda durante a vigência do ajuste original se rompido o equilíbrio financeiro entre os contratantes em decorrência da inflação galopante. Nos contratos sucessivos ou a termo, o vínculo obrigacional está subordinado à continuação do estado de fato vigente à época de sua formação, cuja força não pode sujeitar-se à ocorrência de motivos supervenientes e imprevisíveis não cogitados pelas partes, o que, à luz da cláusula *rebus sic stantibus*, implícita em todos os contratos, operadas modificações imprevisíveis, justifica a intervenção judicial para restabelecer o equilíbrio financeiro entre as partes. (*RT* 656/145-146, junho de 1990)

065. A oneração excessiva da prestação contratual derivada de inesperada e imprevisível alteração da situação de fato contemporânea à celebração do contrato não o dissolve de pleno direito ou autoriza o prejudicado a alterar unilateralmente seu conteúdo. A intervenção judicial é imprescindível para a apuração dos requisitos indispensáveis à aplicação da teoria da imprevisão.

Ilegítima, portanto, a recusa do contratante em receber o valor contratualmente ajustado, o que impõe a procedência da ação de consignação em pagamento. (*RT* 643/90, maio de 1989)

066. Compra e venda de cacau – Teoria da imprevisão aplicada pelo Tribunal recorrido com base no exame dos elementos dos autos e em face de maxidesvalorização do cruzeiro. (*RT* 638/233)

067. Teoria da imprevisão – Aplicabilidade – Venda a futuro de produto destinado ao consumo humano – Ajuste não-aleatório – Excessiva oneração de uma das partes em razão de o preço contratado se ter tornado inferior ao mínimo oficial por força da inflação e da aplicação da tabela deflatora Cruzeiro/Cruzado – Revisão judicial da condição "preço", ao invés de resolução ou anulação da avença, elevando-a à igualdade com o preço mínimo de garantia, por se tratar de regra de ordem pública – Decisão mantida. (*RT* 630/176, abril de 1988)

774   A TEORIA DA IMPREVISÃO NO DIREITO CIVIL E NO PROCESSO CIVIL

068. A cláusula *rebus sic stantibus* só aproveita à parte diligente, empenhada no cumprimento das obrigações que assumiu no contrato, mas que foi surpreendida durante a sua execução por acontecimentos excepcionais e imprevistos, para provocar o seu empobrecimento e o enriquecimento injusto de outrem, no caso de ser mantido o que foi contratado. Assim, não aproveita àquele que, devido a procedimento culposo, já constituído em mora, é atingido pelas conseqüências de tais fatos, ocorridos após a expiração do prazo contratual. (*RT* 414/380-381)

069. O Direito Brasileiro admite, em princípio, a aplicação da cláusula *rebus sic stantibus*. Mas tal cláusula é tão eqüitativa quanto é necessária a sua aplicação cautelosa. Uma vez excluído pelo contrato, de modo expresso, o direito a reajuste, a esta conseqüência não se poderá chegar sob a invocada proteção à teoria da cláusula *rebus sic stantibus*. (*RT* 404/145)

070. No Direito Brasileiro, a discussão em torno da cláusula *rebus sic stantibus* ou da teoria da imprevisão está superada. Todavia, a sua invocação depende de prova de fatores imprevisíveis e anormais, não se podendo considerar como tais o aumento do salário mínimo e a alta do custo de materiais. (*RT* 399/233)

071. A adoção da cláusula *rebus sic stantibus* pressupõe a ocorrência de acontecimentos excepcionais e imprevistos de que resulte, para um dos contratantes, um ônus insuportável, considerada a condição especial do negócio a que está vinculado. Cada caso deverá, pois, ser examinado em si mesmo no tempo e no espaço sob o critério da eqüidade. (*RT* 387/177)

072. Contrato – Revisão – Teoria da imprevisão – Aplicação.

Cláusula *rebus sic stantibus* – Contrato para fornecimento de energia elétrica – Preço ajustado em 1915 – Ação pedindo revisão da tarifa contratual – Procedência – Apelação não provida.

Não há dúvida quanto à aplicabilidade da cláusula *rebus sic stantibus* no Direito pátrio. (*RT* 355/193)

073. Teoria da imprevisão – Amplo abrigo na jurisprudência brasileira – Derrogação do princípio *pacta sunt servanda*. Escapa a qualquer previsibilidade o desordenado e galopante aumento de preços, principalmente dos materiais de construção, de forma que o cumprimento de uma empreitada pela normal estimativa à época da convenção traduziria enriquecimento de outra parte. Se inexiste no contrato cláusula expressa de renúncia ao direito de reajustamento, este deve ser amparado. (*RT* 305/847)

074. Tanto a doutrina como a jurisprudência, ao fazerem a aplicação da teoria da imprevisão, em caráter excepcional, aos contratos administrativos, inclusive os de empreitada de obras públicas, exigem a coexistência de certas condições e requisitos essenciais para que não ocorram abusos nessas práticas. (*RT* 271/280)

ANEXOS 775

075. Não se contesta a possibilidade da invocação da velha cláusula *rebus sic stantibus* e da moderna teoria da imprevisão como subsídio na interpretação dos contratos. (*RT* 254/213)

076. A teoria da imprevisão, aos poucos, vai sendo acolhida pela jurisprudência, porque, em face da injustiça do contrato, do desequilíbrio evidente, de ruína talvez a alguma das partes, não é possível que o juiz cruze os braços. A teoria da revisão assenta-se no erro que vicia a vontade e no princípio da eqüidade. (*RT* 191/170)

077. Ainda quando se admita como implícita nos contratos a cláusula *rebus sic stantibus*, não pode ser ela entendida amplamente, para isentar a parte inadimplente da obrigação de indenizar, se podia cumprir em parte o contrato e reconheceu a existência de prejuízos. (*RT* 168/224)

078. A superveniência de acontecimento estranho à vontade das partes justifica a modificação das bases assentadas para pagamento de honorários de advogado. (*RT* 156/654)

079. A doutrina da imprevisão baseada nos princípios da boa-fé e da eqüidade tem apenas a virtude de amenizar o rigorismo contratual, através de um critério deixado ao prudente arbítrio do juiz, seja modificando o cumprimento da obrigação, seja prorrogando-lhe o termo ou reduzindo-lhe a importância. (*RT* 150/643)

080. É lícito o pedido de reajustamento de preço de obra pública quando o custo dos materiais e da mão-de-obra aumentou de forma a alterar substancialmente as obrigações contratuais. (TFR, *RDA* 37/302)

081. Modificadas as condições vigentes ao tempo do contrato de empreitada, pela superveniência de surto inflacionário abrupto e imprevisível, provocado inclusive por decisões governamentais, como foi a mudança na política salarial ocorrida em 1979, de forma a provocar prejuízo para o empreiteiro, é lícito invocar a cláusula *rebus sic stantibus*. (TFR, *RDA* 132/148)

082. No contrato de empreitada de construção, o legislador, soberanamente, excluiu qualquer acréscimo de preço, ainda que haja aumento de salário ou encarecimento de material. Mesmo que transponível essa proibição expressa do Código Civil, para que opere a cláusula *rebus sic stantibus* necessário que se demonstre prejuízo imprevisível, determinado por acontecimento extraordinário que anule a prudência do homem normal, do profissional capaz. (*RF* 210/145)

083. A cláusula *rebus sic stantibus* somente é de ser aplicada quando o fato anormal for imprevisível, e não de rotina, como constitui entre nós a ascensão do custo de vida. (*RF* 218/161)

084. A cláusula *rebus sic stantibus* protege, em princípio, contrato de prestações sucessivas, mas não pode ser invocada nos casos em que haja antecipação do capital. (*RF* 229/52)

776 A TEORIA DA IMPREVISÃO NO DIREITO CIVIL E NO PROCESSO CIVIL

085. A cláusula *rebus sic stantibus* só aproveita à parte diligente, empenhada no cumprimento das obrigações assumidas no contrato, mas surpreendida durante a sua execução por acontecimentos excepcionais e imprevistos, que provocam seu empobrecimento e o enriquecimento injusto de outrem, no caso de mantido o pactuado, assim não ocorrendo com o contratante que, já em mora, é atingido pelos efeitos de seu procedimento culposo. (*RF* 233/130)

086. A cláusula *rebus sic stantibus* , inspirada em razões de eqüidade e de justo equilíbrio entre os contratantes, só tem aplicação em nosso Direito em casos excepcionais, imprevistos, de que resultem ônus excessivos para o devedor e enriquecimento inesperado e injusto para o credor. (*RF* 287/231)

087. Não se contesta a possibilidade de invocação da velha cláusula *rebus sic stantibus* e da moderna teoria da imprevisão, como subsídio na interpretação dos contratos. (*RF* 171/240)

088. A revisão dos contratos tem sido admitida entre nós, pressupondo sempre circunstâncias imprevistas e alheias à vontade das partes, que tornam impossível o cumprimento da obrigação. Não pode invocá-la quem praticou ato ilícito contra o credor, quer desviando bens apenhados, quer desvirtuando a finalidade do empréstimo. As chamadas leis de moratória pecuarista constituem uma aplicação prática da teoria da imprevisão, e quem delas não se beneficiou, no prazo estabelecido, que é de decadência, não pode agora pretender a sua aplicação por eqüidade ou analogia. (*RF* 156/21)

089. A teoria da imprevisão apenas cogita da álea econômica extraordinária, que, pela impossibilidade de previsão e pelo excessivo peso de sua incidência, deve ser dividida entre ambos os contratantes. Os atos voluntários da Administração que possam afetar a economia do contrato somente autorizam a indenização em casos especiais. (*RF* 155/97)

090. Teoria da imprevisão – Cláusula *rebus sic stantibus*. O nosso Código Civil não repele a teoria da imprevisão, mas bem ao contrário, a sufraga. Nos contratos, deve ser procurada a intenção comum das partes para fazer cessar a obrigação sempre que, pela alteração da primitiva situação econômica, sofra profunda e imprevista agravação. (*RF* 104/269)

091. Se a segurança dos contratos reside na boa-fé das partes, a aplicação da cláusula *rebus sic stantibus* não a destrói, porquanto as circunstâncias que cercavam o ajuste se modificaram de tal sorte que a boa-fé que o presidiu reclama que, ante a prova cuidadosa dos atos, seja ele rescindido. (*RF* 98/97)

092. O contrato se forma e se conclui no pressuposto de que entre a sua conclusão e a sua execução não sobrevenham acontecimentos estranhos, independentes da vontade das partes, que elas não podem prever e que de tal forma alteram as circunstâncias que, na execução, o contrato deixa de corresponder não só à vontade dos contraentes, como à natureza objetiva dele, considerado como instrumento.

O risco que os contraentes assumem não pode ser entendido em proporção que exceda o risco normal, isto é, o que se compreende nos limites da

ANEXOS

previsibilidade humana. Levar mais longe o dogma da intangibilidade do contrato seria, sob o pretexto de garantir a liberdade contratual, destruir o fundamento do contrato, a sua base econômica e moral, como instrumento do comércio e da cooperação entre os homens.

A revisão pode compreender não somente o reajustamento dos preços, de maneira a distribuir eqüitativamente entre os contraentes as conseqüências da agravação imprevista das prestações, como a dilatação de prazos contratuais. (*RF* 97/111)

093. A ação declaratória é a ação própria, específica e adequada para provocar, judicialmente, a declaração de um direito, através da autoridade indiscutível de uma sentença, desde que haja legítimo interesse econômico ou moral. Não há confundir essa situação com a determinada pela criação de um direito, porque, na declaratória, o direito tem de ser preexistente, para poder ser declarado formalmente, embora tal fórmula seja desprovida de execução compulsória. A ação da cláusula de *rebus sic stantibus* é e deve ser jurídica. (*RF* 95/334)

094. A existência da cláusula *rebus sic stantibus* pode, com as devidas cautelas, ser reconhecida. Não, porém, em favor de sociedade beneficente, que alega força maior fundada em seu fechamento por ordem da autoridade policial, quando essa providência foi tomada em virtude de estar aquela desenvolvendo atividades nocivas aos interesses nacionais. (*RF* 92/722)

095. A teoria da força maior ou da imprevisão se aplica tanto no domínio do direito civil como no campo vastíssimo do direito público ou administrativo, no que concerne aos empréstimos contraídos pelo Estado. (*RF* 84/419)

096. Como se vê, se a legislação civil brasileira ainda não acolheu a chamada teoria da imprevisão; no campo do direito administrativo tem tido ela aplicação, inclinando-se para a doutrina hoje dominadora da admissibilidade da revisão dos contratos, em substituição à rigidez da avelhantada fórmula *pacta sunt servanda.* (*RDA* 11/812)

097. A jurisprudência administrativa tem admitido a revisão dos contratos celebrados com o "Poder Público", por força de fatores supervenientes. (*RDA* 13/266)

098. É aplicável a teoria da imprevisão nas empreitadas de *obras públicas* para o reajustamento de preços, em determinadas circunstâncias. (*RDA* 82/217)

099. Na execução dos contratos de concessão de serviço público, verificada a alteração de preço de materiais, que altere substancialmente as obrigações contratuais, o concessionário pode pedir o reajustamento como justa compensação. (*Revista Jurídica* 10/1.954, Porto Alegre, Organizações Sulinas de Representação)

100. É passível de modificação o contrato avençado entre as partes ante a ocorrência ostensiva e induvidosa do surgimento de fato imprevisível, que

778 A TEORIA DA IMPREVISÃO NO DIREITO CIVIL E NO PROCESSO CIVIL

implique na transformação axial da situação econômica dos contratantes. Aplicação da teoria da superveniência ou imprevisão, ou seja, da cláusula *rebus sic stantibus*. (TJCE, 2ª C. Cível, *apud* Arnoldo Wald, *Obrigações e Contratos*, 11ª ed., São Paulo, Ed. RT, 1994, p. 566)

101. Cabível revisão judicial de aluguel quando o critério corretivo contratado não corresponde à realidade da valorização dos imóveis e à desvalorização crescente de nossa moeda corrente no país. (TAPR, Ap. 1.675/80, *apud* Gilberto Caldas, *Jurisprudência – Propriedade Imóvel, Locação Comercial*, São Paulo, Brasiliense, 1981)

102. Ação de nulidade ou anulação de ato jurídico cumulada com reintegração de posse e perdas e danos – Propriedade imóvel vendida a prazo – Prestações pagáveis em 21 anos – Negócio que com o passar do tempo tornou-se injusto, com preço irrisório e fora da realidade, deixando de ser justo e sério – Teoria da imprevisão. Para restaurar o plano de equilíbrio e o princípio de justiça nos contratos, pretorianamente em nosso meio ressurgiu a cláusula *rebus sic stantibus*, agora como teoria da imprevisão, por intervenção judicial, sendo admissível a resolução daqueles atingidos por circunstâncias imprevistas supervenientes à sua celebração, de modo a evitar o enriquecimento sem causa de uma das partes em detrimento da outra (fls. 68-TJ). Sentença correta. Improvimento. (TJPR, 2ª C. Cível, *Paraná Judiciário*)

103. Se a força maior é razão justificadora do inadimplemento da obrigação assumida, atribuível a outrem por atos e fatos não queridos ou desejados, a inexistência comprovada da matéria-prima no decorrer do Plano Cruzado isenta a empresa recorrente da responsabilidade em entregar a parte faltante do pedido que deixou de atender, embora aceita a encomenda por preço fixo e imutável, proposta pela firma recorrida.

Não se pretende, como é lógico, no campo das obrigações, eliminar o risco inerente a toda prestação diferida para um futuro não controlável. O caso concreto, porém, evidenciou a existência de um risco inusitado, anormal, acima do suportável, que não se configurou apenas para o recorrente, mas atingiu a inúmeros industriais e vendedores, com uma generalidade que bem demonstra a nota da imprevisibilidade.

Apelação provida para julgar improcedente a ação. (TJPR, 1ª C. Cível, *Paraná Judiciário* 28/95)

104. Se o critério adotado, no contrato de *leasing*, para reajuste da contraprestação de arrendamento faz com que este reajuste supere, em muito, a própria inflação verificada no período, que tal contraprestação atinja valor tão elevado, a ponto de tornar a execução do contrato, por parte da arrendatária, muito mais onerosa e previsível, justifica-se a incidência da cláusula *rebus sic stantibus* (teoria da imprevisão). (TAPR, 3ª C., Ap. cível 120/89, j. 28.8.1989, rel. Juiz Tadeu Costa, v.u.)

105. Teoria da imprevisão. Assenta na impossibilidade absoluta de previsão dos fatos determinantes da alteração das condições contemporâneas à

ANEXOS

formação do negócio jurídico. A inflação não pode jamais ser considerada imprevisível. (TJRS, *RJTJRS* 30/295, ano VII)

106. Teoria da imprevisão. A cláusula *rebus sic stantibus* tem aplicação somente quando o estado de coisas, em que foi celebrado o contrato sinalagmático de execução diferida no tempo, haja sofrido alteração radical das condições econômicas, imprevisíveis e desvinculadas da vontade dos figurantes. Sentença mantida. (TARS, 3ª C. Cível, ac. 186.070.025, rel. Juiz Celeste Vicente Rovani, j. 12.11.1986)

107. Teoria da imprevisão: só se tipifica quando houver alteração profunda, decorrente de fato imprevisível, na situação do mercado, entre o momento de celebração do contrato e sua execução, mudando, no decorrer do tempo, radicalmente, a regra *pacta sunt servanda*, e criando obrigação diferente, não prevista, de molde a tornar excessivamente onerosa a prestação. (TARS, 1ª C. Cível, Ap. 188.052.351, rel. Juiz Alceu Binato de Moraes, j. 11.10.1988)

34.1.2 Decisões denegatórias

001. Não configurando os fatos alegados matéria pertinente ou relevante ou, ainda, dependente de prova a ser colhida na fase instrutória, o julgamento é legal e não ofensivo do direito do embargante. Não se pode falar em imprevisão se o fato, causa da alegação, é previsível e até comum, pois que a desvalorização do Cruzeiro é constante nos últimos anos, e nem em onerosidade excessiva se o credor, a rigor, não sofreu qualquer aumento patrimonial com o fato. (TJMS, Ap. cível 498/84, *DJE* 5.11.1984)

002. Consagrou-se o entendimento no sentido de que o processo inflacionário, por si só, não rende azo à aplicação da cláusula *rebus sic stantibus*, tendo-se em vista sua anciã convivência com a economia brasileira. Para tanto, mister se faz a ocorrência de fato realmente extraordinário que leve a conseqüências imprevisíveis. (TJDF, 5ª T. Cível, *DJU* 19.4.1995, fonte: *Datalex – Quorum Informática*, Belo Horizonte)

003. Teoria da imprevisão – Inaplicabilidade. O processo inflacionário crônico existente no país e os planos econômicos frustrados destinados a debelá-lo não justificam a aplicação da teoria da imprevisão, posto que todos os que celebram contratos conhecem a instabilidade da nossa economia. (TJDF, 3ª T. Cível, *DJU* 23.11.1994, fonte: *Datalex – Quorum Informática*, Belo Horizonte)

004. Inaplicável a teoria da imprevisão em situações concretas representadas pela inflação e planos econômicos, porque abrangente apenas de eventos extraordinários e imprevisíveis, onde haja extrema onerosidade para uma das partes e excessiva vantagem para a outra, o que inocorre *in casu*, já que ambas as partes sofreram os efeitos de tais eventos. (TJDF, *DJU* 14.2.1996, fonte: *Datalex – Quorum Informática*, Belo Horizonte)

005. A teoria da imprevisão pressupõe existência de fato de rara excepcionalidade, aí não se enquadrando o fenômeno inflacionário, este já incorpo-

780 A TEORIA DA IMPREVISÃO NO DIREITO CIVIL E NO PROCESSO CIVIL

rado à cultura do povo e de previsibilidade geral. A imprevisão justifica a inexecução do contrato em casos excepcionais; não pode servir como meio de subtrair-se a obrigações licitamente assumidas. (TJDF, 2ª T. Cível, *DJU* 16.3.1994, fonte: *Datalex – Quorum Informática*, Belo Horizonte)

006. Teoria da imprevisão. O fenômeno inflacionário não é evento imprevisível; ao contrário, em todos os níveis da sociedade existe sempre um estado de expectativa quanto ao recrudescimento dos índices inflacionários.

Conquanto inaplicável o Código de Defesa do Consumidor aos contratos firmados anteriormente à sua vigência, pode o juiz reduzir a cláusula penal com apoio no permissivo do art. 924 do Código Civil. (TJDF, 2ª T. Cível, *DJU* 20.10.1993, fonte: *Datalex – Quorum Informática*, Belo Horizonte)

007. A jurisprudência do STJ consolidou entendimento no sentido de que a correção monetária é sempre devida em qualquer decisão judicial posto que tal reajuste da moeda não é um *plus*, mas mera atualização desta, sendo certo ainda que pactuado um determinado indexador oficial este não pode ser substituído. De outro modo, a cláusula *rebus sic stantibus* não serve de pretexto para afastá-lo, e a teoria da imprevisão só tem guarida quando não avençada a correção e o fato resulta em grave lesão patrimonial para uma das partes, em detrimento da outra. (STJ, *DJU* 17.9.1994, fonte: *Datalex – Quorum Informática*, Belo Horizonte)

008. Teoria da imprevisão – Inaplicabilidade aos contratos de curta duração – Avalista – Inexigibilidade da comissão de permanência, que é substituída pela correção monetária – Apelação provida parcialmente. (TJPR, 3ª C. Cível, *Paraná Judiciário* 31/140, Curitiba, Juruá, 1989)

009. Teoria da imprevisão – Nos contratos de curta duração é inaplicável a teoria da imprevisão – Juros capitalizados – A simples alegação de que são cobrados juros capitalizados, sem qualquer ressonância no que oferecem os autos, é incapaz de elidir a execução do título extrajudicial – Apelação desprovida. (TJPR, 3ª C. Cível, *Paraná Judiciário* 30/163, Curitiba, Juruá, 1989)

010. Pressupondo a teoria da imprevisão a superveniência de acontecimento extraordinário e imprevisível e fertilizando somente no terreno dos contratos comutativos, de execução continuada ou diferida, descabe a sua invocação para a revisão de contratos bancários de curta duração, celebrados quando já malogrado o "Plano Cruzado" e, portanto, notório o retorno da espiral inflacionária. (TJPR, 3ª C. Cível, *Paraná Judiciário* 37/143, Curitiba, Juruá, 1991)

011. Resolução parcial de contrato – Revisão contratual – Teoria da imprevisão – Não caracterização – Improcedência. O princípio da imprevisão, expresso na cláusula *rebus sic stantibus*, requer, à sua caracterização, a superveniência de fato novo, absolutamente extraordinário e imprevisível. A não-caracterização de extraordinariedade do fato superveniente desautoriza a resolução ou rescisão pleiteada. (TJPR, 2ª C., Ap. cível 874/84, rel. Des. Zeferino Krukoski, Centro de Documentação)

ANEXOS 781

012. A multa estabelecida em cláusula penal constitui obrigação de dar soma certa, em dinheiro; é inconfundível, assim, com obrigação de dívida de valor, donde a inaplicabilidade da teoria da imprevisão. (*RT* 407/340)

013. O fato superveniente, com o efeito de desobrigar o devedor, é o fato imprevisível e imprevisto que as circunstâncias do momento do contrato não permitiam adivinhar. (*RT* 479/194)

014. Ação declaratória – Cédula rural pignoratícia e hipotecária – Correção monetária devida – Resolução n. 1.352 do Banco Central do Brasil – Inaplicabilidade – Teoria da imprevisão – Recurso provido.

I – A correção monetária é devida ainda que rural seja a obrigação assumida. É porque assim dispõe a Lei n. 6.899/87, devendo ser enfatizado que a correção monetária não remunera o capital – ela procura dar a ele identidade no tempo, em razão da inflação.

II – As normas da Resolução n. 1.352/87, do Banco Central do Brasil, que se referem às obrigações de crédito rural formalizadas com recursos obrigatórios, não se aplicam aos créditos concedidos pelo programa de linha de crédito "PRONAGRI", com recursos repassados pelo Governo Federal e próprios do agente financiador.

III – Não se justifica a aplicação da teoria da imprevisão ante a pactuação da correção monetária, que prevê o processo inflacionário. Inexistência do pressuposto da imprevisibilidade. (TAPR, 4ª C. Cível, *Paraná Judiciário* 33/173, Curitiba, Juruá, 1990)

015. Arrendamento mercantil – Revisão de contrato – Código de Defesa do Consumidor – Aplicação da inversão do ônus da prova – Falta de pressupostos para a ocorrência – Julgamento antecipado da lide – Cerceamento de defesa – Inocorrência – Contrato de adesão – Inocorrência de irregularidade – Juros remuneratórios devidamente pactuados – Limitação constitucional de juros – Capitalização – Não caracterização – Taxa Referencial – Possibilidade – Devolução de valores cobrados antecipadamente a título de abusividade da cláusula – Multa contratual devida – Inscrição no SERASA – Possibilidade – Teoria da imprevisão – Inocorrência – Sucumbência recíproca nos termos do voto. (STJ, 3ª T., AI, rel. Min. Carlos Alberto Menezes Direito, *DJU* 4.4.2000, Brasília, j. 17.3.2000)

34.2 "Exposição de Motivos" apresentada
pelo professor Miguel Reale, Presidente da Comissão
responsável pelo Projeto 118/84,
que deu origem ao novo Código Civil Brasileiro

Título I – DIREITO DAS OBRIGAÇÕES

No que se refere ao direito das obrigações, a Comissão, desde logo, preferiu uma tomada de posição, no sentido de não se perder na teoria das fontes

782   A TEORIA DA IMPREVISÃO NO DIREITO CIVIL E NO PROCESSO CIVIL

das obrigações, como fez o Código Italiano. A meu ver, a teoria das fontes é uma teoria exaurida há muito tempo e que está sendo substituída, em grande parte, por uma série de outros valores fundamentais, como a teoria dos modelos jurídicos. Julgamos, desse modo, preferível manter a orientação firmada por Clóvis Beviláqua, que começa pela discriminação das modalidades das obrigações, muito embora com naturais aperfeiçoamentos.

Deixando de lado, porém, os aspectos de ordem técnica, que exigiriam o cotejo dos textos, vou preferir apreciar aquelas proposições que melhor traduzem o espírito da codificação projetada.

Comecemos pelo artigo fundamental relativo ao contrato. O poder de contratar, conforme a concepção de 1916, era uma expressão direta da autonomia da vontade, posta como princípio-chave de toda a vida civil. Suas balizas ou limites eram, por tal motivo, de natureza estrita, eis que deveriam resultar exclusivamente de texto expresso de lei ou do que estivesse implícito de norma legal: o que prevalecia era a livre estipulação das partes contratantes, quaisquer que fossem suas conseqüências.

Pois bem, essa orientação parece-nos incompatível com a socialização do Direito contemporâneo, e que melhor seria determinar a "humanização do Direito", muito embora não me assuste a palavra "socialização", quando bem entendida, isto é, quando não empregada como sinônimo de "estatização".

O certo é que, logo no início do Livro I da Parte Especial, lê-se no Anteprojeto que "a liberdade de contratar somente pode ser exercida em razão e nos limites da função social do contrato" e, mais, que "os contratantes são obrigados a guardar, assim na conclusão do contrato, como em sua execução, os princípios de probidade e boa-fé". Assim como a propriedade é legítima e fundante, enquanto expressão de um valor social, a mesma coisa se dá com o contrato. Poderá parecer que os artigos ora lembrados representam mero enunciado de natureza ética, incompatível com o caráter cogente das leis positivas. Se eu tivesse uma concepção fisicalista do Direito, estaria, neste momento, repelindo normas dessa natureza. Se o Direito, a meu modo de ver, fosse apenas uma tessitura causal de comandos, unindo e entrelaçando os atos humanos a exemplo das leis físicas, não haveria razão para tais preceitos, mas o Direito é momento essencial da vida humana, uma dimensão existencial do homem. É necessário, então, levar-se em conta as contingências da condição humana, conferindo-se maior poder ao juiz para assegurar o equilíbrio ético-econômico dos contratos, a fim de impedir que a parte mais fraca seja a primeira vítima do seu próprio querer, ou que o decidido pela vontade individual afronte valores sociais impostergáveis.

Em mais de uma oportunidade o Código concede aos contraentes o direito de pedir a resolução do contrato quando manifesta a excessiva onerosidade, ou por causa superveniente que altere a linha de equilíbrio que deve existir entre as prestações recíprocas. Não é apenas o princípio da cláusula *rebus sic stantibus* que se leva em conta, mas algo mais, inerente à natureza

ANEXOS

mesma do negócio realizado, objetivamente exigível em razão da estrutura de determinadas relações negociais. Tomemos o exemplo do contrato das empreitadas de construção. Não existe, no Código Civil, a meu ver, instituto mais lacunoso do que esse, superado que foi pelo advento de novas técnicas e formas de trabalho. A empreitada de construção, em 1916, era própria de um país de estrutura quase rural, sem as implicações tecnológicas que hoje se notam até mesmo nas cidades do Interior.

Vivemos num mundo em que a construção civil representa um dos fatores mais sensíveis da comunidade, a tal ponto que quando surge uma crise econômica é ela que recebe o impacto mais forte e duradouro. É que para ela convergem infinitas formas de atividades produtivas, envolvendo e exigindo a contribuição de múltiplas categorias sociais, desde o servente-de-obras ao empreiteiro, do fornecedor de areia ao mais sofisticado decorador. Era, pois, necessário disciplinar com mais acuidade essa esfera da produtividade humana, protegendo e preservando, sempre em obediência ao já referido princípio de complementaridade, os interesses e direitos do dono da obra, do projetista e do empreiteiro.

Surgem, aliás, no Anteprojeto, bem distintas da do empresário construtor, a figura do projetista ou do calculista, cujo feixe de direitos e responsabilidades tem contornos próprios. No que se refere ao projetista, mister é reconhecer que lhe cabe uma posição que implica a da autoria de um projeto, cujos valores criativos estéticos também devem merecer amparo, feitas as devidas ressalvas, para que, por sua vez, o proprietário não sofra dano. Ainda no que toca ao instituto da empreitada, aqui destacado como exemplo, foram fixadas disposições que salvaguardam todos os participantes na construção de prejuízos resultantes quer de fatos físico-naturais, quer de causas econômicas.

Como se depreende do exposto, o Anteprojeto não rege os atos dos indivíduos abstratamente considerados, mas antes o "indivíduo situado", em função de suas concretas circunstâncias, tal como é reclamado pelas correntes mais atuais do Direito, concebido como "experiência" e "concreção". Não interessa ao jurista o indivíduo isolado, como pura abstração, mas sim, repito, o homem situado, integrado na sua circunstância. O ensinamento de Ortega y Gasset, "Eu sou eu e a minha circunstância", é válido também para o jurista.

Ora, o que acabo de assinalar com relação ao contrato de empreitada repete-se em todos os outros modelos negociais de que cogita o Código Civil. Assim é que, ao regular o contrato de locação, amplia-se o poder discricionário do juiz no sentido de reduzir ao seu justo valor as multas ou cominações impostas pelo locador, cujos direitos legítimos são também preservados. É o que se nota, por exemplo, no caso de "renovação compulsória de locação", denominação que me pareceu mais própria para designar os contratos sujeitos à antiga "Lei de Luvas", alguns de cujos dispositivos já se acham superados, a exigir tratamento mais preciso e equânime.

Em outros pontos o Anteprojeto vem preencher lacunas incontestáveis. Relembre-se, entre outras, a hipótese dos "contratos aleatórios", que o atual

784 A TEORIA DA IMPREVISÃO NO DIREITO CIVIL E NO PROCESSO CIVIL

Código contempla prevendo apenas o caso de álea relativa a "entrega de coisas futuras", quando, em nosso tempo, o que prevalece é a assunção do risco, parcial ou integral, em razão de fatos ou atos futuros, o que nasce de um complexo de exigências da vida contemporânea. Alterado o conceito de "contrato aleatório", em mais de uma oportunidade se procuram preservar os direitos dos contraentes na hipótese de álea anormal, incompatível com a "natureza ou estrutura do negócio".

Dizia Napoleão que a repetição ou reiteração era a única figura de retórica por ele admitida. Perdoem-me, pois, se insisto tanto em falar em complementaridade ou polaridade como princípio essencial que governa as relações entre o indivíduo e a sociedade, as partes e o todo.

Diria, mesmo, àqueles que amam a Filosofia, que, no momento atual, vamos abandonando a dialética hegeliana ou marxista, dos opostos e dos contraditórios, porque até mesmo a Física, a Química e a Matemática convergem para uma dialética de complementaridade, graças à qual se compõem os opostos em sínteses abertas excluindo-se as contradições e os antagonismos de posições inexoráveis.

No campo do direito das obrigações, a exemplo do que já ocorrera no Anteprojeto de 1965, tivemos o cuidado de atender a uma série de institutos que evidentemente não poderiam se conter no Código de 1916. Sobretudo após a I Grande Guerra, a sociedade entrou em acelerado ritmo econômico, em razão do impacto da ciência e da técnica, compondo-se modelos contratuais que até agora têm sido regidos apenas pelos usos e costumes, com apoio em normas legais esparsas. É o que se dá, entre outros, com os contratos de transporte, de agência, de distribuição. Não temo afirmar que, nas soluções normativas dadas a essas espécies, se tivermos presentes as contribuições das mais recentes legislações civis, o que mais influiu em nosso espírito foi a nossa própria experiência, por parecer-nos artificial a feitura de um leque de normas limitando-nos a extrair-lhe os elementos deste ou daquele modelo existente.

Disse que preferimos as normas jurídicas abertas às regras rígidas e fechadas. O mesmo se diga quanto a certas posições teóricas que às vezes são firmadas no errôneo pressuposto de ter-se de optar por uma solução única dentre duas possíveis, quando, não raro, ambas subsistem e se completam, dessa correlação nascendo a verdade plena. Há juristas, com efeito, que, dominados pelo vício de um "reducionismo sistemático", situam os problemas jurídicos em termos de *out-out*, à maneira inexorável de Kierkgaard, na sua tragédia existencial, como se a vida fosse compatível com esta opção extrema: ou é isto, ou não é ...

Responsabilidade subjetiva ou responsabilidade objetiva? Não há que fazer essa alternativa. Na realidade, as duas formas de responsabilidade se conjugam e se dinamizam. Deve ser reconhecida, penso eu, a responsabilidade subjetiva como norma, pois o indivíduo deve ser responsabilizado, em prin-

ANEXOS 785

cípio, por sua ação ou omissão, culposa ou dolosa. Mas isto não exclui que, atendendo à estrutura dos negócios, se leve em conta a responsabilidade objetiva. Este é o ponto fundamental. O conceito de estrutura não é privilégio do estruturalismo, que é um dos tantos modismos filosóficos do nosso tempo. O conceito de estrutura, ao contrário, é um conceito sociológico e filosófico, fundamental, como nô-lo mostra a obra de Parson ou de Merton, e desempenha papel cada vez mais relevante no mundo do Direito, esclarecendo o antigo e renovado conceito de "natureza das coisas", cuja aceitação independe, não é demais adverti-lo, para evitar equívocos correntes, do fato de admitir-se ou não qualquer modalidade de Direito Natural.

Pois bem, quanto a "estrutura" ou a "natureza" de um negócio jurídico – como de transporte, ou de trabalho, só para lembrar os exemplos mais conhecidos – implica a existência de riscos inerentes à atividade desenvolvida, impõe-se a responsabilidade objetiva de quem dela tira proveito, haja ou não culpa. Ao reconhecê-lo, todavia, leva-se em conta a participação culposa da vítima, a natureza gratuita ou não de sua participação no evento, bem como o fato de terem sido tomadas as necessárias cautelas, fundadas em critérios de ordem técnica. Eis aí como o problema é posto, com a devida cautela, o que quer dizer, com a preocupação de considerar a totalidade dos fatores operantes, numa visão integral e orgânica, num balanceamento prudente de motivos e valores.

Ainda no tocante ao direito das obrigações, não posso deixar de fazer alusão à forma como no Livro I foi tratado o problema dos títulos de crédito. Pareceu à Comissão que o Código Civil não deve conter senão as regras gerais sobre todas as modalidades de títulos de crédito, que se multiplicam na sociedade contemporânea, e não apenas os preceitos comuns às letras de câmbio, à nota promissória e ao cheque. É a razão pela qual não se cuida, por exemplo, do "protesto", que é instituto peculiar aos títulos de natureza cambial, não se estendendo aos demais.

Se, porém, se amplia o âmbito de incidência dos preceitos genéricos, por outro lado se deixa para as "leis aditivas" a disciplina de cada título de crédito em particular, inclusive por tratar-se de matéria que cada vez mais se põe no plano da circulação internacional, à luz de tratados e convenções.

34.3 Decisão pioneira de primeiro grau sobre a imprevisibilidade, prolatada por Nélson Hungria, como Juiz Titular da 5ª Vara Cível do Distrito Federal (Rio de Janeiro), em 27.10.1930, publicada na "Revista de Direito" 100/178, reformada pelo Tribunal de Justiça, em 1932

Há, porém, a considerar, na espécie, que um evento extraordinário, imprevisto e imprevisível, veio alterar profundamente o ambiente objetivo dentro qual se operava o acordo de vontades, a *voluntas contrahendum*. Ora, a

786 A TEORIA DA IMPREVISÃO NO DIREITO CIVIL E NO PROCESSO CIVIL

resolubilidade dos contratos de execução futura, em virtude de subseqüente mudança radical do estado de fato, não é contemplada expressamente em nossa lei civil, mas decorre dos princípios gerais de Direito e exprime um mandamento de eqüidade. A jurisprudência, com o apoio da doutrina, tem decidido que tais contratos devem entender-se *rebus sic stantibus et in eodem statu momentibus*. É uma cláusula resolutória implícita, subentendida. Desde o momento que um fato inesperado e fora da previsão comum destrói por completo a equação entre prestação e a contraprestação ajustadas, deixa de subsistir o que Oertmann chama a base do contrato (*Geschäftsgrundlage*), isto é, o pensamento das partes, manifestado no momento de celebrar-se o contrato, acerca da existência das circunstâncias determinantes.

É comezinha regra de hermenêutica, que remonta a Papiniano, a de que, nas declarações de vontade, se atenderá mais à sua intenção que ao sentido literal da linguagem. "In conventionibus contrahentium voluntatem potius quam verba spectari placuit". Este critério de exegese está, aliás, consagrado no art. 85 do nosso Código Civil. Ora, um fato imprevisto e imprevisível, que sobrevém, modificando radicalmente o complexo de circunstâncias, que foi o necessário pressuposto de fato do acordo das vontades, não pode considerar-se incluído no vínculo contratual, por isso que *voluntas non fertur ad incognitum*.

A *lex privata*, a *juris necessitas*, decorrente da letra do contrato, tem de ceder ao princípio da boa-fé, ao soberano senso de eqüidade, que vem informando o Direito, desde que esse, desprendido do rigorismo formal das Doze Tábuas, entrou de evoluir para sua concepção espiritualista.

É certo que quem assume uma obrigação a ser cumprida em tempo futuro sujeita-se à alta dos valores, que podem variar em seu proveito ou prejuízo; mas, no caso de uma profunda e inopinada mutação, subversiva do equilíbrio econômico das partes, a razão jurídica não pode ater-se ao rigor literal do contrato, e o juiz deve pronunciar a rescisão deste. A aplicação da cláusula *rebus sic stantibus* tem sido mesmo admitida como um corolário da teoria do erro contratual.

Considera-se como já viciada, ao tempo em que o vínculo se contrai, a representação mental que só um evento posterior vem a demonstrar ser falsa. Se o evento, não previsto e imprevisível, modificativo da situação de fato na qual ocorreu a convergência das vontades no contrato, é de molde a quebrar inteiramente a equivalência entre as prestações recíprocas, não padece dúvida que, se a parte prejudicada tivesse o dom da presciência, não se teria obrigado, ou ter-se-ia obrigado sob condições diversas. É o que acontece no caso *sub judice*.

Assim, atribuir-se eficiência jurídica atual à cláusula 8ª do contrato a fls. 7 será evidentemente sacrificar ao formalismo uma das normais centrais do Direito, qual a de que "nemo locupletari debet cum aliena iactura".

Não se deve esquecer que o excesso de formalismo incorre na censura do *summum jus, summa injuria*, e por isso mesmo é que Montesquieu, nas *Lettres Persanes*, já o estigmativa como "la honte de la raison humaine".

ANEXOS

34.4 Decisão unânime da 4ª Câmara do Tribunal de Apelação do Distrito Federal (rel. Des. Alfredo Russel), em grau de embargos, que reformou a sentença do Juiz Nélson Hungria (Ap. cível 2.475, de 5.4.1932)

A própria sentença reconhece que a nossa lei civil não contempla expressamente a resolubilidade dos contratos de execução futura em conseqüência de mudança radical do estado de fato; mas invoca a jurisprudência e doutrina que, a seu ver, têm decidido que tais contratos devem ser considerados *rebus sic stantibus et in eodem statu manentibus*, cláusula resolutória implicitamente presumida. Nem mesmo, entretanto, tal princípio seria de atender na hipótese dos autos, em que se trata apenas de um imóvel que, em virtude de ato da Administração, apenas teria o seu valor aumentado. O apelante, em suas razões de fls. 95, mostrou como se tem manifestado a doutrina em hipóteses, como a que pretende a sentença apelada aplicar à dos autos, e nenhuma decisão dos nossos Tribunais se invoca a favor da conclusão a que chegou o Dr. Juiz *a quo*.

34.5 Decisão pioneira de um colegiado de segundo grau sobre a teoria da imprevisão (Corte de Apelação, Câmaras Conjuntas de Apelações Civis), proferida em 27.11.1934, em grau de embargos, prolatada pelo Juiz Emanuel Sodré, acolhendo a imprevisão, reformada pelo acórdão de 22.9.1934, mas restaurada pelas Câmaras Cíveis Conjuntas (voto do Des. Alfredo Russel)

Acórdão – Acordam os Juízes da Corte de Apelação, em Câmaras Conjuntas de Apelações Civis e pelo voto de desempate, receber os embargos para, reformando o acórdão embargado, restaurar a sentença de primeira instância que julgou improcedente a ação.

Os fundamentos dessa decisão, com os do voto vencido na apelação, assentam na aplicação da cláusula *rebus sic stantibus*, oriunda do direito canônico e que os Tribunais Eclesiásticos aplicavam para a solução das questões em que se encontrava em jogo a fé dos contratados, em frente de acontecimentos extraordinários, posteriormente sucedidos.

"Contractus qui habentu tractum successivum et dependentiam de futuro, rebus sic stantibus inteliguntur."

A Guerra Mundial, diz muito bem a sentença, é que vem colocar definitivamente em realce a hoje consagrada teoria, mostrando como é indispensável que se levem em conta, na aplicação e execução das convenções, os acontecimentos inesperados, verdadeiras *circunstâncias extracontratuais*, surgidas após a conclusão do contrato e que lhe falsearam brutalmente a economia.

788 A TEORIA DA IMPREVISÃO NO DIREITO CIVIL E NO PROCESSO CIVIL

Se a Guerra Mundial disso nos convence, os efeitos da sublevação de outubro foram para nós muito mais graves e eloqüentes, como faz sentir o voto vencido. Meses depois, em outubro, sobrevém a revolução, que, vencedora, transformou completamente as circunstâncias de fato nas quais foi feito o contrato. O Governo, de legal, restrito em seus poderes, passou a discricionário. O regime de segurança tornou-se de insegurança em todos os ramos de atividade. A Constituição Federal desapareceu para só em novembro ser restabelecida em parte pelo Decreto n. 19.398. As garantias do Poder Judiciário foram suprimidas. O câmbio degradou-se a ponto de tornar onerosíssima a remessa de dinheiro para o Estrangeiro. A isenção de direito sobre material importado para o serviço público foi suspensa. Os créditos de que dispunham as repartições públicas para a compra de material foram também suprimidos. O ambiente era inteiramente outro. Ninguém, em janeiro de 1930, podia prever a transformação, os acontecimentos que em outubro se passaram.

Entretanto, entende o acórdão que: "A admitir-se o princípio da cláusula em hipótese como a destes autos, desapareceria a segurança que deve haver em contratos de tal natureza e que envolvem não só obrigações entre contratantes como as de terceiros, dos quais um daqueles é intermediário".

Se a segurança dos contratos reside na boa-fé das partes, a aplicação da regra não a destrói, porquanto as circunstâncias que cercaram o ajuste modificaram-se de tal sorte, que a boa-fé que o presidiu reclama, ante a apreciação cuidadosa das provas dos autos, que seja ele rescindido. Não temos, é certo, no nosso direito positivo uma disposição expressa mandando aplicar nos contratos de execução sucessiva ou a termo a cláusula *rebus sic stantibus*. Mas, se essa disposição expressa falha, não falham no corpo de nossa legislação civil preceitos que consubstanciam os seus princípios, tais como os contidos nos arts. 85 do Código Civil e 131, I, do Código Comercial. Temos mais os arts. 879, 1.058 e 1.059 do Código Civil e Decreto n. 11.267, de 28 de setembro de 1914. Finalmente, de maneira positiva e expressa, o Decreto n. 19.573, de 7 de janeiro de 1931, adotou a cláusula quando diz: a concessão não atenta contra o direito de propriedade, envolvendo apenas reconhecimento de um verdadeiro caso de força maior, e obedece a um alto pensamento de eqüidade, que o Direito moderno acolhe, subordinando cada vez mais a exigibilidade de certas obrigações à regra *rebus sic stantibus*.

Esse o Direito fundado no espírito do contrato tal qual foi querido e celebrado, porquanto repugnaria à Justiça aplicá-lo cruamente sem atender às circunstâncias do momento, aos acontecimentos posteriores, inesperados, extraordinários e que inquestionavelmente não podiam ser previstos, como bem salientam a sentença de primeira instância e o voto vencido, ante o Direito, a doutrina, os fatos e as provas dos autos. Custas pelos embargantes.

Rio de Janeiro, 27 de novembro de 1934. *Alfredo Russel*, com voto de desempate – *Nabuco de Abreu*, relator – *Cesário Pereira* – *Pontes de Miranda*: Votei, não em parte, mas de acordo com o Relator, que julgou improcedente a ação. Parece-me, porém, que, ao termos de consagrar no direito positivo bra-

ANEXOS

sileiro, sem estar no escrito, a cláusula *rebus sic stantibus*, devemos atender aos verdadeiros efeitos dela, que nem sempre são totais.

No meu *Tratado dos Testamentos* apontei vários casos de aplicação de tal regra. A Corte não entrou na apreciação dos efeitos; mas está claro que se trata de aplicar a doutrina ao acórdão com cuja conclusão estou de acordo inteiramente, conforme a nota que, no momento, dei no meu voto. Max Mathias, na preciosa monografia *Redtswirkungen der "clausula rebus sic stantibus" und der Voranssetzung rebus sic stantibus*, Merseburg, 1902, p. 59, diz que os efeitos da cláusula são para cada caso particular; não existe efeito geral da cláusula *rebus sic stantibus*.

De passagem, seja lembrado que nos autos se confundiram, por vezes, cláusula *rebus sic stantibus* e pressuposição *rebus sic stantibus*. Desaprovar a pressuposição-teoria, como está em Windscheid (*Die Lekre des renunchen Redts von der Voranssetzung*, Dusseldorf, 1850, pp. I e ss.), não significa repelir a cláusula em quaisquer espécies.

Sobre o assunto, o mesmo Mathias, pp. 21 e ss. – *Leopoldo de Lima*, vencido: Desprezava os embargos. Apreciando, uma por uma, todas as circunstâncias e alegações em que se procura assentar a irresponsabilidade dos embargantes, mostrou o acórdão embargado não residir aí a causa de seu insucesso. Outra não foi a impressão que me ficou do exame dos autos. Seduzidos pelo vulto do negócio e perspectiva de grandes lucros, exigiram os embargantes, sem as cautelas peculiares a homens de negócio, deixando de pesar os elementos com que poderiam contar, as dificuldades oriundas de concorrências certas e em condições vantajosas e outras enumeradas no acórdão. Prova disso se encontra em suas alegações de que, fantasiando e pintando com cores mais risonhas as perspectivas do negócio, conseguiram fazer com que os embargados assinassem com eles o contrato de fls. 11, pelo qual se abrigaram a colocar no país porcas e parafusos *Lecloux* no valor mínimo de 800 mil francos belgas-papel, anualmente, sob pena de multa de 20% sobre as cifras não realizadas de negócios até o limite de 600 mil francos.

É a confissão de sua imprudência, que o vulto dos compromissos por eles assinados torna demarcada. Em que, porém, lhes pode essa alegação aproveitar? Prova, ainda, de que o seu insucesso não foi devido à Revolução de 1930 é que até a data em que esta ficou vitoriosa, isto é, 2 meses antes de findar aquele ano, apenas haviam eles adquirido menos da vigésima parte da importância a cuja aquisição se obrigaram, quando 10 meses haviam decorrido da data do contrato, reinando no país a mais completa tranqüilidade.

Diz-se que nos dois meses restantes de 1930 poderiam eles adquirir os 741 mil francos necessários para completar seu compromisso. Considere-se, porém, que a pequena aquisição que haviam feito, eles o confessaram, ainda se encontrava encalhada pelos armazéns, e que nada, absolutamente nada, indica viesse a modificar-se tal situação.

Daí e do mais que consta do acórdão embargado o que somente é lícito inferir-se é que o insucesso dos embargantes não foi devido a fatos inexisten-

790 A TEORIA DA IMPREVISÃO NO DIREITO CIVIL E NO PROCESSO CIVIL

tes e imprevisíveis à época do contrato, não tendo, portanto, aplicação ao caso em apreço a invocada cláusula *rebus sic stantibus*.

Relativamente a esta e à teoria da superveniência, em que se baseou a defesa, escreveu, aliás, Pugliese, citado por Arnoldo Medeiros em sua excelente monografia sobre o *Caso Fortuito e Teoria da Imprevisão*, que, "quando se trata de resolver um problema jurídico, e não filosófico, é preciso atender às normas legais que regulam a formação do contrato, inspiradas em razões de elevado alcance social".

"A lei, diz ele, não atende ao período anterior ao contrato. As representações psíquicas de cada um acerca dos sacrifícios ou vantagens que auferirá não têm relevância jurídica. O Direito não toma em consideração senão aquele vínculo *juris*, sobre o qual se firmou o consentimento, mediante o acordo das antagônicas declarações de vontade. Pouco importa a normalidade ou anormalidade da situação no momento da execução do contrato".

Ripert, professor da Faculdade de Direito de Paris, também citado na aludida monografia, observa que "aqueles que quiseram imaginar uma situação extracontratual sucedendo à situação contratual, para subtrair o devedor à lei do contrato, não se aperceberam de que assim se comprometia o valor deste, que visa assegurar ao credor uma situação futura e garanti-lo contra as circunstâncias que poderiam se opor à sua satisfação".

Contratar é prever. Todo contrato contém uma idéia de seguro. Admitir a revisão dos contratos todas as vezes que se apresenta uma situação imprevista seria tirar ao contrato a sua utilidade mesma, que consiste em garantir o credor contra o imprevisto".

"A verdade é que as partes quando contratam, considera Arnoldo, têm sobretudo em vista o caráter em regra irrevogável do vínculo obrigatório criado. E acima das vontades particulares, ou das representações psíquicas, é preciso colocar, como advertiu Bonnecase, os princípios superiores da segurança social, entre os quais se encontra, no primeiro plano, o caráter definitivo de um contrato uma vez formado e das obrigações que dele derivam". Essas considerações, se não aceitas, devem, pelo menos, servir de advertência para cauteloso uso da aludida cláusula.

Ao caso em apreço não se me afigura possa ter ela aplicação, porque, como ficou dito, de outras causas que não da Revolução de 1930 resultou o insucesso dos embargantes. – Colares Moreira, vencido: Desprezava os embargos de acordo com os fundamentos do acórdão embargado. – Renato Tavares, vencido: Desprezei os embargos, de acordo com o voto do Des. Leopoldo de Lima.

34.6 Acórdão pioneiro do Supremo Tribunal Federal
acolhendo a cláusula "rebus sic stantibus".
Decisão proferida em 5.1.1938, publicada na "RF" 77/79-85

Ementa: Cláusula *rebus sic stantibus* – Sua conceituação. O Tribunal que a acolhe não viola expressa disposição de lei.

ANEXOS 791

A construção de doutrinas jurídicas não reguladas na lei positiva jamais poderá ferir a letra da lei, para dar lugar ao recurso extraordinário.

A admissão daquele recurso, por diversidade de interpretação da lei, pressupõe espécies que se ajustem perfeitamente.

A regra *rebus sic stantibus* não é contrária a texto expresso da lei nacional. Rejeitam-se os embargos opostos ao acórdão publicado no v. 23, p. 574, da *Jurisprudência*.

Acórdão – Vistos, relatados e discutidos estes autos, do recurso extraordinário n. 2.675, do Distrito Federal, ora em grau de embargos, sendo embargantes René Charlier e outros, e recorridos Carlos Conteville & Cia.: Resolve o Supremo Tribunal Federal, pelas razões constantes das notas taquigráficas anexas, rejeitar os embargos de fls. 299 e confirmar o acórdão de fls. 296, pagas as custas pelos embargantes.

Distrito Federal, 5 de janeiro de 1938. *Bento de Faria*, pres. – *Costa Manso*, relator *ad hoc*.

Relatório – O Sr. Min. Laudo de Camargo: A espécie diz respeito a um contrato sobre a exclusividade de venda de parafusos e porcas para trilhos patenteados, sistema *Lecloux*.

E como a compradora o não cumprisse, a vendedora lhe propôs uma ação ordinária, para haver as compensações devidas.

No feito surgiu reconvenção.

Mas o Juiz deu a uma contra-ação e reconvenção por improcedentes.

Apelou somente a autora, que não viu a final provida a apelação.

Recorreu então extraordinariamente, sendo que a Corte Suprema não conheceu do recurso.

Passo à leitura do relatório então feito e dos votos e acórdãos proferidos.

Após estes incidentes, surgiram os embargos, que passo a ler.

Disse a Procuradoria-Geral nestes termos: "Reportamo-nos ao parecer do nosso eminente antecessor".

É o Relatório.

Voto – O Sr. Min. Laudo de Camargo: Toda a questão girou em torno do art. 1.058 do Código Civil.

Segundo ele, o devedor só poderá deixar de cumprir o contrato quando houver impossibilidade absoluta para tanto.

Veio, porém, o acórdão e disse que não só a impossibilidade absoluta, mas também a relativa impossibilita o cumprimento da obrigação.

Posta a questão nestes termos, não vejo como deixar de conhecer do recurso.

O próprio Julgador em primeira instância declarou que foi buscar "fora do sistema legal" as regras para aplicar aos fatos.

792 A TEORIA DA IMPREVISÃO NO DIREITO CIVIL E NO PROCESSO CIVIL

E o acórdão recorrido não deixou de fazer idêntica declaração, quando isto afirmou: "Não temos, é certo, no nosso direito positivo, uma disposição expressa mandando aplicar nos contratos de execução sucessiva ou a termo a cláusula *rebus sic stantibus*".

Aí está, portanto, afirmado, quer pela decisão de primeira instância, quer pela de segunda, que o art. 1.058 do Código Civil não pode valer segundo os termos em que se encontra expresso. Importa dizer, como alude o embargante, que se julgou contra o que ele expressou.

Caso, portanto, de recurso extraordinário, tanto mais que a violação tanto pode ser formal quanto velada.

Torna-se assim preciso que o Supremo Tribunal dele conheça, para depois poder decidir se a doutrina da imprevisão pode ou não ser acolhida entre nós, ou, em outros termos, se a decisão que a aceitou foi proferida contra a literal disposição do citado dispositivo do Código Civil.

E ainda numa das nossas últimas sessões foi dito aqui bastar para o conhecimento do recurso, com fundamento na letra "a" do preceito constitucional, haver aparentemente uma contradição entre o julgado recorrido e a letra da lei, embora o estudo do mérito venha posteriormente a concluir pela inexistência na realidade dessa contradição. Ora, aparentemente, não se pode negar que a decisão se afastou do texto.

Logo, merece ser conhecido o recurso. Recebo, pois, os embargos.

Voto – O Sr. Min. Costa Manso: Os embargos repetem a matéria anteriormente examinada, e, por isso, os rejeito pelos fundamentos do meu voto, constante das notas taquigráficas de fls. 279, que são os seguintes: (lê e desenvolve o voto anterior).

Voto – O Sr. Min. Otávio Kelly: Réné Charlier e a Maison 7 Eloi & Cie. S/A., estabelecido o primeiro nesta Capital e a segunda em Charleroi, Bélgica, intentaram, na Justiça local, do Distrito Federal, uma ação ordinária contra Carlos Conteville & Cia., negociantes também aqui estabelecidos, para deles haverem o pagamento de 552.166,16 francos belgas, juros de mora e custas, de comissões sobre compras prometidas, diferenças necessárias e perfazer-se o valor de encomendas e mais a multa convencionada, verbas todas essas computadas naquele total.

O Juiz da primeira instância julgou improcedentes a ação e a reconvenção oposta pelos réus, mas a 4ª Câmara da Corte de Apelação reformou a sentença para reconhecer o direito dos autores, a ser liquidado na execução, e assim decidiu por entender que o descumprimento do ajuste não resultara nem de caso fortuito, nem de força maior, excluindo a aplicação da cláusula *rebus sic stantibus* pretendida pelos réus. Em grau de embargos foi ainda apreciada a espécie, concluindo as Câmaras Reunidas em fazer restaurar a sentença de primeira instância. Daí o recurso extraordinário interposto pelos autores com fundamento no art. 76, § 2º, III, letras "a" e "b", da Constituição Federal de 1934.

ANEXOS 793

Como 2º Revisor proferi nestes autos o voto de fls. 288, tendo ficado vencido com o ilustre Sr. Ministro 1º Revisor. Os recorrentes voltam ao exame do caso, opondo os embargos de fls. 299, impugnados a fls. 307 e sustentados a fls. 333.

Recebo os embargos opostos. O recurso foi invocado com assento no inciso "a" do citado texto constitucional, porque, como se evidencia dos termos da decisão recorrida, a Corte local aplicou a um caso em que se discutia o inadimplemento de certo ajuste a isenção de responsabilidade fora das expressas exceções constantes do art. 1.058 e parágrafo único do Código Civil, com a aceitação da cláusula *rebus sic stantibus*, reminiscência de preceituações do direito canônico, aliás, não esposado em nossa legislação positiva. Incorporando-a entre os motivos reputados pela decisão como capazes de excluir a culpa do contratante faltoso. O julgado recorrido, virtualmente, se rebelou contra literal disposição da lei federal, que apenas o exonera da obrigação de compor prejuízos quando resulte de caso fortuito ou de força maior. Não merece acolhida o apoio do mesmo apelo no inciso "d", de vez que dos autos não consta, em forma autêntica, o inteiro teor dos julgados divergentes.

Conhecendo, portanto, do recurso, com receber os embargos, os admito para reformar a decisão da Corte de Apelação e mandar que prevaleça o acórdão da 4ª Câmara, que aplicou, com acerto, os mandamentos da nossa lei civil.

Os autos se incumbem de mostrar que a só irrupção de um movimento subversivo, de natureza interna e localizado, não poderia constituir motivo bastante para justificar a omissão dos réus, lesiva ao direito dos autores, como em caso mais grave deixou afirmado esta própria instância, ao examinar idêntica escusa em face da Guerra Mundial de 1914/1918 e é de evidência solar.

Voto – O Sr. Min. José Linhares: Sr. Presidente, desprezo os embargos porque o recurso foi interposto com fundamento no art. 76, n. III, letras "a", "b" e "d", da Constituição de 1934, então vigente, e não se me afigura que a decisão recorrida tenha incidido em nenhum desses dispositivos. Assim entendo pelos motivos que abaixo menciono.

Quanto à letra "a", porque, como bem demonstrou o Sr. Min. Costa Manso, não é a decisão em causa contrária a literal disposição de tratado ou de lei federal, sobre cuja aplicação se haja questionado. Ao contrário, entendo que a decisão recorrida aplicou a lei federal e o fez do modo que melhor entendeu. É certo que se pode alegar serem outros os dispositivos que se aplicam à hipótese, mas, estudando a prova dos autos, entendeu o Julgador que os por ele aplicados eram os que se referiam ao caso e fez, assim, a devida aplicação, não dando margem a que se admita o recurso com fundamento na letra "a".

Quanto à letra "b", também rejeito, porque a decisão não deixou de aplicar a lei federal impugnada.

E, finalmente, quanto à letra "d", está demonstrado que se tratava de questão de fato que não justificaria, absolutamente, a alegada diversidade en-

794 A TEORIA DA IMPREVISÃO NO DIREITO CIVIL E NO PROCESSO CIVIL

tre a interpretação da lei federal do modo como foi feito no julgado questionado e como o é em outros da Corte de Apelação e da Corte Suprema.

Pelas razões expostas, rejeito os embargos.

Voto – O Sr. Min. Armando de Alencar: Sr. Presidente, a primeira decisão reconheceu a força maior; a segunda, negou-a. Ora, a meu ver, ambas aplicaram a lei. De fato, o reconhecimento da maior ou menor intensidade dessa força maior é questão de interpretação. Isso porque as decisões não contrariaram a lei, diretamente, nem lhe negaram aplicação: aplicaram-na, apenas, cada uma das decisões, do modo que entenderam acertado.

Por estas razões, meu voto é no sentido de desprezar os embargos, porque entendo que não constitui caso de recurso extraordinário.

Voto – O Sr. Min. Cunha Melo: Sr. Presidente, rejeito os embargos de acordo com o voto do Sr. Min. Costa Manso, 1º Revisor.

Voto – O Sr. Min. Carvalho Mourão: Sr. Presidente, rejeito os embargos por me parecer que o caso não é de recurso extraordinário.

Não é com fundamento na letra "d" (como foi integralmente elucidado pelo Sr. Ministro 1º Revisor). Mostrou S. Exa. que não há divergência de interpretação da mesma lei federal entre o acórdão recorrido e o acórdão, invocado, do antigo Supremo Tribunal Federal.

Não ocorre também evidentemente o fundamento da letra "b"; de fato, o acórdão recorrido não declarou inválida, ou não vigente, em face da Constituição, qualquer lei federal.

Só poderia haver dúvida quanto à aplicabilidade da letra "a" do art. 76, n. 2, 3º inciso, isto é, se houvesse sido a decisão proferida contra literal disposição de lei federal.

Mas, neste ponto, parece-me inteiramente convincente a argumentação do Sr. Ministro 1º Revisor.

Na verdade, é inquestionável que no Código Civil não se cogita da chamada cláusula *rebus sic stantibus*.

É bem de ver que esse motivo justificativo do inadimplemento do contrato nada tem de comum com a força maior ou o caso fortuito. Ao contrário, a chamada justificativa da imprevisão, ou a denominada cláusula *rebus sic stantibus*, pressupõe a possibilidade física, ou moral, da execução da obrigação, isto é, da prestação.

Só tem lugar essa cláusula quando, sendo possível, física e legalmente, a prestação, importará ela, entretanto, a ruína de uma das partes, do que deve a prestação; ou quando importe pelo menos tal desproporção entre esta e a contraprestação por causa econômica imprevisível, que seja de presumir que a parte, assim prejudicada, não teria aceitado o contrato, não se teria obrigado, se houvesse previsto semelhante mudança na situação econômica.

ANEXOS   795

No Código Civil não há sequer vestígio de semelhante causa justificativa de inadimplemento das obrigações.

Se não há no Código disposição expressa sobre o assunto, é claro que a decisão recorrida não poderia ter violado literal dispositivo do Código Civil.

A verdade, todavia, é que a decisão se fundou, por analogia, em certo dispositivo do Código Civil, em outro do Código Comercial e, principalmente, em leis extravagantes; sobretudo, se não me engano, no decreto que instituiu entre nós a proteção da chamada propriedade comercial ou fundo de comércio.

O Sr. Min. Costa Manso: Creio que também sobre a cláusula-ouro.

O Sr. Min. Carvalho Mourão: Em todo caso, o que é verdade é que o acórdão recorrido se baseou na interpretação extensiva, por analogia, de leis extravagantes, posteriores ao Código; que também fazem parte do nosso Código Civil.

Por conseguinte, longe de ter decidido contra literal disposição de lei, o acórdão recorrido, bem ou mal, decidiu de acordo com elas: aplicando-as a caso não previsto por identidade de razão – o que é, precisamente, interpretá-las, extensivamente, por analogia.

Por estas razões, rejeito os embargos, por julgar que o caso não é de recurso extraordinário.

É o meu voto.

Voto – O Sr. Min. Eduardo Espínola: Sr. Presidente, em regra, não sou homem de dissertações. Hoje, entretanto, vou me afastar um tanto dessa norma de orientação, invocando certas reminiscências literárias.

Em 1895, quando me formei em Direito, pela Faculdade da Baía, recebi a 3ª edição do livro famoso *A Nova Fase do Direito Civil*, de Cimbali, no original. Aí, impressionaram-me bastante as observações, os reparos desse autor sobre a imutabilidade, a imobilidade do direito civil.

Vou reproduzir pouco mais ou menos as suas palavras.

Dizia ele que um desejo profundo de novidade, uma mania febril de reformas, agitava em todas as múltiplas manifestações da vida, da sociedade, da ciência, as bases dos conhecimentos.

Não há, hoje, continuava, qualquer instituto, qualquer órgão, qualquer sistema, que, ainda quando tenha por si a consagração dos séculos, se possa dizer digno de veneração e respeito. Tudo cai e se transforma sob o martelo inexorável da crítica e sob o impulso irresistível das novas necessidades sociais.

Entretanto, como nau encantada, a navegar sobre as águas revoltas do oceano, cheio de cadáveres e moribundos, o direito civil parece inteiramente insensível a todas essas modificações. Forma coeva a muitas outras, que desapareceram ou se transformaram, o direito civil, tal como nos foi transmitido pelo Direito Romano, depois de ter resistido ao torvelinho social da Idade Média, só com mui ligeiras alterações passou para o Direito moderno e pare-

796 A TEORIA DA IMPREVISÃO NO DIREITO CIVIL E NO PROCESSO CIVIL

ce ainda destinado, tal como nos veio da Antigüidade latina, a dirigir as sociedades futuras.

Era o que dizia ele.

Ora, se hoje tivesse Cimbali de considerar o que tem ocorrido no mundo, em matéria de legislação, veria que, se quanto ao direito público, como, aliás, muito bem apontaram Salleiles e Gény, houve transformações profundas, o mesmo veio acontecendo, em menores proporções, relativamente ao direito civil, em que houve, contrariamente ao que eles previam, evolução pronunciada.

Todavia, o que se nota é que, ainda para as modificações tendentes a adaptar o direito civil às novas necessidades sociais, foram os juízes e os autores invocar velhas cláusulas, algumas das quais parecia já haverem sido relegadas ao esquecimento ou ao abandono.

Recordo-me de que, por ocasião da coroação do Rei Eduardo VII, da Inglaterra, houve contratos de locação de balcões e janelas às pessoas que desejavam assistir à cerimônia, o que deu em grande número, como era de se esperar. Entretanto, por motivo de moléstia, a coroação deixou de se realizar, foi adiada.

Por essa razão houve provocação dos Tribunais Ingleses a fim de se pronunciarem sobre esses contratos (*Coronation Cases*).

Os juízes ingleses, invocando a teoria da causa, consideraram como havendo a cláusula implícita da coroação para justificar a existência, a constituição, do contrato e, por isso, concluíram por julgar nulas tais convenções, uma vez que a coroação fora adiada. Todavia, pela índole especial do Direito Inglês ou dos Tribunais Ingleses, a solução não pareceu inteiramente lógica: aqueles contratos que ainda não tinham sido cumpridos foram revogados; mas naqueles em que os contratantes haviam pago a importância da locação não houve a devolução da quantia pactuada e já paga.

Foi devido a isso que um escritor inglês, fazendo estas considerações, disse, com justeza, que os Tribunais Ingleses observam muito a regra: "where the tree falls, there let it lie" ("onde a árvore cair, deixa-a ficar").

Havia contratos em que o preço não estava pago: foram revogados; e contratos já de preço pago, que ficaram de pé.

Isso aconteceu antes da Guerra de 1914.

Também um pouco antes da Guerra, na Alemanha, verificava-se caso interessante. Na Alsácia-Lorena vários negociantes tinham contraído contrato de seguro com uma grande sociedade inglesa. Essa sociedade, de vasto crédito e muitos recursos, posteriormente, fundiu-se com uma outra, muito maior e de maiores recursos ainda, de sorte que a possibilidade de cumprir os contratos não estava absolutamente em jogo. Entretanto, os contratantes alemães julgaram não ser o caso de continuar o contrato, porque havia, aí, a pressuposição de que este tinha sido celebrado com determinada companhia, pouco impor-

ANEXOS 797

tando que a outra oferecesse maiores garantias de solvabilidade das indenizações contratadas. Como alguns seguros eram de importância pequena, foram vencidos os autores, nos Tribunais locais Alemães; todavia, a causa teve de ser posteriormente levada à Corte Suprema daquele país, ao Tribunal do *Reich*, o *Reichsgerichts*, em virtude do vulto que tomou pela reunião de vários autores. Este, então – e é por isso que quero mostrar que essas cláusulas, esses institutos, que poderiam parecer já como relegados ao abandono, ou ao esquecimento, são relembrados –, invocou a teoria da pressuposição para justificar a rescisão do contrato.

Tal teoria tivera grande reputação durante a vida do seu autor, o grande pandectista Windscheid; mas foi posteriormente abandonada.

Os casos mais importantes e significativos, no assunto, ocorreram, porém, durante a Grande Guerra.

Pelo interesse que me despertam essas matérias importantes e pouco comuns, neste caderno, onde tenho outras notas, possuo alguns dados sobre a cláusula *rebus sic stantibus*, como é considerada no Direito Inglês, Alemão e outros. Essa cláusula, expressa no direito canônico, esteve em voga algum tempo; perdeu, porém, o prestígio. Nos tempos modernos foi revigorada, com aplicação especial ao direito internacional público. Mas, também no direito privado, os tribunais dos Estados mais atingidos pela Guerra de 1914/1918 se viram na contingência de invocá-la, para atenuar os desastrosos efeitos das formidáveis alterações de preços e valores e depreciação da moeda.

Jenks escreve, em *The Book of English Law*, publicado em 1937: "A imensa deslocação dos negócios produzida pela Grande Guerra induziu ou trouxe à luz um outro desenvolvimento da doutrina: que uma radical mudança de circunstâncias pode libertar um contratante de suas obrigações. Esse novo desenvolvimento é conhecido como a doutrina da *frustration of adventure*. Quando, por exemplo, um contrato celebrado antes da Guerra teve, por efeito da Guerra, o cumprimento tornado ilícito, fisicamente impossível, ou inexeqüível, só as Cortes, em circunstâncias não muito bem definidas, exoneram o devedor do cumprimento dessas obrigações. É uma extensão da doutrina *rebus sic stantibus*, que se entendeu governar a aplicação dos tratados internacionais. É uma doutrina perigosa, mas quase inevitável em certos tempos" (p. 409, 4ª ed.).

O professor Gutteridge, da Universidade de Londres, escreveu, no *Annuario di Diritto Comparato e di Studi Legislativi*, em 1930:

"O antigo Direito Inglês se recusava sempre a reconhecer qualquer coisa do tipo da força maior, baseando-se no princípio de que o contratante deve, sempre, cumprir as suas obrigações, salvo quando o contrato resulte manifestamente ridículo ou ilusório, ou teve uma das partes a praticar ato ilegal.

"No século XIX, as modernas condições sociais mitigaram, consideravelmente, a severidade da regra, e, como estão agora as coisas, sempre que for possível fazer resultar do próprio contrato, ou das circunstâncias, que as

798 A TEORIA DA IMPREVISÃO NO DIREITO CIVIL E NO PROCESSO CIVIL

partes entendiam que o contrato fora subordinado à existência de um estado de fato por elas considerado como base essencial do contrato, a impossibilidade superveniente de execução é admitida como exceção ao pedido de cumprimento da obrigação. Ou, em outras palavras, a lei presume, em alguns casos, que o contrato tenha sido estipulado com a cláusula *rebus sic stantibus*. É um problema muito sério e difícil estabelecer até que ponto, em tais casos, seja necessário reduzir a eficácia obrigatória de um contrato.

"Procurou-se, muitas vezes, ampliar o alcance das normas vigentes do Direito Inglês, inserindo nos contratos comerciais cláusulas que estabelecem uma exceção no caso de força maior. Entretanto, as Cortes Inglesas viram, sempre, com pouca benevolência semelhantes tentativas, considerando que os motivos que devem dispensar os contratantes de cumprir o contrato dependem da natureza deste, das circunstâncias, antes que do emprego duma fraseologia, que poderia animar uma parte contratante a não cumprir suas obrigações, mal se apresente alguma dificuldade."

Concluiu Gutteridge: "La teoria che ammette per implicita nel contratto una condizione di *rebus sic stantibus*, così da lasciare nelle mani dei tribunali la valutazione delle difficoltà di esecuzione di un contratto, è senza dubbio un mezzo molto efficace per salvaguardare la santità dei contratti" (vs. IV e V, Parte 1ª).

Na Polônia a cláusula *rebus sic stantibus* mereceu, também, a atenção do legislador. Com efeito, o art. 269 do Código das Obrigações da Polônia (1934) dá ao juiz o direito de intervenção se, por efeito dum acontecimento excepcional, houve exorbitante perda para uma das partes.

Assim também no Projeto Húngaro.

Escreveu o professor Ernst Rabel, da Universidade de Berlim, tratando da aplicação do Código Civil Alemão, de 1900, até 1925:

"O Tribunal do *Reich* esteve por muito tempo firme nas disposições do Código Civil, referentes à impossibilidade da prestação, e, cumpre dizer, do ponto de vista sistemático, com razão, porque essas disposições são, na lei, a *sedes materiae* para todos os acontecimentos que impedem ou agravam o adimplemento das obrigações. Mas é certo que essas disposições não bastam, porque consideram sempre e só a impossibilidade da prestação. O Tribunal reconheceu, pouco a pouco, um direito de rescisão do devedor de coisas quando, em conseqüência das alterações causadas pela Guerra ou pela Revolução, na situação econômica, a prestação devida se tornou outra que não a esperada e querida como norma do contrato (...). A princípio, durante a Guerra, se dizia que o cumprimento era impossível no momento por causa da Guerra, sendo diferido para tempo em que se tornasse possível (...). Teve-se, a seguir, o pensamento de salvar o devedor de uma ruína injusta. Surgiu, a despeito de observações ocasionais contrárias em algumas sentenças, a teoria da cláusula *rebus sic stantibus*, que se apoiava nos arts. 157 e 242, referentes à boa-fé (...). Compreendeu-se, na regra, que a mudança total e imprevisível das con-

ANEXOS

dições econômicas, devido à qual não se pode, razoavelmente, pretender a prestação do devedor, autoriza a rescisão. Foi aplicada, posteriormente, a cláusula à desvalorização da moeda.

"É significativo que se tenha feito, sempre, reviver a cláusula *rebus sic stantibus*, se não na sua forma mais geral, todavia numa concepção assaz vasta, cláusula que tinha sido tão cara nos séculos XVI e XVIII e que fora repudiada depois, porque, não obstante todas as sucessivas limitações daquele tempo, parecia muito perigosa.

"Devemos reconhecer que não é bom conselho atribuir às disposições de direito privado uma eficácia constante e imutável, estabelecendo-se que, nos tempos normais, se adaptem às exigências severas da boa-fé nos contratos e, ao mesmo tempo, pretendendo-se que elas resistam à prova do mais profundo abalo na vida de um povo. No direito privado, como no direito público, deve haver normas para um tempo de guerra. Os ingleses já instintivamente perceberam alguma coisa dessa verdade."

No Direito Alemão foi que a matéria tomou maior desenvolvimento, não só em relação à Corte Suprema como, também, à legislação. Aquele alto Tribunal Alemão durante muito tempo se recusou a reconhecer a validade da cláusula *rebus sic stantibus*; quando, entretanto, o Marco começou a se desvalorizar e a sorte das armas se mostrou manifestamente contrária à Alemanha, os alemães foram se sentindo, pouco a pouco, premidos, por essas circunstâncias, à necessidade de introduzir modificações no modo de compreender a aplicação dos contratos. A Corte Suprema, então, desde logo assim agiu e, diante da anulação completa da moeda alemã, criaram-se leis especiais visando, a princípio, apenas as hipotecas e os penhores, e que se estenderam, depois, a todos os contratos. Criticou-se, até, uma expressão inteiramente nova, que data apenas de 1925, que é a *Aufssertung*, ou revalorização. A não ser, porém, na lei alemã, onde a valorização é explicitamente reconhecida, não conheço em nenhuma outra legislação regra alguma que, de modo expresso, se refira à rejeição ou admissão da cláusula *rebus sic stantibus*, com exceção do art. 269 do Código das Obrigações da Polônia, em 1934, que vem citado num dos livros de Ripert (*Régime Democratique*, 1936, p. 307, nota 3). Assim a refere Ripert: "O art. 269 do Código das Obrigações da Polônia dá ao juiz o direito de intervenção se, por efeito dum acontecimento excepcional, houve perda exorbitante para uma das partes".

É um princípio de grande importância e salutar aplicação. É verdade que fica ao critério do juiz apreciar a questão em concreto, mas a própria adjetivação aí empregada – o acontecimento deve ser excepcional e a perda deve ser exorbitante – demonstra a gravidade que há na aplicação daquela regra.

Quanto ao Direito Francês, vemos que ocorreu coisa inteiramente discordante de tudo quanto houve nos outros países. De fato, a Corte de Cassação, até 1935, ou 1936, nunca, absolutamente nunca, quis admitir qualquer atenuação ao cumprimento rigoroso das obrigações contratuais; a tal ponto

800   A TEORIA DA IMPREVISÃO NO DIREITO CIVIL E NO PROCESSO CIVIL

que, em 1934, chegou a cassar uma decisão da Corte de Apelação, para considerar válido um contrato celebrado um século antes, em 1845, em virtude do qual uma mina de carvão era obrigada a fornecer a determinada companhia a tonelada de carvão ao preço de meio Franco. O que aconteceu, porém – o próprio Ripert salienta –, foi que, não querendo a Corte de Cassação, de modo algum, ceder neste ponto, a legislação foi até onde não poderiam ir os tribunais. Tanto a legislação de 1925 e 1926 como e principalmente a de 1931, 1933 e 1935 são no sentido de inutilizar, de reduzir extraordinariamente, a liberdade contratual e a vontade das partes, não somente nos contratos a celebrar como nos já realizados. Em 1935, por exemplo, veio uma lei que determinou – fosse qual fosse o interesse que tivesse qualquer das partes na fixação de um prazo – que o devedor poderia, quando o entendesse, desobrigar-se do contrato e livrar-se da obrigação contraída. Em vários outros contratos, como no de fornecimento de trigo, por exemplo, foi admitida a redução do preço.

Quanto ao nosso direito. Não temos, também, nenhuma regra que permita, de modo expresso, a cláusula *rebus sic stantibus*, nem, tampouco, qualquer regra que a proíba de modo terminante. É verdade que temos, por exemplo, o dispositivo já invocado – o art. 1.091 do Código Civil –, segundo o qual a impossibilidade da prestação não invalida o contrato sendo relativa ou cessando antes de realizada a condição. Isto quer dizer que não é possível invocar-se uma impossibilidade relativa, porque a impossibilidade da prestação, prevista no nosso Código, é simplesmente a impossibilidade objetiva, absoluta, e nunca a subjetiva.

Temos, ainda, o art. 1.058, quando isenta o devedor de responsabilidade dado que ocorra caso fortuito ou força maior. Não quer isto dizer que só e exclusivamente quando ocorra um desses dois casos é que o devedor se possa desobrigar. Se uma decisão de um tribunal qualquer dissesse que, tendo havido um caso fortuito ou de força maior, o devedor continua obrigado, não há dúvida alguma que a disposição do art. 1.058 do Código Civil, teria sido, manifestamente, violada. A decisão, em tal caso, teria sido contra a expressa disposição de lei.

Mas não o será se a decisão admitir, interpretando esse dispositivo de nossa lei, a possibilidade de se reduzir a obrigação ou de a invalidar, pela mudança radical da situação, dando-se, assim, interpretação mais lata ao artigo citado, e observando o dispositivo do próprio Código que manda atender antes à intenção das partes do que àquilo que estiver expresso no contrato; e, ainda mais, podemos dizer que uma disposição do nosso Código Civil há que, embora não consagre a teoria da imprevisibilidade, admite, de alguma maneira, a cláusula *rebus sic stantibus*, ou uma modalidade desta cláusula. É o art. 954, quando, depois de dizer que ao credor assistirá o direito de cobrar a dívida antes de vencido o prazo estipulado no contrato, ou marcado neste Código, se, executado o devedor, se abrir concurso creditório e se os bens hipotecados, empenhados ou dados em anticrese forem penhorados em execução

ANEXOS

por outro credor, declara que o mesmo se verificará se cessarem ou tornarem insuficientes as garantias do débito, fidejussórias ou reais, e o devedor, intimado, se negar a reforçá-las. De sorte que aí se trata de atender à mudança de situação do devedor, para alterar o que foi convencionado. O credor na ocasião em que se celebrou o contrato hipotecário aceitou as garantias que lhe eram fornecidas, por serem elas suficientes; entretanto, mudando as condições posteriormente, essas mesmas garantias já não satisfazem, porque perderam o seu valor. Nessa hipótese, o Código permite que o credor rescinda ou execute o contrato ou, ainda, que exija novas garantias.

De modo geral, isto nada tem a ver com a imprevisibilidade, porque houve previsão, mas é uma aplicação, embora restrita, da cláusula *rebus sic stantibus*.

Nestas condições, da mesma forma que os Srs. Ministros que me precederam, concordo com o Sr. Ministro 1º Revisor e chego às mesmas conclusões a que chegou S. Exa.

Não houve, de fato, violação expressa da lei, ainda quando o Tribunal tivesse mal-decidido. Mas, ao contrário, entendo que, não recebendo o recurso, agiu bem. Rejeito, pois, os embargos, porque não houve violação expressa de dispositivo algum de lei federal.

Quanto ao outro fundamento, creio que já está perfeitamente justificado. Rejeito, pois, os embargos.

Decisão – Como consta da ata, a decisão foi a seguinte: Rejeitaram os embargos, contra os votos dos Srs. Mins. Laudo de Camargo e Otávio Kelly. Impedido o Sr. Min. Carlos Maximiliano.

34.7 Decisão do Supremo Tribunal Federal.
Ação de revisão contratual proposta na comarca de Londrina/PR, em 29.5.1973 ("RTJ" 66/561)

Imobiliária Veronesi Ltda. contra Emílio Gomes Fialho e outros.

Ementa: Empreitada – Cláusula *rebus sic stantibus* – Inaplicabilidade à espécie – Empreitada de prazo breve.

É certo que a jurisprudência dos tribunais já tem admitido a regra *rebus sic stantibus* em contratos de prazos longos e pagamentos periódicos sucessivos no curso do tempo, presumindo-se imprevisível o colapso da moeda por circunstâncias supervenientes.

Mas isso não é aplicável à empreitada a prazo breve, com pagamento imediato e realizado, tudo numa época em que o Estado determina cada ano a extensão da perda do poder aquisitivo. Nesse caso, o empreiteiro deve queixar-se da sua imprevidência ou da sua imperícia em calcular a projeção da curva inflacionária.

802 A TEORIA DA IMPREVISÃO NO DIREITO CIVIL E NO PROCESSO CIVIL

Acórdão – Vistos, relatados e discutidos estes autos: Acordam os Ministros da 1ª Turma do Supremo Tribunal Federal, na conformidade da ata de julgamento e das notas taquigráficas, por unanimidade de votos, não conhecer do recurso.

Supremo Tribunal Federal, 29 de maio de 1973. *Luís Galotti*, pres. – *Aliomar Baleeiro*, relator.

Relatório – O Sr. Min. Aliomar Baleeiro: 1. A Imobiliária recorrente propôs ação para obter reajuste de preço de empreitada de construção de edifício e foi repelida pela sentença de fls., que conclui pela improcedência do pedido, julgando procedente a reconvenção, para condenar a autora a pagar certos itens de contrato e aluguéis.

2. Essa decisão foi confirmada pelo acórdão de fls. nestes termos:

"A base do pedido de revisão está na alteração dos preços, em decorrência da indicada inflação.

"Ela, porém, já era conhecida na época do compromisso firmado (1962), e, não se tratando de fato superveniente imprevisível, a argüição feita não constitui razão para a pretendida revisão de preço, a qual só poderia resultar de uma liberalidade dos promitentes compradores, isto é, sem caráter compulsório.

"E como da contratação feita constou de modo expresso a cláusula de não-reajustabilidade do preço fixado (fls. 74-v.), a pretensão da firma imobiliária faz-se inadmissível (v. *RTJ* 36/104; *RT* 386/200, 387/177 e 399/225), mesmo porque da parte da aludida firma já ocorreu incidência contratual pela não-entrega da coisa no prazo estabelecido, o que comprova e evidencia ter havido concurso de falta, porém não imputável ao promitente comprador!

"Então o compromisso por ela firmado devia ser cumprido, mormente por já ter sido completado o pagamento do preço estipulado, embora tivesse havido uso da faculdade constante da cláusula n. 11, e cujo proceder era de molde a importar em alteração de cláusula do contrato feito.

"E, por outro lado, procedente fez-se o pedido reconvencional, segundo muito bem apreciou a sentença apelada, pois, em consonância com a cláusula 6ª (fls. 74), a construção do edifício de 17 pavimentos deveria seguir rigorosamente o 'memorial descritivo' (fls. 129), o qual se refere à piscina e à instalação de telefone e, pelo Regulamento, intercomunicativo com a Portaria, ou seja, adstrito ao PBX, mencionado em depoimento por Orlando Mairinque Góis, em cujo escritório verificou-se a reunião dos condôminos (fls. 489-v.)!

"Outrossim, figurando paralisada a ultimação do apartamento do ora apelado, o mesmo providenciou a entrada nele, acompanhado de fotógrafo e cujos préstimos retrataram a situação encontrada, segundo mostram as fotos de fls. 600 a 605, e tudo isso não obstante achar-se pago o preço estipulado não reajustável da obra contratada!

ANEXOS 803

"E, por fim, notável é a lição de J. B. Alvarenga sobre 'Reajuste de preços nas incorporações de imóveis', dada à publicidade na *Folha de S.Paulo*, e estribada na Lei n. 4.591, de 1964, que procurou disciplinar a matéria, estatuindo regras explícitas, em benefício, sobretudo, dos adquirentes ludibriados e coagidos a reajustes, a rigor, inexigíveis, e isso por ser excluído qualquer aumento de preço, ainda que haja aumento de salário ou encarecimento de material (art. 1.245 do CC): *pacta sunt servanda*" (fls. 624 e 625).

3. Recorreu extraordinariamente a autora, pelo inciso "d", a fls. 628, citando acórdão, pela ementa, *RT* 254/213, 314/246, 348/193; TFR, na *RTFR* 11/50.

Indeferimento do Presidente Ribas Macedo a fls. 639, em obediência à Súmula n. 291 e art. 305 do Regimento Interno do STF. Subiu pelo Ag. n. 52.874 (fls. 701), deferido pelo eminente Min. Eloy da Rocha.

Voto – O Sr. Min. Aliomar Baleeiro (relator): 1. O contrato foi feito em plena inflação, com a cláusula de não ser reajustável o preço, que aliás foi embolsado pela empreiteira.

O acórdão limitou-se à interpretação das cláusulas contratuais (Súmula n. 454).

2. O recorrente indica alguns acórdãos que admitiram o princípio *rebus sic stantibus*.

Geralmente, isso ocorreu em contratos de prazo longo, em prestações sucessivas ao longo dele, de acordo aliás com a jurisprudência francesa do Conselho de Estado, que ressuscitou essa regra vetusta. Não assim num contrato de execução de prazo breve, em que não se pode falar em imprevisibilidade, nem em pagamentos periódicos sucessivos. O recorrente assumiu um risco calculado e só deve queixar-se da sua imprevidência ou da sua imperícia em traçar a extrapolação da curva inflacionária.

3. Não conheço do recurso porque a divergência não foi comprovada em igualdade ou similitude de circunstâncias (Súmula n. 291).

Decisão – Não conhecido. Unânime.

Presidência do Min. Luiz Gallottti. Presentes à sessão os Mins. Oswaldo Trigueiro, Aliomar Baleeiro, Djaci Falcão, Rodrigues de Alckmin e o Dr. Oscar Corrêa Pina, Procurador-Geral da República, substituto.

34.8 Parecer do Comissário do Governo Francês, Chardenet, no caso da "Cie. Générale d'Éclairage de Bordeaux" contra a Municipalidade, em 16.3.1916

Considérant qu'en principe les contracts de concession règle d'une façon definitive, jusqu'à son expiration, les obligations respectives du concessionnaire et du concédant; que le concessionnaire est tenu d'éxecuter le servi-

804 A TEORIA DA IMPREVISÃO NO DIREITO CIVIL E NO PROCESSO CIVIL

ce prévu dans les conditions précisées au traité, et se trouve rémunére par la perception, sur les usagers, des taxes qui y sont stipulées; que la variation des prix des matières-premières, à raison des circonstances économiques, constitue un'aléa du marché, qui peut, suivant le cas, être favorable ou défavorable au concessionnaire, et demeure à ses risques et périls, chaque partie étant réputée avoir tenu compte de cet aléa dans les calculs et prévisions qu'elle a fait avant de s'engager;

Mais considérant que, par suite de l'ocupation par l'ennemi de la plus grande partie des régions productrices de charbon dans l'Europe Continentale, de la difficulté de plus en plus considérable des transports par mer, à raison tant de la réquisition des navires que du caractère et de la durée de la guerre maritime, la hausse survenue au cours de la Guerre actuelle dans le prix du charbon, qui est la matière-première de la fabrication du gaz, s'est trouvée atteindre une proportion telle que, non seulement elle a un caractère exceptionnel, dans le sens habituellement donné à ce terme, mais qu'elle entraine dans le coût de la fabrication du gaz une augmentation qui, déjouant tous les calculs, dépasse certainement les limites extrêmes des majorations ayant pu être envisagées par les parties lors de la passation du contrat de concession; que, par suite du concours des circonstances ci-dessus indiquées, l'économie du contrat se trouve absolument bouleversée; que la compagnie est donc fondée à soutenir qu'elle ne peut être d'assurer, aux seules conditions prévues a l'origine, le fonctionnement du service, tant que durera la situation anormale ci-dessus rappelée;

Considérant qu'il résulte de ce qui précéde que, si c'est à tort que la compagnie prétend ne pouvoir être tenue de supporter aucune augmentation du prix du charbon au delà de 28 Francs la tonne, ce chiffre ayant, d'après elle, été envisage comme correspondant au prix maximum du gaz prévu au marché, il serait excessif d'admettre qu'il y a lieu à l'application pure et simple du cahier des charges, comme si l'on se trouvait en présence d'un aléa ordinaire de l'enterprise' qu'il importe au contraire de rechercher, pour mettre fin à des dificultés temporaires, une solution qui tienne compte tout à la fois de l'intérêt général, lequel exige la continuation du service par la compagnie à l'aide de tous les moyens de production et des conditions spéciales qui ne permettent pas au contrat de recevoir son application normale; qu'à cet effet il convient de décider d'une part que la compagnie est tenue d'assurer le service concédê, et, d'autre part, qu'elle doit supporter, seulement au cours de cette période transitoire, la part des conséquences onéreuses de la situation de force majeure ci-dessus rappelée que l'interpretation raisonnable du contrat permet de laisser à sa charge qu'il y a lieu en conséquence, en annulant l'arrêt attaqué, de renvoyer les parties devant le Conseil de Préfecture, auquel il appartiendra, si elles ne parviennent pas à se mettre d'accord sur les conditions spéciales dans lesquelles la compagnie pourra continuer le service, de déterminer, en tenant compte de tous les faits de la cause, le montant de l'indemnité

ANEXOS 805

à laquelle la compagnie a droit, à raison de circonstances extracontractuelles elle aura dû assurer pendant la période envisagée; (...);

La Cie. Générale d'Éclairage de Bordeaux et la Ville de Bordeaux son renvoyées devant le Conseil de Préfecture pour être procédé, si elles ne s'entendent pas amiablement sur les conditions spéciales auxquelles la compagnie continuera son service, à la fixation de l'indemnité à laquelle la compagnie a droit à raison des circonstances extracontractuelles dans lesquelles elle aura dû assurer le service concédé.

34.9 Sugestões legislativas de modificação dos arts. 477, 478 e 479 do novo Código Civil Brasileiro

Art. 477. Se nos contratos de execução diferida, continuada, periódica, ou a termo, um evento extraordinário tornar extremamente difícil o cumprimento da prestação ou inviabilizar seu recebimento eqüitativo em razão de aviltamento ou depreciação excessiva, dando origem à lesão virtual para qualquer das partes, com possibilidades de prejuízos para uma e acentuada vantagem para outra, sem que para tanto hajam concorrido, ativa ou passivamente, a que estiver na iminência de sofrer prejuízos de qualquer natureza poderá valer-se da teoria da imprevisão, requerendo intervenção judicial sobre o pacto.

Se o fato extraordinário, provocado por uma das partes ou terceiros, der causa ao desaparecimento da base contratual, inviabilizando a revisão, o pacto poderá ser extinto, determinando-se as responsabilidades em função da existência ou não de lesão para os contratantes.

Art. 478. Em pedido formulado pelo devedor, nas hipóteses que comportem revisão e, alternativamente, resolução, somente depois de tentada a adequação do pacto ao novo estado fático e de seu resultado negativo, seja por conciliação ou por intervenção da autoridade judiciária, é que ela considerará a possibilidade excepcional de extinção do avençado, devendo, em casos específicos e em atenção ao pedido do credor, constar da sentença uma compensação indenizatória ao prejudicado pela extinção de contrato pendente de cumprimento.

Art. 479. Para a aplicação da teoria da imprevisão deverão ser consideradas as seguintes hipóteses:

I – havendo possibilidade de revisão contratual, consensualmente ou por atuação do juiz, caso entenda procedente o pedido do autor, a nova configuração estabelecida pelas partes será homologada ou adequada por sentença, com efeitos a partir da citação;

II – se o pedido de revisão for feito pelo credor, sem pedido alternativosucessivo de resolução, mas, na sua impossibilidade, deixar consignado de forma expressa sua intenção de receber a prestação depreciada, em caso de frustração da tentativa de revisão, entendendo possível o pedido do autor, na

806   A TEORIA DA IMPREVISÃO NO DIREITO CIVIL E NO PROCESSO CIVIL

sentença o juiz deverá estabelecer as bases de adaptação do pacto ao novo estado fático ou, inexistindo condições para tanto, determinar que a prestação seja recebida no estado em que se encontre;

III – sendo a hipótese exclusivamente de resolução, resultante de ato ou fato de terceiros, ou de alteração das circunstâncias provocada por qualquer das partes, desde que não resulte lesão para qualquer delas, o juiz extinguirá a convenção sem quaisquer ônus para o postulante, equiparando-se a decisão às proferidas nas situações de caso fortuito ou de força maior, quanto aos efeitos, devendo as custas processuais ser satisfeitas pelo sistema *pro rata*; havendo prejuízos provocados por qualquer das partes ou terceiros, a indenização se impõe;

IV – possível a revisão mas impossível a conciliação das partes, no contexto de ação em que, como alternativa, tenha sido pedida pelo devedor a extinção de contrato por cumprir, para obstar ao enriquecimento sem causa deverá o réu ser indenizado pela parte por cumprir do pacto, desde que o requeira.

§ 1º. Em qualquer das soluções, a intervenção judicial deverá atender, fundamentalmente, aos princípios de eqüidade e boa-fé.

§ 2º. A teoria da imprevisão não beneficia o contratante em estado moratório, a não ser que o evento extraordinário o preceda.

§ 3º. As regras e diretrizes estabelecidas nos artigos anteriores têm inteira aplicação aos contratos aleatórios, desde que o acontecimento imprevisível não se relacione com suas áleas específicas.

REFERÊNCIAS BIBLIOGRÁFICAS

ABREU, Iduna Weinert de. "Da eqüidade – Estudos de direito positivo comparado". *Revista de Informação Legislativa* 60, 1978.

AGUIAR DIAS, José de. "A eqüidade e o poder do juiz". *RF* 164, 1957.

_____. *Responsabilidade Civil em Debate – Cláusula "Rebus Sic Stantibus"*. v. I. Rio de Janeiro, Forense, 1983.

ALMEIDA, João Batista de. *A Proteção Jurídica do Consumidor*. São Paulo, Saraiva, 1993.

ALMEIDA, L. P. Moitinho de. *Enriquecimento sem Causa*. Coimbra, Almedina, 1998.

ALMEIDA PAIVA, Alfredo de. *Aspectos do Contrato de Empreitada: a Cláusula "Rebus Sic Stantibus" – Sua Aplicação no Direito Brasileiro*. São Paulo, 1946.

ALMEIDA SANTOS, António de. "A teoria da imprevisão ou da superveniência contratual e o novo Código Civil". *Jornadas Jurídicas – Estudos sobre o Código Civil*. Lourenço Marques, 1972.

ALVIM, Agostinho. *Da Inexecução das Obrigações Civis e suas Conseqüências*. 3ª ed. São Paulo, Jurídica e Universitária, 1965.

_____. "O enriquecimento sem causa". *RF* 173, 1957.

AMARAL GURGEL, J. do. *Dos Contratos no Código Civil Brasileiro*. v. I, n. 1. São Paulo, Saraiva, 1939.

AMARAL SANTOS, Moacyr. *Primeiras Linhas de Direito Processual Civil*. 4ª ed. São Paulo, Max Limonad, 1973.

AMERICANO, Jorge. "Cláusula *rebus sic stantibus*". *Revista da Faculdade de Direito de São Paulo* 29. São Paulo, 1957.

ANDRADE, Manuel de. *Teoria Geral da Relação Jurídica*. Coimbra, Almedina, 1974.

_____. *Teoria Geral das Obrigações*. v. I. Coimbra, Almedina, 1966.

ANDREOLI, Giuseppe. "Revisione critica della dottrina sulla soppravenienza contratuale". *Rivista di Diritto Civile* 1938. Pádua.

808 A TEORIA DA IMPREVISÃO NO DIREITO CIVIL E NO PROCESSO CIVIL

ANTUNES VARELA, João de Matos. "Anotação ao acórdão do Supremo Tribunal de Justiça". *Revista de Legislação e Jurisprudência* 3.744. Lisboa, 1986-1987.

_____. *Ineficácia do Testamento e Vontade Conjectural do Testador*. Coimbra, Coimbra Editora, 1954.

_____, e PIRES DE LIMA, António. *Código Civil Anotado*. v. I. Coimbra, Almedina, 1967.

ARISTÓTELES. *Ética a Nicômaco*. Trad. de Cássio M. de Fonseca. São Paulo, Edipro – Edições Profissionais, 1996.

ARMELIN, Donaldo. "A tutela jurisdicional". *RJESP* 23.

_____. *O Processo Civil Contemporâneo*, Curitiba: Juruá, 1994.

ARRUDA ALVIM, José Manoel de. *Código de Processo Civil Comentado*. v. V. São Paulo, Ed. RT, 1976.

_____. *Código do Consumidor Comentado*. 2ª ed. São Paulo, Ed. RT, 1995.

ASSAD, Sandra Mara Flügel, e FERREIRA, Gilberto. e *Os Poderes do Juiz no Processo Civil Moderno*. Curitiba, Juruá, 1992.

ASSIS, Araken de. *Resolução do Contrato*. 2ª ed. São Paulo, Ed. RT, 1994.

ASSIS RIBEIRO, C. J. de. "Reflexões sobre os contratos de *leasing*". *RF* 250, 1975.

AULETE, Caldas. *Dicionário Contemporâneo da Língua Portuguesa*. 4ª ed., v. III. Rio de Janeiro, Delta, 1958.

AUTUORI, Luiz. "Liberdade *(libertas)*". *Repertório Enciclopédico do Direito Brasileiro*. v. 31. Rio de Janeiro, Borsói, 1962.

AZEVEDO, Álvaro Vilaça. "Teoria da imprevisão e revisão judicial dos contratos". *RT* 733, 1996.

AZEVEDO, Philadelpho. "Aplicação da cláusula *rebus sic stantibus* ou dirigismo na vida contratual". *RT* 145, 1956.

BANDEIRA DE MELLO, Celso Antônio. *Curso de Direito Administrativo*. 13ª ed. São Paulo, Malheiros Editores, 2001.

BANDEIRA DE MELLO, Oswaldo Aranha. *Princípios Gerais de Direito Administrativo*. v. I. Rio de Janeiro, Forense, 1957.

BAPTISTA DA SILVA, Ovídio Araújo. *A Ação Cautelar Inominada no Direito Brasileiro*. Rio de Janeiro, Forense, 1979.

_____. "Antecipação da tutela (duas perspectivas de análise)". *Genesis – Revista de Direito Processual Civil* 5, 1997.

BARACHO, José Alfredo de Oliveira. "O enriquecimento injusto como princípio geral do direito administrativo". *Revista de Direito Comparado* 1, n. 1. Belo Horizonte, Universidade Federal de Minas Gerais, 1997.

BARASSI, Lodovico. "Se e quando lo sciopero di forza maggiore". In: BONNE-CASE, Julien. *Traité Théorique et Pratique de Droit Civil* – "Apêndice". v. XXI, trad. italiana. Paris, Baudry-Lacantinerie, 1921.

BARBI, Celso Agrícola. "Mandado de segurança contra ato judicial". *RF* 288, 1984.

BARBOSA MOREIRA, José Carlos. *Estudos sobre o Novo Código de Processo Civil*. Rio de Janeiro, Forense, 1974.

REFERÊNCIAS BIBLIOGRÁFICAS 809

BARRETO, Cunha. "O dirigismo na vida dos contratos". *RF* 77, 1938.

BARROS MONTEIRO, Washington de. *Curso de Direito Civil – Direito das Obrigações*. v. 4º. São Paulo, Saraiva, 1978.

BARSANTI, Eugenio. *Risolubilità dei Contratti a Lungo Termine*. Milão, Dott. A. Giuffrè Editore, 1918.

BATISTA, Vanessa Oliveira. "O recurso de amparo no Direito Espanhol". *Revista de Direito Comparado* 1, n. 1. Belo Horizonte, Universidade Federal de Minas Gerais, 1997.

BATISTI, Leonir. *Direito do Consumidor para o Mercosul*. Curitiba, Juruá, 1998.

BENETTI, Sidnei Agostinho. "O juiz e o serviço judiciário". *RF* 295, 1986.

BENTO DE FARIA, Antônio. *Aplicação e Retroatividade da Lei*. São Paulo, Saraiva, 1953.

BERIER, Longchamps de. In: *Travaux de la Semaine Internationale de Droit*. v. II. Paris, 1937.

BETTI, Emilio. *Teoria Generale delle Obbligazioni*. v. I. Milão, Dott. A. Giuffrè Editore, 1953.

BEVILÁQUA, Clóvis. *Código Civil dos Estados Unidos do Brasil Comentado*. 10ª ed., v. 4. Rio de Janeiro, Francisco Alves, 1955.

BEZERRA CAVALCANTI, Francisco de Queiroz. "A teoria da imprevisão". *RF* 260, 1977.

_____. *Cláusula "Rebus Sic Stantibus"*. *RF* 286, 1984.

BITTAR, Carlos Alberto. *Curso de Direito Civil – Direito das Obrigações*. Rio de Janeiro, Forense Universitária, 1990.

_____. *Teoria da Imprevisão – Dos Poderes do Juiz*. São Paulo, Ed. RT, Coleção *Constituição de 1988 – Primeira Leitura*, v. 16, 1994.

_____. "Teoria da imprevisão: aplicação por força de *factum principis*". In: *Uma Vida Dedicada ao Direito. Homenagem a Carlos Henrique de Carvalho*. São Paulo, Ed. RT, 1995.

_____ (coord.). *Contornos Atuais da Teoria dos Contratos*. São Paulo, Ed. RT, 1998.

BITTAR FILHO, Carlos Alberto. "A teoria da imprevisão: evolução e contornos atuais". In: BITTAR, Carlos Alberto (coord.). *Contornos Atuais da Teoria dos Contratos*. São Paulo, Ed. RT, 1998.

BITTENCOURT, C. A. Lúcio. "A cláusula *rebus sic stantibus* no direito administrativo". *RDA* 2, 1957.

BOBBIO, Norberto. *O Positivismo Jurídico*. 1ª ed. São Paulo, Ícone, 1995.

BONET, Francisco Ramón. *Ato Jurídico*. 2ª ed. São Paulo, Saraiva, 1979.

_____. "Equidad en los ordenamientos jurídicos privados". *Revista de la Facultad de Derecho de la Universidad de Madrid* IV. Madri, 1957.

BONFANTE, Pedro. *Instituciones de Derecho Romano*. 2ª ed. espanhola, trad. da 8ª ed. italiana. Madri, Editorial Reus, 1951.

BONNECASE, Julien. *Supplément au Traité Théorique et Pratique de Droit Civil*. vs. I e III, Supplément III. Paris, Baudry-Lacantinerie, 1926.

BORGES, Marcos Afonso. *Comentários ao Código de Processo Civil*. v. IV. São Paulo, Universitária de Direito, 1977.

BORGES, Nelson. "Inovação processual". *RT* 567, 1983.

810 A TEORIA DA IMPREVISÃO NO DIREITO CIVIL E NO PROCESSO CIVIL

BRANDÃO, Diogo de Paiva. "Considerações sobre o problema da imprevisão". *Boletim da Faculdade de Direito da Universidade de Coimbra*, Suplemento do v. XXVII. Coimbra, 1944.

BRUZIN, Eugène. *Essai sur la Notion d'Imprévision et son Rôle en Matière Contractuelle*. Bordeaux:, Recueil-Sirey, 1922.

BUSTO LAGO, José Manuel. *La Antijuridicidad del Daño Resarcible en la Responsabilidad Civil Extracontractual*. Madri, Editorial Tecnos, 1998.

CABRAL DE MONCADA, Luís. *Lições de Direito Civil*. 2ª ed. Coimbra, Almedina, 1954.

CAETANO, Marcello. *Manual de Direito Administrativo*. t. II. Rio de Janeiro, Forense, 1970.

CALDAS, Gilberto. *A Lei do Inquilinato Comentada*. São Paulo, Ediprax Jurídica, 1992.

CAMPOS, Antônio Macedo de. *Medidas Cautelares e Procedimentos Especiais*. São Paulo, Sugestões Literárias, 1977.

CAMPOS, Francisco. *Direito Civil*. Rio de Janeiro, Freitas Bastos, 1947.

CAMPOS, José. *A Cláusula "Rebus Sic Stantibus" e o Surto Inflacionário no País*. São Paulo, 1983.

CAPITANT, Henri, e COLIN, Ambroise. *Cours Élémentaire de Droit Civil Français*. Paris, Recueil-Sirey, 1953.

CARDINI, Eugenio Oswaldo. *La Teoría de la Imprevisión*. Buenos Aires, Abeledo-Perrot, 1937.

CARLIN, Volnei Ivo. "O papel do juiz na sociedade moderna (o Judiciário na vida social)". *RF* 293, 1986.

CARLOMAGNO, Adelqui. "Cláusula *rebus sic stantibus*". *Enciclopédia Saraiva do Direito*. v. 15. São Paulo, Saraiva, 1977.

_____. "La teoría de la imprevisión en los contratos y en el Derecho en general". *Revista de Jurisprudencia Argentina* 43 ("Doctrina"). Buenos Aires, 1933.

_____. "La teoría de la imprevisión y la frustración en los contratos". "Separata" da *Revista de la Facultad de Derecho y Ciencias Sociales* 18. Ano V. Buenos Aires, 1934.

CARNEIRO, Athos Gusmão. "O contrato de *leasing* financeiro e as ações revisionais". *Genesis – Revista de Direito Processual Civil* 5, 1997.

CARREIRA ALVIM, J. E. *Tutela Antecipada na Reforma Processual*. 2ª ed. Curitiba, Juruá, 1999.

CARULLO, Vicenzo. *La Revisione delle Norme Colettive di Lavoro*. Milão, Dott. A. Giuffrè Editore, 1942.

CARVALHO DE MENDONÇA, J. X. "A cláusula *rebus sic stantibus*". *RF* 55, 1934.

CARVALHO DIAS, Ronaldo Brêtas. "Responsabilidade civil extracontratual: parâmetros para o enquadramento das atividades perigosas". *RF* 296, 1986.

CARVALHO FERNANDES, Luís Alberto de. "A teoria da imprevisão no direito civil português". *Boletim do Ministério da Justiça* 128. Coimbra, 1963.

REFERÊNCIAS BIBLIOGRÁFICAS

CARVALHO MONTEIRO, Oswaldo de. "Cláusula *rebus sic stantibus*". *RF* 94, 1943.

CARVALHO SANTOS, J. M. de. *Código Civil Brasileiro Interpretado*. v. XII. Rio de Janeiro, Freitas Bastos, 1957.

CASALI, Nely Lopes. *Aula* no Curso de Mestrado em Direito das Relações Sociais da Universidade Estadual de Londrina. Paraná, 1995.

CASTRO, José Antônio de. *Medidas Cautelares*. São Paulo, Universitária de Direito, 1979.

CASTRO MAGALHÃES, J. de. "A cláusula *rebus sic stantibus*". *RF* 55, 1934.

CASTRO MENDES, João de. *Teoria Geral do Direito Civil*. v. III. Lisboa, Editora da Associação Académica, 1978-1979.

CAVALCANTI, José Paulo. "Contra a substituição do Código Civil". *RF* 287, 1984.

_____. *Tridimensionalidade e Outros Erros*. Recife, Cia. Editora de Pernambuco, 1984.

CAVALCANTI, Themístocles Brandão. *Cláusula "Rebus Sic Stantibus"*. São Paulo, Saraiva, 1963.

_____. "Empreitada – Teoria da imprevisão – Cláusula *rebus sic stantibus* – Contrato administrativo" (parecer). *RF* 212, 1958.

CERNICCHIARO, Luiz Vicente. "Direito alternativo". *Revista Jurídica Consulex* 7. Brasília, 1997.

CHARDENET, Pierre. "Parecer". *Revue de Droit Public* 1916. Paris.

CIULEI, Georges. "Les rapports de l'équité avec le Droit et la Justice dans l'oeuvre de Cicéron". *Revue Historique de Droit Français et Étranger* 1968. Paris, Librairie Recueil-Sirey.

COELHO, José Gabriel Pinto. "Cláusulas ccessórias do negócio jurídico". *Revista de Legislação e Jurisprudência* II. Coimbra, 1936.

COGLIOLO, Pietro. *Scritti Varii di Diritto Privato*. 7ª ed. Milão, Dott. A. Giuffrè Editore, 1940.

COLIN, Ambroise, e CAPITANT, Henri. *Cours Élémentaire de Droit Civil Français*. Paris, Recueil-Sirey, 1953.

COMPARATO, Fábio Konder. "Contrato de *leasing*". *RF* 250, 1975.

CORTIANO JÚNIOR, Eroulths. "Alguns apontamentos sobre os chamados direitos da personalidade". In: FACHIN, Luiz Édson (coord.). *Repensando Fundamentos do Direito Civil Brasileiro Contemporâneo*. Rio de Janeiro, Renovar, 1998.

COSSIO, Carlos. *La Teoría de la Imprevisión*. Buenos Aires, Abeledo-Perrot, Coleção *Monografías Jurídicas*, n. 56, 1961.

_____. *La Teoría Egológica del Derecho y el Concepto Jurídico de Libertad*. Buenos Aires, 1964.

COSTA, Judith H. Martins. "A teoria da imprevisão e a incidência dos planos econômicos governamentais na relação contratual". *RT* 670, 1991.

COSTA SENA, José Cândido da. "Caução". *Repertório Enciclopédico do Direito Brasileiro*. v. 7. Rio de Janeiro, Borsói, 1957.

COULANGES, Fustel de. *A Cidade Antiga*. São Paulo, Hemus, 1975.

812 A TEORIA DA IMPREVISÃO NO DIREITO CIVIL E NO PROCESSO CIVIL

COUTO E SILVA, Clóvis V. do. "A teoria da base do negócio jurídico no Direito Brasileiro". *RT* 655, 1990.

_____ . "O princípio da boa-fé no Direito Brasileiro e Português". *Estudos de Direito Civil Brasileiro e Português*. São Paulo, Ed. RT, 1980.

COUTURE, Eduardo J. *Introdução ao Estudo do Processo Civil*. Rio de Janeiro, José Konfino Editor, 1951.

CRETELLA JÚNIOR, José. *Introdução ao Estudo do Direito – Direito Egípcio, Assírio, Babilônico e Hebreu*. Rio de Janeiro, Forense, 1984.

CUNHA, Thadeu Andrade da. "A teoria da imprevisão e os contratos administrativos". *RDA* 201, 1963.

CUNHA BRUNO, Vânia Maria da. *A Teoria da Imprevisão e o Atual Direito Privado Nacional*. Rio de Janeiro, Lumen Juris, 1994.

CUNHA GONÇALVES, Luís da. *Tratado de Direito Civil em Comentários ao Código Civil Português*. v. VI. Coimbra, Coimbra Editora, 1931.

CUNHA LUNA, Everardo da. "Antijuridicidade". *Enciclopédia Saraiva do Direito*. v. 7. São Paulo, Saraiva, 1978.

DAIBERT, Jefferson. *Das Obrigações*. Rio de Janeiro, Forense, 1979.

_____ . "Obligations et contrats spéciaux". *Revue Trimestrielle de Droit Civil* 15, n. 14. Paris, 1932.

DE LA CUEVA, Mario. *Derecho Mexicano del Trabajo*. t. II. México, Editorial Porrúa, 1954.

DE LOS MOZOS, José Luiz. *El Principio de la Buena-Fe*. Barcelona, Casa Editorial Bosch, 1963.

DE SIMONE, M. *Ancora sulla Soppravenienza Contratuale nel Diritto Positivo*. v. X. Milão, Dott A. Giuffrè Editore, 1943.

DEMOGUE, René. "Obligations – Contrats spéciaux". *Revue Trimestrielle de Droit Civil* 15, n. 14. Paris, 1932.

_____ . *Traité des Obligations en Géneral*. ts. III e VI. Paris, Librarie Arthur Rousseau, 1932.

DIDONET NETO, João. "A revisão dos contratos no direito civil brasileiro". *Revista Jurídica* 4. Porto Alegre, Organizações Sulinas de Representação, 1953.

DIEZ-PICAZO, Luís. *Prólogo del Principio General de la Buena-Fe*. Madri, Editorial Civitas, 1977.

DINIZ, Maria Helena. *Lei de Locações de Imóveis Urbanos Comentada*. São Paulo, Saraiva, 1992.

DONNINI, Rogério Ferraz. *A Revisão dos Contratos no Código Civil e no Código de Defesa do Consumidor*. São Paulo, Saraiva, 1999.

ENNECCERUS, Ludwig. *Derecho de Obligaciones*. t. II, trad. da 3ª ed. alemã por Blaz Pérez González e José Alguer. Barcelona, Casa Editorial Bosch, 1947.

ESPÍNOLA, Eduardo. *Tratado de Direito Civil Brasileiro*. v. I. Rio de Janeiro, Freitas Bastos, 1939.

ESPÍNOLA FILHO, Eduardo. "A cláusula *rebus sic stantibus* no Direito contemporâneo" (parecer). *Revista "Direito"* I. São Paulo, 1954.

REFERÊNCIAS BIBLIOGRÁFICAS 813

_____ . "Eqüidade". *Repertório Enciclopédico do Direito Brasileiro*. v. 20. Rio de Janeiro, Borsói, 1957.

FACHIN, Luiz Édson (coord.). "A reforma no Direito Brasileiro: novas notas sobre um velho debate no direito civil". *RT* 757, 1998.

_____ . *Repensando Fundamentos do Direito Civil Brasileiro Contemporâneo*. Rio de Janeiro, Renovar, 1998.

FADEL, Sérgio Sahione. *Código de Processo Civil Comentado*. v. IV. Rio de Janeiro, José Konfino Editor, 1974.

FERRARA, Francesco. *Trattato di Diritto Civile*. v. I. Milão, Dott A. Giuffrè Editore, 1932.

FERREIRA, Aurélio Buarque de Hollanda. *Novo Dicionário Aurélio*. Rio de Janeiro, Nova Fronteira, 1976.

FERREIRA, Edgard. "La teoría de la imprevisión o de los riesgos imprevistos". *Revista de la Facultad de Derecho y Ciencias Sociales de la Universidad de Tucumán*, 1960.

FERREIRA, Gilberto, e ASSAD, Sandra Mara Flügel. *Os Poderes do Juiz no Processo Civil Moderno*. Curitiba, Juruá, 1992.

FERREIRA, José G. do Valle. *Enriquecimento sem Causa*. Belo Horizonte, Oscar Nicolai, 1950.

FERREIRA FILHO, Manoel Gonçalves. *Curso de Direito Constitucional*. São Paulo, Saraiva, 1979.

FONSECA, Arnoldo Medeiros da. *Caso Fortuito e Teoria da Imprevisão*. 2ª ed. Rio de Janeiro, Imprensa Nacional, 1943.

_____ . "Enriquecimento sem causa". *Repertório Enciclopédico do Direito Brasileiro*, v. 20. Rio de Janeiro, Borsói, 1952.

FRANZEN DE LIMA, João. *Curso de Direito Civil Brasileiro*. v. 2, t. I. Rio de Janeiro, Forense, 1979.

FROSINI, Vittorio. "Nozione di equità". *Enciclopedia del Diritto*. v. XV. Milão, Dott. A. Giuffrè Editore, 1957.

FULGÊNCIO, Tito. *Da Posse e das Ações Possessórias*. São Paulo, Saraiva, 1922.

FURTADO, José Maria. "Justiça social". *RF* 87, 1941.

FUX, Luiz. *Locações – Processo e Procedimento*. Rio de Janeiro, Destaque, 1992.

GALVÃO TELLES, Inocêncio. *Contratos em Geral*. Lisboa, *Manuais da Faculdade de Direito de Lisboa*, t. II, 1965.

_____ . *Manual de Direito das Obrigações*. 5ª ed. Lisboa, *Manuais da Faculdade de Direito de Lisboa*, t. I, 1965.

GARCEZ NETO, Martinho. "Contratos". *Repertório de Jurisprudência*. v. 12. Rio de Janeiro, Borsói, 1958.

GARCIA HILÁRIO, B. "Contrato de *leasing*". *RF* 250, 1975.

GIORGI, Giorgio. *Teoria delle Obbligazioni nell Diritto Moderno Italiano*. 6ª ed. Florença, Casa Editrice Librarie Frateli Commeli, 1904.

GIOVENNE, Achile. "Sul fondamento especifico de l'instituto della sopravenienza". *Rivista di Diritto Commerciale* 1. Pádua, 1912.

814 A TEORIA DA IMPREVISÃO NO DIREITO CIVIL E NO PROCESSO CIVIL

GODINHO, Carlos. "Cumulação de ações perante o novo Código de Processo Civil". *RF* 252, 1975.

GODOY, Arnaldo. *Justiniano – O Código e o Imperador que Não Dormia*. Londrina, Bird Gráfica, 1995.

GOLDBERG, Daniel. "Teoria da imprevisão, inflação e fato do príncipe". *RT* 723, 1996.

GOMES, Orlando. "Comentários". *Forum, Revista do Instituto da Ordem dos Advogados da Bahia* XIII. Salvador, 1959.

—————. *Lesão nos Contratos*. Rio de Janeiro, Forense, 1959.

—————. *Novas Questões de Direito Civil*. São Paulo, Saraiva, 1979.

—————. "Procedimento jurídico do Estado intervencionista". *RF* 255, 1976.

—————. *Transformações Gerais do Direito das Obrigações*. São Paulo, Ed. RT, 1989.

GONZÁLEZ, María Paz Sánchez. *Alteraciones Económicas y Obligaciones Contractuales: la Cláusula "Rebus Sic Stantibus"*. Madri, Editorial Tecnos, 1990.

GONZÁLEZ NIETO, Emilio. "La cláusula *rebus sic stantibus*". *Revista de Estudios de la Vida Local* 43, Ano VIII. Madri, 1949.

GROSSO, Giuseppe. "Buona-fede". *Enciclopedia del Diritto*. v. V. Milão, Dott. A. Giuffrè Editore, 1978.

GOUVEIA, Jaime Augusto Cardoso de. *Da Responsabilidade Contratual*. Lisboa, Gazeta da Relação de Lisboa, 1933.

GUEIROS, Nehemias. *A Justiça Comutativa no Direito das Obrigações*. Recife, Oficina Gráfica Jornal do Commercio, 1940.

GUIMARÃES, Hahnemann. "Estudo comparativo do Anteprojeto do Código das Obrigações e do Direito vigente". *RF* 97, 1947.

GUIMARÃES, Mário. *O Juiz e a Função Jurisdicional*. Rio de Janeiro, Forense, 1958.

GURVITCH, Georges. *Le Temps présent et l'Idée de Droit Social*. v. I. Paris, LGDJ, 1931.

GUSMÃO, Sady Cardoso de. "Mora". *Repertório Enciclopédico do Direito Brasileiro*. v. XXXIII. Rio de Janeiro, Borsói, 1950 e 1987.

GUTTERIDGE, M. "A revisão dos contratos pelo juiz no Direito Inglês". Trad. de Raul Lima., *RF* 86, 1941.

HAURIOU, Maurice. "L'imprévision et les contrats dominés par les institutions sociales". *Revue de Droit Privé* 83. Paris, 1926.

HEREDÍA Y CASTAÑO, José Beltran de. *El Cumplimiento de las Obligaciones*. Madri, Editorial Revista de Derecho Privado, 1938.

HESKETH, Tito de Oliveira. "Da cláusula *rebus sic stantibus*". "Separata" da *RT* 320, 1960.

JÈZE, Gastón. *Les Contrats Administratifs*. v. II, t. VI. Paris, Recueil-Sirey, 1939.

JOFFILY, Irinêo. "A teoria da imprevisão (*rebus sic stantibus*) não deve abalar a seriedade dos negócios". *Revista de Informação Legislativa* 35, 1972.

REFERÊNCIAS BIBLIOGRÁFICAS   815

KHOURI, Paulo Roque. "Relações de consumo – Teoria da imprevisão". *Revista Jurídica Consulex* 30. Ano III. São Paulo, junho de 1999.

KLANG, Márcio. *A Teoria da Imprevisão e a Revisão dos Contratos*. São Paulo, Ed. RT, 1983.

LACERDA, Galeno. *Comentários ao Código de Processo Civil*. v. VIII, t. I. Rio de Janeiro, Forense, 1980.

LACERDA DE ALMEIDA, Francisco de Paula. *Dos Efeitos das Obrigações*. Rio de Janeiro, Freitas Bastos, 1934.

LAGOS, Rafael Nuñez. *El Enriquecimiento sin Causa en el Derecho Español*. Madri, 1934.

LANDIM, Jaime. "Notas ao Anteprojeto do Código das Obrigações". *RF* 97, 1947.

LARENZ, Karl. *La Base del Negocio Jurídico y Cumplimiento de los Contratos*. Trad. espanhola de Carlos Fernandes Rodrigues. Madri, Editorial Revista de Derecho Privado, 1956.

LAROMBIÈRE, M. L. *Traité Théorique et Pratique des Obligations*. t. I. Paris, Baudry-Lacantinerie, 1855.

LAUBADÈRE, André de. *Traité des Contrats Administratifs*. t. II. Paris, LGDJ, 1984.

LEAL, Rosemiro Pereira. "Verificação da internacionalidade dos contratos". *Revista Jurídica* 205. Belo Horizonte, 1994.

LENNEL, Otto. "La cláusula *rebus sic stantibus*". *Revista de Derecho Privado* 118. Ano X. Trad. do Alemão por W. Roces. Madri, 1923.

LENZI, Carlos Alberto Silveira. *Código do Consumidor Comentado*. Brasília, Consulex, 1998.

LEVINSTEINAS. In: *Travaux de la Semaine Internationale de Droit*. v. II. Paris, 1937.

LIMA, Alvino. *Culpa e Risco*. São Paulo, Ed. RT, 1963.

LIMONGI FRANÇA, Rubens. "Responsabilidade aquiliana e suas raízes". *Enciclopédia Saraiva do Direito*. v. 18. São Paulo, Saraiva, 1984.

LINS, Jair. "A cláusula *rebus sic stantibus*". *RF* 55, 1923.

LIRA, Ricardo Pereira. "A onerosidade excessiva nos contratos". *RDA* 159, 1985.

LOMÔNACO, José Antônio. "A cláusula *rebus sic stantibus* no Direito Brasileiro – Algumas considerações doutrinárias". *RT* 683, 1992.

LOPES, Ricardo. "A imprevisão nas relações contratuais". *Revista Trimestral Portuguesa e Brasileira* 1. Braga, Editorial Sciencia e Ars, julho-setembro de 1951.

LORENZETTI, Luís Ricardo. *Fundamentos do Direito Privado*. Trad. de Vera Maria Jacob de Fradera. São Paulo, Ed. RT, 1998.

MACEDO, Sílvio de. "Boa-fé". *Enciclopédia Saraiva do Direito*. v. II. São Paulo, Saraiva, 1977.

MACHADO FILHO, Sebastião. "A teoria da imprevisão na convenção de trabalho". *Revista de Informação Legislativa* 30, 1971.

816 A TEORIA DA IMPREVISÃO NO DIREITO CIVIL E NO PROCESSO CIVIL

MAGALHÃES, José Maria Barbosa de. "A teoria da imprevisão e o conceito clássico de força maior". *Gazeta da Relação de Lisboa* Ano 37º. Lisboa, 1968.

MAIA, Alberto Reis. "Direito geral das obrigações". *Revista de Legislação e Jurisprudência*. Parte I. Barcelos, 1926.

MAIA, Paulo Carneiro. "Cláusula *rebus sic stantibus*". *Enciclopédia Saraiva do Direito*. v. 15, n. 235. São Paulo, Saraiva, 1978.

_____. *Da Cláusula "Rebus Sic Stantibus"*. São Paulo, Saraiva, 1959.

MANTICA, Cardeal Francesco. *Lucubrationes de Tacitis et Ambiguis Conventionibus*. Lib. II, Tít. 84, IV, I. Genebra, 1661.

MARINONI, Luiz Guilherme. "A tutela antecipatória nas ações declaratória e constitutiva". *RT* 741, 1997.

_____. *Efetividade do Processo e Tutela de Urgência*. Porto Alegre, Sérgio Antônio Fabris Editor, 1994.

_____. *Tutela Antecipatória, Julgamento Antecipado e Execução Imediata da Sentença*. São Paulo, Ed. RT, 1998.

_____. *Tutela Cautelar e Tutela Antecipatória*. São Paulo, Ed. RT, 1995.

MARQUES, Cláudia Lima. "Apresentação". In: LORENZETTI, Luís Ricardo. *Fundamentos do Direito Privado*. São Paulo, Ed. RT, 1998.

_____. *Conclusão n. 3 do I Congresso Brasileiro de Direito do Consumidor – Contratos no Ano 2000*. São Paulo, Ed. RT, 2000.

_____. *Contratos no Código de Defesa do Consumidor*. São Paulo, Ed. RT, 1995.

MARQUES, José Frederico. *Manual de Direito Processual Civil*. v. IV. São Paulo, Saraiva, 1976.

MARTÍN OVIEDO, José María. *El "Leasing" ante el Derecho Español*. Madri, Editorial de Derecho Financiero, 1983.

MARTINS, Ives Gandra da Silva. "Contratos anteriores ao Plano Brasil Novo sem mecanismo de adaptação à nova realidade econômica". *RF* 348,1996.

MARTOREL, Juan Terraza. *Modificación y Resolución de los Contratos por Onerosidad o Imposibilidad en su Ejecución*. N. 117. Barcelona, Casa Editorial Bosch, 1951.

MATTOS FILHO, Ary Oswaldo. "Problemas nas operações de *leasing*". *RF* 250, 1975.

MAXIMILIANO DA FONSECA, Carlos. *Hermenêutica e Aplicação do Direito*. 9ª ed. Rio de Janeiro, Forense, 1979.

MAYNES, García. *Introducción al Estudio del Derecho*. 4ª ed. México, Fondo de Cultura Económica, 1955.

MEIRELLES, Hely Lopes. *Direito Administrativo Brasileiro*. 26ª ed. São Paulo, Malheiros Editores, 2001.

_____. *Estudos e Pareceres de Direito Público*. v. I. São Paulo, Ed. RT, 1971.

_____. "Reajustamento e recomposição de preços em contrato administrativo". *RF* 272, 1980.

MÉLEGA, Luiz. "Aspectos fiscais do *leasing*". *RF* 250, 1975.

MELLO, João Édison de. *Teoria da Imprevisibilidade*. Uberlândia, Publicações da Universidade Federal de Uberlândia, 1988.

REFERÊNCIAS BIBLIOGRÁFICAS 817

MELO, António Barbosa de. "António Cândido – Universitário e juspublicista". "Separata" do n. especial do *Boletim da Faculdade de Direito de Coimbra – Estudos em Homenagem ao Prof. Dr. Afonso Rodrigues Queiró.* Coimbra, 1988.

MENDEZ, Armando Palma. "El principio *rebus sic stantibus* como causa de extinción de las obligaciones internacionales contractuales". *Revista de Derecho Internacional* 1939. La Habana.

MENEGALE, J. Guimarães. "Parecer sobre a concessão de serviço público – Cláusula *rebus sic stantibus* – Reajustamento de tarifas mediante ação judicial". *RDA* 23, 1958.

MENEZES CORDEIRO, António. *A Alteração das Circunstâncias e o Pensamento Sistemático.* Coimbra, Almedina, 1997.

_____. *A Boa-Fé no Direito Civil.* Coimbra, Almedina, Colecção *Teses*, v. II, 1984.

_____. "Da alteração das circunstâncias". *Boletim da Faculdade de Direito da Universidade de Coimbra – Separata dos Estudos em Memória do Prof. Dr. Paulo Cunha,* v. II. Lisboa, 1987.

MENEZES DIREITO, Carlos Alberto. "A livre negociação dos índices: leis de ordem pública e teoria da imprevisão". *RT* 672, 1990.

MILHOMENS, Newton. "A kirlingrafia no Brasil". *Kirlian.com.br – História, http://www.kirlian.com.br.*

MONTEIRO, António Pinto. *Cláusulas Limitativas e de Exclusão de Responsabilidade Civil.* Coimbra, Gráfica de Coimbra, 1985.

_____. *Inflação e Direito Civil.* Coimbra, Almedina, 1984.

MORAES LEME, Lino de. "As transformações dos contratos". *RF* 171, 1957.

MOREIRA, Guilherme. *Instituições de Direito Civil Português.* v. I. Lisboa, 1934.

MOREIRA GUIMARÃES, Octávio. *Da Boa-Fé no Direito Civil Brasileiro.* 2ª ed. São Paulo, Saraiva, 1953.

MOTA PINTO, Carlos Alberto de. *Teoria Geral do Direito Civil.* 3ª ed. Coimbra, Coimbra Editora, 1985.

MUKAI, Toshio. In: OLIVEIRA, Juarez de (coord.). *Comentários ao Código de Proteção ao Consumidor.* São Paulo, Saraiva, 1991.

NALIN, Paulo. R. Ribeiro. "Ética e boa-fé no adimplemento contratual". In: FACHIN, Luiz Édson (coord.). *Repensando Fundamentos do Direito Civil Brasileiro Contemporâneo.* Rio de Janeiro, Renovar, 1998.

NASCIMENTO, Tupinambá Miguel Castro do. *Comentários ao Código do Consumidor.* Rio de Janeiro, AIDE, 1991.

NASCIMENTO FRANCO, J. *Ação Renovatória.* 2ª ed. São Paulo, Malheiros Editores, 2000.

_____. *Manual Prático da Ação Revisional.* São Paulo, Malheiros Editores, 1992.

_____, e GONDO, Nisske. *Ação Renovatória e Ação Revisional de Aluguel.* 5ª ed. São Paulo, Ed. RT, 1987.

NASSER FERREIRA, Jussara Suzi Assis Borges. *Tipologia Jurídica do "Shopping Center" no Brasil.* Tese de Doutoramento defendida na Pontifícia Universidade Católica de São Paulo. São Paulo, 1992.

818   A TEORIA DA IMPREVISÃO NO DIREITO CIVIL E NO PROCESSO CIVIL

NERY, Nélson. *Código Brasileiro de Defesa do Consumidor*. Rio de Janeiro, Forense, 1991.

NONATO, Orozimbo. "Aspectos do modernismo jurídico". *Boletim do Instituto dos Advogados Brasileiros* III. São Paulo, 1958.

_____. *Parecer na Ação Revisional da Imobiliária Veronesi Ltda. contra Emílio Fialho e Outros*. Londrina/PR, agosto de 1963.

NYBOYET, Pierre. In: *Travaux de la Semaine International de Droit*. v. II. Paris, 1937.

OERTMANN, Paul. *Introducción al Derecho*. Trad. da 3ª ed. alemã por Luís Sanches Seral. Barcelona/Buenos Aires, Editorial Labor, § 52, 1922.

OLIVEIRA, Abgar Soriano de. *Da Cláusula "Rebus Sic Stantibus"*. Recife, Oficina Gráfica Diário da Manhã, 1945.

OLIVEIRA, Anísio José de. *A Teoria da Imprevisão nos Contratos*. 2ª ed. São Paulo, Universitária de Direito, 1991.

OLIVEIRA, Carlos Alberto Álvaro de. "Perfil dogmático da tutela de urgência". *Genesis – Revista de Direito Processual Civil* 5, 1997.

OLIVEIRA, Gilberto Callado de. *A Verdadeira Face do Direito Alternativo*. 2ª ed. Curitiba, Juruá, 1998.

OLIVEIRA, José Carlos Ferreira de. "A teoria da imprevisão e os contratos administrativos". *RT* 320, 1962.

OLIVEIRA, Juarez de (coord.). *Comentários ao Código de Proteção ao Consumidor*. São Paulo, Saraiva, 1991.

OLIVEIRA ANDRADE, Darcy Bessone de. *Aspectos da Evolução da Teoria dos Contratos*. N. 74. São Paulo, Saraiva, 1949.

_____. *Do Contrato*. Rio de Janeiro, Forense, 1960.

OPITZ, Oswaldo. *Lei de Luvas – Problemas de Locação Comercial e Industrial*. 3ª ed. Rio de Janeiro, Borsói, 1966.

OSILIA, Elio. "La sopravenienza contratuale". *Rivista di Diritto Commerciale* 5. Ano XXII. Milão, Dott. A. Giuffrè Editore, 1928.

OSTI, Giuseppe. "Appunti per una teoria della sopravvenienza". *Rivista di Diritto Civile* 32. Ano V. Milão, Società Editrice Libraria, 1928.

_____. "La così detta clausola *rebus sic stantibus* nel suo sviluppo storico". *Rivista di Diritto Civile* 39. Ano IV. Milão, Società Editrice Libraria, 1912.

PACHECO, José da Silva. *Ação Revisional de Aluguel*. São Paulo, Ed. RT, 1993.

PAPA DOS SANTOS, Regina Beatriz da Silva Tavares. *Cláusula "Rebus Sic Stantibus" ou Teoria da Imprevisão – Revisão Contratual*. Belém, CEJUP, 1989.

PASSOS, Paulo Roberto da Silva. "Cláusula *rebus sic stantibus* – Teoria da imprevisão". *RT* 647, 1989.

PAULA, Alexandre de. *O Processo Civil à Luz da Jurisprudência*. Rio de Janeiro, Forense, 1985.

PAULO FILHO, Pedro. *As Ações na Locação Imobiliária Urbana*. Leme, Editora de Direito, 1997.

PENALVA SANTOS, J. A. "*Leasing*". *RF* 250, 1975.

REFERÊNCIAS BIBLIOGRÁFICAS 819

PENTEADO JÚNIOR, Cássio. "A disciplina tributária do arrendamento mercantil – *Leasing*". *RF* 250, 1975.

PEREIRA, Caio Mário da Silva. *Instituições de Direito Civil*. v. II. Rio de Janeiro, Forense, 1974.

_____. *Lesão nos Contratos*. Rio de Janeiro, Forense, 1951 e 1959.

PEREIRA DA SILVA, Theodósio Pires. "Ação *de in rem verso*". *RF* 289, 1985.

PESTANA DE AGUIAR, João Carlos. *Novas Locações Comentadas*. Rio de Janeiro, Lumen Juris, 1992.

PERLINGIERI, Pietro. *Perfis do Direito Civil*. Rio de Janeiro, Renovar, 1997.

PFAFF, Leonard. *Die Clause "Rebus Sic Stantibus" in der Doctrin und der Östergesêtzgebung*. Heildelberg, 1936.

PIMENTEL, Wellington Moreira. *Comentários ao Código de Processo Civil*. v. III. São Paulo, Ed. RT, 1975.

PIRES DE LIMA, António, e ANTUNES VARELA, João de Matos. *Código Civil Anotado*. v. I. Coimbra, Almedina, 1967.

PIRES DOS SANTOS, Ulderico. *Teoria e Prática da Locação Imobiliária*. Rio de Janeiro, Forense, 1995.

PLANIOL, Marcel. *Traité Élémentaire de Droit Civil*. 2ª ed. Paris, Pichon, Legislation, 1902.

_____, RIPERT, Georges, e SMEIN, Paul. *Traité Pratique de Droit Civil*. 1ª Parte, t. VI. Paris, LGDJ 1950.

PONCE DE LÉON, Pablo Berga y. "La equidad bajo el Derecho". *Legislación y Jurisprudencia del Colegio de Abogados de Puerto Rico*. v. I. Puerto Rico, 1935.

PONTES DE MIRANDA, Francisco Cavalcanti. *Comentários ao Código de Processo Civil*. ts. IV e XII. Rio de Janeiro, Forense, 1976.

_____. Dez *Anos de Pareceres*. "Parecer n. 261 – Contrato de empreitada". v. 10. Rio de Janeiro, Francisco Alves, 1977.

_____. *Tratado de Direito Privado*. ts. III, XIII e XV. Rio de Janeiro, Borsói, 1954.

POPESCU, Corneliu Mihail. *Essai d'une Théorie de l'Omprévision en Droit Français et Comparé*. Paris, Librarie Générale de Droit et de Jurisprudence, 1937.

PORTO, Mário Moacyr. *Ação de Responsabilidade Civil e Outros Estudos*. São Paulo, Ed. RT, 1966.

PUGLIESI, Giuseppe. "*Laesio superveniens*". *Rivista di Diritto Commerciale* I. Milão, 1925.

PUIG PEÑA, Federico. "Cláusula *rebus sic stantibus*". *Nueva Enciclopedia Jurídica*. t. IV. Barcelona, 1952.

RADBRUCH, Gustav. *Filosofia do Direito*. v. II. Coimbra, Arménio Amado Editor, 1966.

RÁO, Vicente. *Empreitada – Modalidade do Contrato – Aplicação da Cláusula "Rebus Sic Stantibus"*. São Paulo, Saraiva, 1981.

REALE, Miguel. "Exposição de Motivos. Projeto n. 634/75, do Novo Código Civil Brasileiro". *Diário do Congresso Nacional*. Suplemento, setembro de 1975, Seção I. Brasília.

820   A TEORIA DA IMPREVISÃO NO DIREITO CIVIL E NO PROCESSO CIVIL

_____ . *Fontes e Modelos do Direito*. São Paulo, Saraiva, 1994.

_____ . "Liberdade e valor". *Revista da Faculdade de Direito de São Paulo* LIII. 1958.

_____ . *Lições Preliminares de Direito*. São Paulo, José Bushatsky Editor, 1974.

_____ . *Nova Fase do Direito Moderno*. 2ª. ed. São Paulo, Saraiva, 1998.

_____ . "O contratualismo – Posição de Rousseau e Kant". *Revista da Faculdade de Direito de São Paulo* XXXVII. 1942.

REIS, Alberto dos. "A imprevisibilidade". *Revista de Legislação e Jurisprudência* Ano 75. Lisboa, 1939.

REIS, Nélio. "A teoria da imprevisão no contrato de trabalho". *Revista do Trabalho* 7. Rio de Janeiro, Trabalhistas, 1961.

RESTIFFE, Lauro Paiva. *Tratado da Correção Monetária Processual*. São Paulo, . Ed. RT, 1983.

REZENDE FILHO, Gabriel. "Tendência socializadora do Direito". *RF* 85, 1941.

REZZONICO, Luís Maria. *La Fuerza Obligatoria del Contrato y la Teoría de la Imprevisión*. Buenos Aires, Abeledo-Perrot, 1954.

RICHARDS, Albert. In: *Travaux de la Semaine Internationale de Droit*. v. II. Paris, 1937.

RIPERT, Georges. *La Règle Morale dans les Obligations Civiles*. 4ª ed., n. 82. Paris, LGDJ, 1949.

_____ , PLANIOL, Marcel, e SMEIN, Paul. *Traité Pratique de Droit Civil*. 1ª Parte, t. VI. Paris, Librarie Générale de Droit et de Jurisprudence, 1950.

ROCHA, Arthur. *Da Intervenção do Estado nos Contratos Concluídos*. Rio de Janeiro, Irmãos Pongetti, 1932.

ROCHA DE GOUVEIA, Alfredo José Rodrigues. "Da teoria da imprevisão nos contratos civis". *Revista da Faculdade de Direito de Lisboa*, Suplemento, 1958. Lisboa.

RODRIGUES, Sílvio. *Direito Civil*. v. II. São Paulo, Saraiva, 1968.

ROMANO, Salvatore. "Principio di equità (dir. priv.)". *Enciclopedia del Diritto*. Milão, Dott. A. Giuffrè Editore, 1957.

ROPPO, Enzo. *O Contrato*. Coimbra, Almedina, 1988.

ROSA, Fábio Bittencourt da. *Tribuna Livre – Jornal da Ordem – Informativo Mensal da OAB* 59. Curitiba, fevereiro de 2000.

ROUBIER, Paul. *Les Conflits des Lois dans le Temps*. t. III. Paris, Recueil-Sirey, 1933.

ROUSSEAU, Jean-Jacques. *O Contrato Social*. Rio de Janeiro, Tecno Print Gráfica e Editora, 1962.

RUGGIERO, Roberto de. *Instituciones de Derecho Civil*. Trad. espanhola da 4ª ed. italiana. Madri, 1947.

_____ . *Instituições de Direito Civil – Direito das Obrigações – Direito Hereditário*. v. III, trad. da 6ª ed. italiana por Ari dos Santos. São Paulo, Saraiva, 1958.

RUSSOMANO, Mozart Víctor. *Comentários à Consolidação das Leis do Trabalho*. 5ª ed., v. IV. Porto Alegre, 1960.

REFERÊNCIAS BIBLIOGRÁFICAS   821

SÁ CARNEIRO, António de. "Anotação ao acórdão do Tribunal de Relação do Porto". *RT* 474, 1975.

SALAZAR, Alcino. "A cláusula *rebus sic stantibus* – Sua aplicação no Direito Brasileiro". *RDA* 31 (1942).

SAN THIAGO DANTAS, F. C. de. *Problemas do Direito Positivo – Evolução Contemporânea* (parecer). Rio de Janeiro, 1958.

SANCHES, Sydney. "Poder cautelar geral do juiz". *RT* 587, 1984.

SANTOS, Amílcar Freire dos. "A teoria da imprevisão no direito privado". *Revista da Ordem dos Advogados* 3-4. Ano 10. Lisboa, 1950.

SARAIVA, Oscar. "Os contratos de empreitada e a aplicação da cláusula *rebus sic stantibus* no direito administrativo". *RDA* 1, 1942.

SAVATIER, René. *Les Métamorphoses Économiques et Sociales du Droit Civil d'Aujourd'Hui*. Paris, Recueil-Sirey, 1959.

SELEME, Sérgio. "Contrato e empresa: notas mínimas a partir da obra de Enzo Roppo". In: FACHIN, Luiz Édson (coord.). *Repensando Fundamentos do Direito Civil Brasileiro Contemporâneo*. Rio de Janeiro, Renovar, 1998.

SERBESCO, S. "Effets de la guerre sur l'exécution des contrats". *Revue de Droit Civil* Ano XVI. Paris, Recueil-Sirey, 1917.

SERPA LOPES, Miguel Maria de. "A cláusula *rebus sic stantibus* no Direito contemporâneo" (parecer). *Revista "Direito"* 1957. Rio de Janeiro, Freitas Bastos.

_____ . "Contratos". *Revista Jurídica* 27. Porto Alegre, Organizações Sulinas de Representação, 1957.

SERRANO NEVES, Geraldo. *Teoria da Imprevisão e Cláusula "Rebus Sic Stantibus"*. São Paulo, Saraiva, 1957.

SETEMBRINO, Fernando. "A revisão judicial dos contratos". *RF* 297, 1987.

SIDOU, J. M. Othon. *A Cláusula "Rebus Sic Stantibus" no Direito Brasileiro*. Rio de Janeiro, Freitas Bastos, 1962.

_____ . *A Revisão dos Contratos por Evento Superveniente – Estudos Jurídicos em Homenagem ao Professor Orlando Gomes*. Rio de Janeiro, Forense, 1979.

_____ . *A Revisão Judicial dos Contratos*. 2ª ed. Rio de Janeiro, Forense, 1962.

_____ . "Revisão judicial dos contratos". *Enciclopédia Saraiva do Direito*. v. 11. São Paulo, Saraiva, 1977.

_____ . *Revisão Judicial dos Contratos e Outras Figuras Jurídicas*. Rio de Janeiro, Forense, 1976.

SILVA FILHO, Arthur Marques da. *Revisão Judicial dos Contratos – Contornos Atuais da Teoria dos Contratos*. São Paulo, Ed. RT, 1993.

SILVEIRA, Alípio. "A boa-fé no direito civil". *RF* 86, 1941.

_____ . "A Justiça Inglesa de hoje". *RF* 160, 1955.

SMEIN, Paul. *Traité Élémentaire de Droit Civil Français*. Ano XVI. Paris, Recueil-Sirey, 1917.

_____ , PLANIOL, Marcel, e RIPERT, Georges. *Traité Pratique de Droit Civil*. 1ª Parte, t. VI. Paris, LGDJ, 1950.

822   A TEORIA DA IMPREVISÃO NO DIREITO CIVIL E NO PROCESSO CIVIL

SOARES, Rogério Erhardt. *O Direito e a Constitucionalidade*. Coimbra, Almedina, 1981.

SOUZA, Aurélio Carlos Mota de. "Poderes éticos do juiz (a igualdade das partes e a repressão ao abuso processual)". *RF* 296, 1986.

SOUZA, Gélson Amaro de. "Mandado de segurança contra decisão judicial". *RF* 285, 1984.

SOUZA, João Batista de. *As Mais Antigas Normas de Direito*. Rio de Janeiro, Forense, 1958.

SOUZA, Nuno de. "A liberdade e o Direito". Separata do n. especial do *Boletim da Universidade de Coimbra – Estudos em Homenagem ao Prof. Dr. Eduardo Correia*. Coimbra, 1984.

SOUZA, Sylvio Capanema de. *A Nova Lei do Inquilinato Comentada*. Rio de Janeiro, Forense, 1993.

SOUZA MONTEIRO, Adhemar de. "Contrato – Impossibilidade superveniente da execução – Força maior – Justa causa – Cláusula *rebus sic stantibus*" (excerto de razões). *Revista de Direito* 118. São Paulo, 1958.

STODIECK, Henrique. "Código de Hamurabi e codificações anteriores". *Revista Jurídica* 30, 1957.

STOFFEL-MUNCK, Philippe. *Regards sur la Théorie de l'Imprévision*. Marselha, Presses Universitaires D'Aix, 1994.

STUDART, Maurício. "O juiz – O homem e a profissão". *RF* 277, 1982.

SUGIYAMA, Naojiro. In: *Travaux de la Semaine Internationale de Droit*. v. II. Paris, 1937.

TÁCITO, Caio. "Contratos administrativos – Revisão de preço" (parecer). *RF* 155, 1959.

TAROZZI, Giuseppe. "La libertà". *Rivista di Filosofia del Diritto*. Ano 25. Milão, 1984.

TAVARES, José. "Os princípios fundamentais nas relações contratuais". *Gazeta da Relação de Lisboa*. v. II. Lisboa, 1957.

TEIXEIRA DE FREITAS, Augusto. *Esboço do Código Civil*. Rio de Janeiro, Imprensa Nacional, 1855.

TELLO, Roberto. *La Teoría de la Imprevisión en los Contratos de Derecho Público*. Buenos Aires, Libreria Jurídica Valezio Abeledo, Editor, 1946.

THEODORO JÚNIOR, Humberto. *Comentários ao Código de Processo Civil*. v. V. Rio de Janeiro, Forense, 1978.

_____ . "Tutela jurisdicional cautelar". *RT* 574, 1983.

TINOCO, Brígido. Relatório sobre a Parte Geral do Projeto n.118/84, do Novo Código Civil". *Diário do Congresso Nacional*, Suplemento de 14.9.1983. Brasília.

TZIRULNIK, Ernesto. "Apontamentos sobre a operação de seguros". *Revista Brasileira de Direito de Seguros* 1. Ano 1. São Paulo, 1998.

_____ . *Regulação de Sinistro (Ensaio Jurídico)*. 3ª ed. São Paulo, Max Limonad, 2000.

TORRÉ, Abelardo. *Introducción al Derecho*. Buenos Aires, Abeledo-Perrot, 1981.

REFERÊNCIAS BIBLIOGRÁFICAS

TREITEL, G. H. *The Law of Contract*. Londres, Sweet & Maxwell, 1995.

TROPLONG, Raymond Théodore. *De l'Influence du Christianisme sur le Droit Civil des Romains*. Tours, Alfred Cattier, 1902.

VALLADÃO, Haroldo. *História do Direito, Especialmente do Direito Brasileiro*. 2ª ed. Rio de Janeiro, Forense, 1974.

VASCONCELLOS COELHO, Fernando de. "*Leasing* – ICM e imposto de transmissão". *RF* 250, 1975.

VAZ DA SILVA, Floriano Corrêa. "A eqüidade e o direito do trabalho". *Revista de Informação Legislativa* 43, 1974.

VAZ SERRA, Adriano Paes. "Caso fortuito ou de força maior e a teoria da imprevisão". *Boletim da Faculdade de Direito de Coimbra* Ano X. Coimbra, 1972.

_____ . "Resolução ou modificação dos contratos por alteração das circunstâncias". "Separata" do *Boletim do Ministério da Justiça* 68. Coimbra, 1967.

VENOSA, Sílvio de Salvo. *Teoria Geral dos Contratos*. São Paulo, Atlas, 1992.

VIEIRA NETTO, José Rodrigues. *O Risco e a Imprevisão*. Curitiba, Juruá, 1989.

VILLELA, João Baptista. "Por uma nova teoria dos contratos". *RF* 261, 1978.

VOIRIN, Pierre. *De l'Imprévision dans les Rapports de Droit Privé*. Nancy, Baudry-Lacantinerie, 1927.

VOLKMAR, M. "La révision des contrats par le juge". In: *Travaux de la Semaine Internationale de Droit*. v. II. 1937 ("A revisão dos contratos pelo juiz", trad. de Raul Lima, *RF* 86, 1941).

VON IHERING, Rudolf. *El Espíritu del Derecho Romano* (versión Principe y Satorres). Madri, Editorial Madrid, 1895.

WALD, Arnoldo. *A Cláusula de Escala Móvel*. São Paulo, Max Limonad, 1956.

_____ . "Aplicação da correção monetária nos contratos de obras rodoviárias". *RDA* 191, 1967.

_____ . *Curso de Direito Civil Brasileiro – Obrigações e Contratos*. 11ª ed. São Paulo, Ed. RT, 1994.

_____ . *Direito das Obrigações – Teoria Geral das Obrigações e Contratos Civis e Comerciais*. 15ª ed. São Paulo, Malheiros Editores, 2001.

_____ . "Noções Básicas de *leasing*". *RF* 250, 1975.

_____ . "Revisão de valores no contrato: a correção monetária, a teoria da imprevisão e o direito adquirido". *RT* 647, 1989.

WATANABE, Kazuo. *Da Cognição no Processo Civil*. São Paulo, Ed. RT, 1987.

WIEACKER, Franz. "Zur rechtstheoretische Präzisierung des § 242 BGB". In: *El Principio General de la Buena-Fe*. Trad. espanhola de José Luís Carro. Madri, Editorial Civitas, 1977.

WINDSCHEID, Bernard. *Diritto delle Pandette*. Trad. italiana da última ed. alemã por Carlo Fadda e Paolo Emilio Bensa.Turim, UTET, n. 90, 1902.

WOLF, Karl. In: *Travaux de la Semaine Internationale de Droit*. v. II. Paris. 1937.

ZENUM, Augusto. *Dano Moral e sua Reparação*. Rio de Janeiro, Forense, 1994.

824 A TEORIA DA IMPREVISÃO NO DIREITO CIVIL E NO PROCESSO CIVIL

Publicações periódicas consultadas

Anales de la VII Conferencia Internacional de Abogados. Montevidéu, Editorial MBAS (t. I, 1952)

Boletim do Instituto da Ordem dos Advogados Brasileiros III. São Paulo

Diário do Congresso Nacional. Brasília, Imprensa Nacional

Enciclopedia del Diritto. Milão, Dott. A. Giuffrè Editore

Enciclopédia Saraiva de Direito. São Paulo, Saraiva

Gazeta da Relação. Lisboa

Genesis – Revista de Direito Processual Civil. Curitiba, Genesis Editora (v. 5, maio-agosto de 1997)

Jornal da OAB – Informativo. Curitiba (n. 59, fevereiro de 2000)

Justitia. Órgão do Ministério Público de São Paulo, Serviço de Documentação Jurídica do Ministério Público de São Paulo

Ordenações do Reino de Portugal. Coimbra, Real Imprensa da Universidade, 1833

Revista da Ordem dos Advogados de Lisboa

Revista de Derecho Internacional. La Habana

Revista de Derecho Privado. Madri

Revista de Direito. São Paulo

Revista de Direito Administrativo (RDA). Rio de Janeiro, Fundação Getúlio Vargas

Revista de Informação Legislativa. Brasília, Senado Federal

Revista de Jurisprudência Argentina. Buenos Aires, Editora "Doctrina"

Revista de Legislação e Jurisprudência. Coimbra, Coimbra Editora

Revista de Legislação e Jurisprudência. Lisboa (n. 3.744)

Revista dos Tribunais (RT). São Paulo, Ed. RT

Revista Forense (RF). Rio de Janeiro, Forense

Revue de Droit Civil. Paris, Recueil-Sirey

Revue de Droit Public. Paris, Recueil-Sirey

Revue Historique de Droit Français et Étranger. Paris, Recueil-Sirey

Rivista di Diritto Civile. Pádua, Casa Editrice Dott. Antonio Milani

Rivista di Diritto Commerciale. Milão, Casa Editrice Dott. Francesco Vallardi

Scientia Iuridica – Revista Trimestral Portuguesa e Brasileira. Braga, Editorial Scientia & Ars

Travaux de la Semaine Internationale de Droit. v. II. Paris, 1937

* * *